여러분의 합격을 응원하는
해커스경찰의 특별 혜택!

FREE 경찰학 특강

해커스경찰(police.Hackers.com) 접속 후 로그인 ▶ 상단의 [무료강좌 → 경찰 무료강의] 클릭하여 이용

해커스경찰 온라인 단과강의 20% 할인쿠폰

C35F5E749AC46D3B

해커스경찰(police.Hackers.com) 접속 후 로그인 ▶ 상단의 [내강의실] 클릭 ▶
[쿠폰/포인트] 클릭 ▶ 쿠폰번호 입력 후 이용

* 등록 후 7일간 사용 가능(ID당 1회에 한해 등록 가능)

경찰 합격예측 온라인 모의고사 응시권 + 해설강의 수강권

F9D3C9F289F67DWS

해커스경찰(police.Hackers.com) 접속 후 로그인 ▶ 상단의 [내강의실] 클릭 ▶
[쿠폰/포인트] 클릭 ▶ 쿠폰번호 입력 후 이용

* ID당 1회에 한해 등록 가능

쿠폰 이용 관련 문의 1588-4055

단기 합격을 위한 해커스경찰 커리큘럼

입문
탄탄한 기본기와 핵심 개념 완성!
누구나 이해하기 쉬운 개념 설명과 풍부한 예시로 부담없이 쌩기초 다지기
TIP 베이스가 있다면 **기본 단계**부터!

기본+심화
필수 개념 학습으로 이론 완성!
반드시 알아야 할 기본 개념과 문제풀이 전략을 학습하고
심화 개념 학습으로 고득점을 위한 응용력 다지기

기출+예상 문제풀이
문제풀이로 집중 학습하고 실력 업그레이드!
기출문제의 유형과 출제 의도를 이해하고 최신 출제 경향을 반영한
예상문제를 풀어보며 본인의 취약영역을 파악 및 보완하기

동형모의고사
동형모의고사로 실전력 강화!
실제 시험과 같은 형태의 실전모의고사를 풀어보며 실전감각 극대화

마무리
시험 직전 실전 시뮬레이션!
각 과목별 시험에 출제되는 내용들을 최종 점검하며 실전 완성

PASS

단계별 교재 확인 및 수강신청은 여기서!
police.Hackers.com

* 커리큘럼 및 세부 일정은 상이할 수 있으며, 자세한 사항은 해커스경찰 사이트에서 확인하세요.

해커스경찰
킹재규
경찰학

23개년 총알 기출 OX

해커스

THEME 11 공공기관의 정보공개에 관한 법률 [S급]

2022 □□□□ 23 채용
"정보"란 공공기관이 직무상 작성 또는 취득하여 관리하고 있는 문서(전자문서를 포함한다) 및 전자매체를 비롯한 모든 형태의 매체 등에 기록된 사항을 말한다. [O|X]

2023 □□□□ 16·17 채용, 18·19 승진, 17 간부, 20 경채
모든 국민은 정보의 공개를 청구할 권리를 가지며, 공공기관이 보유·관리하는 정보는 국민의 알권리 보장 등을 위하여 이 법에서 정하는 바에 따라 적극적으로 공개할 수 있다. [O|X]

2024 □□□□ 15 채용, 17 승진
모든 국민은 정보의 공개를 청구할 권리를 가진다. 외국인의 정보공개 청구에 관하여는 대통령령으로 정한다. [O|X]

2025 □□□□ 19 승진
공개될 경우 국민의 생명·신체 및 재산의 보호에 현저한 지장을 초래할 우려가 있다고 인정되는 정보는 공개하지 아니할 수 있다. [O|X]

2026 □□□□ 21 승진
민원인이 경찰관서에서 현재 수사 중인 '폭력단체 현황'에 대한 정보공개를 요청한 경우, 국민의 알 권리를 충족시킨다는 차원에서 해당 정보를 공개하여야 한다. [O|X]

2027 □□□□ 21·23 승진
공공기관은 비공개 대상 정보가 기간의 경과 등으로 인하여 비공개의 필요성이 없어진 경우에는 그 정보를 공개 대상으로 하여야 한다. [O|X]

정답과 해설

2022. (O) 공공기관의 정보공개에 관한 법률 제2조 제1호.
2023. (X) 공공기관이 보유·관리하는 정보는 국민의 알권리 보장 등을 위하여 이 법에서 정하는 바에 따라 **적극적**(소극적 X)으로 **공개하여야 한다**(공개할 수 있다 X)(동법 제3조).
2024. (O) 모든 국민은 정보의 공개를 청구할 권리를 가진다. **외국인의 정보공개** 청구에 관하여는 **대통령령**으로 정한다(동법 제5조).
2025. (O) 동법 제9조 제1항 제3호
2026. (X) 진행 중인 재판에 관련된 정보와 **범죄의 예방, 수사, 공소의 제기 및 유지(폭력단체 현황)**, 형의 집행, 교정(矯正), 보안처분에 관한 사항으로서 공개될 경우 그 직무수행을 현저히 곤란하게 하거나 형사피고인의 공정한 재판을 받을 권리를 침해한다고 인정할 만한 상당한 이유가 있는 정보는 **공개하지 아니할 수 있다**(공개하여야 한다 X)(동법 제9조 제1항 제4호).
2027. (O) 공공기관은 비공개 대상 정보가 기간의 경과 등으로 인하여 **비공개의 필요성이 없어진 경우에는 그 정보를 공개 대상으로 하여야 한다**(할 수 있다 X)(동법 제9조 제2항).

김재규 경찰학
23개년 총알기출 OX

「23개년 총알기출 OX」를 꾸준히 사랑해 주신
수험생 여러분께 진심으로 감사드립니다.
여러분의 성원 덕분에 본 교재는 출간 이후 베스트셀러로
자리매김할 수 있었으며, 이번에도 새로운 개정 내용과 최신 출제
경향을 반영하여 개정판을 선보이게 되었습니다.
경찰학은 방대한 범위를 다루는 과목이지만, 수험생 여러분이 보다
체계적이고 효율적으로 학습할 수 있도록 핵심을 정리하는 데
힘써 왔습니다. 이번 개정판 또한 치열한 연구와 고민의 결과물로,
여러분의 합격에 든든한 동반자가 되기를 바랍니다.
앞으로도 수험생 여러분과 함께 호흡하며, 한 걸음 더 나아간
교재로 보답할 수 있도록 최선을 다하겠습니다.

2025년 9월
경찰학 박사 김재규

PART 1 경찰학의 기초이론(30% 내외)

Chapter 01 경찰과 경찰학

THEME 1 경찰개념의 형성 및 변천 — 17
1. 대륙법계 국가의 경찰개념 … 17
2. 소극적 위험방지에 한정된 관련 법률과 판결 … 22
3. 대륙법계와 영미법계 경찰의 비교 … 24
4. 주요 외국 판결 … 26

THEME 2 경찰의 개념 구분 — 29
1. 형식적 의미의 경찰과 실질적 의미의 경찰 … 29
2. 경찰개념의 분류 기준과 내용 … 32
3. 국가경찰과 자치경찰의 장·단점 … 37

THEME 3 경찰의 임무 및 위험 — 39
1. 경찰의 임무 … 39
2. 경찰의 기본적인 임무 … 39
3. 위험 … 42
4. 경찰활동의 기초 … 46

THEME 4 경찰의 관할 — 47

THEME 5 경찰활동의 기본이념 — 52

THEME 6 경찰행정의 특수성 — 55

Chapter 02 범죄와 지역사회 경찰활동

THEME 1 범죄의 개념 — 57
1. 범죄의 개념 … 57
2. 범죄원인을 구성하는 기본요소 … 57

THEME 2 범죄원인론(개인적 수준의 범죄원인) — 58
1. 고전주의와 실증주의(개인적 원인) … 58

THEME 3 범죄원인론(사회적 수준의 범죄원인) — 59
1. 사회구조원인 … 59
2. 사회과정원인 … 62
3. 사회통제이론과 낙인이론 … 65

THEME 4 범죄의 통제(예방) — 67
1. 범죄통제 방법의 변천 … 67
2. 다양한 범죄의 통제(예방) 활동 … 67

THEME 5 범죄의 통제(예방)이론 — 69
1. 범죄 통제(예방)이론의 특징 및 비판 … 69
2. 상황적 범죄예방이론 … 71
3. 상황적 범죄예방이론에 대한 비판 … 75
4. 환경범죄이론 … 76
5. 멘델슨(Mendelsohn)의 범죄피해자 유형 … 80

THEME 6 지역사회 경찰활동 — 81
1. 전통적 경찰활동과 지역사회 경찰활동의 비교 … 81
2. 지역사회 경찰활동 내용 … 84
3. 집합효율성이론, 깨진유리창이론, 무관용경찰활동 … 88

THEME 7 외국의 범죄예방활동 — 90
1. 외국의 범죄예방활동(미국, 영국) … 90
2. 순찰 … 91

Chapter 03 경찰과 윤리

THEME 1 경찰활동의 기준 — 95
1. 사회계약설 … 95
2. 사회계약설로부터 도출되는 경찰활동의 기준(코헨과 펠드버그) … 97

THEME 2 전문직업화와 바람직한 경찰의 역할모델 — 102

THEME 3 경찰의 일탈 — 105

THEME 4 경찰부패 — 107
1. 「부패방지 및 국민권익위원회의 설치와 운영에 관한 법률」상 부패 개념 … 107
2. 부패의 유형(하이덴하이머의 분류) … 107
3. 하이덴하이머(A. J. Heidenheimer)의 부정부패 개념 정의 및 분류 … 108
4. 경찰부패의 원인가설 … 108
5. 내부고발 및 용어정리 … 113

THEME 5 경찰의 문화 — 115
1. 냉소주의와 회의주의 … 115

THEME 6 경찰윤리강령 — 117

THEME 7 부정청탁 및 금품 등 수수의 금지에 관한 법률(청탁금지법) — 120

THEME 8 경찰청 공무원 행동강령(경찰청 훈령) — 126

THEME 9 공직자의 이해충돌 방지법(이해충돌방지법) — 131

THEME 10 경찰의 적극행정과 소극행정 — 134

PART 2 한국경찰의 역사와 비교경찰(5% 내외)

Chapter 01 한국경찰의 역사

THEME 1 갑오개혁부터 일제강점기 경찰   139
1. 갑오개혁과 한국경찰의 창설 ········· 139
2. 광무개혁에 따른 경부경찰체제의 출범과 좌절······ 141
3. 한국경찰권의 상실과정 ············· 142
4. 유길준의 서유견문 ················· 143
5. 일제 강점기의 경찰 ················· 144

THEME 2 대한민국 임시정부 경찰   146

THEME 3 미군정하의 경찰 창설과 경찰개혁   148

THEME 4 정부수립 이후 경찰   150

THEME 5 6·25전쟁이후 1991년 경찰법 제정까지의 주요 경찰 연혁   151

THEME 6 한국경찰사에 길이 빛날 경찰의 표상   153

Chapter 02 비교경찰

THEME 1 영국경찰   158
1. 영국경찰의 역사 ··················· 158
2. 영국의 경찰조직(잉글랜드와 웨일즈 경찰) ········· 160
3. 영국의 범죄수사구조 ··············· 161

THEME 2 미국경찰   162
1. 미국경찰의 역사 ··················· 162
2. 미국의 경찰조직 ··················· 164

THEME 3 독일경찰   167
1. 독일의 경찰조직 ··················· 167
2. 독일의 범죄수사구조 ··············· 170

THEME 4 프랑스 경찰   171

THEME 5 일본경찰   173
1. 일본경찰의 역사 ··················· 173
2. 일본의 경찰조직 ··················· 173
3. 일본의 범죄수사구조 ··············· 176

PART 3 경찰행정학(15% 내외)

Chapter 01 경찰관리

THEME 1 경찰조직관리   180
1. 이상적 관료제 모형의 특성·역기능 ······ 180
2. 조직편성의 원리 ··················· 181

THEME 2 엽관주의와 실적주의   187

THEME 3 계급제와 직위분류제   189

THEME 4 경찰직업공무원제도   191

THEME 5 사기관리   193

THEME 6 경찰예산   196

THEME 7 「국가재정법」상 예산과정   199
1. 예산의 편성 ······················· 199
2. 예산의 심의·의결 ················· 200
3. 예산의 집행 ······················· 200
4. 예산결산 ·························· 201

THEME 8 장비관리   203
1. 무기관리(경찰장비관리규칙) ········ 203
2. 차량관리(경찰장비관리규칙) ········ 206

THEME 9 보안관리   207
1. 서론 ······························ 207
2. 보안업무규정(대통령령)상 비밀 ····· 207
3. 문서보안 ·························· 210
4. 시설보안 ·························· 214

THEME 10 문서관리(행정업무의 운영 및 혁신에 관한 규정)   216

Chapter 02 경찰홍보 및 통제

THEME 1 경찰홍보 ... 219

THEME 2 언론보도와 피해 구제(언론중재 및 피해구제 등에 관한 법률) ... 221
1. 정정보도청구 및 반론보도청구 등 ... 221
2. 언론중재위원회 ... 223
3. 언론등에 의한 피해구제의 원칙과 조정 및 중재 ... 224

THEME 3 경찰에 대한 통제 ... 225

THEME 4 경찰통제의 유형 ... 226
1. 경찰의 통제유형 ... 226
2. 대륙법계와 영미법계의 경찰통제의 방법 ... 229
3. 부패방지 및 국민권익위원회의 설치와 운영에 관한 법률 ... 229

THEME 5 경찰 감찰 규칙(경찰청훈령) ... 231

THEME 6 경찰청 감사 규칙(경찰청훈령) ... 235

THEME 7 국가인권위원회법 및 동법 시행령 등 ... 236

THEME 8 경찰 인권보호 규칙(경찰청 훈령) 등 ... 237

THEME 9 정책결정모델 ... 242

THEME 10 경찰제도개혁 ... 244
1. 목표에 의한 관리(MBO) ... 244
2. 귤릭&어윅(Gulick&Urwick)의 7가지 기능(POSDCoRB) ... 244

PART 4 경찰행정법(35% 내외)

Chapter 01 경찰법의 법원

THEME 1 경찰법의 법원 ... 247
1. 법원의 의의 ... 247
2. 성문법원 ... 247
3. 불문법원 ... 249

THEME 2 법규명령 ... 250

THEME 3 행정규칙 ... 252

THEME 4 훈령 ... 254

THEME 5 직무명령 ... 257

Chapter 02 경찰조직법

THEME 1 국가경찰과 자치경찰의 조직 및 운영에 관한 법률(국자법) ... 260

THEME 2 국가경찰위원회(국자법) ... 262

THEME 3 경찰청장 ... 265

THEME 4 국가수사본부장 ... 268

THEME 5 시·도자치경찰위원회(국자법) ... 269

THEME 6 시·도경찰청장, 경찰서장(국자법) ... 273
1. 시·도경찰청장 ... 273
2. 경찰서장 ... 274
3. 지구대, 파출소 및 출장소 ... 274
4. 보칙(국자법) ... 275

THEME 7 행정관청의 권한 대리 ... 276

THEME 8 행정관청의 권한 위임 ... 278
1. 권한의 위임 ... 278
2. 대결(내부위임)과 위임전결 ... 278
3. 대리와 위임의 비교 ... 280
4. 행정권한의 위임 및 위탁에 관한 규정(대통령령) ... 281

Chapter 03 경찰공무원과 법

THEME 1 경찰공무원의 분류 — 284

THEME 2 경찰공무원관계의 발생 — 285
1. 임용권자(경찰공무원법 §7) — 285
2. 임용권의 위임(경찰공무원 임용령 §4) — 286
3. 경찰공무원의 임용(경찰공무원 임용령) — 288
4. 임용결격사유 — 289
5. 신규채용(경찰공무원법) — 290
6. 채용후보자 명부 등(경찰공무원법) — 291
7. 시보임용(경찰공무원법 §13) — 292
8. 임용심사위원회(경찰공무원 임용령 시행규칙) — 294
9. 경찰공무원 인사위원회(경찰공무원 임용령) — 295

THEME 3 경찰공무원관계의 변경 — 296
1. 승진(경찰공무원법) — 296
2. 근무성적평정(경찰공무원 승진임용 규정) — 298
3. 전보(경찰공무원 임용령) — 299
4. 휴직(국가공무원법 §71) — 301
5. 직위해제(국가공무원법 §73의3) — 303
6. 강임 — 306

THEME 4 경찰공무원관계의 소멸 — 307
1. 당연퇴직(경찰공무원법) — 307
2. 정년퇴직(경찰공무원법 §30) — 307
3. 직권면직(경찰공무원법 §28) — 308

THEME 5 경찰공무원의 권리 — 310
1. 신분상 권리 — 310
2. 재산상 권리 — 311

THEME 6 경찰공무원의 의무 — 312
1. 일반의무(국가공무원법) — 312
2. 직무상 의무(국가공무원법) — 312
3. 직무상 의무(경찰공무원법) — 313
4. 경찰공무원 복무규정(대통령령) — 314
5. 신분상 의무(국가공무원법) — 316
6. 공직자윤리법 — 318
7. 경찰공무원의 의무 근거법령 종합문제 — 320

THEME 7 징계 — 322
1. 징계의 의의 및 징계사유(국가공무원법) — 322
2. 징계의 종류 및 효과(국가공무원법 §79,80) — 322
3. 징계절차(경찰공무원 징계령) — 324
4. 징계위원회 — 329
5. 정상참작 사유(경찰공무원 징계령 세부시행규칙) — 331
6. 징계벌과 형사벌 — 332

THEME 8 경찰공무원의 권익보장제도 — 333
1. 교부 및 고충 처리(국가공무원법) — 333
2. 경찰공무원 고충심사위원회 — 334
3. 소청 — 335
4. 행정소송 — 339

Chapter 04 경찰작용법 일반론

THEME 1 수권조항 — 341

THEME 2 경찰권발동의 한계 — 342
1. 경찰소극목적의 원칙 — 342
2. 경찰공공의 원칙(사생활자유의 원칙) — 342
3. 경찰비례의 원칙 — 343
4. 경찰책임의 원칙 — 345
5. 경찰평등의 원칙 — 348

THEME 3 경찰개입청구권 — 349

THEME 4 행정행위 — 352
1. 명령적 행정행위 — 352
2. 형성적·준법률적 행정행위 — 360

THEME 5 행정의 법 원칙(행정의 일반원칙) — 363

THEME 6 행정(경찰)처분(행정기본법) — 369

THEME 7 행정조사(행정조사기본법) — 370

THEME 8 공공기관의 정보공개에 관한 법률 — 371

THEME 9 개인정보 보호법 — 375

CONTENTS

THEME 10 경찰(행정)상 실효성(의무이행) 확보수단	377
1. 경찰상 의무이행 확보수단	377
2. 경찰상 강제집행	378
3. 경찰상 즉시강제	381
4. 경찰상 강제집행과 즉시강제 비교	384
5. 경찰벌(행정벌)	384

THEME 11 질서위반행위규제법	385

THEME 12 경찰(행정)작용에 대한 구제	389
1. 사전적 구제제도(행정절차법)	389
2. 사후적 구제제도(국가배상법·행정심판법·행정소송법)	393

Chapter 05 경찰관 직무집행법

THEME 1 목적 및 직무의 범위	404
THEME 2 불심검문(§3)	406
THEME 3 보호조치(§4)	410
THEME 4 위험발생의 방지(§5)	415
THEME 5 범죄의 예방과 제지(§6)	417
THEME 6 위험방지를 위한 출입(§7)	420
THEME 7 직무수행상의 사실확인 및 출석요구(§8)	421
THEME 8 정보의 수집 등(§8의2)	422
THEME 9 경찰장비의 사용	424
1. 「경찰관 직무집행법」상 경찰장비(§10)	424
2. 「위해성 경찰장비의 사용기준 등에 관한 규정」상 경찰장비(대통령령)	425

THEME 10 경찰장구의 사용	427
1. 「경찰관 직무집행법」상 경찰장구의 사용 (§10의2)	427
2. 「위해성 경찰장비의 사용기준 등에 관한 규정」상 경찰장구의 사용	428

THEME 11 분사기 등의 사용	430
1. 「경찰관 직무집행법」상 분사기 및 최루탄 사용(§10의3)	430
2. 「위해성 경찰장비의 사용기준 등에 관한 규정」상 가스발사총등 사용제한(§12)	431

THEME 12 무기의 사용	432
1. 「경찰관 직무집행법」상 무기의 사용 (§10의4)	432
2. 「위해성 경찰장비의 사용기준 등에 관한 규정」상 무기사용(§9,10)	435
3. 경찰착용기록장치의 사용(경찰관 직무집행법)	435
4. 경찰착용기록장치 운영 등에 관한 규정(대통령령)	436

THEME 13 위해성 경찰장비의 사용기준 등에 관한 규정	437

THEME 14 경찰 물리력 행사의 기준과 방법에 관한 규칙(경찰청예규)	439

THEME 15 손실보상	441

THEME 16 범인검거 등 공로자 보상	445

THEME 17 소송지원 및 형의 감면 등	447
1. 소송지원 및 형의 감면	447
2. 국제협력(§8의3)	448
3. 유치장(§9)	448
4. 벌칙(§12)	448

CONTENTS

PART 5 분야별 경찰활동 (15% 내외)

Chapter 01 생활안전경찰

THEME 1 지역경찰 ... 451
1. 「지역경찰의 조직 및 운영에 관한 규칙」 관련 내용 ... 451
2. 경찰기관 상시근무 공무원의 근무시간 등에 관한 규칙 ... 453
3. 지역경찰의 직무(지역경찰의 조직 및 운영에 관한 규칙 §5~8) ... 453
4. 지역경찰 근무의 종류(§22~28) ... 454
5. 치안센터(지역경찰의 조직 및 운영에 관한 규칙) ... 455
6. 112 신고 ... 456

THEME 2 경범죄 처벌법 ... 460
1. 성격 및 특징 ... 460
2. 종류(§3) ... 460
3. 경범죄 처벌법 관련 판례 ... 462
4. 범칙자와 통고처분 ... 463
5. 범칙금의 납부 및 즉결심판 청구(§8~§9) ... 464
6. 즉결심판에 관한 절차법 ... 465

THEME 3 풍속영업의 단속 ... 467
1. 풍속영업의 범위 ... 467
2. 풍속영업규제에 관련된 판례 ... 468

THEME 4 성매매알선 등 행위의 처벌에 관한 법률 ... 469

THEME 5 총포·도검·화약류 등의 안전관리에 관한 법률 ... 471

THEME 6 경비업(경비업법) ... 474
1. 종류 ... 474
2. 경비업법 주요내용 ... 475

THEME 7 유실물법 ... 477

THEME 8 소년경찰 ... 479

THEME 9 청소년 보호법 ... 480
1. 청소년 유해업소 ... 480
2. 청소년유해행위와 위반자에 대한 처벌(§30, §55~58) ... 482

THEME 10 아동·청소년의 성보호에 관한 법률 ... 484
1. 미수범 처벌 및 벌칙규정 ... 484
2. 성매매와 아동·청소년의 성을 사는 행위의 비교 ... 486
3. 특례규정 등 ... 487
4. 「아동·청소년의 성보호에 관한 법률」 관련 판례 ... 488

THEME 11 「실종아동등의 보호 및 지원에 관한 법률」과 「실종아동등 및 가출인 업무처리 규칙」 ... 490
1. 실종아동등의 보호 및 지원에 관한 법률(§2) ... 490
2. 실종아동등 및 가출인 업무처리 규칙(§2) ... 491
3. 「실종아동등 및 가출인 업무처리 규칙」상 정보시스템 운영 ... 492
4. 실종아동등 프로파일링 시스템 주요 내용(규칙 §7) ... 492
5. 신고의무자 ... 493
6. 실종아동등의 수색 및 결과 조치(실종아동등의 보호 및 지원에 관한 법률) ... 495

Chapter 02 수사경찰

THEME 1 가정폭력범죄의 처벌 등에 관한 특례법 ... 497
1. 가정폭력범죄의 개념 ... 497
2. 가정폭력 대상범죄 ... 500
3. 응급조치 ... 501
4. 임시조치 청구 ... 502
5. 긴급임시조치 등 ... 502

THEME 2 아동학대범죄의 처벌 등에 관한 특례법 ... 504
1. 아동학대범죄의 개념 ... 504
2. 현장출동 및 응급조치 ... 505
3. 긴급임시조치 ... 507
4. 임시조치 ... 508

THEME 3 스토킹범죄의 처벌 등에 관한 법률 ... 509

THEME 4 성폭력범죄의 처벌 등에 관한 특례법 ... 512
1. 내용 ... 512
2. 신상정보 등록 ... 514

CONTENTS

THEME 5 특정중대범죄 피의자 등 신상정보 공개에 관한 법률 516

THEME 6 범죄피해자 보호법 517

THEME 7 마약류사범 수사 519
1. 마약류의 분류 519
2. 향정신성의약품 520

Chapter 03 경비경찰

THEME 1 경비경찰 대상·특징 524
1. 경비경찰의 특징 524
2. 경비경찰의 한계 525

THEME 2 경비경찰의 조직 및 수단 526
1. 조직운영의 원리 526
2. 경비경찰의 수단 527

THEME 3 행사안전경비(혼잡경비) 530
1. 의의 530
2. 부대의 편성과 배치 530
3. 군중정리의 원칙 531
4. 행사안전경비 활동 근거 및 내용 532

THEME 4 선거경비 533
1. 선거경비의 의의 및 기본원칙 533
2. 선거기간 및 선거운동(공직선거법) 533
3. 신변보호 534
4. 투표소 경비(공직선거법) 534
5. 개표소 경비(3선 개념) 535

THEME 5 집회·시위의 관리 536
1. 다중범죄의 특징 536
2. 다중범죄의 정책적 치료법(정책적 해결) 536
3. 진압의 원칙(물리적 해결) 537

THEME 6 재난 및 안전관리 기본법 538
1. 주요내용 538
2. 재난관리체계 539
3. 경찰통제선 540
4. 위험경보의 발령 및 위험구역 설정 540

THEME 7 경찰작전(통합방위법) 541
1. 통합방위기구 541
2. 통합방위사태 542
3. 통합방위작전(§15) 544
4. 국가중요시설 경비(§21) 544

THEME 8 경찰 비상업무 규칙 546
1. 용어정의(§2) 546
2. 근무방침과 비상등급 등 547
3. 근무요령(§7) 548
4. 비상근무의 종류별 정황(§4③[별표1]) 549

THEME 9 대테러 업무 550
1. 각국의 대테러 조직 550
2. 국민보호와 공공안전을 위한 테러방지법 550

THEME 10 경호경비 553
1. 경호의 의의 553
2. 경호의 대상 553
3. 경호의 4대 원칙 553
4. 행사장 경호 554

THEME 11 청원경찰 557

23개년 총알기출 OX
CONTENTS

Chapter 04 교통경찰

| THEME 1 | 도로 | 562 |

| THEME 2 | 도로교통법상 용어정리 | 563 |

| THEME 3 | 자전거등 | 568 |
1. 통행방법 특례 ········· 568
2. 준수사항 ············ 569

| THEME 4 | 차마의 통행방법 | 570 |

| THEME 5 | 긴급자동차 | 572 |
1. 긴급자동차의 종류 ········ 572
2. 긴급자동차의 우선과 특례 ····· 573

| THEME 6 | 어린이통학버스 및 어린이통학용 자동차 | 575 |

| THEME 7 | 어린이·노인 및 장애인 보호구역의 지정 및 관리에 관한 규칙 | 576 |

| THEME 8 | 음주운전 및 난폭운전 | 577 |

| THEME 9 | 운전면허 | 580 |
1. 운전면허 구분(§80) ······· 580
2. 운전면허 결격사유(§82) ····· 584
3. 연습운전면허(§81) ········ 584
4. 국제운전면허증(§96~98) ····· 585
5. 임시운전증명서(§91) ······· 586

| THEME 10 | 운전면허 행정처분결과에 따른 결격대상자 및 결격기간(§82) | 587 |

| THEME 11 | 운전면허 행정처분 | 589 |
1. 운전면허 행정처분 ········ 589
2. 범칙금 납부 ············ 590
3. 교통안전교육 ··········· 591

| THEME 12 | 교통사고의 처리 | 593 |

| THEME 13 | 「교통사고처리 특례법」 제3조 제2항의 처벌특례 12개 항목 | 594 |

| THEME 14 | 교통관련 판례 | 597 |
1. 음주운전 및 음주측정 ······ 597
2. 음주운전과 죄수관계 ······· 603
3. 주의의무 관련 ··········· 603
4. 「교통사고처리 특례법」 관련 ···· 605
5. 무면허 관련 ············ 606
6. 기타 교통 관련 ·········· 607
7. 종합문제 ·············· 611

Chapter 05 정보경찰

| THEME 1 | 정보의 특징 | 613 |

| THEME 2 | 정보의 분류 | 615 |
1. 정보분류의 기준 ········· 615
2. 분석형태에 따른 분류(켄트) ··· 615
3. 출처에 따른 분류 ········· 616

| THEME 3 | 정보의 순환 | 617 |
1. 정보의 순환과정 개관 ······ 617
2. 정보의 요구 ············ 617
3. 정보의 생산 ············ 619
4. 정보의 배포 ············ 619

| THEME 4 | 정보경찰의 업무(활동) | 622 |
1. 정보보고서의 종류 ········ 622
2. 정보보고서 작성시 판단을 나타내는 용어 ···· 622
3. 신원조사(보안업무규정 §36,37) ··· 623

| THEME 5 | 집회 및 시위에 관한 법률 | 625 |
1. 용어의 정리(§2) ·········· 625
2. 집회·시위 방해금지 ······· 627
3. 특정인 참가 및 출입 ······· 628
4. 집회·시위 신고 및 처리절차 ··· 628
5. 이의신청(§9) ············ 630
6. 철회신고 및 중복된 신고처리 ··· 631
7. 집회·시위 금지 ·········· 632
8. 집회·시위 제한 ·········· 634
9. 질서유지선 ············· 637
10. 보완·금지 통고서 송달(시행령 §3, 7) ···· 638
11. 집시법상 처벌규정 ········ 639
12. 집회 또는 시위 해산(§20) ···· 639
13. 판례 ················ 641

CONTENTS

Chapter 06 안보경찰

THEME 1 방첩활동 646
1. 개요 및 방첩의 기본원칙 646
2. 방첩의 수단 646
3. 방첩의 대상 647
4. 심리전의 기술(선전) 648

THEME 2 보안수사 650
1. 국가보안법의 특징 650
2. 국가보안법 내용 652

THEME 3 보안관찰(보안관찰법) 657
1. 보안관찰의 의의 및 특성 657
2. 보안관찰 해당범죄 657
3. 보안관찰 처분 658
4. 보안관찰 처분 절차 659
5. 보안관찰처분심의위원회 660
6. 신고사항 661

THEME 4 남북교류협력(남북교류협력에 관한 법률) 663

THEME 5 북한이탈주민의 보호(북한이탈주민의 보호 및 정착지원에 관한 법률) 665
1. 용어의 정의 665
2. 주요내용 665

Chapter 07 외사경찰

THEME 1 다문화 사회 672

THEME 2 국적법 673

THEME 3 외국인의 입국과 출국(출입국관리법) 675
1. 외국인의 입국 675
2. 외국인의 입국금지 사유(출입국관리법 §11①) 676
3. 외국인의 상륙 종류와 기간(출입국관리법 §14~16의2) 676
4. 외국인의 출국정지(출입국관리법) 678
5. 내국인의 출국금지(출입국관리법) 678

THEME 4 여권(여권법) 681
1. 주요내용 681
2. 여행경보제도 682

THEME 5 외국인의 체류(출입국관리법) 684
1. 외국인의 장기체류 자격 684
2. 외국인의 강제퇴거(출입국관리법) 685
3. 외국인의 등록(출입국관리법) 687
4. 외국인의 지위 687

THEME 6 국제형사경찰기구(인터폴, ICPO) 688
1. 주요내용 688
2. 국제수배서의 종류 690

THEME 7 국제형사사법공조(법) 691

THEME 8 범죄인 인도법 694
1. 범죄인 인도의 원칙 694
2. 「범죄인 인도법」상 인도거절사유 696
3. 범죄인 인도의 절차 697

THEME 9 주한미군지위협정(SOFA) 700
1. 인적 적용 범위 700
2. 형사재판권 분장 700
3. SOFA 손해배상 등 701

THEME 10 외국인 등 관련범죄에 관한 특칙(경찰수사규칙, 범죄수사규칙) 702

PART 1

경찰학의 기초이론

CHAPTER 01

경찰과 경찰학

경찰개념의 형성 및 변천

필수 OMR 다운로드(카페: 김재규 경찰학)

1 대륙법계 국가의 경찰개념 _A급

1-1 고대경찰

01 ☐☐☐☐ 06·10·23 채용, 09·14 승진, 08·18 간부

고대에서의 경찰개념은 라틴어의 Politia에서 유래한 것으로, 도시국가의 국가작용 가운데 정치를 제외한 일체의 영역을 의미하였다. (O│X)

1-2 중세경찰

02 ☐☐☐☐ 06 채용, 09 승진, 08 간부

14세기 말의 프랑스 경찰개념은 국가목적 또는 국가작용을 의미했다. (O│X)

03 ☐☐☐☐ 10 승진, 13·26 간부, 20 경채

14세기 말 독일의 경찰개념이 프랑스에 계수되어 양호한 질서를 포함한 국가행정 전반을 포괄하는 의미로 사용되었다. (O│X)

04 ☐☐☐☐ 22 간부

15세기 말 프랑스에서 독일로 도입된 경찰권이론은 '국민의 공공복리를 위해 강제력을 동원할 수 있는 통치자의 권한'으로 인정되어 절대적 국가권력의 기초를 제공하였다. (O│X)

05 ☐☐☐☐ 24 간부, 23 경채

16세기 독일의 제국경찰법(1530년)에서 교회행정을 제외한 모든 국가활동을 경찰이라 했다. (O│X)

06 ☐☐☐☐ 04 채용, 08 승진, 08·11 간부, 21 경채

16세기 말 독일에서는 교회행정을 포함한 일체의 국가행정을 의미했다. (O│X)

정답과 해설

01. (X) 고대에서의 경찰개념은 라틴어의 Politia(Politeia X)에서 유래한 것으로, 고대에서의 경찰개념은 도시국가에 관한 일체의 정치(정치를 제외 X), 특히 헌법을 지칭했다.
02. (O) 국가목적 작용과 사회목적 작용을 구분해야 한다.
03. (X) 15세기 말 프랑스의 경찰개념이 독일에 계수되어 양호한 질서를 포함(경찰이 국가의 평온한 질서 있는 상태를 의미)한 국가행정 전반을 포괄하는 의미로 사용되었다. 즉, 독일에서는 뷔르츠부르크 주교령(1476년)과 뉘른베르크법(1492년)에 경찰개념이 처음 등장하게 된다.
04. (O) 15세기 말 프랑스에서 독일로 도입된 경찰권이론(개념)이 질서유지를 포함한 국가행정 전반을 포괄하는 의미로 사용되고, 통치자가 강제력을 동원할 수 있는 절대적 국가권력의 기초를 제공하였다.
05. (O) 16세기 독일의 제국경찰법(1530년)에서 교회행정을 제외(포함 X)한 모든 국가활동을 경찰이라 했다.
06. (X) 16세기(1530년) 독일 제국경찰법에서는 교회의 제후가 가지는 교회행정의 권한을 제외한 일체의 국가행정을 의미(polizei)했다.

07 ☐☐☐☐ 10 승진

중세국가 시대에는 경찰과 행정이 분화되었다. (O|X)

08 ☐☐☐☐ 06 채용, 10·19 승진, 08·13·17·24·26 간부

16세기 독일 제국경찰법에서 경찰은 외교·군사·재정·사법을 제외한 내무행정 전반을 의미하였다. (O|X)

09 ☐☐☐☐ 22 간부

프랑스에서 경찰권이론은 14세기에 등장하였는데, 이 이론에 따르면 군주는 개인 간의 결투와 같은 자구행위를 억제하기 위하여 공동체의 원만한 질서를 보호할 권리와 의무를 갖고 있으며, 이를 위한 필수불가결한 조치를 경찰권에 근거하여 갖고 있다고 보았다. (O|X)

10 ☐☐☐☐ 22 간부

14세기 프랑스 경찰권 개념은 라 폴리스(La Police)라는 단어에 의해 대표되었는데, 이 단어의 뜻은 초기에는 '공동체의 질서 있는 상태'를 의미했다가 나중에는 '국가목적 또는 국가작용'을 의미하였다. (O|X)

1-3 경찰국가시대

11 ☐☐☐☐ 04 채용, 08 간부

경찰국가시대(절대군주국가)시대의 관료(경찰)는 포괄적인 권한에 근거하여 국민의 권리관계에 간섭할 수 있었다. (O|X)

12 ☐☐☐☐ 03 승진

경찰국가시대에는 경찰과 행정이 분화되었다. (O|X)

13 ☐☐☐☐ 03 승진

경찰국가시대에는 군주의 명령은 강제권, 특히 형벌권에 의거 집행되는 국가행정 전체를 의미하였다. (O|X)

정답과 해설

07. (X) 중세국가 시대에는 경찰과 행정이 분화되지 않은 상태였고, 17세기(16세기 X) 경찰국가시대부터 경찰과 행정이 분화되기 시작했다.

08. (X) 16세기 독일 제국경찰법은 교회활동을 제외한 나머지 모든 국가활동을 경찰개념화하였다. 경찰개념이 외교(외무)·군사·재정(재무)·사법을 제외한 내무행정 전반을 의미한 것은 17세기 경찰국가시대이다.

09. (O)

10. (X) 14세기 말의 프랑스의 라 폴리스(La Police)라는 개념은 초기에는 "국가목적 또는 국가작용"를 의미했다가 나중에는 "공동체의 질서 있는 상태(사회목적)"을 의미하였다.

11. (O) 군주주권론을 바탕으로 경찰은 포괄적인 권한을 바탕으로 국민에게 강제력을 행사할 수 있었다.

12. (O) 고대 중세는 미분화, 경찰국가시대부터는 경찰과 행정이 분화되었다.

13. (O)

14 ☐☐☐☐ 22 채용

1648년 독일은 베스트팔렌 조약을 계기로 사법이 국가의 특별작용으로 인정되면서 경찰과 사법이 분리되었다. (O|X)

15 ☐☐☐☐ 04·09·23 채용, 03·09 승진, 18 간부

17세기에 국가활동(작용)의 확대와 복잡화로 국가작용의 분화현상이 나타나 경찰개념이 외교·군사·재정·사법을 제외한 내무행정 전반을 의미하였다. (O|X)

16 ☐☐☐☐ 22 채용

독일의 경우, 15세기부터 17세기에 이르기까지 경찰은 공동체의 질서정연한 상태 또는 공동체의 질서정연한 상태를 창설하고 유지하기 위한 활동으로 이해되었고, 이러한 공동체의 질서정연한 상태를 창설·유지하기 위하여 신민(臣民)의 거의 모든 생활영역이 포괄적으로 규제될 수 있었다. (O|X)

17 ☐☐☐☐ 04·08·10 채용, 03·08 승진, 08·11·18 간부

경찰국가시대에 경찰권은 소극적인 치안유지만 할 뿐, 적극적인 공공복지의 증진을 위하여 강제력을 행사할 수 없었다. (O|X)

18 ☐☐☐☐ 12 채용

경찰국가에서는 계몽철학을 사상적 기초로 하여, 소극적 치안유지 뿐만 아니라 적극적인 공공복리의 증진을 위한 강제력의 행사도 경찰의 개념에 포함되었다. (O|X)

1-4 법치국가시대

19 ☐☐☐☐ 04·06·09 채용, 08·11·24 간부, 20 경채

18세기 계몽철학의 등장으로 법치주의시대가 도래하면서 경찰개념이 적극적인 복지경찰 분야가 제외되고, 소극적인 위험방지 분야에 한정되었다. (O|X)

정답과 해설

14. (O) 17세기에 국가목적적 행정인 외교, 군사, 재정(재무)과 사법 중 1648년 독일은 베스트팔렌 조약을 계기로 사법이 국가의 특별작용으로 인정되면서 경찰과 **사법이 가장 나중에 분리되었다.**

15. (O) 경찰국가시대에는 외정, 군정, 재정, 사법을 **제외**(포함 X)한 내무행정 전반을 의미하였다.

16. (O) 15세기(중세경찰)부터 17세기(경찰국가 시대) 이르기까지 경찰은 공동체의 질서정연한 상태를 창설·유지하기 위하여 신민(臣民)의 거의 모든 생활영역이 포괄적으로 규제(절대주의적 국가권력)될 수 있었다.

17. (X) 절대주의적 경찰국가시대의 경찰권은 **소극적인 치안유지뿐 아니라 적극적인 공공복지의 증진을 위해서도 강제력을 행사**하는 절대주의적 국가권력의 기초가 되었다.

18. (X) **계몽철학을 사상적 기초로** 하였던 시대는 18세기 근대자유주의적 **법치국가시대**의 경찰이다. 경찰국가에서는 군주주권론을 사상적 기초로 하였다.

19. (O) 18세기 계몽철학등의 영향으로 법치주의가 생성됨에 따라 경찰분야에서 **적극적인 복지경찰분야가 제외되고 소극적인 위험방지**(= 소극적 질서유지)분야에 한정하였다.

20 ☐☐☐☐ 06 승진

시민법치국가의 경찰개념형성에 영향을 미친 것으로는 프로이센 일반란트법, 계몽주의 사상, 권력분립주의, 자유주의 사상, 법치주의 사상 등이 있다. (O|X)

21 ☐☐☐☐ 08 채용

법치국가시대에는 적극적인 복지경찰활동이 포함되었다. (O|X)

22 ☐☐☐☐ 07 채용

대륙법계 국가에서는 법치국가시대에 이르러 사법이 국가의 특별한 작용으로 인정되기 시작했다. (O|X)

23 ☐☐☐☐ 22 채용

요한 쉬테판 퓌터(Johann Stephan Pütter)가 자신의 저서인 「독일공법제도」에서 주장한 "경찰의 직무는 임박한 위험을 방지하는 것이다. 복리증진은 경찰의 본래 직무가 아니다."라는 내용은 경찰국가 시대를 거치면서 확장된 경찰의 개념을 제한하기 위한 노력의 일환으로 볼 수 있다. (O|X)

1-5 제2차 세계대전 이후

24 ☐☐☐☐ 11 간부

독일은 제1차 세계대전 이후 비경찰화 과정을 거치면서 협의의 행정경찰사무를 타 행정관청에 이관하게 되었다. (O|X)

25 ☐☐☐☐ 09 채용, 08·19 승진

제2차 세계대전 이후 독일에서는 풍속경찰, 위생경찰 및 건축경찰 등의 경찰사무를 다른 행정관청의 분장사무로 이관하는 비경찰화 과정이 이루어졌다. (O|X)

정답과 해설

20. (O) **시민법치국가(18세기)**의 경찰개념형성에 영향을 미친 것으로는 프로이센 일반란트법, 계몽주의 사상, 권력분립주의, 자유주의 사상, 법치주의 사상 등이 있다.
21. (X) 법치국가시대의 경찰개념은 경찰분야에서 **적극적인 복지경찰 분야가 제외**되고 소극적인 위험방지 분야에 한정되었다.
22. (X) **경찰국가시대에 이르러** 경찰은 외정(외교), 군정(군사), 재정과 **사법을 제외한 내무행정에 국한**되고, 법치국가시대의 경찰은 적극적 복지경찰 분야를 제외한 소극적 위험방지 분야로 한정되었다.
23. (O) 1770년에 독일의 공법학자 **퓌터(Johann Stephan Pütter)**는 「독일공법제도」에서 "경찰의 임무는 급박한 위험의 방지이다. 공공복리의 증진은 경찰의 본래의 임무가 아니다"라고 천명했다.
24. (X) **비경찰화 과정**을 거치면서 협의의 행정경찰사무를 타 행정관청에 이관하게 되었던 시기는 **제2차 세계대전 이후**이다.
25. (X) 비경찰화란 범죄의 예방과 검거 등 **보안경찰 이외**의 협의의 행정경찰사무, 즉 위생경찰, 경제경찰, 건축경찰 등의 경찰사무를 다른 행정관청의 분장사무로 이관하는 현상을 말하는데, **보안경찰에 해당하는 풍속경찰**은 이에 **포함되지 않는다**.

26 ☐☐☐☐ 10·22·25 채용, 17·25 간부

제2차 세계대전 이후 독일에서는 보안경찰을 포함한 영업·위생·건축 등의 협의의 행정경찰사무를 일반행정기관의 사무로 이관하는 이른바 비경찰화 과정이 이루어졌다. ○|X

27 ☐☐☐☐ 06 승진

경찰개념의 형성과정에서 경찰의 사무이던 것을 다른 관청의 사무로 이관하는 현상을 비경찰화라 하는데, 비경찰화사무에 해당하는 것으로는 보안경찰, 영업경찰, 건축경찰 등이 있다. ○|X

28 ☐☐☐☐ 08·15 채용

독일은 제2차 세계대전 이후 위생, 소방 등의 사무를 다른 행정관청으로 이관하는 비범죄화 과정을 거쳤다. ○|X

29 ☐☐☐☐ 08 승진

독일은 제2차 세계대전 이후에 비경찰화 과정을 거치면서 협의의 행정경찰사무는 다른 행정관청의 분장사무로 이관되었다. ○|X

30 ☐☐☐☐ 12·18 채용

비경찰화란 행정경찰의 영역에서 보안경찰 이외의 행정경찰사무, 즉 영업·건축·보건·위생경찰 등 협의의 행정경찰사무를 다른 행정관청의 사무로 이관하는 것을 의미한다. ○|X

31 ☐☐☐☐ 19 승진

대륙법계 경찰의 업무범위는 국정전반 → 내무행정 → 위험방지 → 보안경찰 순으로 변화하였다. ○|X

32 ☐☐☐☐ 23 채용

경찰개념은 역사적으로 발전되고 형성된 개념이므로, 근대국가에서의 일반적인 경찰개념을 '공공의 안녕과 질서유지를 위한 권력작용'이라고 할 경우, 이는 각국의 실정법상 경찰개념과 반드시 일치한다고는 할 수 없다. ○|X

정답과 해설

26. (X) 제2차 세계대전 이후 독일에서는 보안경찰을 **제외한(포함한 X)** 영업·위생·건축 등의 협의의 행정경찰사무를 일반행정기관의 사무로 이관하는 이른바 비경찰화 과정이 이루어졌다.
27. (X) 영업경찰, 건축경찰 등은 비경찰화사무에 해당하지만, **보안경찰은 비경찰화사무에 해당하지 않는다**.
28. (X) 위생, 소방 등의 사무를 다른 행정관청의 사무로 이관하는 현상을 **비경찰화(비범죄화 X)**라고 한다. **비범죄화**는 간통죄의 경우처럼 국가가 형벌을 수단으로 특정한 종교적·도덕적 가치관을 강제하는 것은 그것이 공동체의 유지에 필요 불가결한 것이 아닌 한 허용될 수 없다는 것을 말한다.
29. (O)   30. (O)
31. (O) 대륙법계 경찰의 업무범위는 **국정전반(15·16C) → 내무행정(17C) → 위험방지(18·19C) → 보안경찰(20C)** 순으로 변화되었다.
32. (O) ~~각국의 실정법상 경찰개념과 **반드시 일치한다고는 할 수 없다**. 즉, 일치할 수도 있고 일치하지 않을 수도 있다는 의미이다.

2 소극적 위험방지에 한정한 관련 법률과 판결 _A급

33 ☐☐☐☐ 12 채용, 19·21 간부

1794년 프로이센 일반란트(주)법은 '공공의 평온, 안전과 질서를 유지하고 공중 또는 그 구성원에 대한 절박한 위험을 제거하기 위하여 필요한 수단을 강구하는 것이 경찰의 책무이다'라고 규정하였다. (O|X)

34 ☐☐☐☐ 17·23 간부

프로이센 법원은 크로이츠베르크(Kreuzberg) 판결(1882년)을 통해, 경찰관청이 일반적 수권조항에 근거하여 법규명령을 발할 수 있는 분야는 소극적인 위험방지 분야에 한정된다고 보았다. (O|X)

35 ☐☐☐☐ 22 채용

1931년 제정된 「프로이센 경찰행정법」 제14조 제1항은 "경찰행정청은 현행법의 범위 내에서 공공의 안녕 또는 공공의 질서를 위협하는 위험으로부터 공중이나 개인을 보호하기 위하여 필요한 조치를 의무에 적합한 재량에 따라 취하여야 한다."라고 규정하여 크로이츠베르크 판결(1882)에 의해 발전된 실질적 의미의 경찰개념을 성문화시켰다. (O|X)

36 ☐☐☐☐ 22 채용, 26 간부, 20 경채

독일 프로이센 고등행정법원의 크로이츠베르크 판결을 계기로 경찰의 권한은 소극적 위험방지 분야로 한정하게 되었으며, 비로소 이 취지의 규정을 둔 「경죄처벌법전」(죄와형벌법전)이 제정되었다. (O|X)

37 ☐☐☐☐ 18·24·26 간부

프로이센 경찰행정법(1931년)은 경찰의 직무를 적극적 복리증진으로 규정했다. (O|X)

정답과 해설

33. (O)
34. (O) 프로이센 법원은 크로이츠베르크(Kreuzberg) 판결(1882년)을 통해, 경찰관청이 **일반적(개별적 X)** 수권조항에 근거하여 법규명령을 발할 수 있는 분야는 소극적인 위험방지 분야에 한정된다고 보았다.
35. (O) 1931년 제정된 「프로이센 경찰행정법」 제14조 제1항은 크로이츠베르크 판결(1882)에 의해 발전된 **실질적 의미(형식적 의미 X)**의 경찰개념을 성문화시켰다.
36. (X) 독일 프로이센 고등행정법원의 크로이츠베르크 판결을 계기로 경찰의 권한은 **소극적 위험방지 분야로 한정**하게 되었으며, 비로소 이 취지의 규정을 둔 **프로이센 경찰행정법(1931)이 제정**되었다.
37. (X) **프로이센 경찰행정법(1931년)**은 경찰관청은 일반 또는 개인에 대한 공공의 안녕과 질서를 위협하는 위험을 방지하기 위하여 현행법의 범위 내에서 **의무에 합당한 재량**에 따라 필요한 조치를 취하지 않으면 안 된다고 규정하였다.

38 ☐☐☐☐ 18 채용, 10 승진, 13 간부

1931년 프로이센 경찰행정법은 '공공의 평온, 안녕 및 질서를 유지하고 또한 공중 및 그의 개개 구성원들에 대한 절박한 위험을 방지하기 위하여 필요한 조치를 취하는 것은 경찰의 직무이다'라고 규정하였다. ⓞⓧ

39 ☐☐☐☐ 18·19 채용, 06 승진, 24 간부

프랑스 죄와형벌법전은 행정경찰과 사법경찰을 최초로 구분하여 법제화하였다는 점에 의의가 있다. ⓞⓧ

40 ☐☐☐☐ 19 승진, 19 간부

1795년 프랑스 죄와형벌법전 제16조에서 경찰은 공공의 질서를 유지하고 개인의 자유와 재산 및 안전을 유지하기 위한 기관이라고 규정하였다. ⓞⓧ

41 ☐☐☐☐ 09 승진

1795년 죄와형벌법전(경죄처벌법전)에는 "경찰은 소극적 치안유지뿐만 아니라 적극적인 공공복지의 증진을 위해서도 강제력을 행사한다."고 규정하였다. ⓞⓧ

42 ☐☐☐☐ 19 채용, 10 승진, 13·17·19·25 간부

1884년 프랑스의 지방자치법전 제97조는 '자치체경찰은 공공의 질서·안전을 확보함을 목적으로 한다'고 규정하여 위생사무 등 협의의 행정경찰적 사무를 제외하고 경찰의 직무를 소극목적에 한정하였다. ⓞⓧ

43 ☐☐☐☐ 18 채용

1884년 프랑스의 자치경찰법전에 의하면 자치체경찰은 공공의 질서·안전 및 위생을 확보함을 목적으로 하며 행정경찰과 사법경찰을 최초로 구분하여 법제화하였다. ⓞⓧ

정답과 해설

38. (X) '경찰관청은 공공의 평온·안녕 및 질서를 유지하고 또한 공중 및 그의 개개 구성원들에 대한 **절박한 위험**을 방지하기 위하여 필요한 기관이다'라고 규정하여 경찰의 직무를 공공의 안녕과 질서유지에 한정한 것은 **1794년 프로이센 일반란트법**(제10조 제2항 제17호)이다. **1931년 프로이센 경찰행정법** 제4조는 '경찰관청은 일반 또는 개인에 대한 공공의 안녕과 질서를 위협하는 위험을 방지하기 위하여 현행법의 범위 내에서 의무에 **합당한 재량**에 따라 필요한 조치를 취하지 않으면 안 된다'라고 규정하였다.

39. (O) 행정경찰과 사법경찰은 프랑스에서 확립된 구분으로, 프랑스 죄와형벌법전(경죄처벌법전) 제18조(1795년)에서 유래하였다.

40. (O)

41. (X) 1795년 죄와형벌법전(경죄처벌법전) 제16호에서 "경찰은 공공의 질서·자유·재산 및 개인의 안전의 보호에 임한다."고 규정하여 경찰의 직무를 **소극목적에 한정**하였다.

42. (X) 1884년 지방자치법전 제97조는 '자치체경찰은 공공의 질서·안전 및 위생을 확보함을 목적으로 한다'고 규정하여, 경찰의 직무를 소극목적에 한정하고 있으나 위생사무 등 **협의의 행정경찰적 사무가 포함**되어 있다. 경찰의 직무범위에서 협의의 행정경찰적 사무를 제외시킴으로써 경찰의 직무를 소극목적에 한정한 것은 **제2차 세계대전 이후**이다.

43. (X) 행정경찰과 사법경찰을 최초로 구분하여 법제화한 것은 1795년 제정된 **죄와형벌법전 제18조(제16조 X)**이다.

44 ☐☐☐☐ 19 채용

경찰 개념을 소극적 질서유지로 제한하는 주요 법률과 판결을 시간적 순서대로 나열하면 프로이센 일반란트 법(제10조) - 프랑스 죄와 형벌법전(제16조) - 크로이츠베르크 판결 - 프랑스 지방자치법전(제97조) - 프로이센 경찰행정법(제4조)의 순이다. O│X

45 ☐☐☐☐ 23 채용, 26 간부

18~19세기에 등장한 법치국가는 절대주의적 경찰국가에 대항하는 의미에서 자유주의적 법치국가의 성격을 띠었고, 이와 같은 법치국가적 경찰개념이 처음으로 법제화된 경우로는 1794년의 '프로이센 일반란트법'을 들 수 있다. O│X

46 ☐☐☐☐ 14 간부

다음은 대륙법계 경찰개념의 발전과정에 관한 설명이다. 연도순으로 연결하시오 (　　　　　)

> 가. 프로이센 일반란트법이 제정되어 공공의 안녕과 질서를 유지하고 절박한 위험을 방지하는 것이 경찰의 직무라고 하였다.
> 나. 프랑스 경죄처벌법(죄와형벌법전)이 제정되어 경찰은 공공의 질서 및 개인의 안전보호를 임무로 하였다.
> 다. 프로이센 고등행정법원이 크로이츠베르크 판결을 통해 경찰의 직무가 위험방지에 한정된다고 하였다.
> 라. 독일 제국경찰법에서는 교회행정을 제외한 국가행정을 경찰이라고 하였다.
> 마. 프랑스 지방자치법전에서는 자치체경찰은 공공의 질서·안전 및 위생을 확보함을 목적으로 한다고 하였다.

3 대륙법계와 영미법계 경찰의 비교 _A급

47 ☐☐☐☐ 03 채용

대륙법계 국가에서의 경찰개념 형성과정에서 계몽주의 사상은 중요한 의미를 가진다. O│X

정답과 해설

44. (O) 1794년 프로이센 일반란트(주)법 - 1795년 프랑스 죄와형벌법전 - 1882년 크로이츠베르크(Kreuzberg)판결 - 1884년 프랑스의 지방자치법전 - 1931년 프로이센 경찰행정법
45. (O) 18~19세기에 등장한 법치국가는 소극적 위험방지에 한정하기 때문에 법치국가적 경찰개념이 처음으로 법제화된 경우로는 **1794년의 '프로이센 일반란트법'**을 들 수 있다.
46. **라-가-나-다-마**[(독일 제국경찰법 1530)-(프로이센 일반란트법 1794)-(프랑스 경죄처벌법 1795)-(프로이센 고등행정법원)-(프랑스 지방자치법전 1884)]
47. (O) 대륙법계 국가에서의 경찰개념 형성과정에서 계몽주의 사상, 영국의 명예혁명, 프랑스의 대혁명 등은 중요한 의미를 가진다.

48 ☐☐☐☐ 22 채용

경찰의 개념에 대한 정의는 시대 및 역사 그리고 각국의 전통과 사상을 배경으로 발달하기 때문에 일률적으로 정의를 내리기 어렵다. (O|X)

49 ☐☐☐☐ 03·18 채용

대륙법계 국가의 경찰개념 형성과정에서는 경찰의 임무범위를 확대시키는 과정이었으며, 경찰과 시민을 대립하는 구도로 파악하였다. (O|X)

50 ☐☐☐☐ 05·08·23·24 채용, 12 승진, 03·18·25 간부

대륙법계 국가의 경찰개념은 경찰권이라고 하는 자치권적 개념을 전제로 그 발동범위와 성질을 중심으로 형성된 반면, 영·미법계의 경찰개념은 시민으로부터 통치권한을 위임받은 조직체로서의 경찰이 주권자인 시민을 위해서 수행하는 기능 또는 역할을 중심으로 형성되었다. (O|X)

51 ☐☐☐☐ 05·07·08 채용, 10 승진, 03 간부

영미법계의 경찰개념은 "경찰이란 무엇인가?"라는 문제보다는 "경찰활동이란 무엇인가?"라는 문제와 관련이 깊다. (O|X)

52 ☐☐☐☐ 08 채용, 21 경채

영미법계 국가에서 수사활동은 당연히 경찰의 고유한 임무로 취급되었다. (O|X)

53 ☐☐☐☐ 05·12·24 채용, 03 간부

영미법계의 경찰개념은 자치권적 개념을 전제로 경찰과 시민과의 관계를 친화적·비례적·수평적 관계라 하며, 경찰의 역할 및 시민을 위하여 법을 집행하고 서비스하는 기능을 기준으로 형성된 개념이라 할 수 있다. (O|X)

54 ☐☐☐☐ 24 채용

영미법계 경찰개념은 국왕의 절대적 권력으로부터 유래된 경찰권을 전제로 하고, 비권력적 수단을 중시한다. (O|X)

정답과 해설

48. (O)
49. (X) 대륙법계 국가의 경찰개념 형성과정에서는 경찰의 임무범위를 **축소**시키는 과정이다.
50. (X) 대륙법계의 경찰개념은 경찰권이라는 **통치권적 개념**을 전제로 그 **발동범위와 성질을 기준**으로 형성된 것이고, 영미의 경찰개념은 주권자인 시민으로부터 **자치권한**을 위임받은 조직체로서의 경찰이 시민을 위해서 수행하는 **기능을 중심**으로 형성된 것이다.
51. (O) "경찰활동이란 무엇인가?"라는 문제로 경찰개념이 논의된 것은 영미법계 국가이고, 대륙법계 국가는 "경찰이란 무엇인가?"(존재)라는 문제로 경찰개념이 논의되었다.
52. (O) 영미법계는 **행정경찰과 사법경찰을 미분리**하였기 때문에 수사활동(사법경찰)은 당연히 경찰의 고유한 임무로 취급되었다. 대륙법계는 **행정경찰과 사법경찰**를 구분한다.
53. (O) 영미법계의 경찰개념은 **자치권적(통치권적 X)** 개념을 전제로 경찰과 시민과의 관계를 친화적·비례적·**수평적(수직적 X)** 관계라 한다.
54. (X) **대륙법계(영미법계 X)** 경찰개념은 국왕의 절대적 권력으로부터 유래된 경찰권을 전제로 한다. **영미법계 경찰**은 비권력적 수단을 중시한다.

4 주요 외국 판결 _A급

55 ☐☐☐☐ 04 채용

경찰의 직무를 공공의 안녕, 질서유지에 한정한 것과 관계가 깊은 것으로는 1794년 독일 프로이센 일반란트법, 1882년 Kreuzberg 판결, 1795년 프랑스 경죄처벌법전, Blanco 판결이 있다. (O|X)

56 ☐☐☐☐ 22 채용

크로이츠베르크 판결(1882)은 승전기념비의 전망을 확보할 목적으로 주변 건축물의 고도를 제한하기 위해 베를린 경찰청장이 제정한 법규명령은 독일의 「제국경찰법」상 개별적 수권조항에 위반되어 무효라고 하였다. (O|X)

57 ☐☐☐☐ 08 승진, 11·13·18 간부

프로이센 법원의 크로이츠베르크(Kreuzberg) 판결은 경찰작용(임무)의 목적확대에 결정적인 계기를 만든 판결이다. (O|X)

58 ☐☐☐☐ 19 채용

크로이츠베르크 판결은 경찰의 직무범위는 위험방지 분야에 한정된다고 하는 사상이 법해석상 확정되는 계기가 되었다. (O|X)

59 ☐☐☐☐ 23·25 채용, 19·21 간부

1882년 프로이센 고등행정법원은 크로이츠베르크(Kreuzberg) 판결을 통해 경찰관청이 일반수권 규정에 근거하여 법규명령을 발할 수 있는 분야는 소극적인 위험방지에 한정된다는 사상이 법 해석상 확정되는 계기가 되어 경찰작용의 목적 축소에 기여하였다. (O|X)

정답과 해설

55. (X) Blanco 판결은 **공무원에 의한 손해는 국가에 배상책임이 있고 그 관할은 행정재판소라는 원칙이 확립**되는 계기가 판결이다.

56. (X) 크로이츠베르크 판결(1882)은 승전기념비의 전망을 확보할 목적으로 주변 건축물의 고도를 제한하기 위해 베를린 경찰청장이 제정한 법규명령은 **경찰권은 소극적인 위해방지를 위한 조치만을 할 수 있고, 적극적으로 공공복리를 할 권한이 없다는 이유로 경찰청장이 제정한 명령은 무효**라고 하며, 경찰관청이 **프로이센 일반란트법상 일반수권 규정에 근거**하여 법규명령을 발할 수 있는 분야는 위험방지 분야에 한정된다고 판시된 판결이다.

57. (X) Kreuzberg 판결은 1882년 독일의 프로이센 고등행정법원이 베를린의 크로이츠베르크 언덕에 있는 전승기념비 조망을 확보하기 위하여 주변 토지에 대한 건축물의 높이를 제한한 베를린 경찰청장의 명령에 대하여 그러한 명령은 심미적 이유로 내려진 것으로 복지의 증진을 목적으로 하는 것이므로 **무효**라고 함으로써 "경찰의 임무는 위험방지에 한정된다"고 하는 사상이 법해석상 확정되는 계기를 만든 판결이다. 즉 크로이츠베르크 판결은 경찰작용의 목적확대가 아니라 **목적축소**와 관계가 깊다.

58. (O)

59. (O) 1882년 프로이센 고등행정법원은 크로이츠베르크(Kreuzberg) 판결을 통해 경찰관청이 **일반수권(개별적 수권 X)** 규정에 근거하여 법규명령을 발할 수 있는 분야는 소극적인 위험방지에 한정된다는 사상이 법 해석상 확정되는 계기가 되어 경찰작용의 목적 **축소(확대 X)**에 기여하였다.

60 ☐☐☐☐ 18 승진

Kreuzberg 판결을 통해 경찰관청이 개별수권 규정에 근거하여 법규명령을 발할 수 있는 분야는 위험방지 분야에 한정된다고 판시하였다. ⓞⓧ

61 ☐☐☐☐ 18 승진

크로이츠베르크(Kreuzberg) 판결은 1882년 프로이센 고등행정법원이 판시하였다. ⓞⓧ

62 ☐☐☐☐ 06·18 승진

경찰권발동은 소극적인 질서유지에 한정된다고 명한 판결은 크로이츠베르크 판결이다. ⓞⓧ

63 ☐☐☐☐ 25 채용, 18 승진

크로이츠베르크(Kreuzberg) 판결은 독일에서 경찰개입청구권을 인정한 판결의 효시로 평가된다. ⓞⓧ

64 ☐☐☐☐ 10 채용

경찰의 임무는 소극적인 위험방지에 한정된다고 하는 사상이 법해석상 확정되는 계기가 된 것은 띠톱판결이다. ⓞⓧ

65 ☐☐☐☐ 18 승진

베를린 시민이 Kreuzberg 부근에서 국영 담배공장 운반차에 부상을 당하여 민사법원에 손해배상청구소송을 제기한 사실관계에 기초하여, 손해가 공무원에 의하여 발생한 것이라는 이유에서 관할이 행정재판소로 옮겨지게 된 것은 Kreuzberg 판결이다. ⓞⓧ

66 ☐☐☐☐ 25 채용, 18 승진

Blanco 판결은 Blanco란 소년이 국영담배공장 운반차에 부상을 당하여 민사법원에 소를 제기하였는데 손해가 공무원에 의하여 발생한 것이라는 이유에서 행정재판소 관할로 옮겨진 사건으로, 공무원에 의한 손해는 국가에 배상책임이 있고 그 관할은 행정재판소라는 원칙이 확립되는 계기가 되었다. ⓞⓧ

정답과 해설

60. (X) Kreuzberg 판결을 통해 경찰관청이 프로이센 일반란트법의 **일반수권 규정**에 근거하여 법규명령을 발할 수 있는 분야는 위험방지 분야에 한정된다고 판시하였다.

61. (O)

62. (O) 크로이츠베르크(Kreuzberg) 판결은 경찰권 발동의 조리상 한계로서 경찰소극목적의 원칙 확립의 계기가 되었다.

63. (X) 독일에서 경찰(행정)개입청구권을 인정한 판결의 효시로 평가되는 것은 **띠톱판결**이다.

64. (X) 경찰의 임무는 소극적인 위험방지에 한정된다고 하는 사상이 법해석상 확정되는 계기가 된 것은 **크로이츠베르크 판결**이다. 띠톱판결은 1960년 8월 18일 독일 연방행정재판소의 판결로서 국민에게 경찰개입청구권을 인정한 판결이다.

65. (X) 국영 담배공장 운반차에 부상을 당하여 민사법원에 손해배상청구소송을 제기한 사실관계에 기초하여, 손해가 공무원에 의하여 발생한 것이라는 이유에서 관할이 행정재판소로 옮겨지게 된 것은 **블랑코(Blanco) 판결**이다.

66. (O)

67 ☐☐☐☐ 25 채용, 18 승진

Escobedo 판결은 변호인과의 접견교통권을 침해하여 획득한 자백의 증거능력을 부정한 판결이다. (O|X)

68 ☐☐☐☐ 23 간부

국가배상이 인정된 최초의 판결은 에스코베도(Escobedo) 판결이다. (O|X)

69 ☐☐☐☐ 25 채용, 18 승진

Miranda 판결은 변호인선임권, 접견교통권 및 진술거부권을 고지하지 않은 상태에서 이루어진 자백의 증거능력을 부정하여, 자백의 임의성과 관계없이 채취과정에 위법이 있는 자백을 배제하게 되는 계기가 되었다. (O|X)

70 ☐☐☐☐ 10 승진

맬로리 판결은 '불법수색과 불법압수로 수집한 증거는 피고인에게 불리하게 사용될 수 없다'는 내용의 1961년의 연방대법원 판결이다. (O|X)

71 ☐☐☐☐ 23 간부

위법수집증거 배제법칙이 확립된 판결은 맵(Mapp) 판결이다. (O|X)

정답과 해설

67. (O)
68. (X) 국가배상이 인정된 최초의 판결은 **Blanco 판결**이다. 에스코베도(Escobedo) 판결은 변호인과의 접견교통권 및 진술거부권을 침해하여 획득한 자백의 증거능력을 부정하였다.
69. (O)
70. (X) **맵(Mapp) 판결**에 대한 설명이다. 맵(Mapp) 판결은 '**불법수색과 불법압수로 수집한 증거**는 피고인에게 불리하게 사용될 수 없다(**위법수집증거 배제법칙이 확립된 판결**)'는 내용의 1961년의 연방대법원 판결이다.
71. (O)

THEME 02 경찰의 개념 구분

1 형식적 의미의 경찰과 실질적 의미의 경찰 _S급

1-1 형식적 의미의 경찰

72 ☐☐☐☐ 24·25 채용, 09 간부
형식적 의미의 경찰은 조직을 기준으로 파악된 개념이고, 실질적 의미의 경찰은 사회목적적 작용을 의미하며 작용을 중심으로 파악된 개념이다. (O|X)

73 ☐☐☐☐ 03·05·06·10·14·15·17·24 채용, 15·19·20 승진, 14 간부
형식적 의미의 경찰은 실정법상 보통경찰기관에 분배된 임무를 달성하기 위하여 행해지는 경찰활동으로 그 범위는 나라마다 차이가 있을 수 있다. (O|X)

74 ☐☐☐☐ 08 채용, 10 승진
형식적 의미의 경찰은 실정법적·조직법적 기준에서 파악된 개념으로 경찰관서에서 하는 일체의 경찰작용을 의미한다. (O|X)

75 ☐☐☐☐ 20 채용
경찰관 직무집행법 제2조에 규정된 경찰의 직무범위가 우리나라에서의 형식적 의미의 경찰개념에 해당한다. (O|X)

76 ☐☐☐☐ 05 채용, 14 간부
형식적 의미의 경찰활동으로는 수사활동, 정보활동, 서비스적 활동, 건축허가 등이 있다. (O|X)

77 ☐☐☐☐ 07·14·15·25 채용, 05·15 승진, 19·24 간부
정보경찰활동과 사법경찰활동은 실질적 의미의 경찰보다는 형식적 의미의 경찰과 관련이 깊다. (O|X)

78 ☐☐☐☐ 14 승진, 14 간부
일반행정기관에서도 '경찰기능'을 담당한다고 할 때의 '경찰기능'은 '일반행정기관'이라는 조직적 측면에서 바라본 형식적 경찰개념을 의미한다. (O|X)

> **정답과 해설**
>
> 72. (O) 형식적 의미의 경찰은 **조직을 기준**(보통경찰기관을 의미)으로 파악된 개념이고, 실질적 의미의 경찰은 **사회목적적 작용**(국가목적적 작용 X)을 의미하며 작용을 중심(권력적 작용인 명령 강제 의미)으로 파악된 개념이다.
> 73. (O) 형식적 의미의 경찰개념에 따른 경찰활동의 범위는 국가마다 상이하고, 한 국가 내에서도 시간 변화에 따라 달라질 수 있다.
> 74. (O)　　75. (O)
> 76. (X) 건축허가는 **실질적 의미**의 경찰작용에 속한다.
> 77. (O) 정보경찰활동과 사법경찰활동은 실질적 의미의 경찰보다는 **형식적 의미**(실질적 의미 X)**의 경찰**과 관련이 깊다.
> 78. (X) **일반행정기관**(형식적 의미의 보통경찰기관이 아닌 협의의 행정경찰)에서도 경찰기능을 담당한다고 할 때의 경찰기능은 명령·강제라는 **작용적**(조직적 X) 측면에서 바라본 **실질적 의미**(형식적 의미 X)의 경찰개념을 의미한다.

1-2 실질적 의미의 경찰

79 ☐☐☐☐ 11 채용
실질적 의미의 경찰이란 경찰의 개념을 작용과 성질을 중심으로 파악한 것으로 일반통치권에 기초한 활동으로서 이론적·학문적 개념이다. (O|X)

80 ☐☐☐☐ 15·16·20·23 승진, 11·14·17 채용, 09·19·24 간부
실질적 의미의 경찰은 형식적 의미의 경찰개념보다 넓은 의미로 형식적 의미의 경찰을 모두 포괄하는 상위개념이다. (O|X)

81 ☐☐☐☐ 08 채용, 09 간부
정보경찰·안보경찰·사법경찰은 실질적 의미의 경찰에 속한다. (O|X)

82 ☐☐☐☐ 05·08 채용, 10·23 승진, 20 경채
실질적 의미의 경찰개념에는 영업경찰, 정보경찰, 위생경찰, 봉사활동이 포함된다. (O|X)

83 ☐☐☐☐ 24 간부
공물경찰은 실질적 의미의 경찰에 해당한다. (O|X)

84 ☐☐☐☐ 05·23·24 채용, 26 간부
실정법상 보통경찰기관에 분배되어 있는 임무를 달성하기 위하여 행하여지는 경찰활동은 실질적 의미의 경찰이다. (O|X)

85 ☐☐☐☐ 17 채용
경찰이 아닌 다른 일반행정기관 또한 경찰과 마찬가지로 형식적 의미의 경찰에 해당하는 활동을 할 수 있다. (O|X)

86 ☐☐☐☐ 10 채용
실질적 의미의 경찰은 국민에게 명령·강제하는 권력작용과 비권력작용을 모두 포함한다. (O|X)

정답과 해설

79. (O) 실질적 의미의 경찰이란 경찰의 개념을 작용과 성질을 중심으로 파악한 것으로 일반통치권(특별행정법관계 X)에 기초한 활동으로서 이론적·학문적 개념이다.

80. (X) 형식적 의미의 경찰 일부가 실질적 의미의 경찰이고, 실질적 의미의 경찰 일부가 형식적 의미의 경찰에 해당할 뿐이지 양자는 어느 하나가 다른 하나를 포함(포괄)하는 관계가 아니다.

81. (X) 정보경찰·안보경찰·사법경찰(행정경찰 X)은 형식적 의미의 경찰에 속한다.

82. (X) 정보경찰, 봉사경찰은 비권력적 작용이므로 실질적 의미의 경찰작용으로 볼 수 없고, 형식적 의미의 경찰에 속한다.

83. (O) 실질적 의미의 경찰에는 건축경찰, 위생경찰, 영업경찰, 도로경찰, 예방경찰, 공물경찰, 행정경찰 등이 있다.

84. (X) 실정법상 보통경찰기관에 분배되어 있는 임무(범죄 예방, 정보 수집·작성·배포 활동 등)를 달성하기 위하여 행하여지는 경찰활동은 형식적 의미의 경찰이다.

85. (X) 경찰이 아닌 다른 일반행정기관이 행하는 경찰작용은 실질적 의미의 경찰에 해당한다.

86. (X) 실질적 의미의 경찰은 국민에게 명령·강제(권력작용)하는 권력작용이므로 비권력작용은 실질적 의미의 경찰은 아니다.

87 ☐☐☐☐ 20 채용, 21 승진

실질적 의미의 경찰은 사회공공의 안녕과 질서유지를 위한 권력적 작용이므로 소극목적에 한정된다. O│X

88 ☐☐☐☐ 03·06·23·24 채용, 16·19·20·23 승진, 19·26 간부

실질적 의미의 경찰은 국가의 특별통치권에 근거하여 국민에게 명령·강제하는 권력적 작용으로 독일의 행정법학에서 정립된 학문상 개념이다. O│X

89 ☐☐☐☐ 23 채용, 10·19 승진, 13·19 간부

실질적 의미의 경찰은 사회공공의 안녕, 질서유지와 같은 적극적 목적을 위한 작용이다. O│X

90 ☐☐☐☐ 23 경채

형식적 의미의 경찰개념은 경찰작용의 성질에 따른 것으로서 보건·산림·세무·의료·환경 등을 담당하는 국가기관(특별사법경찰기관)의 권력작용을 포함하여 지방자치단체(특별시, 광역시, 시·군·구)의 권력작용도 경찰로 간주된다. O│X

91 ☐☐☐☐ 05·08·14·17·20 채용, 10·20 승진, 09·13·14·24 간부

실질적 의미의 경찰개념은 학문상으로 정립된 개념이며, 프랑스 행정법학에서 유래하였다. O│X

1-3 종합문제

92 ☐☐☐☐ 08·10·12 채용, 16 승진

형식적 의미의 경찰은 실정법상 보통경찰기관의 직무와 관련이 있으며, 실질적 의미의 경찰은 본질적으로 타인의 자유와 행동을 제한하고 규제하는 것과 관련이 있으며 경찰의 서비스적 활동이 이에 속한다. O│X

93 ☐☐☐☐ 20·23 채용, 20 승진

형식적 의미의 경찰이 언제나 실질적 의미의 경찰이 되는 것은 아니며, 실질적 의미의 경찰이 모두 형식적 의미의 경찰이 되는 것도 아니다. O│X

정답과 해설

87. (O) 실질적 의미의 경찰은 사회공공의 안녕과 질서유지를 위한 권력적 작용이므로 **소극목적 또는 사회목적(적극목적 또는 국가목적 X)**에 한정된다.
88. (X) 실질적 의미의 경찰은 국가의 **일반통치권(특별통치권 X)**에 근거하여 국민에게 명령·강제하는 권력적 작용으로 독일의 행정법학에서 정립된 학문상 개념이다.
89. (X) 실질적 의미의 경찰은 **소극적 목적을 위한 작용**이지 적극적 목적을 위한 작용이 아니다.
90. (X) 작용·성질을 중심으로 한 **실질적 의미의 경찰**(보안경찰+협의의 행정경찰)에 대한 설명이다. 즉, 보건·산림·세무·의료·환경 등을 담당하는 국가기관(특별사법경찰기관)의 권력작용을 포함하여 지방자치단체(특별시, 광역시, 시·군·구)의 권력작용은 협의의 행정경찰에 해당한다.
91. (X) 실질적 의미의 경찰개념은 **실무상 정립된 개념이 아니라 이론상·학문상 정립된 개념**으로, **독일** 행정법학에서 유래한다.
92. (X) 경찰의 서비스적 활동은 **형식적 의미의 경찰**개념에 포함된다.
93. (O)

94 ☐☐☐☐ 05·15·20 채용, 23 경채

형식적 의미의 경찰은 사회목적적 작용을 의미하며 작용을 중심으로 파악된 개념이고, 실질적 의미의 경찰은 조직을 기준으로 파악된 개념이다. (O|X)

95 ☐☐☐☐ 10·15·16·19·24 승진, 19 간부, 20 경채

일반행정기관이 실질적 의미의 경찰작용을 하는 경우는 있으나, 형식적 의미의 경찰작용을 하지는 않는다. (O|X)

96 ☐☐☐☐ 24 간부

사무를 기준으로 하였을 때 우리나라 자치경찰은 형식적 의미의 경찰과 실질적 의미의 경찰 모두에 해당한다. (O|X)

97 ☐☐☐☐ 25 채용, 26 간부

법정경찰은 형식적 의미의 경찰과 실질적 의미의 경찰에 모두 해당된다. (O|X)

2 경찰개념의 분류 기준과 내용 _S급

2-1 행정경찰과 사법경찰

98 ☐☐☐☐ 09·12 채용, 13 간부, 21 경채

행정경찰과 사법경찰의 구분은 삼권분립의 사상에 투철했던 프랑스에서 확립된 것이며, 그 영향을 받아 우리나라에서는 국가수사본부의 설치로 조직법상으로 행정경찰과 사법경찰의 구분이 명확하다. (O|X)

99 ☐☐☐☐ 07 채용, 03·16 승진

행정경찰과 사법경찰의 구분은 삼권분립사상이 투철했던 프랑스에서 확립된 것으로 경죄처벌법전(죄와형벌법전) 제18조에서 유래되었고, 행정경찰은 공공질서유지·범죄예방을 목적으로 한다. (O|X)

정답과 해설

94. (X) **실질적 의미의 경찰**은 **사회목적적 작용**을 의미하며 작용을 중심으로 파악된 개념이고, **형식적 의미의 경찰**은 **조직을 기준**으로 파악된 개념이다.
95. (O) 형식적 의미의 경찰작용이란 실정법상 **보통경찰기관(일반행정기관 X)**에 분배된 사무를 말한다.
96. (O) **사무를 기준으로 하였을 때** 경찰청장은 국가경찰사무(국자법 제14조), 국가수사본부장은 「형사소송법」에 따른 경찰의 수사(동법 제16조), 시·도자치경찰위원회는 자치경찰사무(동법 제18조)를 관장한다. 즉, 우리나라 자치경찰을 담당하는 시·도자치경찰위원회는 **보통경찰기관(형식적 의미의 경찰)**으로서 안녕과 **질서를 유지(실질적 의미의 경찰)**하기 위한 경찰이다.
97. (X) **법정경찰과 의원경찰**은 특별경찰기관으로 형식적 의미의 경찰과 실질적 의미의 경찰 어디에도 **해당되지 않는다.**
98. (X) 우리나라에서는 국가수사본부가 설치되어 있어도 조직법상으로 행정경찰과 사법경찰의 구분이 명확하지 않으며, 각각 상이한 기관에서 관장하지 않고 **보통경찰기관이 양자를 아울러 관장**하고 있다.
99. (O) 행정경찰과 사법경찰의 구분은 원래 3권분립사상에 투철했던 **프랑스(독일 X)**에서 확립된 것으로 **경죄처벌법전(1795년) 제18조(제16조 X)**에서 "행정경찰은 공공질서유지·범죄예방을 목적으로 하고, 사법경찰은 범죄의 수사·체포를 목적으로 한다"라고 규정한 데서 비롯되어 대륙법계 여러 나라에서 일반화되었다.

100 ☐☐☐☐ 03·18·24 채용, 03·19 승진, 20 경채

삼권분립 사상에 따라 행정경찰과 사법경찰로 구분할 수 있으며, 형식적 의미의 경찰은 행정경찰에, 실질적 의미의 경찰은 사법경찰에 해당한다. OIX

101 ☐☐☐☐ 21 채용, 16 승진, 23 간부

우리나라는 조직법상 행정경찰과 사법경찰의 구분이 없으며, 보통경찰기관이 양 사무를 모두 담당한다. OIX

102 ☐☐☐☐ 21·25 채용, 22·25 간부

행정경찰과 사법경찰은 경찰의 목적·임무에 따라 구분하며, 프랑스의 죄와형벌법전(경죄처벌법전)에서 이와 같은 구분을 최초로 법제화하였다. OIX

103 ☐☐☐☐ 03 승진

행정경찰은 공공질서의 유지·범죄 예방을 목적으로 하고, 사법경찰은 범죄의 수사·체포를 목적으로 한다. OIX

104 ☐☐☐☐ 13·23 간부, 24 승진

행정경찰은 주로 과거의 상황에 대하여 작용하며, 사법경찰은 주로 현재 또는 장래의 상황에 대하여 작용한다. OIX

105 ☐☐☐☐ 16 승진

행정경찰은 각종 행정법규에 의하여 작용하지만, 사법경찰은 형사소송법에 의하여 권한을 행사한다. OIX

106 ☐☐☐☐ 21 간부

광의의 행정경찰과 사법경찰은 경찰의 목적·임무를 기준으로 한 구분이며, 이러한 경찰개념의 구분은 삼권분립 사상에 투철했던 프랑스에서 확립된 개념이다. OIX

정답과 해설

100. (X) **형식적 의미의 경찰**은 경찰작용의 성질에 관계없이 실정법상 보통경찰기관의 권한에 속하는 일체의 작용을 말하고, **실질적 의미의 경찰**은 사회공공의 안녕·질서를 유지하기 위하여 일반통치권에 의거하여 국민에게 명령·강제하는 작용을 말한다. **행정경찰은 실질적 의미의 경찰에 해당하고, 사법경찰은 형식적 의미의 경찰에 해당한다.**
101. (O) 우리나라에서는 보통경찰기관이 행정경찰 및 사법경찰 업무를 모두 담당한다.
102. (O) 행정경찰과 사법경찰은 **경찰의 목적 또는 3권분립 사상**에 따라 구분하며, **프랑스의 「죄와 형벌법전」(「경죄처벌법전」 제18조)** 에서 이와 같은 구분을 최초로 법제화하였다.
103. (O)
104. (X) **행정경찰(실질적 의미의 경찰)** 은 주로 **현재 또는 장래**의 상황에 대하여 발동되는 반면, **사법경찰(형식적 의미의 경찰)** 은 **주로 과거**의 상황에 대하여 발동하게 된다.
105. (O)
106. (O) **광의의 행정경찰(보안경찰+협의의 행정경찰)과 사법경찰**은 경찰의 목적·임무를 기준으로 한 구분이며, 이러한 경찰개념의 구분은 삼권분립 사상에 투철했던 **프랑스에서 확립된 개념**이다.

2-2 보안경찰과 협의의 행정경찰

107 ☐☐☐☐ 18 채용, 25 간부, 23 경채

업무의 독자성에 따라 보안경찰과 협의의 행정경찰로 구분할 수 있으며, 교통경찰은 보안경찰에, 건축경찰은 협의의 행정경찰에 해당한다. (O|X)

108 ☐☐☐☐ 07 채용, 21 경채

보안경찰은 다른 행정작용을 동반하지 아니하고 오로지 경찰작용만으로 행정의 일부분을 형성하고 있는데 풍속경찰, 교통경찰 등이 이에 해당한다. (O|X)

109 ☐☐☐☐ 03·04·06·21 채용, 21 경채

협의의 행정경찰은 다른 행정작용에 부수하여 그 행정작용과 관련해서 발생하는 위험을 방지하기 위해 행해지는 경찰작용으로 경제경찰, 산림경찰, 철도경찰 등이 있다. (O|X)

110 ☐☐☐☐ 11·25 채용

광의의 행정경찰을 업무의 독자성(타 행정작용에 부수하느냐의 여부)으로 분류하면 보안경찰과 협의의 행정경찰로 나뉜다. (O|X)

111 ☐☐☐☐ 21 간부

보안경찰과 협의의 행정경찰은 업무의 독자성에 따른 구분 또는 경찰작용이 다른 행정작용에 부수(수반) 여부를 기준으로 한다. (O|X)

112 ☐☐☐☐ 22 간부

보안경찰과 협의의 행정경찰은 권한의 책임과 소재에 따라 구분한 것으로 풍속경찰은 보안경찰에 해당하고, 산림경찰은 협의의 행정경찰에 해당한다. (O|X)

113 ☐☐☐☐ 07·12 채용

경찰청의 분장사무처럼 사회공공의 안녕과 질서를 유지하기 위하여 다른 행정작용을 동반하지 아니하고 오로지 경찰작용만으로 행정의 일부분을 구성하는 경우를 보안경찰이라 하고, 건축경찰 또는 위생경찰처럼 다른 행정작용과 결합하여 특별한 사회적 이익의 보호를 목적으로 하면서 그 부수작용으로서 사회공공의 안녕과 질서를 유지하기 위한 경찰작용을 협의의 행정경찰이라 한다. (O|X)

정답과 해설

107. (O)
108. (O) 업무 독자성의 구분에 따르면 보안경찰에는 생활안전경찰, 풍속경찰, 교통경찰, 경비경찰 등이 이에 해당한다.
109. (O) 행정경찰은 공공의 안녕질서를 유지하기 위하여 **다른 종류의 행정작용에 부수되지 않고 그 자체로서 독립하여 행해지는 보안경찰**(풍속경찰, 교통경찰)과 **다른 행정작용에 부수하여 그 행정작용의 분야에서 발생하는 위해를 방지하기 위하여 행해지는 협의의 행정경찰**(산림경찰, 위생경찰, 경제경찰)로 분류된다.
110. (O)   111. (O)
112. (X) 보안경찰과 협의의 행정경찰은 **타행정작용에 부수하느냐의 여부**에 따른 구분한 것이며 풍속경찰은 보안경찰에 해당하고, 산림경찰은 협의의 행정경찰에 해당한다. **권한의 책임과 소재에 따라 국가경찰과 자치경찰**로 구분된다.
113. (O)

114 ☐☐☐☐ 12 채용

협의의 행정경찰과 보안경찰은 다른 행정작용에 부수하느냐의 여부에 따라 구분하며, 협의의 행정경찰은 경찰활동의 능률성과 기동성을 확보할 수 있고 보안경찰은 지역 실정을 반영한 경찰 조직의 운영과 관리가 가능하다. OIX

115 ☐☐☐☐ 07·12·23 채용, 10 승진

권한과 책임의 소재를 기준으로 분류하는 경우 보안경찰과 협의의 행정경찰로 구분된다. OIX

116 ☐☐☐☐ 23·24 채용

실질적 의미의 경찰을 보안경찰과 협의의 행정경찰로 구분하는 것이 일반적 견해라고 할 때, 보안경찰은 독립적인 경찰기관이 관할하지만, 협의의 행정경찰은 각종의 일반행정기관이 함께 그것을 관장하는 경우가 많다. OIX

2-3 예방경찰과 진압경찰

117 ☐☐☐☐ 03·23·25 채용, 21·23 간부, 20 경채

예방경찰과 진압경찰은 경찰권 발동 시점에 따른 구분이다. OIX

118 ☐☐☐☐ 18 채용, 25 간부

타인에게 해를 끼칠 우려가 있는 정신착란자의 보호는 예방경찰에, 사람을 공격하는 멧돼지를 사살하는 것은 진압경찰에 해당한다. OIX

119 ☐☐☐☐ 21 채용, 25 간부

진압경찰은 이미 발생한 위해의 제거나 범죄의 수사를 위한 경찰작용으로 범죄의 수사, 범죄의 제지, 총포·화약류의 취급제한, 광견의 사살 등이 있다. OIX

2-4 평시경찰과 비상경찰

120 ☐☐☐☐ 08 간부

천재지변이나 전시·사변 또는 이에 준하는 국가비상사태에 있어서 계엄법에 의하여 군대가 병력으로 공공의 안녕·질서를 유지하는 작용을 비상경찰이라 한다. OIX

정답과 해설

114. (X) **경찰활동의 능률성과 기동성을 확보할 수 있는 것은 국가경찰**이며, **지역 실정을 반영한 경찰 조직의 운영과 관리가 가능**한 것은 **자치경찰**이다(권한과 책임소재에 따른 분류).
115. (X) 권한과 책임의 소재를 기준으로 분류하는 경우 **국가경찰과 자치경찰**로 구분된다. 보안경찰과 협의의 행정경찰은 **타 행정작용에 부수하느냐의 여부**에 따른 구분이다.
116. (O) 행정경찰은 보안경찰과 협의의 행정경찰로 구분할 때, 협의의 행정경찰은 각종의 일반행정기관이 관장을 하는 것이기 때문에 **실질적 의미의 경찰**과 관계가 있다.
117. (O)   118. (O)
119. (X) 총포·화약류의 **취급제한, 광견의 사살**은 **예방경찰**에 해당한다.
120. (O)

121 ☐☐☐☐ 12·21·23 채용, 08·21·22·26 간부

평시경찰과 비상경찰은 위해의 정도 및 담당기관에 따라 구분한 것으로, 평시경찰은 보통경찰기관이 행하는 경찰작용이고 비상경찰은 비상사태 발생으로 계엄이 선포될 경우 계엄법에 따라 군대가 담당하는 경찰작용이다. (O|X)

2-5 질서경찰과 봉사경찰

122 ☐☐☐☐ 12·18·21·23·25 채용, 21 간부

질서경찰과 봉사경찰은 경찰서비스의 질과 내용에 따라 구분하며, 경범죄처벌법 위반자에 대한 통고처분은 질서경찰의 영역에, 교통정보의 제공은 봉사경찰의 영역에 해당한다. (O|X)

123 ☐☐☐☐ 12·21 채용, 24 승진, 25 간부

형식적 의미의 경찰 중에서 경찰활동의 질과 내용을 기준으로 질서경찰과 봉사경찰로 구분할 수 있으며, 범죄수사 및 진압은 질서경찰에 포함되고, 교통정보제공이나 청소년 선도 및 서비스·계몽·지도 등은 봉사경찰의 개념에 포함된다. (O|X)

124 ☐☐☐☐ 03 채용, 23 간부

질서경찰과 봉사경찰은 경찰 활동 시 강제력의 사용 유무로 구분하며, 강제력을 수반하지 않는 비권력적 수단으로 직무를 수행하는 경찰은 봉사경찰에 해당한다. (O|X)

125 ☐☐☐☐ 03·24 채용, 08 간부

보통경찰기관이 사회공공의 안녕과 질서를 유지하기 위하여 강제력을 수단으로 즉시강제, 「경범죄 처벌법」 또는 「도로교통법」 위반자에 대한 통고처분 등 법집행을 행하는 경찰활동은 봉사경찰에 해당한다. (O|X)

정답과 해설

121. (O) **비상경찰**은 헌법적 근거를 필요로 하는 것으로서, 비상사태가 발생하여 계엄이 선포될 경우에 군대가 계엄법에 의하여 경찰 사무를 관장하는 것을 의미한다.
122. (O) 경찰의 수단 내지 경찰서비스의 구체적 내용, 즉 질서경찰(권력)과 봉사경찰(비권력)은 경찰서비스가 **강제력(권력적 작용인 명령과 강제) 사용 유무(질과 내용)**에 따른 구분이다.
123. (O) **봉사경찰**은 비권력적 작용이므로 권력적 작용을 중심으로 하는 실질적 의미의 경찰작용으로 볼 수 없고, **형식적 의미의 경찰**에 속한다.
124. (O) 질서경찰과 봉사경찰은 경찰 활동 시 강제력의 사용유무(질과 내용)로 구분된다.
125. (X) 범죄수사·다중범죄진압, 교통위반자에 대한 통고처분 등은 **질서경찰**에 해당한다. 봉사경찰은 강제력을 수반하지 않는 비권력적 수단으로 직무를 수행하는 경찰이다.

126 ☐☐☐☐ 18 채용, 22 간부

질서경찰과 봉사경찰은 경찰서비스의 질과 내용에 따라 구분한 것으로 범죄수사는 질서경찰에 해당하고 방범순찰은 봉사경찰에 해당한다. Ⓞ Ⓧ

127 ☐☐☐☐ 19 승진

경찰활동의 질과 내용을 기준으로 분류할 때 예방경찰은 경찰상의 위해 발생을 방지하기 위한 작용으로 '위해를 미칠 우려가 있는 정신착란자의 보호'가 이에 해당한다. Ⓞ Ⓧ

2-6 보통경찰과 고등경찰

128 ☐☐☐☐ 24 채용, 22·26 간부

고등경찰과 보통경찰의 구별은 독일에서 유래한 것으로 경찰에 의하여 보호되는 법익을 기준으로 한 것으로서 고등경찰에는 사상·언론의 자유에 관한 정보수집과 단속, 교통의 안전, 풍속의 유지 등이 포함된다. Ⓞ Ⓧ

3 국가경찰과 자치경찰의 장·단점 _A급

129 ☐☐☐☐ 03·09·16 채용, 03·08·21 간부

국가경찰과 자치경찰은 경찰유지의 권한과 책임의 소재(경찰의 조직·인사·비용부담)에 따른 분류이다. Ⓞ Ⓧ

130 ☐☐☐☐ 25 채용, 19 승진, 18 간부, 22 경채

자치경찰제도는 각 지방특성에 적합한 경찰행정이 가능하지만, 국가경찰제도에 비해 관료화되어 국민을 위한 봉사가 저해될 수 있다. Ⓞ Ⓧ

131 ☐☐☐☐ 19 승진

국가경찰제도는 경찰업무집행의 통일을 기할 수 있으나, 정부의 특정 정책 수행에 이용되어 본연의 임무를 벗어날 우려가 있다. Ⓞ Ⓧ

정답과 해설

126. (O)
127. (X) 경찰활동의 질과 내용을 기준으로 분류할 때 경찰은 **질서경찰과 봉사경찰**로 구분된다. 예방경찰과 진압경찰은 경찰권발동의 **시점**을 기준으로 한 분류이다.
128. (X) 고등경찰과 보통경찰의 구별은 **프랑스**에서 유래한 것으로, 경찰에 의하여 보호되는 법익을 기준으로 한다. 원래 **고등경찰**은 사회적으로 보다 우월한 가치를 지닌 법익을 보호하기 위한 경찰활동을 의미하였으나, 나중에는 사상·종교·집회·결사·언론의 자유에 대한 정보수집·단속과 같은 국가의 존립과 유지를 보장하기 위하여 국가적 기관 및 제도에 대한 위해를 방지하는 활동을 의미하게 되었다. 이에 비해 **보통경찰**은 **교통의 안전, 풍속의 유지**, 범죄의 예방·진압과 같이 일반사회의 안녕과 질서유지를 목적으로 하는 활동을 의미한다.
129. (O)
130. (X) 관료화되어 국민을 위한 봉사가 저해될 수 있다는 것은 **국가경찰제도의 단점**이다.
131. (O)

132 ☐☐☐☐ 10·20·23·25 채용, 18 간부

국가경찰은 자치경찰과 비교하여 인권과 민주성이 보장되어 주민들의 지지를 받기 쉽다. （O|X）

133 ☐☐☐☐ 20 채용, 23 간부

자치경찰은 국가경찰과 비교하여 비권력적 수단보다는 권력적 수단을 통해 국민의 생명과 신체·재산을 보호하고자 한다. （O|X）

134 ☐☐☐☐ 16·20·25 채용

국가경찰은 자치경찰과 비교하여 지역실정을 반영한 경찰조직의 운영·관리가 용이하다. （O|X）

135 ☐☐☐☐ 20·25 채용, 23 간부

국가경찰은 자치경찰과 비교하여 지역주민에 대한 경찰의 책임의식이 높고, 지역주민의 경찰활동 참여를 활성화 할 수 있다. （O|X）

136 ☐☐☐☐ 16·23·25 채용, 18 간부

국가경찰제도가 갖는 장점으로 국가권력을 배경으로 강력하고 광범위한 집행력을 행사할 수 있다. （O|X）

137 ☐☐☐☐ 25 채용

국가경찰은 자치경찰과 비교하여 지방세력의 간섭으로 정실에 빠질 우려가 있다. （O|X）

138 ☐☐☐☐ 16·20·25 채용, 18 간부

국가경찰은 자치경찰과 비교하여 타 행정부문과의 긴밀한 협조·조정이 원활하다. （O|X）

139 ☐☐☐☐ 16·23 채용, 18·25 간부, 22 경채

자치경찰제도는 관할지역이 광범위하지 않아 타 기관 간 협조가 원활하며 통계자료의 정확성을 기할 수 있는 반면 국가경찰제도는 관할지역이 광범위하여 타 기관과의 협조가 어렵고, 전국적인 통계자료의 정확성 또한 기할 수 없다. （O|X）

정답과 해설

132. (X) **자치경찰제도**는 **능률성보다 민주성이 확보**되며, 주민의견 수렴이 용이하여 주민들의 지지를 받기가 쉽다는 장점이 있다.
133. (X) **국가경찰**은 **자치경찰**과 비교하여 비권력적 수단보다는 권력적 수단을 통해 국민의 생명과 신체·재산을 보호하고자 한다.
134. (X) **자치경찰**은 **국가경찰**과 비교하여 지역실정을 반영한 경찰조직의 운영·관리가 용이하다.
135. (X) **자치경찰**은 **국가경찰**과 비교하여 지역주민에 대한 경찰의 책임의식이 높고, 지역주민의 경찰활동 참여를 활성화 할 수 있다.
136. (O) 전국적으로 균등한 치안서비스를 제공할 수 있다.
137. (X) 지방세력의 간섭으로 정실에 빠질 우려가 있는 경우는 **자치경찰의 단점**이다.
138. (O)
139. (X) **자치경찰제도**는 전국적 통계자료의 정확성을 얻기 곤란한 반면 **국가경찰제도**는 타 행정부문과의 긴밀한 협조·조정이 원활하고, 전국적으로 균등한 경찰서비스를 제공할 수 있으며, 통계자료의 정확성이 높고, 광역적 범죄 수사가 용이하다.

THEME 03 경찰의 임무 및 위험

1 경찰의 임무 _S급

140 ☐☐☐☐ 15·19·21 채용, 23 간부
「국가경찰과 자치경찰의 조직 및 운영에 관한 법률」은 경찰의 임무로 국민의 생명·신체 및 재산의 보호, 범죄의 예방·진압 및 수사, 범죄피해자 보호, 교통의 단속과 위해의 방지, 외국 정부기관 및 국제기구와의 국제협력 등을 규정하고 있다. O│X

141 ☐☐☐☐ 10 채용
경찰임무 중 경비·요인경호 및 대간첩작전수행은 경찰관 직무집행법에서 명시적 규정을 두고 있으나, 국가경찰과 자치경찰의 조직 및 운영에 관한 법률에는 명시적 규정이 없다. O│X

142 ☐☐☐☐ 10 채용
형사소송법은 경찰의 수사를 경찰의 직무로 규정하고 있으나, 국가경찰과 자치경찰의 조직 및 운영에 관한 법률은 이를 명문으로 규정하고 있지 않다. O│X

143 ☐☐☐☐ 19 채용
형사소송법은 임의수사를 원칙으로 하고, 강제수사를 예외적으로 허용하고 있다. O│X

2 경찰의 기본적인 임무 _S급

144 ☐☐☐☐ 10 채용
공공의 안녕이란 국가 등 집단과 관련되어 있음은 물론 개인과도 관련되어 있는 이중적 개념이다. O│X

정답과 해설

140. (O) 국가경찰과 자치경찰의 조직 및 운영에 관한 법률 제3조
141. (X) 경찰관 직무집행법 제2조와 국가경찰과 자치경찰의 조직 및 운영에 관한 법률 제3조에 규정하고 **있다(없다 X)**.
     참고로 국자법은 "**요인경호**", 경직법은 "**주요 인사(人士) 경호**"로 규정이 되어 있지만 내용상 차이는 없다.
142. (X) 형사소송법 제195조 제1항은 검사와 사법경찰관은 수사, 공소제기 및 공소유지에 관하여 서로 협력하여야 한다라고 규정되어 있고, **국가경찰과 자치경찰의 조직 및 운영에 관한 법률** 제3조와 경찰관 직무집행법 제2조는 각각 **범죄의 수사를 경찰의 임무(직무)로 규정**하고 있다.
143. (O) 수사에 관하여는 그 목적을 달성하기 위하여 필요한 조사를 할 수 있다. 다만, **강제처분은 이 법률에 특별한 규정이 있는 경우에 한하며, 필요한 최소한도의 범위 안에서만 하여야 한다**(형사소송법 제199조 제1항).
144. (O)

145 ☐☐☐☐ 25 채용, 25 승진

경찰의 임무를 공공의 안녕과 질서에 대한 위험방지로 정의할 때, 공공의 안녕은 국민의 생명·신체 및 재산 보호를 포함하는 상위개념이다. [O|X]

146 ☐☐☐☐ 10 채용, 23 경채

국가의 존립과 기능성을 위험으로부터 보호하기 위하여 가벌성의 범위 내에 이르지 아니하더라도 국민의 자유나 권리를 침해하지 않는 범위 내에서 수사·정보·안보경찰의 첩보수집활동을 할 수 있다. [O|X]

147 ☐☐☐☐ 21 채용, 23 경채

법질서의 불가침성은 공공의 안녕의 제1요소로서, 공법규범에 대한 위반은 일반적으로 공공의 안녕에 대한 위험으로 취급되어 경찰권 발동의 대상이 된다. [O|X]

148 ☐☐☐☐ 11 승진, 24 간부

공공의 안녕은 법질서의 불가침성, 국가존립과 기능성의 불가침성, 개인의 권리와 법익의 보호로 구성되며, 경찰은 사회공공과 관련하여 국가의 존립과 기능을 보호할 의무가 있다. [O|X]

149 ☐☐☐☐ 03·17 채용, 11·20·25 승진, 25 간부

경찰의 임무는 경찰조직법상의 경찰기관을 전제로 한 개념으로 '공공의 안녕과 질서에 대한 위험의 방지'가 경찰의 궁극적 임무라 할 수 있다. [O|X]

150 ☐☐☐☐ 17·20 채용, 11·20 승진, 25 간부

공공의 안녕이란 개념은 법질서의 불가침성과 국가의 존립 및 국가기관 기능성의 불가침성, 개인의 권리와 법익의 보호를 포함하며 이 중 공공의 안녕의 제1요소는 '국가의 존립 및 국가기관 기능성의 불가침'이다. [O|X]

151 ☐☐☐☐ 05 채용, 23 경채

공공의 안녕을 위해 경찰은 개인의 권리와 법익을 보호해야 한다. 다만 사법(私法)에서 인정되는 사적인 권리확보수단이 존재하는 경우에는 경찰의 보충적인 보호만 인정된다. [O|X]

정답과 해설

145. (O) **공공의 안녕과 질서유지**는 국민의 생명·신체 및 재산의 보호를 포함하는 **상위개념**이다.
146. (O) 가벌성의 범위 내에 이르지 않았더라도 국민의 자유와 권리를 침해하지 않는 범위 내에서 기본적인 경찰활동이 가능하다.
147. (O) 공공의 안녕의 요소 중 **법질서의 불가침성**은 **공법(公法)규범**을 대상으로 한다. **사법(私法)규범**의 경우에도 예외적으로 보충성의 원칙이 적용되는 경우에 대상이 된다.
148. (O) 공공의 안녕은 **법질서의 불가침성(공공의 안녕의 제1요소)**, 국가존립과 기능성의 불가침성, 개인의 권리와 법익의 보호로 구성되며, 경찰은 사회공공과 관련하여 국가의 존립과 기능을 보호할 의무가 있다.
149. (O) 경찰의 임무는 경찰조직법상 경찰기관을 전제로 한 개념으로 **실정법(국자법 제3조, 경직법 제2조)**상의 규정을 토대로 경찰의 임무를 살펴보면, **공공의 안녕과 질서에 대한 위험방지가 경찰의 궁극적 임무(대적(對敵) 개념에 입각한 국방임무 X)**라고 할 수 있다.
150. (X) '공공의 안녕'이란 개념은 '법질서의 불가침성'과 '국가의 존립 및 '국가기관 기능성의 불가침성', '개인의 권리와 법익의 보호'를 포함하며, 이 중 공공의 안녕의 제1요소는 **'법질서의 불가침성'**이다.
151. (O) 법적 보호가 적시에 이루어지지 않고, 경찰의 원조 없이는 법을 실현시키는 것이 무효화되거나 사실상 어려워질 경우에만 경찰이 개입할 수 있는 것은 **보충성의 원칙**이다.

152 ☐☐☐☐ 15 간부

보충성의 원칙은 경찰의 업무수행과정에서 국민의 협력을 구해야 하고 국민이 스스로 협조해 줄 때 효과적인 업무수행이 가능하다. (O|X)

153 ☐☐☐☐ 26 간부

법질서의 불가침성은 형법 등의 규범에 의해 보호받는 법익의 위태 또는 침해가 객관적으로 존재하면 족하고, 주관적 구성 요건의 구비·유책성 및 가벌성은 요하지 않는다. (O|X)

154 ☐☐☐☐ 21·26 간부

인간의 존엄·자유·명예·생명 등과 같은 개인적 법익뿐만 아니라 사유재산적 가치나 무형의 권리에 대한 위험방지도 경찰의 임무에 해당한다. 그러나 개인적 권리와 법익이 보호된 경우라고 하더라도 경찰의 원조는 잠정적인 보호에 국한되어야 하고, 최종적인 권리구제는 법원(法院)에 의하여야 한다. (O|X)

155 ☐☐☐☐ 10 채용, 11 승진, 23 간부

인간의 존엄·자유·명예·생명 등과 같은 개인적 법익뿐만 아니라 사유재산적 가치에 대한 위험방지도 경찰의 임무에 해당하나, 무형의 권리에 대한 위험방지는 경찰의 임무에 해당하지 아니한다. (O|X)

156 ☐☐☐☐ 19·21·23·25 채용, 05·09 승진, 15·25 간부

공공질서란 원만한 공동체 생활을 위한 필수적인 전제조건으로서 공공사회에서 개개인의 행동에 대한 불문규범의 총체를 의미한다. 공공질서는 시대에 따라 변화하는 상대적·유동적 개념이다. (O|X)

157 ☐☐☐☐ 17·20·23 채용, 05·09·11·20 승진, 15·21 간부

공공질서는 원만한 공동체 생활을 영위하기 위한 불가결적 전제조건이 되는 각 개인의 행동에 대한 불문규범의 총체로, 오늘날 거의 모든 생활영역에 대한 법적 전면규범화 증가추세에 따라 공공질서 개념의 사용 가능 분야는 확대되고 있다. (O|X)

> **정답과 해설**
>
> **152.** (X) 경찰의 업무수행과정에서 국민의 협력을 구해야 하고 국민이 스스로 협조해 줄 때 효과적인 업무수행이 가능한 것은 **지역사회경찰활동**과 관련이 있다.
>
> **153.** (O) 법질서의 불가침성은 형법 등의 규범에 의해 보호되는 법익의 위태 또는 침해가 **객관적으로 존재(치매환자가 실수로 불을 내어 화재가 발생한 경우)하면 족하고,** 주관적 구성 요건의 구비(치매환자가 실제로 불을 낼 의도), 유책성(치매환자가 책임이 있는지) 및 가벌성(치매환자를 법적으로 처벌 할 수 있는지)은 **요하지 않는다.**
>
> **154.** (O) 개인의 권리와 법익의 불가침성과 관련하여 경찰은 잠정적 보호에 국한되어야 하고 최종적인 규제를 취해서는 안된다.
>
> **155.** (X) 인간의 존엄·자유·명예·생명 등과 같은 개인적 법익뿐만 아니라 **사유재산적 가치와 무형의 권리에 대한 위험방지도 경찰의 임무에 해당**한다.
>
> **156.** (O) 공공질서란 원만한 공동체생활을 위한 불가결적 전제조건으로서 각 개인의 행동에 대한 불문규범의 총체로, 시대에 따라 변화하는 **상대적·유동적 개념(고정적 X, 절대적 X)**이다.
>
> **157.** (X) 공공질서는 원만한 공동체생활을 영위하기 위한 불가결적 전제 조건이 되는 각 개인의 행동에 대한 불문규범의 총체로, 오늘날 거의 모든 생활영역에 법적 안전성 확보를 위해 **불문규범이 전면규범화(성문화) 증가추세**에 따라 공공질서 개념의 사용가능분야는 점점 **"축소"**되고 있다.

158 ☐☐☐☐ 05·09 승진, 15 간부

공공질서라 함은 당시의 지배적인 윤리와 가치관을 기준으로 판단할 때 그것을 준수하는 것이 시민으로서 원만한 국가 공동체 생활을 영위하기 위한 불가결적 전제조건이 되는 각 개인의 행동에 대한 성문규범의 총체를 의미한다. (O│X)

159 ☐☐☐☐ 23 채용, 05·09 승진, 15·26 간부

공공의 안녕이란 개인의 생명·신체·건강·자유·재산과 같은 개인적 법익과 국가적 공동체의 존속 및 기능과 같은 국가적 법익이 침해되지 않은 상태를 의미하며, 공공의 질서보다 엄격한 합헌성을 요구받는다. (O│X)

160 ☐☐☐☐ 24 간부

공공질서와 관련하여 경찰이 개입할 것인가의 여부는 경찰의 결정에 맡겨져 있더라도 헌법상 과잉금지원칙이 준수되어야 한다. (O│X)

3 위험 _S급

3-1 위험의 개념

161 ☐☐☐☐ 21 채용, 07·12 승진, 15·16 간부, 23 경채

위험이란 가까운 장래에 공공의 안녕이나 질서에 손해가 나타날 수 있는 가능성이 개개의 경우에 충분히 존재하는 상태를 의미한다. 위험은 구체적 위험과 추상적 위험으로 구분할 수 있으며 경찰개입은 구체적 위험이 있을 때에만 가능하다. (O│X)

162 ☐☐☐☐ 10 채용, 21·24·26 간부

위험은 경찰개입의 전제조건이나 위험이 보호를 받게 되는 법익에 구체적으로 존재해야 하는 것은 아니기 때문에 보행자의 통행이 거의 없는 밤 시간에 횡단보도 보행자 신호등이 녹색등일 때 정지하지 않고 진행한 경우에도 통행한 운전자는 경찰책임자가 된다. 이는 공공의 안녕을 보호법익으로 하는 「도로교통법」을 침해함으로써 법질서의 불가침성을 침해하기 때문이다. (O│X)

정답과 해설

158. (X) 공공질서라 함은 당시의 지배적인 윤리와 가치관을 기준으로 판단할 때 그것을 준수하는 것이 시민으로서 원만한 국가 공동체생활을 영위하기 위한 불가결적 전제조건이 되는 각 개인의 행동에 대한 **불문규율**의 총체를 의미한다.

159. (X) 통치권 집행을 위한 개입근거로 활용될 수 있는 **공공질서** 개념은 불문규범의 총체로서 시대에 따라 변화하는 상대적·유동적 개념이기 때문에 **엄격한 합헌성과 제한적 사용의 요구**를 받는 개념이다.

160. (O) 공공질서와 관련하여 경찰이 개입할 것인가의 여부는 경찰의 결정에 맡겨져 있더라도 **헌법상 과잉금지원칙(비례의 원칙)**이 준수되어야 한다.

161. (X) 경찰개입은 **구체적 위험 내지 적어도 추상적 위험이 있을 때** 가능하다.

162. (O) 위험은 경찰개입의 전제조건이나 위험이 보호를 받게 되는 법익에 구체적으로 **존재해야 하는 것은 아니다(존재해야만 한다 X).** 즉, 보행자의 통행이 거의 없는 밤 시간에 횡단보도 보행자 신호등이 녹색등일 때 **보행자가 없다고 해서 정지하지 않고 진행한 경우에도 통행한 운전자는 경찰책임자가 된다.**

163 ☐☐☐☐ 07 승진, 15 간부

경찰에게 있어 위험의 개념은 사실에 기인하여 향후 발생할 사건의 진행에 관한 주관적 추정을 포함한다.
(O|X)

164 ☐☐☐☐ 12·18·20·22·24 승진, 19 간부

'위험'이란 보호받는 개인 및 공동의 법익에 관한 정상적 상태의 객관적 감소를 뜻하고, 보호법익에 대한 현저한 침해행위가 있어야 한다.
(O|X)

3-2 위험의 분류(구체적·추상적 위험 등)

165 ☐☐☐☐ 20 채용, 25 간부

위험의 현실화 여부에 따라 '추상적 위험'과 '구체적 위험'으로 구분할 수 있으며 경찰의 개입은 구체적 위험의 경우에만 정당화된다.
(O|X)

166 ☐☐☐☐ 23 채용, 22 승진

경찰개입을 위해서는 구체적 위험이 존재해야 하지만, 범죄예방 및 위험방지 행위의 준비는 추상적 위험 상황에서도 가능하다.
(O|X)

167 ☐☐☐☐ 23 채용

경찰개입의 대상이 되는 위험은 행위책임에 기인한 것일 수도 있고 상태책임에 기인한 것일 수도 있다.
(O|X)

168 ☐☐☐☐ 17 채용, 12 승진, 19 간부

경찰의 개입은 구체적 위험 내지 적어도 오상위험(추정적 위험)이 있을 때 가능하다.
(O|X)

169 ☐☐☐☐ 22 채용, 24·25 승진

구체적 위험은 개별사례에서 실제로 또는 최소한 경찰관의 사전적 시점에서 사실관계를 합리적으로 평가하였을 때, 가까운 장래에 공공의 안녕이나 공공의 질서에 대한 손해가 발생할 충분한 개연성이 있는 상황과 관련이 있고, 추상적 위험의 경우 경찰권 발동에 있어 사실적 관점에서의 위험에 대한 예측까지는 필요하지 않다.
(O|X)

정답과 해설

163. (O)
164. (X) **손해(위험 X)**란 보호법익에 대한 현저한 침해행위를 의미하고 정상적 상태의 객관적 감소이어야 하므로, 단순한 성가심이나 불편함은 경찰개입의 대상이 아니다.
165. (X) 경찰의 개입은 **구체적 위험 내지 추상적 위험**이 있을 경우 가능하다.
166. (O) 경찰의 개입은 구체적 위험 내지 적어도 추상적 위험이 있을 때 가능하다.
167. (O)
168. (X) 경찰의 개입은 **구체적 위험 내지 적어도 추상적 위험(추정적 위험 X)이 있을 때 가능하다**. 오상위험(추정적 위험)이 있을 때에는 경찰의 개입이 허용되지 아니한다.
169. (X) **추상적 위험의 경우** 단순히 안전하지 못하다라는 정도의 인식만으로는 충분하지 않고 사실적 관점에서 위험에 대한 **예측이 필요하다**.

3-3 위험에 대한 인식(외관적 위험)

170 ☐☐☐☐ 20·24 승진, 16·19·25 간부

위험에 대한 인식에 따라 외관적 위험, 위험혐의, 오상위험, 추상적 위험으로 구분된다. (O|X)

171 ☐☐☐☐ 10 채용, 25 승진

경찰이 의무에 합당한 사려 깊은 판단을 할 때 실제로 위험의 가능성은 예측되나 불확실한 경우를 외관적 위험이라고 한다. (O|X)

172 ☐☐☐☐ 23 채용, 18·20 승진

외관적 위험에 대한 경찰개입은 적법하며, 경찰관 개인에게 민·형사상 책임을 물을 수 없고 국가의 손실보상책임도 인정될 여지가 없다. (O|X)

173 ☐☐☐☐ 16 간부

경찰이 의무에 합당한 사려 깊은 판단을 하여 심야에 경찰관이 사람을 살려달라는 외침소리를 듣고 출입문을 부수고 들어갔는데, 실제로는 노인이 크게 켜놓은 TV 형사극 소리였던 경우는 외관적 위험을 인식한 사례에 해당한다. (O|X)

174 ☐☐☐☐ 12 승진

의무에 합당한 사려 깊은 판단을 하였으나 집안에서 아이들이 서로 괴성을 지르며 장난치는 것을 밖에서 듣고 강도사건이 발생한 것으로 오인한 경찰관이 문을 부수고 들어갔다면 외관적 위험을 인식한 사례에 해당한다. (O|X)

3-4 위험에 대한 인식(위험혐의)

175 ☐☐☐☐ 11·20·22 승진

위험혐의란 경찰이 의무에 합당한 사려 깊은 상황 판단을 할 때, 위험의 발생 가능성은 예측되지만, 위험의 실제 발생 여부가 불확실한 경우를 의미한다. (O|X)

정답과 해설

170. (X) 위험에 대한 인식에 따라 **외관적 위험, 위험혐의, 오상위험(= 추정적 위험 = 상상위험)**(추상적위험 X)으로 구분된다.
171. (X) 경찰이 의무에 합당한 사려 깊은 판단을 할 때 실제로 위험의 가능성은 예측되나 불확실한 경우를 **"위험혐의"**라고 하고, 경찰이 의무에 합당한 사려 깊은 상황판단을 하였음에도 위험을 잘못 긍정하는 경우를 **"외관적 위험"**이라고 한다.
172. (X) 외관적 위험은 **적법한 경찰개입**이므로 경찰관에게 민·형사상 책임을 물을 수 없지만, 국가의 **손실보상(손해배상 X)** 책임이 **발생할 수 있다.**
173. (O)   174. (O)   175. (O)

176 ☐☐☐☐ 23 채용, 18 승진, 15 간부

'위험혐의'의 경우 위험의 존재여부가 명백해질 때까지 예비적인 위험조사 차원의 경찰개입은 정당화될 수 없다. (O|X)

177 ☐☐☐☐ 22 채용, 24 승진

위험의 혐의만 존재하는 경우에 위험의 존재가 명백해지기 전까지는 예비적 조치로서 위험의 존재 여부를 조사할 권한은 없다. (O|X)

3-5 위험에 대한 인식(오상위험)

178 ☐☐☐☐ 18 승진, 19 간부

오상위험은 객관적으로 판단할 때 위험의 외관 또는 혐의가 정당화되지 않음에도 경찰이 위험의 존재를 잘못 추정한 경우를 말한다. (O|X)

179 ☐☐☐☐ 20·22 채용

경찰이 의무에 합당한 사려 깊은 상황판단을 했음에도 불구하고 위험을 잘못 긍정한 경우를 '오상위험'이라고 한다. (O|X)

180 ☐☐☐☐ 22 승진, 15 간부

오상위험이란 경찰이 상황을 합리적으로 사려 깊게 판단하여 위험이 존재한다고 인식하여 개입하였으나 실제로는 위험이 없던 경우를 말하며 이 경우 국가의 손실보상책임이 발생할 수 있다. (O|X)

181 ☐☐☐☐ 15 간부

오상위험의 경우 경찰관 개인에게는 민·형사상 책임이, 국가에게는 배상책임이 발생할 수 있다. (O|X)

정답과 해설

176. (X) '위험혐의'는 경찰이 의무에 합당한 사려 깊은 판단을 할 때 실제로 위험의 가능성은 예측되나 불확실한 경우를 말하며, 위험의 존재여부가 명백해질 때까지 예비적으로 행하는 위험조사 차원의 개입은 **정당화된다(정당화될 수 없다 X)**.

177. (X) 위험의 혐의만 존재하는 경우에 **위험의 존재가 명백해질 때까지** 예비적 조치로서 위험의 존재 여부를 **조사할 수 있다.**

178. (O)

179. (X) 경찰이 의무에 합당한 사려 깊은 상황판단을 했음에도 불구하고 위험을 잘못 긍정한 경우를 **'외관적 위험'**이라고 한다. **오상위험**은 객관적으로 위험의 외관 또는 혐의가 정당화되지 아니함에도 불구하고 경찰이 위험의 존재를 잘못 추정한 경우이다.

180. (X) **외관적 위험**에 관한 설명이다. **오상위험**이란 객관적으로 판단할 때 위험의 외관 또는 혐의가 정당화되지 않음에도 경찰이 위험의 존재를 잘못 추정한 경우를 말하며 이 경우 국가의 **손해배상(손실보상 X)**책임이 발생할 수 있다.

181. (O)

182 ☐☐☐☐ 22·25 채용, 07 승진, 16 간부

오상위험은 객관적으로 판단할 때 위험의 외관 또는 혐의가 정당화되지 않음에도 경찰이 위험의 존재를 잘못 추정한 경우를 말하며, 위법한 경찰개입이므로 경찰관 개개인에게는 민·형사상 책임이, 국가에게는 손해배상 책임이 발생할 수 있다. O│X

4 경찰활동의 기초 _B급

183 ☐☐☐☐ 04 승진

협의의 경찰권발동의 요건은 경찰상 장애의 존재, 수사상 단서의 존재, 사회공공의 안녕과 질서에 대한 위해의 존재를 들 수 있다. O│X

184 ☐☐☐☐ 05 채용, 03·25 간부

사회공공의 안녕과 질서를 유지하기 위하여 일반통치권에 근거하여 국민에게 명령·강제하는 권한을 경찰권이라고 할 때, 협의의 경찰권은 경찰책임자에게만 발동될 수 있다. O│X

185 ☐☐☐☐ 25·26 간부

국회의장의 국회경호권이나 법원의 법정질서유지권은 협의의 경찰권에 해당하지 않는다. O│X

186 ☐☐☐☐ 25 간부

경찰기관 외의 일반행정기관에서는 협의의 경찰권을 발동할 수 없다. O│X

정답과 해설

182. (O) 전날 악몽을 꾼 경찰관 A는 경찰관 B와 순찰 중에 주택에서 은은한 클래식 음악이 들리자 위험한 상황이라고 판단하고, 자신을 제지하는 경찰관 B를 밀친 후 혼자 현관문을 부수고 들어갔는데 실제로는 임신부가 태교음악을 듣고 있었다. 이는 **오상위험**에 대한 사례이다.

183. (X) **협의의 경찰권(수사권 제외)**은 사회공공의 안녕과 질서를 유지하기 위하여 일반통치권에 근거하여 국민에게 명령·강제하는 권한으로 국가와 국민 사이의 일반통치관계를 전제로 하는 것이다(**광의의 경찰권 = 협의의 경찰권 + 수사권**). 설문은 수사권에 해당하는 **"수사상 단서의 존재"** 때문에 틀린 지문이다.

184. (X) 협의의 경찰권의 발동은 경찰책임자에게만 가능한 것이 원칙이나, 예외적으로 법령상 근거가 있고 긴급한 필요가 있는 경우에는 **경찰책임자가 아닌 자(비책임자)에게도 가능**하다.

185. (O) 국회의장의 **국회경호권(의원경찰)**, 법원의 **법정경찰권**과 같이 일반통치권을 전제로 하지 않고 부분사회의 내부질서를 목적으로 하는 경우에는 **협의의 경찰작용에 해당하지 않는다**.

186. (X) 협의의 경찰권은 행정경찰이라고 말할 수 있다. 그러므로 행정경찰을 보안경찰(경찰기관)과 협의의 행정경찰(일반행정기관)로 분류할 때, 경찰기관 외의 일반행정기관에서도 협의의 경찰권을 발동할 수 **있다(없다 X)**.

1 사물관할

187 ☐☐☐☐ 03·09 채용, 03 간부
원칙적으로 해양경찰청은 해양에서의 경찰사무에 대하여 관할권을 가진다. (O | X)

188 ☐☐☐☐ 16 승진, 15 간부
경찰의 사물관할은 조직법적 임무규정으로 경찰권의 발동범위를 설정한 것이다. (O | X)

189 ☐☐☐☐ 20·23·24 채용, 17 승진
사물관할은 경찰이 처리할 수 있고 또 처리해야 하는 사무내용의 범위를 말하며 우리나라는 범죄수사에 대한 임무가 경찰의 사물관할로 인정되고 있다. (O | X)

190 ☐☐☐☐ 23·25 채용, 16 승진, 17 간부
우리나라는 대륙법계의 영향을 받아 범죄수사에 관한 임무가 경찰의 사물관할로 인정되고 있다. (O | X)

191 ☐☐☐☐ 22 채용
'사물관할'이란 경찰권이 발동될 수 있는 지역적 범위를 말하고, 대한민국의 영역 내 모든 범위에 적용되는 것이 원칙이다. (O | X)

192 ☐☐☐☐ 24 간부
범죄수사에 있어서 범죄피해자를 위한 사법경찰권의 적극적인 개입을 인정하는 입법례가 증가하는 추세이다. (O | X)

정답과 해설

187. (O)   188. (O)
189. (O) 사물관할이란 경찰이 처리할 수 있고 또 처리해야 하는 사무내용의 범위를 말하는 것으로서, **넓은 의미의 경찰권(협의의 경찰권 + 수사권)**이 발동될 수 있는 범위를 설정함으로써 그 범위를 넘는 분야에 관하여는 경찰이 개입할 수 없도록 한다는 점에서 **법적 의미(국가경찰과 자치경찰의 조직 및 운영에 관한 법률 제3조와 경찰관 직무집행법 제2조에 규정)**를 가진다.
190. (X) 경찰의 사물관할로서 국가경찰과 자치경찰의 조직 및 운영에 관한 법률과 경찰관 직무집행법에 규정된 범죄수사에 관한 임무는 **영미법계(대륙법계 X)** 경찰개념의 영향을 받은 것이다.
191. (X) **'지역관할'**에 대한 설명이다. **'사물관할'은 경찰이 처리할 수 있고 또 처리해야 하는 사무내용의 범위를 말한다.**
192. (O) 범죄수사에 있어서 범죄피해자를 위한 사법경찰권의 적극적인 개입을 인정하는 성매매방지 및 피해자보호 등에 관한 법률, 성폭력방지 및 피해자보호 등에 관한 법률, 가정폭력방지 및 피해자보호 등에 관한 법률 등과 같은 입법례가 증가하는 추세이다.

2 인적관할

193 ☐☐☐☐ 23·24 채용, 17 간부

인적관할이란 협의의 경찰권이 발동될 수 있는 인적 범위를 의미한다. O│X

194 ☐☐☐☐ 22·23 채용

헌법상 대통령은 내란 또는 외환의 죄를 범한 경우를 제외하고는 재직중 형사상의 소추를 받지 아니 한다. O│X

3 지역관할

195 ☐☐☐☐ 16 승진, 25 간부

경찰권은 원칙적으로 대한민국 영역 내 모든 지역에 적용되나 국내법적 또는 국제법적 근거에 의해 일정한 한계가 있다. O│X

196 ☐☐☐☐ 25 채용, 17 승진, 26 간부

국회의 경호업무는 국회의장의 지휘를 받아 수행하되, 경위는 회의장 건물 밖에서, 경찰공무원은 회의장 건물 안에서 경호한다. O│X

197 ☐☐☐☐ 03·09 채용

국회의장의 요청으로 경찰관이 파견된 경우는 회의장 건물 안에서도 경호할 수 있다. O│X

198 ☐☐☐☐ 16·25 채용, 17 승진, 19 간부

국회의장은 국회의 경호를 위하여 필요한 때에는 국가경찰위원회의 동의를 얻어 일정한 기간을 정하여 정부에 대하여 필요한 경찰공무원의 파견을 요구할 수 있다. O│X

199 ☐☐☐☐ 03·14·20·22 채용, 03·15·17·19·23·26 간부

경찰공무원이 국회 안에서 현행범인을 체포한 후에는 국회의장의 지시를 받을 필요가 없지만, 회의장 안에 있는 국회의원에 대하여는 국회의장의 명령 없이 체포할 수 없다. O│X

정답과 해설

193. (X) 지역관할과 인적관할은 **광의의(협의 X)** 경찰권이 발동될 수 있는 지역적 범위와 인적 범위를 말하고, 광의의 경찰권은 **협의의 경찰권, 수사권, 비권력적 활동(경찰서비스활동)** 권한을 포함하는 개념이다.
194. (O)
195. (O) 대한민국의 영역 내에 모두 적용됨이 원칙이나, **국내법적(군사시설 보호구역)·국제법적(외국 대사관이나 영사관) 일정한 한계**가 있다.
196. (X) 국회의 경호업무는 국회의장의 지휘를 받아 수행하되, **경위(의원경찰)**는 회의장 **건물 안(건물 밖 X)**에서, 경찰공무원은 회의장 **건물 밖(건물 안 X)**에서 경호한다(국회법 제144조 제3항). **의원경찰**은 형식적 의미의 경찰과 실질적 의미의 경찰에 **해당하지 않는다.**
197. (X) 국회의장의 요청으로 경찰관이 파견되었다 하더라도 회의장 **건물 밖**에서만 경호하도록 제한되어 있다.
198. (X) 국회의장은 국회의 경호를 위하여 필요할 때에는 **국회운영위원회**의 동의를 받아 일정한 기간을 정하여 정부에 경찰공무원의 파견을 요구할 수 있다(국회법 제144조 제2항).
199. (X) 국회 경위나 경찰공무원은 국회 안에 현행범인이 있을 때에는 **체포한 후** 국회의장의 지시를 받아야 한다. 다만, 의원은 회의장 안에 있어서는 의장의 명령 없이 이를 체포할 수 없다(국회법 제150조).

200 ☐☐☐☐ 24 채용

국회의원은 현행범인인 경우를 제외하고는 회기 중 국회의 동의없이 체포 또는 구금되지 아니한다. 그리고 국회의원이 회기 전에 체포 또는 구금된 때에는 현행범인이 아닌 한 국회의 요구가 있으면 회기 중 석방된다.
(O|X)

201 ☐☐☐☐ 25 채용

국회의장은 필요할 때에는 경위나 경찰공무원으로 하여금 방청인의 신체를 검사하게 할 수 있다. (O|X)

202 ☐☐☐☐ 03·22·24·25 채용, 17 승진, 17·19·23·26 간부

재판장은 법정에서의 질서유지를 위해 필요하다고 인정할 때에는 개정 전후에 상관없이 관할 경찰서장에게 경찰공무원의 파견을 요구할 수 있으며, 파견된 경찰공무원은 법정 내에서만 질서유지에 관하여 재판장의 지휘를 받는다.
(O|X)

203 ☐☐☐☐ 05 채용, 03 간부

사회공공의 안녕과 질서를 유지하기 위하여 일반통치권에 근거하여 국민에게 명령·강제하는 권한을 경찰권이라고 할 때, 법원의 법정경찰권과 같이 부분사회의 내부질서를 목적으로 하는 경우에도 원칙적으로 일반경찰권이 우선한다.
(O|X)

204 ☐☐☐☐ 05 채용, 03 간부

사회공공의 안녕과 질서를 유지하기 위하여 일반통치권에 근거하여 국민에게 명령·강제하는 권한을 경찰권이라고 할 때, 다른 행정기관이나 행정주체가 경찰의무에 위반하는 경우 통설은 행정기관이 통치권을 행사하지 아니하고, 일반사인과 마찬가지로 사법적(私法的) 활동을 하는 경우에는 경찰권의 발동이 허용된다고 본다.
(O|X)

205 ☐☐☐☐ 03·09·20 채용, 15 간부

경찰은 중대한 죄를 범하고 도주하는 현행범인을 추적하는 때에는 주한미군 시설 및 구역 내에서 범인을 체포할 수 있다.
(O|X)

정답과 해설

200. (O) 헌법 제44조
201. (O) 국회법 제153조 제2항
202. (X) 재판장은 법정에서의 질서유지를 위하여 필요하다고 인정할 때에는 **개정 전후에 상관없이**(개정 전에 한하여 X) 관할 **경찰서장**(시·도경찰청장 X)에게 경찰공무원의 파견을 요구할 수 있으며, 파견된 경찰공무원은 **법정 내외**(법정 내 X)의 질서유지에 관하여 **재판장**(시·도경찰청장 X)의 지휘를 받는다(법원조직법 제60조).
203. (X) 법원의 법정경찰권과 같이 부분사회의 내부질서를 목적으로 하는 경우에는 원칙적으로 일반경찰권에 우선한다. 즉, **법정경찰권이 일반경찰권보다 우선**한다.
204. (O) 다른 행정기관이나 행정주체에게는 경찰이 경찰권을 행사할 수 없지만 경찰의무에 위반하는 경우 통설은 행정기관이 통치권을 행사하지 아니하고, **일반사인과 마찬가지로 다른 행정기관이나 행정주체가 사법적(私法的) 활동을 하는 경우에는 경찰권의 발동이 허용된다고 본다.**
205. (O) SOFA 합의의사록 제22조 제10호

206 ☐☐☐☐ 20 채용, 03 간부

외교공관은 국제법상 치외법권 지역이나, 화재, 감염병 발생과 같은 긴급한 상황에서는 외교사절의 동의 없이도 외교공관에 들어갈 수 있다. (O|X)

207 ☐☐☐☐ 03·09 채용, 16 승진

외교공관이나 외교관의 개인주택은 치외법권 지역이나, 경찰의 상태책임 대상이 될 수 없다. (O|X)

208 ☐☐☐☐ 03 채용, 03·15·19·25 간부

외교공관과 외교관의 개인주택은 국제법상 치외법권 지역으로 불가침의 대상이 되지만, 외교사절의 승용차, 보트, 비행기 등 교통수단은 불가침의 대상이 아니다. (O|X)

209 ☐☐☐☐ 03 채용

B는 오산 공군비행장에 근무하는 미공군조종사로 휴가를 받아 오산시내에서 술을 마시던 중 한국인과 시비가 되어 한국인에게 3주의 폭행을 가하였다. 이 경우 한국 경찰의 수사는 SOFA에 의하여 한국경찰은 피의자신문을 할 수 없다. (O|X)

210 ☐☐☐☐ 03 채용

주한미군지위협정상 평화시에 미군군속 및 가족에 대한 형사재판권을 갖는 자는 대한민국 당국이다. (O|X)

정답과 해설

206. (O) **외교공관은 국제법상 치외법권 지역**이나, 화재나 전(감)염병의 발생 등과 같이 긴급을 요하는 경우 외교사절의 **동의 없이도** 외교공관에 들어갈 수 있다는 것이 **국제관례(국제법상 X)**이다.

207. (X) 외교공관과 외교관의 개인주택은 국제법상 치외법권지역으로 불가침의 대상이다. 다만, 화재·전염병 발생 등 긴급한 경우에는 외교사절의 동의 없이도 공관에 들어갈 수 있다는 것이 **국제관례이므로 상태책임이 발생하지 않는 것은 아니다**(상태책임 대상이 될 수 **있다**).

208. (X) 외교공관과 외교관의 개인주택은 국제법상 치외법권 지역으로 불가침의 **대상이다**. 이에 준하여 외교사절의 승용차, 보트, 비행기 등 교통수단도 불가침의 특권을 **가진다**. 다만, **성당은 치외법권지역이 아니다**.

209. (X) **미군 휴가중의 범죄에 대한 재판권은 우리나라에서 행사하게 되며, 수사도 우리 경찰이 진행할 수 있다**.

210. (O) 평화시 미군군속 및 가족의 범죄에 대해서는 **한국이 100% 재판권을 행사**하고 있다. 또한 주한미군지위협정에도 '미군당국은 평화시에는 군속 및 가족에 대하여 유효한 형사재판권을 가지지 아니한다'라고 명시되어 있다(협정 「제22조 제1항 가」에 대한 합의의사록).

4 「외교관계에 관한 비엔나협약」과 「영사관계에 관한 비엔나협약」

211 ☐☐☐☐ 26 간부
공관지역은 불가침이므로 접수국의 관헌은 공관장의 동의 없이는 공관지역에 들어가지 못한다. (O|X)

212 ☐☐☐☐ 26 간부
외교신서사는 그의 신분 및 외교 행낭을 구성하는 포장물의 수를 표시하는 공문서를 소지하여야 하며, 그의 직무를 수행함에 있어서 접수국의 보호를 받는다. (O|X)

213 ☐☐☐☐ 25·26 간부
외교관과 영사관원은 어떠한 형태의 체포 또는 구금도 당하지 아니한다. (O|X)

214 ☐☐☐☐ 26 간부
접수국의 당국은 전적으로 영사기관의 활동을 위하여 사용되는 영사관사의 부분에 들어가서는 안된다. 다만, 화재 또는 신속한 보호조치를 필요로 하는 기타 재난의 경우에는 영사기관장의 동의가 있는 것으로 추정할 수 있다. (O|X)

정답과 해설

211. (O) 외교관계에 관한 비엔나협약 제22조 제1호
212. (O) 동협약 제27조 제5호
213. (X) **외교관(영사관원 X)**은 어떠한 형태의 체포 또는 구금도 당하지 아니한다(외교관계에 관한 비엔나협약 제29조).
     영사관원은 중대한 범죄의 경우에 권한있는 사법당국에 의한 결정에 따르는 것을 제외**(체포구속가능)**하고, 재판에 회부되기 전에 체포되거나 또는 구속되지 아니한다(영사관계에 관한 비엔나 협약 제41조).
214. (O) 영사관계에 관한 비엔나 협약 제31조 제2호

경찰활동의 기본이념 _A급

215 ☐☐☐☐ 24 채용, 21 간부, 11 승진
경찰의 중앙과 지방간의 권한 분배, 경찰행정정보의 공개, 성과급제도 확대는 경찰의 민주성 확보방안이다. [O|X]

216 ☐☐☐☐ 25 채용, 21 간부
국가경찰위원회제도, 부패방지 및 국민권익 위원회의 설치와 운영에 관한 법률상 국민감사청구제도, 경찰책임의 확보 등은 경찰의 민주성을 확보하기 위한 대내적 민주화 방안이다. [O|X]

217 ☐☐☐☐ 25 승진
「공공기관의 정보공개에 관한 법률」, 「행정절차법」 등을 통한 경찰활동의 공개는 대외적 민주화 방안에 해당한다. [O|X]

218 ☐☐☐☐ 16 승진
수사경찰이 피의자 등을 대면하는 과정에서 가장 요구된다고 볼 수 있는 경찰의 이념은 민주주의이다. [O|X]

219 ☐☐☐☐ 25 간부
민주주의 이념은 국가조직과 국민과의 관계에서만이 아니라 조직구성원 상호관계에서도 중요하다. [O|X]

220 ☐☐☐☐ 25 승진, 25 간부
중앙경찰과 자치경찰 사이의 적절한 권한분배 및 경찰관의 민주주의 의식 확립 등은 경찰의 민주주의 확보를 위한 대내적 방안이다. [O|X]

정답과 해설

215. (X) **성과급제도**의 확대는 경찰의 **경영주의**의 내용이다. **민주주의**는 자치경찰제도를 도입하여 중앙정부의 경찰권을 자치단체에 위임하고, 국가경찰위원회 및 시·도자치경찰위원회 제도, 행정정보공개제도 등을 통해 경찰에 대한 민주적 통제와 참여장치를 마련한다.

216. (X) 국가경찰위원회제도, 부패방지 및 국민권익 위원회의 설치와 운영에 관한 법률상 국민감사청구제도는 **대외적**, 경찰책임은 **대내·외적** 민주화 방안이다.

217. (O) 「공공기관의 정보공개에 관한 법률」, 「행정절차법」 등을 통한 경찰활동의 공개는 **대외적 민주화 방안**에 해당한다.

218. (X) 수사경찰이 피의자 등을 대면하는 과정에서 가장 요구된다고 볼 수 있는 경찰의 이념은 **인권존중주의**이다.

219. (O)

220. (O) 경찰조직에서 중앙경찰과 자치경찰 사이의 적절한 권한 분배, 경찰관의 민주적 리더십 함양을 통한 민주주의 의식 확립은 **대내적 민주화 방안**에 해당한다.

221 ☐☐☐☐ 25 간부

법치행정의 원칙은 「행정기본법」에는 규정이 없으나 헌법 제37조 제2항 등을 통하여 당연히 유추된다. (O|X)

222 ☐☐☐☐ 11·14 승진, 21 간부

국민의 모든 자유와 권리는 국가안전보장·질서유지 또는 공공복리를 위하여 필요한 경우에 한하여 법률로써 제한할 수 있으며 제한하는 경우에도 자유와 권리의 본질적인 내용을 침해할 수 없다. (O|X)

223 ☐☐☐☐ 03 간부

"경찰권은 국민에게 있고, 그 권력은 국민으로부터 나온다."는 사상과 관련 깊은 경찰이념은 법치주의이다. (O|X)

224 ☐☐☐☐ 11 승진

경찰의 활동은 사전에 상대방에게 의무를 과함이 없이 행사되는 즉시강제와 같은 경우가 많기 때문에 법치주의 원리가 강하게 요구된다. (O|X)

225 ☐☐☐☐ 24·25 채용, 21·25 간부

인권존중주의는 비록 국가경찰과 자치경찰의 조직과 운영에 관한 법률에서는 언급이 없으나, 헌법상 기본권 조항 등을 통하여 당연히 유추된다. (O|X)

226 ☐☐☐☐ 25 채용, 25 승진

「경찰관 직무집행법」 제1조(목적)는 경찰의 기본이념 중 정치적 중립주의의 법적 근거에 해당한다. (O|X)

227 ☐☐☐☐ 24·25 채용, 11 승진

경찰은 특정 정당 기타 정치단체의 이익이나 이념을 위해 활동해서는 안 되며, 오로지 주권자인 전체 국민과 국가의 이익을 위해 활동해야 한다는 것은 정치적 중립주의이다. (O|X)

정답과 해설

221. (X) 법치행정의 원칙은 **헌법 제37조 제2항, 행정기본법 제3조, 제8조**에 규정되어 있다.
222. (O) 국민의 모든 자유와 권리는 국가안전보장·질서유지 또는 공공복리를 위하여 필요한 경우에 한하여 **법률(법령 X)로써 제한**할 수 있으며, 제한하는 경우에도 자유와 권리의 본질적인 내용을 침해할 수 없다(헌법 제37조 제2항).
223. (X) "경찰권은 국민에게 있고, 그 권력은 국민으로부터 나온다."는 사상과 관련 깊은 경찰이념은 **민주주의**이다.
224. (O) 경찰의 활동은 사전에 상대방에게 의무를 과함이 없이 행사되는 **즉시강제(강제집행 X)**와 같은 경우가 많기 때문에 법치주의 원리가 강하게 요구된다.
225. (X) 「국가경찰과 자치경찰의 조직 및 운영에 관한 법률」 제5조에서는 국가경찰은 그 직무를 수행함에 있어서 헌법과 법률에 따라 국민의 자유와 권리를 존중하도록 인권존중주의를 **규정**하고 있다.
226. (X) 이 법은 국민의 자유와 권리 및 모든 개인이 가지는 불가침의 **기본적 인권을 보호(인권존중주의)**하고 사회공공의 질서를 유지하기 위한 **경찰관(경찰공무원만 해당)**의 직무 수행에 필요한 사항을 규정함을 목적으로 한다(경찰관 직무집행법 제1조).
227. (O) **정치적 중립주의**는 공무원은 국민 전체의 봉사자이며 국민에 대하여 책임을 진다. 경찰공무원을 비롯한 공무원의 신분과 정치적 중립성은 헌법상 제도적으로 보장된다.

228 ☐☐☐☐ 24 채용, 11 승진

다음은 경찰의 기본이념 및 그와 관련된 사항에 관한 甲~丁의 주장에 대한 옳고 그름(O, X)로 표시하시오.

> ⊙ 甲 : 경찰권은 국민으로부터의 위임에 근거한 것이라는 태도는 민주주의 이념과 관련이 깊다. (O|X)
>
> ⓒ 乙 : 경찰작용은 그 침익적 성격으로 인해 법치주의의 엄격한 적용을 받지만, 순전한 임의(비권력적) 활동의 경우라면 개별적 수권규정이 없이도 가능하다. 단 이 경우에도 조직법적 근거는 있어야 하므로 직무범위 내에서 행해져야 한다. (O|X)
>
> ⓒ 丙 : 경찰의 이념 중 민주주의 이념은 대국민과의 관계에서만이 아니라 조직 내부의 관계에서도 중요하다. (O|X)
>
> ⓔ 丁 : 경찰의 이념 중 인권존중주의는 비록 국가경찰과 자치경찰의 조직 및 운영에 관한 법률에서는 언급이 없으나, 헌법상 기본권 조항 등을 통하여 당연히 유추된다. (O|X)

229 ☐☐☐☐ 22·25 채용

다음은 경찰활동의 기본이념과 관련된 법적 근거를 제시한 것이다. 이와 관련하여 〈보기 1〉과 〈보기 2〉의 내용이 가장 적절하게 연결된 것은?

> 〈보기 1〉
> (가) 헌법 제1조 제2항에서는 "대한민국 주권은 국민에게 있고, 모든 권력은 국민으로부터 나온다"라고 규정하고 있다. (   )
> (나) 헌법 제37조 제1항에서는 "국민의 자유와 권리는 헌법에 열거되지 아니한 이유로 경시되지 아니한다"라고 규정하고 있다. (   )
> (다) 「국가공무원법」 제65조 제1항에서는 "공무원은 정당이나 그 밖의 정치단체의 결성에 관여하거나 이에 가입할 수 없다"라고 규정하고 있다. (   )
> (라) 「행정기본법」 제1조에서는 "행정의 원칙과 기본사항을 규정하여 행정의 민주성과 적법성을 확보하고 적정성과 효율성을 향상시킴으로써 국민의 권익 보호에 이바지함을 목적으로 한다."라고 규정하고 있다. (   )
>
> 〈보기 2〉
> ⊙ 인권존중주의   ⓒ 민주주의   ⓒ 법치주의   ⓔ 정치적 중립주의   ⓜ 경영주의

정답과 해설

228. ⊙ (O) **민주주의**는 국민의 자유와 권리를 보호하고 공공의 안녕과 질서를 유지하는 경찰의 임무수행은 국민을 위하여 행하는 것이며, 경찰권은 국민에게서 부여받은 것이다.
ⓒ (O) ⓒ (O)
ⓔ (X) 국가경찰과 자치경찰의 조직 및 운영에 관한 법률에서는 **인권존중주의에 대한 규정을 두고 있다.** 경찰은 그 직무를 수행할 때 헌법과 법률에 따라 국민의 자유와 권리 및 모든 개인이 가지는 불가침의 기본적 인권을 보호하고, 국민 전체에 대한 봉사자로서 공정·중립을 지켜야 하며, 부여된 권한을 남용하여서는 아니 된다(국가경찰과 자치경찰의 조직 및 운영에 관한 법률 제5조).

229. (가)-민주주의, (나)-인권존중주의, (다)-정치적 중립주의, (라)-경영주의

THEME 06 경찰행정의 특수성

230 ☐☐☐☐ 24 채용, 26 간부, 25 승진

경찰행정의 특수성에 관한 설명이다.

> (가) 경찰에 대한 존경심의 결여, 법집행에 대한 협조의 부족, 경찰업무에 대한 이해부족 등으로 시민들로부터 소외받게 되어 고립되는 특성을 갖는다. (   )
> (나) 경찰은 헌법을 수호하여 공공의 안녕과 질서를 유지하는 것을 임무로 하기 때문에 변화를 추구하기보다는 현상유지적 특성을 가지고 있다. (   )
> (다) 경찰은 사건·사고 발생시 시급하게 해결해야 하고 기동성과 협동성을 발휘할 수 있도록 안정되고 능률적으로 조직되어야 하며, 계급체계를 갖추고 제복을 착용한다. (   )
> (라) 경찰은 각종 위험의 제거를 그 주요 기능으로 하고 있고, 그 수단으로서 명령·강제 등 경찰권을 발동할 수 있으며 필요한 경우 실력행사를 위하여 무기와 장구를 휴대한다. (   )
> (마) 경찰조직은 예측하기 어려운 다양한 사안에 대해 고도의 민첩성을 갖추고 타 부서 혹은 직원들과의 유기적인 공조체제를 갖추어 돌발적으로 발생하는 범죄사건과 사고에 즉시 대응하여 합리적인 방법으로 해결할 수 있도록 해야 한다. (   )
> (바) 경찰 업무는 대부분 즉시 해결하지 못하면 그 피해의 회복이 영원히 불가능하거나 현저하게 어려운 경우가 많은 바, 돌발적으로 발생하는 경찰행정 수요에 즉시 대응하기 위해 기동장비 확보, 초동대처시간 단축을 위해 훈련을 해야 한다. (   )
> (사) 경찰은 사회공공의 안녕과 질서를 유지하기 위해 법에 근거하여 국민(일반인)에게 명령·강제 또는 지시·명령함으로써 시민 행동의 자유를 제한할 수 있다. (   )

정답과 해설

230. (가) - 고립성 (나) - 보수성 (다) - 조직성 (라) - 위험성 (마) - 돌발성 (바) - 기동성 (사) - 권력성

CHAPTER 02

범죄와 지역사회 경찰활동

THEME 01 범죄의 개념

1 범죄의 개념 _B급

231 ☐☐☐☐ 10 승진

G. M. Sykes는 범죄는 각 시대의 사회적, 문화적, 역사적 상황과 환경에 따라 다른 모습을 하게 되는 상대적 개념이라고 주장하였다. (O|X)

232 ☐☐☐☐ 23 채용

초기 화이트칼라범죄를 정의한 학자는 서덜랜드(Sutherland)이다. (O|X)

233 ☐☐☐☐ 23 채용

화이트칼라범죄는 직업활동과 관련하여 높은 지위를 가지고 있는 사람에 의해 저질러지는 범죄이다. (O|X)

234 ☐☐☐☐ 23 채용

일반적으로 살인·강도·강간범죄는 화이트칼라범죄로 분류된다. (O|X)

235 ☐☐☐☐ 23 채용

화이트칼라범죄는 상류계층의 경제범죄에 대한 사회적 심각성을 연구하는 과정에서 등장한 개념이다. (O|X)

2 범죄원인을 구성하는 기본요소 _A급

236 ☐☐☐☐ 10·13·15 채용, 10 승진, 09·21 간부

J. F. Sheley(실리)가 주장한 범죄유발의 4요소는 범행의 기술, 보호자(감시자)의 부재, 범행의 동기, 사회적 제재로부터의 자유이다. (O|X)

237 ☐☐☐☐ 18 승진

범인성 소질은 부모로부터 자식에 전해지는 선천적인 유전물질과 후천적 발전요소(체질과 성격의 이상, 연령, 지능 등) 등에 의하여 형성된다. (O|X)

정답과 해설

231. (O)

232. (O) 화이트칼라범죄는 1939년 사회학자 에드윈 서덜랜드(Edwin Sutherland)에 의해 "직업 과정에서 존경과 높은 사회적 지위를 가진 사람에 의해 저질러진 범죄"로 처음 정의되었다.

233. (O)

234. (X) 살인·강도·강간범죄는 일반적으로 블루칼라범죄(화이트칼라범죄 X)로 분류된다. 사기, 횡령, 뇌물, 사이버범죄, 탈세, 위조 등과 같이 지능범죄가 일반적으로 화이트칼라범죄로 분류된다.

235. (O)

236. (X) J. F. Sheley(실리)가 주장한 범죄유발의 4요소는 범행의 동기(Motivation), 사회적 제재로부터의 자유(Freedom from social constraints), 범행의 기술(Skill), 범행의 기회(보호자(감시자)의 부재 X)이다. 이들 4요소는 범행에 있어서 필요조건이지만 충분조건은 되지 못하기 때문에 어떤 범행이 가능하기 위해서는 이들 4요소가 동시에 상호작용해야 한다. **동자술회**

237. (O)

1. 고전주의와 실증주의(개인적 원인) _B급

238 ☐☐☐☐ 24 채용

특별예방이론이 잠재적 범죄자인 일반인에 대한 형벌의 예방 기능을 강조한 것이라면, 일반예방이론은 형벌을 구체적인 범죄자 개인에 대한 영향력의 행사라고 보고, 범죄자를 교화함으로써 재범하지 않도록 하는 것이다. (O|X)

239 ☐☐☐☐ 19 승진

고전주의 범죄학에 따르면 범죄는 인간의 자유의지에 의한 것이 아니고, 외적요소에 의해 강요되는 것이다. (O|X)

240. ☐☐☐☐ 10 승진

실증주의 범죄학에서는 범죄가 자유의지보다 외부적 요소에 의해 강요되는 것이라고 보았다. (O|X)

241 ☐☐☐☐ 11 승진

실증주의 범죄학 중 생물학적 이론에 의하면 범죄는 정신이상, 낮은 지능, 모방학습에서 기인한다고 본다. (O|X)

242 ☐☐☐☐ 10 채용

실증주의 범죄학에서 페리(Ferri)는 범죄의 원인이 존재하는 사회에서는 이에 상응하는 일정한 양의 범죄가 반드시 발생한다는 범죄포화의 법칙을 주장하였다. (O|X)

정답과 해설

238. (X) **일반예방이론(고전주의)**이 잠재적 범죄자인 **일반인에 대한 형벌**의 예방 기능을 강조한 것이라면, **특별예방이론(실증주의)**은 형벌을 구체적인 범죄자 개인에 대한 영향력의 행사라고 보고, **범죄자를 교화**함으로써 재범하지 않도록 하는 것이다.

239. (X) 고전주의 범죄학에 따르면 인간은 **자유의지(free will)**를 가진 **합리적 존재**이다. 범죄는 인간의 자유의지에 의한 것이 아니고 외적요소에 의해 강요되는 것이다라는 것은 실증주의 범죄학의 입장이다.

240. (O)

241. (X) 실증주의 범죄학 중 **심리학적 이론**에 의하면 범죄는 정신이상, 낮은 지능, 모방학습에서 기인한다고 본다. 실증주의 범죄학 중 **생물학적 이론**은 인간의 인상, 골격, 체형 등 타고난 생물적 특성으로 인해 범죄가 발생한다고 본다.

242. (O) 이탈리아 학파(실증주의 범죄학)인 **페리(Ferri)는 범죄포화의 법칙을 주장**하였다.

THEME 03 범죄원인론(사회적 수준의 범죄원인)

1 사회구조원인 _A급

1-1 아노미(긴장)이론

243 ☐☐☐☐ 07·09 채용
구조적으로 야기된 경제적 문제나 신분·지위의 문제를 범죄의 원인으로 보는 이론은 마르크스주의 이론이다. (O|X)

244 ☐☐☐☐ 24 채용, 10 승진
뒤르켐(Durkheim)은 사회규범이 붕괴되어 규범에 대한 억제력이 상실된 상태를 아노미(Anomie)라고 하고 이러한 무규범상태에서 범죄가 발생한다고 주장하였다. (O|X)

245 ☐☐☐☐ 11 승진
아노미이론에 의하면 범죄는 사회 구성원 개인의 욕구와 욕망에 대한 통제력을 유지할 수 없는 규범이 붕괴한 상태에서 발생한다고 주장한다. (O|X)

246 ☐☐☐☐ 21 채용
머튼(Merton)의 긴장(아노미)이론은 목표와 그 목표를 이루기 위한 수단과의 간극이 커지면서 아노미 조건이 유발되어 분노와 좌절이라는 긴장이 초래되고, 그 목적을 달성하기 위한 수단으로서 범죄를 선택한다. (O|X)

247 ☐☐☐☐ 18 승진
뒤르켐(Durkeim)은 범죄는 정상적인 것이며 불가피한 사회적 행위라는 입장에서 사회 규범의 붕괴로 인해 범죄가 발생한다고 보았다. (O|X)

248 ☐☐☐☐ 14 간부
긴장(아노미)이론은 비행을 제지할 수 있는 사회적 통제의 결속과 유대의 약화로 인하여 범죄가 발생한다고 본다. (O|X)

정답과 해설

243. (O) 244. (O) 245. (O) 246. (O) 247. (O)
248. (X) 비행을 제지할 수 있는 사회적 통제의 결속과 유대의 약화로 인하여 범죄가 발생한다고 보는 이론은 **허쉬(Hirschi)의 사회유대이론(통제이론)**이다. 머튼(Merten)의 긴장이론은 사람들의 목표성취를 위한 사회문화구조의 긴장상태가 범죄의 원인이라고 본다.

249 ☐☐☐☐ 20 승진, 19 간부

뒤르켐(Durkeim)은 좋은 자아관념이 주변의 범죄적 환경에도 불구하고 비행행위에 가담하지 않도록 하는 중요한 요소라고 한다. (O|X)

250 ☐☐☐☐ 21 간부

아노미이론은 Cohen에 의해 주장되었으며 범죄는 정상적인 것이며 불가피한 사회적 행위라는 입장에서 사회 규범의 붕괴로 인해 범죄가 발생한다고 보고 있다. (O|X)

1-2 사회 해체론

251 ☐☐☐☐ 10 승진

사회해체이론에서 범죄원인의 특성은 인구밀집, 불안정한 주거환경, 빈곤, 실업, 제한된 경제적 기회, 적절한 역할모델의 부재 등을 들고 있다. (O|X)

252 ☐☐☐☐ 11 승진

사회해체론을 주장한 Shaw & Mckay는 소년비행률이 사회해체 지역에서 높다는 사실을 확인, 그 원인을 분석 실험하였다. (O|X)

253 ☐☐☐☐ 07 채용, 06 승진

회사원인 甲은 IMF로 인한 실직으로 사업자금을 마련하고자 어쩔 수 없이 살고 있던 집을 처분하고 빈민가로 이사를 하였는데, 자신의 아들 乙이 점점 비행소년으로 변해가는 것을 안타깝게 생각하고 있다. 이를 가장 잘 설명해주는 범죄원인론은 사회해체론이다. (O|X)

254 ☐☐☐☐ 24 승진

뒤르켐(Durkheim)의 아노미이론은 특정 지역에서의 범죄가 다른 지역에 비해서 많이 발생하는 이유를 규명하고자 하였으며, 연구결과 전이지역(transitional zone)은 타 지역에 비해 범죄율이 상대적으로 높게 나타났다. 또한 '낮은 경제적 지위', '민족적 이질성', '거주 불안정성'을 중요한 3요소로 제시하였으며, 이로 인해 지역 주민은 서로를 모르기 때문에 공동체 의식이 발달하지 못하고 사회적 통제가 약화된다고 보았다. (O|X)

정답과 해설

249. (X) 뒤르켐(Durkeim)은 범죄는 아노미 상태에서 발생한다고 보았고, 좋은 자아관념이 주변의 범죄적 환경에도 불구하고 비행행위에 가담하지 않도록 하는 중요한 요소라고 본 사람은 Reckless(견제이론)이다.
250. (X) 뒤르켐(Durkeim)에 의해 주장되었으며, 범죄는 정상적인 것이며 불가피한 사회적 행위라는 입장에서 사회 규범의 붕괴로 인해 범죄가 발생한다고 보고 있다. Cohen은 하위문화이론을 주장하였다.
251. (O)   252. (O)   253. (O)
254. (X) 쇼와 맥케이(Shaw & Mckay)의 사회해체이론에 대한 설명이다. 동심원을 형성한 도시 가운데 급격한 인구 유입이 이루어진 전이지대에서 청소년비행 등 많은 문제를 발견하고, 이를 사회해체라고 하였다.

255 ☐☐☐☐ 07·21·24 채용

쇼와 맥케이(Shaw & Mckay)의 사회해체이론에 의하면, 빈민(slum)지역에서 범죄발생률이 높은 것은 도시의 산업화·공업화 과정에서 지역사회의 제도나 규범 등이 극도로 해체되기 때문으로, 이 지역에서는 비행적 전통과 가치관이 사회통제를 약화시켜서 일탈이 야기되며 이러한 지역은 구성원이 바뀌더라도 비행발생률은 감소하지 않는다. (O | X)

256 ☐☐☐☐ 18 승진

쇼와 맥케이(Shaw & Mckay)의 사회해체 개념에 대비해 Hirschi는 이를 사회적 분화라는 개념으로 설명하며 개인의 학습을 사회적 학습이라고 규정하였다. (O | X)

1-3 하위문화이론

257 ☐☐☐☐ 24 채용, 20 승진, 19 간부

코헨(Cohen)은 하류계층의 청소년들이 목표와 수단의 괴리로 인해 중류계층에 대한 저항으로 비행을 저지르며, 목표달성의 어려움을 극복하기 위해 자신들만의 하위문화를 만들게 되며 범죄는 이러한 하위문화에 의해 저질러진다고 한다. (O | X)

258 ☐☐☐☐ 18·20 승진, 19 간부

밀러(Miller)는 범죄는 하위문화의 가치와 규범이 정상적으로 반영된 것이라고 하였다. (O | X)

1-4 문화갈등이론

259 ☐☐☐☐ 10 승진

시카고학파는 각 지역사회의 문화적 갈등을 통해 범죄나 비행이 발생한다고 보았다. (O | X)

1-5 문화전파이론

260 ☐☐☐☐ 07·10 채용, 18 승진, 14 간부

범죄를 부추기는 가치관으로의 사회화나 범죄에 대한 구조적·문화적 유인에 대한 자기통제의 상실을 범죄의 원인으로 보는 이론은 긴장이론이다. (O | X)

정답과 해설

255. (O) 사회해체론은 Slum지역에서 범죄가 일반화되는 것은 산업화 및 도시화 과정에서 사회조직이 극도로 해체되었기 때문이고, 도심지의 범죄나 비행이 다발하는 지역은 유동인구가 많고 결손가정이 많으며 평균소득이 낮고 임대입주자가 많으며, 이민가족과 유색인종이 많은 특성을 가지고 있는데, 이 지역사회는 구성인종이 바뀌더라도 비행발생률은 변하지 않는다고 본다.

256. (X) Shaw & Macay의 사회해체 개념에 대비해 Sutherland는 이를 사회적 분화(차별적)라는 개념으로 설명하며 개인의 학습을 사회적 학습이라고 규정하였다.

257. (O) 하위문화 이론에서 코헨(Cohen)은 하류계층 청소년들은 '지위좌절'이라는 갈등의 형태를 경험하면서 중류계층의 가치관에 대한 적대적 반응을 갖게 되고, 목표달성의 어려움을 극복하기 위해 자신들만의 하위문화를 만들게 된다고 주장한다.

258. (O)   259. (O)

260. (X) 문화적 전파이론에 대한 설명이다.

1-6 종합문제

261 ☐☐☐☐ 14·18·20 승진, 15 간부

범죄원인에 관한 학설에서 사회구조를 원인으로 주장한 이론은 사회통제이론, 긴장(아노미)이론, 사회해체이론, 문화갈등이론이다. (O|X)

2 사회과정원인 _A급

2-1 차별적(= 분화적)접촉이론

262 ☐☐☐☐ 07 채용

차별적접촉이론, 차별적기회이론은 최근 물리적 환경의 개선이나 범죄자의 무력화를 통한 범죄의 예방과 억제, 피해자학의 연구 등에서 나타나고 있다. (O|X)

263 ☐☐☐☐ 11 승진

차별적접촉이론에 의하면 지역사회 간 범죄율의 차이는 범죄적 전통을 가진 집단일수록 범죄율이 높다고 본다. (O|X)

264 ☐☐☐☐ 07 채용

차별적접촉이론은 범죄의 원인을 물리적 환경으로 보아서, 분화된 사회조직 속에서 분화적으로 범죄문화에 접촉·참가·동조함에 의해서 범죄행동이 학습되는 것으로 본다. (O|X)

265 ☐☐☐☐ 10 승진

서덜랜드는 분화적(차별적) 접촉이론을 통해 사회적 요인이 범죄의 요소이며 범죄행위는 비정상적으로 학습된 행위라고 주장하였다. (O|X)

266 ☐☐☐☐ 06 승진

E. H. Sutherland와 D. R. Cressey와의 공저 범죄학의 원리에서 제창한 이론으로, "어찌하여 지역사회간에 범죄율의 차이가 있으며, 왜 하필이면 어느 특정 개인이 범죄자가 되는가"라는 명제에 대한 해답을 제시한 범죄원인론은 사회해체이론이다. (O|X)

정답과 해설

261. (X) 사회해체이론, 긴장(아노미)이론, 하위문화이론, 문화갈등이론은 **사회구조가 범죄의 원인**이라고 주장한 이론이며, 사회학습이론, **사회통제이론**, 낙인이론은 **사회과정**이 범죄의 원인이라고 주장한 이론이다.
262. (O) 클로워드(Richard Cloward)와 올린(Lloyd Ohlin)이 주장한 **차별적기회이론(differential opportunity theory)** 은 서덜랜드(Sutherland)의 차별적접촉이론과 뒤르켐(Durkheim)과 머튼(Merton)의 아노미이론을 통합한 이론으로서, 청소년이 비행이 이루어지기 위해서는 비행소년이 되는 방법을 **학습할 기회가 필요**하다.
263. (O)   264. (O)
265. (X) 서덜랜드(Sutherland)는 분화적(차별적)접촉이론을 통해 사회적 요인이 범죄의 요소이며, 범죄행위는 **정상적(비정상적 X)**으로 학습된 행위라고 주장하였다.
266. (X) **분화적(차별적) 접촉이론**에 대한 설명이다.

2-2 차별적 동일시이론

267 ☐☐☐☐ 19 승진
글레이저(Glaser)는 청소년들이 영화의 주인공을 모방하고 자신과 동일시하면서 범죄를 학습한다고 주장하였다. (O│X)

268 ☐☐☐☐ 24 채용
글레이저(Glaser)는 차별적 동일시이론을 통해 범죄의 원인이 개인이 아닌 사회구조의 변화에 있다고 설명하였다. (O│X)

269 ☐☐☐☐ 19 간부
글레이저(Glaser)는 청소년의 비행행위는 처벌이 없거나 칭찬받게 되면 반복적으로 저질러진다고 하였다. (O│X)

2-3 차별적 강화이론

270 ☐☐☐☐ 21 간부
사회학습이론 중 Burgess & Akers의 차별적 강화이론에 의하면 청소년들이 영화의 주인공을 모방하고 자신과 동일시하면서 범죄를 학습한다고 한다. (O│X)

271 ☐☐☐☐ 19 채용
D경찰서는 관내 청소년 비행 문제가 증가하자 청소년들을 대상으로 폭력 영상물의 폐해에 관한 교육을 실시하고, 해당 유형의 영상물에 대한 접촉을 삼가도록 계도한 것은 차별적 동일시이론과 관련이 깊다. (O│X)

272 ☐☐☐☐ 21 채용
버제스와 에이커스(Burgess & Akers)의 차별적 강화이론에 의하면, 범죄행위의 결과로서 보상이 취득되고 처벌이 회피될 때 그 행위는 강화되는 반면, 보상이 상실되고 처벌이 강화되면 그 행위는 약화된다. (O│X)

정답과 해설

267. (O) 글레이저(Glaser)의 차별적 동일시이론에 대한 설명이다.
268. (X) 글레이저(Glaser)는 차별적 동일시이론을 통해 범죄의 원인이 **사회과정원인(사회구조의 변화 X)**에 있다고 설명하였다.
269. (X) **버제스(Burgess)와 에이커스(Akers)**는 "청소년의 비행행위는 처벌이 없거나 칭찬받게 되면 반복적으로 저질러진다."라고 하였다(차별적 강화이론).
270. (X) **Burgess & Akers의 차별적 강화이론**은 청소년의 비행행위는 **처벌이 없거나 칭찬받게 되면 반복적으로** 저질러진다는 이론이며, 청소년들이 영화의 주인공을 모방하고 자신과 동일시하면서 범죄를 학습한다는 이론은 **글레이저(Glaser)의 차별적 동일시이론**이다.
271. (O) D경찰서의 활동은 **차별적 동일시이론**과 관련이 깊다. 차별적 동일시이론은 청소년들이 영화의 주인공을 모방하고 자신과 동일시하면서 범죄를 학습한다는 이론이다.
272. (O)

2-4 중화기술이론

273 ☐☐☐☐ 09 채용, 10·18·19 승진

맛짜(Matza)와 사이크스(Sykes)의 '중화기술이론'은 청소년은 비행의 과정에서 합법적, 전통적 관습, 규범, 가치관 등을 중화시킨다고 한다. (O|X)

274 ☐☐☐☐ 25 채용

중화기술이론은 비행청소년이 범행 전후를 기준으로 언제 중화를 하는지 설명이 어렵고, 설령 비행행위 이전에 중화를 한다고 주장하여도 이후 비행으로 나아가는 청소년과 그렇지 않은 청소년 간의 개인적 차이를 설명하지 못한다는 비판이 제기되고 있다. (O|X)

275 ☐☐☐☐ 14 간부

중화기술이론은 자기행위가 실정법상 위법하다는 것을 알지만 그럴 듯한 구실이나 이유를 내세워 자신의 행위를 도덕적으로 문제없는 정당한 행위로 합리화시켜 준법정신이나 가치관을 마비시킴으로써 범죄에 나아간다는 이론을 말한다. (O|X)

276 ☐☐☐☐ 09 채용

맛짜(D. Matza)와 사이크스(G. Sykes)는 중화기술이론에서 '조그만 잘못을 저지른 비행청소년이 자신보다 단속하는 경찰관이 더 나쁜 사람'이라고 스스로를 합리화하는 중화기술을 피해자의 부인(denial of victim)이라고 했다. (O|X)

277 ☐☐☐☐ 25 채용

친구에게 돈을 빌려주었는데 돈을 갚지 않자 벌을 받아야 하는 사람이라고 정당화하며 폭력을 행사한 경우 '피해자의 부정'에 해당한다. (O|X)

278 ☐☐☐☐ 25 채용

돈을 훔친 자신의 행위에 대해 "그들은 돈이 많으니 괜찮아"라고 합리화하는 것은 '피해의 부정'에 해당한다. (O|X)

279 ☐☐☐☐ 10 승진

중화기술이론은 중화의 기술로서 행위에 대한 책임의 부인, 행위로 인한 피해 발생의 부인, 피해자의 부인, 비난자에 대한 비난, 보다 높은 충성심에의 호소 등을 설정하였다. (O|X)

정답과 해설

273. (O) 274. (O) 275. (O)
276. (X) 비난자에 대한 비난(condemnation of condemners)에 대한 설명이다.
277. (O)
278. (O)
279. (O) 맛짜(D. Matza)와 사이크스(G. Sykes)의 중화기술이론을 책임의 부인(denial of responsibility), 피해발생의 부인(denial of injury), 피해자의 부인(denial of victim), 비난자에 대한 비난(condemnation of condemners), 충성심에의 호소(appeal to higher loyalties)로 분류하였다.

3 사회통제이론과 낙인이론 _A급

3-1 견제이론

280 ☐☐☐☐ 21 채용

레클레스(Reckless)의 견제(봉쇄)이론에 의하면, 고전주의 범죄학 이론에 기반을 둔 것으로, 인간은 범죄로부터 얻을 수 있는 이익보다 더 큰 고통을 받게 되면, 범죄를 저지르지 않을 것이라는 전제를 하고 있다. 범죄통제를 위해서는 처벌의 엄격성, 신속성, 확실성이 요구되며 이 중 처벌의 확실성이 가장 중요하다. O│X

3-2 동조성 전념이론

281 ☐☐☐☐ 18 승진

동조성 전념이론은 좋은 자아관념이 주변의 범죄적 환경에도 불구하고 비행행위에 가담하지 않도록 하는 중요한 요소라고 한다. O│X

3-3 사회유대이론

282 ☐☐☐☐ 19 승진

허쉬(Hirschi)는 범죄의 원인은 사회적인 유대가 약화되어 통제되지 않기 때문이라고 주장하였다. O│X

283 ☐☐☐☐ 07·09·24 채용

사회적 유대이론에 의하면 사람은 일탈할 잠재적인 가능성을 가지고 있고, 이것을 통제하는 시스템에 장애가 생기면 통제가 이완되어 범죄가 발생한다고 본다. O│X

284 ☐☐☐☐ 21 간부

Hirschi는 범죄의 원인은 사회적인 유대가 약화되어 통제되지 않기 때문이라고 보고, 비행을 통제할 수 있는 사회적 통제의 결속을 애착, 전념, 기회, 참여라고 하였다. O│X

정답과 해설

280. (X) 합리적 선택이론(고전주의)에 대한 설명이다. 레클레스(Reckless)의 견제(봉쇄)이론이란 좋은 자아관념은 주변의 범죄적 환경에도 불구하고 비행행위에 가담하지 않도록 하는 중요한 요소가 된다고 보는 견해이다.
281. (X) 견제이론에 대한 설명이다. '동조성 전념이론'에 의할 때 사람들은 행위와 가치에 영향을 미치는 단기 유혹에 노출되며 노출이 끝나면 다시 정상적인 상태로 돌아가고, 범죄를 행했을 때 자신에게 돌아오는 처벌의 두려움, 자신의 이미지, 사회에서의 지위와 활동에 미치는 영향 등을 염려하는 동조성에 대한 전념을 가지고 있다.
282. (O)
283. (O) 사회적 유대이론은 사람들을 '잠재적 범죄자'로 간주하고 사회적 결속과 유대(애착, 참여, 전념, 신념)의 약화로 인해 비행이 발생한다고 주장한다.
284. (X) Hirschi는 범죄의 원인은 사회적인 유대가 약화되어 통제되지 않기 때문이라고 보고, 비행을 통제할 수 있는 사회적 통제의 결속을 애착(Attachment), 전념(Commitment), 참여(Involvement), 신념(Belief)라고 하였다.

3-4 낙인이론

285 ☐☐☐☐ 10 승진, 14 간부
낙인이론은 범죄자로 만드는 것이 행위의 질적인 면이 아니라 사람들의 인식이라고 본다. (O│X)

286 ☐☐☐☐ 24 채용
탄넨바움(Tannenbaum)은 낙인이론을 통해 범죄자라는 낙인이 어떠한 결과를 낳는가에 관심을 가졌다. (O│X)

287 ☐☐☐☐ 04 승진
범죄와 일탈을 바라보는 시각이 범죄와 일탈을 가진 자의 시점에서 파악된 것이라 전제하고, 범죄자 또는 비행자로 만드는 것도 행위의 질적인 면이 아니라 사회인이 가지고 있는 그 행위에 대한 인식이라고 보는 범죄이론은 아노미이론이다. (O│X)

288 ☐☐☐☐ 19 채용
B경찰서가 지역사회에 만연해 있는 경미한 주취소란에 대해서도 예외 없이 엄격한 법집행을 실시한 것은 낙인이론과 관련이 깊다. (O│X)

289 ☐☐☐☐ 22 채용
A경찰서는 관내에서 폭행으로 적발된 청소년을 형사입건하는 대신, 학교전담경찰관이 외부 전문가와 함께 3일 동안 다양한 활동으로 구성된 선도프로그램을 제공함으로써 해당 청소년에게 스스로 잘못을 뉘우치고 장차 지역사회로 다시 통합될 수 있는 기회를 제공한 것은 깨진유리창이론과 관련이 깊다. (O│X)

290 ☐☐☐☐ 19 채용
A경찰서는 관내에서 음주소란과 폭행 등으로 적발된 청소년들을 형사입건하는 대신 지역사회축제에서 실시되는 행사에 보안요원으로 봉사할 수 있는 기회를 제공한 것은 상황적범죄예방이론과 관련이 깊다. (O│X)

정답과 해설

285. (O)
286. (O) 탄넨바움(Tannenbaum)은 악의 극화(Dramatization of Evil)라는 개념을 사용하여 범죄행위의 원인은 사회적으로 부여된 낙인의 결과라고 하였다.
287. (X) 낙인이론에 대한 설명이다. 어떤 행위가 사회인들에 의하여 일탈이라고 인식되어 낙인찍히면 그러한 행위를 한 자는 일탈자가 되는데 이러한 낙인을 찍는 행위는 사회적으로 힘 있는 사람들에 의해서 행하여지는 것으로 낙인이론은 기존의 범죄학이 범죄원인론에 집착했던 것과는 달리 범죄 그 자체가 어떻게 형성되는가에 관심을 가졌다.
288. (X) B경찰서의 활동은 깨진유리창이론과 관련이 깊다. 깨진유리창이론은 경미한 무질서한 행위와 환경을 그대로 방치하면 범죄와 무질서가 심각해진다는 이론으로, 경미한 무질서에 대한 엄격한 통제·관리를 주장한다.
289. (X) A경찰서의 활동은 '낙인이론'에 대한 설명이다. 낙인이론은 범죄자로 만드는 것은 행위의 질적인 면이 아닌 사람들의 인식이라고 본다. '전과자'라는 낙인을 찍는 것보다는 봉사할 수 있는 기회를 주어 선도하는 방법을 택한 것은 낙인이론과 연계된다고 볼 수 있다.
290. (X) A경찰서의 활동은 낙인이론과 관련이 깊다. 낙인이론은 우연한 기회에 저지른 사소한 비행이 범죄로 규정되고 범죄자로 낙인이 찍히면 계속해서 더욱 심각한 범죄를 저지른다는 이론이다.

THEME 04 범죄의 통제(예방) _C급

1 범죄통제 방법의 변천

291 ☐☐☐☐ 03 간부
범죄에 대한 통제방법의 변천은 근세 이전은 응보와 복수, 고전주의 사상가는 형벌과 제재, 실증주의 사상가는 교정과 치료, 20세기 이후의 범죄사회학자들은 범죄진압을 통해 범죄문제를 해결하려고 하였다. O|X

2 다양한 범죄의 통제(예방) 활동

292 ☐☐☐☐ 01·04·07·08·25 채용, 03 간부
환경설계를 통한 범죄예방(CPTED) 전략은 제프리(C. R. Jeffery)의 범죄통제모델 3가지 중 범죄억제모델에 해당한다. O|X

293 ☐☐☐☐ 01·03·07·08 채용
미국범죄예방연구소(NCPI)에서는 범죄기회를 감소시키보다는 범죄욕구나 범죄기술에 대한 예방이라고 하였다. O|X

294 ☐☐☐☐ 04 채용, 12 간부
미국범죄예방연구소(National Crime Prevention Institute)에서는 범죄예방을 범죄에 관련된 환경적 기회를 제거하는 간접적 통제활동으로 규정하고 있다. O|X

295 ☐☐☐☐ 01·03·07 채용
랩(Lab)은 범죄예방을 실제상의 범죄를 줄이는 것뿐만 아니라 공중이 가지고 있는 범죄에 대한 심리적 두려움을 제거하는 것이라고 보았다. O|X

정답과 해설

291. (X) 20세기 이후의 범죄사회학자들은 범죄**예방**을 통하여 범죄문제를 해결하려고 하였다.
292. (X) C. R. Jeffery는 범죄억제 모델, 사회복귀 모델, 환경공학을 통한 범죄통제 모델을 제시하였는데, 이 중 **환경설계를 통한 범죄예방(CPTED) 전략**은 제프리(C. R. Jeffery)의 범죄통제모델 3가지 중 **환경공학을 통한 범죄통제 모델(범죄억제모델 X)**에 해당한다.
293. (X) 미국범죄예방연구소(NCPI)에서 범죄예방은 범죄욕구나 범죄기술에 대한 예방이 아니라 **범죄기회를 감소**시키려는 활동이라는 것이다.
294. (X) 미국범죄예방연구소(National Crime Prevention Institute : NCPI)는 범죄예방을 범죄적 기회를 감소시키려는 사전활동이며, 범죄에 관련된 환경적 기회를 제거하는 **직접적 통제활동(간접적 X)**으로 규정하고 있다.
295. (O)

296 ☐☐☐☐ 03·04·07·08 채용

랩(Steven P. Lab)은 범죄예방을 실제의 범죄발생과 범죄에 대한 공중의 두려움을 줄이는 사후활동으로 규정하고 있다. (O|X)

297 ☐☐☐☐ 01·07·24 채용, 06 승진, 03 간부

브랜팅햄(P. Brantingham)과 파우스트(F. Faust)는 1차적 예방, 2차적 예방, 3차적 예방으로 나누어 범죄예방을 설명하였다. (O|X)

298 ☐☐☐☐ 03·07·24 채용, 06 승진

범죄예방의 대상은 1차적 예방은 범죄자, 2차적 예방은 우범자나 우범집단, 3차적 예방은 일반대중이다. (O|X)

299 ☐☐☐☐ 04·08·09·25 채용, 08 간부

브랜팅햄(P. Brantingham)과 파우스트(F. Faust)의 3단계 범죄예방모델에서 2차적 예방(secondary prevention)에 대한 설명으로 잠재적 범죄자를 초기에 발견하여 개입하는 전략이 있다. (O|X)

300 ☐☐☐☐ 01·25 채용, 05 승진

경찰이 금융기관에 CCTV를 설치할 것을 독려하고 금은방에 비상벨을 달도록 지도하는 활동을 브랜팅햄과 파우스트는 3차적 범죄예방모형이라고 분류하였다. (O|X)

301 ☐☐☐☐ 01·25 채용, 06 승진

경찰이 범인을 검거 구속하여 사회와 격리시킴으로써 더 이상의 범죄를 저지르지 않도록 하는 것을 브랜팅햄과 파우스트는 제1차적 범죄예방모형이라고 분류하였다. (O|X)

302 ☐☐☐☐ 09·25 채용

브랜팅햄(P. Brantingham)과 파우스트(F. Faust)의 3단계 범죄예방은 1차적 예방은 범죄의 기회를 제공하는 물리적 환경조건을 찾아 개입하는 전략, 2차적 예방은 잠재적 범죄자를 초기에 발견하여 개입하는 전략과 범죄발생 원인에 영향을 미치는 경제 및 사회 조건에 개입하는 전략, 3차적 예방은 상습범 대책수립 및 재범억제를 지향하는 전략이다. (O|X)

정답과 해설

296. (X) 랩(P.b. Lab)은 범죄예방을 실제의 범죄발생과 범죄에 대한 공중의 두려움을 줄이는 **사전(사후 X)활동**으로 규정하고 있다.
297. (O)
298. (X) **1차 : 일반대중**, 2차 : 우범자나 우범집단, **3차 : 범죄자**
299. (O) 2차적 예방은 우범자(잠재적 범죄자)나 우범집단을 대상으로 한다.
300. (X) 일반대중을 대상으로 하는 **1차적 범죄예방**모형에 해당한다.
301. (X) 범죄자를 대상으로 하는 **3차적 범죄예방**모형에 해당한다.
302. (X) 범죄발생 원인에 영향을 미치는 경제 및 사회 조건에 개입하는 전략은 **1차적 범죄예방**이다.

THEME 05 범죄통제(예방)이론

1 범죄 통제(예방)이론의 특징 및 비판 _A급

1-1 억제이론

303 □□□□ 07·09 채용, 17·19 승진
억제이론에서는 범죄에 대한 책임은 전적으로 사회에 책임이 있다고 강조한다. (O|X)

304 □□□□ 09 채용, 11 승진, 12 간부
억제이론은 범죄에 대한 국가의 강력하고 확실한 처벌이 범죄예방에 효과적이라고 본다. (O|X)

305 □□□□ 09 채용
억제이론(deterrence theory)은 18세기 고전주의 범죄학의 직접적인 영향을 받아 자유의지를 가진 합리적 범죄자를 기본가정으로 한다. (O|X)

306 □□□□ 09·24 채용
억제이론(deterrence theory)은 처벌의 엄중성, 확실성, 신속성이 범죄억제를 위한 중요한 요소가 된다. (O|X)

307 □□□□ 09 채용
억제이론(deterrence theory)은 범죄자의 처벌을 통해 대중의 범죄를 예방하고자 하는 것을 특별억제(specific deterrence)라 한다. (O|X)

308 □□□□ 14·18 채용
억제이론은 인간의 합리적 판단이 범죄 행동에도 적용된다고 보아서 폭력과 같은 충동적 범죄에 적용하는 데 한계가 있다는 비판이 있다. (O|X)

309 □□□□ 17 채용
억제이론은 인간의 자유의지를 인정하지 않는 결정론적 인간관에 바탕을 두고 특별예방효과에 중점을 둔다. (O|X)

> **정답과 해설**
>
> 303. (X) 억제이론은 범죄를 저지를 것인가의 여부는 전적으로 **개인 스스로의 책임**이지, 사회의 책임이 아니다라고 한다.
> 304. (O)   305. (O)
> 306. (O) 고전주의 범죄학의 억제이론(Deterrence Theory)은 베카리아(Beccaria)와 벤담(Bentham)의 주장에 근거한다. 기본전제는 인간이 자유의지를 가지고 합리적인 판단에 의해 행동한다는 것이다. 이를 기반으로 한 처벌은 계량된 처벌의 고통과 범죄로 인한 이익 사이의 함수관계로 설명되는데 이 이론의 핵심적인 내용은 **처벌의 확실성, 처벌의 엄격성(엄중성), 처벌의 신속성**이다.
> 307. (X) 억제이론(deterrence theory)은 비결정론적 인간관에 입각한 **일반예방효과에 중점**을 두고 범죄자의 처벌을 통해 **대중의 범죄를 예방**하고자 하는 것은 **일반억제**(general deterrence)이다.
> 308. (O)
> 309. (X) 억제이론은 고전학파 범죄이론을 바탕으로 하는 예방이론으로 (**비결정론**에 의하여) 인간의 자유의지와 도덕적 책임감을 강조하며, 범죄자를 합리적으로 결정하고 행동하는 존재자로 파악한다.

1-2 치료 및 갱생이론

310 ☐☐☐☐ 11 승진
치료 및 갱생이론은 범죄행위를 대상으로 하므로 적극적 일반예방에는 한계가 있다. (O│X)

311 ☐☐☐☐ 11·17·19 승진
범죄통제이론에 따르면 치료 및 갱생이론은 비용이 많이 들고 범죄자를 대상으로 하므로 일반 예방 효과에 한계가 있다는 비판이 존재한다. (O│X)

312 ☐☐☐☐ 05 채용, 12 간부
치료 및 갱생이론에서는 범죄는 개인의 책임이 아니라 사회의 책임이라고 본다. (O│X)

313 ☐☐☐☐ 07·09·17 채용
치료 및 갱생이론은 생물학적·심리학적 범죄이론에 바탕을 두고 있다. (O│X)

314 ☐☐☐☐ 07 채용, 12 간부
생물학적·심리학적 범죄이론에서는 범죄자의 치료와 갱생이 범죄예방에 효과적이라고 본다. (O│X)

315 ☐☐☐☐ 10 채용
치료 및 갱생이론은 결정론적 인간관에 기초하여 범죄자에 대한 치료 내지 갱생으로 범죄를 예방하고자 한다. (O│X)

316 ☐☐☐☐ 14·18 채용
범죄통제이론에 따르면 '치료 및 갱생이론'은 결정론적 인간관에 입각하여 특별예방효과에 중점을 둔다. (O│X)

1-3 사회발전을 통한 예방이론

317 ☐☐☐☐ 01·05 채용
사회학적 범죄이론에서는 사회발전을 통한 범죄의 근본적 원인의 제거가 범죄예방에 효과적이라고 주장한다. (O│X)

318 ☐☐☐☐ 07 채용
사회발전을 통한 예방이론에서는 범죄자의 사회적 환경을 범죄자의 내재적 성향보다 더 중요한 범죄원인으로 본다. (O│X)

정답과 해설

310. (X) 치료 및 갱생이론은 범죄행위가 아닌 **범죄자를 대상**으로 한다.
311. (O)   312. (O)   313. (O)   314. (O)
315. (O) 실증주의 범죄이론을 바탕으로 한 결정론적 인간관이다.
316. (O)   317. (O)   318. (O)

319 ☐☐☐☐ 10 채용

사회발전을 통한 예방이론에 대하여는 개인이나 소규모의 조직체에 의해 수행될 수 없다는 비판이 제기된다.

(O | X)

1-4 생태학적이론

320 ☐☐☐☐ 07 채용

생태학이론은 한 지역사회가 지배·침입·승계의 과정을 통해 다른 지역사회를 지배하게 되는 과정을 설명한다.

(O | X)

321 ☐☐☐☐ 10 채용, 08 간부

생태학적 이론은 범죄발생을 용이하게 하는 환경적 요소를 개선하거나 제거함으로써 기회성 범죄를 줄이려는 범죄예방론으로 대표적인 예로 환경설계를 통한 범죄예방(CPTED)이 있다.

(O | X)

2 상황적 범죄예방이론 _S급

2-1 상황적 범죄예방이론(합리적 선택이론)

322 ☐☐☐☐ 17 간부, 20 경채

클락&코니쉬의 합리적 선택이론은 체포의 위험성과 처벌의 확실성을 높여 효과적으로 범죄를 예방할 수 있다.

(O | X)

323 ☐☐☐☐ 12 간부

합리적 선택이론을 주장한 학자는 코헨과 펠슨이다.

(O | X)

324 ☐☐☐☐ 07·09·10·17 채용, 19 승진, 08·09·21 간부, 21 경채

합리적 선택이론에서는 인간의 자유의지를 인정하는 결정론적 인간관에 입각하여 범죄자는 비용과 이익을 계산하고 자신에게 유리한 경우에 범죄를 행한다고 본다.

(O | X)

정답과 해설

319. (O) 사회발전을 통한 예방이론은 범죄를 유발할 수 있는 사회적 환경을 개선해야 근본적인 범죄예방이 가능하다고 주장함으로서 비판을 받는다.
320. (O)　　321. (O)　　322. (O)
323. (X) 합리적 선택이론을 주장한 학자는 **클락(Clark)과 코니쉬(Cornish)**이다.
324. (X) 합리적 선택이론에서는 인간의 자유의지를 인정하는 **비결정론적(결정론적 X) 인간관**에 입각하여 범죄자는 비용과 이익을 계산하고 자신에게 유리한 경우에 범죄를 행한다고 본다.

325 ☐☐☐☐ 12 승진

합리적 선택이론은 범죄행위는 비용과 이익을 고려하여 합리적으로 선택하는 것으로 범죄자의 입장에서 선택할 수 있는 기회를 미리 진단하여 예방하여야 한다는 입장이다. (O|X)

326 ☐☐☐☐ 21 채용

합리적 선택이론은 거시적 범죄예방모델에 입각한 특별예방효과에 중점을 둔다. (O|X)

327 ☐☐☐☐ 12 채용

방범용 CCTV의 설치로 우발적이고 비이성적인 범죄에 대한 예방은 어렵지만 침입절도나 강도 등을 예방하는데 효과가 있다는 점은 범죄의 합리적 선택이론을 입증하는 것이다. (O|X)

2-2 상황적 범죄예방이론(일상활동이론)

328 ☐☐☐☐ 08·09 간부

일상활동 이론은 거시적 범죄분석을 토대로 범죄예방 모델을 도출하고자 한다. (O|X)

329 ☐☐☐☐ 12 승진, 09 간부

일상활동이론은 범죄의 요소를 동기가 부여된 잠재적 범죄자, 적절한 대상, 보호자(감시자)의 부재 등 3가지로 규정하고 범죄발생의 요소를 고려하여 범죄에 대응하여야 한다는 입장이다. (O|X)

330 ☐☐☐☐ 14·17·18·25 채용, 10·11 승진, 12 간부, 20 경채

범죄통제이론에 따르면 '일상활동이론'의 범죄유발의 4요소는 범행의 동기, 사회적 제재로부터의 자유, 범행의 기술, 범행의 기회이다. (O|X)

정답과 해설

325. (O)

326. (X) 합리적 선택이론(고전주의에 바탕)은 개인의 관점에서 범죄기회를 감소시키려는 **미시적** 범죄예방이론으로서, 특별예방효과보다는 **일반예방효과**에 중점을 둔다.

327. (O)

328. (X) 상황적 예방이론의 일종인 일상활동 이론은 범죄가 발생하는 상황적 요인, 범죄기회를 통제하여 범죄를 예방하고자 한다. 즉, 범죄기회가 주어지면 누구든지 범죄를 저지를 수 있다고 보고, **범죄자적 속성을 범죄의 결정적 요소로 보지는 않는다**. 따라서 시간과 공간적 변동에 따른 범죄발생 양상, 범죄기회, 범죄조건 등에 대한 **구체적이고 미시적(거시적 X)**인 분석을 토대로 구체적인 상황에 맞는 범죄예방활동을 하여야 한다는 이론이다.

329. (O)

330. (X) 코헨(Cohen)과 펠슨(Felson)의 일상활동이론의 범죄 발생 3요소는 동기가 부여된 **잠재적 범죄자**(motivated offender), **적절한 대상**(suitable target), **보호자의 부재**(absence of capable guardianship)이다. 범행의 동기, 사회적 제재로부터의 자유, 범행의 기술 그리고 범행의 기회는 **실리(Sheley)가 주장한 범죄 발생의 4요소**이다. **범대부**

331 ☐☐☐☐ 10·25 채용, 10 승진, 21 간부

일상활동이론에 의하면 범죄자가 범행을 결정하는 데 고려하는 4가지 요소(VIVA 모델)에는 대상의 가치(Value), 이동의 용이성(Inertia), 가시성(Visibility), 보호자의 부재(Absence)가 있다. (O | X)

332 ☐☐☐☐ 22 간부

일상활동이론을 주장한 코헨(Cohen)과 펠슨(Felson)은 절도범죄를 설명하면서 VIVA 모델을 제시했는데, 알파벳 I는 Inertia의 약자로서 '이동의 용이성'을 의미한다. (O | X)

333 ☐☐☐☐ 17 채용, 17·19 승진

범죄통제이론에 따르면 일상활동이론은 지역사회 구성원들이 범죄문제를 해결하기 위해 적극적으로 참여하는 것이 중요한 범죄예방의 열쇠라고 한다. (O | X)

334 ☐☐☐☐ 09 채용, 09 간부

일상활동이론은 거시적 범죄분석을 토대로 범죄예방 모델을 도출하고자 한다. (O | X)

2-3 상황적 범죄예방이론(범죄패턴이론)

335 ☐☐☐☐ 22 간부

범죄패턴이론은 브랜팅햄(Brantingham)이 제시한 이론으로서 지리적 프로파일링의 이론적 배경이 되었다. (O | X)

336 ☐☐☐☐ 21 채용

범죄패턴이론은 지리적 프로파일링을 통한 범행지역 예측 활성화에 기여할 수 있다. (O | X)

337 ☐☐☐☐ 12 승진

범죄패턴이론은 범죄에는 여가활동장소, 이동경로, 이동수단 등 일정한 장소적 패턴이 있다고 주장하며 지리적 프로파일링을 통한 범행지역의 예측활성화에 기여해야 한다는 입장이다. (O | X)

정답과 해설

331. (X) **VIVA 모델**은 범죄자 입장에서 범행을 결정하는데 고려되는 요소로 가치(Value), 이동의 용이성(Inertia), 가시성(Visibility), **접근성(Access)(보호자의 부재(Absence) X)** 4가지를 들고 있으며, 영문자 앞글자를 따서 'VIVA 모델'이라고 부른다.

332. (O)

333. (X) 지역사회 구성원들이 범죄문제를 해결하기 위해 적극적으로 참여하는 것이 중요한 범죄예방의 열쇠라고 한 것은 **집합효율성이론**이다.

334. (X) 일상활동이론은 범죄현상에 대한 추상적·거시적인 분석보다는 **구체적·미시적**인 범죄발생양상을 분석하는 것이 실제적인 범죄예방에 기여한다고 하였다.

335. (O)

336. (O) 범죄패턴이론은 브랜팅햄(Brantingham)이 대표적인 학자로서 범죄는 일정한 **장소적(지리적) 패턴**이 있으며, 이는 범죄자의 일상적인 행동패턴과 유사하다는 논리이다. 범죄자의 여가활동장소와 이동경로·이동수단 등을 분석하여 범행지역을 예측함(지리적 프로파일링)으로써 연쇄범죄 해결에 도움을 준다.

337. (O) 범죄패턴이론은 범죄에는 여가활동장소, 이동경로, 이동수단 등 일정한 **장소적(시간적 X)** 패턴이 있다고 주장하며 지리적 프로파일링을 통한 범행지역의 예측활성화에 기여해야 한다는 입장이다.

338 ☐☐☐☐ 17 간부, 21 경채

브랜팅햄(Brantingham)의 범죄패턴 이론에 따르면 범죄에는 일정한 시간적 패턴이 있으므로, 일정 시간대의 집중 순찰을 통해 효율적으로 범죄를 예방할 수 있다. O|X

339 ☐☐☐☐ 21 간부

범행 위치 및 피해자의 거주지 등 범죄와 관련된 정보를 계량화하여 범인이 생활하는 근거지를 확인하는 방법은 지리적 프로파일링인데, 한국은 도시간 간격이 협소하고 거주지역이 밀집되어 있어서 지리적 프로파일링을 활용하기 최적화된 환경을 제공한다. O|X

2-4 종합문제

340 ☐☐☐☐ 08 간부

상황적 범죄예방이론은 합리적 선택이론, 일상활동 이론, 생태학적 이론에 근거하여 범죄행위에 대한 위험과 어려움을 높여 범죄기회를 줄이고 범죄이익을 감소시킴으로써 범죄를 예방하는 이론이다. O|X

341 ☐☐☐☐ 24 채용, 12 승진

합리적 선택이론, 일상활동이론, 범죄패턴이론은 사회학적 이론 중 사회발전이론에 속한 내용으로 분류된다. O|X

342 ☐☐☐☐ 22 간부

상황적 범죄예방이론은 개인의 범죄성에 초점을 맞춘 이론으로서 범죄성향이 높은 개인들에게 범죄예방역량을 집중할 것을 주장한다. O|X

343 ☐☐☐☐ 12 간부

상황적 범죄예방이론에서는 개인의 성장발달 과정의 차이에 의해 범죄상황의 발생이 좌우된다고 본다. O|X

정답과 해설

338. (X) 범죄패턴 이론은 범죄는 일정한 **장소적(시간적 X) 패턴**이 있으며 이는 범죄자의 일상적인 행동패턴과 유사하다고 한다.

339. (X) 범행 위치 및 피해자의 거주지 등 범죄와 관련된 정보를 계량화하여 범인이 생활하는 근거지를 확인하는 방법은 **지리적(심리적 X) 프로파일링**인데, 한국은 도시간 간격이 협소하고 거주지역이 밀집되어 있어서 지리적 프로파일링을 활용하기 **다소 어려운 환경(최적화된 환경 X)**을 제공한다.

340. (O)

341. (X) 합리적 선택이론, 일상활동이론, 범죄패턴이론, 현대적 범죄예방이론(생태학적 관점) 중 **상황적 범죄예방이론**에 속한 내용으로 분류된다.

342. (X) 상황적 범죄예방이론은 범죄행위에 대한 위험과 어려움을 높여 **범죄기회를 줄이고 범죄이익을 감소시킴**으로써 범죄를 예방하는 이론이다. 개인의 범죄성에 초점을 맞춘 이론은 **실증주의적 관점(생물학적·심리학적·사회적)**과 관련이 있다.

343. (X) 개인의 성장발달 과정의 차이에 의해 범죄상황의 발생이 좌우된다고 보는 이론은 사회학적 범죄이론 중 **문화적 전파론**이다.

344 ☐☐☐☐ 19 채용

C경찰서는 관내 자전거 절도사건이 증가하자 관내 자전거 소유자들을 대상으로 자전거에 일련번호를 각인해 주는 서비스를 제공하는 것은 깨진유리창이론과 관련이 깊다. (O|X)

345 ☐☐☐☐ 23 채용

여성 1인 가구 밀집지역에 대한 경찰순찰을 확대함으로써 공식적 감시기능을 강화하거나 혹은 아파트 입구 현관문에 반사경을 부착함으로써 출입자의 익명성을 감소시켜 범행에 수반되는 발각 위험을 증대하기 위한 조치를 취하고 있는 것은 지역사회 기반 범죄예방과 관련이 깊다. (O|X)

346 ☐☐☐☐ 12 채용

방범용 CCTV는 상황적 범죄예방이론 및 CPTED이론 등을 근거로 하고 있다. (O|X)

347 ☐☐☐☐ 12 채용

방범용 CCTV를 통한 범죄예방은 일반예방이론보다 특별예방이론의 측면이 강하다. (O|X)

3 상황적 범죄예방이론에 대한 비판 _B급

348 ☐☐☐☐ 09 채용, 09 간부

상황적 범죄예방이론은 범죄가 다른 곳으로 전이되어 전체범죄는 줄지 않고, 국가통제사회가 될 가능성이 있다는 비판을 받고 있지 않다. (O|X)

349 ☐☐☐☐ 12 채용

한 지역에서 방범용 CCTV를 설치했을 때 그 지역은 범죄율이 감소하지만 인근지역의 범죄율이 증가하는 것을 범죄의 전이효과(crime displacement effect)라고 한다. (O|X)

350 ☐☐☐☐ 25 채용, 22 간부

상황적 범죄예방이론은 범죄 전이효과가 있다는 비판이 있다. (O|X)

정답과 해설

344. (X) 상황적 범죄예방 이론은 합리적 선택이론, 일상활동이론, 범죄패턴이론, 생태학적 이론에 근거하여 범죄행위에 대한 **위험과 어려움을 높여 범죄기회를 줄이고, 범죄행위의 이익을 감소시킴**으로써 범죄를 억제·예방하려는 이론이다. C경찰서의 활동은 **상황적 범죄예방 이론**과 관련이 깊다.

345. (X) **상황적 범죄예방**과 관련이 깊다.

346. (O)

347. (X) 방범용 CCTV를 통한 범죄예방은 **일반예방이론**의 측면이 강하다. 방범용 CCTV는 범죄예방을 목적으로 주택가나 도로 등에 폐쇄회로 카메라를 설치함으로써 감시기능 향상을 통해 침입절도나 침입강도와 같은 기회성 범죄를 예방하기 위한 기계적 감시장치이다.

348. (X) 상황적 예방이론은 범죄가 다른 곳으로 전이되어 전체범죄는 줄지 않고(**전이효과**), 국가통제사회가 될 가능성(요새화된 사회)이 있다는 비판을 **받고 있다**.

349. (O)

350. (O) 상황적 범죄예방이론의 경우 범죄를 예방하는 장치 또는 수단을 통해 범죄 기회를 줄여도, **풍선효과(전이효과)**에 따라 범죄가 다른 곳으로 전이되어 결국 전체 범죄는 감소하지 않는다는 비판이 제기된다.

4 환경범죄이론 _S급

4-1 방어공간이론

351 □□□□ 12 승진, 21 경채

뉴먼(Newman)의 방어공간 이론은 주거에 대한 영역성의 강화를 통해 주민들이 살고 있는 지역이나 장소를 자신들의 영역이라 생각하고 감시를 게을리하지 않으면 어떤 지역이든 범죄로부터 안전할 수 있다고 주장한다. (O|X)

352 □□□□ 22 채용

뉴먼(1972)은 방어공간의 구성요소를 구분하였다. 이와 관련된 〈보기 1〉의 설명과 〈보기 2〉의 구성요소를 적절하게 연결하면? (가) – (　　　), (나) – (　　　), (다) – (　　　)

〈보기1〉
(가) 지역의 외관이 다른 지역과 고립되어 있지 않고, 보호되고 있으며, 주민의 적극적 행동의지를 보여줌
(나) 지역에 대한 소유의식은 일상적이지 않은 일이 있을 때 주민으로 하여금 행동을 취하도록 자극함
(다) 특별한 장치의 도움 없이 실내와 실외의 활동을 관찰할 수 있는 능력임

〈보기2〉
㉠ 영역성　　　　㉡ 자연적 감시
㉢ 이미지　　　　㉣ 환경

4-2 환경범죄이론(CPTED)

353 □□□□ 01 채용, 22 간부

환경설계를 통한 범죄예방(CPTED)은 뉴먼(O. Newman)과 제퍼리(C. R. Jeffery)가 주장하였다. (O|X)

354 □□□□ 04 승진, 13 간부

오스카 뉴먼(Oscar Newman)은 처음으로 환경설계를 통한 범죄예방(CPTED)이라는 용어를 사용하였다. (O|X)

355 □□□□ 24 채용

환경설계를 통한 범죄예방(CPTED: Crime Prevention Through Environmental Design)은 물리적 환경설계 또는 재설계를 통해 범죄기회를 차단하고 시민의 범죄에 대한 불안을 감소시키는 전략이다. (O|X)

> **정답과 해설**
> 351. (O)
> 352. (가) – ㉢, (나) – ㉠, (다) – ㉡
> 353. (O)
> 354. (X) 환경설계(디자인)를 통한 범죄예방(CPTED)이라는 용어를 처음으로 사용한 사람은 제퍼리(C. R. Jeffery)이다. 오스카 뉴먼(Oscar Newman)의 저서 "방어공간"에서 공동주택의 설계와 범죄와의 상관성을 증명하면서 환경설계를 통한 범죄예방(CPTED)의 중요성이 증대되었다.
> 355. (O)

356 ☐☐☐☐ 25 채용, 22 간부

환경설계를 통한 범죄예방(CPTED)는 방어공간(Defensible Space)과 관련하여 영역성, 감시, 이미지, 안전지대의 4가지 관점을 제시하였다. (O│X)

357 ☐☐☐☐ 10 채용, 05 승진

환경설계를 통한 범죄예방기법(CPTED)은 생태학적 이론의 대표적인 예라 할 수 있다. (O│X)

358 ☐☐☐☐ 16 승진, 22 간부

환경설계를 통한 범죄예방(CPTED)의 기본원리 중 자연적 접근통제란 건축물이나 시설을 설계함에 있어서 가시권을 최대한 확보하고, 외부침입에 대한 감시기능을 확대하여 범죄기회를 감소시키는 원리이다. (O│X)

359 ☐☐☐☐ 23 채용, 10·11·12 승진, 13 간부

기존의 경찰력에 의존해왔던 범죄예방과 범죄진압이 한계에 이르렀고 범죄는 더욱 다양화·지능화·무동기화·흉포화됨에 따라 보다 근본적이고 효과적인 범죄예방을 위한 방안으로 주거 및 도시지역의 물리적 환경의 설계 또는 재설계를 통해 범죄기회를 차단하고 시민의 범죄에 대한 불안을 감소시키는 전략은 환경설계를 통한 범죄예방(CPTED)이론이다. (O│X)

360 ☐☐☐☐ 13 간부

기본원리는 자연적 감시, 자연적 접근통제, 영역성의 강화, 활동의 활성화, 유지관리이다. (O│X)

361 ☐☐☐☐ 13·24 채용

환경설계를 통한 범죄예방의 기본원리(CPTED)의 자연적 감시는 사적 공간에 대한 경계를 제거하여 주민들의 책임의식과 소유의식을 감소시킴으로써 사적공간에 대한 관리권을 약화시키는 원리이다. (O│X)

정답과 해설

356. (O) 뉴먼(Newman)이 주장한 방어공간이론은 **영역성, 감시, 이미지, 입지조건(환경)**을 구성요소로 하고 있다.

357. (O) 미국에서 웨스팅하우스(Westinghouse)사에 의해 수행된 프로젝트는 CPTED전략이 활성화된 계기가 되었다.

358. (X) 건축물이나 시설을 설계함에 있어서 가시권을 최대한 확보하고, 외부침입에 대한 감시기능을 확대하여 범죄기회를 감소시키는 원리는 **자연적 감시의 원리**에 대한 설명이다. **자연적 접근통제란** 일정한 지역에 접근하는 사람들을 정해진 공간으로 유도하거나 출입하는 사람들을 통제하도록 설계함으로써 접근에 대한 심리적 부담을 증대시켜 범죄를 예방할 수 있다는 원리이다.

359. (O)   **360.** (O)

361. (X) 사적 공간에 대한 경계를 **표시(제거 X)**하여 주민들의 책임의식과 소유의식을 **강화(감소 X)**시킴으로써 사적공간에 대한 관리권을 **강화(약화 X)**시키는 원리는 **영역성 강화**이다.

362 ☐☐☐☐ 13·24 채용, 19 간부

자연적 접근 통제는 일정한 지역에 접근하는 사람들을 정해진 공간으로 유도하거나 외부인의 출입을 통제하도록 설계함으로써 접근에 대한 심리적 부담을 증대시켜 범죄를 예방할 수 있다는 원리이다. 종류로는 출입구의 최소화, 벤치·정자의 위치 및 활용성에 대한 설계이다. (O|X)

363 ☐☐☐☐ 13·22·24 채용, 24 승진, 20 경채

지역사회의 설계 시 주민들이 모여서 상호의견을 교환하고 유대감을 증대할 수 있는 공공장소를 설치하고 이용하도록 함으로써 '거리의 눈(eyes on the street)'을 활용한 자연적 감시와 접근통제의 기능을 확대하는 원리를 활동의 활성화(활용성의 증대)라고 하며, 이에 대한 종류로는 놀이터·공원의 설치, 벤치·정자의 위치 및 활용성에 대한 설계, 통행로의 설계 등이 있다. (O|X)

364 ☐☐☐☐ 19 간부

활동의 활성화의 종류로는 놀이터·공원의 설치, 체육시설의 접근성과 이용의 증대 등을 들 수 있다. (O|X)

365 ☐☐☐☐ 17·20 승진, 19 간부

영역성의 강화는 주민들이 모여서 상호의견을 교환하고 유대감을 증대할 수 있는 공공장소를 설치하고 이용하도록 함으로써 '거리의 눈'을 활용한 자연적 감시와 접근통제의 기능을 확대하는 원리이다. 종류로는 놀이터·공원의 설치, 체육시설의 접근성과 이용의 증대 등을 들 수 있다. (O|X)

366 ☐☐☐☐ 13·22·23 채용, 20·24 승진, 19·21 간부

자연적 감시는 건축물이나 시설물의 설계시 가시권을 최대한 확보하고 외부침입에 대한 감시기능을 확대함으로써 범죄 발각 위험을 증가시켜 기회를 감소시킬 수 있다는 원리이다. 종류로는 조명·조경·가시권 확대, 방범창 등이 있다. (O|X)

367 ☐☐☐☐ 22 채용, 20 승진, 21 간부

사적 공간에 대한 경계를 표시하여 주민들의 책임의식과 소유의식을 증대함으로써 사적 공간에 대한 관리권과 권리를 강화시키고, 외부인들에게는 침입에 대한 불법사실을 인식시켜 범죄기회를 차단하는 원리를 자연적 접근통제라고 하며, 이에 대한 종류로는 방범창, 출입구의 최소화 등이 있다. (O|X)

정답과 해설

362. (X) 벤치·정자의 위치 및 활용성에 대한 설계는 **활동의 활성화**에 해당한다.
363. (X) 통행로의 설계는 **자연적 접근통제**의 종류이다.
364. (O)
365. (X) **활동의 활성화**에 대한 설명이다.
366. (X) **방범창**은 **자연적 접근통제**에 해당한다.
367. (X) 사적 공간에 대한 경계를 표시하여 주민들의 책임의식과 소유의식을 증대함으로써 사적 공간에 대한 관리권과 권리를 강화시키고, 외부인들에게는 침입에 대한 불법사실을 인식시켜 범죄기회를 차단하는 원리는 **영역성의 강화**에 대한 설명이고, 방범창, 출입구의 최소화는 자연적 접근통제의 종류이다.

368 ☐☐☐☐ 23 채용, 17 승진

자연적 감시는 사적 공간에 대한 경계를 표시하여 주민들의 책임의식과 소유의식을 증대함으로써 사적 공간에 대한 관리권과 권리를 강화시키고, 외부인들에게는 침입에 대한 불법사실을 인식시켜 범죄기회를 차단하는 원리이다. (O|X)

369 ☐☐☐☐ 21 간부, 24 승진

영역성의 강화는 일정한 지역에 접근하는 사람들을 정해진 공간으로 유도하거나 외부인의 출입을 통제하도록 설계함으로써, 접근에 대한 심리적 부담을 증대시켜 범죄를 예방하는 것이다. 출입구의 최소화, 통행로의 설계, 울타리 및 표지판의 설치를 예로 들 수 있다. (O|X)

370 ☐☐☐☐ 22·24 채용, 24 승진, 21 간부

처음 설계된 대로 혹은 개선한 의도대로 기능을 지속적으로 유지하도록 관리함으로써 범죄예방을 위한 환경설계의 장기적이고 지속적인 효과를 유지하는 원리를 유지관리라고 하며, 이에 대한 종류로는 청결유지, 파손의 즉시보수, 조명의 관리, 체육시설의 접근성 및 이용의 증대 등이 있다. (O|X)

371 ☐☐☐☐ 20 승진

활동의 활성화의 종류에는 벤치 정자의 위치 및 활용성에 대한 설계, 출입구의 최소화가 있다. (O|X)

372 ☐☐☐☐ 09·12 간부

자연적 감시 – 조명, 조경, 가시권 확대를 위한 건물의 배치 (O|X)

373 ☐☐☐☐ 23 채용, 09·12 간부

자연적 접근통제 – 차단기, 방범창, 잠금장치, 통행로 설계, 출입구의 최소화 (O|X)

374 ☐☐☐☐ 09·12 간부

영역성의 강화 – 청결유지, 사적·공적 공간의 구분, 울타리·펜스의 설치 (O|X)

375 ☐☐☐☐ 09·12 간부

활동의 활성화 – 놀이터·공원의 설치, 체육시설의 접근성과 이용의 증대, 벤치·정자의 위치 및 활용성에 대한 설계 (O|X)

정답과 해설

368. (X) **영역성 강화**에 대한 설명이다.
369. (X) **자연적 접근 통제**에 대한 설명이다. 울타리 및 표지판의 설치는 **영역성의 강화**에 대한 예시이다.
370. (X) 체육시설의 접근성 및 이용의 증대는 **활동의 활성화**에 해당한다.
371. (X) **출입구의 최소화**부분은 **자연적 접근통제**의 종류이다.
372. (O)   373. (O)
374. (X) **청결유지**는 **유지관리**에 해당한다.
375. (O)

5 멘델슨(Mendelsohn)의 범죄피해자 유형 _C급

376 ☐☐☐☐ 13 간부
멘델슨(B. Mendelsohn)은 1940년대 강간피해자 연구를 통해 범죄피해자 유형을 제시하였다. (O|X)

377 ☐☐☐☐ 14 승진, 13 간부
멘델슨(B. Mendelsohn)은 범죄피해자 유형론에서 가해자와 같은 정도의 책임이 있는 피해자는 자신의 부주의로 인한 피해자라고 하였다. (O|X)

378 ☐☐☐☐ 24 채용
멘델존(Mendelsohn)의 피해자 유형 분류 중 가해자와 같은 정도의 책임이 있는 피해자에 해당하는 사례로 동반자살 피해자, 부모에게 살해된 패륜아, 자살미수 피해자, 촉탁살인에 의한 피살자 등을 들 수 있다. (O|X)

379 ☐☐☐☐ 13 간부
헨티크(H. Von Hentig)는 범죄피해자의 특성을 중심으로 한 피해자의 계층과 범죄에 대한 취약성을 증대시키는 인성과의 관계를 통해 피해자의 역할에 대해 서술한 '범죄자와 피해자'를 저술하였다. (O|X)

380 ☐☐☐☐ 13 간부
Garofalo는 범죄피해자가 다른 사람으로 하여금 공격하도록 유발시킬 수도 있다고 언급하였다. (O|X)

정답과 해설

376. (O) 피해자학의 아버지라고 불리는 멘델슨(B. Mendelsohn)은 1947년에 '피해자학'을 저술하였으며, 피해자학은 범죄학과는 독립된 고유의 과학으로 존재해야 하는 독자성을 주장하였다.
377. (X) 자신의 부주의로 인한 피해자는 **가해자보다 더 책임이 있는 피해자**와 관련이 있다.
378. (X) **부모에게 살해된 패륜아**는 **가해자보다 더 책임이 있는 피해자**에 해당된다.
379. (O) 헨티크(H. Von Hentig)는 1948년 '범죄자와 피해자'라는 논문을 통해서 피해자가 범죄행동에 어떤 원인을 제공하고 있음과 가해자와 피해자 상호관계를 충분히 고찰할 필요성이 있다고 주장하였다.
380. (O)

THEME 06 지역사회 경찰활동 _S급

1 전통적 경찰활동과 지역사회 경찰활동의 비교

381 ☐☐☐☐ 20·23 채용

업무평가의 주요한 척도는 사후진압을 강조한 범인검거율이 아닌 사전예방을 강조한 범죄나 무질서의 감소율은 지역사회 경찰활동(Community Policing)이다. O|X

382 ☐☐☐☐ 23·25 채용, 17·20 승진

지역사회 경찰활동(Community Policing)은 주민의 경찰업무에의 협조도로 경찰업무의 효율성을 평가한다. O|X

383 ☐☐☐☐ 25 채용, 16 승진, 21 경채

지역사회와 협력하여 방범활동을 하는 지역사회 경찰활동(Community Policing)은 지구대의 권한을 최소화하여 상급부서로 권한을 집중시키는 것이 중요하다. O|X

384 ☐☐☐☐ 16 승진

지역사회와 협력하여 방범활동을 하는 지역사회 경찰활동은 지역주민과의 유대관계를 긴밀하게 하고, 지역특성에 맞는 조직과 활동이 이루어지며, 대민접점의 경찰관에게 많은 재량이 부여되어야 한다. O|X

385 ☐☐☐☐ 22 채용

경찰은 누구인가? – 전통적 경찰활동의 관점에서는 법집행을 주로 책임지는 정부기관이라고 답변할 것이며, 지역사회 경찰 활동의 관점에서는 경찰이 시민이고 시민이 경찰이라고 답변할 것이다. O|X

386 ☐☐☐☐ 22 채용

언론 접촉 부서의 역할은 무엇인가? – 전통적 경찰활동의 관점에서는 현장경찰관들에 대한 비판적여론을 차단하는 것이라고 답변할 것이며, 지역사회 경찰활동의 관점에서는 지역사회와의 원활한 소통창구라고 답변할 것이다. O|X

정답과 해설

381. (O)
382. (O) 경찰은 지역사회 내 지방자치단체, 학교 등 공적 주체들은 물론 시민단체 등 사적 주체들과도 파트너십을 형성할 필요가 있다. 즉, 지역사회 경찰활동은 범죄 및 무질서에 대한 문제를 해결함에 있어서 **경찰과 지역사회 양자를 참여시키는 협력관계**를 중요하게 여긴다.
383. (X) 지역사회 경찰활동은 정책결정과정에서 주민의 참여를 증대하고 시민과 경찰과의 협력치안이 특징으로서 지구대에 권한을 최대한 부여하는 **권한 분산화**가 중요하다.
384. (O) **지구대의 권한을 최소화하여 상급부서로 집중시키는 것은 전통적 경찰활동**에 대한 설명이다.
385. (O)　　386. (O)

387 ☐☐☐☐ 22·23 채용

경찰의 효과성은 무엇이 결정하는가? - 전통적 경찰활동의 관점에서는 경찰의 대응시간이라고 답변할 것이며, 지역사회 경찰 활동의 관점에서는 시민의 협조(시민의 참여)라고 답변할 것이다. (O|X)

388 ☐☐☐☐ 22 채용

가장 중요한 정보란 무엇인가? - 전통적 경찰활동의 관점에서는 범죄자 정보(개인 또는 집단의 활동사항 관련 정보)라고 답변할 것이며, 지역사회 경찰활동의 관점에서는 범죄사건 정보(특정 범죄사건또는 일련의 범죄사건 관련 정보)라고 답변할 것이다. (O|X)

389 ☐☐☐☐ 17 승진, 21 경채

지역사회 경찰활동은 범죄와 무질서가 얼마나 적은가 보다 범인검거율이 경찰업무 평가의 기준이며, 사전예방을 강조한다. (O|X)

390 ☐☐☐☐ 20·23 채용

지역사회 경찰활동(Community Policing)은 타 기관과는 권한과 책임 문제로 인한 갈등구조가 아닌 지역사회 문제해결의 공동목적 수행을 위한 협력구조를 이룬다. (O|X)

391 ☐☐☐☐ 20 채용

지역사회 문제해결을 위한 경찰업무 영역의 확대로 일선 경찰관에 대한 감독자의 지휘·통제가 강조되는 것은 지역사회 경찰활동(Community Policing)이다. (O|X)

392 ☐☐☐☐ 17 승진, 13 간부

지역사회 경찰활동에서는 집중화된 조직구조, 법과 규범에 의한 규제보다 지역사회의 요구에 부응하는 분권화된 경찰관 개개인의 능력이 강조된다. (O|X)

393 ☐☐☐☐ 23 채용, 17 승진

지역사회 경찰활동은 범죄가 자주 발생하는 지점에 경찰력을 집중적으로 배치하여 범죄예방효과를 극대화하는 데 중점을 둔다. (O|X)

정답과 해설

387. (O)
388. (X) 가장 중요한 정보란 무엇인가? - **전통적 경찰활동**의 관점에서는 **범죄사건 정보(특정 범죄사건 또는 일련의 범죄사건 관련 정보)**라고 답변할 것이며 **지역사회 경찰활동**의 관점에서는 **범죄자 정보(개인 또는 집단의 활동사항관련 정보)**라고 답변할 것이다.
389. (X) 지역사회 경찰활동은 범인검거율이 아니라 **범죄와 무질서의 감소율**이 경찰업무 평가의 기준이며, 사전예방을 강조한다.
390. (O)
391. (X) 문제해결을 위한 일선 경찰관에 대한 감독자의 지휘·통제의 강조는 **전통적 경찰활동**이다.
392. (O) 지역사회 문제해결을 위해 경찰은 지역사회 범죄활동 **예방**, 주민에 대한 **책임성 중시**, 주민에 대한 일반서비스 제공을 위한 순찰활동으로서의 방향전환, 정책결정과정에서의 주민참여 증대와 경찰권한의 **분산화**를 기본요소로 하고 있다.
393. (X) 지역사회경찰활동은 **경찰과 시민 모두**에게 범죄방지 의무가 있는데, 범죄가 자주 발생하는 지점에 **경찰력을 집중적으로 배치**하는 것은 경찰이 법집행의 책임이 있는 유일한 정부기관으로 표현이 되었으므로 **전통적 경찰활동**에 해당한다.

394 ☐☐☐☐ 23 채용, 10·12 승진

지역사회 경찰활동은 비공식적 사회통제를 강화하고, 지역사회 자체의 범죄예방 능력을 강화하여 지역사회 차원에서 범죄문제를 해결하려는 구체적이고 종합적인 활동, 지역사회의 문제에 대한 정확한 분석이 선행되어야 하며, 경찰활동의 대상을 범죄보다 시민의 문제와 걱정거리로 보며, 범죄신고에 대한 반응시간이 얼마나 짧은가로 경찰업무의 효율성을 평가한다. (O|X)

395 ☐☐☐☐ 12 승진

최근 범죄의 다양화, 광역화, 흉포화로 치안수요가 증가하고 시민들이 경찰활동이나 정책에 직접 참여하려는 의식이 강화됨에 따라 지역사회 경찰활동이 등장하게 되었다. 지역사회 경찰활동은 경찰의 책임을 강화하고 지역사회에 기초한 범죄예방과 순찰체계는 112차량 순찰 위주로 전환하는 것이다. (O|X)

396 ☐☐☐☐ 09·25 채용, 23 경채

전통적 경찰활동과 비교한 지역사회 경찰활동의 특징으로 범죄 이외의 문제도 중요한 경찰업무로 취급하고, 체포율과 적발건수로 경찰의 능률을 측정하며, 문제해결(Problem Solving)과 상황적 범죄예방(Situational Crime Prevention)이 주된 전술이고, 사전적 범죄예방활동을 우선시한다. (O|X)

397 ☐☐☐☐ 22 간부

지역사회 경찰활동은 경찰의 역할에서 범죄투사(Crime Fighter)의 역할보다 문제해결자(Problem Solver)로서의 역할에 중점을 둔다. (O|X)

398 ☐☐☐☐ 23·25 채용, 22 간부

지역사회 경찰활동은 범죄의 진압·수사 같은 사후대응적 경찰활동(Reactive Policing)보다는 범죄예방과 같은 사전예방적 경찰활동(Proactive Policing)을 강조한다. (O|X)

399 ☐☐☐☐ 13·14 간부

지역사회 경찰활동은 경찰과 시민 모두 범죄방지 의무가 있고, 범죄와 무질서가 얼마나 적은가로 업무를 평가하고, 지역사회의 요구에 부응하는 분권화된 경찰관 개개인의 능력을 강조하며, 범죄신고에 대한 반응시간이 얼마나 짧은가로 효율성을 측정한다. (O|X)

400 ☐☐☐☐ 24 채용

이웃지향적 경찰활동(NOP)은 경찰과 지역주민 사이에 좋은 관계를 유지하고 경찰활동을 널리 지역주민에게 이해시키고, 범죄예방활동에 지역주민을 적극적으로 참여시켜 협력해 주도록 하는 경찰활동을 말한다. (O|X)

정답과 해설

394. (X) 범죄신고에 대한 반응시간이 얼마나 짧은가로 경찰업무의 효율성을 평가하는 것은 **전통적 경찰활동**에 해당한다.
395. (X) 지역사회 경찰활동에서 순찰체계는 **도보순찰** 위주로 전환이다.
396. (X) 체포율과 적발건수로 경찰의 능률을 측정하는 것은 **전통적 경찰활동**의 특징이다.
397. (O)
398. (O) '지역사회 경찰활동'은 이미 발생한 범죄를 **사후 진압** 및 검거하는 역할에서 벗어나 **사전적 예방**과 지역사회 문제를 해결하는 문제해결자로서의 경찰 역할을 강조한다.
399. (X) 범죄신고에 대한 반응시간이 얼마나 짧은가로 효율성을 평가하는 것은 **전통적 경찰활동**이다.
400. (X) 경찰과 지역주민 사이에 좋은 관계를 유지하고 경찰활동을 널리 지역주민에게 이해시키고, 범죄예방활동에 지역주민을 적극적으로 참여시켜 협력해 주도록 하는 경찰활동은 **경찰-지역사회 관계(PCR: Police-Community Relations PCR)**에 대한 설명이다.

401 ☐☐☐☐ 11 채용, 23 경채

아래 보기에 가장 부합되지 않은 경찰활동은?

> ㉠ 범인검거에서 범죄예방분야로의 역량을 강화하기 위해 사후적 검거활동에서 사전적 예방활동으로 전환하고, 범죄예방을 위한 다양한 자원을 투입하였으며, 경찰평가의 기준으로 검거실적에서 범죄예방 노력과 범죄발생률로 전환하였다.
> ㉡ 지역사회와의 협력치안을 강화하기 위해 경찰력에만 의존한 치안정책에서 지역사회 협력치안으로 전환하고, 지역사회 문제해결과 주민의 경찰행정 참여기회를 보장하였다.
> ㉢ 경찰내부의 개혁으로는 권한의 집중에서 권한분산을 통한 경찰책임의 증대로 권한과 책임의 일치를 추구하고, 상의하달의 의사구조를 하의상달의 구조로 상호교류를 확대하였다.

① 심각한 범죄에 대한 신속하고 효과적인 대응보다는 지역사회와의 밀접한 상호작용에 가치를 둔다.
② 경찰의 능률성은 체포율과 적발 건수보다는 범죄와 무질서의 부재에 있다.
③ 경찰의 효과성은 현장 임장시간 보다는 대중의 협조에 무게를 둔다.
④ 경찰의 역할은 폭넓은 지역문제를 해결하는 것보다는 범죄를 해결하는 것이다.

2 지역사회 경찰활동 내용

402 ☐☐☐☐ 20·23 채용, 22 간부

지역사회 경찰활동은 전략지향 경찰활동(Strategic-Oriented Policing), 문제지향 경찰활동(Problem-Oriented Policing), 이웃지향 경찰활동(Neighborhood-Oriented Policing) 등으로 구성되어 있다. [O|X]

403 ☐☐☐☐ 22 승진

지역중심 경찰활동(Community-Oriented Policing)은 경찰이 지역사회 구성원과 함께 지역이 당면한 문제를 확인하고 우선순위를 정하여 해결하고자 노력하는 것을 의미한다. [O|X]

404 ☐☐☐☐ 22 승진

지역중심 경찰활동과 문제지향적 경찰활동(Problem-Oriented Policing)은 병행되어 실시될 때 효과성이 제고된다. [O|X]

405 ☐☐☐☐ 24·25 채용, 24 간부

이웃지향적 경찰활동(Neighborhood-Oriented Policing)은 경찰과 주민의 의사소통을 활성화하고 주민들에 의한 순찰을 실시하는 등 지역사회에 기초를 둔 범죄예방 활동 등을 위해 노력한다. [O|X]

정답과 해설

401. ④ 보기는 지역사회 경찰활동(Community Policing)에 대한 설명으로, ④의 "경찰의 역할은 폭넓은 지역문제를 해결(예방)하는 것보다는 범죄를 해결(진압)하는 것은 **전통적 경찰활동(Traditional Policing)**에 해당하는 내용이다.
402. (O)   403. (O)   404. (O)
405. (O) 이웃지향적 경찰활동(NOP: Neighborhood-Oriented Policing)은 지역사회경찰활동을 위하여 경찰과 주민의 의사소통라인을 개설하려는 모든 프로그램을 말한다.

406 ☐☐☐☐ 24 채용

문제지향적 경찰활동(POP: Problem-Oriented Policing)은 지역조직은 거주자들에게 지역에 관한 정보를 제공하며 경찰과 협동하여 범죄를 억제하는 기능을 수행한다. (O|X)

407 ☐☐☐☐ 24 채용, 24 간부

지역중심적 경찰활동(Community-Oriented Policing)은 경찰과 지역사회가 협력하여 길거리 범죄, 물리적 무질서 등을 확인하고 해결함으로써 주민들의 삶의 질을 개선하고자 노력한다. (O|X)

408 ☐☐☐☐ 24 간부

문제지향적 경찰활동(Problem-Oriented Policing)은 경찰과 지역사회가 전통적인 경찰업무로 해결할 수 없거나 그것의 해결을 위하여 특별히 관심을 필요로 하는 사안들에 있어서 그 상황에 맞는 대안을 개발하기 위해 노력하는 활동에 주력한다. (O|X)

409 ☐☐☐☐ 20·24 채용

문제지향적 경찰활동(Problem-Oriented Policing)은 반복된 사건을 야기하는 근본적인 원인을 해결해야 한다고 주장하며, 현장 경찰관에게 자유재량을 부여하고, 범죄분석자료를 제공, 대중정보와 비평을 적극적으로 수용한다. (O|X)

410 ☐☐☐☐ 22 승진, 23 경채

문제지향적 경찰활동은 지역문제들에 대한 효과적인 대응 전략들을 고려하면서, 필요시에는 경찰과 지역사회의 협력 전략에 보다 높은 가치를 부여한다. (O|X)

411 ☐☐☐☐ 20·22 채용, 17·22·25 승진, 21·25 간부, 20 경채

문제지향적 경찰활동(Problem-Oriented Policing)은 경찰활동이 단순한 법집행자의 역할에서 지역사회 범죄문제의 근원적 원인을 확인하고 해결하는 역할로 전환될 것을 추구하며 지역사회 문제 해결 과정으로 SARA모형이 강조되며, 이는 조사(Scanning) − 평가(Assessment) − 대응(Response) − 분석(Analysis)으로 진행되는 문제해결 단계를 제시한다. (O|X)

정답과 해설

406. (X) 지역조직은 거주자들에게 지역에 관한 정보를 제공하며 경찰과 협동하여 범죄를 억제하는 기능을 수행하는 것은 **이웃지향적 경찰활동**에 대한 설명이다.

407. (O) 지역중심적 경찰활동(COP: Community-Oriented Policing)은 지역사회에서의 전반적인 삶의 질 향상을 목표로, 지역사회와 경찰 사이의 새로운 관계를 증진시키는 조직적인 전략원리를 말한다.

408. (O) 문제지향적 경찰활동(Problem-Oriented Policing)은 지역사회의 문제를 해결하기 위한 여러 가지 방안을 중점으로 우선순위를 재평가, 각각의 문제에 따른 형태별 대응을 강조했다.

409. (O)

410. (O) 문제지향적 경찰활동의 목표는 특정한 문제들을 해결하기 위해서 경찰과 지역사회가 함께 노력하고 적절한 대응방안을 개발함으로써, 문제해결에 대한 특별한 관심을 이끌어 내는 것이다.

411. (X) 문제지향적 경찰활동은 경찰활동이 단순한 법집행자의 역할에서 지역사회 범죄문제의 근원적 원인을 확인하고 해결하는 역할로 전환될 것을 추구하며(**형법에 지나치게 의존하는 것 대신에 문제해결에 대한 합리적·분석적 접근법을 강조**) 지역사회 문제 해결 과정으로 **에크와 스펠만(Eck & Spelman)**의 SARA모형이 강조되며, 이는 **조사(Scanning) → 분석(Analysis) → 대응(Response) → 평가(Assessment)**으로 진행되는 문제해결 단계를 제시한다.

412 ☐☐☐☐ 23 채용

SARA모델 중 조사단계(scanning)는 일반적으로 지역사회에서 일회적으로 발생하지만 대중의 이목을 집중시키는 심각한 중대범죄 사건을 우선적으로 조사대상화하는 데에서 출발한다. (O|X)

413 ☐☐☐☐ 24 채용

조사단계(Scanning)는 지역에서 반복적으로 발생하고 있는 문제를 파악하는 데에서 출발하여 문제라고 여겨지는 개인과 관련된 사건을 분류하고, 정확하고 유용한 용어를 활용하여 이러한 문제를 조사한다. (O|X)

414 ☐☐☐☐ 23·24 채용

SARA모델 중 분석단계(analysis)에서는 각종 통계자료 등 수집된 자료를 활용하여 심층적인 분석을 실시하며, 당면 문제의 성격을 정확하게 파악하기 위해 문제분석 삼각모형(problem analysis triangle)을 유용한 분석도구로 활용할 수 있다. (O|X)

415 ☐☐☐☐ 23·24 채용

SARA모델 중 대응단계(response)에서는 경찰이 보유한 자원과 역량만으로는 한계가 있으므로 지역사회 내의 여러 다른 기관들과의 협력을 통한 대응방안을 추구하며, 상황적 범죄예방에서 제시하는 25가지 범죄 예방기술을 적용해 볼 수도 있다. (O|X)

416 ☐☐☐☐ 23·24 채용

SARA모델 중 평가단계(assessment)는 과정평가와 효과평가의 두 단계로 구성되며, 이전 문제해결과정에의 환류를 통해 각 단계가 지속적인 순환과정으로 작동할 수 있도록 한다는 점에서 중요한 의미를 가진다. (O|X)

417 ☐☐☐☐ 20 채용

문제지향적 경찰활동(Problem-Oriented Policing)에 대한 형법의 적용은 여러 대응 수단 중 하나에 불과하다. (O|X)

418 ☐☐☐☐ 22 간부

지역사회 경찰활동은 윌슨(W. Wilson)과 사이몬(H. A. Simon)이 연구한 경찰활동 개념이다. (O|X)

정답과 해설

412. (X) 조사단계(scanning)는 순찰구역 내 문제들을 확인하고 문제의 유형이나 **지속적으로 발생하는 사건들을 찾아내는 과정**이다. 즉, 문제의 범주를 넓히는 단계이다.

413. (O)

414. (O) 분석단계(Analysis)는 지역사회와 경찰이 협력하는 등의 방법으로 문제의 원인을 파악하고, 분석하는 단계이다.

415. (O) 상황적 범죄예방에서 제시하는 25가지 범죄예방기술들은 범죄가 발생할 수 있는 환경을 바꾸고, 범죄 기회를 감소시키는 데 중점을 둔다. SARA 모델의 대응단계(response)에서 경찰은 이러한 기술들을 활용해 지역사회와 협력하여 구체적인 예방책을 마련할 수 있다.

416. (O) 평가단계(Assessment)는 **과정(결과 X)평가**와 **효과평가**의 두 단계로 구성되며, 대응책이 적절하였는지 여부를 평가하는 단계이다.

417. (O)

418. (X) 지역중심 경찰활동(Community-Oriented Policing) 이론을 정립한 학자로 평가받는 사람은 **트로야노비치(Robert C. Trojanowicz)**이다.

419 ☐☐☐☐ 20·25 채용, 22 경채

문제지향적 경찰활동(Problem-Oriented Policing)은 경찰과 주민 사이의 의사소통 라인을 개설하는 모든 프로그램을 말하고 거주자들에게 지역에 관한 정보를 제공하며, 주민들은 민간순찰을 실시한다. OIX

420 ☐☐☐☐ 24·25 채용, 25 간부, 22·23 경채

사건지향적 경찰활동은 범죄를 감소시키기 위해서 범죄의 정보와 분석기법을 통합한 법집행 위주의 경찰활동을 말하며, 범죄의 분석 등을 통해 정보에 입각한 범죄다발지역에 대한 강력한 순찰 등이 있다. OIX

421 ☐☐☐☐ 24 채용

증거기반 경찰활동(evidence-based policing)은 경찰정책과 의사결정에 있어서 과학적·의학적 증거에 기반하여 증거의 개발, 검토, 활용을 위해 경찰관 및 직원이 연구기관과 함께 활동하는 접근방법이다. OIX

422 ☐☐☐☐ 24·25 채용, 25 간부, 22 경채

전략지향적 경찰활동은 전통적 경찰활동 및 절차들을 이용하여 범죄요소나 무질서의 원인을 제거하고 효과적으로 범죄를 진압·통제하려는 경찰활동을 말하며 지역사회 참여가 경찰임무의 중요한 측면이라 인식한다. OIX

423 ☐☐☐☐ 24 간부

관용중심적 경찰활동(Tolerance Oriented Policing)은 소규모 지역공동체 모임의 활성화를 통해 상호감시를 증대하고 단속 중심의 경찰활동을 전개함으로써 범죄에 대응하는 전략을 추진한다. OIX

424 ☐☐☐☐ 06 승진

J.Skolnick의 지역사회 경찰활동(Community Policing)의 4가지 기본요소는 지역사회 범죄예방활동, 주민에 대한 서비스제공을 위한 순찰활동, 정책결정과정에서의 주민참여 증대와 경찰권한의 집중화, 주민에 대한 일반서비스 제공을 위한 순찰활동으로의 방향전환이다. OIX

정답과 해설

419. (X) **이웃지향적 경찰활동**에 대한 설명이다.
420. (X) 범죄를 감소시키기 위해서 범죄의 정보와 분석기법을 통합한 법집행 위주의 경찰활동을 말하며, 범죄의 분석 등을 통해 정보에 입각한 범죄다발지역에 대한 강력한 순찰 등은 **정보기반 경찰활동(Intelligence-Led Policing : ILP)에 대한 설명이다.**
421. (O)
422. (O) 전략지향적 경찰활동(SOP: Strategic-Oriented Policing)은 확인된 문제에 대한 전략적 대응을 위해 경찰자원을 배분하고, 전통적인 경찰활동과 절차를 **통해(배제 X)** 범죄적 요소나 사회무질서의 원인을 효과적으로 제거하는 경찰활동을 말한다.
423. (X) **단속 중심의 경찰활동을 전개**함으로써 범죄에 대응하는 전략을 추진하는 것은 **관용중심적 경찰활동**(Tolerance Oriented Policing)이라기 보다는 **무관용 경찰활동(Zero Tolerance Policing)에 대한 설명**이다. 지역사회 경찰활동은 본질적으로 무관용을 지향하는 것은 아니다.
424. (X) 정책결정과정에서의 주민참여를 포함한 권한의 집중화가 아니라 **분산화**이다.

3 집합효율성이론, 깨진유리창이론, 무관용경찰활동

425 ☐☐☐☐ 12 승진, 17 간부
로버트 샘슨의 집합효율성이론은 지역사회 구성원들이 범죄 문제를 해결하기 위해 적극적으로 참여하면 효과적으로 범죄를 예방할 수 있다. (O|X)

426 ☐☐☐☐ 14·18·21·25 채용, 12 간부
범죄통제이론에 따르면 로버트 샘슨과 동료들은 지역주민 간의 상호신뢰 또는 연대감과 범죄에 대한 적극적인 개입을 강조하는 '집합효율성이론'을 주장하였다. (O|X)

427 ☐☐☐☐ 11·12·17 승진, 17 간부, 20 경채
윌슨&켈링의 깨진유리창이론은 경미한 무질서에 대한 무관용 원칙과 지역주민 간의 상호협력이 범죄를 예방하는 데 중요한 역할을 한다. (O|X)

428 ☐☐☐☐ 03 채용
깨진유리창을 방치한 결과 시민들의 준법의식이 없어져 강력범죄가 증가한다는 깨진유리창이론이 있는데 이와 밀접한 경찰 단속은 기초질서 단속이다. (O|X)

429 ☐☐☐☐ 21 채용
깨진유리창이론에 이론적 근거를 두고 있는 무관용 경찰활동은 처벌의 확실성을 높여 범죄를 억제하는 전략이다. (O|X)

430 ☐☐☐☐ 25 채용
깨진유리창이론에 따르면 사소한 무질서라도 그대로 방치할 경우 주민들의 범죄에 대한 두려움이 증가하거나 범죄와 무질서가 더욱 심각해질 수 있다고 보기 때문에 낙인효과를 최소화하기 위한 무관용 경찰활동이 필요하다. (O|X)

정답과 해설

425. (O) 로버트 샘슨의 집합효율성이론은 **지역사회 구성원들(경찰관 X)**이 범죄 문제를 해결하기 위해 적극적으로 참여하면 효과적으로 범죄를 예방할 수 있다.

426. (O) 샘슨 등(Sampson et al.)이 주장한 집합효율성이론은 **공식적 사회통제**, 즉 경찰 등 법집행기관의 중요성을 간과하고 있다는 한계가 있다.

427. (O) 깨진유리창이론은 **지역주민 간의 상호협력(집합적 효율성을 감소시키는 것에 중점 X)**이 범죄를 예방하는 데 중요한 역할을 한다.

428. (O) 기초질서 단속은 국민의 일상생활 속에서 준법정신을 높이고 사회적 도덕심을 향상시켜 공동생활의 평화질서를 확보하고, 비교적 경미한 범죄행위의 단속을 통하여 그 이후에 발생할 수 있는 더 큰 범죄를 예방하는 데 의의를 찾을 수 있다.

429. (O) **깨진유리창이론은 윌슨과 켈링이 대표적인 학자로**서 무질서한 행위와 환경을 그대로 방치하면 범죄와 무질서가 심각해진다는 이론이다. 무관용 정책과 집합효율성의 강화가 범죄를 예방하는데 효과적이라고 주장한다.

430. (X) 깨진유리창이론에 따르면 사소한 무질서라도 그대로 방치할 경우 주민들의 범죄에 대한 두려움이 증가하거나 범죄와 무질서가 더욱 심각해질 수 있다고 보기 때문에 낙인효과를 **최대화(최소화 X)**하기 위한 무관용 경찰활동이 필요하다.

431 ☐☐☐☐ 23 채용

톤리와 패링턴(Tonry & Farrington)의 구분에 따른 범죄예방전략 유형 중 위법행위에 대한 단속을 강화하는 무관용 경찰활동을 지향함으로써 처벌의 확실성을 높여 범죄를 억제하고자 노력하는 것은 지역사회 기반 범죄예방과 관련이 깊다. ⓞⓧ

432 ☐☐☐☐ 09·23 채용, 22 경채

무관용(Zero Tolerance)경찰활동은 윌슨(J. Wilson)과 켈링(G. Kelling)의 '깨진유리창이론'에 기초하여 1990년대 뉴욕에서 본격적으로 시행되었다. 그러나 경미한 비행자에 대한 무관용 개입은 낙인효과를 유발할 수 있다는 비판이있다. ⓞⓧ

433 ☐☐☐☐ 09·23 채용

무관용(Zero Tolerance)경찰활동은 직접적인 피해자가 없는 무질서 행위를 용인하는 전통적 경찰활동의 전략을 계승하였다. ⓞⓧ

정답과 해설

431. (X) 지역사회 기반 범죄예방이 아니라 **법집행을 통한 범죄억제**와 관련이 깊다.
432. (O)
433. (X) 무관용경찰활동은 전통적 경찰전략과 부합하기 보다는 **다소 대조적인 면**이 있다.

THEME 07 외국의 범죄예방활동

1 외국의 범죄예방활동(미국, 영국) _C급

434 □□□□ 09 채용, 06 승진
범죄에 대한 정보를 가지고 있는 주민이 신고할 수 있도록 동기부여를 위해 현금보상을 실시하는 범죄정보 보상프로그램은 범죄해결사(Crime Stopper Program)이다. (O | X)

435 □□□□ 06 승진
National Alliance of Businessmen's JOBS Program은 미국 정부와 민간단체에서 전국적으로 전개하는 직업 기회제공 프로그램으로 비행소년이나 비행에 빠질 가능성이 높은 청소년을 대상으로 직업훈련, 재정지원, 교육, 취업알선을 하는 것이다. (O | X)

436 □□□□ 07 승진
미국의 학교의 범죄예방활동인 PATHE Program은 "실패를 경험했거나 문제행동을 한 학생들의 필요에 맞게 특수화된 교육프로그램을 제공하여 학교에 대한 우호적인 태도를 향상시켜 비행을 예방하려는 것"이다. (O | X)

437 □□□□ 07·09 채용, 03·05·06·07 승진
미국에서 비행을 저지른 소년이 주변의 낙인의 영향으로 심각한 범죄자로 발전하는 것을 방지하기 위해 형사법적 제재를 가하지 않고 지역사회의 보호 및 관찰로 대치하여 범죄를 예방하려는 제도는 PATHE Program이다. (O | X)

438 □□□□ 05 승진
미 범죄예방연합회가 운영하는 대중홍보 캠페인으로서, 맥그러프라는 이름의 트렌치코트를 입은 개를 심벌로 등장시켜 가상 범죄상황을 보여주고 유사한 상황에 처한 시청자가 취해야 할 적절한 행동을 가르쳐 주는 형식으로 구성되어 전(全) 미국인에게 범죄예방요령을 알리는데 큰 공헌을 하고 있는 범죄예방 프로그램은 범죄해결사(Crime Stopper Program)이다. (O | X)

439 □□□□ 09 채용, 05·07 승진
미국의 빈곤계층 아동들이 적절한 사회화 과정을 거치게 함으로써 장차 범죄를 저지를 수 있는 잠재성을 감소시키려는 범죄예방 교육프로그램은 PATHE Program이다. (O | X)

정답과 해설

434. (O) 435. (O) 436. (O)
437. (X) PATHE Program이 아니라 **전환제도(Diversion Program)**이다.
438. (X) **범죄분쇄방안(Take A Bite Out of Crime)**에 대한 설명이다. 범죄해결사(Crime Stopper Program)는 현금보상을 실시하는 범죄정보 보상프로그램이다.
439. (X) Head Start Program이다.

440 ☐☐☐☐ 09 채용

Safer City Program은 영국의 범죄예방활동으로 몇몇 대도시의 다양한 사회적, 경제적 문제들을 해결하고자 하는 정부의 광범위한 범죄예방프로그램이다. ⓞⓧ

441 ☐☐☐☐ 06·07 승진

지역사회 발전프로그램을 통한 사회환경개선으로 범죄원인을 제거하고자 하는 영국의 범죄예방프로그램은 Head Start Program과 Safer City Program이 있다. ⓞⓧ

2 순찰 _B급

2-1 순찰의 기능

442 ☐☐☐☐ 05·21 채용, 26 간부

워커(Samuel Walker)는 순찰의 3가지 기능으로 범죄의 억제, 대민 서비스 제공, 교통지도단속을 언급하였다. ⓞⓧ

443 ☐☐☐☐ 20 경채

사무엘 워커는 순찰의 기능 중 하나로 주민의 심리적 안전감을 제고할 수 있다는 측면을 언급한 바 있으나, 캔자스시의 차량 예방순찰 실험에서는 해당 주장이 지지받지 못하였다. ⓞⓧ

444 ☐☐☐☐ 05·25 채용

순찰의 기능을 C. D. Hale과 S. Walker가 공통으로 주장한 사항은 질서유지이다. ⓞⓧ

445 ☐☐☐☐ 03 간부

순찰의 가장 큰 기능은 범죄의 수사, 범인의 체포이다. ⓞⓧ

2-2 순찰의 효과 연구

446 ☐☐☐☐ 08·21 채용

뉴왁(Newark)시 도보순찰실험은 도보순찰을 강화하여도 해당 순찰구역의 범죄율을 낮추지는 못하였으나, 도보순찰을 할 때 시민이 경찰서비스에 더 높은 만족감을 드러냈음을 확인하였다. ⓞⓧ

정답과 해설

440. (O)
441. (X) **영국은 Safer City Program**이 있다. Head Start Program은 미국의 범죄예방활동프로그램이다.
442. (X) 워커(Samuel Walker)는 순찰의 3가지 기능으로 범죄억제, **공공안전감 증진**, 대민서비스의 제공을 언급하였다. **교통지도단속은 헤일(C·D Hale)이 언급한 순찰의 기능**에 해당한다.
443. (O)
444. (X) **대민서비스 제공**이 공통으로 주장한 사항이다. S. Walker는 범죄의 억제, 공공안전감의 증진, **대민서비스 제공**의 기능을 한다고 하였고, C. D. Hale은 범죄예방과 범인검거, 법집행, 질서유지, **대민서비스 제공**, 교통지도단속 등 5가지로 나누어 설명하였다.
445. (X) 순찰은 **범죄의 억제(예방)**, 대민서비스 제공을 위한 핵심적 기능이다.
446. (O)

447 ☐☐☐☐ 09 채용

순찰의 증감이 범죄율과 시민의 안전감에 영향을 미치지 못한다는 결과를 도출하여 경찰의 순찰활동 전략을 재고하게 만든 연구는 뉴욕(New York)경찰의 25구역순찰 실험이다. (O|X)

448 ☐☐☐☐ 25 채용, 02 승진

자동차순찰의 수준을 증가하여도 범죄가 감소하지 않는다는 연구결과를 나타낸 실험은 뉴왁시(Newark)의 도보순찰 실험이다. (O|X)

449 ☐☐☐☐ 26 간부

캔자스(Kansas)시 예방순찰실험을 통해 차량순찰 수준을 증가하여도 범죄는 감소하지 않았고, 시민의 안전감에도 영향을 미치지 않는 것으로 나타났다. (O|X)

450 ☐☐☐☐ 06 채용, 04·06 승진

뉴왁시의 도보순찰실험은 도보순찰을 증가하여도 범죄발생은 감소되지 않았지만, 주민들은 자신들의 구역 내에서 범죄가 줄고 있다고 생각하고 있었다. (O|X)

451 ☐☐☐☐ 26 간부

뉴왁(Newark)시의 도보순찰실험에서는 도보순찰 경찰관들의 태도에는 변화가 없는 것으로 밝혀졌으나, 주민들의 범죄에 대한 두려움 감소와 경찰에 대한 우호적인 태도 형성에는 긍정적인 영향을 미치는 것으로 나타났다. (O|X)

452 ☐☐☐☐ 07·25 채용, 02 승진, 20 경채

실험기간동안 범죄율은 실제로 약간 증가하였으나, 도보순찰에 대한 시민들의 공공안전감은 오히려 더 높아졌다고 느끼고 있음이 밝혀진 순찰실험은 뉴왁시의 도보순찰실험이다. (O|X)

정답과 해설

447. (X) 순찰의 증감이 범죄율과 시민의 안전감에 영향을 미치지 못한다는 결과를 도출하여 경찰의 순찰활동 전략을 재고하게 만든 연구이론은 **캔자스 예방순찰실험**이론이다.
448. (X) **자동차순찰(도보순찰 X)**의 수준을 증가하여도 범죄가 감소하지 않아 **자동차순찰(도보순찰 X)**과 범죄율의 연관성에 대해 부정하는 결과가 도출되었다는 연구결과를 나타낸 실험은 **캔자스시의 예방순찰실험**이다.
449. (O)
450. (O)
451. (X) 뉴왁(Newark)시의 도보순찰실험에서는 도보순찰 경찰관들의 태도에는 **긍정적인 변화가 있는 것(변화가 없는 것 X)**으로 밝혀졌으며, 주민들의 범죄에 대한 두려움 감소와 경찰에 대한 우호적인 태도 형성에는 긍정적인 영향을 미치는 것으로 나타났다.
452. (X) 실험기간동안 범죄율은 실제로 약간 증가하였으나, 도보순찰에 대한 시민들의 공공안전감은 오히려 더 높아졌다고 느끼고 있음이 밝혀진 순찰실험은 **플린트 도보순찰실험**이다.

2-3 순찰의 종류

453 ☐☐☐☐ 25 채용
순찰은 노선에 따라 정선순찰, 난선순찰, 요점순찰, 구역순찰 등으로 구분할 수 있다. (O|X)

454 ☐☐☐☐ 03 채용
가시적 순찰활동은 주민들에게 심리적 안정감을 주지만, 순찰방식의 선택은 경찰관의 윤리의식과 밀접한 관련이 없다. (O|X)

455 ☐☐☐☐ 03 채용
순찰노선에 의한 구별 중 정선순찰은 감독이 어렵고, 책임회피식 순찰이 될 위험이 있다. (O|X)

456 ☐☐☐☐ 26 간부
난선순찰은 불규칙적으로 이루어지기 때문에, 범죄자의 경찰순찰에 대한 예측을 교란하여 범죄예방 효과를 증대할 수 있다는 장점이 있다. (O|X)

457 ☐☐☐☐ 11 승진
지구대 순찰요원으로 근무 중인 박경장은 112순찰 근무시간에 자기에게 지정된 개인별 담당구역을 요점순찰 하였다. 이를 요점순찰이라 한다. (O|X)

458 ☐☐☐☐ 03 승진
도보순찰은 주민접촉이 용이하여 대민 관계의 기회를 높일 수 있을 뿐만 아니라 통행자가 다수일 경우 경찰력 발휘가 용이하다. (O|X)

459 ☐☐☐☐ 03 승진
자동차순찰은 정황관찰과 시민과의 접촉이 비교적 용이하고, 오토바이순찰은 기동성이 양호하여 시가지나 고속도로상에서 추적시 효과적이다. (O|X)

정답과 해설

453. (O)
454. (X) 순찰방식의 선택은 경찰관의 윤리의식과 밀접한 관련이 **있다**.
455. (X) 정선순찰은 인간에 대한 불신을 바탕으로 강제를 통하여 경찰관 개인의 직업윤리의식 수준과 상관없이 일정한 산출을 올리려는 제도로서 지정된 시간에 획일적으로 순찰하면서 사인을 하게 되어 **감독에는 용이하나**, 근무자의 자율성이 저하되고 책임회피식 순찰이 될 위험이 있다.
456. (O)
457. (X) **구역책임 자율순찰**이라 한다.
458. (X) 도보순찰은 통행자가 다수일 경우 **경찰력 발휘가 미흡**하다는 단점이 있다.
459. (X) 정황관찰과 시민과의 접촉이 비교적 용이한 순찰은 **자전거순찰**이다.

CHAPTER 03

경찰과 윤리

THEME 01 경찰활동의 기준

1 사회계약설 _B급

460 ☐☐☐☐ 17 승진

홉스는 국왕의 통치의지에 절대 복종, 자연권의 일부 양도설을 주장하였다. (O│X)

461 ☐☐☐☐ 12 승진

홉스는 자연상태를 만인에 대한 만인의 투쟁, 약육강식의 투쟁상태로 보았다. (O│X)

462 ☐☐☐☐ 14 간부

홉스는 자연권의 전면적 양도 및 국왕의 통치에 절대 복종해야 한다고 보았다. (O│X)

463 ☐☐☐☐ 12 승진, 14 간부

루소는 자연상태에서 처음에는 자유·평등이 보장되는 목가적 상태에서 점차 강자와 약자의 구별이 생기고 불평등 관계가 성립한다고 보았다. (O│X)

464 ☐☐☐☐ 24 간부

장자크 루소(Jean Jacques Rousseau)는 공동체의 구성원 전체가 개별적인 의지를 초월하는 일반의지에 따를 것을 약속함으로써 국가가 탄생하였으며 일반의지의 표현이 법이고 일반의지의 행사가 주권이 된다. (O│X)

465 ☐☐☐☐ 24 간부

장자크 루소(Jean Jacques Rousseau)는 사회계약은 개인들이 문명사회의 현실을 벗어나 하나의 새로운 사회질서를 창출하는 공동행위이다. (O│X)

466 ☐☐☐☐ 24 간부

장자크 루소(Jean Jacques Rousseau)는 공동체 구성원은 사회계약을 통해서 자연적 자유대신에 사회적 자유를 얻게 된다. (O│X)

정답과 해설

460. (X) 자연권의 **일부 양도설은 로크**이다.
461. (O)　　462. (O)　　463. (O)
464. (O) 장자크 루소(Jean Jacques Rousseau)는 공동체의 구성원 전체가 개별적인 의지를 초월하는 **일반의지(공동체 모두의 이익을 지향하는 공적인 마음)**에 따를 것을 약속함으로써 **국가**가 탄생하였으며 일반의지의 표현이 **법**이고 일반의지의 행사가 **주권**이 된다.
465. (O)　　466. (O)

467 ☐☐☐☐ 24 간부

장자크 루소(Jean Jacques Rousseau)는 시민들이 기본권을 보호받기 위해 계약을 통해 정부를 구성했으므로 국가가 시민의 기본권을 침해하는 경우 시민은 저항하고 나아가 그 정부를 해산할 수 있는 권리가 있다. ⓞⓧ

468 ☐☐☐☐ 26 간부

루소(Rousseau)는 일반의지의 표현인 법을 통하여 인간의 자연권 및 정의를 실현해야 한다고 보았다. ⓞⓧ

469 ☐☐☐☐ 14 간부

루소가 고안한 "일반의지"라는 개념은 모호한 개념으로 일반의지라는 미명하에 독재가 가능하다는 비판을 받는다. ⓞⓧ

470 ☐☐☐☐ 17 승진

자연권의 일부 양도설, 자연권의 보장, 반항권의 유보는 루소의 주장이다. ⓞⓧ

471 ☐☐☐☐ 12 승진, 14 간부

로크는 자연상태에서 처음에는 자유롭게 평등하며 정의가 지배하는 사회였다가 인간관계가 확대됨에 따라 자연권의 유지가 불안해진다고 보았다. ⓞⓧ

472 ☐☐☐☐ 12 승진

로크는 자연상태에서도 인간은 자연법의 제한을 받으며 자신의 권리가 침해되었을 때 스스로의 자위권을 발동할 수 있다고 주장하였다. ⓞⓧ

473 ☐☐☐☐ 14 간부

로크는 자연상태에서는 시비를 판단할 합의된 기준이 없다고 보았다. ⓞⓧ

474 ☐☐☐☐ 26 간부

로크(Locke)는 자연상태에서 힘이 없는 개인은 생명과 재산에 대한 안전이 결여되어 있으며, 자연법이 존재하지 않아 공동의 척도가 존재하지 않는다고 보았다. ⓞⓧ

정답과 해설

467. (X) 장자크 루소(Jean Jacques Rousseau)는 시민들이 자연상태의 인간은 각종 위협에 대응할 수 없어 기본권(권리)을 보호받기 위해 계약을 통해 **국가(정부 X)**를 구성했으므로 **국가**는 사회계약을 통해 구성되었고 **정부**는 일반의지에 따라서 제정된 법을 집행하기 위한 기관에 불과하기 때문에 **정부(국가 X)**가 시민의 기본권을 침해하는 경우 시민은 저항하고 나아가 그 정부를 해산할 수 있는 권리가 있다.
468. (O)   469. (O)
470. (X) 자연권의 일부 양도설, 자연권의 보장, 반항권의 유보는 **로크**의 주장이다.
471. (O)   472. (O)   473. (O)
474. (X) 로크(Locke)는 **자연상태**에서 강력한 공권력이 없기 때문에 야만적인 강자가 나타나면 생명과 재산을 위협받고, 공통의 정치권력이 결여되어 있고, 공동의 합의에 의해 도출된 공동의 척도는 없지만, **자연법이 있기 때문에** 완전한 무질서한 사회는 아니다.

475 ☐☐☐☐ 11 승진

악법에 대한 법철학적 논의 중 실정법이 자연법에 우선함을 강조하면서 일정한 경우 실정법에 위배된 자연법의 구속력을 부정한다면 이는 자연법론적 관점으로 볼 수 있다. (O|X)

476 ☐☐☐☐ 11 승진

경찰이 악법에 대하여 자연법론적 관점을 가지면 악법에 대한 저항을 어느 정도 묵인하는 태도를 취하게 될 수 있다. (O|X)

477 ☐☐☐☐ 11 승진

공동체가 추구하는 객관적 윤리질서 보다 법적 안정성에 중점을 두고 정당한 절차에 의해 제정된 법이면 "악법도 법이다"라고 보는 것은 자연법론적 관점이라고 볼 수 있다. (O|X)

478 ☐☐☐☐ 12 승진

악법이란 공동체가 가치로 승인한 '객관적 윤리질서'를 내용으로 하지 못할 때 악법이 되는 것이다. (O|X)

479 ☐☐☐☐ 12 승진

구체적으로 악법의 징표로는 인간의 존엄성을 부정하는 법, 평등의 원칙을 부정하는 법이 있으며, 자유와 생명을 부정하는 법은 악법에 해당하지 않는다. (O|X)

480 ☐☐☐☐ 12 승진

공동체에서 법의 제정은 객관적 윤리질서를 완벽하게 반영하는 정치적 메커니즘의 미비 또는 인위적인 조작 등으로 객관적 윤리질서가 왜곡된 형태로 나타날 소지가 있다. (O|X)

2 사회계약설로부터 도출되는 경찰활동의 기준(코헨과 펠드버그) _S급

2-1 공정한 접근의 보장

481 ☐☐☐☐ 10·11 승진

경찰 서비스에 대한 '공정한 접근'을 보장하기 위해 성별·종교 등에 의해 차별을 해서는 안 된다. (O|X)

482 ☐☐☐☐ 03·08·21 채용, 14 승진, 09 간부

경찰은 사회 전체의 필요에 의해 생겨난 조직으로, 경찰서비스에 대한 동등한 필요를 가진 사람들이 그것을 받을 동등한 기회를 가져야 한다는 것은 공정한 접근의 보장이다. (O|X)

정답과 해설

475. (X) 악법에 대한 법철학적 논의 중 실정법이 자연법에 우선함을 강조하면서 일정한 경우 실정법에 위배된 자연법의 구속력을 부정한다면 이는 **법실증주의적 관점**으로 볼 수 있다.
476. (O)
477. (X) **법실증주의적 관점**이라 볼 수 있다.
478. (O)
479. (X) **자유와 생명을 부정하는 법도 악법**의 징표에 해당한다.
480. (O)   481. (O)
482. (O) 공정한 접근은 경찰활동 서비스의 제공은 사회적 약자를 무시하여서는 안 된다.

483 ☐☐☐☐ 11·12 승진

장애인과 비장애인에 대한 치안서비스 제공에 차별을 두는 행위는 공정한 접근 위배이다. (O|X)

484 ☐☐☐☐ 07 채용, 11 승진, 17·21 간부

박순경은 순찰 근무 중 달동네는 가려하지 않고 부자 동네인 구역으로만 순찰을 다니려고 한다면 공공의 신뢰를 위배한 사례이다. (O|X)

485 ☐☐☐☐ 07 채용

달동네 순찰근무 중 절도신고를 받고 현장에 늑장 출동하여 범죄에 관해 자세히 조사하지 않고 대략적인 사고 경위만 듣고 철수하려고 하자 신고인이 '부자동네에서 신고했어도 이렇게 할 겁니까?'하고 항의하였다. – 공정한 접근의 보장 (O|X)

486 ☐☐☐☐ 07·12·23 채용, 10·11·12 승진

음주단속을 하던 A경찰서 직원이 김경위를 적발하고도 동료경찰관이라는 이유로 눈감아 주었다면, 이런 태도는 공공의 신뢰를 저해하는 불공정한 행위 중 편들기에 해당한다. (O|X)

487 ☐☐☐☐ 22 승진

경찰관이 우범지역인 A지역과 B지역의 순찰업무를 맡았으나, A지역에 가족이 산다는 이유로 A지역에서 순찰 근무시간을 대부분 할애한 경우는 '공정한 접근' 위반에 해당한다. (O|X)

2-2 공공의 신뢰확보

488 ☐☐☐☐ 03·05·12·21 채용, 10·11·14 승진, 09·26 간부

경찰관은 자의적으로 권한을 행사해서는 안 되고, 물리력의 행사는 필요최소한에 그쳐야 하며, 시민의 신뢰에 합당한 방식으로 권한을 행사해야 한다는 것은 공공의 신뢰 확보이다. (O|X)

489 ☐☐☐☐ 22 승진

경찰이 사익을 위해 공권력을 사용하거나 필요한 최소한의 강제력을 초과하여 사용하였다면 '공정한 접근' 위반에 해당한다. (O|X)

정답과 해설

483. (O)
484. (X) 공정한 접근의 보장에 위배되는 사례라 할 수 있다.
485. (O)
486. (X) 친구나 동료경찰들에게 특혜를 주는 것은 공정한 접근(공공의 신뢰 X)을 저해하는 불공정한 행위 중 편들기에 해당한다.
487. (O)
488. (O) 경찰이 직무수행 과정에서 적법절차를 준수하고, 권한을 남용하거나 물리력을 과도하게 사용해서는 아니 되며, 오직 시민의 신뢰에 합당한 방식으로 권한을 행사하는 것은 '공공의 신뢰'에 해당한다.
489. (X) 경찰이 사익을 위해 공권력을 사용하거나 필요한 최소한의 강제력을 초과하여 사용하였다면 '공공의 신뢰확보' 위반에 해당한다.

490 ☐☐☐☐ 17 간부

丁순경은 강도범을 추격하다가 골목길에서 칼을 든 강도와 조우하였다. 丁순경은 계속 추격하는 척하다가 강도가 도망가도록 내버려 두었다. 이는 공정한 접근에 위배되는 사례이다. (O│X)

491 ☐☐☐☐ 25 채용, 11·21 승진, 17·21 간부

甲순경은 절도범을 추격하던 중 도주하는 범인의 등 뒤에서 권총을 쏘아 사망하게 하는 경우는 '공공의 신뢰' 위반에 해당한다. (O│X)

492 ☐☐☐☐ 04·07 채용, 03 승진

甲은 노트북 컴퓨터를 도둑맞고 옆집에 사는 乙이 의심스러웠으나 직접 물건을 찾지 않고 경찰에 신고하여 범인을 체포하였다면 이는 공공의 신뢰확보와 관련된다. (O│X)

493 ☐☐☐☐ 11 채용, 21 간부

1주일간 출장을 마치고 집에 돌아온 A는 자신의 TV가 없어진 것을 발견하였다. 그래서 여기저기 찾아보던 중에 평소부터 사이가 좋지 않던 옆집의 B가 A의 TV를 몰래 훔쳐가 사용 중인 것을 창문너머로 확인하였다. 이때 A는 몽둥이를 들고 가서 직접 자기의 TV를 찾아오려다가 그만두고, 경찰에 신고하여 TV를 되찾았다면 이는 공공의 신뢰확보와 관련된다. (O│X)

2-3 생명과 재산의 안전

494 ☐☐☐☐ 04·08·12·23 채용, 11 승진, 26 간부

생명과 재산의 안전이 사회계약의 목적이고, 법집행이 궁극적인 목적은 아니므로, 경찰의 법집행은 '생명과 재산의 안전'이라는 틀 안에서 수행되어야 한다. (O│X)

495 ☐☐☐☐ 04 채용, 09 간부

사회계약에 의해 구성된 정부기구(경찰관)는 국민의 생명과 재산을 보호하기 위한 목적을 달성하기 위해 협력하여야 할 의무가 있다. (O│X)

496 ☐☐☐☐ 21 간부

은행강도가 어린이를 인질로 잡고 차량 도주를 하고 있다면 경찰은 주위 시민들의 안전에 대한 위험에도 불구하고 추격(법집행)을 하여야 한다. – 생명과 재산의 안전확보 (O│X)

정답과 해설

490. (X) **공공의 신뢰 확보**에 위배되는 사례라 할 수 있다.
491. (O) 오토바이로 도주하는 절도범이 전신주를 들이받자, 이를 발견한 경찰관이 도망가지 못하도록 총을 발사해 절도범을 사망하게 한 경우는 '**공공의 신뢰 확보**'에 위배된다.
492. (O)   **493.** (O)
494. (O) 사회계약설에 기초할 때 경찰활동의 궁극적인 목적은 시민의 생명과 재산의 보호에 있고 법집행 자체는 경찰권발동의 목적이 아니다.
495. (O)
496. (O) 생명과 재산의 안전은 **잠재적 위험(시민들의 안전에 대한 위험)**보다는 **현재의 위험(인질로 잡힌 어린이)**을 먼저 해소해야 한다.

497 ☐☐☐☐ 14 승진

사회계약론에 의하면 개개인의 생명과 재산의 안전을 다소 희생하더라도 순수한 법집행 자체가 경찰활동의 궁극적 목적이 되어야 한다. ⓞⓧ

498 ☐☐☐☐ 07 채용, 10·22 승진

불법 개조한 오토바이를 단속하던 경찰관이 정지명령에 불응하는 오토바이를 향하여 과도하게 추격한 결과 운전자가 전신주를 들이받고 사망한 경우는 '시민의 생명과 재산의 안전' 위반에 해당한다. ⓞⓧ

2-4 역할한계와 팀워크(협동)

499 ☐☐☐☐ 03·08 채용, 10 승진, 26 간부

협동 - 경찰은 행정부에 속하는 다른 기구, 입법부들과 협력해야 한다는 것은 협동과 관련이 있다. ⓞⓧ

500 ☐☐☐☐ 07 채용

경찰관이 공명심이 앞서 범인을 혼자서 검거하려다 실패하였다면, 이런 경우는 협동과 팀워크에 위배된다. ⓞⓧ

501 ☐☐☐☐ 12·23 채용, 10 승진, 21 간부

형사계 정형사는 탈주범이 자기 관내에 있다는 첩보를 입수하고도 이를 상부에 보고하지 않고 단독으로 검거하려다 실패하였다면, 이런 경우는 협동과 팀워크에 위배된다. ⓞⓧ

502 ☐☐☐☐ 21 채용

경찰은 그들에게 부여된 사회적 역할 범위 내에서 활동을 하여야 하며, 이러한 범위 내의 활동을 함에 있어서도 상호협력을 통해 경찰목적을 달성해야 한다는 것은 협동과 역할 한계 준수이다. ⓞⓧ

503 ☐☐☐☐ 11 승진

탈주범이 관내에 있다는 첩보를 입수할 경우, 형사과 직원이 동료직원들과 임무와 역할을 분담하여 검거작전에 나서는 것은 '협동'에 충실한 것이지만, 다른 행정기관과 협조하는 것에 대해서 코헨과 펠드버그는 설명하고 있지 않다. ⓞⓧ

정답과 해설

497. (X) 법집행 자체는 경찰활동의 수단인 것이고, **개개인의 생명과 재산의 안전보장**이 사회계약의 목적이 된다.
498. (O)
499. (O) 협력은 경찰이 대외적(행정부에 속하는 다른 기구, 입법부들)으로 지켜야 할 의무일 뿐만 아니라 내부적으로도 지켜야 할 의무이다.
500. (O)   501. (O)   502. (O)
503. (X) '입법·사법·행정의 모든 기구들에 타당한 전체적인 목적은 바로 사회계약의 목적인 시민의 생명과 재산의 보호이므로, 이러한 목적의 달성을 위해 협력하여야 할 의무가 경찰을 포함한 통치기구의 각 기구에 주어져 있다'고 하여 **다른 행정기관과 협조**하는 것에 대해서도 코헨과 펠드버그는 설명하고 있다.

2-5 냉정하고 객관적인 자세(객관성)

504 ☐☐☐☐ 04 채용, 10·14·19 승진, 09·26 간부

경찰관이 사회의 일부분이 아닌 사회 전체의 이익을 염두에 두어야 한다는 것은 공정한 접근에 해당한다.
(O|X)

505 ☐☐☐☐ 23 채용, 17·21 간부

이순경은 어렸을 적 아버지로부터 가정폭력을 경험하였는데, 가정폭력 사건을 처리하면서 모든 잘못은 남편에게 있다고 단정 지었다면 공공의 신뢰위배이다.
(O|X)

506 ☐☐☐☐ 10 승진, 17·21 간부

최순경은 경찰입직 전 집에 도둑을 맞은 경험이 있었다. 그런데 경찰에 임용되어 절도범을 검거하자, 과거의 도둑맞은 경험이 생각나 피의자에게 욕설과 가혹행위를 하였다면 냉정하고 객관적인 자세를 위배한 사례이다.
(O|X)

507 ☐☐☐☐ 12 승진

객관성이 너무 지나칠 경우에도 냉소주의로 흐를 가능성은 없다.
(O|X)

정답과 해설

504. (X) 경찰관은 사회의 일부분이 아닌 사회 전체의 이익을 염두에 두어야 한다는 것은 **'냉정하고 객관적인 자세'**에 해당한다.
505. (X) **냉정하고 객관적인 자세**에 위배되는 사례라 할 수 있다.
506. (O)
507. (X) 객관성이 너무 지나칠 경우 **냉소주의로 흐를 가능성**은 있다.

THEME 02 전문직업화와 바람직한 경찰의 역할모델 _A급

508 ☐☐☐☐ 22 간부
미국의 서덜랜드(Edwin H. Sutherland)는 경찰의 높은 사회적 지위를 확보하기 위하여 전문직업화를 추진하였다. (O I X)

509 ☐☐☐☐ 11·15 승진, 22 간부
경찰의 전문직업화는 경찰위상과 사기제고, 치안서비스 질의 향상 등의 이점이 있다. (O I X)

510 ☐☐☐☐ 12·18 승진
학자들이 제시하는 전문직업의 윤리적 문제점으로는 차별, 부권주의, 사적인 이익을 위한 이용, 소외 등이 있다. (O I X)

511 ☐☐☐☐ 12·25 승진
심장전문의 乙은 환자의 치료법에 대하여 환자의 입장을 고려하지 않고 자신의 우월적 의학적 지식만 고려하여 일방적으로 치료방법을 결정하는 것은 부권주의의 예이다. (O I X)

512 ☐☐☐☐ 18 승진, 25 간부
'부권주의'란 아버지가 자식의 문제를 모두 결정하듯이 전문가가 상대방의 입장을 고려하지 않고 일방적으로 결정하는 것을 말한다. (O I X)

513 ☐☐☐☐ 25 간부
전문직들은 그들의 지식과 기술로 상당한 사회적 힘을 소유하지만, 이러한 힘을 공적 이익에만 이용하는 문제점이 있다. (O I X)

정답과 해설

508. (X) 역사적으로 경찰은 높은 지위를 가지지 못하였으며, 경찰업무는 누구나 할 수 있는 일로 인식되어 왔다. 그러나 미국의 **오거스트 볼머**(August Vollmer)에 의해 경찰의 전문직업화 운동이 추진된 이래 경찰의 높은 사회적 지위를 확보하기 위하여 지속적으로 추구되고 있다.
509. (O) 경찰의 전문직업화는 경찰의 지위를 높이며, 직업사기가 올라가고 긍지가 생길 것이며, 경찰에 대한 공중의 존경이 증대할 것이고, 훌륭한 인적자원이 유입될 것이고, 서비스의 질이 개선(향상)될 것이며 효율성이 증대되고 부정부패가 척결된다는 장점이 있다.
510. (O)
511. (O) 심장전문의 乙은 환자의 치료법에 대하여 **환자의 입장을 고려하지 않고 자신의 우월적 의학적 지식만 고려**하여 **일방적으로 치료방법을 결정**하는 것은 **부권주의**(소외 X)의 예이다.
512. (O)
513. (X) 전문직들은 그들의 지식과 기술을 때때로 공익보다는 **사적**(공적 X)인 이익을 위해서만 이용하기도 한다.

514 ☐☐☐☐ 11·15 승진, 22 간부

경찰의 전문직업화는 경찰이 시민의 입장을 고려하지 않고 전문지식을 바탕으로 일방적으로 의사결정을 하므로 치안서비스의 질이 향상된다. (O|X)

515 ☐☐☐☐ 12 승진

사회복지정책 전문직 공무원 甲은 복지정책을 결정하면서 정부정책의 기본방침을 고려하지 않고 자신이 속한 보건복지부 입장만 고려한 채 정책결정을 하였다면 소외와 관련이 있다. (O|X)

516 ☐☐☐☐ 22 채용

OO경찰서 경비과 소속 경찰관 甲은 집회 현장에서 시위대가 질서유지선을 침범해 경찰관을 폭행하자 교통, 정보, 생활안전 등 다른 전체적인 분야에 대한 고려 없이 경비분야만 생각하고 검거 결정은 부권주의에 대한 설명이다. (O|X)

517 ☐☐☐☐ 12·18 승진, 25 간부

'차별'은 나무는 보고 숲은 보지 못하듯 자신의 국지적 분야만 보고 전체적인 맥락을 보지 못하는 것을 말한다. (O|X)

518 ☐☐☐☐ 16 승진, 25 간부

경찰이 전문직업화 되어 저학력자 등 경제적, 사회적 약자에게 경찰 직업에의 진입을 차단할 경우 발생할 수 있는 윤리적 문제점는 소외이다. (O|X)

519 ☐☐☐☐ 25 채용, 11·15 승진, 22 간부

일반적으로 전문직은 장기간의 교육을 통해 역량이 함양되며 그로 인한 비용도 발생된다. 이러한 이유로 교육적·경제적으로 불리한 위치에 있는 집단은 경찰직군으로 진입하는 기회가 박탈되는 문제가 있다. 이는 경찰의 전문직업화의 문제점 중 사적인 이익을 위한 이용에 해당한다. (O|X)

정답과 해설

514. (X) 경찰의 전문직업화는 **경찰이 시민의 입장을 고려하지 않고** 전문지식을 바탕으로 일방적으로 의사결정을 하므로 전문직업화는 단점이 되므로 치안서비스의 질이 **저해**된다. 만약 경찰이 **시민의 입장을 고려하였다면 전문직업화는 장점**이 되므로 치안서비스의 질을 **향상**될 것이다.

515. (O) 사회복지정책 전문직 공무원 甲은 복지정책을 결정하면서 **정부정책의 기본방침(숲을 봄)**을 고려하지 않고 **자신이 속한 보건복지부 입장(나무만 봄)**만 고려한 채 정책결정을 하였다면 소외와 관련이 있다. **소외란** 나무는 보고 숲은 보지 못하듯 전문가가 자신의 국지적 분야만 보고 전체적인 맥락을 보지 못하는 것을 말한다.

516. (X) OO경찰서 경비과 소속 경찰관 甲은 집회 현장에서 시위대가 질서유지선을 침범해 경찰관을 폭행하자 교통, 정보, 생활안전 등 다른 전체적인 분야(**숲을 봄**)에 대한 고려 없이 경비분야만 생각(**나무만 봄**)하고 검거 결정하는 것은 **소외(부권주의 X)**에 대한 설명이다.

517. (X) **소외**에 관한 설명이다.

518. (X) **차별**에 대한 설명이다. 차별은 전문직이 되는데 장시간의 시간과 비용이 들어 가난한 사람은 전문가가 되는 기회를 상실하는 것을 말한다.

519. (X) **차별**에 대한 설명이다. 장기간의 교육과 비용이 들어 가난한 사람은 전문가가 되는 **기회를 차단(증대 X)**하는 **차별**의 문제점이 있다.

520 ☐☐☐☐ 24 채용

수사, 형사 등 법 집행을 통한 범법자 제압 측면을 강조한 모델로서 시민들은 범인을 제압하는 것이 경찰의 주된 임무라고 인식하는 것은 범죄와 싸우는 경찰 모델이다. (O│X)

521 ☐☐☐☐ 24 채용, 21 경채

'범죄와 싸우는 경찰모델'은 경찰활동의 전 부분을 포괄하는 용어로서, 경찰의 역할을 명확하게 인식시켜 전문직화에 기여하지만 법집행에 있어 범법자는 적이고, 경찰은 정의의 사자라는 흑백논리에 따른 이분법적 오류에 빠질 우려가 있다. (O│X)

522 ☐☐☐☐ 21 경채

바람직한 경찰의 역할모델과 관련하여 '치안서비스 제공자로서의 경찰모델'은 시민에 대한 서비스활동과 사회봉사활동의 측면이 강조되어 지역사회 경찰활동과 일맥상통하는 측면이 있다. (O│X)

정답과 해설

520. (O)
521. (X) 범죄와 싸우는 경찰모델은 경찰활동의 전 부분을 포괄하는 것이 **불가능하다.**
522. (O)

THEME 03 경찰의 일탈 _S급

523 ☐☐☐☐ 25 승진, 16 간부
형성재이론은 작은 사례나 호의는 시민과의 부정적인 사회관계를 만들어주는 형성재라는 것으로, 작은 호의의 부정적인 효과를 강조하는 이론이다. (O|X)

524 ☐☐☐☐ 08·11·17·20·23 채용, 15·22 간부
작은 호의를 제공받은 경찰관이 도덕적 부채를 느껴 이를 보충하기 위해 결과적으로 선한 후속행위를 하는 상황은 미끄러운 경사(slippery slope) 가설의 맥락에서 이해할 수 있다. (O|X)

525 ☐☐☐☐ 09·10·17·25 채용, 24 승진, 12·26 간부
셔먼의 미끄러지기 쉬운 경사로 이론은 부패에 해당하는 작은 호의가 습관화될 경우 미끄러운 경사로를 타고 내려오듯이 점점 더 큰 부패와 범죄로 빠진다는 가설이다. (O|X)

526 ☐☐☐☐ 20 승진
구조원인 가설은 부패에 해당하지 않는 작은 호의가 습관화될 경우 더 큰 부패와 범죄로 빠진다고 보는 이론이다. (O|X)

527 ☐☐☐☐ 21·23 간부
미끄러지기 쉬운 경사로 이론은 펠드버그가 주장한 이론으로 공짜 커피나 작은 선물 등의 사소한 호의가 나중에 엄청난 부패로 이어진다는 이론이다. (O|X)

528 ☐☐☐☐ 13·23 채용
미끄러지기 쉬운 경사로 이론은 니더호퍼, 로벅, 바커 등이 주장한 이론으로 사회전체가 경찰의 부패를 묵인하거나 조장할 때 경찰관은 자연스럽게 부패행위를 하게 되며, 처음 단계에는 설령 불법적인 행위를 하지 않더라도 작은 호의와 같은 것에 길들여져 나중에는 명백한 부정부패로 빠져들게 된다는 이론이다. (O|X)

정답과 해설

523. (X) 형성재이론은 작은 사례나 호의는 시민과의 **긍정적인(부정적인 X)** 사회관계를 만들어주는 형성재라는 것으로, 작은 호의의 긍정적인 효과를 강조하는 이론이다.
524. (X) 작은 호의를 제공받은 경찰관이 도덕적 부채를 느껴 이를 보충하기 위해 결과적으로 **부정한(선한 X)** 후속행위를 하는 상황은 미끄러운 경사(slippery slope) 가설의 맥락에서 이해할 수 있다.
525. (X) 미끄러지기 쉬운 경사로 이론은 **부패에 해당하지 않는(해당하는 X)** 작은 호의가 습관화될 경우 미끄러운 경사로를 타고 내려오듯이 점점 더 큰 부패와 범죄로 빠진다는 가설이다.
526. (X) 부패에 해당하지 않는 작은 호의가 습관화될 경우 더 큰 부패와 범죄로 빠진다고 보는 이론은 **작은 호의 가설**이다.
527. (X) 미끄러지기 쉬운 경사로 이론을 주장한 학자는 **셔먼**이다.
528. (X) 미끄러지기 쉬운 경사로 이론을 주장한 사람은 **셔먼**이다. 니더호퍼, 로벅, 바커 등은 구조원인가설을 주장하였다.

529 ☐☐☐☐ 11 승진

지구대에 근무하는 경찰관 A는 순찰 도중 동네 슈퍼마켓 주인으로부터 음료수를 얻어 마시면서 친분을 유지하다가 나중에는 폭행사건처리 무마 청탁을 받고 큰돈까지 받게 되었다면 '미끄러지기 쉬운 경사로 이론'의 한 예로 볼 수 있다. (O|X)

530 ☐☐☐☐ 12·20·25 승진, 15·23 간부

셔먼의 '미끄러지기 쉬운 경사로 이론'에 대해 펠드버그는 작은 호의를 받았다고 해서 반드시 경찰이 큰 부패를 범하는 것은 아니라고 비판한다. (O|X)

531 ☐☐☐☐ 22 채용

셔먼(1985)의 미끄러운 경사(slippery slope) 개념은 작은 호의를 받는 것에 익숙해진 경찰관들이 결국 부패에 연루될 수 있음을 경고한다. (O|X)

532 ☐☐☐☐ 18 승진, 12 간부

펠드버그(Feldberg)는 대부분의 경찰관들이 사소한 호의와 뇌물을 구별할 수 있으므로 '미끄러지기 쉬운 경사로 이론'은 비현실적이고, 더 나아가 경찰인의 지능에 대한 모독이라고 하였다. (O|X)

533 ☐☐☐☐ 25 승진, 18·23 간부

델라트르는 '미끄러지기 쉬운 경사로이론'에 따라 시민의 작은 호의를 받은 경찰관 중 큰 부패로 이어지는 경찰관은 일부에 불과하므로 시민의 작은 호의를 금지할 필요는 없다고 하였다. (O|X)

정답과 해설

529. (O)
530. (O) **펠드버그(Feldberg)**는 경찰관이 지역주민으로부터 작은 호의를 받는다고 해서 큰 부패로 이어지는 것은 아니라고 주장했다.
531. (O)　　532. (O)
533. (X) **펠드버그**의 주장에 대한 내용이다. **델라트르**는 일부 경찰이 '미끄러지기 쉬운 경사로이론'에 따라 큰 부패로 이어진다고 하더라도 결코 이를 무시하거나 간과할 수 없다는 점에서 **작은 호의를 금지해야 한다고** 주장한다.

THEME 04 경찰부패

1. 「부패방지 및 국민권익위원회의 설치와 운영에 관한 법률」상 부패 개념 _B급

534 ☐☐☐☐ 23 채용, 15 승진

공직자가 직무와 관련하여 그 지위 또는 권한을 남용하거나 법령을 위반하여 자기 또는 제3자의 이익을 도모하는 행위도 부패행위에 포함된다. (O|X)

535 ☐☐☐☐ 15 승진

공공기관의 예산사용, 공공기관 재산의 취득·관리·처분 또는 공공기관을 당사자로 하는 계약의 체결 및 그 이행에 있어서 법령에 위반하여 공공기관에 대하여 재산상 손해를 가하는 행위도 부패행위에 포함된다. (O|X)

536 ☐☐☐☐ 15 승진

공공기관은 부패를 방지하기 위하여 법령상, 제도상 또는 행정상의 모순이 있거나 그 밖에 개선할 사항이 있다고 인정할 때는 즉시 이를 개선 또는 시정하여야 한다. (O|X)

2. 부패의 유형(하이덴하이머의 분류)

537 ☐☐☐☐ 24 채용

백색부패는 선의의 목적으로 행해지는 부패행위를 말한다. (O|X)

538 ☐☐☐☐ 24 채용

회색부패는 사회 전체에 명백하고 심각한 해를 끼치는 부패이며 흑색부패로 악화될 수 있다. (O|X)

539 ☐☐☐☐ 24 채용

업무와 관련된 대가성 있는 뇌물을 받는 경우는 흑색부패에 해당한다. (O|X)

정답과 해설

534. (O) 공직자가 직무와 관련하여 그 지위 또는 권한을 남용하거나 법령을 위반하여 **자기 또는 제3자의 이익을 도모하는** 행위도 부패행위에 포함된다(부패방지 및 국민권익위원회의 설치와 운영에 관한 법률 제2조 제4호 가목).

535. (O) 동법 제2조 제4호 나목

536. (O) 공공기관은 부패를 방지하기 위하여 법령상, 제도상 또는 행정상의 모순이 있거나 그 밖에 개선할 사항이 있다고 인정할 때는 **즉시** 이를 개선 또는 시정**하여야 한다(할 수 있다 X)**(동법 제3조 제2항).

537. (O) **백색부패**는 구성원의 다수가 **어느 정도 용인**하는 선의의 부패 또는 관례화된 부패를 의미한다.

538. (X) 사회 전체에 명백하고 심각한 해를 끼치는 부패는 **흑색부패**이다. **회색부패**는 백색부패와 흑색부패의 중간에 위치하는 유형으로서 얼마든지 흑색부패로 발전할 수 있는 잠재성을 지닌 것을 의미한다.

539. (O)

3 하이덴하이머(A. J. Heidenheimer)의 부정부패 개념 정의 및 분류 _A급

540 ☐☐☐☐ 23·24 채용, 22 경채

다음은 하이덴하이머(A. J. Heidenheimer)의 부정부패 개념 정의 및 분류에 관한 것이다.

> ㉠ : 고객들은 잘 알려진 위험을 감수하고라도 원하는 이익을 받는 것을 확실히 하기 위하여 높은 가격 (뇌물)을 지불하는 결과로 부패가 발생한다. (　　　)
> ㉡ : 부패는 뇌물수수행위와 특히 결부되어 있지만, 반드시 금전적인 형태일 필요가 없는 사적 이익을 고려한 결과로 권위를 남용하는 경우를 포괄하는 용어이다. (　　　)
> ㉢ : 공직자가 법적으로 규정되어 있지 않은 금전적인 또는 다른 형태의 보수에 의하여 그 보수를 제공한 사람들에게 이로운 행위를 함으로써 공중의 이익에 손해를 끼칠 때 부패가 발생한다. (　　　)

4 경찰부패의 원인가설 _S급

541 ☐☐☐☐ 17 채용

사회 전체가 경찰부패를 묵인하거나 조장할 때 경찰은 부패행위를 하게 되며 시민사회의 부패가 경찰부패의 주원인으로 보는 이론은 전체사회 가설이다. (O|X)

542 ☐☐☐☐ 08·09·10·13·15·18·22·23 채용, 10·18·20·24 승진, 18 간부

셔먼(Sherman)의 구조원인가설은 시카고 경찰의 부패 원인 중 하나로 '시카고 시민이 경찰을 부패시켰다'라는 주장이 거론된 것처럼 시민사회가 경찰관의 부패를 묵인하거나 용인할 때 경찰관이 부패 행위에 빠져들게 된다라고 주장하였다. (O|X)

543 ☐☐☐☐ 11 채용, 26 간부

전체사회 가설은 클라이니히(John Kleinig)가 시카고 시민이 경찰을 부패시켰다고 주장하면서 시민사회의 부패가 경찰부패의 주원인이라고 보는 이론이다. (O|X)

544 ☐☐☐☐ 14·18 채용

전체사회가설은 대표적으로 니더호퍼, 로벅, 바커 등이 주장한 것으로, '미끄러지기 쉬운 경사로이론'과 관련이 깊다. (O|X)

정답과 해설

540. ㉠ **시장중심적 정의**(market-centered), ㉡ **관직중심적 정의**(public-office-centered), ㉢ **공익중심적 정의**(public-interest-centered)

541. (O)

542. (X) **윌슨(셔먼 X)**의 **전체사회가설(구조원인가설 X)**은 시카고 경찰의 부패 원인 중 하나로 '시카고 시민이 경찰을 부패시켰다'라는 주장이 거론된 것처럼 시민사회가 경찰관의 부패를 묵인하거나 용인할 때 경찰관이 부패 행위에 빠져들게 된다라고 주장하였다.

543. (X) 전체사회 가설은 **윌슨**이다.

544. (X) 전체사회가설은 미국 시카고 경찰의 부패원인을 분석하던 **윌슨**이 내린 결론으로 '미끄러지기 쉬운 경사로 이론'과 관련이 깊다.

545 ☐☐☐☐ 14 채용, 12·18 승진, 13 간부

전체사회가설은 자질이 없는 경찰관들이 모집단계에서 배제되지 않고 조직 내로 유입됨으로써 경찰의 부패가 나타난다는 이론이다. (O|X)

546 ☐☐☐☐ 22 채용

전체사회가설은 신임경찰관이 조직의 부패 전통 내에서 고참 동료들에 의해 사회화됨으로써 부패의 길로 들어선다는 입장이다. (O|X)

547 ☐☐☐☐ 17 채용, 12 승진, 13 간부

미국의 윌슨은 시민사회의 부패가 경찰부패의 주원인이라고 보는 '구조원인가설'을 주장하였다. (O|X)

548 ☐☐☐☐ 11 승진

B지역은 과거부터 지역주민들이 관내 경찰관들과 어울려 도박을 일삼고, 부적절한 사건청탁을 하는 경우가 종종 있었으나 아무도 이를 문제화하지 않던 곳인데, 동 지역에 새로 발령받은 신임경찰관 A에게도 지역주민들이 접근하여 도박을 함께 하게 되는 경우는 '썩은 사과 가설'로 설명할 수 있다. (O|X)

549 ☐☐☐☐ 18 채용, 23 경채

구조원인 가설에 따르면, 구조화된 조직적 부패는 서로가 문제점을 알면서도 눈감아주는 '침묵의 규범'을 형성한다. (O|X)

550 ☐☐☐☐ 08·11·13·14·17·23 채용, 10·16 승진, 16·22 간부

구조원인 가설(Structural hypothesis)은 신임경찰들이 선배 경찰에 의해 조직의 부패전통 내에서 사회화되어 신임경찰도 기존 경찰처럼 부패로 물들게 된다는 이론이다. (O|X)

551 ☐☐☐☐ 23 간부

윌슨(O.W.Wilson)은 '경찰은 어떤 작은 호의, 심지어 한 잔의 공짜 커피도 받도록 허용되어서는 안 된다.'라고 주장하였다. (O|X)

552 ☐☐☐☐ 09 채용

전체사회 가설은 신임경찰관들이 그들의 고참 동료들에 의해 조직의 부패전통 내에서 사회화됨으로써 부패의 길로 들어선다는 입장이다. (O|X)

정답과 해설

545. (X) **썩은사과가설**에 대한 설명이다.
546. (X) **구조원인가설**에 대한 설명이다.
547. (X) 미국의 윌슨은 시민사회의 부패가 경찰부패의 주원인이라고 보는 **전체사회가설**을 주장하였다.
548. (X) **전체사회 가설**로 설명할 수 있다.
549. (O) 550. (O) 551. (O)
552. (X) **구조원인 가설**에 대한 설명이다.

553 ☐☐☐☐ 20 승진

썩은 사과 가설은 선배경찰의 부패행태로부터 신임경찰이 차츰 사회화되어 신임경찰도 기존 경찰처럼 부패로 물들게 된다고 보는 이론이다. (O|X)

554 ☐☐☐☐ 16 간부

선배경찰의 부패행위로부터 신임경찰이 차츰 사회화되어 신임경찰도 기존 경찰처럼 부패로 물들게 된다는 이론은 '썩은 사과가설'이라고 한다. (O|X)

555 ☐☐☐☐ 13 간부

신임 홍길동 순경은 정의를 확립하겠다고 다짐하고 일선에 근무하던 중 선배로부터 돈을 갈취하는 요령을 터득하면서 부패의 길로 접어들었다. 이런 과정을 설명하는 가설은 '구조원인가설'이다. (O|X)

556 ☐☐☐☐ 18 승진

코헨(Cohen), 펠드버그(Feldberg)가 제시한 이론으로 신임경찰이 기존의 부패한 경찰로부터 부패의 사회화를 통하여 물들게 된다는 것은 구조원인 가설이다. (O|X)

557 ☐☐☐☐ 15·17·20 채용, 24 승진, 12·21 간부

구조원인설은 니더호퍼, 로벅, 바커, 윌슨 등이 주장한 이론으로서 신임경찰들이 선배경찰에 의해 조직의 부패전통 내에서 사회화되어 신임경찰도 기존경찰처럼 부패로 물들게 된다는 이론이다. (O|X)

558 ☐☐☐☐ 10·13 채용, 16·26 간부, 23 경채

니더호퍼, 로벅, 바커 등이 제시한 구조원인가설은 부패의 원인은 자질이 없는 경찰관들이 모집단계에서 배제되지 않고 조직 내에 유입됨으로써 경찰의 부패가 나타난다는 이론이다. (O|X)

559 ☐☐☐☐ 11 승진

정직하고 청렴하였던 신임형사 A가 자신의 조장인 B로부터 관내 유흥업소 업자들을 소개받고, 이후 B와 함께 활동을 해가면서 B가 유흥업소 업자들로부터 월정금을 받는 것을 보고 점점 그 방식 등을 답습하였다면 구조원인 가설로 설명할 수 있다. (O|X)

> **정답과 해설**

553. (X) **구조원인 가설**에 대한 설명이다.
554. (X) 선배경찰의 부패행위로부터 신임경찰이 차츰 사회화되어 신임경찰도 기존 경찰처럼 부패로 물들게 된다는 이론은 **구조원인가설**이라고 한다.
555. (O)
556. (X) 구조원인 가설은 **니더호퍼, 로벅, 바커**가 주장하였다.
557. (X) **윌슨**이 주장한 이론은 **전체사회 가설**로 시민사회의 경찰부패에 대한 묵인·조장이 부패의 원인이 된다는 이론이다.
558. (X) 니더호퍼, 로벅, 바커 등이 제시한 구조원인가설은 신참 경찰공무원들이 그들의 고참 동료들에 의해 **조직의 부패전통 내에서 사회화**됨으로써 부패의 길로 들어선다는 이론이다.
559. (O)

560 ☐☐☐☐ 08·09·17·18 채용, 24 승진, 18·21·22 간부, 23 경채

썩은 사과 이론(Rotten apple theory)은 부패의 원인을 개인적 결함보다는 조직의 체계적 원인으로 보고 있으며 조직차원의 경찰윤리교육의 중요성을 강조한다. ⓄⓍ

561 ☐☐☐☐ 22 간부

윤리적 냉소주의 가설(Ethical cynicism hypothesis)은 경찰에 대한 외부통제기능을 수행하는 정치권력, 대중매체, 시민단체의 부패는 경찰의 냉소주의를 부채질하고 부패의 전염효과를 가져온다고 한다. ⓄⓍ

562 ☐☐☐☐ 26 간부

밀러(Miller)는 경찰부패는 엄격한 채용, 부패 기회의 감소, 부패조사 및 억제, 부패방지를 위한 도덕적 노력 및 동기부여의 강화라는 4가지 기본원칙에 의해 감소될 수 있다고 주장하였다. ⓄⓍ

563 ☐☐☐☐ 20 채용

다음은 경찰관들의 일탈 사례와 이를 설명하는 이론(가설)이다 <보기 1>과 <보기 2>의 내용이 가장 적절하게 연결된 것은?

<보기 1>
(가) 경찰관 A는 동료경찰관들이 유흥업소 업주들로부터 접대를 받은 사실을 알고도 모른 체했다.
(나) 음주운전으로 징계처분을 받은 적이 있는 B가 다시 음주운전으로 적발되어 징계위원회에 회부되었다.
(다) 주류판매로 단속된 노래연습장 업주가 담당경찰관 C에게 사건무마를 청탁하며 뇌물수수를 시도하였다.

<보기 2>
㉠ 썩은사과가설   ㉡ 미끄러지기 쉬운 경사로 이론
㉢ 구조원인가설   ㉣ 전체사회가설

	(가)	(나)	(다)
①	㉢	㉠	㉣
②	㉠	㉢	㉣
③	㉠	㉢	㉡
④	㉢	㉠	㉡

정답과 해설

560. (X) 썩은 사과 이론(Rotten apple theory)은 부패의 원인을 **개인적 결함**으로 보고 있으며, 모집단계에서 부패 가능성 있는 자의 배제를 중시(채용단계의 중요성을 강조)한다.
561. (O)   562. (O)
563. ① (가) 서로가 문제점을 알면서도 눈감아주는 '침묵의 규범'을 형성하는 **구조원인 가설**과 연계된다. (나) 부패문제를 개인적 결함 문제로 바라보는 **썩은 사과가설**과 연계된다. (다) 시민사회의 경찰부패에 대한 묵인·조장이 **부패의 원인**이라는 **전체사회 가설**과 연계된다.

564 22 승진

경찰의 부패원인가설에 대한 설명이 가장 적절하게 짝지어진 것은?

> ㉠ P경찰관은 부서에서 많은 동료들이 단독 출장을 가면서도 공공연하게 두 사람의 출장비를 청구하고 퇴근 후 잠깐 들러서 시간외 근무를 한 것으로 퇴근시간을 허위 기록되게 하는 것을 보고, P경찰관도 동료들과 같은 행동을 하였다.
> ㉡ 경찰관은 순찰 중 주민으로부터 피로회복 음료를 무상으로 받았고, 그 다음주는 식사대접을 받았다. 순찰나갈 때마다 주민들에게 뇌물을 받는 습관이 들었고, 주민들도 경찰관이 순찰을 나가면 마음의 선물이라며 뇌물을 주는 것이 관례가 되어버렸다.

① ㉠ - 전체사회 가설   ㉡ - 구조원인 가설
② ㉠ - 썩은 사과 가설   ㉡ - 구조원인 가설
③ ㉠ - 구조원인 가설   ㉡ - 전체사회 가설
④ ㉠ - 구조원인 가설   ㉡ - 썩은 사과 가설

565 19 채용

경찰부패 문제의 해결을 위해 다음과 같이 「경찰청 공무원 행동강령」을 개정하였다고 가정한다면, 이와 같은 개정의 근거가 된 경찰부패이론(가설)으로 가장 적절한 것은?

현행	개정안
공무원은 직무 관련 여부 및 기부 후원 증여 등 그 명목에 관계없이 <u>동일인으로부터 1회에 100만 원 또는 매 회계연도에 300만 원을 초과하는 금품 등</u>을 받거나 요구 또는 약속해서는 아니 된다.	공무원은 직무 관련 여부 및 기부 후원 증여 등 그 명목에 관계없이 <u>어떠한 금품</u> 등도 받거나 요구 또는 약속해서는 아니 된다.

① 썩은 사과 가설   ② 미끄러지기 쉬운 경사로 이론
③ 형성재론   ④ 구조원인 가설

정답과 해설

564. ③ ㉠ - 구조원인 가설 ㉡ - 전체사회 가설
565. ② 셔먼(Sherman)의 '미끄러지기 쉬운 경사로 이론(slippery slope hypothesis)'은 부패에 해당하지 않는 작은 호의가 습관화될 경우 미끄러운 경사로를 타고 내려오듯이 점점 더 큰 부패와 범죄로 빠진다는 가설로 공짜 커피, 작은 선물 등 사소한 호의도 경계하자고 주장한다. 이 이론이 엄격하게 개정하는 근거로 가장 적절하다.

5 내부고발 및 용어정리 _A급

566 ☐☐☐☐ 24 채용, 21 간부

존 클라이니히(J. Kleinig) 내부고발의 정당화 요건으로 적절한 도덕적 동기, 최후수단성, 중대성, 급박성 등이 있으나, 성공가능성은 불문한다. (O｜X)

567 ☐☐☐☐ 24 채용

존 클라이니히(J. Kleinig) 내부고발의 윤리적 정당화 요건으로 내부고발자는 부적절한 행동을 하도록 지시되었다는 자신의 신념이 합리적 증거에 근거하였는지 확인해야 한다. (O｜X)

568 ☐☐☐☐ 24 채용

존 클라이니히(J. Kleinig) 내부고발의 윤리적 정당화 요건으로 도덕적 위반이 얼마나 중대한가, 도덕적 위반이 얼마나 급박한가 등에 대한 세심한 고려가 있어야 한다. (O｜X)

569 ☐☐☐☐ 24·25 채용, 10 승진, 12 간부

클라이니히는 외부고발론의 정당화 요건을 제시하면서 내부문제를 외부에 공표하기 전에 조직내 다른 채널을 통하여 해결할 수 있으면 먼저 내부적 해결을 해야 한다고 본다. (O｜X)

570 ☐☐☐☐ 10 채용, 10·15 승진, 13·18 간부

내부고발(휘슬블로잉)이란 경찰관이 동료나 상사의 부정부패에 대하여 감찰에 알리거나 외부의 언론매체에 대하여 공표하는 것을 의미하며, 이는 '침묵의 규범'과 같은 개념이다. (O｜X)

571 ☐☐☐☐ 20 채용, 10·25 승진, 15·16 간부

경찰관이 동료나 상사의 부정부패에 대하여 감찰이나 외부의 언론매체에 해하여 공표하는 것을 휘슬블로잉(whistle blowing)이라고 하고, 비지바디니스(busybodiness)는 남의 비행에 대하여 일일이 참견하여 도덕적 충고를 하는 것이다. (O｜X)

572 ☐☐☐☐ 20 채용

도덕적 해이(Moral hazard)는 도덕적 가치관이 붕괴되어 동료의 부패를 부패라고 인식하지 못하는 것을 의미하며, 부패를 잘못된 행위로 인식하고 있지만 동료라서 모르는 척하는 침묵의 규범과는 구별되는 개념이다. (O｜X)

정답과 해설

566. (X) 내부고발의 정당화 요건으로 적절한 도덕적 동기, 최후수단성, 어느 정도 성공 가능성, 중대성, 급박성 등이 있다.
567. (O)   568. (O)
569. (X) 클라이니히는 "내부"(외부 X)고발론의 정당화 요건을 제시하면서 내부문제를 외부에 공표하기 전(공표한 후 X)에 조직내 다른 채널을 통하여 해결할 수 있으면 먼저 내부적 해결을 해야 한다고 본다.
570. (X) 내부고발(휘슬블로잉, whistle blowing)은 동료나 상사의 부정에 대하여 감찰이나 외부의 언론매체를 통하여 공표하는 것을 말하고, 침묵의 규범은 이와 반대로 동료의 부정부패에 대하여 눈감아 주는 것을 말한다.
571. (O)   572. (O)

573 ☐☐☐☐ 22 채용

구조화된 조직적 부패는 서로가 문제점을 알면서도 눈감아주는 침묵의 규범 형성의 가능성을 높인다. (O|X)

574 ☐☐☐☐ 22 채용

'Dirty Harry 문제'는 도덕적으로 선한 목적을 위해 윤리적, 정치적, 혹은 법적으로 더러운 수단을 동원하는 것이 적절한가와 관련된 딜레마적 상황이다. (O|X)

575 ☐☐☐☐ 23 채용

대의명분 있는 부패(noble cause corruption)와 Dirty Harry 문제는 부패의 개념적 징표를 개인적 이익 추구를 넘어 조직 혹은 사회적 차원의 이익 추구로 확대하고자 하는 시도라고 볼 수 있다. (O|X)

576 ☐☐☐☐ 22 간부

경찰시험을 준비하는 甲은 언론에서 경찰공무원의 부정부패 기사를 보고 '나는 경찰이 되면 저런 행위를 하지 않겠다'는 생각을 가졌다. 이런 현상에 대한 설명으로 가장 적절하지 않은 것은?

① 이런 현상을 침묵의 규범이라고 한다.
② 개인적 성향과 조직 내 사회화 과정은 상호보완적 관계에 있다.
③ 경찰공무원의 사회화는 경찰이 되기 전의 가치관에 의해 영향을 받는다.
④ 경찰공무원은 공식적 사회화 과정보다 비공식적 사회화 과정의 영향을 더 많이 받는다.

정답과 해설

573. (O)   **574.** (O)   **575.** (O)
576. ① (X) 설문은 **예기적 사회화 과정**에 대한 설명이다. **침묵의 규범**이란 동료의 부정부패에 대하여 눈감아 주는 것을 말한다.

THEME 05 경찰의 문화 _A급

1 냉소주의와 회의주의

577 ☐☐☐☐ 23 채용
니더호퍼(Niederhoffer)는 사회체계에 대한 기존의 신념체계가 붕괴된 후 새로운 신념체계에 의해 급하게 대체될 때 냉소주의가 나타날 수 있다고 하였다. O|X

578 ☐☐☐☐ 10 승진
경찰관이 냉정을 잃게 되는 경우는 과도한 개입과 무관심이다. O|X

579 ☐☐☐☐ 23 채용
조직 내 팽배한 냉소주의는 경찰의 전문직업화를 저해하는 기제로 작동할 수 있다. O|X

580 ☐☐☐☐ 11·23·25 채용, 11 승진
회의주의와 비교할 때, 냉소주의는 조직 내 특정한 대상을 합리적 의심을 통해 신뢰하지 않는 것과 관련이 있다. O|X

581 ☐☐☐☐ 17 승진
경찰문화의 냉소주의를 극복하기 위한 방안으로 부하의 의견을 청취, X이론에 입각한 행정관리, 상사와 부하의 신뢰회복, 커뮤니케이션 과정의 개선을 들 수 있다. O|X

정답과 해설

577. (X) 니더호퍼(Niederhoffer)는 기존의 신념체제가 붕괴된 후 **대체신념의 부재(새로운 신념체제 X)**로 아노미 현상이 발생하고 냉소주의가 나타날 수 있다고 하였다.
578. (O) 경찰관이 과도한 개입이나 반대로 무관심을 하면 냉정(냉정하고 객관적 자세)을 잃게 되는 경우가 된다.
579. (O)
580. (X) 회의주의와 비교할 때, 냉소주의는 **대상이 특정되어 있지 않고, 아무런 근거 없이 신뢰하지 않는 것**과 관련이 있다.
581. (X) 냉소주의를 극복하기 위한 방안으로 **Y이론**에 입각한 행정관리가 있다.

582 ☐☐☐☐ 10·11·18 승진

인간관 중 X이론은 인간이 책임감 있고 정직하여 권위적인 관리를 해야 한다는 이론이고, Y이론은 인간을 게으르고 부정직한 것으로 보아 민주적으로 관리해야 한다는 이론으로, Y이론에 의한 관리가 냉소주의를 극복하는 방안이 된다. (O│X)

583 ☐☐☐☐ 23 채용

냉소주의 극복을 위한 가장 효과적인 조직관리방안은 인간을 본래 게으르고 생리적 욕구 또는 안전의 욕구에 자극을 주는 금전적 보상이나 제재 등 외재적 유인에 반응한다고 상정하여 조직이 권위적으로 관리할 필요가 있다는 맥그리거(McGregor)의 인간모형에 기초한다. (O│X)

584 ☐☐☐☐ 24 채용

다음에서 설명하는 경찰문화를 극복하기 위한 방안으로 가장 적절하지 않은 것은?

> 경찰청에서 새로운 성과평가 제도를 시행하겠다고 발표하자, A순경은 '나랑 상관없어. 이런 건 전시행정이야'라고 비웃었다. 평소 그는 기존의 사회체계에 대한 신뢰가 없으며 개선시키겠다는 의지도 없는 사람이다.

① 의사결정과정에 일선 경찰관들의 참여를 확대시킨다.
② 업무량과 성과에 대한 적절한 보상을 강조하며, 관리층이 적극적으로 개입하고 통제하는 임무를 맡아야 한다.
③ 상사와 부하의 신뢰를 회복하기 위해 노력한다.
④ 상급자의 일방적 지시와 명령을 줄이고 상의하달의 의사소통 과정을 개선한다.

정답과 해설

582. (X) 인간관 중 **Y이론**은 인간이 책임감 있고 정직하여 **민주적**인 관리를 해야 한다는 이론이고, **X이론**은 인간을 게으르고 부정직한 것으로 보아 **권위적**으로 관리해야 한다는 이론으로, **Y이론**에 의한 관리가 냉소주의를 극복하는 방안이 된다.

583. (X) 냉소주의 극복을 위한 가장 효과적인 조직관리방안은 **Y이론**에 입각한 행정관리이다. 지문의 내용은 **X이론**에 대한 설명이다.

584. ② (X) 사례는 냉소주의와 관련된 내용이다. 냉소주의 극복방안은 **관리층이 적극적으로 개입하고 통제하는 것이 아니라 상급자의 일방적 지시와 명령을 줄이고 상의하달의 의사소통 과정을 개선**한다.

THEME 06 경찰윤리강령 _A급

585 ☐☐☐☐ 12·19 승진
경찰윤리강령은 시민이 바라는 윤리표준에 맞는 행동규범을 정하여 조직구성원들이 따르게 하기 위해 추상적 행동규범을 문서화한 것이다. (O|X)

586 ☐☐☐☐ 14·16·19 승진
경찰윤리강령은 대외적으로는 서비스 수준의 보장, 국민과의 신뢰관계 형성, 조직구성원의 자질통제 기준, 과도한 요구에 대한 책임 제한 등과 같은 기능을 하며, 대내적으로는 경찰공무원 개인적 기준 설정, 경찰조직의 기준 제시, 경찰조직에 대한 소속감 고취, 경찰조직구성원에 대한 교육자료 제공 등의 기능을 한다. (O|X)

587 ☐☐☐☐ 24 채용, 14·17 승진, 23·26 간부
우리나라의 경찰윤리강령은 새경찰신조(1966년) → 경찰윤리헌장(1980년) → 경찰헌장(1991년) → 경찰서비스헌장(1998년) 순으로 제정되었다. (O|X)

588 ☐☐☐☐ 14·19 승진
경찰서비스헌장에는 친절한 경찰, 의로운 경찰, 공정한 경찰, 근면한 경찰, 깨끗한 경찰의 5개항을 목표로 제시하였다. (O|X)

589 ☐☐☐☐ 10 채용, 15·16 승진
모든 사람의 인격을 존중하고 누구에게나 따뜻하게 봉사하는 친절한 경찰이다. (O|X)

590 ☐☐☐☐ 10 채용, 15·16·17·23 승진, 16 간부
경찰헌장에는 '우리는 정의의 이름으로 진실을 추구하며, 어떠한 불의나 불법과도 타협하지 않는 공정한 경찰'이라고 하였다. (O|X)

정답과 해설

585. (O) 경찰윤리강령은 추상성·이념성·관념성이 있어 여러 문제점이 있지만 경찰인의 업무 수행시 윤리적 고려의 준거를 제공하는데 취지가 있다.
586. (X) **조직구성원의 자질통제 기준**은 **대내적 기능**에 해당한다.
587. (X) **경찰윤리헌장(1966년) → 새경찰신조(1980년) → 경찰헌장(1991년) → 경찰서비스헌장(1998년)** 순서로 제정되었다. [보충] 1966년 자율적이고 적극적인 봉사자로서 경찰관이 갖추어야 할 '기본정신'과 실천하여야 할 윤리적인 '행동지표'를 제시하는 「**경찰윤리헌장**」이 제정된다.
588. (X) 1991년 제정된 **경찰헌장**에서 **친**절한 경찰, **의**로운 경찰, **공**정한 경찰, **근**면한 경찰, **깨**끗한 경찰의 5개항을 목표로 제시하였다. **친의공근깨**
589. (O) 모든 사람의 인격을 존중하고 누구에게나 **따**뜻하게 봉사하는 **친**절한 경찰이다. **친따**
590. (X) 경찰헌장에는 정의의 이름으로 진실을 추구하며 어떠한 불의나 불법과도 **타**협하지 않는 **의**로운 경찰이다. **의타**

591 ☐☐☐☐ 10 채용, 15·16·23 승진, 09·16 간부

우리는 국민의 신뢰를 바탕으로 오직 양심에 따라 법을 집행하는 공정한 경찰이다. (O|X)

592 ☐☐☐☐ 10 채용, 16 승진, 09·16 간부

우리는 건전한 상식 위에 전문지식을 갈고 닦아 맡은 일을 성실하게 수행하는 근면한 경찰이다. (O|X)

593 ☐☐☐☐ 10 채용, 15·21·23 승진, 09 간부

경찰헌장에서는 "우리는 화합과 단결 속에 항상 규율을 지키며 검소하게 생활하는 근면한 경찰이다"라는 목표를 제시하였다. (O|X)

594 ☐☐☐☐ 14 승진

경찰윤리강령은 강제력의 부족, 냉소주의 조장, 최소주의의 위험, 우선순위 미결정 등의 문제점이 있다. (O|X)

595 ☐☐☐☐ 24 채용, 16 승진, 23 경채

경찰윤리강령의 문제점 중 비진정성은 전문직업인의 내부규율로서 선언적 효력을 가질 뿐 법적인 강제력이 없기 때문에 이를 위반했을 경우 제재할 방법이 미흡하며, 지나친 이상추구의 성격 때문에 발생할 수 있다는 것을 의미한다. (O|X)

596 ☐☐☐☐ 24 채용, 11·12·19·21 승진, 23 경채

경찰윤리강령의 문제점 중 냉소주의의 문제란, 경찰관의 도덕적 자각에 따른 자발적인 행동이 아니라 외부로부터 요구된 타율성으로 인해 진정한 봉사가 이루어지지 않을 수 있다는 것을 의미한다. (O|X)

597 ☐☐☐☐ 16·17·19 승진, 23 경채

경찰윤리강령의 문제점으로 비진정성의 조장은 강령의 내용을 행위의 울타리로 삼아 강령에 제시된 바람직한 행위 그 이상의 자기희생을 하지 않으려는 경향을 의미한다. (O|X)

598 ☐☐☐☐ 16 승진

파출소에 근무하는 김순경은 경찰청에서 새 제도를 시행하겠다고 발표하자 전시 행정이라고 비웃었다. 이와 같은 냉소주의의 가장 큰 원인은 경찰조직에 대한 신념의 결여 때문이다. (O|X)

정답과 해설

591. (O) 국민의 신뢰를 바탕으로 오직 **양**심에 따라 법을 집행하는 **공**정한 경찰이다. **공양**

592. (O) 우리는 건전한 상식 위에 전문지식을 갈고 닦아 맡은 일을 **성**실하게 수행하는 **근**면한 경찰이다. **근성**

593. (X) 경찰헌장에서는 "우리는 화합과 단결 속에 항상 규율을 지키며 **검**소하게 생활하는 **깨**끗한 경찰이다"라는 목표를 제시하였다. **깨검**

594. (O)

595. (X) **실행가능성의 문제**에 대한 설명이다. **비진정성의 조장**이란 경찰윤리강령은 경찰관의 도덕적 자각에 따른 자발적인 행동이 아니라 외부로부터 요구된 것으로서 타율성으로 인해 진정한 봉사가 이루어지지 않을 수 있다.

596. (X) 설문은 **비진정성의 조장**에 대한 설명이다. **냉소주의의 문제**란 경찰윤리강령은 민주적 참여에 의한 제정보다는 위에서 제정되고 일방적으로 하달되어 냉소주의를 불러일으키는 단점이 있다는 것을 내용으로 한다.

597. (X) 경찰윤리강령의 내용을 행위의 울타리로 삼아 강령에 제시된 바람직한 행위 그 이상의 자기희생을 하지 않으려는 경향을 **최소주의의 위험**이라고 한다.

598. (O)

599 ☐☐☐☐ 12 승진

윤리강령의 문제점 중 최소주의의 위험은 경찰강령이 구체적인 경우 상세하지만 그보다 더 곤란한 현실문제에 있어서 무엇을 먼저하고 무엇을 나중에 해야 할지 우선순위를 결정하는 기준이 못된다는 것을 말한다. (O|X)

600 ☐☐☐☐ 24 간부, 21 경채

존 클라이니히(J. Kleinig)는 도덕적 결의의 강화란 경찰이 업무를 수행하면서 내부 및 외부로부터의 여러 압력과 유혹에도 굴복하지 않고 자신의 소신과 직업의식에 따라 일을 처리하는 것이라고 한다. (O|X)

601 ☐☐☐☐ 24 간부, 21 경채

존 클라이니히(J. Kleinig)는 도덕적 감수성의 배양이란 경찰이 다양한 계층의 사람들을 모두 인간으로서 존중하고 공평하게 봉사하는 것이라고 한다. (O|X)

602 ☐☐☐☐ 24 간부

존 클라이니히(J. Kleinig)는 도덕적 연대책임 향상이란 경찰윤리 교육의 가장 중요한 목적은 경찰의 조직적 연대책임을 강화하도록 하는 것이라고 한다. (O|X)

603 ☐☐☐☐ 24 간부

존 클라이니히(J. Kleinig)는 도덕적 전문능력 함양이란 경찰이 비판적·반성적 사고방식을 배양하여 조직 내에 관습적으로 내려오는 관행을 비판적으로 검토하여 수행하는 것이라고 한다. (O|X)

정답과 해설

599. (X) **우선순위 미결정**에 대한 설명이다.
600. (O) 돈을 주며 사건무마를 청탁하는 의뢰인의 요구를 결국 거절하도록 하는 경찰교육의 목적은 도덕적 결의의 강화에 있다.
601. (O)
602. (X) 존 클라이니히(J. Kleinig)가 주장한 경찰윤리 교육의 목적은 도덕적 결의의 강화, 도덕적 감수성의 배양, 도덕적 전문능력 함양이고, 이중에서 **경찰윤리 교육의 가장 중요한 목적은 도덕적 전문능력 함양(도덕적 연대책임 향상 X)**이라 보았다.
603. (O)

THEME 07 부정청탁 및 금품 등 수수의 금지에 관한 법률(청탁금지법) _S급

604 ☐☐☐☐ 21 채용, 18 승진
공공기관에는 국회, 법원, 헌법재판소, 감사원, 국가인권위원회, 고위공직자범죄수사처, 중앙행정기관(대통령 소속 기관과 국무총리 소속 기관을 포함한다)과 그 소속 기관 및 지방자치단체를 포함한다. 단, 선거관리위원회는 공공기관에 해당하지 않는다. (O│X)

605 ☐☐☐☐ 18 승진
공공기관에는 「초·중등교육법」, 「고등교육법」, 「유아교육법」 및 그 밖의 다른 법령에 따라 설치된 각급 학교가 포함된다. 단, 「사립학교법」에 따른 학교법인은 '공공기관'에 해당하지 않는다. (O│X)

606 ☐☐☐☐ 22 채용
「국가공무원법」 또는 「지방공무원법」에 따른 공무원과 그 밖에 다른 법률에 따라 그 자격·임용·교육훈련·복무·보수·신분보장 등에 있어서 공무원으로 인정된 사람은 '공직자등' 개념에 포함된다. (O│X)

607 ☐☐☐☐ 18·19 승진
각 급 학교의 장과 교직원 및 학교법인의 임직원, 언론사 임직원 및 공무수행사인도 부정청탁 및 금품 등 수수의 금지에 관한 법률의 적용대상에 해당된다. (O│X)

608 ☐☐☐☐ 18 승진
공직자등에는 변호사법 제4조에 따른 변호사 자격이 있는 자는 포함된다고 명시되어 있다. (O│X)

609 ☐☐☐☐ 22·24 채용, 19·22 승진, 23 간부
공직자등이 부정청탁을 받았을 때에는 부정청탁을 한 자에게 부정청탁임을 알리고 이를 거절하는 의사를 명확히 표시하여야 하며, 이러한 조치를 하였음에도 불구하고 동일한 부정청탁을 다시 받은 경우에는 이를 소속기관장에게 구두 또는 서면(전자서면을 포함)으로 신고하여야 한다. (O│X)

정답과 해설

604. (X) 선거관리위원회도 공공기관에 **포함**된다(부정청탁 및 금품등 수수의 금지에 관한 법률 제2조 제1호 가목).
605. (X) 「초·중등교육법」, 「고등교육법」, 「유아교육법」 및 그 밖의 다른 법령에 따라 설치된 각급 학교는 물론 「사립학교법」에 따른 학교법인도 공공기관에 **포함**된다(동법 제2조 제1호 라목).
606. (O) 동법 제2조 제2호 가목
607. (O) 동법 제2조 제2호 다목·라목, 제11조. **언론사의 경우** 언론사의 대표자와 그 임직원이 포함된다.
608. (X) 변호사법 제4조에 따른 변호사 자격이 있는 자는 공직자등에 **포함되지 아니한다**(동법 제2조 제2호).
609. (X) 공직자등이 부정청탁을 받았을 때에는 부정청탁을 한 자에게 부정청탁임을 알리고 이를 거절하는 의사를 **명확히 표시하여야 하며**(하지 않아도 되며 X), 이러한 조치를 하였음에도 불구하고 동일한 부정청탁을 다시 받은 경우에는 이를 소속기관장에게 **서면**(구두 X)(전자서면을 포함)으로 신고하여야 한다(동법 제7조 제1항, 제2항).

609-1 ☐☐☐☐ 25 채용

소속기관장은 부정청탁이 있었던 사실을 알게 된 경우 부정청탁을 받은 공직자등에 대하여 직무 참여 일시 중지, 직무 대리자의 지정, 전보의 조치 등을 하여야 한다. (O|X)

610 ☐☐☐☐ 19·21·23 채용, 19·20·21·22·24 승진, 23 간부

공직자등은 직무 관련 여부 및 기부·후원·증여 등 그 명목에 관계없이 동일인으로부터 1회에 100만원 또는 매 회계연도에 200만원을 초과하는 금품등을 받거나 요구 또는 약속해서는 아니된다. (O|X)

611 ☐☐☐☐ 18·19·21·22·24 승진

경찰서장이 소속부서 직원들 또는 파출소장이 파출소 직원들에게 위로·격려·포상의 목적으로 회식비를 제공하는 것은 특별한 사정이 없다면 수수를 금지하는 금품 등에 해당하지 아니한다. (O|X)

612 ☐☐☐☐ 22 승진

예술의전당 소속 공연 관련 업무 담당공무원이 예술의전당 초청 공연작으로 결정된 뮤직드라마의 공연제작사 대표이사 甲 등과 저녁식사를 하고 30만 원 상당(1인당 6만 원)의 음식 값을 甲이 지불한 경우 청탁금지법에 위반되지 않는다. (O|X)

613 ☐☐☐☐ 19 채용

원활한 직무수행 목적으로 제공되는 음식물·경조사비·선물 등으로서 대통령령으로 정하는 가액 범위 안의 금품등 또는 그 밖에 다른 법령·기준 또는 사회상규에 따라 허용되는 금품등은 수수 금지의 예외 사유이다. (O|X)

614 ☐☐☐☐ 19·25 채용, 20 승진, 23 간부

사적 거래(증여 포함)로 인한 채무의 이행 등 정당한 권원(權原)에 의하여 제공되는 금품등은 수수를 금지하는 금품 등에 해당하지 아니한다. (O|X)

정답과 해설

609-1. (X) 소속기관장은 부정청탁이 있었던 사실을 알게 된 경우 부정청탁을 받은 공직자등에 대하여 직무 참여 일시 중지, 직무 대리자의 지정, 전보의 조치 등을 **할 수 있다(하여야 한다 X)**(부정청탁 및 금품등 수수의 금지에 관한 법률 제7조 제4항).

610. (X) 공직자등은 직무 관련 여부 및 기부·후원·증여 등 그 명목에 관계없이 동일인으로부터 1회에 **100만원** 또는 매 회계연도에 **300만원**을 초과하는 금품등을 받거나 요구 또는 약속해서는 아니된다(동법 제8조 제1항).

611. (O) 공공기관이 소속 공직자등이나 파견 공직자등에게 지급하거나 상급 공직자등이 위로·격려·포상 등의 목적으로 하급 공직자등에게 제공하는 금품등은 수수를 금지하는 금품등에 해당하지 아니한다(부정청탁 및 금품등 수수의 금지에 관한 법률 제8조 제3항 제1호). 예 기관장이 소속 직원에게 업무추진비로 화환(10만원)을 보내고, 별도로 사비로 경조사비(10만원)를 주는 경우 **청탁금지법 위반이 아니다**.

612. (X) 甲이 지불한 저녁식사 30만 원 상당(1인당 6만 원)의 음식 값은 원활한 직무수행 또는 사교·의례 또는 부조의 목적으로 제공되는 음식물·경조사비·선물 등으로서 대통령령으로 정하는 가액 범위 안의 금품(음식물-5만 원)을 초과하여 청탁금지법에 **위반된다**(동법 제8조 제3항 제2호).

613. (O) 동법 제8조 제3항 제2호·제8호

614. (X) 사적 거래(**증여는 제외**)로 인한 채무의 이행 등 정당한 권원(權原)에 의하여 제공되는 금품등은 수수를 금지하는 금품등에 해당하지 아니한다(동법 제8조 제3항 제3호).

615 ☐☐☐☐ 18·21 승진

공직자등이 8촌 이내의 혈족, 4촌 이내의 인척, 배우자로부터 제공받는 금품등은 수수를 금지하는 금품등에 해당하지 아니한다. (O|X)

616 ☐☐☐☐ 22 승진

결혼식을 앞두고 있는 경찰관이 4촌 형으로부터 500만 원 상당의 냉장고를 선물 받은 경우 수수를 금지하는 금품등에 해당하지 아니한다. (O|X)

617 ☐☐☐☐ 19·20 승진

공직자등과 관련된 직원상조회·동호인회·동창회·향우회·친목회·종교단체·사회단체 등이 정하는 기준에 따라 구성원에게 제공하는 금품등은 동법 제8조(금품등의 수수 금지)에서 규정하는 수수를 금지하는 금품등에 해당한다. (O|X)

618 ☐☐☐☐ 25 채용, 18·19 승진

공직자등의 직무와 관련된 공식적인 행사에서 주최자가 참석자에게 통상적인 범위에서 일률적으로 제공하는 교통, 숙박, 음식물 등의 금품등은 수수를 금지하는 금품등에 해당한다. (O|X)

619 ☐☐☐☐ 18 승진

특정 대상자에게 배포하기 위한 기념품 또는 홍보용품 등이나 경연·추첨을 통하여 받는 보상 또는 상품 등은 수수를 금지하는 금품등에 해당하지 아니한다. (O|X)

620 ☐☐☐☐ 21 승진

A경위가 휴일날 인근 대형마트 행사에서 추첨권에 당첨되어 수령한 수입차는 수수를 금지하는 금품등에 해당하지 아니한다. (O|X)

621 ☐☐☐☐ 22 승진

경찰관이 홈쇼핑에서 물품을 구매한 후 구매자를 대상으로 경품을 추첨하는 행사에서 당첨되어 300만 원 상당의 안마의자를 받은 경우 금품등에 해당하지 아니한다. (O|X)

정답과 해설

615. (O) **민법 제777조에 따른 친족**이란 8촌 이내의 혈족, 4촌 이내의 인척, 배우자를 말한다(부정청탁 및 금품등 수수의 금지에 관한 법률 제8조 제3항 제4호).

616. (O) 4촌 형은 8촌 이내의 혈족이므로 금품등에 해당하지 아니한다(동법 제8조 제3항 제4호).

617. (X) 공직자등과 관련된 직원상조회·동호인회·동창회·향우회·친목회·종교단체·사회단체 등이 정하는 기준에 따라 구성원에게 제공하는 금품등은 수수를 금지하는 금품등에 **해당하지 아니한다**(동법 제8조 제3항 제5호).

618. (X) 공직자등의 직무와 관련된 공식적인 행사에서 주최자가 참석자에게 **통상적인 범위에서** 일률적으로 제공하는 교통, 숙박, 음식물 등의 금품등은 수수를 금지하는 금품등에 **해당하지 아니한다**(동법 제8조 제3항 제6호).

619. (X) **불특정 다수인**에게 배포하기 위한 기념품 또는 홍보용품 등이나 경연·추첨을 통하여 받는 보상 또는 상품등은 수수를 금지하는 금품등에 해당하지 아니한다(동법 제8조 제3항 제7호).

620. (O) 동법 제8조 제3항 제7호

621. (O) 동법 제8조 제3항 제7호

622 ☐☐☐☐ 21 채용

공직자등 자신이 수수 금지 금품등을 받거나 그 제공의 약속 또는 의사표시를 받은 경우에는 소속기관장에게 지체 없이 서면 또는 구두로 신고하여야 한다. (O|X)

623 ☐☐☐☐ 22 승진, 26 간부

공무원 및 유관단체 등은 직급에 상관없이 모든 공직자의 외부강의 사례금 상한액은 1시간당 30만 원이며 1시간을 초과하면 상한액은 45만 원이다. (O|X)

624 ☐☐☐☐ 23 채용

경찰청에서 근무하는 甲총경은 A전자회사의 요청으로 시간 당 30만 원의 사례금을 약속받고 A전자회사의 직원을 대상으로 자신의 직무와 관련된 3시간짜리 강의를 월 1회, 총 3개월간 진행하였다. 이 경우 甲총경이 지급받을 수 있는 최대사례금 총액은 270만 원이다. (O|X)

625 ☐☐☐☐ 19·20 간부

공직자등은 자신의 직무와 관련되거나 그 지위·직책 등에서 유래되는 사실상의 영향력을 통하여 요청받은 교육·홍보·토론회·세미나·공청회 또는 그 밖의 회의 등에서 한 강의·강연·기고 등(이하 "외부강의 등"이라 한다)의 대가로서 대통령령으로 정하는 금액을 초과하는 사례금을 받아서는 아니 된다. (O|X)

626 ☐☐☐☐ 21·24 채용, 19 승진, 19·20·23·26 간부

공직자등은 사례금을 받는 외부강의등을 할 때에는 대통령령으로 정하는 바에 따라 외부강의등의 요청 명세 등을 소속기관장에게 그 외부강의등을 마친 날부터 10일 이내에 서면으로 신고할 수 있다. 다만, 외부강의등을 요청한 자가 국가나 지방자치단체인 경우에는 그러하지 아니하다. (O|X)

627 ☐☐☐☐ 23 채용, 24 승진

B자동차회사의 요청으로 자신의 직무와 관련된 외부강의를 마치고 소정의 사례금을 약속받은 乙경무관은 대통령령으로 정하는 바에 따라 외부강의의 요청 명세 등을 소속기관장에게 그 외부강의를 마친 날부터 10일 이내에 서면으로 신고하여야 한다. (O|X)

정답과 해설

622. (X) 공직자등은 자신이 수수 금지 금품등을 받거나 그 제공의 약속 또는 의사표시를 받은 경우에는 소속기관장에게 지체 없이 **서면(구두 X)**으로 신고하여야 한다(부정청탁 및 금품등 수수의 금지에 관한 법률 제9조 제1항).

623. (X) 공무원 및 유관단체 등은 외부강의 시간당 상한액은 직급 구분 없이 **40만원**이며, 1시간을 초과하여 강의 등을 하는 경우에도 사례금 총액은 강의시간에 관계없이 1시간 상한액의 100분의 150에 해당하는 금액**(60만원)**을 초과하지 못한다(동법 시행령[별표2]).

624. (X) 甲총경은 시간당 40만 원이고 상한액 **1.5배(150/100)**는 60만 원에 해당하므로, 총 3회 강의이니 **180만 원(60X3)**이다(동법 시행령 [별표2]).

625. (O) 동법 제10조 제1항

626. (X) 공직자등은 사례금을 받는 외부강의등을 할 때에는 **대통령령**으로 정하는 바에 따라 외부강의등의 요청 명세 등을 소속기관장에게 그 외부강의등을 **마친 날(다음날 X)부터** 10일 이내에 **서면(구두 X)**으로 **신고하여야 한다(할 수 있다 X)**. 다만, 외부강의등을 요청한 자가 국가나 지방자치단체인 경우에는 **그러하지 아니하다**(동법 제10조 제2항).

627. (O) 동법 제10조 제2항

628 ☐☐☐☐ 19·20·26 간부

소속기관장은 공직자등이 신고한 외부강의 등이 공정한 직무수행을 저해할 수 있다고 판단하는 경우에는 그 외부강의 등을 제한할 수 있다. (O|X)

629 ☐☐☐☐ 22·25 채용

OO경찰서 소속 경찰관 甲이 모교에서 자신의 직무와 관련된 강의를 요청받아 1시간 동안 강의를 하고 50만 원의 사례금을 받았다면 대통령령이 정하는 바에 따라 소속기관장에게 신고하고 그 초과금액을 소속기관장에게 지체없이 반환하여야 한다. (O|X)

630 ☐☐☐☐ 19 승진

공직자등이 '외부강의등'을 신고할 때 사례금이 얼마인지 미리 알 수 없는 경우에는 기준 상한액으로 먼저 신고한 후, 해당 사항을 안 날부터 5일 이내에 신고를 보완해야 한다. (O|X)

631 ☐☐☐☐ 19 승진, 26 간부

공직자등이 외부강의등(강의·강연·기고 등)에 대한 사례금을 기준 상한액을 초과하여 받은 경우에는 초과 사례금을 받은 사실을 안 날부터 2일 이내에 서면 또는 구두로 소속기관장에게 신고하여야 한다. (O|X)

632 ☐☐☐☐ 23 채용

사단법인 C학회가 주관 및 개최한 토론회에 참석하여 자신의 직무와 관련된 토론을 한 丙경감이 상한액을 초과하는 사례금을 받은 경우 초과사례금을 받은 사실을 안 날부터 2일 이내에 동법 시행령이 정한 사항을 적은 서면으로 소속기관장에게 신고하여야 한다. (O|X)

633 ☐☐☐☐ 19 승진

누구든지 부정청탁 및 금품등 수수의 금지에 관한 법률의 위반행위가 발생하였거나 발생하고 있다는 사실을 알게 된 경우에는 이 법의 위반행위가 발생한 공공기관 또는 그 감독기관, 감사원 또는 수사기관, 국민권익위원회에 신고할 수 있다. (O|X)

정답과 해설

628. (O) 소속기관장은 공직자등이 신고한 외부강의 등이 공정한 직무수행을 저해할 수 있다고 판단하는 경우에는 그 외부강의 등을 **제한할 수 있다(하여야 한다 X)**(부정청탁 및 금품등 수수의 금지에 관한 법률 제10조 제4항).

629. (X) 공직자등은 제1항에 따른 금액을 초과하는 사례금을 받은 경우에는 대통령령으로 정하는 바에 따라 소속기관장에게 신고하고, **제공자에게(소속기관장 X)** 그 초과금액을 지체 없이 반환하여야 한다(동법 제10조 제5항).

630. (X) 상세 명세 또는 사례금 총액 등을 미리 알 수 없는 경우에는 **해당 사항을 제외한 사항을 신고**한 후 해당 사항을 안 날부터 **5일 이내**에 보완하여야 한다(동법 시행령 제26조 제2항).

631. (X) 공직자등이 외부강의등(강의·강연·기고 등)에 대한 사례금을 기준 상한액을 초과하여 받은 경우에는 초과 사례금을 받은 **사실을 안 날부터 2일 이내**에 **서면(구두 X)**로 소속기관장에게 신고하여야 한다(동법 시행령 제27조 제1항).

632. (O) 동법 시행령 제27조 제1항

633. (O) 동법 제13조 제1항

634 ☐☐☐☐ 19·22 승진

부정청탁 및 금품등 수수의 금지에 관한 법률의 위반행위가 발생하였거나 발생하고 있다는 사실을 알게 된 경우에는 이해관계인만 수사기관에 신고할 수 있다. (O|X)

635 ☐☐☐☐ 24 채용

누구든지 동법의 위반행위가 발생하였거나 발생하고 있다는 사실을 알게 된 때에는 자신의 인적사항을 밝히지 아니하고 변호사를 선임하여 신고를 대리하게 할 수 있다. (O|X)

636 ☐☐☐☐ 24 채용

공공기관의 장은 공직자등에게 부정청탁 금지 및 금품등의 수수 금지에 관한 내용을 정기적으로 교육하여야 하며, 교육의 실시를 위하여 필요하면 국민권익위원회에 지원을 요청할 수 있다. (O|X)

637 ☐☐☐☐ 19·20 승진

부정청탁을 받은 '공직자등'이 그에 따라 직무를 수행한 경우 2년 이하의 징역 또는 2천만원 이하의 벌금에 처한다. (O|X)

정답과 해설

634. (X) **누구든지** 부정청탁 및 금품등 수수의 금지에 관한 법률의 위반행위가 발생하였거나 발생하고 있다는 사실을 알게 된 경우에는 이 법의 위반행위가 발생한 공공기관 또는 그 감독기관, 감사원 또는 수사기관, 국민권익위원회에 **신고할 수 있다(하여야 한다 X)**(부정청탁 및 금품등 수수의 금지에 관한 법률 제13조 제1항).

635. (O) 동법 제13조의2 제1항

636. (O) 동법 제19조 제1항, 제3항

637. (O) 부정청탁에 따른 직무수행 금지를 위반하여 부정청탁을 받고 그에 따라 직무를 수행한 공직자등(공무수행사인의 공무 수행과 관련된 행위제한 등에 따라 준용되는 **공무수행사인을 포함**)(동법 제22조 제2항 제1호).

THEME 08 경찰청 공무원 행동강령(경찰청 훈령) _S급

638 ☐☐☐☐ 20 승진
경찰청 공무원 행동강령은 경찰청 소속 공무원과 경찰청에 파견된 공무원에게 적용한다. (O|X)

639 ☐☐☐☐ 17·18·23·25 채용, 11·12·19·20 승진
공무원은 상급자가 자기 또는 타인의 부당한 이익을 위하여 공정한 직무수행을 현저하게 해치는 지시를 하였을 때에는 전자우편 등의 방법으로 그 사유를 상급자에게 소명하고 지시에 따르지 아니하거나, 전자우편 등의 방법으로 지정된 행동강령에 관한 업무를 담당하는 행동강령책임관과 상담하여야 한다. (O|X)

640 ☐☐☐☐ 20 승진
소명 후 지시를 이행하지 아니하였는데도 같은 지시가 반복될 때에는 즉시 행동강령책임관과 상담할 수 있다. (O|X)

641 ☐☐☐☐ 20 승진
경찰청 공무원 행동강령 제4조 제1항과 제2항 관련 상담 요청을 받은 행동강령책임관은 지시 내용을 확인하는 과정에서 부당한 지시를 한 상급자가 스스로 그 지시를 취소하거나 변경하였을 때에는 소속 기관의 장에게 보고하여야 한다. (O|X)

642 ☐☐☐☐ 18·22 채용, 19 승진, 19 간부
공무원은 「범죄수사규칙」 제30조에 따른 경찰관서 내 수사 지휘에 대한 이의제기와 관련하여 행동강령책임관에게 상담을 요청하여야 한다. (O|X)

정답과 해설

638. (O) 경찰청 공무원 행동강령 제3조

639. (X) 공무원은 상급자가 자기 또는 타인의 부당한 이익을 위하여 공정한 직무수행을 현저하게 해치는 지시를 하였을 때에는 그 사유를 상급자에게 소명하고 지시에 따르지 아니하거나 **행동강령책임관(소속 기관의 장 X)**과 **상담할 수 있다**(동강령 제4조 제1항).

640. (X) 소명 후 지시를 이행하지 아니하였는데도 같은 지시가 반복될 때에는 즉시 행동강령책임관과 **상담하여야 한다**(동강령 제4조 제2항).

641. (X) 제1항이나 제2항에 따라 상담 요청을 받은 행동강령책임관은 지시 내용을 확인하여 지시를 취소하거나 변경할 필요가 있다고 인정되면 소속 기관의 장에게 **보고하여야 한다**. 다만, 지시 내용을 확인하는 과정에서 부당한 지시를 한 상급자가 **스스로 그 지시를 취소하거나 변경**하였을 때에는 소속 기관의 장에게 보고하지 **아니할 수 있다**(동강령 제4조 제3항).

642. (X) 공무원은 범죄수사규칙 제30조에 따른 경찰관서 내 수사 지휘에 대한 이의제기와 관련하여 행동강령책임관에게 **상담을 요청할 수 있다(하여야 한다 X)**(동강령 제4조의2 제1항).

643 ☐☐☐☐ 23 채용

공무원은 수사·단속의 대상이 되는 업소 중 경찰청장이 지정하는 유형의 업소 관계자와 부적절한 사적 접촉을 하여서는 아니 되며, 공적 또는 사적으로 접촉한 경우 경찰청장이 정하는 방법에 따라 신고하여야 한다. ⓄⓍ

644 ☐☐☐☐ 23 채용

「경찰청 공무원 행동강령」상 경찰공무원은 정당이나 정치단체에 가입하거나 정치활동에 관여하는 행위를 하여서는 아니 된다. ⓄⓍ

645 ☐☐☐☐ 18 채용, 17 승진

경찰관은 직무를 수행함에 있어 지연·혈연·학연·종교 등을 이유로 특정인에게 특혜를 주어서는 아니 된다. ⓄⓍ

646 ☐☐☐☐ 22 승진

공무원은 여비, 업무추진비 등 공무 활동을 위한 예산을 목적 외의 용도로 사용하여 소속 기관에 재산상 손해를 입혀서는 아니 된다. ⓄⓍ

647 ☐☐☐☐ 17·18 채용, 17 승진, 19·24 간부

공무원은 정치인이나 정당 등으로부터 부당한 직무수행을 강요받거나 청탁을 받은 경우에는 별지 제9호 서식 또는 전자우편 등의 방법으로 소속 기관의 장에게 보고하거나 행동강령책임관과 상담하여야 한다. ⓄⓍ

648 ☐☐☐☐ 24 간부

경찰유관단체원이 경찰 업무와 관련하여 경찰관에게 금품을 제공한 경우 행동강령책임관은 해당 경찰유관단체 운영 부서장과 협의하여 소속기관장에게 경찰유관단체원의 해촉 등 필요한 조치를 건의하여야 하며, 보고를 받은 소속기관장은 적절한 조치를 취해야 한다. ⓄⓍ

649 ☐☐☐☐ 17 승진

경찰관은 자신의 임용·승진·전보 등 인사에 부당한 영향을 미치기 위하여 타인으로 하여금 인사업무 담당자에게 청탁을 하도록 해서는 아니 된다. ⓄⓍ

650 ☐☐☐☐ 17 채용

공무원은 직위를 이용하여 다른 공무원의 임용·승진·전보 등 인사에 부당하게 개입해서는 아니 된다. ⓄⓍ

정답과 해설

643. (O) 경찰청 공무원 행동강령 제5조의2 제1항
644. (X) **경찰공무원법(경찰청 공무원 행동강령 X)** 상 경찰공무원은 정당이나 정치단체에 가입하거나 정치활동에 관여하는 행위를 하여서는 아니 된다(경찰공무원법 제23조).
645. (O) 경찰청 공무원 행동강령 제6조
646. (O) 동강령 제7조
647. (O) 공무원은 정치인이나 정당 등으로부터 부당한 직무수행을 강요받거나 청탁을 받은 경우에는 소속 기관의 장에게 보고하거나 행동강령책임관과 **상담하여야 한다(상담할 수 있다 X)**(동강령 제8조 제1항).
648. (O) 동강령 제8조의2
649. (O) 동강령 제9조 제1항
650. (O) 동강령 제9조 제2항

651 ☐☐☐☐ 21 승진

공무원은 직무의 범위를 벗어나 사적 이익을 위하여 소속기관의 명칭이나 직위를 공표·게시하는 등의 방법으로 이용하거나 이용하게 하여서는 아니 된다. (O│X)

652 ☐☐☐☐ 23 채용

공무원은 직무수행 중 알게 된 정보를 이용하여 유가증권, 부동산 등과 관련된 재산상 거래 또는 투자를 하거나 타인에게 그러한 정보를 제공하여 재산상 거래 또는 투자를 돕는 행위를 해서는 아니 된다. (O│X)

653 ☐☐☐☐ 25 채용, 24 간부

공무원은 어떠한 경우에도 자신의 직무권한을 행사하여 직무관련자로부터 사적 노무를 제공받거나 요구해서는 안된다. (O│X)

654 ☐☐☐☐ 17 승진

공무원은 직무 관련 여부 및 기부·후원·증여 등 그 명목에 관계없이 동일인으로부터 1회에 100만원 또는 매 회계연도에 300만원을 초과하는 금품등을 받거나 요구 또는 약속해서는 아니 된다. (O│X)

655 ☐☐☐☐ 12 승진

외부강의등에 관한 사례금 또는 사적 거래(증여 포함)로 인한 채무의 이행 등 정당한 권원(權原)에 의하여 제공되는 금품등, 공무원과 관련된 직원상조회·동호인회·동창회·향우회·친목회·종교단체·사회단체 등이 정하는 기준에 따라 구성원에게 제공하는 금품등 및 그 소속 구성원 등 공무원과 특별히 장기적·지속적인 친분관계를 맺고 있는 자가 질병·재난 등으로 어려운 처지에 있는 공무원에게 제공하는 금품등, 공무원의 직무와 관련된 공식적인 행사에서 주최자가 참석자에게 통상적인 범위에서 일률적으로 제공하는 교통, 숙박, 음식물 등의 금품등, 불특정 다수인에게 배포하기 위한 기념품 또는 홍보용품 등이나 경연·추첨을 통하여 받는 보상 또는 상품 등은 수수(收受)를 금지하는 금품등에 해당하지 아니한다. (O│X)

655-1 ☐☐☐☐ 25 채용

공무원은 다른 공무원에게 또는 그 공무원의 배우자나 직계 존속·비속에게 수수 금지 금품등을 제공하거나 그 제공의 약속 또는 의사표시를 해서는 아니 된다. (O│X)

656 ☐☐☐☐ 18 승진

외부강의등의 사례금 상한액은 직급 구분없이 40만원이다. (O│X)

> **정답과 해설**

651. (O) 경찰청 공무원 행동강령 제10조의2(직위의 사적이용 금지)
652. (O) 동강령 제12조
653. (X) 공무원은 자신의 직무권한을 행사하거나 지위·직책 등에서 유래되는 사실상 영향력을 행사하여 직무관련자 또는 직무관련공무원으로부터 사적 노무를 제공받거나 요구 또는 약속해서는 아니 된다. **다만, 다른 법령 또는 사회상규에 따라 허용되는 경우에는 그러하지 아니하다**(동강령 제13조의2).
654. (O) 동강령 제14조 제1항
655. (X) 사적 거래(**증여는 제외**)로 인한 채무의 이행 등 정당한 권원(權原)에 의하여 제공되는 금품등(동강령 제14조 제3항)
655-1. (O) 동강령 제14조 제6항
656. (O) 동강령 제15조 제1항 [별표2]

657 ☐☐☐☐ 19·24 간부

공무원은 사례금을 받는 외부강의등을 할 때에는 외부강의등의 요청 명세 등을 신고서에 따라 소속 기관의 장에게 그 외부강의등을 마친 다음 날부터 10일 이내에 신고하여야 한다. 다만, 외부강의등을 요청한 자가 국가나 지방자치단체인 경우에는 그러하지 아니하다. (O|X)

658 ☐☐☐☐ 18 승진, 19 간부

경찰청 공무원 행동강령 제15조 제2항에 따른 외부강의등의 신고를 할 때 신고사항 중 상세 명세 또는 사례금 총액 등을 신고기간 내에 알 수 없는 경우에는 해당 사항을 제외한 사항을 신고한 후 해당 사항을 안 날부터 3일 이내에 보완하여야 한다. (O|X)

659 ☐☐☐☐ 25 채용, 11·12 승진, 19·23 간부

공무원이 대가를 받고 수행하는 외부강의등은 월 2회를 초과할 수 없다. 국가나 지방자치단체에서 요청하거나 겸직 허가를 받고 수행하는 외부강의등은 그 횟수에 포함하지 아니한다. 그럼에도 불구하고 월 2회를 초과하여 대가를 받고 외부강의등을 하려는 경우에는 미리 소속 기관의 장의 승인을 받아야 한다. (O|X)

660 ☐☐☐☐ 18 승진

공무원은 금액을 초과하는 사례금을 받은 경우에는 그 사실을 안 날로부터 2일 이내에 소속기관의 장에게 신고하여야 하며, 소속기관의 장에게 그 초과금액을 지체 없이 반환하여야 한다. (O|X)

661 ☐☐☐☐ 18 승진

초과사례금 신고를 받은 소속기관의 장은 초과사례금을 반환하지 아니한 공무원에 대하여 신고사항을 확인한 후 7일 이내 반환하여야 할 초과사례금의 액수를 산정하여 해당 공무원에게 통지하여야 한다. (O|X)

662 ☐☐☐☐ 23 간부

공무원은 직무관련자에게 직위를 이용하여 행사 진행에 필요한 직·간접적 경비, 장소, 인력, 또는 물품 등의 협찬을 요구하여서는 아니 된다. (O|X)

정답과 해설

657. (X) 공무원은 사례금을 받는 외부강의등(외부강의 등을 요청한 자가 국가나 지방자치단체를 제외함(포함 X))을 할 때에는 외부강의등의 요청 명세 등을 신고서에 따라 소속 기관의 장에게 그 외부강의등을 마친 날부터 10일 이내에 신고하여야 한다(경찰청 공무원 행동강령 제15조 제2항).

658. (X) 5일 이내에 보완하여야 한다(동강령 제15조 제3항).

659. (X) 공무원이 대가를 받고 수행하는 외부강의등은 월 3회(월 2회 X)를 초과할 수 없다. 국가나 지방자치단체에서 요청하거나 겸직 허가를 받고 수행하는 외부강의등은 그 횟수에 포함하지 아니한다. 그럼에도 불구하고 월 3회를 초과하여 대가를 받고 외부강의등을 하려는 경우에는 미리 소속 기관의 장의 승인을 받아야 한다(동강령 제15조 제4항, 제5항).

660. (X) 초과하는 사례금을 받은 경우에는 그 사실을 안 날로부터 2일 이내에 소속기관의 장에게 신고하여야 하며, 제공자에게 그 초과금액을 지체 없이 반환하여야 한다(동강령 제15조의2 제1항).

661. (O) 동강령 제15조의2 제2항

662. (O) 동강령 제16조의2

663 ☐☐☐☐ 19 승진

공무원은 직무관련자와는 비용 부담 여부와 관계없이 골프를 같이 하여서는 아니 된다. 다만, 부득이한 사정에 따라 골프를 같이 하는 경우에는 소속관서 행동강령책임관에게 사전에 신고하여야 하며 사전에 신고하기 어려운 특별한 사유가 있는 경우에는 사후에 즉시 신고하여야 한다. (O│X)

664 ☐☐☐☐ 22 채용

공무원은 동창회 등 친목단체에 직무관련자가 있어 부득이 골프를 하는 경우에는 소속관서 행동강령책임관에게 사전에 신고하여야 하며 사전에 신고하기 어려운 특별한 사유가 있는 경우에는 사후에 즉시 신고하여야 한다. (O│X)

665 ☐☐☐☐ 17 승진, 11 간부

공무원은 현재 근무하고 있거나 과거에 근무하였던 기관의 소속 직원에게 경조사를 알려서는 아니 된다. 다만, 친족에게 알리는 경우, 신문, 방송 또는 직원에게만 열람이 허용되는 내부통신망 등을 통하여 알리는 경우, 공무원 자신이 소속된 종교단체·친목단체 등의 회원에게 알리는 경우에는 경조사를 알릴 수 있다. (O│X)

666 ☐☐☐☐ 22·24 채용

공무원은 직무관련자나 직무관련공무원에게 경조사를 알려서는 아니되나, 공무원 자신의 배우자가 소속된 종교단체·친목단체 등의 회원에게 알리는 경우에는 경조사를 알릴 수 있다. (O│X)

정답과 해설

663. (O) 경찰청 공무원 행동강령 제16조의3 제1항
664. (O) 동강령 제16조의3 제1항 제3호
665. (X) 다만, 현재 근무하고 있거나 과거에 근무하였던 기관의 소속 직원에게도 경조사를 **알릴 수 있다**(동강령 제17조).
666. (X) 공무원은 직무관련자나 직무관련공무원에게 경조사를 알려서는 아니 되나, 공무원 **자신이(자신의 배우자 X)** 소속된 종교단체·친목단체 등의 회원에게 알리는 경우에는 경조사를 알릴 수 있다(동강령 제17조 제4호).

THEME 09 공직자의 이해충돌 방지법(이해충돌방지법) _S급

667 ☐☐☐☐ 24 채용

이 법은 공직자의 직무수행과 관련한 사적 이익추구를 금지함으로써 공직자의 직무수행 중 발생할 수 있는 이해충돌을 방지하여 공정한 직무수행을 보장하고 공공기관에 대한 국민의 신뢰를 확보하는 것을 목적으로 한다. (O I X)

668 ☐☐☐☐ 24 채용

「초·중등교육법」, 「고등교육법」 또는 그 밖의 다른 법령에 따라 설치된 각급 국립·공립학교는 '공공기관'에 해당한다. (O I X)

669 ☐☐☐☐ 24 채용, 22 경채

"고위공직자"에는 치안감 이상의 경찰공무원 및 특별시·광역시·특별자치시·도·특별자치도의 시·도경찰청장이 해당된다. (O I X)

670 ☐☐☐☐ 22 경채

"이해충돌"이란 공직자가 직무를 수행할 때에 자신의 사적이해관계가 관련되어 공정하고 청렴한 직무수행이 저해되거나 저해될 우려가 있는 상황을 말한다. (O I X)

671 ☐☐☐☐ 24 간부

공직자가 소속된 공공기관과 계약을 체결하거나 체결하려는 것이 명백한 개인이나 법인 또는 단체는 직무관련자에 해당한다. (O I X)

672 ☐☐☐☐ 23 승진

사적이해관계자에 공직자 자신 또는 그 가족(「민법」 제779조에 따른 가족)도 해당된다. (O I X)

673 ☐☐☐☐ 24 간부

공직자로 채용·임용되기 전 3년 이내에 공직자 자신이 대리하거나 고문·자문 등을 제공했던 개인이나 법인 또는 단체는 사적이해관계자에 해당한다. (O I X)

정답과 해설

667. (O) 공직자의 이해충돌 방지법 제1조
668. (O) 동법 제2조 제1호
669. (O) 경무관인 세종특별자치시경찰청장은 **'고위공직자'에 해당**한다(동법 제2조 제3호 아목).
670. (O) 동법 제2조 제4호
671. (O) 동법 제2조 제5호
672. (O) 동법 제2조 제6호 가목
673. (X) "사적이해관계자"란 공직자로 채용·임용되기 전 **2년(3년 X) 이내**에 공직자 자신이 대리하거나 고문·자문 등을 제공하였던 개인이나 법인 또는 단체에 해당하는 자를 말한다(동법 제2조 제6호 마목).

674 ☐☐☐☐ 24 채용

최근 2년 이내에 퇴직한 공직자로서 퇴직일 전 2년 이내에 사적이해관계 신고 대상 직무를 수행하는 공직자와 같은 부서에서 근무하였던 사람은 사적이해관계자에 포함된다. (O I X)

675 ☐☐☐☐ 22 경채

사건의 수사·재판·심판·결정·조정·중재·화해 또는 이에 준하는 직무를 수행하는 공직자는 직무관련자(직무관련자의 대리인을 포함한다)가 사적이해관계자임을 안 경우 안 날부터 14일 이내에 소속기관장에게 그 사실을 서면(전자문서를 포함한다) 또는 구두로 신고하고 회피를 신청하여야 한다. (O I X)

676 ☐☐☐☐ 22 채용

부동산을 직접 또는 간접으로 취급하는 대통령령으로 정한 공공기관의 공직자가 소속 공공기관의 업무와 관련된 부동산을 보유하고 있거나 매수하는 경우 소속기관장에게 그 사실을 구두 또는 서면으로 신고하여야 한다. (O I X)

677 ☐☐☐☐ 24 간부

고위공직자는 그 직위에 임용되거나 임기를 개시하기 전 3년 이내에 민간 부문에서 업무활동을 한 경우, 그 활동 내역을 그 직위에 임용되거나 임기를 개시한 다음 날부터 30일 이내에 소속기관장에게 제출하여야 한다. (O I X)

678 ☐☐☐☐ 23 승진

공직자는 배우자가 공직자 자신의 직무관련자(「민법」제777조에 따른 친족 제외)와 토지 또는 건축물 등 부동산을 거래하는 행위(다만, 공개모집에 의하여 이루어지는 분양이나 공매·경매·입찰을 통한 재산상 거래행위는 제외)를 한다는 것을 사전에 안 경우에는 안 날부터 14일 이내에 소속기관장에게 그 사실을 서면으로 신고하여야 한다. (O I X)

679 ☐☐☐☐ 23 승진

공직자는 직무관련자에게 사적으로 노무 또는 조언·자문 등을 제공하고 대가를 받는 행위를 해서는 아니된다(단, 「국가공무원법」 등 타 법령·기준에 따라 허용되는 경우는 제외). (O I X)

정답과 해설

674. (O) 공직자의 이해충돌 방지법 제2조 제6호 사목
675. (X) 사건의 수사·재판·심판·결정·조정·중재·화해 또는 이에 준하는 직무를 수행하는 공직자는 직무관련자(직무관련자의 대리인을 포함한다)가 사적이해관계자임을 안 경우 안 날부터 14일 이내에 소속기관장에게 그 사실을 서면(구두 또는 말 X)(전자문서를 포함한다)으로 신고하고 회피를 신청하여야 한다(동법 제5조 제1항 제8호).
676. (X) 부동산을 직접적(간접적 X)으로 취급하는 대통령령으로 정하는 공공기관의 공직자는 다음 각 호의 어느 하나에 해당하는 사람이 소속 공공기관의 업무와 관련된 부동산을 보유하고 있거나 매수하는 경우 소속기관장에게 그 사실을 서면(구두 또는 말 X)으로 신고하여야 한다(동법 제6조 제1항).
677. (X) 고위공직자는 그 직위에 임용되거나 임기를 개시하기 전 3년 이내에 민간 부문에서 업무활동을 한 경우, 그 활동 내역을 그 직위에 임용되거나 임기를 개시한 날부터(다음 날부터 X) 30일 이내에 소속기관장에게 제출하여야 한다(동법 제8조 제1항).
678. (O) 동법 제9조 제1항 제2호
679. (O) 동법 제10조 제1호

680 ☐☐☐☐ 23 승진

공직자는 사회상규에 따라 허용되는 경우라 할지라도 직무관련자인 소속 기관의 퇴직자(공직자가 아니게 된 날부터 2년이 지나지 아니한 사람만 해당)와 사적 접촉(골프, 여행, 사행성 오락을 같이 하는 행위)시 소속기관장에게 신고해야 한다. (O|X)

681 ☐☐☐☐ 25 간부

누구든지 신고자등에게 신고등을 이유로 불이익조치(「공익신고자 보호법」 제2조 제6호에 따른 불이익조치를 말한다)를 하여서는 아니 된다. (O|X)

682 ☐☐☐☐ 25 간부

이 법의 위반행위를 한 자가 위반사실을 자진하여 신고하거나 신고자등이 신고등을 함으로 인하여 자신이 한 이 법의 위반행위가 발견된 경우에는 그 위반행위에 대한 형사처벌, 과태료 부과, 징계처분, 그 밖의 행정처분 등을 감경하거나 면제할 수 있다. (O|X)

683 ☐☐☐☐ 25 간부

국민권익위원회는 이 법의 위반행위에 대한 신고로 인하여 공공기관에 재산상 이익을 가져오거나 손실을 방지한 경우 또는 공익을 증진시킨 경우에는 그 신고자에게 포상금을 지급할 수 있다. (O|X)

684 ☐☐☐☐ 25 간부

국민권익위원회는 이 법의 위반행위에 대한 신고로 인하여 공공기관에 직접적인 수입의 회복·증대 또는 비용의 절감을 가져온 경우에는 그 신고자의 신청에 의하여 보상금을 지급할 수 있다. (O|X)

685 ☐☐☐☐ 22 경채

동법 제14조 제2항을 위반하여 공직자로부터 직무상 비밀 또는 소속 공공기관의 미공개정보임을 알면서도 제공받거나 부정한 방법으로 취득하고 이를 이용하여 재물 또는 재산상의 이익을 취득한 자는 5년 이하의 징역 또는 5천만원 이하의 벌금에 처한다. (O|X)

686 ☐☐☐☐ 24 간부

직무와 관련된 다른 직위에 취임한 공직자는 3천만원 이하의 과태료를 부과한다. (O|X)

> **정답과 해설**
>
> 680. (X) 공직자는 직무관련자인 소속 기관의 퇴직자(공직자가 아니게 된 날부터 2년이 지나지 아니한 사람만 해당한다)와 사적 접촉(골프, 여행, 사행성 오락을 같이 하는 행위를 말한다)을 하는 경우 소속기관장에게 신고하여야 한다. **다만, 사회상규에 따라 허용되는 경우에는 그러하지 아니하다**(공직자의 이해충돌 방지법 제15조 제1항).
> 681. (O) 동법 제20조 제2항
> 682. (O) 이 법의 위반행위를 한 자가 위반사실을 자진하여 신고하거나 신고자등이 신고등을 함으로 인하여 자신이 한 이 법의 위반행위가 발견된 경우에는 그 위반행위에 대한 형사처벌, 과태료 부과, 징계처분, 그 밖의 행정처분 등을 **감경하거나 면제할 수 있다**(동법 제20조 제3항).
> 683. (O) 국민권익위원회는 이 법의 위반행위에 대한 신고로 인하여 공공기관에 재산상 이익을 가져오거나 손실을 방지한 경우 또는 공익을 증진시킨 경우에는 그 신고자에게 포상금을 **지급할 수 있다(하여야 한다 X)**(동법 제20조 제5항).
> 684. (X) 국민권익위원회는 제18조제1항에 따른 신고로 인하여 공공기관에 직접적인 수입의 회복·증대 또는 비용의 절감을 가져온 경우에는 그 신고자의 신청에 의하여 보상금을 **지급하여야 한다(할 수 있다 X)**(동법 제20조 제6항).
> 685. (O) 동법 제27조 제2항 제1호
> 686. (X) 직무 관련 외부활동을 한 공직자에게는 **2천만원 이하**의 과태료를 부과한다(동법 제28조 제2항 제4호).

THEME 10 경찰의 적극행정과 소극행정 _A급

687 ☐☐☐☐ 25 채용, 24 승진, 24 간부
「경찰청 적극행정 면책제도 운영규정」상 적극행정이란 경찰청 및 그 소속기관의 공무원 또는 산하단체의 임·직원이 국가 또는 공공의 이익을 증진하기 위해 성실하고 능동적으로 업무를 처리하는 행위를 말한다.
(O│X)

688 ☐☐☐☐ 25 승진, 24 간부
「경찰청 적극행정 면책제도 운영규정」상 면책이란 적극행정 과정에서 발생한 부분적인 절차상 하자 또는 비효율, 손실 등과 관련하여 그 업무를 처리한 경찰청 소속 공무원 등에 대하여 「경찰청 감사규칙」 제10조 제1호부터 제3호까지 및 제6호와 「경찰공무원 징계령」에 따른 징계 및 징계부가금의 어느 하나에 해당하는 책임을 묻지 않거나 감면하는 것을 말한다.
(O│X)

689 ☐☐☐☐ 25 채용, 24·25 간부
「경찰청 적극행정 면책제도 운영규정」상 사전컨설팅 감사란 불합리한 제도 등으로 인해 적극적인 업무 수행이 어려운 경우, 해당 업무의 수행에 앞서 업무처리 방향 등에 대하여 미리 감사의 의견을 듣고 이를 업무처리에 반영하여 적극행정을 추진하는 것을 말한다.
(O│X)

690 ☐☐☐☐ 25 간부
「경찰청 적극행정 면책제도 운영규정」상 "사전컨설팅 대상 기관 및 대상 부서의 장"이란 경찰청장, 각 시·도경찰청장, 부속기관의 장을 말한다.
(O│X)

691 ☐☐☐☐ 23·25 채용
「경찰청 적극행정 면책제도 운영규정」에 의한 면책은 경찰청 및 그 소속기관의 공무원 또는 산하단체의 임·직원 등에게 적용된다.
(O│X)

692 ☐☐☐☐ 23 채용
「경찰청 적극행정 면책제도 운영규정」 제5조 제1항 제3호의 요건을 적용하는 경우 자체감사를 받는 사람이 '대상 업무를 처리하면서 중대한 절차상의 하자가 없었을 것'과 '자체감사를 받는 사람과 대상 업무 사이에 사적인 이해관계가 없을 것'이라는 요건을 모두 갖추어 업무를 처리한 것으로 인정되는 경우에는 그 행위에 고의나 중대한 과실이 없는 경우에 해당하는 것으로 추정한다.
(O│X)

정답과 해설

687. (O) 경찰청 적극행정 면책제도 운영규정 제2조 제1호
688. (O) 면책이란 적극행정 과정에서 발생한 부분적인 절차상 하자 또는 비효율, 손실 등과 관련하여 그 업무를 처리한 경찰청 소속 공무원 등에 대하여 「경찰청 감사규칙」 제10조 **제1호(징계 또는 문책 요구), 제2호(시정 요구), 제3호(경고·주의 요구)까지 및 제6호(통보)**와 「경찰공무원 징계령」에 따른 징계 및 징계부가금의 어느 하나에 해당하는 책임을 묻지 않거나 감면하는 것을 말한다(동운영규정 제2조 제2호).
689. (O) 동운영규정 제2조 제4호
690. (X) "사전컨설팅 대상 기관 및 대상 부서의 장"이란 각 **시·도경찰청장, 부속기관의 장, 산하 공직유관단체의 장 및 경찰청 관·국의 장(경찰청장 X)**을 말한다(동운영규정 제2조 제5호).
691. (O) 동운영규정 제4조
692. (O) 동운영규정 제5조 제2항 제1호, 제2호

693 ☐☐☐☐ 23 승진

「경찰청 적극행정 면책제도 운영규정」상 자체감사를 받는 사람은 적극행정 면책요건에 해당된다 하더라도 자의적인 법 해석 및 집행으로 법령의 본질적인 사항을 위반한 경우 면책대상에서 제외된다. (O|X)

693-1 ☐☐☐☐ 25 채용

「경찰청 적극행정 면책제도 운영규정」상 적극행정 면책신청에 대한 심사를 위하여 경찰청에 적극행정 면책심사위원회를 둔다. (O|X)

693-2 ☐☐☐☐ 25 채용

「경찰청 적극행정 면책제도 운영규정」상 적극행정 면책심사위원회는 위원장 1명을 포함하여 5명 이상 7명 이내로 성별을 고려하여 구성하며 위원장은 감사관으로 한다. (O|X)

693-3 ☐☐☐☐ 25 채용

「경찰청 적극행정 면책제도 운영규정」상 적극행정 면책심사의 신청은 감사 대상자만 가능하며, 면책사유에 해당하는 증빙자료를 구비하여 감사 책임자에게 면책심사를 신청할 수 있다. (O|X)

694 ☐☐☐☐ 25 채용, 24 간부

「경찰청 적극행정 면책제도 운영규정」상 법령·행정규칙 등의 해석에 대한 이견 등으로 인하여 능동적인 업무처리가 곤란한 경우와 행정심판, 수사 중인 사안 등은 사전컨설팅 감사의 대상이다. (O|X)

695 ☐☐☐☐ 25 채용

「경찰청 적극행정 면책제도 운영규정」상 사전컨설팅 감사는 현지 확인 등 실지감사를 원칙으로 하되, 부득이한 사유가 발생할 경우 서면감사로 할 수 있다. (O|X)

696 ☐☐☐☐ 25 간부

「경찰청 적극행정 면책제도 운영규정」상 사전컨설팅 감사 의견서를 통보받은 사전컨설팅 대상 기관등의 장은 특별한 사정이 없으면 사전컨설팅 감사 의견을 반영하여 해당 업무를 처리하여야 한다. (O|X)

697 ☐☐☐☐ 25 간부

「경찰청 적극행정 면책제도 운영규정」상 감사관은 사전컨설팅 감사 의견을 반영하여 적극행정을 추진한 결과에 대하여 자체감사규정에 따른 감사 시 책임을 묻지 아니한다. (O|X)

정답과 해설

693. (O) 경찰청 적극행정 면책제도 운영규정 제6조 제3호
693-1. (O) 동규정 제7조 제1항
693-2. (O) 동규정 제7조 제2항
693-3. (X) **감사대상기관의 장 또는 감사대상자의 소속 부서장(감사 대상자만 X)**이 감사를 받은 소속 직원 중에서 특별히 면책조치가 필요할 경우에는 면책사유에 해당하는 증빙자료를 구비하여 감사 책임자에게 면책심사를 신청할 수 있다(동규정 제10조 제2항).
694. (X) **행정심판, 수사 중인 사안 등**은 사전컨설팅 감사의 대상이 아니다(동운영규정 제15조 제1항, 제2항).
695. (X) 사전컨설팅 감사는 **서면감사를 원칙**으로 하되, 현지 확인 등 **실지감사를 함께 할 수 있다**(동법 제18조 제1항).
696. (O) 동운영규정 제19조 제2항
697. (O) 동운영규정 제20조 제1항

698 ☐☐☐☐ 23 승진

「적극행정 운영규정」상 "적극행정"이란, 공무원이 불합리한 규제를 개선하는 등 공공의 이익을 위해 창의성과 신속성을 바탕으로 적극적으로 업무를 처리하는 행위를 말한다. (O|X)

699 ☐☐☐☐ 24 승진

「적극행정 운영규정」상 '소극행정'이란 공무원이 부작위 또는 직무태만 등 소극적 업무행태로 국민의 권익을 침해하거나 국가 재정상 손실을 발생하게 하는 행위를 말한다. (O|X)

700 ☐☐☐☐ 23 채용

「적극행정 운영규정」상 공무원이 적극행정을 추진한 결과에 대해 그의 행위에 고의 또는 중대한 과실이 없는 경우에는 징계 관련 법령에 따라 징계의결 또는 징계부가금 부과의결을 하지 않는다. (O|X)

701 ☐☐☐☐ 23 채용, 24 승진

「적극행정 운영규정」 제18조의3은 "누구든지 공무원의 소극행정을 국가인권위원회가 운영하는 소극행정 신고센터에 신고할 수 있다."고 규정하고 있다. (O|X)

702 ☐☐☐☐ 23 승진

「공공감사에 관한 법률」상 자체감사를 받는 사람이 불합리한 규제의 개선 등 공공의 이익을 위하여 업무를 적극적으로 처리한 결과에 대하여 그의 행위에 고의나 중대한 과실이 없는 경우에는 징계 요구 또는 문책 요구 등 책임을 묻지 아니한다. (O|X)

703 ☐☐☐☐ 23 승진

「공무원 징계령 시행규칙」상 징계위원회는 징계등 혐의자와 비위 관련 직무 사이에 사적인 이해관계가 없었고 대상 업무를 처리하면서 중대한 절차상 하자가 없었을 경우 해당 비위가 고의 또는 중과실에 의하지 않은 것으로 추정한다. (O|X)

704 ☐☐☐☐ 24 승진

'적당편의'는 법령이나 지침 등의 변화에도 불구하고 과거 규정에 따라 업무를 처리하거나, 기존의 불합리한 업무관행을 그대로 답습하는 형태를 말한다. (O|X)

정답과 해설

698. (X) "적극행정"이란, 공무원이 불합리한 규제를 개선하는 등 공공의 이익을 위해 **창의성과 전문성(신속성 X)**을 바탕으로 적극적으로 업무를 처리하는 행위를 말한다(적극행정 운영규정 제2조 제1호(대통령령). 경찰청 적극행정 면책제도 운영규정 제2조(훈령)상 "적극행정"이란, 경찰청 소속 공무원 등이 국가 또는 공공의 이익을 증진하기 위해 **성실하고 능동적**으로 업무를 처리하는 행위를 말한다.

699. (O) 적극행정 운영규정 제2조 제2호

700. (O) 동운영규정 제17조 제1항

701. (X) 누구든지 공무원의 소극행정을 소속 중앙행정기관의 장이나 제3항(**국민권익위원회**)에 따른 소극행정 신고센터에 신고할 수 있다(동운영규정 제18조의3 제1항). **국민권익위원회**는 중앙행정기관 소속 공무원의 소극행정 예방 및 근절을 위해 소극행정 신고센터를 운영하고, 중앙행정기관의 장에게 제1항에 따른 신고사항에 대해 적절한 조치를 하도록 권고할 수 있다(동운영규정 제18조의3 제3항).

702. (O) 공공감사에 관한 법률 제23조의2 제1항

703. (O) 공무원 징계령 시행규칙 제3조의2 제2항 제1호, 제2호

704. (X) **탁상행정**에 대한 설명이다. '**적당편의**'는 문제해결을 위해 노력하지 않고, 적당히 형식만 갖추어 부실하게 처리하는 행태를 말한다.

PART 2

한국경찰의 역사와 비교경찰

CHAPTER 01

한국경찰의 역사

THEME 01 갑오개혁부터 일제강점기 경찰_S급

1 갑오개혁과 한국경찰의 창설

1-1 일본각의에 의한 한국경찰 창설 결정

705 ☐☐☐☐ 13 채용, 07 승진
한국의 경찰이 조직법적, 작용법적 근거를 가지고 근대적인 경찰로 태어나게 된 직접적인 계기가 되었던 사건은 갑오개혁이다. (O|X)

706 ☐☐☐☐ 03 채용
갑오개혁 이후에 비로소 경찰기관은 일원화되었다. (O|X)

707 ☐☐☐☐ 09·13 채용, 21·22 간부
1894년 6월 일본각의에서 한국경찰의 창설을 결정하여 내정개혁의 방안으로서 조선에 경찰창설을 요구하였다. 이에 김홍집내각은 각아문관제에서 경찰을 법무아문 소속으로 설치할 것을 결정하였다. 그러나 곧 경찰을 내무아문 소속으로 변경하였다. (O|X)

708 ☐☐☐☐ 03·18 채용, 13·19 승진, 15·18 간부
1894년 일본각의의 결정에 따라 김홍집내각은 '각아문관제'에서 처음으로 경찰이라는 용어를 사용하고, 동년 7월 14일(음력) '경무청관제직장'과 '행정경찰규칙'을 제정하였다. (O|X)

709 ☐☐☐☐ 03·09·12 채용, 07·10 승진, 11·12·14·16·23 간부
1894년 갑오개혁 때 한국 최초의 경찰조직법인 행정경찰장정과 한국 최초의 경찰작용법인 경무청관제직장이 제정되면서 한국최초의 근대적 경찰이 탄생하게 되었다. (O|X)

정답과 해설

705. (O)
706. (X) **일원화된 것이 아니라** 갑오개혁을 통하여 분화과정을 거쳐 **제도적 의미의 경찰이 탄생**되었다.
707. (O) 친일 김홍집내각은 1894년 6월 28일(음력) 각아문관제(各衙門官制)에서 법무아문 관리 사법행정경찰(法務衙門 管理 司法行政警察)이라고 정하면서, 경찰을 법무아문하에 창설할 것을 정하였다. 그러나 1894년 7월 1일(음력)의 '경무청관제직장을 의정(議定)한 후 내무아문(內務衙門)에 소속시키는 건'에서는 경찰을 내무아문으로 소속을 변경시켰다. 즉, 김홍집 내각은 「각아문관제」에서 경찰을 **법무아문 소속**으로 정하였다가 곧바로 **내무아문 소속으로 변경**하였다.
708. (X) 1894년 일본각의의 결정에 따라, 김홍집내각은 '각아문관제'에서 처음으로 **경찰**이라는 용어를 사용하고, 동년 7월 14일(음력) **경무청관제직장**과 **행정경찰장정**을 제정하였다.
709. (X) 1894년 갑오개혁 때 한국 최초의 경찰**조직법**인 **경무청관제직장**과 한국 최초의 경찰**작용법**인 **행정경찰장정**이 제정되었다.

710 ☐☐☐☐ 03 채용, 09 승진

1894.7.14. 경무청관제직장과 행정경찰장정이 제정되어 최초로 경찰의 조직법적 근거와 작용법적 근거규정이 마련되었으나 경찰권은 전제주의적 수준에 머물렀고, 결국 철저히 일본경찰화되는 과정이었다. ⓞⓧ

1-2 한성부 경찰의 창설

711 ☐☐☐☐ 09 간부

경무청관제직장에 의하여 최초로 한성부 안에 경찰지서가 설치되었다. ⓞⓧ

712 ☐☐☐☐ 03·07 채용, 03 간부

갑오개혁 이후 한성부에 경무청이 신설되면서 포도청이 폐지되고 직수(直囚) 권한도 불허하였다. ⓞⓧ

713 ☐☐☐☐ 09·13·18 채용, 13·19 승진, 19 간부

경무청관제직장에 의해 당시의 좌우포도청을 합하여 경무청을 신설하고(장으로 경무관을 둠), 한성부 내 일체의 경찰사무를 관장하게 하였다. ⓞⓧ

714 ☐☐☐☐ 18 간부

경무청의 장(경무사)은 경찰사무를 비롯해 감옥사무를 총괄하였으며, 범죄인을 체포·수사하여 법사에 이송하는 업무를 담당하였다. ⓞⓧ

715 ☐☐☐☐ 22 간부

좌우포도청을 통합하여 경무청을 신설하고 전국의 경찰 사무를 관장토록 하였다. ⓞⓧ

716 ☐☐☐☐ 22 간부

한성부의 5부 내에 경찰지서를 설치하고 서장을 경무사로 보하였다. ⓞⓧ

717 ☐☐☐☐ 03·09 채용, 10 승진

1894년에 설치된 경무청은 한성부 내의 경찰·감옥사무를 담당하여 수도경찰적 성격에 그쳤다. ⓞⓧ

정답과 해설

710. (O)
711. (O)
712. (O) 갑오개혁 때 한성부 경무청이 설치되면서 포도청이 폐지되고, **직수**(直囚:다른기관을 거치지 아니하고 직접 범인을 잡아 가두는 것) **권한은 불허**하였다. **갑오개혁을 계기로 폐지되었다.**
713. (X) 경무청관제직장에 의해 당시의 좌우포도청을 합하여 **경무청(경부 X)**을 신설하고(장으로 **경무사(경무관 X)**를 둠), 한성부 내 일체의 경찰사무를 관장하게 하였다.
714. (O)
715. (X) 1894년 좌우포도청을 통합하여 경무청을 신설하고 **한성부내** 일체의 경찰사무를 관장하였다. **전국의 경찰 사무**를 관장한 **신경무청(오늘날 경찰청의 원형)**은 1902년이다.
716. (X) 한성부의 5부 내에 경찰지서를 설치하고 서장을 **경무관(경무사 X)**으로 보하였다.
717. (O)

1-3 행정경찰장정 제정

718 ☐☐☐☐ 13·14 채용, 13 승진, 17·22 간부
1894년에 제정된 경무청관제직장은 일본의 행정경찰규칙(1875)과 위경죄즉결례(1885)를 혼합하여 만든 한국경찰 최초의 경찰작용법이라 할 수 있다. (O|X)

719 ☐☐☐☐ 08 채용, 19 승진, 11·19·22 간부
1894년에 제정된 행정경찰장정은 일본의 행정경찰규칙(1875년)과 위경죄즉결례(1885년)를 혼합하여 만든 한국경찰 최초의 경찰작용법으로 영업·시장·회사 및 소방·위생, 결사·집회, 신문잡지·도서 등 광범위한 영역의 사무가 포함되었다. (O|X)

720 ☐☐☐☐ 24 간부
「행정경찰장정」은 최초의 경찰작용법으로서 행정경찰의 업무와 목적, 과잉단속 엄금, 순검 채용과 징계 등의 내용으로 구성되어 있다. (O|X)

1-4 내부관제와 지방경찰규칙

721 ☐☐☐☐ 17 승진, 19 간부
1895년 내부관제의 제정을 통해 내부대신의 경찰에 대한 지휘감독권을 정비하였고, 1896년 지방경찰규칙을 제정하여 지방경찰의 작용법적 근거를 마련하였다. (O|X)

722 ☐☐☐☐ 24 간부
「순검직무세칙」에는 순검이 근무 중 다치거나 순직했을 때 치료비와 장례비의 지급규정을 명시하고 있다. (O|X)

2 광무개혁에 따른 경부경찰체제의 출범과 좌절

723 ☐☐☐☐ 04 채용, 17 승진
1900년대의 경부경찰체제에서 경찰은 내부직할에서 중앙관청인 경부로 독립했다는 점에서 역사적 의미가 있다. (O|X)

정답과 해설

718. (X) **경무청관제직장**은 일본의 **경시청관제(1891)**를 모방한 것으로 한국경찰 **최초의 조직법**이다. 일본의 행정경찰규칙과 위경죄즉결례를 혼합하여 만든 한국경찰 **최초의 작용법**은 **행정경찰장정**이다.

719. (O)

720. (O) 「행정경찰장정」은 일본의 행정경찰규칙과 위경죄즉결례를 혼합한 **최초의 경찰작용법(경찰조직법 X)**으로서 행정경찰의 업무와 목적, 과잉단속 엄금(금지), 순검 채용(순검 채용규정)과 징계, 봉급, 복제 등의 내용으로 구성되어 있다.

721. (O)

722. (X) 일선에서 직접 경찰업무를 집행하는 순검의 직무와 관련한 **순검직무세칙(1896)**은 노약 부녀 보호, 풍기단속, 병자보호, 야간에 민가의 문단속 지도 등 순검의 직무 등을 규정하고 있다. 순검이 근무 중 다치거나 순직했을 때 **치료비와 장례비의 지급규정을 명시(순검간수사상휼금규칙)하고 있지 않다**.

723. (O)

724 ☐☐☐☐ 04 채용, 19 승진, 19 간부

광무개혁 당시인 1900년에는 중앙관청으로서 경부(警部)가 한성 및 개항시장의 경찰업무와 감옥사무를 통할하였고, 이를 지휘하는 경무감독소를 두었다. (O|X)

725 ☐☐☐☐ 04·08 채용, 19 간부

광무개혁 이후 경찰은 중앙관청으로서 경부경찰체제로 출범하였으나, 1900년 경부(警部) 신설 이후 잦은 대신 교체 등으로 문제가 많아 경무청이 경부의 업무를 관리하게 되었다. (O|X)

726 ☐☐☐☐ 04 채용, 11 간부

1900년대의 경부경찰체제에서 경부경찰체제는 1905년 을사보호조약까지 지속되었다. (O|X)

727 ☐☐☐☐ 04 채용

1900년대의 경부경찰체제에서 지방에는 총순을 두어 관찰사를 보좌토록 하는 등 이원적인 체제로 운영되었다. (O|X)

728 ☐☐☐☐ 04 채용, 13 승진, 08·15 간부

1896년 한성과 부산 간의 군용전신선의 보호를 명목으로 일본의 헌병대가 주둔하게 되었는데, 헌병은 사법경찰을 제외한 군사경찰·행정경찰을 겸하였다. (O|X)

3 한국경찰권의 상실과정

729 ☐☐☐☐ 17·19 승진

을사조약에 의거 통감부에 의한 통감정치가 시작되면서 경무청을 전국을 관할하는 기관으로 확대하여 사실상 한국경찰을 장악하였다. (O|X)

730 ☐☐☐☐ 18 간부

1906년 통감부가 설치되면서 헌병은 일본의 「헌병조례」에 의해 군사경찰업무와 사법경찰업무만을 수행하였다. (O|X)

정답과 해설

724. (X) 광무개혁 당시인 1900년에는 중앙관청으로서 경부(警部)가 한성 및 개항시장의 경찰업무와 감옥사무를 통할하였다. (경부 휘하에) 궁내경찰서와 한성부 내 5개 경찰서, 3개 분서를 두고, 이를 지휘하는 경무감독소를 두었다.

725. (O) 신설된 경부는 창설된지 1년여에 불과한 1902년 2월에 폐지되고 말았으며, 경찰관제는 다시 1900년 6월 12일 이전으로 복귀(신경무청)되었다.

726. (X) 1900년 6월 12일 경부관제의 선포로 경찰행정이 내부에서 독립되었으나, 신설된 경부는 창설된지 1년여에 불과한 1902년 2월에 폐지되고 말았다.

727. (O)

728. (X) 1896년 한성과 부산 간의 군용전신선의 보호를 명목으로 일본의 헌병대가 주둔하게 되었는데, 헌병은 사법경찰뿐만 아니라 군사경찰·행정경찰을 겸하였다.

729. (X) 을사조약에 의거 1905년 통감부에 의한 통감정치가 시작되면서, 경무청을 한성부내의 경찰로 축소시키는 한편 통감부 산하에 별도의 경찰조직을 설립하여 사실상 한국경찰을 장악하였다.

730. (X) 헌병은 군사경찰업무와 사법경찰업무 외에도 감옥경찰, 위생경찰, 소방경찰, 영업경찰업무 등 포괄하는 광범위한 업무를 수행하였다.

731 ☐☐☐☐ 07 승진

갑오개혁 이후 구한말의 경찰의 임무는 감옥경찰, 위생경찰, 소방경찰, 영업경찰 등을 포괄하는 광범위한 영역에 미쳤다. ⓄⓍ

732 ☐☐☐☐ 07 승진

"한국 경찰사무 위탁에 관한 각서"에 의해 한국의 경찰사무는 일본에 완전히 위탁하게 되었다. ⓄⓍ

733 ☐☐☐☐ 14 채용

「경찰사무에 관한 취극서」는 재한국 외국인에 대한 경찰사무의 지휘감독권을 일본관헌의 지휘감독을 받아 일본계 한국경찰관이 행사토록 하는 내용이 있다. ⓄⓍ

734 ☐☐☐☐ 03·04·12·18 채용, 21 간부

구한말(舊韓末) 일본이 한국경찰권을 강탈해 가는 과정은 경찰사무에 관한 취극서, 재한국 외국인에 대한 경찰에 관한 한일협정, 한국 사법 및 감옥사무 위탁에 관한 각서, 한국 경찰사무 위탁에 관한 각서의 순으로 진행되었다. ⓄⓍ

4 유길준의 서유견문

735 ☐☐☐☐ 22 간부

유길준은 경찰의 기본 업무로 치안에 집중할 것을 강조하면서 '위생'을 경찰업무에서 제외할 것을 주장하였다. ⓄⓍ

736 ☐☐☐☐ 22 간부

유길준은 「서유견문」 '제10편 순찰의 규제'를 통해 경찰제도 개혁을 주장하였다. ⓄⓍ

737 ☐☐☐☐ 22 간부

유길준은 경찰제도를 행정경찰과 사법경찰로 구분할 것을 주장하였다. ⓄⓍ

정답과 해설

731. (O)   **732.** (O)

733. (X) 재한국 외국인민에 대한 경찰에 관한 한일협정에 대한 설명이다. '경찰사무에 관한 취극서'는 재한국 일본인에 대한 경찰사무의 지휘감독권을 일본관헌의 지휘감독을 받도록 위양한 것이다.

734. (O) 경찰사무에 관한 취극서(1908.10.29) – 재한국 외국인민에 대한 경찰에 관한 한일협정(1909.3.15) – 한국 사법 및 감옥사무 위탁에 관한 각서(1909.7.12) – 한국경찰사무 위탁에 관한 각서(1910.6.24)의 순서로 진행되었다. 취외냐 사위야 ~!

735. (X) 유길준은 근대적 경찰제도 기본 업무로 "치안유지와 함께 "개명한 진보"를 위한 중요한 수단으로 언급하면서, 그 목적은 "민생의 복지(위생 포함)와 안강"에 있다고 주장하였다.

736. (O) 경찰제도 개혁 구상은 유길준의 서유견문에 의해 구체화되었다. 즉, 서유견문 제10편(총20편)에서 순찰의 규제를 통한 경찰제도 개혁을 주장하였다.

737. (O) 갑오개혁이후 경무청이 설치되어 일반행정과 치안행정을 분리하는 등 최초의 근대경찰 제도가 도입되었는데, 유길준의 서유견문(최초의 국한문혼용서)이 갑오개혁의 사상적 배경이 되었을 뿐만 아니라 계몽사상 형성에 영향을 주었다.

738 ☐☐☐☐ 22 간부

김옥균, 박영효 등이 일본의 경찰제도로부터 영향을 받은 반면, 유길준은 영국의 경찰제도로부터 영향을 받았다. ⓄⓍ

5 일제 강점기의 경찰

739 ☐☐☐☐ 18 간부

1910년 일본은 통감부에 경무총감부를, 각 도에 경무부를 설치하여 경찰사무를 관장, 서울과 황궁의 경찰사무는 경무 총감부의 직할로 하였다. ⓄⓍ

740 ☐☐☐☐ 18 채용, 13 승진, 18 간부

일제강점기에는 총독·경무총장에게 주어진 제령권과 경무부장에게 주어진 명령권 등을 통해 각종 전제주의적·제국주의적 경찰권 행사가 가능하였다는 특징이 있다. ⓄⓍ

741 ☐☐☐☐ 04 채용, 13 승진, 08·18 간부

1910년 '조선주차헌병조령'에 의해 헌병이 일반치안을 담당할 법적 근거를 마련하였으며, 헌병경찰은 주로 도시나 개항장 등에 배치되었고, 일반경찰은 군사경찰상 필요한 지역 또는 의병활동 지역 등에 배치되었다. ⓄⓍ

742 ☐☐☐☐ 08 간부

헌병경찰제를 지탱해 준 법령으로는 보안법, 집회단속에 관한 법률, 신문지법, 출판법 등을 제정하고, 3·1운동을 기화로 정치범처벌법, 치안유지법 등을 통해 탄압의 지배체제를 더욱 강화하였다. ⓄⓍ

743 ☐☐☐☐ 11 채용, 21 간부

일제강점기 헌병경찰은 첩보의 수집, 의병의 토벌 등에 그치지 않고 민사소송의 조정, 집달리 업무, 국경세관 업무, 일본어의 보급, 부업의 장려 등 광범위한 영향력을 미치고 있었으며 특히, 지방에서는 한국민의 생사여탈권을 쥐고 있었다. ⓄⓍ

744 ☐☐☐☐ 09 승진

1919년 3.1항일독립만세운동을 계기로 헌병경찰제도에서 보통경찰제도로 전환되었고, 경찰은 치안유지 업무 이외에 각종 조장행정에 원조, 민사 쟁송조정사무, 집달리사무 등도 계속하여 맡아 수행하였다. ⓄⓍ

정답과 해설

738. (O) 유길준은 조선 말기의 개화사상가로서 김옥균, 박영효 등이 일본 경찰제도의 영향을 받은 반면, 영국의 로버트 필경의 영국식 경찰제도의 영향을 받았다.

739. (O)

740. (X) **총독**에게 주어진 **제령권**과 **경무총장, 경무부장**에게 주어진 **경찰명령권** 등을 통한 각종 치안입법으로 전제주의적·제국주의적 경찰권의 행사가 가능하였다.

741. (X) 1910년 조선주차헌병조령에 의해 헌병이 일반치안을 담당할 법적 근거를 마련하였으며, **헌병**은 **의병활동지나 군사요충지, 일반경찰은 주로 도시나 개항장 등에 배치**되었다.

742. (O)   **743.** (O)   **744.** (O)

745 ☐☐☐☐ 03·05·08 채용, 08·14·17·23 간부, 21 경채

1919년 3·1운동으로 인해 헌병경찰제도에서 보통경찰제도로 전환되면서 경찰의 직무범위는 축소되고 그 권한도 많이 약화되었다. (O│X)

746 ☐☐☐☐ 05 채용, 18 간부

3·1운동을 계기로 헌병경찰제도에서 보통경찰제도로 전환, 총독부 직속 경무총감부는 폐지되고 경무국이 경찰사무와 위생사무를 감독하였다. (O│X)

747 ☐☐☐☐ 05·18·22 채용, 13·19 승진, 14·15·18·24 간부

1919년 3·1운동을 계기로 헌병경찰제도에서 보통경찰제도로의 전환은 이루어졌으나, 오히려 3·1운동을 기화로 일본에서 제정된 정치범처벌법을 우리나라에 적용하는 등 탄압의 지배체제가 강화되었다. (O│X)

정답과 해설

745. (X) 기본적으로 경찰의 직무와 권한에는 **변동이 없었다.**
746. (O)
747. (X) 1919년 3·1운동을 계기로 헌병경찰제도에서 보통경찰제도로의 전환은 이루어졌으나, 오히려 3·1운동을 기화로 **일본에서 제정된 치안유지법(1925)**과 우리나라에서 제정된 정치범처벌법(1919)을 적용하는 등 탄압의 지배체제가 강화되었다.

대한민국 임시정부 경찰 _A급

748 □□□□ 22 간부, 20 경채

상해임시정부는 1919년 11월「대한민국임시관제」를 제정하여 내무부에 경무국을 두고 초대 경무국장으로 김구를 임명하였다. (O|X)

749 □□□□ 22 경채

상해시기 초대 경무국장인 백범 김구 선생이 지휘한 임시정부 경찰은 우리 역사상 최초 민주공화제 경찰로 정식예산은 편성되지 않았지만, 규정에 의해 소정의 월급이 지급되었다. (O|X)

750 □□□□ 21 경채

상해임시정부 시기 경찰기구로 내무부 아래 경무국, 연통제 및 경위대를 설치·운영하였고, 정식예산이 편성되어 소정의 월급을 지급하였다. (O|X)

751 □□□□ 22 간부

상해 교민단 산하에 의경대를 설치하여 교민단의 치안을 보전하고 밀정을 색출하는 역할을 수행하였다. (O|X)

752 □□□□ 23 간부

의경대는 상해임시정부시기 운영된 경찰기구로서 교민사회의 안녕과 질서유지, 호구조사 등을 담당하였다. (O|X)

753 □□□□ 22 간부

상해임시정부는 연통제를 실시하여 도(道)에 경무사를 두었다. (O|X)

754 □□□□ 22 간부

중경임시정부에는 내무부 아래에 경무국을 두었고, 별도로 경위대를 설치하였다. (O|X)

정답과 해설

748. (X) 상해임시정부는 **1919년 4월 25일(11월 X)** 「대한민국임시장정」를 제정하고 내무부에 경무국을 두고 **초대 경무국장으로 김구를 임명(1919년 8월 12일)** 하였다.

749. (X) 상해시기 초대 경무국장인 백범 김구 선생이 지휘한 임시정부 경찰은 우리 역사상 최초 민주공화제 경찰로 **정식예산이 편성되었고(정식예산이 편성되지 않았지만 X)**, 규정에 의해 소정의 월급이 지급되었다.

750. (X) 상해임시정부 시기 경찰기구로 내무부 아래 **경무국, 연통제(경무사)**, 대한교민단 산하 **의경대(경위대 X)** 가 경찰기구로서 운영되었다.

751. (O) **752.** (O)

753. (O) 상해임시정부(1919~1932)는 연통제를 실시하여 도(道)에 **경무사(경무과 X)** 를 두었다.

754. (X) 중경임시정부(1940~1945)에는 내무부 아래에 **경무과(경무국은 상해시기)** 를 두었고, 1941년 내무부 직속으로 경찰조직인 경위대를 설치하였다.

755 ☐☐☐☐ 22 경채
임시정부경찰은 임시정부를 수호하고 일제 밀정을 방지하는 임무를 통해서, 임시정부의 항일투쟁을 수행하는데 핵심적 역할을 수행하였다. (O│X)

756 ☐☐☐☐ 21 경채
충칭(중경)임시정부 시기 경무과는 일반경찰사무, 인구조사, 징병 및 징발, 국내 정보수집 등의 업무를 수행하였다. (O│X)

757 ☐☐☐☐ 20·23 채용, 25 간부
나석주는 임시정부 경무국 경호원 및 의경대원으로 활동하였고 1926년 12월 식민수탈의 심장인 식산은행과 동양척식회사에 폭탄을 투척하였다. (O│X)

758 ☐☐☐☐ 25 간부
김석은 의경대원으로 활동하면서 윤봉길 의사를 배후 지원하였다. (O│X)

759 ☐☐☐☐ 25 간부
김용원은 김구 선생의 뒤를 이어 경무국장을 역임하였고, 귀국 후 군자금 모금, 체포와 병보석을 반복하다가 순국하였다. (O│X)

760 ☐☐☐☐ 25 간부
김철은 의경대 심판을 역임하였으며, 상하이 프랑스 조계에 잠입하였다가 일제 경찰에 체포되어 감금당하였다. (O│X)

정답과 해설

755. (O) **의경대**는 교민사회에 침투한 일제의 **밀정을 색출**하고 친일파를 처단하는 역할을 맡았으며, 그 밖에 **교민사회의 질서유지, 호구조사, 민단세 징수, 풍기단속** 등의 업무를 수행하였다.

756. (O) **경무과**는 내무부 하부조직으로 **일반 경찰사무, 인구조사, 징병 및 징발, 국내 정보 및 적 정보 수집** 등의 업무를 수행하였다.

757. (O)

758. (O)

759. (O) 김용원은 1921년 김구 선생의 뒤를 이어 **제2대 경무국장**을 역임하였다.

760. (O) 김철은 의경대 심판을 역임하였으며 1932년 11월 30일 상하이 프랑스조계에 잠입하였다가 일제경찰에 체포되어 감금당하였고, 이후 고문 후유증으로 급성폐렴으로 생애를 마감하였다.

미군정하의 경찰 창설과 경찰개혁 _A급

761 □□□□ 14·24 채용
'태평양미군총사령부포고 제1호'를 통해 미군정을 실시하였으며, 일제강점기 시대의 경찰 인력을 현직에서 청산함으로써 경찰의 인적 구성원을 대거 쇄신하였다. ⓄⓍ

762 □□□□ 12 승진
미군정시대의 경찰에는 경찰제도와 인력은 개혁이 이루어지지 아니하였으며, 경찰은 민주적으로 개혁할 기회를 갖지 못하였고 이로 인해 독립 이후에도 국민의 경찰에 대한 부정적 태도는 유지되었다. ⓄⓍ

763 □□□□ 08·14·18·22·24 채용, 05 승진, 14·16·18·25 간부
비경찰화 작용의 일환으로 위생사무를 위생국으로 이관하였고, 정보경찰과 고등경찰을 폐지하였다. ⓄⓍ

764 □□□□ 21 채용
미군정시기에 소방업무를 민방위본부로 이관하고 경제경찰과 고등경찰을 폐지하는 등 비경찰화를 단행하였다. ⓄⓍ

765 □□□□ 21·24 채용
1946년 경무국을 경무부로 승격시키고, 기존 경무국의 과(課)를 국(局)으로 승격시켰다. ⓄⓍ

766 □□□□ 04·21·24 채용, 20 경채
광복 이후 미군정 시기에는 경찰검을 경찰봉으로 대체하였고, 1945년 「정치범처벌법」, 「치안유지법」 및 「예비검속법」을 폐지하였다. ⓄⓍ

767 □□□□ 14·21·24 채용, 22 경채
여성경찰제도는 1946년에 도입되었고 여성경찰은 여성과 15세 미만 아동 대상 사건 등 풍속·소년·여성 보호 업무를 담당하였다. ⓄⓍ

정답과 해설

761. (X) 미군정시대에도 조선총독부의 경무국과 지방의 도지사 밑의 경찰부가 그대로 답습되어, 경무국이 군정청의 일국으로서 유지되었고, 일제시대의 경찰관도 태평양미육군총사령부 포고 제2조에 따라 **현직을 그대로 유지**하여 **일제시대의 경찰을 그대로 유지하는데 지나지 않았다.**

762. (O)

763. (X) 비경찰화 작용의 일환으로 위생사무를 미군정청에 **위생국으로 이관**하였고, **경제경찰**과 **고등경찰을 폐지**하였다. 정보업무를 담당할 **정보경찰은 신설**되었다.

764. (X) 소방본부를 민방위본부로 이관한 것은 제4공화국 시기인 **1975년 단행(미군정시기 X)**되었다.

765. (O) 1946년 1월 16일 **경무국이 경무부**로 격상 운영되었다.

766. (O) 일제 식민지기의 치안입법은 비교적 철저하게 정리되어 1945년 치안유지법, 정치범처벌법, 예비검속법 등이 폐지되고, **1948년 보안법이 폐지**되었다.

767. (X) 여성경찰제도는 1946년에 도입되었고 여성경찰은 여성과 **14세 미만(15세 미만 X)** 아동 대상 사건 등 풍속·소년·여성 보호 업무를 담당하였다.

768 ☐☐☐☐ 04 채용, 14·18 간부

미군정기에 6인으로 구성된 중앙경찰위원회가 설치되었으며, 중요한 경무정책의 수립·경찰관리의 소환·심문·임면·이동 등에 관한 사항을 심의하였다. (O | X)

769 ☐☐☐☐ 05·12·19 승진, 16·21 간부, 22 경채

미군정시대에는 경찰의 이념에 민주적인 요소가 도입되면서 최초로 1947년 9인으로 구성된 중앙경찰위원회가 설치되었으며, 경제경찰, 고등경찰 등의 사무가 강화되었다. (O | X)

770 ☐☐☐☐ 11 채용

미군정하에서 우리나라 경찰은 위생업무의 이관 등 비경찰화가 이루어지고 8인의 위원으로 구성된 중앙경찰위원회를 설치하였다. (O | X)

771 ☐☐☐☐ 14·24 채용, 09 승진

미군정기인 1947년 6인의 위원으로 구성된 중앙경찰위원회가 설치되어 민주적 개혁이 이루어졌고, 경무부에서 내무부의 하나의 국인 치안국으로 전락되었다. (O | X)

772 ☐☐☐☐ 12·20 승진, 19·23 간부

미군정시기에 경찰작용에 관한 기본법으로서 「경찰관 직무집행법」은 정부수립 이후 1948년 제정되었다. (O | X)

773 ☐☐☐☐ 24 채용, 23 간부, 21 경채

광복 이후 미군정은 일제가 운용하던 비민주적 형사제도를 상당 부분 개선하고, 영미식 형사제도를 도입하기도 하였는데, 1945년 미군정 법무국 검사에 대한 훈령 제3호가 발령되어 수사는 경찰, 기소는 검사 체제가 도입되며 경찰의 독자적 수사권이 인정되었다. (O | X)

774 ☐☐☐☐ 14 채용, 05·12 승진, 23 간부

미군정하에서는 조직법적, 작용법적 정비가 이루어지고 경찰제도의 개혁이 이루어져 경찰의 활동영역이 확대되었다. (O | X)

775 ☐☐☐☐ 23 간부

광복 이후 신규경찰 채용과정에서 일제 강점기 경찰경력자들이 다수 임용되었으나, 독립운동가 출신들도 상당히 많이 채용되었다. (O | X)

정답과 해설

768. (O)
769. (X) 1947년 **6인**으로 구성된 중앙경찰위원회가 설치되었으며 경제경찰, 고등경찰 등의 사무가 **폐지**되었다.
770. (X) 미군정하에서 우리나라 경찰은 위생업무의 이관 등 비경찰화가 이루어지고 **"6인"**의 위원으로 구성된 중앙경찰위원회를 설치하였다.
771. (X) 1947년 6인의 위원으로 구성된 중앙경찰위원회가 설치되었으나 경찰의 민주적 개혁은 성공하지 못했다. 경무부에서 내무부의 하나의 국인 치안국으로 전락된 시기는 **1948년(미군정시기 X)**이다.
772. (X) 경찰작용에 관한 기본법으로서 **「경찰관 직무집행법」은 정부수립 이후 1953년 12월 14일**에 제정되었다.
773. (O)
774. (X) 미군정하에서는 조직법적, 작용법적 정비가 이루어지고, 경찰이 담당하였던 위생사무가 위생국으로 이관되고, 경제경찰과 고등경찰이 폐지되는 등 비경찰화 작업으로 경찰의 활동영역 **축소(확대 X)**되었다.
775. (O)

THEME 04 정부수립 이후 경찰_B급

776 ☐☐☐☐ 13 승진, 15 간부
법률 제1호인 정부조직법에서 기존의 경무부를 내무부의 일국인 치안국에서 인수하도록 함으로써 경찰조직은 '부'에서 '국'으로 격하되었다. (O|X)

777 ☐☐☐☐ 20 승진
1946년 이후 중앙행정기관이었던 경무부(警務部)가 1948년 「정부조직법」상에서 내무부 산하의 국(局)으로 격하되었다. (O|X)

778 ☐☐☐☐ 08·11 채용, 20 경채
1948년 정부조직법에 의해 내무부 산하의 치안본부로 개편되면서 경찰은 독자적 관청으로서 경찰 업무를 시작하게 되었다. (O|X)

779 ☐☐☐☐ 12 간부
1948년 대한민국 정부수립 후「정부조직법」에 의해 미군정당시의 경무부가 치안국으로 격하되었고, 내무부장관의 감독을 받는 보조기관으로 그 지위가 약화되었다. (O|X)

780 ☐☐☐☐ 12 채용
1991년 경찰법 제정 이전에 경찰청장만이 경찰에서 유일한 행정관청의 지위를 가지고 있었다. (O|X)

781 ☐☐☐☐ 14·18·20 채용, 26 간부, 23 경채
1953년 경찰작용에 관한 기본법으로 제정된「경찰관 직무집행법」에는 국민의 생명, 신체, 재산의 보호라는 영미법적 사고가 반영되었다. (O|X)

782 ☐☐☐☐ 25 채용
「경찰법」은 내무부 치안국을 경찰청으로 개편하기 위하여 1991년에 제정하였다. (O|X)

783 ☐☐☐☐ 25 승진
미 해병 1사단에 배속된 한국경찰 '화랑부대' 1개 소대(기관총 부대)가 뛰어난 전공을 거둠으로써 미 해병의 극찬을 받았다. '화랑부대'는 미군으로부터 별도 정예훈련을 받고 부대단위로 편제된 경찰관 부대를 통칭하였는데, 이 전투는 무엇인가? (   )

정답과 해설

776. (O) '부'에서 '국'으로 **격하(격상 X)**되었다.
777. (O)
778. (X) **1948년 정부조직법**에 의해 경찰기구는 내무부의 일국인 **치안국(치안본부 X)으로 축소**되었고 지방경찰조직으로 시도경찰국을 두었으며, 1974년 8.15저격사건을 계기로 내무부 **치안국을 치안본부로 개편**하였으며, **1991년 경찰법을 제정** 이후 경찰은 독자적 **관청(보조기관 X)**으로서 경찰업무를 시작하였다.
779. (O)
780. (X) 1991년 경찰법 제정 이전의 경찰은 내무부 및 시도지사의 보조기관으로서 관청의 지위를 갖지 못하였다. 그러나 유일하게 **경찰서(장)**는 1991년 이전에도 행정관청으로서 지위를 가지고 있었다.
781. (O)
782. (X) **1974년** 12월 24일 정부조직법 개정으로 종래 **치안국장은 치안본부장으로 격상**되었다. 「경찰법」은 내무부 **치안본부(치안국 X)**을 경찰청으로 개편하기 위하여 1991년에 제정하였다.
783. 장진호전투

6·25전쟁이후 1991년 경찰법 제정까지의 주요 경찰 연혁_A급

784 ☐☐☐☐ 25 채용, 12·20 승진, 19·23 간부

1969년 1월 7일 경찰법이 처음으로 제정되어 그동안 국가공무원법에서 의거하던 경찰공무원을 특별법으로 규율하게 되었다. OIX

785 ☐☐☐☐ 11 채용

1969년 경찰법을 제정하면서 경정·경장 2계급을 신설하고 2급지 경찰서장을 경감에서 경정으로 격상했다. OIX

786 ☐☐☐☐ 22 채용, 20 경채

1953년 경찰작용의 기본법인「경찰관 직무집행법」이 제정되어 경감 이상의 계급정년제가 도입되었고, 1969년「경찰공무원법」이 제정되어 경정 및 경장 계급이 신설되었다. OIX

787 ☐☐☐☐ 22 채용

대한민국 정부수립 이후 1974년 내무부 치안국이 치안본부로 개편되었고, 2006년 제주특별자치도 '자치경찰단'이 창설되었다. OIX

788 ☐☐☐☐ 12 승진, 19 간부

종래 식민지배에 이용되거나 또는 군정통치로 주권이 없는 상태 하에서 활동하던 경찰이 비로소 주권국가 대한민국의 존립과 안녕, 대한민국 국민의 생명과 신체 및 재산의 보호라는 경찰 본연의 임무를 수행하였다. OIX

789 ☐☐☐☐ 12 승진, 19 간부

독립국가로서 한국 역사상 최초로 자주적인 입장에서 경찰을 운용하였다. OIX

790 ☐☐☐☐ 18·23 간부

경찰법이 제정될 때까지 경찰체제의 근거가 되는 법률은 경찰관 직무집행법이었다. OIX

정답과 해설

784. (X)「**경찰공무원법**」은 경찰직무의 특수성에 비추어 경찰질서의 확립과 경찰인사의 합리화를 위하여 기존「국가공무원법」에 포함되어 있는 경찰인사에 관한 규정을 분리하여 별도로 독립된 특별법으로 **1969년 1월 7일**에 제정하였다.

785. (X) 1969년 **경찰공무원법**을 제정하면서 경정·경장 2계급을 신설하고 2급지 경찰서장을 경감에서 경정으로 격상했다. **경찰법은 1991년에 제정**되었다.

786. (X) **1969년「경찰공무원법」**이 제정되어 경정 및 경장 계급이 신설되었고, **경감 이상의 계급정년제** 등이 도입되었다.

787. (O)   788. (O)   789. (O)

790. (X) 경찰관 직무집행법은 경찰체제의 근거가 되는 법률이 아니라 경찰작용에 관한 법률이다. 경찰법이 제정될 때까지 경찰체제의 근거가 되는 법률은 **정부조직법**이었다.

791 ☐☐☐☐ 12 승진, 19 간부

경찰의 부정선거 개입 등으로 정치적 중립이 경찰에 대한 국민의 요청이었던 바, 그 연장선상에서 경찰의 기구독립이 조직의 숙원이었다. ⓞⓧ

792 ☐☐☐☐ 20 채용

1987년 6월 민주항쟁 이후 경찰 내부에서는 정치적 중립을 지키지 못한 과오를 반성하고 경찰 중립화를 요구하는 성명 발표 등 자성의 목소리가 나왔다. ⓞⓧ

793 ☐☐☐☐ 12 승진, 18·19 간부

해양경찰업무, 전투경찰업무, 소방업무가 정식으로 경찰의 업무범위에 추가되었다. ⓞⓧ

794 ☐☐☐☐ 22 채용

정부수립 이후 1991년 이전 경찰의 특징을 살펴보면, 전투경찰업무가 경찰의 업무 범위에 추가되었고 소방업무가 경찰의 업무 범위에서 배제되는 등 경찰활동의 영역에 변화가 있었다. ⓞⓧ

795 ☐☐☐☐ 11 승진

1991년 경찰법이 제정되면서 경찰청과 각 지방경찰청이 독립관청화 되었다. ⓞⓧ

796 ☐☐☐☐ 09·14 채용

1991년에 제정된 경찰법은 경찰의 기본조직 및 직무범위 기타 필요한 사항을 규정하였고, 관청으로서의 지위를 보장하고, 민주적 통제를 보장하고자 경찰위원회를 도입했다. ⓞⓧ

정답과 해설

791. (O)   792. (O)
793. (X) **해양경찰업무(1953)**와 **전투경찰업무(1968)**가 정식으로 경찰의 업무범위에 추가되었으나, **소방업무(1975)**는 경찰의 업무에서 **배제**되었다.
794. (O) 정부수립(1948년) 이후 1991년 이전 경찰의 특징을 살펴보면, 전투경찰업무(1968년)가 경찰의 업무 범위에 추가되었고 소방업무(1975년)가 경찰의 업무 범위에서 배제되는 등 경찰활동의 영역에 변화가 있었다.
795. (O)
796. (O) 경찰법의 제정으로 경찰위원회가 도입되었고, 경찰청장과 지방경찰청장도 **보조기관에서 경찰관청으로서의 지위**를 갖게 되었다.

THEME 06 한국경찰사에 길이 빛날 경찰의 표상 _S급

797 ☐☐☐☐ 19 채용, 20·21 승진

백범 김구 선생은 1919년 상하이에 수립된 대한민국 임시정부의 초대 경무국장으로 취임 후 임시정부 경찰을 지휘하며 임시정부의 성공적 정착에 이바지하였으며, 경찰 정신을 계승하고 있다고 보아야 할 것이다.
(O|X)

798 ☐☐☐☐ 21·24 간부

안맥결 총경은 1980. 5. 18. 당시 목포경찰서장으로 재임하면서 안병하 국장의 방침에 따라 경찰 총기 대부분을 군부대 등으로 사전에 이동시켰으며 자체 방호를 위해 가지고 있던 소량의 총기마저 격발할 수 없도록 방아쇠 뭉치를 모두 제거해 원천적으로 시민들과의 유혈충돌을 피하도록 조치하여 광주와 달리 목포에서는 사상자가 거의 나오지 않았다.
(O|X)

799 ☐☐☐☐ 20·23 채용, 21·24 승진

안맥결 총경은 1950년 8월 30일 성산포경찰서장 재직시 계엄군의 예비검속자 총살 명령에 '부당함으로 불이행'한다고 거부하였다. 자신의 목숨이 위태로울 수 있음에도 용기있는 결단으로 예비검속자들의 목숨을 구해냈다.
(O|X)

800 ☐☐☐☐ 20 채용

1946년 5월 미군정하 제1기 여자경찰간부로 임용되며 국립 경찰에 투신하였고 1952년부터 2년간 서울여자경찰서장을 역임하며 풍속·소년·여성보호 업무를 담당한 사람은 안맥결 총경이다.
(O|X)

801 ☐☐☐☐ 25 채용, 16·20 승진, 21 간부

차일혁 경무관은 남부군 사령관 이현상을 사살하는 등 빨치산 토벌의 주역이며 구례 화엄사 등 문화재를 수호한 인물로 '보관문화훈장'을 수여받은 호국경찰의 영웅이자 인본경찰·인권경찰·문화경찰의 표상이다.
(O|X)

802 ☐☐☐☐ 24 간부

차일혁 경무관은 일제 강점기에 항일투쟁을 하였고 6·25전쟁 기간 제18전투경찰대장으로 부임하여 빨치산 토벌작전에서 탁월한 전공을 세웠으며, 1954년 충주경찰서장으로서 충주직업청소년학교를 설립하여 전쟁고아들에게 학교공부와 직업교육의 기회를 주었다.
(O|X)

정답과 해설

797. (O)
798. (X) **이준규 총경**에 대한 설명이다.
799. (X) **문형순 경감**에 대한 설명이다.
800. (O)   801. (O)   802. (O)

803 ☐☐☐☐ 19 채용, 19 승진

최규식 경무관은 1968년 무장공비침투사건 당시 공비들의 근거지가 될 수 있는 사찰들을 불태우라는 상부의 명령에도 불구하고 화엄사, 천은사, 선운사 등 우리 문화재를 수호한 문화경찰의 표본이다. ⓄⓍ

804 ☐☐☐☐ 19·20·25 채용, 20 승진, 16·21 간부

1968년 '무장공비 침투사건(1·21 사태)' 당시 종로경찰서 자하문검문소에서 무장공비를 온몸으로 막아내고 순국함으로써, 청와대를 사수하고 대한민국을 위기에서 건져 올린 최규식 경무관과 정종수 경사는 호국경찰, 인본경찰, 문화경찰의 표상이다. ⓄⓍ

805 ☐☐☐☐ 22·24 승진

안병하 치안감은 5·18 광주 민주화운동 당시 전라남도 경찰국장으로서 전라남도 경찰들에게 '분산되는 자는 너무 추적하지 말 것' 등을 지시하고, '연행과정에서 학생의 피해가 없도록 유의하라'고 지시하여 (㉠)에 입각한 경찰권 행사 및 시위대의 (㉡)를 강조하였다.

806 ☐☐☐☐ 19·20·23 채용, 20·21 승진, 21 간부

5·18 광주 민주화운동 당시 전라남도 경찰국장으로서, 과격한 진압을 지시했던 군과 달리 '분산되는 자는 너무 추격하지 말 것, 부상자 발생치 않도록 할 것' 등과 '연행과정에서 학생의 피해가 없도록 유의하라'고 지시하였다. 신군부의 명령을 어겼다는 이유로 직위해제를 당했던 사람은 이준규 총경이다. ⓄⓍ

807 ☐☐☐☐ 21·24 승진

이준규 총경은 1957년 국립경찰전문학교 교수로 발령받아 후배 경찰교육에 힘쓰다 1961년 5·16군사정변이 일어나자 군사정권에 협력할 수 없다며 사표를 제출하였다. ⓄⓍ

808 ☐☐☐☐ 20 채용

1980년 '5·18 민주화 운동' 당시 안병하 전남경찰국장과 이준규 목포서장은 신군부의 무장 강경진압 방침을 거부하였다. ⓄⓍ

809 ☐☐☐☐ 22·23·25 채용

이준규 서장은 보도연맹원들에 대한 총살명령이 내려오자 480명의 예비검속자 앞에서 "내가 죽더라도 방면하겠으니 국가를 위해 충성해 달라"라는 연설 후 전원 방면하였다. ⓄⓍ

정답과 해설

803. (X) 공비들의 근거지가 될 수 있는 사찰들을 불태우라는 상부의 명령에도 불구하고 화엄사, 천은사, 선운사 등 우리 문화재를 수호한 문화경찰의 표본은 **차일혁 경무관**에 대한 설명이다.

804. (X) 1968년 '무장공비 침투사건(1·21 사태)' 당시 종로경찰서 자하문검문소에서 무장공비를 온몸으로 막아내고 순국한 최규식 경무관과 정종수 경사는 **호국경찰**의 표상이다. **호국경찰·인본(권)경찰·문화경찰**의 표상은 **차일혁 경무관**이다.

805. 5·18 광주 민주화운동 당시 무장 강경진압 방침이 내려오자 안병하 국장은 전남경찰들에게 '분산되는 자는 너무 추적하지 말 것, 부상자가 발생하지 않도록 할 것'등을 지시하고, '연행과정에서 학생의 피해가 없도록 유의하라'고 지시한 것은 ㉠ **비례의 원칙**에 입각한 경찰권 행사 및 시위대의 ㉡ **인권보호**를 강조하였다.

806. (X) 5·18 광주 민주화운동 당시 비례의 원칙에 입각한 경찰권 행사 강조한 사람은 **안병하 치안감**이다.

807. (X) **안맥결 총경**에 대한 설명이다.

808. (O)

809. (X) 보도연맹원과 관련된 사람은 **안종삼 서장**이다.

810 ☐☐☐☐ 24 간부

안종삼 총경은 1950년 7월 24일 구례경찰서 서장으로서 경찰서에 구금 중이던 480명의 국민보도연맹원들을 사살하라는 상부의 명령을 받았으나, 이를 거부하고 전원 석방함으로써 국가범죄의 비극적 살육을 막아냈다. (O|X)

811 ☐☐☐☐ 24 간부

박재표 경위는 1956년 8월 13일 제2대 지방의원 선거 당시 정읍 소성지서에서 순경으로 근무하던 중 투표함을 바꿔치기 하는 부정선거를 목격하고 이를 기자회견을 통해 세상에 알리는 양심적 행동을 하였다. (O|X)

812 ☐☐☐☐ 24 승진

이준규 총경은 1950년 순경으로 임용, 1986년 총경으로 승진하였지만, 수사현장을 끝까지 지킨다는 의지로 경찰서장 보직을 희망하지 않고 수사·형사과장으로만 재직하였다. MBC 드라마 수사반장의 실제 모델이며, 1963년, 1968년, 1969년에 치안국의 포도왕(검거왕)으로 선정되었다. (O|X)

813 ☐☐☐☐ 25 채용

김학재 경사는 1998년 강도강간 신고출동 현장에서 피의자로부터 좌측 흉부를 칼로 피습당한 상태에서도 격투를 벌여 범인검거 후 순직하였으며, 2018년 '경찰영웅'으로 선정되었다. (O|X)

> **TIP** 우리나라에서의 경찰개념의 형성

814 ☐☐☐☐ 24 채용, 21 승진

1945년 국립경찰의 탄생 시 경찰의 이념적 좌표가 된 경찰정신은 대륙법계의 영향을 받은 '봉사와 질서'이다. (O|X)

814-1 ☐☐☐☐ 25 채용

1953년 12월에 제정된 「경찰관 직무집행법」 제1조는 '국민의 생명·신체 및 재산의 보호'를 경찰의 직무로 규정하여 치안유지를 중심으로 하는 대륙법계의 행정경찰적 개념이 강조되었다. (O|X)

정답과 해설

810. (O)
811. (O) 박재표 경위는 1932년 전북 진안군에서 태어났고, 24세이던 1956년 8월 13일 제2대 지방의원 선거 당시 정읍 소성(所聲)지서에서 순경으로 근무하던 중 투표함을 바꿔치기(정읍환표사건)하는 부정선거를 목격하고 전주에서 뒤바뀐 사표(死票) 등을 증거물로 들고 서울로 상경해 기자회견을 통해 세상에 알리는 양심적 행동을 하였다.
812. (X) **최중락 총경**에 대한 설명이다.
813. (O)
814. (X) 1945년 국립경찰의 탄생 시 경찰의 이념적 좌표가 된 경찰정신은 **미군정의 영미법계**의 영향을 받은 '봉사와 질서'이다.
814-1. (X) 「경찰관 직무집행법」 제1조는 '국민의 생명·신체 및 재산의 보호'를 경찰의 직무로 규정하여 치안유지를 중심으로 하는 **영미법계(대륙법계 X)**의 행정경찰적 개념이 강조되었다. 우리나라의 경찰개념은 **대륙법계와 영미법계**의 경찰개념을 모두 반영하고 있다.

[총알 TIP] 경찰조직 연혁 _S급

날짜	내용
1946. 05. 15.	최초의 여경 모집 18 채용
1947. 11. 25.	중앙경찰위원회 설치 18 승진
1949. 10. 18.	경찰병원 설립 18 간부
1953. 09.	철도경찰대 폐지 26 간부
1953. 12. 14.	경찰관 직무집행법 제정 13·17 채용, 18 승진, 11·18·22 간부
1953. 12. 23.	해양경찰대 발족 12 간부
1955. 03. 25.	국립과학수사연구소 설치 11·18·22 간부
1966. 07. 01.	경찰관 해외주재관 제도 신설 17·13 채용, 10 승진, 09·11·18 간부
1966. 07. 12.	경찰윤리헌장 제정 21 채용, 12 간부
1968. 09. 01.	전투경찰대 발족(1·21사태 계기) 11·12 간부
1969. 01. 07.	① 경찰공무원법 제정 17·18·21 채용, 18 승진, 12·18·22 간부 ② 경정·경장 2계급 신설 11 간부 ③ 2급지 서장을 경감에서 경정으로 격상
1970년대	정풍(整風)운동 전개 12 간부
1974. 12. 24.	내무부 치안국을 치안본부로 개편 13·17·18·25 채용, 09·11·18·22 간부
1975. 08. 26.	치안본부 소방과가 내무부 민방위본부 소방국으로 이관 21 채용, 11 간부
1982. 12. 31.	의무경찰제도 도입 12 간부
1990. 10. 13.	범죄와의 전쟁 선포 12 간부
1991. 05. 31.	① 경찰법 제정 13·18·23 채용, 18 승진 ② 경찰위원회 신설 17 채용
1991. 08. 01.	① 치안본부의 경찰청으로의 승격 21 채용 ② 지방경찰국의 지방경찰청으로의 승격 10 승진
1996. 08. 08.	해양경찰청의 해양수산부로의 이관(해양경찰청 및 하부조직을 내무부(현 행정안전부) 경찰청에서 해양수산부로의 이관) 10 승진, 18 간부
1998. 9. 30.	경찰서비스헌장 제정 21·23 채용
1999. 05. 24.	경찰서에 "청문감사관제도" 도입 10 승진, 12 간부
1999. 12. 28.	운전면허시험장을 책임운영기관화하여 경찰청장 직속의 "운전면허시험관리단" 신설 09 간부
2000. 09. 29.	사이버테러대응센터 신설 23 채용, 10 승진, 09 간부
2006. 07. 01.	제주특별자치도에 자치경찰 출범 13·18·23 채용, 18 간부
2006. 10. 31.	① 제주지방경찰청장을 치안감급으로 격상 ② 경찰청 수사국 내에 "인권보호센터" 신설(현 경찰청 감사관 내에 인권보호담당관) 09 간부
2020. 12. 22.	2020년에「경찰법」을「국가경찰과 자치경찰의 조직 및 운영에 관한 법률」로 법제명을 변경하는 등 전부개정 25 채용 **주의** 시행일은 2021.1.1부터(전부개정과 구분해야 함)
2021. 01. 01.	국가수사본부 신설 23 채용

CHAPTER 02

비교경찰

THEME 01 영국경찰 _C급

1 영국경찰의 역사

815 ☐☐☐☐ 06 승진
앵글로 색슨 시대에는 10인조라는 치안유지제도가 있었다. (O|X)

816 ☐☐☐☐ 06 승진
프랭크플래지(Frankpledge)제도는 앵글로 색슨 시대의 국왕의 평화를 달성하기 위한 제도로서, 법집행의 보장과 침입부족으로부터 지역사회를 보호하기 위한 것이었다. (O|X)

817 ☐☐☐☐ 06 승진
프랭크플래지(Frankpledge)제도하에서는 12세 이상의 모든 남자가 그 구성원이 되었다. (O|X)

818 ☐☐☐☐ 26 간부
영국의 「윈체스터법」에는 치안관(Constable)을 임명해서 각 도시에 야경제도를 조직하고 유지하는 책임을 갖도록 하는 내용이 포함되어 있다. (O|X)

819 ☐☐☐☐ 08 채용
헨리필딩이 절도체포대, 기마순찰대, 도보순찰대의 창설자이다. (O|X)

820 ☐☐☐☐ 06 채용, 25 간부
1964년 경찰법에 의하여 수도경찰청과 런던시를 포함한 모든 경찰본부가 관리기구인 경찰위원회로 통합되었고, 내무부장관, 지방경찰위원회, 지방경찰청장을 중심으로 하는 경찰 3원 체제를 설정하였다. (O|X)

821 ☐☐☐☐ 25 간부
2002년 「경찰개혁법」이 제정되어 지방경찰위원회 및 지방경찰청장에 대한 내무부장관의 권한이 약화되었다. (O|X)

정답과 해설

815. (O)
816. (O) 프랭크플래지(Frankpledge)제도는 **앵글로 색슨 시대**(로마정복시대 X)의 국왕의 평화를 달성하기 위한 제도로서 12세 이상의 모든 남자가 그 구성원이 된다.
817. (O)
818. (O) 영국의 윈체스터법은 중소도시에 야경인(Watchman)제도를 도입하여 치안관(Constable)의 임무를 보좌하게 했다.
819. (O)
820. (X) 1964년 경찰법 제정으로 수도경찰청과 런던시를 **제외**(포함 X)한 모든 경찰본부가 관리기구인 경찰위원회로 통합되었다.
821. (X) 영국 경찰의 2002년 「경찰개혁법」(Police Reform Act 2002)이 제정되어 지방경찰위원회 및 지방경찰청장에 대한 내무부장관의 권한이 **강화**(약화 X)되었다.

822 ☐☐☐☐ 08 채용

영국의 경찰제도의 창설 순서는 수도경찰청 → NCS → NCIS → NCA이다. ⒪Ⓧ

823 ☐☐☐☐ 06 채용

1992년에 국립(중앙)범죄정보국이, 1998년에 중앙범죄수사대관리위원회가 창설되었다. ⒪Ⓧ

824 ☐☐☐☐ 10 승진

국립범죄청(NCA)은 내무부의 책임 하에 조직범죄를 담당한다. ⒪Ⓧ

825 ☐☐☐☐ 23 채용

영국의 국립범죄청(NCA)은 2013년 중대조직범죄청(SOCA)과 아동범죄대응센터(CEOPC)를 통합하여 출범하였다. ⒪Ⓧ

826 ☐☐☐☐ 09· 20 채용, 21 간부

로버트 필 경(Sir. Robert Peel)이 경찰조직을 운영하기 위하여 제시한 기본적인 원칙 _S급

㉠ 경찰은 안정되고 능률적이며, 군대식으로 조직되어야 한다.	⒪Ⓧ
㉡ 경찰의 기본적인 임무는 범죄에 대한 신속한 대응이다.	⒪Ⓧ
㉢ 경찰의 기본적인 임무는 범죄와 무질서의 예방이다.	⒪Ⓧ
㉣ 경찰의 성공은 시민의 인정에 의존한다.	⒪Ⓧ
㉤ 적절한 경찰관들을 확보하기 위한 교육훈련은 필수적인 것이다.	⒪Ⓧ
㉥ 적합한 경찰관들의 선발과 교육은 필수적인 것이다.	⒪Ⓧ
㉦ 모방범죄 예방을 위해 범죄정보는 유출되어서는 안 된다.	⒪Ⓧ
㉧ 공공의 협조를 확보하고 유지해야만 한다.	⒪Ⓧ
㉨ 경찰은 경찰목적을 달성하는 데 필요하다면 적극적으로 물리력을 행사해야 한다.	⒪Ⓧ
㉩ 경찰은 비당파적인 치안서비스를 제공하여야 한다.	⒪Ⓧ

정답과 해설

822. (X) 영국의 경찰제도의 창설 순서는 수도경찰청(1829) → NCIS(1992) → NCS(1998) → NCA(2013)이다.
823. (O)   824. (O)
825. (O) 2006년 SOCA를 만들어 이전 국립범죄정보국(NCIS)과 국립범죄수사대(NCS)를 대체했지만, **영국의 국립범죄청(NCA)**은 2013년 중대조직범죄청(SOCA)과 어린이 착취와 온라인 보호 센터(CEOPC, Child Exploitation and Online Protection Center 아동범죄대응센터)를 통합하여 출범하였다.
826. ㉠ (O) ㉡ (X) 범죄에 대한 신속한 대응(진압)이 아닌 범죄와 무질서를 적게 하는 범죄 **예방**에 있다고 설명한다.
㉢ (O) ㉣ (O) ㉤ (O) ㉥ (O) ㉦ (X) 범죄발생 사항은 **반드시 전파**되어야 한다. ㉧ (O)
㉨ (X) 로버트 필경은 "경찰의 물리력 사용은 국민의 지지를 받기 위하여 **최소한**으로 사용되어야 한다(**적극적으로 물리력을 행사해야 한다 X**)."고 주장하였다.
㉩ (O) 경찰은 **비당파적(당파적 X)**인 치안서비스를 제공하여야 한다.

827 ☐☐☐☐ 23 간부

런던수도경찰청을 창시(1829년)한 로버트 필 경(Sr. Robert Peel)이 경찰조직을 운영하기 위하여 제시한 기본적인 원칙(경찰개혁안 포함)

① 경찰은 정부의 통제하에 있어야 한다. (O|X)
② 범죄발생 사항은 반드시 전파되어야 한다. (O|X)
③ 단정한 외모가 시민의 존중을 산다. (O|X)
④ 경찰의 효율성은 항상 범죄나 무질서를 진압하는 가시적인 모습으로 판단하는 것이다. (O|X)

828 ☐☐☐☐ 06·25 채용, 25 간부

산업혁명으로 인한 치안수요 급증으로 1829년 로버트 필경에 의해 수도경찰청이 창설되었다. (O|X)

2 영국의 경찰조직(잉글랜드와 웨일즈 경찰)

829 ☐☐☐☐ 08 간부

수도경찰청장은 전국의 고위 경찰간부나 민간인 중에서 내무부장관의 추천으로 영국여왕이 임명한다. (O|X)

830 ☐☐☐☐ 08 간부

수도경찰청은 창설시에는 자치경찰의 형태를 가지고 있었다. (O|X)

831 ☐☐☐☐ 07 채용

수도경찰청은 내무부의 직접적 지휘·통제·명령관계에 있다는 점에서 영국의 유일한 국가 경찰이다. (O|X)

832 ☐☐☐☐ 06 채용

2000년부터 수도경찰청이 자치경찰화 되었다. (O|X)

833 ☐☐☐☐ 08 간부

수도경찰청 하부조직으로는 외근형사국과 특별업무국을 두고, 각 국장은 지역치안평의회가 내무부장관의 동의를 얻어 임명한다. (O|X)

정답과 해설

827. ① (O) ② (O) ③ (O) ④ (X) 경찰의 효율성은 범죄와 무질서의 감소나 부재로 판단되는 것(예방)이지 범죄나 무질서를 진압하는 가시적인 모습으로 인정받는 것은 아니다.
828. (O) 근대경찰의 아버지로 불리는 로버트 필경의 제안으로 1829년 수도경찰법이 제정되었고, 최초의 관료주의적 경찰조직인 수도경찰청이 창설되었고, 로버트 필은 경찰청장으로 임명되었다.
829. (O)
830. (X) 수도경찰청은 창설시에는 내무부장관이 직접 관리하는 형태인 준국가경찰형태(자치경찰 X) 였으나, 2000.7.부터 자치경찰로 전환되었다.
831. (X) 2000년 이전에는 내무부관리하의 준국가경찰이었으나, 2000년 이후에는 자치경찰화되었다.
832. (O)
833. (X) 각 국장은 수도경찰청장과 같이 내무부장관의 추천으로 국왕이 임명한다.

834 ☐☐☐☐ 24 채용, 21·25 간부

영국의 지방경찰은 기존의 3원 체제(지방경찰청장, 지방경찰위원회, 내무부장관)에서 4원 체제(지역치안위원장, 지역치안평의회, 지방경찰청장, 내무부장관)로 변경하면서 자치경찰의 성격을 강화하였다. ⓞⓧ

835 ☐☐☐☐ 04 채용

4원체제에서 내무부 장관은 예산 및 재정 총괄권을 갖는다. ⓞⓧ

836 ☐☐☐☐ 04 채용

지역치안위원장 – 지방경찰청장 및 차장의 임명권 및 해임권을 갖는다. ⓞⓧ

837 ☐☐☐☐ 04 채용

지역치안평의회 – 지방경찰청장 임명에 대한 거부권을 갖는다. ⓞⓧ

838 ☐☐☐☐ 04 채용

지방경찰청장 – 지역경찰에 대한 독립적인 지휘권 및 통제권을 갖는다. ⓞⓧ

3 영국의 범죄수사구조

839 ☐☐☐☐ 03·04 채용

영국경찰(잉글랜드와 웨일즈)은 법관에 대한 영장청구권, 불기소처분에 대한 독자적 수사종결권을 갖고 기소업무는 경찰의 독자적 권한이다. ⓞⓧ

840 ☐☐☐☐ 04·05 채용

영국(잉글랜드와 웨일즈)은 모든 범죄수사를 원칙적으로 경찰이 담당하고 있고, 법관에게 직접 영장을 청구할 수 있는 권한이 있다. ⓞⓧ

841 ☐☐☐☐ 10 승진

잉글랜드와 웨일즈 경찰은 5년 이상의 구금형에 해당하는 범죄 또는 그 미수죄는 약식체포(summary arrest)의 대상이 되어 영장없이 체포할 수 있다. ⓞⓧ

정답과 해설

834. (O) 3원 체제(지방경찰청장, 지방경찰위원회, 내무부장관)에서 4원 체제(지역치안위원장, 지역치안평의회, 지방경찰청장, 내무부장관)로 변경하면서 **자치경찰의 성격을 강화(약화 X)**하였다.
835. (X) 예산 및 재정 총괄권은 **지역치안위원장(내무부장관 X)**의 임무이다.
836. (O)　　837. (O)　　838. (O)
839. (X) 1985년 범죄소추법의 제정 이전까지는 기소업무도 경찰의 독자적 권한이었으나, 법 제정 후 **기소업무는 검찰에 이전**되었다.
840. (O)　　841. (O)

THEME 02 미국경찰

1 미국경찰의 역사 _A급

842 ☐☐☐☐ 03 채용
영국은 미국의 경찰제도에 가장 큰 영향을 주었다. (O|X)

843 ☐☐☐☐ 03·04 채용
미국 도시경찰의 시초라고 할 수 있는 제도는 보스톤시의 야경제도이다. (O|X)

844 ☐☐☐☐ 03 채용, 04 승진, 09·26 간부
미국에서 지나친 지방분권화와 정치적 영향으로 효과적인 범죄 대처가 불가능해지자 1835년에 최초의 주경찰로 펜실베니아 주경찰이 창설되었다. (O|X)

845 ☐☐☐☐ 03 채용
보스턴시 경찰국이 탄생하면서 최초의 제복경찰관이 등장하였다. (O|X)

846 ☐☐☐☐ 04 채용
1838년 보스톤시 경찰, 1844년 필라델피아 경찰, 1833년, 1848년에 뉴욕시 경찰이 근대적 경찰로 개혁되었다. (O|X)

847 ☐☐☐☐ 03 채용
미국에서 윌슨은 경찰 전문직화를 위해 조직구조, 통신의 효율성 등 경찰업무의 혁신을 주장했다. (O|X)

848 ☐☐☐☐ 07 채용
위커샴위원회는 1929년 후버가 설치한 것으로 경찰조직·순찰운용·통신의 효율성을 통한 경찰업무의 혁신과 전문직화를 실시하였다. (O|X)

정답과 해설

842. (O)   843. (O)
844. (X) 미국에서 최초로 주경찰을 창설한 곳은 **텍사스주**이다.
845. (O)
846. (X) 1838년 보스톤시 경찰, **1844년 뉴욕시 경찰, 1833년, 1848년에 필라델피아** 경찰이 근대적 경찰로 개혁되었다.
847. (O)
848. (X) 경찰의 조직구조·순찰운용·통신의 효율성을 통한 경찰업무의 혁신과 전문직화를 실시한 것은 **윌슨**이고, **위커샴위원회**는 1929년 미국대통령 후버가 형사사법제도를 연구하기 위하여 설치한 것으로 경찰기관에 대한 **정치적 간섭 배제, 근무조건 개선, 경찰 교육훈련체계의 개선** 등이 논의되었다.

849 ☐☐☐☐ 24 간부

위커샴위원회(Wickersham Commission) 보고서에서는 경찰전문성 향상을 위해 경찰관 채용기준 강화, 임금 및 복지개선, 교육훈련 증대의 필요성이 제기되었다. (O | X)

850 ☐☐☐☐ 04 채용

1931년 준법 및 법집행에 대한 실태조사위원회에서 보고서를 통하여 경찰에 대한 정치적 간섭의 배제, 근무조건의 개선, 경찰 교육훈련체계의 개선 등이 진행되었다. (O | X)

851 ☐☐☐☐ 23 간부

미국은 경찰업무의 집행에 있어 범죄대응의 효율성보다는 인권보장에 중점을 두어 적법절차(Due Process of Law)를 강조하는데, 이는 연방대법원의 판결을 통해 확립되어 있다. (O | X)

852 ☐☐☐☐ 22 경채

20세기 초 미국경찰은 지나친 분권화와 정치적 영향으로 정치와 경찰의 분리를 추진하였다. (O | X)

853 ☐☐☐☐ 24 채용, 22 경채

미국경찰의 20세기 초 개혁을 이끈 대표적 인물로 볼머(August Vollmer), 윌슨(O. W. Wilson) 등이 있다. (O | X)

854 ☐☐☐☐ 24 간부

오거스트 볼머(August Vollmer)는 경찰관 선발을 지원하기 위해서 지능·정신병·신경학 검사를 도입했다. (O | X)

855 ☐☐☐☐ 22 경채

미국경찰의 20세기 초 경찰개혁시대에 경찰의 전문직화를 추진·확립하였다. (O | X)

856 ☐☐☐☐ 22 경채

미국경찰의 20세기 초 경찰개혁시대에 시민과의 협력을 위해 도보순찰을 강조하였다. (O | X)

정답과 해설

849. (O) 위커샴위원회(Wickersham Commission)는 경찰에 대한 정치적 간섭의 배제, 근무조건의 개선(임금 및 복지개선), 경찰 교육훈련체계의 개선(경찰관 채용기준 강화, 교육훈련 증대의 필요성), 경찰의 기술혁신 등을 제시하여 직업경찰제도의 확립 추진을 위해 1929년 후버 대통령이 경찰전문성 향상과 형사사법제도를 연구하기 위하여 설치하였다.

850. (O)   851. (O)   852. (O)

853. (O) 미국의 20세기 초 경찰개혁을 이끈 대표적 인물로 1인 순찰제의 효과성을 연구한 **윌슨(O. W. Wilson)**과 대학에 경찰 관련 교육과정을 개설한 **어거스트 볼머(August Vollmer)**가 있다.

854. (O) 현대 미국경찰의 아버지라 불리우는 **오거스트 볼머(August Vollmer)**는 경찰관을 선임할 때 엄격한 기준을 도입(지능·정신병·신경학 검사)할 것을 주장하였다.

855. (O)

856. (X) 윌슨(O.W.Wilson)은 순찰운용 방안으로 **도보순찰이 아닌 자동차 순찰**을 주장하였다.

857 ☐☐☐☐ 24 채용, 24 간부

윌슨(O. W. Wilson)은 1인 순찰제의 효과성에 관한 체계적인 연구를 수행했다. 　O|X

2 미국의 경찰조직 _B급

858 ☐☐☐☐ 03 채용

연방정부는 헌법상 명문으로 경찰권을 가지고 있지 아니 하지만 헌법이 부여한 과세권 및 주간통상규제권 등의 행사로 사실상 경찰권을 행사한다. 　O|X

859 ☐☐☐☐ 03 채용

미국의 연방정부는 헌법상 명문으로 경찰권을 가지고 있다. 　O|X

860 ☐☐☐☐ 05 채용, 09 승진

미국 법무부에 소속된 법집행기관으로 연방범죄수사국(FBI), 연방보안관실(U.S Marshals Service), 국토안보부(DHS), 마약단속국(DEA)이 있다. 　O|X

861 ☐☐☐☐ 03 채용

연방 법집행기관은 다수이지만 임무중복 등의 현상이 없이 체계적인 조직을 갖추고 있다. 　O|X

862 ☐☐☐☐ 03 채용

미국의 연방범죄수사국 이외에는 모두 특정한 법영역만을 담당한다. 　O|X

863 ☐☐☐☐ 03 채용

연방범죄수사국은 대부분이 연방정부의 각 기관에 속해있다. 　O|X

864 ☐☐☐☐ 03 채용, 04 승진

연방경찰기관의 권한은 국가적 범죄 및 주간의 범죄단속에 한정된다. 　O|X

865 ☐☐☐☐ 07 채용

1935년 미국 연방범죄수사국은 화폐위조사범증가, 도량형표준화, 주간통상증가, 우편사무 증가 등의 필요성에 의해 창설되었다. 　O|X

정답과 해설

857. (O) 윌슨(O. W. Wilson)은 경찰의 조직구조, **순찰운용(자동차 순찰(도보순찰 X), 1인 순찰제도)**, 통신의 효율성 제고를 통한 경찰업무의 혁신과 전문직화를 주장하였다.

858. (O)

859. (X) 연방정부는 헌법상 명문으로 경찰권을 **가지고 있지 않으나**, 헌법이 부여한 과세권, 주간통상규제권 등의 행사로 사실상 경찰권을 행사하게 되어 있으며, 최근에는 그 기능이 강화 또는 확대되는 경향에 있다.

860. (X) **국토안보부(DHS)**는 2002. 9.11테러사건을 계기로 대테러 대책으로 신설되었으며, 법무부 소속이 **아니다**.

861. (X) 연방 법집행기관들은 각 기관의 법집행력을 확보하기 위한 필요에 의해 설립되어서 기관상호간에 **임무중복과 비효율성 등의 문제점이 발생**하고 있다.

862. (O)　　863. (O)　　864. (O)　　865. (O)

866 ☐☐☐☐ 24 간부

루즈벨트(F. D. Roosevelt) 대통령의 지시로 1903년 최초의 연방수사 기구가 재무부에 창설되었다. (O|X)

867 ☐☐☐☐ 23 채용

미국의 연방수사국(FBI)은 2001년 9.11 테러 이후 테러예방과 수사에 많은 역량을 집중시키고 있다. (O|X)

868 ☐☐☐☐ 03 채용

미국의 도시경찰의 관리형태는 자치체정부의 형태에 따라 다양하다. (O|X)

869 ☐☐☐☐ 21 간부

미국의 군 보안관(County Sheriff)은 범죄수사 및 순찰 등 모든 경찰권을 행사하며, 대부분의 주(State)에서 군 보안관 선출은 지역주민의 선거로 이루어진다. (O|X)

870 ☐☐☐☐ 07 채용

연방범죄수사국의 기본임무로는 특정공무원의 신원조사, 국내 공안정보 수집, 지방경찰 수사지휘가 있다. (O|X)

871 ☐☐☐☐ 25 채용, 11 간부

19세기 미국경찰은 비전문성·부패·비능률이 지배하고 있었으며, 지나친 중앙집권화로 효과적인 범죄대처가 불가능하게 되었기 때문에 주경찰기관이 조직되었다. (O|X)

872 ☐☐☐☐ 07 채용

지방정부에 비해 연방정부는 빠른 속도로 연방경찰을 정비하였다. (O|X)

873 ☐☐☐☐ 07 채용

도시경찰 관리형태 중 1900년대 대도시를 중심으로 발달한 것으로 사회의 전문화, 다양화와 범죄의 증가 등에 대응하기가 용이하다고 평가되는 유형은 단일경찰관리자제도이다. (O|X)

874 ☐☐☐☐ 06 채용

도시경찰은 미국의 법집행기관 중에서 그 규모가 가장 크고 중요하다. (O|X)

정답과 해설

866. (X) **시어도어 루즈벨트(Theodore Roosevelt) 대통령의 지시로 1908년 법무부(재무부 X)** 소속의 수사국(Bureau of Investigation)이 창설되었다. 1935년 프랭클린 D. 루즈벨트(Franklin D. Roosevelt) 대통령 시기에 법무부 수사국이 미국 연방범죄수사국(Federal Bureau of Investigation, FBI)으로 개칭되었다.

867. (O) **미국의 연방수사국(FBI)**은 2001년 9.11 테러 이후 대테러 센터(National Counter-Terrorism Center)와 대확산센터(National Counter-Proliferation Center)를 만들어 테러예방과 수사에 많은 역량을 집중시키고 있다.

868. (O)

869. (O) 범죄수사 및 일반치안(순찰) 업무뿐만 아니라 군유치장과 군법원의 경비업무도 담당하는 경우가 많고, 대부분의 주(State)에서 군 보안관 선출은 **지역주민의 선거**로 이루어짐

870. (X) 연방범죄수사국은 **지방경찰에 대한 수사지휘권이 없다**.

871. (X) 19세기 미국경찰은 비전문적이고 부패와 비능률이 지배하고 있었으며, 지나친 **지방분권화(중앙집권화 X)**와 정치적 영향으로 효과적인 범죄대처가 불가능하게 되었기 때문에 주경찰기관이 조직되었다.

872. (X) 미국에서는 주나 자치체가 치안유지를 주로 담당하였고, 연방경찰의 정비는 아주 **완만**하였다.

873. (O)   874. (O)

875 ☐☐☐☐ 06 채용

도시(市) 경찰 중에서 가장 규모가 큰 것은 뉴욕시 경찰청이다. (O|X)

876 ☐☐☐☐ 06 채용

도시경찰은 우리나라의 파출소에 해당하는 말단조직을 가지고 있다. (O|X)

877 ☐☐☐☐ 06 채용

도시경찰은 경찰서에 형사(수사)부서를 두어 지역주민을 보호하고 있다. (O|X)

878 ☐☐☐☐ 10 승진

미국의 연방경찰은 실질적인 경찰권을 행사함으로써 주경찰의 제한적인 활동에 비해 경찰권의 행사 범위가 훨씬 광범위하다. (O|X)

879 ☐☐☐☐ 24 채용

미국경찰에는 기본적으로 지방경찰, 주 경찰, 연방경찰이 존재하며, 이 중 광범위한 경찰권을 행사하여 법집행의 범위가 가장 넓은 것은 주 경찰이다. (O|X)

정답과 해설

875. (O)
876. (X) 미국의 도시경찰은 우리나라의 파출소에 해당하는 말단조직을 **가지고 있지 않다**.
877. (X) 미국의 도시경찰을 우리나라 경찰서 조직과 비교하여 볼 때 다른 점은 대부분 형사(수사)부서가 경찰서 소속이 아니라 **시경찰국에서 직접 운용**한다는 점이고, **경찰서장의 지휘를 받지 않으며, 인사교류도 서로 되지 않는다는** 점이다.
878. (X) 미국의 **주경찰(연방경찰 X)**은 실질적인 경찰권을 행사함으로써 **연방경찰의 제한적인 활동에 비해 경찰권의 행사 범위가 훨씬 광범위**하다.
879. (X) 미국경찰에는 기본적으로 지방경찰, 주 경찰, 연방경찰이 존재하며, 이 중 광범위한 경찰권을 행사하여 법집행의 범위가 가장 넓은 것은 **지방경찰(주경찰 X)**이다.

THEME 03 독일경찰

1 독일의 경찰조직 _B급

880 ☐☐☐☐ 07·24 채용
1949년 제정된 독일기본법에 따르면 일반경찰행정권을 주정부에 부여하여 각 주는 고유한 경찰법을 제정하게 되었다. O│X

881 ☐☐☐☐ 12 간부
독일의 연방헌법보호청(BfV)은 연방헌법의 기본질서를 파괴하려는 행위의 방지를 주목적으로 하며 수사권이 없는 것이 특징이다. O│X

882 ☐☐☐☐ 08 간부
연방헌법보호청은 1950년 독일기본법을 근거로 설치되었다. O│X

883 ☐☐☐☐ 08 간부
연방헌법보호청은 극좌·극우의 합법·비합법단체, 스파이 등 기본법 위반의 혐의가 있는 모든 행위에 대한 감시업무와 정보수집·분석업무를 그 임무로 한다. O│X

884 ☐☐☐☐ 08 간부
연방헌법보호청은 구속, 압수, 수색 등의 업무를 할 수 없으며, 심문을 위한 소환이나 강제수단을 행할 수 없다. 다만, 정보수집을 위하여 의회의 감독 아래 전화감청을 할 수 있다. O│X

885 ☐☐☐☐ 21 간부
독일의 연방헌법보호청은 경찰기관의 하나로서 법집행업무를 수행하는데, 헌법위반과 관련된 사안에 대해서만 구속·압수·수색 등 강제 수사를 할 수 있다. O│X

886 ☐☐☐☐ 08 간부
연방헌법보호청은 각 주에 설치된 주 헌법보호청에 대한 지휘권을 행사한다. O│X

정답과 해설

880. (O) 1949년 제정된 독일기본법에 따르면 일반경찰행정권을 **주정부(연방정부 X)**에 부여하여 **각 주**는 고유한 경찰법을 제정하게 되었다.
881. (O) 독일의 **연방헌법보호청(BfV)**은 연방헌법의 기본질서를 파괴하려는 행위의 방지를 주목적으로 하며 **수사권이 없는(수사권 있음 X)** 것이 특징이다.
882. (O)   883. (O)
884. (O) 연방헌법보호청은 구속, 압수, 수색 등의 **업무를 할 수 없으며**, 심문을 위한 소환이나 강제수단을 행할 수 **없다(있다 X)**.
885. (X) 독일의 연방헌법보호청은 **법집행권한이 없어** 독자적으로 수사나 구속·압수·수색 등을 하지 **못하며** 정보를 경찰당국에 이첩하여 수사를 한다.
886. (X) 각 주의 주 헌법보호청은 주 정부산하 조직으로 연방헌법보호청과 **대등한 협조관계**이다.

887 ☐☐☐☐ 05 채용

연방범죄수사청은 극좌·극우의 합법·비합법단체, 스파이 등 기본법 위반의 혐의가 있는 모든 행위에 대한 감시업무와 정보수집·분석임무를 수행한다. (O|X)

888 ☐☐☐☐ 23 채용

독일의 연방범죄수사청(BKA)은 연방헌법기관 요인들에 대한 신변경호도 담당한다. (O|X)

889 ☐☐☐☐ 07 채용, 10 승진, 09 간부

독일의 연방경찰로 외국과의 수사협조업무를 수행하며 독일인터폴 총국이 설치되어 있는 기관은 연방범죄수사청(BKA)이다. (O|X)

890 ☐☐☐☐ 09·24 채용

독일에서는 주별로 법률이 독자적으로 제정·운영되고 있어 주 경찰 중심으로 일반적 경찰권을 행사하나, 수사권에 있어서는 통일적 업무수행을 위해 연방(범죄)수사청이 주 소속 수사경찰을 지휘·감독한다. (O|X)

891 ☐☐☐☐ 10 승진

연방헌법보호청은 독일기본법을 근거로 설치되어 국가방첩임무와 반국가단체 및 문제인물에 대한 감시업무를 담당하는 정보기관이다. (O|X)

892 ☐☐☐☐ 09 간부

독일의 주경찰은 연방경찰의 지휘와 통제를 받는다. (O|X)

893 ☐☐☐☐ 03 채용

연방경찰과 주경찰과는 상명하복관계에 있다. (O|X)

894 ☐☐☐☐ 03 채용

전국적인 특수상황에 대비하기 위한 연방경찰이 있다. (O|X)

895 ☐☐☐☐ 03 채용

경찰권은 원칙적으로 주정부에 속해 있다. (O|X)

정답과 해설

887. (X) **연방헌법보호청**의 임무이다.
888. (O) **독일의 연방범죄수사청(BKA)**은 국가의 기능을 보장하기 위해 연방헌법기관 요인들에 대한 신변경호 임무도 담당한다.
889. (O)
890. (X) 연방(범죄)수사청은 수사경찰의 총본부는 아니며, 범죄수사분야에서 각 주 경찰의 수사활동을 지원하지만, **주 소속 수사경찰의 실질적 지휘·감독은 권한은 없다.**
891. (O)
892. (X) 독일의 연방경찰과 주경찰은 **상호 독자적 지위**를 가지며, 연방경찰은 국경경비 등 특수임무를 수행하고, 사실상의 지역치안은 주경찰이 한다.
893. (X) 연방경찰과 주경찰은 **상호 독자적인 지위**를 유지하며, 예외적으로 연방경찰 관할에 속하는 업무에 관하여 주경찰에 대한 통제를 인정하고 있다.
894. (O)
895. (O) 독일의 경찰권은 원칙적으로 **주정부(연방정부 X)**에 속해 있다.

896 ☐☐☐☐ 04 채용

독일의 연방경찰은 전국적 사항이나 국가적 긴급사태에 대처하기 위하여 설치되었기 때문에 주경찰에 대하여 원칙적으로 지휘통솔의 권한을 갖는다. ⓞⅨ

897 ☐☐☐☐ 04·24 채용, 23 간부

독일경찰은 연방차원에서는 각 주(州)가 경찰권을 가지고 있는 자치경찰이지만, 주(州)의 관점에서 본다면 주(州) 내무부장관을 정점으로 하는 주(州)단위의 국가경찰체제이다. ⓞⅨ

898 ☐☐☐☐ 10 승진

연방경찰청의 임무에는 외국 대사관에 대한 안전업무 수행, 해안 국경지역의 보호 및 해양오염 방지, 국가비상사태의 방지업무 등이 있다. ⓞⅨ

899 ☐☐☐☐ 09 승진

경찰권은 연방정부의 권한이다. ⓞⅨ

900 ☐☐☐☐ 05 승진

독일기본법은 경찰의 조직을 기본적으로 연방 관할사항으로 규정하고 있다. ⓞⅨ

901 ☐☐☐☐ 09 승진

독일경찰에는 정치적 중립성을 확보하기 위한 우리나라의 경찰위원회, 일본의 공안위원회 같은 제도는 없다. ⓞⅨ

902 ☐☐☐☐ 08 승진

독일의 지역경찰이 국경경비와 사실상의 모든 지역치안업무를 수행한다. ⓞⅨ

정답과 해설

896. (X) 독일의 연방경찰은 주경찰에 대하여 원칙적으로 재정부담이나 지휘통솔의 **권한을 갖지 않는다**.
897. (O) 독일경찰은 연방차원에서는 각 주(州)가 경찰권을 가지고 있는 **자치경찰**이지만, 주(州)의 관점에서 본다면 주(州) 내무부장관을 정점으로 하는 주(州)단위의 **국가경찰체제(자치경찰체제 X)**이다.
898. (O)
899. (X) 독일의 경찰은 연방경찰과 주경찰로 대별되며, 연방경찰은 국경경비와 특수임무를 수행하고, 사실상의 지역치안은 **주경찰**이 전담한다.
900. (X) 경찰의 시설 및 조직은 **주(연방 X)의 관할사항**이고, 대다수의 주에서는 주를 국가로 하는 국가경찰체제를 유지하고 있다.
901. (O)
902. (X) 독일의 경우 **연방경찰이 국경경비와 특수임무**를 수행하고, **사실상의 지역치안업무는 주경찰**이 전담한다.

2 독일의 범죄수사구조 _C급

903 ☐☐☐☐ 08 채용
독일의 검사와 사법경찰관은 상명하복 관계에 있으며, 사법경찰관은 수사의 보조자이다. (O|X)

904 ☐☐☐☐ 03 채용, 03 간부
경찰에게 독자적인 초동수사권을 인정하고 있다. (O|X)

905 ☐☐☐☐ 03 간부
검찰이 수사의 주재자이다. (O|X)

906 ☐☐☐☐ 05 채용, 03 간부
검찰과 사법경찰은 상호협력관계이다. (O|X)

907 ☐☐☐☐ 03 간부
검찰은 경제사범, 테러범, 정치범, 강력범의 경우에만 수사를 하고, 기타 사건은 경찰에게 실질적으로 독자적인 수사를 위임하고 있다. (O|X)

908 ☐☐☐☐ 08 채용, 11 간부
독일의 검찰은 공소권만 가지고 있고, 수사권은 가지고 있지 않아 소위 "팔 없는 머리"로 불리기도 한다. (O|X)

정답과 해설

903. (O) 독일의 검사와 사법경찰관은 상명하복 관계(상호협력 X)에 있으며, 사법경찰관은 수사의 **보조자(주재자 X)**이다.
904. (O)   905. (O)
906. (X) 검찰이 수사를 주재하고 경찰은 검찰을 보좌하는 **상명하복의 관계**이다.
907. (O)
908. (X) 독일 검찰은 **공소제기권과 수사권을 모두 가지고 있으나**, 자체적인 집행기관을 보유하고 있지 않아 "팔 없는 머리"로 불리기도 한다.

THEME 04 프랑스 경찰 _C급

909 ☐☐☐☐ 03·05 채용
프랑스경찰은 국가경찰체제로 내무부장관의 지휘하에 전국적인 조직을 가지고 있고, 사법경찰은 내무부장관의 관할이다. (O|X)

910 ☐☐☐☐ 24 채용, 26 간부
11세기경 프랑스의 앙리 1세는 파리의 치안을 유지하기 위해 법원과 경찰기능을 가진 프레보(Prévôt)를 창설하였다. (O|X)

911 ☐☐☐☐ 08·10 채용
행정경찰과 사법경찰의 분화는 프랑스에서 확립되었다. (O|X)

912 ☐☐☐☐ 03 채용
프랑스는 국립경찰과 자치체경찰의 업무가 명확히 구분되어 있다. (O|X)

913 ☐☐☐☐ 09 채용
프랑스는 사인소추주의를 채택하고 있다. (O|X)

914 ☐☐☐☐ 06 채용
대부분의 국가에서는 경찰관의 노동조합결성권을 인정하지 않으나, 프랑스에서는 명문으로 노동조합결성권을 인정하고 있다. (O|X)

915 ☐☐☐☐ 21 간부
프랑스의 군인경찰(La Gendamerie Nationale)은 국립경찰이 배치되지 않는 소규모 인구의 소도시와 농촌지역에서 경찰업무를 수행한다. (O|X)

정답과 해설

909. (X) 프랑스의 사법경찰은 **법무부장관**의 관할이다.
910. (O) 11세기 프랑스의 앙리 1세(Henri I, 1008-1060)는 당시 파리의 치안과 질서를 유지하기 위해 프레보(Prévôt)(재판과 경찰기능 담당)라는 제도를 창설했다.
911. (O) 행정경찰과 사법경찰의 분화는 **프랑스의 죄와형벌법전에서 최초로 확립**되었다.
912. (O) 프랑스는 집중형 체제이지만 **국립경찰과 자치체경찰의 업무가 명확히 구분**되어 있다.
913. (O) 프랑스 검사의 기소독점주의를 인정하지 않고 **사인소추주의를 채택**하고 있다.
914. (O)
915. (O) 국립경찰(경찰서)이 없는 인구 **2만명 미만의 소도시(Commune)**와 농촌지역에서 지방경찰의 인원부족을 보충하여 치안을 담당한다.

916 ☐☐☐☐ 23 간부

프랑스 군경찰은 군인의 신분으로 국방임무를 수행하면서, 행정경찰과 사법경찰의 기능을 수행한다. (O|X)

917 ☐☐☐☐ 09 간부

예심판사는 현행범인의 범죄현장에 출동하여 사법경찰관과 검사에게 수사상 필요한 명령을 내릴 수 있다. (O|X)

918 ☐☐☐☐ 24 채용

프랑스에서는 수사의 주체가 수사판사 또는 검사이고, 국립경찰 소속 사법경찰뿐만 아니라 사법경찰활동을 하는 군경찰도 수사판사 또는 검사의 수사지휘를 받아야 한다. (O|X)

정답과 해설

916. (O) 프랑스 군경찰은 2002년에 소속은 국방부, 지휘권은 내무부장관이었으나, **2009년부터 소속이 내무부로 이관되어 신분은 군인이나 지휘감독권은 내무부장관**이 한다.
917. (O)   918. (O)

THEME 05 일본경찰 _C급

1 일본경찰의 역사

919 ☐☐☐☐ 07 채용

일본막부에서 실시한 '5인조제도'하에서는 위법행위자나 범죄인이 생긴 경우 연대하여 처벌을 하였다. (O|X)

920 ☐☐☐☐ 08 채용

일본경찰의 신경찰법에서는 민주화의 요청을 위하여 경찰운영의 단위를 도도부현으로 하고, 경찰조직을 도도부현경찰로 일원화하였다. (O|X)

2 일본의 경찰조직

921 ☐☐☐☐ 05·07·09 채용

일본경찰은 국가경찰인 경찰청과 관구경찰국, 도도부현경찰인 동경도 경시청과 도부현경찰본부 등 2중체제로 구성되어 있다. (O|X)

922 ☐☐☐☐ 06 채용

일본의 국가공안위원회는 합의제 행정관청인 행정위원회의 성격을 갖는다. (O|X)

923 ☐☐☐☐ 03 채용

국가공안위원회는 내각총리대신의 소할이다. (O|X)

924 ☐☐☐☐ 09 채용

국가공안위원회는 관리기관이며, 상설기관이다. (O|X)

925 ☐☐☐☐ 08 채용

국가공안위원회 위원은 임명 전 5년간 경찰 또는 판사의 전력이 없는 자 중에서 내각총리대신이 국회의 동의를 얻어 임명한다. (O|X)

정답과 해설

919. (O)
920. (X) 경찰운영의 단위를 도도부현으로 하고, 경찰조직을 도도부현경찰로 일원화한 것은 **능률화(민주화 X)의 요청**으로 볼 수 있다.
921. (O) 일본경찰은 신경찰법에 의하여 국가경찰인 경찰청과 관구경찰국(6개), 도도부현경찰인 동경도 경시청과 도부현경찰본부 등 **2중체제(절충형)로 구성**되어 있다.
922. (O) 일본의 국가공안위원회는 **합의제 행정관청인(심의 의결기구 X)** 행정위원회의 성격을 갖는다.
923. (O)
924. (X) 국가공안위원회는 강력한 권한을 가진 경찰의 권한남용과 정치적인 영향을 배제하기 위하여 내각 총리대신 산하에 설치된 합의제 기관이며, **비상설기관(상설기관 X)**이다.
925. (X) 위원은 임명 전 5년간 **경찰 또는 검찰(판사 X)**의 직무를 행한 직업적 공무원의 전력이 없는 자 중에서 내각 총리대신이 국회의 동의를 얻어 임명한다.

926 ☐☐☐☐ 05·08 채용, 09 승진

국가공안위원회 위원장은 표결권이 있음은 물론 가부동수인 경우 결정권을 갖는다. [O|X]

927 ☐☐☐☐ 08 채용

국가공안위원회는 업무수행에 필요한 감찰업무는 별도의 기관에서 수행한다. [O|X]

928 ☐☐☐☐ 05 채용

국가공안위원회 위원의 임기는 3년이다. [O|X]

929 ☐☐☐☐ 08 승진

일본의 국가공안위원회제도는 경찰의 능률증진이라는 기능이 있다. [O|X]

930 ☐☐☐☐ 09 채용

위원장을 포함한 5인으로 구성된 국가공안위원회는 경찰비리에 대한 감찰지시권을 가지고 있다. [O|X]

931 ☐☐☐☐ 09 승진

국가공안위원회는 중앙에서 통일적으로 하는 것이 적당한 일반적 업무, 대규모 재해, 소요사태 및 경찰행정의 조정 및 감찰활동을 한다. [O|X]

932 ☐☐☐☐ 03 채용

경찰청은 독립적인 관청으로 국가공안위원회의 보조기관이 아니다. [O|X]

933 ☐☐☐☐ 03 채용

경찰청은 국가공안위원회가 관리한다. [O|X]

934 ☐☐☐☐ 10 승진

경찰청장관은 내각총리대신이 국가공안위원회의 동의를 얻어 임명한다. [O|X]

935 ☐☐☐☐ 21 간부

일본의 관구경찰국은 동경 경시청과 북해도 경찰본부 관할구역을 제외하고 전국에 6개가 설치되어 있다. [O|X]

정답과 해설

926. (X) **위원장은 표결권은 없고**, 가부 동수인 경우에만 결정권을 준다. 의사는 출석위원의 과반수로 결정하는데, **가부동수인 경우에는 위원장이 결정**한다.
927. (X) 국가공안위원회는 업무수행에 필요한 **감찰업무도 실시(별도의 기관 X)**한다.
928. (X) 국가공안위원회 위원의 임기는 **5년**이다.
929. (X) 일본의 국가공안위원회제도는 **능률성보다는 민주성**에 치중한다.
930. (X) 국가공안위원회는 위원장 포함한 **6인**으로 구성된다.
931. (O)   932. (O)   933. (O)
934. (X) 경찰청장관은 **국가공안위원회가 내각총리대신의 동의를 얻어 임면(임명 X)**한다.
935. (O) 일본의 관구경찰국은 동경 경시청과 북해도 경찰본부 관할구역을 제외하고 전국에 **6개(7개 X)**가 설치되어 있다.

936 ☐☐☐☐ 04 채용

일본의 관구경찰국은 경찰청의 지방기관으로서 대규모 재해발생시 지방자치단체 상호간의 연락·조정 등의 필요성에 의해 설치되었고, 국장은 소관사무에 관하여 부현경찰을 관리한다. Ⓞ|Ⓧ

937 ☐☐☐☐ 03 채용

관구경찰국은 부현경찰과는 상호독립적이어서 관리권이 없다. Ⓞ|Ⓧ

938 ☐☐☐☐ 03 채용

대규모 재해 등 긴급사태 발생시에는 내각총리대신과 경찰청장관에 의한 중앙통제를 인정하고 있다. Ⓞ|Ⓧ

939 ☐☐☐☐ 03 채용

도도부현경찰은 경찰서 설치권을 보유한다. Ⓞ|Ⓧ

940 ☐☐☐☐ 03 채용

도도부현지사는 공안위원회를 지휘·감독하지는 못한다. Ⓞ|Ⓧ

941 ☐☐☐☐ 03 채용

도도부현에 근무하는 경찰관은 모두 국가공무원이다. Ⓞ|Ⓧ

942 ☐☐☐☐ 05 채용

도도부현경찰에는 동경도 경시청과 도부현 경찰본부가 있으며, 경찰관리기관으로 지사의 소할하에 도도부현 공안위원회를 설치, 운영하고 있다. Ⓞ|Ⓧ

943 ☐☐☐☐ 04 승진

도도부현 공안위원회의 위원은 도도부현지사가 지방의회의 동의를 얻어 임명한다. Ⓞ|Ⓧ

944 ☐☐☐☐ 10 승진

지방경찰인 경시정 이하 경찰관의 봉급은 지방자치단체가 부담한다. Ⓞ|Ⓧ

945 ☐☐☐☐ 05 채용

동경도 경시청의 경시총감은 국가공안위원회가 동경도공안위원회의 동의를 얻어 내각총리대신의 승인을 받아 임명한다. Ⓞ|Ⓧ

정답과 해설

936. (O)
937. (X) 관구경찰국은 경찰청의 지방기관으로 전국에 6개의 관구경찰국이 있고, **관구경찰국장**이 소장사무의 범위내에서 부현경찰을 **관리한다**.
938. (O)
939. (X) 일본에서 경찰서 설치권은 **도도부현지사가 보유**한다.
940. (O)
941. (X) 국가경찰기관에 소속된 경찰관은 국가공무원이고, **도도부현에 소속된 경찰관은 지방공무원**이다. 다만, **경시정(총경) 이상으로서 도도부현에 근무하는 경찰관은 국가공무원**이다.
942. (O)　　**943.** (O)
944. (X) 국가경찰인 **경시정(총경) 이상 경찰관의 봉급은 국가**가, 지방경찰인 **경시(경시정 X) 이하** 경찰관의 봉급은 지방자치단체가 부담한다.
945. (X) 동경도 경시청의 경시총감은 국가공안위원회가 동경도공안위원회의 동의를 얻어 내각총리대신의 승인을 받아 **임면(임명 X)**한다.

946 ☐☐☐☐ 05 채용

도부현경찰본부장은 국가공안위원회가 도부현공안위원회의 동의를 얻어 임면한다. (O│X)

947 ☐☐☐☐ 05 채용

도도부현지사는 경찰의 운영에 관하여 도도부현 공안위원회를 지휘·감독할 권한을 가지고 있다. (O│X)

948 ☐☐☐☐ 04 승진

도도부현지사는 도도부현경찰의 운영에 관하여 지휘·감독할 수 없다. (O│X)

949 ☐☐☐☐ 04 승진

도도부현지사는 도도부현경찰에 관한 예산안의 의회제출권이 있다. (O│X)

950 ☐☐☐☐ 04 채용

경찰서의 설치권은 지사의 직무권한으로 인정되고 있다. (O│X)

951 ☐☐☐☐ 09 채용

지사는 원칙적으로 지방경찰에 대한 지휘·감독권을 가지고 있지 않다. (O│X)

3 일본의 범죄수사구조 _B급

952 ☐☐☐☐ 04 채용

일본의 경우 사법경찰직원에게 독자적 수사권이 있지만 공소유지를 위한 검사의 지휘에 복종하여야 하고, 구류청구권은 검사에게 있다. (O│X)

953 ☐☐☐☐ 03 채용, 09 간부

경찰도 체포·압수수색 영장을 청구할 수 있다. 체포영장은 경부 이상 계급으로 청구권자가 한정된다. (O│X)

954 ☐☐☐☐ 04 채용

일본의 경찰은 독자적 수사권을 가지고 있고 검사와는 상호협력관계에 있다. (O│X)

955 ☐☐☐☐ 04 채용

일본의 검사는 경찰이 검사의 지휘에 정당한 이유 없이 따르지 않을 경우 공안위원회에 징계 또는 파면을 청구할 수 있다. (O│X)

정답과 해설

946. (O) 도부현경찰본부장은 국가공안위원회가 도부현공안위원회의 동의를 얻어 **임면(임명+면제)**한다.
947. (X) 도도부현지사는 도도부현 공안위원회를 그 소할하에 두고 있을 뿐 도도부현 공안위원회를 지휘·감독할 권한을 **가지고 있지는 않다**.
948. (O)   949. (O)
950. (O) 경찰서의 설치권은 **도도부현 지사(도도부현 공안위원회 X)**의 직무권한으로 인정되고 있다.
951. (O)   952. (O)
953. (O) 일본에서 **경부(경감) 이상**의 경찰은 체포영장청구가 가능하다.
954. (O) 일본의 경찰은 독자적 수사권을 가지고 있고 검사와는 **상호협력관계(상명하복 X)**에 있다.
955. (O)

956 ☐☐☐☐ 04·03·09·24·25 채용, 23 간부

일본 경찰은 일반적으로 수사의 개시·진행권 및 종결권을 가지고 있으며, 검찰과 상호대등한 협력관계를 이룬다. (O│X)

957 ☐☐☐☐ 04 채용

고도의 법률지식을 요하거나 정치성을 띠는 사건은 검사가 직접 수사한다. (O│X)

958 ☐☐☐☐ 09·25 채용

일본경찰은 독자적 수사권을 가진 1차적 수사기관이고, 경찰에 체포·압수·수색·검증 영장 청구권을 포함한 강제처분권을 인정하고 있다. (O│X)

959 ☐☐☐☐ 08 간부

일본검사가 수사하고 있던 사항에 대해 경찰서 사법경찰직원에게 수사의 보조를 구하였다. 이런 권한은 사법경찰직원에 대한 일반적 지휘권이다. (O│X)

정답과 해설

956. (X) 일본 경찰은 일반적으로 1차적 수사기관이라고 하며 수사의 **개시권(종결권 X)**을 갖고, **검사는** 수사권과 기소권(공소제기권), **수사의 종결권**을 가지고 있다.

957. (O)

958. (O)

959. (X) **구체적 지휘권**에 대한 설명이다.

PART 3
경찰행정학

CHAPTER 01

경찰관리

THEME 01 경찰조직관리

1 이상적 관료제 모형의 특성·역기능 _C급

960 ☐☐☐☐ 07 채용, 20 승진

막스 베버(M. Weber)의 이상적 관료제의 구조적 특성은 관료의 권한과 직무 범위는 법규와 관례에 의해 규정되고, 직무의 수행은 서류에 의해 이루어지며 기록은 단기간 보존되고, 직무조직은 계층제적 구조로 구성되고, 관료는 직무수행의 대가로 급료를 정규적으로 받으며, 직무수행과정에서 개인적 감정에 따라 임무를 수행한다. (O|X)

961 ☐☐☐☐ 26 간부

관료는 목표가 아닌 수단에 지나치게 동조함으로써 목표와 수단의 전도나 창의력 결여 등의 부작용인 동조과잉이 나타나게 된다. (O|X)

962 ☐☐☐☐ 26 간부

문제해결에 적극적·쇄신적 태도를 취하지 않으려 하고, 정책결정을 지연시키며, 상급자의 명령·지시에만 영합하며, 책임을 회피하기 위하여 상급자의 권위에 의존하는 무사안일주의와 상급자 권위에의 의존이 발생하게 된다. (O|X)

963 ☐☐☐☐ 26 간부

관료적 서열구조인 조직 안에서 구성원은 자신의 무능력 수준에 도달할 때까지 승진하게 된다는 할거주의가 나타나게 된다. (O|X)

964 ☐☐☐☐ 26 간부

관료가 한 가지 지식 또는 기술에 대해 훈련을 받고 기존 규칙을 준수하도록 길들여져서 다른 대안을 생각하지 못하는 훈련된 무능이 발생할 수 있다. (O|X)

정답과 해설

960. (X) 관료의 권한과 직무 범위는 **법규(관례 X)**에 의해 규정되고, 직무의 수행은 서류에 의해 이루어지며 기록은 **장기간(단기간 X)** 보존된다. 직무수행과정에서 **감정의 배제(개인적 감정에 따라 임무를 수행 X)**가 필요하다. M.Weber의 관료제의 특징 중에서 가장 큰 특징은 구조의 **계층제적 측면**이다.

961. (O)   962. (O)

963. (X) 조직구성원들은 자신의 무능력 수준에 도달할 때까지 승진하게 된다는 것은 **피터의 원리**(Peter's Principle)에 대한 설명이다.

964. (O) 관료가 한 가지 지식 또는 기술에 대해 훈련을 받고 기존 규칙을 준수하도록 길들여져서 다른 대안을 생각하지 못하는 **전문가적 무능 현상은 지나친 분업으로 인한 병리현상**이다.

2 조직편성의 원리 _s급

2-1 분업의 원리

965 ☐☐☐☐ 19·23·25 채용, 19 승진, 16 간부

분업의 원리란 가급적 한 사람에게 동일한 업무를 분담시킴으로써 특정 분야에 대한 업무의 전문화 확보를 가능하게 한다. (O|X)

966 ☐☐☐☐ 20 경채

분업의 원리는 구성원의 부품화, 반복업무에 따른 흥미상실, 비밀증가 등 지나친 전문화로 인하여 문제가 발생할 경우, 조정의 원리 등의 적용을 통하여 해결할 수 있다. (O|X)

967 ☐☐☐☐ 20·24·25 채용, 24 간부

분업의 원리는 업무의 전문화를 통해 업무습득에 걸리는 시간을 단축할 수 있지만 분업의 정도가 높아질수록 조직 할거주의가 초래될 수 있다. (O|X)

968 ☐☐☐☐ 21 경채

전문화와 분업화의 정도가 높아질수록 조정과 통합의 필요성이 높아지므로 양자는 정비례 관계이다. (O|X)

969 ☐☐☐☐ 18 간부

분업은 전문화라는 장점이 있지만 전체적인 통찰력을 약화시키는 단점이 있다. (O|X)

970 ☐☐☐☐ 12 채용

분업의 원리는 다수가 일을 함에 있어서 각자의 임무를 나누어서 분명하게 부과하고 협력을 하도록 하는 것으로, 인간능력의 한계를 극복하고 업무를 효율적으로 수행하기 위한 것이다. (O|X)

2-2 계층제의 원리

971 ☐☐☐☐ 23 채용, 23 간부

계층제의 원리는 권한과 책임의 정도에 따라 직무를 계층화 함으로써 상·하 계층 간에 직무상 지휘·감독 관계에 있도록 한다. (O|X)

정답과 해설

965. (O) 분업의 원리란 업무를 성질과 종류별로 구분하여 한 사람에게 한 가지의 동일한 업무만을 전담토록 하는 원리를 말한다.
966. (O)
967. (O) 분업화의 정도가 **높아(낮아 X)**질수록 조정과 통합이 어려워져서 **할거주의가 초래**될 수 있다.
968. (O) 전문화와 분업화의 정도가 높아질수록 조정과 통합의 필요성이 높아지므로 양자는 **정비례(반비례 X) 관계**이다.
969. (O)   970. (O)
971. (O) 계층제의 원리는 직무를 책임과 난이도에 따라 상하로 나누어 배치하고 상하계층간에 명령복종관계를 적용하는 조직편성원리로 상위로 갈수록 권한과 책임이 무거운 임무를 수행한다는 원리이다.

972 ☐☐☐☐ 19·23 채용, 15 승진, 18 간부, 20 경채

계층제는 환경변화에 대한 조직의 신축적 대응으로 새로운 지식, 기술 등 도입이 용이하다. (O|X)

973 ☐☐☐☐ 03·12·18·22·24·25 채용, 11·15·17·18·19·20 승진, 16·24·25 간부, 21 경채

계층제의 원리는 조직의 목적 수행을 위해 구성원의 임무를 책임과 난이도에 따라 상하로 나누어 배치하고, 상위로 갈수록 권한과 책임이 무거운 임무를 수행하도록 편성하는 원리로서, 지휘계통을 확립하고 조직의 업무수행 활동에 질서와 통일을 기할 수 있는 장점이 있으며, 계층이 많아질수록 의사소통과 업무처리시간에 효율을 기할 수 있다. (O|X)

974 ☐☐☐☐ 20 채용

계층제의 원리의 무리한 적용은 행정능률과 횡적 조정을 저해한다. (O|X)

975 ☐☐☐☐ 19 승진

계층제의 원리란 직무를 권한과 책임의 정도에 따라 등급화하는 수직적 분업의 일종으로서 통솔범위가 넓어지면 계층의 수도 많아지고, 통솔범위가 좁아지면 계층의 수도 줄어든다. (O|X)

976 ☐☐☐☐ 25 채용

계층제의 원리는 권한과 책임의 배분을 통해 신중한 업무처리가 가능하며, 수직적 분화와 집권화 현상이 나타나 구성원의 동기부여를 향상시킨다. (O|X)

2-3 명령통일의 원리

977 ☐☐☐☐ 03·22·23 채용, 10·11·17·18·20 승진, 23 간부

명령통일의 원리란 조직구성원 간에 지시나 보고를 주고받는 과정에서 지시는 한 사람만이 할 수 있고, 보고도 한 사람에게만 하여야 한다는 원칙을 말한다. (O|X)

978 ☐☐☐☐ 09 승진, 18 간부

둘 이상의 상관으로부터 지시나 명령을 받게 되면 업무수행의 혼선이 발생할 수 있으므로 명령통일의 원리가 필요하다. (O|X)

정답과 해설

972. (X) 계층제의 원리는 조직이 환경변화에 신축성 있게 대응하기 어렵고, 새로운 지식이나 기술 등을 도입하기 어렵다는 단점이 있다.
973. (X) 계층이 많아질수록 의사소통의 단계가 늘어나고 처리시간이 길어진다.
974. (X) 계층제의 원리의 무리한 적용은 행정능률과 종적(횡적 X) 조정을 저해한다. 행정능률과 횡적조절을 저해하는 것은 명령통일의 원리 역기능이다.
975. (X) 계층제와 통솔범위는 역관계(반비례)로 통솔범위가 넓어지면 계층의 수는 줄어들고, 통솔범위가 좁아지면 계층의 수는 많아진다.
976. (X) 계층제 원리는 권한과 책임의 배분을 통해 신중한 업무처리가 가능하다는 장점이 있지만, 계층제가 강할수록 수직적 분화(분업의 원리의 수직적 분담)와 집권화가 심화되어 구성원의 동기부여를 저해(향상 X)시킨다.
977. (O)   978. (O)

979 ☐☐☐☐ 18·20 채용, 09·12·17·18·20·23 승진

관리자의 공백 등에 의한 업무의 공백에 대비하기 위하여 조직은 권한의 위임·대리 또는 유고관리자의 사전지정 등을 활용하여 명령통일의 한계를 완화할 수 있다. (O|X)

980 ☐☐☐☐ 19 승진

명령통일의 원리는 조직의 집단적 노력을 질서 있게 배열하는 과정으로서 개별적인 활동을 전체적인 관점에서 통일하여 조직의 목표달성도를 높이려는 원리로, 관리자의 공백 등을 대비하여 대리, 위임, 유고관리자 사전지정 등이 필요하다. (O|X)

981 ☐☐☐☐ 12 채용

둘 이상의 사람으로부터 지시나 명령을 받는 경우 서로 모순되는 지시가 나오고, 이로 인해 집행하는 사람은 혼란을 겪게 되기 때문에 업무수행의 혼선과 그로 인한 비능률을 막기 위해서 명령통일의 원칙이 요구된다. (O|X)

982 ☐☐☐☐ 24 채용, 22 간부

경찰은 대부분의 경우 예기치 못한 사태가 돌발적으로 발생하며, 시급히 해결하지 않으면 피해를 회복하기 곤란한 경우가 많아 신속한 집행을 필요로 하는데, 이때 지시가 분산되고 여러 사람으로부터 지시를 받는다면, 범인을 놓친다든지 사고처리가 늦어 인명이나 재산의 피해에 신속한 대응이 불가능하다. 조직편성의 원리 중 통솔범위의 원리와 관계가 깊다. (O|X)

983 ☐☐☐☐ 09·10 승진

명령통일의 원리를 너무 철저히 지키다보면 업무수행에 혼란을 야기할 수도 있다. (O|X)

984 ☐☐☐☐ 24 간부

명령통일의 원리는 업무수행의 혼선을 방지하여 신속한 의사결정을 하도록 한다. (O|X)

985 ☐☐☐☐ 09 승진

수사경찰이 내부관리자와 검사로부터 이중의 지시를 받는 개정 전 형사소송법 체계는 명령통일의 원리의 관점에서 바라볼 때 문제점으로 지적될 수 있다. (O|X)

986 ☐☐☐☐ 12·18 승진

경찰의 경우에 수사나 사고처리 및 범죄예방활동에 이르기까지 거의 모든 업무수행에서 결단과 신속한 집행을 필요로 하는데, 이때 지시가 분산되고 여러 사람으로부터 지시를 받는다면, 범인을 놓친다든지 사고처리가 늦어 인명이나 재산의 피해에 신속한 대응이 불가하다는 것은 명령통일의 원리와 관련있다. (O|X)

정답과 해설

979. (O)
980. (X) 조직의 집단적 노력을 질서 있게 배열하는 과정으로서 개별적인 활동을 전체적인 관점에서 통일하여 조직의 목표달성도를 높이려는 원리는 **조정과 통합의 원리**이다.
981. (O)
982. (X) 명령통일의 원리는 둘 이상의 사람으로부터 지시나 명령을 받는 경우 모순된 지시 등으로 업무수행의 혼선과 비능률이 발생할 수 있는데, **명령통일의 원리**는 이를 막아주는 기능을 한다.
983. (O)   984. (O)   985. (O)
986. (O) 조직편성의 원리 중 명령통일의 원리에 대한 설명이다.

987 ☐☐☐☐ 09 채용

甲은 시위진압 도중 상관인 A와 B에게 명령을 받았다. 이는 경찰조직의 편성원리 중 통솔범위의 원리에 위배된다.
(O|X)

2-4 통솔범위의 원리

988 ☐☐☐☐ 18·19·22·23 채용, 10·12·19 승진, 03·08 간부, 20·21·23 경채

1인의 상관 또는 감독자가 효과적으로 직접 통솔할 수 있는 부하의 수를 정하는 원리로, 통솔범위는 신설부서보다는 오래된 부서, 지리적으로 분산된 부서보다는 근접 부서, 복잡한 업무보다는 단순한 업무의 경우에 넓어진다.
(O|X)

989 ☐☐☐☐ 20·25 채용, 22 경채

통솔범위의 원리에서 통솔범위는 계층 수, 업무의 복잡성, 조직규모의 크기와 반비례 관계이다.
(O|X)

990 ☐☐☐☐ 12 채용, 22·23 경채

일반적으로 조직의 규모가 클수록 통솔의 범위는 좁아지는데 반하여 조직의 규모가 작을수록 통솔의 범위는 넓어진다.
(O|X)

991 ☐☐☐☐ 25 채용, 24 간부

통솔범위의 원리는 업무의 종류가 단순할수록 통솔범위는 좁아지며 계층의 수가 많을수록 통솔범위는 넓어진다.
(O|X)

992 ☐☐☐☐ 08 간부

청사의 규모가 큰 경우보다 작은 경우가 통솔범위가 넓어진다.
(O|X)

993 ☐☐☐☐ 11·17 승진

한 사람의 관리자가 조직 구성원을 몇 명 정도나 관리할 수 있는지에 관한 원리로서, 부하의 능력과 의욕, 경험 등의 수준이 높아질수록 관리자의 통솔범위는 축소된다고 할 수 있다.
(O|X)

정답과 해설

987. (X) 둘 이상의 사람으로부터 지시나 명령을 받는 경우 모순된 지시 등으로 업무수행의 혼선과 비능률이 발생할 수 있는데, **명령통일의 원리**는 이를 막아주는 기능을 한다.

988. (O) 통솔의 범위는 한 사람의 상관이 효과적으로 감독할 수 있는 최대한의 부하의 수를 의미한다.

989. (O) **계층 수** : 통솔범위가 넓어지면 계층의 수는 줄어들고 통솔범위가 좁아지면 계층의 수는 많아진다. **업무의 복잡성** : 업무가 복잡할수록(전문적일수록) 통솔범위는 줄어들고 단순할수록 넓어진다. **조직규모** : 조직의 규모가 클수록 통솔의 범위는 좁아지는데 반하여 조직의 규모가 작을수록 통솔의 범위는 넓어진다. 즉, **반비례 관계**이다.

990. (O)

991. (X) 통솔범위의 원리 – 업무의 종류가 단순할수록 통솔범위는 **넓어(좁아 X)**지며 계층의 수가 많을수록 통솔범위는 **좁아(넓어 X)**진다.

992. (X) **청사의 규모는 통솔범위의 고려요소와는 거리가 멀다.**

993. (X) 부하직원의 능력, 의욕, 경험 등이 높아질수록 관리자의 통솔범위는 **넓어진다**. 그러나 무한정 확대될 수는 없으며 이때는 부하의 능력과 함께 관리자의 리더십 능력 및 경험이 높으면 높을수록 통솔범위도 넓어질 수 있다.

994 ☐☐☐☐ 24 채용, 10 승진, 18 간부, 23 경채

최근 부각되는 구조조정의 문제와 관련성이 깊은 것은 조정의 원리이다. (O|X)

995 ☐☐☐☐ 23 간부, 21·23 경채

통솔범위의 원리에서 조직의 역사, 교통통신의 발달, 관리자의 리더십(Leadership), 부하의 능력 등은 통솔범위의 중요 요소이다. (O|X)

996 ☐☐☐☐ 12·24 채용, 23 승진

한 사람의 감독자가 직접 감독할 수 있는 부하의 수는 일정한 한도로 제한해 줄 필요가 있다. 한 사람이 직접적으로 감독할 수 있는 부하의 수는 업무의 성질, 고용기술, 작업성과 기준에 달려 있으며, 모든 조직은 일반적으로 상관보다 부하가 더 많다. 이러한 이유 때문에 경찰 조직은 사다리 모양 보다는 피라미드 모양을 취하고 있는데, 전문화의 원리에 대한 설명이다. (O|X)

2-5 조정과 통합의 원리

997 ☐☐☐☐ 03·19·23·25 채용, 12·19·23 승진, 16·18·23 간부, 20 경채

조직의 집단적 노력을 질서있게 배열하는 과정으로서 개별적인 활동을 전체적인 관점에서 통일하여 조직의 목표달성도를 높이려는 원리라고 하였으며, 특히 무니(J. Mooney)는 조정·통합의 원리를 조직의 제1원리이며 가장 최종적인 원리라고 하였다. (O|X)

998 ☐☐☐☐ 11·17 승진

조정과 통합의 원리는 조직의 목표달성 과정에서 여러 단위간의 충돌과 갈등을 방지하기 위해 질서 정연한 행동통일을 기하는 원리로서, 관리자의 리더십을 강화하거나 위원회제도 등을 활용하여 조직단위의 권한과 책임의 한계를 명확히 함으로써 제고될 수 있다. (O|X)

999 ☐☐☐☐ 22·23 채용

'할거주의'는 타기관 및 타부처에 대한 횡적인 조정과 협조를 용이하게 만드는 대표적인 요인으로 조정·통합의 원리에 필수적인 요소이다. (O|X)

정답과 해설

994. (X) 최근 부각되는 구조조정의 문제와 관련성이 깊은 것은 **통솔범위의 원리**이다. 통솔범위는 계층의 수, 업무의 단순성, 시간적·공간적 요인, 부하의 능력, 감독자의 리더십 등에 따라 달라지게 되는데, 이러한 통솔범위를 재검토함으로써 직급조정과 인력재배치 작업으로 연결되는 것이다.

995. (O) 교통기관이 발달할수록 통솔범위는 넓어진다.

996. (X) 경찰조직편성의 원리 중 **통솔범위의 원리**에 대한 설명이다.

997. (O) 조정과 통합의 원리는 조직의 집단적 노력을 **질서있게 배열하는 과정**으로서 개별적인 활동을 전체적인 관점에서 **통일하여 조직의 목표달성도를 높이려는** 원리라고 하겠으며, 특히 **무니(J. Mooney)는 조정·통합의 원리를 조직의 제1원리**이며 가장 최종적인 원리라고 하였다.

998. (O)

999. (X) 할거주의는 **소속기관·부서에만** 충성함으로써 타 조직·부서와의 조정·협조가 곤란하게 하여 **조정과 통합이 어려워진다**.

1000 ☐☐☐☐ 11·17·19·21 승진, 17 간부, 20 경채

갈등의 원인이 세분화된 업무처리에 있다면 업무추진의 우선순위를 정해주는 것이 바람직하고, 한정된 인력이나 예산으로 갈등이 생기는 경우 전체적인 업무처리과정의 조정과 통합이 바람직하다. (O│X)

1001 ☐☐☐☐ 17·19 승진

부서 간의 갈등이 일어나고 있을 때는 더 높은 상위목표를 제시, 상호 간 이해와 양보를 유도하는 것이 바람직하다. (O│X)

1002 ☐☐☐☐ 17·19 승진, 17 간부

문제해결이 어려운 경우에는 갈등을 완화하거나 관리자가 갈등을 초래할 수 있는 결정을 보류 또는 회피하는 방식을 사용할 수 있다. (O│X)

1003 ☐☐☐☐ 23·25 채용

조정과 통합의 원리는 구성원의 노력과 행동을 질서있게 배열하고 통일시키는 작용을 함으로써 경찰행정의 목표를 효율적으로 달성할 수 있게 한다. (O│X)

1004 ☐☐☐☐ 18 채용, 19 승진

조직의 구조, 보상체계, 인사 등의 제도개선과 조직원의 행태를 합리적으로 개선하는 것은 갈등의 단기적인 대응방안이다. (O│X)

정답과 해설

1000. (X) 갈등의 원인이 **세분화된 업무처리**에 있다면 업무처리과정을 **통합**한다든지 연결하는 장치나 대화채널을 확보해 주는 것이 필요하고, 갈등의 원인이 **한정된 인력이나 예산**에 있다면 예산과 인력을 확보하고 **업무추진의 우선순위**를 관리자가 정해주어야 한다.

1001. (O)   **1002.** (O)   **1003.** (O)

1004. (X) 조직의 구조, 보상체계, 인사 등의 제도개선과 조직원의 행태를 합리적으로 개선하는 것은 갈등의 **장기적인 (단기적인 X)** 대응방안이다.

엽관주의와 실적주의_B급

1005 ☐☐☐☐ 12 승진
엽관주의는 미국 7대 잭슨 대통령이 '전리품은 승자에게 속한다'라는 구호와 함께 공직을 널리 민중에게 개방함으로써 도입하게 되었고 상류계층이 독점하였던 공직을 대중에게 개방하려는 민주주의의 이념과 함께 시작되었다. (O|X)

1006 ☐☐☐☐ 11 승진
정당활동과 공직임명이 직결된 인사충원은 실적주의이다. (O|X)

1007 ☐☐☐☐ 12·24 승진, 13 간부
엽관주의의 폐해로는 관료가 관직을 계속 유지하기 위하여 정당에 정치자금을 헌납하는 등 관료의 부패를 조장하게 되었다는 점, 인사의 기준이 객관적이지 않아 인사의 공정성이 약하게 된다는 점, 인사부패가 연관되기 쉽다는 점, 행정의 계속성·일관성·안정성이 훼손될 수 있다는 점 등이 있다. (O|X)

1008 ☐☐☐☐ 11 승진
실적주의는 19세기 말 미국 등에서 공직의 매관매직·공직부패 등이 문제되어 대두되었고, 공직은 모든 국민에게 개방되며 어떠한 차별도 받지 않는다. (O|X)

1009 ☐☐☐☐ 08 간부
공무원의 인사에 있어 개인의 능력이나 실적을 기준으로 하는 인사제도를 실적주의라 한다. (O|X)

정답과 해설

1005. (O)
1006. (X) 정당활동과 공직임명이 직결된 인사충원은 **엽관주의(정실주의)**에 대한 설명이다.
1007. (O) 엽관주의는 정치지도자의 국정지도력을 강화함으로써 공공정책의 실현을 용이하게 해주는데, 신분보장이 되지 않기 때문에 행정의 안정성과 지속성을 확보하기 어렵다.
1008. (O)   1009. (O)

1010 ☐☐☐☐ 11 승진

엽관주의는 인사행정의 기준을 당파성과 정실에 두는 제도로 행정을 단순하게 보아 누구나 수행할 수 있는 것으로 보기 때문에 법령에 저촉되지 않는 한 일체의 신분상의 불이익을 받지 않는다. ⓄⓍ

1011 ☐☐☐☐ 11 승진, 08 간부

실적주의 인사제도는 공무원의 신분보장, 정치적 중립, 공직에의 기회균등, 공무원 임용 기준이 직무수행능력과 성적 등을 구성요소로 하고 미국의 자유민주정치 발전과정에서 도입되었다. ⓄⓍ

1012 ☐☐☐☐ 08·13 간부, 24 승진

실적주의의 단점으로는 인사관리의 경직성을 초래할 수 있다는 점, 인사행정의 소극화·형식화·집권화를 초래할 수 있다는점, 국민의 요구에 적극적으로 대응하지 않을 위험이 있다는 점 등이다. ⓄⓍ

1013 ☐☐☐☐ 11 승진

각국의 인사행정은 실적주의와 엽관주의가 적절히 조화되어 실행되고 있고, 우리나라는 실적주의를 주로 하되 엽관주의적 요소가 가미된 것으로 이해할 수 있다. ⓄⓍ

1014 ☐☐☐☐ 24 승진

잭슨(Jackson) 대통령이 암살당한 사건은 미국에서 실적주의 도입의 배경이 되었다. ⓄⓍ

정답과 해설

1010. (X) 공무원이 법령에 저촉되지 않는 한 일체의 신분상의 불이익을 받지 않는 인사행정은 **실적주의**이다.
1011. (X) 19세기 미국의 **자유민주정치 발전과정에서 도입된 인사행정제도는 엽관주의**이다. 실적주의는 엽관주의의 병폐를 극복하기 위하여 도입되어 과학적 인사행정의 확립을 위한 기반이 되었다.
1012. (O) 실적주의는 정치적 중립에 집착하여 인사행정을 **소극화·형식화·집권화시켰다**.
1013. (O) 각국의 인사행정은 실적주의와 엽관주의가 적절히 조화되어 실행되고 있고, 우리나라는 **실적주의를 주로 하되 엽관주의적 요소가 가미**된 것으로 이해할 수 있다.
1014. (X) **가필드(Garfield) 대통령**이 암살당한 사건은 미국에서 실적주의 도입(펜들턴법 제정의 촉발장치)의 배경이 되었다.

THEME 03 계급제와 직위분류제_A급

1015 ☐☐☐☐ 10·25 채용
계급제는 사람중심의 분류방법으로 널리 일반적 교양과 능력을 가진 사람을 채용하여 신분보장과 함께 장기간에 걸쳐 능력이 키워지므로 공무원이 보다 종합적이며 신축적인 대응역량을 가질 수 있다. (O|X)

1016 ☐☐☐☐ 05·16 채용, 10 승진
계급제는 장기간에 걸쳐 능력을 키울 수 있어 공무원이 보다 종합적 능력을 가지게 되므로 기관간의 협조가 용이하다. (O|X)

1017 ☐☐☐☐ 25 간부, 20 경채
계급제는 일반적 교양과 능력을 가진 사람을 채용하여 장기간에 걸쳐 능력이 키워지므로 특정 분야의 경찰전문가 양성에 적합한 방식이다. (O|X)

1018 ☐☐☐☐ 10·24 채용
계급제는 폐쇄형 충원방식을 통해 직업공무원제 정착에 유리하다. (O|X)

1019 ☐☐☐☐ 19 채용, 19 승진, 13 간부
계급제는 인간중심의 분류방법으로 널리 일반적 교양·능력을 가진 사람을 채용하여 신분보장과 함께 장기간에 걸쳐 능력이 키워지므로 공무원이 보다 종합적·신축적인 능력을 가질 수 있다. (O|X)

1020 ☐☐☐☐ 10 승진
계급제는 보통 계급의 수가 많고 계급간의 차별이 심하며 외부로부터의 충원이 힘든 폐쇄형의 충원방식을 취하고 있다. (O|X)

1021 ☐☐☐☐ 19 채용, 19 승진, 13 간부
계급제는 보통 계급의 수가 적고 계급 간의 차별이 심하며, 동일한 직무를 장기간 담당하게 되어 직위분류제에 비해 행정의 전문화에 기여한다. (O|X)

정답과 해설

1015. (O)
1016. (O) 계급제는 공무원이 보다 종합적·신축적인 능력을 가질 수 있고, 이해력이 넓어져 기관간의 협조가 용이하다.
1017. (X) **직위분류제(계급제 X)**는 유능한 일반행정가의 확보가 곤란하지만 **특정 분야의 경찰전문가 양성**에 적합한 방식이다.
1018. (O) 계급제는 직업공무원제도 정착에 **유리하다(기여한다)**.
1019. (O) 계급제는 **인간중심(직무중심 X)**의 분류방법으로 널리 일반적 교양·능력을 가진 사람을 채용하여 **신분보장(직업공무원제도 확립)**과 함께 장기간에 걸쳐 능력이 키워지므로 공무원이 보다 **종합적·신축적인 능력**을 가질 수 있다.
1020. (X) 계급제는 보통 계급의 수가 **적고(많고 X)** 계급간의 차별이 심하며 외부로부터의 충원이 힘든 **폐쇄형(개방형 X)**의 충원방식을 취하고 있다.
1021. (X) 동일한 직무를 장기간 담당하게 되어 행정의 전문화에 기여하는 것은 **직위분류제도**이다.

1022 ☐☐☐☐ 19 승진, 20 경채

계급제는 공직을 분류함에 있어서 행정기관을 구성하는 개개의 직위에 내포되어 있는 직무의 특성에 중점을 두고 직무의 종류와 책임도 및 곤란도에 따라 여러 직종과 등급 및 직급을 분류하는 제도이다. (O|X)

1023 ☐☐☐☐ 08·16·23 채용, 13 간부

직위분류제는 프랑스에서 처음 실시된 후 독일 등으로 전파되었다. (O|X)

1024 ☐☐☐☐ 10 승진

직위분류제는 인사배치의 비융통성, 신분보장 미흡 등의 단점이 있다. (O|X)

1025 ☐☐☐☐ 08·10·16·24·25 채용, 10·11·12·19 승진, 08·13·25 간부

직위분류제는 시험·채용·전직의 합리적 기준을 제공하여 인사행정의 합리화를 기할 수 있고, 동일직무에 대한 동일보수의 원칙을 확립함으로써 보수제도의 합리적 기준을 제시할 수 있으나, 전직이 제한되고 행정의 전문화가 곤란하며 권한과 책임의 한계가 불명확하고 신분보장이 미흡하다는 단점이 있다. (O|X)

1026 ☐☐☐☐ 23·24·25 채용, 19 승진, 25 간부

직위분류제는 계급제에 비해서 보수결정의 합리적인 기준을 제시할 수 있으며, 직무분석을 통한 이해력이 넓어져 기관 간의 횡적 협조가 용이한 편이다. (O|X)

1027 ☐☐☐☐ 24 채용

계급제와 직위분류제는 양립할 수 없는 상호 배타적인 관계가 아니라 서로의 결함을 시정할 수 있는 상호 보완적인 관계이다. (O|X)

1028 ☐☐☐☐ 05·08·16·19·23 채용, 12 승진, 16 간부

우리나라의 공직분류는 계급제 위주에 직위분류제적 요소를 가미한 혼합 형태라고 할 수 있다. (O|X)

1029 ☐☐☐☐ 05·08·19·23·25 채용, 12·19 승진, 16·25 간부, 20 경채

계급제는 사람중심, 직위분류제는 직무중심이며 계급제는 충원방식에서 폐쇄형을 채택하여 인사배치가 비융통적이나 직위분류제는 개방형을 채택하고 있어 인사배치의 신축성이 있다. (O|X)

정답과 해설

1022. (X) **직위분류제**에 대한 개념이다.
1023. (X) **직위분류제(계급제 X)**는 1909년 **미국의 시카고시**에서 처음 시작되었다.
1024. (O)
1025. (X) 직위분류제는 시험·채용·전직의 합리적 기준을 제공하여 **인사행정의 합리화**를 기할 수 있고, **동일직무에 대한 동일보수의 원칙**을 확립함으로써 **보수제도의 합리적 기준**을 제시할 수 있으나, 전직이 제한되고 **행정의 전문화에 기여(곤란 X)**하고, 권한과 책임의 한계를 **명확히(불명확 X)**하고 **신분보장이 미흡하다는 단점**이 있다.
1026. (X) 기관 간의 횡적 협조가 용이한 것은 **계급제**이다.
1027. (O)   1028. (O)
1029. (X) 계급제는 **사람중심(직무중심 X)**, 직위분류제는 **직무중심(사람중심 X)**이며 계급제는 충원방식에서 폐쇄형을 채택하여 인사배치가 **융통적(비융통적 X)**이나 직위분류제는 개방형을 채택하고 있어 인사배치의 **비신축성(신축성 X)**이 있다.

경찰직업공무원제도

1030 ☐☐☐☐ 24·25 채용
공무원들의 성실한 직무수행과 장기근속을 유도하기 위한 제도와 원칙들을 토대로 한다. (O|X)

1031 ☐☐☐☐ 24 채용
개방형 충원체제로 넓은 시야를 가진 유능한 인재의 등용 및 분야별 전문인력을 확보하는 데 용이하다. (O|X)

1032 ☐☐☐☐ 20·24 채용
행정의 안정성, 계속성, 독립성, 중립성 확보가 용이하다. 그러나 공무원의 일체감과 단결심 및 공직에 헌신하려는 정신을 강화하는 데 불리한 제도이다. (O|X)

1033 ☐☐☐☐ 20·25 채용
행정통제 및 행정책임 확보가 용이하다. (O|X)

1034 ☐☐☐☐ 20·25 채용
젊은 인재의 채용을 위한 연령제한으로 공직 임용의 기회균등을 저해한다. (O|X)

1035 ☐☐☐☐ 20 채용
실적주의는 직업공무원제로 발전되어 가는 기반이 되지만, 실적주의가 바로 직업공무원 제도를 의미하는 것은 아니다. (O|X)

1036 ☐☐☐☐ 24 채용, 24 간부
직업공무원제도는 신분보장, 정치적 중립, 자격이나 능력중시, 개방형 인력충원 방식의 선호라는 점에서 실적주의와 공통점을 가진다. (O|X)

정답과 해설

1030. (O) 공무원의 장기근속을 유도하므로 행정의 안정성과 계속성을 유지하는데 유리하다.
1031. (X) 직업공무원제도는 **폐쇄형(개방형 X)** 충원체제로 넓은 시야를 가진 유능한 인재의 등용 및 분야별 전문인력을 확보하는 데 **용이하지 않다(용이하다 X)**.
1032. (X) 경찰직업공무원제는 신분보장이 되기 때문에 행정의 안정성, 계속성, 독립성, 중립성 확보가 용이하기 때문에 공무원의 일체감과 단결심 및 공직에 헌신하려는 정신을 강화하는 데 **유리한(불리한 X)** 제도이다.
1033. (X) 경찰직업공무원제도는 강력한 신분보장이 되기 때문에 엽관주의에 비해 행정통제 및 행정책임 확보가 **어려우며** 환경변화에 민감하지 못하고 특권 집단화될 우려가 있다.
1034. (O) **직업공무원제도란** 인재를 공직에 유치하여 그들이 공직에 근무하는 것을 명예롭게 생각하면서 일생동안 공무원으로 근무하도록 운영하는 인사제도로서 젊은 인재의 채용을 위한 학력과 연령을 제한하므로 완전한 기회균등을 보장하지 못하지만, **임용시 학력과 연령제한이 없는 완전한 기회균등을 내용으로 한다.**
1035. (O)
1036. (X) 직업공무원제도는 신분보장, 정치적 중립, 자격이나 능력중시, **폐쇄형(개방형 X)** 인력충원 방식의 선호라는 점에서 실적주의와 공통점을 가진다.

1037 ☐☐☐☐ 24 간부

직업공무원제도의 성공적 정착을 위해서는 공직에 대한 사회의 높은 평가가 필요하며 퇴직 후의 불안해소와 생계보장을 위해 적절한 연금제도가 확립되어야 한다. (O|X)

1038 ☐☐☐☐ 24 채용, 12 승진, 16·24 간부

직업공무원제도는 장기적인 발전가능성을 선발기준으로 삼고 있으며 직위분류제가 계급제보다 직업공무원제도의 정착에 더 유리하다. (O|X)

1039 ☐☐☐☐ 24 간부

직업공무원제도는 행정의 안정성과 독립성 확보에 용이하며 외부환경 변화에 신속하게 대응한다는 장점이 있다. (O|X)

정답과 해설

1037. (O)
1038. (X) 직위분류제보다는 **계급제가** 공직을 평생직장으로 이해하는 **직업공무원제도의 정착에 보다 유리하다.**
1039. (X) 직업공무원제도는 행정의 안정성과 독립성 확보에 용이하지만, **외부환경 변화에 신속하게 대응하지 못한다는 단점**이 있다.

THEME 05 사기관리 _A급

1040 ☐☐☐☐ 23·25 채용, 17 승진, 23·26 간부, 22 경채
동기부여의 과정이론으로는 매슬로우(Maslow)의 욕구단계 이론과 Adams의 공정성 이론(Equity Theory)이 있다. (O│X)

1041 ☐☐☐☐ 22 채용, 19 승진
매슬로우는 인간은 자신의 욕구를 충족시키기 위해서 노력하며 하위단계의 욕구가 충족되어야 다음 단계로 발전되는 순차적 특성을 갖는다. (O│X)

1042 ☐☐☐☐ 07·17 채용, 23 경채
매슬로우는 인간의 욕구의 우선순위를 생리적 욕구(Physiological Needs), 안전의 욕구(Safety Needs), 사회적 욕구(Social Needs), 존경의 욕구(Esteem Needs), 자기실현 욕구(Self-actualization Needs)로 구분하였다. (O│X)

1043 ☐☐☐☐ 07·25 채용
매슬로는 궁극적 욕구는 자아실현 욕구이고, 우선순위가 가장 높은 것은 안전의 욕구이다. (O│X)

1044 ☐☐☐☐ 17 채용, 10·12·17 승진
생리적 욕구는 의·식·주 및 건강 등에 관한 것으로 적정보수제도, 휴양제도 등을 통해 충족시켜 줄 수 있다. (O│X)

1045 ☐☐☐☐ 17 채용, 10·12·17 승진, 23 경채
안전의 욕구는 현재 및 장래의 신분이나 생활에 대한 불안 해소에 관한 것으로 신분보장, 연금제도 등을 통해 충족시켜 줄 수 있다. (O│X)

1046 ☐☐☐☐ 10·19 승진, 14 간부
사회적 욕구는 동료·상사·조직 전체에 대한 친근감·귀속감 충족에 관한 것으로 참여확대 또는 포상제도를 통해 충족시켜 줄 수 있다. (O│X)

정답과 해설

1040. (X) 매슬로우(Maslow)의 욕구단계 이론, McClelland의 학습된 욕구이론과 Herzberg의 2요인론(Two Factor Theory), Argyris의 성숙-미성숙 이론, McGregor의 XY이론은 동기부여의 **내용이론**이고, Vroom의 기대이론(Expectancy Theory), 포터와 롤러(Porter와 Lawler)의 업적만족이론, Adams의 공정성 이론(Equity Theory)의 동기부여의 **과정이론(VLA)**이다.

1041. (O)   **1042.** (O)

1043. (X) 우선순위가 가장 높은 것은 **생리적 욕구(자아실현욕구 X)**이다.

1044. (O)   **1045.** (O)

1046. (X) 참여확대 또는 포상제도를 통해 충족시켜 줄 수 있는 욕구는 **존경의 욕구**이며, 사회적 욕구는 인간관계의 개선, 고충처리상담 등을 통해 충족시켜 줄 수 있다.

1047 ☐☐☐☐ 11 승진

경찰서장 甲은 소속 경찰관들의 사기 앙양 방법을 모색 중이다. 매슬로우(Maslow)의 욕구이론과 경찰조직이론에 비추어 볼 때 甲이 취할 사기 앙양책으로 소속 직원들간 인간관계의 개선을 통하여 매슬로우(Maslow)가 언급한 자아실현 욕구를 만족시켜 준다. (O|X)

1048 ☐☐☐☐ 05·07·17·20 채용, 12·17 승진, 03·14 간부, 23 경채

존경의 욕구는 동료·상사·조직 전체에 대한 친근감·귀속감 충족에 관한 것으로 인간관계의 개선, 고충처리 상담 등을 통해 충족시켜 줄 수 있다. (O|X)

1049 ☐☐☐☐ 19 승진

경찰관에 대한 공정하고 합리적인 승진제도를 마련하고 권한의 위임과 참여를 확대하는 것은 자아실현의 욕구를 충족시켜 주기 위한 방안에 해당한다. (O|X)

1050 ☐☐☐☐ 25 채용

브룸(Vroom)은 동기유발은 욕구충족이 아니라 과업에 대한 기대감, 수단성, 유의성에 의해 결정된다고 주장하였다. (O|X)

1051 ☐☐☐☐ 10·12·17 승진, 14 간부, 23 경채

자아실현의 욕구는 장래에의 자기발전·자기완성의 욕구 및 성취감 충족에 관한 것으로 공정하고 합리적인 승진 또는 공무원단체 활용을 통해 충족시켜 줄 수 있다. (O|X)

1052 ☐☐☐☐ 25 채용, 24 간부

앨더퍼(Alderfer)는 인간의 욕구를 계층화하여 생존(Existence) 욕구, 존경(Respect) 욕구, 성장(Growth) 욕구의 3단계로 구분하였다. (O|X)

1053 ☐☐☐☐ 07 채용, 03 승진, 24 간부

맥클랜드(McClelland)는 개인마다 욕구의 계층은 차이가 있다고 보았으며 인간의 욕구를 성취 욕구, 자아실현 욕구, 권력 욕구로 구분하였다. (O|X)

정답과 해설

1047. (X) 소속 직원들간 인간관계의 개선은 자기실현 욕구가 아닌 사회적 욕구에 대한 것이다.
1048. (X) 동료·상사·조직 전체에 대한 친근감·귀속감 충족에 관한 것으로 인간관계의 개선, 고충처리 상담 등을 통해 충족시켜 줄 수 있는 것은 사회적 욕구이다. 존경의 욕구를 충족시켜 주는 것으로는 참여확대, 권한의 위임, 제안제도, 포상제도 등이 있다.
1049. (X) 경찰관에 대한 공정하고 합리적인 승진제도를 마련하는 것은 자아실현 욕구이고, 권한의 위임과 참여를 확대하는 것은 존경의 욕구이다.
1050. (O)
1051. (O) 자아실현 욕구는 조직목표와 가장 조화되기 어려운 욕구이다.
1052. (X) 앨더퍼(Alderfer) – 인간의 욕구를 계층화하여 생존(Existence존재)욕구, 관계(Relatedness)(존경(Respect) X) 욕구, 성장(Growth)욕구의 3단계로 구분하였다.
1053. (X) 맥클랜드(McClelland)는 개인마다 욕구의 계층은 차이가 있다고 보았으며 인간의 욕구를 성취 욕구, 권력 욕구, 친교 욕구(자아실현 욕구 X)로 구분하였다.

1054 ☐☐☐☐ 20 채용

Herzberg의 동기위생요인이론에 따르면 사기진작을 위해서는 동기요인이 강화되어야 하므로 적성에 맞는 직무에 배정하고 책임감과 성취감을 느낄 수 있도록 독려하였다. (O | X)

1055 ☐☐☐☐ 22 채용

위생요인을 제거해주는 것은 불만을 줄여주는 소극적 효과일 뿐이기 때문에, 근무태도 변화에 단기적 영향을 주어 사기는 높여줄 수 있으나 생산성을 높여주지는 못한다. 만족요인이 충족되면 자기실현욕구를 자극하여, 적극적 만족을 유발하고 동기유발에 장기적 영향을 주는 것은 Herzberg의 동기위생 이원론이론에 대한 설명이다. (O | X)

1056 ☐☐☐☐ 24 간부

허즈버그(Herzberg)는 주어진 일에 대한 성취감, 주변의 인정, 승진 가능성 등은 동기(만족)요인으로, 열악한 근무환경, 낮은 보수 등은 위생요인으로 구분하였으며 두 요인은 상호 독립되어 있다고 보았다. (O | X)

1057 ☐☐☐☐ 22 채용

아지리스(Argyris)의 성숙·미성숙이론은 인간의 개인적 성격과 성격의 성숙과정을 '미성숙에서 성숙으로'라고 보고, 관리자는 조직 구성원을 최대의 성숙상태로 실현시켜야 한다고 하였다. (O | X)

1058 ☐☐☐☐ 25 채용, 24 간부

맥그리거(McGregor)는 인간의 욕구는 5단계의 계층으로 이루어지며 하위 욕구부터 상위 욕구로 발달한다고 보았다. (O | X)

1059 ☐☐☐☐ 20 채용

McGregor의 X이론에 따르면 인간은 근본적으로 업무에 대한 의욕을 가지고 있기 때문에 이러한 의욕을 강화시키기 위해 금전적 보상과 포상제도를 강화하였다. (O | X)

1060 ☐☐☐☐ 20·22·25 채용

McGregor의 Y이론을 적용하여 상급자의 일방적 지시와 명령을 줄이고 의사결정과정에 일선 경찰관들의 참여를 확대시키도록 지시하였다. (O | X)

1061 ☐☐☐☐ 25 채용

맥그리거(McGregor)는 전통적 조직이론의 인간관을 위생요인, 새로운 조직이론의 인간관을 동기요인으로 구분하였다. (O | X)

정답과 해설

1054. (O) **동기요인(만족요인)**은 적성에 맞는 직무에 배정하고 책임감과 성취감을 느낄 수 있도록 독려하고, **위생요인(불만요인)**은 임금, 지위, 안전 등 개인의 환경과 관련된 불만요인을 말한다.

1055. (O) 1056. (O) 1057. (O)

1058. (X) 인간의 욕구는 5단계의 계층으로 이루어지며 하위 욕구부터 상위 욕구로 발달한다고 하는 이론은 **매슬로우(Maslow)의 욕구단계이론**에 대한 설명이다.

1059. (X) McGregor의 **X이론**에 따르면 **인간은 본래 게으르고 일을 싫어하며, 야망과 책임감이 없고, 변화를 싫어하며 금전적 보상이나 제재 등 외재적 유인에 반응**하므로 이러한 의욕을 강화시키기 위해 금전적 보상과 포상제도를 강화하는 것이다.

1060. (O) McGregor의 Y이론적 인간형은 부지런하고, 책임과 자율성 및 창의성을 발휘하기를 좋아하고, 스스로 통제와 발전이 가능하기 때문에 민주적이고 인간적인 동기유발 전략이 필요한 유형이다.

1061. (X) 맥그리거(McGregor)는 **X이론·Y이론**, 허즈버그(Herzberg)는 **위생요인(불만요인)과 동기요인(만족요인)**으로 구분하였다.

THEME 06 경찰예산 _A급

1062 ☐☐☐ 12 채용
경찰예산의 대부분은 특별회계에 속하고, 특별회계는 원칙적으로 설치 소관부서가 관리하며 기획재정부의 직접적인 통제를 받지 않는다. ⓞⓧ

1063 ☐☐☐ 19 채용, 11·19 승진
정부 예산안이 국회를 통과하여 확정된 후에 새롭게 발생한 사유로 인하여 이미 성립한 예산에 변경을 가할 필요가 있을 때 편성하는 예산은 수정예산이다. ⓞⓧ

1064 ☐☐☐ 10·12·23 채용, 10·19 승진
준예산은 회계연도 개시 전까지 예산의 불성립시 전년도 예산에 준하여 지출하는 제도로 예산 확정 전에는 경찰공무원의 보수와 경찰관서의 유지·운영 등 기본경비에는 사용할 수 없다. ⓞⓧ

1065 ☐☐☐ 08 채용, 17 간부
품목별 예산제도는 통제지향적이라 볼 수 있으며, 관계 공무원에게 필요한 핵심적 기술로 회계기술을 꼽는다. ⓞⓧ

1066 ☐☐☐ 03 채용, 25 간부
품목별 예산제도는 우리나라 경찰의 예산제도에 해당되며, 행정의 재량범위가 확대되어 예산유용 및 부정을 방지할 수 있다. ⓞⓧ

1067 ☐☐☐ 24 채용, 26 간부
품목별 예산제도는 정부지출 대상이 되는 물품, 품목 등을 기준으로 한 예산제도로서 예산의 남용이나 오용을 방지하는 데 도움이 된다. ⓞⓧ

정답과 해설

1062. (X) 경찰예산의 대부분은 일반회계(특별회계 X)에 속한다.
1063. (X) 정부 예산안이 국회를 통과하여 확정된 후에 새롭게 발생한 사유로 인하여 이미 성립한 예산에 변경을 가할 필요가 있을 때 편성하는 예산은 추가경정예산이다(국가재정법 제89조).
1064. (X) 새로운 회계연도가 개시될 때까지 예산안이 의결되지 못한 때에는 정부는 국회에서 예산안이 의결될 때까지 헌법이나 법률에 의하여 설치된 기관 또는 시설의 유지·운영 목적을 위한 경비는 전년도 예산에 준하여 집행할 수 있다(헌법 제54조 제3항 제1호). 경찰공무원의 보수와 경찰관서의 유지·운영 등 기본경비는 '헌법이나 법률에 의하여 설치된 기관 또는 시설의 유지·운영 목적을 위한 경비'이므로 준예산을 사용할 수 있다.
1065. (O)
1066. (X) 품목별 예산제도는 행정의 재량범위가 축소(확대 X)되어 예산유용 및 부정을 방지할 수 있다.
1067. (O) 품목별 예산제도는 행정기관이 구체적으로 어떠한 항목에 지출하는가를 상세히 밝혀주는 예산제도로서 지출품목별 비용을 계산하여 예산을 배정하는 제도이다.

1068 ☐☐☐☐ 08·19·25 채용, 10·12·11·12·14·17·18·19 승진, 12·13·14·17·26 간부

품목별 예산제도는 지출의 대상, 성질을 기준으로 세출예산의 금액을 분류함으로써 회계책임이 명확하고, 인건비 등 경직성 경비에 적용이 용이하고, 인사행정에 유용한 정보 및 자료를 제공하며, 계획과 지출이 일치하는 장점이 있다. (O│X)

1069 ☐☐☐☐ 24 채용

영기준예산제도는 정부지출의 전체적인 성과파악이 곤란하고 예산운영의 신축성 부족 등이 단점으로 평가되고 있다. (O│X)

1070 ☐☐☐☐ 04·23 채용, 10·14 승진, 12·13·14·17 간부

성과주의 예산제도는 사업계획을 세부사업으로 분류하고 각 세부사업을 '단위원가 × 업무량 = 예산액'으로 표시하여 편성함으로써 해당부서의 업무능률을 측정하여 다음 연도 반영이 가능하며, 인건비 등 경직성 경비 적용에 용이한 장점이 있다. (O│X)

1071 ☐☐☐☐ 03·25 채용, 10·12·17 승진, 13·17 간부

성과주의 예산제도는 자원배분의 합리성과 예산집행의 신축성을 기할 수 있으며 국민의 입장에서 행정기관의 활동을 이해하기 쉽다. (O│X)

1072 ☐☐☐☐ 14·25 간부

성과주의 예산제도는 국민이 정부의 활동과 목적을 이해하는데 용이하나 단위원가 계산이 곤란하고, 업무측정단위 선정이 어려운 단점이 있다. (O│X)

1073 ☐☐☐☐ 24 채용, 19 승진, 12·13·26 간부, 23 경채

성과주의 예산제도는 정부가 구입하는 물품보다 정부가 수행하는 업무에 중점을 두는 관리지향적 예산제도로 기능의 중복을 피하기가 곤란하고 인건비 등 경직성 경비에 적용이 어렵다. (O│X)

정답과 해설

1068. (X) 품목별 예산제도는 지출의 대상, 성질을 기준으로 세출예산의 금액을 분류함으로써 회계책임이 명확하고, 인건비 등 경직성 경비에 적용이 용이하고, 인사행정에 유용한 정보 및 자료를 제공하며, **계획과 지출이 일치하지 않는 경우가 많다는 단점**이 있다.

1069. (X) **품목별 예산제도(영기준예산제도 X)**는 정부지출의 전체적인 성과파악이 곤란하고 예산운영의 신축성 부족 등이 단점으로 평가되고 있다.

1070. (X) **성과주의 예산제도는** 사업계획을 세부사업으로 분류하고 각 세부사업을 **'단위원가 × 업무량 = 예산액'**으로 표시하여 편성함으로써 해당부서의 업무능률을 측정하여 다음 연도 반영이 가능하며, **인건비 등 경직성 경비 적용에 어렵다는 단점**이 있다.

1071. (O) 성과주의 예산제도는 국민의 입장에서 경찰활동에 대한 이해가 용이하다는 장점이 있다.

1072. (O)

1073. (X) **성과주의 예산제도**는 정부가 구입하는 물품보다 정부가 수행하는 업무에 중점을 두는 관리지향적 예산제도로 **예산편성시 자원배분 합리화(기능의 중복을 피할 수 있음)**, 예산집행의 신축성과 장점이 있으나, 인건비 등 경직성 경비에 적용이 어렵다는 단점이 있다. **기능의 중복을 피하기가 곤란하다는 단점이 있는 예산제도는 품목별 예산제도**이다.

1074 ☐☐☐☐ 03·23·25 채용, 25 간부

계획예산의 핵심은 프로그램 예산형식을 따르는 것으로서, 기획(planning), 사업구조화(programming), 예산(budgeting)을 연계시킨 시스템적 예산제도이다. ⓞⓧ

1075 ☐☐☐☐ 17 승진

계획예산제도는 정부활동의 목표와 그 성취에 초점을 맞추고 예산기능과 계획기능의 연계를 강조하는 모형이다. ⓞⓧ

1076 ☐☐☐☐ 24 채용

계획예산제도는 의사결정을 일관성 있게 합리화하려는 제도이지만 하향적(top-down)인 방식으로 집권화되어 있기 때문에 조직구성원들의 참여를 저해한다는 한계가 있다. ⓞⓧ

1077 ☐☐☐☐ 03·12·23 채용, 10·12·14·17·19 승진, 14·25 간부

계획예산제도(PPBS)는 매년사업의 우선순위를 새로이 결정하고 그에 따라 예산을 책정하는 제도로서, 전년도 예산을 기준으로 점증적으로 예산액을 책정하는 폐단을 시정하려는 목적에서 유래하였다. ⓞⓧ

1078 ☐☐☐☐ 10 승진

자본예산은 정부예산을 경상지출과 자본지출로 구분하여 경상지출은 경상수입으로 충당시켜 균형을 이루게 하고 자본지출은 적자재정과 공채발행으로 그 수입에 충당하게 함으로써 균형을 이루게하는 예산제도이다. ⓞⓧ

1079 ☐☐☐☐ 10·25 채용, 12·19 승진

일몰법은 특정의 행정기관이나 사업이 일정기간 지나면 의무적·자동적으로 폐지되게 하는 예산제도로 행정부가 예산편성을 통해 정하며 중요사업에 대해 적용된다. ⓞⓧ

정답과 해설

1074. (O) **계획예산제도**는 장기적인 계획과 단기적인 예산을 프로그램작성을 통하여 유기적으로 결합하여 자원배분에 관한 **의사결정을 일관성 있게 합리화하려는 제도**이다.

1075. (O) 계획 예산제도(PPBS)는 종래의 관리중심의 예산기능을 지양하고 상대적으로 경시되어 왔던 예산편성에 있어서의 계획기능을 중시하는 예산제도이다(일명 프로그램 예산이라고도 한다).

1076. (O)

1077. (X) **영점기준 예산제도(Zero-Base Budgeting)**는 **모든** 사업에 대한 근본적인 재평가를 실시하며 **매년사업(3년 주기 X)**의 우선순위를 새로이 결정하고 그에 따라 예산을 책정하므로 **단기적인(장기적인 X)** 계획에 중점을 제도로서, 전년도 예산을 기준으로 점증적으로 예산액을 책정하는 폐단을 시정하려는 목적에서 유래하였다.

1078. (X) 자본예산은 정부예산을 경상지출과 자본지출로 구분하고 경상지출은 경상수입으로 충당시켜 균형을 이루도록 하지만, 자본지출은 적자재정과 공채발행으로 그 수입에 충당하게 함으로써 **불균형예산(균형예산 X)**을 편성하는 제도이다.

1079. (X) 일몰법은 특정의 행정기관이나 사업이 일정기간 지나면 의무적·자동적으로 폐지되게 하는 예산제도로 예산에 관한 심의·통제를 위한 **입법적 과정(입법부)**이다.

「국가재정법」상 예산과정_S급

1 예산의 편성

1080 ☐☐☐☐ 18·22·24 채용, 20 승진, 11·23 간부
각 중앙관서의 장은 매년 1월 31일까지 해당 회계연도부터 3회계연도 이상의 기간 동안의 신규사업 및 기획재정부장관이 정하는 주요 계속사업에 대한 중기사업계획서를 기획재정부장관에게 제출하여야 한다. (O|X)

1081 ☐☐☐☐ 12·18·24 채용, 09·20 승진, 12·24 간부
기획재정부장관은 국회의 심의를 거쳐 대통령의 승인을 얻은 다음 연도의 예산편성지침을 매년 3월 31일까지 경찰청장에게 통보하여야 한다. (O|X)

1082 ☐☐☐☐ 12·18·22·23 채용, 09·11·20 승진, 11·23 간부
경찰청장은「국가재정법」제29조의 규정에 따른 예산안편성지침에 따라 그 소관에 속하는 다음 연도의 세입세출예산·계속비·명시이월비 및 국고채무부담행위 요구서를 작성하여 매년 6월 30일까지 기획재정부장관에게 제출하여야 한다. (O|X)

1083 ☐☐☐☐ 12·18·19·23 채용, 09·20 승진, 11 간부
국가재정법상 기획재정부장관은 예산안을 편성하여 국회의 심의를 거쳐 대통령의 승인을 얻어야 하며, 정부는 이 예산안을 회계연도 개시 90일 전까지 국회에 제출하여야 한다. (O|X)

1084 ☐☐☐☐ 22 채용, 21 간부
경찰청장은 예산안편성지침에 따라 그 소관에 속하는 다음 연도의 예산요구서를 기획재정부장관에게 제출하고 기획재정부장관은 예산요구서에 따라 예산안을 편성하여 국무회의 심의를 거쳐 대통령의 승인을 얻은 후 회계연도 개시 120일 전까지 국회에 제출하여야 한다. (O|X)

정답과 해설

1080. (X) **각 중앙관서의 장(경찰청장)**은 매년 1월 31일까지 **해당(다음 X)** 회계연도부터 **5회계연도(3회계연도 X) 이상**의 기간 동안의 신규사업 및 **기획재정부장관(행정안전부장관 X)**이 정하는 주요 계속사업에 대한 중기사업계획서를 기획재정부장관에게 제출하여야 한다(국가재정법 제28조).

1081. (X) 기획재정부장관은 **국무회의의 심의(국회의 심의 X)**를 거쳐 대통령의 승인을 얻은 다음 연도의 예산안편성지침을 매년 **3월 31일(1월 31일 X)**까지 각 중앙관서의 장에게 통보하여야 한다(동법 제29조 제1항).

1082. (X) 각 중앙관서의 장(경찰청장)은「국가재정법」제29조의 규정에 따른 예산안편성지침에 따라 그 소관에 속하는 다음 연도의 세입세출예산·계속비·명시이월비·국고채무부담위요구서를 작성하여 **매년 5월 31일까지** 기획재정부장관에게 제출하여야 한다(동법 제31조 제1항).

1083. (X) 기획재정부장관은 예산요구서에 따라 예산안을 편성하여 **국무회의의 심의(국회의 심의 X)**를 거친 후 대통령의 승인을 얻어야 한다(국가재정법 제32조). 정부는 대통령의 승인을 얻은 예산안을 회계연도 개시 **120일(90일 X)** 전까지 국회에 제출하여야 한다(동법 제33조). [주의] 헌법상 정부는 회계연도마다 예산안을 편성하여 회계연도 개시 **90일전까지** 국회에 제출하고, 국회는 회계연도 개시 30일전까지 이를 의결하여야 한다(헌법 제54조 제2항).

1084. (O) 국가재정법 제31조부터 제33조

2 예산의 심의·의결

1085 ☐☐☐☐ 09 승진, 11·21 간부

국회에 제출된 경찰예산안은 행정안전위원회에서 종합심사를 통해 구체적이고 실질적인 금액 조정이 이루어지며 종합심사가 끝난 예산안은 본회의에 상정되어 회계연도 개시 30일 전까지 본회의 의결을 거침으로써 확정된다. (O|X)

3 예산의 집행

1086 ☐☐☐☐ 23 채용, 20 승진, 12·23 간부

각 중앙관서의 장은 예산이 확정되기 전에 사업운영계획 및 이에 따른 세입세출예산 계속비와 국고채무부담행위를 포함한 예산배정요구서를 기획재정부장관에게 제출하여야 한다. (O|X)

1087 ☐☐☐☐ 19 채용, 10·11·19·20 승진

예산이 확정되면 해당 예산이 배정되지 않은 상태라도 지출원인 행위를 할 수 있다. (O|X)

1088 ☐☐☐☐ 24 채용, 21 간부

경찰청장은 예산이 확정된 후 예산배정요구서를 기획재정부장관에게 제출하고 기획재정부장관은 예산배정요구서에 따라 분기별 예산배정계획을 작성하여 국무회의 심의와 대통령 승인을 얻은 후 분기별 예산배정계획에 따라 경찰청장에게 예산을 배정한다. (O|X)

1089 ☐☐☐☐ 22·23 채용

기획재정부장관은 각 중앙관서의 장에게 예산을 배정한 때에는 감사원에 통지하여야 한다. (O|X)

1090 ☐☐☐☐ 23 간부

경찰청장은 세출예산이 정한 목적 외에 경비를 사용할 수 없다. (O|X)

정답과 해설

1085. (X) 국회에 제출된 경찰예산안은 **예산결산특별위원회(행정안전위원회 X)** 종합심사를 통해 구체적이고 실질적인 금액조정이 이루어지며, 종합심사가 끝난 예산안은 본회의에 상정되어 회계연도 **개시 30일 전까지** 본회의의 의결을 거쳐 확정된다(헌법 제54조).

1086. (X) 각 중앙관서의 장(경찰청장)은 예산이 **확정된 후(확정되기 전 X)** 사업운영계획 및 이에 따른 **세입세출예산·계속비와 국고채무부담행위(명시이월비 X)를 포함한(제외한 X)** 예산배정요구서를 기획재정부장관에게 제출하여야 한다(국가재정법 제42조).

1087. (X) 지출원인행위는 중앙관서의 장이 법령이나 국가재정법 제43조에 따라 배정된 예산 또는 기금운용계획의 금액 범위에서 하여야 한다(국고금 관리법 제20조). 따라서 예산이 확정되었어도 해당 예산이 배정되지 않은 상태에서는 지출원인행위를 **할 수 없다.**

1088. (O) 동법 제42조, 제43조

1089. (O) 동법 제43조 제2항

1090. (O) 동법 제45조

1091 ☐☐☐☐ 24 간부, 23 경채

각 중앙관서의 장은 예산의 목적범위 안에서 재원의 효율적 활용을 위하여 대통령령으로 정하는 바에 따라 국무회의의 심의를 거친 후 대통령의 승인을 얻어 각 세항 또는 목의 금액을 전용할 수 있다. ⓄⓍ

1092 ☐☐☐☐ 20 승진

경찰청장은 예산이 정한 각 기관 간 또는 각 장·관·항 간에 상호 이용(移用)할 수 있는 것이 원칙이다. ⓄⓍ

4 예산결산

1093 ☐☐☐☐ 24 간부

각 중앙관서의 장은 「국가회계법」에서 정하는 바에 따라 회계연도마다 작성한 결산보고서를 다음 연도 2월 말일까지 기획재정부장관에게 제출하여야 한다. ⓄⓍ

1094 ☐☐☐☐ 24 간부

기획재정부장관은 「국가회계법」에서 정하는 바에 따라 회계연도마다 작성하여 대통령의 승인을 받은 국가결산보고서를 다음 연도 5월 20일까지 감사원에 제출하여야 한다. ⓄⓍ

1095 ☐☐☐☐ 24 채용

감사원은 제출된 국가결산보고서를 검사하고 그 보고서를 다음 연도 5월 20일까지 기획재정부장관에게 송부하여야 한다. ⓄⓍ

1096 ☐☐☐☐ 21 간부

경찰청장은 결산보고서를 기획재정부장관에게 제출하여야 하며 정부는 감사원 검사를 거친 국가결산보고서를 다음 연도 5월 31일까지 국회에 제출하여야 한다. ⓄⓍ

정답과 해설

1091. (X) 각 중앙관서의 장은 예산의 목적범위 안에서 재원의 효율적 활용을 위하여 대통령령으로 정하는 바에 따라 **기획재정부장관의(국무회의의 심의를 거친 후 대통령 X) 승인**을 얻어 **각 세항 또는 목의 금액을 전용할 수** 있다. 이 경우 사업 간의 유사성이 있는지, 재해대책 재원 등으로 사용할 시급한 필요가 있는지, 기관운영을 위한 필수적 경비의 충당을 위한 것인지 여부 등을 종합적으로 고려하여야 한다(국가재정법 제46조 제1항).

1092. (X) 경찰청장은 예산이 정한 각 기관 간 또는 각 장·관·항 간에 **상호 이용할 수 없다**(동법 제47조 제1항).

1093. (O) 동법 제58조 제1항

1094. (X) 기획재정부장관은 「국가회계법」에서 정하는 바에 따라 회계연도마다 작성하여 대통령의 승인을 받은 국가결산보고서를 다음 연도 **4월 10일(5월 20일 X)**까지 감사원에 제출하여야 한다(동법 제59조).

1095. (O) 동법 제60조

1096. (O) 동법 제58조 제1항, 제61조

1097 ☐☐☐☐ 20 채용, 23·25 승진

다음은 경찰 예산의 과정을 순서 없이 나열한 것이다. 과정의 순서를 가장 바르게 나열한 것은?

> ㉠ 경찰청장은 다음 연도의 세입세출예산·계속비·명시이월비 및 국고채무부담행위 요구서를 작성하여 기획재정부장관에게 제출하여야 한다.
> ㉡ 기획재정부장관은 대통령의 승인을 받은 국가결산보고서를 감사원에 제출하여야 한다.
> ㉢ 정부는 국가결산보고서를 국회에 제출하여야 한다.
> ㉣ 경찰청장은 예산배정 요구서를 기획재정부장관에게 제출하여야 한다.
> ㉤ 기획재정부장관은 국무회의 심의를 거쳐 대통령의 승인을 얻은 다음 연도의 예산편성지침을 경찰청장에게 통보한다.
> ㉥ 정부는 대통령의 승인을 얻은 예산안을 국회에 제출하고 국회는 심의와 의결을 거쳐 예산안을 확정한다.
> ㉦ 기획재정부장관은 예산요구서에 따라 예산안을 편성하여 국무회의의 심의를 거친 후 대통령의 승인을 얻어야 한다.
> ㉧ 기획재정부장관은 각 중앙관서의 장에게 통보한 예산안편성지침을 국회 예산결산특별위원회에 보고하여야 한다.

① ㉤-㉧-㉠-㉣-㉥-㉢-㉦-㉡
② ㉠-㉤-㉥-㉧-㉣-㉦-㉢-㉡
③ ㉤-㉧-㉠-㉦-㉥-㉣-㉡-㉢
④ ㉣-㉤-㉧-㉠-㉦-㉥-㉡-㉢

정답과 해설

1097. ③ ㉤-㉧-㉠-㉦-㉥-㉣-㉡-㉢ 옳은 순서이다.
「국가재정법」상 예산은 '편성 → 심의 → 집행 → 결산' 과정으로 이루어진다.
㉠ 예산안의 편성 과정 중 예산요구서 제출에 관한 설명이다(매년 5월 31일까지, 국가재정법 제31조).
㉡ 예산의 결산과정 중 국가결산보고서의 작성 및 제출에 관한 설명이다(다음 연도 4월 10일까지, 동법 제59조).
㉢ 예산의 결산과정 중 국가결산 국회보고서의 국회제출에 관한 설명이다(다음 연도 5월 31일까지, 동법 제61조).
㉣ 예산의 집행과정 중 예산배정 요구서의 제출에 관한 설명이다(예산이 확정된 후, 동법 제42조).
㉤ 예산안의 편성 과정 중 예산안편성지침의 통보에 관한 설명이다(매년 3월 31일까지, 동법 제29조).
㉥ 예산안의 심의 과정 중 국회의 심의·의결에 대한 설명이다(회계연도 개시 120일 전까지, 동법 제33조).
㉦ 예산안의 편성 과정 중 예산안 편성에 관한 설명이다(동법 제32조).
㉧ 예산안의 편성 과정 중 예산안편성지침의 국회보고에 관한 설명이다(동법 제30조).

THEME 08 장비관리

1 무기관리(경찰장비관리규칙) _A급

1098 ☐☐☐☐ 08 간부
경찰장비관리의 목표는 능률성, 효과성, 민주성이다. (O|X)

1099 ☐☐☐☐ 17 승진
무기는 인명 또는 신체에 위해를 가할 수 있도록 제작된 권총·소총·도검 등을 말한다. (O|X)

1100 ☐☐☐☐ 23·24 채용
간이무기고란 경찰인력 및 경찰기관별 무기책정기준에 따라 배정된 개인화기와 공용화기를 집중보관·관리하기 위하여 각 경찰기관에 설치된 시설을 말한다. (O|X)

1101 ☐☐☐☐ 24 채용
무기고와 탄약고는 견고하게 만들고 환기·방습장치와 방화시설 및 총가시설 등이 완비되어야 한다. (O|X)

1102 ☐☐☐☐ 22 채용, 11·17 승진
탄약고는 무기고와 분리되어야 하며, 가능한 본 청사와 격리된 독립 건물로 하여야 한다. (O|X)

1103 ☐☐☐☐ 22 채용
무기고와 탄약고의 환기통 등에는 손이 들어가지 않도록 쇠창살 시설을 하고, 출입문은 2중으로 하여 각 1개소 이상씩 자물쇠를 설치하여야 한다. (O|X)

1104 ☐☐☐☐ 22 채용, 17 승진
무기·탄약고 비상벨은 상황실과 숙직실 등 초동조치 가능장소와 연결하고, 외곽에는 철조망장치와 조명등 및 순찰함을 설치할 수 있다. (O|X)

정답과 해설

1098. (X) 경찰장비관리의 목표는 능률성·효과성·**경제성(민주성 X)**에 있다.
1099. (O) 경찰장비관리규칙 제112조 제1호
1100. (X) **집중무기고**에 대한 설명이다(동규칙 제112조 제2호). "**간이무기고**"란 경찰기관의 각 기능별 운용부서에서 효율적 사용을 위하여 집중무기고로부터 무기·탄약의 일부를 대여 받아 별도로 보관·관리하는 시설을 말한다(동규칙 제112조 제4호).
1101. (O) 동규칙 제115조 제2항
1102. (O) 동규칙 제115조 제3항
1103. (O) 동규칙 제115조 제4항
1104. (X) 무기·탄약고 비상벨은 상황실과 숙직실 등 초동조치 가능장소와 연결하고, 외곽에는 철조망장치와 조명등 및 순찰함을 **설치하여야 한다(설치할 수 있다 X)**(동규칙 제115조 제5항).

1105 ☐☐☐☐ 24 채용, 17 승진, 24 간부

간이무기고는 근무자가 24시간 상주하는 지구대, 파출소, 상황실 및 112타격대 등 경찰기관의 장이 필요하다고 인정하는 상당한 이유가 있는 장소에 설치할 수 있다. (O│X)

1106 ☐☐☐☐ 22 채용, 24 간부, 24 승진

탄약고 내에는 전기시설을 하는 것이 원칙이나, 조명은 건전지 등으로 하고 방화시설을 완비하여야 한다. (O│X)

1107 ☐☐☐☐ 24 채용, 24 승진

집중무기·탄약고의 열쇠보관은 일과시간에는 무기 관리부서의 장이, 일과시간 후에는 당직 업무(청사방호) 책임자(상황관리관 등 당직근무자)가 한다. (O│X)

1108 ☐☐☐☐ 24 간부

지구대 등의 간이무기고의 경우는 소속 경찰관에 한하여 무기를 지급하되 감독자 입회(감독자가 없을 경우 반드시 타 선임 경찰관 입회)하에 무기탄약 입출고부에 기재한 뒤 입출고하여야 한다. 다만, 긴급상황 발생 시 경찰서장의 사전허가를 받은 경우의 대여는 예외로 한다. (O│X)

1109 ☐☐☐☐ 23 채용

무기·탄약을 대여 받은 자는 그 무기를 휴대하고 근무하는 경우를 제외하고는 무기고에 보관하여야 하며, 근무 종료시에는 감독자 입회아래 무기탄약 입출고부에 기재한 뒤 즉시 입고하여야 한다. (O│X)

1110 ☐☐☐☐ 23 채용, 07·11·17·20 승진, 24 간부

경찰기관의 장은 무기를 휴대한 자 중에서 직무상의 비위 등으로 인하여 징계대상이 된 자, 형사사건의 조사 대상이 된 자, 사의를 표명한 자에게 대여한 무기 탄약을 무기 소지 적격 심의위원회의 심의를 거쳐 회수할 수 있다. (O│X)

정답과 해설

1105. (O) 간이무기고는 근무자가 24시간 상주하는 지구대, 파출소, 상황실 및 112타격대 등 경찰기관의 장이 필요하다고 인정하는 상당한 이유가 있는 장소에 **설치할 수 있다**(설치하여야 한다 X)(경찰장비관리규칙 제115조 제6항).

1106. (X) 탄약고 내에는 **전기시설을 하여서는 아니 되며**, 조명은 건전지 등으로 하고 방화시설을 완비하여야 한다. 단, 방폭설비를 갖춘 경우 전기시설을 설치할 수 있다(동규칙 제115조 제7항).

1107. (O) 동규칙 제117조 제2항 제1호

1108. (O) 동규칙 제118조 제4항

1109. (O) 동규칙 제118조 제5항

1110. (X) 경찰기관의 장은 무기를 휴대한 자 중에서 직무상의 비위 등으로 인하여 **중징계 의결 요구된 자**, 사의를 표명한 자가 발생한 때에는 **즉시**(심의를 거쳐 X) 대여한 무기·탄약을 **회수해야 한다**(회수할 수 있다 X)(동규칙 제120조 제1항).

1111 ☐☐☐☐ 24 채용, 20 승진, 18 간부

경찰기관의 장은 무기를 휴대한 자 중에서 경찰공무원 직무적성검사 결과 고위험군에 해당되는 자에게 대여한 무기 탄약을 즉시 회수해야 한다. 다만, 심의위원회를 개최할 시간적 여유가 없거나 사고 방지 등을 위해 신속한 회수가 필요하다고 인정되는 경우에는 대여한 무기·탄약을 즉시 회수할 수 있으며, 회수한 날부터 7일 이내에 심의위원회를 개최하여 회수의 타당성을 심의하고 계속 회수 여부를 결정한다. (O|X)

1112 ☐☐☐☐ 23 채용, 11·12·24 승진

경찰기관의 장은 무기를 휴대한 자 중에서 술자리 또는 연회장소에 출입할 경우에는 대여한 무기·탄약을 무기고에 보관하도록 할 수 있다. (O|X)

1113 ☐☐☐☐ 26 간부

무기 소지 적격 심의위원회는 무기·탄약 회수 대상자에 해당하는지 여부 및 회수의 해제 여부를 심의한다. (O|X)

1114 ☐☐☐☐ 24 채용

심의위원회는 위원장 1명을 포함하여 총 5명 이상 7명 이내의 위원으로 구성하되 민간위원 1명 이상이 위원으로 참여하여야 한다. (O|X)

1115 ☐☐☐☐ 26 간부

무기 소지 적격 심의위원회 민간위원은 총포·도검·화약류 분야에 전문성을 갖춘 사람으로서 심의 대상자 소속 경찰기관의 장이 위촉하는 사람을 1명 이상 위촉해야 한다. (O|X)

1116 ☐☐☐☐ 26 간부

무기 소지 적격 심의위원회는 재적위원의 과반수의 출석으로 개의하며, 출석위원 과반수의 찬성으로 의결하고 회의는 비공개로 한다. (O|X)

정답과 해설

1111. (X) 경찰기관의 장은 무기를 휴대한 자 중에서 직무상의 비위 등으로 인하여 감찰조사의 대상이 되거나 경징계 의결 요구 또는 경징계 처분 중인 자, 형사사건의 수사 대상이 된 자, **경찰공무원 직무적성검사 결과 고위험군에 해당되는 자, 정신건강상 문제가 우려되어 치료가 필요한 자**, 정서적 불안 상태로 인하여 무기 소지가 적합하지 않은 자로서 소속 부서장의 요청이 있는 자, 그 밖에 경찰기관의 장이 무기 소지 적격 여부에 대해 심의를 요청하는 자에게 대여한 무기·탄약을 **심의위원회의 심의**를 거쳐 **회수할 수 있다(회수해야 한다 X)** (경찰장비관리규칙 제120조 제2항).

1112. (X) 경찰기관의 장은 무기를 휴대한 자 중에서 술자리 또는 연회장소에 출입할 경우, 상사의 사무실을 출입할 경우, 기타 정황을 판단하여 필요하다고 인정되는 경우에는 대여한 무기·탄약을 **무기고에 보관하도록 해야 한다(할 수 있다 X)**(동규칙 제120조 제4항).

1113. (O) 동규칙 제120조의2 제1항

1114. (O) 동규칙 제120조의2 제2항

1115. (X) 민간위원은 **정신건강(총포·도검·화약류 X) 분야**에 전문성을 갖춘 사람으로서 심의 대상자 소속 경찰기관의 장이 위촉하는 사람을 1명 이상 위촉해야 한다(동규칙 제120조의2 제3항 제2호).

1116. (O) 동규칙 제120조의3 제2항, 제3항

1117 ☐☐☐☐ 15·24 승진

경찰관이 권총을 휴대·사용하는 경우 총구는 전방을 향해야 하고, 1탄은 공포탄, 2탄 이하는 실탄을 장전한다. 다만, 대간첩작전, 살인·강도 등 중요범인이나 무기·흉기 등을 사용하는 범인의 체포 및 위해의 방호를 위하여 불가피한 경우에 1탄부터 실탄을 장전할 수 있다. (O│X)

2 차량관리(경찰장비관리규칙) _B급

1118 ☐☐☐☐ 18 간부

차량의 차종은 승용·승합·화물·특수용으로 구분하고, 차형은 차종별로 대형·중형·소형·경형·다목적형으로 구분한다. (O│X)

1119 ☐☐☐☐ 18 승진

차량은 용도별로 전용·지휘용·행정용·순찰용·특수구난용 차량으로 구분한다. (O│X)

1120 ☐☐☐☐ 11·12·17·18 승진, 18 간부

부속기관 및 시·도경찰청의 장은 다음 연도에 소속기관의 차량정수를 증감시킬 필요가 있을 때에는 매년 11월 말까지 다음 연도 차량정수 소요계획을 경찰청장에게 제출하여야 한다. (O│X)

1121 ☐☐☐☐ 11·12·17·18 승진

차량교체를 위한 불용 대상차량은 주행거리와 차량의 노후상태를 최우선적으로 고려하여 선정하여야 하고, 주행거리가 동일한 경우에는 차량사용기간, 사용부서 등을 추가로 검토한다. (O│X)

1122 ☐☐☐☐ 18 간부

각 경찰기관의 업무용차량은 운전요원의 부족 등 불가피한 사유가 없는 한 집중관리를 원칙으로 한다. (O│X)

1123 ☐☐☐☐ 17·18 승진

차량운행시 책임자는 1차 선임탑승자, 2차 운전자(사용자), 3차 경찰기관의 장으로 한다. (O│X)

정답과 해설

1117. (X) 총구는 **공중 또는 지면(안전지역)(전방 X)**을 향한다(경찰장비관리규칙 제123조 제1항 제1호).
1118. (O) 동규칙 제88조 제1항
1119. (X) 차량은 **용도별(차량별 X)**로 전용·지휘용·**업무용(행정용 X)**·순찰용·**특수용 차량(특수구난용 차량 X)**으로 구분한다(동규칙 제88조 제2항).
1120. (X) 부속기관 및 시·도경찰청의 장은 다음 년도에 소속기관의 차량정수를 증감시킬 필요가 있을 때에는 **매년 3월말까지** 다음 년도 차량정수 소요계획을 경찰청장에게 제출하여야 한다(동규칙 제90조 제1항).
1121. (X) 차량교체를 위한 불용 대상차량은 부속기관 및 시·도경찰청에 배정되는 수량의 범위 내에서 내용연수 경과 여부 등 **차량사용기간(주행거리와 차량의 노후상태 X)**을 최우선적으로 고려하여 선정한다(동규칙 제94조 제1항). **사용기간(주행거리 X)**이 동일한 경우에는 **주행거리(차량사용기간 X)**와 차량의 노후상태, 사용부서 등을 종합적으로 검토 예산낭비 요인이 없도록 신중하게 선정한다(동규칙 제94조 제2항).
1122. (O) 동규칙 제95조 제1항
1123. (X) 차량운행시 책임자는 **1차 운전자, 2차 선임탑승자(사용자)**, 3차 경찰기관의 장으로 한다(동규칙 제98조 제3항).

THEME 09 보안관리 _A급

1 서론

1124 ☐☐☐☐ 11 승진
보안은 인원, 문서, 자재, 시설, 지역 등을 대상으로 하며 국가는 보안의 주체이다. (O|X)

1125 ☐☐☐☐ 10 승진
보안업무의 법적 근거로는 국가정보원법, 정보및보안업무기획조정규정, 보안업무규정이 있다. (O|X)

1126 ☐☐☐☐ 10·11 승진
보안에 관한 일반원칙 중 '알 사람만 알아야 하는 원칙'은 알 사람만 알게 하고 한 번에 다량의 비밀이나 정보가 유출되지 않도록 하는 원칙을 말한다. (O|X)

1127 ☐☐☐☐ 03·09 승진
보안에 관한 일반적인 원칙으로 알 사람만 알아야 하는 원칙, 외국 또는 국제기구의 비밀존중의 원칙, 보안과 효율의 조화 원칙이다. (O|X)

2 보안업무규정(대통령령)상 비밀

1128 ☐☐☐☐ 15 채용
비밀이란 국가정보원법 따른 국가 기밀로서 이 영에 따라 비밀로 분류된 것을 말한다. (O|X)

1129 ☐☐☐☐ 15 채용, 17·19 승진, 08·19 간부
비밀은 그 중요성과 가치의 정도에 따라 Ⅰ급 비밀, Ⅱ급 비밀, Ⅲ급 비밀, 대외비로 구분한다. (O|X)

1130 ☐☐☐☐ 10 승진
비밀의 구분은 「국가정보원법」 제4조에 명시되어 있다. (O|X)

정답과 해설

1124. (O)
1125. (O) 보안업무의 법적 근거로는 **국가정보원법(국가보안법 X)**, 정보및보안업무기획조정규정, 보안업무규정이 있다.
1126. (X) 한 번에 다량의 비밀이나 정보가 유출되지 않도록 하는 원칙은 **부분화의 원칙**이다.
1127. (X) **보안의 원칙**은 알 사람만 알아야 하는 원칙, **부분화의 원칙**, 보안과 효율의 조화 원칙, **비밀분류의 원칙**은 과도 또는 과소분류 금지의 원칙, 독립분류의 원칙, 외국 또는 국제기구의 비밀존중의 원칙이다.
1128. (O) 비밀이란 국가정보원법 따른 국가 기밀로서 이 영(보안업무규정)에 따라 비밀로 분류된 것을 말한다(보안업무규정 제2조 제1호).
1129. (X) 비밀은 그 **중요성과 가치의 정도**에 따라 Ⅰ급 비밀, Ⅱ급 비밀, Ⅲ급 비밀**(대외비 X)**로 구분한다(동규정 제4조).
1130. (X) 비밀의 구분은 **보안업무규정(국가정보원법 X) 제4조**에 명시되어 있다.

1131 ☐☐☐☐ 15·23 채용, 19 승진

누설될 경우 대한민국과 외교관계가 단절되고 전쟁을 일으키며, 국가의 방위계획·정보활동 및 국가방위에 반드시 필요한 과학과 기술의 개발을 위태롭게 하는 등의 우려가 있는 비밀은 이를 Ⅱ급비밀로 한다. (O|X)

1132 ☐☐☐☐ 15·22·25 채용, 10·17·19·22 승진, 08·19·23 간부

누설될 경우 국가안전보장에 막대한 지장을 끼칠 우려가 있는 비밀을 Ⅱ급 비밀로 하며, 누설될 경우 국가안전보장에 해를 끼칠 우려가 있는 비밀을 Ⅲ급 비밀로 한다. (O|X)

1133 ☐☐☐☐ 24 승진

지방자치단체의 장, 광역시·도의 교육감, 경찰청장은 Ⅱ급 및 Ⅲ급비밀 취급 인가권자와 Ⅲ급비밀 소통용 암호자재 취급 인가권자이다. (O|X)

1134 ☐☐☐☐ 24 승진

각급기관의 장은 비밀 분류를 통일성 있고 적절하게 하기 위하여 세부 분류지침을 작성하여 시행하여야 하며 이 경우 세부 분류지침은 공개하는 것을 원칙으로 한다. (O|X)

1135 ☐☐☐☐ 18 간부

비밀취급 인가권자는 소속 직원의 인사기록카드에 기록된 비밀취급의 인가 및 인가해제 사유와 임용 시의 신원조사 회보서에 따라 새로 신원조사를 하지 아니하고 비밀취급을 인가할 수 있다. 다만, Ⅰ급비밀 취급을 인가할 때에는 새로 신원조사를 하여야 한다. (O|X)

1136 ☐☐☐☐ 18·23 간부

비밀취급 인가권자는 업무상 조정·감독을 받는 기업체나 단체에 소속된 사람에 대하여 소관 비밀을 계속적으로 취급하게 하여야 할 필요가 있을 때에는 미리 국가정보원장과의 협의를 거쳐 해당하는 사람에게 Ⅱ급 이하의 비밀취급을 인가할 수 있다. (O|X)

1137 ☐☐☐☐ 19 승진

비밀은 그 중요성과 가치의 정도에 따라 'Ⅰ급비밀', 'Ⅱ급비밀', 'Ⅲ급비밀'로 구분하며, 비밀 중에 직무 수행상 특별히 보호가 필요한 사항은 '대외비'로 한다. (O|X)

정답과 해설

1131. (X) 누설될 경우 대한민국과 외교관계가 단절되고 **전쟁**을 일으키며, 국가의 방위계획·정보활동 및 국가방위에 반드시 필요한 과학과 기술의 개발을 위태롭게 하는 등의 우려가 있는 비밀은 이를 **Ⅰ급비밀**로 한다(보안업무규정 제4조 제1호). **일(Ⅰ)전**

1132. (O) 누설될 경우 국가안전보장에 **막**대한 지장을 끼칠 우려가 있는 비밀을 **Ⅱ**급 비밀로 하며, 누설될 경우 국가안전보장에 **해**를 끼칠 우려가 있는 비밀을 **Ⅲ**급 비밀로 한다(동규정 제4조 제2호 제3호). **이(Ⅱ)막 삼(Ⅲ)해**

1133. (O) 동규정 제9조 제2항

1134. (X) 각급기관의 장은 비밀 분류를 통일성 있고 적절하게 하기 위하여 세부 분류지침을 작성하여 시행하여야 한다. 이 경우 세부 분류지침은 **공개하지 않는다**(동규정 제13조).

1135. (O) 동규정 시행규칙 제12조 제2항

1136. (O) 비밀취급 인가권자는 업무상 조정·감독을 받는 기업체나 단체에 소속된 사람에 대하여 소관 비밀을 계속적으로 취급하게 하여야 할 필요가 있을 때에는 미리 **국가정보원장(경찰청장 X)**과의 협의를 거쳐 해당하는 사람에게 **Ⅱ급 이하의 비밀취급을 인가할 수 있다**(동규정 시행규칙 제13조 제1항).

1137. (X) 비밀은 그 중요성과 가치의 정도에 따라 'Ⅰ급비밀', 'Ⅱ급비밀', 'Ⅲ급비밀'로 구분한다(동규정 제4조). 보안업무규정에 따른 **비밀 외(비밀 중 X)**에 비공개 대상 정보 중 직무 수행상 특별히 보호가 필요한 사항은 이를 **"대외비"**로 한다(동규정 시행규칙 제16조 제3항).

1138 ☐☐☐☐ 16 채용, 25 승진

각급기관의 장은 비밀의 작성·분류·취급·유통 및 이관 등의 모든 과정에서 비밀이 누설되거나 유출되지 아니하도록 보안대책을 수립하여 시행하여야 한다. (O|X)

1139 ☐☐☐☐ 19 간부

국가정보원장은 암호자재를 제작하여 필요한 기관에 공급한다. 다만, 국가정보원장이 필요하다고 인정하는 암호자재의 경우 그 암호자재를 사용하는 기관은 국가정보원장이 인가하는 암호체계의 범위에서 암호자재를 제작할 수 있다. (O|X)

1140 ☐☐☐☐ 19 간부

암호자재를 사용하는 기관의 장은 사용기간이 끝난 암호자재를 지체 없이 국가정보원장에게 반납하여야 한다. (O|X)

1141 ☐☐☐☐ 16·23·25 채용

비밀은 해당 등급의 비밀취급 인가를 받은 사람만 취급할 수 있으며, 암호자재는 해당 등급의 비밀 소통용 암호자재취급 인가를 받은 사람만 취급할 수 있다. (O|X)

1142 ☐☐☐☐ 16·23 채용, 10·11·17 승진, 08 간부, 21 경채

검찰총장, 경찰청장은 Ⅰ급비밀 취급인가권자에 해당한다. (O|X)

1143 ☐☐☐☐ 03·05·22 승진, 08 간부

「경찰청 보안업무규정 시행세칙」상 모든 경찰공무원은 임용과 동시에 Ⅱ급 비밀취급 인가를 받은 것으로 본다. (O|X)

정답과 해설

1138. (O) 각급기관의 장은 비밀의 작성·분류·취급·유통 및 이관 등의 모든 과정에서 비밀이 누설되거나 유출되지 아니하도록 보안대책을 수립하여 **시행하여야 한다**(시행할 수 있다 X)(보안업무규정 제5조).

1139. (O) **국가정보원장**(경찰청장 X)은 암호자재를 제작하여 필요한 기관에 **공급한다**. 다만, 국가정보원장이 필요하다고 인정하는 암호자재의 경우 그 암호자재를 사용하는 기관은 **국가정보원장이 인가**하는 암호체계의 범위에서 **암호자재를 제작할 수 있다**(동규정 제7조 제1항).

1140. (X) 암호자재를 사용하는 기관의 장은 사용기간이 끝난 암호자재를 지체 없이 **그 제작기관의 장**(국가정보원장 X)에게 반납하여야 한다(동규정 제7조 제2항).

1141. (O) **비밀**은 해당 등급의 비밀취급 인가를 받은 사람만 취급할 수 있으며, **암호자재**는 해당 등급의 비밀 소통용 암호자재취급 인가를 받은 사람만 취급할 수 있다(동규정 제8조).

1142. (X) **검찰총장은** Ⅰ급비밀 취급인가권자에 해당하지만, **경찰청장은 Ⅱ급 및 Ⅲ급비밀** 취급인가권자에 해당한다(동규정 제9조, 동규정 시행세칙 제11조).

1143. (X) 모든 경찰공무원은 임용과 동시에 **Ⅲ급**(Ⅱ급 X) 비밀취급 인가를 받은 것으로 본다(동규정 시행세칙 제14조 제1항).

1144 ☐☐☐☐ 10 승진, 08 간부

신원특이자에 대해서는 Ⅱ급 비밀취급 인가 여부의 적절성에 관하여 사전에 위원회의 심의를 거쳐야 한다. 다만, 신원특이자 소속기관의 자체 심의기구에서 신원특이자의 Ⅱ급 비밀취급 인가 여부를 심의한 경우에는 위원회의 심의를 거치지 않는다. (O｜X)

1145 ☐☐☐☐ 03·05·22 승진

「경찰청 보안업무규정 시행세칙」상 치안정보부서에 근무하는 경찰공무원은 그 보직 발령과 동시에 Ⅱ급 비밀취급 인가를 받은 것으로 본다. (O｜X)

1146 ☐☐☐☐ 11 승진

甲은 순경 일반공채시험에 합격, 순경에 임용되어 지구대 순찰요원으로 근무중이다. 甲이 취급할 수 있는 비밀은 "누설될 경우 국가안전보장에 막대한 지장을 끼칠 우려가 있는 비밀"이다. (O｜X)

3 문서보안

1147 ☐☐☐☐ 12·18 승진

비밀분류의 원칙은 과도 또는 과소분류 금지의 원칙, 독립분류의 원칙, 외국 또는 국제기구의 비밀존중의 원칙으로 「보안업무규정 시행규칙」 제12조에 규정되어 있다. (O｜X)

1148 ☐☐☐☐ 16·22·23 채용, 10·12·18·19·24 승진, 19 간부

비밀의 분류원칙은 보안업무규정에 규정되어 있으며, 비밀은 적절히 보호할 수 있는 최고등급으로 분류하되, 과도하거나 과소하게 분류해서는 아니 된다. (O｜X)

1149 ☐☐☐☐ 16 채용, 18 승진

비밀은 그 자체의 내용과 가치의 정도에 따라 분류하여야 하며 다른 비밀과 관련하여서는 안 된다는 원칙은 독립분류의 원칙이다. (O｜X)

정답과 해설

1144. (O) 경찰청 보안업무규정 시행세칙 제14조 제3항
1145. (O) **치안정보, 수사, 안보수사 및 국제협력** 담당 부서에 근무하는 경찰공무원은 그 보직 발령과 동시에 Ⅱ급 비밀취급 인가를 받은 것으로 본다(동시행세칙 제14조 제2항 제2호).
1146. (X) 모든 경찰공무원은 임용과 동시에 **Ⅲ급 비밀취급 인가**를 받은 것으로 보며, 경찰공무원 중 **경비 같은 일정한 부서에서 근무**하는 사람은 보직 발령과 동시에 **Ⅱ급 비밀취급권 인가**를 받은 것으로 보는데 지구대 순찰요원은 경찰청 보안업무규정 시행세칙에 규정된 일정한 부서에 근무하는 자가 아니므로 Ⅲ급 비밀취급권을 가진다(동규칙 제14조). **Ⅲ급 비밀에 해당되는 경우**는 누설될 경우 국가안전보장에 **막대한 지장을 끼칠 우려가 있는 비밀(Ⅱ급)**이 아니라 누설될 경우 국가안전보장에 **해**를 끼칠 우려가 있는 비밀(Ⅲ급)이다.
1147. (X) 비밀분류원칙은 **보안업무규정(보안업무규정 시행규칙 X)** 제12조에 규정되어 있다.
1148. (X) 비밀은 적절히 보호할 수 있는 **최저등급(최고등급 X)**으로 분류하되, 과도하거나 과소하게 분류해서는 아니 된다(동규정 제12조 제1항).
1149. (O) 동규정 제12조 제2항

1150 ☐☐☐☐ 17·18·19 승진, 19 간부

외국 정부나 국제기구로부터 접수한 비밀은 그 접수기관이 필요로 하는 정도로 보호할 수 있도록 분류하여야 한다. ⓞⓧ

1151 ☐☐☐☐ 12 승진

A경찰서 경비과에서 생산한 중요시설 경비대책이란 제목의 비밀문건은 보안과에서 비밀분류를 담당한다. ⓞⓧ

1152 ☐☐☐☐ 22·25 채용

비밀을 휴대하고 출장 중인 사람은 비밀을 안전하게 보호하기 위하여 국내 경찰기관 또는 재외공관에 보관을 위탁할 수 있으며, 위탁받은 기관은 그 비밀을 보관하여야 한다. ⓞⓧ

1153 ☐☐☐☐ 18·23 채용, 19 간부

각급기관의 장은 비밀의 작성·분류·접수·발송 및 취급 등에 필요한 모든 관리사항을 기록하기 위하여 비밀관리기록부를 작성하여 갖추어 두어야 한다. 다만, II급 이상 비밀관리기록부는 따로 작성하여 갖추어 두어야 하며, 암호자재는 암호자재 관리기록부로 관리한다. ⓞⓧ

1154 ☐☐☐☐ 19 간부

비밀관리기록부와 암호자재 관리기록부에는 모든 비밀과 암호자재에 대한 보안책임 및 보안관리 사항이 정확히 기록·보존되어야 한다. ⓞⓧ

1155 ☐☐☐☐ 19 승진

I급 비밀은 그 생산자의 허가를 받은 경우에도 모사·타자·인쇄·조각·녹음·촬영·인화·확대 등 그 원형을 재현하는 행위를 할 수 없다. ⓞⓧ

> **정답과 해설**

1150. (X) 외국 정부나 국제기구로부터 접수한 비밀은 그 **생산기관(접수기관 X)**이 필요로 하는 정도로 보호할 수 있도록 분류하여야 한다(보안업무규정 제12조 제3항).

1151. (X) 비밀을 생산 또는 관리하는 자는 그 비밀을 분류 또는 재분류할 책임이 있으므로 **생산자인 A경찰서 경비과**에서 비밀분류를 담당한다.

1152. (O) 동규정 제19조

1153. (X) 각급기관의 장은 비밀의 작성·분류·접수·발송 및 취급 등에 필요한 모든 관리사항을 기록하기 위하여 비밀관리기록부를 작성하여 갖추어 **두어야 한다**. 다만, **I급비밀관리기록부(II급 이상 비밀관리기록부 X)**는 따로 작성하여 갖추어 두어야 하며, 암호자재는 암호자재 관리기록부로 관리한다(동규정 제22조 제1항).

1154. (O) 동규정 제22조 제2항

1155. (X) 비밀의 일부 또는 전부나 암호자재에 대해서는 모사(模寫)·타자(打字)·인쇄·조각·녹음·촬영·인화(印畵)·확대 등 그 원형을 재현(再現)하는 **행위를 할 수 없다**. 다만, I급 비밀이라도 그 생산자의 허가를 받은 경우에는 모사·타자·인쇄·조각·녹음·촬영·인화·확대 등 그 원형을 재현하는 행위를 **할 수 있다**(동규정 제23조 제1항 제1호).

1156 ☐☐☐☐ 18 채용

그 생산자가 특정한 제한을 하지 아니한 것으로서 해당 등급의 비밀취급 인가를 받은 사람이 공용(共用)으로 사용하는 경우 I급비밀의 일부 또는 전부에 대해서 모사(模寫)·타자(打字)·인쇄·조각·녹음·촬영·인화(印畫)·확대 등 그 원형을 재현(再現)하는 행위를 할 수 있다. (O|X)

1157 ☐☐☐☐ 18 채용

각급기관의 장은 보안 업무의 효율적인 수행을 위하여 필요하다고 인정되는 경우에는 국가정보원장의 승인 하에 해당 비밀의 보존기간 내에서 그 사본을 제작하여 보관할 수 있다. (O|X)

1158 ☐☐☐☐ 19 승진

비밀을 복제하거나 복사한 경우에는 그 원본과 동일한 비밀등급과 예고문을 기재하여야 하고, 이에 따른 예고문에 재분류 구분이 '파기'로 되어 있더라도 원본의 파기 시기보다 그 시기를 앞당길 수 없다. (O|X)

1159 ☐☐☐☐ 19 승진

비밀은 해당 등급의 비밀취급 인가를 받은 사람 중 그 비밀과 업무상 직접 관계가 있는 사람만 열람할 수 있다. (O|X)

1160 ☐☐☐☐ 18 채용

비밀취급 인가를 받지 아니한 사람에게 비밀을 열람하거나 취급하게 할 때에는 국가정보원장이 정하는 바에 따라 소속 기관의 장(비밀이 군사와 관련된 사항인 경우에는 국방부장관)이 미리 열람자의 인적사항과 열람하려는 비밀의 내용 등을 확인하고 열람 시 비밀 보호에 필요한 자체 보안대책을 마련하는 등의 보안조치를 하여야 한다. 다만, I급비밀의 보안조치에 관하여는 국가정보원장과 미리 협의하여야 한다. (O|X)

정답과 해설

1156. (X) 그 생산자가 특정한 제한을 하지 아니한 것으로서 해당 등급의 비밀취급 인가를 받은 사람이 공용(共用)으로 사용하는 경우 II급비밀 및 III급비밀(I급비밀 X)의 일부 또는 전부에 대해서 모사(模寫)·타자(打字)·인쇄·조각·녹음·촬영·인화(印畫)·확대 등 그 원형을 재현(再現)하는 행위를 할 수 있다(보안업무규정 제23조 제1항 제2호).

1157. (X) 각급기관의 장은 보안 업무의 효율적인 수행을 위하여 필요하다고 인정되는 경우(국가정보원장의 승인 X)에는 해당 비밀의 보존기간 내에서 I급비밀은 그 생산자의 허가를 받은 경우, II급비밀 및 III급비밀은 그 생산자가 특정한 제한을 하지 아니한 것으로서 해당 등급의 비밀취급 인가를 받은 사람이 공용(共用)으로 사용하는 경우 그리고 전자적 방법으로 관리되는 비밀은 해당 비밀을 보관하기 위한 용도인 경우 그 사본을 제작하여 보관할 수 있다(동규정 제23조 제2항).

1158. (X) 비밀을 복제하거나 복사한 경우에는 그 원본과 동일한 비밀등급과 예고문을 기재하고, 사본 번호를 매겨야 한다. 예고문에 재분류 구분이 파기로 되어 있을 때에는 파기 시기를 원본의 보호기간보다 앞당길 수 있다(없다 X)(동규정 제23조 제4항·제5항).

1159. (O) 비밀은 해당 등급의 비밀취급 인가를 받은 사람 중 그 비밀과 업무상 직접 관계가 있는 사람만 열람할 수 있다(동규정 제24조 제1항).

1160. (O) 동규정 제24조 제2항

1161 ☐☐☐☐ 23 채용

중앙행정기관등의 장은 국가안전보장을 위하여 국민에게 긴급히 알려야 할 필요가 있다고 판단될 때에는 그가 생산한 비밀을 「보안업무규정」 제3조의3에 따른 보안심사위원회의 심의를 거쳐 공개할 수 있다. 다만, Ⅰ급비밀의 공개에 관하여는 국가정보원장과 미리 협의해야 한다. (O│X)

1162 ☐☐☐☐ 19 승진

공무원 또는 공무원이었던 사람은 어떠한 경우에도 소속 기관의 장이나 소속되었던 기관의 장의 승인 없이 비밀을 공개해서는 아니 된다. (O│X)

1163 ☐☐☐☐ 22 채용, 19 승진

비밀은 보관하고 있는 시설 밖으로 반출해서는 아니 된다. 다만, 공무상 반출이 필요할 때에는 소속 기관의 장의 승인을 받아야 한다. (O│X)

1164 ☐☐☐☐ 23 채용

각급기관의 장은 비밀문서의 접수·발송·복제·열람 및 반출 등의 통제에 필요한 규정을 따로 작성·운영할 수 있다. (O│X)

1165 ☐☐☐☐ 23·25 채용

각급기관의 장은 연 2회 비밀 소유 현황을 조사하여 국가정보원장에게 통보하여야 한다. (O│X)

1166 ☐☐☐☐ 11·20·25 승진, 17·18 간부

Ⅰ급비밀은 반드시 금고에 보관하여야 하며, 보관책임자가 Ⅰ급비밀취급인가를 받은 때에는 Ⅰ급비밀을 Ⅱ, Ⅲ급비밀과 혼합 보관할 수 있다. (O│X)

1167 ☐☐☐☐ 19 승진, 18 간부

보관용기에 넣을 수 없는 비밀은 제한구역 또는 통제구역에 보관하는 등 그 내용이 노출되지 아니하도록 특별한 보호대책을 마련하여야 한다. (O│X)

정답과 해설

1161. (O) 보안업무규정 제25조 제1항 제1호
1162. (X) 공무원 또는 공무원이었던 사람은 **법률에서 정하는 경우를 제외(어떠한 경우에도 X)**하고는 소속 기관의 장이나 소속되었던 기관의 장의 승인 없이 비밀을 공개해서는 아니 된다(동규정 제25조 제2항).
1163. (O) 동규정 제27조
1164. (O) 동규정 제29조
1165. (O) 동규정 제31조 제1항
1166. (X) Ⅰ급비밀은 반드시 금고에 보관하여야 하며, 다른 비밀과 혼합하여 보관하여서는 아니 된다. Ⅱ급비밀 및 Ⅲ급비밀은 금고 또는 이중 철제캐비닛 등 잠금장치가 있는 안전한 용기에 보관하여야 하며, 보관책임자가 **Ⅱ급(Ⅰ급 X)**비밀 취급 인가를 받은 때에는 **Ⅱ급비밀과 Ⅲ급비밀(Ⅰ급비밀 X)**을 같은 용기에 혼합하여 보관할 수 있다(동규정 시행규칙 제33조 제2항 제3호).
1167. (O) 보관용기에 넣을 수 없는 비밀은 **제한구역(제한지역 X) 또는 통제구역**에 보관하는 등 그 내용이 노출되지 아니하도록 특별한 보호대책을 **마련하여야 한다**(동규정 시행규칙 제33조 제4항).

1168 ☐☐☐☐ 11·12·20·25 승진, 17 간부, 21 경채
비밀의 보관용기 외부에는 비밀의 중요성과 가치에 따라 구분하여 표시하여야 한다. (O|X)

1169 ☐☐☐☐ 19 간부
비밀보관책임자는 보관비밀을 대출하는 때에는 비밀대출부에 관련사항을 기록·유지한다. (O|X)

1170 ☐☐☐☐ 17·19 간부
비밀열람기록전은 그 비밀의 생산기관이 첨부하며, 비밀을 파기하는 때에는 비밀에서 분리하여 따로 철하여 보관하여야 한다. (O|X)

1171 ☐☐☐☐ 19 간부
비밀의 발간업무에 종사하는 사람은 작업일지에 작업에 관한 사항을 기록·보관해야 한다. 이 경우 작업일지는 비밀열람기록전을 갈음하는 것으로 본다. (O|X)

4 시설보안

1172 ☐☐☐☐ 25 승진, 21 경채
각급기관의 장과 관리기관 등의 장은 국가안전보장에 관련되는 인원·문서·자재·시설의 보호를 위하여 필요한 장소에 일정한 범위의 보호지역을 설정할 수 있고, 그 중요도에 따라 제한지역, 제한구역 및 통제구역으로 나눈다. (O|X)

1173 ☐☐☐☐ 10·11·20·22 승진, 23 간부, 21 경채
「보안업무규정」과 「보안업무규정 시행규칙」상 보호지역 중 제한구역은 비인가자가 비밀, 주요시설 및 Ⅲ급 비밀 소통용 암호자재에 접근하는 것을 방지하기 위하여 안내를 받아 출입하여야 하는 구역을 말한다. (O|X)

정답과 해설

1168. (X) 비밀의 보관용기 외부에는 비밀의 보관을 알리거나 나타내는 **어떠한 표시도 해서는 아니 된다**(보안업무규정 시행규칙 제34조 제1항).
1169. (O) 동규정 시행규칙 제45조 제1항
1170. (O) 비밀열람기록전은 그 비밀의 **생산기관(사용기관 X)**이 첨부하며, **비밀을 파기하는 때에는 비밀에서 분리하여** 따로 철하여 **보관하여야 한다**(동규정 시행규칙 제45조 제3항).
1171. (O) 비밀의 발간업무에 종사하는 사람은 작업일지에 작업에 관한 사항을 기록·보관해야 한다. 이 경우 **작업일지는 비밀열람기록전을 갈음하는 것으로 본다**(동규정 시행규칙 제45조 제5항).
1172. (O) 동규정 제34조 제1항, 제2항
1173. (O) 보호지역 중 **제한구역**은 비인가자가 비밀, 주요시설 및 Ⅲ급 비밀 소통용 암호자재에 접근하는 것을 방지하기 위하여 **안내를 받아 출입**하여야 하는 구역을 말한다(동규정 시행규칙 제54조 제1항 제2호).

1174 ☐☐☐☐ 11 승진

비밀 또는 국·공유재산의 보호를 위하여 울타리 또는 방호·경비인력에 의하여 승인을 받지 않은 사람의 접근이나 출입에 대한 감시가 필요한 지역을 제한구역이라 한다. ⓄⓍ

1175 ☐☐☐☐ 11·17·20 승진

통제구역이란 보안상 매우 중요한 구역으로서 비인가자의 출입이 금지되는 구역을 말한다. ⓄⓍ

1176 ☐☐☐☐ 04·06·24 채용, 03·07·20 승진

「경찰청 보안업무규정 시행세칙」상 보안상 매우 중요한 구역으로서 비인가자의 출입이 금지되는 구역에 해당하는 곳은 암호취급소, 발간실, 무기창·무기고 및 탄약고, 정보보안기록실이다. ⓄⓍ

> **정답과 해설**

1174. (X) 비밀 또는 국·공유재산의 보호를 위하여 울타리 또는 방호·경비인력에 의하여 승인을 받지 않은 사람의 접근이나 출입에 대한 **감시**가 필요한 지역을 **제한지역(제한구역 X)**이라 한다(보안업무규정 시행규칙 제54조 제1항 제1호).

1175. (O) **통제구역**이란 보안상 매우 중요한 구역으로서 **비인가자의 출입이 금지**되는 구역을 말한다(동규정 시행규칙 제54조 제1항 제3호).

1176. (X) 통제구역은 **무기**창·무기고 및 탄약고, **암호**취급소, **암호**장비관리실, **비밀**발간실**(발간실 X)**, **종합**조회처리실, **종합**상황실·치안상황실, 정보보안**기록실**, 통합**증거물** 보관실, **사건**기록관·**사건**기록보관실(경찰청 보안업무규정 시행세칙 제54조 제1항 제2호) **무기암호비밀종합기록실 증거물사건**

문서관리(행정업무의 운영 및 혁신에 관한 규정) _B급

1177 ☐☐☐☐ 15 승진
공무상 작성된 디스크, 도면, 사진 등은 공문서가 아니다. (O|X)

1178 ☐☐☐☐ 15 승진
전자문서는 컴퓨터 등 정보처리능력을 가진 장치에 의하여 전자적인 형태로 작성되거나 송신·수신 또는 저장된 문서를 말한다. (O|X)

1179 ☐☐☐☐ 19 승진
업무관리시스템이란 행정기관이 행정정보를 생산·수집·가공·저장·검색·제공·송신·수신하고 활용할 수 있도록 하드웨어·소프트웨어·데이터베이스 등을 통합한 시스템을 말한다. (O|X)

1180 ☐☐☐☐ 17·18 승진
「행정업무의 운영 및 혁신에 관한 규정」상 공문서의 종류로는 법규문서, 비치문서, 민원문서, 대내문서가 있다. (O|X)

1181 ☐☐☐☐ 22 채용, 18 승진
지시문서란 조례·규칙·훈령·지시·예규 및 일일명령 등 행정기관이 그 하급기관 또는 소속 공무원에 대하여 일정한 사항을 지시하는 문서를 말한다. (O|X)

1182 ☐☐☐☐ 22 채용
'법규문서'란 헌법·법률·대통령령·총리령·부령·조례·규칙 등에 관한 문서를 말한다. (O|X)

1183 ☐☐☐☐ 22 채용
'공고문서'란 고시·공고 등 행정기관이 일정한 사항을 일반에게 알리는 문서를 말한다. (O|X)

> **정답과 해설**
>
> 1177. (X) 공문서란 행정기관에서 공무상 작성하거나 시행하는 문서(도면·사진·디스크·테이프·필름·슬라이드·전자문서 등의 **특수매체기록을 포함**(제외 X))와 행정기관이 접수한 모든 문서를 말한다(행정업무의 운영 및 혁신에 관한 규정 제3조 제1호).
> 1178. (O) 동규정 제3조 제2호
> 1179. (X) **행정정보시스템(업무관리시스템 X)**이란 행정기관이 행정정보를 생산·수집·가공·저장·검색·제공·송신·수신하고 활용할 수 있도록 하드웨어·소프트웨어·데이터베이스 등을 통합한 시스템을 말한다(동규정 제3조 제12호). **업무관리시스템**이란 행정기관이 업무처리의 모든 과정을 과제관리카드 및 문서관리카드 등을 이용하여 전자적으로 관리하는 시스템을 말한다(동규정 제3조 제11호).
> 1180. (X) 공문서의 종류로는 **법규문서, 지시문서, 공고문서, 비치문서, 민원문서** 그리고 **일반문서(대내문서 X)**가 있다(동규정 제4조).
> 1181. (X) **지시문서란 훈령·지시·예규·일일명령 등** 행정기관이 그 하급기관이나 소속 공무원에 대하여 일정한 사항을 지시하는 문서를 말한다(동규정 제4조 제2호). **조례나 규칙** 등에 관한 문서는 **법규문서**이다(동규정 제4조 제1호).
> 1182. (O) 동규정 제4조 제1호
> 1183. (O) 동규정 제4조 제3호

1184 ☐☐☐☐ 18 승진

비치문서란 행정기관이 일정한 사항을 기록하여 행정기관 내부에 비치하면서 업무에 활용하는 대장, 카드 등의 문서를 말한다. (O|X)

1185 ☐☐☐☐ 22 채용, 15·18 승진

'일반문서'란 민원인이 행정기관에 허가, 인가, 그 밖의 처분 등 특정한 행위를 요구하는 문서와 그에 대한 처리문서를 말한다. (O|X)

1186 ☐☐☐☐ 19·24 승진

문서는 수신자에게 도달(전자문서의 경우는 수신자가 관리하거나 지정한 전자적 시스템 등에 입력되는 것을 말한다)됨으로써 성립한다. 다만, 공고문서는 그 문서에서 효력발생 시기를 구체적으로 밝히고 있지 않으면 그 고시 또는 공고 등이 있은 날부터 5일이 경과한 때에 성립한다. (O|X)

1187 ☐☐☐☐ 24 승진

공문서는 「국어기본법」에 따른 어문규범에 맞게 한글로 작성하되, 뜻을 정확하게 전달하기 위하여 필요한 경우에는 괄호 안에 한자나 그 밖의 외국어를 함께 적을 수 있다. (O|X)

1188 ☐☐☐☐ 15 승진

문서의 내용은 간결하고 명확하게 표현하고 일반화되지 않은 약어와 전문용어 등의 사용을 피하여 이해하기 쉽게 작성하여야 한다. (O|X)

1189 ☐☐☐☐ 24 승진

공문서에는 음성정보나 영상정보 등이 수록되거나 연계된 바코드 등을 표기할 수 없다. (O|X)

1190 ☐☐☐☐ 19 승진

수신자의 명칭이 변경된 경우에는 해당 문서를 접수한 처리과의 장의 승인을 받아 이미 발신한 문서의 수신자를 변경하거나 추가하여 다시 발신할 수 있다. (O|X)

정답과 해설

1184. (O) 행정업무의 운영 및 혁신에 관한 규정 제4조 제4호

1185. (X) '민원문서'에 대한 설명이다. '일반문서'란 법규문서, 지시문서, 공고문서, 비치문서, 민원문서에 속하지 아니하는 모든 문서를 말한다(동규정 제4조 제5호, 제6호).

1186. (X) 문서는 결재권자가 해당 문서에 서명(전자이미지서명, 전자문자서명 및 행정전자서명을 포함)의 방식으로 결재함으로써 성립(효력을 발생 X)한다(동규정 제6조 제1항). 문서는 수신자에게 도달(전자문서의 경우는 수신자가 관리하거나 지정한 전자적 시스템 등에 입력되는 것을 말한다)됨으로써 효력을 발생(성립 X)한다(동규정 제6조 제2항). 공고문서는 그 문서에서 효력발생 시기를 구체적으로 밝히고 있지 않으면 그 고시 또는 공고 등이 있은 날부터 5일이 경과한 때에 효력이 발생한다(동규정 제6조 제3항).

1187. (O) 동규정 제7조 제1항

1188. (O) 문서의 내용은 간결하고 명확하게 표현하고 일반화되지 않은 약어와 전문용어 등의 사용을 피하여 이해하기 쉽게 작성하여야 한다(동규정 제7조 제2항).

1189. (X) 문서에는 음성정보나 영상정보 등이 수록되거나 연계된 바코드 등을 표기할 수 있다(없다 X)(동규정 제7조 제3항).

1190. (X) 수신자의 명칭이 변경된 경우에는 해당 문서를 생산한(접수한 X) 처리과의 장의 승인을 받아 이미 발신한 문서의 수신자를 변경하거나 추가하여 다시 발신할 수 있다(동규정 제15조 제4항).

CHAPTER 02

경찰홍보 및 통제

THEME 01 경찰홍보 _B급

1191 ☐☐☐☐ 04 채용, 13·25 간부

(㉠)는 인쇄매체, 유인물 등 각종 대중매체를 통하여 개인이나 단체의 긍정적인 점을 일방적으로 알리는 활동을 의미하고, (㉡)는 단순히 기자들의 질문에 응답만 하는 것이 아니라 신문·방송 등 대중매체와 긴밀한 협조관계를 구축하여 대중매체가 원하는 바를 충족시켜주는 것과 동시에 경찰의 긍정적인 측면을 널리 알리는 활동을 말한다.

1192 ☐☐☐☐ 15 간부

공공관계(PR)는 상대방의 지지를 얻기 위한 노력이나 활동이라는 점에서 선전과 유사하다. (O│X)

1193 ☐☐☐☐ 15 간부

경찰의 홍보활동과 관련하여 헌법상 사생활의 보호와 알 권리 간의 균형 있는 조화가 필요하다. (O│X)

1194 ☐☐☐☐ 19 승진

(㉠)는 신문·잡지·TV 등의 보도기능에 대응하는 활동으로 대개 사건·사고에 대한 질의에 답하는 대응적이고 소극적인 홍보활동을 말하고, (㉡)는 주민을 소비자로 보는 관점으로 유료광고·캐릭터 활용 등의 방법이 있다.

1195 ☐☐☐☐ 13·15 간부

기업 이미지식 경찰홍보란 포돌이처럼 상징물을 개발, 전파하는 등 조직 이미지를 고양하여 높아진 주민 지지도를 바탕으로 예산획득, 형사사법 환경하의 협력확보 등의 목적을 달성하는 종합적이고 계획적인 홍보활동을 말한다. (O│X)

정답과 해설

1191. ㉠ 협의의 홍보 ㉡ 대중매체관계(Media Relations)
1192. (O) Public Relations(PR: 공공관계)란 경찰이 그 목적의 수행을 용이하게 하기 위하여 경찰의 시책·업무·관계법규 등을 일반국민에게 공개함으로써 경찰에 대한 국민의 신뢰와 협조를 구하는 적극적이고 지속적인 활동을 말한다.
1193. (O)
1194. ㉠ 언론관계 ㉡ 기업 이미지식 경찰홍보
1195. (O) 기업 이미지식 경찰홍보란 포돌이처럼 상징물을 개발(캐릭터 활용), 전파하는 등 조직 이미지를 고양하여 높아진 주민 지지도를 바탕으로 예산획득, 형사사법 환경하의 협력확보 등의 목적을 달성하는 종합적이고 계획적인 홍보활동을 말한다.

1196 ☐☐☐☐ 07·24 채용, 18 승진, 13·15 간부

경찰과 대중매체의 관계를 '단란하고 행복스럽지 않더라도, 오래 지속되는 결혼생활'에 비유한 사람은 (㉠)이고, '경찰과 대중매체는 서로를 필요로 하기 때문에 둘 사이에는 공생관계가 발달한다.'고 주장한 사람은 (㉡)이다.

1197 ☐☐☐☐ 05·08·24 채용, 15 간부

Crandon은 경찰과 대중매체는 서로 얽혀서 범죄와 정의, 사회질서의 현실을 해석하고 규정짓는 사회기구의 역할을 수행한다고 주장하였다. [O|X]

1198 ☐☐☐☐ 13 간부

적극적 홍보전략으로는 대중매체 이용 언론 접촉 장려, 홍보와 타기능 연계, 비밀주의와 공개최소화 원칙이 있다. [O|X]

1199 ☐☐☐☐ 16 간부

issue는 기사 내용을 요약해서 1~2줄 정도로 간략하게 쓴 글이다. [O|X]

1200 ☐☐☐☐ 15·16 간부

off the record는 보도하지 않을 것을 조건으로 하는 자료나 정보제공을 말한다. [O|X]

1201 ☐☐☐☐ 16 간부

embargo는 어느 시한까지 보도하지 않을 것을 전제로 자료 제공이 이루어지는 관행이다. [O|X]

1202 ☐☐☐☐ 16 간부

deadline은 취재된 기사를 편집부에 넘겨야 하는 기사 마감시간이다. [O|X]

정답과 해설

1196. ㉠ Sir Robert Mark ㉡ Crandon
1197. (X) **Ericson은** 경찰과 대중매체는 서로 얽혀서 범죄와 정의, 사회질서의 현실을 해석하고 규정짓는 사회기구의 역할을 수행한다고 주장하였다. 즉, 경찰과 대중매체는 서로 연합하여 그 사회의 일탈에 대한 개념을 규정하며, 도덕성과 정의를 규정짓는 사회적 엘리트 집단을 구성한다.
1198. (X) **비밀주의와 공개최소화 원칙은 소극적** 홍보전략에 해당한다.
1199. (X) **리드(lead)**에 관한 내용이다.
1200. (O)   **1201.** (O)   **1202.** (O)

언론보도와 피해 구제(언론중재 및 피해구제 등에 관한 법률)_A급

1 정정보도청구 및 반론보도청구 등

1203 ☐☐☐☐ 21 간부

사실적 주장이란 의견표명에 대치되는 개념으로서 사실적 주장과 의견표명이 혼재할 경우 양자를 구별할 때에는 해당 언론보도의 객관적인 내용과 아울러 해당 언론보도가 게재한 문맥의 보다 넓은 의미나 배경이 되는 사회적 흐름 및 시청자에게 주는 전체적인 인상도 함께 고려하여야 한다. (O|X)

1204 ☐☐☐☐ 21 간부

복잡한 사실관계를 알기 쉽게 단순하게 만드는 과정에서 일부 특정한 사실관계를 압축, 강조하거나 대중의 흥미를 끌기 위해 실제 사실관계에 장식을 가하는 과정에서 다소의 수사적 과장이 있더라도 전체적인 맥락에서 보아 보도내용의 중요 부분이 진실에 합치한다면 그 보도의 진실성은 인정된다. (O|X)

1205 ☐☐☐☐ 22 채용

'정정보도'란 언론의 보도 내용의 전부 또는 일부가 진실하지 아니한 경우 이를 진실에 부합되게 고쳐서 보도하는 것을 말한다. (O|X)

1206 ☐☐☐☐ 19·21 채용, 20·23·25 승진, 17 간부

사실적 주장에 관한 언론보도등이 진실하지 아니함으로 인하여 피해를 입은 자는 해당 언론보도등이 있음을 안 날부터 3개월 이내에 언론사, 인터넷뉴스서비스사업자 및 인터넷 멀티미디어 방송사업자에게 그 언론보도등의 내용에 관한 정정보도를 청구할 수 있다. 다만, 해당 언론보도등이 있은 후 6개월이 지났을 때에는 그러하지 아니하다. (O|X)

1207 ☐☐☐☐ 21·23 간부

경찰관이 사실적 주장에 관한 언론보도가 진실하지 아니함으로 피해를 입은 경우 해당 언론보도가 있음을 안 날부터 3개월 이내에 해당 언론사 대표에게 서면으로 그 언론보도 내용에 관한 정정보도를 청구할 수 있다. (O|X)

정답과 해설

1203. (O) 대법원 2011. 9. 2. 2009다52649 전원합의체
1204. (O) 대법원 2011. 9. 2. 2009다52649 전원합의체
1205. (O) 언론중재 및 피해구제 등에 관한 법률 제2조 제16호
1206. (O) 사실적 주장에 관한 언론보도등이 진실하지 아니함으로 인하여 피해를 입은 자는 해당 언론보도등이 **있음을 안 날부터**(다음날 X) **3개월**(6개월 X) **이내**에 언론사, 인터넷뉴스서비스사업자 및 인터넷 멀티미디어 방송사업자에게 그 언론보도등의 내용에 관한 정정보도를 청구할 수 있다. 다만, 해당 언론보도등이 있은 후 **6개월이 지났을 때**에는 그러하지 아니하다(동법 제14조 제1항).
1207. (O) 사실적 주장에 관한 언론보도가 진실하지 아니함으로 피해를 입은 경우 해당 언론보도가 있음을 **안 날부터 3개월 이내**에 해당 언론사 대표에게 **서면**(말 X)으로 그 언론보도 내용에 관한 정정보도를 청구할 수 있다(동법 제14조 제1항, 제15조 제1항).

1208 ☐☐☐☐ 21·22·24 채용

사실적 주장에 관한 언론보도등으로 인하여 피해를 입은 자는 그 보도 내용에 관한 반론보도를 언론사등에 청구할 수 있다. 반론보도청구는 언론사등의 고의·과실이나 위법성을 필요로 한다. (O│X)

1209 ☐☐☐☐ 24 채용

언론등에 의하여 범죄혐의가 있거나 형사상의 조치를 받았다고 보도 또는 공표된 자는 그에 대한 형사절차가 무죄판결 또는 이와 동등한 형태로 종결되었을 때에는 그 사실을 안 날부터 3개월 이내에 언론사등에 이 사실에 관한 추후보도의 게재를 청구할 수 있다. (O│X)

1210 ☐☐☐☐ 21 간부

정정보도를 청구하는 경우에 그 언론사의 고의·과실이나 위법성을 필요로 하는 것은 아니며 그 언론사는 언론보도가 진실하다는 것에 대한 증명책임을 부담한다. (O│X)

1211 ☐☐☐☐ 20·25 승진

정정보도 청구는 언론사등의 대표자에게 서면으로 하여야 하며, 청구서에는 피해자의 성명·주소·전화번호 등의 연락처를 적고, 정정의 대상인 언론보도등의 내용 및 정정을 청구하는 이유와 청구하는 정정보도문을 명시하여야 한다. 다만, 인터넷신문 및 인터넷뉴스서비스의 언론보도등의 내용이 해당 인터넷 홈페이지를 통하여 계속 보도 중이거나 매개 중인 경우에는 그 내용의 정정을 함께 청구할 수 있다. (O│X)

1212 ☐☐☐☐ 19 채용, 17 승진, 17·19·23 간부

정정보도의 청구를 받은 언론사의 대표자는 3일 이내에 그 수용여부에 대한 통지를 청구인에게 발송하여야 한다. (O│X)

1213 ☐☐☐☐ 24 채용, 17 간부

언론사 등이 정정보도 청구를 수용할 때에는 지체 없이 피해자 또는 그 대리인과 정정보도의 내용·크기 등에 관하여 협의한 후, 그 청구를 받은 날부터 7일 이내에 정정보도문을 방송하거나 게재하여야 한다. 다만, 신문 및 잡지 등 정기간행물의 경우 이미 편집 및 제작이 완료되어 부득이할 때에는 게재하지 않을 수 있다. (O│X)

정답과 해설

1208. (X) 사실적 주장에 관한 언론보도등으로 인하여 피해를 입은 자는 그 보도 내용에 관한 반론보도를 언론사등에 청구할 수 있으며, 반론보도청구에는 언론사등의 **고의·과실이나 위법성을 필요로 하지 아니하며**, 보도 내용의 진실 여부와 상관없이 그 청구를 할 수 있다(언론중재 및 피해구제 등에 관한 법률 제16조 제1항·제2항).

1209. (O) 동법 제17조 제1항

1210. (X) 사실적 주장에 관한 언론보도 등의 내용에 관한 정정보도를 청구하는 **피해자(언론사 X)**는 그 언론보도 등이 진실하지 아니하다는데 대한 **증명책임을 부담**한다(대법원 2011. 9. 2. 2009다52649 전원합의체).

1211. (O) 동법 제15조 제1항

1212. (O) 정정보도의 청구를 받은 언론사의 대표자는 **3일 이내(7일 이내 X)**에 그 수용 여부에 대한 통지를 청구인에게 발송하여야 한다(동법 제15조 제2항).

1213. (X) ~~다만, 신문 및 잡지 등 정기간행물의 경우 이미 편집 및 제작이 완료되어 부득이할 때에는 **게재하여야 한다(게재하지 않을 수 있다 X)**(동법 제15조 제3항).

1214 ☐☐☐☐ 25 승진

언론사등이 하는 정정보도에는 원래의 보도 내용을 정정하는 사실적 진술, 그 진술의 내용을 대표할 수 있는 제목과 이를 충분히 전달하는 데에 필요한 설명 또는 해명, 위법한 내용을 포함한다. (O|X)

1215 ☐☐☐☐ 17·20·23·25 승진, 19·23 간부

언론사등은 정정보도 청구를 거부할 수 있는 경우에 해당하면 O, 해당하지 않으면 X로 표기하시오.

㉠ 피해자가 정정보도청구권을 행사할 정당한 이익이 없는 경우 (O|X)
㉡ 청구된 정정보도의 내용이 명백히 사실인 경우 (O|X)
㉢ 청구된 정정보도의 내용이 명백히 위법한 내용인 경우 (O|X)
㉣ 정정보도의 청구가 공익적인 광고만을 목적으로 하는 경우 (O|X)
㉤ 청구된 정정보도의 내용이 국가·지방자치단체 또는 공공단체의 공개회의와 법원의 공개재판절차의 사실보도에 관한 것인 경우 (O|X)

2 언론중재위원회

1216 ☐☐☐☐ 19 채용, 15·17 승진, 19 간부

언론등의 보도 또는 매개로 인한 분쟁의 조정·중재 및 침해사항을 심의하기 위하여 언론중재위원회를 둔다. (O|X)

1217 ☐☐☐☐ 15 승진

언론중재위원회는 중재위원회 규칙의 제정·개정 및 폐지에 관한 사항 등을 심의한다. (O|X)

1218 ☐☐☐☐ 18·22 채용, 17·23 승진, 19 간부

언론중재위원회는 40명 이상 90명 이내의 중재위원으로 구성하며, 위원장 1명과 2명 이내의 부위원장 및 2명 이내의 감사를 두는데, 위원장·부위원장·감사 및 중재위원의 임기는 각각 3년으로 하며, 연임할 수 없다. (O|X)

정답과 해설

1214. (X) 언론사등이 하는 정정보도에는 원래의 보도 내용을 정정하는 사실적 진술, 그 진술의 내용을 대표할 수 있는 제목과 이를 충분히 전달하는 데에 필요한 **설명 또는 해명**을 **포함**하되, **위법한 내용은 제외(포함 X)**한다(언론중재 및 피해구제 등에 관한 법률 제15조 제5항).

1215. ㉠ (O) 동법 제15조 제4항
　　　㉡ (X) 청구된 정정보도의 내용이 **명백히 사실과 다른 경우(명백히 사실인 경우 X)**(동법 제15조 제4항)
　　　㉢ (O) 동법 제15조 제4항
　　　㉣ (X) 정정보도의 청구가 **상업적인(공익적인 X)** 광고만을 목적으로 하는 경우(동법 제15조 제4항)
　　　㉤ (O) 청구된 정정보도의 내용이 국가·지방자치단체 또는 공공단체의 **공개회의(비공개회의 X)**와 법원의 **공개재판절차(비공개재판절차 X)**의 사실보도에 관한 것인 경우(동법 제15조 제4항)

1216. (O) 동법 제7조 제1항
1217. (O) 동법 제7조 제2항
1218. (X) ~~중재위원은 **문화체육관광부장관**이 위촉한다. 위원장·부위원장·감사 및 중재위원의 임기는 각각 3년으로 하며, **한 차례만 연임할 수 있다**(동법 제7조 제3, 4, 5항).

1219 ☐☐☐☐ 15 승진

언론중재위원회의 위원장은 중재위원회를 대표하고, 중재위원회의 업무를 총괄한다. (O│X)

1220 ☐☐☐☐ 15·17 승진

언론중재위원회의 회의는 재적위원 1/4의 출석과 출석위원 과반수의 찬성으로 의결한다. (O│X)

3 언론등에 의한 피해구제의 원칙과 조정 및 중재

1221 ☐☐☐☐ 24 채용

언론, 인터넷뉴스서비스 및 인터넷 멀티미디어 방송(이하 "언론등"이라 한다)은 타인의 생명, 자유, 신체, 건강, 명예, 사생활의 비밀과 자유, 초상, 성명, 음성, 대화, 저작물 및 사적 문서, 그 밖의 인격적 가치 등에 관한 권리를 침해하여서는 아니 된다. (O│X)

1222 ☐☐☐☐ 21 채용, 20 승진

언론중재 및 피해구제 등에 관한 법률에 따른 정정보도청구등과 관련하여 분쟁이 있는 경우 피해자 또는 언론사등은 중재위원회에 조정을 신청할 수 있다. (O│X)

1223 ☐☐☐☐ 22 채용

「언론중재 및 피해구제 등에 관한 법률」 제19조 제3항에 따르면, 제2항의 출석요구를 받은 신청인이 2회에 걸쳐 출석하지 아니한 경우에는 조정신청을 취하한 것으로 보며, 피신청 언론사등이 2회에 걸쳐 출석하지 아니한 경우에는 조정신청 취지에 따라 정정보도등을 이행하기로 합의한 것으로 본다. (O│X)

1224 ☐☐☐☐ 21 채용

당사자 양쪽은 정정보도청구등 또는 손해배상의 분쟁에 관하여 중재부의 종국적 결정에 따르기로 합의하고 중재를 신청할 수 있다. 중재결정은 확정판결과 동일한 효력이 있다. (O│X)

정답과 해설

1219. (O) 언론중재 및 피해구제 등에 관한 법률 제7조 제6항
1220. (X) 중재위원회의 회의는 **재적위원 과반수의 출석**(재적위원 1/4의 출석 X)과 출석위원 과반수의 찬성으로 의결한다(동법 제7조 제9항).
1221. (O) 동법 제5조 제1항
1222. (O) 동법 제18조 제1항
1223. (O) 동법 제19조 제3항
1224. (O) 당사자 양쪽은 정정보도청구등 또는 손해배상의 분쟁에 관하여 중재부의 종국적 결정에 따르기로 합의하고 중재를 신청할 수 있다. 중재결정은 **확정판결**(재판상 화해 X)과 동일한 효력이 있다(동법 제24조 제1항, 제25조 제1항).

THEME 03 경찰에 대한 통제_C급

1225 ☐☐☐☐ 04 채용, 25 간부
경찰통제의 기본요소는 경찰권한의 집중, 경찰정보의 공개, 국민의 경찰행정 참여 보장, 경찰의 잘못에 대한 책임, 환류가 있다. ⓞⓧ

1226 ☐☐☐☐ 03 채용, 25 간부
경찰에 대한 통제의 필요성은 경찰의 능률성을 확보하기 위해서 필요하다. ⓞⓧ

1227 ☐☐☐☐ 09 채용
경찰통제의 확보는 국민의 경찰이라는 관점에서 볼 때, 경찰의 민주성 추구라는 이념과 배치되는 경향이 강하다. ⓞⓧ

1228 ☐☐☐☐ 11 승진
정보공개는 행정통제의 근본으로서, 공공기관의 정보공개에 관한 법률에서는 정보공개를 청구할 수 있는 외국인의 범위에 관하여 대통령령에 정하고 있다. ⓞⓧ

정답과 해설

1225. (X) **경찰통제의 기본요소는** 경찰권한의 **분산(집중 X)**, 경찰정보의 공개, 국민의 경찰행정 참여 보장, 경찰의 잘못에 대한 책임, 환류가 있다.
1226. (X) 경찰에 대한 통제는 **경찰의 능률성보다는 민주적 운영, 정치적 중립, 부패방지, 인권의 보호**를 위해서 필요하다.
1227. (X) 경찰통제의 확보는 국민의 경찰이라는 관점에서 볼 때, **경찰의 민주적 운영을 위해 필요하다.**
1228. (O)

THEME 04 경찰통제의 유형

1 경찰의 통제유형 _S급

1229 □□□□ 03·06. 채용 09·11 승진

국가경찰위원회는 명실상부한 민주적 통제장치로서 기능을 하고 있으며, 경찰청에서 사무를 수행하므로 내부적 통제 제도라고 할 수 있다. ⓞⓧ

1230 □□□□ 20 채용, 08·23 승진

국가경찰위원회제도, 국민감사청구제도, 국가배상제도는 경찰행정에 대하여 국민들의 참여를 보장하는 민주적 통제장치이다. ⓞⓧ

1231 □□□□ 20 승진, 22 경채

국가경찰위원회 제도는 경찰의 주요정책 등에 관하여 심의 의결하는 권한을 가지고 있으므로 민주적 통제에 해당하고, 행정안전부 소속으로 내부적 통제에도 해당한다. ⓞⓧ

1232 □□□□ 22 채용, 06·07 승진, 21 경채

「행정소송법」과 「국가배상법」 등 위법한 행정처분에 따른 통제는 사법통제이며 외부통제이다. ⓞⓧ

1233 □□□□ 11 채용, 20·25 승진, 03·08 간부

행정절차법은 입법예고, 행정예고 등 행정에 대한 사전통제를 규정하고 있다. ⓞⓧ

1234 □□□□ 03·10·22 채용, 06·07 승진, 03·17 간부

국회의 입법권, 행정절차법에 의한 청문, 국회의 예산심의권은 사후적 통제이다. ⓞⓧ

1235 □□□□ 08·09·11·25 채용, 08·23·25 승진, 17 간부

입법예고제, 국회의 예산심의권, 국회의 국정감사 조사권, 사법부에 의한 사법심사는 사전통제이다. ⓞⓧ

정답과 해설

1229. (X) 국가경찰위원회는 경찰의 주요정책 등에 관하여 심의·의결하는 권한은 가지고 있으나, 행정안전부장관의 재의요구권(再議要求權)이 있어 실질적으로는 심의회 수준에 머물고 있는 등 **명실상부한 민주적 통제장치로 보기는 어렵고**(국자법 제7조), **외부통제(내부통제 X)** 제도라고 할 수 있다.
1230. (X) **국가배상제도는** 행정소송과 함께 **사법적 통제**에 해당한다.
1231. (X) 경찰은 **국가경찰위원회라는 외부통제(내부통제 X)** 조직을 가짐으로써 **민주적 통제**의 기반을 마련하였다.
1232. (O) 경찰의 위법한 처분에 대한 **행정소송제도는** 사법통제로서 **외부적 통제** 장치이다.
1233. (O)
1234. (X) 국회의 입법권, 행정절차법에 의한 청문, 국회의 예산심의권은 **사전통제**이다.
1235. (X) 국회의 국정감사 조사권, 사법부에 의한 사법심사는 **사후통제**인 동시에 **외부통제**에 해당한다.

1236 ☐☐☐☐ 24 채용
행정부에 의한 통제유형에는 중앙행정심판위원회에 의한 통제, 국정조사·감사권 등이 포함된다. (O|X)

1237 ☐☐☐☐ 20 채용
경찰의 위법행위에 대한 국가배상 판결이나 행정심판에 의한 통제는 사법통제이며, 국가인권위원회와 국민권익위원회에 의한 통제는 행정통제이다. (O|X)

1238 ☐☐☐☐ 12 채용, 21 경채
경찰에 대한 사전통제를 규정하고 있는 기본법은 행정절차법이라 할 수 있고, 사전통제제도에는 청문, 행정상 입법예고, 상급기관의 하급기관에 대한 감사권 등이 있다. (O|X)

1239 ☐☐☐☐ 19 채용
내부통제로는 청문감사인권관제도, 국가경찰위원회, 직무명령권이 있다. (O|X)

1240 ☐☐☐☐ 04·07·11·23 채용, 07·16·20 승진, 08·17 간부
청문감사인권관제도, 직무명령권, 훈령권, 소청심사제도는 경찰 내부적 통제이다. (O|X)

1241 ☐☐☐☐ 19 간부
경찰청의 감사관, 시·도경찰청의 청문감사인권담당관, 경찰서의 청문감사인권관은 외부통제에 해당한다. (O|X)

1242 ☐☐☐☐ 08·12·20 채용
상급기관이 갖는 훈령권·직무명령권은 하급기관의 위법이나 재량권 행사의 오류를 시정할 수 있는 내부적 통제장치이다. (O|X)

1243 ☐☐☐☐ 22 채용
상급자의 하급자에 대한 직무명령권은 내부적 통제의 일환이다. (O|X)

1244 ☐☐☐☐ 11 승진
상급 경찰기관장의 지시에 따라 일정기간 동안 소속 경찰기관이 아닌 다른 경찰기관의 소속 직원의 복무실태, 업무추진 실태 등을 점검하는 것을 교류감찰이라 하며, 이는 내부적 통제 제도에 해당한다. (O|X)

정답과 해설

1236. (X) 국정조사·감사권은 국회에 의한 통제유형에 해당한다.
1237. (X) 행정심판에 의한 통제는 사후통제로 행정부(사법부 X)에 의한 통제이다.
1238. (X) 상급기관의 하급기관에 대한 감사권은 사후통제제도에 해당한다.
1239. (X) 국가경찰위원회는 외부통제이자 민주적 통제이다.
1240. (X) 소청심사제도는 외부통제이다.
1241. (X) 모두 내부통제에 해당한다.
1242. (O)   1243. (O)   1244. (O)

1245 ☐☐☐☐ 25 채용, 17 간부

외부통제는 국가경찰위원회의 심의·의결, 감사원에 의한 직무감찰, 중앙행정심판위원회의 심리·재결이 있다.
(O|X)

1246 ☐☐☐☐ 19 채용, 23 승진

외부통제는 국민권익위원회, 소청심사위원회, 행정소송, 훈령권, 국민감사청구제도가 있다. (O|X)

1247 ☐☐☐☐ 25 채용, 25 승진, 11·15 간부

경찰의 통제유형 가운데 사후통제인 동시에 외부통제에 해당하는 것은 국회의 국정감사, 법원의 사법심사, 감사원의 직무감찰, 국회의 예산심의권 등이 있다. (O|X)

1248 ☐☐☐☐ 12·20·24 채용, 23 승진, 19 간부

국회가 갖는 입법권과 예산심의권은 사전통제에 해당하나 예산결산권, 행정절차법, 국정감사·조사권은 사후통제에 해당한다. (O|X)

1249 ☐☐☐☐ 25 채용, 25 승진, 19 간부, 21 경채

행정안전부장관의 경찰청장과 국가경찰위원회 위원의 임명제청권은 행정통제로서 외부통제에 해당한다.
(O|X)

1250 ☐☐☐☐ 19 간부

국가인권위원회의 통제는 협의의 행정통제로서 외부통제에 해당한다. (O|X)

1251 ☐☐☐☐ 22 채용

감사원은 국회·법원 및 헌법재판소를 포함한 모든 국가기관 및 그에 소속한 공무원의 사무를 감찰하여 비위를 적발하고 시정한다. (O|X)

정답과 해설

1245. (O) 국가경찰위원회의 심의·의결권은 외부통제이며 **민주적 통제**에 해당한다.
1246. (X) **훈령권**은 **내부적 통제**에 해당한다.
1247. (X) 국회의 **예산심의권**은 **사전통제(사후통제 X)**인 동시에 **외부통제**에 해당한다.
1248. (X) 국회에 의한 행정절차법은 **사전통제**에 해당한다.
1249. (O) 경찰청장 및 국가경찰위원회 위원의 임명권, 총경 이상 경찰공무원의 임명권 등 대통령에 의한 경찰통제는 행정통제로 **외부통제**이다.
1250. (X) 국가인권위원회는 독립기관이므로 **광의(협의 X)**의 행정부에 의한 통제에 해당한다.
1251. (X) 감사원은 국회·법원 및 헌법재판소를 **제외**한 「정부조직법」 및 그 밖의 법률에 따라 설치된 행정기관의 사무와 그에 소속한 공무원의 직무, 지방자치단체의 사무와 그에 소속한 지방공무원의 직무, 제22조 제1항 제3호 및 제23조 제7호에 규정된 자의 사무와 그에 소속한 임원 및 감사원의 검사대상이 되는 회계사무와 직접 또는 간접으로 관련이 있는 직원의 직무, 법령에 따라 국가 또는 지방자치단체가 위탁하거나 대행하게 한 사무와 그 밖의 법령에 따라 공무원의 신분을 가지거나 공무원에 준하는 자의 직무를 감찰하여 비위를 적발하고 시정한다(감사원법 제24조 제1항, 제3항 참조).

2 대륙법계와 영미법계의 경찰통제의 방법 _B급

1252 □□□□ 25 채용, 03 승진
대륙법계에서는 영미법계와 비교하여 경찰통제를 위한 방법으로 행정소송이나 국가배상 등의 사법적 통제가 주로 발달하였다. (O|X)

1253 □□□□ 03 승진, 08 간부
대륙법계 국가에서는 행정소송의 열기주의에서 개괄주의로 전환함으로써 행정에 대한 법원의 통제를 축소하고 있다. (O|X)

1254 □□□□ 03 승진, 21 경채
영미법계 국가에서는 경찰책임자선거, 자치경찰제시행, 경찰위원회 등의 제도를 통해 경찰을 통제한다. (O|X)

1255 □□□□ 12 채용
법원은 법적 쟁송사건에 대한 재판권을 통해 경찰활동을 통제하는 바, 법원의 판례법이 법의 근간을 이루는 영미법계에서 대륙법계보다 강력한 통제장치로 작용한다. (O|X)

1256 □□□□ 09 채용, 03 승진
대륙법계의 경우 사후적 사법심사를 통한 통제가 상대적으로 활성화되었고, 영미법계의 경우 시민을 통한 통제를 하여 시민과 대립관계를 유지하였다. (O|X)

3 부패방지 및 국민권익위원회의 설치와 운영에 관한 법률 _A급

1257 □□□□ 17 승진
누구든지 경찰공무원 등의 부패행위를 알게 된 때에는 이를 위원회에 신고할 수 있다. (O|X)

정답과 해설

1252. (O) 대륙법계는 경찰행정에 대한 사법심사시스템을 구축하고 있고, **사후적(사전적 X) 통제**가 발달되어 있다.
1253. (X) 2차대전 이후 행정소송의 **열기주의에서 개괄주의로 전환**함으로써 행정에 대한 법원의 통제를 **확대(축소 X)** 하고 있다.
1254. (O) **영미법계**에서는 경찰조직의 민주성을 확보하기 위한 통제 방법으로 **경찰책임자 선거, 자치경찰제 시행 등 민주적 통제가 발달하였다.**
1255. (O) 영미법계의 경우 판례가 법원이 되나, 대륙법계의 경우 판례의 법원성이 부정되고, 법원의 판례법이 법의 근간을 이루는 영미법계가 대륙법계보다 강력한 통제장치로 작용한다.
1256. (X) 영미법계는 시민 또는 시민의 대표기관을 통한 참여와 감시를 통한 통제가 상대적으로 활성화되었다. 이는 시민과 **협력관계(대립관계 X)** 를 유지하였다.
1257. (O) **누구든지** 부패행위를 알게 된 때에는 이를 위원회에 **신고할 수 있다(신고하여야 한다 X)**(부패방지 및 국민권익위원회의 설치와 운영에 관한 법률 제55조).

1258 ☐☐☐☐ 17·24 승진

공직자는 그 직무를 행함에 있어 다른 공직자가 부패행위를 한 사실을 알게 되었거나 부패행위를 강요 또는 제의받은 경우에는 지체 없이 이를 수사기관·감사원 또는 위원회에 신고하여야 한다. ⓞⓧ

1259 ☐☐☐☐ 17 승진, 19 간부

신고자가 신고의 내용이 허위라는 사실을 알았거나 알 수 있었음에도 불구하고 신고한 경우에는 「부패방지 및 국민권익위원회의 설치와 운영에 관한 법률」의 보호를 받을 수 없다. ⓞⓧ

1260 ☐☐☐☐ 22 채용, 17·24 승진, 19 간부

신고를 하려는 자는 본인의 인적사항과 신고취지 및 이유를 기재한 무기명의 문서로써 하여야 하며, 신고대상과 부패행위의 증거 등을 함께 제시하여야 한다. ⓞⓧ

1261 ☐☐☐☐ 24 승진

국민권익위원회는 접수된 신고사항에 대하여 신고자를 상대로 신고대상자의 인적사항, 신고의 경위 및 취지 등 신고내용의 특정에 필요한 사항을 확인하여야 한다. ⓞⓧ

1262 ☐☐☐☐ 19 간부

국민권익위원회는 신고가 접수된 부패행위의 혐의대상자가 경무관급 이상의 경찰공무원이고, 부패혐의의 내용이 형사처벌을 위한 수사 및 공소제기의 필요성이 있는 경우에는 위원회의 명의로 검찰, 수사처, 경찰 등에 관할 수사기관에 고발할 수 있다. ⓞⓧ

1263 ☐☐☐☐ 24 승진, 19 간부

조사기관은 신고를 이첩 또는 송부받은 날부터 60일 이내에 감사·수사 또는 조사를 종결하여야 한다. 다만, 정당한 사유가 있는 경우에는 그 기간을 연장할 수 있으며, 위원회에 그 연장사유 및 연장기간을 통보하여야 한다. ⓞⓧ

1264 ☐☐☐☐ 22 채용, 09·20 승진

18세 이상의 국민은 경찰을 비롯한 공공기관의 사무처리가 법령 위반 또는 부패행위로 인하여 공익을 현저히 해하는 경우 200인 이상의 연서로 감사원에 감사를 청구할 수 있다. ⓞⓧ

정답과 해설

1258. (O) **공직자는** 그 직무를 행함에 있어 다른 공직자가 부패행위를 한 사실을 알게 되었거나 부패행위를 강요 또는 제의받은 경우에는 지체 없이 이를 수사기관·감사원 또는 위원회에 **신고하여야 한다(신고할 수 있다 X)** (부패방지 및 국민권익위원회의 설치와 운영에 관한 법률 제56조).

1259. (O) 동법 제57조.

1260. (X) 신고를 하려는 자는 본인의 인적사항과 신고 취지 및 이유를 기재한 **기명(무기명 X)**의 문서로써 하여야 하며, 신고대상과 부패행위의 증거 등을 함께 제시하여야 한다(동법 제58조).

1261. (X) ~~ **확인할 수 있다(하여야 한다 X)**(동법 제59조 제1항 제1호).

1262. (X) 위원회에 신고가 접수된 당해 부패행위의 혐의대상자가 경무관급 이상의 경찰공무원이고, 부패혐의의 내용이 형사처벌을 위한 수사 및 공소제기의 필요성이 있는 경우에는 위원회의 명의로 검찰, 수사처, 경찰 등에 관할 수사기관에 **고발을 하여야 한다(고발할 수 있다 X)**(동법 제59조 제6항 제3호).

1263. (O) 조사기관은 신고를 이첩 또는 송부받은 **날부터(다음날 X) 60일 이내**에 감사·수사 또는 조사를 종결하여야 한다. 다만, 정당한 사유가 있는 경우에는 그 기간을 연장할 수 있으며, 위원회에 그 연장사유 및 연장기간을 **통보하여야 한다**(동법 제60조 제1항).

1264. (X) **18세 이상(19세 이상 X)**의 국민은 경찰을 비롯한 공공기관의 사무처리가 법령위반 또는 부패행위로 인하여 공익을 현저히 해하는 경우 **300인 이상(200인 이상 X)**의 국민의 연서로 **감사원**에 감사를 **청구할 수 있다** (동법 제72조, 동법 시행령 제84조).

THEME 05 경찰 감찰 규칙(경찰청훈령) _A급

1265 ☐☐☐☐ 18 승진

경찰 감찰 규칙 제1조는 "경찰청 및 그 소속기관에 소속하는 경찰공무원, 별정·일반직 공무원(무기계약 및 기간제 근로자를 포함), 의무경찰 등의 공직기강 확립과 경찰 행정의 효율성 확보를 위한 감찰에 필요한 사항을 규정함을 목적으로 한다."라고 명시하고 있다. (O│X)

1266 ☐☐☐☐ 23 채용

"감찰"이란 복무기강 확립과 경찰행정의 적정성을 확보하기 위해 경찰기관 또는 소속공무원의 제반업무와 활동 등을 조사·점검·확인하고 그 결과를 처리하는 감찰관의 직무활동을 말한다. (O│X)

1267 ☐☐☐☐ 21 승진

경찰기관의 장은 감찰관이 제5조에 따른 결격사유에 해당되는 것으로 밝혀졌을 경우와 제7조 제1항 각 호의 어느 하나에 해당하는 경우를 제외하고는 3년 이내에 본인의 의사에 반하여 전보하여서는 아니된다. 다만, 승진 등 인사관리상 필요한 경우에는 그러하지 아니하다. (O│X)

1268 ☐☐☐☐ 17·21 승진 19 간부

경찰기관의 장은 1년 이상 성실히 근무한 감찰관에 대해서는 희망부서를 고려하여 전보한다. (O│X)

1269 ☐☐☐☐ 23 채용, 25 간부

감찰부서장은 소속 감찰관에 대하여 감찰관 보직 후 3년마다 적격심사를 실시하여 인사에 반영하여야 한다. (O│X)

1270 ☐☐☐☐ 23 채용

감찰관은 감찰관 본인이 의무위반행위로 인해 감찰대상이 된 때에는 당해 감찰직무(감찰조사 및 감찰업무에 대한 지휘를 포함한다)에서 제척된다. (O│X)

정답과 해설

1265. (X) 「경찰 감찰 규칙」 제1조는 "경찰청 및 그 소속기관(이하 "경찰기관"이라 한다)에 소속하는 경찰공무원, 별정·일반직 공무원(무기계약 및 기간제 근로자를 **포함**), 의무경찰 등(이하 "소속공무원"이라 한다)의 공직기강 확립과 경찰 행정의 **적정성 확보(효율성 확보 X)**를 위한 감찰에 필요한 사항을 규정함을 목적으로 한다."라고 명시하고 있다(경찰 감찰 규칙 제1조).

1266. (O) 동규칙 제2조 제2호

1267. (X) 경찰기관의 장은 감찰관이 제5조에 따른 결격사유에 해당되는 것으로 밝혀졌을 경우와 제7조 제1항 각 호의 어느 하나에 해당하는 경우를 제외하고는 **2년 이내(3년 이내 X)**에 본인의 의사에 반하여 전보하여서는 아니된다. 다만, 승진 등 인사관리상 필요한 경우에는 그러하지 아니하다(동규칙 제7조 제1항).

1268. (O) 동규칙 제7조 제2항

1269. (X) **경찰기관의 장(감찰부서장 X)**은 소속 감찰관에 대하여 감찰관 보직 후 **2년(3년 X)**마다 적격심사를 실시하여 인사에 반영하여야 한다(동규칙 제8조).

1270. (O) 동규칙 제9조 제1호

1271 ☐☐☐☐ 17 채용, 21 승진

감찰관은 소속 경찰기관의 관할구역 안에서 활동하여야 한다. 다만, 상급 경찰기관의 장의 지시가 있는 경우에는 관할구역 밖에서도 활동할 수 있다. (O | X)

1272 ☐☐☐☐ 23 채용, 22 간부

경찰기관의 장은 의무위반행위가 자주 발생하거나 그 발생 가능성이 높다고 인정되는 시기, 업무분야 및 경찰관서 등에 대하여는 일정기간 동안 전반적인 조직관리 및 업무추진 실태 등을 집중 점검할 수 있다. (O | X)

1273 ☐☐☐☐ 17·18 승진, 22 간부

경찰 감찰 규칙 제14조는 특별감찰에 대해 "경찰기관의 장은 상급 경찰기관장의 지시에 따라 소속 감찰관으로 하여금 일정기간 동안 다른 경찰기관의 소속 직원의 복무실태, 업무추진 실태 등을 점검하게 할 수 있다."라고 규정하고 있다. (O | X)

1274 ☐☐☐☐ 18·21 승진, 22 간부

감찰관은 소속공무원의 의무위반행위에 관한 단서(현장인지, 진정·탄원 등을 포함한다)를 수집·접수한 경우 소속 경찰기관의 장에게 보고하여야 한다. (O | X)

1275 ☐☐☐☐ 18·20 승진, 22 간부

감찰관은 직무상 증거품 등 자료 제출, 현지조사의 협조 등을 요구할 수 있으며, 소속공무원등은 정당한 사유가 없더라도 감찰관의 요구에 응하지 않을 수 있다. (O | X)

1276 ☐☐☐☐ 25 채용, 25 간부

감찰부서장은 감찰정보의 구분 및 감찰활동 착수와 관련된 사항을 결정하기 위하여 감찰정보심의회를 설치·운영해야 한다. 감찰정보심의회는 위원장을 포함한 5명 이상 7명 이하의 위원으로 구성하며, 위원장은 감찰부서장이 되고 위원은 감찰부서장이 소속 공무원 중에서 지명한다. (O | X)

> **정답과 해설**

1271. (O) 감찰관은 소속 경찰기관의 관할구역 안에서 활동하여야 한다. 다만, **상급 경찰기관의 장(경찰기관의 장 X)**의 지시가 있는 경우에는 관할구역 밖에서도 활동할 수 있다(경찰 감찰 규칙 제12조).

1272. (O) 동규칙 제13조

1273. (X) 경찰 감찰 규칙 제14조는 **교류감찰(특별감찰 X)**에 대해 "**경찰기관의 장(감찰관 X)**은 **상급 경찰기관장(경찰기관장 X)**의 지시에 따라 소속 감찰관으로 하여금 일정기간 동안 다른 경찰기관의 소속 직원의 복무실태, 업무추진 실태 등을 점검하게 할 수 있다."라고 규정하고 있다(동규칙 제14조).

1274. (X) 감찰관은 소속공무원의 의무위반행위에 관한 단서(현장인지, 진정·탄원 등을 포함한다)를 수집·접수한 경우 **소속 경찰기관의 감찰부서장(소속 경찰기관의 장 X)**에게 보고하여야 한다(동규칙 제15조 제1항).

1275. (X) 감찰관은 직무상 조사를 위한 출석, 질문에 대한 답변 및 진술서 제출, 증거품 등 자료 제출 또는 현지조사의 협조를 요구할 수 있다. 소속공무원등은 감찰관으로부터 요구를 받은 때에는 정당한 사유가 없는 한 그 요구에 **응하여야 한다(응할 수 있다 X)**(동규칙 제17조 제1항·제2항).

1276. (X) ~~설치·운영할 수 있다. 감찰정보심의회는 위원장을 포함한 **3명 이상 5명 이하(5명 이상 7명 이하 X)**의 위원으로 구성하며, 위원장은 감찰부서장이 되고 위원은 감찰부서장이 소속 공무원 중에서 지명한다(동규칙 제22조 제1항, 제2항).

1277 ☐☐☐☐ 25 채용, 18 승진, 19 간부

감찰관은 감찰조사를 위해서 조사대상자의 출석을 요구할 때에는 조사기일 2일 전까지 출석요구서 또는 구두로 조사일시, 의무위반행위사실 요지 등을 통지하여야 한다. 다만, 사안이 급박한 경우 또는 조사대상자의 요청이 있는 경우에는 즉시 조사에 착수할 수 있다. (O|X)

1278 ☐☐☐☐ 17 채용

감찰관은 감찰조사를 실시하기 전에 조사대상자에게 의무위반행위 사실의 요지를 알릴 수 없지만, 다른 감찰관의 참여를 요구할 수 있음은 고지하여야 한다. (O|X)

1279 ☐☐☐☐ 24 채용

「경찰감찰규칙」에서는 조사대상자가 영상녹화를 요청하는 경우에 감찰관이 재량적으로 판단할 수 있도록 하고 있다. (O|X)

1280 ☐☐☐☐ 17 채용, 17·20 승진

감찰관은 심야(오후 10시부터 오전 6시까지를 말한다)에 조사를 하여서는 아니 된다. 심야조사금지에도 불구하고, 조사대상자 또는 그 변호인의 심야조사 요청이 있는 경우에는 예외적으로 심야조사를 할 수 있다. 이 경우 심야조사의 사유를 조서에 명확히 기재하여야 한다. (O|X)

1281 ☐☐☐☐ 25 채용, 19·25 간부

감찰관은 소속공무원의 의무위반사실에 대한 민원을 접수한 경우 접수일로부터 2개월 내에 신속히 처리하여야 하며 그 처리 기간을 연장할 수 없다. (O|X)

1282 ☐☐☐☐ 25 간부

감찰관은 민원사건을 접수한 경우 접수 후 매 1개월이 경과한 때와 감찰조사를 종결하였을 때에 민원인 또는 피해자에게 사건처리 진행상황을 통지하여야 한다. 다만, 진행상황에 대한 통지가 감찰조사에 지장을 주거나 피해자 또는 사건관계인의 명예와 권리를 부당히 침해할 우려가 있는 때에는 통지하지 않을 수 있다. (O|X)

정답과 해설

1277. (X) 감찰관은 감찰조사를 위해서 조사대상자의 출석을 요구할 때에는 조사기일 **3일 전(2일 전 X)**까지 출석요구서 또는 구두로 조사일시, 의무위반행위사실 요지 등을 통지하여야 한다. 다만, 사안이 급박한 경우 또는 조사대상자의 요청이 있는 경우에는 즉시 조사에 착수할 수 있다(경찰 감찰 규칙 제25조 제1항).

1278. (X) 감찰관은 감찰조사를 실시하기 전에 조사대상자에게 의무위반행위 사실의 요지를 **알려야 한다(알릴 수 있다 X)**. 감찰관은 조사대상자가 다른 감찰관의 참여를 신청할 경우 이에 해당하는 사람을 **참여하게 하거나 동석하도록 하여야 한다**(동규칙 제28조, 제29조).

1279. (X) 감찰관은 조사대상자가 영상녹화를 요청하는 경우에는 그 조사과정을 **영상녹화하여야 한다(재량적 판단 X)** (동규칙 제30조).

1280. (X) 감찰관은 심야(**자정부터(오후 10시부터 X)** 오전 6시까지를 말한다)에 조사를 하여서는 아니 된다. 심야조사 금지에도 불구하고, 조사대상자 또는 그 변호인의 심야조사 요청이 있는 경우에는 예외적으로 심야조사를 할 수 있다. 이 경우 심야조사의 사유를 조서에 명확히 기재하여야 한다(동규칙 제32조).

1281. (X) 감찰관은 소속공무원의 의무위반사실에 대한 민원을 접수한 경우 접수일로부터 **2개월 내(1개월 내 X)**에 신속히 처리하여야 한다. 다만, 부득이한 사유로 민원을 기한 내에 처리할 수 없을 때에는 **소속 경찰기관의 감찰부서장**에게 보고하여 그 처리 기간을 **연장할 수 있다(연장할 수 없다 X)**(동규칙 제35조 제1항).

1282. (O) 동규칙 제35조 제4항

1283 ☐☐☐☐ 17·18·20 승진, 19 간부

감찰관은 다른 경찰기관 또는 검찰, 감사원 등 다른 행정기관으로부터 통보받은 소속공무원의 의무위반행위에 대해서는 통보받은 날로부터 2개월 이내에 신속히 처리하여야 한다. (O│X)

1284 ☐☐☐☐ 17·25 채용

감찰관은 검찰·경찰, 그 밖의 수사기관으로부터 수사개시 통보를 받은 경우에는 징계의결 요구권자의 결재를 받아 해당 기관으로부터 수사결과의 통보를 받을 때까지 감찰조사, 징계의결요구 등의 절차를 진행해야 한다. (O│X)

1285 ☐☐☐☐ 25 승진

감찰부서장은 감찰관 제척·회피 및 기피 신청과 관련한 사항을 심의하기 위하여 감찰처분심의회를 설치·운영할 수 있다. (O│X)

1286 ☐☐☐☐ 18 승진

감찰관의 의무위반행위 중 직무와 관련된 금품 및 향응 수수, 공금횡령·유용, 성폭력범죄에 한하여 경찰공무원 징계양정 등에 관한 규칙의 징계양정에 정한 기준보다 가중하여 징계조치한다. (O│X)

정답과 해설

1283. (X) 감찰관은 다른 경찰기관 또는 검찰, 감사원 등 다른 행정기관으로부터 통보받은 소속공무원의 의무위반행위에 대해서는 통보받은 날로부터 1개월 이내(2개월 이내 X)에 신속히 처리하여야 한다(동규칙 제36조 제1항).

1284. (X) 감찰관은 검찰·경찰, 그 밖의 수사기관으로부터 수사개시 통보를 받은 경우에는 징계의결요구권자의 결재를 받아 해당 기관으로부터 수사결과의 통보를 받을 때까지 감찰조사, 징계의결요구 등의 절차를 진행하지 아니할 수 있다(진행해야 한다 X, 진행하지 아니한다 X)(동규칙 제36조 제2항).

1285. (X) 감찰부서장은 감찰관 기피(제척·회피 X) 신청과 관련한 사항을 심의하기 위하여 감찰처분심의회를 설치·운영할 수 있다(동규칙 제37조 제1항 제4호).

1286. (X) 감찰관의 의무위반행위(금품 및 향응 수수, 공금횡령·유용, 성폭력범죄에 한정되지 않음)에 대해서는 경찰공무원 징계령 세부시행규칙의 징계양정에 정한 기준보다 가중하여 징계조치한다(동규칙 제40조 제2항).

THEME 06 경찰청 감사 규칙(경찰청훈령) _A급

1287 ☐☐☐☐ 22 채용

변상명령 : 감사결과 경미한 지적사항으로서 현지에서 즉시 시정·개선조치가 필요한 경우 [O|X]

1288 ☐☐☐☐ 18·22 채용

경고·주의 요구 : 감사결과 위법 또는 부당하다고 인정되는 사실이 있으나 그 정도가 징계 또는 문책사유에 이르지 아니할 정도로 경미하거나, 감사대상기관 또는 부서에 대한 제재가 필요한 경우 [O|X]

1289 ☐☐☐☐ 22 채용, 20 승진

시정 요구 : 감사결과 법령상·제도상 또는 행정상 모순이 있거나 그 밖에 개선할 사항이 있다고 인정되는 경우 [O|X]

1290 ☐☐☐☐ 22 채용, 19·20 승진

개선 요구 : 감사결과 문제점이 인정되는 사실이 있어 그 대안을 제시하고 감사대상기관의 장 등으로 하여금 개선방안을 마련하도록 할 필요가 있는 경우 [O|X]

1291 ☐☐☐☐ 20 승진

시정 요구 : 국가공무원법과 그 밖의 법령에 규정된 징계 또는 문책 사유에 해당하거나 정당한 사유 없이 자체감사를 거부하거나 자료의 제출을 게을리한 경우 [O|X]

1292 ☐☐☐☐ 19·20 승진

징계 또는 문책 요구 : 감사결과 위법 또는 부당하다고 인정되는 사실이 있어 추징·회수·환급·추급 또는 원상복구 등이 필요하다고 인정되는 경우 [O|X]

정답과 해설

1287. (X) **현지조치**에 대한 설명이다(동규칙 제10조 제9호).
1288. (O) 동규칙 제10조 제3호.
1289. (X) **개선 요구**에 대한 설명이다(동규칙 제10조 제4호).
1290. (X) **권고**에 대한 설명이다(동규칙 제10조 제5호).
1291. (X) **징계 또는 문책 요구**에 대한 설명이다(동규칙 제10조 제1호).
1292. (X) **시정 요구**에 대한 설명이다(동규칙 제10조 제2호).

THEME 07 국가인권위원회법 및 동법 시행령 등

1293 ☐☐☐☐ 21 간부
국가재정법에 따라 경찰은 예산을 편성할 때 예산이 인권에 미친 영향을 평가하는 보고서를 작성하여야 한다.
(O|X)

1294 ☐☐☐☐ 23 채용, 21 간부
국가경찰과 자치경찰의 조직 및 운영에 관한 법률에 따라 국가경찰사무에 관한 인권보호와 관련되는 경찰의 운영·개선에 관한 사항은 국가경찰위원회의 심의·의결을 거칠 수 있다.
(O|X)

1295 ☐☐☐☐ 21 간부
국가인권위원회법에 따라 국가인권위원회는 인권의 보호와 향상을 위하여 필요하다고 인정하면 경찰정책과 관행을 개선 또는 시정할 수 있다.
(O|X)

1296 ☐☐☐☐ 11 승진
헌법에서는 '국가는 개인이 가지는 불가침의 기본적 인권을 확인하고 이를 보장할 의무를 진다'고 규정하고 있다.
(O|X)

1297 ☐☐☐☐ 11 승진
경찰관의 직권은 그 직무수행에 필요한 최소한도 내에서 행사되어야 한다는 경찰비례의 원칙은 규정되어 있지만, 경찰관 직무집행법에 인권관련 규정은 아직 없다.
(O|X)

1298 ☐☐☐☐ 22 채용
「국가인권위원회법」상 국가인권위원회는 경찰기관 및 경찰공무원 등에 의한 인권침해행위 또는 차별행위에 대해 조사하고 구제할 수 있다.
(O|X)

1299 ☐☐☐☐ 22 승진
「경찰관 인권행동강령」상 경찰관은 직무를 수행하는 과정에서 합리적인 이유 없이 성별, 종교, 장애 등을 이유로 누구도 차별하여서는 아니 되고, 신체적·정신적·경제적·문화적인 차이 등으로 특별한 보호가 필요한 사람의 인권을 보호하여야 한다.
(O|X)

> **정답과 해설**
>
> 1293. (X) **국가재정법**은 경찰예산편성시 **인권**에 미친 영향을 평가하는 보고서 제출을 **규정하고 있지 않다**.
> 1294. (X) 국가경찰과 자치경찰의 조직 및 운영에 관한 법률에 따라 국가경찰사무에 관한 인권보호와 관련되는 경찰의 운영·개선에 관한 사항은 국가경찰위원회의 심의·의결을 **거쳐야 한다(거칠 수 있다 X)**(국가경찰과 자치경찰의 조직 및 운영에 관한 법률 제10조 제1항 제2호).
> 1295. (X) 위원회는 인권의 보호와 향상을 위하여 필요하다고 인정하면 관계기관등에 정책과 관행의 **개선 또는 시정을 권고하거나 의견을 표명할 수 있다(개선 또는 시정할 수 있다 X)**(국가인권위원회법 제25조 제1항).
> 1296. (O) 모든 국민은 인간으로서의 존엄과 가치를 가지며, 행복을 추구할 권리를 가진다. 국가는 개인이 가지는 불가침의 **기본적 인권**을 확인하고 이를 보장할 의무를 진다(헌법 제10조).
> 1297. (X) 경찰관 직무집행법 **제1조 제1항**은 "국민의 자유와 권리 및 모든 개인이 가지는 불가침의 **기본적 인권을 보호**하고 사회공공의 질서를 유지하기 위한 경찰관(경찰공무원만 해당)의 직무 수행에 필요한 사항을 규정함을 목적으로 한다."라고 규정하고 있다.
> 1298. (O) 국가인권위원회법 제19조 참조
> 1299. (O) 경찰관 인권행동강령 제6조

THEME 08 경찰 인권보호 규칙(경찰청 훈령) _s급

1300 ☐☐☐☐ 23 채용, 22 간부
경찰관등이란 경찰청과 그 소속기관의 경찰공무원, 일반직공무원, 무기계약근로자 및 기간제근로자를 의미한다. [O|X]

1301 ☐☐☐☐ 22 채용, 22 간부
인권침해란 경찰관등이 직무를 수행하는 과정에서 모든 사람에게 보장된 인권을 침해하는 것을 말한다. [O|X]

1302 ☐☐☐☐ 22 간부
조사담당자란 인권침해를 내용으로 하는 진정을 조사하고 이에 따른 구제 업무 등을 수행하는 경찰청과 그 소속기관에 근무하는 공무원을 말한다. [O|X]

1303 ☐☐☐☐ 22·23·25 채용, 24·25 승진, 22·23·26 간부, 20 경채
경찰 활동 전반에 걸친 민주적 통제를 구현하여 경찰력 오·남용을 예방하고, 경찰 행정의 인권지향성을 높여 인권을 존중하는 경찰 활동을 정립하기 위해 경찰청장 및 시·도경찰청장, 경찰서장의 자문기구로서 각각 경찰청 인권위원회, 시·도경찰청 인권위원회, 경찰서 인권위원회를 설치하여 운영한다. [O|X]

1304 ☐☐☐☐ 25 승진
경찰청 및 시·도경찰청 인권위원회는 인권과 관련되는 경찰의 제도·정책·관행의 개선을 명령할 수 있다. [O|X]

정답과 해설

1300. (O) 경찰관등이란 경찰청과 그 소속기관의 경찰공무원, 일반직공무원, 무기계약근로자 및 기간제근로자를 **의미(제외 X)**한다(경찰 인권보호 규칙 제2조 제1호).

1301. (O) 인권침해란 경찰관등이 직무를 수행하는 과정에서 **모든 사람(특정인 X)**에게 보장된 인권을 침해하는 것을 말한다(동규칙 제2조 제2호).

1302. (O) 동규칙 제2조 제3호

1303. (X) 경찰 활동 전반에 걸친 민주적 통제를 구현하여 경찰력 오·남용을 예방하고, 경찰 행정의 인권지향성을 높여 인권을 존중하는 경찰 활동을 정립하기 위해 **경찰청장 및 시·도경찰청장(경찰서장 X)**의 **자문기구(심의기구 X)**로서 각각 **경찰청 인권위원회, 시·도경찰청 인권위원회(경찰서 인권위원회 X)**를 설치하여 운영한다(동규칙 제3조).

1304. (X) 경찰청 및 시·도경찰청 인권위원회는 인권과 관련되는 경찰의 제도·정책·관행의 개선에 대한 **권고 또는 의견표명을 할 수 있다(명령할 수 있다 X)**(동규칙 제4조 제1호).

1305 ☐☐☐☐ 19 채용, 24·26 간부, 20·23 경채

위원회는 위원장 1명을 포함하여 7명 이상 15명 이하의 위원으로 구성한다. 이때, 특정 성별이 전체위원 수의 10분의 6을 초과하지 아니해야 한다. 위원장은 위원회에서 호선(互選)하며, 위원은 당연직 위원과 위촉 위원으로 구분한다. (O|X)

1306 ☐☐☐☐ 23·25 채용, 26 간부

당연직 위원은 경찰청은 청문감사인권담당관, 시·도경찰청은 감사관으로 한다. (O|X)

1307 ☐☐☐☐ 23 경채

위촉위원 중 「공직선거법」에 따라 실시하는 선거에 의하여 취임한 공무원이거나 그 직에서 퇴직한 날부터 5년이 지나지 아니한 사람은 결격사유에 해당한다. (O|X)

1308 ☐☐☐☐ 23 채용, 24 간부

위원은 경찰의 직에 있거나 그 직에서 퇴직한 날부터 3년이 지나지 아니한 사람이어야 한다. (O|X)

1309 ☐☐☐☐ 19·23·25 채용, 25 승진, 24·26 간부, 20 경채

위원장과 위촉 위원의 임기는 위촉된 날로부터 2년으로 하며 위원장의 직은 연임할 수 있으며, 위촉 위원은 두 차례만 연임할 수 있다. (O|X)

1310 ☐☐☐☐ 24 간부

입건 전 조사·수사 중인 사건에 청탁 또는 경찰 인사에 관여하는 행위를 하거나 기타 직무 관련 비위사실이 있는 경우 청장은 위원회의 의견을 들어 위원을 해촉할 수 있다. (O|X)

1311 ☐☐☐☐ 25 승진, 23 경채

경찰청장은 위원회의 위원이 특별한 사유 없이 연속적으로 임시회의에 2회 불참 등 직무를 태만히 한 경우 직권으로 위원을 해촉할 수 있다. (O|X)

정답과 해설

1305. (X) 위원회는 위원장 1명을 포함하여 **7명 이상 13명 이하(7명 이상 15명 이하 X)**의 위원으로 구성한다. 이때, 특정 성별이 전체위원 수의 10분의 6을 초과하지 아니해야 한다. 위원장은 위원회에서 호선(互選)하며, 위원은 당연직 위원과 위촉 위원으로 구분한다(경찰 인권보호 규칙 제5조 제1항, 제2항).

1306. (X) 당연직 위원은 경찰청은 **감사관**, 시·도경찰청은 **청문감사인권담당관**으로 한다(동규칙 제5조 제3항).

1307. (X) 위촉위원 중 「공직선거법」에 따라 실시하는 선거에 의하여 취임한 공무원이거나 그 직에서 퇴직한 날부터 **3년(5년 X)**이 지나지 아니한 사람은 결격사유에 해당한다(동규칙 제6조 제1항 제2호).

1308. (X) 경찰의 직에 있거나 그 직에서 퇴직한 날부터 3년이 지나지 아니한 사람은 **위원(위촉)이 될 수 없다**(동규칙 제6조 제1항 제3호).

1309. (X) 위원장과 위촉 위원의 임기는 위촉된 날로부터 **2년(3년 X)**으로 하며 위원장의 직은 **연임할 수 없고(연임할 수 있으며 X)**, 위촉 위원은 두 차례(세 차례 X)만 연임할 수 있고, 위촉 위원에 결원이 생긴 경우 새로 위촉할 수 있고, 이 경우 새로 위촉된 위원의 임기는 위촉된 날부터 기산한다(동규칙 제7조 제1항, 제2항).

1310. (O) 동규칙 제8조 제1호

1311. (X) 경찰청장은 위원회의 위원이 특별한 사유 없이 연속적으로 **정기회의에 3회(임시회의에 2회 X)** 불참 등 직무를 태만히 한 경우 **위원회의 의견을 들어(직권 X)** 위원을 해촉할 수 있다(동규칙 제8조 제3호).

1312 ☐☐☐☐ 26 간부, 23 경채
위원회의 회의는 정기회의와 임시회의로 구분하며, 재적위원 과반수의 출석으로 개의(開議)하고, 출석위원 과반수의 찬성으로 의결한다. [O|X]

1313 ☐☐☐☐ 23 채용
경찰청 인권위원회와 시·도경찰청 인권위원회의 정기회의는 각각 분기 1회 개최한다. [O|X]

1314 ☐☐☐☐ 26 간부
임시회의는 위원장이 필요하다고 인정하거나 청장 또는 재적위원 3인 이상이 소집을 요구하는 경우 위원장이 소집한다. [O|X]

1315 ☐☐☐☐ 25 채용
회의에 출석한 위원에게는 예산의 범위 안에서 수당 또는 여비를 지급할 수 있다. [O|X]

1316 ☐☐☐☐ 23 채용, 24 승진
경찰청장은 국민의 인권보호와 증진을 위하여 경찰 인권정책 기본계획을 3년마다 수립해야 한다. [O|X]

1317 ☐☐☐☐ 19·22 채용, 21·25 승진, 23 간부, 20 경채
경찰청장은 경찰관등이 근무하는 동안 지속적·체계적으로 교육을 받을 수 있도록 매년 단위로 인권교육종합계획을 수립하여 시행해야 한다. [O|X]

1318 ☐☐☐☐ 19 채용
경찰관서의 장은 경찰청 인권교육종합계획의 내용을 반영하여 3년 단위로 인권교육 계획을 수립하여 시행하여야 한다. [O|X]

1319 ☐☐☐☐ 21 간부
경찰 인권보호 규칙에 따라 경찰청장은 인권침해를 예방하고 인권친화적인 치안 행정이 구현되도록 소정의 사항에 대하여 인권영향평가를 실시해야 한다. [O|X]

정답과 해설

1312. (O) 경찰 인권보호 규칙 제11조 제1항
1313. (X) 정기회의는 경찰청은 **월 1회**, 시·도경찰청은 **분기 1회** 개최한다(동규칙 제11조 제2항).
1314. (X) 임시회의는 위원장이 필요하다고 인정하거나 청장 또는 재적위원 **3분의 1 이상(3인 이상 X)**이 소집을 요구하는 경우 위원장이 소집한다(동규칙 제11조 제3항).
1315. (O) 동규칙 제16조
1316. (X) 경찰청장은 국민의 인권보호와 증진을 위하여 경찰 인권정책 기본계획을 **5년(3년 X)**마다 수립해야 한다(동규칙 제18조 제1항).
1317. (X) **경찰청장**은 경찰관등(경찰공무원으로 신규 임용될 사람을 포함한다)이 근무하는 동안 지속적·체계적으로 교육을 받을 수 있도록 **3년 단위(매년 단위 X)**로 경찰 인권교육의 기본방향과 추진목표 등을 포함한 인권교육종합계획을 수립하여 시행해야 한다(동규칙 제18조의2 제1항).
1318. (X) **경찰관서의 장**은 경찰청 인권교육종합계획의 내용을 반영하여 **매년(3년 단위 X)** 인권교육 계획을 수립하여 시행하여야 한다(동규칙 제18조의2 제2항).
1319. (O) 동규칙 제21조

1320 ☐☐☐☐ 22 승진

참가인원, 내용, 동원 경력의 규모, 배치 장비 등을 고려하여 인권침해 가능성이 높다고 판단되는 집회 및 시위의 경우는 경찰 인권보호 규칙상 인권영향평가 실시 대상에 해당한다. [O│X]

1321 ☐☐☐☐ 21·22·24 승진, 23 간부

경찰청(인권보호담당관), 시·도경찰청(인권업무 담당 계장)의 간사는 분기별 1회 이상 인권영향평가의 이행 여부를 점검하고, 이를 소속 위원회에 제출하여야 한다. [O│X]

1322 ☐☐☐☐ 22·23 채용

인권보호담당관은 인권침해를 예방하고 제도를 개선하기 위해 연 1회 이상 인권 관련 정책 이행 실태, 인권 교육 추진 현황, 경찰청과 소속기관의 청사 및 부속 시설 전반의 인권침해적 요소의 존재 여부를 진단하여야 한다. [O│X]

1323 ☐☐☐☐ 24 승진

경찰청 및 그 소속기관의 장은 진정의 원인이 된 사실이 공소시효, 징계시효 및 민사상 시효 등이 모두 완성된 경우에 그 진정을 각하할 수 있다. [O│X]

1324 ☐☐☐☐ 23 승진

조사담당자는 사건 조사 과정에서 진정인·피진정인 또는 참고인 등이 임의로 제출한 물건 중 사건 조사에 필요한 물건은 보관할 수 있다. [O│X]

1325 ☐☐☐☐ 23 승진

조사담당자는 제출받은 물건에 사건번호와 표제, 제출자 성명, 물건 번호, 보관자 성명 등을 적은 표지를 붙인 후 봉투에 넣거나 포장하여 안전하게 보관하여야 한다. [O│X]

1326 ☐☐☐☐ 23 승진

진정인이 진정을 취소한 사건에서 진정인이 제출한 물건이 있는 경우에는 진정인이 요구하는 경우에 한하여 반환할 수 있다. [O│X]

정답과 해설

1320. (O) 경찰 인권보호 규칙 제21조 제1항 제3호
1321. (X) 경찰청(인권보호담당관), 시·도경찰청(인권업무 담당 계장)의 간사는 **반기(분기 X) 1회 이상** 인권영향평가의 이행 여부를 점검하고, 이를 **소속 위원회(국가경찰위원회 X)**에 제출하여야 한다(동규칙 제24조).
1322. (O) 동규칙 제25조
1323. (O) 동규칙 제29조 제4호
1324. (O) 동규칙 제32조 제1항
1325. (O) 동규칙 제32조 제3항
1326. (X) 진정인이 진정을 취소한 사건에서 진정인이 제출한 물건이 있는 경우에는 **제출자가 요구하지 않더라도 반환할 수 있다(진정인이 요구하는 경우에 한하여 반환할 수 있다 X)**(동규칙 제32조 제4항 제1호).

1327 ☐☐☐☐ 21·22 승진

조사담당자는 제출자가 보관 중인 물건의 반환을 요구하는 경우에는 반환하여야 하며, 사건이 종결되어 더 이상 보관할 필요가 없는 경우에는 제출자가 요구하지 않더라도 반환할 수 있다. (O|X)

1328 ☐☐☐☐ 21·23 승진, 23 간부

조사담당자는 인권침해 사건을 조사하는 과정에서 동일한 사건에 대하여 경찰·검찰 등 수사기관에서 조사 또는 수사가 개시된 경우에는 조사를 중지할 수 있다. 다만, 확인된 인권침해 사실에 대한 구제 절차는 계속하여 이행할 수 있다. (O|X)

1329 ☐☐☐☐ 21 채용

진정인이 진정을 취소한 경우에는 경찰 인권보호 규칙상 경찰청 및 그 소속기관의 장이 진정을 기각할 수 있다. (O|X)

정답과 해설

1327. (O) 조사담당자는 제출자가 보관 중인 물건의 반환을 요구하는 경우에는 반환하여야 하며, 사건이 종결되어 더 이상 보관할 필요가 없는 경우에는 **제출자가 요구하지 않더라도 반환할 수 있다**(경찰 인권보호 규칙 제32조 제4항 제2호).

1328. (O) 동규칙 제35조 제1항 제4호

1329. (X) **진정인이 진정을 취소한 경우는 각하 사유**이다. 경찰청 및 그 소속기관의 장은 진정 내용을 조사한 결과 진정 내용이 사실이 아니거나 사실 여부를 확인하는 것이 불가능한 경우, 진정 내용이 이미 피해회복이 이루어지는 등 따로 구제조치가 필요하지 아니하다고 인정되는 경우, 진정 내용은 사실이나 인권침해에 해당하지 아니하는 경우에는 그 진정을 **기각(각하 X)**할 수 있다(동규칙 제37조).

정책결정모델 _A급

1330 ☐☐☐☐ 22 간부
만족 모델(Satisfying model)은 정책결정자가 최선의 합리성을 추구하기 보다는, 시간적·공간적·재정적측면에서 여러 요인을 고려하여 만족할 만한 수준에서 결정한다. O|X

1331 ☐☐☐☐ 22·24 간부
쓰레기통 모델(Garbage can model)은 설정된 목표를 달성하기 위해 정보분석과 환류과정을 통해 자신의 행동을 스스로 조정해 나간다고 가정하는 모델이다. O|X

1332 ☐☐☐☐ 22 간부
혼합탐사 모델(Mixed scanning model)은 점증 모델(Incremental model)의 단점을 합리 모델(Rational model)과의 통합을 통해서 보완하기 위해 주장된 것이다. 정책결정을 근본적 결정과 세부적 결정으로 나누고, 합리적 결정과 점증적 결정을 적절하게 혼합하여 의사결정을 한다. O|X

1333 ☐☐☐☐ 22·24 간부
최적 모델(Optimal model)은 합리 모델의 비현실성과 점증 모델의 보수성을 극복하기 위하여 이상주의와 현실주의의 통합을 시도한 것이다. 이 모델은 기존의 정책을 바탕으로 이루어지는 점증주의 성향을 비판하면서, 새로운 결정을 내릴 때마다 정책방향도 다시 검토할 것을 주장한다. O|X

정답과 해설

1330. (O)
1331. (X) **사이버네틱스모형**에 대한 설명이다. 쓰레기통 모델(Garbage can model)은 조직화된 무질서(혼란)상태 즉 무정부상태에서 응집력이 매우 약한 조직이 어떤 의사결정 행태를 나타내는가에 분석의 초점을 두는 이론으로서 문제의 흐름, 해결책의 흐름, 참여자의 흐름, 선택의 기회의 흐름 등 4가지 흐름에 의하여 정책이 우연히 결정되어진다고 보는 이론이다.
1332. (O)   1333. (O)

1334 ☐☐☐☐ 23·26 간부

정책결정이 일정한 규칙에 따라 이루어지는 것이 아니라 문제, 해결책, 선택기회, 참여자의 네 요소가 뒤죽박죽으로 움직이다가 어떤 계기로 만나게 될 때 이루어진다고 보는 정책결정모델은 혼합탐사모델이다. (O|X)

1335 ☐☐☐☐ 24 채용, 24 간부

엘리트 모델에 의하면 정책결정자는 고도의 합리성을 기반으로 최선의 대안을 결정한다. (O|X)

1336 ☐☐☐☐ 24 간부

관료정치 모델에 의하면 정책결정시 정치적 합리성을 기반으로 기존 정책의 문제점을 부분적으로 수정하거나 약간의 향상을 가져오는 결정을 한다. (O|X)

정답과 해설

1334. (X) 쓰레기통 모델 (Garbage can model)에 대한 설명이다.
1335. (X) 정책결정자는 고도의 합리성을 기반으로 최선의 대안을 결정한다는 모델은 합리모델(Rational model)이다.
1336. (X) 정책결정시 정치적 합리성을 기반으로 기존 정책의 문제점을 부분적으로 수정하거나 약간의 향상을 가져오는 결정을 한다는 모델은 점증모델(Incremental model)이다.

THEME 10 경찰제도개혁 _C급

1. 목표에 의한 관리(MBO)

1337 ☐☐☐☐ 03 채용, 04·11 승진
목표에 의한 관리(MBO)는 수행결과를 평가하고 환류시켜 조직의 효율성을 향상시킨다. (O|X)

1338 ☐☐☐☐ 04 채용, 04 승진
급격한 변화나 복잡한 환경에서는 목표설정이 어렵고, 구성원간의 합의도출이 어렵지만, 공공부문에 도입할 경우 목표성과의 측정이 용이하다. (O|X)

1339 ☐☐☐☐ 04 채용
목표에 의한 관리(MBO)의 단점으로 장기적·질적 목표에 치중하게 된다. (O|X)

1340 ☐☐☐☐ 11 승진
구체적·결과적인 목표를 중시하는 MBO(목표에 의한 관리)의 특성으로 조직목표와 조직 속의 개인 목표를 분리하려는 것이다. (O|X)

2. 귤릭&어윅(Gulick&Urwick)의 7가지 기능(POSDCoRB)

1341 ☐☐☐☐ 26 간부
귤릭&어윅(Gulick&Urwick)은 조직 내 관리자의 역할을 정책(Policy) – 조직화(Organizing) – 인사(Staffing) – 지시(Directing) – 조정(Coordinating) – 보고(Reporting) – 예산(Budgeting)으로 정의(POSDCoRB) 하였다. (O|X)

정답과 해설

1337. (O) 조직구성원의 참여과정을 통하여 조직의 공통된 목표를 명확히 하고 체계적으로 조직구성원들의 목표를 부과하며, 그 수행결과를 평가하고 환류시켜 궁극적으로 조직의 효율성을 향상시키기 위한 관리기법을 말한다.
1338. (X) 공공부문에 도입할 경우 목표성과의 측정이 어렵다.
1339. (X) 목표에 의한 관리(MBO)의 단점으로 단기적·양적 목표에 치중하게 된다.
1340. (X) 목표에 의한 관리(MBO)는 조직목표와 조직 속의 개인 목표를 통합(분리 X)하려는 것이다.
1341. (X) 귤릭&어윅(Gulick&Urwick)은 조직 내 관리자의 역할을 POSDCoRB의 7가지 역할(기능)을 제시했다. 즉, 기획(Planning)(정책(Policy) X) – 조직화(Organizing) – 인사(Staffing) – 지시(Directing) – 조정(Coordinating) – 보고(Reporting) – 예산(Budgeting) 이다.

PART 4

경찰행정법

CHAPTER 01

경찰법의 법원

THEME 01 경찰법의 법원 _S급

1. 법원의 의의

1342 □□□□ 14 승진
경찰법의 법원이란 경찰법의 존재형식 또는 인식근거에 관한 문제이다. (O|X)

1343 □□□□ 04 채용, 11 승진, 23 간부
경찰권 발동은 법률에 근거해야 하므로, 법률은 경찰법상의 법률관계에 있어서 중요한 법원이다. (O|X)

1344 □□□□ 23 채용, 14·20 승진, 21 간부
경찰법의 법원은 일반적으로 성문법원과 불문법원으로 나눌 수 있으며 헌법, 법률 조약과 국제법규, 조리와 규칙은 성문법원이다. (O|X)

2. 성문법원

1345 □□□□ 11 채용
경찰행정의 성문법원으로는 헌법, 법률, 국제조약, 명령, 행정규칙, 조리가 있다. (O|X)

1346 □□□□ 11·12·16 승진, 21·23 간부
헌법은 국가의 기본적인 통치구조를 정한 기본법으로 행정의 조직이나 작용의 기본원칙을 정한 부분은 그 한도 내에서 경찰법의 법원이 된다. (O|X)

1347 □□□□ 03·25 채용, 11·14·16 승진, 24 간부
헌법에 의하여 체결·공포된 조약과 일반적으로 승인된 국제법규는 국내법과 같은 효력을 가진다. (O|X)

정답과 해설

1342. (O) 법원이란 무엇이 법이냐를 정할 때에 그 근거로서 드는 것. **성문법원과 불문법원**으로 나눌 수 있다.
1343. (O) 경찰권 발동의 근거는 원칙적으로 국회에서 제정한 법률에 따라서만 발동(률에 의한 행정의 원리)될 수 있으나, 예외적으로 조리상의 원칙 및 관습은 간접적으로 경찰권 발동의 근거가 될 수 있다.
1344. (X) **조례**는 성문법원, **조리**(행정법의 일반원칙을 의미)는 **불문법원**이다.
1345. (X) **조리는 불문법원**에 해당한다. 행정규칙은 법규의 성질을 갖지 않지만, 법원성의 인정여부에 대하여는 학설의 다툼이 있다. 그러나 행정규칙 중 행정청의 재량권 행사의 기준을 정하는 재량준칙의 경우, 평등원칙 등을 매개로 법원성이 인정될 수 있다(다수설). **판례는 행정규칙 자체의 법규성을 인정한 것은 아니다.**
1346. (O)
1347. (O) 헌법 제6조 제1항

1348 ☐☐☐☐ 25 채용, 21·24 간부

헌법재판소의 위헌결정은 법원이나 기타 국가기관 및 지방자치단체를 기속(羈束)하므로 법원성이 인정된다. (O|X)

1349 ☐☐☐☐ 03 채용

현행 국가경찰체제에서 조례와 규칙은 경찰활동과 관련성이 적다. (O|X)

1350 ☐☐☐☐ 11 승진

일반적으로 정의에 합치되는 보편적 원리로서 인정되고 있는 제 원칙을 조리라 하고, 법으로 취급된다. (O|X)

1351 ☐☐☐☐ 25 채용, 11·12 승진

조례는 지방자치단체의 의회가 법령의 범위 안에서 지방자치권에 의거하여 제정하는 법규를 말하는 것으로 조례로 특히 주민의 '권리 제한'을 제외한 '의무 부과' 및 '형벌'을 정할 경우에는 반드시 법률의 위임이 있어야 한다. (O|X)

1352 ☐☐☐☐ 23·25 채용, 21 간부

조례와 규칙은 지방의회가 정한다. 지방자치단체의 장은 법령의 범위에서 그 사무에 관하여 조리(條理)를 제정할 수 있다. (O|X)

1353 ☐☐☐☐ 16·20 승진

지방의회가 법령의 범위 안에서 제정하는 자치법규를 규칙이라고 한다. (O|X)

1353-1 ☐☐☐☐ 25 채용

법령에서 조례로 정하도록 위임한 사항은 그 법령의 하위 법령에서 그 위임의 내용과 범위를 제한하거나 직접 규정할 수 없다. (O|X)

1353-2 ☐☐☐☐ 25 채용

조례안이 지방의회에서 의결되면 지방의회의 의장은 의결된 날부터 7일 이내에 그 지방자치단체의 장에게 이송하여야 한다. (O|X)

정답과 해설

1348. (O) 헌법재판소의 위헌결정은 법원이나 기타 국가기관(국가경찰) 및 지방자치단체(자치경찰)를 기속(羈束)하므로 **법원성이 인정된다**. 그러므로 헌법재판소의 위헌결정은 행정청이 개인에 대하여 신뢰의 대상이 되는 공적인 견해를 표명한 것이라고 할 수 없으므로 그 결정에 관련한 개인의 행위에 대하여는 **신뢰보호의 원칙이 적용되지 아니한다**(적용된다 X)(대판 2002두6965).

1349. (O) 현행 국가경찰체제에서 **조례와 규칙은 자치법규**이기 때문에 경찰활동과 관련성이 **적다**(크다 X).

1350. (O) 조리는 **불문법원**에 해당한다.

1351. (X) 조례로서 주민의 **권리 제한 또는**(제외한 X) **의무 부과**에 관한 사항이나 **벌칙**(형벌 X)을 정할 때에는 **법률**(법령 X)**의 위임이 있어야 한다**(지방자치법§28).

1352. (X) **조례는 지방의회**가 법령의 범위 내에서 제정하는 자치법규이고, **규칙은 지방자치단체의 장**이 법령 또는 조례의 범위에서 제정하는 자치법규이다(지방자치법 제28조, 제29조).

1353. (X) 지방의회가 법령의 범위 안에서 제정하는 자치법규를 **조례**라고 한다.

1353-1. (O) 지방자치법 제28조 제2항

1353-2. (X) 조례안이 지방의회에서 의결되면 지방의회의 의장은 의결된 날부터 **5일** 이내에 그 지방자치단체의 장에게 이송하여야 한다(동법 제32조 제1항).

1354 ☐☐☐☐ 03 채용

지방자치단체의 의회가 제정한 조례로 형벌을 부과할 수 있다. (O|X)

1355 ☐☐☐☐ 25 채용, 14 간부

지방자치법은 기본권 보호를 위하여 조례에 의한 과태료의 부과를 금지하고 있으며, 오직 「경찰관 직무집행법」에 의한 과태료 부과를 규정하고 있다. (O|X)

3 불문법원

1356 ☐☐☐☐ 04 채용, 23 간부

경찰법의 법원은 일반적으로 성문법원과 불문법원으로 나눌 수 있으며 헌법, 법률, 조약과 국제법규, 규칙은 성문법원이다.
(O|X)

1357 ☐☐☐☐ 19 채용, 12 승진

불문법원으로서 일반적으로 정의에 합치되는 보편적 원리로서 인정되고 있는 모든 원칙을 조리라 하고, 경찰관청의 행위가 형식상 적법하면 조리에 위반하더라도 위법이 될 수 없다. (O|X)

1358 ☐☐☐☐ 04 채용, 21 간부

조리는 평등의 원칙, 비례의 원칙, 금반언의 원칙, 신의성실의 원칙, 신뢰보호의 원칙 등으로 구성되어 있으며 오늘날 법의 일반원칙은 성문화되어 가는 추세에 있다. (O|X)

1359 ☐☐☐☐ 23 채용

사회의 거듭된 관행으로 생성한 사회생활규범이 사회의 법적 확신과 인식에 의하여 법적 규범으로 승인·강행되기에 이른 것을 관습법이라 한다. (O|X)

정답과 해설

1354. (X) 지방자치단체의 의회가 제정한 **조례로 형벌을 부과할 수 없다.** 조례위반행위에 대하여 **형벌이 아닌 1천만원 이하의 과태료**를 부과할 수 있을 뿐이다.

1355. (X) 지방자치단체는 조례를 위반한 행위에 대하여 **조례로써 1천만원 이하의 과태료(벌금 X)를 정할 수 있으며**, 이에 따른 과태료는 해당 **지방자치단체의 장이나 그 관할 구역의 지방자치단체의 장**이 부과·징수한다(지방자치법 제34조).

1356. (O) 법원은 일반적으로 성문법원과 불문법원으로 구분되고, 성문법원은 헌법, 법률, 조약과 국제법규, 조례, 규칙이 있고, 불문법원으로는 관습법, 판례법, 조리 등이 있다.

1357. (X) 경찰관청의 행위가 **형식상 적법하더라도 조리에 위반할 경우에는 위법이 될 수 있다(없다 X).**

1358. (O) 오늘날 법의 일반원칙(조리)은 성문화되어 가는 추세에 있다. 즉, **행정기본법 제9조(평등의 원칙), 제10조(비례의 원칙)가 대표적으로 성문화되어 가는 추세의 예이다.**

1359. (O)

THEME 02 법규명령 _A급

1360 ☐☐☐☐ 12·16·20·21 승진, 21 간부
법규명령이란 국회의 의결을 거치지 않고 행정기관에 의하여 제정된 성문법규를 말하며, 그 종류에는 위임명령과 집행명령이 있다. (O|X)

1361 ☐☐☐☐ 25 채용
법규명령의 위임의 근거가 되는 법률에 대하여 위헌결정이 선고되더라도 그 위임규정에 근거하여 제정된 법규명령은 원칙적으로 효력을 유지한다. (O|X)

1362 ☐☐☐☐ 23 승진
국회에서 의결된 법률안은 정부에 이송되어 15일 이내에 대통령이 공포하고, 법률은 특별한 규정이 없는 한 공포한 날로부터 20일을 경과함으로써 효력을 발생한다. (O|X)

1363 ☐☐☐☐ 24 채용
헌법개정·법률·조약·대통령령·총리령 및 부령의 공포와 헌법개정안·예산 및 예산 외 국고부담계약의 공고는 관보에 게재함으로써 한다. (O|X)

1364 ☐☐☐☐ 24 채용
「국회법」 제98조 제3항 전단에 따라 하는 국회의장의 법률 공포는 서울특별시에서 발행되는 둘 이상의 일간신문에 게재함으로써 한다. (O|X)

1365 ☐☐☐☐ 24 채용
법령 등의 공포일 또는 공고일은 해당 법령 등을 게재한 관보 또는 신문이 발행된 날로 한다. (O|X)

1366 ☐☐☐☐ 23·24 채용
「법령 등 공포에 관한 법률」상 법률, 대통령령, 총리령 및 부령은 특별한 규정이 없으면 공포한 날부터 20일이 경과함으로써 효력을 발생한다.

정답과 해설

1360. (O) 국회의 의결을 거치지 않고 행정기관에 의하여 제정된 성문법규를 '**명령(법규명령 또는 행정입법)**'이라 하고, 명령의 종류에는 위임명령과 집행명령이 있다.

1361. (X) 법규명령의 위임의 근거가 되는 법률에 대하여 위헌결정이 선고되면 그 위임규정에 근거하여 제정된 법규명령도 원칙적으로 **효력을 상실한다**(대판 96다52359).

1362. (O) 헌법 제53조 제1항, 제7항

1363. (O) 법령 등 공포에 관한 법률 제11조 제1항

1364. (O) 동법 제11조 제2항

1365. (O) 동법 제12조

1366. (X) 「법령 등 공포에 관한 법률」상 **대통령령, 총리령 및 부령(법률 X)**은 특별한 규정이 없으면 공포한 날부터 **20일**이 경과함으로써 효력을 발생한다(동법 제13조).
    [비교] 「**헌법**」상 **법률**은 특별한 규정이 없는 한 공포한 날로부터 20일을 경과함으로써 효력을 발생한다.

1367 ☐☐☐☐ 25 채용, 17·21·23 승진
국민의 권리 제한 또는 의무 부과와 직접 관련되는 법률, 대통령령, 총리령 및 부령은 긴급히 시행하여야 할 특별한 사유가 있는 경우를 제외하고는 공포일로부터 적어도 30일이 경과한 날부터 시행되도록 하여야 한다. ⓞⓧ

1368 ☐☐☐☐ 21 간부
법규명령의 제정에는 헌법·법률 또는 상위명령의 근거가 필요하지 않아 독자적인 행정입법 작용이 허용된다. ⓞⓧ

1369 ☐☐☐☐ 25 채용, 20 승진
국무총리는 직권으로 총리령을 발할 수 있으나, 행정각부의 장은 직권으로 부령을 발할 수 없다. ⓞⓧ

1370 ☐☐☐☐ 19 승진
법규명령은 대외적 구속력을 갖기 때문에 그에 반하는 행정권 행사는 위법하다. ⓞⓧ

1371 ☐☐☐☐ 25 채용, 13·17·19 승진, 16 간부
법규명령은 행정권이 정립하는 일반·추상적인 규정으로서 법규성을 지닌 것을 말하고, 국민과 행정청을 동시에 구속하는 양면적 구속력을 가짐으로써 재판규범이 된다. ⓞⓧ

1372 ☐☐☐☐ 25 채용, 17·19 승진
법규명령의 한계로 행정권에 대한 입법권의 일반적·포괄적 위임은 인정될 수 없고, 국회 전속적 법률사항의 위임은 원칙적으로 금지되며, 법률에 의하여 위임된 사항을 전부 하위명령에 재위임하는 것은 금지된다. ⓞⓧ

1373 ☐☐☐☐ 03 채용
행정기관이 법률을 집행하기 위하여 필요한 부수적·세목적 규정을 정하는 경우를 집행명령이라고 한다. ⓞⓧ

1374 ☐☐☐☐ 21 승진
위임명령은 상위법령의 집행 시 필요한 절차나 형식을 정하는 데 그쳐야 하며 새로운 법규사항을 정하여서는 안 된다. ⓞⓧ

정답과 해설

1367. (O) 국민의 권리 제한 또는 의무 부과와 직접 관련되는 **법률, 대통령령, 총리령 및 부령**은 긴급히 시행하여야 할 특별한 사유가 있는 경우를 제외하고는 공포일로부터 적어도 **30일(20일 X)**이 경과한 날부터 시행되도록 하여야 한다(법령 등 공포에 관한 법률 제13조의2).

1368. (X) 법규명령의 제정에는 헌법·법률 또는 상위명령의 **근거가 필요**하다.

1369. (X) **국무총리 또는 행정각부의 장**은 소관사무에 관하여 법률이나 대통령령의 **위임 또는 직권**으로 총리령 또는 부령을 발할 수 **있다**(헌법 제95조).

1370. (O)

1371. (O) 법규명령은 행정권이 정립하는 일반·추상적인 규정으로서 법규성을 지닌 것을 말하고, **국민(대외적 구속력)과 행정청(대내적 구속력)을 동시에 구속하는 양면적 구속력**을 가짐으로써 재판규범이 된다.

1372. (O)   1373. (O)

1374. (X) **집행명령(위임명령 X)**은 상위법령의 **집행 시** 필요한 절차나 형식을 정하는 데 그쳐야 하며, 새로운 법규사항을 정하여서는 안 된다.

THEME 03 행정규칙 _A급

1375 ☐☐☐☐ 19 승진

행정규칙의 종류로는 고시·훈령·예규·일일명령 등이 있다. (O|X)

1376 ☐☐☐☐ 19 승진

행정규칙은 행정기관이 법률의 수권 없이 권한 범위 내에서 만든 일반적·추상적 명령을 말하며, 대내적 구속력을 갖고 있으므로 경찰관이 이를 위반하면 반드시 위법이 된다. (O|X)

1377 ☐☐☐☐ 21 승진

행정규칙에 따른 종래의 행정관행이 위법한 경우에는 행정청은 자기구속을 당하지 않는다. (O|X)

1378 ☐☐☐☐ 16 간부

행정규칙은 대외적 구속력을 갖고 있으므로 위반하면 반드시 위법이 된다. (O|X)

1379 ☐☐☐☐ 19 간부

재량준칙의 제정은 행정청에게 재량권이 인정되는 경우에만 가능하며 행정청이 기속권만을 갖는 경우에는 인정되지 않는다. (O|X)

1380 ☐☐☐☐ 21 간부

법령 규정이 특정 행정기관에 그 법령 내용의 구체적 사항을 정할 수 있는 권한을 부여하면서 그 권한 행사의 절차나 방법을 특정하고 있지 않아 수임 행정기관이 행정규칙의 형식으로 그 내용을 구체적으로 정하고 있다면 그 행정규칙은 대외적 구속력이 있는 법규명령으로서의 효력을 가진다. (O|X)

정답과 해설

1375. (O)

1376. (X) 경찰관이 **행정규칙을 위반하더라도** 내부적 징계책임이 발생할 수 있는 것은 별론으로 하고 여전히 **적법(위법 X)·유효**하다.

1377. (O) 자기구속 법리가 적용되는 경우에는 외부적 효력이 있다. 행정규칙에 따른 종래의 행정관행이 **위법**한 경우에는 적용되지 않고, **적법**한 경우에만 **자기구속의 원칙이 적용**된다.

1378. (X) **행정규칙**은 법규가 아니므로 대외적 구속력이 없는 단순한 경찰 내부규범에 불과하여 **위반을 해도 위법은 아니다**.

1379. (O) **재량준칙**은 재량권 행사의 일반적 방향을 제시하기 위하여 발하는 것이므로 **행정청이 기속권만을 갖는 경우에는 인정되지 않는다**.

1380. (O) 법령의 규정이 특정 행정기관에게 그 법령 내용의 구체적 사항을 정할 수 있는 권한을 부여하면서 그 권한 행사의 절차나 방법을 특정하고 있지 않은 관계로 수임 행정기관이 행정규칙의 형식으로 그 법령의 내용이 될 사항을 구체적으로 정하고 있다면, 그와 같은 행정규칙, 규정은 행정규칙이 갖는 일반적 효력으로서가 아니라 **행정기관에 법령의 구체적 내용을 보충하는 기능을 갖게 된다 할 것이므로**, 이와 같은 행정규칙, 규정은 해당 법령의 수임한계를 벗어나지 않는 범위에서는 그것들과 결합하여 대외적인 구속력이 있는 **법규명령으로서의 효력을 갖게 된다고** 판시(대법원 1989. 11. 14. 선고 89누5676)하여 **예외적으로 행정규칙의 법규성을 인정(법령 보충적 행정규칙)**하고 있다.

1381 ☐☐☐☐ 25 채용

「도로교통법시행규칙」 제53조 제1항이 정한 [별표 16]의 운전면허행정처분기준은 부령의 형식으로 되어 있으나, 행정청 내부의 사무처리준칙을 규정한 것에 지나지 아니하므로 대외적으로 국민이나 법원을 기속하는 효력이 없다. (O|X)

비교 법규명령과 행정규칙

1382 ☐☐☐☐ 13 승진, 16·19 간부

법규명령은 공포를 요하지 않으나, 행정규칙은 공포를 요한다. (O|X)

1383 ☐☐☐☐ 19 채용, 21 간부

행정입법이란 행정부가 제정하는 법을 의미하며, 행정조직 내부의 사무처리기준에 관한 법규명령과 국민을 구속하는 효력이 있는 행정규칙으로 구분된다. (O|X)

1384 ☐☐☐☐ 19·25 채용, 17·19·23 승진, 21 간부

법규명령은 특별한 규정이 없는 한 공포일로부터 30일이 경과해야 효력이 발생하나, 행정규칙은 공포를 요하지 않는다. (O|X)

1385 ☐☐☐☐ 13·19 승진, 16·19·21 간부

위임명령은 법규명령이고 집행명령은 행정규칙이다. (O|X)

1386 ☐☐☐☐ 13·19 승진, 19 간부

법규명령의 형식(부령)을 취하고 있지만, 그 내용이 행정규칙의 실질을 가지는 경우 판례는 당해 규범을 행정규칙으로 보고 있다. (O|X)

정답과 해설

1381. (O) 법규명령의 형식(부령)을 취하고 있지만, 그 내용이 행정규칙의 실질을 가지는 경우 판례는 당해 규범을 **행정규칙**으로 보고 있다.
1382. (X) 법규명령은 **공포를 요하나** 행정규칙은 **공포를 요하지 않는다**.
1383. (X) 행정입법이란 행정부가 제정하는 법을 의미하며, 행정조직 내부의 사무처리기준에 관한 **행정규칙**과 국민을 구속하는 효력이 있는 **법규명령**으로 구분된다.
1384. (X) 대통령령, 총리령 및 부령은 특별한 규정이 없으면 공포한 날부터 **20일**이 경과함으로써 효력을 발생한다(법령 등 공포에 관한 법률 제13조).
1385. (X) **법규명령**은 **위임명령과 집행명령**으로 나뉜다. 대통령은 법률에서 구체적으로 범위를 정하여 위임받은 사항과 법률을 집행하기 위하여 필요한 사항에 관하여 대통령령을 발할 수 있다(헌법 제75조).
1386. (O) 대법원 2015. 7. 9. 2014두47853 등 다수

THEME 04 훈령 _B급

1387 ☐☐☐☐ 04 채용
훈령은 법령의 구체적인 근거 없이 발할 수 없다. (O|X)

1388 ☐☐☐☐ 12 승진, 11 간부
훈령은 원칙적으로 국민의 권리와 의무에 영향을 미치는 대외적 효력을 갖는다. (O|X)

1389 ☐☐☐☐ 03·18 승진
훈령은 내부적 구속력을 갖고 있어, 훈령을 위반한 공무원의 행위는 징계의 사유가 되고, 무효 또는 취소사유에 해당한다. (O|X)

1390 ☐☐☐☐ 05 채용
훈령에 위반된 행위는 위법이 아니며, 징계사유도 되지 않는다. (O|X)

1391 ☐☐☐☐ 21 간부
훈령은 법규의 성질을 갖지 않기에 하급경찰관청의 법적 행위가 훈령에 위반하여 행해진 경우에도 위법이 아니며 행위자체의 효력에도 영향이 없다. (O|X)

1392 ☐☐☐☐ 12 승진, 12 간부
훈령은 상급 공무원이 하급 공무원에게 발하는 명령이다. (O|X)

1393 ☐☐☐☐ 12 채용, 03·17·18·19·20 승진, 03·11·12·19 간부
훈령은 상급관청이 하급관청의 권한 행사를 일반적으로 감독하기 위해 발하는 명령이고, 기관의 구성원이 변경되면 그 효력에 영향이 있으나, 상급공무원이 하급 공무원에게 발하는 직무명령은 그 직무명령을 수명한 하급공무원이 변경되어도 효력에 영향이 없다. (O|X)

정답과 해설

1387. (X) 훈령은 법령의 구체적인 근거 없이 발할 수 **있다**.
1388. (X) 훈령은 **원칙적**으로 일반 국민에 대한 대외적 구속력을 **갖지 못한다**.
1389. (X) **훈령은** 내부적 구속력을 갖고 있어 훈령을 위반한 공무원의 행위는 징계의 사유가 되지만, 훈령에 위반되었더라도 당연히 **위법한 것이 아니므로** 공무원의 행위가 무효 또는 취소사유에 해당한다고 할 수 **없다**.
1390. (X) 훈령은 법규가 아니므로 훈령에 위반된 행위도 그 효력은 유효하며, 다만 위반한 공무원은 **징계사유가 될 뿐**이다.
1391. (O)
1392. (X) **훈령**은 상급관청이 하급관청의 권한행사를 지휘하기 위하여 발하는 명령이다. 상급공무원이 하급공무원에게 발하는 명령은 **직무명령**이다.
1393. (X) **훈령**은 기관의 구성원이 변경되어도 그 효력에 영향이 **없으나**, **직무명령**은 그 직무명령을 수명한 하급공무원이 변경되면 효력에 영향이 **있다**(당연히 효력을 상실한다).

1394 ☐☐☐☐ 12·19 채용, 11·12·18·19·20 승진, 03·11·18·19·21 간부

훈령은 원칙적으로 일반적·추상적 사항에 대하여 발해져야 하지만, 개별적·구체적 사항에 대해서는 발할 수 없다. ⓞⅩ

1395 ☐☐☐☐ 17 승진, 19 간부

하급행정기관은 서로 모순되는 둘 이상의 상급관청의 훈령이 경합하는 때에는 주관상급관청의 훈령에 따라야 하고, 주관상급관청이 서로 상하관계에 있을 때와 주관상급관청이 불명확한 때에는 주관쟁의의 방법으로 해결하여야 한다. ⓞⅩ

1396 ☐☐☐☐ 11 승진, 12 간부

혜화경찰서 소속 한국민 순경이 근무 중 서울경찰청 훈령과 경찰청 훈령이 경합하는 내용을 발견한 경우에는 경찰청 훈령에 따라 업무를 처리해야 한다. ⓞⅩ

1397 ☐☐☐☐ 19 채용, 03 승진

훈령의 종류에는 협의의 훈령, 지시, 예규, 일일명령 등이 있으며, 이 중 예규는 반복적 경찰사무의 기준을 제시하기 위하여 발하는 명령을 의미한다. ⓞⅩ

1398 ☐☐☐☐ 12 간부

상급관청이 하급관청에 대하여 개별적·구체적 지휘를 위하여 발하는 명령을 예규라 한다. ⓞⅩ

1399 ☐☐☐☐ 11 간부

하급경찰관청은 훈령의 형식적 요건에 관하여 심사할 수 없다. ⓞⅩ

정답과 해설

1394. (X) 훈령은 원칙적으로 일반적·추상적 사항에 대하여 발해져야 하지만, **개별적·구체적 사항에 대해서도 발해질 수 있다(지시)**.

1395. (X) 하급행정기관은 서로 모순되는 둘 이상의 상급관청의 훈령이 경합하는 때에는 주관상급관청의 훈령에 따라야 하고, 주관상급관청이 서로 상하관계에 있을 때에는 **직근상급관청의 훈령**에 따라야 하며, 주관상급관청이 **불명확한 때**에는 **주관쟁의의 방법**으로 해결하여야 한다.

1396. (X) 주관상급관청이 상·하관계에 있는 때에는 **직근상급경찰관청의 훈령**에 따라야 하므로 한국민 순경은 **서울경찰청 훈령**에 따라 업무를 처리해야 한다.

1397. (O)

1398. (X) 상급관청이 하급관청에 대하여 개별적·구체적 지휘를 위하여 발하는 명령은 **지시**이다. **예규**는 반복적 경찰사무의 기준을 제시하기 위하여 발하는 명령이다.

1399. (X) 하급경찰관청은 훈령의 형식적 요건에 관하여 심사권을 **가지므로** 요건이 구비되지 않은 때에는 **복종을 거부**할 수 있다.

1400 ☐☐☐☐ 11·12·18·19·20 승진, 18 간부, 23 경채
훈령의 형식적 요건으로는 훈령권이 있는 상급관청이 발한 것일 것, 하급관청의 권한 내의 사항에 관한 것일 것, 하급관청의 직무상 독립성이 보장된 사항일 것을 들 수 있다. (O|X)

1401 ☐☐☐☐ 12 채용, 17·20 승진, 21 간부
훈령의 실질적 요건으로는 훈령이 법규에 저촉되지 않을 것, 공익에 반하지 않을 것, 실현 가능성이 있을 것, 훈령권이 있는 상급관청이 발할 것 등이 있다. (O|X)

정답과 해설

1400. (X) **훈령의 형식적 요건**으로 훈령권이 있는 상급관청이 발한 것일 것, 하급관청의 권한 내의 사항에 관한 것일 것(권한 내의 사항에 관한 것일 것이 아닐 것 X), 직무상 독립한 범위에 속하는 사항이 **아닐 것(독립된 범위에 속하는 사항일 것 X)**

1401. (X) **훈령의 실질적 요건**으로는 내용이 실현 가능하고 명확할 것, 내용이 적법하고 타당할 것, 내용이 공익에 반하지 않을 것을 들 수 있다. **훈령권이 있는 상급관청이 발할 것**은 훈령의 **형식적 요건**이다.

THEME 05 직무명령 _B급

1402 ☐☐☐☐ 19 승진, 18 간부, 22 경채
직무명령은 상관이 직무에 관하여 부하 공무원에게 발하는 명령으로 명령을 받은 당해 공무원만을 구속함에 따라 특별한 법적근거 없이 발할 수 있다. (O|X)

1403 ☐☐☐☐ 05 채용
소속상관의 직무상 명령에는 복종해야 하나, 직무명령이 명백한 위법인 경우에는 자기의견을 진술할 수 있으며, 복종의무가 없다. (O|X)

1404 ☐☐☐☐ 12·19 채용, 18 간부
직무명령은 상급공무원이 직무에 관하여 하급공무원에게 발하는 명령이며, 직무와 관련 없는 사생활에는 효력이 미치지 않는다. (O|X)

1405 ☐☐☐☐ 03·11 간부, 22 경채
직무명령은 경찰공무원 개인을 구속하므로 경찰공무원의 변동이 있는 경우에는 직무명령의 효력을 상실하게 된다. (O|X)

1406 ☐☐☐☐ 18 간부
직무명령의 형식적 요건으로는 권한이 있는 상관이 발할 것, 부하공무원의 직무상 범위 내의 사항일 것, 부하 공무원의 직무상 독립이 보장된 것이 아닐 것, 법정의 형식이나 절차가 있으면 이를 갖출 것이다. (O|X)

정답과 해설

1402. (O) **1403.** (O)
1404. (O) 직무명령은 직접적으로 직무집행에 관계되는 사항뿐만 아니라 간접적으로 직무에 관계되는 복장, 용모, 음주금지 등 공무원의 사생활까지 규율할 수 있다. **직접적·간접적으로 직무와 관련이 전혀 없는 사생활에는 효력이 미치지 않는다.**
1405. (O) 직무명령은 경찰공무원 개인을 구속하므로 수명 경찰공무원의 변동이 있는 경우에는 **당연히 효력을 상실**하게 된다.
1406. (O) 직무명령의 형식적 요건으로는 권한이 있는 상관이 발할 것, 부하공무원의 직무상 범위 내의 사항일 것(**직무상 범위 내의 사항이 아닐 것 X**), 부하 공무원의 직무상 독립이 보장된 것이 아닐 것(**독립이 보장된 것일 것 X**), 법정의 형식이나 절차가 있으면 이를 갖출 것

비교 훈령과 직무명령

1407 □□□□ 05·19 채용, 11 승진, 21 간부
훈령을 발하기 위해서는 법령의 구체적 근거를 요하나, 직무명령은 법령의 구체적 근거가 없이도 발할 수 있다. (O|X)

1408 □□□□ 12 간부
훈령과 직무명령을 발하려면 국민의 권리와 의무에 영향을 미치지 않아도 법률상 근거가 필요하다. (O|X)

1409 □□□□ 12 간부, 22 경채
직무명령과 훈령 모두 법규가 아니므로 대내외적 구속력이 없어 직무명령과 훈령을 위반한 경우 대내적으로도 징계책임을 지지 않는다. (O|X)

1410 □□□□ 05·19 채용, 03 간부 11·19 간부, 22 경채
훈령은 직무명령의 성격을 가지나(직무명령을 겸할 수 있으나), 직무명령은 훈령의 성격을 갖지 못한다. (O|X)

정답과 해설

1407. (X) 훈령과 직무명령 **모두** 법령의 성질을 갖지 않기 때문에 **법령의 구체적 근거가 없이도 발할 수 있다.**
1408. (X) 훈령과 직무명령은 특별한 **법적 근거 없이도 발할 수 있다.**
1409. (X) 일반적으로 **직무명령과 훈령은 대내적으로 구속력을 가지지만 대외적으로는 효력이 없고,** 직무명령과 훈령을 위반한 경우 **위법은 아니며** 행위자체의 효력에는 영향이 없으나 공무원관계에서의 의무위반으로 **징계사유가** 된다.
1410. (O) 훈령은 직무명령의 성격을 가지나(**지시**), 직무명령은 훈령의 성격을 갖지 못한다.

CHAPTER 02

경찰조직법

국가경찰과 자치경찰의 조직 및 운영에 관한 법률(국자법)_S급

1411 ☐☐☐☐ 11·12 채용

경찰행정주체를 위하여 경찰에 관한 국가의 의사를 결정하여 외부에 표시하는 권한을 가진 경찰행정기관을 경찰행정관청이라 하며 경찰청장, 경찰서장, 지구대장이 이에 해당한다. O|X

1412 ☐☐☐☐ 11·12 채용

경찰행정에 관한 의사를 결정할 수 있지만 이를 자기의 명의로 표시할 권한이 없는 경찰행정기관을 경찰의 결기관이라 하며 국가경찰위원회, 경찰공무원인사위원회가 있다. O|X

1413 ☐☐☐☐ 11 채용

경찰집행기관은 치안총감, 치안정감, 치안감, 경무관, 총경, 경정, 경감, 경위, 경사, 경장, 순경 등에 해당하고, 경찰청의 차장이나 과장은 보조기관이다. O|X

1414 ☐☐☐☐ 10 승진

경찰조직의 업무 특성상 경쟁의 원리보다 공공성이 강조되므로 책임운영기관을 둘 수 없다. O|X

1415 ☐☐☐☐ 10 승진

경찰청은 행정안전부 장관 소속하에 설치된다. O|X

1416 ☐☐☐☐ 10 승진

1995년 지방자치제도의 도입과 동시에 제주특별자치도에서 자치경찰을 운영해 왔다. O|X

정답과 해설

1411. (X) **지구대장·파출소장**은 경찰행정관청이 아니라 **보조기관**이다.
1412. (X) **경찰공무원인사위원회**는 **경찰자문기관**에 해당한다.
1413. (O) 경찰청의 차장이나 과장은 보조기관이다. 국가경찰과 자치경찰의 조직 및 운영에 관한 법률 제15조에서 "경찰청장을 보좌"한다고 규정되어 있지만, 이는 **행정적·실질적 업무 수행**에서 경찰청장의 지시를 따르고 지원하는 의미의 보좌이다. 즉, 보좌한다는 표현이 법적 분류에서 **보좌기관**을 의미하는 것은 아니다.
1414. (X) 경찰청장 소속하에 **책임운영기관으로 경찰병원을 둔다**(경찰청과 그 소속기관 직제 제2조 제2항).
1415. (O) 행정안전부장관 소속하에 경찰청을 두고, 행정안전부에 국가경찰위원회를 둔다.
1416. (X) 자치경찰제도는 제주특별자치도에서 **2006.7.1.부터** 시행한 것으로 일반적인 지방자치제도의 시행과는 그 시기가 다르다.

1417 ☐☐☐☐ 18 채용, 24·25 승진

국가경찰과 자치경찰의 조직 및 운영에 관한 법은 경찰의 민주적인 관리·운영과 효율적인 임무수행을 위하여 경찰의 기본조직 및 직무 범위와 그 밖에 필요한 사항을 규정함을 목적으로 한다. (O|X)

1418 ☐☐☐☐ 25 채용, 24 승진

국가와 지방자치단체는 국민의 생명·신체 및 재산을 보호하고 공공의 안녕과 질서유지에 필요한 시책을 수립·시행하여야 한다. (O|X)

1419 ☐☐☐☐ 22 채용

생활안전을 위한 순찰 및 시설의 운영, 주민참여 방범활동의 지원 및 지도, 주민의 일상생활과 관련된 사회질서의 유지 및 그 위반행위의 지도·단속 등 지역 내 주민의 생활안전 활동에 관한 사무는 자치경찰의 사무에 포함된다. (O|X)

1420 ☐☐☐☐ 22 채용

교통법규 위반에 대한 지도·단속, 교통안전시설 및 무인 교통단속용 장비의 심의·설치·관리 등 지역 내 교통활동에 관한 사무는 자치경찰사무에 포함된다. (O|X)

1421 ☐☐☐☐ 22 채용

학교폭력 등 소년범죄, 가정폭력, 아동학대 범죄, 「형법」제245조에 따른 공연음란 및 「성폭력범죄의 처벌 등에 관한 특례법」제11조에 따른 공중밀집 장소에서의 추행행위에 관한 범죄는 자치경찰사무에 포함된다. (O|X)

1422 ☐☐☐☐ 22 채용

지역 내 주민의 생활안전 활동에 관한 사무, 지역 내 교통활동에 관한 사무, 지역 내 다중운집 행사 관련 혼잡 교통 및 안전 관리의 자치경찰사무에 관한 구체적인 사항 및 범위 등은 대통령령으로 정하는 기준에 따라 시·도조례로 정한다. (O|X)

정답과 해설

1417. (O) 이 법은 경찰의 **민주적인 관리·운영과 효율적인 임무수행(경영주의 법적 근거)** 을 위하여 경찰의 기본조직 및 직무 범위와 그 밖에 필요한 사항을 규정함을 목적으로 한다(국가경찰과 자치경찰의 조직 및 운영에 관한 법률 제1조).

1418. (O) 동법 제2조

1419. (O) 동법 제4조 제1항 제2호 가목

1420. (O) 동법 제4조 제1항 제2호 나목

1421. (X) 학교폭력 등 소년범죄, 가정폭력, 아동학대 범죄, 「형법」제245조에 따른 공연음란 및 「성폭력범죄의 처벌 등에 관한 특례법」**제12조에 따른 성적 목적을 위한 다중이용장소 침입행위에 관한 범죄**(제11조 공중 밀집 장소에서의 추행 X, 제13조 통신매체를 이용한 음란행위 X)는 자치경찰사무에 포함된다.

1422. (O) 동법 제4조 제2항

THEME 02 국가경찰위원회(국자법) _s급

1423 ☐☐☐☐ 18 승진, 23 간부

국가경찰위원회는 경찰의 정치적 중립 보장과 중요 정책에 대한 민주적 결정을 위해 설치된 기구로서 행정안전부에 두고, 위원회의 사무도 행정안전부에서 수행한다. (O|X)

1424 ☐☐☐☐ 10·18 승진, 17 채용, 19 간부

국가경찰위원회는 경찰의 민주주의와 정치적 중립성을 보장하기 위하여 경찰청에 설치한 독립적 심의·의결 기구이다. (O|X)

1425 ☐☐☐☐ 07·09·17·20 채용, 10·11·17·18·20·25 승진, 23 간부, 21 경채

국가경찰위원회는 위원장 1명을 포함한 7명의 위원으로 구성하되, 위원장 및 5명의 위원은 상임으로 하고, 1명의 위원은 비상임으로 한다. (O|X)

1426 ☐☐☐☐ 07·12·17 채용, 11·18·20 승진

국가경찰위원회 위원은 경찰청장의 제청으로 행정안전부장관을 거쳐 대통령이 임명한다. (O|X)

1427 ☐☐☐☐ 21 승진

행정안전부장관은 위원 임명을 동의할 때, 경찰의 정치적 중립이 보장되도록 하여야 한다. (O|X)

1428 ☐☐☐☐ 07·17·20 채용, 25 승진, 19 간부, 22 경채

국가경찰위원회는 위원 중 3명은 법관의 자격이 있는 사람이어야 하며, 특정 성(性)이 10분의 6을 초과하지 아니하도록 노력하여야 한다. (O|X)

정답과 해설

1423. (X) 국가경찰위원회는 경찰의 정치적 중립 보장과 중요 정책에 대한 민주적 결정을 위해 설치된 기구로서 행정안전부에 두지만, 위원회의 사무는 **경찰청**(행정안전부 X, 자체 X)**에서 수행**한다(국가경찰과 자치경찰의 조직 및 운영에 관한 법률 제7조 제1항, 제11조 제1항).

1424. (X) 국가경찰위원회는 경찰의 민주주의와 정치적 중립성을 보장하기 위하여 **행정안전부**에 설치한 독립적 심의·의결 기구이다(동법 제7조 제1항).

1425. (X) 국가경찰위원회는 위원장 1명을 **포함한**(제외한 X) 7명의 위원으로 구성하되, **위원장**(위원장은 당연직 상임 X) 및 5명의 위원은 **비상임**으로 하고, 1명의 위원은 **상임**(정무직)으로 한다(동법 제7조 제2항).

1426. (X) 국가경찰위원회 위원은 **행정안전부장관**의 제청으로 국무총리를 거쳐 **대통령이 임명**한다(동법 제8조 제1항).

1427. (X) 행정안전부장관은 위원 임명을 **제청**(동의 X)할 때 경찰의 정치적 중립이 보장되도록 하여야 한다(국가경찰과 자치경찰의 조직 및 운영에 관한 법률 제8조 제2항).

1428. (X) 위원 중 **2명**은 법관의 자격이 있는 사람이어야 하며, 특정 성(性)이 10분의 6을 초과하지 아니하도록 노력하여야 한다(동법 제8조 제3항, 제4항).

1429 ☐☐☐☐ 12 채용, 18 승진
국가경찰위원회 위원장이 사고가 있을 때에는 상임위원, 위원 중 연장자순으로 위원장의 직무를 대리한다.
　　　 ⓞⓧ

1430 ☐☐☐☐ 18 채용, 17·18·21·25 승진, 19·26 간부
경찰, 검찰, 법관, 군인의 직에서 퇴직한 날부터 3년이 지나지 아니한 사람은 위원으로 선임될 수 없다. ⓞⓧ

1431 ☐☐☐☐ 19 채용
「국가경찰과 자치경찰의 조직 및 운영에 관한 법률」제8조에 따를 때 국가경찰위원회 위원은 국가공무원법상 비밀엄수 의무와 정치운동 금지의무를 진다. ⓞⓧ

1432 ☐☐☐☐ 07·09·17·18·20 채용, 17·18·20 승진, 23 간부
국가경찰위원회 위원의 임기는 3년으로 하며, 연임할 수 있다. 이 경우 보궐위원의 임기는 전임자 임기의 남은 기간으로 한다. ⓞⓧ

1433 ☐☐☐☐ 18 채용, 17·25 승진, 19 간부
국가경찰위원회 위원은 중대한 신체상 또는 정신상의 장애로 직무를 수행할 수 없게 된 경우를 제외하고는 그 의사에 반하여 면직되지 아니한다. ⓞⓧ

1434 ☐☐☐☐ 18 채용, 17·18 승진, 19 간부
국가경찰사무와 관련하여 다른 국가기관으로부터 업무협조 요청에 관한 사항은 국가경찰위원회의 심의·의결 사항이다. ⓞⓧ

1435 ☐☐☐☐ 23 채용, 18 승진
제주특별자치도의 자치경찰에 대한 경찰의 지원·협조 및 협약체결의 조정 등에 관한 주요 정책사항은 국가경찰위원회의 심의·의결 사항이다. ⓞⓧ

1436 ☐☐☐☐ 23 채용
국가경찰사무에 관한 인사, 예산, 장비, 통신 등에 관한 주요정책 및 경찰 업무 발전에 관한 사항과 지방행정과 치안행정의 업무조정에 관한 사항은 국가경찰위원회의 심의·의결 사항이다. ⓞⓧ

정답과 해설

1429. (O) 국가경찰위원회규정 제2조 제3항
1430. (X) **경찰, 검찰, 국가정보원 직원**(법관 X) **또는 군인**의 직에 있거나 그 직에서 퇴직한 날부터 **3년**(2년 X)이 지나지 아니한 사람(국가경찰과 자치경찰의 조직 및 운영에 관한 법률 제8조 제5항 제3호).
1431. (O) 동법 제8조 제6항
1432. (X) 위원의 임기는 **3년**으로 하며, **연임**(중임 X)할 수 **없다**(있다 X). 이 경우 보궐위원의 임기는 전임자 임기의 남은 기간으로 한다(동법 제9조 제1항).
1433. (O) 동법 제9조 제2항
1434. (X) 국가경찰사무 **외에**(관련하여 X) 다른 국가기관으로부터의 업무협조 요청에 관한 사항이 경찰위원회의 심의·의결 사항이다(동법 제10조 제1항 제4호).
1435. (O) 동법 제10조 제1항 제5호
1436. (X) 지방행정과 치안행정의 업무조정에 관한 사항은 **시·도자치경찰위원회의 소관 사무**에 해당된다(동법 제24조 제13호).

1437 ☐☐☐☐ 09·12 채용, 10·11·17 승진, 21 경채

경찰청장은 국가경찰위원회의 의결사항이 부적당하다고 판단될 때에는 재의를 요구할 수 있다. ⓞⓧ

1438 ☐☐☐☐ 17 채용, 17 승진, 23 간부

국가경찰위원회의 회의는 재적위원 과반수의 출석과 재적위원 과반수의 찬성으로 의결한다. ⓞⓧ

1439 ☐☐☐☐ 26 간부, 21 경채

「국가경찰위원회 규정」상 위원이 중대한 심신상의 장애로 직무를 수행할 수 없게 되어 면직하는 경우에는 위원회의 의결이 있어야 하며, 이에 관한 의결요구는 위원장 또는 행정안전부장관이 한다. ⓞⓧ

1440 ☐☐☐☐ 11 채용, 10 승진, 26 간부

경찰청장은 국가경찰위원회의 의결사항이 부적당하다고 판단될 때에는 재의를 요구할 수 있다. 이때, 재의 요구는 7일 이내에 하여야 하고, 위원회는 10일 이내에 회의를 소집하여 다시 의결할 수 있다. ⓞⓧ

1441 ☐☐☐☐ 12 채용, 21 경채

국가경찰위원회 정기회의는 특별한 사유가 있는 경우를 제외하고는 매월 1회 위원장이 소집한다. ⓞⓧ

1442 ☐☐☐☐ 21 승진, 26 간부

국가경찰위원회 위원장은 필요한 경우 임시회의를 소집할 수 있으며, 위원 3인 이상과 행정안전부장관 또는 경찰청장은 위원장에게 임시회의의 소집을 요구할 수 있다. ⓞⓧ

1443 ☐☐☐☐ 21 승진

국가경찰위원회 규정에 규정된 사항 외에 위원회의 운영을 위하여 필요한 사항은 위원회의 의결을 거쳐 행정안전부장관이 정한다. ⓞⓧ

정답과 해설

1437. (X) **행정안전부장관**은 심의·의결된 내용이 적정하지 아니하다고 판단할 때에는 재의를 **요구할 수 있다(하여야 한다 X)**(동법 제10조 제2항).
1438. (X) 국가경찰위원회의 회의는 재적위원 과반수의 출석과 **출석위원(재적위원 X)** 과반수의 찬성으로 의결한다 (동법 제11조 제2항).
1439. (O) 위원이 중대한 심신상의 장애로 직무를 수행할 수 없게 되어 면직하는 경우에는 **위원회의 의결이 있어야 하며(당연퇴직 X)**, 이에 관한 의결요구는 **위원장 또는 행정안전부장관**이 한다(국가경찰위원회 규정 제4조 제1항).
1440. (X) **행정안전부장관**이 재의를 요구하는 경우에는 의결한 날부터 **10일 이내**에 하여야 하고, 위원장은 **7일 이내**에 재의결**하여야 한다(할 수 있다 X)**(동규정 제6조 제1항·제2항).
1441. (X) 정기회의는 특별한 사유가 있는 경우를 제외하고는 **매월 2회(1회 X)** 위원장이 소집한다(동규정 제7조 제2항).
1442. (O) 동규정 제7조 제3항
1443. (X) 이 영에 규정된 사항 외에 위원회의 운영을 위하여 필요한 사항은 위원회의 의결을 거쳐 **위원장**이 정한다 (동규정 제11조).

THEME 03 경찰청장 _S급

1444 ☐☐☐☐ 12·16 승진
경찰청에 경찰청장을 두며, 경찰청장은 치안총감으로 보한다. (O|X)

1445 ☐☐☐☐ 18 채용, 10·12·16·18 승진, 23 경채
경찰청장은 행정안전부장관의 동의를 받아 국무총리를 거쳐 대통령이 임명한다. 이 경우 국회의 인사청문을 거쳐야 한다. (O|X)

1446 ☐☐☐☐ 12·16·18 승진
경찰청장은 국가경찰에 관한 사무를 총괄하고 경찰청 업무를 관장하며 소속 공무원 및 각급 국가경찰기관의 장을 지휘·감독한다. (O|X)

1447 ☐☐☐☐ 18·20 채용, 18 승진
경찰청장의 임기는 (㉠)년으로 하고, 중임할 수 없다.

1448 ☐☐☐☐ 20 채용, 12·16·18 승진, 25 간부
경찰청장의 임기는 2년이 보장되나, 직무 수행 중 헌법이나 법률을 위배하였을 때에는 국회는 탄핵할 수 있다. (O|X)

1449 ☐☐☐☐ 26 간부, 22 경채
경찰청장은 국민의 생명·신체·재산 또는 공공의 안전 등에 중대한 위험을 초래하는 긴급하고 중요한 사건의 수사에 있어서 경찰의 자원을 대규모로 동원하는 등 통합적으로 현장 대응할 필요가 있다고 판단할 만한 상당한 이유가 있는 때에는 직접 개별 사건의 수사에 대하여 구체적으로 지휘·감독할 수 있다. (O|X)

정답과 해설

1444. (O) 국가경찰과 자치경찰의 조직 및 운영에 관한 법률 제14조 제1항
1445. (X) 경찰청장은 **국가경찰위원회의(국회 X)** 동의를 받아 **행정안전부장관의 제청**으로 국무총리를 거쳐 대통령이 임명한다. 이 경우 국회의 인사청문을 **거쳐야 한다(거칠 수 있다 X)**(동법 제14조 제2항).
1446. (O) 동법 제14조 제3항
1447. ㉠ **2년**(동법 제14조 제4항)
1448. (X) 임기는 2년이 보장되나, 직무 수행 중 **헌법**이나 **법률(법령 X)**을 위배하였을 때에는 **국회는 탄핵 소추를 의결할 수 있다**(동법 제14조 제4항, 제5항).
1449. (X) 경찰청장은 국민의 생명·신체·재산 또는 공공의 안전 등에 중대한 위험을 초래하는 긴급하고 중요한 사건의 수사에 있어서 경찰의 자원을 대규모로 동원하는 등 통합적으로 현장 대응할 필요가 있다고 판단할 만한 상당한 이유가 있는 때에는 **제16조에 따른 국가수사본부장을 통하여(직접 X)** 개별 사건의 수사에 대하여 구체적으로 지휘·감독할 수 있다(동법 제14조 제6항).

1450 ☐☐☐☐ 26 간부, 22 경채

경찰청장은 개별 사건의 수사에 대한 구체적 지휘·감독을 개시한 때에는 이를 국가수사본부장에게 통보하여야 한다. (O|X)

1451 ☐☐☐☐ 26 간부

경찰청장은 국가수사본부장이 그 사유가 해소되었다고 판단하여 개별 사건의 수사에 대한 구체적 지휘·감독의 중단을 건의하는 경우 특별한 이유가 있다면 이를 거부할 수 있다. (O|X)

1452 ☐☐☐☐ 20 채용

경찰청장은 소속 공무원뿐만 아니라 제주특별자치도의 자치경찰공무원도 언제나 직접 지휘·명령할 수 있다. (O|X)

1453 ☐☐☐☐ 22 경채

경찰청장은 전시·사변, 천재지변, 그 밖에 이에 준하는 국가 비상사태, 대규모의 테러 또는 소요사태가 발생하였거나 발생할 우려가 있어 전국적인 치안유지를 위하여 긴급한 조치가 필요하다고 인정할 만한 충분한 사유가 있는 경우 자치경찰사무를 수행하는 경찰공무원(제주특별자치도의 자치경찰공무원을 포함한다)을 직접 지휘·명령할 수 있다. (O|X)

1454 ☐☐☐☐ 23 간부, 22 경채

경찰청장은 비상사태 등 전국적 치안유지를 위한 지휘·명령이 필요한 경우에는 시·도자치경찰위원회에 자치경찰사무를 담당하는 경찰공무원을 직접 지휘·명령하려는 사유 및 내용 등을 구체적으로 제시하여 통보하여야 한다. (O|X)

정답과 해설

1450. (X) 경찰청장은 개별 사건의 수사에 대한 구체적 지휘·감독을 개시한 때에는 이를 **국가경찰위원회에 보고하여야 한다**(국가수사본부장에게 통보하여야 한다 X)(국가경찰과 자치경찰의 조직 및 운영에 관한 법률 제14조 제7항).

1451. (O) 경찰청장은 국가수사본부장이 제6항 단서의 사유가 해소되었다고 판단하여 개별 사건의 수사에 대한 구체적 지휘·감독의 중단을 건의하는 경우 특별한 이유가 없으면 이를 **승인하여야 한다**(동법 제14조 제9항).

1452. (X) 경찰청장은 국가경찰과 자치경찰의 조직 및 운영에 관한 법률 제32조 제1항 **제1,2,3호의 경우에는**(언제나 X) 제2항에 따라 자치경찰사무를 수행하는 경찰공무원(제주특별자치도의 자치경찰공무원을 포함한다)을 직접 **지휘·명령(감독 X)**할 수 있다(동법 제32조 제1항).

1453. (O) 동법 제32조 제1항 제1호

1454. (O) 경찰청장은 비상사태 등 전국적 치안유지를 위한 지휘·명령이 필요한 경우에는 **시·도자치경찰위원회(시도지사 X)**에 자치경찰사무를 담당하는 경찰공무원을 직접 지휘·명령하려는 사유 및 내용 등을 구체적으로 제시하여 통보하여야 한다(동법 제32조 제2항).

1455 ☐☐☐☐ 23 간부

경찰청장이 비상사태 등 전국적 치안유지를 위한 지휘·명령을 하는 경우에는 국가경찰위원회에 즉시 보고하여야 하지만, 국민안전에 중대한 영향을 미치는 사안에 대하여 다수의 시·도에 동일하게 적용되는 치안정책을 시행할 필요가 있다고 인정할 만한 충분한 사유가 있는 경우에는 미리 국가경찰위원회의 의결을 거쳐야 하며 긴급한 경우에는 우선 조치 후 지체 없이 국가경찰위원회의 의결을 거쳐야 한다. (O│X)

1456 ☐☐☐☐ 23 간부

경찰청장은 비상사태 등 전국적 치안유지를 위한 지휘·명령할 수 있는 사유가 해소된 때에는 경찰공무원에 대한 지휘·명령을 즉시 중단하여야 한다. (O│X)

1457 ☐☐☐☐ 23 간부

시·도자치경찰위원회는 자치경찰사무와 관련하여 해당 시·도의 경찰력으로는 국민의 생명·신체·재산의 보호 및 공공의 안녕과 질서유지가 어려워 경찰청장의 지원·조정이 필요하다고 인정할 만한 충분한 사유가 있는 경우 의결로 지원·조정의 범위·기간 등을 정하여 경찰청장에게 지원·조정을 요청할 수 있다. (O│X)

1458 ☐☐☐☐ 22 채용

「국가경찰과 자치경찰의 조직 및 운영에 관한 법률」상 "경찰청장이 부득이한 사유로 직무를 수행할 수 없을 때에는 경찰청 차장이 그 직무를 대행한다"는 대리방식을 '협의의 법정대리'라고 한다. (O│X)

정답과 해설

1455. (X) 경찰청장이 제1항에 따라 지휘·명령을 하는 경우에는 국가경찰위원회에 즉시 보고하여야 한다. 다만, 제1항 제3호(**자치경찰사무와 관련하여 해당 시·도의 경찰력으로는 국민의 생명·신체·재산의 보호 및 공공의 안녕과 질서유지가 어려워 경찰청장의 지원·조정이 필요하다고 인정할 만한 충분한 사유가 있는 경우**)경우에는 미리 국가경찰위원회의 의결을 거쳐야 하며 긴급한 경우에는 우선 조치 후 지체 없이 국가경찰위원회의 의결을 거쳐야 한다(동법 제32조 제4항). 국민안전에 중대한 영향을 미치는 사안에 대하여 다수의 시·도에 동일하게 적용되는 치안정책을 시행할 필요가 있다고 인정할 만한 충분한 사유가 있는 경우는 제1항 제2호에 해당하여 틀린 지문이다.

1456. (O) 경찰청장은 비상사태 등 전국적 치안유지를 위한 지휘·명령할 수 있는 사유가 해소된 때에는 경찰공무원에 대한 **지휘·명령(감독 X)**을 즉시 중단하여야 한다(국가경찰과 자치경찰의 조직 및 운영에 관한 법률 제32조 제6항).

1457. (O) **시·도자치경찰위원회**는 자치경찰사무와 관련하여 해당 시·도의 경찰력으로는 국민의 생명·신체·재산의 보호 및 공공의 안녕과 질서유지가 어려워 **경찰청장**의 지원·조정이 필요하다고 인정할 만한 충분한 사유가 있는 경우 의결로 지원·조정의 범위·기간 등을 정하여 **경찰청장(시·도지사 X)**에게 지원·조정을 요청할 수 있다(동법 제32조 제7항).

1458. (O) 동법 제15조 제2항

THEME 04 국가수사본부장 _S급

1459 ☐☐☐☐ 23 채용
한국의 국가수사본부는 고위공직자범죄등에 관한 수사를 독립적으로 수행하기 위하여 법무부장관 소속으로 설치되었다. [O|X]

1460 ☐☐☐☐ 21·23 채용
국가수사본부장은 치안감으로 보하며, 임기가 끝나면 당연히 퇴직한다. [O|X]

1461 ☐☐☐☐ 21 채용, 22 승진
국가수사본부장은 국가경찰사무를 총괄하고 경찰청 업무를 관장하며 소속 공무원 및 각급 경찰기관의 장을 지휘·감독한다. [O|X]

1462 ☐☐☐☐ 21·23 채용, 24 간부
국가수사본부장의 임기는 2년으로 하며 중임할 수 없고, 임기가 끝나면 당연히 퇴직한다. [O|X]

1463 ☐☐☐☐ 21·23 채용, 22 승진, 24·25 간부
국가수사본부장이 직무를 집행하면서 헌법이나 법률을 위배하였을 때에는 국회는 대통령에게 해임을 건의할 수 있다. [O|X]

1464 ☐☐☐☐ 24 간부
대학이나 공인된 연구기관에서 법률학·경찰학 분야에서 조교수 이상의 직이나 이에 상당하는 직에 10년 이상 있었던 사람은 국가수사본부장의 자격이 있다. [O|X]

1465 ☐☐☐☐ 23 채용, 23 경채
국가수사본부장을 경찰청 외부를 대상으로 모집하여 임용하는 경우 정당의 당원이거나 당적을 이탈한 날부터 3년이 지나지 아니한 사람은 국가수사본부장이 될 수 없다. [O|X]

정답과 해설

1459. (X) 한국의 국가수사본부는 **행정안전부장관 소속**으로 경찰청을 두고, 경찰청에 국가수사본부를 둔다(국가경찰과 자치경찰의 조직 및 운영에 관한 법률 제12조, 제16조).

1460. (X) 경찰청에 국가수사본부를 두며, 국가수사본부장은 **치안정감**으로 보하며, 임기가 끝나면 당연히 퇴직한다(동법 제16조 제1항·제4항).

1461. (X) 국가수사본부장은 **형사소송법에 따른 경찰의 수사**에 관하여 각 시·도경찰청장과 경찰서장 및 수사부서 소속 공무원을 지휘·감독한다(동법 제16조 제2항).

1462. (O) 국가수사본부장의 임기는 2년으로 하며 중임할 수 **없고(있고 X)**, 임기가 끝나면 당연히 퇴직한다(동법 제16조 제3항, 제4항).

1463. (X) 국가수사본부장이 직무를 집행하면서 **헌법**이나 **법률**을 위배하였을 때에는 국회는 **탄핵 소추를 의결할 수 있다**(동법 제16조 제5항). 국자법상 국회의 탄핵 소추 의결의 대상자로는 **경찰청장과 국가수사본부장**이 규정되어 있다.

1464. (O) 동법 제16조 제6항 제4호

1465. (O) 동법 제7항 제2호

THEME 05 시·도자치경찰위원회(국자법) _S급

1466 ☐☐☐☐ 22·24 채용

시·도자치경찰위원회는 합의제 행정기관으로서 그 권한에 속하는 업무를 독립적으로 수행한다. (O|X)

1467 ☐☐☐☐ 23 채용

동법 제18조 제1항 단서에 따라 2개의 시·도자치경찰위원회를 두는 경우 해당 시·도자치경찰위원회의 명칭, 관할구역, 사무분장, 그 밖에 필요한 사항은 행정안전부령으로 정한다. (O|X)

1468 ☐☐☐☐ 22·25 채용

구 「경찰법」이 「국가경찰과 자치경찰의 조직 및 운영에 관한 법률」로 개정됨에 따라 자치경찰사무를 관장하게 하기 위하여 특별시장·광역시장·특별자치시장·도지사·특별자치도지사 소속으로 시·도자치경찰위원회를 두었다. (O|X)

1469 ☐☐☐☐ 21·25 채용, 22·24 간부

시·도자치경찰위원회는 위원장 1명을 포함한 (㉠)명의 위원으로 구성하되, 위원장과 (㉡)명의 위원은 상임으로 하고 (㉢)명의 위원은 비상임으로 한다.

1470 ☐☐☐☐ 23 채용, 25 승진, 23 경채

시·도자치경찰위원회 비상임 위원은 특정 성(性)이 10분의 6을 초과하지 아니해야 한다. (O|X)

1471 ☐☐☐☐ 21 채용, 25 승진, 22 간부

시·도자치경찰위원회는 위원 중 2명은 법관의 자격이 있는 사람이어야 한다. (O|X)

정답과 해설

1466. (O) 국가경찰과 자치경찰의 조직 및 운영에 관한 법률 제18조 제2항

1467. (X) 동법 제18조 제1항 단서에 따라 2개의 시·도자치경찰위원회를 두는 경우 해당 시·도자치경찰위원회의 명칭, 관할구역, 사무분장, 그 밖에 필요한 사항은 **대통령령**(행정안전부령 X)으로 정한다(동법 제18조 제3항).

1468. (O) 자치경찰제의 도입, 다양한 치안서비스 제공, 국민부담 경감 등을 위하여 2020년에 「경찰법」을 「국가경찰과 자치경찰의 조직 및 운영에 관한 법률」로 법제명을 변경하는 등 **전부개정**하였다. **주의)** 시행일은 2021.1.1부터(전부개정과 구분해야 함)

1469. ㉠ 위원장 1명을 포함한 (**7**)명의 위원으로 구성하되, **위원장과** (**1**)명의 위원은 상임으로 하고 (**5**)명의 위원은 비상임으로 한다(동법 제19조 제1항).

1470. (X) 시·도자치경찰위원회 **위원**(비상임 위원 X)은 특정 성(性)이 10분의 6을 초과하지 **아니하도록 노력하여야 한다**(아니해야 한다 X)(동법 제19조 제2항).

1471. (X) **국가경찰위원회**는 위원 중 **2명**은 **법관**의 자격이 있는 사람일 것을 요하고, **시·도자치경찰위원회**는 위원 중 **1명**은 **인권문제**에 관하여 전문적인 지식과 경험이 있는 사람이 임명될 수 있도록 노력하여야 한다(동법 제19조 제3항).

1472 ☐☐☐☐ 22 채용, 22·23 경채

시·도자치경찰위원회는 위원 중 1명은 인권문제에 관하여 전문적인 지식과 경험이 있는 사람이 임명될 수 있도록 노력하여야 한다.   O│X

1473 ☐☐☐☐ 21·24 채용, 24 간부, 22·23 경채

시·도자치경찰위원회 위원은 시·도의회가 추천하는 2명, 국가경찰위원회가 추천하는 1명, 해당 시·도교육감이 추천하는 1명, 시·도자치경찰위원회 위원추천위원회가 추천하는 2명, 시·도지사가 지명하는 1명을 시·도지사가 임명한다.   O│X

1474 ☐☐☐☐ 24 간부

대학이나 공인된 연구기관에서 법률학·행정학 또는 경찰학 분야의 조교수 이상의 직이나 이에 상당하는 직에 5년 이상 있었던 사람은 시·도자치경찰위원회 위원의 자격이 있다.   O│X

1475 ☐☐☐☐ 21·25 채용, 24 승진, 22 경채

시·도자치경찰위원회의 위원장은 비상임위원 중에서 호선하고, 상임위원은 시·도자치경찰위원회의 의결을 거쳐 위원 중에서 위원장의 제청으로 시·도지사가 임명한다. 이 경우 위원장과 상임위원은 지방자치단체의 공무원으로 한다.   O│X

1476 ☐☐☐☐ 22 채용

시·도자치경찰위원회 위원은 정치적 중립을 지켜야 하며, 권한을 남용하여서는 아니 된다.   O│X

1477 ☐☐☐☐ 22 채용, 24 승진

공무원이 아닌 위원에 대해서는 「국가공무원법」 제52조 및 제57조를 준용한다.   O│X

1478 ☐☐☐☐ 24 승진

공무원이 아닌 위원은 그 소관 사무와 관련하여 형법이나 그 밖의 법률에 따른 벌칙을 적용할 때에는 공무원으로 본다.   O│X

정답과 해설

1472. (O) 위원 중 1명은 인권문제에 관하여 전문적인 지식과 경험이 있는 **사람이 임명될 수 있도록 노력하여야 한다** (~사람이어야 한다 X)(국가경찰과 자치경찰의 조직 및 운영에 관한 법률 제19조 제3항).
1473. (O) 동법 제20조 제1항
1474. (O) 동법 제20조 제2항 제3호
1475. (X) 시·도자치경찰위원회 위원장은 **위원 중**에서 **시·도지사가 임명**하고, 상임위원은 시·도자치경찰위원회의 의결을 거쳐 위원 중에서 **위원장**(시·도경찰청장 X)의 제청으로 **시·도지사가 임명**한다. 이 경우 위원장과 상임위원은 **지방자치단체의 공무원**으로 한다(동법 제20조 제3항).
1476. (O) 동법 제20조 제4항
1477. (X) 공무원이 아닌 위원에 대해서는 「**지방공무원법**」 제52조 및 제57조를 준용한다(동법 제20조 제5항).
1478. (O) 동법 제20조 제6항

1479 ☐☐☐☐ 23·25 채용, 22 간부

시·도자치경찰위원회 위원장과 위원의 임기는 3년으로 하며, 연임할 수 없다. 다만, 보궐위원의 임기는 전임자 임기의 남은 기간으로 하되, 전임자의 남은 임기가 1년 미만인 경우에는 한 차례만 연임할 수 있다. (O|X)

1480 ☐☐☐☐ 22·25 채용

시·도자치경찰위원회의 소관사무에 시·도경찰청장의 임용과 관련한 시·도지사와의 협의로 한다. (O|X)

1481 ☐☐☐☐ 23 승진

시·도자치경찰위원회의 소관사무에 국가경찰사무·자치경찰사무의 협력·조정과 관련하여 시·도경찰청장과 협의로 한다. (O|X)

1482 ☐☐☐☐ 23 채용, 22 경채

시·도자치경찰위원회 위원장이 필요하다고 인정하는 경우, 위원 2명 이상이 요구하는 경우 및 시·도지사가 필요하다고 인정하는 경우에는 임시회의를 개최할 수 있다. (O|X)

1483 ☐☐☐☐ 24 채용

시·도지사는 시·도자치경찰위원회의 의결이 적정하지 아니하다고 판단할 때에는 재의를 요구할 수 있다. (O|X)

1484 ☐☐☐☐ 24 채용, 25 간부, 22 경채

경찰청장은 시·도자치경찰위원회의 의결이 적정하지 아니하다고 판단되면 국가경찰위원회와 행정안전부장관을 거쳐 시·도지사에게 재의를 요구하게 할 수 있다. (O|X)

정답과 해설

1479. (O) 시·도자치경찰위원회 위원장과 위원의 임기는 **3년**으로 하며, **연임할 수 없다**(한 차례 연임 X). 다만, 보궐위원의 임기는 전임자 임기의 남은 기간으로 하되, 전임자의 남은 임기가 **1년 미만**인 경우에는 **한 차례만 연임**할 수 있다(동법 제23조 제1항, 제2항).

1480. (X) 시·도자치경찰위원회의 소관사무에 시·도경찰청장의 임용과 관련한 **경찰청장(시·도지사 X)**과의 협의로 한다(동법 제24조 제1항 제6호).

1481. (X) 시·도자치경찰위원회의 소관사무에 국가경찰사무·자치경찰사무의 협력·조정과 관련하여 **경찰청장(시·도경찰청장 X)**과 협의로 한다(동법 제24조 제1항 제15호).

1482. (O) 시·도자치경찰위원회의 회의는 **정기적(월 1회 이상)**으로 개최하여야 한다. 다만 **위원장**이 필요하다고 인정하는 경우, 위원 **2명 이상**이 요구하는 경우 및 시·도지사가 필요하다고 인정하는 경우에는 임시회의를 개최할 수 있다(동법 제26조 제1항).

1483. (O) 동법 제25조 제3항

1484. (X) 위원회의 의결이 **법령에 위반되거나 공익을 현저히 해친다고 판단되면**(적정하지 아니하다고 판단되면 X) **행정안전부장관**은 미리 경찰청장의 의견을 들어 국가경찰위원회를 거쳐 시·도지사에게 제3항의 재의를 요구하게 할 수 있고, **경찰청장**은 국가경찰위원회와 행정안전부장관을 거쳐 시·도지사에게 재의를 요구하게 할 수 있다(동법 제25조 제4항).

1485 ☐☐☐☐ 25 채용

시·도자치경찰위원회의 위원장은 재의요구를 받은 날부터 7일 이내에 회의를 소집하여 재의결하여야 한다. 이 경우 재적위원 과반수의 출석과 출석위원 과반수 이상의 찬성으로 전과 같은 의결을 하면 그 의결사항은 확정된다. (O|X)

비교 국가경찰위원회와 시·도자치경찰위원회

1486 ☐☐☐☐ 22 채용

국가경찰위원회와 시·도자치경찰위원회는 공통적으로 위원장 및 1명의 위원은 상임위원으로 하고 나머지 5명의 위원은 비상임으로 한다. (O|X)

1487 ☐☐☐☐ 22 채용, 24·25 승진, 25 간부

정당의 당적을 이탈한 날부터 1년이 지나지 아니한 사람, 군인의 직에서 퇴직한 날부터 2년이 지나지 아니한 사람, 공립대학의 부교수의 직에서 퇴직한 날부터 3년이 지나지 아니한 사람, 선거에 의하여 취임하는 공직에서 퇴직한 날부터 3년이 지나지 아니한 사람은 시·도자치경찰위원회 위원의 결격사유에 해당한다. (O|X)

1488 ☐☐☐☐ 22 채용

국가경찰위원회 위원 2명이 회의를 요구하는 경우 임시회의를 개최할 수 있다. (O|X)

1489 ☐☐☐☐ 22 채용

국가경찰위원회 보궐위원은 전임자의 남은 임기가 1년 미만인 경우 한 차례에 한해서 연임할 수 있다. (O|X)

정답과 해설

1485. (X) 시·도자치경찰위원회의 위원장은 재의요구를 받은 날부터 **7일 이내**에 회의를 소집하여 재의결하여야 한다. 이 경우 **재적위원 과반수의 출석**과 **출석위원 3분의 2 이상**의 찬성으로 전과 같은 의결을 하면 그 의결사항은 확정된다(동법 제25조 제5항).

1486. (X) **시·도자치경찰위원회**에 대한 설명이다. 국가경찰위원회는 위원 1인을 상임위원으로 하고 위원장 및 5명의 위원은 비상임으로 한다.

1487. (X) 정당의 당적을 이탈한 날부터 **3년(1년, 2년도 포함)**이 지나지 아니한 사람, 군인의 직에서 퇴직한 날부터 **3년(1년, 2년도 포함)** 지나지 아니한 사람, 선거에 의하여 취임하는 공직에서 퇴직한 날부터 **3년(1년, 2년도 포함)**이 지나지 아니한 사람은 결격사유에 해당하지만 **국립 또는 공립대학의 조교수 이상의 직에 있는 사람은 제외된다.**

1488. (X) **시·도자치경찰위원회**에 대한 설명이다. 국가경찰위원회는 **위원 3명 이상**이다.

1489. (X) **시·도자치경찰위원회**에 대한 설명이다. 국가경찰위원회는 보궐위원의 임기는 전임자 임기의 남은 기간으로 한다.

THEME 06 시·도경찰청장, 경찰서장(국자법) _S급

1. 시·도경찰청장

1490 ☐☐☐☐ 18·19 채용
경찰의 사무를 지역적으로 분담하여 수행하게 하기 위하여 경찰청장 소속으로 시·도경찰청을 두고, 시·도경찰청장 소속으로 경찰서를 둔다. 이 경우 인구, 행정구역, 면적, 지리적 특성, 교통 및 그 밖의 조건을 고려하여 시·도지사 소속으로 2개의 시·도경찰청을 둘 수 있다. (O|X)

1491 ☐☐☐☐ 22 승진
시·도경찰청장은 경찰청장이 시·도자치경찰위원회와 협의하여 추천한 사람 중에서 행정안전부장관의 제청으로 국무총리를 거쳐 대통령이 임용한다. (O|X)

1492 ☐☐☐☐ 16 채용, 10 승진
시·도경찰청장은 국가경찰사무에 대해서는 (㉠)의 지휘·감독을, 자치경찰사무에 대해서는 (㉡)의 지휘·감독을, 수사사무에 관하여는 (㉢)의 지휘·감독을 받아 관할구역의 소관 사무를 관장하고 소속 공무원 및 소속 경찰기관의 장을 지휘·감독한다.

1493 ☐☐☐☐ 24 승진
시·도자치경찰위원회는 자치경찰사무에 대해 심의·의결을 통하여 시·도경찰청장을 지휘·감독한다. 다만, 시·도자치경찰위원회가 심의·의결할 시간적 여유가 없거나 심의·의결이 곤란한 경우 대통령령으로 정하는 바에 따라 시·도자치경찰위원회의 지휘·감독권을 경찰청장에게 위임한 것으로 본다. (O|X)

정답과 해설

1490. (X) 경찰의 사무를 지역적으로 분담하여 수행하게 하기 위하여 **특별시·광역시·특별자치시·도·특별자치도**(이하 "시·도"라 한다)에 시·도경찰청을 두고, 시·도경찰청장 소속으로 경찰서를 둔다. 이 경우 인구, 행정구역, 면적, 지리적 특성, 교통 및 그 밖의 조건을 고려하여 **시·도에** 2개의 시·도경찰청을 둘 수 있다(국가경찰과 자치경찰의 조직 및 운영에 관한 법률 제13조).

1491. (O) 동법 제28조 제2항

1492. 시·도경찰청장은 **국가경찰사무**에 대해서는 **경찰청장**의 지휘·감독을, **자치경찰사무**에 대해서는 **시·도자치경찰위원회**의 지휘·감독을 받아 관할구역의 소관 사무를 관장하고 소속 공무원 및 소속 경찰기관의 장을 지휘·감독한다. 다만, **수사에 관한 사무**에 대해서는 **국가수사본부장**의 지휘·감독을 받아 관할구역의 소관 사무를 관장하고 소속 공무원 및 소속 경찰기관의 장을 지휘·감독한다(동법 제28조 제3항).

1493. (X) 시·도자치경찰위원회는 자치경찰사무에 대해 심의·의결을 통하여 시·도경찰청장을 지휘·감독한다. 다만, 시·도자치경찰위원회가 심의·의결할 시간적 여유가 없거나 심의·의결이 곤란한 경우 대통령령으로 정하는 바에 따라 시·도자치경찰위원회의 지휘·감독권을 **시·도경찰청장(경찰청장 X)**에게 위임한 것으로 본다(동법 제28조 제4항).

1494 ☐☐☐☐ 22 승진

시·도경찰청 차장은 시·도경찰청장을 보좌하여 소관 사무를 처리하고, 시·도경찰청장이 부득이한 사유로 직무를 수행할 수 없을 때에는 그 직무를 대행한다. (O|X)

2 경찰서장

1495 ☐☐☐☐ 12 채용

경찰서에 경찰서장을 두며, 경찰서장은 경무관, 총경(總警) 또는 경정(警正)으로 보한다. (O|X)

1496 ☐☐☐☐ 16·19 채용

경찰서장 소속으로 지구대 또는 파출소를 두고, 그 설치기준은 치안수요·교통·지리 등 관할구역의 특성을 고려하여 대통령령으로 정한다. 다만, 필요한 경우에는 출장소를 둘 수 있다. (O|X)

3 지구대, 파출소 및 출장소

1497 ☐☐☐☐ 17·18 승진

경찰청장의 관장사무를 지원하기 위하여 경찰청장 소속하에 경찰대학, 경찰인재개발원, 중앙경찰학교, 경찰수사연수원 및 국립과학수사연구원을 둔다. (O|X)

1498 ☐☐☐☐ 17·18 승진

경찰서장은 자신의 소관사무를 분장하기 위하여 행정안전부령이 정하는 바에 따라 시·도경찰청장의 승인을 얻어 지구대 또는 파출소를 둘 수 있다. (O|X)

1499 ☐☐☐☐ 17·18 승진

시·도경찰청장은 임시로 필요한 때에는 출장소를 둘 수 있다. (O|X)

1500 ☐☐☐☐ 17·18 승진

지구대·파출소 및 출장소의 명칭·위치 및 관할구역과 기타 필요한 사항은 관할 경찰서장이 정한다. (O|X)

정답과 해설

1494. (O) 국가경찰과 자치경찰의 조직 및 운영에 관한 법률 제29조 제2항
1495. (O) 동법 제30조 제1항
1496. (X) 경찰서장 소속으로 지구대 또는 파출소를 두고, 그 설치기준은 치안수요·교통·지리 등 관할구역의 특성을 고려하여 **행정안전부령**으로 정한다(동법 제30조 제3항).
1497. (X) **국립과학수사연구원(1955)**은 **행정안전부 소속기관**이다.
1498. (X) **시·도경찰청장**은 경찰서장의 소관사무를 분장하기 위하여 **행정안전부령(대통령령 X)**이 정하는 바에 따라 경찰청장의 **승인(보고 X)**을 얻어 지구대 또는 파출소를 둘 수 있다(경찰청과 그 소속기관 직제 제43조 제1항).
1499. (O) 동직제 제43조 제2항
1500. (X) 지구대·파출소 및 출장소의 명칭·위치 및 관할구역과 그 밖에 필요한 사항은 **시·도경찰청장**이 정한다(동직제 제43조 제3항).

4 보칙(국자법)

1501 ☐☐☐☐ 25 채용, 24 승진, 23 간부

국가는 지방자치단체가 이관받은 사무를 원활히 수행할 수 있도록 인력, 장비 등에 소요되는 비용에 대하여 재정적 지원을 하여야 한다. (O|X)

1502 ☐☐☐☐ 23·25 간부

자치경찰사무의 수행에 필요한 예산은 관할 시·도경찰청장의 의견을 들어 시·도자치경찰위원회의 심의·의결을 거쳐 시·도지사가 수립한다. (O|X)

1503 ☐☐☐☐ 23 간부

시·도지사는 자치경찰사무 담당 공무원에게 조례에서 정하는 예산의 범위에서 재정적 지원 등을 할 수 있다. (O|X)

1504 ☐☐☐☐ 23 간부

시·도의회는 관련 예산의 효율적인 관리를 위하여 의결로써 자치경찰사무에 대해 시·도자치경찰위원장의 출석 및 자료 제출을 요구할 수 있다. (O|X)

1505 ☐☐☐☐ 26 간부

해양에서의 경찰 및 오염방제에 관한 사무를 관장하기 위하여 해양수산부장관 소속으로 해양경찰청을 둔다. (O|X)

1506 ☐☐☐☐ 25 간부

세종특별자치시자치경찰위원회에 대해서는 위원장 및 상임위원을 비상임으로 할 수 있다. (O|X)

정답과 해설

1501. (O) **국가**는 지방자치단체가 이관받은 사무를 원활히 수행할 수 있도록 인력, 장비 등에 소요되는 비용에 대하여 재정적 지원을 **하여야 한다(할 수 있다 X)**(국가경찰과 자치경찰의 조직 및 운영에 관한 법률 제34조).
1502. (X) 자치경찰사무의 수행에 필요한 예산은 시·도자치경찰위원회의 심의·의결을 거쳐 **시·도지사**가 수립한다. 이 경우 시·도자치경찰위원회는 **경찰청장의 의견**을 들어야 한다(동법 제35조 제1항).
1503. (O) 시·도지사는 자치경찰사무 담당 공무원에게 조례에서 정하는 예산의 범위에서 재정적 지원 등을 **할 수 있다 (하여야 한다 X)**(동법 제35조 제2항).
1504. (O) 동법 제35조 제3항
1505. (O) 정부조직법 제44조
1506. (X) 부칙에 따르면, 세종특별자치시자치경찰위원회의 위원장과 상임위원은 **비상임이 아니라 상임으로 임명**되어야 한다.

> **부칙**
> **제2조(세종특별자치시자치경찰위원회 위원장의 상임화에 관한 경과조치)** 이 법 시행 당시 종전의 규정에 따라 임명된 세종특별자치시자치경찰위원회의 **위원장**은 제19조 및 제20조의 규정에 따라 임명된 **상임인 위원장**으로 보되, 그 임기는 종전 임기의 남은 기간으로 한다.
> **제3조(세종특별자치시자치경찰위원회의 위원장이 아닌 위원 중 1명의 상임화에 관한 경과조치)** 세종특별자치시자치경찰위원회, 세종특별자치시자치경찰위원회 위원장 및 세종특별자치시장은 이 법 시행 이후 3개월 이내에 제20조 제3항에 따른 **상임위원** 임명 절차를 완료하여야 하고, 상임위원으로 새로 임명된 위원의 임기는 종전 비상임위원으로서의 임기의 남은 기간으로 한다.

THEME 07 행정관청의 권한 대리 _B급

1507 ☐☐☐☐ 03·04·06·07·13 채용, 20 승진

권한의 대리는 경찰관청의 권한의 전부 또는 일부를 대리기관이 피대리관청을 위한 것임을 표시하고 자기의 명의로 대행하는 것으로 그 행위는 대리기관의 행위로서 효과가 발생한다. [O|X]

1508 ☐☐☐☐ 05·19 채용

원칙적으로 대리관청이 대리행위에 대한 행정소송의 피고가 된다. [O|X]

1509 ☐☐☐☐ 03 채용

행정관청의 대리는 법령상의 권한을 실질적으로 이전시킨다. [O|X]

1510 ☐☐☐☐ 03 채용

권한의 대리는 법적 근거를 요하는 경우도 있다. [O|X]

1511 ☐☐☐☐ 08 채용

권한의 대리는 권한의 전부 또는 일부에 대하여 할 수 있다. [O|X]

1512 ☐☐☐☐ 03 채용

임의대리는 피대리관청 권한의 전부를 대리할 수 있다. [O|X]

정답과 해설

1507. (X) 권한의 대리는 경찰관청의 권한의 **전부(법정대리)** 또는 **일부(임의대리)**를 대리기관이 **피대리관청**을 위한 것임을 표시하고 자기의 명의로 대행하는 것으로 그 행위는 **피대리관청(대리기관 X)**의 행위로서 효과가 발생한다.

1508. (X) 대리관청이 아니라 **피대리관청**이 행정소송의 피고가 된다.

1509. (X) 법령상의 권한을 실질적으로 이전시키는 것은 권한의 대리가 아니라 권한의 **위임**이다.

1510. (O) 권한의 대리는 법적 근거를 요하는 경우는 **법정대리**, 법적 근거를 요하지 않는 경우는 **임의대리**이다.

1511. (O) 권한의 대리는 권한의 **전부(법정대리)** 또는 **일부(임의대리)**에 대하여 할 수 있다.

1512. (X) 임의대리는 피대리관청의 권한 전부대리가 인정되지 않는다. 즉 **일부대리만 인정**된다. 법정대리는 전부대리가 인정된다.

1513 ☐☐☐☐ 12·19 채용, 11·13·19·20 승진

임의대리는 원칙적으로 대리관계 형성에 법적 근거를 요하지 않으며, 권한의 일부에 대해서만 가능하고, 복대리가 허용되며, 피대리관청은 대리자에 대한 지휘·감독이 불가능하다. 반면, 법정대리는 원칙적으로 법적 근거를 기반으로 하며, 대리권이 피대리관청의 권한의 전부에 미치고, 복대리가 허용되지 않으며, 피대리관청의 대리자에 대한 지휘·감독이 가능하다. (O | X)

1514 ☐☐☐☐ 03·07 채용, 20 승진

권한의 대리에는 임의대리(수권대리)와 법정대리가 있는데, 보통 대리는 법정대리를 의미한다. (O | X)

1515 ☐☐☐☐ 08 채용

보통 대리는 임의대리로 법적 근거가 필요 없고, 원칙적으로 복대리도 가능하다. (O | X)

1516 ☐☐☐☐ 20 승진

법정대리는 협의의 법정대리와 지정대리가 있는데, 협의의 법정대리는 일정한 법정 사유가 발생하면 당연히 대리권이 발생하는 경우를 말한다. (O | X)

1517 ☐☐☐☐ 22 채용

법정대리의 경우 피대리관청이 사고 등으로 인해 공석이므로 대리의 법적 효과는 대리관청에 귀속된다. (O | X)

1518 ☐☐☐☐ 12 채용

법정대리의 경우 피대리관청은 대리기관의 지휘·감독상의 책임을 지는데 비해 임의대리의 경우는 그렇지 않다. (O | X)

1519 ☐☐☐☐ 19 채용

복대리의 성격은 임의대리에 해당한다. (O | X)

정답과 해설

1513. (X) **임의대리**는 원칙적으로 대리관계 형성에 법적 근거를 요하지 않으며, 권한의 일부에 대해서만 가능하고, **원칙적으로 복대리가 허용되지 않으며**, 피대리관청은 대리자에 대한 **지휘·감독이 가능**하다. 반면, **법정대리**는 원칙적으로 법적 근거를 기반으로 하며, 대리권이 피대리관청의 권한의 전부에 미치고, **복대리가 허용**되며, 피대리관청의 대리자에 대한 **지휘·감독이 불가능**하다.

1514. (X) 보통의 경우 대리라고 할 때는 **임의대리**를 말한다.

1515. (X) 임의대리는 원칙적으로 복대리가 **불가능**하다.

1516. (O)

1517. (X) 법정대리의 경우 피대리관청이 사고 등으로 인해 공석이므로 대리의 법적 효과는 **피대리관청(대리관청 X)**에 귀속된다.

1518. (X) **임의대리(수권대리)**의 경우 피대리관청은 대리기관의 지휘·감독상의 책임을 지는데 비해 **법정대리**의 경우는 그렇지 않다.

1519. (O) 복대리는 항상 임의대리(수권대리)에 해당한다.

THEME 08 행정관청의 권한 위임 _A급

1 권한의 위임

1520 □□□□ 04·05·08·12·13 채용, 03·19 승진
권한의 위임은 경찰관청이 그의 권한의 전부를 다른 경찰기관에 이전하여 수임기관의 권한으로, 그 수임기관이 자기의 명의와 책임으로 행사하게 하는 것을 말한다. (O|X)

1521 □□□□ 22 채용
권한을 위임받은 수임청은 자기의 이름 및 자기의 책임으로 권한을 행사한다. (O|X)

1522 □□□□ 04 채용
권한이 위임되면 위임한 행정청은 그 권한을 상실한다. (O|X)

1523 □□□□ 03·19 승진
권한의 위임으로 인한 사무처리에 소요되는 인력·예산 등은 수임자 부담이 원칙이다. (O|X)

1524 □□□□ 04·06·19 채용, 13 승진
위임으로 권한의 귀속이 변경되어 수임기관은 자기의 명의와 책임 하에 권한을 행사하고 위임된 권한에 관한 쟁송 시 위임관청 자신이 당사자가 된다. 단, 위임사무 처리에 소요되는 인력·예산 등은 위임자 부담이 원칙이다. (O|X)

1525 □□□□ 03 승진
권한을 위임한 상급관청은 수임하급관청을 지휘·감독할 수 있다. (O|X)

1526 □□□□ 09 채용
위임은 일부 위임만 가능하고, 법정대리는 전부 대리가 가능하다. (O|X)

2 대결(내부위임)과 위임전결

1527 □□□□ 04 채용, 04 승진
행정관청이 그 보조기관에 사무처리에 관한 결정을 맡기지만, 외부에 대한 관계에서는 본래의 행정청의 이름으로 표시하는 경우를 대결이라고 한다. (O|X)

정답과 해설

1520. (X) 권한의 위임은 경찰관청이 그의 권한의 **일부(전부 X)**를 다른 경찰기관에 이전하여 수임기관의 권한으로, 그 수임기관이 자기의 명의와 책임으로 행사하게 하는 것을 말한다.
1521. (O)
1522. (O) 권한이 위임되면 위임한 행정청은 권한을 **위임한 만큼은 그 권한을 상실**한다.
1523. (X) 권한의 위임으로 인한 사무처리에 소요되는 인력·예산 등은 **위임자 부담**이 원칙이다.
1524. (X) 위임으로 권한의 귀속이 변경되어 수임기관은 자기의 명의와 책임 하에 권한을 행사하고 위임된 권한에 관한 쟁송 시 **수임관청(위임관청 X)** 자신이 당사자가 된다.
1525. (O)   1526. (O)
1527. (X) 행정관청이 그 보조기관에 사무처리에 관한 결정을 맡기지만, 외부에 대한 관계에서는 본래의 행정청의 이름으로 표시하는 경우를 **위임전결(대결 X)**이라고 한다.

1528 ☐☐☐☐ 04·12 채용, 08 간부

대결은 법령상의 근거를 요하지 않으며, 외부에 대한 관계에서는 본래 행정청의 이름으로 표시하여 행한다. (O|X)

1529 ☐☐☐☐ 08 간부, 13 승진

위임은 위임기관의 권한이 수임기관의 권한으로 이전되나, 내부위임은 권한의 이전이 없다. (O|X)

1530 ☐☐☐☐ 24 승진

권한위임의 경우에는 수임관청이 자기의 이름으로 그 권한행사를 할 수 있지만 내부위임의 경우에는 수임관청은 위임관청의 이름으로만 그 권한을 행사할 수 있을 뿐 자기의 이름으로는 그 권한을 행사할 수 없다. (O|X)

1531 ☐☐☐☐ 25 간부

공문서의 기안은 전자문서로 하는 것을 원칙으로 한다. 다만, 업무의 성질상 전자문서로 기안하기 곤란하거나 그 밖의 특별한 사정이 있으면 그러하지 아니하다. (O|X)

1532 ☐☐☐☐ 25 간부

보조기관 또는 보좌기관이 결재권자의 결재 전에 기안문을 검토하는 경우에 그 내용과 다른 의견이 있으면 기안문을 직접 수정하거나 기안문 또는 별지에 그 의견을 표시하여야 한다. (O|X)

1533 ☐☐☐☐ 25 간부

보조기관 또는 보좌기관의 명의로 발신하는 공문서는 해당 행정기관의 장의 결재를 받아야 한다. (O|X)

1534 ☐☐☐☐ 25 간부

행정기관의 장은 업무의 내용에 따라 보조기관 또는 보좌기관이나 해당 업무를 담당하는 공무원으로 하여금 위임전결하게 할 수 있으며, 그 위임전결 사항은 해당 기관의 장이 훈령이나 지방자치단체의 규칙으로 정한다. (O|X)

1535 ☐☐☐☐ 19 승진

행정업무의 운영 및 혁신에 관한 규정 제10조 제2항에 따라 위임전결하는 경우에는 전결하는 사람의 서명란에 '전결' 표시를 한 후 서명하여야 한다. 이 경우 서명 또는 '전결' 표시를 하지 아니하는 사람의 서명란은 만들지 아니한다. (O|X)

정답과 해설

1528. (O) **내부위임(대결)**은 법적 근거를 요하지 않는다는 점, 권한의 귀속 자체의 변경이 없다는 점, 위임청의 명의로 권한이 행사된다는 점 및 위임청이 행정쟁송의 피고가 된다는 점에서 **위임**과 구별되고, **대리**는 대리행위임을 외부에 표시하고 행한다.

1529. (O)

1530. (O) 대판 94누6475

1531. (O) 행정업무의 운영 및 혁신에 관한 규정 제8조 제1항

1532. (O) 동규정 제9조 제3항

1533. (X) 문서는 해당 행정기관의 장의 결재를 받아야 한다. 다만, 보조기관 또는 보좌기관의 명의로 발신하는 문서는 **그 보조기관 또는 보좌기관(행정기관의 장 X)**의 결재를 받아야 한다(동규정 제10조 제1항).

1534. (O) 동규정 제10조 제2항

1535. (O) 동규정 시행규칙 제7조 제2항, 제4항

3 대리와 위임의 비교

1536 ☐☐☐☐ 03·04·05·06 채용, 19 승진, 08 간부
권한의 위임은 보조기관, 권한의 대리는 하급관청이 주로 상대방이 된다. (O|X)

1537 ☐☐☐☐ 03·04·05·08·09·13 채용, 03·11 승진, 08 간부
위임과 내부위임은 반드시 법적 근거가 필요하나, 대리는 법적 근거 없이 가능한 경우도 있다. (O|X)

1538 ☐☐☐☐ 09·12 채용
권한의 위임은 수임기관이 자기명의로 권한을 행사하지만, 권한의 대리는 대리관청을 위한 것임을 표시하여 피대리기관 명의로 권한을 행사한다. (O|X)

1539 ☐☐☐☐ 04 채용
권한의 위임과 법정대리는 권한의 일부에 대해서만 가능하다. (O|X)

1540 ☐☐☐☐ 04 채용
위임은 권한자체가 이전되는 것이나, 대리는 권한이 이전되는 것이 아니다. (O|X)

1541 ☐☐☐☐ 03·04·06·07·09 채용, 19 승진
권한의 위임은 수임관청에 권한이 이전되므로 수임관청에 효과가 귀속되나, 권한의 대리는 직무의 대행에 불과하므로 임의대리든 법정대리든 피대리관청에 효과가 귀속된다. (O|X)

1542 ☐☐☐☐ 22 채용
수임청 및 피대리관청은 항고소송에서 피고가 된다. (O|X)

정답과 해설

1536. (X) 권한의 **대리**는 **보조기관**, 권한의 **위임**은 **하급관청**이 주로 상대방이 된다.
1537. (X) **위임**은 권한의 **일부**를 타 기관으로 이전시키는 것이므로 **반드시 법령상의 근거가 필요**하지만, **내부위임(대결)** 은 행정청의 내부적인 사무처리의 편의를 도모하기 위하여 행하는 것이므로 **법적 근거 없이 가능**하다는 것이 판례의 입장이다. **임의대리**는 법적 근거 없이도 가능하지만, **법정대리는 법률상의 근거가 반드시 필요**하다.
1538. (X) 권한의 위임은 **수임기관**이 자기 명의와 책임하에 그 권한을 행사하지만, 권한의 대리는 대리관청이 **피대리관청을 위한 것임**을 표시하고 **대리기관 명의로** 권한을 행사한다.
1539. (X) 권한의 위임은 **일부**에 대해서만 인정되지만, **법정대리**는 **전부** 대리가 인정된다.
1540. (O)
1541. (O) 권한의 위임은 **수임관청**에 권한이 이전되므로 **수임관청(위임관청 X)** 에 효과가 귀속되나, 권한의 대리는 직무의 대행에 불과하므로 임의대리든 법정대리든 **피대리관청(대리관청 X)** 에 효과가 귀속된다.
1542. (O)

4 행정권한의 위임 및 위탁에 관한 규정(대통령령) _A급

1543 ☐☐☐☐ 18·23 채용, 19 간부
위임이란 법률에 규정된 행정기관의 장의 권한 중 일부를 그 보조기관 또는 하급행정기관의 장이나 지방자치단체의 장에게 맡겨 그의 권한과 책임 아래 행사하도록 하는 것을 말한다. (O│X)

1544 ☐☐☐☐ 21 승진
위탁이란 법률에 규정된 행정기관의 장의 권한 중 일부를 다른 행정기관의 장에게 맡겨 그의 권한과 책임 아래 행사하도록 하는 것을 말한다. (O│X)

1545 ☐☐☐☐ 24 승진
행정기관의 장은 허가·인가·등록 등 민원에 관한 사무, 정책의 구체화에 따른 집행사무 및 일상적으로 반복되는 사무로서 그가 직접 시행하여야 할 사무를 제외한 일부 권한을 그 보조기관 또는 하급행정기관의 장, 다른 행정기관의 장, 지방자치단체의 장에게 위임 및 위탁한다. (O│X)

1546 ☐☐☐☐ 19 간부, 21·24 승진
행정기관의 장은 행정권한을 위임 및 위탁할 때에는 위임 및 위탁하기 전에 수임기관의 수임능력 여부를 점검하고, 필요한 인력 및 예산을 이관할 수 있다. (O│X)

1547 ☐☐☐☐ 23 채용
행정기관의 장은 행정권한을 위임 및 위탁할 때에는 위임 및 위탁하기 전에 단순한 사무인 경우를 제외하고는 수임 및 수탁기관에 대하여 수임 및 수탁사무 처리에 필요한 교육을 하여야 하며, 수임 및 수탁사무의 처리지침을 통보하여야 한다. (O│X)

1548 ☐☐☐☐ 23 채용
위임 및 위탁기관은 수임 및 수탁기관의 수임 및 수탁사무 처리에 대하여 지휘·감독하고, 그 처리가 위법하거나 부당하다고 인정될 때에는 이를 취소하거나 정지시킬 수 있다. (O│X)

정답과 해설

1543. (O) 위임이란 법률에 규정된 행정기관의 장의 권한 중 **일부(전부 X)**를 그 **보조기관** 또는 **하급행정기관의 장**이나 **지방자치단체의 장**에게 맡겨 그의 권한과 책임 아래 행사하도록 하는 것을 말한다(행정권한의 위임 및 위탁에 관한 규정 제2조 제1호).

1544. (O) 위탁이란 법률에 규정된 행정기관의 장의 권한 중 **일부**를 **다른 행정기관의 장**에게 맡겨 그의 권한과 책임 아래 행사하도록 하는 것을 말한다(동규정 제2조 제2호).

1545. (O) 동규정 제3조 제1항

1546. (X) 행정기관의 장은 행정권한을 위임 및 위탁할 때에는 위임 및 위탁하기 전에 수임기관의 수임능력 여부를 점검하고, 필요한 인력 및 예산을 **이관하여야 한다**(이관할 수 있다 X)(동규정 제3조 제2항).

1547. (O) 동규정 제3조 제3항

1548. (O) 동규정 제6조

1549 ☐☐☐☐ 23 채용

수임 및 수탁사무의 처리가 부당한지 여부의 판단은 위법성 판단과 달리 합목적적·정책적 고려도 포함되므로, 위임 및 위탁기관이 그 사무처리에 관하여 일반적인 지휘·감독을 하는 경우는 물론이고 나아가 수임 및 수탁사무의 처리가 부당하다는 이유로 그 사무처리를 취소하는 경우에도 광범위한 재량이 허용된다고 보아야 한다. (O | X)

1550 ☐☐☐☐ 18·21 채용, 11·13·19·21·24 승진, 19 간부

위임 및 위탁기관은 수임 및 수탁기관의 수임 및 수탁사무 처리에 대하여 지휘·감독하고, 그 처리가 위법하다고 인정될 때에만 이를 취소하거나 정지시켜야 한다. 수임 및 수탁사무의 처리에 관하여 위임 및 위탁기관은 수임 및 수탁기관에 대하여 사전승인을 받거나 협의를 할 것을 요구할 수 없다. (O | X)

1551 ☐☐☐☐ 18·21 채용, 19 간부

수임 및 수탁사무의 처리에 관한 책임은 수임 및 수탁기관에 있으므로, 위임 및 위탁기관은 그에 대한 감독책임을 지지 않는다. (O | X)

1552 ☐☐☐☐ 21 채용, 21 승진

수임 및 수탁사무의 처리에 관한 책임은 수임 및 수탁기관에 있으며, 수임 및 수탁사무에 관한 권한을 행사할 때에는 위임 및 위탁기관의 명의로 하여야 한다. (O | X)

1553 ☐☐☐☐ 18 채용, 19 간부

위임 및 위탁기관은 위임 및 위탁사무 처리의 적정성을 확보하기 위하여 필요한 경우에는 수임 및 수탁기관의 수임 및 수탁사무 처리 상황을 수시로 감사할 수 있다. (O | X)

정답과 해설

1549. (O) 대판 2016두55629
1550. (X) 위임 및 위탁기관은 수임 및 수탁기관의 수임 및 수탁사무 처리에 대하여 지휘·감독하고, 그 처리가 **위법하거나 부당하다고 인정될 때에는** 이를 **취소하거나 정지시킬 수 있다(정지시켜야 한다 X)**(동규정 제6조). 수임 및 수탁사무의 처리에 관하여 위임 및 위탁기관은 수임 및 수탁기관에 대하여 **사전승인을 받거나 협의를 할 것을 요구할 수 없다(있다 X)**(동규정 제7조).
1551. (X) 수임 및 수탁사무의 처리에 관한 책임은 수임 및 수탁기관에 있으며, **위임 및 위탁기관**은 그에 대한 **감독책임을 진다(지지 않는다 X)**(동규정 제8조 제1항).
1552. (X) 수임 및 수탁사무의 처리에 관한 책임은 수임 및 수탁기관에 있으며, 수임 및 수탁사무에 관한 권한을 행사할 때에는 **수임 및 수탁기관의 명의로** 하여야 한다(동규정 제8조).
1553. (O) 동규정 제9조

CHAPTER 03

경찰공무원과 법

경찰공무원의 분류 _A급

1554 ☐☐☐☐ 12 채용
국가공무원법과 경찰공무원법은 일반법과 특별법의 관계이다. ⓞⓧ

1555 ☐☐☐☐ 20·21 경채
총경 이하 경찰공무원에게 부여하는 경과는 일반경과, 수사경과, 안보수사경과, 특수경과이지만, 경정 이하 경찰공무원에게만 부여할 수 있는 경과는 수사경과와 안보수사경과이다. ⓞⓧ

1556 ☐☐☐☐ 24 채용
「경찰공무원 임용령」과 「경찰공무원 임용령 시행규칙」에서는 경과별 직무의 종류를 규정하고 있으며, 수사경과·안보수사경과·항공경과·정보통신경과에 속하지 아니하는 직무를 일반경과의 직무로 구분하고 있다. ⓞⓧ

1557 ☐☐☐☐ 20 경채
일반경과, 수사경과, 안보수사경과, 항공경과, 정보통신경과 중 총경 계급의 경찰공무원에게 부여할 수 있는 경과의 수는 2개이다. ⓞⓧ

1558 ☐☐☐☐ 22 승진
경찰공무원 임용령상 임용권자 또는 임용제청권자는 경찰공무원을 신규채용 할 때에 경과를 부여해야 한다. ⓞⓧ

1559 ☐☐☐☐ 12 채용
경찰공무원은 그 직무의 종류에 따라 경과에 의하여 구분할 수 있으며, 경과의 구분에 필요한 사항은 행정안전부령으로 정한다. ⓞⓧ

1560 ☐☐☐☐ 25 승진
「수사경찰 인사운영 규칙」에 따라 인권침해, 편파수사를 이유로 다수의 진정을 받는 등 공정한 수사업무 수행을 기대하기 곤란한 경우 수사경과자의 수사경과를 해제해야 한다. ⓞⓧ

정답과 해설

1554. (O) 경찰공무원에 대하여는 국가공무원법에 대하여 특별법적 지위에 있는 경찰공무원법이 있으며, 경찰공무원에게는 특별법우선원칙에 따라 경찰공무원법 규정이 우선 적용되고, 경찰공무원법에 규정이 없는 사항에 대하여는 국가공무원법의 적용을 받는다.

1555. (O) **총경 이하** 경찰공무원에게 부여하는 경과는 **일반경과, 특수경과(항공경과, 정보통신경과), 수사경과, 안보수사경과**이다. 다만, **수사경과, 안보수사경과**는 경정 이하 경찰공무원에게만 부여한다(경찰공무원 임용령 제3조 제1항).

1556. (O)

1557. (X) **총경 계급의** 경찰공무원에게 부여하는 경과는 **일반경과, 특수경과(항공경과, 정보통신경과)의 수는 3개**이다(동임용령 제3조 제1항).

1558. (O) 경찰공무원 임용령상 임용권자 또는 임용제청권자는 경찰공무원을 신규채용 할 때에 경과를 **부여해야 한다(부여할 수 있다 X)**(경찰공무원 임용령 제3조 제2항).

1559. (X) 경과의 구분에 필요한 사항은 **대통령령(경찰공무원 임용령)**으로 정한다(경찰공무원법 제4조). 경과별 직무의 종류 및 전과 등에 관하여 필요한 사항은 **행정안전부령**으로 정한다(경찰공무원 임용령 제3조 제5항).

1560. (X) 인권침해, 편파수사를 이유로 다수의 진정을 받는 등 공정한 수사업무 수행을 기대하기 곤란한 경우 수사경과자의 수사경과를 **해제할 수 있다(해야 한다 X)**(수사경찰 인사운영규칙 제15조 제2항 제2호).

THEME 02 경찰공무원관계의 발생

1 임용권자(경찰공무원법 §7) _s급

1561 ☐☐☐☐ 06·09·19 채용, 07·17 승진
총경 이상의 경찰공무원은 경찰청장의 제청으로 국무총리를 거쳐 대통령이 임용한다. O|X

1562 ☐☐☐☐ 09·18·23 채용, 07·10·22 승진, 12·17 간부
경찰공무원법상 총경 이상 경찰공무원은 경찰청장 또는 해양경찰청장의 추천을 받아 행정안전부장관 또는 해양수산부장관의 제청으로 국무총리를 거쳐 대통령이 임용한다. 다만, 총경의 전보, 휴직, 직위해제, 강등, 정직 및 복직은 경찰청장 또는 해양경찰청장이 한다. O|X

1563 ☐☐☐☐ 07 승진 09·12 간부
원칙적으로 총경 이상의 임용권자는 대통령, 경정 이하의 임용권자는 경찰청장이다. O|X

1564 ☐☐☐☐ 06·09·18·23·24 채용, 10·17 승진, 12·17 간부, 20 경채
경정 이하의 경찰공무원은 경찰청장이 임용한다. 다만, 경정으로의 신규채용·승진임용·면직은 경찰청장의 제청으로 국무총리를 거쳐 대통령이 한다. O|X

1565 ☐☐☐☐ 19·20·23 채용, 17 승진
경찰청장은 대통령령으로 정하는 바에 따라 경찰공무원의 임용에 관한 권한의 일부를 특별시장·광역시장·도지사·특별자치시장 또는 특별자치도지사, 국가수사본부장, 소속 기관의 장, 시·도경찰청장에게 위임한다. O|X

정답과 해설

1561. (X) 총경 이상 경찰공무원은 **경찰청장의 추천(제청 X)**을 받아 **행정안전부장관의 제청**으로 국무총리를 거쳐 **대통령이 임용**한다(경찰공무원법 제7조 제1항).
1562. (O) 동법 제7조 제1항
1563. (O) 동법 제7조 제1항 제2항
1564. (O) 경정 이하의 경찰공무원은 경찰청장 또는 해양경찰청장이 임용한다. 다만, 경정으로의 **신규채용, 승진임용 및 면직**은 경찰청장 또는 해양경찰청장의 **제청(추천 X)**으로 국무총리를 거쳐 **대통령**이 한다(동법 제7조 제2항).
1565. (X) 경찰청장은 대통령령으로 정하는 바에 따라 경찰공무원의 임용에 관한 권한의 일부를 특별시장·광역시장·도지사·특별자치시장 또는 특별자치도지사, 국가수사본부장, 소속 기관의 장, 시·도경찰청장에게 **위임할 수 있다(위임한다 X)**(동법 제7조 제3항).

2 임용권의 위임(경찰공무원 임용령 §4)_S급

1566 ☐☐☐☐ 07 승진, 19 간부
경찰청장은 시·도지사에게 시·도의 자치경찰사무를 담당하는 경찰공무원 중 경정의 전보·파견·휴직·직위해제 및 복직에 관한 권한과 경감 이하의 임용권(신규채용 및 면직에 관한 권한은 포함한다)을 위임할 수 있다. (O|X)

1567 ☐☐☐☐ 12·19 간부, 22 경채
경찰청장은 국가수사본부장에게 국가수사본부 안에서의 경정 이하에 대한 전보권을 위임한다. (O|X)

1568 ☐☐☐☐ 20 채용
경찰청장은 경찰대학·경찰인재개발원·중앙경찰학교·경찰수사연수원·경찰병원 및 시·도경찰청(소속기관등)의 장에게 그 소속 경찰공무원 중 경정의 전보·파견·휴직·직위해제 및 복직에 관한 권한과 경감 이하의 임용권을 위임한다. (O|X)

1569 ☐☐☐☐ 22 채용
자치경찰사무를 담당하는 OO경찰서 소속 경위 乙의 경감으로의 승진임용을 시·도지사가 하므로, 경위 乙에 대한 휴직이나 복직도 시·도지사가 한다. (O|X)

1570 ☐☐☐☐ 22 경채
임용권을 위임받은 시·도자치경찰위원회는 시·도지사와 경찰청장의 의견을 들어 그 권한의 일부를 시·도경찰청장에게 다시 위임할 수 있다. (O|X)

1571 ☐☐☐☐ 09·20 채용
시·도경찰청장은 소속 경감 이하 경찰공무원에 대한 해당 경찰서 안에서의 전보권을 경찰서장에게 다시 위임할 수 있다. (O|X)

정답과 해설

1566. (X) 경찰청장은 시·도지사에게 시·도의 자치경찰사무를 담당하는 경찰공무원 중 경정의 전보·파견·휴직·직위해제 및 복직에 관한 권한과 경감 이하의 임용권(신규채용 및 면직에 관한 권한은 제외(포함 X)한다)을 위임한다(위임할 수 있다 X)(경찰공무원 임용령 제4조 제1항).

1567. (O) 경찰청장은 국가수사본부장에게 국가수사본부 안에서의 경정(경감 X) 이하에 대한 전보권(임용권 X)을 위임한다(위임할 수 있다 X)(동임용령 제4조 제2항).

1568. (O) 경찰청장은 경찰대학·경찰인재개발원·중앙경찰학교·경찰수사연수원·경찰병원 및 시·도경찰청(소속기관등)의 장에게 그 소속 경찰공무원 중 경정(경감 X)의 전보·파견·휴직·직위해제 및 복직에 관한 권한과 경감(경정 X) 이하의 임용권을 위임한다(위임할 수 있다 X)(동임용령 제4조 제3항).

1569. (X) 자치경찰사무를 담당하는 OO경찰서 소속 경위 乙의 경감으로의 승진임용을 시·도지사가 하고, 경위 乙에 대한 휴직이나 복직은 시·도자치경찰위원회가 한다(경찰공무원 임용령 제4조 제4항 임용권을 위임받은 시·도지사는 법 제7조제3항 후단에 따라 경감 또는 경위로의 승진임용에 관한 권한을 제외한 임용권을 시·도자치경찰위원회에 다시 위임한다).

1570. (X) 임용권을 위임받은 시·도자치경찰위원회는 시·도지사와 시·도경찰청장(경찰청장 X)의 의견을 들어 그 권한의 일부를 시·도경찰청장에게 다시 위임할 수 있다(동임용령 제4조 제5항).

1571. (O) 시·도경찰청장은 소속 경감 이하 경찰공무원에 대한 해당 경찰서 안에서의 전보권을 경찰서장에게 다시 위임할 수 있다(동임용령 제4조 제6항).

1572 ☐☐☐☐ 22 경채

경찰청장은 수사부서에서 총경을 보직하는 경우에는 국가수사본부장의 추천을 받아야 한다. (O|X)

1573 ☐☐☐☐ 22 경채

시·도자치경찰위원회는 임용권을 행사하는 경우에는 시·도경찰청장의 추천을 받아야 한다. (O|X)

1574 ☐☐☐☐ 22 승진, 22 경채

시·도경찰청장 및 경찰서장은 지구대장 및 파출소장을 보직하는 경우에는 시·도자치경찰위원회의 의견을 사전에 들어야 한다. (O|X)

1575 ☐☐☐☐ 20 채용, 19 간부

임용권을 위임받은 소속기관등의 장은 경감 또는 경위를 신규채용하거나 경사 또는 경장을 승진시키려면 미리 경찰청장의 승인을 받아야 한다. (O|X)

1576 ☐☐☐☐ 20 채용

임용권의 위임에도 불구하고 경찰청장은 경찰공무원의 정원 조정, 승진임용, 인사교류 또는 파견을 위하여 필요한 경우에는 임용권을 행사할 수 있다. (O|X)

정답과 해설

1572. (O) 경찰공무원 임용령 제4조 제7항

1573. (O) 동임용령 제4조 제8항

1574. (O) 시·도경찰청장 및 경찰서장은 지구대장 및 파출소장을 보직하는 경우에는 **시·도자치경찰위원회(시도지사 X)**의 **의견을 사전에 들어야 한다(추천을 받아야 한다 X)**(동임용령 제4조 제9항).

1575. (X) 임용권을 위임받은 소속기관등의 장은 **경감 또는 경위를 신규채용(승진 X)**하거나 **경위 또는 경사를 승진(신규채용 X)**시키려면 미리 **경찰청장**의 승인을 받아야 한다(동임용령 제4조 제10항).

1576. (O) 임용권의 위임에도 불구하고 경찰청장은 경찰공무원의 정원 조정, 승진임용, 인사교류 또는 파견을 위하여 필요한 경우에는 임용권을 **행사할 수 있다(없다 X)**(동임용령 제4조 제11항).

3 경찰공무원의 임용(경찰공무원 임용령)_A급

1577 ☐☐☐☐ 11 채용
경찰공무원의 임용이란 신규채용·승진·전보·파견을 말하고, 휴직·직위해제·정직·강등·복직·면직·해임 및 파면은 임용의 개념에 포함되지 아니한다. (O│X)

1578 ☐☐☐☐ 18 채용, 17·23 승진, 09·23 간부, 21 경채
경찰공무원은 임용장이나 임용통지서에 적힌 날짜에 임용된 것으로 보며, 임용일자를 소급해서는 아니 된다. 사망으로 인한 면직은 사망한 날에 면직된 것으로 본다. (O│X)

1579 ☐☐☐☐ 23 승진
「경찰공무원 임용령」상 경찰공무원법 제10조 제3항 제1호에 따라 재임용된 경찰공무원의 계급정년 연한은 재임용 전에 해당 계급의 경찰공무원으로 근무한 연수를 합하여 계산한다. (O│X)

1580 ☐☐☐☐ 23 간부
경찰공무원이 재직 중 전사하거나 순직한 경우로서 특별승진 임용하는 경우에는 사망한 날을 임용일자로 본다. (O│X)

1581 ☐☐☐☐ 25 채용
경찰공무원의 신규채용시험은 계급별로 실시한다. 다만, 결원보충을 원활히 하기 위하여 필요하다고 인정될 때에는 직무분야별·근무예정지역 또는 근무예정기관별로 구분하여 실시할 수 있다. (O│X)

정답과 해설

1577. (X) "임용"이란 신규채용·승진·전보·파견·휴직·직위해제·정직·강등·복직·면직·해임 및 파면을 말한다(경찰공무원법 제1조의2 제1호). 휴직·직위해제·정직·강등·복직·면직·해임 및 파면도 임용의 개념에 **포함**된다.

1578. (X) 경찰공무원은 임용장이나 임용통지서에 **적힌 날짜에 임용**된 것으로 보며, 임용일자를 소급해서는 아니 된다. 사망으로 인한 면직은 사망한 **다음 날(사망한 날 X)**에 면직된 것으로 본다(동임용령 제5조 제1항·제2항).

1579. (O) 「경찰공무원 임용령」상 경찰공무원법 제10조 제3항 제1호에 따라 재임용된 경찰공무원의 계급정년 연한은 재임용 전에 해당 계급의 경찰공무원으로 근무한 연수를 **합하여(제외하고 X)** 계산한다(동임용령 제8조).

1580. (X) 경찰공무원이 재직 중 전사하거나 순직한 경우로서 특별승진 임용하는 경우에는 사망일의 **전날(사망한 날 X)**을 임용일자로 본다(동임용령 제6조 제1호 가목).

1581. (O) 동임용령 제32조

4 임용결격사유 _S급

1582 ☐☐☐☐ 10·12·16·18·20·24 채용, 11·18 승진, 21 간부, 20 경채

경찰공무원법상 경찰공무원의 임용결격사유에 해당하면 O, 해당하지 않으면 X로 표기하시오.

㉠ 대한민국 국적을 가지지 아니한 사람	O|X
㉡ 복수국적자	O|X
㉢ 피성년후견인 또는 피한정후견인	O|X
㉣ 파산선고를 받고 복권된 사람	O|X
㉤ 자격정지 이상의 형의 선고를 받은 사람	O|X
㉥ 자격정지 이상의 형의 선고유예를 받고 그 선고 유예기간이 경과한 사람	O|X
㉦ 공무원으로 재직기간 중 직무와 관련하여 「형법」 제355조 (횡령, 배임) 및 제356조(업무상의 횡령과 배임)에 규정된 죄를 범한 사람으로서 300만원 이상의 벌금형을 선고받고 그 형이 확정된 후 2년이 지난 사람	O|X
㉧ 성폭력범죄의 처벌 등에 관한 특례법에 규정된 죄를 범한 후 100만원 이상의 벌금형을 선고받고 그 형이 확정된 후 2년이 지난 사람	O|X
㉨ 도로교통법에 따른 음주운전 후 300만원 벌금형을 선고받고 그 형이 확정된 후 6개월이 지난 사람	O|X
㉩ 미성년자에 대한 성폭력범죄, 아동·청소년대상 성범죄에 해당하는 죄를 저질러 형 또는 치료감호가 확정된 사람 (집행유예를 선고받은 후 그 집행유예기간이 경과한 사람을 제외)	O|X
㉪ 징계에 의하여 파면 또는 해임처분을 받은 사람	O|X

정답과 해설

1582. ㉠ (O) ㉡ (O)
㉢ (O) **피한정후견인**은 경공법상 결격사유나 국공법상의 일반공무원의 결격사유는 아니다.
㉣ (X) 파산선고를 받고 복권되지 **아니한** 사람(복권된 사람 X)
㉤ (O)
㉥ (X) 자격정지 이상의 형의 선고유예를 선고받고 그 **유예기간 중에 있는** 사람(유예기간이 경과한 사람 X)
㉦ (X) 공무원으로 재직기간 중 직무와 관련하여 「형법」 제355조 (횡령, 배임) 및 제356조(업무상의 횡령과 배임)에 규정된 죄를 범한 사람으로서 300만원 이상의 벌금형을 선고받고 그 형이 확정된 후 2년이 지나지 **아니한** 사람(2년이 지난 사람 X)
㉧ (O) 성폭력범죄의 처벌 등에 관한 특례법 제2조에 규정된 죄를 범한 사람으로서 100만원 이상의 벌금형을 선고받고 그 형이 확정된 후 **2년이 지난 사람은 3년이 지나지 아니한 사람이므로 결격사유**에 해당된다.
㉨ (X) 경찰공무원법 제8조 제2항 7호 8호 9호 외의 범죄로 형을 선고받은 경우 임용결격사유는 **자격정지 이상의 형**을 선고받은 사람이다(동법 제8조 제2항 제5호). 따라서 도로교통법 위반으로 인한 **벌금형은 임용결격사유에 해당하지 않는다.**
㉩ (X) 미성년자에 대한 성폭력범죄, 아동·청소년대상 성범죄에 해당하는 죄를 저질러 형 또는 치료감호가 확정된 사람 (집행유예를 선고받은 후 그 집행유예기간이 경과한 사람을 **포함**)
㉪ (O) 징계에 의하여 파면 또는 해임처분을 받은 사람은 경찰공무원으로 임용될 수 없으나, 「**국가공무원법**」상 일반공무원은 **파면은 5년, 해임은 3년이 지나면 결격사유에 해당하지 않아 임용될 수 있다.**

1583 ☐☐☐☐ 21 채용

경찰공무원법과 국가공무원법상 공통된 임용결격사유 (O), 아니면 (X)

㉠ 피성년후견인 또는 피한정후견인 ·· O|X
㉡ 파산선고를 받고 복권되지 아니한 사람 ·· O|X
㉢ 공무원으로 재직기간 중 직무와 관련하여 「형법」 제355조(횡령, 배임) 및 제356조(업무상의 횡령과 배임)에 규정된 죄를 범한 자로서 300만원 이상의 벌금형을 선고받고 그 형이 확정된 후 2년이 지나지 아니한 사람 ··· O|X
㉣ 「성폭력범죄의 처벌 등에 관한 특례법」 제2조(성폭력범죄)에 규정된 죄를 범한 사람으로서 100만원 이상의 벌금형을 선고받고 그 형이 확정된 후 3년이 지나지 아니한 사람 ······ O|X
㉤ 미성년자에 대한 성폭력범죄, 아동·청소년대상 성범죄에 해당하는 죄를 저질러 형 또는 치료감호가 확정된 사람 (집행유예를 선고받은 후 그 집행유예기간이 경과한 사람을 포함) ··· O|X

1584 ☐☐☐☐ 11·12·23 채용, 17 승진, 09·14 간부

징계에 의하여 파면 또는 해임처분을 받은 사람도 경찰공무원에 임용될 수 있다. ······ O|X

1585 ☐☐☐☐ 22·25 채용

경찰공무원 임용 당시 임용결격사유가 있었더라도 국가의 과실에 의해 임용결격자임을 밝혀내지 못했다면, 그 임용행위는 당연무효로 볼 수 없다. ··· O|X

5 신규채용(경찰공무원법)_B급

1586 ☐☐☐☐ 19·20 채용

경찰청장은 경찰공무원의 신규채용시험(경위공개경쟁채용시험을 포함), 승진시험 또는 그 밖의 시험에서 다른 사람에게 대신하여 응시하게 하는 행위 등 부정행위를 한 사람에 대하여 해당 시험의 정지·무효 또는 합격 취소 처분을 할 수 있다. 처분을 받은 사람에 대해서는 처분이 있은 날부터 3년의 범위에서 신규채용시험, 승진시험 또는 그 밖의 시험의 응시자격을 정지한다. ··· O|X

정답과 해설

1583. ㉠ (X) **피한정후견인**은 경찰공무원 임용결격사유이나, 국가공무원법상의 임용결격사유는 아니다.
　　　㉡ (O)　㉢ (O)
　　　㉣ (O) 「성폭력범죄의 처벌 등에 관한 특례법」 제2조에 따른 성폭력범죄, 「정보통신망 이용촉진 및 정보보호 등에 관한 법률」 제74조 제1항 제2호 및 제3호에 규정된 죄, 「스토킹범죄의 처벌 등에 관한 법률」 제2조 제2호에 따른 스토킹범죄를 범한 사람으로서 100만원 이상의 벌금형을 선고받고 그 형이 확정된 후 3년이 지나지 아니한 사람(경찰공무원법 제8조 제2항 제8호, 국가공무원법 제33조 제6의3호)
　　　㉤ (X) **경찰공무원법상의 결격사유**(경찰공무원법 제8조 제2항 제8호)이고, **국가공무원법상의 임용결격사유는 아니다.**
1584. (X) 징계에 의하여 파면 또는 해임처분을 받은 사람은 경찰공무원으로 임용될 수 **없다**.
1585. (X) 임용당시 공무원임용결격사유가 있었다면 비록 국가의 과실에 의하여 임용결격자임을 밝혀내지 못하였다 하더라도 그 임용행위는 **당연무효로 보아야** 한다(대판 86누459).
1586. (X) ① 경찰청장 또는 해양경찰청장은 경찰공무원의 신규채용시험(경위공개경쟁채용시험을 포함), 승진시험 또는 그 밖의 시험에서 다른 사람에게 대신하여 응시하게 하는 행위 등 대통령령으로 정하는 부정행위를 한 사람에 대하여 대통령령으로 정하는 바에 따라 해당 시험의 정지·무효 또는 합격 취소 처분을 할 수 있다. ② 제1항에 따른 처분을 받은 사람에 대해서는 처분이 있은 날부터 **5년의 범위**에서 대통령령으로 정하는 기간 동안 신규채용시험, 승진시험 또는 그 밖의 시험의 응시자격을 정지한다(경찰공무원법 제11조 제1항 제2항).

1587 ☐☐☐☐ 25 채용
경찰청장 또는 해양경찰청장은 경찰공무원의 신규채용시험에서 대통령령으로 정하는 부정행위를 한 사람에 대하여 부정행위자에 대한 제재로서 해당 시험의 정지·무효 또는 합격 취소 처분을 할 때에는 미리 그 처분의 내용과 사유를 당사자에게 통지하여 소명할 기회를 주어야 한다. (O|X)

1588 ☐☐☐☐ 23 승진
「경찰공무원 임용령」상 종전의 재직기관에서 감봉 이상의 징계처분을 받은 사람은 경력경쟁채용등의 대상이 될 수 없다. (O|X)

6 채용후보자 명부 등(경찰공무원법)_A급

1589 ☐☐☐☐ 22 채용, 22 간부
순경 채용후보자 명부에 등재된 채용후보자 丙이 학업을 계속하고자 이를 증명할 수 있는 자료를 첨부하여 임용권자가 정하는 기간 내에 원하는 유예기간을 적어 신청할 경우, 임용권자는 채용후보자 명부의 유효기간 범위에서 기간을 정하여 임용을 유예해야 한다. (O|X)

1590 ☐☐☐☐ 10 채용
경찰청장 또는 해양경찰청장은 신규채용시험에 합격한 자를 대통령령이 정하는 바에 의하여 성적 순위에 따라 채용후보자 명부에 등재하여야 한다. (O|X)

1591 ☐☐☐☐ 10 채용
경찰공무원의 신규채용은 채용후보자명부의 등재순위에 의한다. 다만, 채용후보자가 경찰교육기관에서 신임교육을 받은 때에는 그 교육성적순위에 의한다. (O|X)

정답과 해설

1587. (X) 경찰청장 또는 해양경찰청장은 경찰공무원의 신규채용시험에서 대통령령으로 정하는 부정행위를 한 사람에 대하여 부정행위자에 대한 제재로서 해당 시험의 **무효 또는 합격 취소**(정지 X) 처분을 할 때에는 미리 그 처분의 내용과 사유를 당사자에게 통지하여 소명할 기회를 주어야 한다(동법 제11조 제1항, 제3항).

1588. (O) 종전의 재직기관에서 **감봉 이상**(정직 이상 X)의 징계처분을 받은 사람은 경력경쟁채용등의 대상이 될 수 없다(경찰공무원 임용령 제16조 제1항 제1호).

1589. (X) 임용권자 또는 임용제청권자는 채용후보자 명부에 등재된 채용후보자가 학업을 계속하는 경우에는 채용후보자 명부의 유효기간의 범위에서 기간을 정하여 임용 또는 임용제청을 **유예할 수 있다**(유예해야 한다 X)(다만, 유예기간 중이라도 그 사유가 소멸한 경우에는 임용 또는 임용제청을 할 수 있다). 임용 또는 임용제청의 유예를 원하는 사람은 해당 사유를 증명할 수 있는 자료를 첨부하여 임용권자 또는 임용제청권자가 정하는 기간 내에 신청해야 한다. 이 경우 원하는 유예기간을 분명하게 적어야 한다(경찰공무원 임용령 제18조의2 제1항 제2호, 제2항).

1590. (O) 경찰청장 또는 해양경찰청장은 신규채용시험에 합격한 자를 **대통령령(경찰공무원 임용령)**이 정하는 바에 의하여 **성적순위**(교육성적순위 X)에 따라 채용후보자 명부에 등재하여야 **한다**(할 수 있다 X)(경찰공무원법 제12조 제1항).

1591. (O) 동법 제12조 제2항

1592 ☐☐☐☐ 10 채용, 09·22 간부

채용후보자명부의 유효기간은 1년의 범위에서 대통령령으로 정하나, 경찰청장 또는 해양경찰청장은 필요에 따라 1년의 범위에서 그 기간을 연장할 수 있으므로 최장 유효기간은 2년이다. (O|X)

1593 ☐☐☐☐ 22 간부

신규채용시험에 합격한 사람이 채용후보자 명부에 등재된 이후 그 유효기간 내에 병역법에 따른 병역 복무를 위하여 군에 입대한 경우(대학생 군사훈련 과정 이수자를 포함한다)의 의무복무 기간은 채용후보자 명부의 유효기간에 넣어 계산하지 아니한다. (O|X)

1594 ☐☐☐☐ 25 채용

경찰청장 또는 해양경찰청장은 채용후보자 명부의 유효기간을 연장하기로 결정한 경우에는 그 사실을 공고하여야 한다. (O|X)

1595 ☐☐☐☐ 10·25 채용

채용후보자등록을 하지 아니한 자는 경찰공무원으로 임용될 의사가 없는 것으로 본다. (O|X)

1596 ☐☐☐☐ 18 승진, 22 간부

경찰공무원 임용령상 채용후보자로서의 자격을 상실하는 사유 (O), 아니면 (X)

> ㉠ 채용후보자가 임용 또는 임용제청에 응하지 아니한 경우 (O|X)
> ㉡ 채용후보자로서 받아야 할 교육훈련에 응하지 아니한 경우 (O|X)
> ㉢ 채용후보자로서 받은 교육훈련과정의 수료요건 또는 졸업요건을 갖추지 못한 경우 (O|X)
> ㉣ 채용후보자로서 교육훈련 중 질병, 병역 복무 또는 그 밖에 교육훈련을 계속할 수 없는 불가피한 사정의 사유로 퇴교처분을 받은 경우 (O|X)

7 시보임용(경찰공무원법 §13) _A급

1597 ☐☐☐☐ 16·17 채용 10·18 승진

경정 이하의 경찰공무원을 신규 채용할 때에는 1년간 시보로 임용하고, 그 기간이 만료된 날에 정규 경찰공무원으로 임용한다. (O|X)

정답과 해설

1592. (X) 채용후보자 명부의 유효기간은 **2년**의 범위에서 대통령령으로 정한다. 다만, **경찰청장** 또는 해양경찰청장은 필요에 따라 **1년**의 범위에서 그 기간을 연장할 수 있다(동법 제12조 제3항).

1593. (O) 신규채용시험에 합격한 사람이 채용후보자 명부에 등재된 이후 그 유효기간 내에 병역법에 따른 병역 복무를 위하여 군에 입대한 경우(대학생 군사훈련 과정 이수자를 **포함**(제외 X))의 의무복무 기간은 채용후보자 명부의 유효기간에 넣어 계산하지 아니한다(동법 제12조 제4항).

1594. (O) 동법 제12조 제5항

1595. (O) 경찰공무원 임용령 제17조 제2항

1596. ㉠ (O)   ㉡ (O)   ㉢ (O)
㉣ (X) 채용후보자로서 교육훈련 중 질병, 병역 복무 또는 그 밖에 교육훈련을 계속할 수 없는 **불가피한 사정 외의** 사유로 퇴교처분을 받은 경우에 자격을 상실한다(동임용령 제19조 제4호).

1597. (X) 경정 이하의 경찰공무원을 신규 채용할 때에는 1년간 시보로 임용하고, 그 기간이 **만료된 다음 날**(만료된 날 X)에 정규 경찰공무원으로 임용한다(경찰공무원법 제13조 제1항).

1598 ☐☐☐☐ 05·11·12·16·18 채용, 17 승진, 08 간부

휴직기간, 직위해제기간 및 징계에 의한 감봉처분 또는 견책처분을 받은 기간은 시보임용기간에 산입하지 아니한다. ○|X

1599 ☐☐☐☐ 16 채용

시보임용기간 중에 있는 경찰공무원이 근무성적 또는 교육훈련성적이 불량할 때는 면직시키거나 면직을 제청하여야 한다. ○|X

1600 ☐☐☐☐ 05·11·17 채용, 16·18 승진, 08 간부

경찰대학을 졸업한 사람 또는 경위공개경쟁채용시험합격자로서 정하여진 교육을 마친 사람을 경위로 임용하는 경우 시보임용을 거치지 아니한다. ○|X

1601 ☐☐☐☐ 17 승진

경찰공무원으로서 대통령령으로 정하는 상위계급으로의 승진에 필요한 자격 요건을 갖추고 임용예정 계급에 상응하는 공개경쟁 채용시험에 합격한 사람을 해당 계급의 경찰공무원으로 임용하는 경우에는 시보임용을 거치지 아니한다. ○|X

1602 ☐☐☐☐ 16·17·19 채용, 16 승진

퇴직한 경찰공무원으로서 퇴직 시에 재직하였던 계급의 채용시험에 합격한 사람을 재임용하는 경우에는 시보임용을 거치지 아니한다. ○|X

1603 ☐☐☐☐ 17 채용, 16·22 승진

자치경찰공무원을 그 계급에 상응하는 경찰공무원으로 임용하는 경우에는 시보임용을 거쳐야 한다. ○|X

1604 ☐☐☐☐ 16 채용, 24 승진

임용권자 또는 임용제청권자는 시보임용 기간 중에 있는 경찰공무원의 근무사항을 항상 지도·감독할 수 있다. ○|X

정답과 해설

1598. (X) **휴직기간, 직위해제기간** 및 징계에 의한 **정직처분** 또는 **감봉(견책 X)**처분을 받은 기간은 시보임용기간에 산입하지 아니한다(경찰공무원법 제13조 제2항).

1599. (X) 시보임용기간 중에 있는 경찰공무원이 근무성적 또는 교육훈련성적이 불량할 때에는 면직시키거나 면직을 제청**할 수 있다(제청하여야 한다 X)**(동법 제13조 제3항).

1600. (O) 동법 제13조 제4항 제1호

1601. (O) 동법 제13조 제4항 제2호

1602. (O) 동법 제13조 제4항 제3호

1603. (X) 자치경찰공무원을 그 계급에 상응하는 경찰공무원으로 임용하는 경우에는 시보임용을 **거치지 아니한다(거쳐야 한다 X)**(동법 제13조 제4항 제4호).

1604. (X) 임용권자 또는 임용제청권자는 시보임용 기간 중에 있는 경찰공무원(이하 "시보임용경찰공무원"이라 한다)의 근무사항을 항상 지도·감독**하여야 한다(할 수 있다 X)**(경찰공무원 임용령 제20조 제1항).

1605 ☐☐☐☐ 05·16·24·25 채용, 10·17·24·25 승진, 08 간부

임용권자 또는 임용제청권자는 시보임용경찰공무원이 징계사유에 해당하는 경우에만 정규 경찰공무원으로 임용하는 것이 부적당하다고 인정되므로 임용심사위원회의 의결을 거쳐 해당 시보임용경찰공무원을 면직시키거나 면직을 제청할 수 있다. (O|X)

1606 ☐☐☐☐ 10·16·18 승진

교육훈련성적이 만점의 60퍼센트 미만이거나 생활기록이 극히 불량한 경우 시보임용경찰공무원을 임용심사위원회의 의결을 거쳐 면직시키거나 면직을 제청할 수 있다. (O|X)

1607 ☐☐☐☐ 18·25 승진

임용권자 또는 임용제청권자는 시보임용경찰공무원이 「경찰공무원 승진임용 규정」 제7조 제2항에 따른 제2평정 요소인 근무실적, 직무수행능력, 직무수행태도, 포상의 평정점이 만점의 50퍼센트 미만인 경우에 해당하여 정규 경찰공무원으로 임용하는 것이 부적당하다고 인정되는 경우에는 임용심사위원회의 의결을 거쳐 해당 시보임용경찰공무원을 면직시키거나 면직을 제청할 수 있다. (O|X)

8. 임용심사위원회(경찰공무원 임용령 시행규칙)_C급

1608 ☐☐☐☐ 17 승진

시보임용경찰공무원을 정규 경찰공무원으로 임용하는 경우 그 적부를 심사하게 하기 위하여 임용권자 또는 임용제청권자 소속으로 임용심사위원회를 둔다. (O|X)

1609 ☐☐☐☐ 16 승진

임용심사위원회의 구성 및 운영에 관한 필요한 사항은 경찰청 훈령으로 정한다. (O|X)

정답과 해설

1605. (X) 임용권자 또는 임용제청권자는 시보임용경찰공무원이 **징계사유에 해당하는 경우뿐만 아니라** 교육훈련 중 질병, 병역 복무 또는 그 밖에 교육훈련을 계속할 수 없는 불가피한 사정 외의 사유로 퇴교처분을 받은 경우, **교육훈련성적**이 만점의 **60퍼센트 미만(이하 X)**이거나 생활기록이 극히 불량한 경우, 제2평정 요소의 평정점이 만점의 **50퍼센트 미만(이하 X)**인 경우에 정규 경찰공무원으로 임용하는 것이 부적당하다고 인정되므로 임용심사위원회의 의결 **거쳐(직권 X, 징계위원회 X)** 해당 시보임용경찰공무원을 면직시키거나 면직을 제청할 수 있다(**하여야 한다 X**)(경찰공무원 임용령 제20조 제4항).

1606. (O) 동임용령 제20조 제4항 제2호.

1607. (X) **근무실적, 직무수행능력, 직무수행태도**가 「경찰공무원 승진임용 규정」 제7조 제2항에 따른 **제2 평정 요소**에 해당한다. **포상은 제1평정 요소**에 해당한다.

1608. (O) 시보임용경찰공무원을 정규 경찰공무원으로 임용 또는 임용 제청하려는 경우 그 적부(適否)를 심사하게 하기 위하여 임용권자 또는 임용제청권자 소속으로 임용심사위원회를 **둔다(둘 수 있다 X)**(동임용령 제20조의2 제1항 제2호).

1609. (X) 임용심사위원회의 구성 및 운영에 필요한 사항은 **행정안전부령(경찰공무원 임용령 시행규칙)**으로 정한다(동임용령 제20조의2 제2항).

9 경찰공무원 인사위원회(경찰공무원 임용령) _C급

1610 ☐☐☐☐ 09 채용, 10 승진, 12·19 간부

경찰공무원인사위원회는 위원장을 포함하여 5명 이상 7명 이하로 구성되고, 위원장은 경찰청 인사담당 국장이 되며, 위원은 경찰청 소속 총경 이상의 경찰관 중에서 위원장이 임명한다. O|X

1611 ☐☐☐☐ 19 간부

경찰공무원인사위원회 회의는 재적위원 과반수의 출석과 출석위원 과반수의 찬성으로 의결한다. O|X

1612 ☐☐☐☐ 11 승진

경찰공무원인사위원회에서는 경찰공무원의 인사 및 고충에 관한 사항을 심의한다. O|X

정답과 해설

1610. (X) 경찰공무원인사위원회는 위원장을 포함하여 5명 이상 7명 이하의 위원으로 구성되고, 위원장은 **경찰청 인사담당국장(경찰청 차장 X)**이 되고, 위원은 경찰청 소속 **총경(경정 X)** 이상 경찰공무원 중에서 **경찰청장(위원장 X)**이 각각 임명한다(동임용령 제9조 제1항·제2항).

1611. (X) 회의는 **재적위원 과반수의 찬성**으로 의결한다(동임용령 제11조 제2항).

1612. (X) 경찰공무원 인사위원회에서는 i) 경찰공무원의 인사행정에 관한 방침과 기준 및 기본계획 ii) 경찰공무원의 인사에 관한 법령의 제정·개정 또는 폐지에 관한 사항 iii) 그 밖에 경찰청장 또는 해양경찰청장이 인사위원회의 회의에 부치는 사항(경찰공무원법 제6조). 경찰공무원인사위원회에서는 **경찰공무원의 인사 및 고충에 관한 사항은 심의하지 않는다.**

THEME 03 경찰공무원관계의 변경

1 승진(경찰공무원법) _A급

1613 ☐☐☐☐ 22 채용

「경찰공무원 승진임용 규정」상 경찰공무원의 승진임용은 심사승진임용·시험승진임용 및 특별승진임용으로 구분한다. (O|X)

1614 ☐☐☐☐ 12 채용

경찰공무원의 승진방법에는 시험승진, 심사승진, 특별승진, 근속승진이 있다. (O|X)

1615 ☐☐☐☐ 12 채용

시험으로 승진할 수 있는 계급은 총경까지이다. (O|X)

1616 ☐☐☐☐ 12 채용

일정한 계급에서 일정기간 근무하면 승진임용 제한사유에 해당하지 않는 한 경정까지 승진할 수 있다. (O|X)

1617 ☐☐☐☐ 12 채용

「경찰공무원 승진임용 규정」상 계급별로 전체 승진임용 예정 인원에서 제3항에 따른 특별승진임용 예정 인원을 뺀 인원의 60퍼센트를 심사승진임용 예정 인원으로, 40퍼센트를 시험승진임용 예정 인원으로 한다. (O|X)

1618 ☐☐☐☐ 12 채용

순경, 경장, 경사의 승진소요 최저근무연수는 각각 1년, 2년, 3년이다. (O|X)

정답과 해설

1613. (O) 경찰공무원 승진임용 규정 제3조

1614. (O) 경찰공무원의 **승진방법**에는 시험승진, 심사승진, 특별승진, 근속승진이 있다. **주의할것은** 경찰공무원 승진임용 규정 제3조는 심사·시험·**특별승진(근속 X)**만 규정되어 있다. 근속승진은 경공법 제16조에 규정되어 있다.

1615. (X) **경정 이하** 계급으로의 승진은 승진시험과 승진심사를 병행할 수 있다(경찰공무원법 제15조 제2항).

1616. (X) **경감**까지 근속승진 임용할 수 있다. 경찰청장 해당 계급에서 일정기간 재직한 사람을 **경장, 경사, 경위, 경감**으로 각각 근속승진임용할 수 있다(동법 제16조 제1항).

1617. (X) 계급별로 전체 승진임용 예정 인원에서 제3항에 따른 특별승진임용 예정 인원을 뺀 인원의 **70퍼센트**를 심사승진임용 예정 인원으로, **30퍼센트**를 시험승진임용 예정 인원으로 한다(동규정 제4조 제4항).

1618. (X) 승진소요 최저근무연수는 순경·경장·경사·경위 **1년 이상**, 경감·경정 **2년 이상**, 총경 **3년 이상**이다(동규정 제5조 제1항).

1619 ☐☐☐☐ 13·20 채용, 20 경채

경찰청장은 순경에서 4년 이상 근속자를 경장으로, 경장에서 5년 이상 근속자를 경사로, 경사에서 6년 6개월 이상 근속자를 경위로, 경위에서 10년 이상 근속자를 경감으로 각각 근속승진임용할 수 있다. (O|X)

1620 ☐☐☐☐ 15 채용, 20 승진, 23 간부

경감 이하의 경찰공무원으로서 모든 경찰공무원의 귀감이 되는 공을 세우고 전사하거나 순직한 사람에 대하여는 2계급 특별승진을 시킬 수 있다. (O|X)

1621 ☐☐☐☐ 22 채용

7세인 초등학교 1학년 외동딸을 양육하기 위하여 1년간 휴직한 경사 乙의 위 휴직기간 1년은 승진소요 최저근무연수에 포함된다. (O|X)

1622 ☐☐☐☐ 22 채용

통상적인 근무시간보다 짧은 시간을 근무하는 시간선택제전환경찰공무원으로 경위 계급에서 1년간 근무한 경위 丙의 위 근무기간 1년은 승진소요 최저근무연수에 포함된다. (O|X)

1623 ☐☐☐☐ 22 채용

위법·부당한 처분과 직접적 관계없이 50만 원의 향응을 받아 감봉 1개월의 징계처분을 받은 경감 丁이 그 징계처분을 받은 후 해당 계급에서 경찰청장 표창을 받은 경우(그 외 일체의 포상을 받은 사실 없음)에는 징계처분의 집행이 끝난 날부터 18개월이 지나면 승진임용될 수 있다. (O|X)

1624 ☐☐☐☐ 14 간부

가장 가벼운 징계벌인 견책은 집행이 끝난 날부터 18개월이 경과하기 전에는 승진할 수 없다. (O|X)

1625 ☐☐☐☐ 14 간부

정직은 집행이 끝난 날부터 18개월이 경과되기 전에도 승진할 수 있다. (O|X)

정답과 해설

1619. (X) 경찰청장은 순경에서 **4년** 이상 근속자를 경장으로, 경장에서 **5년** 이상 근속자를 경사로, 경사에서 **6년 6개월** 이상 근속자를 경위로, 경위에서 **8년(10년 X)** 이상 근속자를 경감으로 각각 근속승진임용할 수 있다 (경찰공무원법 제16조 제1항).

1620. (X) **경위(경감 X) 이하**의 경찰공무원으로서 모든 경찰공무원의 귀감이 되는 공을 세우고 전사하거나 순직한 사람에 대하여는 **2계급** 특별승진을 시킬 수 있다(동법 제19조 제1항).

1621. (O) 경찰공무원 승진임용규정 제5조 제2항

1622. (O) 동임용규정 제5조 제6항 제1호

1623. (O) 금품 또는 향응 수수로 감봉처분을 받은 경우 승진임용기간 제한 기간은 **12개월 + 6개월이다**(경찰공무원 승진임용규정 제6조 제1항 제2호). 또한 경감 丁이 받은 경찰청장 표창도 승진제한기간 단축 규정(대통령표창 또는 국무총리표창)에 해당하지 않는다(동임용규정 제6조 제3항).

1624. (X) 견책은 집행이 끝난 날부터 **6개월**이 경과하기 전에는 승진할 수 없다(강등·정직: 18개월, 감봉: 12개월, **견책: 6개월**)(동임용규정 제6조 제1항 제2호).

1625. (X) 정직은 집행이 끝난 날부터 18개월이 경과되기 전에는 승진할 수 **없다**(동임용규정 제6조 제1항 제2호).

1626 ☐☐☐☐ 19 채용

성폭력, 성희롱 및 성매매에 따른 강등 징계처분을 받은 자는 그 처분의 집행이 끝난 날부터 24개월이 지나지 않은 경우 승진임용 될 수 없다. (O|X)

1627 ☐☐☐☐ 11 채용, 11·19 승진

강등 징계시 3개월간 직무에 종사하지 못하며 금품 또는 향응 수수로 강등의 징계처분을 받은 경우 그 처분의 집행이 끝난 날로부터 21개월이 지나지 않으면 승진임용을 할 수 없다. (O|X)

1628 ☐☐☐☐ 22 채용

「경찰공무원 승진임용 규정」 제6조 제1항 제2호에 따르면 소극 행정으로 감봉에 해당하는 징계처분을 받은 경찰공무원은 징계 처분의 집행이 끝난 날부터 18개월이 지나지 아니하면 심사승진 임용될 수 없다. (O|X)

1629 ☐☐☐☐ 12·19·22 채용, 22 승진

임용권자나 임용제청권자는 시험승진후보자 명부에 기록된 사람이 승진임용되기 전에 감봉 이상의 징계처분을 받은 경우에는 시험 승진후보자 명부에서 그 사람을 제외하여야 한다. (O|X)

2 근무성적평정(경찰공무원 승진임용 규정)_B급

1630 ☐☐☐☐ 22 채용

총경 이하의 경찰공무원에 대해서는 매년 근무성적을 평정하여야 하나 휴직·직위해제 등의 사유로 해당 연도의 평정기관에서 6개월 이상 근무하지 아니한 경찰공무원에 대해서는 근무성적을 평정하지 아니한다. (O|X)

1631 ☐☐☐☐ 22 채용

공무원에 대한 근무성적평정은 현대에 이르러 조직발전의 기초로 작용하는 공무원의 능력개발과 행정제도 개선의 수단으로도 활용될 수 있다. (O|X)

1632 ☐☐☐☐ 22 채용

전통적 근무성적평정제도는 생산성과 능률성에 중점을 두어 공무원의 직무수행능력을 측정하고 이를 인사행정의 표준화와 직무수행의 통제를 위한 수단으로 활용하였다. (O|X)

정답과 해설

1626. (O) 징계처분의 집행이 끝난 날부터 강등은 **18개월**이 지나지 않은 사람. 단 소극행정, 음주운전(음주측정에 응하지 않은 경우를 **포함**), 성폭력, 성희롱 및 성매매에 따른 징계처분의 경우에는 각각 **6개월을 더한 기간(18+6=24)**, 24개월이 지나지 않으면 승진임용될 수 없다(경찰공무원 승진임용규정 제6조 제1항 제2호 가목).

1627. (X) **금품 또는 향응 수수(6개월 더함)**로 강등(18개월)의 징계처분을 받은 경우 그 처분의 집행이 끝난 날로부터 **24개월**이 지나지 않으면 승진임용될 수 없다(동임용규정 제6조 제1항 제2호 가목).

1628. (O) 동임용규정 제6조 제1항 제2호

1629. (X) 임용권자나 임용제청권자는 심사승진후보자 명부에 기록된 사람이 승진임용되기 전에 **정직 이상**의 징계처분을 받은 경우에는 심사승진후보자 명부에서 그 사람을 **제외하여야 한다(제외할 수 있다 X)**(동임용규정 제24조 제3항).

1630. (O) 동임용규정 제7조 제1항, 제8조 제1항

1631. (O)   1632. (O)

1633 ☐☐☐☐ 22 채용

근무성적평정과정에서 평정자에 의한 집중화·엄격화 등의 오류를 방지하기 위해 경찰서 수사과에서 고소·고발 등에 대한 조사업무를 직접 처리하는 경위 계급의 경찰공무원의 제2 평정요소에 따른 근무성적 평정은 수 20%, 우 40%, 양 30%, 가 10%로 분배해야 한다. ⓞⅨ

1634 ☐☐☐☐ 22 채용

총경에 대한 근무성적평정은 매년 하되, 근무실적, 직무수행능력 및 직무수행태도로만 평정한다. ⓞⅨ

3 전보(경찰공무원 임용령)_C급

1635 ☐☐☐☐ 09 채용

전보(轉補)란 같은 직급 내에서의 보직 변경 또는 고위공무원단 직위 간의 보직 변경을 말한다. ⓞⅨ

1636 ☐☐☐☐ 15 승진

전보란 경찰공무원의 동일 직위 및 자격 내에서의 근무기관이나 부서를 달리하는 임용을 말한다. ⓞⅨ

1637 ☐☐☐☐ 15 승진

전보의 목적은 같은 직위에 장기적으로 근무함으로써 생기는 무기력현상을 막고 신선한 자극을 주어 활력이 넘치는 업무수행으로 조직 효과성을 높이는 데 있다. ⓞⅨ

1638 ☐☐☐☐ 15·18 승진, 26 간부

임용권자 또는 임용제청권자는 원칙적으로 소속 경찰공무원이 해당 직위에 임용된 날부터 2년 이내에 다른 직위에 전보할 수 없다. ⓞⅨ

1639 ☐☐☐☐ 26 간부

교육훈련기관의 교수요원으로 임용된 사람은 원칙적으로 그 임용일부터 1년 이상 3년 이하의 범위에서 경찰청장이 정하는 기간 안에는 다른 직위에 전보할 수 없다. ⓞⅨ

1640 ☐☐☐☐ 26 간부

1년 이상의 교육훈련을 받은 경찰공무원은 특별한 사정이 없으면 그 교육훈련내용과 관련되는 직위에 보직해야 한다. ⓞⅨ

정답과 해설

1633. (X) 제11조 제2항 단서에 해당하는 경찰공무원과 경찰서 수사과에서 고소·고발 등에 대한 조사업무를 직접 처리하는 경위 계급의 경찰공무원을 평정할 때에는 제3항의 비율을 적용하지 **아니할 수 있다**(분배해야 한다 X) (경찰공무원 승진임용 규정 제7조 제4항).

1634. (O) 동임용규정 제7조 제1항, 제2항 제2호

1635. (O) 국가공무원법 제5조 제6호

1636. (O) 경찰공무원법 제2조 제2호

1637. (O) 임용권자 또는 임용제청권자는 **장기근무 또는 잦은 전보**로 인한 **업무 능률 저하를 방지**하기 위하여 특별한 사정이 없으면 **정기적으로 전보**를 실시하여야 한다(경찰공무원 임용령 제26조).

1638. (X) 임용권자 또는 임용제청권자는 소속 경찰공무원이 해당 직위에 임용된 날부터 **1년 이내**(**감사업무를 담당**하는 경찰공무원의 경우에는 **2년 이내**)에 다른 직위에 전보할 수 없다(동임용령 제27조 제1항).

1639. (O) 동임용령 제27조 제2항

1640. (O) 동임용령 제24조 제1항

1641 □□□□ 26 간부

임용권자 또는 임용제청권자는 직무수행요건이 같은 직위 간의 전보 등 경찰청장이 정하는 경우를 제외하고는 전문직위에 임용된 경찰공무원을 해당 직위에 임용된 날부터 3년의 범위에서 경찰청장이 정하는 기간이 지나야 다른 직위에 전보할 수 있다. (O|X)

1642 □□□□ 11·12 승진

경찰공무원 임용령상 전보제한의 예외 사유 해당여부

ⓐ 직제상 최저단위인 보조기관 또는 보좌기관 내에서 전보하는 경우 (O|X)
ⓑ 경찰청 및 해양경찰청과 소속기관등 또는 소속기관등 상호간의 교류를 위하여 전보하는 경우 (O|X)
ⓒ 기구의 개편, 직제 또는 정원의 변경으로 해당 경찰공무원을 전보하는 경우 (O|X)
ⓓ 승진임용된 경찰공무원을 전보하는 경우 (O|X)
ⓔ 전문직위로 경찰공무원을 전보하는 경우 (O|X)
ⓕ 징계처분을 받은 경우 (O|X)
ⓖ 형사사건에 관련되어 수사기관에서 조사를 받고 있는 경우 (O|X)
ⓗ 경찰공무원으로서의 품위를 크게 손상하는 비위(非違)로 인한 감사 또는 조사가 진행 중이어서 해당 직위를 유지하는 것이 부적절하다고 판단되는 경찰공무원을 전보하는 경우 (O|X)
ⓘ 경찰기동대 등 경비부서에서 정기적으로 교체하는 경우 (O|X)
ⓙ 교육훈련기관의 교수요원으로 보직하는 경우 (O|X)
ⓚ 시보임용 중인 경우 (O|X)
ⓛ 신규채용된 경찰공무원을 해당 계급의 보직관리기준에 따라 전보하는 경우 및 이와 관련한 전보의 경우 (O|X)
ⓜ 인사담당 경찰공무원 가운데 부적격자로 인정되는 경우 (O|X)
ⓝ 경감 이하의 경찰공무원을 배우자 또는 직계존속이 거주하는 시·군·자치구 지역의 경찰기관으로 전보하는 경우 (O|X)
ⓞ 임신 중인 경찰공무원 또는 출산 후 2년이 지나지 않은 경찰공무원의 모성보호, 육아 등을 위하여 필요한 경우 (O|X)

정답과 해설

1641. (O) 임용권자 또는 임용제청권자는 전문직위에 임용된 경찰공무원을 해당 직위에 임용된 날부터 3년의 범위에서 경찰청장이 정하는 기간이 지나야 다른 직위에 전보할 수 있다. 다만, 직무수행요건이 같은 직위 간의 전보 등 경찰청장이 정하는 경우에는 **기간에 관계없이 전보할 수 있다**(동임용령 제25조 제1항).

1642. ⓐ (O)　ⓑ (O)　ⓒ (O)　ⓓ (O)　ⓔ (O)　ⓕ (O)　ⓖ (O)　ⓗ (O)　ⓘ (O)　ⓙ (O)　ⓚ (O)　ⓛ (O)
　　　ⓜ (X) **감사담당**(정보담당 X, 인사담당 X) 경찰공무원 가운데 부적격자로 인정되는 경우
　　　ⓝ (X) **경정 이하**의 경찰공무원을 배우자 또는 직계존속이 거주하는 시·군·자치구 지역의 경찰기관으로 전보하는 경우
　　　ⓞ (X) 임신 중인 경찰공무원 또는 출산 후 **1년**이 지나지 않은 경찰공무원의 모성보호, 육아 등을 위하여 필요한 경우(경찰공무원 임용령 제27조 제1항 단서)

4 휴직(국가공무원법 §71)_A급

4-1 효력

1643 ☐☐☐☐ 19 승진
휴직 중인 공무원은 신분은 보유하나 직무에 종사하지 못한다. (O|X)

1644 ☐☐☐☐ 19 승진
휴직 기간이 끝난 공무원이 30일 이내에 복귀 신고를 하면 당연히 복직된다. (O|X)

1645 ☐☐☐☐ 17·19·20 승진
휴직 기간 중 그 사유가 없어지면 지체 없이 임용권자 또는 임용제청권자에게 신고하여야 하며, 임용권자는 30일 이내에 복직을 명하여야 한다. (O|X)

4-2 직권휴직 사유

1646 ☐☐☐☐ 17 승진
신체·정신상의 장애로 장기 요양이 필요할 때의 휴직기간은 1년으로 하되, 부득이한 경우 1년의 범위에서 연장할 수 있다. 다만 공무원 재해보상법 제22조 제1항에 따른 요양급여 지급 대상 부상 또는 질병이나 산업재해보상보험법 제40조에 따른 요양급여 결정 대상 질병 또는 부상으로 인한 휴직기간은 5년 이내로 한다. (O|X)

1647 ☐☐☐☐ 21 채용
임용권자는 신체·정신상의 장애로 장기 요양이 필요한 자에게 휴직을 명할 수 있다. (O|X)

1648 ☐☐☐☐ 19 승진
직권휴직 사유로는 신체·정신상의 장애로 장기 요양이 필요할 때, 병역법에 따른 병역 복무를 마치기 위하여 징집 또는 소집된 때, 직무수행 능력이 부족하거나 근무성적이 극히 나쁜 자인 경우이다. (O|X)

정답과 해설

1643. (O) 국가공무원법 제73조 제1항
1644. (O) 동법 제73조 제3항
1645. (X) 휴직 기간 중 그 사유가 없어지면 **30일(지체 없이 X)** 이내에 임용권자 또는 임용제청권자에게 신고하여야 하며, 임용권자는 **지체 없이(30일 이내 X)** 복직을 **명하여야 한다(명할 수 있다 X)**(동법 제73조 제2항).
1646. (X) 신체·정신상의 장애로 장기 요양이 필요할 때의 휴직기간은 **1년**으로 하되, 부득이한 경우 **1년의 범위**에서 연장할 수 있다. 다만 「공무원 재해보상법」 제22조 제1항에 따른 요양급여 지급 대상 부상 또는 질병이나 「산업재해보상보험법」 제40조에 따른 요양급여 결정 대상 질병 또는 부상으로 인한 휴직기간은 **3년(5년 X)** 이내로 하되, 의학적 소견 등을 고려하여 대통령등으로 정하는 바에 따라 **2년**의 범위에서 연장할 수 있다(동법 제72조 제1호).
1647. (X) 임용권자는 신체·정신상의 장애로 장기 요양이 필요한 자는 **직권휴직 사유**로 본인의 의사에도 불구하고 휴직을 **명하여야 한다(명할 수 있다 X)**(동법 제71조 제1항 제1호).
1648. (X) 직무수행 능력이 부족하거나 근무성적이 극히 나쁜 자는 **직위해제 사유**에 해당한다(동법 제71조 제1항, 제73조의3 제1항).

1649 ☐☐☐☐ 19 승진

병역법에 따른 병역 복무를 마치기 위하여 징집 또는 소집된 때 휴직 기간은 그 복무 기간이 끝날 때까지로 한다. (O|X)

1650 ☐☐☐☐ 17·20 승진

공무원이 천재지변이나 전시 사변, 그 밖의 사유로 생사 또는 소재가 불명확하게 된 때의 휴직기간은 3개월 이내로 한다. (O|X)

4-3 의원휴직 사유

1651 ☐☐☐☐ 17·19·20 승진

외국에서 근무·유학 또는 연수하게 되는 배우자를 동반하게 된 때 휴직 기간은 3년 이내로 하되, 부득이한 경우에는 2년의 범위에서 연장할 수 있다. (O|X)

1652 ☐☐☐☐ 22 승진

국가공무원법상 임용권자는 공무원이 중앙인사관장기관의 장이 지정하는 연구기관이나 교육기관 등에서 연수하게 된 때에는 공무원의 의사에도 불구하고 휴직을 명하여야 한다. (O|X)

1653 ☐☐☐☐ 19 승진

중앙인사관장기관의 장이 지정하는 연구기관이나 교육기관 등에서 연수하게 된 때 휴직 기간은 3년 이내로 한다. (O|X)

정답과 해설

1649. (O) 병역법에 따른 병역 복무를 마치기 위하여 징집 또는 소집된 때 휴직 기간은 그 **복무 기간이 끝날 때까지로** 한다(국가공무원법 제71조, 제72조).

1650. (O) 공무원이 천재지변이나 전시 사변, 그 밖의 사유로 생사 또는 소재가 불명확하게 된 때의 휴직기간은 **3개월 이내로** 한다(동법 제72조 제3호).

1651. (O) **공무원이 국외 유학을 하게 된 때**, 외국에서 근무·유학 또는 연수하게 되는 배우자를 동반하게 된 때 휴직 기간은 **3년** 이내로 하되, 부득이한 경우에는 **2년**의 범위에서 연장할 수 있다(동법 제71조 제2항 제2호 제6호, 제72조 제5호).

1652. (X) 공무원이 중앙인사관장기관의 장이 지정하는 연구기관이나 교육기관 등에서 연수하게 된 때에는 휴직을 **명할 수 있다**(명하여야 한다 X)(동법 제71조 제2항 제3호).

1653. (X) 중앙인사관장기관의 장이 지정하는 연구기관이나 교육기관 등에서 연수하게 된 때 휴직 기간은 **2년**(3년 X) 이내로 한다(동법 제71조 제2항 제3호, 제72조 제6호).

1654 ☐☐☐☐ 19 승진

8세 이하 또는 초등학교 2학년 이하의 자녀를 양육하기 위하여 필요하거나 여성공무원이 임신 또는 출산하게 된 때 휴직 기간은 자녀 1명에 대하여 3년 이내로 한다. (O I X)

1655 ☐☐☐☐ 20 승진

대통령령등으로 정하는 기간 동안 재직한 공무원이 직무 관련 연구과제 수행 또는 자기개발을 위하여 학습·연구 등을 하게 된 때 휴직 기간은 1년 이내로 한다. (O I X)

5 직위해제(국가공무원법 §73의3) _A급

5-1 효력

1656 ☐☐☐☐ 16·20·21 승진

직위해제는 휴직과 달리 제재적 성격을 가지는 보직의 해제이며 복직이 보장되지 않는다. (O I X)

1657 ☐☐☐☐ 13 간부

직위해제처분을 한 후 그 직위해제 사유와 동일한 사유를 이유로 파면처분을 하였다고 하더라도 그 파면처분에 의하여 그 전에 하였던 직위해제처분의 효력이 상실된다고 할 수 없다. (O I X)

1658 ☐☐☐☐ 21·23 채용, 20 승진

국가공무원법 제73조의3 제1항에 따라 직위를 부여하지 아니한 경우에 그 직위해제 사유가 소멸되면 임용권자는 직위를 부여할 수 있다. (O I X)

5-2 직위해제 사유 및 기간 중 봉급 감액

1659 ☐☐☐☐ 21·23 채용, 20 승진

임용권자는 직무수행 능력이 부족하거나 근무성적이 극히 나빠 직위해제 된 자에게 3개월의 범위에서 대기를 명한다. (O I X)

정답과 해설

1654. (O) 8세 이하 또는 초등학교 2학년 이하의 자녀를 양육하기 위하여 필요하거나 여성공무원이 임신 또는 출산하게 된 때 휴직 기간은 자녀 1명에 대하여 3년 이내로 한다(국가공무원법 제71조 제2항 제4호, 제72조 제7호).

1655. (O) 대통령령등으로 정하는 기간 동안 재직한 공무원이 직무 관련 연구과제 수행 또는 자기개발을 위하여 학습·연구 등을 하게 된 때 휴직 기간은 1년 이내로 한다(동법 제71조 제2항 제7호, 제72조 제10호).

1656. (O)

1657. (O) 직위해제처분을 한 후 그 직위해제 사유와 동일한 사유를 이유로 파면처분을 하였다고 하더라도 일사부재리의 원칙이나 이중처벌금지의 원칙에 위배되는 것은 아니다(대법원 1984.2.28. 83누489).

1658. (X) 사유가 소멸되면 임용권자는 지체 없이(7일 이내 X) 직위를 부여하여야 한다(부여할 수 있다 X)(동법 제73조의3 제2항).

1659. (O) 동법 제73조의3 제3항

1660 ☐☐☐☐ 13 간부
직무수행 능력이 부족하거나 근무성적이 극히 나빠 직위해제된 사람에게는 봉급의 70퍼센트를 지급한다.
(O|X)

1661 ☐☐☐☐ 22 채용
중징계 의결이 요구 중인 경찰공무원 甲에 대해 직위해제처분을 할 경우, 임용권자는 3개월의 범위 내에서 대기를 명하고 능력 회복이나 근무성적의 향상을 위한 교육훈련 또는 특별한 연구과제의 부여 등 필요한 조치를 하여야 한다.
(O|X)

1662 ☐☐☐☐ 21 승진
직무수행능력이 부족하여 직위해제를 한 경우 대기명령 기간 중 근무성적의 향상을 기대하기 어렵다고 인정될 때에는 징계위원회의 동의를 얻어 임용권자가 직권면직시킬 수 있다.
(O|X)

1663 ☐☐☐☐ 23 채용
임용권자는 직무수행 능력이 부족하거나 근무성적이 극히 나쁜 자에게 직위를 부여하지 아니할 수 있다.
(O|X)

1664 ☐☐☐☐ 20 승진
파면·해임·강등·정직 또는 감봉에 해당하는 징계 의결이 요구 중인 자는 직위해제 대상이다.
(O|X)

1665 ☐☐☐☐ 21·23 채용
임용권자는 형사사건으로 기소된 자(약식명령이 청구된 자를 포함한다)에게 직위를 부여하지 아니할 수 있다.
(O|X)

1666 ☐☐☐☐ 22 승진
국가공무원법상 임용권자는 금품비위, 성범죄 등 대통령령으로 정하는 비위행위로 인하여 감사원 및 검찰·경찰 등 수사기관에서 조사나 수사 중인 자로서 비위의 정도가 중대하고 이로 인하여 정상적인 업무수행을 기대하기 현저히 어려운 자는 직위해제할 수 있다.
(O|X)

정답과 해설

1660. (X) 직무수행 능력이 부족하거나 근무성적이 극히 나빠 직위해제된 사람에게는 **봉급의 80%**를 지급한다(공무원보수규정 제29조 제1호).

1661. (X) **직무수행 능력이 부족하거나 근무성적이 극히 나쁜 자**에 대해 직위해제처분을 할 경우, 임용권자는 직위해제된 자에게 3개월의 범위에서 대기를 명하고, 능력 회복이나 근무성적의 향상을 위한 교육훈련 또는 특별한 연구과제의 부여 등 필요한 조치를 하여야 한다(국가공무원법 제73조의3 제3항·제4항).

1662. (O) 대기 명령을 받은 자가 그 기간에 능력 또는 근무성적의 향상을 기대하기 어렵다고 인정된 때 면직시킬 경우에는 **징계위원회의 동의를 받아야 한다**(경찰공무원법 제28조 제2항).

1663. (O) 국가공무원법 제73조의3 제1항 제2호

1664. (X) **파면·해임·강등·정직(중징계)**에 해당하는 징계 의결이 요구 중인 자가 직위해제 대상이다. **감봉은 포함되지 않는다**(국가공무원법 제73조의3 제1항 제3호).

1665. (X) 임용권자는 형사사건으로 기소된 자(약식명령이 청구된 자를 **제외(포함 X)**)에게 직위를 부여하지 아니할 수 있다(동법 제73조의3 제1항 제4호).

1666. (O) 국가공무원법상 임용권자는 금품비위, 성범죄 등 대통령령으로 정하는 비위행위로 인하여 감사원 및 검찰·경찰 등 수사기관에서 조사나 수사 중인 자로서 비위의 정도가 중대하고 이로 인하여 정상적인 업무수행을 기대하기 현저히 어려운 자는 **직위를 부여하지 아니할 수 있다(아니 한다 X)**(동법 제73조의3 제1항 제6호).

1667 ☐☐☐☐ 21 승진

국가공무원법상 고위공무원단에 속하는 일반직공무원으로서 적격심사를 요구받은 자에 따라 직위해제된 사람이 직위해제일부터 3개월이 지나도 직위를 부여받지 못한 경우에는 그 3개월이 지난 후의 기간 중에는 봉급의 50퍼센트를 지급한다. OIX

5-3 승진소요 최저근무연수(경찰공무원 승진임용 규정 §5)

1668 ☐☐☐☐ 21 승진, 13 간부

직위해제 기간은 원칙적으로 승진소요 최저근무연수에 포함되지 않으나, 파면·해임·강등 또는 정직에 해당하는 징계 의결 요구로 직위해제된 사람에 대하여 관할 징계위원회가 징계하지 아니하기로 의결한 경우 등은 승진소요 최저근무연수에 포함된다. OIX

1669 ☐☐☐☐ 13 간부

직위해제된 자가 별도의 징계처분을 받지 않으면 그 기간은 승진소요 최저근무연수에 산입된다. OIX

정답과 해설

1667. (X) 국가공무원법 제73조의3제1항제5호(고위공무원단에 속하는 일반직공무원으로서 제70조의2 제1항 제2호부터 제5호까지의 사유로 적격심사를 요구받은 자)에 따라 직위해제된 사람은 봉급의 **70퍼센트**를 지급한다. 다만, 직위해제일부터 3개월이 지나도 직위를 부여받지 못한 경우에는 그 **3개월이 지난 후의 기간 중**에는 봉급의 **40퍼센트(50 X)**를 지급한다(공무원보수규정 제29조 제2호).

1668. (O) 직위해제처분을 받은 사람에 대한 징계 의결 요구에 대하여 관할 징계위원회가 징계하지 아니하기로 **의결한 경우**와 해당 직위해제처분의 사유가 된 징계처분이 소청심사위원회의 **결정** 또는 법원의 판결에 따라 **무효 또는 취소**로 확정된 경우 등은 승진소요 최저근무연수에 **포함된다**(경찰공무원 승진임용 규정 제5조 제2항 제2호 가목).

1669. (X) 휴직 기간, 직위해제 기간, 징계처분 기간, 승진임용 제한기간은 승진소요 최저근무연수에 **산입되지 않는다**(동임용규정 제5조 제2항).

5-4 각종 사유 종합문제

1670 ☐☐☐☐ 12·16·17·19 승진, 13·15 간부

직위해제사유 · 직권휴직사유 · 의원휴직사유를 고르시오.

> ㉠ 직무수행 능력이 부족하거나 근무성적이 극히 나쁜 자(3개월 범위 내)
> ㉡ 국제기구 등 임시채용
> ㉢ 병역 징집·소집
> ㉣ 파면·해임·강등 또는 정직에 해당하는 징계의결이 요구 중인 자
> ㉤ 형사사건으로 기소된 자(약식명령 제외)
> ㉥ 신체·정신상 장애로 장기요양
> ㉦ 연구기관·교육기관 연수
> ㉧ 장기요양 부모 등 간호
> ㉨ 노동조합 전임자 종사
> ㉩ 외국 근무·유학·연수하는 배우자 동반
> ㉪ 병역법에 따른 병역 복무를 마치기 위하여 징집 또는 소집된 때

6 강임

1671 ☐☐☐☐ 18 승진

국가공무원법상 강임은 직렬 내에서 하위 직급에 임명하거나 하위 직급이 없어 다른 직렬의 하위 직급으로 임명하는 것을 말하는 것으로서 경찰공무원에게도 적용된다. OIX

정답과 해설

1670. 직위해제 사유 ㉠㉣㉤, 직권휴직 사유 ㉢㉥㉪, 의원휴직 사유 ㉡㉦㉧㉨
1671. (X) 경찰공무원에 대해서는 국가공무원법상의 강임 규정을 **적용하지 아니한다**(경찰공무원법 제36조 제1항).

THEME 04 경찰공무원관계의 소멸 _A급

1 당연퇴직(경찰공무원법)

1672 ☐☐☐☐ 12 채용, 18 승진, 25 간부

「경찰공무원법」상 경찰공무원의 당연퇴직 사유에 해당하면 (O), 아니면 (X)

가. 「국적법」 제11조의2 제1항에 따른 복수국적자 (O|X)
나. 자격정지 이상의 형(刑)을 선고받은 사람 (O|X)
다. 「형법」 제357조에 규정된 배임수증죄를 범한 사람으로서 자격정지 이상의 형의 선고유예를 받고 그 유예기간 중에 있는 사람 (O|X)
라. 미성년자에 대한 「성폭력범죄의 처벌 등에 관한 특례법」 제2조에 따른 성폭력범죄를 저질러 형 또는 치료감호가 확정된 사람(집행유예를 선고받은 후 그 집행유예기간이 경과한 사람을 포함한다) (O|X)

2 정년퇴직(경찰공무원법 §30)

1673 ☐☐☐☐ 13·17 채용, 12 간부

경찰공무원의 계급정년은 치안감 : (   )년, 경무관 : (   )년, 총경 : (   )년, 경정 : (   )년이다.

1674 ☐☐☐☐ 13 채용

수사, 정보, 외사, 안보, 자치경찰사무 등 특수 부문에 근무하는 경찰공무원으로서 대통령령으로 정하는 바에 따라 지정을 받은 사람은 총경 및 경정의 경우에는 (   )년의 범위에서 대통령령으로 정하는 바에 따라 계급정년을 연장할 수 있다.

정답과 해설

1672. 가. (O) 경찰공무원법 제8조 제2항 제2호
   나. (O) 동법 제8조 제2항 제5호
   다. (X) 제8조 제2항 제6호는 「형법」 제129조부터 제132조까지, 성폭력범죄의 처벌 등에 관한 특례법」 제2조, 「정보통신망 이용촉진 및 정보보호 등에 관한 법률」 제74조 제1항 제2호·제3호, 「스토킹범죄의 처벌 등에 관한 법률」 제2조 제2호, 「아동·청소년의 성보호에 관한 법률」 제2조 제2호 및 직무와 관련하여 「형법」 **제355조(횡령, 배임) 또는 제356조(업무상의 횡령과 배임)**에 규정된 죄를 범한 사람으로서 자격정지 이상의 형의 선고유예를 받은 경우만 해당한다(경찰공무원법 제27조). **「형법」 제357조에 규정된 배임수증죄를 범한 사람은 당연퇴직 사유에 해당되지 않는다.**
   라. (O) 동법 제8조 제2항 제9호
1673. 계급정년은 치안감의 경우 **4년**, 경무관의 경우 **6년**, 총경의 경우 **11년**, 경정의 경우 **14년**이다(경찰공무원법 제30조 제1항 제2호).
1674. **수사, 정보, 외사, 안보, 자치경찰사무** 등 특수 부문에 근무하는 경찰공무원으로서 대통령령으로 정하는 바에 따라 지정을 받은 사람은 **총경 및 경정**의 경우에는 **4년**의 범위에서 **대통령령**으로 정하는 바에 따라 계급정년을 연장할 수 있다(동법 제30조 제3항).

1675 ☐☐☐☐ 12 간부

징계로 인하여 강등(경감으로 강등된 경우를 포함한다)된 경찰공무원의 계급정년은 강등되기 전의 계급 중 가장 높은 계급의 계급정년으로 한다. (O│X)

1676 ☐☐☐☐ 12 간부

계급정년을 산정할 때에는 강등되기 전 계급의 근무연수와 강등 이후의 근무연수를 합산한다. (O│X)

1677 ☐☐☐☐ 13·20 채용, 23 간부

경찰청장 또는 해양경찰청장은 전시·사변이나 그 밖에 이에 준하는 비상사태에서는 4년의 범위에서 계급정년을 연장할 수 있다. 이 경우 치안감의 경찰공무원에 대하여는 행정안전부장관 또는 해양수산부장관과 국무총리를 거쳐 대통령의 승인을 받아야 하고, 경무관·총경·경정의 경찰공무원에 대하여는 국무총리를 거쳐 대통령의 승인을 받아야 한다. (O│X)

1678 ☐☐☐☐ 20 채용, 12 간부

경찰공무원은 그 정년이 된 날이 1월에서 6월 사이에 있으면 6월 30일에 당연퇴직하고, 7월에서 12월 사이에 있으면 12월 31일에 당연퇴직한다. (O│X)

3 직권면직(경찰공무원법 §28)

1679 ☐☐☐☐ 19·22 승진

경찰공무원법상 임용권자는 경찰공무원이 경찰공무원으로는 부적합할 정도로 직무 수행능력이나 성실성이 현저하게 결여된 사람으로서 대통령령으로 정하는 사유에 해당된다고 인정되는 사람을 직권으로 면직시킬 수 있다. (O│X)

1680 ☐☐☐☐ 19 승진

직무를 수행하는 데에 위험을 일으킬 우려가 있을 정도의 성격적 또는 도덕적 결함이 있는 사람으로서 대통령령이 정하는 사유에 해당한다고 인정될 때는 직권면직 처분을 위해서 징계위원회의 동의가 필요하다. (O│X)

정답과 해설

1675. (O) 징계로 인하여 강등(경감으로 강등된 경우를 **포함**(제외 X))된 경찰공무원의 계급정년은 강등되기 전의 계급 중 **가장 높은**(낮은 X) **계급의 계급정년으로** 한다(경찰공무원법 제30조 제2항 제1호).

1676. (O) 계급정년을 산정할 때에는 강등되기 전 계급의 근무연수와 강등 이후의 **근무연수를 합산**한다(동법 제30조 제2항 제2호).

1677. (X) 경찰청장 또는 해양경찰청장은 전시·사변이나 그 밖에 이에 준하는 비상사태에서는 **2년**(4년 X)의 범위에서 제1항제2호에 따른 계급정년을 연장할 수 있다. 이 경우 **경무관**(총경, 치안감 X) **이상**의 경찰공무원에 대해서는 행정안전부장관 또는 해양수산부장관과 국무총리를 거쳐 대통령의 승인을 받아야 하고, **총경·경정**(경무관 X)의 경찰공무원에 대해서는 국무총리를 거쳐 대통령의 승인을 받아야 한다(동법 제30조 제4항).

1678. (O) 경찰공무원은 그 정년이 된 날이 1월에서 6월 사이에 있으면 **6월 30일**에 당연퇴직하고, 7월에서 12월 사이에 있으면 **12월 31일**에 당연퇴직한다(동법 제30조 제5항).

1679. (X) 경찰공무원법상 임용권자는 경찰공무원이 경찰공무원으로는 부적합할 정도로 직무 수행능력이나 성실성이 현저하게 결여된 사람으로서 대통령령으로 정하는 사유에 해당된다고 인정될 때는 직권면직 처분을 위해서 **징계위원회의 동의를 받아** 직권으로 면직시킬 수 있다(동법 제28조 제1항 제2호, 제2항).

1680. (O) 동법 제28조 제1항 제3호, 제2항

1681 ☐☐☐☐ 17 승진

직무수행하는 데에 있어서 위험을 일으킬 우려가 있을 정도의 성격적 또는 도덕적 결함이 있는 사람으로서 대통령령으로 정하는 사유에 해당된다고 인정될 때는 직권면직 사유이다. (O|X)

1682 ☐☐☐☐ 19 승진

국가공무원법 제73조의3 제3항에 따라 대기 명령을 받은 자가 그 기간에 능력 또는 근무성적의 향상을 기대하기 어렵다고 인정된 때는 직권면직 처분을 위해서 징계위원회의 동의가 필요하다. (O|X)

1683 ☐☐☐☐ 17 승진

직제와 정원의 개폐 또는 예산의 감소로 폐직 또는 과원이 되었을 때는 직권면직 사유이다. (O|X)

1684 ☐☐☐☐ 17·19 승진

휴직 기간이 끝나거나 휴직 사유가 소멸된 후에도 직무에 복귀하지 아니하거나 직무를 감당할 수 없을 때에는 임용권자는 그 공무원을 직권으로 면직시켜야 한다. (O|X)

1685 ☐☐☐☐ 19 승진

휴직기간이 끝나거나 휴직사유가 소멸된 후에도 직무에 복귀하지 아니하거나 직무를 감당할 수 없을 때는 직권면직 처분을 위해서 징계위원회의 동의가 필요하다. (O|X)

1686 ☐☐☐☐ 10·11·22 채용, 10 승진, 08·24 간부

직권면직처분을 위해 징계위원회의 동의가 필요한 사유를 모두 고르시오.

> ㉠ 직제와 정원의 개폐 또는 예산의 감소 등에 따라 폐직 또는 과원이 되었을 때
> ㉡ 휴직 기간이 끝나거나 휴직 사유가 소멸된 후에도 직무에 복귀하지 아니하거나 직무를 감당할 수 없을 때
> ㉢ 직위해제로 인한 대기 명령을 받은 자가 그 기간에 능력 또는 근무성적의 향상을 기대하기 어렵다고 인정된 때
> ㉣ 경찰공무원으로는 부적합할 정도로 직무 수행능력이나 성실성이 현저하게 결여된 사람으로서 대통령령으로 정하는 사유에 해당된다고 인정될 때
> ㉤ 직무를 수행하는 데에 위험을 일으킬 우려가 있을 정도의 성격적 또는 도덕적 결함이 있는 사람으로서 대통령령으로 정하는 사유에 해당된다고 인정될 때
> ㉥ 해당 경과에서 직무를 수행하는 데 필요한 자격증의 효력이 상실되거나 면허가 취소되어 담당 직무를 수행할 수 없게 되었을 때

정답과 해설

1681. (O) 경찰공무원법 제28조 제1항 제3호
1682. (O) 동법 제28조 제2항
1683. (O) 경찰공무원법 제28조 제1항 제1호, 국가공무원법 제70조 제1항 제3호
1684. (X) 휴직 기간이 끝나거나 휴직 사유가 소멸된 후에도 직무에 복귀하지 아니하거나 직무를 감당할 수 없을 때에는 임용권자는 그 공무원을 직권으로 **면직시킬 수 있다**(면직시켜야 한다 X)(경찰공무원법 제28조 제1항 제1호, 국가공무원법 제70조 제1항 제4호).
1685. (X) 징계위원회의 동의가 **필요하지 않다**(경찰공무원법 제28조 제1항 제1호, 국가공무원법 제70조 제1항 제4호).
1686. ㉢, ㉣, ㉤

THEME 05 경찰공무원의 권리 _A급

1. 신분상 권리

1687 ☐☐☐☐ 22 승진
경찰공무원법상 모든 계급의 경찰공무원은 형의 선고, 징계처분 또는 국가공무원법 및 경찰공무원법에 정하는 사유에 따르지 아니하고는 본인의 의사에 반하여 휴직·강임 또는 면직을 당하지 아니한다. (O│X)

1688 ☐☐☐☐ 16 승진
경찰공무원은 자기가 담당하는 직무를 집행할 권리가 있으며, 이를 방해하면 형법상 공무집행방해죄를 구성한다. (O│X)

1689 ☐☐☐☐ 16 승진
경찰공무원은 위법·부당하게 권리가 침해된 경우에 소청 또는 행정상 쟁송을 제기할 권리가 있다. (O│X)

1690 ☐☐☐☐ 03·05 채용, 08 간부
경찰의 신분상 권리로는 쟁송제기권, 연금청구권, 제복착용권, 무기휴대 및 사용권 등이 있다. (O│X)

1691 ☐☐☐☐ 05·10·12·15 채용, 16 승진, 08 간부
경찰공무원의 특수한 권리로서 무기의 휴대는 경찰관 직무집행법, 무기의 사용은 경찰공무원법에 규정되어 있다. (O│X)

1692 ☐☐☐☐ 15 채용, 24 간부
경찰공무원의 복제에 관한 사항은 대통령령으로 정한다. (O│X)

정답과 해설

1687. (X) 경찰공무원법상 **치안총감과 치안정감을 제외한(모든 계급 X)** 경찰공무원은 형의 선고, 징계처분 또는 국가공무원법에서 정하는 사유에 따르지 아니하고는 본인의 의사에 반하여 휴직·강임 또는 면직을 당하지 아니한다(국가공무원법 제68조).
경찰공무원법 제36조 치안총감과 치안정감에 대해서는 국가공무원법 제68조 본문을 적용하지 아니한다(신분보장이 되지 않는다).
국가공무원법 제68조 공무원은 형의 선고, 징계처분 또는 국가공무원법에서 정하는 사유에 따르지 아니하고는 본인의 의사에 반하여 휴직·강임 또는 면직을 당하지 아니한다.

1688. (O) 경찰공무원의 신분상 권리 중 직무집행권 있으므로 방해하면 형법상 **공무집행방해죄**(형법 제136조)를 구성한다.

1689. (O) 경찰공무원은 위법·부당하게 권리가 침해된 경우에 **소청 또는 행정상 쟁송**(행정심판, 행정소송)을 제기할 권리가 있다.

1690. (X) 경찰의 신분상 권리로는 쟁송제기권, 제복착용권, 무기휴대 및 사용권 등이 있다. **연금청구권**은 **재산상의 권리**이다. 재산상 권리에는 보수청구권, 연금청구권, 실비변상 청구권과 보급품수령권, 보상청구권 등이 있다.

1691. (X) 경찰공무원의 무기의 **휴대**는 **경찰공무원법** 제26조 제2항, 무기의 **사용**은 **경찰관 직무집행법** 제10조의4에 규정되어 있다.

1692. (X) 경찰공무원의 복제에 관한 사항은 **행정안전부령** 또는 해양수산부령으로 정한다(경찰공무원법 제26조 제3항).

재산상 권리

1693 ☐☐☐☐ 03 승진
경찰공무원의 보수에 관한 사항은 법률로 규정하고 있다. (O I X)

1694 ☐☐☐☐ 03 승진
경찰공무원의 보수에 대한 압류는 1/2까지로 제한된다. (O I X)

1695 ☐☐☐☐ 03 승진
판례에 의하면 경찰공무원의 보수청구권의 소멸시효기간은 3년이다. (O I X)

1696 ☐☐☐☐ 21 승진
공무원 재해보상법에 따른 급여를 받을 권리는 그 급여의 사유가 발생한 날부터 요양급여·재활급여·간병급여·부조급여는 5년간, 그 밖의 급여는 3년간 행사하지 아니하면 시효로 인하여 소멸한다. (O I X)

정답과 해설

1693. (X) 경찰공무원의 보수에 관한 사항은 법률이 아니라 **대통령령인 공무원보수규정**으로 정하고 있다.
1694. (O) 급료·연금·봉급·상여금·퇴직연금, 그 밖에 이와 비슷한 성질을 가진 급여채권의 **2분의 1**에 해당하는 금액을 압류하지 못한다(민사집행법 제246조).
1695. (O) 대법원 2000.4.7., 99다53742
1696. (X) 공무원 재해보상법에 따른 급여를 받을 권리는 그 급여의 사유가 발생한 날부터 요양급여·재활급여·간병급여·부조급여는 **3년간**, 그 밖의 급여는 **5년간** 행사하지 아니하면 시효로 인하여 소멸한다(공무원 재해보상법 제54조 제1항).

1 일반의무(국가공무원법)

1697 ☐☐☐☐ 18 채용
공무원은 취임할 때에 소속 기관장 앞에서 대통령령등으로 정하는 바에 따라 선서하여야 한다. 다만, 불가피한 사유가 있으면 취임 후에 선서하게 할 수 있다. (O I X)

1698 ☐☐☐☐ 03 채용, 05·11 승진, 03·11·12 간부
경찰공무원법상 성실의 의무는 공무원의 기본적 의무로서 모든 의무의 원천이 된다. (O I X)

2 직무상 의무(국가공무원법)

1699 ☐☐☐☐ 19 승진
공무원의 직무상 의무로서 직무전념의 의무, 친절·공정의 의무, 법령준수의 의무, 종교중립의 의무, 비밀엄수의 의무, 복종의 의무를 규정하고 있다. (O I X)

1700 ☐☐☐☐ 25 채용
「국가경찰과 자치경찰의 조직 및 운영에 관한 법률」상 경찰공무원은 상관의 지휘·감독을 받아 직무를 수행하고, 그 직무수행에 관하여 서로 협력하여야 한다. (O I X)

1701 ☐☐☐☐ 17 채용, 19 승진
복종의 의무와 관련하여, 경찰공무원법은 국가경찰공무원이 구체적 사건수사와 관련된 상관의 적법성 또는 정당성에 대하여 이견이 있을 때에는 이의를 제기할 수 있다고 규정하고 있다. (O I X)

1702 ☐☐☐☐ 05 승진, 17 간부
경찰공무원의 친절·공정의무는 법적인 의무이며, 이는 경찰공무원법에 명문으로 규정되어 있다. (O I X)

정답과 해설

1697. (O) 국가공무원법 제55조
1698. (X) 성실의무는 윤리성이 강한 의무이나, 단순한 윤리적 의무에 그치는 것이 아니라 **국가공무원법**(제56조)에 규정(**경찰공무원법 X**)된 법적 의무이며, 자발적·적극적 성격의 의무이다.
1699. (X) **비밀엄수의 의무는 신분상** 의무이다. 국가공무원법상 공무원의 직무상 의무는 **종**교중립의 의무, **친**절·공정의 의무, **복**종의 의무, **직**무전념의 의무, **법**령준수의 의무이다. 직무전념 의무는 직장이탈금지, 영리 업무 및 겸직금지를 통칭하는 의무로 국공법상 직접적으로 규정하지 않은 의무이다. **종친복직법**
1700. (O) 국가경찰과 자치경찰의 조직 및 운영에 관한 법률 제6조 제1항
1701. (X) '경찰공무원이 구체적 사건수사와 관련된 상관의 지휘·감독의 적법성 또는 정당성에 대하여 이견이 있을 때에는 이의를 제기할 수 **있다(없다 X)**'는 내용은 **국가경찰과 자치경찰의 조직 및 운영에 관한 법률 제6조 제2항에 규정**되어 있다.
1702. (X) 친절·공정의무는 법적인 의무이며, **국가공무원법** 제59조에 규정되어 있다.

1703 ☐☐☐☐ 16·18·23 승진

공무원은 종교에 따른 차별 없이 직무를 수행하여야 하며, 소속 상관이 종교중립의 의무에 위배되는 직무상 명령을 한 경우에는 이에 따르지 아니하여야 한다. (O|X)

1704 ☐☐☐☐ 17·18 채용, 11·18 승진, 17 간부

공무원은 소속 기관장의 허가 또는 정당한 사유가 없으면 직장을 이탈하지 못한다. (O|X)

1705 ☐☐☐☐ 11·16·20 승진

국가공무원법상 직장이탈금지와 관련하여 수사기관이 긴급체포나 현행범으로 체포한 공무원을 구속하려면 그 소속 기관의 장에게 미리 통보하여야 한다. (O|X)

1706 ☐☐☐☐ 12·16·17 채용, 18 승진

공무원은 공무 외에 영리를 목적으로 하는 업무에 종사하지 못하며 소속 상관의 허가 없이 다른 직무를 겸할 수 없다. (O|X)

1707 ☐☐☐☐ 12 승진

교통외근으로 근무하는 乙경위는 공무 이외에 다른 직무를 겸직하기 위해서는 소속 기관장의 허가를 얻어야 한다. (O|X)

3 직무상 의무(경찰공무원법)

1708 ☐☐☐☐ 05 채용

성실의무는 모든 공무원의 가장 기본적인 의무이고, 국가공무원법에 친절·공정의 의무, 제복 착용의 의무, 지휘권 남용 등의 금지 등이 규정되어 있다. (O|X)

정답과 해설

1703. (X) 공무원은 종교에 따른 차별 없이 직무를 수행하여야 하며, 소속 상관이 종교중립의 의무에 위배되는 직무상 명령을 한 경우에는 이에 따르지 **아니할 수 있다(아니하여야 한다 X)**(국가공무원법 제59조의2).
1704. (X) 공무원은 **소속 상관(소속 기관장 X)**의 허가 또는 정당한 사유가 없으면 직장을 이탈하지 못한다(동법 제58조 제1항).
1705. (X) 수사기관이 공무원을 구속하려면 **그 소속 기관의 장(소속 상관 X)**에게 **미리** 통보하여야 한다. 다만, 현행범은 그러하지 아니하다(동법 제58조 제2항). **현행범인 경우는 소속 기관의 장에게 미리 통보할 필요가 없다.**
1706. (X) 공무원은 공무 외에 영리를 목적으로 하는 업무에 종사하지 못하며 **소속 기관장(소속 상관 X)**의 허가 없이 다른 직무를 겸할 수 없다(동법 제64조 제1항).
1707. (O) 다른 직무를 겸직하기 위해서는 **소속 기관장**의 허가를 얻어야 한다(동법 제64조 제1항).
1708. (X) 제복착용의 의무, 허위보고금지, 지휘권남용금지는 **경찰공무원법**에 규정되어 있다.

1709 ☐☐☐☐ 10 채용, 20 승진, 11·12 간부

거짓 보고 등의 금지, 지휘권 남용 등의 금지, 제복 착용은 경찰공무원법에 규정되어 있다. (O|X)

1710 ☐☐☐☐ 08 간부

제복 착용권은 경찰공무원의 권리임과 동시에 의무이고, 지휘권 남용 등의 금지는 국가공무원법에 규정되어 있다. (O|X)

1711 ☐☐☐☐ 06·15 채용, 11 간부

경찰공무원은 제복을 착용할 권리를 갖는데, 이는 권리임과 동시에 의무이기도 한 것이다. (O|X)

1712 ☐☐☐☐ 19 승진

국가공무원법에 따라 제복을 착용하여야 한다. (O|X)

1713 ☐☐☐☐ 22 승진

경찰공무원법상 전시·사변, 그 밖에 이에 준하는 비상사태이거나 작전수행 중인 경우 또는 많은 인명 손상이나 국가재산 손실의 우려가 있는 위급한 사태가 발생한 경우, 경찰공무원을 지휘·감독하는 사람은 정당한 사유 없이 그 직무 수행을 거부 또는 유기하거나 경찰공무원을 지정된 근무지에서 진출·퇴각 또는 이탈하게 하여서는 아니 된다. (O|X)

4 경찰공무원 복무규정(대통령령)

1714 ☐☐☐☐ 17 승진

경찰공무원의 기본강령으로 제1호에 경찰사명, 제2호에 경찰정신, 제3호에 규율, 제4호에 책임, 제5호에 단결, 제6호에 성실·청렴을 규정하고 있다. (O|X)

1715 ☐☐☐☐ 18 채용

경찰정신 : 경찰공무원은 국가와 민족을 위하여 충성과 봉사를 다하며, 국민의 생명·신체 및 재산을 보호하고, 공공의 안녕과 질서를 유지함을 그 사명으로 한다. (O|X)

정답과 해설

1709. (O) 경찰공무원법 제24조(거짓 보고 등의 금지), 제25조(지휘권 남용 등의 금지), 제26조 제1항(제복 착용)
1710. (X) **경찰공무원법** 제25조(지휘권 남용 등의 금지), 제26조 제1항(제복 착용)
1711. (O) 경찰공무원의 제복착용권은 **권리임과 동시에 의무**이기도 하다. 경찰공무원은 제복을 착용**하여야 한다**(할 수 있다 X)(경찰공무원법 제26조).
1712. (X) **경찰공무원법**에 따라 경찰공무원은 제복을 착용하여야 한다(경찰공무원법 제26조 제1항).
1713. (O) 동법 제25조
1714. (X) 경찰공무원의 기본강령으로 제1호에 경찰사명, 제2호에 경찰정신, 제3호에 규율, **제4호에 단결, 제5호에 책임**, 제6호에 성실·청렴을 규정하고 있다(경찰공무원 복무규정 제3조).
1715. (X) 경찰공무원은 국가와 민족을 위하여 충성과 봉사를 다하며, 국민의 생명·신체 및 재산을 보호하고, 공공의 안녕과 질서를 유지함을 그 **사명**으로 한다(동규정 제3조). **경찰사명**에 대한 설명

1716 ☐☐☐☐ 18 채용

경찰사명 : 경찰공무원은 주어진 사명을 다하기 위하여 긍지를 가지고 한마음 한뜻으로 굳게 뭉쳐 임무수행에 모든 역량을 기울여야 한다. (O|X)

1717 ☐☐☐☐ 18 채용

책임 : 경찰공무원은 창의와 노력으로써 소임을 완수하여야 하며, 직무수행의 결과에 대하여 책임을 진다. (O|X)

1718 ☐☐☐☐ 18 채용

규율 : 경찰공무원은 성실하고 청렴한 생활태도로써 국민의 모범이 되어야 한다. (O|X)

1719 ☐☐☐☐ 15·21 채용

경찰공무원은 상사의 허가를 받거나 그 명령에 의한 경우를 제외하고는 직무와 관계없는 장소에서 직무수행을 하여서는 아니 된다. (O|X)

1720 ☐☐☐☐ 15 채용

경찰공무원은 근무시간 중 음주를 하여서는 아니 된다. 다만, 특별한 사정이 있는 경우에는 예외로 하되, 이 경우 주기가 있는 상태에서 직무를 수행하여서는 아니 된다. (O|X)

1721 ☐☐☐☐ 21·23 채용 17·22 승진

「경찰관 직무집행법」은 "경찰공무원은 직위 또는 직권을 이용하여 부당하게 타인의 사생활에 개입하여서는 아니된다."고 규정하고 있다. (O|X)

1722 ☐☐☐☐ 21 채용

경찰공무원은 신규채용·승진·전보·파견·출장·연가·교육훈련기관에의 입교, 기타 신분관계 또는 근무관계 또는 근무관계의 변동이 있는 때에는 소속상관에게 신고를 하여야 한다. (O|X)

> **정답과 해설**

1716. (X) **단결**에 대한 설명이다. 경찰공무원은 주어진 사명을 다하기 위하여 긍지를 가지고 **한마음 한뜻으로 굳게 뭉쳐** 임무수행에 모든 역량을 기울여야 한다(경찰공무원 복무규정 제3조).

1717. (O) 경찰공무원은 창의와 노력으로써 소임을 완수하여야 하며, 직무수행의 결과에 대하여 **책임**을 진다(동규정 제3조).

1718. (X) **성실·청렴**에 대한 설명이다. 경찰공무원은 **성실하고 청렴**한 생활태도로써 국민의 모범이 되어야 한다(동규정 제3조).

1719. (O) 동규정 제8조

1720. (O) 동규정 제9조

1721. (X) 「**경찰공무원 복무규정**」(「**경찰관 직무집행법」 X**)은 "경찰공무원은 직위 또는 직권을 이용하여 부당하게 타인의 민사분쟁에 개입하여서는 아니된다."고 규정하고 있다(동규정 제10조).

1722. (O) 경찰공무원은 신규채용·승진·전보·파견·출장·연가·교육훈련기관에의 입교 기타 신분관계 또는 근무관계 또는 근무관계의 변동이 있는 때에는 **소속상관(소속 기관장 X)**에게 신고를 하여야 한다(동규정 제11조).

1723 ☐☐☐☐ 15·21 채용

경찰공무원은 휴무일 또는 근무시간외에 2시간 이내에 직무에 복귀하기 어려운 지역으로 여행을 하고자 할 때에는 소속상관의 허가를 받아야 한다. O | X

1724 ☐☐☐☐ 15 채용, 17 승진, 25 간부

경찰기관의 장은 근무성적이 탁월하거나 다른 경찰공무원의 모범이 될 공적이 있는 경찰공무원에 대하여 1회 10일 이내의 포상휴가를 허가할 수 있다. 이 경우의 포상휴가기간은 연가일수에 산입하지 아니한다. O | X

1725 ☐☐☐☐ 17 승진, 25 간부

경찰기관의 장은 특별한 사정이 없는 한, 연일근무자 및 공휴일 근무자에 대하여는 그 다음 날 1일의 휴무, 당직 또는 철야근무자에 대하여는 다음 날 오후 2시를 기준으로 하여 오전 또는 오후의 휴무를 허가할 수 있다. O | X

5 신분상 의무(국가공무원법)

1726 ☐☐☐☐ 04·06 채용, 20 승진, 09 간부

비밀엄수의 의무, 청렴의 의무, 친절·공정의 의무는 신분상의 의무에 해당한다. O | X

1727 ☐☐☐☐ 12 간부

비밀의 범위에는 자신이 처리하는 직무와 직결된 직무에 한정되고 직무와 관련하여 알게 된 모든 비밀을 포함하는 것은 아니다. O | X

1728 ☐☐☐☐ 05·11·19·23 승진

국가공무원법에 따라 공무원은 재직 중은 물론 퇴직 후에도 직무상 알게 된 비밀을 엄수하여야 한다. O | X

정답과 해설

1723. (X) 경찰공무원은 휴무일 또는 근무시간외에 **2시간(3시간 X)** 이내에 직무에 복귀하기 어려운 지역으로 여행을 하고자 할 때에는 **소속 경찰기관의 장에게 신고를 하여야 한다(소속상관의 허가를 받아야 한다 X)**. 다만, 치안상 특별한 사정이 있어 경찰청장, 해양경찰청장 또는 경찰기관의 장이 지정하는 기간중에는 **소속경찰기관의 장의 허가(신고 X)**를 받아야 한다(경찰공무원 복무규정 제13조).

1724. (O) 경찰기관의 장은 근무성적이 탁월하거나 다른 경찰공무원의 모범이 될 공적이 있는 경찰공무원에 대하여 **1회 10일(1회 15일 X)** 이내의 포상휴가를 허가할 수 있다. 이 경우의 포상휴가기간은 연가일수에 **산입하지 아니한다(산입한다 X)**(동규정 제18조).

1725. (X) 경찰기관의 장은 특별한 사정이 없는 한, **연일근무자 및 공휴일 근무자**에 대하여는 **그 다음 날 1일의 휴무**, **당직 또는 철야근무자**에 대하여는 **다음 날 오후 2시**를 기준으로 하여 오전 또는 오후의 휴무를 **허가하여야 한다(허가할 수 있다 X)**(동규정 제19조).

1726. (X) 국가공무원법상 직무상 의무 : **종교중립의 의무, 친절·공정의 의무, 복종의 의무, 직무전념의 의무, 법령준수의 의무이다(종친복직법)**. 신분상 의무 : 외국 정부의 **영**예 등의 제한, **비밀**엄수 의무, **청**렴의 의무, **정**치운동 금지 의무, **품**의유지 의무, **집**단행위금지 의무**(영비청정품집)**.

1727. (X) 비밀의 범위에는 직무와 관련하여 알게 된 **모든 비밀을 포함**한다.

1728. (O) 공무원은 재직 중은 물론 **퇴직 후에도** 직무상 알게 된 비밀을 엄수하여야 한다(국가공무원법 제60조).

1729 ☐☐☐☐ 12 간부
비밀 엄수의 의무위반은 징계의 원인이 될 뿐 형법상 처벌대상은 되지 않는다. (O│X)

1730 ☐☐☐☐ 18 채용, 05·19·23 승진
공무원은 직무와 관련하여 직접적인 경우(간접적인 경우 제외) 사례·증여 또는 향응을 주거나 받을 수 없다. (O│X)

1731 ☐☐☐☐ 12 채용, 18 승진, 12 간부
공무원은 직무상 관계가 없을 때에는 소속 상관에게 증여하거나 소속 공무원으로부터 증여를 받을 수 있다. (O│X)

1732 ☐☐☐☐ 03·12·18 채용, 11·12·18·23 승진, 17 간부
공무원이 외국 정부로부터 증여를 받을 경우에는 소속 기관장의 허가를 받아야 한다. (O│X)

1733 ☐☐☐☐ 16 채용, 11 승진
공무원은 노동운동이나 그 밖에 공무 외의 일을 위한 집단 행위를 하여서는 아니 된다. 또한, 사실상 노무에 종사하는 공무원도 포함한다. (O│X)

1734 ☐☐☐☐ 16 채용
공무원은 정당이나 그 밖의 정치단체의 결성에 관여하거나 이에 가입할 수 없다. (O│X)

1735 ☐☐☐☐ 25 채용
「경찰공무원법」은 경찰공무원이 특정 정당이나 특정인의 선거운동을 하거나 선거 관련 대책회의에 관여하는 행위를 정치활동에 관여하는 행위로 보지 않는다. (O│X)

정답과 해설

1729. (X) 비밀 엄수의 의무위반은 징계사유가 될 뿐만 아니라 **형법상의 피의사실공표죄 또는 공무상 비밀누설죄를 구성**한다.

1730. (X) 공무원은 직무와 관련하여 **직접적이든 간접적이든** 사례·증여 또는 향응을 주거나 받을 수 **없다(있다 X)** (국가공무원법 제61조 제1항).

1731. (X) 공무원은 직무상의 **관계가 있든 없든** 그 소속 **상관(소속 기관장 X)**에게 증여하거나 소속 공무원으로부터 증여를 받아서는 아니 된다(동법 제61조 제2항).

1732. (X) 공무원이 외국 정부로부터 영예나 증여를 받을 경우에는 **대통령의 허가(소속 기관장에게 신고·허가 X)**를 받아야 한다(동법 제62조).

1733. (X) 공무원은 노동운동이나 그 밖에 공무 외의 일을 위한 집단 행위를 하여서는 아니 된다. 다만, 사실상 노무에 종사하는 공무원은 **예외(포함 X)**로 한다(동법 제66조 제1항).

1734. (O) 동법 제65조 제1항

1735. (X) 「경찰공무원법」은 경찰공무원이 **정당이나 정치단체의 결성 또는 가입을 지원하거나 방해하는 행위(제1호)**와 **특정 정당이나 특정인의 선거운동을 하거나 선거 관련 대책회의에 관여하는 행위를 정치활동에 관여하는 행위(제4호)로 본다(보지 않는다 X)**(경찰공무원법 제23조 제2항).

6 공직자윤리법 _S급

1736 ☐☐☐☐ 10 채용, 12 간부

국가공무원법은 공무원의 청렴의무의 제도적 확보를 위하여 일정한 공직자의 재산등록 및 공개, 선물신고에 관하여 정하고 있다. (O|X)

1737 ☐☐☐☐ 25 채용, 18 승진

등록재산의 공개 대상자는 경무관 이상의 경찰공무원 및 특별시·광역시·특별자치시·도·특별자치도의 시·도경찰청장이다. (O|X)

1738 ☐☐☐☐ 18·19·22 승진, 11·17 간부

공직자윤리법에서는 총경 이상의 경찰공무원을, 공직자윤리법 시행령에서는 경위 이상의 경찰공무원을 각각 재산등록의무자로 규정하고 있다. (O|X)

1739 ☐☐☐☐ 24 간부

다음은 甲총경과 친족의 재산 현황이다. 「공직자윤리법」을 기준으로 甲총경이 등록해야 하는 재산에 해당하는 것은 (O), 해당하지 않은 것은 (X)

가. 甲총경이 소유한 미국에 있는 5천만원 상당의 아파트	(O|X)
나. 甲총경의 성년아들이 소유한 합계액 500만원의 예금	(O|X)
다. 甲총경의 배우자가 소유한 합계액 2천만원의 채권	(O|X)
라. 甲총경의 부친이 소유한 합계액 500만원의 현금	(O|X)
마. 甲총경의 외조모가 소유한 합계액 3천만원의 주식	(O|X)
바. 甲총경의 혼인한 딸이 소유한 합계액 5천만원의 현금	(O|X)

정답과 해설

1736. (X) **공직자윤리법(국가공무원법 X)**에서 재산등록의무(제3조), 재산공개의무(제10조), 퇴직공직자의 취업제한(제17조), 선물신고의무(동법 시행령 제28조) 등을 규정하고 있다.

1737. (X) 공직자윤리위원회는 관할 등록의무자 중 **치안감(경무관 X) 이상**의 경찰공무원 및 특별시·광역시·특별자치시·도·특별자치도의 **시·도경찰청장(경무관인 세종특별자치시경찰청장도 공개대상에 해당함)**은 공직자 본인과 배우자 및 본인의 직계존속·직계비속의 재산에 관한 등록사항과 변동사항 신고내용을 등록기간 또는 신고기간 만료 후 1개월 이내에 관보(공보를 포함한다) 및 인사혁신처장이 지정하는 정보통신망을 통하여 **공개하여야 한다(공개할 수 있다 X)**(공직자윤리법 제10조 제1항 제8호).

1738. (X) **공직자윤리법**은 총경(자치총경 포함)이상의 경찰공무원을 재산등록의무자로 규정하고 있고, **공직자윤리법 시행령**은 경찰공무원 중 **경사이상**(경정, 경감, 경위, 경사)과 자치경찰공무원 중 자치경정, 자치경감, 자치경위, 자치경사를 재산등록의무자로 규정하고 있다(동법 제3조 제1항 제9호, 동법 시행령 제3조 제5항 제6호). **공직자윤리법령상 경사 이상**이면 재산등록의무가 있다.

1739. 가. (O) 외국에 있는 재산을 **포함**
　　　나. (X) 소유자별 합계액 **1천만원 이상의 예금** : 1천만원 이상 등록대상이므로 500만원은 등록대상 아니다.
　　　다. (O) 소유자별 합계액 **1천만원 이상의 채권**
　　　라. (X) 소유자별 합계액 **1천만원 이상의 현금** : 1천만원 이상 등록대상이므로 500만원은 등록대상 아니다.
　　　마. (X) 외조부모는 등록대상 **제외**
　　　바. (X) 혼인한 직계비속인 여성 **제외**

1740 ☐☐☐☐ 18·21 승진

공무원(지방의회의원을 포함한다) 또는 공직유관단체의 임직원은 외국으로부터 선물을 받거나 그 직무와 관련하여 외국인(외국단체를 포함한다)에게 선물을 받으면 지체 없이 소속 기관·단체의 장에게 신고하고 그 선물을 인도하여야 한다. 이들의 가족이 외국으로부터 선물을 받거나 그 공무원이나 공직유관단체 임직원의 직무와 관련하여 외국인에게 선물을 받은 경우에도 또한 같다. (O|X)

1741 ☐☐☐☐ 17 채용, 21 승진

공직자윤리법상 취업심사대상자는 퇴직일부터 3년간 취업심사대상기관에 취업할 수 없다. 다만, 관할 공직자윤리위원회로부터 취업심사대상자가 퇴직 전 5년 동안 소속하였던 부서 또는 기관의 업무와 취업심사대상기관 간에 밀접한 관련성이 없다는 확인을 받으면 취업할 수 있다. (O|X)

1742 ☐☐☐☐ 18·21 승진

공직자윤리법 시행령상 신고하여야 할 선물은 그 선물 수령 당시 증정한 국가 또는 외국인이 속한 국가의 시가로 미국화폐 1,000달러 이상이거나 국내 시가로 100만원 이상인 선물로 한다. (O|X)

정답과 해설

1740. (O) 공무원(**지방의회의원을 포함**) 또는 공직유관단체의 임직원은 외국으로부터 선물(대가 없이 제공되는 물품 및 그 밖에 이에 준하는 것을 말하되, **현금은 제외**)을 받거나 그 직무와 관련하여 외국인(**외국단체를 포함**)에게 선물을 받으면 **지체 없이** 소속 기관·단체의 장에게 신고하고 그 선물을 **인도하여야 한다**(인도할 수 있다 X). 이들의 가족이 외국으로부터 선물을 받거나 그 공무원이나 공직유관단체 임직원의 직무와 관련하여 외국인에게 선물을 받은 경우에도 또한 같다(공직자윤리법 제15조 제1항).

1741. (O) 공무원과 공직유관단체의 직원(취업심사대상자)은 퇴직일부터 **3년간** 취업심사대상기관에 **취업할 수 없다**. 다만, 관할 공직자윤리위원회로부터 취업심사대상자가 **퇴직 전 5년** 동안 소속하였던 부서 또는 기관의 업무와 취업심사대상기관 간에 밀접한 관련성이 없다는 **확인을 받거나 취업승인을 받은 때에는 취업할 수 있다**(동법 제17조 제1항).

1742. (X) 신고하여야 할 선물은 그 선물 수령 당시 증정한 국가 또는 외국인이 속한 국가의 시가로 미국화폐 **100달러 이상**이거나 국내 시가로 **10만원 이상**인 선물로 한다(동법 시행령 제28조 제1항).

7 경찰공무원의 의무 근거법령 종합문제 04·06·08·10 채용, 19·20 승진, 09·12·15·22간부

1743 □□□□ 21 간부

경찰공무원 의무와 근거법령이다. 옳지 않은 것은?

①	경찰공무원법	• 거짓 보고 등의 금지 의무 • 지휘권 남용 등의 금지 의무 • 제복착용 의무
②	국가공무원법	• 법령준수 의무 • 친절·공정 의무 • 종교중립 의무
③	경찰공무원복무규정	• 근무시간 중 음주금지 의무 • 품위유지 의무(직무 내외 불문) • 민사분쟁에의 부당개입금지 의무
④	공직자윤리법	• 재산의 등록과 공개 의무 • 선물신고 의무 • 취업금지 의무(퇴직공직자 취업제한)

정답과 해설

1743. ③

① (O) 거짓보고 및 직무유기금지 의무(경찰공무원법 제24조 제1항), 지휘권남용금지 의무(동법 제25조), 제복착용권(동법 제26조 제1항)
② (O) 법령준수 의무(국가공무원법 제56조), 친절공정 의무(동법 제59조), 종교중립 의무(동법 제59조의2)
③ (X) 근무시간 중 음주금지 의무(경찰공무원복무규정 제9조), 민사분쟁에 부당개입금지 의무(동규정 제10조), **품위유지 의무(국가공무원법 제63조)**
④ (O) 재산의 등록과 공개 의무 (공직자윤리법 제3조·제10조), 선물신고 의무(동법 제15조), 취업금지 의무(퇴직공직자 취업제한)(동법 제17조)

1744 □□□□ 22 간부

경찰공무원법상 경찰공무원의 의무에 해당하는 것은 모두 몇 개인가?

가. 정치관여금지 의무	나. 영리업무종사금지 의무
다. 품위유지 의무	라. 법령준수의 의무
마. 지휘권 남용 등의 금지 의무	바. 집단행위금지 의무
사. 비밀엄수 의무	아. 거짓 보고 등의 금지 의무

① 3개 ② 4개
③ 5개 ④ 6개

정답과 해설

1744. ①
- 경찰공무원법 : 가(제23조), 마(제26조), 아(제24조)
- 국가공무원법 : 나(제64조), 다(제62조), 라(제56조), 바(제66조), 사(제60조)

징계_S급

1. 징계의 의의 및 징계사유(국가공무원법)

1745 ☐☐☐☐ 04·08 채용
국가공무원법에 의한 명령에 위반하였을 때에는 징계가 가능하나, 직무를 태만히 한 때에는 징계할 수 없다. ⓞⓧ

1746 ☐☐☐☐ 09 간부
징계권은 임용권에 포함되는 것이므로 징계권자는 임용권자가 되는 것이 원칙이다. ⓞⓧ

1747 ☐☐☐☐ 07·08 채용, 11·14 승진
징계의결 등의 요구는 금품 및 향응수수, 공금의 횡령·유용 등의 경우에는 (   )년, 「성폭력범죄의 처벌 등에 관한 특례법」 제2조에 따른 성폭력범죄등의 경우에는 (   )년, 그 밖의 징계 등 사유에 해당하는 경우는 (   )년이 지나면 하지 못한다.

2. 징계의 종류 및 효과(국가공무원법 §79,80)

1748 ☐☐☐☐ 11·15·21 채용, 20 승진
경찰공무원 징계령상 중징계에는 파면, 해임 및 강등이 있으며, 경징계에는 정직, 감봉 및 견책이 있다. ⓞⓧ

정답과 해설

1745. (X) 공무원의 징계사유는 ①이 법 및 이 법에 따른 명령을 위반한 경우, ②직무상의 의무(다른 법령에서 공무원의 신분으로 인하여 부과된 의무를 **포함**)를 위반하거나 **직무를 태만히 한 때**, ③직무의 내외를 불문하고 그 체면 또는 위신을 손상하는 행위를 한 때에 징계 의결을 **요구하여야 하고**(요구할 수 있고 X) 그 징계 의결의 결과에 따라 징계처분을 **하여야 한다**(할 수 있다 X)(국가공무원법 제78조 제1항).
1746. (O)
1747. 징계의결 등의 요구는 금품 및 향응수수, 공금의 횡령·유용 등의 경우에는 (**5**)년, 성폭력범죄의 처벌 등에 관한 특례법 제2조에 따른 성폭력범죄등의 경우에는 (**10**)년, 그 밖의 징계 등 사유에 해당하는 경우는 (**3**)년이 지나면 하지 못한다(동법 제83조의2 제1항).
1748. (X) **중징계**에는 **파면, 해임 및 강등 및 정직**이 있으며, 경징계에는 **감봉 및 견책**이 있다(경찰공무원 징계령 제2조).

1749 ☐☐☐☐ 19 채용, 14·20 승진

징계에 의하여 파면된 경우, 재직기간이 5년 이상인 사람의 퇴직급여는 2분의 1을 감액하고, 재직기간이 5년 미만인 사람의 퇴직급여는 3분의 1을 감액한다. (O | X)

1750 ☐☐☐☐ 09 간부

파면된 자의 퇴직급여는 재직기간이 8년째인 경우 1/2을 감액하여 지급하고, 퇴직수당은 재직기간에 상관없이 1/2을 감액한다. (O | X)

1751 ☐☐☐☐ 11 승진

재직기간이 5년 미만인 자에 대한 파면 처분의 경우 퇴직수당은 1/4을 감액하여 지급한다. (O | X)

1752 ☐☐☐☐ 20 승진

금품 및 향응 수수로 징계 해임된 자의 경우 재직기간이 5년 이상인 사람의 퇴직급여는 4분의 3을 지급하고, 재직기간이 5년 미만인 사람의 퇴직급여는 8분의 7을 지급한다. (O | X)

1753 ☐☐☐☐ 09 간부

금품 및 향응수수, 공금의 횡령으로 해임된 자의 퇴직급여는 재직기간이 20년인 때에는 1/2을 감액하여 지급한다. (O | X)

1754 ☐☐☐☐ 14 간부

해임은 파면과 달리 신분이 박탈되지 아니하지만, 퇴직급여의 감액이 있다. (O | X)

1755 ☐☐☐☐ 12 채용, 14·20 승진

강등은 1계급 아래로 직급을 내리고 공무원 신분은 보유하나 (㉠)개월간 직무에 종사하지 못하며 그 기간 중 보수의 (㉡)을(를) 감한다.

정답과 해설

1749. (X) 징계에 의하여 파면된 경우, 재직기간이 **5년 이상**인 사람의 퇴직급여는 **2분의 1을 감액**하고, 재직기간이 **5년 미만**인 사람의 퇴직급여는 **4분의 1**을 감액한다(= 4분의 3지급한다)(공무원연금법시행령 제61조 제1항 제1호 가목 나목).

1750. (O) 공무원연금법시행령 제61조 제1항 제1호

1751. (X) **파면** 처분의 경우 **퇴직수당**은 **재직기간과 상관없이 1/2감액**한다(공무원연금법시행령 제61조 제1항 제1호 다목).

1752. (O) 금품 및 향응 수수로 징계 **해임**된 자의 경우 재직기간이 **5년 이상**인 사람의 퇴직급여는 **4분의 3을 지급**(= 4분의 1감액)하고, 재직기간이 **5년 미만**인 사람의 퇴직급여는 **8분의 7을 지급**(= 8분의 1감액)한다(공무원연금법시행령 제61조 제1항 제2호).

1753. (X) 금품 및 향응수수, 공금의 횡령·유용으로 징계 해임된 자의 퇴직급여는 재직기간이 5년 미만인 경우 1/8을, **5년 이상(20년)**인 경우 1/4을 감액하여 지급하고, 퇴직수당은 재직기간에 상관없이 **1/4을 감액**(= 3/4을 지급)한다(공무원연금법시행령 제61조 제1항 제2호).

1754. (X) 해임은 파면과 **같이 공무원으로서 신분이 박탈**되며, **원칙적으로 퇴직급여 및 퇴직수당은 전액** 지급된다. 그러나 금품·향응수수, 공금의 횡령·유용으로 징계 해임된 자의 퇴직급여는 재직기간이 5년 미만인 경우 1/8, 5년 이상인 경우 1/4 감액, 퇴직수당은 재직기간과 상관없이 1/4 감액된다(공무원연금법시행령 제61조 제1항 제2호).

1755. 강등은 1계급 아래로 직급을 내리고 공무원신분은 보유하나 (**3**)개월 간 직무에 종사하지 못하며 그 기간 중 보수는 (**전액**)을 감한다(국가공무원법 제80조 제1항).

1756 ☐☐☐☐ 19·21 채용, 11·17 승진

정직은 1개월 이상 3개월 이하의 기간으로 하고, 정직 처분을 받은 자는 그 기간 중 공무원의 신분은 보유하나 직무에 종사하지 못하며 보수의 3분의 2를 감한다. Ⓞ|Ⓧ

1757 ☐☐☐☐ 12 간부

정직과 감봉은 1개월 이상 3개월 이하의 기간을 정하여야 하며 그 기간을 추가할 수는 없다. Ⓞ|Ⓧ

1758 ☐☐☐☐ 11·17 승진

감봉은 1개월 이상 3개월 이하의 기간 동안 보수의 3분의 1을 감한다. Ⓞ|Ⓧ

1759 ☐☐☐☐ 12 채용

견책은 1개월 이상 3개월 이하의 기간 동안 보수의 3분의 1을 감한다. Ⓞ|Ⓧ

1760 ☐☐☐☐ 22 채용

OO지구대에 근무하는 순경 甲이 승진후보자명부에 등재된 후 경장으로 승진임용되기 전에 정직 3개월의 징계처분을 받아 임용권자가 순경 甲을 승진후보자명부에서 삭제함으로써 순경 甲이 승진임용의 대상에서 제외되었다면, 임용권자의 승진후보자명부에서의 삭제 행위 그 자체는 행정처분에 해당한다. Ⓞ|Ⓧ

3 징계절차(경찰공무원 징계령)

3-1 징계의결의 요구

1761 ☐☐☐☐ 18·19 승진

경찰기관의 장은 소속 경찰공무원 중 징계사유가 있다고 인정할 때와 징계등 의결 요구의 신청을 받은 때에는 지체 없이 관할 징계위원회를 구성하여 징계등 의결을 요구하여야 한다. Ⓞ|Ⓧ

1762 ☐☐☐☐ 23 경채

경찰기관의 장은 그 소속 경찰공무원에 대한 징계등 사건이 상급 경찰기관에 설치된 징계위원회의 관할에 속한 경우에는 그 상급 경찰기관의 장에게 징계의결서등을 첨부하여 징계등 의결의 요구를 신청하여야 한다. Ⓞ|Ⓧ

정답과 해설

1756. (X) 정직은 **1개월 이상 3개월 이하**의 기간으로 하고, 정직 처분을 받은 자는 그 기간 중 공무원의 신분은 보유하나 직무에 종사하지 못하며 보수를 **전액**을 감한다(3분의 1을 감한다 X, 3분의 2를 감한다 X)(국가공무원법 제80조 제3항).

1757. (O) 정직과 감봉은 **1개월 이상 3개월 이하의 기간**으로 한다(동법 제80조 제3항 제4항).

1758. (O) 감봉은 1개월 이상 3개월 이하의 기간 동안 보수의 **1/3을 감한다(= 3분의 2를 지급한다)**(동법 제80조 제4항).

1759. (X) 견책(譴責)은 **전과(前過)에 대하여** 훈계하고 회개하게 한다(동법 제80조 제5항).

1760. (X) 경찰공무원 시험승진후보자명부에 등재된 자가 승진임용되기 전에 **정직 이상**의 징계처분을 받은 경우, 임용권자가 당해인을 시험승진후보자명부에서 삭제행위는 결국 그 명부에 등재된 자에 대한 승진 여부를 결정하기 위한 행정청 내부의 준비과정에 불과하고, 그 자체가 어떠한 권리나 의무를 설정하거나 법률상 이익에 직접적인 변동을 초래하는 별도의 **행정처분이 된다고 할 수 없다**(대판 97누7325).

1761. (O) 경찰기관의 장은 소속 경찰공무원 중 징계사유가 있다고 인정할 때와 징계등 의결 요구의 신청을 받은 때에는 **지체 없이 관할 징계위원회를 구성하여 징계등 의결을 요구하여야 한다**(요구할 수 있다 X)(경찰공무원 징계령 제9조 제1항).

1762. (O) 동징계령 제9조 제2항

1762-1 ☐☐☐☐ 25 채용
징계의결요구권자는 공금횡령·유용 및 업무상 배임의 금액이 100만원 이상일 경우에는 중징계 의결을 요구하여야 한다. ⓄⓍ

1762-2 ☐☐☐☐ 25 채용
징계의결요구권자 또는 징계위원회는 서로 관련이 없는 2개 이상의 의무위반행위가 경합될 때에는 그 중 책임이 중한 의무위반행위에 해당하는 징계보다 2단계 위의 징계의결 요구 또는 징계의결을 할 수 있다. ⓄⓍ

1763 ☐☐☐☐ 12 간부
경찰기관의 장은 그 소속이 아닌 경찰공무원에게 징계사유가 있다고 인정될 때에는 해당 경찰기관의 장에게 그 사실을 증명할 만한 충분한 사유를 명확히 밝혀 통지하여야 하고, 징계사유를 통보받은 경찰기관의 장은 타당한 이유가 없으면 통지를 받은 날부터 30일 이내에 관할 징계위원회에 징계의결을 요구하거나 신청하여야 한다. ⓄⓍ

1764 ☐☐☐☐ 08 채용
현행 국가공무원법에서는 수사 중인 사건에 대하여는 징계의결을 하지 못한다. ⓄⓍ

3-2 징계위원회 의결

1765 ☐☐☐☐ 12 채용, 20 승진, 22 간부
징계위원회가 징계등 심의 대상자의 출석을 요구할 때에는 출석 통지서로 하되, 징계위원회 개최일 5일 전까지 그 징계등 심의 대상자에게 도달되도록 해야 한다. ⓄⓍ

1766 ☐☐☐☐ 23 경채
징계위원회는 징계등 심의대상자가 그 징계위원회에 출석하여 진술하기를 원하지 아니할 때에는 진술권 포기서를 제출하게 하여 이를 기록에 첨부하고 서면심사로 징계등 의결을 할 수 있다. ⓄⓍ

정답과 해설

1762-1. (X) 징계의결요구권자는 공금횡령·유용 및 업무상 배임의 금액이 **300만원 이상**일 경우에는 **중징계 의결을 요구하여야 한다**(세부시행규칙 제4조 제1항 단서).

1762-2. (X) 징계의결요구권자 또는 징계위원회는 서로 관련이 없는 **2개 이상**의 의무위반행위가 경합될 때에는 그 중 책임이 중한 의무위반행위에 해당하는 징계보다 **1단계 위**의 징계의결 요구 또는 징계의결을 할 수 있다(세부시행규칙 제7조 제1항).

1763. (X) 징계 사유를 통지받은 경찰기관의 장은 타당한 이유가 없으면 통지를 받은 날부터 **30일 이내**에 관할 징계위원회에 징계등 의결을 요구하거나 **그 상급 경찰기관의 장**에게 징계등 의결의 요구를 신청**하여야 한다(할 수 있다 X)**(경찰공무원 징계령 제10조 제1항, 제2항).

1764. (X) 검찰·경찰, 그 밖의 수사기관에서 **수사 중인 사건**에 대하여는 수사개시 통보를 받은 날부터 징계 의결의 요구나 그 밖의 징계 절차를 진행하지 **아니할 수 있다(하지 못한다 X)**(국가공무원법 제83조 제2항).

1765. (O) 징계위원회가 징계등 심의 대상자의 출석을 요구할 때에는 출석 통지서로 하되, 징계위원회 개최일 **5일(3일 X) 전**까지 그 징계등 심의 대상자에게 **도달되도록 해야 한다**(경찰공무원 징계령 제12조 제1항).

1766. (O) 동징계령 제12조 제2항

1767 ☐☐☐☐ 07·18·21 채용, 17·18·20 승진, 21 경채

징계위원회는 출석 통지를 하였음에도 불구하고 징계등 심의 대상자가 정당한 사유 없이 출석하지 아니하였을 때에는 그 사실을 기록에 분명히 적고 서면심사로 징계등 의결을 할 수 있다. 다만, 징계등 심의 대상자의 소재가 분명하지 아니할 때에는 출석 통지를 관보에 게재하고, 그 게재일 다음날부터 10일이 지나면 출석 통지가 송달된 것으로 보며, 징계등 의결을 할 때에는 관보 게재의 사유와 그 사실을 기록에 분명히 적어야 한다. (O|X)

1768 ☐☐☐☐ 08·17·18·21·23 채용, 17·18·20·23 승진

징계등 의결 요구를 받은 징계위원회는 그 요구서를 받은 날부터 30일 이내에 징계등에 관한 의결을 하여야 한다. 다만, 부득이한 사유가 있을 때에는 해당 징계심의대상자의 동의를 얻어 30일 이내의 범위에서 그 기한을 연기할 수 있다. (O|X)

1769 ☐☐☐☐ 21 채용

경찰공무원 징계령상 징계등 심의 대상자는 증인의 심문을 신청할 수 있다. 이 경우 징계위원회의 위원장이 그 채택 여부를 결정하여야 한다. (O|X)

1770 ☐☐☐☐ 23 경채

징계등 의결을 요구한 자 또는 징계등 의결의 요구를 신청한 자는 징계위원회에 출석하여 의견을 진술하거나 서면으로 의견을 진술할 수 있다. 다만, 중징계나 중징계 관련 징계부가금 요구사건의 경우에는 특별한 사유가 없는 한 징계위원회에 출석하여 의견을 진술해야 한다. (O|X)

1771 ☐☐☐☐ 23 승진

징계위원회는 위원과 징계등 심의 대상자, 징계등 의결을 요구하거나 요구를 신청한 자, 증인, 관계인 등 회의에 출석하는 사람이 동영상과 음성이 동시에 송수신되는 장치가 갖추어진 서로 다른 장소에 출석하여 진행하는 원격영상회의 방식으로 심의·의결할 수 있다. (O|X)

1772 ☐☐☐☐ 17 채용

징계위원회의 위원장 또는 위원이 징계등 심의 대상자의 친족이나 그 징계 사유와 관계가 있는 경우에는 그 징계등 사건의 심의·의결에 관여하지 못한다. (O|X)

정답과 해설

1767. (X) 징계위원회는 출석 통지를 하였음에도 불구하고 징계등 심의 대상자가 정당한 사유 없이 출석하지 아니하였을 때에는 그 사실을 기록에 분명히 적고 서면심사로 징계등 의결을 할 수 있다. 다만, 징계등 심의 대상자의 소재가 분명하지 아니할 때에는 출석 통지를 관보에 게재하고, 그 **게재일부터(게재일 다음날부터 X)** 10일이 지나면 출석 통지가 송달된 것으로 보며, 징계등 의결을 할 때에는 관보 게재의 사유와 그 사실을 기록에 분명히 적어야 한다(경찰공무원 징계령 제12조 제3항).

1768. (X) 징계등 의결 요구를 받은 징계위원회는 그 요구서를 받은 날부터 **30일(60일 X, 15일 X)** 이내에 징계등에 관한 의결을 하여야 한다. 다만, 부득이한 사유가 있을 때에는 **해당 징계등 의결을 요구한 경찰기관의 장의 승인(해당 징계심의대상자의 동의 X, 해당 징계등 심의 대상자에게 그 사유를 고지 X)**을 받아 30일 이내의 범위에서 그 기한을 연기할 수 있다(동징계령 제11조 제1항).

1769. (X) 징계등 심의 대상자는 증인의 심문을 신청할 수 있다. 이 경우 **징계위원회는 의결로써(위원장이 X)** 그 채택 여부를 결정**하여야 한다(할 수 있다 X)**(동징계령 제13조 제3항).

1770. (O) 동징계령 제13조 제4항
1771. (O) 동징계령 제14조의2 제1항
1772. (O) 동징계령 제15조 제1항

1773 ☐☐☐☐ 17·21 채용

징계위원회는 징계등 사건을 의결할 때에는 징계등 심의 대상자의 비위행위 당시 계급 및 직위, 비위행위가 공직 내외에 미치는 영향, 평소 행실, 공적(功績), 뉘우치는 정도나 그 밖의 정상과 징계등 의결을 요구한 자의 의견을 고려할 수 있다. (O|X)

1774 ☐☐☐☐ 25 승진

징계위원회는 「상훈법」에 따라 훈장 또는 포장을 받은 공적이 있는 경우 징계를 감경할 수 있다. (O|X)

1775 ☐☐☐☐ 22 채용, 25 승진

징계의결이 요구된 경정 丁에게 국무총리 표창을 받은 공적이 있는 경우에 징계위원회는 징계를 감경할 수 있지만, 그 표창이 丁에게 수여된 표창이 아니라 丁이 속한 OO경찰서에 수여된 단체표창이라면 감경할 수 없다. (O|X)

1775-1 ☐☐☐☐ 25 채용

징계위원회는 징계의결이 요구된 자가 「모범공무원규정」에 따라 모범공무원으로 선발된 공적이 있어도 징계의결이 요구된 자의 의무위반행위가 직무상 미공개 정보를 이용한 부당행위에 해당하는 경우는 징계를 감경할 수 없다. (O|X)

1776 ☐☐☐☐ 25 채용

경찰공무원에 대한 징계위원회의 심의과정에 감경사유에 해당하는 공적 사항이 제시되지 아니한 경우에는 그 징계양정이 결과적으로 적정한지와 상관없이 이는 관계 법령이 정한 징계절차를 지키지 아니한 것으로서 당연무효이다. (O|X)

3-3 징계등의 집행

1777 ☐☐☐☐ 23 채용

징계위원회는 징계등 의결을 하였을 때에는 지체 없이 징계등 의결을 요구한 자에게 의결서 정본(正本)을 보내어 통지하여야 한다. (O|X)

정답과 해설

1773. (X) 징계위원회는 징계등 사건을 의결할 때에는 징계등 심의 대상자의 비위행위 당시 계급 및 직위, 비위행위가 공직 내외에 미치는 영향, 평소 행실, 공적(功績), 뉘우치는 정도나 그 밖의 정상과 징계등 의결을 요구한 자의 의견을 **고려해야 한다**(고려할 수 있다 X)(경찰공무원 징계령 제16조).

1774. (O) 동징계령 세부시행규칙 제8조 제1항 제1호

1775. (O) 징계위원회는 「정부표창규정」에 따라 **국무총리 이상의 표창을 받은 공적**(다만, **경감**(경정 X) **이하**의 경찰공무원등은 **경찰청장** 또는 중앙행정기관 차관급 이상 표창을 받은 공적)이 있는 경우 징계를 감경할 수 있다(동징계령 세부시행규칙 제8조 제1항 제2호).

1775-1. (O) 세부시행규칙 제8조 제3항 제14호

1776. (X) 징계위원회의 심의과정에 반드시 제출되어야 하는 공적(功績) 사항이 제시되지 않은 상태에서 결정한 징계처분은 징계양정이 결과적으로 적정한지 그렇지 않은지와 상관없이 법령이 정한 징계절차를 지키지 않은 것으로서 **위법하다**(당연무효이다 X)(대판 2011두20505).

1777. (O) 동징계령 제17조

1778 ☐☐☐☐ 08·14·18 채용, 20 승진, 12 간부, 21 경채

징계등 의결을 요구한 자는 경징계의 징계 등 의결을 통지받았을 때에는 통지받은 날부터 30일 이내에 징계 등을 집행하여야 한다. ⓄⓍ

1779 ☐☐☐☐ 22 간부

「경찰공무원 징계령」상 징계등 의결을 요구한 자는 중징계의 징계등 의결을 통지받았을 때에는 통지받은 날부터 15일 이내에 징계등 처분 대상자의 임용권자에게 의결서 정본을 보내어 해당 징계등 처분을 제청하여야 한다. 다만, 경무관 이상의 강등 및 정직, 경정 이상의 파면 및 해임 처분의 제청, 총경 및 경정의 강등 및 정직의 집행은 경찰청장 또는 해양경찰청장이 한다. ⓄⓍ

1780 ☐☐☐☐ 14·16 채용, 11 승진, 23·25 간부

「경찰공무원법」상 경찰청 소속 경무관 이상의 강등 및 정직과 경정 이상의 파면 및 해임은 행정안전부장관의 제청으로 국무총리를 거쳐 대통령이 한다. ⓄⓍ

1781 ☐☐☐☐ 11 채용, 19 승진

「경찰공무원법」상 총경과 경정의 파면 및 해임, 경무관과 총경의 강등 및 정직은 경찰청장의 제청으로 행정안전부장관과 국무총리를 거쳐 대통령이 한다. ⓄⓍ

1782 ☐☐☐☐ 23 채용

공무원인 피징계자에게 징계사유가 있어서 징계처분을 하는 경우 어떠한 처분을 할 것인가는 징계권자의 재량에 맡겨진 것이고, 다만 징계권자가 재량권의 행사로서 한 징계처분이 사회통념상 현저하게 타당성을 잃어 징계권자에게 맡겨진 재량권을 남용한 것이라고 인정되는 경우에 한하여 그 처분을 위법하다고 할 수 있다. ⓄⓍ

> **정답과 해설**
>
> **1778.** (X) 징계등 의결을 요구한 자는 **경징계(= 감봉 또는 견책)**의 징계등 의결을 통지받았을 때에는 통지받은 날부터 **15일 이내(30일 이내 X)**에 징계등을 집행하여야 한다(동징계령 제18조 제1항).
>
> **1779.** (X) 징계등 의결을 요구한 자는 **중징계(= 파면, 해임, 강등, 정직)**의 징계등 의결을 통지받았을 때에는 통지받았을 때에는 **지체 없이(15일 이내 X)** 징계등 처분 대상자의 임용권자에게 의결서 정본을 보내어 해당 징계등 처분을 제청하여야 한다. 다만, 경무관 이상의 강등 및 정직, 경정 이상의 파면 및 해임 처분의 제청, 총경 및 경정의 강등 및 정직의 집행은 경찰청장 또는 해양경찰청장이 한다(동징계령 제19조 제1항).
>
> **1780.** (X) 경찰청 소속 경무관 이상의 강등 및 정직과 경정 이상의 파면 및 해임은 **경찰청장(행정안전부장관 X)** 제청으로 행정안전부장관과 국무총리를 거쳐 **대통령**이 하고, 총경 및 경정의 강등 및 정직은 **경찰청장**이 한다(경찰공무원법 제33조 후단).
>
> **1781.** (X) **경무관 이상의 강등 및 정직과 경정 이상의 파면 및 해임**은 경찰청장 제청으로 행정안전부장관과 국무총리를 거쳐 대통령이 하고, **총경 및 경정의 강등 및 정직**은 경찰청장이 한다(경찰공무원법 제33조 후단).
>
> **1782.** (O) 대판 99두6101

4 징계위원회

1783 ☐☐☐☐ 12 채용

중앙징계위원회는 경찰청에 두고, 보통징계위원회는 경찰청, 시·도경찰청, 경찰대학, 경찰인재개발원, 중앙경찰학교, 경찰수사연수원, 경찰병원, 경찰서, 경찰기동대, 의무경찰대, 경찰청장이 지정하는 경감 이상의 경찰공무원을 장으로 하는 경찰기관에 둔다. (O│X)

1784 ☐☐☐☐ 09·11·12 채용, 11 승진

경찰청에 설치하는 경찰공무원 중앙징계위원회는 경무관 이상 경찰공무원에 대한 징계사건을 심의·의결한다. (O│X)

1785 ☐☐☐☐ 12·15·17 채용

경찰공무원 보통징계위원회는 해당 징계위원회가 설치된 경찰기관 소속 경정 이하 경찰공무원에 대한 징계 등 사건을 심의·의결한다. (O│X)

1786 ☐☐☐☐ 22 채용

OO경찰서 소속 지구대장 경감 甲과 동일한 지구대 소속 순경 乙이 관련된 징계등 사건(甲의 감독상 과실책임만으로 관련된 경우, 관련자에 대한 징계등 사건을 분리하여 심의·의결하는 것이 타당하다고 인정되는 경우는 제외)은 OO경찰서에 설치된 징계위원회에서 심의·의결한다. (O│X)

1787 ☐☐☐☐ 11·16·21 채용, 11 승진, 23·25 간부

「경찰공무원법」상 경무관 이상의 경찰공무원에 대한 징계의결은 「국가공무원법」에 따라 국무총리 소속으로 설치된 징계위원회에서 한다. (O│X)

1788 ☐☐☐☐ 16 채용, 25 간부

총경 이하의 경찰공무원에 대한 징계의결을 하기 위하여 대통령령으로 정하는 경찰기관 및 해양경찰관서에 경찰공무원 징계위원회를 둔다. (O│X)

정답과 해설

1783. (O) **중앙징계위원회**는 경찰청에 두고, **보통징계위원회**는 경찰청, 시·도경찰청, 경찰대학, 경찰인재개발원, 중앙경찰학교, 경찰수사연수원, 경찰병원, 경찰서, 경찰기동대, 의무경찰대, 경찰청장이 지정하는 **경감(경정 X) 이상**의 경찰공무원을 장으로 하는 경찰기관에 둔다(경찰공무원 징계령 제3조 제2항).

1784. (X) 경찰청에 설치하는 경찰공무원 중앙징계위원회는 **총경 및 경정(경무관 이상 X)**에 대한 징계 또는 징계부가금 부과(징계등) 사건을 심의·의결한다(동징계령 제4조 제1항).

1785. (X) 경찰공무원 보통징계위원회는 해당 징계위원회가 설치된 경찰기관 소속 **경감 이하** 경찰공무원에 대한 징계 등 사건을 심의·의결한다(동징계령 제4조 제2항).

1786. (X) 상위 계급과 하위 계급 경찰이 관련된 징계사건은 **상위계급 관할 징계위원회에서 심의·의결**하므로, 지구대장 **甲관할 징계위원회에서 심의·의결**한다. 그러나 OO 경찰서에 설치된 징계위원회는 **소속 경위 이하 징계 사건만 심의·의결**하므로 경찰공무원 징계령 제4조 제4항에 따라 OO 경찰서에 설치된 징계위원회가 아닌 **바로 위 상급 경찰기관에 설치된 보통징계위원회**에서 심의·의결한다.

1787. (O) **경무관 이상**의 경찰공무원에 대한 징계의결은 국가공무원법에 따라 **국무총리 소속(경찰청 X)**으로 설치된 징계위원회에서 한다(경찰공무원법 제32조 제1항).

1788. (O) **총경 이하**의 경찰공무원에 대한 징계의결을 하기 위하여 **대통령령(경찰공무원 징계령)**으로 정하는 경찰기관 및 해양경찰관서에 경찰공무원 징계위원회를 둔다(경찰공무원법 제32조 제2항).

1789 ☐☐☐☐ 12·15 채용, 17·19·23 승진, 12·22 간부

「경찰공무원 징계령」상 각 징계위원회는 위원장 1명을 포함하여 17명 이상 33명 이하의 공무원위원과 민간위원으로 구성한다. ⓞⓧ

1790 ☐☐☐☐ 12 채용, 18 승진

징계위원회가 설치된 경찰기관의 장은 징계등 심의 대상자보다 상위 계급인 경감 이상의 소속 경찰공무원 또는 상위 직급에 있는 6급 이상의 소속 공무원 중에서 징계위원회의 공무원위원을 임명한다. ⓞⓧ

1791 ☐☐☐☐ 23 승진

징계위원회가 설치된 경찰기관의 장은 위원 수의 2분의 1 이상을 자격이 있는 민간위원으로 위촉한다. 이 경우 특정 성별의 위원이 민간위원 수의 10분의 6을 초과하지 않도록 해야 한다. ⓞⓧ

1792 ☐☐☐☐ 22·24 간부, 23 경채

징계위원회의 회의는 위원장과 징계위원회가 설치된 경찰기관의 장이 회의마다 지정하는 4명 이상 6명 이하의 위원으로 성별을 고려하여 구성하되, 민간위원의 수는 위원장을 포함한 위원 수의 2분의 1 이상이어야 한다. ⓞⓧ

1793 ☐☐☐☐ 24 간부, 23 경채

징계사유가 「성폭력범죄의 처벌 등에 관한 특례법」에 따른 성폭력범죄, 「양성평등기본법」에 따른 성희롱에 해당하는 징계 사건이 속한 징계위원회의 회의를 구성하는 경우에는 피해자와 같은 성별의 위원이 위원장을 포함한 위원 수의 3분의1 이상 포함되어야 한다. ⓞⓧ

1794 ☐☐☐☐ 12·18 채용, 11 승진, 12·24 간부

경찰공무원 징계위원회의 위원장은 위원회의 사무를 총괄하며 위원회를 대표하지만, 표결권은 가지지 아니한다. ⓞⓧ

정답과 해설

1789. (X) 각 징계위원회는 위원장 1명을 포함하여 **11명 이상 51명 이하**의 공무원위원과 민간위원으로 구성한다(경찰공무원 징계령 제6조 제1항). **경무관 이상 중앙징계위원회**는 위원장 1명을 포함하여 **17명 이상 33명 이하**의 공무원위원과 민간위원으로 구성한다. 이 경우 민간위원의 수는 위원장을 제외한 위원 수의 2분의 1 이상이어야 한다(국가공무원법 제81조, 공무원 징계령 제4조 제1항).

1790. (X) 징계위원회가 설치된 경찰기관의 장은 징계등 심의 대상자보다 상위 계급인 **경위 이상**의 소속 경찰공무원 또는 상위 직급에 있는 6급 이상의 소속 공무원 중에서 징계위원회의 공무원위원을 임명한다(경찰공무원 징계령 제6조 제2항).

1791. (O) 경찰공무원 징계령 제6조 제3항

1792. (O) 징계위원회의 회의는 위원장과 징계위원회가 설치된 경찰기관의 장이 회의마다 지정하는 **4명 이상 6명 이하**의 위원으로 성별을 고려하여 구성하되, 민간위원의 수는 위원장을 **포함한** 위원 수의 **2분의 1 이상**이어야 한다(동징계령 제7조 제1항).

1793. (X) 징계사유가 「성폭력범죄의 처벌 등에 관한 특례법」에 따른 성폭력범죄, 「양성평등기본법」에 따른 성희롱에 해당하는 징계 사건이 속한 징계위원회의 회의를 구성하는 경우에는 피해자와 같은 성별의 위원이 위원장을 **제외한(포함한 X)** 위원 수의 **3분의1 이상(2분의1 이상 X)** 포함되어야 한다(동징계령 제7조 제2항).

1794. (X) 징계위원회의 위원장은 위원회의 사무를 총괄하고 위원회를 대표하며, 표결권을 **가진다**(동징계령 제7조 제3항, 제5항).

1795 ☐☐☐☐ 24 간부

위원장이 부득이한 사유로 직무를 수행할 수 없거나 위원장이 필요하다고 인정하는 경우에는 출석한 위원 중 최상위 계급 또는 이에 상응하는 직급에 있거나 최상위 계급 또는 이에 상응하는 직급에 먼저 승진임용된 공무원이 위원장이 된다. (O|X)

1796 ☐☐☐☐ 15·21 채용

징계위원회의 의결은 위원장을 포함한 위원 과반수의 출석과 출석위원 과반수의 찬성으로 의결하되, 의견이 나뉘어 출석위원 과반수의 찬성을 얻지 못한 경우에는 출석위원 과반수가 될 때까지 징계등 심의 대상자에게 가장 불리한 의견을 제시한 위원의 수를 그 다음으로 불리한 의견을 제시한 위원의 수에 차례로 더하여 그 의견을 합의된 의견으로 본다. (O|X)

1797 ☐☐☐☐ 22 채용

위원장 포함 5명이 출석하여 구성된 징계위원회에서 정직 3월 1명, 정직 1월 1명, 감봉 3월 1명, 감봉 2월 1명, 감봉 1월 1명으로 의견이 나뉜 경우, 위원 5명의 과반수는 3명이상이므로 감봉 2월을 합의된 의결해야 한다. (O|X)

1798 ☐☐☐☐ 15 채용, 17 승진

소속이 다른 2명 이상의 경찰공무원이 관련된 징계 등 사건으로서 관할 징계위원회가 서로 다른 경우에는 모두를 관할하는 바로 위 상급 경찰기관에 설치된 징계위원회에서 심의·의결한다. (O|X)

5 정상참작 사유(경찰공무원 징계령 세부시행규칙)

1799 ☐☐☐☐ 07 채용, 25 승진

징계요구권자 또는 징계위원회는 과실로 인하여 발생한 행위자의 의무위반행위가 다른 법령에 의해 처벌사유가 되지 않고 비난가능성이 없는 때에는 징계책임을 물을 수 없다. (O|X)

정답과 해설

1795. (O) 경찰공무원 징계령 제7조 제6항
1796. (O) 징계위원회의 의결은 위원장을 포함한 위원 **과반수의 출석과 출석위원 과반수의 찬성(2/3의 찬성 X)**으로 의결하되, 의견이 나뉘어 출석위원 과반수의 찬성을 얻지 못한 경우에는 출석위원 과반수가 될 때까지 징계등 심의 대상자에게 가장 불리한 의견을 제시한 위원의 수를 그 다음으로 불리한 의견을 제시한 위원의 수에 차례로 더하여 그 의견을 합의된 의견으로 본다(동징계령 제14조 제1항).
1797. (X) 의견이 나뉘어 출석위원 과반수의 찬성을 얻지 못한 경우 : 출석위원 과반수가 될 때까지 징계등 심의 대상자에게 가장 불리한 의견을 제시한 위원의 수를 그 다음으로 불리한 의견을 제시한 위원의 수에 차례로 더하여 그 의견을 합의된 의견으로 보기 때문에 위원장 포함 5명이 출석하여 구성된 징계위원회에서 위원 5명의 과반수는 3명이상이므로 **감봉 3월**을 합의된 의결로 본다.
1798. (O) 소속이 다른 2명 이상의 경찰공무원이 관련된 징계 등 사건으로서 관할 징계위원회가 서로 다른 경우에는 모두를 관할하는 **바로 위 상급 경찰기관(상급 경찰기관 X)**에 설치된 징계위원회에서 심의·의결한다(동징계령 제5조 제2항).
1799. (X) 징계요구권자 또는 징계위원회는 과실로 인하여 발생한 의무위반행위가 다른 법령에 의해 처벌사유가 되지 않고 비난가능성이 없는 때에는 징계책임을 감경하여 징계의결 요구 또는 징계의결하거나 징계책임을 묻지 **아니할 수 있다(아니한다 X)**(동징계령 세부시행규칙 제4조 제2항 제1호).

1800 ☐☐☐☐ 11·19·20 승진

업무매뉴얼에 규정된 직무상의 절차를 충실히 이행한 때 「경찰공무원 징계령 세부시행규칙」상 감독자의 정상참작 사유에 해당한다. ○|X

1801 ☐☐☐☐ 12·19 승진

행위자가 간첩 또는 사회이목을 집중시킨 중요사건의 범인을 검거한 공로가 있을 때나 업무매뉴얼에 규정된 직무상의 절차를 충실히 이행한 때 「경찰공무원 징계령 세부시행규칙」상 행위자의 정상을 참작할 수 있다. ○|X

1802 ☐☐☐☐ 20·25 승진

징계요구권자 또는 징계위원회는 감독자가 부하직원의 의무위반행위를 사전에 발견하여 적법 타당하게 조치한 때에는 징계책임을 감경하여 징계의결 요구 또는 징계의결하거나 징계책임을 묻지 아니할 수 있다. ○|X

1803 ☐☐☐☐ 07 채용

부하직원의 의무위반행위가 감독자의 실질적 감독범위를 벗어났다고 인정된 때 「경찰공무원 징계령 세부시행규칙」상 감독자의 정상참작 사유에 해당한다. ○|X

1804 ☐☐☐☐ 25 채용, 19·20 승진, 12 간부

부임기간이 1개월 미만으로 부하직원에 대한 실질적인 감독이 곤란하다고 인정된 때는 「경찰공무원 징계령 세부시행규칙」상 감독자의 정상참작 사유에 해당한다. ○|X

1805 ☐☐☐☐ 20 승진

기타 부하직원에 대하여 평소 철저한 교양감독 등 감독자로서의 임무를 성실히 수행하였다고 인정된 때 「경찰공무원 징계령 세부시행규칙」상 감독자의 정상참작 사유에 해당한다. ○|X

6 징계벌과 형사벌

1806 ☐☐☐☐ 11 채용

징계벌과 형벌은 이중적 처벌이 되지 않아야 하기 때문에 병과할 수 없다. ○|X

정답과 해설

1800. (X) 업무매뉴얼에 규정된 직무상의 절차를 충실히 이행한 때 **행위자(감독자 X)**의 정상참작 사유이다(동징계령 세부시행규칙 제4조 제2항 제3호).
1801. (O) 동징계령 세부시행규칙 제4조 제2항 제3호, 제6호
1802. (O) 동징계령 세부시행규칙 제5조 제2항 제1호
1803. (O) 동징계령 세부시행규칙 제5조 제2항 제2호
1804. (O) 징계요구권자 또는 징계위원회는 감독자가 부임기간이 **1개월 미만**으로 부하직원에 대한 실질적인 감독이 곤란하다고 인정된 때에는 징계책임을 감경하여 징계의결 요구 또는 징계의결하거나 징계책임을 묻지 아니할 수 있다(동징계령 세부시행규칙 제5조 제2항 제3호).
1805. (O) 동징계령 세부시행규칙 제5조 제2항 제5호
1806. (X) 징계벌과 형벌은 권력의 기초, 목적, 내용, 대상 등에서 서로 다르므로 **양자를 병과할 수 있으며**, 병과하여도 일사부재리의 원칙에 저촉되지 않는다.

THEME 08 경찰공무원의 권익보장제도

1 교부 및 고충 처리(국가공무원법)

1807 □□□□ 18 승진
경찰공무원에 대하여 징계처분을 할 때에는 그 처분권자 또는 처분제청권자는 처분사유를 적은 설명서를 교부하여야 한다. [O|X]

1808 □□□□ 09 채용
처분사유설명서 교부제도는 사전적 구제절차로서의 의미를 갖는다. [O|X]

1809 □□□□ 22 승진
국가공무원법에 따라 공무원은 인사·조직·처우 등 각종 직무조건과 그 밖에 신상 문제와 관련한 고충에 대하여 상담을 신청하거나 심사를 청구할 수 있다. [O|X]

1810 □□□□ 22 승진
국가공무원법에 따라 중앙인사관장기관의 장, 임용권자 또는 임용제청권자는 기관 내 성폭력 범죄 또는 성희롱 발생 사실의 신고를 받은 경우에는 지체 없이 사실 확인을 위한 조사를 하고 그에 따라 필요한 조치를 할 수 있다. [O|X]

1811 □□□□ 04 채용
고충처리는 그 결과가 기속행위이다. [O|X]

정답과 해설

1807. (O) 공무원에 대하여 **징계처분등을 할 때**나 강임·휴직·직위해제 또는 면직처분을 할 때에는 그 처분권자 또는 처분제청권자는 처분사유를 적은 설명서를 **교부하여야 한다**. 다만, 본인의 원(願)에 따른 강임·휴직 또는 면직처분은 **그러하지 아니하다**(국가공무원법 제75조 제1항).
1808. (O) 처분사유설명서 교부제도는 **사전적(사후적 X)** 구제절차로서의 의미를 갖는다.
1809. (O) 국가공무원법 제76조의2 제1항
1810. (X) 중앙인사관장기관의 장, 임용권자 또는 임용제청권자는 기관 내 성폭력 범죄 또는 성희롱 발생 사실의 신고를 받은 경우에는 **지체 없이** 사실 확인을 위한 조사를 하고 그에 따라 필요한 조치를 **하여야 한다(할 수 있다 X)**(국가공무원법 제76조의2 제3항).
1811. (X) 고충처리는 그 결과가 법적 기속력을 **갖지 않으나**, 소청심사는 법적 기속력을 갖는다.

2 경찰공무원 고충심사위원회

1812 ☐☐☐☐ 22 간부

계급이 경사인 경찰공무원이 종교를 이유로 불합리한 차별을 겪어 고충을 당한 사안일 경우, 보통고충심사위원회에서 고충을 심사하는 것이 부적당하다고 인정될 경우에는 중앙고충심사위원회에서 심사할 수 있다. (O|X)

1813 ☐☐☐☐ 25 간부

경찰공무원의 인사상담 및 고충을 심사하기 위하여 경찰공무원 고충심사위원회를 두어야 하는 기관에는 시·도자치경찰위원회도 포함된다. (O|X)

1814 ☐☐☐☐ 22 승진, 25 간부

경찰공무원법에 따라 경찰공무원 고충심사위원회의 심사를 거친 재심청구와 경정 이상 경찰공무원의 인사상담 및 고충심사는 국가공무원법에 따라 설치된 중앙고충심사위원회에서 한다. (O|X)

1815 ☐☐☐☐ 22 간부

경찰공무원 고충심사위원회를 두는 「경찰공무원법」 제31조 제1항에서 "대통령령이 정하는 경찰기관"이라 함은 경찰대학·경찰인재개발원·중앙경찰학교·경찰수사연수원·경찰서·경찰기동대·경비함정 기타 경정 이상의 경찰공무원을 장으로 하는 기관 중 행정안전부장관 또는 해양수산부장관이 지정하는 경찰기관을 말한다. (O|X)

1816 ☐☐☐☐ 22·25 간부

경찰공무원 고충심사위원회는 위원장 1명을 포함하여 7명 이상 15명 이하의 공무원위원과 민간위원으로 구성한다. 이 경우 민간위원의 수는 위원장을 제외한 위원 수의 2분의 1 이상이어야 한다. (O|X)

정답과 해설

1812. (O) 공무원고충처리규정 제3조의6 제5항 제3호

> ⑤ 국가공무원법 제76조의2 제5항 단서에 따라 **6급 이하(경감 이하)**의 공무원의 고충으로서 보통고충심사위원회에서 심사하는 것이 부적당하여 **중앙고충심사위원회에서 심사할 수 있는 사안**은 다음 각 호의 어느 하나에 해당하는 사안을 말한다. → **경사는 경감 이하에 해당**
> 1. 성폭력범죄 또는 성희롱 사실에 관한 고충
> 2. 「공무원 행동강령」 제13조의3에 따른 부당한 행위로 인한 고충
> 3. **그 밖에 성별·종교·연령 등을 이유로 하는 불합리한 차별로 인한 고충**

1813. (O) 경찰공무원의 인사상담 및 고충을 심사하기 위하여 **경찰청, 해양경찰청, 시·도자치경찰위원회, 시·도경찰청**, 대통령령으로 정하는 경찰기관 및 지방해양경찰관서에 경찰공무원 고충심사위원회를 둔다(경찰공무원법 제31조 제1항).

1814. (O) 경찰공무원법에 따라 경찰공무원 고충심사위원회의 심사를 거친 **재심청구와 경정 이상** 경찰공무원의 인사상담 및 고충심사는 국가공무원법에 따라 설치된 **중앙고충심사위원회에서 한다**(경찰공무원법 제31조 제2항).

1815. (X) 「경찰공무원법」 제31조제1항에서 "대통령령이 정하는 경찰기관"이라 함은 경찰대학·경찰인재개발원·중앙경찰학교·경찰수사연수원·경찰서·경찰기동대·경비함정 기타 **경감 이상(경정 이상 X)**의 경찰공무원을 장으로 하는 기관 중 행정안전부장관 또는 해양수산부장관이 지정하는 경찰기관을 말한다(공무원고충처리규정 제3조의2 제1항).

1816. (O) 경찰공무원 고충심사위원회는 위원장 1명을 포함하여 **7명 이상 15명 이하**의 공무원위원과 민간위원으로 구성한다. 이 경우 민간위원의 수는 위원장을 **제외한(포함한 X)** 위원 수의 2분의 1 이상이어야 한다(공무원고충처리규정 제3조의2 제2항).

1817 ☐☐☐☐ 22·25 간부

경찰공무원 고충심사위원회의 위원장은 설치기관 소속 공무원 중에서 인사 또는 감사 업무를 담당하는 과장 또는 이에 상당하는 직위를 가진 사람이 되고, 공무원위원은 청구인보다 상위 계급 또는 이에 상당하는 소속 공무원 중에서 설치기관의 장이 임명한다. (O|X)

1818 ☐☐☐☐ 22 승진

고충심사위원회가 청구서를 접수한 때에는 30일 이내에 고충심사에 대한 결정을 해야 한다. 다만, 부득이하다고 인정되는 경우에는 고충심사위원회의 의결로 30일의 범위에서 그 기한을 연기할 수 있다. (O|X)

3 소청_A급

3-1 의의 및 대상

1819 ☐☐☐☐ 11·12·19 승진

소청심사란 징계처분 기타 그의 의사에 반하는 불이익처분을 받은 자가 관할 소청심사위원회에 심사를 청구하는 행정심판의 일종이다. (O|X)

1820 ☐☐☐☐ 04 채용

소청심사는 불이익처분에 대한 사후구제를 위한 형식적 쟁송절차로서 준사법적 성격을 갖는다. (O|X)

3-2 절차

1821 ☐☐☐☐ 18 승진

징계처분으로 처분사유 설명서를 받은 경찰공무원이 그 징계처분에 불복할 때에는 그 설명서를 받은 날부터 30일 이내에 소청심사위원회에 이에 대한 심사를 청구할 수 있다. (O|X)

1822 ☐☐☐☐ 14 채용, 19 승진

소청심사위원회는 소청을 접수하면 지체 없이 심사하여야 하며, 심사할 때 필요하면 검증·감정, 그 밖의 사실조사를 하거나 증인을 소환하여 질문하거나 관계 서류를 제출하도록 명할 수 있다. (O|X)

정답과 해설

1817. (O) 공무원고충처리규정 제3조의2 제3항, 제4항
1818. (O) 고충심사위원회가 청구서를 접수한 때에는 **30일 이내**에 고충심사에 대한 결정을 **해야 한다**. 다만, 부득이하다고 인정되는 경우에는 **고충심사위원회의 의결로 30일**의 범위에서 그 기한을 연기할 수 있다(공무원고충처리규정 제7조 제1항).
1819. (O) 행정기관 소속 공무원의 징계처분, 그 밖에 그 의사에 반하는 불리한 처분이나 부작위에 대한 소청을 심사·결정하게 하기 위하여 인사혁신처에 소청심사위원회를 둔다(국가공무원법 제9조 제1항).
1820. (O) 소청심사는 불이익처분에 대한 **사후구제(사전구제 X)**를 위한 형식적 쟁송절차로서 준사법적 성격을 갖는다.
1821. (O) 처분사유 설명서를 받은 공무원이 그 처분에 불복할 때에는 그 설명서를 **받은 날부터 30일 이내**에 소청심사위원회에 이에 대한 심사를 청구할 수 있다(국가공무원법 제76조 제1항).
1822. (O) 소청심사위원회는 소청을 접수하면 **지체 없이** 심사하여야 하며, 심사할 때 필요하면 검증·감정, 그 밖의 사실조사를 하거나 증인을 소환하여 질문하거나 관계 서류를 제출하도록 **명할 수 있다(명할 수 없다 X)**(동법 제12조 제1항·제2항).

1823 ☐☐☐☐ 14 채용

소청심사위원회가 소청 사건을 심사하기 위하여 징계 요구 기관이나 관계 기관의 소속 공무원을 증인으로 소환하면 해당 기관의 장은 이에 따라야 한다. (O|X)

1824 ☐☐☐☐ 04 채용, 11·12 승진

소청인에게 의견진술의 기회가 보장되나 의견진술의 기회를 부여하지 않고 행한 결정이라도 무효는 아니다. (O|X)

1825 ☐☐☐☐ 11·12·19 승진

소청심사위원회의 취소명령 또는 변경명령 결정은 그에 따른 징계나 그 밖의 처분이 있을 때까지는 종전에 행한 징계처분에 영향을 미치지 아니한다. (O|X)

1826 ☐☐☐☐ 04 채용, 11·12·17·18 승진

소청심사위원회는 심사 중 다른 비위사실이 발견되는 등 특단의 사정이 없는 한 원징계처분보다 무거운 징계를 부과하는 결정을 하지 못한다. (O|X)

1827 ☐☐☐☐ 11·12 승진

소청심사위원회의 결정은 처분 행정청을 기속한다. (O|X)

3-3 소청심사위원회

1828 ☐☐☐☐ 04·22 채용, 17·19 승진

행정기관 소속 공무원의 징계처분, 그 밖에 그 의사에 반하는 불리한 처분이나 부작위에 대한 소청을 심사·결정하게 하기 위하여 행정안전부에 소청심사위원회를 둔다. (O|X)

정답과 해설

1823. (O) 소청심사위원회가 소청 사건을 심사하기 위하여 징계 요구 기관이나 관계 기관의 소속 공무원을 증인으로 소환하면 해당 기관의 장은 이에 **따라야 한다**(따를 수 있다 X)(국가공무원법 제12조 제3항).

1824. (X) 소청심사위원회가 소청 사건을 심사할 때에는 소청인 또는 대리인에게 진술 기회를 **주어야 하며**(줄 수 있으며 X), 진술 기회를 주지 아니한 결정은 **무효**(취소 X)로 한다(동법 제13조 제1항·제2항).

1825. (O) 소청심사위원회의 취소명령 또는 변경명령 결정은 그에 따른 징계나 그 밖의 처분이 있을 때까지는 종전에 행한 징계처분 또는 징계부가금 부과처분에 **영향을 미치지 아니한다**(동법 제14조 제7항).

1826. (X) 소청심사위원회가 소청을 심사할 경우에는 원징계처분보다 무거운 징계 또는 원징계부가금 부과처분보다 무거운 징계부가금을 부과하는 결정을 하지 못한다(**불이익변경금지의 원칙**)(동법 제14조 제8항). **이는 심사 중 다른 비위사실이 발견된 경우에도 동일하다.**

1827. (O) 동법 제15조

1828. (X) 행정기관 소속 공무원의 징계처분, 그 밖에 그 의사에 반하는 불리한 처분이나 부작위에 대한 소청을 심사·결정하게 하기 위하여 **인사혁신처**(행정안전부 X)에 소청심사위원회를 둔다(동법 제9조 제1항).

1829 ☐☐☐☐ 12 채용

행정기관 소속 공무원과 국회, 법원, 헌법재판소 및 선거관리위원회 소속 공무원의 소청에 관한 사항을 심사·결정하기 위해 행정안전부에 소청심사위원회를 둔다. (O|X)

1830 ☐☐☐☐ 18 채용

국회사무처, 법원행정처, 헌법재판소사무처 및 중앙선거관리위원회사무처에 설치된 소청심사위원회는 위원장 1명을 포함한 위원 5명 이상 7명 이하의 상임위원으로 구성한다. (O|X)

1831 ☐☐☐☐ 09·14 채용, 10·13·16·17·19 승진, 16 간부

소청심사위원회는 위원장 1명을 포함한 5인 이상 7인 이내의 상임위원과 상임위원의 2분의 1 이상인 비상임위원으로 구성되며, 위원은 인사혁신처장이 임명한다. (O|X)

1832 ☐☐☐☐ 10 승진

법관으로 3년 이상 근무한 자는 소청심사위원회 위원이 될 수 있다. (O|X)

1833 ☐☐☐☐ 14·18 채용, 10·16 승진, 16 간부

대학에서 행정학·정치학 또는 법률학을 담당한 부교수 이상의 직에 3년 이상 근무한 자는 소청심사위원회 위원이 될 수 있다. (O|X)

1834 ☐☐☐☐ 13·19 승진

3급 이상 공무원 또는 고위공무원단에 속하는 공무원으로 3년 이상 근무한 자는 소청심사위원회의 비상임위원은 될 수 있으나, 상임위원은 될 수 없다. (O|X)

정답과 해설

1829. (X) **행정기관 소속 공무원**의 징계처분, 그 밖에 그 의사에 반하는 불리한 처분이나 부작위에 대한 소청을 심사·결정하게 하기 위하여 **인사혁신처에 소청심사위원회를 둔다**(국가공무원법 제9조 제1항). **국회, 법원, 헌법재판소 및 선거관리위원회 소속 공무원**의 소청에 관한 사항을 심사·결정하게 하기 위하여 **국회사무처, 법원행정처, 헌법재판소사무처 및 중앙선거관리위원회사무처에 각각 해당 소청심사위원회**를 둔다(동법 제9조 제2항).

1830. (X) 국회사무처, 법원행정처, 헌법재판소사무처 및 중앙선거관리위원회사무처에 설치된 소청심사위원회는 위원장 1명을 포함한 위원 5명 이상 7명 이하의 **비상임위원(상임위원 X)**으로 구성하고, 인사혁신처에 설치된 소청심사위원회는 위원장 1명을 포함한 5명 이상 7명 이하의 **상임위원(비상임위원 X)**과 상임위원 수의 2분의 1 이상인 비상임위원으로 구성하되, 위원장은 정무직으로 보한다(동법 제9조 제3항).

1831. (X) 인사혁신처에 설치된 소청심사위원회는 위원장 1명을 포함한 **5명 이상 7명 이하**의 상임위원과 상임위원 수의 2분의 1 이상인 비상임위원으로 구성하되, **위원장(상임위원 X)**은 정무직으로 보한다(국가공무원법 제9조 제3항). 소청심사위원회의 **위원**(위원장을 포함(제외 X))은 인사혁신처장의 제청으로 **대통령이 임명**한다(동법 제10조 제1항).

1832. (X) 법관·검사 또는 변호사의 직에 **5년 이상** 근무한 자는 위원이 될 수 있다(동법 제10조 제1항 제1호).

1833. (X) 대학에서 행정학·정치학 또는 법률학을 담당한 **부교수 이상**의 직에 **5년 이상** 근무한 자는 위원이 될 수 있다(동법 제10조 제1항 제2호).

1834. (X) 3급 이상 공무원 또는 고위공무원단에 속하는 공무원으로 **3년(5년 X) 이상** 근무한 자는 상임위원은 될 수 있으나, **비상임위원은 될 수 없다**(동법 제10조 제1항).

1835 ☐☐☐☐ 11·12·14 채용, 13 승진

소청심사위원회의 상임위원의 임기는 3년이며 연임 및 겸직은 할 수 없다. (O|X)

1836 ☐☐☐☐ 18 채용, 16·17·19 승진, 16 간부

소청심사위원회의 위원은 벌금 이상의 형벌이나 장기의 심신 쇠약으로 직무를 수행할 수 없게 된 경우 외에는 본인의 의사에 반하여 면직되지 아니한다. (O|X)

1837 ☐☐☐☐ 04·12·14·18 채용, 13·16 승진, 16 간부

소청 사건의 결정은 재적위원 3분의 2 이상의 출석과 재적위원 과반수의 합의에 따르되, 의견이 나뉘어 출석 위원 과반수의 합의에 이르지 못하였을 때에는 과반수에 이를 때까지 소청인에게 가장 불리한 의견에 차례로 유리한 의견을 더하여 그 중 가장 유리한 의견을 합의된 의견으로 본다. (O|X)

1838 22 채용

「국가공무원법」 및 관련 법령에 따를 때, 소청심사와 관련한 사례에 대한 설명이다. (1838-1번~1838-4번에만 해당)

> ○○경찰서 소속 지구대에서 근무하는 순경 甲이 법령준수 의무위반 등 각종 비위행위로 인하여 관련 절차를 거쳐 징계권자로부터 해임의 징계처분을 받았다. 이에 순경 甲은 소청심사를 제기하고자 한다.

1838-1 ☐☐☐☐

소청심사위원회는 소청심사 결과 甲의 비위행위의 정도에 비해 해임의 징계처분이 경미하다는 판단에 이르더라도 파면의 징계처분으로 변경하는 결정을 할 수 없다. (O|X)

1838-2 ☐☐☐☐

소청심사위원회에서 해임처분 취소명령결정을 내릴 경우, 그 해임의 징계처분은 소청심사위원회의 결정에 따른 징계나 그 밖의 처분이 있기 전에 당연히 효력을 상실한다. (O|X)

정답과 해설

1835. (X) 소청심사위원회의 상임위원의 임기는 3년으로 하며, **한 번만 연임할 수 있다**(동법 제10조 제2항).

1836. (X) 소청심사위원회의 위원은 **금고 이상(벌금 이상 X, 자격정지 이상 X)**의 형벌이나 장기의 심신 쇠약으로 직무를 수행할 수 없게 된 경우 외에는 본인의 의사에 반하여 면직되지 아니한다(국가공무원법 제11조).

1837. (X) 소청 사건의 결정은 재적위원 **3분의 2 이상(2분의 1 이상 X)**의 출석과 **출석위원(재적위원 X)** 과반수의 합의에 따르되, 의견이 나뉘어 출석 위원 과반수의 합의에 이르지 못하였을 때에는 과반수에 이를 때까지 소청인에게 가장 불리한 의견에 차례로 유리한 의견을 더하여 그 중 가장 유리한 의견을 합의된 의견으로 본다(동법 제14조 제1항).

1838-1. (O) 소청심사위원회는 원징계처분보다 무거운 징계하는 부과하는 결정을 하지 못한다(불이익변경금지의 원칙)(동법 제14조 제8항).

1838-2. (X) 소청심사위원회의 취소명령 또는 변경명령 결정은 그에 따른 징계나 그 밖의 처분이 있을 때까지는 종전에 행한 징계처분에 **영향을 미치지 아니한다**(동법 제14조 제7항).

1838-3 ☐☐☐☐

소청심사위원회에서 해임치분을 취소 또는 변경하고자 할 경우에는 재적 위원 3분의 2 이상의 출석과 출석위원 3분의 2 이상의 합의가 있어야 한다. (O│X)

1838-4 ☐☐☐☐

甲이 징계처분사유 설명서를 받은 날부터 30일 이내(甲에게 책임이 없는 사유로 소청심사를 청구할 수 없는 기간은 없다고 전제한다) 소청심사를 제기하지 않은 경우에는 행정소송을 제기할 수 없다. (O│X)

4 행정소송 _A급

1839 ☐☐☐☐ 14 채용, 18·19 승진

경찰공무원의 권리구제 범위 확대를 위해 징계처분 등 불리한 처분을 받았을 때 소청심사 청구와 행정소송 제기 중 하나를 선택하는 것이 가능하다. (O│X)

1840 ☐☐☐☐ 09 채용, 24·25 간부

징계처분, 휴직처분, 면직처분, 그 밖에 의사에 반하여 불리한 처분에 대한 행정소송은 경찰청장을 피고로 하는 것이 원칙이며, 예외도 있다. (O│X)

1841 ☐☐☐☐ 22 채용

국가경찰사무를 담당하는 ○○경찰서 소속 경사 丙에 대한 정직처분은 소속기관장인 ○○경찰서장이 행하지만, 그 처분에 대한 행정소송의 피고는 경찰청장이다. (O│X)

1842 ☐☐☐☐ 24 간부

관할 경찰청장은 운전면허와 관련된 처분권한을 각 경찰서장에게 위임하였고, 이에 따라 A경찰서장은 자신의 명의로 甲에게 운전면허정지처분을 하였다면, 甲의 운전면허정지처분 취소소송의 피고적격자는 A경찰서장이 아니라 관할 경찰청장이다. (O│X)

정답과 해설

1838-3. (O) 동법 제14조 제2항

1838-4. (O) 동법 제76조 제1항

1839. (X) 「국가공무원법」 제75조에 따른 처분, 그 밖에 본인의 의사에 반한 불리한 처분이나 부작위에 관한 행정소송은 **소청심사위원회의 심사·결정을 거치지 아니하면 제기할 수 없다(필요적 전치주의)**(동법 제16조 제1항).

1840. (O) 징계처분, 휴직처분, 면직처분, 그 밖에 의사에 반하는 불리한 처분에 대한 행정소송은 **경찰청장 또는 해양경찰청장을 피고로 한다.** 다만, 제7조제3항 및 제4항에 따라 임용권을 **위임한 경우에는 그 위임을 받은 자를 피고(수임자)**로 한다(경찰공무원법 제34조).

1841. (X) 국가경찰사무를 담당하는 ○○경찰서 소속 경사 丙의 정직처분(중징계)은 임용권자인 **시·도경찰청장**이 행하고, 징계처분에 대한 행정소송 피고도 **시·도경찰청장**이다.

1842. (X) 경찰청장이 처분권한을 경찰서장에게 **위임하지 않았다면** 경찰청장이 취소소송의 피고적격자가 되지만, 경찰청장(위임관청)이 경찰서장(수임관청)에게 권한을 위임하였으므로 **취소소송의 피고적격자는 A경찰서장**이다.

CHAPTER 04

경찰작용법 일반론

THEME 01 수권조항 _A급

1843 ☐☐☐☐ 09·16 채용

경찰권의 성질상 경찰권의 발동사태를 상정해서 경찰권 발동의 요건·한계를 입법기관이 일일이 규정한다는 것은 불가능하다. (O|X)

1844 ☐☐☐☐ 09·16·23 채용, 11 승진

「경찰관 직무집행법」 제2조 제7호(그 밖에 공공의 안녕과 질서유지)는 경찰권 발동권한을 포괄적으로 수권하는 규정이지만, 개별적 수권규정이 없는 때에 한하여 제2차적·보충적으로 적용된다는 것이 판례의 견해다. (O|X)

1845 ☐☐☐☐ 09·16 채용

개괄적 수권조항으로 인한 경찰권 남용의 가능성은 조리상의 한계 등으로 충분히 통제가 가능하다. (O|X)

1846 ☐☐☐☐ 09·16·20 채용

일반적 수권조항의 존재를 부정하는 학자들에 따르면 경찰관 직무집행법 제2조 제7호는 경찰의 직무범위만을 정한 것으로서 본질적으로 조직법적 성질의 규정에 해당한다고 주장한다. (O|X)

정답과 해설

1843. (O) 경찰권의 성질상 경찰권의 발동사태를 상정해서 경찰권 발동의 요건·한계를 입법기관이 일일이 규정한다는 것은 불가능하기 때문에 **개괄적 수권조항을 인정한다는 것이 판례와 통설적 견해**이다.

1844. (O) **일반수권조항**이란 경찰권의 발동근거가 되는 개별적인 작용법적 근거가 없을 때 경찰권 발동의 일반적·보충적 근거가 될 수 있도록 개괄적으로 수권된 일반조항을 말한다.

1845. (O)

1846. (O) 부정설에 따르면 경찰관 직무집행법 제2조 제7호는 단지 경찰의 직무범위만을 정한 것으로서 본질적으로는 **조직법적 성질의 규정**으로 본다.

1 경찰소극목적의 원칙

1847 ☐☐☐☐ 06 채용, 03 승진

경찰소극목적의 원칙이라 함은 경찰권은 사회공공의 안녕과 질서의 유지라는 소극목적을 위해서만 발동될 수 있고, 적극적으로 복리의 증진을 위해서는 발동될 수 없다는 것이다. (O|X)

2 경찰공공의 원칙(사생활자유의 원칙)

1848 ☐☐☐☐ 03 채용, 11 승진

경찰권발동은 사회공공의 안녕과 질서를 유지하기 위해서만 발동할 수 있는 것을 의미하므로 사회공공의 안녕과 질서유지와 직접 관계되지 아니하거나 사생활관계에는 경찰권을 발동할 수 없는 것은 경찰소극목적의 원칙이다. (O|X)

1849 ☐☐☐☐ 06 채용, 22 간부

경찰공공의 원칙이란 경찰권은 공공의 안녕·질서유지에 관계없는 사적관계에 대해서 발동되어서는 안 된다는 원칙을 의미한다. (O|X)

정답과 해설

1847. (O) 경찰권은 **공공복리를 위해서는 발동할 수 없다.**

1848. (X) 경찰은 사회공공의 안전확보와 질서유지를 목적으로 하는 작용이므로 공공질서에 직접적인 관련이 없는 개인의 사익에 대한 사항에는 경찰권은 원칙적으로 관여할 수 없다는 것은 **경찰공공의 원칙**이다.

1849. (O) 경찰권은 공공의 안녕·질서유지에 **관계없는** 사적관계에 대해서 발동되어서는 안 된다는 원칙은 **경찰공공의 원칙 또는 사생활자유의 원칙**이라 한다.

1850 ☐☐☐☐ 11 채용

경찰작용은 국민의 자유와 권리를 제한하고 의무를 부과하는 등 전형적인 침해적 행정작용이므로 경찰권 발동에는 한계가 있다. 특히, 경찰은 사회공공의 안녕과 질서유지에 관계가 없는 개인의 사생활 관계에 대해서 경찰권을 발동해서는 아니 된다. 개인행동의 영향이 단지 그 사람의 일신에 그치고 사회공공의 안녕·질서유지에 관계가 없는 것에 대해서는 경찰권을 발동하여 함부로 이에 관여하는 것은 허용되지 않는다. 따라서 민사상 법률관계의 형성·유지는 사법권의 작용영역으로서 원칙적으로 경찰권의 행사 대상이 아니다. 하지만 민사상 법률관계라 할지라도 예외적으로 경찰권의 개입이 허용되는 경우가 있는데, 암표의 매매나 총포·도검류의 매매의 경우가 경찰권 개입이 가능한 사례이다. (O│X)

3 경찰비례의 원칙

1851 ☐☐☐☐ 23 채용, 16·22 승진

경찰비례의 원칙은 모든 행정영역에서 적용되는 원칙으로서, 일반적 수권조항에 근거하여 경찰권을 발동하는 경우는 물론, 개별적 수권조항에 근거하여 경찰권을 발동하는 경우에도 적용된다. (O│X)

1852 ☐☐☐☐ 20 채용

경찰비례의 원칙은 독일에서 경찰법상의 판례를 중심으로 발달하여 왔고 오늘날에는 행정법의 모든 영역에서 적용되는 원칙으로 이해되고 있다. (O│X)

1853 ☐☐☐☐ 19·25 채용, 20 승진, 24 간부

「경찰관 직무집행법」 제1조 제2항은 경찰비례의 원칙을 명시적으로 선언하고 있는 것이며, 이는 공공의 안녕과 질서유지라는 공익목적과 이를 실현하기 위하여 개인의 권리나 재산을 침해하는 수단 사이에는 합리적인 비례관계가 있어야 한다는 의미를 갖는다. (O│X)

1854 ☐☐☐☐ 03·06 채용

경찰책임의 원칙은 경찰권 발동의 조건과 정도를 명시한 원칙이다. (O│X)

정답과 해설

1850. (O) **암표의 매매나 총포·도검류의 매매의 경우**와 같이 민사상의 법률관계라 할지라도 그것이 당사자 간의 개인적 이해에 관계되는데 그치지 아니하고 동시에 사회공공의 질서에 영향을 미치는 경우에는 그 한도 내에서 **경찰권 개입이 가능하다**. 경찰권 개입이 불가능한 경우는 경찰관이 사인간의 가옥임대차에 관한 분쟁에 개입하는 경우, 경찰관이 민사상의 채권집행에 관여하는 경우, 경찰관이 범죄행위와 관련된 가해자와 피해자 간의 합의를 종용하는 경우 등이다.

1851. (O)   1852. (O)

1853. (O) 이 법에 규정된 경찰관의 직권은 그 직무 수행에 **필요한 최소한도(비례의 원칙)**에서 행사되어야 하며 남용되어서는 아니 된다(경찰관 직무집행법 제1조 제2항).

1854. (X) 경찰권 발동의 조건과 정도를 명시한 원칙은 **경찰비례의 원칙**이다. 경찰비례의 원칙은 경찰권은 공공의 안녕과 질서의 유지를 위하여 묵과할 수 없는 장애가 발생한 경우에 이를 해결하기 위하여 필요한 최소한도내의 범위에서 발동되어야 한다.

1855 ☐☐☐☐ 11·16·22 승진

경찰비례의 원칙은 법률에 명문의 규정은 존재하지 않지만 이를 위반한 경찰작용은 위법한 것으로 평가되어 행정소송의 대상이 되며, 국가배상청구의 대상이 될 수 있다. ⓞⓧ

1856 ☐☐☐☐ 20·23·24 채용

경찰비례의 원칙은 행정기본법 제10조, 경찰관 직무집행법 제1조 제2항이 명문으로 규정하고 있을 뿐만 아니라 헌법 제37조 제2항으로부터도 도출된다. ⓞⓧ

1857 ☐☐☐☐ 16·20 승진

비례의 원칙을 위반한 국가작용은 행정소송의 대상이 되며, 국가배상책임이 성립할 수 있다. ⓞⓧ

1858 ☐☐☐☐ 06 채용, 03 승진

경찰비례의 원칙 중 필요성의 원칙은 경찰기관의 조치는 그의 목적달성을 위해 필요한 한도 이상으로 행하여져서는 안 된다는 것이다. ⓞⓧ

1859 ☐☐☐☐ 24 채용

비례의 원칙이란 행정작용에 있어서 행정목적과 행정수단 사이에는 합리적인 비례관계가 있어야 한다는 원칙을 말한다.

1860 ☐☐☐☐ 22·23 승진

행정청의 행정작용은 행정목적을 달성하는 데 유효하고 적절해야 하며, 필요한 최소한도에 그칠 것이고, 행정작용으로 인한 국민의 이익 침해가 그 행정작용이 의도하는 공익보다 크지 아니해야 한다. ⓞⓧ

1861 ☐☐☐☐ 20 채용, 11·20 승진

경찰비례의 원칙의 내용으로서 적합성의 원칙, 필요성의 원칙, 상당성의 원칙이 있으며 적어도 하나는 충족해야 위법하지 않다. ⓞⓧ

1862 ☐☐☐☐ 12 승진

경찰기관이 취한 조치 또는 수단으로 인해 국민의 이익 침해가 그 경찰작용이 의도하는 공익보다 크지 아니할 때만 허용되는데 이를 필요성의 원칙이라 한다. ⓞⓧ

정답과 해설

1855. (X) 경찰비례의 원칙은 「헌법」 제37조 제2항, 「행정기본법」 제10조, 「경찰관 직무집행법」 제1조 제2항에 **명문으로 규정**되어 있다.
1856. (O)   1857. (O)
1858. (O) 필요성의 원칙은 행정기관은 관계자에게 가장 적은 부담을 주는 수단을 선택해야 함을 의미하는데 **최소침해의 원칙**이라고도 한다.
1859. (O)
1860. (O) 경찰행정관청의 특정행위가 공적 목적 달성을 위해 적합하고(**적합성**), 국민에게 가장 피해가 적으며(**필요성**), 달성되는 공익이 침해되는 사익보다 더 커야(**상당성**) 적법한 행정작용이 될 수 있다.
1861. (X) 경찰비례의 원칙의 내용으로서 적합성의 원칙, 필요성의 원칙, 상당성의 원칙이 있으며 **모두 충족**해야 한다.
1862. (X) 비례성의 원칙의 내용 중 **상당성의 원칙**에 대한 설명이다.

1863 ☐☐☐☐ 20 채용, 22 간부

경찰비례의 원칙 중 필요성의 원칙은 협의의 비례원칙이라고도 불리며, 경찰기관의 조치는 그 목적을 달성하는데 적합하여야 한다는 원칙이다. O|X

1864 ☐☐☐☐ 23·24 채용

필요성의 원칙(최소침해의 원칙)은 목적을 달성할 수 있는 수단이 여러 가지가 있는 경우에 적합한 여러 가지 수단 중에서 가장 적게 침해를 가져오는 수단을 선택해야 한다는 원칙이다. O|X

1865 ☐☐☐☐ 19 채용

경찰비례의 원칙의 내용 중 상당성의 원칙은 경찰권 발동에 따른 이익보다 사인의 피해가 더 큰 경우 경찰권을 발동해서는 안 된다는 원칙으로서 최소침해원칙이라고도 한다. O|X

1866 ☐☐☐☐ 23·24 채용, 03·22 승진

상당성의 원칙(협의의 비례원칙)은 경찰기관의 어떤 조치가 경찰목적 달성을 위해 필요한 경우라고 하여도 그 조치에 따른 불이익이 그 조치로 인해 발생하는 이익보다 큰 경우에는 경찰권을 발동해서는 안 된다는 원칙이다. O|X

1867 ☐☐☐☐ 20 승진

경찰은 대포로 참새를 쏘아서는 안 된다는 법언은 상당성의 원칙을 잘 표현한 것이다. O|X

4 경찰책임의 원칙

1868 ☐☐☐☐ 03·11 승진, 22 간부

경찰책임의 원칙이란 경찰권은 원칙적으로 경찰위반상태를 야기한 자, 즉 공공의 안녕·질서의 위험에 대하여 행위책임 또는 상태책임을 질 자에게만 발동될 수 있다는 원칙이다. O|X

1869 ☐☐☐☐ 06 채용

경찰책임의 원칙은 경찰권 발동의 정도를 명시한 원칙이다. O|X

정답과 해설

1863. (X) 경찰비례의 원칙 중 필요성의 원칙은 **최소침해의 원칙**이라고도 불리며, 경찰기관의 조치는 그 목적을 달성하는데 적합하여야 한다는 원칙은 **적합성의 원칙** 내용이다.
1864. (O) **필요성의 원칙(적합성의 원칙 X)**은, 행정조치는 설정된 목적 달성을 위해 필요 최소한의 한도 내에서 이루어져야 한다는 것으로, **최소침해의 원칙(협의의 비례원칙 X)**이라고도 한다.
1865. (X) 경찰비례의 원칙의 내용 중 상당성의 원칙은 경찰권 발동에 따른 이익보다 사인의 피해가 더 큰 경우 경찰권을 발동해서는 안 된다는 원칙으로서 이를 **협의의 비례의 원칙**이라고도 한다. 최소침해의 원칙은 필요성의 원칙을 말한다.
1866. (O)
1867. (O) 경찰은 대포로 참새를 쏘아서는 안 된다는 법언은 상당성(**협의의 비례의 원칙**)의 원칙을 잘 표현한 것이다.
1868. (O)
1869. (X) 경찰책임의 원칙은 **경찰권발동의 대상**에 관한 원칙, **경찰비례의 원칙은 경찰권 발동의 조건과 정도**를 명시한 원칙이다.

1870 ☐☐☐☐ 03·08·19 채용, 03·11·16 승진, 17·23·26 간부

경찰책임은 사회공공의 안녕과 질서에 대한 객관적 위험 상황이 존재하면 인정되며, 자연인·법인, 고의·과실, 위법성 유무, 의사·행위·책임능력의 유무, 작위·부작위 등을 불문한다. [O│X]

1871 ☐☐☐☐ 17·19 간부

경찰책임의 주체는 모든 자연인이 될 수 있다. 또한 권리능력 유무에 관계없이 모든 사법인(私法人)도 경찰책임자가 될 수 있다. [O│X]

1872 ☐☐☐☐ 23 간부

경찰상 긴급상태에 대한 일반적 근거는 「경찰관 직무집행법」에 규정되어 있다. [O│X]

1873 ☐☐☐☐ 19 채용

경찰책임 원칙의 예외로서 긴급한 필요가 있는 경우 경찰책임 있는 자가 아닌 제3자에 대한 경찰권 발동이 허용되는 경우가 있다. [O│X]

1874 ☐☐☐☐ 11 승진

경찰긴급권은 경찰책임의 원칙에 부합하는 대표적인 예로 볼 수 있다. [O│X]

1875 ☐☐☐☐ 08·19 채용, 17·26 간부

긴급한 필요가 있는 경우 예외적으로 경찰책임자가 아닌 자에 대해서 법령상 근거 없이 경찰권을 발동할 수 있다. [O│X]

1876 ☐☐☐☐ 19 채용

경찰책임의 예외로서 경찰긴급권은 급박성, 보충성 등의 요건이 충족되는 경우 경찰책임자가 아닌 제3자에게 경찰권 발동이 인정되는 경우를 의미한다. 법적근거는 요하지 않으나 제3자의 승낙이 있는 경우에 한하여 경찰긴급권의 발동이 허용된다. 다만, 이 경우에도 생명·건강 등 제3자의 중대한 법익에 대한 침해는 허용되지 않는다. [O│X]

정답과 해설

1870. (O) 경찰책임은 고의·과실, 위법성의 유무, 위험에 대한 인식여부, 행위능력, 불법행위능력, 형사책임능력, 국적여부, 정당한 권원의 유무 등을 묻지 않는다.

1871. (O)

1872. (X) 경찰긴급권에 대한 **일반법은 없고 개별 법률**(소방기본법 제24조, 경범죄 처벌법 제3조 제1항 제29호, 경찰관 직무집행법 제5조 제1항 제3호)에서 규정하고 있다.

1873. (O)

1874. (X) 경찰긴급권은 긴급한 필요가 있는 경우에 경찰책임이 없는 제3자에 대하여 경찰권을 발동하는 경우를 말하는데, **경찰책임의 원칙의 예외**에 해당한다.

1875. (X) 긴급한 필요가 있는 경우에 경찰책임이 없는 제3자에 대하여 경찰권을 발동할 수 있으나, 이 경우 **반드시 법령상 근거가 있어야** 한다.

1876. (X) 경찰책임자가 아닌 제3자에 대한 경찰권 발동은 **반드시 법령에 근거**하여 행해져야 하며, 이 경우 **제3자의 승낙이 있을 것을 요건으로 하지 않는다**.

1877 ☐☐☐☐ 23 간부

경찰비책임자에 대한 경찰권발동을 위해서 보충성은 전제조건이므로 경찰책임자에 대한 경찰권발동 또는 경찰 자신의 고유한 수단으로는 위험방지가 불가능한지 여부를 먼저 심사하여야 한다. (O | X)

1878 ☐☐☐☐ 03·08 채용, 19 간부

경찰이 경찰긴급권에 의하여 예외적으로 경찰책임이 없는 자에게 경찰권을 발동함으로써 제3자에게 손실을 입히는 경우에는 그 손실을 보상하여야 한다. (O | X)

1879 ☐☐☐☐ 23 간부

경찰권발동으로 인하여 손실을 입은 경찰비책임자에게는 정당한 보상이 행해져야 하며, 결과제거청구와 같은 구제수단이 마련되어야 한다. (O | X)

1880 ☐☐☐☐ 19 채용

경찰책임의 종류에는 행위책임, 상태책임, 복합적 책임이 있다. 먼저 행위책임은 사람의 행위로 인해 경찰위반상태가 발생한 경우를 의미하며, 상태책임은 물건 또는 동물의 소유자 점유자 관리자가 그 지배범위 안에 속하는 물건 동물로 인해 경찰위반 상태가 발생한 경우를 의미한다. 마지막으로 복합적 책임은 다수인의 행위책임, 다수의 상태책임 또는 행위 상태 책임이 중복되는 경우를 의미한다. (O | X)

1881 ☐☐☐☐ 19 간부

경찰책임의 원칙 중 복합적 책임에서 다수인의 행위 또는 다수인이 지배하는 물건의 상태로 인하여 하나의 질서위반상태가 발생한 경우, 일부 또는 전체에 대하여 경찰권 발동이 가능하다. (O | X)

1882 ☐☐☐☐ 03 채용, 03·16 승진, 19 간부

타인을 보호 감독할 지위에 있는 자가 피지배자의 행위로 발생한 경찰위반에 대하여 경찰책임을 지는 경우, 자기의 지배범위 내에서 발생한 데에 대한 대위책임이다. (O | X)

1883 ☐☐☐☐ 26 간부

행위책임은 작위뿐만 아니라 부작위에 의해서도 성립할 수 있다.

정답과 해설

1877. (O)
1878. (O) 경찰이 경찰긴급권에 의하여 예외적으로 경찰책임이 없는 자에게 경찰권을 발동함으로써 제3자에게 손실을 입히는 경우에는 그 손실을 **보상하여야 한다**(할 수 있다 X).
1879. (O) **결과제거청구권(원상회복청구권 또는 방해배제청구권)**이란 공행정작용의 위법상태로 법률상 이익을 침해받는 자가 행정주체에게 위법상태 제거를 청구하는 권리를 말한다.
1880. (O)   1881. (O)
1882. (X) 타인을 보호 감독할 지위에 있는 자가 피지배자의 행위로 발생한 경찰위반에 대하여 경찰책임을 지는 경우, 그 책임은 **자기책임**이다.
1883. (O)

1884 ☐☐☐☐ 26 간부

소유권자 등 정당한 권리자의 의사에 반하여 위법하게 물건을 사실상 지배하는 자는 상태책임자에 해당하지 않는다.

1885 ☐☐☐☐ 26 간부

다수의 경찰책임자가 존재하는 경우 경찰은 일부 또는 전체 경찰책임자에 대하여 경찰권을 행사할 수 있다.

1886 ☐☐☐☐ 03 채용, 03 승진

행위책임과 상태책임이 경합하는 경우에는 일반적으로 행위책임이 우선한다. ⓄⓍ

1887 ☐☐☐☐ 23 간부

다음 상황에 대한 설명으로 가장 적절하지 않은 것은? (   )

> A는 자신이 운영하는 옷가게에서 여자모델 B에게 수영복만을 입게 하여 쇼윈도우에 서 있도록 하였다. 지나가던 사람들이 이를 구경하기 위해 쇼윈도우 앞에 몰려들어 도로교통상의 심각한 장해가 발생하였다.

① 조건설에 의하면 군중, A, B 모두 경찰책임자가 된다.
② 의도적 간접원인제공자이론(목적적 원인제공책임설)을 인정한다면 A에게 경찰권을 발동하여 A로 하여금 B를 쇼윈도우에서 나가도록 하라고 할 수 있다.
③ 직접원인설에 의할 때 경찰책임자는 B이다.
④ 교통장해가 그다지 중대하지 않다면 A를 경찰책임자로 보아서는 안 될 것이다.

5 경찰평등의 원칙

1888 ☐☐☐☐ 23 승진, 22 간부

경찰평등의 원칙이란 경찰권은 그 대상이 되는 모든 사람에게 차별 없이 평등하게 행사되어야 한다는 것을 의미한다. ⓄⓍ

1889 ☐☐☐☐ 03 승진

경찰권의 행사에 있어서 성별·종교·사회적 신분 등을 이유로 하는 차별대우는 용인될 수 없다. ⓄⓍ

정답과 해설

1884. (X) 소유권자 등 정당한 권리자의 의사에 반하여 위법하게 물건을 사실상 지배하는 자도 고의나 과실 불문하고 상태책임자에 **해당한다**(해당하지 않는다 X).
1885. (O)
1886. (O) 행위책임과 상태책임이 경합하는 경우에 위험방지의 효율성과 비례의 원칙을 고려하여 경찰위반 상태를 가장 신속하고 효과적으로 제거할 수 있는 위치에 있는 자에게 경찰권을 발동해야 함이 원칙이므로 일반적으로 **행위책임자**에게 경찰권을 발동함이 적절한 경우가 많다.
1887. ③ (X) 직접원인설에 의할 때 경찰책임자는 **군중**이다.
1888. (O) 행정청은 합리적 이유 없이 국민을 차별하여서는 아니 된다(행정기본법 제9조 평등의 원칙).
1889. (O)

THEME 03 경찰개입청구권 _A급

1890 ☐☐☐☐ 21·23 간부
경찰개입청구권을 최초로 인정한 판결은 띠톱판결이다. (O|X)

1891 ☐☐☐☐ 04 채용, 11·14 승진
띠톱판결은 경찰법상의 일반수권조항의 해석에 있어 무하자재량행사청구권을 인정하고 재량권 확대이론에 의거하여 원고의 청구를 인용한 판결로서 경찰개입청구권을 인정한 판결의 효시로 평가된다. (O|X)

1892 ☐☐☐☐ 10 채용
경찰권을 행사할지 여부는 원칙적으로 편의주의 원칙이 적용되나, 예외적인 상황에서는 재량권이 0으로 수축하는데, 이 경우에도 오직 하나의 결정만을 하여야 하는 것은 아니다. (O|X)

1893 ☐☐☐☐ 11 승진
편의주의 원칙은 범죄수사에 있어서의 수사법정주의 원칙의 개념으로 경찰위반의 상태가 있는 경우에는 반드시 경찰권을 발동해야 하는 것은 아니고, 발동의 여부 또는 어떠한 수단의 선택에 있어서 당해 경찰관청의 의무에 합당한 재량에 따른다는 원칙이다. (O|X)

1894 ☐☐☐☐ 04 채용, 14 승진
경찰개입청구권은 경찰재량이 0으로 수축되는 경우를 전제로 함이 보통이다. (O|X)

정답과 해설

1890. (O)

1891. (X) 띠톱판결은 경찰법상의 일반수권조항의 해석에 있어 무하자재량행사청구권을 인정하고 **재량권 영으로의 수축이론(재량권 축소(확대 X)이론)**에 의거하여 원고의 청구를 인용한 판결(독일)로서 **경찰개입청구권을 인정한 판결의 효시**로 평가된다.

1892. (X) 경찰권의 행사에는 행정편의주의 원칙이 적용되나, 예외적인 상황하에서는 **오직 하나의 조치(결정)만이 의무에 합당한 재량권 행사로 인정**된다고 하는 것이 "**재량권의 0으로의 수축이론**"이다. 재량권이 0으로 수축되면 기속행위화 되어 재량이 부인되고 경찰권 발동의 의무가 발생하게 되며, 부작위에 대하여는 의무이행심판 및 부작위위법확인소송, 그리고 그로 인하여 손해가 발생한 경우에는 손해배상소송을 제기하여 구제를 받을 수 있다.

1893. (X) **편의주의 원칙(재량권이 인정, 행정경찰)**은 범죄수사에 있어서의 **수사법정주의 원칙(재량권이 인정되지 않음, 사법경찰)에 반대되는 개념**으로 경찰위반의 상태가 있는 경우에는 반드시 경찰권을 발동해야 하는 것은 아니고, 발동의 여부 또는 어떠한 수단의 선택에 있어서(선택재량) 당해 경찰관청의 **의무에 합당한 재량에 따른다는 원칙**이다.

1894. (O) 재량권 0으로의 수축이론은 띠톱판결을 전제로 하고, 경찰개입청구권은 재량권 0으로의 수축이론을 전제로 한다.

1895 ☐☐☐☐ 14 승진

오늘날 사회적 법치국가에서는 경찰개입청구권이 인정될 여지가 점점 확대되어가고 있는 경향이다. (O|X)

1896 ☐☐☐☐ 04 채용, 14 승진

경찰권 행사로 국민이 받는 이익이 반사적 이익인 경우에도 경찰개입청구권이 인정된다. (O|X)

1897 ☐☐☐☐ 11 승진

공무원의 직무명령의 수행으로 파생된 개인적 이익은 법률상 이익이므로 그 이익이 침해될 경우 재판을 통해 구제된다. (O|X)

1898 ☐☐☐☐ 12 승진, 21 간부

오늘날 복지국가적 행정을 요구하고 있는 시대적 요청에 따라 경찰행정 분야에서도 각 개인이 경찰권의 발동을 요청할 수 있는 권리인 경찰개입청구권을 인정하기에 이르렀는데 이는 '재량권의 0으로 수축이론'과 관련이 있다. (O|X)

1899 ☐☐☐☐ 22 채용

「도로교통법」상 교통단속임무를 수행하는 경찰공무원을 폭행한 사람의 운전면허를 취소하는 것은 행정청이 재량여지가 없으므로 재량권의 일탈·남용과는 관련이 없다. (O|X)

1900 ☐☐☐☐ 22 채용

재량을 선택재량과 결정재량으로 나눌 경우, 경찰공무원의 비위에 대해 징계처분을 하는 결정과 그 공무원의 건강 등 제반사정을 고려하여 징계처분을 하지 않는 결정 사이에서 선택권을 갖는 것을 결정재량이라 한다. (O|X)

정답과 해설

1895. (O) 종래에는 반사적 이익으로 보았던 것도 관계법규가 공익과 동시에 개인적 이익도 보호하는 것으로 해석함으로써 공권으로서의 성격이 인정되는 경우가 **증가**하고 있다.

1896. (X) 경찰권행사로 제3자가 받는 이익이 법률상 이익인 경우 경찰개입청구권이 인정되지만, 반사적 이익인 경우 **인정되지 않는다**. 경찰개입청구권은 일반적으로 공권성립을 전제로 하는 것이므로 반사적 이익인 경우에는 인정될 수 없다.

1897. (X) 공무원의 직무명령의 수행으로 파생된 개인적 이익은 **반사적 이익(법률상 이익 X)**이므로 법적으로 주장될 수 없으며 재판상의 보호를 받을 수 없다.

1898. (O) 경찰개입청구권의 전제가 되는 것이 '재량권 0으로 수축이론'이므로 관련이 있다.

1899. (O) 법률에서 "……할 수 있다."라고 규정하고 있는 경우에는 재량행위이고, "……하여야 한다"라고 규정하고 있는 경우에는 기속행위이다. 그러므로 「도로교통법」상 교통단속임무를 수행하는 경찰공무원을 폭행한 사람의 운전면허를 취소하는 것은 **기속행위로서 행정청이 재량여지가 없으므로 재량권의 일탈·남용과는 관련이 없다**.

1900. (O) 결정재량이란 경찰기관이 경찰권을 행사함에 있어서 어떠한 행정결정을 하거나 하지 않을 수 있는 권한을 갖는 경우이고, 선택재량은 둘 이상의 조치 중 선택을 할 수 있는 권한을 말한다. 설문의 경우 징계처분을 할 것인가 하지 않을 것인가의 문제는 **결정재량에 해당**한다.

1901 ☐☐☐☐ 22 채용

재량의 일탈·남용뿐만 아니라 단순히 재량권 행사에서 합리성을 결하는 등 재량을 그르친 경우에도 행정심판의 대상이 된다. (O|X)

1902 ☐☐☐☐ 22 채용

재량권의 일탈이란 재량권의 내적 한계(재량권이 부여된 내재적 목적)를 벗어난 것을 말하며, 재량권의 남용이란 재량권의 외적 한계(법적·객관적 한계)를 벗어난 것을 의미한다. (O|X)

1903 ☐☐☐☐ 03·04 채용

판례는 예외적인 상황하에서는 오직 하나의 조치(결정)만이 의무에 합당한 재량권 행사로 인정된다고 하는 "재량권의 영으로 수축"을 인정하고 있다. 다음 중 가장 거리가 먼 것은? (   )

① 경찰상 경찰개입청구권
② 기속행위화
③ 손해배상소송 가능
④ 수사법정주의 원칙

1904 ☐☐☐☐ 05 채용, 09 간부

경찰개입청구권을 인정한 판례와 관련이 있는 것을 모두 고르면? (   )

┌───┐
│ ㉠ 띠톱판결   ㉡ Kreuzberg 판결 │
│ ㉢ Miranda 판결   ㉣ Escobedo 판결   │
│ ㉤ 김신조 무장공비사건 판결   │
└───┘

정답과 해설

1901. (O) 재량권이 법적 한계(재량권의 일탈 또는 남용)를 넘은 경우에는 그 재량권 행사는 위법한 것이 되고, 단순히 재량권 행사에서 합리성을 결하는 등 재량을 그르친 경우에는 부당한 경우로서 행정심판의 대상이 된다.

1902. (X) 재량권의 **일탈**이란 재량권의 **외적 한계(법적·객관적 한계)**를 벗어난 것을 의미하고, 재량권의 **남용**이란 재량권의 **내적 한계(재량권이 부여된 내재적 목적)**를 벗어난 것을 말한다.

1903. ④ 사법경찰에 해당하는 **수사법정주의와 관련이 없다**. 재량권이 영으로 수축되면 **기속행위화**되어 재량이 부인되고 경찰권 발동의 의무가 발생하게 되며, 부작위에 의하여 손해가 발생한 경우에는 **손해배상소송**을 제기할 수 있다.

1904. ㉠㉤ **김신조 무장공비사건 판결**은 무장공비색출체포를 위한 대간첩작전을 수행하기 위하여 파출소 소장, 순경 및 육군 장교 수명 등이 파출소에서 합동대기 하고 있던 중 그로부터 불과 60~70미터 거리에서 약 15분간에 걸쳐 주민들이 무장간첩과 격투하던 주민 중 1인이 무장간첩의 발사 권총탄에 맞아 사망하였다면 위 군경공무원들의 직무유기행위와 위 사망인의 사망 사이에 인과관계가 있다고 봄이 상당하여 **국가배상책임을 인정**하였고, **우리나라 최초로 경찰개입청구권을 인정한 판례**이다(김신조 사건. 대판 1971.4.6. 71다124).

행정행위 _A급

1 명령적 행정행위

1-1 경찰하명

1905 ☐☐☐☐ 21 간부
법률행위적 행정행위는 명령적 행정행위(하명·허가·면제 등)와 형성적 행정행위(특허·인가·대리)로 구분할 수 있고, 준법률행위적 행정행위는 확인, 공증, 통지, 수리 등으로 구분할 수 있다. (O|X)

1906 ☐☐☐☐ 07·19 채용, 20·23 승진, 16·21 간부
경찰하명이란 일반통치권에 기인하여 경찰목적을 달성하기 위해 국민에 대하여 작위·부작위·급부·수인 등 의무의 일체를 명하는 준법률행위적 행정행위를 말하며 경찰관의 수신호나 교통신호등의 신호도 의무를 부과하는 행위로서 경찰하명에 해당한다. (O|X)

1907 ☐☐☐☐ 23 채용, 16 간부
하명이란 법령에 의한 일반적·상대적 금지를 특정한 경우에 해제함으로써 일정한 행위를 적법하게 행할 수 있도록 자연의 자유를 회복시켜 주는 행정행위를 말한다. (O|X)

1908 ☐☐☐☐ 24 간부
대간첩 지역이나 국가중요시설에 대한 접근제한명령이나 통행제한명령은 수인의무를 명하는 행위로서 하명의 성질이 아니다. (O|X)

1909 ☐☐☐☐ 16·21 간부
부작위 하명의 유형으로는 절대적 금지와 상대적 금지가 있으며, 청소년에게 술이나 담배 판매금지는 절대적 금지이고, 유흥업소의 영업금지는 상대적 금지에 해당한다. (O|X)

1910 ☐☐☐☐ 10 승진
경찰하명의 효과는 원칙적으로 그 수명자에게만 발생하는 것이나, 대물적 하명의 경우에는 그 대상인 물건에 대한 법적 지위를 승계한 자에게도 그 효과가 미친다. (O|X)

정답과 해설

1905. (O)
1906. (X) 경찰하명은 경찰목적을 위하여 일정한 **작위, 부작위, 급부, 수인**을 명하는 행위로 **법률적(준법률적 X) 행정행위 또는 명령적 행정행위에 해당**한다.
1907. (X) **경찰허가**에 대한 설명이다. 경찰하명이란 경찰목적을 위하여 국가의 일반통치권에 의거 개인에게 특정한 부작위·작위·수인 또는 급부의 의무를 명하는 행정행위이다.
1908. (X) 대간첩 지역이나 국가중요시설에 대한 접근제한명령이나 통행제한명령은 **부작위의무(수인의무 X)**를 명하는 행위로서 **하명의 성질을 갖는다**.
1909. (O)
1910. (O) 대물적 하명의 경우에는 그 대상인 물건에 대한 법적 지위 승계가 가능하기 때문에 승계한 자에게도 그 효과가 미친다.

1911 ☐☐☐☐ 23 채용, 10·20 승진, 16 간부

공공시설에서 공중의 건강을 위하여 흡연행위를 금지시키는 것은 부작위하명에 해당한다. ⓞⓧ

1912 ☐☐☐☐ 19 채용, 10 승진

경찰위반의 경우 경찰상의 강제집행이 행해질 수 있고, 경찰의무의 불이행의 경우 경찰벌이 과하여진다. ⓞⓧ

1913 ☐☐☐☐ 07 채용

청소년 관람불가 판정을 받은 영화를 상영하고 있는 극장에 경찰관이 내부확인을 위하여 출입할 때, 상대방이 받게 되는 하명은 수인하명에 해당한다. ⓞⓧ

1914 ☐☐☐☐ 07 채용

시·도경찰청장이 도로에서의 위험방지 등을 위하여 주차금지구역을 지정하는 행위는 대인적 하명이다. ⓞⓧ

1915 ☐☐☐☐ 23 채용, 10 승진, 21 간부, 21 경채

경찰하명에 위반하여 이루어진 행위는 원칙적으로 그 법적 효력에는 아무런 영향을 받지 않는다. 그러나 영업정지 명령에 위반하여 영업을 계속하였을 경우는 당해 영업에 대한 거래행위의 효력이 부인된다. ⓞⓧ

1916 ☐☐☐☐ 24 간부

도로교통법 위반에 의한 과태료납부의무는 하명이 아니다. ⓞⓧ

1917 ☐☐☐☐ 19 채용

경찰하명이 있는 경우, 상대방은 행정주체에 대하여만 의무를 이행할 책임이 있고 그 이외의 제3자에 대하여 법상 의무를 부담하는 것은 아니다. ⓞⓧ

1918 ☐☐☐☐ 19 채용

경찰하명의 상대방인 수명자는 수인의무를 지므로 경찰하명이 위법하더라도 손해배상을 청구할 수 없다. ⓞⓧ

정답과 해설

1911. (O) 부작위하명은 **소극적(적극적 X)**으로 어떤 행위를 하지 말 것을 명하는 것으로 **경찰금지(면제 X)**라 부르기도 한다.
1912. (X) 경찰의무의 **불이행**의 경우 경찰상 **강제집행**이 행해질 수 있고, **경찰위반**의 경우 **경찰벌**이 과하여진다.
1913. (O) 상대방이 거부하면 **공무집행방해죄**로서 처벌의 대상이 된다.
1914. (X) 특정의 물건이나 설비 등 물적 사정에 중점을 두고 행하여진 하명으로써, 주차금지구역의 지정은 **대물적 하명**에 해당한다.
1915. (X) 경찰하명에 위반한 행위는 강제집행이나 처벌의 대상이 되지만, 하명에 위반한 행위 자체의 법률상 효과에는 직접적인 영향이 미치지 않는다. 이를테면 영업정지명령을 위반해 맥주를 판매한 경우 맥주 매매행위 효력(사법(私法)상의 법률적 효력)은 **부인되지 않는다**.
1916. (X) 도로교통법 위반에 의한 과태료납부의무는 **급부의무로서 하명에 해당**한다.
1917. (O)
1918. (X) 경찰하명이 **위법한 경우** 국가배상법 제2조의 요건이 구비된다면 상대방은 **당연히 손해배상(국가배상)을 청구할 수 있다**.

1919 ☐☐☐☐ 23 채용, 20 승진, 16 간부, 21 경채

위법한 하명으로 인하여 권리·이익이 침해된 자는 행정심판 또는 행정소송을 제기하여 하명의 취소 등을 구하거나, 손실보상을 청구할 수 있다. O│X

1920 ☐☐☐☐ 21 경채

법규하명은 국민에 대한 의무 부과가 행정기관의 별도 행정처분을 기다리지 않고 이루어지는 하명이다. O│X

1921 ☐☐☐☐ 21 경채

경찰하명이 무효라면 이를 위반하여도 처벌할 수 없고, 저항하여도 공무집행방해죄가 성립하지 않는다. O│X

1922 ☐☐☐☐ 24 간부

「경찰관 직무집행법」 제4조의 강제보호조치 대상자에 대한 응급을 요하는 구호조치에 따른 수인의무는 하명이 아니다. O│X

1923 ☐☐☐☐ 24 간부

「경찰관 직무집행법」 제5조 제1항 제3호의 관계인에게 '필요한 조치를 하게 하는 것'은 상대방이 필요한 조치를 하도록 명하는 행위이더라도 하명의 성질은 아니다. O│X

1-2 경찰허가

1924 ☐☐☐☐ 09·18 채용, 19 승진

허가는 허가가 유보된 상대적 금지에 인정되며, 절대적 금지의 경우에는 인정되지 않는다. O│X

1925 ☐☐☐☐ 04 채용, 05·23 승진

법령에 의한 일반적·절대적 금지를 특정한 경우에 해제하여 적법하게 일정한 행위를 할 수 있게 하는 행정행위를 허가라 한다. O│X

정답과 해설

1919. (X) 위법한 하명으로 인하여 권리·이익이 침해된 자는 행정심판 또는 행정소송을 제기하여 하명의 취소 등을 구하거나 손해배상소송을 제기하여 **손해배상(손실보상 X)**을 청구할 수 있다.

1920. (O) 법규에 의한 하명(법규하명)은 법규 자체에서 의무를 직접 부과하여 별도의 행정처분(개별처분) 없이 국민에게 즉시 의무를 발생시키는 경우이다.

1921. (O)

1922. (X) 「경찰관 직무집행법」 제4조의 강제보호조치는 경찰상 즉시강제수단의 일종이며, 대인적 강제수단의 성질을 가진다. 그러나 **수인의무는 하명에 해당**한다. **경찰하명이란** 일반통치권에 기인하여 경찰목적을 달성하기 위해 국민에 대하여 **작위·부작위·급부·수인** 등 의무의 일체를 명하는 **법률적 행정행위 또는 명령적 행정행위**를 말한다.

1923. (X) 「경찰관 직무집행법」 제5조 제1항 제3호의 관계인에게 '필요한 조치를 하게 하는 것'은 상대방이 필요한 조치를 하도록 명하는 행위이라면 이는 **작위의무를 명하는 행위**로서 **하명의 성질을 갖는다**.

1924. (O)

1925. (X) 법령에 의한 일반적·**상대적(절대적 X)** 금지를 특정한 경우에 해제하여 적법하게 일정한 행위를 할 수 있게 하는 행정행위를 허가라 한다.

1926 ☐☐☐☐ 04·07·09·18 채용, 05·19 승진

허가는 행위의 적법요건이지만 유효요건은 아니므로, 무허가행위는 행정상 강제집행 또는 행정벌의 대상은 되지만, 행위 자체의 법적 효력은 영향을 받지 않는 것이 원칙이다. (O|X)

1927 ☐☐☐☐ 10 승진

경찰허가는 특정행위를 사실상 적법하게 할 수 있도록 하는 적법요건에 불과하다. (O|X)

1928 ☐☐☐☐ 09·18 채용

판례에 의하면 허가여부의 결정기준은 특별한 사정이 없는 한 원칙적으로 신청 당시의 법령에 의한다. (O|X)

1929 ☐☐☐☐ 07·18 채용, 19 승진, 12 간부

허가는 법령에 의하여 과하여진 작위·급부·수인의무를 특정한 경우에 해제하여 주는 경찰상의 행정행위이다. (O|X)

1930 ☐☐☐☐ 22 채용

특별한 규정이 없는 한, 허가는 법령이 부과한 작위의무, 부작위의무 및 급부의무를 모두 해제하는 것이다. (O|X)

1931 ☐☐☐☐ 22 채용

강학상 허가와 강학상 특허는 당사자의 신청이 없어도 가능하다는 점에서 공통점이 있다. (O|X)

1932 ☐☐☐☐ 04·07·09 채용, 05·19 승진, 12 간부

경찰허가는 반드시 상대방의 출원에 의하여 서면으로 행하여지고 요식행위를 필요로 한다. (O|X)

정답과 해설

1926. (O) 허가는 행위의 적법요건일 뿐, 유효요건은 아니다. 즉 경찰허가는 경찰금지를 해제하여 자연의 자유를 회복시켜 주는 데 그치며, 그로 인하여 권리·능력 기타의 힘을 설정하거나 법률행위의 효력에 영향을 미치지는 아니한다.

1927. (O) 허가는 적법요건이니 유효요건은 아니다.

1928. (X) 행정처분은 원칙으로 처분 시(신청 시 X)의 법령과 허가기준에 의하여 처리되어야 하고, 허가신청 당시의 기준에 따라야 하는 것은 아니다(대법원 1989. 7.25. 88누11926).

1929. (X) 허가는 일반적·상대적금지를 특정한 경우에 해제해 주는 행정행위이다. 작위·급부·수인의무를 특정한 경우에 해제해 주는 행정행위는 면제이다.

1930. (X) 특별한 규정이 없는 한, 허가는 법령이 부과한 부작위의무(작위의무, 급부의무 X)를 해제하여 주는 경찰상의 행정행위이다.

1931. (X) 허가와 특허는 쌍방적 행정행위로 당사자 신청을 요한다. 단, 허가는 신청이 없어도 가능한 경우도 있다.

1932. (X) 경찰허가는 공익상의 필요보다 당사자의 이익을 위한 것이 보통인 까닭에 당사자의 출원(신청)을 필요로 하는 쌍방적 행정행위인 것이 원칙이나, 예외적으로 야간통행의 허가와 같이 상대방의 출원(신청)이 없이도 직권에 의해 일반적 허가로 이루어지는 경우도 있다.

1933 ☐☐☐☐ 07 채용

경찰허가는 원칙적으로 기속행위 또는 기속재량행위이다. (O|X)

1934 ☐☐☐☐ 04 채용

대물적 허가의 효과는 이전성이 있다. (O|X)

1935 ☐☐☐☐ 09 채용

의사면허, 총포류 제조·판매의 허가, 자동차 운전학원의 허가, 마약류취급면허 등은 대인적 허가이다. (O|X)

1936 ☐☐☐☐ 07 채용

의사면허, 운전면허와 같이 사람의 경력·기능·건강 기타 신청인의 개인적 사정을 심사하여 행하여지는 허가는 대인적 허가이다. (O|X)

1937 ☐☐☐☐ 09 채용

기한부 허가의 경우 그 기간이 도래하기 전에 상대방이 갱신을 신청할 경우에는 경찰상 장애발생의 새로운 사유가 없는 한 반드시 허가해야 한다. (O|X)

1938 ☐☐☐☐ 22 채용

특별한 규정이 없는 한, 허가를 받게 되면 다른 법령상의 제한들도 모두 해제되는 것이 원칙이다. (O|X)

1939 ☐☐☐☐ 22 채용

일반적으로 영업허가를 받지 아니한 상태에서 행한 사법상 법률행위는 유효하다. (O|X)

정답과 해설

1933. (O)

1934. (O) 대인적 허가는 효과는 이전성이 없지만, 대물적 허가의 효과는 이전성이 있다.

1935. (X) 의사면허와 마약류취급면허는 **대인적 허가**에 해당하나, **총포류 제조·판매의 허가와 자동차운전학원의 허가**는 사람과 물건 둘 다 심사대상으로 하는 **혼합적 허가**에 해당한다.

1936. (O)

1937. (X) 특별한 사정이 없는 한 그 조건의 개정을 고려할 수 있으나 반드시 허가해야 하는 것은 아니다. 사행행위를 단속함을 목적으로 제정된 구 복표발행, 현상기타사행행위단속법(1991.3.8. 법률 제4339호 사행행위등규제법으로 개정되기 전의 것)의 규정에 비추어 보면 사행행위의 허가는 그것이 비록 갱신허가라 하더라도 종전 허가에 붙여진 기한의 연장에 불과하여 관련 법령의 변동이나 위법한 사유가 새로 발생하는 등 **사정의 변화가 없는 한 반드시 갱신하여야 하는 것은 아니고 위 법조 소정의 허가요건이나 그 밖에 다른 법령에 저촉되는가의 여부 및 공익 등을 고려하여 허가 여부를 결정하여야 한다고 봄이 상당하다**(대판 1992.10.23., 92누4543).

1938. (X) 특별한 규정이 없는 한, 관계법상의 금지가 해제될 뿐, **타법상의 제한까지 해제되는 것은 아니다.**

1939. (O) 허가는 적법요건이지 유효요건은 아니다. 즉, 무허가 영업행위는 유효하다.

1-3 경찰면제

1940 ☐☐☐☐ 10 승진

경찰면제란 법령에 의하여 과하여진 작위·부작위·급부·수인의무를 특정한 경우에 해제하여 주는 경찰상의 행정행위이다. ⓄⓍ

1-4 부관

1941 ☐☐☐☐ 23 승진, 09·14 간부

부관이란 경찰처분의 일반적 효과를 일부 제한 또는 보충하기 위하여 주된 의사표시의 내용에 붙여진 종된 의사표시를 의미한다. ⓄⓍ

1942 ☐☐☐☐ 24 채용, 14 간부

행정청은 처분에 재량이 없는 경우에는 법률에 근거가 있더라도 부관을 붙일 수 없다. ⓄⓍ

1943 ☐☐☐☐ 23 채용, 09 간부

행정청은 부관을 붙일 수 있는 처분이 그 처분을 한 후에도 부관을 새로 붙일 수 있으나, 종전의 부관을 변경할 수는 없다. ⓄⓍ

1944 ☐☐☐☐ 23 채용, 06 승진

철회권이 유보된 경우라도 철회권의 행사는 그 자체만으로는 정당화되지 않고, 그 외에 철회의 일반적 요건이 충족되어야 한다. ⓄⓍ

정답과 해설

1940. (X) 경찰면제란 법령에 의하여 과하여진 **작위(부작위 X)·급부·수인의무**를 특정한 경우에 해제하여 주는 경찰상의 행정행위를 말하며, **부작위의무**를 해제하는 **경찰허가**와 구분된다.

1941. (O) 부관은 조건·기한·부담·철회권의 유보 등과 같이 **주된 처분(주된 의사표시)**에 부가되는 **종된 규율(종된 의사표시)**로서, 주된 처분의 효과를 제한하거나 의무를 부과함으로써 국민의 권리·의무에 영향을 미치는 효과가 있다.

1942. (X) 행정청은 처분에 **재량이 있는 경우**에는 부관(조건, 기한, 부담, 철회권의 유보 등)을 **붙일 수 있다**. 행정청은 처분에 **재량이 없는 경우**에는 **법률에 근거**가 있는 경우에 부관을 붙일 수 있다(행정기본법 제17조 제1항 제2항).

1943. (X) 행정청은 부관을 붙일 수 있는 처분이 법률에 근거가 있는 경우, 당사자의 동의가 있는 경우, 사정이 변경되어 부관을 새로 붙이거나 종전의 부관을 변경하지 아니하면 해당 처분의 목적을 달성할 수 없다고 인정되는 경우에는 그 처분을 한 후에도 **부관을 새로 붙이거나 종전의 부관을 변경할 수 있다**(행정기본법 제17조 제3항).

1944. (O) 부관(철회권의 유보)은 해당 처분의 목적에 위배되지 아니할 것, 해당 처분과 실질적인 관련이 있을 것, 해당 처분의 목적을 달성하기 위하여 필요한 최소한의 범위일 것의 요건에 적합하여야 한다(행정기본법 제17조 제4항).

1945 ☐☐☐☐ 23 채용, 06 승진

원칙적으로 기속행위에 대하여 부관을 붙일 수 있다. (O|X)

1946 ☐☐☐☐ 21 간부

법정부관의 경우 처분의 효과 제한이 직접 법규에 의해서 부여되는 부관으로서 이는 행정행위의 부관과는 구별되는 개념으로 원칙적으로 부관의 개념에 속하지 않는다. (O|X)

1947 ☐☐☐☐ 08 승진

부관이 무효인 경우에 주된 행정행위의 효력은 부관이 주된 행정행위의 중요 요소인 때에는 부관만이 아니라 주된 행정행위까지도 무효가 된다. (O|X)

1948 ☐☐☐☐ 24 채용, 06 승진, 14 간부

조건에는 행정행위의 효과의 발생을 장래의 불확실한 사실에 의존시키는 해제조건과 행정행위의 효과의 소멸을 장래의 불확실한 사실에 의존시키는 정지조건이 있다. (O|X)

1949 ☐☐☐☐ 07 채용

건축허가를 하면서 2월 이내에 공사에 착수하지 않으면 효력은 상실한다는 부관은 해제조건이다. (O|X)

1950 ☐☐☐☐ 24 채용, 08·10 승진

기한이란 경찰허가의 효력의 발생 또는 소멸을 장래의 불확실한 사실의 성부에 의존케 하는 의사표시를 말한다. (O|X)

1951 ☐☐☐☐ 08 승진

부담이란 경찰허가의 주된 의사표시에 부가하여 그 효과를 받는 상대방에 대하여 일정한 의무를 과하는 경찰기관의 의사표시를 말한다. (O|X)

정답과 해설

1945. (X) 부관은 법률행위적 행정행위 중에서도 **재량행위에만 붙일 수 있다**. 기속행위는 법규에 엄격히 기속되므로 행정청도 그 효과를 제한하는 부관은 붙일 수 없기 때문이다. 그러나 기속행위의 경우에도 **법률에 근거가 있는 경우**에 부관을 붙일 수 있다(행정기본법 제17조 제2항).

1946. (O) 도로교통법상 연습운전면허 유효기간을 1년으로 규정한 것이 법정부관이지만, **부관의 개념에 속하지 않는다**.

1947. (O) 부관이 무효인 경우에 주된 행정행위의 효력은 부관이 **주된 행정행위의 중요 요소**인 때에는 부관만이 아니라 **주된 행정행위까지도 무효**가 된다. 그러나 부관이 본체(주된)인 행정행위의 **중요한 요소가 아닌 경우**에는 **부관만 무효**가 된다.

1948. (X) 조건에는 행정행위의 효과의 **발생**을 장래의 불확실한 사실에 의존시키는 **정지조건**과, 행정행위의 효과의 **소멸**을 장래의 불확실한 사실에 의존시키는 **해제조건**이 있다.

1949. (O)

1950. (X) 기한이란 경찰허가의 효력의 발생 또는 소멸을 장래의 **도래가 확실한 장래(불확실한 X)** 사실의 성부에 의존케 하는 의사표시를 말한다.

1951. (O) 부담이란 경찰허가의 주된 의사표시에 부가하여 그 효과를 받는 상대방에 대하여 **일정한 의무(작위, 부작위, 급부)**를 과하는 경찰기관의 의사표시를 말한다.

1952 ☐☐☐☐ 23 채용, 21 간부
부담은 그 자체가 하나의 행정행위이다. 즉, 하명으로서의 성격을 지니기 때문에 분리가 가능하지만, 그 자체가 독립적으로 행정쟁송 및 경찰강제의 대상이 될 수 없다. (O│X)

1953 ☐☐☐☐ 21 간부
부담과 정지조건의 구별이 불분명한 경우에는 최소침해의 원칙에 따라 부담으로 보아야 한다. (O│X)

1954 ☐☐☐☐ 08 승진, 09 간부
숙박업영업허가를 하면서 "성매매 행위를 알선하면 허가를 철회하겠다"는 것과 관련 있는 것은 철회권의 유보이다. (O│X)

1955 ☐☐☐☐ 24 채용
행정청이 종교단체에 대하여 기본재산전환인가를 함에 있어 인가조건을 부가하고 그 불이행시 인가를 취소할 수 있도록 한 경우, 그 인가조건의 의미를 철회권의 유보로 본다. (O│X)

1956 ☐☐☐☐ 14·21 간부
수정부담은 새로운 의무를 부가하는 것이 아니라 상대방이 신청한 것과는 다르게 행정행위의 내용을 정하는 부관을 말하며 상대방의 동의가 없어도 효력이 발생한다. (O│X)

1957 ☐☐☐☐ 09 간부
화물차량의 A도로 통행허가 신청에 대하여 B도로 통행을 허가한 경우에 사용된 부관은 법률효과의 일부배제다. (O│X)

1958 ☐☐☐☐ 14 간부
법률효과의 일부배제란 행정행위의 주된 내용에 부가하여 법령에서 일반적으로 그 행위에 부여하고 있는 효과의 일부의 발생을 배제시키는 부관이다. (O│X)

정답과 해설

1952. (X) 부담이란 행정행위의 주된 내용에 부가하여 그 행정행위의 상대방에게 작위·부작위·급부 등의 의무를 부과하는 부관을 말하며, 주로 허가·특허 등과 같은 수익적 행정행위에 붙여진다. 부담은 다른 부관과 달리 그 존속이 본체인 행정행위의 존재를 전제로 하는 것일 뿐 행정행위의 불가분적 요소는 아니어서 주된 행정행위와 **독립하여 별도로 소송제기가 가능하며, 독자적인 강제집행도 가능**하다.

1953. (O) 어떠한 부관이 부담인지 조건(정지, 해제)인지 불분명한 경우에는 **최소침해의 원칙상** 상대방에게 유리한 **부담으로 해석**하여야 한다.

1954. (O) 철회권의 유보는 해제조건과는 달리 경찰허가의 효력을 소멸시키기 위한 **별도의 의사표시를 필요**로 한다.

1955. (O) 행정청이 종교단체에 대하여 기본재산전환인가를 함에 있어 인가조건을 부가하고 그 불이행시 인가를 **취소할 수 있도록 한 경우**, 그 인가조건의 의미를 **철회권의 유보(해제조건 X)**로 본다.

1956. (X) 수정부담이란 상대방이 신청한 것과는 다르게 행정행위의 내용을 정하는 부관으로 **상대방의 동의가 있어야 효력이 발생**한다(부정설의 견해).

1957. (X) 상대방이 신청한 것과는 다르게 행정행위의 내용을 정하는 부관은 **수정부담**이다.

1958. (O) 도로사용을 허가하면서 사용시간을 야간에 한정하는 경우, 버스노선을 지정하여 자동차운수업을 허가하는 경우 등을 들 수 있다.

1959 ☐☐☐☐ 04 채용, 06 승진

10부제 운행을 부관으로 하여 택시영업허가를 한 경우 법률효과의 전부배제라 한다. O|X

2. 형성적·준법률적 행정행위

1960 ☐☐☐☐ 03 채용

A는 30대 회사원으로 운전면허시험에 합격하여 면허증을 교부 받았다. 면허증 교부의 법적 성질은 준법률적 행정행위인 통지에 해당한다. O|X

1961 ☐☐☐☐ 22 채용

자동차운전면허는 강학상 특허에 해당한다. O|X

1962 ☐☐☐☐ 22 채용

재단법인의 정관변경 허가는 강학상 특허에 해당한다. O|X

1963 ☐☐☐☐ 22 채용

한의사 면허는 강학상 특허에 해당한다. O|X

1964 ☐☐☐☐ 22 채용

국유재산 등의 관리청이 행정재산의 사용·수익에 대하여 하는 허가는 강학상 특허에 해당한다. O|X

정답과 해설

1959. (X) **법률효과의 일부배제(전부배제 X)**란 경찰허가의 주된 의사표시에 부가하여 **법령**이 그 행정행위에 대하여 일반적으로 부여하고 있는 **법률효과의 일부를 제한**하는 경찰기관의 의사표시를 말한다. 즉 **관계법령에 명시적 근거가 있는 경우에만** 허용된다.
1960. (X) 면허증 교부는 특정사실 또는 법률관계의 존부를 공적권위로써 증명하는 행정행위인 **공증**에 해당한다.
1961. (X) 대인적 **허가**에 해당한다.
1962. (X) **인가**에 해당한다.
1963. (X) 대인적 **허가**에 해당한다.
1964. (O)

1965 ☐☐☐☐ 22 채용

행정청이 행하는 구체적 사실에 관한 법 집행으로서 공권력의 행사 또는 그 거부와 그 밖에 이에 준하는 행정작용에 해당하는 것은 (O), 해당하지 않은 것은 (X) (다툼이 있는 경우 판례에 의함)

㉠ 도로점용허가	O X
㉡ 주민등록번호 변경신청 거부	O X
㉢ 교통경찰관의 수신호	O X
㉣ 교통신호등에 의한 신호	O X
㉤ 경찰청장의 횡단보도 설치 기본계획 수립	O X

1966 ☐☐☐☐ 24 채용

다음의 행정행위 중 무효는 (O), 취소는 (X) (다툼이 있는 경우 판례에 의함)

① 음주운전을 단속한 경찰관 명의로 행한 운전면허정지처분의 효력	O X
② 임용권자의 과실에 의한 임용결격자에 대한 경찰공무원 임용행위의 효력	O X
③ 행정처분의 처분 방식에 관한 「행정절차법」 제24조 제1항을 위반한 처분의 효력	O X
④ 임면권자가 아닌 국가정보원장이 5급 이상의 국가정보원직원에 대하여 한 의원면직처분의 효력	O X

정답과 해설

1965. ㉠ (O) 도로점용허가 – 형성적 행정행위 중 **특허**
㉡ (O) 주민등록번호 변경신청 거부 – **처분에 해당**(대판 2013두2945)
㉢ (O) 교통경찰관의 수신호 – **하명**
㉣ (O) 교통신호등에 의한 신호 – **하명**
㉤ (X) 경찰청장의 횡단보도 설치 기본계획 수립 – **처분성 없음**
행정청이 구체적 사실에 관하여 행하는 법 집행으로서 공권력의 행사 또는 그 거부와 그 밖에 이에 준하는 행정작용을 처분(행정기본법 제2조 제4호)이라고 하며 ㉠㉡㉢㉣은 처분에 해당하지만 ㉤의 횡단보도 설치 기본계획 수립은 처분성이 인정되지 않는다.

1966. ① (O) 단속 경찰관이 자신의 명의로 운전면허행정처분통지서를 작성·교부하여 행한 운전면허정지처분은 비록 그 처분의 내용·사유·근거"등이 기재된 서면을 교부하는 방식으로 행하여졌다고 하더라도 **권한 없는 자에 의하여 행하여진 점에서 무효의 처분에 해당한다**(대법원 97누2313).
② (O) 임용당시 공무원임용결격사유가 있었다면 비록 국가의 과실에 의하여 임용결격자임을 밝혀내지 못하였다 하더라도 그 임용행위는 **당연무효로 보아야 한다**(대법원 86누459).
③ (O) 행정절차에 관한 일반법인 **행정절차법은 제24조 제1항을 위반한 처분은 하자가 중대·명백하여 무효이다**(대법원 2017두38874).
④ (X) 5급 이상의 국가정보원직원에 대한 의원면직처분이 임면권자인 대통령이 아닌 국가정보원장에 의해 행해진 것으로 **위법**하고, 나아가 국가정보원직원의 명예퇴직원 내지 사직서 제출이 직위해제 후 1년여에 걸친 국가정보원장 측의 종용에 의한 것이었다는 사정을 감안한다 하더라도 그러한 **하자가 중대한 것이라고 볼 수는 없으므로**, 대통령의 내부결재가 있었는지에 관계없이 **당연무효는 아니다**(대법원 2005두15748).

1967 ☐☐☐☐ 10 채용
하자의 승계가 부정되는 경우는 대학원에서의 수강거부처분의 하자와 수료처분 간의 경우이다. ⓄⓍ

1968 ☐☐☐☐ 10 채용
하자의 승계가 인정되는 경우는 대집행절차에 있어서 선행처분인 계고처분의 하자와 후행 처분인 대집행 영장발부통보처분 간의 경우, 개별공시지가결정의 위법과 이를 기초로 한 과세처분 간의 경우, 안경사시험합격무효처분의 하자와 안경사면허취소처분 간의 경우 등이 있다. ⓄⓍ

1969 ☐☐☐☐ 10 승진
판례는 공무원의 직위해제처분과 면직처분간에 하자의 승계를 부정하였다. ⓄⓍ

1970 ☐☐☐☐ 25 채용
행정처분이 위법임을 이유로 배상을 청구하는 경우에는 미리 그 행정처분의 취소판결이 있어야만 그 행정처분의 위법임을 이유로 피고에게 배상을 청구할 수 있다. ⓄⓍ

1971 ☐☐☐☐ 25 채용
적법한 건축물에 대한 철거명령은 그 하자가 중대하고 명백하여 당연무효이고, 그 후행행위인 건축물철거 대집행계고처분 역시 당연무효이다. ⓄⓍ

1972 ☐☐☐☐ 25 채용
연령미달의 결격자인 피고인이 소외인의 이름으로 운전면허시험에 응시, 합격하여 교부받은 운전면허는 취소되지 않는 한 유효하므로 피고인의 운전행위는 무면허운전에 해당하지 아니한다. ⓄⓍ

1973 ☐☐☐☐ 25 채용
과세처분이 당연무효라고 볼 수 없는 한 과세처분에 취소할 수 있는 위법사유가 있다 하더라도 그 과세처분은 행정행위의 공정력 또는 집행력에 의하여 그것이 적법하게 취소되기 전까지는 유효하다 할 것이므로, 민사소송절차에서 그 과세처분의 효력을 부인할 수 없다. ⓄⓍ

1974 ☐☐☐☐ 25 채용
하자 있는 행정처분이 당연무효가 되기 위하여는 그 하자가 법규의 중요한 부분을 위반한 중대한 것으로서 객관적으로 명백한 것이어야 하며, 하자가 중대하고 명백한 것인지 여부를 판별함에 있어서는 그 법규의 목적, 의미·기능 등을 목적론적으로 고찰함과 동시에 구체적 사안 자체의 특수성에 관하여도 합리적으로 고찰함을 요한다. ⓄⓍ

> **정답과 해설**

1967. (O)   1968. (O)   1969. (O)
1970. (X) 위법한 행정대집행이 완료되면 그 처분의 무효확인 또는 취소를 구할 소의 이익은 없다 하더라도, 미리 그 행정처분의 취소판결이 있어야만, 그 행정처분의 위법임을 이유로 한 손해배상 청구를 할 수 있는 것은 아니다 (대판 72다337).
1971. (O) 대판 97누6780
1972. (O) 연령미달의 결격자 甲이 타인(자신의 형)의 이름으로 운전면허 시험에 응시, 합격하여 교부받은 운전면허라 하더라도 당연무효는 아니고, 당해 면허가 취소되지 않는 한 유효하므로, 甲의 운전행위는 무면허운전죄에 해당하지 않는다(대판 80도2646).
1973. (O) 과세처분이 당연무효가 아닌 경우 그 처분에 취소할 수 있는 위법사유가 있더라도 행정행위의 공정력 또는 집행력에 의해 그 처분이 적법하게 취소되기 전까지는 유효하고, 민사소송절차에서는 해당 과세처분의 효력을 부정할 수 없다(대판 99다20179).
1974. (O) 대판 2007다24640

THEME 05 행정의 법 원칙(행정기본법) _S급

1975 ☐☐☐☐ 25 채용

행정작용은 법률에 위배되어서는 아니 되며, 국민의 권리를 제한하거나 의무를 부과하는 경우와 그 밖에 국민생활에 중요한 영향을 미치는 경우에는 법률에 근거하여야 한다. ⓞⓧ

1976 ☐☐☐☐ 23 채용

행정작용은 그 행정작용이 의도하는 공익이 행정작용으로 인한 국민의 이익 침해보다 크지 않아야 한다. ⓞⓧ

1977 ☐☐☐☐ 23 채용

공익 또는 제3자의 이익을 현저히 해칠 우려가 있는 경우에도 행정청은 권한 행사의 기회가 있음에도 불구하고 장기간 권한을 행사하지 아니하여 국민이 그 권한이 행사되지 아니할 것으로 믿을 만한 정당한 사유가 있는 경우에는 그 권한을 행사해서는 아니 된다. ⓞⓧ

1978 ☐☐☐☐ 11 채용

경찰기관의 활동은 조직규범으로서의 법률에 정해진 범위 내에서 행해져야 한다. ⓞⓧ

1979 ☐☐☐☐ 04·05·11 채용, 04·05 승진

경찰의 활동이 「국가경찰과 자치경찰의 조직 및 운영에 관한 법률」 제3조에서 정한 직무범위 외의 것이라면, 그것은 경찰의 직무행위로 볼 수 없고 그 효과도 국가에 귀속되지 않는다는 내용과 관계가 깊은 것은 제약규범이다. ⓞⓧ

1980 ☐☐☐☐ 11 채용, 05 승진

어떠한 경찰활동도 경찰활동을 제약하는 법률의 규정에 위반해서는 안 된다는 것을 법률우위의 원칙이라 한다. ⓞⓧ

정답과 해설

1975. (O) 행정작용은 **법률에 위배되어서는 아니 되며(법률우위의 원칙)**, 국민의 권리를 제한하거나 의무를 부과하는 경우와 그 밖에 국민생활에 중요한 영향을 미치는 경우에는 **법률에 근거(법률유보의 원칙)**하여야 한다(행정기본법 제8조).

1976. (X) 행정작용은 행정작용으로 인한 **국민의 이익 침해(공익 X)**가 그 행정작용이 의도하는 **공익(국민의 이익 침해 X)**보다 크지 아니할 것(동법 제10조 제3호)

1977. (X) 행정청은 공익 또는 제3자의 이익을 현저히 해칠 우려가 있는 경우를 **제외하고**는 ~~(동법 제12조)

1978. (O) 모든 경찰기관의 활동은 조직규범으로서의 법률에 정해진 **권한의 범위** 내에서 행해져야 한다.

1979. (X) 경찰의 활동이 「국자법」 제3조에서 정한 **경찰임무(직무범위 X)** 외의 것이라면, 그것은 **경찰의 임무범위(직무행위 X)**로 볼 수 없고 그 효과도 국가에 귀속되지 않는다는 내용과 관계가 깊은 것은 조직규범이다.
경찰기관의 활동은 **조직규범(제약규범 X)**으로서의 법률에 정해진 범위 내에서 행해져야 한다.

1980. (O) 어떠한 경찰활동도 **경찰활동을 제약하는 법률**의 규정에 위반해서는 안 된다는 것을 **법률우위의 원칙(제약규범)**이라 한다

1981 ☐☐☐☐ 03·11 채용, 05 승진

경찰기관의 활동은 법률에 일정한 요건하에 수행하도록 수권하는 규정이 없으면 자기의 판단에 따라 독창적으로 행위할 수 없다는 원칙과 가장 관계깊은 것은 근거규범이다. (O|X)

1982 ☐☐☐☐ 22 채용

법치행정의 원칙에 관한 전통적 견해는 '법률의 지배', '법률의 우위', '법률의 유보'를 내용으로 한다. (O|X)

1983 ☐☐☐☐ 25 채용

경찰행정은 법에 따라 행하여져야 하며, 경찰행정권에 의하여 국민의 권익이 침해된 경우에는 이에 대한 구제제도가 보장되어야 한다. (O|X)

1984 ☐☐☐☐ 22·24 채용

'법률의 우위'에서의 법률에는 형식적 의미의 법률뿐만 아니라 그 밖에 성문법과 불문법이 포함된다. (O|X)

1985 ☐☐☐☐ 25 채용

법률유보의 원칙에서 요구되는 법적 근거는 행정의 조직법적 근거이다. (O|X)

1986 ☐☐☐☐ 22 채용

법규명령에는 위임명령과 집행명령이 있으며, 모두 국민의 권리·의무에 관한 사항을 규정할 수 있다. (O|X)

1987 ☐☐☐☐ 24 간부

「경찰관 직무집행법」상 경찰장비 규정은 경찰관의 직무수행 중 경찰장비의 사용 여부, 용도, 방법 및 범위에 관하여 재량의 한계를 정한 것이라 할 수 있고, 특히 위해성 경찰장비는 그 사용의 위험성과 기본권 보호 필요성에 비추어 볼 때 본래의 사용방법에 따라 지정된 용도로 사용되어야 하며 다른 용도나 방법으로 사용하기 위해서는 반드시 법령에 근거가 있어야 한다. (O|X)

정답과 해설

1981. (O) 경찰기관의 활동은 법률에 일정한 요건하에 수행하도록 **수권하는 규정(근거)이 없으면** 자기의 판단에 따라 독창적으로 행위할 수 없다는 원칙과 가장 관계깊은 것은 **근거규범(법률유보의 원칙)**이다.

1982. (X) 법치행정의 원칙에 관한 전통적 견해는 **'법률의 법규창조력'**, '법률의 우위', '법률의 유보'를 내용으로 한다.

1983. (O) 경찰행정은 법에 따라 행하여져야 하며, 경찰행정권에 의하여 국민의 권익이 침해된 경우에는 행정쟁송(행정심판, 행정소송)과 손해배상과 같은 구제제도가 보장되어야 한다.

1984. (O) '법률의 우위'에서의 법률에는 모든 영역(성문+불문)에서 예외없이 적용된다.

1985. (X) 법률유보의 원칙에서 요구되는 법적 근거는 **행정의 작용법적(조직법적 X)** 근거이다.

1986. (X) 법규명령에는 위임명령과 집행명령이 있으며, 국민의 권리·의무에 관계되는 법규는 **국회에서 제정하는 것이 원칙**이나 예외적으로 법률의 위임에 의하여 또는 법률의 집행에 필요한 범위 내에서 행정권이 법규의 성질을 가지는 명령을 제정할 수 있다.

1987. (O) 경찰관직무집행법 제10조 제3항은 "경찰장비를 임의로 개조하거나 임의의 장비를 부착하여 통상의 용법과 달리 사용함으로써 타인의 생명·신체에 위해를 주어서는 아니된다."라고 정하고 있다. 이는 경찰비례의 원칙에 따라 경찰관의 직무수행 중 경찰장비의 사용 여부, 용도, 방법 및 범위에 관하여 재량의 한계를 정한 것이라 할 수 있고, 특히 위해성 경찰장비는 그 사용의 위험성과 기본권 보호 필요성에 비추어 볼 때 본래의 사용방법에 따라 지정된 용도로 사용되어야 하며 다른 용도나 방법으로 사용하기 위해서는 **반드시 법령에 근거가 있어야 한다**(대판 2016다26662).

1988 ☐☐☐☐ 22·24 채용

법령의 구체적 위임 없이 최루액의 혼합·살수 방법 등을 규정한 경찰청장의 「살수차운용지침」(2014. 4. 3.)은 법률유보의 원칙에 위배되는 측면이 있으나, 그 지침에 따라 살수한 경찰관의 행위는 집회를 해산하기 위한 불가피한 조치라는 점에서 반드시 위헌·위법이라 할 수 없다. O|X

1989 ☐☐☐☐ 24·25 채용

법률유보원칙은 법률에 의한 규율을 뜻하므로 위임입법에 의해 기본권 제한을 할 수 없다. O|X

1990 ☐☐☐☐ 24 채용

헌법상 보장된 국민의 자유나 권리를 제한할 때에는 적어도 그 제한의 본질적인 사항에 관하여 국회가 법률로써 스스로 규율하여야 한다. O|X

1991 ☐☐☐☐ 22 채용

개인의 자유를 침해하거나 의무를 부과하는 행정은 반드시 법률의 근거가 있어야 한다는 원칙을 전제할 때, 법률의 근거 없이도 가능한 것을 모두 고른 것은? (다툼이 있는 경우 판례에 의함) ( )

> ㉠ 경찰관의 학교 앞 등교지도
> ㉡ 주민을 상대로 한 교통정책홍보
> ㉢ 기초생활수급자에 대한 생계비지원
> ㉣ 공무원에 대해 특정종교를 금지하는 훈령
> ㉤ 자살을 시도하는 사람에 대한 경찰관서 보호
> ㉥ 붕괴위험시설에 대한 예방적 출입금지

정답과 해설

1988. (X) 집회나 시위 해산을 위한 살수차 사용은 집회의 자유 및 신체의 자유에 대한 중대한 제한을 초래하므로 살수차 사용요건이나 기준은 법률에 근거를 두어야 하고, 살수차와 같은 위해성 경찰장비는 본래의 사용방법에 따라 지정된 용도로 사용되어야 하며 다른 용도나 방법으로 사용하기 위해서는 반드시 법령에 근거가 있어야 한다. 혼합살수방법은 법령에 열거되지 않은 새로운 위해성 경찰장비에 해당하고 이 사건 지침에 혼합살수의 근거 규정을 둘 수 있도록 위임하고 있는 법령이 없으므로, 이 사건 지침은 법률유보원칙에 위배되고 이 사건 지침만을 근거로 한 이 사건 혼합살수행위 역시 법률유보원칙에 위배된다. 따라서 이 사건 혼합살수행위는 청구인들의 **신체의 자유와 집회의 자유를 침해**한다(헌법재판소 2018. 5. 31.자 2015헌마476 전원재판부 결정).

1989. (X) 기본권 제한에 관한 법률유보원칙(근거규범)은 "**법률에 의한 규율**"을 요청하는 것이 아니라 "**법률에 근거한 규율**"을 요청하는 것이므로 기본권 제한에는 법률의 근거가 필요할 뿐이고 기본권 제한의 형식이 반드시 법률의 형식일 필요는 없으므로 법규명령, 규칙, 조례 등 **실질적 의미의 법률을 통해서도 기본권 제한이 가능하다**(헌재 2012헌마167).

1990. (O)

1991. 행정기본법 제8조는 국민의 권리를 제한하거나 의무를 부과하는 경우와 그 밖에 국민생활에 중요한 영향을 미치는 경에는 **법률에 근거(근거규범 = 법률유보의 원칙)하여야 한다고 명시**하고 있는데,
㉠㉡㉢은 비권력적 수단이나 순수한 서비스 활동에 해당하여 **근거규범을 요하지 않는다**.
㉣ **법률의 근거 요함** : 원칙적으로 훈령은 법적 근거를 요하지 않으나 특별행정법관계에 있는 공무원에게 **침해적 처분**을 할 때에는 법률의 근거가 있어야 한다.
㉤ **법률의 근거 요함** : 경찰관직무집행법 제4조
㉥ **법률의 근거 요함** : 경찰관직무집행법 제5조

1992 ☐☐☐☐ 14 승진

경찰관청의 행위가 형식상 법령에 적합하다면, 비례의 원칙 등 행정법의 일반원칙에 어긋나더라도 항상 적법한 행위이다. (O|X)

1993 ☐☐☐☐ 24 간부

위법이나 비난의 정도가 미약한 사안을 포함한 모든 경우에 부정 취득하지 않은 운전면허까지 필요적으로 취소하고 이로 인해 2년 동안 해당 운전면허 역시 받을 수 없게 하는 것은, 공익의 중대성을 감안하더라도 지나치게 기본권을 제한하는 것이 아니므로 비례의 원칙에 위배되지 않는다. (O|X)

1994 ☐☐☐☐ 19·25채용, 25 간부

판례에 의할 때 운전면허 취소사유에 해당하는 음주운전을 적발한 경찰관의 소속 경찰서장이 사무착오로 위반자에게 운전면허정지 처분을 한 상태에서 위반자의 주소지 관할 시·도경찰청장이 위반자에게 운전면허 취소처분을 한 경우 이는 법의 일반원칙인 조리에 반하여 허용될 수 없다. (O|X)

1995 ☐☐☐☐ 22 채용

폐기물처리업에 대하여 사전에 관할 관청으로부터 적정통보를 받고 막대한 비용을 들여 허가요건을 갖춘 다음 허가신청을 하였음에도 관할 관청으로부터 '다수 청소업자의 난립으로 안정적이고 효율적인 청소업무의 수행에 지장이 있다'는 이유로 불허가처분을 받은 경우, 그 처분은 신뢰보호원칙 위반으로 인한 위법한 처분에 해당된다. (O|X)

정답과 해설

1992. (X) 경찰관청의 행위는 법령 등 성문법원과 불문법원에 위반되지 않아야 적법한 행위가 된다. 그러므로 형식상 적법하더라도 행정법의 일반원칙(조리)에 위반할 경우 위법이 될 수 있다.

1993. (X) 위법이나 비난의 정도가 미약한 사안을 포함한 모든 경우에 부정 취득하지 않은 운전면허까지 필요적으로 취소하고 이로 인해 2년 동안 해당 운전면허 역시 받을 수 없게 하는 것은, 공익의 중대성을 감안하더라도 지나치게 운전면허 소지자의 기본권을 제한하는 것이다. 즉, 부정 취득한 운전면허를 필요적으로 취소하도록 한 것은 과잉금지원칙에 위반되지 아니하나, 부정 취득하지 않은 운전면허까지 필요적으로 취소하도록 한 것은 과잉금지 원칙(비례의 원칙)에 위반된다(헌재 2019헌가9).

1994. (O) 조리(신뢰보호의 원칙)에 위배된다(대법원 2000. 2.25. 99두10520).

1995. (O) 대판 1998.5.8. 98두4061. 행정청은 공익 또는 제3자의 이익을 현저히 해칠 우려가 있는 경우를 제외하고는 행정에 대한 국민의 정당하고 합리적인 신뢰를 보호하여야 한다(행정기본법 제12조).

1996 ☐☐☐☐ 22·23 채용, 23 승진

지방자치단체장이 사업자에게 주택사업계획승인을 하면서 그 주택사업과는 아무런 관련이 없는 토지를 기부채납하도록 하는 부관을 주택사업계획승인에 붙인 경우, 그 부관은 부당결부금지 원칙에 위반되어 위법하다. ⓞⅨ

1997 ☐☐☐☐ 23 채용

지방자치단체장이 사업자에게 주택사업계획승인을 하면서 그 주택사업과는 아무런 관련이 없는 토지를 기부채납하도록 하는 부관을 붙인 경우에는, 기부채납한 토지 가액이 그 주택사업계획의 100분의 1 상당의 금액에 불과하고 사업자가 이의를 제기하지 아니하다가 지방자치단체장이 업무착오로 기부채납한 토지에 대하여 보상협조요청서를 보내자 그 때서야 비로소 부관의 하자를 들고 나왔다고 하더라도 그 부관은 당연무효이다. ⓞⅨ

1998 ☐☐☐☐ 22 채용

같은 정도의 비위를 저지른 자들 사이에 있어서도 그 직무의 특성, 비위의 성격 및 정도를 고려하여 징계종류의 선택과 양정을 차별적으로 취급하는 것은 합리적 차별로서 평등원칙에 반하지 아니한다. ⓞⅨ

1999 ☐☐☐☐ 22 채용

적법 및 위법을 불문하고 재량준칙에 따른 행정관행이 성립한 경우라면, 행정의 자기구속 원칙이 적용될 수 있다. ⓞⅨ

2000 ☐☐☐☐ 24 간부

신의성실의 원칙은 「민법」뿐만 아니라 경찰행정법을 포함한 모든 법의 일반원칙이며 법원으로 인정된다. ⓞⅨ

정답과 해설

1996. (O) 대판 96다49650. 상대방에게 해당 행정작용과 실질적인 관련이 없는 의무를 부과해서는 아니 된다(동법 제13조).

1997 (X) ~~보상협조요청서를 보내자 그 때서야 비로소 부관의 하자를 들고 나온 사정에 비추어 볼 때 부관의 하자가 중대하고 명백하여 **당연무효라고는 볼 수 없다**(대판 96다49650).

1998. (O) 대판 1999.8.20. 99두2611. 행정청은 합리적 이유 없이 국민을 차별하여서는 아니 된다(행정기본법 제9조).

1999. (X) 행정규칙에 따른 종래의 관행이 **위법한 경우**에는 행정청은 자기구속을 당하지 **않는다**.

2000. (O) 행정기본법은 사법상의 원칙인 '신의성실의 원칙'을 행정법상 행정청의 '성실의무의 원칙'으로 수정하여 명시적으로 규정하고 있으므로 「민법」뿐만 아니라 경찰행정법을 포함한 모든 법의 일반원칙이며 법원으로 인정된다.

2001 ☐☐☐☐ 24 간부

경찰행정법의 일반원칙인 평등의 원칙, 비례의 원칙, 권한남용금지의 원칙, 신뢰보호의 원칙은 「행정기본법」에는 규정되어 있지 않다. (O|X)

2002 ☐☐☐☐ 22 채용, 23 승진

다음 〈보기〉의 내용 중 공통된 행정의 법 원칙은 무엇인가? (   )

〈보기〉
- 「행정기본법」 제12조 제1항 "행정청은 공익 또는 제3자의 이익을 현저히 해칠 우려가 있는 경우를 제외하고는 행정에 대한 국민의 정당하고 합리적인 신뢰를 보호하여야 한다."
- 「행정절차법」 제4조 제2항 "행정청은 법령등의 해석 또는 행정청의 관행이 일반적으로 국민들에게 받아들여졌을 때에는 공익 또는 제3자의 정당한 이익을 현저히 해칠 우려가 있는 경우를 제외하고는 새로운 해석 또는 관행에 따라 소급하여 불리하게 처리하여서는 아니 된다."

2002-1 ☐☐☐☐ 25 채용

신뢰보호의 원칙을 위반한 행정청의 행위는 위헌·위법의 문제가 발생하는데 위법의 효과는 해당 행정행위를 취소할 수 있으며 그 위법성이 중대·명백한 경우 무효가 된다. (O|X)

2002-2 ☐☐☐☐ 25 채용

신뢰보호의 원칙은 법치국가의 원리 및 그 구성 부분으로서의 법적 안정성으로부터 이론적 근거를 도출할 수 있다. (O|X)

2003 ☐☐☐☐ 23 채용

甲이 혈중알코올농도 0.140%의 주취상태로 배기량 125cc 이륜자동차를 운전하였다는 이유로 甲의 자동차 운전면허[제1종 대형, 제1종 보통, 제1종 특수(대형견인·구난), 제2종 소형]를 취소한 것은 甲이 음주상태에서 운전을 하지 않으면 안 되는 부득이한 사정이 없었더라도 재량권을 일탈·남용한 것이다. (O|X)

2004 ☐☐☐☐ 25 간부

250cc 오토바이의 운전은 제1종 대형면허나 보통면허와는 아무런 관련이 없는 것이므로 이를 음주운전한 사유만 가지고서는 그 운전자가 보유하고 있는 제1종 대형면허나 보통면허까지 취소할 수는 없다. (O|X)

정답과 해설

2001. (X) 행정기본법 제9조(평등의 원칙), 동법 제10조(비례의 원칙), 동법 제11조(권한남용금지의 원칙), 동법 제12조(신뢰보호의 원칙)에 **규정되어 있다**.

2002. 설문의 경우 **신뢰보호의 원칙**에 대한 내용이다.

2002-1. (O)

2002-2. (O)

2003 (X) 제1종 대형, 제1종 보통, 제1종 특수(대형 견인·구난) 운전면허를 취소한 부분에 재량권을 일탈·남용한 위법이 있다고 본 원심판단에 **재량권 일탈·남용에 관한 법리 등을 오해한 위법이 있다. 즉, 모든 면허를 취소한 처분이 재량권 일탈·남용에 해당하지 않는다**(대법원 2017두67476).

2004. (O) 대판 91누8289

THEME 06 행정(경찰)처분(행정기본법) _S급

2005 ☐☐☐☐ 23 채용
행정에 관한 나이는 다른 법령등에 특별한 규정이 있는 경우에도 출생일을 산입하지 않고 만(滿) 나이로 계산하고, 연수(年數)로 표시하되, 1세에 이르지 아니한 경우에는 월수(月數)로 표시할 수 있다. (O|X)

2006 ☐☐☐☐ 25 채용
처분은 권한이 있는 기관이 취소 또는 철회하거나 기간의 경과 등으로 소멸되기 전까지는 유효한 것으로 통용된다. 다만, 무효인 처분은 처음부터 그 효력이 발생하지 아니한다. (O|X)

2007 ☐☐☐☐ 23 채용
행정청은 법률로 정하는 바에 따라 완전히 자동화된 시스템(인공지능 기술을 적용한 시스템을 포함)으로 처분을 할 수 있으나, 처분에 재량이 있는 경우는 그러하지 아니하다. (O|X)

2008 ☐☐☐☐ 24 채용
행정청의 처분에 이의가 있는 당사자는 처분을 받은 날부터 30일 이내에 해당 행정청에 이의신청을 할 수 있다. (O|X)

2009 ☐☐☐☐ 24 채용
행정청은 이의신청을 받으면 부득이한 사유가 있는 경우를 제외하고는 그 이의신청을 받은 날부터 14일 이내에 그 이의신청에 대한 결과를 신청인에게 통지하여야 한다. (O|X)

2010 ☐☐☐☐ 24 채용
이의신청을 한 경우에도 그 이의신청과 관계없이 「행정심판법」에 따른 행정심판 또는 「행정소송법」에 따른 행정소송을 제기할 수 있다. (O|X)

2011 ☐☐☐☐ 24 채용
이의신청에 대한 결과를 통지받은 후 행정심판 또는 행정소송을 제기하려는 자는 그 결과를 통지받은 날부터 60일 이내에 행정심판 또는 행정소송을 제기하여야 한다. (O|X)

정답과 해설

2005 (X) 행정에 관한 나이는 다른 법령등에 특별한 규정이 있는 경우를 제외하고는 출생일을 **산입하여**(산입하지 않고 X) 만(滿) 나이로 계산하고, 연수(年數)로 표시한다. 다만, 1세에 이르지 아니한 경우에는 월수(月數)로 표시할 수 있다(행정기본법 제7조의2).

2006. (O) 동법 제15조
2007. (O) 동법 제20조
2008. (O) 동법 제36조 제1항
2009. (O) 동법 제36조 제2항
2010. (O) 동법 제36조 제3항
2011. (X) ~~~**90일 이내**에 제1항의 처분(이의신청 결과 처분이 변경된 경우에는 **변경된 처분**으로 한다)에 대하여 행정심판 또는 행정소송을 제기**할 수 있다**(동법 제36조 제4항).

행정조사(행정조사기본법) _A급

2012 ☐☐☐☐ 22 채용
「행정조사기본법」상 조사대상자의 자발적 협조를 얻어 조사를 실시하는 경우에는 법령의 근거를 요하지 아니하며 조직법상의 권한 범위 밖에서도 가능하다. (O|X)

2013 ☐☐☐☐ 24 승진
「행정조사기본법」상 행정기관은 행정조사를 통하여 알게 된 정보를 어떠한 경우에도 원래의 조사목적 이외의 용도로 이용할 수 없다. (O|X)

2014 ☐☐☐☐ 24 승진
경찰공무원이 「도로교통법」 규정에 따라 호흡측정 또는 혈액 검사 등의 방법으로 운전자가 술에 취한 상태에서 운전하였는지를 조사하는 것은 수사로서의 성격을 갖지만, 행정조사의 성격을 가지는 것은 아니다. (O|X)

2015 ☐☐☐☐ 22 채용, 24 승진
조사대상자의 자발적 협조로 조사가 이루어지는 경우일지라도 행정의 적법성 및 공공성 등을 높이기 위해서 조사목적 등을 반드시 서면으로 통보하여야 한다. (O|X)

2016 ☐☐☐☐ 22 채용
경찰작용은 행정작용의 일환이므로 경찰의 수사에도 「행정조사기본법」이 적용되는 것이 원칙이다. (O|X)

2017 ☐☐☐☐ 22 채용
행정조사는 행정기관이 향후 행정작용에 필요한 자료 및 정보를 얻기 위한 준비적·보조적 작용이다. (O|X)

2018 ☐☐☐☐ 24 승진
「고용보험법」상 '실업인정대상기간 중의 취업 사실'에 대한 행정조사 절차에는 수사절차에서의 진술거부권 고지의무에 관한 「형사소송법」 규정이 준용되지 않는다. (O|X)

정답과 해설

- **2012.** (X) 「행정조사기본법」상 조사대상자의 자발적 협조를 얻어 조사를 실시하는 경우에는 법령의 근거를 요하지 아니하지만(동법 제5조), 행정조사는 조사목적을 달성하는데 필요한 최소한의 범위 안에서 실시해야 한다(행정조사기본법 제4조 제1항).
- **2013.** (X) 행정기관은 행정조사를 통하여 알게 된 정보를 다른 법률에 따라 내부에서 이용하거나 다른 기관에 제공하는 경우를 제외하고는 원래의 조사목적 이외의 용도로 이용하거나 타인에게 제공하여서는 아니 된다(동법 제4조 제6항).
- **2014.** (X) 경찰공무원이 도로교통법 규정에 따라 호흡측정 또는 혈액 검사 등의 방법으로 운전자가 술에 취한 상태에서 운전하였는지를 조사하는 것은, 수사기관과 경찰행정조사자의 지위를 겸하는 주체가 형사소송에서 사용될 증거를 수집하기 위한 수사로서의 성격을 가짐과 아울러 교통상 위험의 방지를 목적으로 하는 운전면허 정지·취소의 행정처분을 위한 자료를 수집하는 행정조사의 성격을 동시에 가지고 있다고 볼 수 있다(대판 2014두46850).
- **2015.** (X) 조사대상자의 자발적인 협조를 얻어 실시하는 행정조사의 경우 행정조사의 개시와 동시에 출석요구서등을 조사대상자에게 제시하거나 행정조사의 목적 등을 조사대상자에게 구두로 통지할 수 있다(동법 제17조 제1항 제3호).
- **2016.** (X) 경찰의 수사에는 「형사소송법」이 적용되는 것이 원칙이다.
- **2017.** (O) 행정조사는 준비적·부수적(보조적)인 작용에 그치며, 그 자체로서 직접 일정한 경찰상태를 실현시키는 작용(즉시강제)은 아니다.
- **2018.** (O) 대판 2020두31323

THEME 08 공공기관의 정보공개에 관한 법률 _S급

2019 ☐☐☐☐ 23 채용
"정보"란 공공기관이 직무상 작성 또는 취득하여 관리하고 있는 문서(전자문서를 포함한다) 및 전자매체를 비롯한 모든 형태의 매체 등에 기록된 사항을 말한다. [O|X]

2020 ☐☐☐☐ 15·17·24 채용, 18·19·25 승진, 17 간부, 20 경채
모든 국민은 정보의 공개를 청구할 권리를 가지며, 공공기관이 보유·관리하는 정보는 국민의 알권리 보장 등을 위하여 이 법에서 정하는 바에 따라 적극적으로 공개할 수 있다. [O|X]

2021 ☐☐☐☐ 15 채용, 17·25 승진
모든 국민은 정보의 공개를 청구할 권리를 가진다. 외국인의 정보공개 청구에 관하여는 대통령령으로 정한다. [O|X]

2022 ☐☐☐☐ 19·25 승진
공개될 경우 국민의 생명·신체 및 재산의 보호에 현저한 지장을 초래할 우려가 있다고 인정되는 정보는 공개하지 아니할 수 있다. [O|X]

2023 ☐☐☐☐ 21 승진
민원인이 경찰관서에서 현재 수사 중인 '폭력단체 현황'에 대한 정보공개를 요청한 경우, 국민의 알 권리를 충족시킨다는 차원에서 해당 정보를 공개하여야 한다. [O|X]

2024 ☐☐☐☐ 24 채용
직무를 수행한 공무원의 성명·직위 등「개인정보 보호법」제2조 제1호에 따른 개인정보로서 공개될 경우 사생활의 비밀 또는 자유를 침해할 우려가 있다고 인정되는 정보는 공개하지 않을 수 있다. [O|X]

2025 ☐☐☐☐ 24 채용
의사결정 과정에 있는 사항으로서 공개될 경우 업무의 공정한 수행에 현저한 지장을 초래한다고 인정할 만한 상당한 이유가 있는 정보는 공개하지 않을 수 있다. [O|X]

정답과 해설

2019. (O) 공공기관의 정보공개에 관한 법률 제2조 제1호
2020. (X) 공공기관이 보유·관리하는 정보는 국민의 알권리 보장 등을 위하여 이 법에서 정하는 바에 따라 **적극적**(소극적 X)으로 **공개하여야 한다**(공개할 수 있다 X)(동법 제3조).
2021. (O) 모든 국민은 정보의 공개를 청구할 권리를 가진다. **외국인**의 정보공개 청구에 관하여는 **대통령령**으로 정한다(동법 제5조).
2022. (O) 동법 제9조 제1항 제3호
2023. (X) 진행 중인 재판에 관련된 정보와 **범죄의 예방, 수사, 공소의 제기 및 유지(폭력단체 현황)**, 형의 집행, 교정(矯正), 보안처분에 관한 사항으로서 공개될 경우 그 직무수행을 현저히 곤란하게 하거나 형사피고인의 공정한 재판을 받을 권리를 침해한다고 인정할 만한 상당한 이유가 있는 정보는 **공개하지 아니할 수 있다**(공개하여야 한다 X)(동법 제9조 제1항 제4호).
2024. (X)「개인정보 보호법」제2조 제1호에 따른 개인정보로서 공개될 경우 사생활의 비밀 또는 자유를 침해할 우려가 있다고 인정되는 정보는 공개하지 않을 수 있는데, **직무를 수행한 공무원의 성명·직위는 제외된다**(동법 제9조 제1항 제6호 라목).
2025. (O) 동법 제9조 제5호

2026 ☐☐☐☐ 21·23 승진
공공기관은 비공개 대상 정보가 기간의 경과 등으로 인하여 비공개의 필요성이 없어진 경우에는 그 정보를 공개 대상으로 하여야 한다. O|X

2027 ☐☐☐☐ 22·24 채용, 17·19·20·23 승진
정보의 공개를 청구하는 자는 해당 정보를 보유하거나 관리하고 있는 공공기관에 대하여 서면으로 정보공개를 청구하여야 한다. O|X

2028 ☐☐☐☐ 15·17 채용, 18·20 승진, 08·17 간부, 20 경채
공공기관은 정보공개의 청구를 받으면 그 청구를 받은 날부터 7일 이내에 공개 여부를 결정하여야 한다. O|X

2029 ☐☐☐☐ 22·23 채용, 21·23·25 승진
공공기관은 부득이한 사유로 「공공기관의 정보공개에 관한 법률」 제11조 제1항에 따른 기간 이내에 공개 여부를 결정할 수 없을 때에는 그 기간이 끝난 날부터 기산하여 10일의 범위에서 공개 여부 결정기간을 연장할 수 있다. 이 경우 공공기관은 연장된 사실과 연장 사유를 청구인에게 지체 없이 구두로 통지하여야 한다. O|X

2030 ☐☐☐☐ 19·21 승진, 17·19 간부
공공기관은 공개청구된 공개대상 정보의 전부 또는 일부가 제3자와 관련이 있다고 인정되는 때에는 그 사실을 제3자에게 지체 없이 통지하여야 하며, 필요한 경우에는 그의 의견을 들을 수 있다. 공개청구된 사실을 통지받은 제3자는 통지받은 날부터 3일 이내에 해당 공공기관에 대하여 자신과 관련된 정보를 공개하지 아니할 것을 요청할 수 있다. O|X

2031 ☐☐☐☐ 23 승진
청구인이 공개청구한 정보가 비공개대상 정보에 해당하는 부분과 공개 가능한 부분이 혼합되어 있는 경우 공개청구의 취지에 어긋나지 아니하는 범위에서 두 부분을 분리할 수 있는 경우에는 비공개 대상 정보에 해당하는 부분을 제외하고 공개하여야 한다. O|X

정답과 해설

2026. (O) 공공기관은 비공개 대상 정보가 기간의 경과 등으로 인하여 **비공개의 필요성이 없어진 경우**에는 그 정보를 **공개 대상으로 하여야 한다(할 수 있다 X)**(공공기관의 정보공개에 관한 법률 제9조 제2항).

2027. (X) 정보의 공개를 청구하는 자는 해당 정보를 보유하거나 관리하고 있는 **공공기관에 정보공개 청구서를 제출(서면)하거나 말(구두)**로써 정보의 공개를 **청구할 수 있다(청구하여야 한다 X)**(동법 제10조 제1항).

2028. (X) 공공기관은 정보공개의 청구를 받으면 그 청구를 **받은 날부터(받은 날의 다음 날부터 X) 10일 이내(7일 이내 X)**에 공개 여부를 결정하여야 한다(동법 제11조 제1항).

2029. (X) 공공기관은 부득이한 사유로 정보공개의 청구를 받은 날부터 **10일 이내**에 공개 여부를 결정할 수 없을 때에는 그 기간이 **끝나는 날의 다음 날부터(끝나는 날부터 X)** 기산(起算)하여 10일의 범위에서 공개 여부 결정기간을 연장할 수 있다. 이 경우 공공기관은 연장된 사실과 연장사유를 청구인에게 지체 없이 **문서(구두 X)**로 통지하여야 한다(동법 제11조 제2항).

2030. (O) 공공기관은 공개청구된 공개대상 정보의 전부 또는 일부가 제3자와 관련이 있다고 인정되는 때에는 그 사실을 제3자에게 **지체 없이(3일 이내 X)** 통지하여야 하며, 필요한 경우에는 그의 의견을 **들을 수 있다(들어야 한다 X)**. 공개청구된 사실을 통지받은 제3자는 통지받은 날부터 **3일 이내**에 해당 공공기관에 대하여 자신과 관련된 정보를 공개하지 아니할 것을 요청할 수 있다(동법 제11조 제3항, 제21조 제1항).

2031. (O) 동법 제14조

2032 ☐☐☐☐ 23·24 채용

공공기관은 청구인이 사본 또는 복제물의 교부를 원하는 경우에는 이를 교부하여야 한다. (O｜X)

2033 ☐☐☐☐ 22·24 채용

공공기관은 전자적 형태로 보유·관리하는 정보에 대하여 청구인이 전자적 형태로 공개하여 줄 것을 요청하는 경우에는 그 정보의 성질상 현저히 곤란한 경우를 제외하고는 청구인의 요청에 따라야 한다. (O｜X)

2034 ☐☐☐☐ 15·22·24 채용, 17·18·20 승진

정보의 공개 및 우송 등에 드는 비용은 실비의 범위에서 정보공개 청구를 받은 행정청이 부담한다. (O｜X)

2035 ☐☐☐☐ 15·18 채용, 18·19 승진, 08·17·19 간부

청구인이 정보공개와 관련한 공공기관의 비공개 결정 또는 부분 공개 결정에 대하여 불복이 있거나 정보공개 청구 후 20일이 경과하도록 정보공개 결정이 없는 때에는 공공기관으로부터 정보공개 여부의 결정 통지를 받은 날 또는 정보공개 청구 후 20일이 경과한 날부터 60일 이내에 해당 공공기관에 문서로 이의신청을 할 수 있다. (O｜X)

2036 ☐☐☐☐ 16·17·18 채용, 18·19 승진, 08·17·19 간부

공공기관은 이의신청을 받은 날부터 7일 이내에 그 이의신청에 대하여 결정하고 그 결과를 청구인에게 지체 없이 문서로 통지하여야 한다. 다만, 부득이한 사유로 정하여진 기간 이내에 결정할 수 없을 때에는 그 기간이 끝나는 날부터 기산하여 7일의 범위에서 연장할 수 있으며, 연장 사유를 청구인에게 통지하여야 한다. (O｜X)

정답과 해설

2032. (O) 공공기관의 정보공개에 관한 법률 제13조 제2항
2033. (O) 동법 제15조 제1항
2034. (X) 정보의 공개 및 우송 등에 드는 비용은 실비의 범위에서 **청구인(공공기관 X, 행정청 X)이 부담**한다(동법 제17조 제1항).
2035. (X) 청구인이 정보공개와 관련한 공공기관의 비공개 결정 또는 부분 공개 결정에 대하여 불복이 있거나 정보공개 청구 후 **20일**이 경과하도록 정보공개 결정이 없는 때에는 공공기관으로부터 정보공개 여부의 결정 통지를 받은 날 또는 정보공개 청구 후 **20일**이 경과한 날부터 **30일 이내(60일 X, 20일 X)**에 해당 공공기관에 문서로 **이의신청**을 할 수 있다(동법 제18조 제1항).
2036. (X) 공공기관은 이의신청을 받은 날부터 **7일 이내(10일 이내 X)**에 그 이의신청에 대하여 결정하고 그 결과를 청구인에게 **지체 없이(3일 이내 X)** 문서로 통지하여야 한다. 다만, 부득이한 사유로 정하여진 기간 이내에 결정할 수 없을 때에는 그 기간이 **끝나는 날의 다음 날부터(끝나는 날부터 X)** 기산하여 **7일(10일 X)**의 범위에서 연장할 수 있으며, 연장 사유를 청구인에게 통지하여야 한다(동법 제18조 제3항).

2037 ☐☐☐☐ 16·17·23 채용, 17·18·20 승진, 20 경채

청구인이 정보공개와 관련한 공공기관의 결정에 대하여 불복이 있거나 정보공개 청구 후 20일이 경과하도록 정보공개 결정이 없는 때에는 행정심판법에서 정하는 바에 따라 행정심판을 청구할 수 있으며, 이 경우 이의신청 절차를 거치지 아니하고 행정심판을 청구할 수 있다. (O│X)

2038 ☐☐☐☐ 16 채용, 18 승진

청구인이 정보공개와 관련한 공공기관의 결정에 대하여 불복이 있거나 정보공개 청구 후 20일이 경과하도록 정보공개 결정이 없는 때에는 「행정소송법」에서 정하는 바에 따라 행정소송을 제기할 수 있다. (O│X)

2039 ☐☐☐☐ 15 채용, 19 간부, 20 경채

정보공개위원회는 성별을 고려하여 위원장과 부위원장 각 1명을 포함한 9명의 위원으로 구성한다. 이 경우 위원장을 포함한 5명은 공무원이 아닌 사람으로 위촉하여야 한다. (O│X)

2040 ☐☐☐☐ 15 채용

행정안전부장관은 정보공개위원회가 정보공개제도의 효율적 운영을 위하여 필요하다고 요청하면 공공기관(국회·법원·헌법재판소 및 중앙선거관리위원회를 포함한다)의 정보공개제도 운영실태를 평가할 수 있다. (O│X)

2041 ☐☐☐☐ 24 채용

피의자신문조서 등 조서에 기재된 피의자 등의 인적사항 이외의 진술내용 역시 개인의 사생활의 비밀 또는 자유를 침해할 우려가 인정되는 경우에는 비공개대상정보에 해당한다. (O│X)

2042 ☐☐☐☐ 24 채용

수사기록 중 의견서, 보고문서, 메모, 법률검토 등은 그 실질적인 내용을 구체적으로 살펴 수사의 방법 및 절차 등이 공개됨으로써 수사기관의 직무수행을 현저히 곤란하게 한다고 인정할 만한 상당한 이유가 있어야만 비공개대상정보에 해당한다. (O│X)

정답과 해설

2037. (O) 청구인이 정보공개와 관련한 공공기관의 결정에 대하여 불복이 있거나 정보공개 청구 후 **20일**이 경과하도록 정보공개 결정이 없는 때에는 행정심판법에서 정하는 바에 따라 행정심판을 청구할 수 있으며, 이 경우 **이의신청 절차를 거치지 아니하고 행정심판을 청구할 수 있다**(없다 X)(공공기관의 정보공개에 관한 법률 제19조 제1항).

2038. (O) 동법 제20조 제1항

2039. (X) 정보공개위원회는 성별을 고려하여 위원장과 부위원장 각 1명을 포함한 **11명(9명 X)**의 위원으로 구성한다. 이 경우 위원장을 포함한 **7명(5명 X)**은 공무원이 아닌 사람으로 위촉하여야 한다(동법 제23조 제1항, 제2항).

2040. (X) **행정안전부장관**은 정보공개위원회가 정보공개제도의 효율적 운영을 위하여 필요하다고 요청하면 공공기관(국회·법원·헌법재판소 및 중앙선거관리위원회는 **제외(포함 X)**)의 정보공개제도 운영실태를 평가할 수 있다(동법 제24조 제2항).

2041. (O) 대법원 2017. 9. 7. 선고 2017두44558

2042. (O) 대법원 2012. 7. 12. 선고 2010두7048

개인정보 보호법 _A급

2043 □□□□ 22·23 채용

살아 있는 개인에 관한 정보로서 성명, 주민등록번호 및 영상 등을 통하여 개인을 알아볼 수 있는 정보, 해당 정보만으로는 특정 개인을 알아볼 수 없더라도 다른 정보와 쉽게 결합하여 알아볼 수 있는 정보를 "개인정보"라 한다. (O│X)

2044 □□□□ 22·23 채용

"익명처리"란 개인정보의 전부를 삭제하거나 일부를 대체하는 등의 방법으로 추가 정보가 없이는 특정 개인을 알아볼 수 없도록 처리하는 것을 말한다. (O│X)

2045 □□□□ 22 채용

정보처리 기술을 활용하여 기존의 다양한 정보를 가공해서 만들어 낸 새로운 정보에 관한 독점적 권리를 가지는 사람을 "정보주체"라 한다. (O│X)

2046 □□□□ 23 채용

"개인정보처리자"란 업무를 목적으로 개인정보파일을 운용하기 위하여 스스로 또는 다른 사람을 통하여 개인정보를 처리하는 공공기관, 법인, 단체 및 개인 등을 말한다. (O│X)

2047 □□□□ 22 채용

일정한 공간에 설치되어 지속적 또는 주기적으로 사람 또는 사물의 영상 등을 촬영하거나 이를 유·무선망을 통하여 전송하는 장치로서 네트워크 카메라와 같은 장치를 "이동형 영상정보처리기기"라 한다. (O│X)

정답과 해설

2043. (O) 살아 있는 개인(사자 X)에 관한 정보로서 성명, 주민등록번호 및 영상 등을 통하여 개인을 알아볼 수 있는 정보, 해당 정보만으로는 특정 개인을 알아볼 수 없더라도 다른 정보와 쉽게 결합하여 알아볼 수 있는 정보를 "개인정보"라 한다(개인정보 보호법 제2조 제1호 가목, 나목).

2044. (X) 가명처리(익명처리 X)란 개인정보의 일부를 삭제하거나 일부 또는 전부를 대체하는 등의 방법으로 추가 정보가 없이는 특정 개인을 알아볼 수 없도록 처리하는 것을 말한다(동법 제2조 제1의2호).

2045. (X) 정보주체란 처리되는 정보에 의하여 알아볼 수 있는 사람으로서 그 정보의 주체가 되는 사람을 말한다(동법 제2조 제3호).

2046. (O) 동법 제2조 제5호

2047. (X) 고정형 영상정보처리기기라 한다(동법 제2조 제7호). "이동형 영상정보처리기기"란 사람이 신체에 착용 또는 휴대하거나 이동 가능한 물체에 부착 또는 거치(据置)하여 사람 또는 사물의 영상 등을 촬영하거나 이를 유·무선망을 통하여 전송하는 장치로서 대통령령으로 정하는 장치를 말한다(동법 제2조 제7의2).

2048 ☐☐☐☐ 25 채용

개인정보처리자는 개인정보의 처리 목적을 명확하게 하여야 하고 그 목적에 필요한 범위에서 최소한의 개인정보만을 적법하고 정당하게 수집하여야 한다. OIX

2049 ☐☐☐☐ 25 채용

개인정보처리자는 개인정보의 처리 목적에 필요한 범위에서 개인정보의 완전성, 확장성 및 신속성이 보장되도록 하여야 한다. OIX

2050 ☐☐☐☐ 25 채용

개인정보처리자는 개인정보의 처리 방법 및 종류 등에 따라 정보주체의 권리가 침해받을 가능성과 그 위험 정도를 고려하여 개인정보를 안전하게 관리하여야 한다. OIX

2051 ☐☐☐☐ 24·25 채용

개인정보처리자는 개인정보를 익명 또는 가명으로 처리하여도 개인정보 수집목적을 달성할 수 있는 경우 익명처리가 가능한 경우에는 익명에 의하여, 익명처리로 목적을 달성할 수 없는 경우에는 가명에 의하여 처리될 수 있도록 하여야 한다. OIX

2052 ☐☐☐☐ 23 채용

정보주체는 자신의 개인정보 처리와 관련하여 개인정보의 처리 정지, 정정·삭제 및 파기를 요구할 권리를 가진다. OIX

2053 ☐☐☐☐ 24 채용

개인정보처리자는 법령상 의무를 준수하기 위하여 불가피한 경우에는 개인정보를 수집할 수 있으며 그 수집 목적의 범위에서 이용할 수 있다. OIX

2054 ☐☐☐☐ 24 채용

인명의 구조·구급 등을 위하여 필요한 경우로서 대통령령으로 정하는 경우에는 불특정 다수가 이용하는 목욕실, 탈의실 등 개인의 사생활을 현저히 침해할 우려가 있는 장소의 내부를 볼 수 있는 곳에서 이동형 영상정보처리기기로 사람 또는 그 사람과 관련된 사물의 영상을 촬영할 수 있다. OIX

2055 ☐☐☐☐ 24 채용

개인정보처리자는 통계작성, 과학적 연구, 공익적 기록보존 등을 위하여 가명정보를 처리하는 경우에 정보주체에게 이를 알리고 동의를 받아야 한다. OIX

정답과 해설

2048. (O) 개인정보 보호법 제3조 제1항
2049. (X) 개인정보처리자는 개인정보의 처리 목적에 필요한 범위에서 개인정보의 **정확성, 완전성 및 최신성(확장성 X, 신속성 X)**이 보장되도록 하여야 한다(동법 제3조 제3항).
2050. (O) 동법 제3조 제4항
2051. (O) 동법 제3조 제7항
2052. (O) 동법 제4조 제4호
2053. (O) 동법 제15조 제1항 제2호
2054. (O) 동법 제25조의2 제2항 단서
2055. (X) 개인정보처리자는 통계작성, 과학적 연구, 공익적 기록보존 등을 위하여 **정보주체의 동의 없이** 가명정보를 처리할 수 있다(동법 제28조의 2).

THEME 10 경찰(행정)상 실효성(의무이행) 확보수단 _S급

1 경찰상 의무이행 확보수단

2056 ☐☐☐☐ 22 채용, 09·14 간부
행정의 실효성 확보수단 중 통고처분은 형식적 의미의 행정이며 실질적 의미의 사법이다. (O|X)

2057 ☐☐☐☐ 22 채용
「관세법」상 통고처분 여부는 관세청장의 재량에 맡겨져 있지만, 「경범죄처벌법」 및 「도로교통법」상 통고처분은 재량의 여지가 없다. (O|X)

2058 ☐☐☐☐ 19 간부, 23 경채
경찰상 실효성 확보수단을 전통적 수단과 새로운 수단으로 구분할 때, 전통적 수단에 해당하는 것은 대집행, 집행벌, 과징금, 강제징수 등이 있다. (O|X)

2059 ☐☐☐☐ 12 간부
경찰상 실효성 확보수단 중 간접적인 실효성 확보수단은 즉시강제, 대집행, 강제징수, 집행벌, 경찰벌, 공급거부, 명단공개, 관허사업의 제한등이 있다. (O|X)

2060 ☐☐☐☐ 23 채용
과징금은 원칙적으로 행정법상의 의무를 위반한 자에 대하여 당해 위반행위로 얻게 된 경제적 이익을 박탈하기 위한 목적으로 부과하는 금전적인 제재이다. (O|X)

2061 ☐☐☐☐ 23 채용
가산세는 개별 세법이 과세의 적정을 기하기 위하여 정한 의무의 이행을 확보할 목적으로 그 의무 위반에 대하여 세금의 형태로 가하는 행정상 제재이다. (O|X)

정답과 해설

2056. (O) **통고처분**은 형식적으로는 행정작용이나, 실질적으로는 사법작용의 특색을 가진다.
2057. (X) 「경범죄처벌법」 및 「도로교통법」상 통고처분은 **재량의 여지가 있다**(경범죄 처벌법 제7조, 도로교통법 제163조 참조).
2058. (X) 경찰상 실효성 확보수단을 전통적 수단과 새로운 수단으로 구분할 때, **전통적 수단**에 해당하는 것은 **강제집행**(대집행, 집행벌, 강제징수, 직접강제)과 즉시강제, 경찰벌이 있다. **과징금은 새로운 실효성 확보수단**이다.
2059. (X) 경찰상 실효성 확보수단 중 **직접적인 실효성 확보수단은 즉시강제, 대집행, 강제징수, 직접강제**가 있고, 나머지는 간접적인 실효성 확보수단이다.
2060. (O)   **2061.** (O)

2 경찰상 강제집행

2-1 의의

2062 ☐☐☐☐ 19 채용

경찰강제에는 경찰상 강제집행(대집행·강제징수·집행벌·즉시강제)과 경찰상 직접강제가 있는데, 경찰상 강제집행은 의무의 존재 및 그 불이행을 전제로 한다는 점에서 이를 전제로 하지 아니하고 급박한 경우에 행하여지는 경찰상 직접강제와 구별된다. (O|X)

2063 ☐☐☐☐ 21 승진

경찰상 강제집행은 경찰하명에 따른 경찰의무의 불이행이 있는 경우에 상대방의 신체 또는 재산이나 주거 등에 실력을 행사하여 경찰상 필요한 상태를 실현하는 작용으로 간접적 실효성 확보수단이다. (O|X)

2064 ☐☐☐☐ 21 채용

경찰상 강제집행은 장래에 향하여 의무이행을 강제한다는 점에서 과거의 의무위반에 대한 제재인 경찰벌과 구별된다. (O|X)

2065 ☐☐☐☐ 22 간부

경찰상의 강제집행의 실정법적 근거로는 「경찰관 직무집행법」이 유일하다. (O|X)

2066 ☐☐☐☐ 22 간부

경찰상의 강제집행을 하기 위해서는 경찰의무를 부과하는 경찰하명의 근거가 되는 법률 이외에 경찰상의 강제집행을 위한 별도의 법적 근거가 있어야 한다. (O|X)

정답과 해설

2062. (X) 경찰강제에는 경찰상 강제집행(대집행·강제징수·집행벌·**직접강제(즉시강제 X)**)과 경찰상 **즉시강제(직접강제 X)**가 있는데, 경찰상 강제집행은 의무의 존재 및 그 불이행을 전제로 한다는 점에서 이를 전제로 하지 아니하고 급박한 경우에 행하여지는 경찰상 **즉시강제(직접강제 X)**와 구별된다.

2063. (X) 경찰상 강제집행은 경찰하명에 따른 경찰의무의 불이행이 있는 경우에 상대방의 신체 또는 재산이나 주거 등에 실력을 행사하여 경찰상 필요한 상태를 실현하는 작용으로 **직접적(대집행, 직접강제, 강제징수)** 또는 **간접적(집행벌(이행강제금 부과))** 실효성 확보수단이다.

2064. (O) 경찰상 **강제집행**은 **장래**에 향하여 의무이행을 강제한다는 점에서 **과거의 의무위반**에 대한 제재인 **경찰벌(형벌과 질서벌)**과 구별된다.

2065. (X) 경찰상의 강제집행의 실정법적 근거로는 행정기본법, 국세징수법, 행정대집행법 이외에도 「도로교통법」, 「건축법」 등 **관련 법령에서 사안별 개별적으로 규정**하고 있다.

2066. (O) 강제집행은 경찰의무를 부과하는 경찰하명의 근거가 되는 법률과 강제집행을 위한 별도의 법적 근거가 있어야 한다.

2-2 행정대집행

2067 ☐☐☐☐ 24 채용, 11·16·20 승진

대집행이란 비대체적 작위의무의 불이행이 있는 경우 행정청이 의무자의 작위의무를 스스로 행하거나 또는 제3자로 하여금 이를 행하게 하고 그 비용을 의무자로부터 징수하는 것을 말한다. (O│X)

2068 ☐☐☐☐ 21 채용

대집행의 근거가 되는 일반법으로는 행정대집행법이 있다. (O│X)

2069 ☐☐☐☐ 14·21 간부

대집행의 절차는 계고 → 통지 → 비용의 징수 → 실행 순이다. (O│X)

2070 ☐☐☐☐ 22 채용

행정대집행과 행정상 즉시강제는 제3자에 의해 집행될 수 없고 행정청이 직접 행사해야 한다. (O│X)

2-3 강제징수

2071 ☐☐☐☐ 25 채용, 11·16·20 승진, 14 간부

강제징수란 금전급부의 의무를 이행하지 아니한 경우에 경찰기관이 의무자의 재산에 실력을 가하여 의무가 이행된 것과 같은 상태를 실현하는 작용을 말하며, 이에 관한 일반법으로는 국세기본법이 있다. (O│X)

2072 ☐☐☐☐ 21 채용

강제징수란 의무자가 관련 법령상의 대체적 작위의무를 이행하지 않을 경우, 당해 경찰관청이 스스로 행하거나 또는 제3자로 하여금 의무자가 하여야 할 행위를 하게 함으로써 의무의 이행이 있는 것과 같은 상태를 실현시킨 후 그 비용을 의무자로부터 징수하는 것이다. (O│X)

정답과 해설

2067. (X) 대집행이란 **대체적 작위의무(비대체적 작위의무 X)**의 불이행이 있는 경우 행정청이 의무자의 작위의무를 스스로 행하거나 또는 제3자로 하여금 이를 행하게 하고 그 비용을 의무자로부터 징수하는 것을 말한다.
2068. (O)
2069. (X) 대집행의 절차는 **계고 → 통지 → 실행 → 비용**의 징수 순이다.
2070. (X) **행정대집행(즉시강제 X)**은 대체적 작위의무의 불이행이 있는 경우 당해 **행정청**이 스스로 의무자의 작위의무를 행하거나 또는 **제3자**로 하여금 이를 행하게 하고 그 비용을 의무자로부터 징수하는 것을 말한다.
2071. (X) 강제징수의 일반법으로는 **국세징수법(국세기본법 X)**이 있다.
2072. (X) **행정대집행**에 대한 설명이다.

2073 ☐☐☐☐ 21 승진, 22 경채

강제징수란 국민이 국가 또는 공공단체에 대해 부담하고 있는 공법상의 금전급부의무를 이행하지 않는 경우에 행정청이 강제적으로 의무가 이행된 것과 동일한 상태를 실현하는 작용으로 새로운 실효성 확보수단이다. (O|X)

2074 ☐☐☐☐ 21 간부

강제징수 절차는 독촉 → 압류 → 매각 → 청산 순으로 진행한다. (O|X)

2-4 직접강제

2075 ☐☐☐☐ 25 채용, 11·16·20 승진, 14 간부

직접강제란 의무의 불이행이 있는 경우 직접 의무자의 신체·재산에 실력을 가하여 의무의 이행이 있었던 것과 같은 상태를 실현하는 작용으로 실효성(의무이행) 확보를 위한 최후의 수단이다. (O|X)

2076 ☐☐☐☐ 22 경채

행정대집행은 의무자가 행정상 의무를 이행하지 아니하는 경우 행정청이 의무자의 신체나 재산에 실력을 행사하여 그 행정상 의무의 이행이 있었던 것과 같은 상태를 실현하는 것이다. (O|X)

2-5 이행강제금 부과(집행벌, 금전벌)

2077 ☐☐☐☐ 21 간부

집행벌은 경찰벌과 병과해서 행할 수 없다. (O|X)

2078 ☐☐☐☐ 25 채용, 20·21 승진

집행벌은 의무이행을 위한 강제집행이라는 점에서 의무위반에 대한 제재인 경찰벌과 구별되며, 경찰벌과 병과해서 행할 수 있고, 의무이행될 때까지 반복적으로 부과하는 것도 가능하다. (O|X)

정답과 해설

2073. (X) **강제징수**란 국민이 국가 또는 공공단체에 대해 부담하고 있는 공법상의 **금전급부의무**를 이행하지 않는 경우에 행정청이 강제적으로 의무가 이행된 것과 동일한 상태를 실현하는 작용으로 **전통적(새로운 X) 실효성 확보수단**이다.

2074. (O) 강제징수의 절차는 국세징수법 제2장 제3절 **독촉** – 제3장 강제징수(제2절 **압류** – 제3절 압류재산의 **매각** – 제4절 **청산**)의 순서이다.

2075. (O) **직접강제**란 의무의 불이행이 있는 경우 **직접** 의무자의 신체·재산에 실력을 가하여 의무의 이행이 있었던 것과 같은 상태를 실현하는 작용으로 실효성(의무이행) 확보를 위한 **최후의 수단**이다.

2076. (X) **신체**와 같이 **비대체적 작위의무**는 대집행의 대상이 될 수 **없다**.

2077. (X) 집행벌(이행강제금 부과)은 **의무이행**을 위한 강제집행이라는 점에서 **의무위반**에 대한 제제로써 과하는 경찰벌과 구별되며, 집행벌은 경찰벌과 **병과해서 행할 수 있다**.

2078. (O) 집행벌(이행강제금 부과, 금전벌)은 의무이행될 때까지 **반복적으로 부과하는 것도 가능**하다.

2079 ☐☐☐☐ 16 승진, 14 간부

집행벌이란 대체적 작위의무의 불이행이 있는 경우에 그 의무의 이행을 직접적으로 강제하기 위하여 과하는 금전벌을 말한다. ⓄⓍ

2080 ☐☐☐☐ 11 승진

집행벌(이행 강제금)은 경찰법상의 부작위의무 또는 비대체적 작위의무의 불이행이 있는 경우 그 의무의 이행을 간접적으로 강제하기 위하여 과하는 금전벌을 말하며, 간접적·심리적 강제수단이다. ⓄⓍ

2081 ☐☐☐☐ 22 간부

형사처벌과 이행강제금을 병과하는 것은 헌법상의 이중처벌금지의 원칙에 위반된다. ⓄⓍ

2082 ☐☐☐☐ 22 경채

이행강제금의 부과는 의무자가 행정상 의무를 이행하지 아니하는 경우 행정청이 적절한 이행기간을 부여하고, 그 기한까지 행정상 의무를 이행하지 아니하면 금전급부의무를 부과하는 것이다. ⓄⓍ

2083 ☐☐☐☐ 24 채용

행정청은 의무자가 행정상 의무를 이행할 때까지 이행강제금을 반복하여 부과할 수 있으나, 의무자가 의무를 이행하면 이미 부과한 이행강제금을 징수하여서는 안 된다. ⓄⓍ

2084 ☐☐☐☐ 24 채용

직접강제는 행정대집행이나 이행강제금 부과로는 행정상 의무이행을 확보할 수 없거나 그 실현이 불가능한 경우에 실시하여야 한다. ⓄⓍ

3 경찰상 즉시강제

2085 ☐☐☐☐ 21 승진

해산명령 불이행에 따른 해산조치, 불법영업소의 폐쇄조치, 감염병 환자의 즉각적인 강제격리는 모두 즉시강제에 해당한다. ⓄⓍ

정답과 해설

2079. (X) 집행벌이란 부작위의무 또는 대체적·비대체적 작위의무의 불이행이 있는 경우에 그 의무의 이행을 **간접적(직접적 X)** 으로 강제하기 위하여 과하는 금전벌을 말한다.

2080. (O)

2081. (X) 이행강제금은 행정상 강제집행의 수단으로 장래를 향한 의무이행을 확보하기 위한 것인데 반해 형사처벌은 과거의 위반에 대한 제재를 주된 목적으로 한다. 따라서 양자병과 될 수 있으며, 헌법상 **이중처벌 금지의 원칙에 위반되지 않는다.**

2082. (O)

2083. (X) ~~의무자가 의무를 이행하면 새로운 이행강제금의 부과를 즉시 중지하되, **이미 부과한 이행강제금은 징수하여야 한다**(행정기본법 제31조 제5항 단서).

2084. (O) 동법 제32조 제1항

2085. (X) 해산명령 불이행에 따른 해산조치, 불법영업소의 폐쇄조치는 **직접강제**이고, 감염병 환자의 즉각적인 강제격리는 **즉시강제**에 해당한다.

2086 ☐☐☐☐ 20 채용
경찰상 즉시강제는 권력적 사실행위인 처분이기 때문에 행정쟁송이 가능하다. (O|X)

2087 ☐☐☐☐ 20 채용
즉시강제의 절차적 한계에 있어서 영장주의의 적용 여부에 대하여 영장필요설이 통설과 판례이다. (O|X)

2088 ☐☐☐☐ 20 채용
경찰상 즉시강제 시 필요 이상으로 실력을 행사하여 경찰책임자 이외의 자에게 유형력을 행사하는 것은 위법이 된다. (O|X)

2089 ☐☐☐☐ 20 채용
적법한 즉시강제에 대한 구제로 손실보상을 청구할 수 있으며, 일정한 요건하에서 「형법」상 위법성조각사유에 해당하는 긴급피난도 가능하다. (O|X)

2090 ☐☐☐☐ 22 채용
작위의무를 부과한 행정처분의 법적 근거가 있다면 행정대집행은 별도의 법적 근거를 요하지 아니하며, 즉시강제는 법률의 근거가 없더라도 일반긴급권에 기초하여 행사할 수 있다. (O|X)

2091 ☐☐☐☐ 22 간부
즉시강제는 경찰상의 이행을 확보하기 위한 가장 효과적인 수단이며, 공공의 안녕 또는 질서에 대한 급박한 위해가 존재하는 경우에는 국가는 그 위해를 제거하여 공공의 안녕과 질서를 유지할 자연법적 권리와 의무를 가지므로, 특별한 법률적 근거가 없다 하더라도 경찰상의 즉시강제가 가능하다. (O|X)

2092 ☐☐☐☐ 25 채용, 22 경채
즉시강제는 현재의 급박한 행정상의 장해를 제거하기 위하여 행정청이 미리 행정상 의무 이행을 명할 시간적 여유가 없는 경우 또는 그 성질상 행정상 의무의 이행을 명하는 것만으로는 행정목적 달성이 곤란한 경우에 행정청이 곧바로 국민의 신체 또는 재산에 실력을 행사하여 행정목적을 달성하는 것이다. (O|X)

정답과 해설

2086. (O) 경찰상 즉시강제는 **권력적 사실행위(법률행위 X)**인 처분이기 때문에 **행정쟁송이 가능**하다.
2087. (X) 헌법상 영장제도는 권력의 억제와 기본권 보장을 목적으로 하므로 경찰상 즉시강제에도 기본적으로 적용되나, 행정목적의 달성을 위하여 불가피하다고 인정할 만한 합리적 이유가 있는 경우에 한하여 영장제도에 대한 예외 인정이 가능하다는 **절충설(영장필요설 X)**이 통설과 판례이다.
2088. (O) 경찰상 즉시강제 시 필요 이상으로 실력을 행사하여 경찰책임자 이외의 자에게 유형력을 행사하는 것은 **비례의 원칙 위반으로 위법**이 된다.
2089. (O) **적법**한 즉시강제에 대한 구제로 **손실보상(손해배상 X)**을 청구할 수 있으며, 일정한 요건하에서 형법상 위법성조각사유에 해당하는 긴급피난도 가능하다.
2090. (X) 즉시강제는 **엄격한 법령등의 근거가 있어야 하며,** 법령등의 수권이 있는 경우에도 당해 법령등의 내용에 적합하도록 하여야 한다. 행정대집행은 행정의무의 이행확보에 관하여서는 따로 법률로써 정하는 것을 제외하고는 행정대집행법의 정하는 바에 의한다(행정대집행법 제1조).
2091. (X) 즉시강제는 기본권 침해의 소지가 큰 권력작용이므로, 엄격한 법령등의 근거가 있어야 하며, **법령등의 수권이 있는 경우에도 당해 법령등의 내용에 적합하도록** 하여야 한다.
2092. (O)

2093 ☐☐☐☐ 22·23 채용

행정상 즉시강제에 해당하는 것을 모두 고르시오. (다툼이 있는 경우 판례에 의함) (   )

> ㉠ 「경찰관 직무집행법」 제6조 범죄의 예방을 위한 제지
> ㉡ 「경찰관 직무집행법」 제4조 제1항 제1호에서 규정하는 술에 취한 상태로 인하여 자기 또는 타인의 생명·신체와 재산에 위해를 미칠 우려가 있는 피구호자에 대한 보호조치
> ㉢ 「행정대집행법」 제2조 대집행
> ㉣ 「국세징수법」 제24조 강제징수

2094 ☐☐☐☐ 22 채용

「경찰관 직무집행법」상 즉시강제에 해당하는 것은? (다툼이 있는 경우 판례에 의함)

> ㉠ 주택가에서 흉기를 들고 난동을 부리며 경찰관의 중지명령에 항거하는 사람에 대해 전자충격기를 사용하여 강제로 제압하는 것 [O|X]
> ㉡ 음주운전 등 교통법규 위반자에 대해 운전면허를 취소하는 것 [O|X]
> ㉢ 불법집회로 인한 공공시설의 안전에 대한 위해를 억제하기 위해 최루탄을 사용하는 것 [O|X]
> ㉣ 위험물의 폭발로 인해 매우 긴급한 경우에 위해를 입을 우려가 있는 사람을 억류하거나 피난시키는 것 [O|X]
> ㉤ 지정된 기한까지 체납액을 완납하지 않은 국세체납자의 재산을 압류하는 것 [O|X]
> ㉥ 무허가건물의 철거 명령을 받고도 이를 불이행하는 사람의 불법건축물을 철거하는 것 [O|X]

정답과 해설

2093. ㉠ 「경찰관 직무집행법」 제6조 "경찰관은 범죄행위가 목전에 행하여지려고 하고 있다고 인정될 때에는 이를 예방하기 위하여 관계인에게 필요한 경고를 하고, 그 행위로 인하여 사람의 생명·신체에 위해를 끼치거나 재산에 중대한 손해를 끼칠 우려가 있는 긴급한 경우에는 그 행위를 제지할 수 있다" 규정은 **행정상 즉시강제(강제집행 X)**에 해당한다.

㉡ **「경찰관 직무집행법」 제4조 제1항 제1호**에서 규정하는 술에 취한 상태로 인하여 자기 또는 타인의 생명·신체와 재산에 위해를 미칠 우려가 있는 피구호자에 대한 보호조치는 **행정상 즉시강제(강제집행 X)**에 해당한다.

㉢㉣은 강제집행에 해당한다.

2094. ㉠ (O) 경찰관 직무집행법상 즉시강제에 해당한다.
㉡ (X) **행정처분(철회)**에 해당한다.   ㉢ (O) 경찰관 직무집행법상 즉시강제에 해당한다.
㉣ (O) 경찰관 직무집행법상 즉시강제에 해당한다.   ㉤ (X) **강제집행(강제징수)**에 해당한다.
㉥ (X) **강제집행(대집행)**에 해당한다.

4. 경찰상 강제집행과 즉시강제 비교

2095 ☐☐☐☐ 21 간부
강제집행과 즉시강제는 선행의무 불이행을 전제하지 않는다. (O|X)

2096 ☐☐☐☐ 21 채용
경찰상 강제집행은 경찰하명에 의한 의무의 존재 및 그 불이행을 전제로 한다는 점에서 의무 불이행을 전제로 하지 않는 경찰상 즉시강제와 구별된다. (O|X)

5. 경찰벌(행정벌)

2097 ☐☐☐☐ 14 간부
경찰벌에는 경찰형벌과 경찰질서벌이 있는 바, 전자는 사형, 징역, 금고, 자격상실, 자격정지, 벌금, 구류, 과료, 몰수 등이 있으며, 후자는 과태료가 있다. (O|X)

2098 ☐☐☐☐ 09 간부
경찰형벌은 의무위반에 대하여 형벌을 가하는 경찰벌로서 「경찰관 직무집행법」이 적용되며, 그 과벌절차는 「비송사건절차법」이 적용된다. (O|X)

2099 ☐☐☐☐ 09·14 간부
경찰벌과 징계벌은 양자가 일반통치권과 특별행정법관계 등의 권력기초가 다르므로 일사부재리의 원칙상 양자를 병과해서는 안 된다. (O|X)

정답과 해설

2095. (X) 경찰상 **강제집행**은 **의무의 존재 및 그 불이행을 전제**로 한다는 점에서 이를 전제로 하지 아니하고 급박한 경우에 행하여지는 경찰상 **즉시강제**와 구별된다.

2096. (O) 경찰상 **강제집행**은 경찰하명에 의한 **의무의 존재 및 그 불이행을 전제로 한다는 점에서 의무 불이행을 전제로 하지 않는** 경찰상 즉시강제와 구별된다.

2097. (O) 경찰벌에는 경찰형벌과 경찰질서벌이 있는 바, **경찰형벌**은 사형, 징역, 금고, 자격상실, 자격정지, 벌금, 구류, 과료, 몰수 등이 있으며, **경찰질서벌**은 **과태료(과료 X)**가 있다.

2098. (X) 경찰형벌에 관하여는 원칙적으로 **형법 총칙의 규정이 적용**되며, 개별법에 특별한 규정이 있는 경우에는 그에 따른다. 또한 경찰형벌은 원칙적으로 형사소송법에 의한 절차를 따르되 예외적으로 즉결심판절차 또는 통고처분절차에 의해서 과하여지는 경우도 있다.

2099. (X) 경찰벌과 징계벌은 권력의 기초, 목적, 내용, 대상 등에서 서로 다르므로 **양자를 병과할 수 있으며**, 병과하여도 **일사부재리의 원칙에 저촉되지 않는다.**

THEME 11 질서위반행위규제법_S급

2100 ☐☐☐☐ 17·24 채용, 24 승진
질서위반행위의 성립과 과태료 처분은 처분 시의 법률에 따른다. (O | X)

2101 ☐☐☐☐ 24 승진
질서위반행위 후 법률이 변경되어 그 행위가 질서위반행위에 해당하지 아니하게 되거나 과태료가 변경되기 전의 법률보다 가볍게 된 때에는 법률에 특별한 규정이 없는 한 변경된 법률을 적용한다. (O | X)

2102 ☐☐☐☐ 22·25 채용, 22 경채
행정청의 과태료 처분이나 법원의 과태료 재판이 확정된 후 법률이 변경되어 그 행위가 질서위반행위에 해당하지 아니하게 된 때에는 변경된 법률에 특별한 규정이 없는 한 과태료를 감경한다. (O | X)

2103 ☐☐☐☐ 24 채용, 24 승진
질서위반행위규제법은 대한민국 영역 안에서 질서위반행위를 한 자에게 적용하지만, 대한민국 영역 밖에 있는 대한민국의 선박 또는 항공기 안에서 질서위반행위를 한 외국인에게는 적용하지 아니한다. (O | X)

2104 ☐☐☐☐ 23 채용
질서위반행위에 대하여 과태료 부과의 근거 법률이 개정되어 행위 시의 법률에 의하면 과태료 부과대상이었지만 재판 시의 법률에 의하면 과태료 부과대상이 아니게 된 때에는 개정 법률의 부칙에서 종전 법률 시행 당시에 행해진 질서위반행위에 대해서는 행위 시의 법률을 적용하도록 특별한 규정을 두지 않은 이상 재판 시의 법률을 적용하여야 하므로 과태료를 부과할 수 없다. (O | X)

2105 ☐☐☐☐ 24 채용, 22 경채
법률에 규정되지 않은 행위는 질서위반행위의 과태료 대상이 될 수 없다. (O | X)

정답과 해설

2100. (X) 질서위반행위의 성립과 과태료 처분은 **행위 시(처분 시 X)**의 법률에 따른다(질서위반행위규제법 제3조 제1항).

2101. (O) 동법 제3조 제2항

2102. (X) 행정청의 과태료 처분이나 법원의 과태료 재판이 확정된 후 법률이 변경되어 그 행위가 질서위반행위에 해당하지 아니하게 된 때에는 변경된 법률에 특별한 규정이 없는 한 과태료의 **징수 또는 집행을 면제한다**(동법 제3조 제3항).

2103. (X) ~~ 대한민국 영역 밖에 있는 대한민국의 선박 또는 항공기 안에서 질서위반행위를 한 외국인에게 **적용한다(적용하지 아니한다 X)**(동법 제4조 제1항, 제3항). 이 법은 대한민국 영역 밖에서 질서위반행위를 한 대한민국의 국민에게 **적용한다**(동법 제4조 제2항).

2104. (O) 대판 2016마1626

2105. (O) **법률에 따르지 아니하고는** 어떤 행위도 질서위반행위로 **과태료를 부과하지 아니한다**(동법 제6조).

2106 ☐☐☐☐ 17·18·22·23 채용, 19 승진
고의 또는 과실이 없는 질서위반행위에도 과태료를 부과한다. (O|X)

2107 ☐☐☐☐ 22·25 채용
자신의 행위가 위법하지 아니한 것으로 오인하고 행한 질서 위반행위는 그 오인에 정당한 이유가 있는 때에도 과태료를 부과한다. (O|X)

2108 ☐☐☐☐ 18 채용, 21 승진
18세가 되지 아니한 자의 질서위반행위는 과태료를 부과하지 아니한다. 다만, 다른 법률에 특별한 규정이 있는 경우에는 그러하지 아니하다. (O|X)

2109 ☐☐☐☐ 24 채용, 21 간부, 22 경채
심신장애로 인하여 행위의 옳고 그름을 판단할 능력이 없거나 그 판단에 따른 행위를 할 능력이 없는 자의 질서위반행위는 과태료를 부과하지 아니한다. (O|X)

2110 ☐☐☐☐ 17 채용, 21 간부
2 이상이 질서위반행위에 가담한 때에는 각자가 질서위반행위를 한 것으로 본다. 또한 신분에 의하여 성립하는 질서위반행위에 신분이 없는 자가 가담한 때에는 신분이 없는 자에 대하여도 질서위반행위가 성립한다. (O|X)

2111 ☐☐☐☐ 21 간부
하나의 행위가 2 이상의 질서위반행위에 해당하는 경우에는 각 질서위반행위에 대하여 정한 과태료 중 가장 중한 과태료를 부과한다. (O|X)

정답과 해설

2106. (X) 고의 또는 과실이 없는 질서위반행위는 과태료를 **부과하지 아니한다**(질서위반행위규제법 제7조).

2107. (X) 자신의 행위가 위법하지 아니한 것으로 오인하고 행한 질서위반행위는 그 오인에 정당한 이유가 있는 때에 한하여 **과태료를 부과하지 아니한다**(동법 제8조).

2108. (X) **14세**가 되지 아니한 자의 질서위반행위는 과태료를 부과하지 아니한다. 다만, 다른 법률에 특별한 규정이 있는 경우에는 그러하지 아니하다(동법 제9조).

2109. (O) ① 심신(心神)장애로 인하여 행위의 옳고 그름을 판단할 능력이 없거나 그 판단에 따른 행위를 할 능력이 없는 자의 질서위반행위는 **과태료를 부과하지 아니한다**. ② 심신장애로 인하여 제1항에 따른 **능력이 미약한 자**의 질서위반행위는 과태료를 감경한다. ③ 스스로 심신장애 상태를 일으켜 질서위반행위를 한 자에 대하여는 제1항 및 제2항을 **적용하지 아니한다**(= 부과한다)(동법 제10조).

2110. (O) 2인 이상이 질서위반행위에 가담한 때에는 각자가 질서위반행위를 한 것으로 본다. 또한 신분에 의하여 성립하는 질서위반행위에 신분이 없는 자가 가담한 때에는 **신분이 없는 자에 대하여도 질서위반행위가 성립한다**(성립하지 않는다 X)(동법 제12조 제1항 제2항).

2111. (O) 하나의 행위가 2 이상의 질서위반행위에 해당하는 경우에는 각 질서위반행위에 대하여 정한 과태료 중 **가장 중한 과태료를 부과한다**(동법 제13조 제1항).

2112 ☐☐☐☐ 17·18·22 채용, 19·21 승진, 21 간부

과태료는 행정청의 과태료 부과처분이나 법원의 과태료 재판이 확정된 후 ( )년간 징수하지 아니하거나 집행하지 아니하면 시효로 인하여 소멸한다.

2113 ☐☐☐☐ 18·25 채용, 19 승진

행정청이 질서위반행위에 대하여 과태료를 부과하고자 하는 때에는 미리 당사자에게 대통령령으로 정하는 사항을 통지하고, 10일 이상의 기간을 정하여 의견을 제출할 기회를 주어야 한다. 이 경우 지정된 기일까지 의견 제출이 없는 경우에는 의견이 없는 것으로 본다. (O|X)

2114 ☐☐☐☐ 23 채용

행정청은 법 제16조 제2항에 따라 당사자가 제출한 의견에 상당한 이유가 있는 경우에는 과태료를 부과하지 아니하거나 통지한 내용을 변경할 수 있다. (O|X)

2115 ☐☐☐☐ 23 채용

당사자가 법 제18조 제1항에 따라 감경된 과태료를 납부한 경우에는 해당 질서위반행위에 대한 과태료 부과 및 징수절차는 종료한다. (O|X)

2116 ☐☐☐☐ 25 채용, 19 승진

행정청의 과태료 부과에 불복하는 당사자는 과태료 부과 통지를 받은 날로부터 60일 이내에 해당 행정청에 서면으로 이의제기를 할 수 있다. (O|X)

2117 ☐☐☐☐ 23 채용

법 제20조 제1항에 따른 이의제기가 있는 경우에는 행정청의 과태료 부과처분은 그 효력을 상실하지 않는다. (O|X)

정답과 해설

2112. 과태료는 행정청의 과태료 부과처분이나 법원의 과태료 재판이 확정된 후 (5)년간 징수하지 아니하거나 집행하지 아니하면 시효로 인하여 소멸한다(질서위반행위규제법 제15조 제1항).

2113. (O) 행정청이 질서위반행위에 대하여 과태료를 부과하고자 하는 때에는 미리 당사자에게 대통령령으로 정하는 사항을 통지하고, **10일 이상**의 기간을 정하여 의견을 제출할 **기회를 주어야 한다**(기회를 줄 수 있다 X). 이 경우 지정된 기일까지 의견 제출이 없는 경우에는 의견이 없는 것으로 본다(동법 제16조 제1항).

2114 (O) 동법 제16조 제3항

2115 (O) 동법 제18조 제2항

2116. (O) 행정청의 과태료 부과에 불복하는 당사자는 과태료 부과 통지를 받은 날로부터 **60일 이내**에 **해당 행정청**(상급행정청 X)에 서면으로 이의제기를 할 수 있다(동법 제20조 제1항).

2117 (X) 법 제20조 제1항에 따른 이의제기가 있는 경우에는 행정청의 과태료 부과처분은 그 효력을 **상실한다**(상실하지 않는다 X)(동법 제20조 제2항).

2118 ☐☐☐☐ 21 승진

동법 제19조 제1항에 따라 행정청은 질서위반행위가 종료된 날부터 (　)년이 경과한 경우에는 해당 질서위반행위에 대하여 과태료를 부과할 수 없다.

2119 ☐☐☐☐ 23 채용

행정청은 당사자가 납부기한까지 과태료를 납부하지 아니한 때에는 납부기한을 경과한 날부터 체납된 과태료에 대하여 100분의 3에 상당하는 가산금을 징수한다. O|X

2120 ☐☐☐☐ 21 승진, 22 경채

행정청은 당사자가 동법 제24조의3 제1항 각 호의 어느 하나에 해당하여 과태료(체납된 과태료와 가산금, 중가산금 및 체납처분비를 포함한다)를 납부하기가 곤란하다고 인정되면 (　)년의 범위에서 대통령령으로 정하는 바에 따라 과태료의 분할납부나 납부기일의 연기를 결정할 수 있다.

2121 ☐☐☐☐ 21 승진

행정청은 과태료의 분할납부나 납부기일의 연기(이하 "징수유예등"이라 한다)를 결정 하는 경우 그 기간을 그 징수유예등을 결정한 날의 다음 날부터 (　)개월 이내로 하여야 한다.

정답과 해설

2118. 동법 제19조 제1항에 따라 행정청은 질서위반행위가 종료된 날부터 (5)년이 경과한 경우에는 해당 질서위반행위에 대하여 과태료를 부과할 수 없다(동법 제19조 제1항).

2119. (O) 동법 제24조 제1항

2120. 행정청은 당사자가 동법 제24조의3 제1항 각 호의 어느 하나에 해당하여 과태료(체납된 과태료와 가산금, 중가산금 및 체납처분비를 포함한다)를 납부하기가 곤란하다고 인정되면 (1)년의 범위에서 대통령령으로 정하는 바에 따라 과태료의 분할납부나 납부기일의 연기를 결정할 수 있다(동법 제24조의3 제1항).

2121. 행정청은 과태료의 분할납부나 납부기일의 연기(이하 "징수유예등"이라 한다)를 결정하는 경우 그 기간을 그 징수유예등을 결정한 날의 다음 날부터 (9)개월 이내로 하여야 한다(동법 시행령 제7조의2 제1항).

경찰(행정)작용에 대한 구제

사전적 구제제도(행정절차법)_S급

2122 ☐☐☐☐ 25 채용
행정절차법은 행정절차에 관한 공통적인 사항을 규정하여 국민의 행정 참여를 도모함으로써 행정의 공정성·투명성 및 신뢰성을 확보하고 국민의 권익을 보호함을 목적으로 한다. (O|X)

2123 ☐☐☐☐ 12 간부
행정절차법상 처분절차, 행정예고절차, 확약절차, 행정계획절차, 신고절차, 위반사실 등 공표절차, 행정상 입법예고, 행정조사절차를 규정하고 있다. (O|X)

2124 ☐☐☐☐ 25 채용
행정청의 관할이 분명하지 아니한 경우에는 해당 행정청을 공통으로 감독하는 상급 행정청이 그 관할을 결정하며, 공통으로 감독하는 상급 행정청이 없는 경우에는 각 상급 행정청이 협의하여 그 관할을 결정한다. (O|X)

2125 ☐☐☐☐ 24 채용
행정청은 다른 행정청의 응원을 받아 처리하는 것이 보다 능률적이고 경제적인 경우 다른 행정청에 행정응원을 요청할 수 있다. (O|X)

2126 ☐☐☐☐ 24 채용
행정응원을 요청받은 행정청은 행정응원으로 인하여 고유의 직무 수행이 현저히 지장받을 것으로 인정되는 명백한 이유가 있는 경우에는 응원을 거부할 수 있다. (O|X)

2127 ☐☐☐☐ 24 채용
행정응원을 위하여 파견된 직원은 다른 법령 등에 특별한 규정이 있는 경우를 제외하고는 원 소속 행정청의 지휘·감독을 받는다. (O|X)

정답과 해설

2122. (O) 행정절차법 제1조
2123. (X) 처분, 신고, 확약, 위반사실 등의 공표, 행정계획, 행정상 입법예고, 행정예고 및 **행정지도(행정조사 X)**의 절차에 관하여 다른 법률에 특별한 규정이 있는 경우를 제외하고는 이 법에서 정하는 바에 따른다(동법 제3조 제1항).
2124. (O) 동법 제6조 제2항
2125. (O) 동법 제8조 제1항 제5호
2126. (O) 동법 제8조 제2항 제2호
2127. (X) 행정응원을 위하여 파견된 직원은 응원을 요청한 **행정청(원 소속 행정청 X)**의 지휘·감독을 받는다(동법 제8조 제5항).

2128 ☐☐☐☐ 24 채용

행정응원에 드는 비용은 응원을 요청한 행정청이 부담하며, 그 부담금액 및 부담방법은 응원을 요청한 행정청과 응원을 하는 행정청이 협의하여 결정한다. O|X

2129 ☐☐☐☐ 25 채용

송달은 우편 또는 정보통신망을 이용한 방법으로만 하되, 송달받을 자의 주소·거소·영업소·사무소 또는 전자우편주소로 한다. O|X

2130 ☐☐☐☐ 24 채용

행정청에 처분을 구하는 신청은 구두 또는 문서로 하여야 한다. 다만, 다른 법령등에 특별한 규정이 있는 경우와 행정청이 미리 다른 방법을 정한 경우에는 그러하지 아니하다. O|X

2131 ☐☐☐☐ 09 승진

행정청은 처분을 구하는 신청이 있는 때에는 다른 법령에 특별한 규정이 있는 경우에 한하여 접수를 보류하거나 거부할 수 있다. O|X

2131-1 ☐☐☐☐ 25 채용

행정청은 신청에 구비서류의 미비 등 흠이 있는 경우에는 보완에 필요한 상당한 기간을 정하여 지체 없이 신청인에게 보완을 요구하여야 한다. O|X

2132 ☐☐☐☐ 24 채용

행정청이 정당한 처리기간 내에 처리하지 아니하였을 때에도 신청인은 해당 행정청 또는 그 감독 행정청에 신속한 처리를 요청할 수 없다. O|X

2133 ☐☐☐☐ 25 채용

행정청은 당사자에게 의무를 부과하거나 권익을 제한하는 처분을 하는 경우에는 미리 당사자등에게 통지하여야 한다. 다만, 공공의 안전 또는 복리를 위하여 긴급히 처분을 할 필요가 있는 경우에는 통지하지 아니할 수 있다. O|X

정답과 해설

2128. (O) 행정응원에 드는 비용은 응원을 **요청한(하는 X)** 행정청이 부담하며, 그 부담금액 및 부담방법은 **요청한 행정청과 응원을 하는 행정청이 협의하여** 결정한다(동법 제8조 제6항).

2129. (X) 송달은 **우편, 교부 또는 정보통신망 이용 등**의 방법으로 하되, 송달받을 자(대표자 또는 대리인을 포함한다)의 주소·거소(居所)·영업소·사무소 또는 전자우편주소(이하 "주소등"이라 한다)로 한다. 다만, 송달받을 자가 동의하는 경우에는 그를 만나는 장소에서 송달할 수 있다(동법 제14조 제1항).

2130. (X) 행정청에 처분을 구하는 신청은 **문서(구두 또는 문서 X)**로 하여야 한다. 다만, 다른 법령등에 특별한 규정이 있는 경우와 행정청이 미리 다른 방법을 정하여 공시한 경우에는 그러하지 아니하다(동법 제17조 제1항).

2131. (O) 행정청은 신청을 받았을 때에는 다른 법령등에 특별한 규정이 있는 경우를 **제외하고는** 그 접수를 보류 또는 거부하거나 부당하게 **되돌려 보내서는 아니 되며**, 신청을 접수한 경우에는 신청인에게 접수증을 **주어야 한다**(동법 제17조 제4항).

2131-1. (O) 동법 제17조 제5항

2132. (X) 행정청이 정당한 처리기간 내에 처리하지 아니하였을 때에는 신청인은 해당 행정청 또는 그 감독 행정청에 신속한 처리를 요청할 수 **있다(없다 X)**(동법 제19조 제4항).

2133. (O) 동법 제21조 제1항, 제4항 제1호

2134 ☐☐☐☐ 19 승진
행정청은 청문을 하려면 청문이 시작되는 날부터 10일 전까지 처분의 제목 등 일정한 사항을 당사자등에게 통지하여야 한다. (O│X)

2135 ☐☐☐☐ 24 채용
의견제출기한에 따른 기한은 의견제출에 필요한 기간을 10일 이상으로 고려하여 정하여야 한다. (O│X)

2136 ☐☐☐☐ 23·24 채용, 09·19 승진
행정청이 처분을 할 때 청문을 하여야 하는 경우는 다른 법령등에서 청문을 하도록 규정하고 있는 경우, 행정청이 필요하다고 인정하는 경우, 인허가 등의 취소, 신분·자격의 박탈, 법인이나 조합 등의 설립허가의 취소의 처분을 하는 경우이다. (O│X)

2137 ☐☐☐☐ 18 간부
행정청이 당사자에게 의무를 부과하거나 권익을 제한하는 처분을 할 때, 청문을 실시하거나 공청회를 개최하는 경우 외에는 당사자 등에게 의견제출의 기회를 주어야 한다. (O│X)

2137-1 ☐☐☐☐ 25 채용
행정청은 청문·공청회 또는 의견제출을 거쳤을 때에는 신속히 처분하여 해당 처분이 지연되지 아니하도록 하여야 한다. (O│X)

2137-2 ☐☐☐☐ 25 채용
행정청은 처분 후 2년 이내에 당사자등이 요청하는 경우에는 청문·공청회 또는 의견제출을 위하여 제출받은 서류나 그 밖의 물건을 반환할 수 있다. (O│X)

2138 ☐☐☐☐ 25 채용
행정청이 처분을 할 때에는 다른 법령등에 특별한 규정이 있는 경우를 제외하고는 문서로 하여야 하며, 당사자등의 동의가 있거나 당사자가 전자문서로 처분을 신청한 경우에는 전자문서로 할 수 있다. (O│X)

2139 ☐☐☐☐ 18 간부
당사자 등은 처분 전에 그 처분의 관할행정청에 서면이나 말로 또는 정보통신망을 이용하여 의견제출을 할 수 있다. (O│X)

정답과 해설

2134. (O) 행정절차법 제21조 제2항
2135. (O) 동법 제21조 제3항
2136. (O) 행정청이 인허가 등의 취소처분을 하는 경우 **청문(공청회 X)**을 개최한다(동법 제22조 제1항).
2137. (O) 동법 제22조 제3항
2137-1. (O) 동법 제22조 제5항
2137-2. (X) 행정청은 처분 후 **1년** 이내에 당사자등이 요청하는 경우에는 청문·공청회 또는 의견제출을 위하여 제출받은 서류나 그 밖의 물건을 반환하여야 한다(동법 제22조 제6항).
2138. (O) 동법 제24조 제1항
2139. (O) 동법 제27조 제1항

2140 ☐☐☐☐ 18 간부
행정청은 청문이 시작되는 날부터 10일 전까지 청문 주재자에게 청문과 관련된 필요한 자료를 미리 통지하여야 한다. O|X

2141 ☐☐☐☐ 09 승진
의견제출을 위하여 당사자 등은 행정절차법에 의하여 당해 사안의 조사결과에 관한 문서 기타 당해 처분과 관련되는 문서의 열람 또는 복사를 요청할 수 있다. O|X

2142 ☐☐☐☐ 18 간부
청문 절차시 당사자 등으로부터 문서의 열람 또는 복사의 요청이 있는 경우, 행정청은 다른 법령에 따라 공개가 제한되는 경우를 제외하고는 이를 거부할 수 없다. O|X

2143 ☐☐☐☐ 09 승진
문서의 열람 또는 복사의 요청이 있는 경우 행정청은 공익을 이유로 이를 거부할 수 있다. O|X

2144 ☐☐☐☐ 19 채용, 23 승진
행정지도란 행정기관이 그 소관 사무의 범위에서 일정한 행정목적을 실현하기 위하여 특정인에게 일정한 행위를 하거나 하지 아니하도록 지도, 권고, 조언 등을 하는 행정작용을 말한다. O|X

2145 ☐☐☐☐ 19·22 채용, 15·19 승진
행정지도는 그 목적 달성에 필요한 최소한도에 그쳐야 하며, 행정지도의 상대방의 의사에 반하여 부당하게 강요하여서는 아니 된다. O|X

2146 ☐☐☐☐ 22 채용, 15 승진
행정기관은 행정지도의 상대방이 행정지도에 따르지 아니하였다는 것을 이유로 불이익한 조치를 하여서는 아니 된다. O|X

정답과 해설

2140. (X) 행정청은 청문이 시작되는 날부터 **7일** 전까지 청문 주재자에게 청문과 관련한 필요한 자료를 미리 통지하여야 한다(행정절차법 제28조 제3항).

2141. (O) 당사자등은 **의견제출의 경우**에는 처분의 사전 통지가 있는 날부터 의견제출기한까지, **청문의 경우**에는 청문의 통지가 있는 날부터 청문이 끝날 때까지 행정청에 해당 사안의 조사결과에 관한 문서와 그 밖에 해당 처분과 관련되는 문서의 열람 또는 복사를 요청할 수 있다. 이 경우 행정청은 다른 법령에 따라 공개가 제한되는 경우를 제외하고는 그 요청을 거부할 수 없다(동법 제37조 제1항).

2142. (O) 동법 제37조 제1항

2143. (X) 문서의 열람 또는 복사를 요청한 경우 행정청은 **다른 법령에 따라 공개가 제한되는 경우를 제외하고는 그 요청을 거부할 수 없다**(동법 제37조 제1항 후단).

2144. (O) **행정지도란** 행정기관이 그 소관 사무의 범위에서 일정한 행정목적을 실현하기 위하여 특정인에게 일정한 행위를 하거나 하지 아니하도록 지도, 권고, 조언 등을 하는 **행정작용(국민에게 임의적인 협력을 요청하는 비권력적 사실행위 O, 권력적 사실행위 X)**을 말한다(동법 제2조 제3호).

2145. (O) 행정지도는 그 목적 달성에 필요한 최소한도에 그쳐야 하며(**과잉금지 원칙**), 행정지도의 상대방의 의사에 반하여 부당하게 강요하여서는 아니 된다(**임의성 원칙**)(동법 제48조).

2146. (O) 행정기관은 행정지도의 상대방이 행정지도에 따르지 아니하였다는 것을 이유로 불이익한 조치를 하여서는 아니 된다(**불이익조치금지 원칙**)(동법 제48조 제2항).

2147 ☐☐☐☐ 22 채용, 15·19 승진

행정지도가 말로 이루어지는 경우에 상대방이 행정지도의 취지 및 내용과 신분의 사항을 적은 서면의 교부를 요구하면 그 행정지도를 하는 자는 직무 수행에 특별한 지장이 없으면 이를 교부하여야 한다. (O|X)

2148 ☐☐☐☐ 19·22 채용, 15·19 승진

행정지도의 상대방은 해당 행정지도의 방식·내용 등에 관하여 행정기관에 의견제출을 할 수 없다. (O|X)

2149 ☐☐☐☐ 19 채용

행정지도는 반드시 문서의 형식으로 하여야만 한다. (O|X)

2 사후적 구제제도 _S급

2-1 손해배상(국가배상법)

2150 ☐☐☐☐ 22 채용

일반적으로 공무원이 직무를 집행함에 있어서 법령에 대한 해석이 그 문언 자체만으로는 명백하지 아니하여 여러 견해가 있을 수 있는 데다가 이에 대한 선례나 학설, 판례 등도 귀일된 바 없어 이의(異義)가 없을 수 없는 경우, 관계 국가공무원이 그 나름대로 신중을 다하여 합리적인 근거를 찾아 그 중 어느 한 견해를 따라 내린 해석이 후에 대법원이 내린 입장과 같지 않아 결과적으로 잘못된 해석에 돌아가고, 이에 따른 처리가 역시 결과적으로 위법하게 되어 그 법령의 부당집행이라는 결과를 가져오게 되었다고 하더라도 「국가배상법」상 공무원의 과실을 인정할 수는 없다. (O|X)

2151 ☐☐☐☐ 22 채용, 26 간부

공무원에게 부과된 직무상 의무의 내용이 사회구성원 개인의 안전과 이익을 보호하기 위하여 설정된 것이 아니고 전적으로 공공 일반의 이익을 위한 것이더라도, 공무원이 그와 같은 직무상 의무를 위반함으로 인하여 피해자가 입은 손해에 대하여는 상당인과관계가 인정되는 범위 내에서 국가가 배상책임을 진다. (O|X)

정답과 해설

2147. (O) 행정지도가 말로 이루어지는 경우에 상대방이 행정지도의 취지 및 내용과 신분의 사항을 적은 서면의 교부를 요구하면 그 행정지도를 하는 자는 직무 수행에 특별한 지장이 없으면 이를 **교부하여야 한다**(교부할 수 있다 X)(동법 제49조 제1항 제2항).

2148. (X) 행정지도의 상대방은 해당 행정지도의 방식·내용 등에 관하여 행정기관에 **의견제출을 할 수 있다**(동법 제50조).

2149. (X) 행정지도가 **말로 이루어지는 경우**에 상대방이 서면의 교부를 요구하면 그 행정지도를 하는 자는 직무 수행에 특별한 지장이 없으면 이를 교부하여야 한다(행정절차법 제49조 제2항). 즉, 행정지도는 **말 또는 서면으로 할 수 있다**.

2150. (O) 대판 2019다277126

2151. (X) 공무원에게 부과된 직무상 의무의 내용이 단순히 공공일반의 이익을 위한 것이거나 행정기관의 내부의 질서를 규율하기 위한 것이 아니라, **전적으로 또는 부수적으로 사회구성원 개인의 안전과 이익을 보호하기 위하여 설정된 것이라면**, 공무원이 그와 같은 직무상 의무를 위반함으로 인하여 피해자가 입은 손해에 대하여는 **상당인과관계가 인정되는 범위 내에서 국가나 지방자치단체가 손해배상책임을 지는 것이다**(대판 2012다11297).

2152 ☐☐☐☐ 22 채용

외국인이 피해자인 경우 국가배상청구권은 해당 국가와 상호 보증이 있을 때에만 인정되므로, 그 상호 보증은 외국의 법령, 판례 및 관례 등에 의한 발생요건을 비교하여 인정되는 것이 아니라 반드시 당사국과의 조약이 체결되어 있어야 한다. (O|X)

2153 ☐☐☐☐ 22 채용, 26 간부

국민의 생명, 신체 및 재산의 보호, 범죄의 예방·진압 및 수사, 기타 공공의 안녕과 질서유지 등의 직무를 수행하는 경찰은 「경찰관 직무집행법」, 「형사소송법」 등 관련 법령에서 부여한 여러 권한을 제반 상황에 대응하여 적절하게 행사하여 필요한 조치를 취할 수 있고, 그 권한은 일반적으로 경찰관의 전문적 판단에 기한 합리적인 재량에 위임되어 있지만, 경찰관에게 권한을 부여한 취지와 목적에 비추어 볼 때 구체적인 사정에 따라 경찰관이 그 권한을 행사하여 필요한 조치를 취하지 아니하는 것이 현저하게 불합리하다고 인정되는 경우에는 그러한 권한의 불행사는 직무상의 의무를 위반한 것이 되어 위법하게 된다. (O|X)

2154 ☐☐☐☐ 22 간부

경찰관들의 시위진압에 대항하여 시위자들이 던진 화염병에 의하여 발생한 화재로 인하여 손해를 입은 주민이 국가를 상대로 국가배상을 청구한 경우에는 국가의 배상책임이 인정되지 않는다. (O|X)

2155 ☐☐☐☐ 22 간부

시위진압 과정에서 가해공무원인 전투경찰이 특정되지 않더라도 손해배상책임이 인정된다. (O|X)

2156 ☐☐☐☐ 22 간부

전투경찰순경은 「국가배상법」 제2조 제1항 단서에 따라 손해배상청구가 제한되는 군인·군무원·경찰공무원 또는 예비군대원에 해당한다. (O|X)

2157 ☐☐☐☐ 24 채용

군인·군무원·경찰공무원 또는 예비군대원이 전투·훈련 등 직무 집행과 관련하여 전사·순직하거나 공상을 입은 경우에 본인이나 그 유족이 다른 법령에 따라 재해보상금·유족연금·상이연금 등의 보상을 지급받을 수 있을 때에도 「국가배상법」 및 「행정기본법」에 따른 손해배상을 청구할 수 있다. (O|X)

정답과 해설

2152. (X) 상호보증은 외국의 법령, 판례 및 관례 등에 의하여 발생요건을 비교하여 인정되면 충분하고 반드시 당사국과의 조약이 체결되어 있을 필요는 없으며, 당해 외국에서 구체적으로 우리나라 국민에게 국가배상청구를 인정한 사례가 없더라도 실제로 인정될 것이라고 기대할 수 있는 상태이면 충분하다(대판 2013다208388).

2153. (O) 대판 2013다20427

2154. (O) 대판 94다2480

2155. (O) 최근 과실의 객관화 경향으로 가해공무원이 특정되지 않는다 하더라도 손해의 발생상황으로 보아 그것이 공무원의 행위인 이상 과실을 인정하고 있다(대판 95다23897).

2156. (O) 전투경찰순경은 「국가배상법」 제2조 제1항 단서에 따라 손해배상청구가 제한되는 군인·군무원·경찰공무원 또는 예비군대원에 해당한다. 즉, 전투경찰순경은 이중배상이 금지되는 경찰공무원에 해당한다(대판 94다25414).

2157. (X) ~~다른 법령에 따라 재해보상금·유족연금·상이연금 등의 보상을 지급받을 수 있을 때에는 「국가배상법」 및 「민법」에 따른 손해배상을 청구할 수 없다(있다 X)(국가배상법 제2조).

2157-1 ☐☐☐☐ 25 채용

군인·군무원·경찰공무원 또는 예비군대원이 전투·훈련 등 직무 집행과 관련하여 전사·순직하거나 공상을 입은 경우, 유족이 다른 법령에 따라 재해보상금·유족연금·상이연금 등의 보상을 지급받을 수 있을 때에는 「국가배상법」 및 「민법」에 따른 손해배상 및 위자료를 청구할 수 없다. (O|X)

2158 ☐☐☐☐ 22·25 간부

경찰공무원이 전투·훈련 등 직무집행과 관련하여 순직한 경우에는 전투·훈련 또는 이에 준하는 직무집행뿐만 아니라 일반 직무집행에 관하여도 국가나 지방자치단체의 배상책임이 제한된다. (O|X)

2159 ☐☐☐☐ 07 채용, 22 간부

「국가배상법」 제5조에 따라 도로나 하천은 물론 경찰견도 영조물에 포함된다. (O|X)

2160 ☐☐☐☐ 24 간부

경찰공무원의 중과실이란 공무원에게 통상 요구되는 정도의 상당한 주의를 하지 않더라도 약간의 주의를 한다면 손쉽게 위법·위해한 결과를 예견할 수 있는 경우임에도 만연히 이를 간과한 경우와 같이, 거의 고의에 가까운 현저한 주의를 결여한 상태를 의미한다. (O|X)

2161 ☐☐☐☐ 24 간부

경찰공무원이 공무를 수행하는 과정에서 위법행위로 타인에게 손해를 가한 경우에 국가 등이 손해배상책임을 지는 것 외에 그 개인은 고의 또는 중과실이 있는 경우에는 손해배상책임을 진다고 할 것이지만, 경찰공무원이 직무를 수행함에 있어 경과실로 타인에게 손해를 입힌 경우에는 그로 인하여 발생한 손해에 대하여 경찰공무원 개인에게 배상책임을 부담시키지 아니하는 것은 공무원의 공무집행의 안정성을 확보하려는 데 있다. (O|X)

2161-1 ☐☐☐☐ 25 채용

지방자치단체가 '교통할아버지 봉사활동 계획'을 수립한 후 관할 동장으로 하여금 '교통할아버지'를 선정하게 하여 어린이 보호, 교통안내, 거리질서 확립 등의 공무를 위탁하여 집행하게 하던 중 '교통할아버지'로 선정된 노인이 위탁받은 업무 범위를 넘어 교차로 중앙에서 교통정리를 하다가 교통사고를 발생시킨 경우, 지방자치단체가 「국가배상법」 제2조 소정의 배상책임을 부담한다. (O|X)

정답과 해설

2157-1. (X) 군인·군무원·경찰공무원 또는 예비군대원이 전투·훈련 등 직무 집행과 관련하여 전사·순직하거나 공상을 입은 경우, 유족이 다른 법령에 따라 재해보상금·유족연금·상이연금 등의 보상을 지급받을 수 있을 때에는 「국가배상법」 및 「민법」에 따른 **손해배상을 청구할 수 없으나, 위자료는 청구할 수 있다**(국가배상법 제2조 제1항, 제3항).

2158. (O) 국가나 지방자치단체의 배상책임이 제한(국가배상법 및 「민법」에 따른 손해배상을 청구할 수 **없다**)된다(대판 2010다85942).

2159. (O) 대판 99다24201. **경찰차량, 경찰견, 교통신호기 등도 영조물에 포함**된다.

2160. (O) 대판 2011다34521

2161. (O) 대판 95다38677

2161-1. (O) 대판 98다39060

2162 ☐☐☐☐ 03 채용

위법한 경찰강제에 대한 구제수단으로는 손실보상, 손해배상, 행정소송, 정당방위 등이 있다. (O|X)

2163 ☐☐☐☐ 24 채용

「국가배상법」상 생명·신체에 대한 침해와 물건의 멸실·훼손으로 인한 손해 외의 손해는 불법행위와 상당한 인과관계가 있는 범위에서 배상한다. (O|X)

2164 ☐☐☐☐ 07 채용

국가배상에 대한 설명으로 영조물 하자로 인한 손해의 원인에 대하여 책임질 자가 따로 있을 때에는 국가 또는 지방자치단체는 그 자에 대하여 구상할 수 있다. (O|X)

2165 ☐☐☐☐ 07 채용

판례에 의하면 영조물의 설치·관리상 하자 책임은 공무원의 과실을 그 요건으로 한다. (O|X)

2165-1 ☐☐☐☐ 25 채용

지방자치단체장이 설치하여 관할 지방경찰청장에게 관리권한이 위임된 교통신호기의 고장으로 인하여 교통사고가 발생한 경우, 지방자치단체뿐만 아니라 경찰관들의 봉급을 부담하는 국가도 손해배상책임이 인정된다. (O|X)

2166 ☐☐☐☐ 24 간부

국민의 생명·신체·재산 등을 보호하는 것을 본래의 사명으로 하는 국가는 형식적 의미의 법령에 근거가 없다면 경찰공무원에 대하여 위험을 배제할 작위의무를 인정할 수 없으므로, 경찰공무원의 부작위를 이유로 국가배상책임을 인정할 수 없다. (O|X)

정답과 해설

2162. (X) **위법**한 경찰강제에 대한 구제수단으로 **손해배상**, **적법**한 경찰강제에 대한 구제수단은 **손실보상**이 있다.

2163. (O) 생명·신체에 대한 침해와 물건의 멸실·훼손으로 인한 손해 외의 손해는 불법행위와 **상당한 인과관계가 있는 범위에서 배상한다**(국가배상법 제3조 제4항).

2164. (O)

2165. (X) 영조물의 설치·관리상 하자 책임은 **공무원의 과실을 불문**한다(대법원 1994.11.22. 94다32924). 국가배상법 제5조 소정의 영조물의 설치·관리상의 하자로 인한 책임은 무과실 책임이다.

2165-1. (O) 대판 99다11120

2166 (X) 국민의 생명·신체·재산 등에 관하여 절박하고 중대한 위험상태가 발생하였거나 발생할 우려가 있어서 국민의 생명·신체·재산 등을 보호하는 것을 본래적 사명으로 하는 국가가 초법규적, 일차적으로 그 위험 배제에 나서지 않으면 국민의 생명·신체·재산 등을 보호할 수 없는 경우에는 **형식적 의미의 법령에 근거가 없더라도 국가나 관련 공무원에 대하여 그러한 위험을 배제할 작위의무를 인정할 수 있다**. 공무원의 부작위를 이유로 국가배상책임을 인정할 것인지가 문제 되는 경우에 관련 공무원에 대하여 작위의무를 명하는 법령 규정이 없다면 **공무원의 부작위**로 침해된 국민의 법익 또는 국민에게 발생한 손해가 어느 정도 심각하고 절박한 것인지, 관련 공무원이 그와 같은 결과를 예견하여 결과를 회피하기 위한 조치를 취할 가능성이 있는지 등을 **종합적으로 고려하여 판단하여야 한다**(대판 2017다290538).

2167 ☐☐☐☐ 24 채용

경찰관의 부작위를 이유로 한 국가배상책임을 인정하기 위한 요건으로서의 '법령 위반'이란 형식적 의미의 법령에 명시적으로 공무원의 작위의무가 규정되어 있는데도 이를 위반하는 경우를 의미하며, 인권존중·권력남용금지·신의성실과 같이 공무원으로서 마땅히 지켜야 할 준칙이나 규범을 지키지 않고 위반한 경우는 포함하지 않는다. (O｜X)

2168 ☐☐☐☐ 24 채용

경찰관의 직무집행이 법령이 정한 요건과 절차에 따라 이루어진 것이라면 특별한 사정이 없는 한 이는 법령에 적합한 것이고 그 과정에서 개인의 권리가 침해되었다고 하여 그 법령적합성이 곧바로 부정되는 것은 아니다. (O｜X)

2169 ☐☐☐☐ 24 채용

공무원에게 부과된 직무상 의무의 내용이 전적으로 또는 부수적으로 사회구성원 개인의 구체적 안전과 이익을 보호하기 위하여 설정된 것이라면, 공무원이 그와 같은 직무상 의무를 위반함으로써 개인이 입게 된 손해는 상당인과관계가 인정되는 범위 안에서 국가가 그에 대한 배상책임을 부담하여야 한다. (O｜X)

2170 ☐☐☐☐ 24 채용

시위진압이 불필요하거나 또는 불법시위의 태양 및 시위 장소의 상황 등에서 예측되는 피해 발생의 구체적 위험성의 내용에 비추어 시위진압의 계속 수행 내지 그 방법 등이 현저히 합리성을 결하였다면 경찰관의 직무집행이 법령에 위반한 것이라고 할 수 있다. (O｜X)

2171 ☐☐☐☐ 26 간부

경찰관이 범인을 검거하면서 안면 부위를 향하여 가스총을 근접 발사하여 가스와 함께 발사된 고무마개가 범인의 눈에 맞아 실명한 경우 국가배상책임이 인정될 수 있다. (O｜X)

2172 ☐☐☐☐ 24 채용

국가나 지방자치단체에 대한 배상신청사건을 심의하기 위하여 행정안전부에 본부심의회를 둔다. 다만, 군인이나 군무원이 타인에게 입힌 손해에 대한 배상신청사건을 심의하기 위하여 국방부에 특별심의회를 둔다. (O｜X)

2173 ☐☐☐☐ 24 채용

결정서의 송달에 관하여는 「행정소송법」의 송달에 관한 규정을 준용한다. (O｜X)

정답과 해설

2167. (X) ~~인권존중·권력남용금지·신의성실과 같이 공무원으로서 마땅히 지켜야 할 준칙이나 규범을 지키지 않고 위반한 경우를 포함하여 널리 객관적인 정당성이 없는 행위를 한 경우를 **포함한다**(대판 2017다290538).

2168. (O) 대판 94다2480

2169. (O) 대판 2005다48994

2170. (O) 대판 94다2480

2171. (O) 대판 2002다57218

2172. (X) 국가나 지방자치단체에 대한 배상신청사건을 심의하기 위하여 **법무부(행정안전부 X)**에 본부심의회를 둔다. 다만, 군인이나 군무원이 타인에게 입힌 손해에 대한 배상신청사건을 심의하기 위하여 **국방부**에 특별심의회를 둔다(국가배상법 제10조 제1항).

2173. (X) 결정서의 송달에 관하여는 **민사소송법(행정소송법 X)**의 송달에 관한 규정을 준용한다(동법 제14조 제2항).

2-2 행정심판(행정심판법)

2174 ☐☐☐☐ 22·23·25 채용

행정청의 처분 또는 부작위에 대하여는 다른 법률에 특별한 규정이 있는 경우 외에는 이 법에 따라 행정심판을 청구할 수 있다. 다만, 대통령의 처분 또는 부작위에 대하여는 다른 법률에 특별한 규정이 있는 경우 외에는 행정심판을 청구할 수 없다. (O|X)

2175 ☐☐☐☐ 23 경채

행정심판의 종류로 취소심판, 무효등확인심판, 의무이행심판을 규정하고 있다. (O|X)

2176 ☐☐☐☐ 23 채용

취소심판은 당사자의 신청에 대한 행정청의 위법 또는 부당한 거부처분이나 부작위에 대하여 일정한 처분을 하도록 하는 행정심판이다. (O|X)

2177 ☐☐☐☐ 24 채용

시·도경찰청장의 처분 또는 부작위에 대한 행정심판의 청구에 대해서는 경찰청에 두는 행정심판위원회에서 심리·재결한다. (O|X)

2178 ☐☐☐☐ 22·23 경채

중앙행정심판위원회는 위원장 1명을 포함하여 70명 이내의 위원으로 구성하되, 위원 중 상임위원은 4명 이내로 한다. (O|X)

2179 ☐☐☐☐ 22 경채

중앙행정심판위원회의 위원장은 국민권익위원회의 부위원장 중 1명이 된다. (O|X)

2180 ☐☐☐☐ 22 경채

중앙행정심판위원회의 비상임위원은 제7조 제4항 각 호의 어느 하나에 해당하는 사람 중에서 중앙행정심판위원회 위원장의 제청으로 국무총리가 성별을 고려하여 위촉한다. (O|X)

2181 ☐☐☐☐ 23 경채

중앙행정심판위원회 상임위원의 임기는 2년으로 하며, 연임할 수 없다. (O|X)

정답과 해설

2174. (O) 행정심판법 제3조 제1항, 제2항
2175. (O) 동법 제5조
2176. (X) 취소심판은 행정청의 위법 또는 부당한 처분을 **취소하거나 변경하는 행정심판**이다(동법 제5조 제1호).
2177. (X) 시·도경찰청장의 처분 또는 부작위에 대한 행정심판의 청구에 대해서는 **국민권익위원회(경찰청 X)**에 두는 **중앙행정심판위원회(행정심판위원회 X)**에서 심리·재결한다(동법 제6조 제2항).
2178. (O) 동법 제8조 제1항
2179. (O) 동법 제8조 제2항
2180. (O) 동법 제8조 제4항
2181. (X) 중앙행정심판위원회 상임위원의 임기는 **3년(2년 X)**으로 하며, **1차에 한하여 연임할 수 있다(연임할 수 없다 X)**(동법 제9조 제2항).

2182 ☐☐☐☐ 22 경채

중앙행정심판위원회 비상임위원의 임기는 2년으로 하되, 1차에 한하여 연임할 수 있다. O|X

2183 ☐☐☐☐ 23 채용

처분 또는 부작위에 대한 행정심판은 청구서를 제출하거나 말로써 청구할 수 있다. O|X

2184 ☐☐☐☐ 24 채용

심판청구는 서면으로 하여야 하며, 심판청구서를 작성하여 피청구인 또는 행정심판위원회에 제출하여야 한다. O|X

2184-1 ☐☐☐☐ 25 채용

심판청구는 처분의 효력이나 그 집행 또는 절차의 속행에 영향을 주지 아니한다. O|X

2185 ☐☐☐☐ 24 채용

행정심판위원회는 처분, 처분의 집행 또는 절차의 속행 때문에 중대한 손해가 생기는 것을 예방할 필요성이 긴급하다고 인정할 때에는 직권으로 또는 당사자의 신청에 의하여 처분의 효력, 처분의 집행 또는 절차의 속행의 전부 또는 일부의 정지를 결정할 수 있다. O|X

2186 ☐☐☐☐ 23 채용

위원회는 심판청구가 이유가 없다고 인정하면 그 심판청구를 기각(棄却)한다. O|X

2187 ☐☐☐☐ 25 채용

행정심판위원회는 무효등확인심판의 청구가 이유가 있다고 인정하면 처분의 효력 유무 또는 처분의 존재 여부를 확인한다. O|X

2188 ☐☐☐☐ 25 채용

행정심판위원회는 의무이행심판의 청구가 이유가 있다고 인정하면 지체 없이 신청에 따른 처분을 하거나 처분을 할 것을 피청구인에게 명한다. O|X

정답과 해설

2182. (X) 비상임위원의 임기는 2년으로 하되, **2차에 한하여 연임**할 수 있다(행정심판법 제9조 제3항).
2183. (X) 심판청구는 **서면(말 X)**으로 하여야 한다(동법 제28조 제1항).
2184. (O) 동법 제23조, 제28조
2184-1. (O) 동법 제30조 제1항
2185. (O) 동법 제30조 제2항
2186. (O) 동법 제43조 제2항
2187. (O) 동법 제43조 제4항
2188. (O) 동법 제43조 제5항

2189 ☐☐☐☐ 22·23·24·25 채용

행정심판위원회는 심판청구가 이유가 있다고 인정하는 경우에도 이를 인용(認容)하는 것이 공공복리에 크게 위배된다고 인정하면 그 심판청구를 기각하는 재결을 하여야 한다. ⓞⓧ

2190 ☐☐☐☐ 25 채용

행정심판위원회는 사정재결을 할 때에는 청구인에 대하여 상당한 구제방법을 취하거나 상당한 구제방법을 취할 것을 청구인과 피청구인에게 명한다. ⓞⓧ

2191 ☐☐☐☐ 22 채용

무효등확인심판에서는 사정재결을 할 수 없다. ⓞⓧ

2192 ☐☐☐☐ 22 채용

사정재결을 하는 경우 반드시 재결주문에 그 처분 또는 부작위가 위법하다는 것을 명시해야 한다. ⓞⓧ

2192-1 ☐☐☐☐ 25 채용

행정심판의 재결은 행정심판위원회 또는 피청구인의 행정청이 심판청구서를 받은 날부터 60일 이내에 하여야 한다. 다만, 부득이한 사정이 있는 경우에는 위원장이 직권으로 60일을 연장할 수 있다. ⓞⓧ

2193 ☐☐☐☐ 23 채용

재결은 서면으로 한다. ⓞⓧ

2194 ☐☐☐☐ 22 채용

「행정심판법」상 사정재결 이후에도 행정심판의 대상인 처분등의 효력은 유지된다. ⓞⓧ

2195 ☐☐☐☐ 23 채용

「행정심판법」상 위원회는 지체 없이 당사자에게 재결서의 등본을 송달하여야 하며, 재결서가 청구인에게 발송되었을 때에 그 효력이 생긴다. ⓞⓧ

정답과 해설

2189. (X) 위원회는 심판청구가 이유가 있다고 인정하는 경우에도 이를 인용(認容)하는 것이 공공복리에 크게 위배된다고 인정하면 그 심판청구를 **기각하는** 재결(인용재결 X)을 **할 수 있다**(하여야 한다 X)(행정심판법 제44조 제1항).

2190. (X) 행정심판위원회는 사정재결을 할 때에는 청구인에 대하여 상당한 구제방법을 취하거나 상당한 구제방법을 취할 것을 **피청구인**에게 **명할 수 있다**(동법 제44조 제2항).

2191. (O) **무효등확인심판**에는 사정재결을 적용하지 아니한다(동법 제44조 제3항).

2192. (O) 재결주문에 그 처분 또는 부작위가 위법하다는 것을 **명시해야 한다**(명시할 수 있다 X)(동법 제44조 제1항).

2192-1. (X) 행정심판의 재결은 행정심판위원회 또는 피청구인의 행정청이 심판청구서를 받은 날부터 60일 이내에 하여야 한다. 다만, 부득이한 사정이 있는 경우에는 위원장이 직권으로 **30일**을 연장할 수 있다(동법 제45조 제1항).

2193. (O) 동법 제46조 제1항

2194. (O) 「행정심판법」상 사정재결 이후에도 행정심판의 대상인 처분등의 효력은 **유지된다**(상실된다 X).

2195. (X) 위원회는 **지체 없이** 당사자에게 재결서의 **정본**(등본 X)을 송달하여야 하며, 재결은 청구인에게 **송달**(발송 X)되었을 때에 그 효력이 생긴다(동법 제48조 제1항, 제2항).

2-3 행정소송(행정소송법)

2196 ☐☐☐☐ 09 승진
행정심판과 행정소송의 공통점은 원고적격, 집행부정지 원칙, 불고불리의 원칙, 공개주의 등을 들 수 있다.
[O|X]

2197 ☐☐☐☐ 22 채용, 23 경채
국가 또는 공공단체의 기관이 법률에 위반되는 행위를 한 때에 직접 자기의 법률상 이익과 관계없이 그 시정을 구하기 위하여 제기하는 민중소송은 「행정소송법」상 항고소송에 해당한다.
[O|X]

2198 ☐☐☐☐ 23 채용
명예퇴직한 법관이 미지급 명예퇴직수당액에 대하여 가지는 권리는 명예퇴직수당 지급대상자 결정 절차를 거쳐 명예퇴직수당규칙에 의하여 확정된 공법상 법률관계에 관한 권리로서, 그 지급을 구하는 소송은 「행정소송법」의 (   )에 해당하며, 그 법률관계의 당사자인 국가를 상대로 제기하여야 한다. (다툼이 있는 경우 판례에 의함)

2199 ☐☐☐☐ 22 채용
행정청의 처분등의 효력 유무 또는 존재여부를 확인하는 무효 등 확인소송은 「행정소송법」상 항고소송에 해당한다.
[O|X]

2200 ☐☐☐☐ 22 채용
행정청의 부작위가 위법하다는 것을 확인하는 부작위위법확인소송과 행정청의 위법한 처분등을 취소 또는 변경하는 취소소송은 「행정소송법」상 항고소송에 해당한다.
[O|X]

2201 ☐☐☐☐ 25 채용
「행정소송법」상 행정소송의 종류에 관한 설명이다.

(㉠)소송 : 행정청의 처분등이나 부작위에 대하여 제기하는 소송
(㉡)소송 : 국가 또는 공공단체의 기관이 법률에 위반되는 행위를 한 때에 직접 자기의 법률상 이익과 관계없이 그 시정을 구하기 위하여 제기하는 소송
(㉢)소송 : 행정청의 처분등을 원인으로 하는 법률관계에 관한 소송 그 밖에 공법상의 법률관계에 관한 소송으로서 그 법률관계의 한쪽 (㉣)를 피고로 하는 소송

정답과 해설

2196. (X) **행정심판**은 **비공개주의**를 원칙으로 하나, 행정소송은 **공개주의**를 원칙으로 한다.
2197. (X) **행정소송**은 **항고소송, 당사자소송, 민중소송, 기관소송**으로 구분한다.
2198. **당사자소송**은 행정청의 처분등을 원인으로 하는 법률관계에 관한 소송 그 밖에 공법상의 법률관계에 관한 소송으로서 그 법률관계의 한쪽 **당사자**를 피고로 하는 소송(행정소송법 제3조 제2호), 대판 2013두14863
2199. (O) **항고소송**은 **취소소송**(행정청의 위법한 처분등을 취소 또는 변경하는 소송), **무효 등 확인소송**(행정청의 처분등의 효력 유무 또는 존재여부를 확인하는 소송), **부작위위법확인소송**(행정청의 부작위가 위법하다는 것을 확인하는 소송)으로 구분한다.
2200. (O)
2201. ㉠ 항고, ㉡ 민중, ㉢ 당사자, ㉣ 당사자

2202 ☐☐☐☐ 24 간부

경찰청장을 피고로 하여 취소소송을 제기하는 경우, 대법원 소재지를 관할하는 행정법원이 제1심 관할 법원으로 될 수 있다. ⓞⓧ

2203 ☐☐☐☐ 23 채용

국유재산의 관리청이 그 무단점유자에 대하여 하는 변상금부과처분은 순전히 사경제 주체로서 행하는 사법상의 법률행위이다. ⓞⓧ

2204 ☐☐☐☐ 23 채용

원천징수의무자가 비록 과세관청과 같은 행정청이라 하더라도 그의 원천징수행위는 법령에서 규정된 징수 및 납부의무를 이행하기 위한 것에 불과한 것이지, 공권력의 행사로서의 행정처분을 한 경우에 해당되지 아니한다. ⓞⓧ

2205 ☐☐☐☐ 23 채용

국립 교육대학 학생에 대한 퇴학처분은 행정처분이다. ⓞⓧ

2206 ☐☐☐☐ 24 간부

혈중알콜농도 0.13%의 주취상태에서 차량을 운전하다가 적발된 乙에게 관할 경찰청장이 「도로교통법」에 의거 운전면허취소처분을 하였을 경우, 乙은 행정심판을 거치지 않고 바로 행정소송을 제기할 수 있다. ⓞⓧ

정답과 해설

2202. (O) ① 취소소송의 제1심관할법원은 피고의 소재지를 관할하는 행정법원으로 한다. ② 제1항에도 불구하고 1. **중앙행정기관(경찰청장)**, 중앙행정기관의 부속기관과 합의제행정기관 또는 그 장이나 2. 국가의 사무를 위임 또는 위탁받은 공공단체 또는 그 장에 해당하는 피고에 대하여 취소소송을 제기하는 경우에는 **대법원소재지를 관할하는 행정법원**에 제기할 수 있다(행정소송법 제9조).

2203. (X) 국유재산법 제51조 제1항은 국유재산의 무단점유자에 대하여는 대부 또는 사용, 수익허가 등을 받은 경우에 납부하여야 할 대부료 또는 사용료 상당액 외에도 그 징벌적 의미에서 국가측이 일방적으로 그 2할 상당액을 추가하여 변상금을 징수토록 하고 있으며 동조 제2항은 변상금의 체납시 국세징수법에 의하여 강제징수토록 하고 있는 점 등에 비추어 보면 국유재산의 관리청이 그 무단점유자에 대하여 하는 변상금부과처분은 순전히 **사경제 주체로서 행하는 사법상의 법률행위라 할 수 없고 이는 관리청이 공권력을 가진 우월적 지위에서 행한 것으로서 행정소송의 대상이 되는 행정처분이라고 보아야 한다**(대판 87누1046).

2204. (O) 대판 89누4789

2205. (O) 국립 교육대학 학생에 대한 퇴학처분은 학장이 교육목적실현과 학교의 내부질서유지를 위해 학칙 위반자인 재학생에 대한 구체적 법집행으로서 행정처분에 해당한다(대판 91누2144).

2206. (X) 도로교통법 제142조는 **행정심판을 거치지 않고 바로 행정소송을 제기할 수 없다**는 필요적 전치주의를 명시적으로 규정하고 있다. 이 법에 따른 처분으로서 해당 처분에 대한 행정소송은 행정심판의 재결(裁決)을 거치지 아니하면 제기할 수 없다(도로교통법 제142조).

CHAPTER 05

경찰관 직무집행법

THEME 01 목적 및 직무의 범위 _S급

2207 ☐☐☐☐ 14·23 채용, 20 승진, 15 간부

「경찰관 직무집행법」은 제1조 제2항에서 "경찰관의 직권은 그 직무 수행에 필요한 최소한도에서 행사되어야 하며 남용되어서는 아니 된다."라고 선언하여 경찰비례의 원칙을 명시적으로 규정하고 있는데, 이는 경찰행정 영역에서의 헌법상 과소보호금지원칙을 표현한 것이다. (O|X)

2208 ☐☐☐☐ 11 간부

「경찰관 직무집행법」은 경찰조직에 관한 기본법이라고 할 수 있다. (O|X)

2209 ☐☐☐☐ 14 채용, 22 승진

이 법은 국민의 자유와 권리 및 모든 개인이 가지는 불가침의 기본적 인권을 보호하고 사회공공의 질서를 유지하기 위한 경찰관(경찰공무원만 해당)의 직무 수행에 필요한 사항을 규정함을 목적으로 한다. (O|X)

2210 ☐☐☐☐ 15 간부

「경찰관 직무집행법」 제1조는 경찰의 민주적인 관리·운영과 효율적인 임무수행을 위하여 경찰의 기본조직 및 직무 범위와 그 밖에 필요한 사항을 규정함을 목적으로 한다. (O|X)

2211 ☐☐☐☐ 06·12·18 채용, 12·20 승진

「경찰관 직무집행법」은 국민의 생명·신체 및 재산의 보호, 범죄의 예방·진압 및 수사, 범죄피해자 보호, 경비, 주요 인사 경호 및 대간첩·대테러 작전 수행, 공공안녕에 대한 위험의 예방과 대응을 위한 정보의 수집·작성 및 배포, 교통의 단속과 위해의 방지, 외국 정부기관 및 국제기구와의 국제 협력, 그 밖에 공공의 안녕과 질서 유지를 직무의 범위로 규정하고 있다. (O|X)

정답과 해설

2207. (X) ~~ 이는 경찰행정 영역에서의 헌법상 **과잉금지원칙**(과소보호금지원칙 X)을 표현한 것이다(경찰관 직무집행법 제1조 제2항).

2208. (X) 「경찰관 직무집행법」은 경찰직무수행을 위한 근거법이 되며, **경찰작용**(경찰조직 X)에 관한 기본법이라고 할 수 있다. 경찰조직에 관한 기본법은 「국가경찰과 자치경찰의 조직 및 운영에 관한 법률」(국자법)이다.

2209. (O) 동법 제1조 제1항

2210. (X) 「**국가경찰과 자치경찰의 조직 및 운영에 관한 법률」 제1조(목적)**의 내용이다.

2211. (O) 「경찰관 직무집행법」은 1. **국민**의 생명·신체 및 재산의 보호, 2. **범죄**의 예방·진압 및 수사, 2의2. 범죄피해자(범죄피의자 X) 보호, 3. **경비**, 주요 인사 경호 및 대간첩·대테러 작전 수행, 4. **공공안녕에 대한 위험의 예방과 대응을 위한**(치안 X) 정보의 수집·작성 및 배포, 5. **교통**의 단속과 위해의 방지, 6. **외국** 정부기관 및 국제기구와의 국제 협력, 7. **그** 밖에 공공의 안녕과 질서 유지를 직무의 범위로 규정하고 있다(동법 제2조).
1국2범3경4공5교6외7그

2212 ☐☐☐☐ 14·23 채용

「경찰관 직무집행법」제2조 직무의 범위에 "테러경보 발령·대테러 작전 수행"을 명시하고 있다. (O｜X)

2213 ☐☐☐☐ 15 채용

경찰관 직무의 범위에 외국 정부기관 및 국제기구와의 국제협력은 규정되어 있지 않다. (O｜X)

2214 ☐☐☐☐ 12 채용

「경찰관 직무집행법」제2조 제7호는 그 밖에 공공의 안녕과 위해의 방지를 직무범위로 규정하고 있다. (O｜X)

2215 ☐☐☐☐ 09 채용, 04 승진

보호조치(제4조)·범죄의 예방과 제지(제6조)·경찰장구의 사용(제10조의2)은 대인적 강제에 해당하고, 위험 방지를 위한 출입(제7조)은 대물적 강제에 해당한다. (O｜X)

정답과 해설

2212. (X) 경비, 주요 인사(人士) 경호 및 **대간첩(테러경보 발령 X)**·대테러 작전 수행(동법 제2조 제3호)

2213. (X) 외국 정부기관 및 국제기구와의 국제협력은 **「경찰관 직무집행법」제2조 제6호에 규정**되어 있다.

2214. (X) 「경찰관 직무집행법」제2조 제7호는 그 밖에 공공의 안녕과 **질서유지(위해의 방지 X)**를 직무범위로 규정하고 있다.

2215. (X) 보호조치(제4조)·범죄의 예방과 제지(제6조)·경찰장구의 사용(제10조의2)은 대인적 강제에 해당하고, 위험 방지를 위한 출입(제7조)은 **대가택적(대물적 X) 강제**에 해당한다.

THEME 02 불심검문(§3) _S급

2216 ☐☐☐☐ 06 채용
불심검문은 보안경찰, 예방경찰, 질서경찰로서의 성질을 모두 가지고 있다. (O|X)

2217 ☐☐☐☐ 06 채용
경찰관이 수상한 자를 정지시켜 질문하는 것은 대인적 즉시강제이다. (O|X)

2218 ☐☐☐☐ 06·07·15·11 채용, 20·24 승진
경찰관은 수상한 행동이나 그 밖의 주위 사정을 합리적으로 판단하여 볼 때 어떠한 죄를 범하였거나 범하려 하고 있다고 의심할 만한 상당한 이유가 있는 사람을 정지시켜 질문하여야 한다. (O|X)

2219 ☐☐☐☐ 15 채용
경찰관은 이미 행하여진 범죄나 행하여지려고 하는 범죄행위에 관한 사실을 안다고 인정되는 사람을 정지시켜 질문할 수 있다. (O|X)

2220 ☐☐☐☐ 11·15·19 채용, 11·12·22·24 승진, 11·17·23·25 간부
경찰관은 불심검문 대상자를 정지시킨 장소에서 질문을 하는 것이 그 사람에게 불리하거나 교통에 방해가 된다고 인정될 때에는 질문을 하기 위하여 가까운 경찰청·경찰서·지구대·파출소 또는 출장소(지방해양경찰관서를 미포함)로 동행할 것을 요구할 수 있다. 이 경우 동행을 요구받은 사람은 그 요구를 거절할 수 있다. (O|X)

2221 ☐☐☐☐ 11·15 채용, 17 간부
경찰관은 불심검문 대상자에게 질문을 할 때에 그 사람이 흉기를 가지고 있는지를 조사하여야 한다. (O|X)

정답과 해설

2216. (O)

2217. (△) 불심검문의 경우 대인적 즉시강제에 대한 학설상 논란이 있다. 즉, 강제설, 임의설, 설득행위설(규범적 임의설, 판례, 다수설). 불심검문과 관련해서 대인적 즉시강제는 **출제자의 의도에 따라 상대적으로 답을 골라야 할 사안**이다.

2218. (X) 경찰관은 수상한 행동이나 그 밖의 주위 사정을 합리적으로 판단하여 볼 때 어떠한 죄를 범하였거나 범하려 하고 있다고 의심할 만한 상당한 이유가 있는 사람을 정지시켜 **질문할 수 있다**(질문하여야 한다 X)(경찰관직무집행법 제3조 제1항 제1호).

2219. (O) 동법 제3조 제1항 제2호

2220. (X) 경찰관은 불심검문 대상자를 정지시킨 장소에서 질문을 하는 것이 그 사람에게 불리하거나 교통에 방해가 된다고 인정될 때에는 질문을 하기 위하여 가까운 **경찰서(경찰청 X)**·지구대·파출소 또는 출장소(지방해양경찰관서를 **포함(미포함 X)**하며, 이하 "경찰관서")로 동행할 것을 **요구할 수 있다(요구하여야 한다 X)**. 이 경우 동행을 요구받은 사람은 그 요구를 **거절할 수 있다(거절할 수 없다 X)**(동법 제3조 제2항).

2221. (X) 경찰관은 불심검문 대상자에게 질문을 할 때에 그 사람이 흉기를 가지고 있는지를 **조사할 수 있다(조사하여야 한다 X)**(동법 제3조 제3항).

2222 ☐☐☐☐ 10·19 채용, 25 간부

경찰관이 불심검문 시 흉기조사뿐 아니라, 흉기 이외의 일반소지품 조사도 할 수 있다고 규정하고 있다.
(O|X)

2223 ☐☐☐☐ 08·17 간부

경찰관은 거동불심자를 정지시켜 질문을 할 때에 미리 진술거부권이 있음을 상대방에게 고지하여야 한다.
(O|X)

2224 ☐☐☐☐ 12·15 채용, 11 승진, 23 간부

경찰관은 질문을 하거나 동행을 요구할 경우 자신의 신분을 표시하는 증표를 제시하면서 소속과 성명을 밝히고 질문이나 동행의 목적과 이유를 설명할 수 있으며, 동행을 요구하는 경우에는 동행 장소를 밝힐 수 있다.
(O|X)

2225 ☐☐☐☐ 12 승진

「경찰관 직무집행법」상 C지구대 경찰관은 근무 중 낯선 사람이 집 앞에 서있다는 신고를 받고 출동하여 주민등록증등을 제시해 줄 것을 요청했으나, 이를 거부하여 신원을 확인하지 못했다.
(O|X)

2226 ☐☐☐☐ 19 채용

경찰관은 질문을 하거나 임의동행을 요구할 경우 자신의 신분을 표시하는 증표를 제시하면서 소속과 성명을 밝혀야 한다. 이때 증표는 경찰공무원증뿐만 아니라 흉장도 포함된다.
(O|X)

2227 ☐☐☐☐ 05·07·10·15·19 채용, 11·24 승진, 17 간부

경찰관은 동행한 사람의 가족이나 친지 등에게 동행한 경찰관의 신분, 동행 장소, 동행 목적과 이유를 알리거나 본인으로 하여금 즉시 연락할 수 있는 기회를 주어야 하나, 변호인의 도움을 받을 권리가 있음을 알릴 필요는 없다.
(O|X)

정답과 해설

2222. (X) 경찰관은 불심검문 대상자에게 질문을 할 때에 그 사람이 **흉기(흉기등 X)**를 가지고 있는지를 조사할 수 있다(동법 제3조 제3항). 경찰관 직무집행법은 흉기 이외의 **일반소지품 조사 규정을 두고 있지 않다**.

2223. (X) **진술거부권이 있음을 상대방에게 고지할 필요는 없다.**

2224. (X) 경찰관은 질문을 하거나 동행을 요구할 경우 자신의 신분을 표시하는 증표를 제시하면서 소속과 성명을 밝히고 질문이나 동행의 목적과 이유를 **설명하여야 하며(할 수 있으며 X)**, 동행을 요구하는 경우에는 동행 장소를 **밝혀야 한다(밝힐 수 있다 X)**(동법 제3조 제4항).

2225. (O) C지구대 경찰관이 경직법상으로는 주민등록증 제시요구의 규정이 없기 때문에 신원확인을 하지 못한 것은 맞는 표현이다. 만약에 주민등록증등 제시요구와 관련하여 법적근거를 묻는다면 **주민등록법 제26조**이다.

2226. (X) 경찰관은 질문을 하거나 동행을 요구할 경우 자신의 신분을 표시하는 **증표(경찰공무원증 O, 흉장 X)**를 제시하면서 소속과 성명을 밝히고 질문이나 동행의 목적과 이유를 설명하여야 하며, 동행을 요구하는 경우에는 동행 장소를 밝혀야 한다(동법 제3조 제4항). 신분을 표시하는 증표는 경찰공무원의 공무원증으로 한다(동법 시행령 제5조).

2227. (X) 경찰관은 동행한 사람의 가족이나 친지 등에게 동행한 경찰관의 신분, 동행 장소, 동행 목적과 이유를 **알리거나(알리고 X) 본인으로(다른 사람으로 X)** 하여금 즉시 연락할 수 있는 기회를 **주어야 하며(줄 수 있으며 X)**, 변호인의 도움을 받을 권리가 **있음을 알려야 한다(알릴 필요는 없다 X)**(동법 제3조 제5항).

2228 ☐☐☐☐ 06 채용, 19 승진

경찰관은 이미 행하여진 범죄나 행하여지려고 하는 범죄행위에 관한 사실을 안다고 인정되는 사람에 대하여 질문을 하는 경우 자신의 신분을 표시하는 증표를 제시하면서 소속과 성명을 밝히고 질문의 목적과 이유를 설명하여야 하며 동행을 요구하는 경우에는 변호인의 도움을 받을 권리가 있음을 알려야 한다. (O|X)

2229 ☐☐☐☐ 07 채용, 23·25 간부

경찰관은 임의동행한 사람의 가족이나 친지 등에게 동행한 경찰관의 신분, 동행 장소, 동행 목적과 이유를 알리거나 본인으로 하여금 즉시 연락할 수 있는 기회를 주어야 하며, 변호인의 도움을 받을 권리와 진술거부권을 알려야 한다. (O|X)

2230 ☐☐☐☐ 05·11 채용, 04·11·24 승진, 08 간부, 21 경채

어떠한 죄를 범하였거나 범하려 하고 있다고 의심할 만한 상당한 이유가 있는 사람을 임의동행하는 경우, 경찰관은 동행한 사람을 6시간을 초과하여 경찰서에 머물게 할 수 없다. (O|X)

2231 ☐☐☐☐ 05·15 채용

질문을 받거나 동행을 요구받은 사람은 형사소송에 관한 법률에 따르지 아니하고는 신체를 구속당하지 아니하며, 그 의사에 반하여 답변을 강요당하지 아니한다. (O|X)

2232 ☐☐☐☐ 06·07 채용

불심검문 후 범죄혐의가 있는 자는 「경찰관 직무집행법」에 의거 구속할 수 있다. (O|X)

2233 ☐☐☐☐ 24 채용, 24 간부, 23 경채

경찰관이 불심검문 대상자 해당 여부를 판단할 때에는 불심검문 당시의 구체적 상황은 물론 사전에 얻은 정보나 전문적 지식 등에 기초하여 불심검문 대상자인지를 객관적·합리적인 기준에 따라 판단하여야 하며, 불심검문 대상자에게 「형사소송법」에 의한 체포나 구속에 이를 정도의 혐의가 있을 것을 요한다. (O|X)

정답과 해설

2228. (X) **변호인의 도움을 받을 권리가 있음을 알려야 하는 경우**는 거동불심자(피질문자)에 대한 **동행요구 이후(임의동행을 한때)**이다(동법 제3조 제5항).

2229. (X) 경찰관은 **임의동행한 사람(동행 이후)**의 가족이나 친지 등에게 동행한 경찰관의 신분, 동행 장소, 동행 목적과 이유를 알리거나 **본인(다른 사람 X)**으로 하여금 즉시 연락할 수 있는 기회를 주어야 하며, **변호인의 도움을 받을 권리(진술거부권 X)**가 있음을 알려야 한다.

2230. (O) 동법 제3조 제1항, 제6항

2231. (O) 동법 제3조 제7항

2232. (X) 질문을 받거나 동행을 요구받은 사람은 **형사소송에 관한 법률**에 따르지 아니하고는 신체를 **구속**당하지 아니하며, 그 의사에 반하여 답변을 강요당하지 아니한다(동법 제3조 제7항).

2233. (X) 경찰관이 '불심검문 대상자' 해당 여부를 판단할 때에는 불심검문 당시의 구체적 상황은 물론 사전에 얻은 정보나 전문적 지식 등에 기초하여 불심검문 대상자인지를 객관적·합리적인 기준에 따라 판단하여야 하나, 반드시 불심검문 대상자에게 형사소송법상 체포나 구속에 이를 정도의 혐의가 있을 것을 **요한다고 할 수는 없다**(대판 2011도13999).

2234 ☐☐☐☐ 23·24·25 간부

불심검문을 하게 된 경위, 불심검문 당시의 현장상황과 검문을 하는 경찰관들의 복장, 불심검문 대상자가 공무원증 제시나 신분 확인을 요구하였는지 여부 등을 종합적으로 고려하여, 검문하는 사람이 경찰관이고 검문하는 이유가 범죄행위에 관한 것임을 불심검문 대상자가 충분히 알고 있었다고 보이는 경우라고 하더라도 신분증을 제시하지 않고서 한 불심검문은 위법한 공무집행에 해당한다(다툼이 있으면 판례에 의함). O|X

2235 ☐☐☐☐ 24 간부

경찰관은 불심검문 대상자에게 질문을 하기 위하여 범행의 경중, 범행과의 관련성, 상황의 긴박성, 혐의의 정도, 질문의 필요성 등에 비추어 목적 달성에 필요한 최소한의 범위 내에서 사회통념상 용인될 수 있는 상당한 방법으로 대상자를 정지시킬 수 있고 질문에 수반하여 흉기의 소지 여부도 조사할 수 있다. O|X

2236 ☐☐☐☐ 24 간부

미리 입수된 용의자에 대한 인상착의와 일부 일치되지 않는 부분이 있다고 하더라도 그것만으로 경찰관이 불심검문 대상자로 삼은 조치가 위법하다고 볼 수 없다. O|X

정답과 해설

2234. (X) ~~검문하는 사람이 경찰관이고 검문하는 이유가 범죄행위에 관한 것임을 피고인이 충분히 알고 있었다고 보이는 경우에는 신분증을 제시하지 않았다고 하여 그 불심검문이 위법한 공무집행이라고 **할 수 없다**(대판 2004도4029).

2235. (O) 대판 2011도13999

2236. (O) 대판 2011도13999

THEME 03 보호조치(§4) _S급

2237 ☐☐☐☐ 21 승진
보호조치는 경찰관서에서 일시 보호하여 구호의 방법을 강구하는 것으로 경찰관의 재량행위에 해당하기 때문에 국가배상책임이 인정되는 경우는 없다. (O|X)

2238 ☐☐☐☐ 18·21·23 채용, 16·19·20 승진, 23 간부
「경찰관 직무집행법」 제4조 제1항에 따라 긴급구호를 요청받은 보건의료기관이나 공공구호기관은 정당한 이유 없이 긴급구호를 거절할 수 없다. 만약, 긴급구호를 요청받은 응급의료종사자가 정당한 이유 없이 거절한 경우 「경찰관 직무집행법」에 따라 처벌한다. (O|X)

2239 ☐☐☐☐ 21 승진
긴급구호요청을 받은 응급의료종사자가 정당한 이유 없이 긴급구호요청을 거절할 경우, 「경찰관 직무집행법」에 따라 3년 이하의 징역 또는 3천만원 이하의 벌금에 처한다. (O|X)

2240 ☐☐☐☐ 20 채용, 19 승진
경찰관은 수상한 행동이나 그 밖의 주위 사정을 합리적으로 판단해 볼 때 보호조치대상자에 해당하는 것이 명백하고 응급구호가 필요하다고 믿을 만한 상당한 이유가 있는 사람을 발견하였을 때에는 보건의료기관이나 공공구호기관에 긴급구호를 요청하거나 경찰관서에 보호하는 등 적절한 조치를 하여야 한다. (O|X)

2241 ☐☐☐☐ 03·20 채용, 18 승진
경찰관은 정신착란을 일으키거나 술에 취하여 자신 또는 다른 사람의 생명·신체·재산에 위해를 끼칠 우려가 있음이 명백하고 응급구호가 필요하다고 믿을만한 상당한 이유가 있는 사람을 발견하였을 때 보건의료기관이나 공공구호기관에 긴급구호를 요청하거나 경찰관서에 보호할 수 있다. (O|X)

정답과 해설

2237. (X) 보호조치는 원칙적으로 경찰관의 재량행위이나 재량권이 0으로 수축되는 경우 기속행위의 성격을 가지게 되며, 경찰관이 이를 소홀히 할 경우 국가배상책임이 인정될 수 있다.

2238. (X) 보건의료기관이나 공공구호기관은 정당한 이유없이 긴급구호를 거부할 수 없으나, 거부하더라도 「경찰관 직무집행법」상 처벌규정은 없고, 「응급의료에 관한 법률」 제60조 제3항에 의하여 3년 이하의 징역 또는 3천만원 이하의 벌금으로 처벌하고 있다.

2239. (X) 긴급구호요청을 받은 응급의료종사자가 정당한 이유 없이 긴급구호요청을 거절할 경우, 「응급의료에 관한 법률」(경찰관 직무집행법 X) 제60조 제3항에 따라 3년 이하의 징역 또는 3천만원 이하의 벌금에 처한다.

2240. (X) 경찰관은 수상한 행동이나 그 밖의 주위 사정을 합리적으로 판단해 볼 때 보호조치대상자에 해당하는 것이 명백하고 응급구호가 필요하다고 믿을 만한 상당한 이유가 있는 사람을 발견하였을 때에는 보건의료기관이나 공공구호기관에 긴급구호를 요청하거나 경찰관서에 보호하는 등 적절한 조치를 할 수 있다(조치를 하여야 한다 X)(동법 제4조 제1항).

2241. (O) 동법 제4조 제1항 제1호

2242 ☐☐☐☐ 19 승진

자신의 생명이나 신체가 아닌 재산에만 위해를 끼칠 우려가 있는 술에 취한 자는 경찰관 보호조치의 대상자로 볼 수 없다. (O│X)

2243 ☐☐☐☐ 18 승진, 19 간부

경찰관은 자살을 시도하는 것이 명백하고 응급구호가 필요하다고 믿을 만한 상당한 이유가 있는 구호대상자에 대하여 해당 구호대상자의 동의 여부와 관계없이 보호조치를 실시할 수 있다. (O│X)

2244 ☐☐☐☐ 12 승진

B지구대 경찰관은 새벽2시에 술에 취해 한강에 투신하려고 다리 난간에 올라 가려는 사람을 발견하고, 그 사람이 거부했음에도 불구하고 인근 지구대에서 보호했다. (O│X)

2245 ☐☐☐☐ 12·20·21 채용, 18·20·22 승진, 17·23 간부

미아, 병자, 부상자 등으로서 적당한 보호자가 없으며 응급구호가 필요한 경우 본인이 구호를 거절하더라도 보호조치를 할 수 있다. (O│X)

2246 ☐☐☐☐ 08 간부

현행 「경찰관 직무집행법」상 정신착란자, 술에 취한자, 미아는 강제보호조치 대상자이다. (O│X)

2247 ☐☐☐☐ 12 승진

A지구대 경찰관은 길을 잃은 소년(13세)을 발견하여 보호조치를 하려고 했으나, 소년이 거부하여 그대로 돌려보냈다. (O│X)

2248 ☐☐☐☐ 09 승진

「경찰관 직무집행법」 제4조는 보호조치 대상자로서 정신착란자·술에 취한자·자살을 시도하는 사람·미아·병자·부상자·흉기소지자 등을 규정하고 있다. (O│X)

정답과 해설

2242. (X) 정신착란을 일으키거나 술에 취하여 자신 또는 다른 사람의 **생명·신체·재산**에 위해를 끼칠 우려가 있는 사람이 보호조치 대상이다(경찰관 직무집행법 제4조 제1항 제1호).

2243. (O) **자살을 시도하는 것이 명백하고 응급구호가 필요하다고 믿을 만한 상당한 이유가 있는 구호대상자**는 **강제보호조치 대상자로서 구호대상자의 동의 여부와 관계없이** 보호조치를 실시할 수 있다(동법 제4조 제1항 제2호).

2244. (O) 술에 취해 한강에 투신하려고 다리 난간에 올라 가려는 사람은 **강제보호조치 대상자로서 구호대상자의 동의 여부와 관계없이** 보호조치를 실시할 수 있다(동법 제4조 제1항 제2호).

2245. (X) 경찰관은 수상한 행동이나 그 밖의 주위 사정을 합리적으로 판단해 볼 때 미아, 병자, 부상자 등으로서 적당한 보호자가 없으며 응급구호가 필요하다고 인정되는 사람(다만, **본인이 구호를 거절하는 경우는 제외**)에 해당하는 것이 명백하고 응급구호가 필요하다고 믿을 만한 상당한 이유가 있는 사람을 발견하였을 때에는 보건의료기관이나 공공구호기관에 긴급구호를 요청하거나 경찰관서에 보호하는 등 적절한 조치를 할 수 있다(동법 제4조 제1항).

2246. (X) 미아, 병자, 부상자는 본인이 구호를 거절하는 경우 보호를 할 수 없는 점에서 **임의보호조치 대상자**이다.

2247. (O) 길을 잃은 소년(13세)은 임의보호조치 대상자로 소년이 거부하면 보호조치를 할 수 없다.

2248. (X) 경찰관 직무집행법 제4조 제1항은 **흉기소지자는 규정하고 있지 않다**.

2249 ☐☐☐☐ 25 간부

甲으로부터 긴급구호를 요청받은 B보건의료기관은 정당한 이유 없이 긴급구호를 거절할 수 없다. (O|X)

2250 ☐☐☐☐ 20·21·23 채용, 19·25 간부

경찰관은 「경찰관 직무집행법」 제4조 제1항의 조치를 하는 경우에, 구호대상자가 휴대하고 있는 무기·흉기 등 위험을 일으킬 수 있는 것으로 인정되는 물건을 경찰관서에 임시로 영치하여 놓을 수 있다. 물건을 경찰관서에 임시로 영치하는 기간은 10일을 초과할 수 없다. (O|X)

2251 ☐☐☐☐ 03·21·23 채용, 12·18 승진, 19·23 간부

경찰관은 「경찰관 직무집행법」 제4조 제1항의 조치를 하였을 때에는 지체 없이 구호대상자의 가족, 친지 또는 그 밖의 연고자에게 그 사실을 알려야 하며, 연고자가 발견되지 아니할 때에는 구호대상자를 적당한 관할경찰관서에 즉시 인계하여야 한다. (O|X)

2252 ☐☐☐☐ 18 채용, 16 승진, 03 간부

경찰관이 긴급구호나 보호조치를 한 경우 24시간 이내에 가족 등에게 그 사실을 알려야 한다. (O|X)

2253 ☐☐☐☐ 05 채용, 21 승진, 25 간부

경찰관은 자살기도자를 발견하여 경찰관서에 보호할 경우 지체 없이 구호대상자의 가족, 친지 또는 그 밖의 연고자에게 그 사실을 알려야 하며, 연고자가 발견되지 아니할 때에는 구호대상자의 의사와 상관없이 공공보건의료기관이나 공공구호기관에 인계할 수 있다. (O|X)

2254 ☐☐☐☐ 19·23·25 간부

경찰관이 구호대상자를 공공보건의료기관이나 공공구호기관에 인계하였을 때에는 해당 경찰관이 즉시 그 사실을 해당 공공보건의료기관 또는 공공구호기관의 장 및 그 감독행정청에 통보하여야 한다. (O|X)

정답과 해설

2249. (O) 긴급구호를 요청받은 보건의료기관이나 공공구호기관은 정당한 이유 없이 긴급구호를 거절할 수 없다(경찰관 직무집행법 제4조 제2항).

2250. (O) 경찰관은 보호조치를 하는 경우에 구호대상자가 휴대하고 있는 무기·흉기 등 위험을 일으킬 수 있는 것으로 인정되는 물건을 **경찰관서(공공보건의료기관이나 공공구호기관 X)**에 임시로 영치하여 놓을 수 있다(동법 제4조 제3항).

2251. (X) 경찰관은 제1항의 조치를 하였을 때에는 지체 없이 구호대상자의 가족, 친지 또는 그 밖의 연고자에게 그 사실을 **알려야 하며**, 연고자가 발견되지 아니할 때에는 구호대상자를 적당한 **공공보건의료기관이나 공공구호기관(관할경찰관서 X)**에 즉시 **인계하여야 한다(인계할 수 있다 X)**(동법 제4조 제4항).

2252. (X) 경찰관은 보호조치를 하였을 때에는 **지체 없이(24시간 X)** 구호대상자의 가족, 친지 또는 그 밖의 연고자에게 그 사실을 알려야 하며, 연고자가 발견되지 아니할 때에는 구호대상자를 적당한 공공보건의료기관이나 공공구호기관에 즉시 인계하여야 한다(동법 제4조 제4항).

2253. (X) ~~ **인계하여야 한다(인계할 수 있다 X)**(동법 제4조 제4항).

2254. (X) **경찰관**은 구호대상자를 공공보건의료기관이나 공공구호기관에 인계하였을 때에는 즉시 그 사실을 **소속 경찰서장(해당 경찰관 X)**이나 해양경찰서장에게 보고하여야 하며(동법 제4조 제5항), 보고를 받은 **소속 경찰서장(해당 경찰관 X)**이나 해양경찰서장은 대통령령으로 정하는 바에 따라 구호대상자를 인계한 사실을 **지체 없이** 해당 공공보건의료기관 또는 공공구호기관의 장 및 그 감독행정청에 **통보하여야 한다**(동법 제4조 제6항).

2255 ☐☐☐☐ 18·20 채용, 16·19·20·23 승진, 03 간부

경찰관은 보호조치를 하였을 때에는 지체없이 구호대상자의 가족, 친지 또는 그 밖의 연고자에게 그 사실을 알려야 하며, 구호대상자를 경찰관서에서 보호하는 기간은 6시간을 초과할 수 없다. (O|X)

2256 ☐☐☐☐ 03·05·20·23 채용, 04·16·17·20·21·23 승진, 03·11·19 간부, 21 경채

구호대상자를 경찰관서에서 보호하는 기간은 24시간을 초과할 수 없고, 물건을 경찰관서에 임시로 영치하는 기간은 15일을 초과할 수 없다. (O|X)

2257 ☐☐☐☐ 05·18 채용, 03 간부

임시영치 기간은 10일을 초과할 수 없으며, 법적 성질은 대인적 즉시강제이다. (O|X)

2258 ☐☐☐☐ 24 채용, 24 간부

「경찰관 직무집행법」에서 규정하는 술에 취한 상태로 인하여 자기 또는 타인의 생명·신체와 재산에 위해를 미칠 우려가 있는 피구호자에 대한 보호조치는 경찰 행정상 즉시강제에 해당한다. (O|X)

2259 ☐☐☐☐ 24 간부

술에 취한 상태란 피구호자가 술에 만취하여 정상적인 판단능력이나 의사능력을 상실할 정도에 이른 것을 말하지 않는다. (O|X)

2260 ☐☐☐☐ 24·26 간부

보호조치를 필요로 하는 피구호자에 해당하는지는 구체적인 상황을 고려하여 사회 평균인을 기준으로 판단하되, 그 판단은 보호조치의 취지와 목적에 비추어 현저하게 불합리하여서는 아니 되며, 술에 취한 피구호자의 가족 등에게 인계할 수 있다면 특별한 사정이 없는 한 경찰관서에서 피구호자를 보호하는 것은 허용되지 않는다. (O|X)

정답과 해설

2255. (X) 구호대상자(정신착란자·술에 취한자·자살을 시도하는 사람·미아·병자·부상자)를 경찰관서에서 보호하는 기간은 24시간(10시간 X, 6시간 X)을 초과할 수 없다(동법 제4조 제4항 제7항).

2256. (X) 구호대상자를 경찰관서에서 보호하는 기간은 24시간을 초과할 수 없고, 물건(구호대상자가 휴대하고 있는 무기·흉기 등 위험을 일으킬 수 있는 것으로 인정되는 물건)을 경찰관서에 임시로 영치하는 기간은 10일을 초과할 수 없다(동법 제4조 제7항).

2257. (X) 임시영치의 법적 성질은 대물적 즉시강제이다.

2258. (O) 경찰관직무집행법 제4조 제1항 제1호에서 규정하는 술에 취한 상태로 인하여 자기 또는 타인의 생명·신체와 재산에 위해를 미칠 우려가 있는 피구호자에 대한 보호조치는 경찰 행정상 즉시강제에 해당한다(대판 93도958).

2259. (X) '술에 취한 상태'란 피구호자가 술에 만취하여 정상적인 판단능력이나 의사능력을 상실할 정도에 이른 것을 말한다(대판 93도958).

2260. (X) 보호조치를 필요로 하는 피구호자에 해당하는지는 구체적인 상황을 고려하여 경찰관 평균인(사회 평균인 X)을 기준으로 판단하되, 그 판단은 보호조치의 취지와 목적에 비추어 현저하게 불합리하여서는 아니 되며, 피구호자의 가족 등에게 피구호자를 인계할 수 있다면 특별한 사정이 없는 한 경찰관서에서 피구호자를 보호하는 것은 허용되지 않는다(대판 2012도11162).

2261 ☐☐☐☐ 26 간부

「경찰관 직무집행법」상 정신착란자, 주취자, 자살기도자 등 응급의 구호를 요하는 자를 24시간을 초과하지 아니하는 범위 내에서 경찰관서에 보호조치할 수 있는 시설로 제한적으로 운영되는 경우를 제외하고는 구속영장을 발부받음 없이 경찰서 조사대기실에 유치하는 것은 영장주의에 위배되는 위법한 구금에 해당한다. ⓄⓍ

2262 ☐☐☐☐ 26 간부

주취 상태에서의 운전은 「도로교통법」에 의하여 금지되어 있는 범죄행위임이 명백하고 그로 인하여 자기 또는 타인의 생명이나 신체에 위해를 미칠 위험이 큰 점을 감안하면, 주취운전을 적발한 경찰관은 운전자의 주취 정도가 심한 경우에는 경찰관서에 일시 보호하는 조치를 할 수 있다. ⓄⓍ

2263 ☐☐☐☐ 12 승진

경찰관이 응급의 구호를 요하는 자를 보건의료기관에게 긴급구호요청을 하고, 보건의료기관이 이에 따라 치료행위를 하였다고 하더라도 국가와 보건의료기관 사이에 국가가 치료행위를 보건의료기관에 위탁하고 보건의료기관이 이를 승낙하는 내용의 치료위임계약이 체결된 것으로는 볼 수 없다. ⓄⓍ

정답과 해설

2261. (O) 대판 93도958
2262. (O) 대판 97다54482
2263. (O) 대판 93다4472

THEME 04 위험발생의 방지(§5) _s급

2264 □□□□ 13 승진
위험발생 방지조치의 성질은 대인적, 대물적, 대가택적 즉시강제이다. (O|X)

2265 □□□□ 13 승진
위험발생 방지조치의 수단으로 경고, 이동제한·대피, 퇴거·접근금지, 위해방지 조치, 접근·통행의 제한·금지 조치가 있다. (O|X)

2266 □□□□ 13·23 승진
위험발생의 방지조치란 경찰관이 사람의 생명 또는 신체에 위해를 끼치거나 재산에 중대한 손해를 끼칠 우려가 있는 천재, 사변, 인공구조물의 파손이나 붕괴, 교통사고, 위험물의 폭발, 위험한 동물 등의 출현, 극도의 혼잡, 그 밖의 위험한 사태가 있을 시 이를 방지하기 위해 취하는 특정 조치를 말한다. (O|X)

2267 □□□□ 18 간부, 12·16·19 승진

다음 중 괄호 안에 들어갈 내용을 기입하시오.

> 경찰관은 사람의 생명 또는 신체에 위해를 끼치거나 재산에 중대한 손해를 끼칠 우려가 있는 천재, 사변, 인공구조물의 파손이나 붕괴, 교통사고, 위험물의 폭발, 위험한 동물 등의 출현, 극도의 혼잡, 그 밖의 위험한 사태가 있을 때에는 다음 각 호의 조치를 할 수 있다.
> 1. 그 장소에 모인 사람, 사물의 관리자, 그 밖의 관계인에게 필요한 (㉠)을(를) 하는 것
> 2. 긴급한 경우에는 위해를 입을 우려가 있는 사람을 필요한 한도에서 (㉡)시키는 것
> 3. 위험한 상황의 원인을 제공한 사람을 그 장소에서 퇴거시키거나 그 장소에의 (㉢)시키는 것
> 4. 그 장소에 있는 사람, 사물의 관리자, 그 밖의 관계인에게 위해를 방지하기 위하여 필요하다고 인정되는 조치를 하게 하거나 (㉣)을(를) 하는 것

2268 □□□□ 13·16·23 승진, 17 간부
「경찰관 직무집행법」상 위험발생의 방지를 위한 조치 중 '긴급한 경우'에 위해를 입을 우려가 있는 사람은 경고의 대상자로 규정되어 있다. (O|X)

정답과 해설

2264. (O) 위험발생 방지조치의 법적성질은 경직법상 유일하게 **대인, 대물, 대가택적 즉시강제에 해당**된다.
2265. (O) 경찰관 직무집행법 제5조 제1항
2266. (O) 동법 제5조 제1항
2267. ㉠ 경고 ㉡ 이동을 제한하거나 대피 ㉢ 접근을 금지 ㉣ 직접조치
2268. (X) 경찰관 직무집행법상 위험발생의 방지를 위한 조치 중 긴급한(매우 긴급 X) 경우에는 위해를 입을 우려가 있는 사람을 필요한 한도에서 **이동을 제한하거나 대피시키는 대상자**로 규정되어 있다(동법 제5조 제1항 제2호).

2269 ☐☐☐☐ 13·14·15 채용, 23 승진

경찰서의 장은 대간첩 작전의 수행이나 소요 사태의 진압을 위하여 필요하다고 인정되는 상당한 이유가 있을 때에는 대간첩 작전지역이나 경찰관서·무기고 등 다중이용시설에 대한 접근 또는 통행을 제한하거나 금지할 수 있다. (O|X)

2270 ☐☐☐☐ 23 승진

경찰관은 위험 발생의 방지 등에 관한 조치를 하였을 때에는 지체 없이 그 사실을 소속 경찰관서의 장에게 보고하여야 한다. (O|X)

2271 ☐☐☐☐ 24 간부

형법상 공무집행방해죄는 공무원의 직무집행이 적법한 경우에 한하여 성립하며, 이때 적법한 공무집행은 그 행위가 공무원의 추상적 권한이 아니라 구체적 직무집행에 관한 법률상 요건과 방식을 갖춘 경우를 가리키므로, 경찰관이 적법절차를 준수하지 않은 채 실력으로 현행범인을 연행하려 하였다면 적법한 공무집행이라고 할 수 없다. (O|X)

2272 ☐☐☐☐ 23 채용

「경찰관 직무집행법」 제5조는 형식상 경찰관에게 재량에 의한 직무수행권한을 부여한 것처럼 되어 있으나, 경찰관에게 그러한 권한을 부여한 취지와 목적에 비추어 볼 때 구체적인 사정에 따라 경찰관이 그 권한을 행사하여 필요한 조치를 취하지 아니하는 것이 현저하게 불합리하다고 인정되는 경우에는 그러한 권한의 불행사는 직무상의 의무를 위반한 것이 되어 위법하게 된다. (O|X)

정답과 해설

2269. (X) **경찰서의 장(경찰관 X)**은 대간첩 작전의 수행이나 소요 사태의 진압을 위하여 필요하다고 인정되는 상당한 이유가 있을 때에는 대간첩 작전지역이나 경찰관서·무기고 등 **국가중요시설(다중이용시설 X)**에 대한 접근 또는 통행을 제한하거나 **금지할 수 있다(금지하여야 한다 X)**(동법 제5조 제2항).

2270. (O) 동법 제5조 제3항

2271. (X) 공무집행방해죄는 공무원의 적법한 공무집행이 전제되어야 하고, 공무집행이 적법하기 위해서는 그 행위가 공무원의 **추상적 직무 권한에 속할 뿐만 아니라 구체적으로 그 권한 내에 있어야 하며**, 직무행위로서 중요한 방식을 갖추어야 한다. 추상적인 권한은 반드시 법령에 명시되어 있을 필요는 없다. 추상적인 권한에 속하는 공무원의 어떠한 공무집행이 적법한지는 행위 당시의 구체적 상황에 기초를 두고 객관적·합리적으로 판단해야 하고, 사후적으로 순수한 객관적 기준에서 판단할 것은 아니다(대판 2021도13883).

2272. (O) 대판 98다16890

범죄의 예방과 제지(§6)_s급

2273 ☐☐☐☐ 13·15 채용, 19·22·23 승진, 25 간부
경찰관은 범죄행위가 목전에 행하여지려고 하고 있다고 인정될 때에는 이를 예방하기 위하여 관계인에게 필요한 경고를 하고 즉시 그 행위를 제지할 수 있다. (O│X)

2274 ☐☐☐☐ 24 채용, 23 승진, 26 간부
「경찰관 직무집행법」 제6조에 의한 경찰관의 경고나 제지는 그 문언과 같이 범죄의 예방을 위하여 범죄행위에 관한 실행의 착수 전에 행하여질 수 있으며, 이후 범죄행위가 계속되는 중에 그 진압을 위하여는 행하여질 수 없다. (O│X)

2275 ☐☐☐☐ 12·14·22 승진, 25·26 간부
「경찰관 직무집행법」상 '제지'는 행정상 즉시강제에 해당하며, 필요한 최소한도 내에서 행해져야 하므로 해당 집회 참가가 불법 행위라도, 집회 장소와 시간적·장소적으로 근접하지 않은 경우에는 이를 제지할 수 없다. (O│X)

2276 ☐☐☐☐ 12 승진
충청남도에서 근무하는 경찰서장D는 관내 甲단체가 서울역 앞에서 개최할 예정인 미신고 폭력집회에 참석하려고 단체로 버스에 탑승하여 출발하는 것을 제지하였다. (O│X)

정답과 해설

2273. (X) 경찰관은 범죄행위가 목전(目前)에 행하여지려고 하고 있다고 인정될 때에는 이를 **예방하기 위하여** 관계인에게 **필요한 경고(필요한 제지 X)**를 하고, 그 행위로 인하여 사람의 생명·신체에 위해를 끼치거나 재산에 중대한 손해를 끼칠 우려가 있는 **긴급한 경우(즉시 X)**에는 그 행위를 **제지**할 수 있다(경찰관 직무집행법 제6조).

2274. (X) 경찰관의 경고나 제지는 범죄의 예방을 위하여 범죄행위에 관한 실행의 착수 전에 행하여질 수 있을 뿐만 아니라, 이후 범죄행위가 계속되는 중에 그 진압을 위하여도 당연히 **행하여질 수 있다**고 보아야 한다(대판 2013도643).

2275. (O) 「경찰관 직무집행법」 제6조 제1항 중 경찰관의 제지에 관한 부분은 범죄의 예방을 위한 경찰 행정상 즉시강제에 관한 근거 조항이며, 구 집회 및 시위에 관한 법률(2007. 5. 11. 법률 제8424호로 개정되기 전의 것)에 의하여 금지되어 그 주최 또는 참가행위가 형사처벌의 대상이 되는 **위법한 집회·시위가 장차 특정지역에서 개최될 것이 예상된다고 하더라도**, 이와 시간적·장소적으로 근접하지 않은 다른 지역에서 그 집회·시위에 참가하기 위하여 출발 또는 이동하는 행위를 **함부로 제지하는 것은** 경찰관 직무집행법 제6조 제1항의 행정상 즉시강제인 **경찰관의 제지의 범위를 명백히 넘어 허용될 수 없다**(대판 2008.11.13. 2007도9794).

2276. (X) 「경찰관 직무집행법」 제6조 제1항의 행정상 즉시강제인 경찰관의 제지의 범위를 명백히 넘어 **허용될 수 없다**(대판 2008.11.13. 2007도9794).

2277 ☐☐☐☐ 24 간부

경찰관이 구체적 상황에 비추어 인적 및 물적 능력의 범위 내에서 적절한 조치라는 판단에 따라 범죄의 진압 및 수사에 관한 직무를 수행한 경우에는 그러한 직무수행이 객관적 정당성을 상실하여 현저하게 불합리한 것으로 인정되지 않는 한 이를 위법하다고 할 수는 없다. (O|X)

2278 ☐☐☐☐ 23 채용

경찰 병력이 행정대집행 직후 "A자동차 희생자 추모와 해고자 복직을 위한 범국민대책위원회"(이하 'A차 대책위'라 함)가 또다시 같은 장소를 점거하고 물건을 다시 비치하는 것을 막기 위해 당해 사건 장소를 미리 둘러싼 뒤 'A차 대책위'가 같은 장소에서 기자회견 명목의 집회를 개최하려는 것을 불허하면서 소극적으로 제지한 것은 범죄행위 예방을 위한 경찰 행정상 즉시강제로서 적법한 공무집행에 해당한다. (O|X)

2279 ☐☐☐☐ 25 간부

제6조에 의한 경찰관의 제지 조치는 그러한 조치가 불가피한 최소한도 내에서만 행사되도록 그 발동·행사 요건을 신중하고 엄격하게 해석하여야 하고, 그러한 해석·적용의 범위 내에서만 우리 헌법상 신체의 자유 등 기본권 보장 조항과 그 정신 및 해석 원칙에 합치될 수 있다. (O|X)

2280 ☐☐☐☐ 25 간부

경찰관은 형사처벌의 대상이 되는 행위가 눈앞에서 막 이루어지려고 하는 것이 객관적으로 인정될 수 있는 상황이고 그 행위를 당장 제지하지 않으면 곧 인명·신체에 위해를 미치거나 재산에 중대한 손해를 끼칠 우려가 있는 상황이어서, 직접 제지하는 방법 외에는 위와 같은 결과를 막을 수 없는 급박한 상태일 때에만 제6조에 의하여 적법하게 그 행위를 제지할 수 있고, 그 범위 내에서만 경찰관의 제지 조치가 적법하다고 평가될 수 있다. (O|X)

2281 ☐☐☐☐ 26 간부

노동조합 조합원들이 어떠한 범죄행위를 목전에서 저지르려고 하거나 이들의 행위로 인하여 인명·신체에 위해를 미치거나 재산에 중대한 손해를 끼칠 우려 등 긴급한 사정이 있는 경우가 아닌데도 방패를 든 전투경찰대원들이 위 조합원들을 둘러싸고 이동하지 못하게 가둔 행위는 「경찰관 직무집행법」 제6조 제1항에 근거한 제지 조치라고 볼 수 없고, 이는 형사소송법상 체포에 해당한다. (O|X)

정답과 해설

2277. (O) 객관적 정당성을 상실하여 현저하게 불합리하다고 인정되지 않는다면 그와 다른 조치를 취하지 아니한 부작위를 내세워 국가배상책임의 요건인 법령 위반에 해당한다고 할 수 없다(대판 2005다23438).
2278. (O) 대판 2018도2993
2279. (O) 대판 2007도9794
2280. (O) 대판 2018다288631
2281. (O) 대판 2013도2168

2282 22·24 채용, 23 승진, 24·26 간부, 23 경채

「경찰관 직무집행법」상 범죄의 예방과 제지에 관한 사례이다. (다툼이 있는 경우 판례에 의함)
(2282-1번~2282-4번에만 해당)

> 甲은 평소 집에서 심한 고성과 욕설, 시끄러운 음악 소리 등으로 이웃 주민들로부터 수 회에 걸쳐 112신고가 있어 왔던 사람이다. 사건 당일에도 甲이 자정에 가까운 한밤중에 집 안에서 음악을 크게 켜놓고 심한 고성을 지른다는 112신고를 받고 경찰관이 출동하였다. 출동한 경찰관이 인터폰으로 甲에게 문을 열어달라고 하였으나, 甲은 심한 욕설을 할 뿐 출입문을 열어주지 않은 채, 소란행위를 멈추지 않았다. 이에 경찰관들이 甲을 만나기 위해 甲의 집으로 통하는 전기를 일시적으로 차단하여 甲이 집 밖으로 나오도록 유도하였다.

2282-1 ☐☐☐☐
「경찰관 직무집행법」상 경찰관의 제지에 관한 부분은 눈앞의 급박한 경찰상 장해를 제거하여야 할 필요가 있고 의무를 명할 시간적 여유가 없거나 의무를 명하는 방법으로는 그 목적을 달성하기 어려운 상황에서 의무이행을 전제로 하지 않고 경찰이 직접 실력을 행사하여 경찰상 필요한 상태를 실현하는 비권력적 사실행위에 관한 근거조항이다. (O│X)

2282-2 ☐☐☐☐
甲의 행위는 「경범죄처벌법」상 '인근소란 등'에 해당하고 이로 인하여 인근 주민들이 잠을 이루지 못할 수 있으며 출동한 경찰관들을 만나지 않고 소란행위를 지속하고 있으므로, 甲의 행위를 제지하는 것은 경찰관의 직무상 권한이자 의무로 볼 수 있다. (O│X)

2282-3 ☐☐☐☐
「경찰관 직무집행법」상 경찰관의 제지 조치의 위법 여부는 사후적으로 순수한 객관적 기준에서 판단해야 하고 제지 조치 당시의 구체적 상황을 기초로 판단하는 것은 아니다. (O│X)

2282-4 ☐☐☐☐
경찰관의 조치는 사람의 생명·신체에 위해를 끼치거나 재산에 중대한 손해를 끼칠 우려가 있는 긴급한 경우로 보기는 어려워 즉시강제가 아니라 직접강제의 요건에 부합한다. (O│X)

정답과 해설

2282-1. (X) 경찰관의 제지에 관한 부분은 범죄 예방을 위한 경찰 행정상 즉시강제, 즉 눈앞의 급박한 경찰상 장해를 제거할 필요가 있고 의무를 명할 시간적 여유가 없거나 의무를 명하는 방법으로는 그 목적을 달성하기 어려운 상황에서 의무불이행을 전제로 하지 않고 경찰이 직접 실력을 행사하여 경찰상 필요한 상태를 실현하는 **권력적 사실행위**에 관한 근거조항이다(대판 2016도19417).

2282-2. (O) 주거지에서 음악 소리를 크게 내거나 큰 소리로 떠들어 이웃을 시끄럽게 하는 행위는 경범죄처벌법 제3조 제1항 제21호에서 경범죄로 정한 '인근소란 등'에 해당한다. 경찰관은 경찰관 직무집행법에 따라 경범죄에 해당하는 행위를 예방·진압·수사하고, 필요한 경우 제지할 수 있다(대판 2016도19417).

2282-3. (X) 경찰관은 형사처벌의 대상이 되는 행위가 눈앞에서 막 이루어지려고 하는 것이 **객관적(주관적 X)**으로 인정될 수 있는 상황이고, 그 행위를 당장 제지하지 않으면 곧 생명·신체에 위해를 미치거나 재산에 중대한 손해를 끼칠 우려가 있는 상황이어서, 직접 제지하는 방법 외에는 위와 같은 결과를 막을 수 없는 절박한 사태가 있어야 한다. 다만, 경찰관의 제지 조치가 적법한지는 제지 조치 **당시의 구체적 상황을 기초로 판단**하여야 하고 사후적으로 순수한 객관적 기준에서 판단할 것은 아니다(대판 2016도19417).

2282-4. (X) 경찰관직무집행법 제6조 제1항 중 경찰관의 제지에 관한 부분은 범죄의 예방을 위한 **즉시강제**에 관한 근거조항이다(대판 2008.11.13. 2007도9794).

위험방지를 위한 출입(§7) _S급

2283 ☐☐☐☐ 19 승진
위험방지를 위한 출입의 성질은 대가택적 즉시강제이다. (O|X)

2284 ☐☐☐☐ 19 승진
경찰공무원은 여관에 불이 나서 객실에 쓰러져 있는 사람이 있는 경우에는 주인이 허락하지 않더라도 들어갈 수 있다. (O|X)

2285 ☐☐☐☐ 22 승진, 26 간부
경찰관은 위험한 사태가 발생하여 사람의 생명·신체 또는 재산에 대한 위해가 임박한 때에 그 위해를 방지하거나 피해자를 구조하기 위하여 부득이하다고 인정하면 합리적으로 판단하여 필요한 한도에서 다른 사람의 토지·건물·배 또는 차에 출입할 수 있다. (O|X)

2286 ☐☐☐☐ 19 승진, 26 간부
새벽 3시에 영업이 끝난 식당에서 주인만 머무르는 경우라도, 경찰공무원은 범죄의 예방을 위해 출입을 요구할 수 있고, 상대방은 이를 거절할 수 없다. (O|X)

2287 ☐☐☐☐ 19·22·23 승진, 26 간부
경찰관이 위험방지를 위해 여관에 출입할 경우에는 그 신분을 표시하는 증표의 제시의무는 없다. (O|X)

정답과 해설

2283. (O)
2284. (O) 경찰관은 위험한 사태가 발생하여 사람의 생명·신체 또는 재산에 대한 **위해가 임박한 때**에 그 위해를 방지하거나 피해자를 구조하기 위하여 부득이하다고 인정하면 합리적으로 판단하여 필요한 한도에서 다른 사람의 토지·**건물(여관)**·배 또는 차에 **출입할 수 있다(긴급출입)**(동법 제7조 제1항). **긴급출입의 경우 주인이 허락하지 않더라도 들어갈 수 있다.**
2285. (O) 경찰관은 위험한 사태가 발생하여 사람의 생명·신체 또는 재산에 대한 위해가 임박한 때에 그 위해를 방지하거나 피해자를 구조하기 위하여 **부득이하다고 인정하면**(보충성) 합리적으로 판단하여 필요한 한도에서 다른 사람의 토지·건물·배 또는 차에 **출입할 수 있다**(동법 제7조 제1항).
2286. (X) 음식점 주인은 경찰관이 범죄나 사람의 생명·신체·재산에 대한 위해를 예방하기 위하여 **해당 장소의 영업시간이나 해당 장소가 일반인에게 공개된 시간**에 그 장소에 출입하겠다고 요구하면 정당한 이유 없이 그 요구를 거절할 수 없다(예방출입)(동법 제7조 제2항). 그러나 **새벽 3시에 영업이 끝난 식당은 영업시간이나 해당 장소가 일반인에게 공개된 시간이 아니기 때문에** 경찰공무원이 범죄의 예방을 위해 출입을 요구하는 경우 상대방은 이를 **거절할 수 있다.**
2287. (X) 경찰관이 위험방지를 위해 출입할 때에는 그 신분을 표시하는 **증표(경찰공무원증)를 제시하여야 하며**, 함부로 관계인이 하는 정당한 업무를 방해해서는 아니 된다(동법 제7조 제4항).

직무수행상의 사실확인 및 출석요구(§8) _S급

2288 ☐☐☐☐ 13·22 채용

경찰관은 직무수행에 필요하다고 인정되는 상당한 이유가 있을 때에는 국가기관 또는 공사단체 등에 대하여 직무수행에 관련된 사실을 조회할 수 있다. 다만, 긴급한 경우에는 소속 경찰관으로 하여금 현장에 나가 해당 기관 또는 단체의 장의 협조를 받아 그 사실을 확인하게 할 수 있다. (O|X)

2289 ☐☐☐☐ 04·13·23 채용, 08 간부

경찰관은 미아를 인수할 보호자 확인, 유실물을 인수할 권리자 확인, 사고로 인한 사상자(死傷者) 확인, 행정처분을 위한 교통사고 조사에 필요한 사실 확인을 위하여 필요하면 관계인에게 출석하여야 하는 사유·일시 및 장소를 명확히 적은 출석 요구서를 보내 경찰관서에 출석할 것을 요구할 수 있다. (O|X)

2290 ☐☐☐☐ 10 채용

경찰 출석 요구시 임의출석한 당사자에게 특정장소로 이동할 것을 요구하는 경우 반드시 상대방의 동의를 구해야 한다. (O|X)

정답과 해설

2288. (X) **경찰관서의 장**(경찰관 X)은 직무 수행에 필요하다고 인정되는 상당한 이유가 있을 때에는 국가기관이나 공사(公私) 단체 등에 직무 수행에 관련된 **사실을 조회할 수 있다**. 다만, 긴급한 경우에는 소속 경찰관으로 하여금 현장에 나가 해당 기관 또는 단체의 장의 협조를 받아 그 사실을 확인하게 할 수 있다(경찰관 직무집행법 제8조 제1항).

2289. (O) **경찰관**(경찰관서의 장 X)은 **미**아를 인수할 보호자 확인, **유**실물을 인수할 권리자 확인, **사**고로 인한 사상자(死傷者) 확인, **행**정처분을 위한 교통사고 조사(형사책임을 규명하기 위한 사실조사 X, 범죄 피해내용 확인 X)에 필요한 사실 확인을 위하여 필요하면 관계인에게 출석하여야 하는 사유·일시 및 장소를 명확히 적은 출석 요구서를 보내 경찰관서에 출석할 것을 **요구할 수 있다**(요구하여야 한다 X)(동법 제8조 제2항).
유미야 행사가자!

2290. (O) 출석요구시 임의출석의 의미는 임의적인 것이므로 상대방의 동의를 요한다는 의미이지 강제적이라는 것은 아니다. 그러므로 상대방의 동의를 구해야 한다는 뜻으로 해석할 수 있다.

정보의 수집 등(§8의2) _S급

2291 ☐☐☐☐ 24 채용

「경찰관 직무집행법」상 경찰관은 범죄·재난·공공갈등 등 공공안녕과 공공질서에 대한 위험의 예방과 대응을 위한 정보의 수집·작성·배포와 이에 수반되는 사실의 확인을 할 수 있다. (O|X)

2291-1 ☐☐☐☐ 25 채용

「경찰관의 정보수집 및 처리 등에 관한 규정」상 공공안녕에 대한 위험의 예방과 대응을 위한 정보의 수집·작성·배포와 이에 수반되는 사실의 확인을 위해 경찰관이 수행하는 활동은 국가의 존립과 기능을 보호하는 것을 목적으로 해야 하며, 필요 최소한의 범위에 그쳐야 한다. (O|X)

2292 ☐☐☐☐ 24 채용

「경찰관의 정보수집 및 처리 등에 관한 규정」상 경찰관은 정치에 관여하기 위해 정보를 수집·작성·배포하는 행위를 해서는 안 된다. (O|X)

2293 ☐☐☐☐ 24 승진

「경찰관의 정보수집 및 처리 등에 관한 규정」상 경찰관은 정보활동과 관련하여 직무와 무관한 비공식적 직함을 사용하는 행위를 해서는 안 된다. (O|X)

2294 ☐☐☐☐ 25 채용, 24 승진

「경찰관의 정보수집 및 처리 등에 관한 규정」상 경찰관이 「경찰관 직무집행법」 제8조의2 제1항에 따라 수집·작성·배포할 수 있는 정보의 범위에는 국가중요시설의 안전 및 주요 인사(人士)의 보호에 필요한 정보와 도로 교통의 위해 방지·제거 및 원활한 소통 확보를 위한 정보가 포함된다. (O|X)

2294-1 ☐☐☐☐ 25 채용

「경찰관의 정보수집 및 처리 등에 관한 규정」상 경찰관은 정보를 제공하거나 사실을 확인해 준 자가 신분이나 처우와 관련하여 불이익을 받지 않도록 비밀유지 등 필요한 조치를 해야 한다. (O|X)

정답과 해설

2291. (X) 경찰관은 범죄·재난·공공갈등 등 **공공안녕(공공질서 X)**에 대한 위험의 예방과 대응을 위한 정보의 수집·작성·배포와 이에 수반되는 사실의 확인을 할 수 있다(경찰관 직무집행법 제8조의2).

2291-1. (X) 공공안녕에 대한 위험의 예방과 대응을 위한 정보의 수집·작성·배포와 이에 수반되는 사실의 확인을 위해 경찰관이 수행하는 활동(이하 "정보활동"이라 한다)은 **국민의 자유와 권리를 보호(국가의 존립과 기능을 보호 X)**하는 것을 목적으로 해야 하며, 필요 최소한의 범위에 그쳐야 한다(경찰관의 정보수집 및 처리 등에 관한 규정 제2조 제1항).

2292. (O) 동규정 제2조 제2항 제1호

2293. (O) 동규정 제2조 제2항 제6호

2294. (O) 동규정 제3조 제3호, 제8호

2294-1. (O) 동규정 제4조 제3항

2295 ☐☐☐☐ 24 승진

「경찰관의 정보수집 및 처리 등에 관한 규정」상 경찰관은 명백히 위법한 지시라고 판단되는 경우에는 그 집행을 거부할 수 있다. ⓞⅩ

2296 ☐☐☐☐ 22·24 채용, 24 승진, 22 간부

「경찰관의 정보수집 및 처리 등에 관한 규정」상 경찰관이 정보 수집을 위해 상시적으로 출입해서는 안되며, 정보활동을 위해 필요한 경우에 한정하여 일시적으로 출입할 수 있는 장소에 포함되는 곳은 O, 포함되지 않는 곳은 X로 표기하시오.

㉠ 언론·교육·종교·시민사회 단체 등 민간단체	ⓞⅩ
㉡ 지방자치단체	ⓞⅩ
㉢ 정당의 사무소	ⓞⅩ
㉣ 공기업	ⓞⅩ

2296-1 ☐☐☐☐ 25 채용

「경찰관의 정보수집 및 처리 등에 관한 규정」상 경찰관은 공공안녕에 대한 위험의 예방과 대응을 위해 필요한 경우에는 수집·작성한 정보를 관계 기관 등에 통보할 수 있다. ⓞⅩ

2297 ☐☐☐☐ 24 채용

경찰관은 수집·작성한 정보가 그 목적이 달성되어 불필요하게 되었을 때에는 다른 법령에 따라 보존해야 하는 경우를 제외하고는 지체 없이 그 정보를 폐기해야 한다. ⓞⅩ

정답과 해설

2295. (O) 동규정 제8조 제2항
2296. ㉠ (O)
　　　㉡ (X) 지방자치단체가 아니라 **민간기업**이다.
　　　㉢ (O)
　　　㉣ (X) **공기업**은 정보 수집 등을 위한 출입의 한계 장소에 **포함되지 않는다**(동규정 제5조).
2296-1. (O) 동규정 제7조 제2항
2297. (O) 동규정 제7조 제3항

THEME 09 경찰장비의 사용 _S급

1 「경찰관 직무집행법」상 경찰장비(§10)

2298 □□□□ 19·23 간부
경찰관은 직무수행 중 경찰장비를 사용할 수 있다. 다만, 재산의 침해 또는 생명이나 신체에 위해를 끼칠 수 있는 경찰장비를 긴급하게 사용할 때에는 안전검사 없이 안전교육을 받은 후 사용할 수 있다. (O|X)

2299 □□□□ 15·24 채용, 15·19 간부
경찰장구란 무기, 경찰착용기록장치, 최루제와 그 발사장치, 살수차, 감식기구, 해안 감시기구, 통신기기, 차량·선박·항공기 등 경찰이 직무를 수행할 때 필요한 장치와 기구를 말한다. (O|X)

2300 □□□□ 24 채용, 19 간부
경찰관은 경찰장비를 함부로 개조하거나 경찰장비에 임의의 장비를 부착하여 일반적인 사용법과 달리 사용함으로써 다른 사람의 생명·신체에 위해를 끼쳐서는 아니 된다. (O|X)

2301 □□□□ 25 간부
경찰관이 직사살수의 방법으로 집회나 시위 참가자들을 해산시키려면, 먼저 「집회 및 시위에 관한 법률」에서 정한 해산 사유를 구체적으로 고지하는 적법한 절차에 따른 해산명령을 시행한 후에 직사살수의 방법을 사용할 수 있다. (O|X)

2302 □□□□ 24 채용
경찰관이 농성 진압 과정에서 경찰장비를 적법하게 사용하였더라도, 상대방이 그로 인한 생명·신체에 대한 위해를 면하기 위하여 대항하는 과정에서 경찰장비를 손상시켰다면 이는 현재의 부당한 침해에서 벗어나기 위한 행위로서 정당방위에 해당한다. (O|X)

정답과 해설

2298. (X) 경찰관은 직무수행 중 경찰장비를 사용할 수 있다. 다만, 사람의 **생명이나 신체(재산의 침해 X)** 에 위해를 끼칠 수 있는 경찰장비를 사용할 때에는 **필요한 안전교육과 안전검사를 받은 후 사용하여야 한다(할 수 있다 X)** (동법 제10조 제1항).

2299. (X) **경찰장비(경찰장구 X)** 란 무기, 경찰장구(警察裝具), 경찰착용기록장치, 최루제(催淚劑)와 그 발사장치, 살수차, 감식기구(鑑識機具), 해안 감시기구, 통신기기, 차량·선박·항공기 등 경찰이 직무를 수행할 때 필요한 장치와 기구를 말한다(동법 제10조 제2항).

2300. (O) 동법 제10조 제3항

2301. (O) 대판 2015다236196

2302. (X) 경찰관이 농성 진압의 과정에서 경찰장비를 **위법**하게 사용함으로써 그 직무수행이 적법한 범위를 벗어난 것으로 볼 수밖에 없다면, 상대방이 그로 인한 생명·신체에 대한 위해를 면하기 위하여 직접적으로 대항하는 과정에서 경찰장비를 손상시켰더라도 이는 위법한 공무집행으로 인한 신체에 대한 현재의 부당한 침해에서 벗어나기 위한 행위로서 **정당방위에 해당**한다(대판 2016다26662).

2303 ☐☐☐☐ 18·24 채용, 17·22 승진, 15·19·23 간부

경찰청장은 위해성 경찰장비를 새로 도입하려는 경우에는 대통령령으로 정하는 바에 따라 안전교육을 실시하여 그 안전교육의 결과보고서를 국회 소관 상임위원회에 제출하여야 한다. 이 경우 안전교육에는 외부 전문가를 참여시킬 수 있다. (O|X)

2304 ☐☐☐☐ 23 채용, 15·23 간부

「경찰관 직무집행법」상 위해성 경찰장비는 필요한 최소한도 내에서 사용하여야 하며, 위해성 경찰장비의 종류 및 그 사용기준, 안전교육·안전검사의 기준 등은 대통령령인 「경찰관 직무집행법 시행령」으로 정한다. (O|X)

2 「위해성 경찰장비의 사용기준 등에 관한 규정」상 경찰장비(대통령령)

2305 ☐☐☐☐ 14·25 채용, 13·17·18 승진

경찰장구에는 수갑·포승(捕繩)·호송용포승·경찰봉·호신용경봉을 포함한다. (O|X)

2306 ☐☐☐☐ 14·17 채용, 17·18 승진

권총·소총·기관총(기관단총을 포함)·산탄총·유탄발사기·박격포·3인치포·함포·크레모아·수류탄·전자충격기·폭약류 및 도검은 '무기'에 포함된다. (O|X)

2307 ☐☐☐☐ 22 채용, 21 경채

권총·소총·기관총·함포·크레모아·수류탄·가스발사총은 무기에 해당한다. (O|X)

2308 ☐☐☐☐ 14·17 채용, 17·19 간부

근접분사기·가스분사기·가스발사총(고무탄 발사겸용은 제외) 및 최루탄(그 발사장치를 포함)은 '분사기·최루탄등'에 포함된다. (O|X)

정답과 해설

2303. (X) 경찰청장은 위해성 경찰장비를 새로 도입하려는 경우에는 대통령령으로 정하는 바에 따라 **안전성 검사(안전교육 X)**를 실시하여 그 **안전성 검사(안전교육 X)**의 결과보고서를 **국회 소관 상임위원회(국가경찰위원회 X, 행정안전부장관 X)**에 **제출하여야 한다(할 수 있다 X)**. 이 경우 **안전성 검사(안전교육 X)**에는 외부 전문가를 **참여시켜야 한다(시킬 수 있다 X)**(동법 제10조 제5항).

2304. (X) 경찰관 직무집행법상 위해성 경찰장비는 필요한 최소한도 내에서 사용해야 하며, 위해성 경찰장비의 종류 및 그 사용기준, 안전교육·안전검사의 기준 등은 **대통령령인 「위해성 경찰장비의 사용기준 등에 관한 규정」(행정안전부령 X, 경찰관 직무집행법 시행령 X)**으로 정한다(동법 제10조 제4항, 제6항).

2305. (O) **수**갑·**포**승(捕繩)·**호**송용포승·**경**찰봉·**호**신용경봉·**전**자충격기·**방**패 및 **전**자방패(위해성 경찰장비의 사용기준 등에 관한 규정 제2조 제1호). **방전(된) 경호포수**

2306. (X) 무기란 권총·소총·기관총(기관단총을 **포함**)·산탄총·유탄발사기·박격포·3인치포·함포·크레모아·수류탄·폭약류 및 도검(동규정 제2조 제2호). **전자충격기는 경찰장구**에 해당한다.

2307. (X) 무기는 권총·소총·기관총(기관단총을 포함)·산탄총·유탄발사기·박격포·3인치포·함포·크레모아·수류탄·폭약류 및 도검이 해당한다. **가스발사총은 분사기**에 해당한다(동규정 제2조 제2호).

2308. (X) '분사기·최루탄등'이란 근접분사기·가스분사기·가스발사총(**고무탄 발사겸용을 포함(제외 X)**) 및 최루탄(그 발사장치를 포함)를 말한다(동규정 제2조 제3호).

2309 ☐☐☐☐ 14·17·25 채용, 17 승진

가스차·살수차·특수진압차·물포·석궁·전자방패는 '기타 장비'에 포함된다. ⓞⓧ

2310 ☐☐☐☐ 19·25 승진

직무수행 중 위해성 경찰장비를 사용하는 경찰관은 위해성 경찰장비 사용을 위한 안전교육을 받아야 한다. ⓞⓧ

2311 ☐☐☐☐ 19 승진

위해성 경찰장비를 사용하는 경찰관이 소속한 국가경찰관서의 장은 소속 경찰관이 사용할 위해성 경찰장비에 대한 안전검사를 실시하여야 한다. ⓞⓧ

2312 ☐☐☐☐ 19 승진

경찰청장은 위해성 경찰장비를 새로 도입하려는 경우에는 안전성 검사를 실시하여 새로 도입하려는 장비가 사람의 생명이나 신체에 미치는 영향을 평가하여야 한다. ⓞⓧ

2313 ☐☐☐☐ 18·21 채용, 19·21 승진

위해성 경찰장비를 새로 도입하려는 경우에 안전성 검사에 참여한 외부 전문가는 안전성 검사를 실시한 후 3개월 이내에 안전성 검사 결과보고서를 국회 소관 상임위원회에 제출하여야 한다. ⓞⓧ

2314 ☐☐☐☐ 21 채용

국가경찰관서의 장(경찰청장·해양경찰청장·시·도경찰청장·지방해양경찰청장·경찰서장 또는 해양경찰서장 기타 경무관·총경·경정 또는 경감을 장으로 하는 국가경찰관서의 장을 말한다)은 폐기대상인 위해성 경찰장비 또는 성능이 저하된 위해성 경찰장비를 개조할 수 있으며, 소속경찰관으로 하여금 이를 본래의 용법에 준하여 사용하게 할 수 있다. ⓞⓧ

> **정답과 해설**

2309. (X) 가**스**차·살**수**차·**특수**진압차·**물**포·**석**궁·다목적**발**사기 및 도주차량**차단**장비는 '기타 장비'에 포함된다(동규정 제2조 제4호). **전자방패**는 '**경찰장구**'에 포함된다(동규정 제2조 제1호). **석수물스발차단**

2310. (O) 동규정 제17조

2311. (O) 위해성 경찰장비를 사용하는 경찰관이 소속한 국가경찰관서의 장은 소속 경찰관이 사용할 위해성 경찰장비에 대한 안전검사를 **실시하여야 한다**(실시할 수 있다 X)(동규정 제18조).

2312. (O) **경찰청장**은 위해성 경찰장비를 새로 도입하려는 경우에는 안전성 검사를 실시하여 새로 도입하려는 장비가 사람의 생명이나 신체에 미치는 영향을 **평가하여야 한다**(평가할 수 있다 X)(동규정 제18조의2 제1항).

2313. (X) 안전성 검사에 참여한 **외부 전문가**는 안전성 검사가 끝난 후 **30일(3개월 X) 이내**에 신규 도입 장비의 안전성 여부에 대한 의견을 **경찰청장에게 제출**하여야 한다. **경찰청장**은 신규 도입 장비에 대한 안전성 검사를 실시한 후 **3개월(30일 X) 이내**에 안전성 검사 결과보고서를 **국회 소관 상임위원회(국무회의 X)**에 제출하여야 한다(동규정 제18조의2 제3항·제4항).

2314. (O) 국가경찰관서의 장(경찰청장·해양경찰청장·시·도경찰청장·지방해양경찰청장·경찰서장 또는 해양경찰서장 기타 **경무관·총경·경정 또는 경감**을 장으로 하는 국가경찰관서의 장을 말한다)은 폐기대상인 위해성 경찰장비 또는 성능이 저하된 위해성 경찰장비를 **개조할 수 있으며**, 소속경찰관으로 하여금 이를 본래의 용법에 준하여 사용하게 할 수 있다(동규정 제19조).

THEME 10 경찰장구의 사용 _S급

1 「경찰관 직무집행법」상 경찰장구의 사용 (§10의2)

2315 □□□□ 15 승진
전자충격기(일명 테이저건)는 공무집행에 대한 항거를 제압하는 수단으로 사용할 수 없다. (O|X)

2316 □□□□ 10·12·15·18 채용, 17·19 승진, 23 간부, 23 경채
경찰관은 '현행범이나 사형·무기 또는 장기 3년 이상의 징역이나 금고에 해당하는 죄를 범한 범인의 체포 또는 도주 방지', '자신이나 다른 사람의 생명·신체 및 재산의 보호', '공무집행에 대한 항거 제지'의 직무를 수행하기 위하여 필요하다고 인정되는 상당한 이유가 있을 때에는 그 사태를 합리적으로 판단하여 필요한 한도 내에서 경찰장구를 사용할 수 있다. (O|X)

2317 □□□□ 20 채용
경찰관은 범인의 체포 또는 도주의 방지, 자신이나 다른 사람의 생명·신체의 방어 및 보호, 공무집행에 대한 항거의 제지를 위하여 필요하다고 인정되는 상당한 이유가 있을 때에는 그 사태를 합리적으로 판단하여 필요한 한도에서 경찰장구를 사용할 수 있다. (O|X)

2318 □□□□ 16 채용, 10·12·17 승진
경찰장구는 현행범의 체포 시에는 사용이 가능하나 도주 방지를 위해서는 사용할 수 없다. (O|X)

정답과 해설

2315. (X) 경찰관은 공무집행에 대한 항거를 제압하는 수단으로 경찰장구(전자충격기(일명 테이저건))를 **사용할 수 있다** (경찰관 직무집행법 제10조의2 제1항).

2316. (X) 경찰관은 현행범이나 사형·무기 또는 장기 3년 이상의 징역이나 금고에 해당하는 죄를 범한 범인의 체포 또는 도주 방지, 자신이나 다른 사람의 **생명·신체(재산 X)**의 방어 및 보호, 공무집행에 대한 항거(抗拒) 제지를 위하여 필요하다고 인정되는 상당한 이유가 있을 때에는 그 사태를 합리적으로 판단하여 필요한 한도에서 경찰장구를 사용할 수 있다(동법 제10조의2 제1항).

2317. (X) 경찰관은 **현행범이나 사형·무기 또는 장기 3년 이상의 징역이나 금고에 해당하는 죄를 범한** 범인의 체포 또는 도주 방지, 자신이나 다른 사람의 생명·신체의 방어 및 보호, 공무집행에 대한 항거(抗拒) 제지를 위하여 필요하다고 인정되는 상당한 이유가 있을 때에는 그 사태를 합리적으로 판단하여 필요한 한도에서 경찰장구를 사용할 수 있다(동법 제10조의2 제1항).

2318. (X) 현행범이나 사형·무기 또는 장기 3년 이상의 징역이나 금고에 해당하는 죄를 범한 범인의 체포 또는 **도주 방지를 위하여** 경찰장구를 **사용할 수 있다**(동법 제10조의2 제1항 제1호).

2319 ☐☐☐☐ 11·15 채용, 17·19 승진, 21 경채

경찰관은 자신이나 다른 사람의 생명·신체의 방어 및 보호를 위하여 필요하다고 인정되는 상당한 이유가 있을 때에는 그 사태를 합리적으로 판단하여 필요한 한도에서 경찰장구를 사용할 수 있다. (O|X)

2320 ☐☐☐☐ 11·15 채용, 17 승진

공무집행에 대한 항거 제지를 위하여 경찰장구를 사용할 수 있다. (O|X)

2321 ☐☐☐☐ 11·12·15 채용

경찰장구라 함은 경찰관이 휴대하여 범인검거와 범죄진압 등 직무수행에 사용하는 무기, 수갑, 포승, 경찰봉, 방패 등을 말한다. (O|X)

2 「위해성 경찰장비의 사용기준 등에 관한 규정」상 경찰장구의 사용

2322 ☐☐☐☐ 22 채용, 21 경채

경찰관(경찰공무원으로 한정한다)은 체포·구속영장을 집행하거나 신체의 자유를 제한하는 판결 또는 처분을 받은 자를 법률이 정한 절차에 따라 호송하거나 수용하기 위하여 필요한 때에는 최소한의 범위안에서 수갑·포승 또는 호송용포승을 사용할 수 있다. (O|X)

2323 ☐☐☐☐ 18·20 채용, 18·21 승진

경찰관은 범인·술에 취한 사람 또는 정신착란자의 자살 또는 자해기도를 방지하기 위하여 필요한 때에는 수갑·포승 또는 호송용포승을 사용할 수 있다. 이 경우 경찰관은 소속 국가경찰관서의 장(경찰청장·해양경찰청장·시·도경찰청장·지방해양경찰청장·경찰서장 또는 해양경찰서장 기타 경무관·총경·경정 또는 경감을 장으로 하는 국가경찰관서의 장을 말한다)에게 그 사실을 보고해야 한다. (O|X)

정답과 해설

2319. (O) 경찰관은 자신이나 다른 사람의 **생명·신체의 방어 및 보호(재산의 보호 X)**를 위하여 필요하다고 인정되는 상당한 이유가 있을 때에는 그 사태를 합리적으로 판단하여 필요한 한도에서 경찰장구를 사용할 수 있다(동법 제10조의2 제1항 제2호).

2320. (O) 동법 제10조의2 제1항 제3호

2321. (X) "경찰장구"란 경찰관이 휴대하여 범인 검거와 범죄 진압 등의 직무 수행에 사용하는 **수갑, 포승, 경찰봉, 방패(무기 X)** 등을 말한다(동법 제10조의2 제2항).

2322. (O) 경찰관(경찰공무원으로 한정한다)은 체포·구속영장을 집행하거나 신체의 자유를 제한하는 판결 또는 처분을 받은 자를 법률이 정한 절차에 따라 호송하거나 수용하기 위하여 필요한 때에는 최소한의 범위안에서 수갑·포승 또는 호송용포승을 **사용할 수 있다(사용하여야 한다 X)**(위해성 경찰장비의 사용기준 등에 관한 규정 제4조).

2323. (O) 경찰관은 범인·술에 취한 사람 또는 정신착란자의 자살 또는 자해기도를 방지하기 위하여 필요한 때에는 **수갑·포승 또는 호송용포승을 사용할 수 있다.** 이 경우 경찰관은 소속 국가경찰관서의 장(경찰청장·해양경찰청장·시·도경찰청장·지방해양경찰청장·경찰서장 또는 해양경찰서장 기타 경무관·총경·경정 또는 경감을 장으로 하는 국가경찰관서의 장을 말한다)에게 그 사실을 **보고해야 한다(보고할 수 있다 X)**(동규정 제5조).

2324 ☐☐☐☐ 24 채용

수사기관에서 구속된 피의자의 도주, 항거 등을 억제하는데 필요하다고 인정할 상당한 이유가 있는 경우에는 필요한 한도 내에서 포승이나 수갑을 사용할 수 있는 것이며, 이러한 조치가 무죄추정의 원칙에 위배되는 것이라고 할 수는 없다. (O│X)

2325 ☐☐☐☐ 21 승진

경찰관은 불법집회·시위로 인하여 발생할 수 있는 경찰관의 생명·신체의 위해와 재산·공공시설의 위험을 방지하기 위해서는 경찰봉 또는 호신용경봉을 사용할 수 없다. (O│X)

2326 ☐☐☐☐ 22 채용, 15·25 승진, 19 간부

경찰관은 14세 이하의 자 또는 임산부에 대하여 전자충격기 또는 전자방패를 사용하여서는 아니 된다. (O│X)

2327 ☐☐☐☐ 22 승진

위해성 경찰장비의 사용기준 등에 관한 규정상 경찰관은 14세 미만의 자 또는 65세 이상의 고령자에 대하여 전자충격기를 사용하여서는 아니 된다. (O│X)

2328 ☐☐☐☐ 22·25 채용, 15 승진, 17 간부

경찰관은 전극침 발사장치가 있는 전자충격기를 사용하는 경우 상대방의 신체 및 얼굴을 향하여 전극침을 발사할 수 있다. (O│X)

정답과 해설

2324. (O) 대판 96도561
2325. (X) 경찰관은 불법집회·시위로 인하여 발생할 수 있는 타인 또는 경찰관의 생명·신체의 위해와 재산·공공시설의 위험을 방지하기 위하여 필요한 때에는 최소한의 범위안에서 경찰봉 또는 호신용경봉을 **사용할 수 있다 (사용할 수 없다 X)**(동규정 제6조).
2326. (X) 경찰관은 **14세 미만(이하 X)**의 자 또는 임산부에 대하여 전자충격기 또는 전자방패를 사용하여서는 아니된다(동규정 제8조 제1항).
2327. (X) 경찰관은 14세 미만의 자 또는 **임산부(65세 이상의 고령자 X)**에 대하여 전자충격기 또는 전자방패를 사용하여서는 아니된다(동규정 제8조 제1항).
2328. (X) 경찰관은 전극침 발사장치가 있는 전자충격기를 사용하는 경우 상대방의 **얼굴**을 향하여 전극침을 **발사하여서는 아니 된다**(동규정 제8조 제2항).

THEME 11 분사기 등의 사용 _S급

1 「경찰관 직무집행법」상 분사기 및 최루탄 사용(§10의3)

2329 ☐☐☐☐ 16 채용
분사기 및 최루탄은 공무집행에 대한 항거의 제지를 위해서 사용할 수 있다. (O|X)

2330 ☐☐☐☐ 10 채용, 22 승진, 23 경채
「경찰관 직무집행법」상 경찰관은 범인의 체포 또는 범인의 도주 방지를 위하여 부득이한 경우에는 현장책임자가 판단하여 필요한 최소한의 범위에서 「총포·도검·화약류 등의 안전관리에 관한 법률」에 따른 분사기를 사용할 수 있다. (O|X)

2331 ☐☐☐☐ 15 채용
불법집회·시위로 인한 자신이나 다른 사람의 생명·신체와 재산 및 공공시설 안전에 대한 현저한 위해의 발생 억제는 경찰장구의 사용 기준에 해당한다. (O|X)

정답과 해설

2329. (X) 분사기 및 최루탄은 **범인의 체포 또는 범인의 도주 방지, 불법집회·시위로 인한 자신이나 다른 사람의 생명·신체와 재산 및 공공시설 안전에 대한 현저한 위해의 발생 억제(공무집행에 대한 항거제지 X)**하기 위하여 사용할 수 있다(경찰관 직무집행법 제10조의3).

2330. (O) 경찰관 직무집행법상 경찰관은 범인의 체포 또는 범인의 도주 방지를 위하여 부득이한 경우에는 **현장책임자(해당경찰관 X)**가 판단하여 필요한 최소한의 범위에서 「총포·도검·화약류 등의 안전관리에 관한 법률」에 따른 분사기를 사용할 수 있다(동법 제10조의3).

2331. (X) **분사기 등의 사용 기준**에 해당한다(동법 제10조의3).

2 「위해성 경찰장비의 사용기준 등에 관한 규정」상 가스발사총등 사용제한(§12)

2332 ☐☐☐☐ 25 채용, 07·18·25 승진, 17·19 간부

경찰관은 범인의 체포 또는 도주방지, 타인 또는 경찰관의 생명·신체에 대한 방호, 공무집행에 대한 항거의 억제를 위하여 필요한 때에는 최소한의 범위 안에서 가스발사총을 사용할 수 있다. 이 경우 경찰관은 1미터 이내의 거리에서 상대방의 얼굴을 향하여 이를 발사하여서는 아니 된다. (O|X)

2333 ☐☐☐☐ 18 채용, 21·25 승진, 17·19 간부

경찰관은 최루탄발사기로 최루탄을 발사하는 경우 15도 이상의 발사각을 유지하여야 하고, 가스차·살수차 또는 특수진압차의 최루탄발사대로 최루탄을 발사하는 경우에는 30도 이상의 발사각을 유지하여야 한다. (O|X)

정답과 해설

2332. (O) **경찰관**은 범인의 체포 또는 도주방지, 타인 또는 경찰관의 **생명·신체(재산 X)에 대한 방호**, 공무집행에 대한 항거의 억제를 위하여 필요한 때에는 최소한의 범위안에서 **가스발사총(가스차 X)을 사용할 수 있다**. 이 경우 경찰관은 **1미터 이내의 거리**에서 상대방의 얼굴을 향하여 이를 발사하여서는 아니 된다(위해성 경찰장비의 사용기준 등에 관한 규정 제12조 제1항).

2333. (X) 경찰관은 최루탄발사**기**로 최루탄을 발사하는 경우 **30도** 이상의 발사각을 유지하여야 하고, 가스차·살수차 또는 특수진압차의 최루탄발사**대**로 최루탄을 발사하는 경우에는 **15도** 이상의 발사각을 유지하여야 한다(동 규정 제12조 제2항). **기삼아 대일오(15)**

THEME 12 무기의 사용 _S급

1. 경찰관 직무집행법」상 무기의 사용 (§10의4)

2334 ☐☐☐☐ 13 채용, 19·22 승진
경찰관은 범인의 체포, 범인의 도주 방지, 자신이나 다른 사람의 생명·신체의 방어 및 보호, 공무집행에 대한 항거의 제지를 위하여 필요하다고 인정되는 상당한 이유가 있을 때에는 그 사태를 합리적으로 판단하여 필요한 한도에서 무기를 사용할 수 있다. (O|X)

2335 ☐☐☐☐ 15 채용, 15·16 승진
공무집행에 대한 항거의 제지를 위한 경우, 자신이나 다른 사람의 생명·신체의 방어 및 보호는 위해를 수반한 무기사용을 할 수 있다. (O|X)

2336 ☐☐☐☐ 05·06·07 채용, 18 승진
경찰관은 자신이나 다른 사람의 생명·신체 및 재산의 보호를 위하여 필요하다고 인정되는 상당한 이유가 있을 때에는 그 사태를 합리적으로 판단하여 필요한 한도에서 무기를 사용할 수 있다. (O|X)

2337 ☐☐☐☐ 05·06·10·15 채용, 15·16 승진
정당방위, 긴급피난, 자구행위에 해당하는 경우 위해를 수반하여 무기를 사용할 수 있다. (O|X)

2338 ☐☐☐☐ 05·06·07 채용, 07·10·12 승진, 11 간부
사형·무기 또는 단기 3년 이상의 징역이나 금고에 해당하는 죄를 범하거나 범하였다고 의심할 만한 충분한 이유가 있는 사람이 경찰관의 직무집행에 항거하거나 도주하려고 할 때, 체포·구속영장과 압수·수색영장을 집행하는 과정에서 경찰관의 직무집행에 항거하거나 도주하려고 할 때 경찰관은 위해를 수반하여 무기를 사용할 수 있다. (O|X)

정답과 해설

2334. (O) 경찰관은 범인의 체포, 범인의 도주 방지, 자신이나 다른 사람의 생명·신체의 방어 및 보호, 공무집행에 대한 항거의 제지를 위하여 필요하다고 인정되는 상당한 이유가 있을 때에는 그 사태를 합리적으로 판단하여 필요한 한도에서 무기를 사용할 수 있다(경찰관 직무집행법 제10조의4 제1항).

2335. (X) 공무집행에 대한 항거의 제지를 위한 경우, 자신이나 다른 사람의 생명·신체의 방어 및 보호는 **위해를 수반할 수 없는** 무기사용 요건이다.

2336. (X) 자신이나 다른 사람의 **생명·신체(재산 X)**의 방어 및 보호를 위하여 필요하다고 인정되는 상당한 이유가 있을 때에는 그 사태를 합리적으로 판단하여 필요한 한도에서 무기를 사용할 수 있다(동법 제10조의4 제1항).

2337. (X) **정당방위(정당행위 X), 긴급피난(자구행위 X)**에 해당하는 경우 위해를 수반하여 무기를 사용할 수 있다(동법 제10조의4 제1항 제1호).

2338. (X) 사형·무기 또는 **장기(단기 X)** 3년 이상의 징역이나 금고에 해당하는 죄를 범하거나 범하였다고 의심할 만한 충분한 이유가 있는 사람이(중략)(동법 제10조의4 제1항 제2호).

2339 ☐☐☐☐ 07·13 채용, 07·10·12 승진

범인이나 소요를 일으킨 사람이 무기·흉기 등 위험한 물건을 지니고 경찰관으로부터 3회 이상 물건을 버리라는 명령이나 항복하라는 명령을 받고도 따르지 아니하면서 계속 항거할 때 이를 방지 또는 체포하기 위하여 무기를 사용하지 아니하고는 다른 수단이 없다고 인정되는 상당한 이유가 있을 때 무기를 사용할 수 있다. (O|X)

2340 ☐☐☐☐ 07·13 채용, 10·12 승진

대간첩 작전 수행에 있어 무장간첩이 경찰관의 투항명령을 받고도 이에 불응하는 경우에 무기를 사용할 수 있다. (O|X)

2341 ☐☐☐☐ 13·16 채용, 24 간부

「경찰관 직무집행법」상 무기란 사람의 생명이나 신체에 위해를 끼칠 수 있도록 제작된 권총·소총·도검 등을 말하며, 대간첩·대테러 작전 등 국가안전에 관련되는 작전을 수행할 때에는 개인화기 외에 공용화기를 사용할 수 있다. (O|X)

2342 ☐☐☐☐ 12 채용

50씨씨(cc) 소형 오토바이 1대를 절취하여 운전 중인 15~16세의 절도 혐의자 3인이 경찰관의 검문에 불응하며 도주하자, 경찰관이 체포목적으로 오토바이의 바퀴를 조준하여 실탄을 발사하였으나 오토바이에 타고 있던 1인이 총상을 입게 된 경우, 제반 사정에 비추어 경찰관의 총기사용이 사회통념상 허용범위를 벗어나 위법하다. (O|X)

2343 ☐☐☐☐ 24 간부

경찰관의 무기 사용이 특히 사람에게 위해를 가할 위험성이 큰 권총의 사용에 있어서는 그 요건을 더욱 엄격하게 판단하여야 한다. (O|X)

정답과 해설

2339. (O) 범인이나 소요를 일으킨 사람이 무기·흉기 등 위험한 물건을 지니고 경찰관으로부터 **3회 이상** 물건을 버리라는 명령이나 항복하라는 명령을 받고도 따르지 아니하면서 계속 항거할 때 이를 방지 또는 체포하기 위하여 무기를 사용하지 아니하고는 다른 수단이 없다고 인정되는 상당한 이유가 있을 때 **위해를 수반한 무기를 사용할 수 있다**(동법 제10조의4 제1항 제2호 라목).

2340. (O) 동법 제10조의4 제1항 제3호

2341. (O) 「경찰관 직무집행법」상 무기란 사람의 생명이나 신체에 위해를 끼칠 수 있도록 제작된 **권총·소총·도검 등 (경찰봉 X, 최루탄 X)**을 말하며, 대간첩·대테러 작전 등 국가안전에 관련되는 작전을 수행할 때에는 개인화기 외에 공용화기를 사용할 수 있다(동법 제10조의4 제2항, 제3항).

2342. (O) 대판 2003다57956

2343. (O) 대판 2003다57956

2344 ☐☐☐☐ 12 채용

야간에 술이 취한 상태에서 병원에 있던 과도로 대형 유리창문을 쳐 깨뜨리고 자신의 복부에 칼을 대고 할복자살 하겠다고 난동을 부린 피해자가 출동한 2명의 경찰관들에게 칼을 들고 항거하였다고 하여도 위 경찰관 등이 공포를 발사하거나 소지한 가스총과 경찰봉을 사용하여 위 망인의 항거를 억제할 시간적 여유와 보충적 수단이 있었다고 보여지고, 또 부득이 총을 발사할 수 밖에 없었다고 하더라도 하체 부위를 향하여 발사함으로써 그 위해를 최소한도로 줄일 여지가 있었다고 보여지므로, 칼빈소총을 1회 발사하여 피해자의 왼쪽 가슴아래 부위를 관통하여 사망케 한 경찰관의 총기사용 행위는 「경찰관 직무집행법」 소정의 총기사용 한계를 벗어난 것이다. (O|X)

2345 ☐☐☐☐ 12 승진, 26 간부

경찰관이 범인을 제압하는 과정에서 총기를 사용하여 범인을 사망에 이르게 한 사안에서, 경찰관이 총기사용에 이르게 된 동기나 목적, 경위 등을 고려하여 형사사건에서 무죄판결이 확정되었다면 당해 경찰관의 과실의 내용과 그로 인하여 발생한 결과의 중대함은 상호 인과관계를 인정할 수 없으므로 민사상 불법행위 책임을 인정할 수 없다. (O|X)

2346 ☐☐☐☐ 12 채용, 24·26 간부

경찰관이 길이 40센티미터 가량의 칼로 반복적으로 위협하며 도주하는 차량 절도 혐의자를 추적하던 중, 도주하기 위하여 등을 돌린 혐의자의 몸쪽을 향하여 약 2미터 거리에서 실탄을 발사하여 혐의자를 복부관통상으로 사망케 하였다 하더라도 경찰관의 총기사용은 사회통념상 허용범위를 벗어나지 않은 것으로 위법하지 않다. (O|X)

2347 ☐☐☐☐ 24 간부

경찰관이 신호위반을 이유로 정지명령에 불응하고 도주하던 차량에 탑승한 동승자를 추격하던 중 수차례에 걸쳐 경고하고 공포탄을 발사했음에도 불구하고 계속 도주하자 실탄을 발사하여 사망케 한 경우, 위 총기사용 행위는 허용 범위를 벗어난 위법행위이다. (O|X)

정답과 해설

2344. (O) 대판 91다19913

2345. (X) 경찰관이 범인을 제압하는 과정에서 총기를 사용하여 범인을 사망에 이르게 한 사안에서, 경찰관이 총기사용에 이르게 된 동기나 목적, 경위 등을 고려하여 형사사건에서 무죄판결이 확정되었더라도 당해 경찰관의 과실의 내용과 그로 인하여 발생한 결과의 중대함에 비추어 민사상 불법행위책임을 인정한 사례이다(대판 2006다6713).

2346. (X) (1) 경찰관은 범인의 체포, 도주의 방지, 자기 또는 타인의 생명·신체에 대한 방호, 공무집행에 대한 항거의 억제를 위하여 무기를 사용할 수 있으나, 이 경우에도 무기는 목적달성에 필요하다고 인정되는 상당한 이유가 있을 때 그 사태를 합리적으로 판단하여 필요한 한도 내에서 사용하여야 하는바, 경찰관의 무기사용이 이러한 요건을 충족하는지 여부는 범죄의 종류, 죄질, 피해법익의 경중, 위해의 급박성, 저항의 강약, 범인과 경찰관의 수, 무기의 종류, 무기 사용의 태양, 주변의 상황 등을 고려하여 사회통념상 상당하다고 평가되는지 여부에 따라 판단하여야 하고, 특히 사람에게 위해를 가할 위험성이 큰 총기의 사용에 있어서는 그 요건을 더욱 엄격하게 판단하여야 한다. (2) 경찰관이 길이 40cm가량의 칼로 반복적으로 위협하며 도주하는 차량 절도 혐의자를 추적하던 중, 도주하기 위하여 등을 돌린 혐의자의 몸 쪽을 향하여 약 2m 거리에서 실탄을 발사하여 혐의자를 복부관통상으로 사망케 한 경우, 경찰관의 총기사용은 사회통념상 허용범위를 벗어난 위법행위라고 본 사례이다(대판 98다63445).

2347. (O) ~~경찰관직무집행법 제10조의4에 정해진 총기 사용의 허용 범위를 벗어난 위법행위이다(대판 98다61470).

2 「위해성 경찰장비의 사용기준 등에 관한 규정」상 무기사용(§9,10)

2348 ☐☐☐☐ 19 승진, 26 간부, 21 경채

경찰관은 사람을 향하여 권총 또는 소총을 발사하고자 하는 때에는 미리 구두 또는 공포탄에 의한 사격으로 상대방에게 경고하여야 하지만, 경찰관을 급습하거나 타인의 생명·신체·재산에 대한 중대한 위험을 야기하는 범행이 목전에 실행되고 있는 등 상황이 급박하여 특히 경고할 시간적 여유가 없는 경우로서 부득이한 때에는 경고하지 않을 수 있다. (O|X)

2349 ☐☐☐☐ 17·18·21 채용, 18 승진, 17 간부

「위해성 경찰장비의 사용기준 등에 관한 규정」상 경찰관은 총기 또는 폭발물을 가지고 대항하는 경우를 제외하고는 14세 미만의 자 또는 임산부에 대하여 전자충격기를 사용하여서는 아니 된다. (O|X)

3 경찰착용기록장치의 사용(경찰관 직무집행법)

2350 ☐☐☐☐ 26 간부

경찰관은 범행 중이거나 범행 직전·직후 또는 증거보전의 필요성 및 긴급성이 있는 경우로서 범죄 수사를 위하여 필요한 경우에는 필요한 최소한의 범위에서 경찰착용기록장치를 사용할 수 있다. (O|X)

2351 ☐☐☐☐ 24 채용

"경찰착용기록장치"란 경찰관이 신체에 착용 또는 휴대하여 직무수행 과정을 근거리에서 영상·음성으로 기록할 수 있는 기록장치 또는 그 밖에 이와 유사한 기능을 갖춘 기계장치를 말한다. (O|X)

정답과 해설

2348. (X) 경찰관은 사람을 향하여 권총 또는 소총을 발사하고자 하는 때에는 미리 구두 또는 공포탄에 의한 사격으로 상대방에게 경고하여야 하지만, 경찰관을 급습하거나 타인의 생명·신체(재산 X)에 대한 중대한 위험을 야기하는 범행이 목전에 실행되고 있는 등 상황이 급박하여 특히 경고할 시간적 여유가 없는 경우로서 부득이한 때에는 경고하지 않을 수 있다(위해성 경찰장비의 사용기준 등에 관한 규정 제9조 제1호).

2349. (X) 「위해성 경찰장비의 사용기준 등에 관한 규정」 제10조 제2항은 '경찰관은 총기 또는 폭발물을 가지고 대항하는 경우를 제외하고는 14세 미만의 자 또는 임산부에 대하여 권총 또는 소총(전자충격기 X)을 발사하여서는 아니된다'라고 규정하고 있다.

2350. (X) 경찰관 직무집행법 제10조의5 제1항 제2호

> 제10조의5(경찰착용기록장치의 사용) ① 경찰관은 다음 각 호의 어느 하나에 해당하는 직무 수행을 위하여 필요한 경우에는 필요한 최소한의 범위에서 경찰착용기록장치를 사용할 수 있다.
> 2. 범죄 수사를 위하여 필요한 경우로서 다음 각 목의 요건을 모두 갖춘 경우(또는 X)
>   가. 범행 중이거나 범행 직전 또는 직후일 것
>   나. 증거보전의 필요성 및 긴급성이 있을 것

2351. (O) 동법 제10조의5제2항

2352 ☐☐☐☐ 25 채용, 26 간부

경찰착용기록장치로 기록을 마친 영상음성기록은 10일 이내로 영상음성기록정보 관리체계를 이용하여 영상음성기록정보 데이터베이스에 전송·저장할 수 있으며, 영상음성기록을 임의로 편집·복사하거나 삭제하여서는 아니 된다. ⓄⓍ

2353 ☐☐☐☐ 24·25 채용

경찰청장, 시·도경찰청장 및 경찰서장은 경찰착용기록장치로 기록한 영상·음성을 저장하고 데이터베이스로 관리하는 영상음성기록정보 관리체계를 구축·운영하여야 한다. ⓄⓍ

4. 경찰착용기록장치 운영 등에 관한 규정(대통령령)

2354 ☐☐☐☐ 25 채용

경찰청장 또는 해양경찰청장은 경찰착용기록장치를 사용하는 경찰관을 대상으로 경찰착용기록장치 조작 방법, 사용 지침, 개인정보 보호 등에 관한 내용이 포함된 교육을 실시해야 한다. ⓄⓍ

2355 ☐☐☐☐ 25 채용, 26 간부

경찰착용기록장치로 기록한 영상음성기록의 보관기간은 해당 기록을 법 제10조의6 제3항에 따라 영상음성기록정보 데이터베이스에 전송·저장한 날부터 30일(해당 영상음성기록이 수사 중인 범죄와 관련된 경우 등 경찰청장 또는 해양경찰청장이 정하는 사항에 해당하는 경우에는 90일)로 한다. ⓄⓍ

> **정답과 해설**
>
> **2352.** (X) 경찰착용기록장치로 기록을 마친 영상음성기록은 **지체 없이(10일 이내 X)** 영상음성기록정보 관리체계를 이용하여 영상음성기록정보 데이터베이스에 전송·저장하도록 **하여야 하며**, 영상음성기록을 임의로 편집·복사하거나 삭제하여서는 아니 된다(동법 제10조의6 제3항).
>
> **2353.** (X) **경찰청장(시·도경찰청장 및 경찰서장 X)**은 경찰착용기록장치로 기록한 영상·음성을 저장하고 데이터베이스로 관리하는 영상음성기록정보 관리체계를 구축·운영**하여야 한다**(동법 제10조의7).
>
> **2354.** (O) 경찰착용기록장치 운영 등에 관한 규정 제4조
>
> **2355.** (O) 동규정 제5조 제1항

THEME 13 위해성 경찰장비의 사용기준 등에 관한 규정_S급

2356 ☐☐☐☐ 20 채용
경찰관은 불법집회·시위 또는 소요사태로 인하여 발생할 수 있는 타인 또는 경찰관의 생명·신체의 위해와 재산·공공시설의 위험을 억제하기 위하여 부득이 한 경우에는 시·도경찰청장의 명령에 따라 필요한 최소한의 범위에서 가스차를 사용할 수 있다. (O | X)

2357 ☐☐☐☐ 21 채용
경찰관은 소요사태로 인해 타인의 법익이나 공공의 안녕질서에 대한 직접적인 위험이 명백하게 초래되어 살수차 외에 경찰장비로는 그 위험을 제거·완화시키는 것이 현저히 곤란한 경우에는 시·도경찰청장의 명령에 따라 살수차를 배치·사용할 수 있다. (O | X)

2358 ☐☐☐☐ 25 간부
살수거리가 10미터 초과 20미터 이하인 경우 수압기준은 7바(bar) 이하라야 한다. 이 경우 사람의 생명 또는 신체에 치명적인 위해를 가하지 않도록 필요한 최소한의 범위에서 살수해야 한다. (O | X)

2359 ☐☐☐☐ 21 경채
「위해성 경찰장비의 사용기준 등에 관한 규정」상 수갑을 사용하는 경위 이하 소속 경찰관은 경찰장비사용기관에서 사용요건과 사용방법에 대하여 부서발령시 1회, 연간 1회 안전교육을 받아야 한다. (O | X)

정답과 해설

2356. (X) 경찰관은 불법집회·시위 또는 소요사태로 인하여 발생할 수 있는 타인 또는 경찰관의 생명·신체의 위해와 **재산·공공시설의 위험**을 억제하기 위하여 부득이한 경우에는 **현장책임자(시·도경찰청장 X)**의 판단에 의하여 필요한 최소한의 범위에서 **가스차(가스발사총 X, 살수차 X)를 사용할 수 있다**(위해성 경찰장비의 사용기준 등에 관한 규정 제13조 제1항).

2357. (O) 경찰관은 소요사태로 인해 타인의 법익이나 공공의 안녕질서에 대한 **직접적인(간접적 X) 위험**이 명백하게 초래되어 살수차 외에 경찰장비로는 그 위험을 제거·완화시키는 것이 현저히 곤란한 경우에는 **시·도경찰청장(현장책임자 X)**의 명령에 따라 **살수차(가스차 X, 가스발사총 X)를 배치·사용할 수 있다**(동규정 제13조의2).

2358. 살수거리가 10미터 초과 20미터 이하인 경우 수압기준은 **5바(bar)(7바 X)** 이하라야 한다(동규정 제13조의2 제1항).

2359. (O) 수갑을 사용하는 **경위이하 소속 경찰관**은 경찰장비사용기관에서 사용요건과 사용방법에 대하여 **부서발령시 1회, 연간 1회 안전교육을 받아야 한다**(동규정 제17조 별표1).

2360 ☐☐☐☐ 21 채용

「위해성 경찰장비의 사용기준 등에 관한 규정」 제2조 제2호부터 제4호까지의 위해성 경찰장비(제4호의 경우에는 가스차만 해당한다)를 사용하는 경우 그 현장책임자 또는 사용자는 사용보고서를 작성하여 직근상급 감독자에게 보고하고, 직근상급 감독자는 이를 3년간 보관하여야 한다. (O│X)

2361 ☐☐☐☐ 16·20 채용, 15·17·25 간부, 21 경채

「경찰관 직무집행법」상 경찰장구, 살수차, 분사기, 최루탄, 무기를 사용하는 경우에 그 책임자는 사용일시, 사용장소, 현장책임자, 종류, 수량 등을 기록하여 보관하여야 한다. (O│X)

정답과 해설

2360. (X) 「위해성 경찰장비의 사용기준 등에 관한 규정」 제2조 제2호부터 제4호까지의 위해성 경찰장비(제4호의 경우에는 **살수차(가스차X)**만 해당한다)를 사용하는 경우 **그 현장책임자 또는 사용자**는 별지 서식의 사용보고서를 작성하여 **직근상급 감독자**에게 보고하고, 직근상급 감독자는 이를 **3년간 보관**하여야 한다(동규정 제20조 제1항).

2361. (X) **살수차, 분사기, 최루탄(전자충격기 및 전자방패 X) 또는 무기(경찰장구 X)**를 사용하는 경우 **그 책임자(사용자 X)**는 사용 일시·장소·대상, 현장책임자, 종류, 수량 등을 기록하여 **보관하여야 한다**(경찰관 직무집행법 제11조).

THEME 14 경찰 물리력 행사의 기준과 방법에 관한 규칙(경찰청예규)_S급

2362 □□□□ 20 채용

경찰관이 물리력 사용 시 준수하여야 할 기본원칙, 물리력 사용의 정도, 각 물리력 수단의 사용 한계 및 유의사항을 규정함으로써 국민과 경찰관의 생명·신체를 보호하고 인권을 보장하며 경찰 법집행의 정당성을 확보하는 데에 그 목적이 있다. (O|X)

2363 □□□□ 20 채용

경찰관은 성별, 장애, 인종, 종교 및 성정체성 등에 대한 선입견을 가지고 차별적으로 물리력을 사용하여서는 아니 된다. (O|X)

2364 □□□□ 20 채용

경찰관은 이미 경찰목적을 달성하여 더 이상 물리력을 사용할 필요가 없는 경우에는 물리력 사용을 즉시 중단하여야 한다. (O|X)

2365 □□□□ 20 채용

대상자가 경찰관의 지시, 통제를 따르지 않고 비협조적이지만 경찰관 또는 제3자에 대해 직접적인 위해를 가하지 않는 경우에 경찰봉이나 방패 등으로 대상자의 신체 중요 부위 또는 급소 부위를 가격할 수 있다. (O|X)

2366 □□□□ 24 승진

순응 – 대상자가 경찰관의 지시, 통제에 따르는 상태를 말한다. 다만, 대상자가 경찰관의 요구에 즉각 응하지 않고 약간의 시간만 지체하는 경우는 '순응'으로 본다. (O|X)

정답과 해설

2362. (O) 경찰 물리력 행사의 기준과 방법에 관한 규칙 1.1.
2363. (O) 동규칙 1.4.2.
2364. (O) 동규칙 1.4.4.
2365. (X) 대상자가 경찰관의 지시, 통제를 따르지 않고 비협조적이지만 경찰관 또는 제3자에 대해 직접적인 위해를 가하지 않는 경우는 **소극적 저항**에 해당하여 경찰 물리력 사용 정도는 **접촉통제**이다. 그러나 경찰봉, 방패, 신체적 물리력으로 대상자의 신체 중요 부위 또는 급소 부위 가격하는 행위는 **치명적 공격상태의 대상자로 인한 고위험 물리력 수준**이다(동규칙 2.2.5.).
2366. (O) 동규칙 2.1.1.

2367 ☐☐☐☐ 22 채용, 24 승진

대상자 행위가 경찰관의 지시, 통제를 따르지 않고 비협조적이지만 경찰관 또는 제3자에 대해 직접적인 위해를 가하지 않는 상태는 소극적 저항이다. (O|X)

2368 ☐☐☐☐ 22 채용, 24 승진

대상자 행위가 자신에 대한 경찰관의 체포·연행 등 정당한 공무집행을 방해하지만 경찰관 또는 제3자에 대해 위해 수준이 낮은 행위만을 하는 상태는 적극적 저항이다. (O|X)

2369 ☐☐☐☐ 22 채용

대상자 행위가 경찰관 또는 제3자에 대해 신체적 위해를 가하는 상태는 폭력적 공격이다. (O|X)

2370 ☐☐☐☐ 22 채용, 24 승진

대상자 행위가 경찰관에게 폭력을 행사하려는 자세를 취하여 그 행사가 임박한 상태, 주먹·발 등을 사용해서 경찰관에 대해 신체적 위해를 초래하고 있는 상태는 치명적 공격이다. (O|X)

2371 ☐☐☐☐ 23 채용

중위험 물리력은 '치명적 공격' 상태의 대상자로 인해 경찰관 또는 제3자의 생명·신체에 급박하고 중대한 위해가 초래될 가능성이 있는 경우 최후의 수단으로 사용할 수 있는 물리력 수준으로서, 대상자의 사망 또는 심각한 부상을 초래할 수 있는 물리력을 말한다. (O|X)

2372 ☐☐☐☐ 24 채용

「경찰 물리력 행사의 기준과 방법에 관한 규칙」상 '적극적 저항'을 하는 대상자에 대하여 경찰관이 사용할 수 있는 물리력의 종류로는 언어적 통제, 체포 등을 위한 수갑 사용, 손바닥, 주먹, 발 등 신체부위를 이용한 가격, 분사기 사용이 있다. (규칙 제2장 2.2.의 설명에 따름) (O|X)

정답과 해설

2367. (O) 소극적 저항이란 대상자가 경찰관의 지시, 통제를 따르지 않고 비협조적이지만 경찰관 또는 제3자에 대해 직접적인 위해를 가하지 않는 상태를 말한다. 경찰관이 정당한 이동 명령을 발하였음에도 가만히 서있거나 앉아 있는 등 전혀 움직이지 않는 상태, 일부러 몸의 힘을 모두 빼거나, 고정된 물체를 꽉 잡고 버팀으로써 움직이지 않으려는 상태 등이 이에 해당한다(동규칙 2.1.2.).

2368. (O) 적극적 저항이란 대상자가 자신에 대한 경찰관의 체포·연행 등 정당한 공무집행을 방해하지만 경찰관 또는 제3자에 대해 위해 수준이 낮은 행위만을 하는 상태를 말한다. 대상자가 자신을 체포·연행하려는 경찰관으로부터 물리적으로 이탈하거나 도주하려는 행위, 체포·연행을 위해 팔을 잡으려는 경찰관의 손을 뿌리치거나, 경찰관을 밀고 잡아끄는 행위, 경찰관에게 침을 뱉거나 경찰관을 밀치는 행위 등이 이에 해당한다(동규칙 2.1.3.).

2369. (O) 동규칙 2.1.4.

2370. (X) **폭력적 공격**에 대한 설명이다. **치명적 공격은** 대상자가 경찰관 또는 제3자에 대해 사망 또는 심각한 부상을 초래할 수 있는 행위를 하는 상태를 말하며, 총기류(공기총·엽총·사제권총 등), 흉기(칼·도끼·낫 등), 둔기(망치·쇠파이프 등)를 이용하여 경찰관, 제3자에 대해 위력을 행사하고 있거나 위해 발생이 임박한 경우, 경찰관이나 제3자의 목을 세게 조르거나 무차별 폭행하는 등 생명·신체에 대해 중대한 위해가 발생할 정도의 위험한 폭력을 행사하는 경우가 이에 해당한다(동규칙 2.1.5.).

2371. (X) **고위험 물리력(중위험 물리력 X)**은 '치명적 공격' 상태의 대상자로 인해 경찰관 또는 제3자의 생명·신체에 급박하고 중대한 위해가 초래될 가능성이 있는 경우 최후의 수단으로 사용할 수 있는 물리력 수준으로서, 대상자의 사망 또는 심각한 부상을 초래할 수 있는 물리력을 말한다(동규칙 2.2.).

2372. (X) 손바닥, 주먹, 발 등 신체부위를 이용한 가격은 **중위험 물리력**에 해당한다.

THEME 15 손실보상 _S급

2373 ☐☐☐☐ 21·25 채용, 20 승진, 19·24 간부
손실발생의 원인에 대하여 책임이 없는 자가 경찰관의 적법한 직무집행으로 인하여 생명·신체 또는 재산상의 손실을 입은 경우(손실발생의 원인에 대하여 책임이 없는 자가 경찰관의 직무집행에 자발적으로 협조하거나 물건을 제공하여 생명·신체 또는 재산상의 손실을 입은 경우를 제외한다), 국가는 그 손실을 입은 자에 대하여 정당한 보상을 하여야 한다. (O│X)

2374 ☐☐☐☐ 17·24 채용, 20 승진, 19·24 간부, 20 경채
국가는 경찰관의 적법한 직무집행으로 인하여 손실발생의 원인에 대하여 책임이 있는 자가 자신의 책임에 상응하는 정도를 초과하는 생명·신체 또는 재산상의 손실을 입은 경우 보상을 하지 않을 수 있다. (O│X)

2375 ☐☐☐☐ 23 간부
경찰책임자에 대한 경찰의 경찰권발동으로 경찰책임자에게 재산적 손해가 발생한 경우, 그 경찰책임자에게 손실보상청구권이 인정된다. (O│X)

2376 ☐☐☐☐ 15·17·18·22·23 채용, 17·18·20 승진, 17·24 간부
손실보상을 청구할 수 있는 권리는 손실이 있음을 안 날부터 (　)년, 손실이 발생한 날부터 (　)년간 행사하지 아니하면 시효의 완성으로 소멸한다.

2377 ☐☐☐☐ 22 채용
소속 경찰공무원의 직무집행으로 인하여 발생한 손실보상청구 사건을 심의하기 위하여 경찰청, 해양경찰청, 시·도경찰청 및 지방 해양경찰청에 손실보상심의위원회를 설치한다. (O│X)

정답과 해설

2373. (X) 손실발생의 원인에 대하여 책임이 없는 자가 경찰관의 **적법한** 직무집행으로 인하여 생명·신체 또는 재산상의 손실을 입은 경우(손실발생의 원인에 대하여 책임이 없는 자가 경찰관의 직무집행에 자발적으로 협조하거나 물건을 제공하여 생명·신체 또는 재산상의 손실을 입은 경우를 **포함**(제외 X), 국가는 그 손실을 입은 자에 대하여 정당한 보상을 **하여야 한다**(할 수 있다 X)(경찰관 직무집행법 제11조의2 제1항).

2374. (X) 국가는 손실발생의 원인에 대하여 책임이 있는 자가 자신의 책임에 상응하는 정도를 초과하는 생명·신체 또는 재산상의 손실을 입은 경우 정당한 **보상을 하여야 한다**(보상을 하지 않을 수 있다 X)(동법 제11조의2 제1항 제2호).

2375. (X) 경찰책임자에 대한 경찰의 경찰권발동으로 경찰책임자에게 재산적 손해가 발생한 경우, 그 경찰책임자에게 손실보상청구권이 **인정되지 않는다**. 다만, 손실발생의 원인에 대하여 책임이 있는 자가 자신의 책임에 상응하는 정도를 초과하는 생명·신체 또는 재산상의 손실을 입은 경우에는 손실을 보상하여야 한다(동법 제11조의2 제1항 2호).

2376. 손실보상을 청구할 수 있는 권리는 **손실이 있음을 안 날로부터**(발생한 날부터 X) **3년**, 손실이 발생한 날로부터 (있음을 안 날부터 X, 손실보상이 확정된 때부터 X) **5년**간 행사하지 아니하면 시효의 완성으로 소멸한다(동법 제11조의2 제2항).

2377. (O) 동법 제11조의2 제3항

2378 ☐☐☐☐ 20·21·25 채용

경찰청장 또는 시·도경찰청장은 손실보상심의위원회의 심의·의결에 따라 보상금을 지급하고, 거짓 또는 부정한 방법으로 보상금을 받은 사람에 대하여는 해당 보상금을 환수할 수 있다. (O|X)

2379 ☐☐☐☐ 25 채용, 24 간부

손실보상금이 지급된 경우 손실보상심의위원회는 국가경찰위원회 또는 해양경찰위원회에 심사자료와 결과를 반기별로 보고하여야 한다. 이 경우 국가경찰위원회 또는 해양경찰위원회는 손실보상의 적법성 및 적정성 확인을 위하여 필요한 자료의 제출을 요구할 수 있다. (O|X)

2380 ☐☐☐☐ 20 경채

경찰청장 또는 시·도경찰청장은 제4항에 따라 보상금을 반환하여야 할 사람이 대통령령으로 정한 기한까지 그 금액을 납부하지 아니한 때에는 국세강제징수의 예에 따라 징수할 수 있다. (O|X)

2381 ☐☐☐☐ 18 채용, 17 승진, 19 간부

손실보상의 기준, 보상금액, 지급절차 및 방법, 손실보상 심의위원회의 구성 및 운영, 그 밖에 필요한 사항은 행정안전부령으로 한다. (O|X)

2382 ☐☐☐☐ 19 간부

손실을 입은 물건을 수리할 수 있는 경우에는 수리비에 상당하는 금액으로 보상한다. (O|X)

2383 ☐☐☐☐ 19 간부

손실을 입은 물건을 수리할 수 없는 경우에는 보상 당시의 해당물건의 교환 가액으로 보상한다. (O|X)

2384 ☐☐☐☐ 19 간부

영업자가 손실을 입은 물건의 수리나 교환으로 인하여 영업을 계속할 수 없는 경우에는 기간 중 영업상 이익에 상당하는 금액으로 보상한다. (O|X)

정답과 해설

2378. (X) 경찰청장, 해양경찰청장, 시·도경찰청장 또는 지방해양경찰청장은 손실보상심의위원회의 심의·의결에 따라 보상금을 지급하고, 거짓 또는 부정한 방법으로 보상금을 받은 사람에 대하여 해당 보상금을 **환수하여야 한다(환수할 수 있다 X)**(경찰관 직무집행법 제11조의2 제4항).

2379. (O) 보상금이 지급된 경우 손실보상심의위원회는 **대통령령(경찰관 직무집행법 시행령)**으로 정하는 바에 따라 **국가경찰위원회 또는 해양경찰위원회**에 심사자료와 결과를 보고하여야 한다. 이 경우 국가경찰위원회 또는 해양경찰위원회는 손실보상의 **적법성 및 적정성** 확인을 위하여 필요한 자료의 제출을 요구할 수 있다(동법 제11조의2 제5항).

2380. (O) 동법 제11조의2 제6항

2381. (X) 손실보상의 기준, 보상금액, 지급절차 및 방법, 손실보상 심의위원회의 구성 및 운영, 그 밖에 필요한 사항은 **대통령령(행정안전부령 X)**으로 정한다(동법 제11조의2 제7항).

2382. (O) 동법 시행령 제9조 제1항 제1호

2383. (X) 손실을 입은 물건을 수리할 수 없는 경우에는 **손실을 입은 당시(보상 당시 X)**의 해당물건의 교환 가액으로 보상한다(동법 시행령 제9조 제1항 제2호).

2384. (O) 동법 시행령 제9조 제1항 제3호

2385 ☐☐☐☐ 15 채용, 20 승진, 19 간부

물건의 멸실·훼손으로 인한 손실 외의 재산상 손실에 대해서는 직무집행과 상당한 인과관계가 있는 범위에서 보상한다. (O|X)

2386 ☐☐☐☐ 24 채용, 22 승진

「경찰관 직무집행법 시행령」상 경찰관의 적법한 직무집행으로 인하여 발생한 손실을 보상받으려는 사람은 보상금 지급 청구서에 손실내용과 손실금액을 증명할 수 있는 서류를 첨부하여 경찰청장·해양경찰청장이나 손실보상청구 사건 발생지를 관할하는 시·도경찰청, 지방해양경찰청의 장 또는 경찰서의 장에게 제출해야 한다. (O|X)

2387 ☐☐☐☐ 22 채용

손실보상 결정권자는 손실보상 청구가 요건과 절차를 갖추지 못한 경우(다만, 그 잘못된 부분을 시정할 수 있는 경우는 제외한다) 그 청구를 기각하는 결정을 해야 한다. (O|X)

2388 ☐☐☐☐ 21 채용, 20 경채

손실보상 결정권자는 통지를 하는 경우 서면, 전자우편, 문자메시지 등 청구인이 요청하는 방법으로 할 수 있으며, 별도로 요청하는 방법이 없는 경우에는 보상금 지급 결정 통지서에 따른 서면으로 통지한다. (O|X)

2389 ☐☐☐☐ 15·18·22·24 채용, 20 승진, 19 간부, 20 경채

손실보상 결정권자는 특별한 사유가 없으면 보상금을 지급하기로 결정한 날부터 30일 이내에 이를 지급하되, 부득이한 사유가 있는 경우에는 그 보상금을 지급받을 사람의 신청에 따라 현금으로 지급할 수 있고, 일시불로 지급하되, 예산 부족 등의 사유로 일시불로 지급할 수 없는 특별한 사정이 있는 경우에는 그 보상금을 지급받을 사람의 동의를 받아 분할하여 지급할 수 있다. (O|X)

정답과 해설

2385. (O) 물건의 멸실·훼손으로 인한 손실 외의 재산상 손실에 대해서는 직무집행과 **상당한 인과관계가 있는 범위**에서 보상한다(동법 시행령 제9조 제2항).

2386. (O) 경찰관의 적법한 직무집행으로 인하여 발생한 손실을 보상받으려는 사람(이하 "청구인"이라 함)은 보상금 지급 청구서에 손실내용과 손실금액을 증명할 수 있는 서류를 첨부하여 **경찰청장·해양경찰청장**이나 손실보상청구 **사건 발생지를 관할하는 시·도경찰청, 지방해양경찰청의 장 또는 경찰서의 장**(다만, 직무를 집행한 경찰관이 손실보상청구 사건 발생지를 관할하는 시·도경찰청, 지방해양경찰청 또는 경찰서 소속이 아닌 경우에는 해당 경찰관이 소속된 시·도경찰청, 지방해양경찰청 또는 경찰관서의 장을 포함)에게 제출해야 한다(동법 시행령 제10조 제1항).

2387. (X) 손실보상 결정권자는 손실보상 청구가 요건과 절차를 갖추지 못한 경우(다만, 그 잘못된 부분을 시정할 수 있는 경우는 제외)에는 그 청구를 **각하(却下)**하는 결정을 해야 한다(동법 시행령 제10조 제6항 제2호).

2388. (O) 손실보상 결정권자는 통지를 하는 경우 서면, 전자우편, 문자메시지 등 **청구인이 요청하는 방법으로 할 수 있으며, 별도로 요청하는 방법이 없는 경우에는** 보상금 지급 결정 통지서에 따른 **서면**으로 통지한다(동법 시행령 제10조 제8항 제1호).

2389. (O) 동법 시행령 제10조 제9항, 제10항

2390 ☐☐☐☐ 15·17·24 채용, 19 간부

소속 경찰관의 직무집행으로 인하여 발생한 손실보상청구 사건을 심의하기 위하여 경찰청, 시·도경찰청 및 경찰서에 손실보상심의위원회를 설치하며, 위원회는 위원장 1명을 포함한 7명 이상 9명 이내의 위원으로 구성한다. (O│X)

2391 ☐☐☐☐ 21 채용, 17·18·20 승진

손실보상심의위원회는 위원장 1명을 포함한 7명 이상 9명 이내의 위원으로 성별을 고려하여 구성하며, 보상위원장이 부득이한 사유로 직무를 수행할 수 없는 때에는 상임위원, 위원 중 연장자 순으로 보상위원장의 직무를 대행한다. (O│X)

2392 ☐☐☐☐ 19 간부

손실보상심의위원회는 위원장 1명을 포함한 7명 이상 9명 이내의 위원으로 성별을 고려하여 구성한다. 이 경우 위원의 과반수는 경찰관이 아닌 사람으로 해야 한다. (O│X)

2393 ☐☐☐☐ 25 채용, 19 간부

손실보상심의위원회의 위원은 소속 경찰관과 판사·검사 또는 변호사로 5년 이상 근무한 사람, 고등교육법 제2조에 따른 학교에서 법학 또는 행정학을 가르치는 정교수 이상으로 5년 이상 재직한 사람, 경찰업무와 손실보상에 관하여 학식과 경험이 풍부한 사람 중에서 손실보상 결정권자가 위촉하거나 임명한다. (O│X)

2394 ☐☐☐☐ 18·20 승진

손실보상심의위원회의 위원장은 소속 경찰관 위원 중에서 경찰서장이 지명한 사람이 된다. (O│X)

2395 ☐☐☐☐ 17 채용, 18 승진, 19 간부

손실보상심의위원회의 회의는 재적위원 과반수의 출석으로 개의(開議)하고, 출석위원 과반수의 찬성으로 의결한다. (O│X)

정답과 해설

2390. (X) 소속 경찰관의 직무집행으로 인하여 발생한 손실보상청구 사건을 심의하기 위하여 **경찰청, 시·도경찰청(경찰서 X)**에 손실보상심의위원회를 설치한다(동법 시행령 제11조 제1항).

2391. (X) 손실보상심의위원회는 위원장 1명을 포함한 **7명 이상 9명 이내의 위원으로 성별을 고려하여 구성**하며, 보상**위원장**이 부득이한 사유로 직무를 수행할 수 없는 때에는 보상위원장이 **미리 지명한 위원(연장자 순 X)**이 그 직무를 대행한다(동법 시행령 제11조 제2항, 제12조 제3항).

2392. (O) 동법 시행령 제11조 제2항, 제3항

2393. (X) 위원회의 위원은 소속 경찰관과 판사·검사 또는 변호사로 5년 이상 근무한 사람, 고등교육법 제2조에 따른 학교에서 **법학 또는 행정학**을 가르치는 **부교수 이상(정교수 이상 X)**으로 5년 이상 재직한 사람, 경찰업무와 손실보상에 관하여 학식과 경험이 풍부한 사람 중에서 **손실보상 결정권자가 위촉하거나 임명**한다(동법 시행령 제11조 제3항).

2394. (X) 손실보상심의위원회의 위원장(이하 "보상위원장"이라 한다)은 제11조 제3항 제1호(소속 경찰관)에 따른 위원 중에서 **손실보상 결정권자(경찰청, 시·도경찰청의 장)**가 **지명(호선 X)**한 사람이 된다(동법 시행령 제12조 제1항).

2395. (O) 동법 시행령 제13조 제2항

THEME 16 범인검거 등 공로자 보상 _S급

2396 ☐☐☐☐ 17 승진
경찰청장등은 테러범죄의 예방활동에 현저한 공로가 있는 사람에게 보상금을 지급할 수 있다. (O|X)

2396-1 ☐☐☐☐ 25 채용
경찰청장, 해양경찰청장, 시·도경찰청장, 지방해양경찰청장, 경찰서장 또는 해양경찰서장은 범인 검거와 관련하여 경찰 수사 활동에 협조한 사람 중 보상금 지급 대상자에 해당한다고 보상금심사위원회가 인정하는 사람에게 보상금을 지급할 수 있다. (O|X)

2397 ☐☐☐☐ 17 승진
경찰청장등은 보상금 지급의 심사를 위하여 대통령령으로 정하는 바에 따라 각각 보상금심사위원회를 설치·운영하여야 한다. (O|X)

2398 ☐☐☐☐ 22 채용, 25 간부
보상금심사위원회는 위원장 1명을 포함한 5명 이내의 위원으로 구성한다. (O|X)

2399 ☐☐☐☐ 25 채용, 17 승진
보상금심사위원회 위원의 과반수는 경찰관이 아닌 사람으로 해야 한다. (O|X)

2400 ☐☐☐☐ 22·25 채용, 17 승진
경찰청장등은 「경찰관 직무집행법」 제11조의3 제2항에 따른 보상금심사위원회의 심사·의결에 따라 보상금을 지급하고, 거짓 또는 부정한 방법으로 보상금을 받은 사람에 대하여는 해당 보상금을 환수할 수 있다. (O|X)

2401 ☐☐☐☐ 25 간부
부정한 방법으로 보상금을 지급받은 사람이 보상금 환수 통지를 받은 경우, 보상금 환수통지일부터 (   )일 이내의 범위에서 경찰청장등이 정하는 기한까지 환수금액을 납부하지 아니한 때에는 국세강제징수의 예에 따라 징수할 수 있다.

정답과 해설

2396. (O) 경찰청장, 해양경찰청장, 시·도경찰청장, 지방해양경찰청장, 경찰서장 또는 해양경찰서장(이하 이 조에서 "경찰청장등"이라 한다)은 테러범죄의 예방활동에 현저한 공로가 있는 사람에게 보상금을 **지급할 수 있다 (하여야 한다 X)**(경찰관 직무집행법 제11조의3 제1항 제3호).
2396-1. (O) 동법 제11조의3 제1항, 동법 시행령 제18조
2397. (O) 동법 제11조의3 제2항
2398. (O) 동법 제11조의3 제3항
2399. (X) 보상금심사위원회의 위원은 **소속 경찰공무원 중에서** 경찰청장등이 임명한다(동법 제11조의3 제4항).
2400. (X) 경찰청장등은 제2항에 따른 보상금심사위원회의 심사·의결에 따라 보상금을 지급하고, 거짓 또는 부정한 방법으로 보상금을 받은 사람에 대하여는 해당 보상금을 **환수한다(환수할 수 있다 X)**(동법 제11조의3 제5항).
2401. 40

2402 ☐☐☐☐ 25 간부

보상금의 최고액은 (　)억원으로 하며, 구체적인 보상금 지급 기준은 경찰청장이 정하여 고시한다.

2402-1 ☐☐☐☐ 25 채용

경찰청장, 해양경찰청장, 시·도경찰청장, 지방해양경찰청장, 경찰서장 또는 해양경찰서장은 보상금 지급사유가 발생한 경우에는 직권으로 또는 보상금을 지급받으려는 사람의 신청에 따라 소속 보상금심사위원회의 심사·의결을 거쳐 보상금을 지급한다. (O│X)

2403 ☐☐☐☐ 18 채용

사형, 무기징역 또는 무기금고, 장기 10년 이상의 징역 또는 금고에 해당하는 범죄에 대한 보상금 지급기준 금액은 500만원 이하이다. (O│X)

2404 ☐☐☐☐ 18 채용

장기 10년 미만의 징역 또는 금고에 해당하는 범죄에 대한 보상금 지급기준 금액과 장기 5년 미만의 징역 또는 금고, 장기 10년 이상의 자격정지 또는 벌금형에 대한 보상금 지급기준 금액의 합은 500만원 이하이다. (O│X)

2405 ☐☐☐☐ 18 채용

동일한 사람에게 지급결정일을 기준으로 연간(1월 1일부터 12월 31일까지를 말한다) 5회를 초과하여 보상금을 지급할 수 없다. (O│X)

2406 ☐☐☐☐ 18 채용

보상금 지급 심사·의결을 거쳐 지급이 이루어진 이후에는 동일한 사건에 대하여 보상금을 지급할 수 없다. (O│X)

정답과 해설

2402. 5

2402-1. (O) 동법 시행령 제21조 제1항

2403. (O) 범인검거 등 공로자 보상에 관한 규정(경찰청고시) 제6조 제1항 제1호

2404. (X) 장기 10년 미만의 징역 또는 금고에 해당하는 범죄에 대한 보상금 지급기준 금액은 **300만원 이하**이고, 장기 5년 미만의 징역 또는 금고, 장기 10년 이상의 자격정지 또는 벌금형에 대한 보상금 지급 기준 금액은 **100만원 이하**로 그 합은 **400만원 이하**이다(동규정 제6조 제1항 제2호 제3호).

2405. (O) 동규정 제6조 제5항

2406. (O) 보상금 지급 심사·의결을 거쳐 지급이 이루어진 이후에는 동일한 사건에 대하여 보상금을 **지급할 수 없다**. 다만, 해당 사건의 추가 범인 검거 또는 추가 증거 확보 등에 있어 **현저한 공로**가 있다고 인정되는 경우에는 **특별검거보상금을 제외하고 보상금의 지급기준에서 추가 지급할 수 있다**(동규정 제9조).

THEME 17 소송지원 및 형의 감면 등_S급

1 소송지원 및 형의 감면

2407 ☐☐☐☐ 22·23 채용

국가경찰위원회 위원장은 경찰관이 「경찰관 직무집행법」 제2조(직무의 범위) 각 호에 따른 직무의 수행으로 인하여 민·형사상 책임과 관련된 소송을 수행할 경우 변호인 선임 등 소송 수행에 필요한 지원을 하여야 한다. (O|X)

2408 ☐☐☐☐ 23 채용

「아동학대범죄의 처벌 등에 관한 특례법」에 따른 아동학대범죄가 행하여지려고 하거나 행하여지고 있어 타인의 생명·신체에 대한 위해 발생의 우려가 명백하고 긴급한 상황에서, 경찰관이 그 위해를 예방하거나 진압하기 위한 행위 또는 범인의 검거 과정에서 경찰관을 향한 직접적인 유형력 행사에 대응하는 행위를 하여 그로 인하여 타인에게 피해가 발생한 경우, 그 경찰관의 직무수행이 불가피한 것이고 필요한 최소한의 범위에서 이루어졌으며 해당 경찰관에게 고의 또는 중대한 과실이 없는 때에는 형을 감경하거나 면제한다. (O|X)

2409 ☐☐☐☐ 25 채용

「경찰관 직무집행법」 제11조의5에 따른 '직무 수행으로 인한 형의 감면'의 대상이 되는 범죄에 해당하면 (O), 아니면 (X)

㉠ 「형법」 제2편 제24장 살인의 죄	(O|X)
㉡ 「형법」 제2편 제32장 강간과 추행의 죄 중 강제추행에 관한 범죄	(O|X)
㉢ 「아동학대범죄의 처벌 등에 관한 특례법」에 따른 아동학대범죄	(O|X)
㉣ 「가정폭력범죄의 처벌 등에 관한 특례법」에 따른 가정폭력범죄	(O|X)

정답과 해설

2407. (X) 경찰청장과 해양경찰청장(국가경찰위원회 위원장 X)은 경찰관이 제2조(직무의 범위) 각 호에 따른 직무의 수행으로 인하여 민·형사상 책임과 관련된 소송을 수행할 경우 변호인 선임 등 소송 수행에 필요한 지원을 **할 수 있다(하여야 한다 X)**(경찰관 직무집행법 제11조의4).

2408. (X) ~~ 고의 또는 중대한 과실이 없는 때에는 형을 감경하거나 면제**할 수 있다(한다 X)**(동법 제11조의5 제2호).

2409. ㉠ (O) ㉡ (X) 강간과 추행의 죄 중 **강간에 관한 범죄** ㉢ (O) ㉣ (O)

2 국제협력(§8의3)

2410 ☐☐☐☐ 17 승진, 15 간부

경찰청장은 경찰관 직무집행법에 따른 경찰관의 직무수행을 위하여 외국 정부기관, 국제기구 등과 자료 교환, 국제협력 활동 등을 하여야 한다. (O|X)

3 유치장(§9)

2411 ☐☐☐☐ 12·15·18 채용, 21 경채

법률에서 정한 절차에 따라 체포·구속된 사람 또는 신체의 자유를 제한하는 판결이나 처분을 받은 사람을 수용하기 위하여 경찰서와 해양경찰서에 유치장을 둔다. (O|X)

4 벌칙(§12)

2412 ☐☐☐☐ 12·15 채용, 17 승진, 17·26 간부

「경찰관 직무집행법」상 정당한 사유 없이 경찰관의 토지·건물·배 또는 차에의 출입을 거부 또는 방해한 자에게는 300만 원 이하의 과태료를 부과한다. (O|X)

2413 ☐☐☐☐ 24 채용

「경찰관 직무집행법」에 실정법상 경찰의 직무가 규정되어 있다. 이러한 직무의 범위는 사회환경 또는 범죄양상의 변화 등으로 인해서 확장될 수 있다. 다음 중 「경찰관 직무집행법」 제2조에 명시적으로 규정된 직무 중에서 가장 최근에 신설된 것은 무엇인가?

① 경비, 주요인사 경호 및 대간첩·대테러 작전 수행
② 외국 정부기관 및 국제기구와의 국제협력
③ 교통 단속과 교통 위해의 방지
④ 범죄피해자 보호

정답과 해설

2410. (X) **경찰청장**은 「경찰관 직무집행법」에 따른 경찰관의 직무수행을 위하여 외국 정부기관, 국제기구 등과 자료 교환, 국제협력 활동 등을 **할 수 있다(하여야 한다 X)**(동법 제8조의3).

2411. (O) **법률(법령 X)**에서 정한 절차에 따라 체포·구속된 사람을 수용하기 위하여 **경찰서와 해양경찰서(시·도경찰청 X, 지방해양경찰청 X)**에 유치장을 **둔다(둘 수 있다 X)**(동법 제9조).

2412. (X) 해당 설문은 '경찰관 직무집행법'이 아닌 **'112신고의 운영 및 처리에 관한 법률 제18조'**에 규정되어 있는 내용이다.

> **경찰관 직무집행법**
> 제12조(벌칙) 이 법에 규정된 경찰관의 의무를 위반하거나 직권을 남용하여 다른 사람에게 해를 끼친 사람은 **1년 이하의 징역이나 금고 또는 300만원 이하의 벌금**에 처한다.

2413. ①③은 1981년, ②는 2014년에 추가 되었다. ④ **2018년** 4월 14차 개정으로 경찰관의 직무에 **'범죄피해자 보호'**가 추가되었다. 정답은 ④이다.

PART 5

분야별 경찰활동

CHAPTER 01

생활안전경찰

지역경찰

1 「지역경찰의 조직 및 운영에 관한 규칙」 관련 내용_A급

2414 ☐☐☐☐ 23 승진, 17·19·20 간부
"지역경찰관서"라 함은 「국자법」(경찰법) 제30조 제3항 및 「경찰청과 그 소속기관 직제」 제43조에 규정된 지구대, 파출소 및 치안센터를 말한다. (O│X)

2415 ☐☐☐☐ 22·23 채용, 18 승진, 17·19·20 간부
경찰서장은 인구, 면적, 행정구역, 교통·지리적 여건, 각종 사건사고 발생 등을 고려하여 경찰서의 관할구역을 나누어 지역경찰관서를 설치한다. (O│X)

2416 ☐☐☐☐ 18 채용, 18 승진, 17·19 간부
지역 치안수요 및 인력여건 등을 고려하여 지역경찰관서의 관리팀 및 순찰팀의 인원은 시·도경찰청장이 결정하고, 순찰팀의 수는 경찰서장이 결정한다. (O│X)

2417 ☐☐☐☐ 23 채용
지역경찰관서장은 지역경찰관서의 운영에 관하여 총괄 지휘·감독한다. (O│X)

2418 ☐☐☐☐ 21 채용
순찰팀장은 일근근무를 원칙으로 하며, 휴게시간, 휴무횟수 등 구체적인 사항은 「국가공무원 복무규정」 및 「경찰기관 상시근무 공무원의 근무시간 등에 관한 규칙」이 규정한 범위 안에서 지역경찰관서장이 정한다. (O│X)

2419 ☐☐☐☐ 22 승진
순찰팀장은 관리팀원에게 행정근무를 지정하고, 순찰팀원에게 상황 또는 순찰근무 지정하는 것을 원칙으로 하되, 필요한 경우에는 다른 근무를 지정하거나 병행하여 수행하도록 지정할 수 있다. (O│X)

정답과 해설

2414. (X) "지역경찰관서"라 함은 「국자법」(경찰법) 제30조 제3항 및 「경찰청과 그 소속기관 직제」 제43조에 규정된 **지구대와 파출소(치안센터 X)**를 말한다(동규칙 제2조 제1호).

2415. (X) **시·도경찰청장(경찰청장 X, 경찰서장 X)**은 인구, 면적, 행정구역, 교통·지리적 여건, 각종 사건사고 발생 등을 고려하여 경찰서의 관할구역을 나누어 지역경찰관서를 설치한다(동규칙 제4조 제1항).

2416. (X) **순찰팀의 수**는 지역 치안수요 및 인력여건 등을 고려하여 **시·도경찰청장**이 결정하고, **관리팀 및 순찰팀의 인원**은 지역 치안수요 및 인력여건 등을 고려하여 **경찰서장**이 결정한다(동규칙 제6조 제2항·제3항).

2417. (X) **경찰서장(지역경찰관서장 X)**은 지역경찰관서의 운영에 관하여 총괄 지휘·감독한다(동규칙 제9조 제1호).

2418. (X) 순찰팀장은 **상시·교대근무를 원칙**으로 하며, 휴게시간, 휴무횟수 등 구체적인 사항은 「국가공무원 복무규정」 및 「경찰기관 상시근무 공무원의 근무시간등에 관한 규칙」이 규정한 범위 안에서 **시·도경찰청장**이 정한다(동규칙 제21조 제3항).

2419. (O) 동규칙 제29조 제3항

2420 ☐☐☐☐ 18 간부
순찰근무의 근무종류 및 근무구역은 시간대별·장소별 치안수요, 각종 사건사고 발생, 순찰 인원 및 가용 장비, 관할 면적 및 교통·지리적 여건을 고려하여 지정하여야 한다. (O|X)

2421 ☐☐☐☐ 22 승진
지역경찰관리자는 신고출동태세 유지 등을 위해 필요한 경우에는 휴게 및 식사시간도 기타 근무로 지정할 수 있다. (O|X)

2422 ☐☐☐☐ 22 승진
지역경찰 동원은 근무자 동원을 원칙으로 하되, 불가피한 경우에 한하여 비번자, 휴무자 순으로 동원할 수 있다. (O|X)

2423 ☐☐☐☐ 18 간부
시·도경찰청장은 소속 시·도경찰청의 지역경찰 정원 충원 현황을 연 2회 이상 점검하고 현원이 정원에 미달할 경우, 지역경찰 정원 충원 대책을 수립·시행하여야 한다. (O|X)

2424 ☐☐☐☐ 18 간부
시·도경찰청장 및 경찰서장은 지역경찰의 올바른 직무수행 및 자질 향상을 위해 필요한 교육을 실시하여야 하며 교육시간, 방법, 내용 등 지역경찰 교육과 관련된 세부적인 기준은 시·도경찰청장이 따로 정한다. (O|X)

2425 ☐☐☐☐ 19·23 승진
지역경찰은 근무 중 주요사항을 근무일지(갑지)에 기재하여야 한다. (O|X)

2426 ☐☐☐☐ 19·23 승진
근무일지는 5년간 보관한다. (O|X)

정답과 해설

2420. (O) 동규칙 제29조 제4항
2421. (X) 지역경찰관리자는 신고출동태세 유지 등을 위해 필요한 경우에는 휴게 및 식사시간도 대기 근무로 지정할 수 있다(동규칙 제29조 제6항).
2422. (O) 동규칙 제31조 제2항
2423. (O) 동규칙 제37조 제3항
2424. (X) 시·도경찰청장 및 경찰서장은 지역경찰의 올바른 직무수행 및 자질 향상을 위해 필요한 교육을 실시하여야 한다. 교육시간, 방법, 내용 등 지역경찰 교육과 관련된 세부적인 기준은 경찰청장이 따로 정한다(동규칙 제39조 제1항·제2항).
2425. (X) 근무일지(을지)에 기재하여야 한다(동규칙 제42조 제1항).
2426. (X) 근무일지는 3년간(5년간 X) 보관한다(동규칙 제42조 제3항).

2 경찰기관 상시근무 공무원의 근무시간 등에 관한 규칙 _B급

2427 ☐☐☐☐ 22 간부
"상시근무"라 함은 일상적으로 24시간 계속하여 대응·처리해야 하는 업무를 수행하기 위하여 근무조를 나누어 일정한 계획에 의한 반복주기에 따라 교대로 업무를 수행하는 근무형태를 말한다. OIX

2428 ☐☐☐☐ 22 간부
"비번"이라 함은 교대근무자가 일정한 계획에 따라 다음 근무시작 전까지 자유롭게 쉬는 것을 말한다. OIX

2429 ☐☐☐☐ 22 간부
"휴게시간"이라 함은 근무일에 해당함에도 불구하고 누적된 피로 회복 등 건강유지를 위하여 일정시간 동안 근무에서 벗어나 자유롭게 쉬는 것을 말한다. OIX

2430 ☐☐☐☐ 22 간부
"대기"라 함은 근무도중 자유롭게 쉬는 시간을 말하며 식사시간을 포함한다. OIX

3 지역경찰의 직무(지역경찰의 조직 및 운영에 관한 규칙 §5~8) _A급

2431 ☐☐☐☐ 22 채용
지역경찰관서장은 관내 치안상황의 분석 및 대책을 수립하고 소속 지역경찰의 근무와 관련된 제반사항에 대해 지휘 및 감독한다. OIX

2432 ☐☐☐☐ 18 채용, 17·18 승진, 22 간부
관내 중요 사건 발생시 현장 지휘, 지역경찰관서의 시설·예산·장비의 관리, 근무교대시 주요 취급사항 및 장비 등의 인수인계 확인, 관리팀원 및 순찰팀원에 대한 일일근무 지정 및 지휘·감독은 「지역경찰의 조직 및 운영에 관한 규칙」상 순찰팀장이 수행하는 직무 내용이다. OIX

2433 ☐☐☐☐ 24 간부
「지역경찰의 조직 및 운영에 관한 규칙」상 경찰서장이 정하는 사항은 치안센터 관할구역의 크기, 순찰팀의 수, 치안센터 전담근무자의 근무형태 및 근무시간, 관리팀 및 순찰팀의 인원이다. OIX

정답과 해설

2427. (X) "상시근무"라 함은 일상적으로 24시간 계속하여 대응·처리해야 하는 업무를 수행하거나 **긴급하고 중대한 치안상황에 대비하기 위하여 야간, 토요일 및 공휴일에 관계없이 상시적으로 업무를 수행하는 근무형태**를 말한다(경찰기관 상시근무 공무원의 근무시간 등에 관한 규칙 제2조 제1호).

2428. (O) 동규칙 제2조 제4호

2429. (X) "휴게시간"이라 함은 **근무도중 자유롭게 쉬는 시간을 말하며 식사시간을 포함**한다(동규칙 제2조 제5호).

2430. (X) "대기"라 함은 **신고사건 출동 등 치안상황에 대응하기 위하여 일정시간 지정된 장소에서 근무태세를 갖추고 있는 형태의 근무**를 말한다(동규칙 제2조 제6호).

2431. (O) 지역경찰의 조직 및 운영에 관한 규칙 제5조 제3항 제1호, 제3호

2432. (X) **지역경찰관서의 시설·예산·장비의 관리**는 **지역경찰관서장**의 업무이다(동규칙 제5조 제3항 제2호).

2433. (X) 순찰팀의 수는 **시·도경찰청장**이 결정하고(동규칙 제6조 제2항), 나머지는 **경찰서장**이 정한다(동규칙 제6조, 제11조, 제21조).

2434 ☐☐☐☐ 18·22 채용, 20 승진, 17·19·20 간부

경찰 중요 시책의 홍보 및 협력치안 활동은 지역경찰관서장의 직무로, 관리팀원 및 순찰 팀원에 대한 일일근무 지정 및 지휘·감독과 관내 중요 사건 발생시 현장 지휘는 순찰팀장의 직무로 명시되어 있다. (O|X)

2435 ☐☐☐☐ 23 채용

순찰팀은 범죄예방 순찰, 각종 사건사고에 대한 초동조치 등 현장 치안활동을 담당한다. (O|X)

4 지역경찰 근무의 종류(§22~28) _A급

2436 ☐☐☐☐ 18 채용

지역경찰의 근무는 행정근무, 상황근무, 순찰근무, 경계근무, 대기근무, 기타근무로 구분한다. (O|X)

2437 ☐☐☐☐ 14 채용, 19 간부

지역경찰의 방문민원 및 각종 신고사건의 접수 및 처리는 행정근무에 해당한다. (O|X)

2438 ☐☐☐☐ 23 승진, 18 간부

행정근무를 지정받은 지역경찰은 지역경찰관서 내에서 문서의 접수 및 처리, 시설·장비의 관리 및 예산의 집행, 각종 현황·통계·자료·부책 관리, 기타 행정업무 및 지역경찰관서장이 지시한 업무를 수행한다. (O|X)

2439 ☐☐☐☐ 19·20 간부

행정근무를 지정받은 지역경찰은 각종 현황·통계·부책 관리 및 중요 사건·사고 발생시 보고·전파 업무를 수행한다. (O|X)

2440 ☐☐☐☐ 22·23 채용, 22 승진, 18 간부

상황근무를 지정받은 지역경찰은 지역경찰관서 및 치안센터 내에서 시설 및 장비의 작동여부 확인, 방문민원 및 각종 신고사건의 접수 및 처리, 요보호자 또는 피의자에 대한 보호·감시, 중요 사건·사고 발생시 보고 및 전파, 기타 필요한 문서의 작성의 업무를 수행한다. (O|X)

2441 ☐☐☐☐ 14 채용, 19 간부

지역경찰의 주민여론 및 범죄첩보 수집은 상황근무에 해당한다. (O|X)

정답과 해설

2434. (O) 지역경찰의 조직 및 운영에 관한 규칙 제5조 제3항, 제8조 제2항
2435. (O) 순찰팀은 범죄예방 순찰, 각종 사건사고에 대한 초동조치 등 현장 치안활동을 담당하며, 팀장은 경감 또는 경위로 보한다(동규칙 제8조 제1항).
2436. (O) 동규칙 제22조
2437. (X) **상황근무**에 대한 설명이다(동규칙 제24조 제1항 제2호).
2438. (O) 동규칙 제23조
2439. (X) 중요 사건·사고 발생시 보고·전파 업무는 **상황근무**에 해당한다(동규칙 제24조 제1항 제4호).
2440. (O) 동규칙 제24조 제1항
2441. (X) **순찰근무**에 대한 설명이다(동규칙 제25조 제3항 제1호).

2442 ☐☐☐☐ 14 채용, 19 간부
지역경찰의 시설 및 장비의 작동여부 확인은 상황근무에 해당한다. [O|X]

2443 ☐☐☐☐ 15·19 승진
'순찰근무'는 각종 사건사고 발생시 초동조치 및 보고, 전파, 범죄 예방 및 위험발생 방지 활동, 각종 현황·통계·자료·부책 관리, 범법자의 단속 및 검거의 업무를 수행한다. [O|X]

2444 ☐☐☐☐ 21 채용
순찰근무를 지정받은 지역경찰은 지정된 근무구역에서 범법자의 단속 및 검거, 경찰방문 및 방범진단, 시설 및 장비의 작동여부 확인, 각종 현황, 통계, 자료, 부책 관리와 같은 업무를 수행한다. [O|X]

2445 ☐☐☐☐ 14 채용, 20 승진, 19 간부
「지역경찰의 조직 및 운영에 관한 규칙」상 비상 및 작전사태 등 발생시 차량, 선박 등의 통행 통제는 순찰근무에 해당한다. [O|X]

2446 ☐☐☐☐ 23 승진
대기근무를 지정받은 지역경찰은 지정된 장소에서 휴식을 취하되, 무전기를 청취하며 10분 이내 출동이 가능한 상태를 유지하여야 한다. [O|X]

5 치안센터(지역경찰의 조직 및 운영에 관한 규칙)_B급

2447 ☐☐☐☐ 18 승진
시·도경찰청장은 지역치안을 효율적으로 수행하기 위하여 지역경찰관서장 소속하에 치안센터를 설치할 수 있다. [O|X]

2448 ☐☐☐☐ 22 채용
직주일체형 치안센터에 배치된 근무자는 근무 종료 후(휴무일 포함)에도 관할구역 내에 위치하며 지역경찰관서와 연락체계를 유지하여야 한다. [O|X]

정답과 해설

2442. (O) 지역경찰의 조직 및 운영에 관한 규칙 제24조 제1항 제1호
2443. (X) 각종 현황, 통계, 자료, 부책 관리는 **행정근무**에 해당한다(동규칙 제23조).
2444. (X) **범법자의 단속 및 검거, 경찰방문 및 방범진단**은 순찰근무를 지정받은 지역경찰이, **시설 및 장비의 작동여부 확인**은 상황근무를 지정받은 지역경찰이, **각종 현황, 통계, 자료 부책 관리**는 행정근무를 지정받은 지역경찰이 수행한다(동규칙 제23조, 제24조, 제25조).
2445. (X) 비상 및 작전사태 등 발생시 차량, 선박 등의 통행 통제는 **경계근무**에 해당한다(동규칙 제26조 제2항 제2호).
2446. (O) 동규칙 제27조 제3항
2447. (O) 동규칙 제10조 제1항
2448. (X) 직주일체형 치안센터에 배치된 근무자는 근무 종료 후에도 관할구역 내에 위치하며 지역경찰관서와 연락체계를 유지하여야 한다. 다만, **휴무일은 제외**한다(동규칙 제18조 제3항).

2449 ☐☐☐☐ 06 채용

출장소형 치안센터 근무자는 관할 내 지역사회 경찰활동, 범죄예방 순찰, 방문 민원 접수 및 처리 등의 임무를 수행한다. ⓞⓧ

2450 ☐☐☐☐ 11 채용

치안센터는 설치목적에 따라 검문소형과 출장소형으로 구분하며, 검문소형 치안센터는 지리적 여건·치안수요 등을 고려하여 필요한 경우 직주일체형으로 운영할 수 있다. ⓞⓧ

2451 ☐☐☐☐ 11 채용

경찰서장은 직주일체형 치안센터에서 거주하는 근무자의 배우자에게 조력사례금을 지급하여야 한다. ⓞⓧ

6. 112 신고_S급

6-1 112신고의 운영 및 처리에 관한 법률

2452 ☐☐☐☐ 24 채용

경찰청장, 시·도경찰청장 및 경찰서장(이하 "경찰청장등"이라 한다)은 112신고를 받으면 「경찰관 직무집행법」제2조에 따른 경찰사무의 구분이나 현장 출동이 필요한 지역의 관할의 관계를 고려하여 해당 112신고를 신속하게 접수하여 처리하여야 한다. ⓞⓧ

2453 ☐☐☐☐ 24 채용, 26 간부

경찰관은 112신고를 처리하는 과정에서 재난·재해, 범죄 또는 그 밖의 위급한 상황이 발생하여 사람의 생명·신체를 위험하게 할 것으로 인정할 때에는 일정한 구역을 정하여 그 구역에 있는 사람에게 그 구역 밖으로 피난할 것을 명할 수 있다. ⓞⓧ

2454 ☐☐☐☐ 25 승진

경찰청장등은 112치안종합상황실에서 출동 현장의 상황 등을 실시간으로 확인하고 지휘하기 위한 목적으로 경찰관이 영상촬영장치를 착용 또는 휴대하도록 하여 출동 현장을 촬영할 수 있다. ⓞⓧ

정답과 해설

2449. (O) 동규칙 제17조 제2항
2450. (X) **출장소형 치안센터**는 지리적 여건·치안수요 등을 고려하여 필요한 경우 직주일체형으로 운영할 수 있다(동규칙 제15조 제2항).
2451. (O) 동규칙 제19조 제1항
2452. (X) 경찰청장등은 112신고를 받으면 「국가경찰과 자치경찰의 조직 및 운영에 관한 법률」제4조제1항(경찰관 직무집행법 제2조 X)에 따른 경찰사무의 구분이나 현장 출동이 필요한 지역의 관할에 관계없이(관할의 관계를 고려하여 X) 해당 112신고를 신속하게 접수하여 처리하여야 한다(112신고의 운영 및 처리에 관한 법률 제7조 제1항).
2453. (X) **경찰청장등(경찰관 X)**은 112신고를 처리하는 과정에서 재난·재해, 범죄 또는 그 밖의 위급한 상황이 발생하여 사람의 생명·신체를 위험하게 할 것으로 인정할 때에는 일정한 구역을 정하여 그 구역에 있는 사람에게 그 구역 밖으로 피난할 것을 명할 수 있다(동법 제8조 제4항).
2454. (O) 동법 제11조 제1항

6-2 112신고의 운영 및 처리에 관한 법률 시행령

2455 ☐☐☐☐ 24 채용
112치안종합상황실은 경찰청, 시·도경찰청 및 경찰서에 설치한다. (O|X)

2456 ☐☐☐☐ 26 간부
경찰청장등은 112신고를 처리할 때 112치안종합상황실에서 출동 현장의 상황을 실시간으로 확인하고 지휘하기 위한 목적으로 무인비행장치에 영상촬영장치를 설치하여 출동 현장을 촬영할 수 있다. (O|X)

2457 ☐☐☐☐ 25 승진
출동 현장을 촬영할 때에는 불빛, 소리, 안내판, 안내서면, 안내방송 또는 그 밖에 이에 준하는 수단이나 방법으로 출동 현장에 있는 사람이 촬영 사실을 쉽게 알 수 있도록 표시하고 알려야 한다. (O|X)

2458 ☐☐☐☐ 25 승진
경찰청장등은 출동 현장 촬영 사실을 표시하거나 알리기 어려운 경우에는 경찰청 홈페이지에 촬영 사실을 사후 공지하는 방법으로 알려야 한다. (O|X)

2459 ☐☐☐☐ 25 채용, 25 승진
출동 현장을 촬영하여 수집된 영상정보의 보관기간은 촬영일부터 1년으로 한다. 다만, 범죄 수사를 위해 영상정보의 보관이 필요한 경우 등 경찰청장등이 필요하다고 인정하는 경우에는 1년의 범위에서 보관기간을 연장할 수 있다. (O|X)

2460 ☐☐☐☐ 24 채용
112신고 접수 및 처리와 관련된 112시스템 입력자료는 3년간 보존한다. 다만, 단순 민원·상담 등 경찰청장이 정하는 경미한 내용의 112신고의 경우에는 1년으로 한다. (O|X)

2461 ☐☐☐☐ 26 간부
112신고 접수 및 처리와 관련된 녹음·녹화자료의 보존기간은 3개월이다. 다만, 범죄 수사를 위해 기록의 보존이 필요한 경우 등 경찰청장등이 필요하다고 인정하는 경우에는 3개월의 범위에서 그 보존기간을 연장할 수 있다. (O|X)

정답과 해설

2455. (O) 동법 시행령 제2조 제1항
2456. (O) 동법 시행령 제5조 제1항
2457. (O) 동법 시행령 제5조 제2항
2458. (X) 경찰청장등은 제2항에 따른 방법으로 촬영 사실을 표시하거나 알리기 어려운 경우에는 **개인정보 보호위원회가 구축하는 인터넷 사이트**에 촬영 사실을 **미리(사후 X)** 공지하는 방법으로 **알릴 수 있다(알려야 한다 X)** (동법 시행령 제5조 제3항).
2459. (X) 출동 현장을 촬영하여 수집된 영상정보의 보관기간은 촬영일부터 **30일(1년 X)**로 한다. 다만, 범죄 수사를 위해 영상정보의 보관이 필요한 경우 등 경찰청장등이 필요하다고 인정하는 경우에는 **30일(1년 X)**의 범위에서 보관기간을 연장할 수 있다(동법 시행령 제5조 제4항).
2460. (O) 동법 시행령 제6조 제1항
2461. (O) 동법 시행령 제6조 제2항

6-3 112치안종합상황실 운영 및 신고처리 규칙

2462 ☐☐☐☐ 22 채용
112근무요원의 근무기간은 1년 이상으로 한다. (O｜X)

2463 ☐☐☐☐ 22 채용
경찰관서 방문 등 112신고 외의 방법으로 범죄나 각종 사건·사고 등 위급한 상황이 발생하였거나 발생할 것이 예상된다는 신고를 접수한 경찰관은 소속 경찰관서의 112시스템에 신고내용을 입력해야 한다. (O｜X)

2464 ☐☐☐☐ 24 승진
경찰청장은 강력범죄 현행범인 등 신고 대응을 위해 실시간 전파가 필요한 경우에는 112신고 대응 코드(code) 중 코드 1 신고로 분류한다. (O｜X)

2465 ☐☐☐☐ 23 승진
즉각적인 현장조치는 불필요하나 수사, 전문상담 등이 필요한 경우는 112신고 대응 코드(code) 중 코드 3 신고로 분류한다. (O｜X)

2466 ☐☐☐☐ 24 승진
112근무요원은 112신고가 완전하게 수신되지 않는 경우와 같이 정확한 신고내용을 파악하기 힘든 경우라도 신속한 처리를 위해 우선 임의의 112신고 대응 코드를 부여할 수 있다. (O｜X)

2467 ☐☐☐☐ 23 승진
112근무요원 및 출동 경찰관은 112신고 대응 코드를 변경할 만한 사실을 추가로 확인한 경우 이미 분류된 112신고 대응 코드를 다른 112신고 대응 코드로 변경할 수 있다. (O｜X)

2468 ☐☐☐☐ 22 채용, 24 승진
112근무요원은 접수한 신고의 내용이 코드 3 신고의 유형에 해당하는 경우에는 출동 경찰관에게 지령하지 않고 자체 종결하거나, 담당 부서 또는 112신고 관계 기관에 신고내용을 통보하여 처리하도록 조치해야 한다. (O｜X)

정답과 해설

2462. (X) 112근무요원의 근무기간은 **2년 이상**으로 한다(112치안종합상황실 운영 및 신고처리 규칙 제25조 제1항).
2463. (O) 동규칙 제6조 제2항
2464. (X) 경찰청장은 강력범죄 현행범인 등 신고 대응을 위해 실시간 전파가 필요한 경우에는 112신고 대응 코드(code) 중 **코드 0** 신고로 분류한다(동규칙 제7조 제1항 제1호).
2465. (O) 동규칙 제7조 제1항 제4호
2466. (O) 동규칙 제7조 제3항
2467. (O) 동규칙 제7조 제4항
2468. (X) 112근무요원은 접수한 신고의 내용이 **코드 4** 신고의 유형에 해당하는 경우에는 출동 경찰관에게 지령하지 않고 자체 종결하거나, 담당 부서 또는 112신고 관계 기관에 신고내용을 통보하여 처리하도록 조치해야 한다 (동규칙 제8조 제2항).

2469 ☐☐☐☐ 23 승진

출동 경찰관은 112치안종합상황실에 다음 각 호의 보고(최초보고, 수시보고, 종결보고)를 해야함에도 불구하고 현장 상황이 급박하여 신속한 현장 조치가 필요한 경우 우선 조치 후 보고할 수 있다. (O|X)

2470 ☐☐☐☐ 23 승진

112근무요원은 사건이 해결된 경우 112신고처리를 종결할 수 있다. (O|X)

2471 ☐☐☐☐ 22 채용, 24 승진

112신고 접수·처리자료 중 112시스템 입력자료는 112신고 대응 코드 0·코드 1·코드 2로 분류한 자료는 3년간, 코드 3·코드 4로 분류한 자료는 1년간 보존하고, 녹음·녹화자료는 3개월간 보존한다. (O|X)

정답과 해설

2469. (O) 동규칙 제14조 제2항
2470. (O) 동규칙 제16조 제1호
2471. (O) 동규칙 제20조 제1항 제1호, 제2호

THEME 02 경범죄 처벌법 _S급

1 성격 및 특징

2472 ☐☐☐☐ 18 승진
「경범죄 처벌법」은 「형법」의 보충법이다. (O|X)

2473 ☐☐☐☐ 19 승진, 22 간부
「경범죄 처벌법」 위반의 죄를 짓도록 시키거나 도와준 사람은 죄를 지은 사람에 준하여 벌한다. (O|X)

2474 ☐☐☐☐ 16·20·21 채용, 23 승진
경범죄를 짓도록 시키거나 도와준 사람은 죄를 지은 사람에 준하여 벌하며, 경범죄의 미수범도 처벌한다. (O|X)

2475 ☐☐☐☐ 14 채용
「경범죄처벌법」 제3조(경범죄의 종류)에 따라 사람을 벌할 때에는 그 사정과 형편을 헤아려서 그 형을 면제하거나 구류와 과료를 함께 과할 수 있다. (O|X)

2 종류(§3)

2476 ☐☐☐☐ 20 채용
범칙행위란 「경범죄 처벌법」 제3조 제1항 각 호부터 제3항 각 호까지의 어느 하나에 해당하는 위반행위이다. (O|X)

2477 ☐☐☐☐ 21 채용
장난전화, 광고물 무단부착, 행렬방해, 흉기의 은닉휴대는 10만원 이하의 벌금, 구류 또는 과료의 형으로 처벌한다. (O|X)

정답과 해설

2472. (O) 「경범죄 처벌법」은 광의의 형법에 속하며, 형법의 보충법이자 일반법이다. 즉, 「형법」의 특별법이 아니라 보충법으로서, 형법이 다루지 않는 경미한 범죄를 다루는 법이다.
2473. (O) 경범죄를 짓도록 시키거나 도와준 사람은 죄를 지은 사람에 준하여 벌한다(동법 제4조). 경범죄의 경우 방조범 감경을 할 수 없다.
2474. (X) 경범죄는 미수범 처벌 규정이 없다. 경범죄의 경우 정범·교사범·방조범은 동일하게 처벌한다(동법 제4조).
2475. (O) 동법 제5조
2476. (X) "범칙행위"란 제3조 제1항 각 호 및 제2항(제3항 X) 각 호의 어느 하나에 해당하는 위반행위를 말한다(동법 제6조 제1항).
2477. (O) 동법 제3조 제1항

2478 ☐☐☐☐ 22 승진

주거지에서 음악 소리를 크게 내거나 큰 소리로 떠들어 이웃을 시끄럽게 하는 행위는 「경범죄 처벌법」상 '인근소란 등'에 해당한다. (O|X)

2479 ☐☐☐☐ 23 승진

음주소란, 지속적 괴롭힘, 거짓 인적사항을 사용한 사람은 10만 원 이하의 벌금, 구류 또는 과료의 형으로 처벌한다. (O|X)

2480 ☐☐☐☐ 22 승진, 20 경채

'폭행 등 예비'와 '거짓 광고'는 10만원 이하의 벌금, 구류 또는 과료의 형으로 처벌한다. (O|X)

2481 ☐☐☐☐ 23 채용, 18 승진

「경범죄 처벌법」상 못된 장난 등으로 다른 사람, 단체 또는 공무수행 중인 자의 업무를 방해한 사람은 20만 원 이하의 벌금, 구류 또는 과료의 형으로 처벌한다. (O|X)

2482 ☐☐☐☐ 16·23 채용

「경범죄 처벌법」상 출판물의 부당게재 등, 거짓 광고, 업무방해, 암표매매의 경우 20만원 이하의 벌금, 구류 또는 과료의 형으로 처벌한다. (O|X)

2483 ☐☐☐☐ 23 채용, 14 승진, 23 간부

파출소장 A가 소속 직원들에게 「경범죄처벌법」상 여러 사람에게 물품을 팔거나 나누어 주거나 일을 해주면서 다른 사람을 속이거나 잘못 알게 할 만한 사실을 들어 광고한 사람은 20만원 이하의 벌금, 구류 또는 과료의 형으로 처벌해야 한다고 교양하였다. (O|X)

2484 ☐☐☐☐ 24 채용

인터넷 중고거래 사이트를 통해 비대면으로 웃돈을 받고 유명 가수의 콘서트 티켓을 되판 사람은 이 법상 암표매매로 처벌된다. (O|X)

2485 ☐☐☐☐ 14·20 채용, 23 승진, 22 간부

술에 취한 채로 관공서에서 몹시 거친 말과 행동으로 주정하거나 시끄럽게 한 사람은 20만원 이하의 벌금, 구류 또는 과료의 형으로 처벌한다. (O|X)

정답과 해설

2478. (O) 동법 제3조 제1항
2479. (O) 동법 제3조 제1항 제20호, 제30호, 제41호
2480. (X) **거짓 광고는 20만원** 이하의 벌금, 구류 또는 과료의 형으로 처벌한다(동법 제3조 제2항 제2호).
2481. (O) 동법 제3조 제2항
2482. (O) 동법 제3조 제2항
2483. (O) 동법 제3조 제2항
2484. (X) 암표매매는 흥행장, 경기장, 역, 나루터, 정류장, 그 밖에 정하여진 요금을 받고 입장시키거나 승차 또는 승선시키는 곳에서 웃돈을 받고 입장권·승차권 또는 승선권을 다른 사람에게 되판 사람을 처벌 대상으로 한다(경범죄 처벌법 제3조 제2항 제4호). 그러므로 인터넷 중고거래 사이트를 통해 **비대면**으로 웃돈을 받고 유명 가수의 콘서트 티켓을 되판 사람은 이 법상 암표매매로 **처벌되지 않는다(된다 X)**.
2485. (X) 술에 취한 채로 관공서에서 몹시 거친 말과 행동으로 주정하거나 시끄럽게 한 사람은 **60만원** 이하의 벌금, 구류 또는 과료의 형으로 처벌한다(동법 제3조 제3항).

2486 ☐☐☐☐ 16 채용

주거가 확인된 경우라면 어떠한 경우라도 「경범죄 처벌법」을 위반한 사람을 체포할 수 없다. (O|X)

2487 ☐☐☐☐ 14·19·22 승진, 20 경채

「경범죄 처벌법」상 관공서에서의 주취소란 행위는 주거가 분명하지 아니한 때에만 현행범 체포가 가능하다. (O|X)

2488 ☐☐☐☐ 24 채용, 14·22 승진

파출소장 A가 소속 직원들에게 「경범죄 처벌법」상 있지 아니한 범죄나 재해 사실을 공무원에게 거짓으로 신고한 사람에 대해서는 주거가 분명한 경우 현행범 체포가 불가능하므로, 즉결심판 청구나 통고처분을 해야 한다고 교양하였다. (O|X)

3 경범죄 처벌법 관련 판례

2489 ☐☐☐☐ 14·18 채용

버스정류장 등지에서 소매치기할 생각으로 은밀히 성명 불상자들의 뒤를 따라다닌 경우 「경범죄 처벌법」상 '불안감 조성'에 해당한다. (O|X)

2490 ☐☐☐☐ 19 승진

「경범죄 처벌법」 위반자가 서명 후 위반자용 용지와 은행납부용 용지를 지급받자 화를 참지 못하여 통고처분 용지를 찢은 경우 공용서류무효죄에 해당한다. (O|X)

정답과 해설

2486. (X) 형사소송법 제214는 '다액 50만원 이하의 벌금, 구류 또는 과료에 해당하는 죄의 현행범인에 대하여는 범인의 주거가 분명하지 아니한 때에 한하여 체포할 수 있다'고 규정하고 있다. 경범죄처벌법 제3조 제3항에 규정된 관공서에서의 주취소란과 거짓신고의 경우 60만원 이하의 벌금, 구류 또는 과료에 처하므로 이에 해당하는 경우 주거부정 여부와 관계없이 현행범으로 체포할 수 있다.

2487. (X) 경미사건의 현행범체포 제한에 관한 형사소송법 제214조가 적용되지 않아 주거가 분명한 때에도 현행범으로 체포할 수 있다.

2488. (X) 거짓 신고한 사람은 주거가 분명하여도 현행범 체포가 가능하고 범칙행위에 해당하지 않아 통고처분 대상이 아니다.

2489. (X) 버스정류장 등지에서 소매치기할 생각으로 은밀히 성명불상자들의 뒤를 따라 다닌 경우, 경범죄처벌법 제1조 제19호 '불안감 조성'에 해당하지 않는다(대법원 1999. 8.24. 99도2034).

2490. (X) 형사사건을 조사하던 경찰관이 스스로의 판단에 따라 자신이 보관하던 진술서를 임의로 피고인에게 넘겨준 것이라면, 위 진술서의 보관책임자인 경찰관은 장차 이를 공무소에서 사용하지 아니하고 폐기할 의도하에 처분한 것이라고 보아야 할 것이므로, 위 진술서는 더 이상 공무소에서 사용하거나 보관하는 문서가 아닌 것이 되어 공용서류로서의 성질을 상실하였다고 보아야 한다(대법원 1999. 2.24. 98도4350). 이 판례의 취지에 의할 때 공용서류무효죄는 성립하지 아니한다.

4 범칙자와 통고처분

2491 ☐☐☐☐ 14·20·24 채용, 18 승진, 18 간부
「경범죄 처벌법」상 '범칙자'란 범칙행위를 한 사람으로서 '통고처분서 받기를 거부한 사람', '주거 또는 신원이 확실하지 아니한 사람', '그 밖에 통고처분하기가 매우 어려운 사람' 중 어느 하나에 해당하지 아니하는 사람을 말한다. (O|X)

2492 ☐☐☐☐ 19·22 승진
범칙행위를 한 사람이라도 18세 미만인 경우에는 범칙자에 해당하지 않는다. (O|X)

2493 ☐☐☐☐ 23 승진, 22 간부
「경범죄 처벌법」상 범칙행위를 상습적으로 하는 사람은 경범죄 처벌의 특례를 규정한 장에서 범칙자에 해당하지 않는다. (O|X)

2494 ☐☐☐☐ 21·24 채용, 18 간부
「경범죄 처벌법」제7조 제1항에 따라 범칙자로 인정되는 사람일지라도 통고처분서 받기를 거부한 사람, 주거 또는 신원이 확실하지 아니한 사람, 그 밖에 통고처분을 하기가 매우 어려운 사람에 대하여는 통고처분하지 않는다. (O|X)

2495 ☐☐☐☐ 22 간부
「경범죄 처벌법」상 경찰청장, 해양경찰청장, 제주특별자치도지사 또는 철도특별사법경찰대장은 범칙자로 인정되는 사람에 대하여 그 이유를 명백히 나타낸 서면으로 범칙금을 부과하고 이를 납부할 것을 통고할 수 있다. (O|X)

정답과 해설

2491. (X) **통고처분 제외자**이다. '범칙자'란 범칙행위를 한 사람으로서 범칙행위를 상습적으로 하는 사람, 죄를 지은 동기나 수단 및 결과를 헤아려볼 때 구류처분을 하는 것이 적절하다고 인정되는 사람, **피해자가 있는 행위를 한 사람** 또는 18세 미만인 사람 중 **어느 하나에 해당하지 아니하는 사람**을 말한다(경범죄 처벌법 제6조 제2항).
2492. (O) 동법 제6조 제2항 제4호
2493. (O) 동법 제6조 제2항 제1호
2494. (O) 동법 제7조 제1항
2495. (X) **경찰서장(경찰청장 X), 해양경찰서장(해양경찰청장 X)**, 제주특별자치도지사 또는 철도특별사법경찰대장은 범칙자로 인정되는 사람에 대하여 그 이유를 명백히 나타낸 서면으로 범칙금을 부과하고 이를 납부할 것을 통고할 수 있다(동법 제7조 제1항).

5 범칙금의 납부 및 즉결심판 청구(§8~§9)

2496 ☐☐☐☐ 16·18 채용, 18·22 간부, 20 경채

「경범죄 처벌법」상 통고처분서를 받은 사람은 통고처분서를 받은 날부터 10일 이내에 경찰청장·해양경찰청장 또는 철도특별사법경찰대장이 지정한 은행, 그 지점이나 대리점, 우체국 또는 제주특별자치도지사가 지정하는 금융기관이나 그 지점에 범칙금을 납부하여야 한다. 다만, 천재지변이나 그 밖의 부득이한 사유로 말미암아 그 기간 내에 범칙금을 납부할 수 없을 때에는 그 부득이한 사유가 없어지게 된 날부터 5일 이내에 납부하여야 한다. (O|X)

2497 ☐☐☐☐ 21 채용

「경범죄 처벌법」 제8조 제1항에 따른 납부기간에 범칙금을 납부하지 아니한 사람은 납부기간의 마지막 날의 다음 날부터 30일 이내에 통고받은 범칙금에 그 금액의 100분의 30을 더한 금액을 납부하여야 한다. (O|X)

2498 ☐☐☐☐ 15 승진

A가 1월 13일에 「경범죄처벌법」 위반으로 통고처분을 받은 경우, 1차 납부기일은 1월 23일이고, 납부기간에 범칙금을 납부하지 아니한 사람은 납부기간의 마지막 날의 다음 날부터 20일 이내에 납부하여야 하므로 2차 납부기일은 2월 2일이다(휴일, 공휴일 고려치 않음). (O|X)

2499 ☐☐☐☐ 18 간부, 20 경채

「경범죄 처벌법」상 범칙금을 납부한 사람은 그 범칙행위에 대하여 다시 처벌받지 아니한다. (O|X)

2500 ☐☐☐☐ 18 간부

「경범죄 처벌법」상 경찰서장은 통고처분서 받기를 거부한 사람에 대하여 지체 없이 즉결심판을 청구하여야 한다. (O|X)

2501 ☐☐☐☐ 18 채용

범칙금 납부 기한 내 범칙금을 납부하지 않아 즉결심판이 청구된 피고인이 통고받은 범칙금에 그 금액의 100분의 50을 더한 금액을 납부하고 그 증명서류를 즉결심판 선고 전까지 제출하였을 때에는 경찰청장, 해양경찰청장 및 제주특별자치도지사는 그 피고인에 대한 즉결심판 청구를 취소할 수 있다. (O|X)

정답과 해설

2496. (O) 경범죄 처벌법 제8조 제1항
2497. (X) 납부기간에 범칙금을 납부하지 아니한 사람은 납부기간의 마지막 날의 다음 날부터 20일(30일 X) 이내에 통고받은 범칙금에 그 금액의 100분의 20(100분의 30 X)을 더한 금액을 납부하여야 한다(동법 제8조 제2항).
2498. (X) 통고처분서를 받은 사람은 통고처분서를 받은 날부터 10일 이내(기산일은 익일부터)에 범칙금을 납부하여야 하므로 1차 납부기일은 1월 23일이고, 납부기간에 범칙금을 납부하지 아니한 사람은 납부기간의 마지막 날의 다음 날부터 20일 이내에 납부하여야 하므로 2차 납부기일은 2월 12일이다(동법 제8조).
2499. (O) 동법 제8조 제3항
2500. (O) 동법 제9조 제1항
2501. (X) 즉결심판이 청구된 피고인이 통고받은 범칙금에 그 금액의 100분의 50을 더한 금액을 납부하고 그 증명서류를 즉결심판 선고 전까지 제출하였을 때에는 경찰서장(경찰청장 X), 해양경찰서장(해양경찰청장 X) 및 제주특별자치도지사는 그 피고인에 대한 즉결심판 청구를 취소하여야 한다(할 수 있다 X)(동법 제9조 제2항).

2502 ☐☐☐☐ 23 채용
경찰서장이 범칙행위에 대하여 통고처분을 한 이상 통고처분에서 정한 범칙금 납부기간까지는 원칙적으로 경찰서장은 즉결심판을 청구할 수 없다. (O|X)

6. 즉결심판에 관한 절차법 _B급

2503 ☐☐☐☐ 18 승진
「즉결심판에 관한 절차법」상 지방법원, 지원 또는 시·군법원의 판사는 즉결심판절차에 의하여 피고인에게 20만원 이하의 벌금, 구류 또는 과료, 자격상실, 자격정지에 처할 수 있다. (O|X)

2504 ☐☐☐☐ 17 승진
「즉결심판에 관한 절차법」상 즉결심판은 공소장일본주의가 적용되지 않는다. (O|X)

2505 ☐☐☐☐ 17 승진
「즉결심판에 관한 절차법」상 판사가 즉결심판청구를 기각하는 결정을 한 경우 경찰서장은 지체없이 사건을 법원에 송치하여야 한다. (O|X)

2506 ☐☐☐☐ 17 승진
「즉결심판에 관한 절차법」상 즉결심판절차에 의한 심리와 재판의 선고는 비공개된 법정에서 행하되, 그 법정은 경찰관서외의 장소에 설치되어야 한다. (O|X)

2507 ☐☐☐☐ 17 승진
「즉결심판에 관한 절차법」상 피고인은 정식재판의 청구를 포기할 수 없다. (O|X)

2508 ☐☐☐☐ 18 승진
「즉결심판에 관한 절차법」상 정식재판을 청구하고자 하는 피고인은 정식재판청구서를 판사에게 제출하여야 한다. (O|X)

정답과 해설

2502. (O) 대판 2017도13409
2503. (X) 지방법원, 지원 또는 시·군법원의 판사는 즉결심판절차에 의하여 피고인에게 **20만원 이하의 벌금, 구류 또는 과료(자격상실 X, 자격정지 X)에 처할 수 있다**(즉결심판에 관한 절차법 제2조).
2504. (O) 경찰서장은 즉결심판의 청구와 동시에 즉결심판을 함에 필요한 서류 또는 증거물을 판사에게 제출하여야 한다(동법 제4조). 즉, 즉결심판은 공소장일본주의가 적용되지 않는다.
2505. (X) 판사가 즉결심판청구를 기각하는 결정을 한 경우 경찰서장은 지체없이 사건을 **관할지방검찰청 또는 지청의 장(법원 X)**에게 송치하여야 한다(동법 제5조 제2항).
2506. (X) 즉결심판절차에 의한 심리와 재판의 선고는 **공개된 법정(비공개된 법정 X)**에서 행하되, 그 법정은 경찰관서(해양경찰관서를 포함)외의 장소에 설치되어야 한다(동법 제7조 제1항).
2507. (X) 피고인은 정식재판의 청구를 **포기할 수 있다**(동법 제12조 제2항).
2508. (X) 정식재판을 청구하고자 하는 피고인은 즉결심판의 선고·고지를 받은 날부터 7일 이내에 정식재판청구서를 **경찰서장(판사 X)에게 제출**하여야 한다(동법 제14조 제1항).

2509 ☐☐☐☐ 18 승진

「즉결심판에 관한 절차법」상 경찰서장은 판사가 무죄·면소의 선고 또는 즉결심판의 청구를 기각하는 결정을 한 날부터 7일 이내에 정식재판을 청구할 수 있다. ⓄⓍ

2510 ☐☐☐☐ 18 승진

「즉결심판에 관한 절차법」상 판사는 정식재판청구서를 받은 날부터 7일 이내에 경찰서장에게 정식재판청구서를 첨부한 사건기록과 증거물을 송부한다. ⓄⓍ

2511 ☐☐☐☐ 23 채용

피고인이 즉결심판에 대하여 제출한 정식재판청구서에 피고인의 자필로 보이는 이름이 기재되어 있고 그 옆에 서명이 되어 있어 위 서류가 작성자 본인인 피고인의 진정한 의사에 따라 작성되었다는 것을 명백하게 확인할 수 있더라도 피고인의 인장이나 지장이 찍혀 있지 않다면 정식재판청구는 부적법하다고 보아야 한다. ⓄⓍ

2512 ☐☐☐☐ 17 승진

「즉결심판에 관한 절차법」상 판사는 구류의 선고를 받은 피고인이 일정한 주소가 없거나 또는 도망할 염려가 있을 때에는 5일을 초과하지 아니하는 기간 내에서 경찰서 유치장에 유치할 것을 명령할 수 있다. 다만, 이 기간은 선고기간을 초과할 수 없다. ⓄⓍ

정답과 해설

2509. (X) 경찰서장은 판사가 **무죄·면소 또는 공소기각(즉결심판의 청구를 기각 X)**을 선고하였을 때에는 7일 이내에 정식재판을 청구할 수 있다(즉결심판에 관한 절차법 제14조 제2항).

2510. (O) 동법 제14조 제3항

2511. (X) 피고인이 즉결심판에 대하여 제출한 정식재판청구서에 피고인의 자필로 보이는 이름이 기재되어 있고 그 옆에 서명이 되어 있어 위 서류가 작성자 본인인 피고인의 진정한 의사에 따라 작성되었다는 것을 명백하게 확인할 수 있으며 형사소송절차의 명확성과 안정성을 저해할 우려가 없으므로, 정식재판청구는 **적법하다고 보아야 한다**(대판 2017모3458).

2512. (O) 동법 제17조 제1항

THEME 03 풍속영업의 단속 _B급

1 풍속영업의 범위

2513 ☐☐☐☐ 17 간부
「게임산업진흥에 관한 법률」에 따른 복합유통게임제공업은 「풍속영업의 규제에 관한 법률」에서 규정하는 풍속영업의 범위에 해당한다. (O|X)

2514 ☐☐☐☐ 13 승진, 17 간부
「영화 및 비디오물의 진흥에 관한 법률」에 따른 비디오물감상실업은 「풍속영업의 규제에 관한 법률」에서 규정하는 풍속영업의 범위에 해당한다. (O|X)

2515 ☐☐☐☐ 17 간부
「공중위생관리법」에 따른 미용업은 「풍속영업의 규제에 관한 법률」에서 규정하는 풍속영업의 범위에 해당한다. (O|X)

2516 ☐☐☐☐ 13 승진, 17 간부
「체육시설의 설치 이용에 관한 법률」에 따른 무도장업은 「풍속영업의 규제에 관한 법률」에서 규정하는 풍속영업의 범위에 해당한다. (O|X)

2517 ☐☐☐☐ 13 승진
「음악산업진흥에 관한 법률」상 노래연습장업은 「풍속영업의 규제에 관한 법률」 및 동법 시행령상 풍속영업의 범위에 포함된다. (O|X)

2518 ☐☐☐☐ 13 승진
「식품위생법」상 일반음식점영업은 「풍속영업의 규제에 관한 법률」 및 동법 시행령상 풍속영업의 범위에 포함된다. (O|X)

정답과 해설

2513. (O)   2514. (O)
2515. (X) 미용업은 풍속영업의 범위에 **해당하지 아니한다.**
2516. (O)   2517. (O)
2518. (X) 식품위생법상 단란주점영업 및 유흥주점영업이 풍속영업의 범위에 포함되고, **일반음식점영업은 포함되지 않는다.**

2 풍속영업규제에 관련된 판례

2519 ☐☐☐☐ 20 간부

풍속업소인 숙박업소에서 음란한 외국의 위성방송프로그램을 수신하여 투숙객 등으로 하여금 시청하게 하는 행위는 구 「풍속영업의 규제에 관한 법률」에서 규정된 '음란한 물건'을 관람하게 하는 행위에 해당하지 않는다. O|X

2520 ☐☐☐☐ 20 간부

유흥주점영업허가를 받았다고 하더라도 실제로는 노래연습장영업을 하고 있다면 유흥주점영업에 따른 영업자 준수사항을 지켜야 할 의무가 있다고 할 수 없다. O|X

2521 ☐☐☐☐ 20 간부

일반음식점 허가를 받은 사람이 주로 주류를 조리·판매하는 형태의 주점영업을 하였다면, 손님이 노래를 부를 수 있는 여건이 갖추어지지 않았다고 하더라도 구 「식품위생법」상 단란주점영업에 해당한다. O|X

2522 ☐☐☐☐ 20 간부

청소년이 이른바 '티켓걸'로서 노래연습장 또는 유흥주점에서 손님들의 흥을 돋우어 주고 시간당 보수를 받은 경우라고 하더라도 업소주인이 청소년을 시간제 접대부로 고용한 것으로 보기는 어려우므로 업소주인을 청소년보호법위반죄로 처벌할 수 없다. O|X

2523 ☐☐☐☐ 20 간부

모텔에 동영상 파일 재생장치인 디빅 플레이어를 설치하고 투숙객에게 그 비밀번호를 가르쳐 주어 저장된 음란동영상을 관람하게 한 경우, 이는 「풍속영업의 규제에 관한 법률」에서 금지하고 있는 음란한 비디오물을 풍속영업소에서 관람하게 한 행위에 해당한다. O|X

정답과 해설

2519. (X) 풍속영업소인 숙박업소에서 음란한 외국의 위성방송프로그램을 수신하여 투숙객 등으로 하여금 시청하게 하는 행위는 풍속영업법 제3조 제2호에 규정된 '음란한 물건'을 관람하게 하는 행위에 **해당한다**(대판 2009도4545).

2520. (O) 대판 97도1873

2521. (X) 구 식품위생법(2006. 12. 28. 법률 제8113호로 개정되기 전의 것) 제22조 제1항, 구 식품위생법 시행령(2006. 12. 21. 대통령령 제19769호로 개정되기 전의 것) 제7조 제8호의 각 규정의 취지를 종합하면, 위 시행령에서 단란주점영업을 "주로 주류를 조리·판매하는 영업으로서 손님이 노래를 부르는 행위가 허용되는 영업"으로 규정하고 있으므로, 주로 주류를 조리·판매하는 영업이라고 하더라도 손님으로 하여금 노래를 부르게 하는 것이 가능하지 않은 형태의 영업은 위 시행령 소정의 **단란주점영업에 해당한다고 볼 수 없다**(대판 2008도2160).

2522. (X) 청소년유해업소인 노래연습장업 또는 유흥주점의 각 업주는 청소년을 접대부로 고용할 수 없는바, 여기의 고용에는 시간제로 보수를 받고 근무하는 경우도 포함된다 할 것이고, 한편 특정다방에 대기하는 이른바 '티켓걸'이 노래연습장 또는 유흥주점에 티켓영업을 나가 시간당 정해진 보수(이른바 '티켓비')를 받고 그 손님과 함께 춤을 추고 노래를 불러 유흥을 돋우게 한 경우, 그 티켓걸을 업소주인이 알려준 전화로 손님이 직접 부르고 그 티켓비를 손님이 직접 지급하였다고 하더라도 업소주인이 그 **티켓걸을 시간제 접대부로 고용한 것**으로 보아야 한다(대판 2005도3801).

2523. (O) 대판 2008도3975

THEME 04 성매매알선 등 행위의 처벌에 관한 법률_A급

2524 ☐☐☐☐ 15·21 채용
"성매매"란 불특정인을 상대로 금품이나 그 밖의 재산상의 이익을 수수하거나 수수하기로 약속하고 유사성교행위를 제외한 성교행위를 하거나 그 상대방이 되는 것을 말한다. (O|X)

2525 ☐☐☐☐ 15·21 채용
"성매매알선 등 행위"에는 성매매를 알선, 권유, 유인 또는 강요하는 행위와 성매매의 장소를 제공하는 행위를 포함한다. (O|X)

2526 ☐☐☐☐ 21 채용
"성매매피해자"란 위계, 위력에 의하여 성매매를 강요당한 사람, 성매매 목적의 인신매매를 당한 사람 등을 말한다. 다만, 고용관계로 인하여 보호 또는 감독하는 사람에 의하여 마약등에 중독되어 성매매를 한 사람은 성매매피해자에 포함되지 않는다. (O|X)

2527 ☐☐☐☐ 15·21 채용, 21 경채
성매매피해자의 성매매는 형을 감경하거나 면제할 수 있다. (O|X)

2528 ☐☐☐☐ 21 채용
검사 또는 사법경찰관은 수사과정에서 피의자 또는 참고인이 성매매피해자에 해당한다고 볼만한 상당한 이유가 있을 때에는 지체 없이 법정대리인, 친족 또는 변호인에게 통지하고, 신변보호, 수사의 비공개, 친족 또는 지원시설·성매매피해상담소에의 인계 등 그 보호에 필요한 조치를 하여야 한다. 다만, 피의자 또는 참고인의 사생활 보호 등 부득이한 사유가 있는 경우에는 통지하지 아니할 수 있다. (O|X)

2529 ☐☐☐☐ 21 경채
경찰은 신고자등을 조사할 때에는 직권으로 또는 본인·법정대리인의 신청에 의하여 신뢰관계에 있는 사람을 동석하게 할 수 있다. (O|X)

2530 ☐☐☐☐ 21 경채
법원은 신고자등의 사생활이나 신변을 보호하기 위하여 심리를 비공개하여야 한다. (O|X)

정답과 해설

2524. (X) **유사성교행위**도 **포함**한다(성매매알선 등 행위의 처벌에 관한 법률 제2조 제1항 제1호).

2525. (O) 동법 제2조 제1항 제2호

2526. (X) 고용관계로 인하여 보호 또는 감독하는 사람에 의하여 마약등에 중독되어 성매매를 한 사람도 성매매피해자에 **포함**된다(동법 제2조 제1항 제4호).

2527. (X) 성매매피해자의 성매매는 **처벌하지 아니한다**(동법 제6조 제1항).

2528. (O) 동법 제6조 제2항

2529. (O) 동법 제8조 제2항

2530. (X) 법원은 신고자등의 사생활이나 신변을 보호하기 위하여 **필요하면 결정으로 심리를 공개하지 아니할 수 있다** (동법 제9조 제2항).

2531 ☐☐☐☐ 21 경채

판사는 보호처분으로 성매매가 이루어질 우려가 있다고 인정되는 장소나 지역에의 출입금지 처분을 할 수 있다. 이에 따른 보호처분 기간은 6개월을 초과할 수 없다. ⓄⓍ

2532 ☐☐☐☐ 21 경채

영업으로 성매매알선 등 행위를 한 사람에 대한 벌칙은 3년 이하의 징역 또는 3천만원 이하의 벌금에 처한다. ⓄⓍ

2533 ☐☐☐☐ 15 채용

「성매매알선 등 행위의 처벌에 관한 법률」상 이 법에 규정된 죄를 범한 사람이 수사기관에 신고하거나 자수한 경우에는 형을 감경하거나 면제해야 한다. ⓄⓍ

정답과 해설

2531 (O) 성매매알선 등 행위의 처벌에 관한 법률 제15조
2532. (X) 영업으로 성매매알선 등 행위를 한 사람에 대한 벌칙은 **7년 이하의 징역 또는 7천만원 이하**의 벌금에 처한다(동법 제19조 제2항 제1호).
2533. (X) 이 법에 규정된 죄를 범한 사람이 수사기관에 신고하거나 자수한 경우에는 **형을 감경하거나 면제할 수 있다**(동법 제26조).

THEME 05 총포·도검·화약류 등의 안전관리에 관한 법률_B급

2534 ☐☐☐☐ 18 채용, 14 간부

「총포·도검·화약류 등의 안전관리에 관한 법률」상 '총포'란 권총, 소총, 기관총, 포, 엽총, 금속성 탄알이나 가스 등을 쏠 수 있는 장약총포, 공기총으로 대통령령이 정하는 것을 말한다. 단, 총포신·기관부 등 그 부품은 제외한다. (O│X)

2535 ☐☐☐☐ 14 간부

「총포·도검·화약류 등의 안전관리에 관한 법률」상 '도검'이란 칼날의 길이가 15cm 이상 되는 칼·검·창·치도·비수 등으로서 성질상 흉기로 쓰이는 것만을 의미한다. (O│X)

2536 ☐☐☐☐ 14 간부

「총포·도검·화약류 등의 안전관리에 관한 법률」상 '화약류'라 함은 화약·폭약을 말한다. 단, 화공품은 제외한다. (O│X)

2537 ☐☐☐☐ 14 간부

「총포·도검·화약류 등의 안전관리에 관한 법률」상 '전자충격기'란 사람의 활동을 일시적으로 곤란하게 하거나 인명에 위해를 주는 전류를 방류할 수 있는 기기로서 대통령령으로 정하는 것을 말한다. (O│X)

2538 ☐☐☐☐ 18·25 채용

「총포·도검·화약류 등의 안전관리에 관한 법률」상 자격정지 이상의 형을 선고받고 그 집행이 끝나거나 집행을 받지 아니하기로 확정된 후 3년이 지나지 아니한 자는 총포·도검·화약류·분사기·전자충격기·석궁 제조업의 허가를 받을 수 없다. (O│X)

정답과 해설

2534. (X) "총포"라 함은 권총, 소총, 기관총, 포, 엽총, 금속성 탄알이나 가스 등을 쏠 수 있는 장약총포, 공기총(압축가스를 이용하는 것을 포함) 및 **총포신·기관부 등 그 부품으로서** 대통령령이 정하는 것을 말한다(총포·도검·화약류 등의 안전관리에 관한 법률 제2조 제1항).

2535. (X) "도검"이라 함은 칼날의 길이가 15센티미터 이상 되는 칼·검·창·치도(雉刀)·비수 등으로서 성질상 흉기로 쓰여지는 것과 **칼날의 길이가 15센티미터 미만이라 할지라도 흉기로 사용될 위험성이 뚜렷이 있는 것 중에서 대통령령이 정하는 것**을 말한다(동법 제2조 제2항).

2536. (X) "화약류"라 함은 화약·폭약 및 **화공품**(화공품 : 화약 및 폭약을 써서 만든 공작물을 말한다)을 말한다(동법 제2조 제3항).

2537. (O) 동법 제2조 제5항

2538. (X) **금고 이상**의 형을 선고받고 그 집행이 끝나거나 집행을 받지 아니하기로 확정된 후 **3년**이 지나지 아니한 자는 총포·도검·화약류·분사기·전자충격기·석궁 **제조업의 허가**를 받을 수 없다(동법 제5조 제1호).

2538-1 ☐☐☐☐ 25 채용

「총포·도검·화약류 등의 안전관리에 관한 법률」상 총포·도검·화약류·분사기·전자충격기·석궁의 판매업을 하려는 자는 판매소마다 행정안전부령으로 정하는 바에 따라 판매소의 소재지를 관할하는 시·도경찰청장의 허가를 받아야 한다. (O|X)

2539 ☐☐☐☐ 18 승진

「총포·도검·화약류 등의 안전관리에 관한 법률」을 위반하여 벌금형을 선고받고 5년이 지나지 아니한 자는 총포·도검·화약류·분사기·전자충격기·석궁의 소지허가를 받을 수 없다. (O|X)

2540 ☐☐☐☐ 18 승진

「총포·도검·화약류 등의 안전관리에 관한 법률」을 위반하여 금고 이상의 형의 집행유예를 선고받고 그 유예기간이 끝난 날부터 5년이 지나지 아니한 자는 총포·도검·화약류·분사기·전자충격기·석궁의 소지허가를 받을 수 없다. (O|X)

2541 ☐☐☐☐ 18 승진

「총포·도검·화약류 등의 안전관리에 관한 법률」상 화약류를 발파하거나 연소시키려는 자는 행정안전부령으로 정하는 바에 따라 화약류의 사용장소를 관할하는 시·도경찰청장의 화약류 사용허가를 받아야 한다. (O|X)

2541-1 ☐☐☐☐ 25 채용

「총포·도검·화약류 등의 안전관리에 관한 법률」상 화약류를 폐기하려는 자는 행정안전부령으로 정하는 바에 따라 그 폐기하려는 곳을 관할하는 경찰서장에게 신고하여야 한다. 다만, 제조업자가 제조과정에서 생긴 화약류를 그 제조소 안에서 폐기하는 경우에는 그러하지 아니하다. (O|X)

2542 ☐☐☐☐ 18 채용

「총포·도검·화약류 등의 안전관리에 관한 법률」상 누구든지 유실·매몰 또는 정당하게 관리되고 있지 아니하는 총포·도검·화약류·분사기·전자충격기·석궁이라고 인정되는 물건을 발견하거나 습득하였을 때에는 24시간 이내에 가까운 경찰관서에 신고하여야 한다. (O|X)

정답과 해설

2538-1. (O) 총포·도검·화약류 등의 안전관리에 관한 법률 제6조 제1항
2539. (O) 동법 제13조 제1항 제4호
2540. (X) 이 법을 위반하여 금고 이상의 형의 집행유예를 선고받고 그 유예기간이 끝난 날부터 **3년**이 지나지 아니한 자는 총포·도검·화약류·분사기·전자충격기·석궁의 소지허가를 받을 수 없다(동법 제13조 제1항 제6호).
2541. (X) 화약류를 발파하거나 연소시키려는 자는 행정안전부령으로 정하는 바에 따라 화약류의 사용장소를 관할하는 **경찰서장**의 화약류 사용허가를 받아야 한다(동법 제18조 제1항).
2541-1. (O) 동법 제20조 제3항
2542. (O) 동법 제23조

2543 □□□□ 18·25 채용

「총포·도검·화약류 등의 안전관리에 관한 법률」상 화약류를 운반하려는 사람은 행정안전부령으로 정하는 바에 따라 도착지를 관할하는 경찰서장에게 신고하여야 한다. 다만, 대통령령으로 정하는 수량 이하의 화약류를 운반하는 경우에는 그러하지 아니하다. (O|X)

2544 □□□□ 18 승진

「총포·도검·화약류 등의 안전관리에 관한 법률」상 총포 등의 제조업자는 허가를 받은 날부터 3년 이내에 그 시설 또는 설비에 대하여 허가관청의 검사를 받아야 한다. 다만, 허가관청은 부득이한 사유가 있는 경우에는 2년을 초과하지 아니하는 범위에서 그 기간을 연장할 수 있다. (O|X)

정답과 해설

2543 (X) 화약류를 운반하려는 사람은 행정안전부령으로 정하는 바에 따라 **발송지(도착지 X)**를 관할하는 경찰서장에게 신고하여야 한다. 다만, 대통령령으로 정하는 수량 이하의 화약류를 운반하는 경우에는 그러하지 아니하다(동법 제26조 제1항).

2544. (X) 총포 등의 제조업자는 허가를 받은 날부터 **1년** 이내에 그 시설 또는 설비에 대하여 허가관청의 검사를 받아야 하며, 그 검사에 합격한 후가 아니면 업무를 시작하거나 시설 또는 설비를 사용할 수 없다. 다만, 허가관청은 부득이한 사유가 있는 경우에는 **1년**을 초과하지 아니하는 범위에서 그 기간을 연장할 수 있다(동법 제43조).

경비업(경비업법) _S급

1 종류

2545 ☐☐☐☐ 17 채용, 17 승진, 14 간부
「경비업법」상 경비업의 업무에는 시설경비, 호송경비, 신변보호, 기계경비, 특수경비, 혼잡·교통유도경비업무가 있다. (O|X)

2546 ☐☐☐☐ 15·16·17 채용, 17·22 승진, 20 간부
혼잡경비업무는 경비를 필요로 하는 시설 및 장소에서의 도난·화재 그 밖의 혼잡 등으로 인한 위험발생을 방지하는 업무이다. (O|X)

2547 ☐☐☐☐ 16·17·22 채용, 17 승진, 14·20 간부
'신변보호업무'란 사람의 생명·신체·재산에 대한 위해의 발생을 방지하고 그 신변을 보호하는 업무를 말한다. (O|X)

2548 ☐☐☐☐ 15·16·17 채용, 17·18·22 승진
「경비업법」상 기계경비업무는 경비대상시설에 설치한 기기에 의하여 감지·송신된 정보를 그 경비대상시설내의 장소에 설치한 관제시설의 기기로 수신하여 도난·화재 등 위험 발생을 방지하는 업무를 말한다. (O|X)

2549 ☐☐☐☐ 22 승진, 20 간부
기계경비업무는 경비대상시설에 설치한 기기에 의하여 감지·송신된 정보를 그 경비대상시설외의 장소에 설치한 관제시설의 기기로 수신하여 도난·화재 등 위험발생을 방지하는 업무이다. (O|X)

2550 ☐☐☐☐ 15·16 채용, 17·18·19 승진, 20 간부
특수경비업무는 공항(항공기를 제외한다) 등 대통령령이 정하는 국가중요시설의 경비 및 도난·화재 그 밖의 위험발생을 방지하는 업무이다. (O|X)

정답과 해설

2545. (O) 경비업법 제2조 제1호
2546. (X) 경비를 필요로 하는 시설 및 장소에서의 도난·화재 그 밖의 혼잡 등으로 인한 위험발생을 방지하는 것은 **시설경비**업무이다(동법 제2조 제1호 가목).
2547. (X) '신변보호업무'란 사람의 **생명·신체(재산 X)**에 대한 위해의 발생을 방지하고 그 신변을 보호하는 업무를 말한다(동법 제2조 제1호).
2548. (X) 기계경비업무란 경비대상시설에 설치한 기기에 의하여 감지·송신된 정보를 그 **경비대상시설 외의 장소에** 설치한 관제시설의 기기로 수신하여 도난·화재 등 위험발생을 방지하는 업무를 말한다(동법 제2조 제1호 라목).
2549. (O) 동법 제2조 제1호 라목
2550. (X) 특수경비업무는 공항(항공기를 **포함**한다)등 대통령령이 정하는 국가중요시설의 경비 및 도난·화재 그 밖의 위험발생을 방지하는 업무이다(동법 제2조 제1호 마목).

2551 ☐☐☐☐ 15 채용

「경비업법」상 호송경비업무는 사람의 생명이나 신체에 대한 위해의 발생을 방지하고 그 신변을 보호하는 업무를 말한다. (O|X)

2552 ☐☐☐☐ 22 승진

'호송경비업무'란 운반중에 있는 현금·유가증권·귀금속·상품 그 밖의 물건에 대하여 도난·화재 등 위험발생을 방지하는 업무를 말한다. (O|X)

2553 ☐☐☐☐ 24 승진

「경비업법」상 주주총회와 관련하여 이해대립이 있어 다툼이 있는 장소, 100명 이상의 사람이 모이는 국제·문화·예술·체육 행사장, 「행정대집행법」에 따라 대집행을 하는 장소는 집단민원현장에 해당한다. (O|X)

2 경비업법 주요내용

2554 ☐☐☐☐ 18 채용, 17 승진, 19 간부

경비업은 법인이 아니면 이를 영위할 수 없다. (O|X)

2555 ☐☐☐☐ 18 채용, 19·24 승진, 14·18·19 간부

경비업을 영위하고자 하는 법인은 도급받아 행하고자 하는 경비업무를 특정하여 그 법인의 주사무소의 소재지를 관할하는 경찰서장의 허가를 받아야 한다. 도급받아 행하고자 하는 경비업무를 변경하는 경우에도 또한 같다. (O|X)

2556 ☐☐☐☐ 24 승진

경비업의 허가를 받으려는 법인이 갖추어야 할 요건 중 시설경비업무의 경비인력 요건은 경비원 10명 이상 및 경비지도사 1명 이상이다. (O|X)

2557 ☐☐☐☐ 18 승진, 18 간부

「경비업법」상 기계경비업의 허가를 받은 법인이 기계경비업무의 수행을 위한 관제시설을 신설·이전 또는 폐지한 때에는 시·도경찰청장의 허가를 받아야 한다. (O|X)

정답과 해설

2551. (X) **신변보호업무**에 대한 설명이다(동법 제2조 제1호 다목).
2552. (O) 동법 제2조 제1호
2553. (O) 동법 제2조 제5호 라목, 바목, 사목
2554. (O) 동법 제3조
2555. (X) 경비업을 영위하고자 하는 법인은 도급받아 행하고자 하는 경비업무를 특정하여 그 법인의 주사무소의 소재지를 관할하는 **시·도경찰청장**의 **허가(신고 X)** 를 받아야 한다. 도급받아 행하고자 하는 경비업무를 변경하는 경우에도 또한 같다(동법 제4조 제1항).
2556. (O) 동법 제4조 제2항 제2호 가목
2557. (X) 기계경비업의 허가를 받은 법인이 기계경비업무의 수행을 위한 관제시설을 신설·이전 또는 폐지한 때에는 **시·도경찰청장에게 신고**하여야 한다(동법 제4조 제3항).

2558 ☐☐☐☐ 18 간부

「경비업법」상 영업을 폐업하거나 휴업한 때에는 시·도경찰청장에게 신고하여야 한다. (O|X)

2559 ☐☐☐☐ 14 간부

「경비업법」상 법인의 명칭이나 대표자·임원을 변경할 때는 시·도경찰청장에게 신고하여야 한다. (O|X)

2560 ☐☐☐☐ 18 간부

「경비업법」상 특수경비업무를 개시하거나 종료한 때에는 시·도경찰청장에게 신고하여야 한다. (O|X)

2561 ☐☐☐☐ 18 채용, 18 승진, 19 간부

「경비업법」제4조 제1항의 규정에 의한 경비업 허가의 유효기간은 허가받은 다음 날부터 5년으로 한다. (O|X)

2562 ☐☐☐☐ 19 승진

경비업자는 도급을 의뢰받은 경비업무가 위법 또는 부당한 것일 때에는 이를 거부하여야 한다. (O|X)

2563 ☐☐☐☐ 18 채용, 19 간부

「경비업법」상 경비업자는 집단민원현장에 경비원을 배치하는 때에는 경비지도사를 선임하고 그 장소에 배치하여 행정안전부령으로 정하는 바에 따라 경비원을 지도·감독하게 하여야 한다. (O|X)

2564 ☐☐☐☐ 19 승진

「경비업법」상 파산선고를 받고 복권되지 아니한 자는 경비지도사 또는 특수경비원에는 종사할 수 없으나 일반경비원에는 종사가 가능하다. (O|X)

2565 ☐☐☐☐ 24 승진

「경비업법」상 금고 이상의 형의 선고유예를 받고 그 유예기간 중에 있는 자는 경비지도사의 결격사유에 해당한다. (O|X)

2566 ☐☐☐☐ 21 간부

경비업자는 경찰공무원 또는 군인의 제복과 색상 및 디자인 등이 명확히 구별되는 소속 경비원의 복장을 정하고 이를 확인할 수 있는 사진을 첨부하여 주된 사무소를 관할하는 시·도경찰청장에게 소정의 양식에 따라 신고하여야 한다. (O|X)

2567 ☐☐☐☐ 21 간부

경비원은 장비를 근무 중에만 휴대할 수 있고 경비업무를 위하여 필요하다고 인정되는 상당한 이유가 있을 때에는 필요한 최소한도에서 장비를 사용할 수 있다. (O|X)

정답과 해설

2558. (O) 경비업법 제4조 제3항
2559. (O) 동법 제4조 제3항
2560. (O) 동법 제4조 제3항
2561. (X) 유효기간은 **허가받은 날부터** 5년으로 한다(동법 제6조 제1항).
2562. (O) 동법 제7조 제2항
2563. (O) 동법 제7조 제6항
2564. (X) 파산선고를 받고 복권되지 아니한 자는 경비지도사, 일반경비원 또는 특수경비원 **모두 될 수 없다**(동법 제10조 제1항 제2호, 제2항 제3호).
2565. (X) 금고 이상의 형의 **집행유예선고(선고유예 X)** 를 받고 그 유예기간중에 있는 자는 경비지도사의 결격사유에 해당한다(동법 제10조 제1항 제4호).
2566. (O) 동법 제16조
2567. (O) 동법 제16조의2 제1항

THEME 07 유실물법 _B급

2568 ☐☐☐☐ 18 간부
유실물이란 점유자의 의사에 의하지 않거나 타인에게 절취된 것이 아니면서 우연히 그 지배에서 벗어난 동산을 말하며, 점유자의 의사에 의하여 버린 물건이나 도품은 유실물에 해당하지 않는다. (O|X)

2569 ☐☐☐☐ 16 간부
습득물, 유실물, 준유실물, 유기동물은 「유실물법」의 규정에 따라 처리된다. (O|X)

2570 ☐☐☐☐ 18 승진
「유실물법」상 경찰서장은 보관한 물건이 멸실되거나 훼손될 우려가 있을 때 또는 보관에 과다한 비용이나 불편이 수반될 때에는 대통령령으로 정하는 방법으로 이를 매각할 수 있다. (O|X)

2571 ☐☐☐☐ 16 간부
국가 또는 자치단체와 그 밖에 대통령령으로 정하는 공공기관도 보상금을 청구할 수 있다. (O|X)

2572 ☐☐☐☐ 15 채용, 16 간부
물건의 반환을 받는 자는 물건 가액의 5/100 내지 30/100의 범위 내에서 보상금을 습득자에게 지급하여야 한다. (O|X)

2573 ☐☐☐☐ 18 승진
「유실물법」상 습득자는 미리 신고하여 습득물에 관한 모든 권리를 포기하고 의무를 지지 아니할 수 있다. (O|X)

2574 ☐☐☐☐ 18 승진, 18 간부
「유실물법」상 타인이 유실한 물건을 습득한 자가 습득일부터 10일 이내에 습득물을 유실자 또는 소유자 등에게 반환하거나 경찰서에 제출하지 않은 경우 보상금을 받을 권리를 상실한다. (O|X)

정답과 해설

2568. (O) 유실물의 정의로써 옳은 설명이다.
2569. (X) **유기동물은 「동물보호법」**의 규정에 따라 처리된다.
2570. (O) 유실물법 제2조 제1항
2571. (X) 국가·지방자치단체와 그 밖에 대통령령으로 정하는 **공공기관은 보상금을 청구할 수 없다**(동법 제4조).
2572. (X) 물건을 반환받는 자는 물건가액의 100분의 5이상 **100분의 20이하**의 범위에서 보상금을 습득자에게 지급하여야 한다(동법 제4조).
2573. (O) 동법 제7조
2574. (X) 타인이 유실한 물건을 습득한 자가 습득일부터 **7일** 이내에 습득물을 유실자 또는 소유자 등에게 반환하거나 경찰서에 제출하지 않은 경우 보상금을 받을 권리를 상실한다(동법 제9조).

2575 ☐☐☐☐ 18 간부

범죄자가 놓고 간 것으로 인정되는 물건을 습득한 자는 신속히 그 물건을 경찰서에 제출하여야 한다. (O|X)

2576 ☐☐☐☐ 18 승진

「유실물법」상 착오로 점유한 물건에 대하여는 보상금을 청구할 수 없다. (O|X)

2577 ☐☐☐☐ 18 간부

유실물을 습득한 자가 유실물의 소유권을 취득할 권리를 보유한 때부터 2개월 이내에 유실물을 수취하지 아니할 때에는 그 소유권을 상실한다. (O|X)

2578 ☐☐☐☐ 16 간부

습득물 공고 후 1년 이내에 소유자가 권리를 주장하지 않으면 습득자가 소유권을 취득한다. (O|X)

정답과 해설

2575. (O) 유실물법 제11조 제1항
2576. (O) 동법 제12조
2577. (X) 「유실물법」 및 「민법」 제253조, 제254조에 따라 물건의 소유권을 취득한 자가 그 취득한 날부터 **3개월 이내**에 물건을 경찰서 또는 자치경찰단으로부터 받아가지 아니할 때에는 그 소유권을 상실한다(동법 제14조).
2578. (X) 유실물은 법률에 정한 바에 의하여 공고한 후 **6개월 내**에 그 소유자가 권리를 주장하지 아니하면 습득자가 그 소유권을 취득한다(민법 제253조).

THEME 08 소년경찰 _B급

2579 ☐☐☐☐ 18 간부

「소년법」상 "소년"이란 19세 미만인 자를 말하며, "보호자"란 법률상 감호교육을 할 의무가 있는 자 또는 현재 감호하는 자를 말한다. (O|X)

2580 ☐☐☐☐ 18 간부

「소년법」상 정당한 이유 없이 가출하고, 그의 성격이나 환경에 비추어 앞으로 형벌 법령에 저촉되는 행위를 할 우려가 있는 10세 이상인 소년은 소년부의 보호사건으로 심리한다. (O|X)

2581 ☐☐☐☐ 18 간부

「소년법」상 촉법소년 및 우범소년에 해당하는 때에는 경찰서장은 직접 관할 검찰청에 송치하여야 한다. (O|X)

2582 ☐☐☐☐ 18 간부

「소년법」상 소년부는 사건이 그 관할에 속하지 아니한다고 인정하면 결정으로써 그 사건을 관할 소년부에 이송하여야 한다. (O|X)

2583 ☐☐☐☐ 18 간부

「소년법」상 징역 또는 금고를 선고받은 소년에 대하여는 특별히 설치된 교도소 또는 일반 교도소 안에 특별히 분리된 장소에서 그 형을 집행한다. 다만, 소년이 형의 집행 중에 23세가 되면 일반 교도소에서 집행할 수 있다. (O|X)

정답과 해설

2579. (O) 소년법 제2조
2580. (O) 동법 제4조 제1항 제3호
2581. (X) 촉법소년 및 우범소년에 해당하는 때에는 경찰서장은 직접 관할 **소년부**에 송치하여야 한다(동법 제4조 제2항).
2582. (O) 동법 제6조 제2항
2583. (O) 동법 제63조

1 청소년 유해업소

2584 ☐☐☐☐ 19 채용
「청소년 보호법」상 "청소년유해업소"는 청소년 출입·고용금지업소와 청소년고용금지업소로 구분된다. (O|X)

2585 ☐☐☐☐ 19 채용
「청소년 보호법」상 "청소년유해업소"의 경우 업소의 구분은 그 업소가 영업을 할 때 다른 법령에 따라 요구되는 허가·인가·등록·신고 등의 여부와 관계없이 실제로 이루어지고 있는 영업행위를 기준으로 한다. (O|X)

2586 ☐☐☐☐ 19 승진
「청소년 보호법」상 청소년유해업소의 업주는 나이 확인을 위하여 필요한 경우 주민등록증이나 기타 증표의 제시를 요구할 수 있으며, 정당한 사유 없이 증표를 제시하지 않는 사람에게는 그 업소의 출입을 제한하여야 한다. (O|X)

2587 ☐☐☐☐ 19 승진
「청소년 보호법」상 청소년유해업소의 업주는 그 업소에 행정안전부령으로 정하는 바에 따라 청소년의 출입과 고용을 제한하는 내용을 표시해야 한다. (O|X)

2588 ☐☐☐☐ 19 승진
「청소년 보호법」상 경찰서장은 특별자치시장·특별자치도지사·시장·군수·구청장과 협의 후 청소년 통행금지구역 또는 청소년 통행제한구역을 지정하여야 하고, 청소년이 해당 구역을 통행하려 할 때에는 통행을 막을 수 있으며 통행하고 있는 청소년은 해당 구역 밖으로 나가게 할 수 있다. (O|X)

정답과 해설

2584. (O) 청소년 보호법 제2조 제5호
2585. (O) 동법 제2조 제5호
2586. (X) 청소년유해업소의 업주와 종사자는 나이 확인을 위하여 필요한 경우 주민등록증이나 그 밖에 나이를 확인할 수 있는 증표의 제시를 요구할 수 있으며, 증표 제시를 요구받고도 정당한 사유 없이 증표를 제시하지 아니하는 사람에게는 그 업소의 출입을 **제한할 수 있다**(동법 제29조 제4항).
2587. (X) 청소년유해업소의 업주와 종사자는 그 업소에 **대통령령**으로 정하는 바에 따라 청소년의 출입과 고용을 제한하는 내용을 표시하여야 한다(동법 제29조 제6항).
2588. (X) **특별자치시장·특별자치도지사·시장·군수·구청장**은 청소년 보호를 위하여 필요하다고 인정할 경우 청소년의 정신적·신체적 건강을 해칠 우려가 있는 구역을 청소년 통행금지구역 또는 청소년 통행제한구역으로 지정하여야 한다(동법 제31조 제1항). **시장·군수·구청장 및 관할 경찰서장**은 청소년이 청소년 통행금지구역 또는 통행제한구역을 통행하려고 할 때에는 통행을 막을 수 있으며, 통행하고 있는 청소년은 해당 구역 밖으로 나가게 할 수 있다(동법 제31조 제4항).

2589 ☐☐☐☐ 18 채용

「게임산업진흥에 관한 법률」에 따른 인터넷컴퓨터게임시설 제공업은 「청소년 보호법」 및 동법 시행령상 청소년유해업소 중 "청소년 출입·고용금지업소"에 해당한다. (O|X)

2590 ☐☐☐☐ 18 채용

「게임산업진흥에 관한 법률」에 따른 일반게임제공업은 「청소년 보호법」 및 동법 시행령상 청소년유해업소 중 "청소년 출입·고용금지업소"에 해당한다. (O|X)

2591 ☐☐☐☐ 18 채용, 19 승진

「영화 및 비디오물의 진흥에 관한 법률」에 따른 비디오물소극장업은 「청소년 보호법」 및 동법 시행령상 청소년유해업소 중 "청소년 출입·고용금지업소"에 해당한다. (O|X)

2592 ☐☐☐☐ 18 채용

「영화 및 비디오물의 진흥에 관한 법률」 제2조 제16호에 따른 비디오물감상실업은 「청소년 보호법」 및 동법 시행령상 청소년유해업소 중 "청소년 출입·고용금지업소"에 해당한다. (O|X)

2593 ☐☐☐☐ 19 채용, 15 간부

「청소년 보호법」상 사행행위 영업, 단란주점 영업, 유흥주점 영업소의 경우 청소년의 고용뿐 아니라 출입도 금지되어 있다. (O|X)

2594 ☐☐☐☐ 15 간부

회비 등을 받거나 유료로 만화를 대여하는 만화대여업은 「청소년 보호법」상 청소년유해업소 중 청소년 출입 및 고용 금지업소에 해당한다. (O|X)

2595 ☐☐☐☐ 19 승진, 15 간부

「체육시설의 설치·이용에 관한 법률」에 의한 무도학원업, 무도장업은 「청소년 보호법」상 청소년유해업소 중 청소년 출입 및 고용 금지업소에 해당한다. (O|X)

2596 ☐☐☐☐ 19 승진, 15 간부

「사행행위 등 규제 및 처벌 특례법」에 의한 사행행위업은 「청소년 보호법」상 청소년유해업소 중 청소년 출입 및 고용 금지업소에 해당한다. (O|X)

정답과 해설

2589. (X) **청소년의 출입은 가능하고 고용은 금지**되는 업소이다(청소년 보호법 제2조).
2590. (O) 청소년 출입·고용금지업소이다(동법 제2조).
2591. (X) **청소년의 출입은 가능하고 고용은 금지**되는 업소이다(동법 제2조).
2592. (O) 청소년 출입·고용금지업소이다(동법 제2조 제5호).
2593. (O) 동법 제2조 제5호 가목, 동법 시행령 제5조 제2항
2594. (X) 회비 등을 받거나 유료로 만화를 대여하는 만화대여업은 **청소년 고용 금지업소(출입은 가능)에 해당**한다(동법 제2조 제5호 나목).
2595. (O) 동법 제2조
2596. (O) 동법 제2조

2597 ☐☐☐☐ 19 채용, 19 승진

청소년은 일반음식점 영업 중 주로 주류의 조리·판매를 목적으로 한 소주방·호프·카페는 출입할 수 없다.
O│X

2598 ☐☐☐☐ 20 간부

18세 미만의 청소년에게 술을 판매함에 있어서 가사 그의 민법상 법정대리인의 동의를 받았다고 하더라도 그러한 사정만으로 위 행위가 정당화될 수는 없다.
O│X

2 청소년유해행위와 위반자에 대한 처벌(§30, §55~58)

2599 ☐☐☐☐ 16 간부

영리를 목적으로 청소년으로 하여금 신체적인 접촉 또는 은밀한 부분의 노출 등 성적 접대행위를 하게 하거나 이러한 행위를 알선·매개하는 행위는 「청소년 보호법」상 '청소년유해행위'에 해당한다.
O│X

2600 ☐☐☐☐ 16 간부

영리를 목적으로 청소년으로 하여금 손님과 함께 술을 마시거나 노래 또는 춤 등으로 손님의 유흥을 돋우는 접객행위를 하게 하거나 이러한 행위를 알선·매개하는 행위는 「청소년 보호법」상 '청소년유해행위'에 해당한다.
O│X

2601 ☐☐☐☐ 16·19 간부

영리나 흥행을 목적으로 청소년에게 음란한 행위를 하게 하는 행위는 「청소년 보호법」상 '청소년유해행위'에 해당한다.
O│X

2602 ☐☐☐☐ 19 간부

청소년에게 구걸을 시키거나 청소년을 이용하여 구걸하는 행위는 「청소년 보호법」상 '청소년유해행위'에 해당한다.
O│X

정답과 해설

2597. (X) 음식류의 조리·판매보다는 주로 주류의 조리·판매를 목적으로 하는 소주방·호프·카페 등의 형태로 운영되는 업소는 청소년고용금지업소이다(동법 2조 제5호 나목, 동법 시행령 제6조 제2항 제2호). 따라서 청소년은 주로 주류의 조리·판매를 목적으로 한 소주방·호프·카페를 **출입할 수 있다**.

2598. (O) 대법원 1999. 7.13. 99도2151

2599. (O) 청소년 보호법 제30조 제1호

2600. (O) 동법 제30조 제2호

2601. (O) 동법 제30조 제3호

2602. (O) 동법 제30조 제5호

2603 ☐☐☐☐ 19 간부

영리를 목적으로 청소년으로 하여금 거리에서 손님을 유인하는 행위를 하게 하는 행위는 「청소년 보호법」상 '청소년유해행위'에 해당한다. (O|X)

2604 ☐☐☐☐ 19 간부

청소년을 남녀 혼숙하게 하는 등 풍기를 문란하게 하는 영업행위를 하거나 이를 목적으로 장소를 제공하는 행위는 「청소년 보호법」상 '청소년유해행위'에 해당한다. (O|X)

2605 ☐☐☐☐ 16·19 간부

주로 차 종류를 조리·판매하는 업소에서 청소년으로 하여금 영업장을 벗어나 차 종류를 배달하는 행위를 하게 하거나 이를 조장하거나 묵인하는 행위는 「청소년 보호법」상 '청소년유해행위'에 해당한다. (O|X)

정답과 해설

2603. (O) 청소년 보호법 제30조 제7호
2604. (O) 동법 제30조 제8호
2605. (O) 동법 제30조 제9호

아동·청소년의 성보호에 관한 법률 _A급

1 미수범 처벌 및 벌칙규정

2606 ☐☐☐ 23 채용
위계(僞計) 또는 위력으로써 아동·청소년을 추행한 자에 대한 미수범 처벌규정을 두고 있다. O|X

2607 ☐☐☐ 20 간부
아동·청소년의 성을 사는 행위의 장소를 제공하는 행위를 업으로 하는 자는 미수범 처벌규정이 있다. O|X

2608 ☐☐☐ 20 간부
폭행이나 협박으로 아동·청소년으로 하여금 아동·청소년의 성을 사는 행위의 상대방이 되게 한 자는 미수범 처벌규정이 있다. O|X

2609 ☐☐☐ 20 간부
아동·청소년의 성을 사는 행위를 알선하는데 사용되는 사실을 알면서도 자금·토지 또는 건물을 제공하는 자는 미수범 처벌규정이 있다. O|X

2610 ☐☐☐ 20 간부
영업으로 아동·청소년의 성을 사는 행위의 장소를 제공·알선하는 업소에 아동·청소년을 고용하도록 한 자는 미수범 처벌규정이 있다. O|X

2611 ☐☐☐ 17 채용, 18 승진
「아동·청소년의 성보호에 관한 법률」상 아동·청소년성착취물을 제작·수입 또는 수출한 자에 대한 미수범 처벌규정을 두고 있다. O|X

2612 ☐☐☐ 24 채용
「아동·청소년의 성보호에 관한 법률」상 아동·청소년의 성을 사는 행위를 한 자에 대한 미수범 처벌규정이 있다. O|X

정답과 해설

2606. (O) 위계(僞計) 또는 위력으로써 아동·청소년을 간음하거나 아동·청소년을 추행한 자는 **미수범은 처벌한다**(아동·청소년의 성보호에 관한 법률 제7조 제5항, 제6항).
2607. (X) 미수범 처벌규정이 **없다**.
2608. (O) 동법 제14조 제1항 제1호
2609. (X) 미수범 처벌규정이 **없다**.
2610. (X) 미수범 처벌규정이 **없다**.
2611. (O) 동법 제11조 제1항·제6항
2612. (X) 미수범 처벌규정이 **없다**.

2613 □□□□ 17 채용

「아동·청소년의 성보호에 관한 법률」상 아동·청소년의 성을 사기 위하여 아동·청소년을 유인하거나 성을 팔도록 권유한 자(동법 제13조 제2항)의 경우 미수범 처벌규정이 없다. (O|X)

2614 □□□□ 18 승진

「아동·청소년의 성보호에 관한 법률」상 영업으로 아동·청소년을 아동·청소년의 성을 사는 행위의 상대방이 되도록 유인·권유한 자에 대한 미수범 처벌규정을 두고 있다. (O|X)

2615 □□□□ 18 승진

「아동·청소년의 성보호에 관한 법률」상 아동·청소년성착취물을 배포·제공하거나 공연히 전시 또는 상영한 자에 대한 미수범 처벌규정을 두고 있다. (O|X)

2616 □□□□ 18 승진

「아동·청소년의 성보호에 관한 법률」상 아동·청소년성착취물임을 알면서 이를 소지한 자에 대한 처벌규정을 두고 있다. (O|X)

2617 □□□□ 24 채용, 20 승진

「아동·청소년의 성보호에 관한 법률」상 아동 청소년성착취물을 제작한 자는 무기 또는 5년 이상의 징역에 처하며, 그 미수범처벌규정을 두고 있다. (O|X)

2618 □□□□ 15 간부

「아동·청소년의 성보호에 관한 법률」상 아동·청소년성착취물을 제작, 수입 또는 수출한 자는 무기 또는 5년 이상의 징역에 처한다. (O|X)

2619 □□□□ 15 간부

「아동·청소년의 성보호에 관한 법률」상 아동·청소년의 성을 사는 행위를 한 자는 1년 이상 10년 이하의 징역 또는 2천만원 이상 5천만원 이하의 벌금에 처한다. (O|X)

2620 □□□□ 15 간부

「아동·청소년의 성보호에 관한 법률」상 아동·청소년의 성을 사기 위하여 아동·청소년을 유인하거나 성을 팔도록 권유한 자는 1년 이하 징역 또는 1천만원 이하의 벌금에 처한다. (O|X)

정답과 해설

2613. (O) 아동·청소년의 성보호에 관한 법률 제13조 제2항
2614. (O) 동법 제14조 제1항 제4호
2615. (X) 미수범 처벌규정은 **없다**.
2616. (O) 아동·청소년성착취물임을 알면서 이를 소지·시청한 자는 1년 이상의 징역에 처한다(동법 제11조 제5항).
2617. (O) 동법 제11조 제1항, 제6항
2618. (O) 동법 제11조 제1항
2619. (O) 동법 제13조 제1항
2620. (X) 아동·청소년의 성을 사기 위하여 아동·청소년을 유인하거나 성을 팔도록 권유한 자는 **3년 이하의 징역 또는 3천만원 이하의 벌금**에 처한다(동법 제13조 제2항).

2621 ☐☐☐☐ 20 승진

「아동·청소년의 성보호에 관한 법률」상 '아동 청소년의 성을 사는 행위의 장소를 제공하는 행위를 업으로 하는 자'에 대한 처벌규정보다 '폭행이나 협박으로 아동 청소년 대상 성범죄의 피해자를 상대로 합의를 강요한 자'에 대한 처벌 규정이 중하다. (O|X)

2622 ☐☐☐☐ 13 승진

「아동·청소년의 성보호에 관한 법률」상 폭행이나 협박으로 아동·청소년대상 성폭력범죄의 피해자 또는 아동복지법 제3조 제3호에 따른 보호자를 상대로 합의를 강요한 자는 7년 이하의 징역에 처한다. (O|X)

2623 ☐☐☐☐ 24 채용, 15 간부

「아동·청소년의 성보호에 관한 법률」상 폭행 또는 협박으로 아동·청소년을 강간한 사람은 무기 또는 5년 이상의 징역에 처한다. (O|X)

2 성매매와 아동·청소년의 성을 사는 행위의 비교

2624 ☐☐☐☐ 23 채용

「아동·청소년의 성보호에 관한 법률」상 "아동·청소년"이란 19세 미만의 사람을 말한다. (O|X)

2625 ☐☐☐☐ 20 승진

「아동·청소년의 성보호에 관한 법률」상 노래와 춤 등으로 손님의 유흥을 돋구는 접객행위는 아동 청소년의 성을 사는 행위가 아니다. (O|X)

2626 ☐☐☐☐ 16 간부

아동·청소년에 대하여 폭행이나 협박으로 구강·항문 등 신체(성기는 제외한다)의 내부에 성기를 넣는 행위는 「청소년 보호법」상 '청소년유해행위'에 해당한다. (O|X)

정답과 해설

2621. (X) '아동·청소년의 성을 사는 행위의 장소를 제공하는 행위를 업으로 하는 자'의 법정형은 **7년 이상**의 유기징역이며(동법 제15조 제1항), '폭행이나 협박으로 아동·청소년 대상 성범죄의 피해자를 상대로 합의를 강요한 자'의 법정형은 **7년 이하**의 징역이다(아동·청소년의 성보호에 관한 법률 제16조).

2622. (O) 동법 제16조

2623. (O) 동법 제7조 제1항

2624. (O) 동법 제2조 제1호

2625. (O) 동법 제2조 제4호. 노래와 춤 등으로 손님의 유흥을 돋구는 접객행위는 **「청소년 보호법」상 청소년유해행위에 해당**한다.

2626. (X) 아동·청소년의 성보호에 관한 법률상 **아동·청소년대상 성폭력범죄에 해당**한다(동법 제7조 제2항).

3. 특례규정 등

2627 □□□□ 17 채용
「아동·청소년의 성보호에 관한 법률」상 음주 또는 약물로 인한 심신장애 상태에서 아동·청소년대상 성폭력 범죄를 범한 때에는 「형법」 제10조 제1항·제2항 및 제11조(청각 및 언어 장애인)를 적용하지 아니한다. (O|X)

2628 □□□□ 13 승진
「아동·청소년의 성보호에 관한 법률」상 아동·청소년대상 성범죄의 공소시효는 성범죄 피해 아동·청소년이 성년에 달한 날부터 진행한다. (O|X)

2629 □□□□ 13 승진
「아동·청소년의 성보호에 관한 법률」상 아동·청소년에 대한 강간·강제추행 등의 죄는 DNA 증거 등 그 죄를 증명할 수 있는 과학적 증거가 있는 때에는 공소시효가 10년 연장된다. (O|X)

2630 □□□□ 24 채용
「아동·청소년의 성보호에 관한 법률」상 13세 미만의 사람에 대하여 강간죄를 범한 경우에는 공소시효를 적용하지 않는다. (O|X)

2631 □□□□ 17 채용, 20 승진
「아동·청소년의 성보호에 관한 법률」상 법원은 아동·청소년 대상 성범죄를 범한 「소년법」 제2조의 소년에 대하여 형의 선고를 유예하는 경우에는 반드시 보호관찰을 명하여야 한다. (O|X)

2632 □□□□ 13 승진
「아동·청소년의 성보호에 관한 법률」상 검사 또는 사법경찰관은 피해아동·청소년의 진술내용과 조사과정은 피해자가 원하지 않는 의사를 표시하더라도 영상녹화를 하여야 한다. (O|X)

2633 □□□□ 22·23 채용
사법경찰관리는 「아동·청소년의 성보호에 관한 법률」 제11조 및 제15조의2의 죄, 아동·청소년에 대한 「성폭력범죄의 처벌 등에 관한 특례법」 제14조 제2항 및 제3항의 죄에 해당하는 '디지털 성범죄'에 대하여 신분을 비공개하고 범죄현장(정보통신망 포함) 또는 범인으로 추정되는 자들에게 접근하여 범죄행위의 증거 및 자료 등을 수집할 수 있다. (O|X)

정답과 해설

2627. (X) 음주 또는 약물로 인한 심신장애 상태에서 아동·청소년대상 성폭력 범죄를 범한 때에는 「형법」 제10조 제1항·제2항 및 제11조(청각 및 언어 장애인)를 **적용하지 아니할 수 있다**(아동·청소년의 성보호에 관한 법률 제19조).
2628. (O) 동법 제20조 제1항
2629. (O) 동법 제20조 제2항
2630. (O) 동법 제20조 제4항
2631. (O) 동법 제21조 제1항
2632. (X) 피해아동·청소년 또는 그 법정대리인(법정대리인이 가해자이거나 가해자의 배우자인 경우는 제외한다)이 이를 원하지 아니하는 의사를 표시하는 경우에는 **영상녹화를 하여서는 아니 된다**(동법 제26조 제3항).
2633. (O) 동법 제25조의2 제1항

2634 ☐☐☐☐ 23 채용

사법경찰관리가 디지털 성범죄에 대한 신분위장수사를 할 때 신분을 위장하기 위한 문서, 도화 및 전자기록 등의 작성, 변경 또는 행사는 가능하지만, 아동·청소년성착취물을 소지, 판매 또는 광고할 수 없다. (O|X)

2635 ☐☐☐☐ 22 채용

「아동·청소년의 성보호에 관한 법률」상 사법경찰관리가 신분비공개수사를 진행하고자 할 때에는 사전에 상급 경찰관서 수사부서의 장의 승인을 받아야 한다. 이 경우 그 수사기간은 1개월을 초과할 수 없다. (O|X)

2636 ☐☐☐☐ 22 채용

「아동·청소년의 성보호에 관한 법률」상 사법경찰관리는 신분위장수사를 하려는 경우에는 검사에게 신분위장수사에 대한 허가를 신청하고, 검사는 법원에 그 허가를 청구한다. 다만 신분위장수사 절차를 거칠 수 없는 긴급을 요하는 때에는 동법 제25조의2 제2항의 요건을 구비하고 법원의 허가 없이 신분위장수사를 할 수 있다. 이 경우, 사법경찰관리는 신분위장수사 개시 후 지체 없이 검사에게 허가를 신청하여야 하고, 48시간 이내에 법원의 허가를 받지 못한 때에는 즉시 신분위장수사를 중지하여야 한다. (O|X)

2637 ☐☐☐☐ 22 채용

「아동·청소년의 성보호에 관한 법률」상 국가수사본부장은 신분비공개수사가 종료된 즉시 대통령령으로 정하는 바에 따라 국가경찰위원회에 수사 관련 자료를 보고하여야 하며, 국가수사본부장은 대통령령으로 정하는 바에 따라 국회 소관 상임위원회에 신분비공개수사 관련 자료를 반기별로 보고하여야 한다. (O|X)

4 「아동·청소년의 성보호에 관한 법률」 관련 판례

2638 ☐☐☐☐ 19 승진

「아동·청소년의 성보호에 관한 법률」상 아동·청소년이 이미 성매매 의사를 가지고 있었던 경우에도 그러한 아동·청소년에게 금품이나 그 밖의 재산상 이익, 직무·편의제공 등 대가를 제공하거나 약속하는 등의 방법으로 성을 팔도록 권유하는 행위는 이 법에서 말하는 '성을 팔도록 권유하는 행위'에 포함된다. (O|X)

정답과 해설

2634. (X) ~~ 아동·청소년성착취물을 소지, 판매 또는 광고할 수 **있다(없다 X)**(아동·청소년의 성보호에 관한 법률 제25조의2 제2항).

2635. (X) 사법경찰관리가 신분비공개수사를 진행하고자 할 때에는 사전에 상급 경찰관서 수사부서의 장의 승인을 받아야 한다. 이 경우 그 수사기간은 **3개월**을 초과할 수 없다(동법 제25조의3 제1항).

2636. (O) 동법 제25조의3 제3항, 동법 제25조의5 제1항·제2항

2637. (O) 동법 제25조의7

2638. (O) 대법원 2011.11.10. 2011도3934

2639 ☐☐☐☐ 19 승진

「아동·청소년의 성보호에 관한 법률」상 아동·청소년의 성을 사는 행위를 알선하는 행위를 업으로 하는 A는 甲이 청소년임을 알면서도 성매수자인 B에게 성을 사는 행위를 알선한 경우 B가 甲이 청소년인 사실을 몰랐다면 A는 이 법에서 말하는 '아동·청소년의 성을 사는 행위를 알선한 행위'로 처벌할 수 없다. (O|X)

2640 ☐☐☐☐ 19 승진

「아동·청소년의 성보호에 관한 법률」상 제작한 영상물이 객관적으로 아동·청소년이 등장하여 성적행위를 하는 내용을 표현한 영상물에 해당하는 한 대상이 된 아동·청소년의 동의하에 촬영된 것이라거나 사적인 소지·보관을 1차적 목적으로 제작한 것이라고 하여 이 법에서 말하는 '아동·청소년성착취'에 해당하지 아니한다거나 이를 '제작'한 것이 아니라고 할 수 없다. (O|X)

2641 ☐☐☐☐ 19 승진

「아동·청소년의 성보호에 관한 법률」상 성을 사는 행위를 알선하는 행위를 업으로 하는 자가 성매매알선을 위한 종업원을 고용하면서 고용대상자가 아동이나 청소년에 해당하는지 연령확인의무의 이행을 다하지 아니한 채 아동·청소년을 고용하였다면, 특별한 사정이 없는 한 적어도 아동·청소년의 성을 사는 행위의 알선에 관한 미필적 고의는 인정된다. (O|X)

정답과 해설

2639. (X) (1) 아동·청소년의 성을 사는 행위를 알선하는 행위를 업으로 하는 사람이 알선의 대상이 아동·청소년임을 인식하면서 알선행위를 하였다면, 아동·청소년의 성을 사는 행위를 한 사람이 상대방이 아동·청소년임을 인식하고 있었는지 여부는 알선행위를 한 사람의 책임에 영향을 미칠 이유가 없다. (2) 아동·청소년의 성을 사는 행위를 알선하는 행위를 업으로 하여 **청소년성보호법 제15조 제1항 제2호의 위반죄가 성립하기 위해서는 알선행위를 업으로 하는 사람이 아동·청소년을 알선의 대상으로 삼아 그 성을 사는 행위를 알선한다는 것을 인식하여야 하지만,** 이에 더하여 알선행위로 **아동·청소년의 성을 사는 행위를 한 사람이 상대방이 아동·청소년임을 인식하여야 한다고 볼 수는 없다**(대법원 2016. 2.18. 2015도15664). B가 甲이 청소년인 사실을 몰랐다고 하더라도 A를 '아동·청소년의 성을 사는 행위를 알선한 행위'로 처벌할 수 있다.

2640. (O) 대법원 2015. 3.20. 2014도17346

2641. (O) 대법원 2014. 7.10. 2014도5173

「실종아동등의 보호 및 지원에 관한 법률」과 「실종아동등 및 가출인 업무처리 규칙」 _S급

1. 실종아동등의 보호 및 지원에 관한 법률(§2)

2642 ☐☐☐☐ 20 승진
「실종아동등의 보호 및 지원에 관한 법률」상 '아동등'이란 약취·유인 또는 유기되거나 사고를 당하거나 길을 잃는 등의 사유로 인하여 보호자로부터 이탈된 아동등을 말한다. (O│X)

2643 ☐☐☐☐ 17 채용, 17·19 승진, 22 경채
「실종아동등의 보호 및 지원에 관한 법률」상 "아동등"은 신고 당시 18세 미만인 아동과 「장애인복지법」 제2조의 장애인 중 지적장애인·자폐성장애인 또는 정신장애인, 「치매관리법」 제2조 제2호의 치매환자를 말한다. (O│X)

2644 ☐☐☐☐ 18 승진, 22 경채
「실종아동등의 보호 및 지원에 관한 법률」상 "실종아동등"이란 약취·유인 또는 유기되거나 사고를 당하거나 길을 잃는 등의 사유로 인하여 보호자로부터 이탈된 아동등을 말한다. 다만, 가출한 경우는 제외한다. (O│X)

2645 ☐☐☐☐ 19 승진, 22 경채
「실종아동등의 보호 및 지원에 관한 법률」상 '보호자'란 친권자, 후견인, 보호시설의 장이나 그 밖에 다른 법률에 따라 아동등을 보호 또는 부양할 의무가 있는 자를 말한다. (O│X)

2646 ☐☐☐☐ 17·18 승진, 17 간부, 22 경채
「실종아동등의 보호 및 지원에 관한 법률」상 "보호시설"이란 「사회복지사업법」 제2조 제4호에 따른 사회복지시설을 말하고, 인가·신고 등이 없이 아동 등을 보호하는 시설로서 사회복지시설에 준하는 시설은 해당하지 아니한다. (O│X)

정답과 해설

2642. (X) '아동등'이란 ㉠ 실종당시 18세 미만인 아동, ㉡ 「장애인복지법」 제2조의 장애인 중 지적장애인·자폐성장애인 또는 정신장애인, ㉢ 「치매관리법」 제2조 제2호의 치매환자를 말한다(실종아동등의 보호 및 지원에 관한 법률 제2조 제1호).

2643. (X) '아동등'이란 실종 당시(신고 당시 X) 18세 미만인 아동, 「장애인복지법」 제2조의 장애인 중 지적장애인, 자폐성장애인 또는 정신장애인 또는 「치매관리법」 제2조 제2호의 치매환자를 말한다(동법 제2조 제1호).

2644. (X) '실종아동등'이란 약취·유인 또는 유기되거나 사고를 당하거나 가출하거나(가출한 경우는 제외 X) 길을 잃는 등의 사유로 인하여 보호자로부터 이탈된 아동등을 말한다(동법 제2조 제2호).

2645. (X) "보호자"란 친권자, 후견인이나 그 밖에 다른 법률에 따라 아동등을 보호하거나 부양할 의무가 있는 사람을 말한다. 다만, 보호시설의 장 또는 종사자는 제외한다(동법 제2조 제3호).

2646. (X) '보호시설'이란 「사회복지사업법」 제2조 제4호에 따른 사회복지시설 및 인가·신고 등이 없이 아동등을 보호하는 시설로서 사회복지시설에 준하는 시설을 말한다(동법 제2조 제4호).

2 실종아동등 및 가출인 업무처리 규칙(§2)

2647 ☐☐☐☐ 17 승진, 26 간부

「실종아동등 및 가출인 업무처리 규칙」상 "찾는실종아동등"이란 보호자가 찾고 있는 실종아동등을 말한다. (O|X)

2648 ☐☐☐☐ 18 채용, 17 승진, 26 간부

「실종아동등 및 가출인 업무처리 규칙」상 "보호실종아동등"이란 보호자가 확인되어 경찰관이 보호하고 있는 실종아동등을 말한다. (O|X)

2649 ☐☐☐☐ 22 채용, 17·18·20·22 승진, 26 간부

'장기실종아동등'이라 함은 보호자로부터 이탈한지 48시간이 경과한 후에도 발견되지 않은 '찾는실종아동등'을 말한다. (O|X)

2650 ☐☐☐☐ 18 채용, 17 승진, 26 간부

「실종아동등 및 가출인 업무처리 규칙」상 "가출인"이란 신고 당시 보호자로부터 이탈된 18세 이상의 사람을 말한다. (O|X)

2651 ☐☐☐☐ 17 채용

「실종아동등 및 가출인 업무처리 규칙」상 '발생지'란 실종아동등 및 가출인이 실종·가출 전 최종적으로 목격되었거나 목격되었을 것으로 추정하여 신고자 등이 진술한 장소를 말하며, 신고자 등이 최종 목격 장소를 진술하지 못하거나, 목격되었을 것으로 추정되는 장소가 대중교통시설 등일 경우 또는 실종·가출 발생 후 10일이 경과한 때에는 실종아동등 및 가출인의 실종 전 최종 주거지를 말한다. (O|X)

2652 ☐☐☐☐ 18 채용, 22 승진, 19·26 간부

「실종아동등 및 가출인 업무처리 규칙」상 '발견지'는 실종아동등 또는 가출인을 발견하여 보호 중인 장소를 말하며, 발견한 장소와 보호 중인 장소가 서로 다른 경우에는 발견한 장소를 말한다. (O|X)

정답과 해설

2647. (O) 실종아동등 및 가출인 업무처리 규칙 제2조 제3호
2648. (X) "보호실종아동등"이란 보호자가 **확인되지 않아** 경찰관이 보호하고 있는 실종아동등을 말한다(동규칙 제2조 제4호).
2649. (X) "장기실종아동등"이란 보호자로부터 **신고를 접수한 지 48시간**이 경과한 후에도 발견되지 않은 찾는실종아동등을 말한다(동규칙 제2조 제5호).
2650. (O) 동규칙 제2조 제6호
2651. (X) '발생지'란 (중략) 신고자 등이 최종 목격 장소를 진술하지 못하거나 목격되었을 것으로 추정되는 장소가 대중교통시설 등일 경우 또는 실종·가출 발생 후 **1개월이** 경과한 때에는 실종아동등 및 가출인의 실종 전 최종 주거지를 말한다(동규칙 제2조 제7호).
2652. (X) "발견지"란 실종아동등 또는 가출인을 발견하여 보호 중인 장소를 말하며, 발견한 장소와 보호 중인 장소가 서로 **다른 경우에는 보호 중인 장소**를 말한다(동규칙 제2조 제8호).

2653 ☐☐☐☐ 17 채용, 17·18 승진

「실종아동등 및 가출인 업무처리 규칙」상 "발생지"란 실종아동등 또는 가출인을 발견하여 보호 중인 장소를 말하며, 발견한 장소와 보호 중인 장소가 서로 다른 경우에는 보호 중인 장소를 말한다. (O|X)

3 「실종아동등 및 가출인 업무처리 규칙」상 정보시스템 운영

2654 ☐☐☐☐ 19 승진

경찰청 여성청소년과장은 「실종아동등의 보호 및 지원에 관한 법률」에 따른 정보시스템으로 실종아동등 프로파일링시스템 및 실종아동찾기센터 홈페이지(인터넷 안전드림)를 운영한다. (O|X)

2655 ☐☐☐☐ 15 승진

경찰관서의 장은 본인 또는 보호자의 동의를 받아 실종아동등 프로파일링시스템에서 데이터베이스로 관리하는 실종아동등 및 보호시설 무연고자 자료를 인터넷 안전드림에 공개할 수 있다. (O|X)

4 실종아동등 프로파일링 시스템 주요 내용(규칙 §7)

2656 ☐☐☐☐ 19 간부

「실종아동등 및 가출인 업무처리 규칙」상 실종아동등 프로파일링시스템에 입력하는 대상은 실종아동등, 가출인, 보호시설 입소자 중 보호자가 확인되지 않는 사람이다. (O|X)

2657 ☐☐☐☐ 20 승진

「실종아동등 및 가출인 업무처리 규칙」 제7조 제2항에 따라 보호시설 무연고자는 실종아동등 프로파일링시스템에 입력하지 않을 수 있다. (O|X)

정답과 해설

2653. (X) **발견지**에 대한 설명이다(실종아동등 및 가출인 업무처리 규칙 제2조 제8호).
2654. (X) 경찰청 **생활안전교통국장**은 실종아동등 프로파일링시스템 및 실종아동찾기센터 홈페이지(인터넷 안전드림)를 운영한다(동규칙 제6조 제1항).
2655. (O) 동규칙 제7조 제4항
2656. (O) 동규칙 제7조 제1항
2657. (X) 보호시설 무연고자는 **입력대상**이다(동규칙 제7조 제1항 제3호).

2658 ☐☐☐☐ 22 채용, 19 승진, 19 간부

「실종아동등의 보호 및 지원에 관한 법률」상 프로파일링시스템에 등록되어 있는 발견된 가출인의 자료는 수배 해제 후로부터 5년간 보관하며 발견된 18세 미만 아동, 지적·자폐성·정신장애인 등 및 치매환자는 수배 해제 후로부터 10년간 보관한다. (O|X)

2659 ☐☐☐☐ 22 채용

실종아동등 프로파일링시스템에 등록된 미발견자의 자료는 소재 발견시까지 보관한다. (O|X)

2660 ☐☐☐☐ 19 승진

「실종아동등의 보호 및 지원에 관한 법률」상 경찰관서장은 찾는실종아동등을 발견하거나, 보호실종아동등 또는 보호시설 무연고자의 보호자를 확인하거나, 본인 또는 보호자가 공개된 자료의 삭제를 요청하는 때는 지체 없이 인터넷안전드림에 공개된 자료를 삭제해야 한다. (O|X)

2661 ☐☐☐☐ 22 승진

「실종아동등 및 가출인 업무처리 규칙」상 경찰관서의 장은 실종아동등 또는 가출인에 대한 신고를 접수한 후, 신고대상자가 수사기관으로부터 지명수배 또는 지명통보된 사람에 해당하는 경우에는 신고 내용을 실종아동등 프로파일링시스템에 입력하지 않을 수 있다. (O|X)

5 신고의무자

2662 ☐☐☐☐ 19 승진, 17·18 간부

「실종아동등의 보호 및 지원에 관한 법률」상 직무를 수행하면서 실종아동등임을 알게 되었을 때에 경찰신고체계로 지체 없이 신고해야 하는 신고의무자로는 보호시설의 장, 사회복지전담공무원이 있고, 보호시설의 종사자는 신고의무자에 해당하지 않는다. (O|X)

2663 ☐☐☐☐ 18 간부

「아동복지법」 제13조에 따른 아동복지전담공무원은 「실종아동등의 보호 및 지원에 관한 법률」상 실종아동등에 대한 신고의무자가 아니다. (O|X)

정답과 해설

2658. (X) 프로파일링시스템에 등록되어 있는 **발견된 18세 미만 아동 및 가출인**의 자료는 수배 해제 후로부터 **5년간** 보관하며, **발견된 지적·자폐성·정신장애인 등 및 치매환자의 자료는** 수배 해제 후로부터 **10년간** 보관한다 (실종아동등 및 가출인 업무처리 규칙 제7조 제3항 제2호).
2659. (O) 동규칙 제7조 제3항 제3호
2660. (O) 동규칙 제7조 제5항
2661. (O) 동규칙 제7조 제2항 제2호
2662. (X) **보호시설의 종사자도 신고의무자**에 해당한다(실종아동등의 보호 및 지원에 관한 법률 제6조 제1항 제1호).
2663. (X) 아동복지전담공무원은 **신고의무자에 해당**한다. 그 직무를 수행하면서 실종아동임을 알게 되었을 때에는 경찰청장이 구축하여 운영하는 신고체계로 지체 없이 신고하여야 한다(동법 제6조 제1항 제2호).

2664 ☐☐☐☐ 18 간부

「청소년 보호법」 제35조에 따른 청소년 보호·재활센터의 장 또는 그 종사자는 「실종아동등의 보호 및 지원에 관한 법률」상 실종아동 등에 대한 신고의무자가 아니다. (O|X)

2665 ☐☐☐☐ 25 채용

「사회복지사업법」 제14조에 따른 사회복지전담공무원은 그 직무를 수행하면서 실종아동등임을 알게 되었을 때에는 「실종아동등의 보호 및 지원에 관한 법률」 제3조 제2항 제1호에 따라 경찰청장이 구축하여 운영하는 신고체계로 지체 없이 신고하여야 한다. (O|X)

2666 ☐☐☐☐ 20 승진

「실종아동등의 보호 및 지원에 관한 법률」상 의료법 제3조에 따른 의료기관에서 업무를 하는 의료인, 종사자 및 의료기관의 장은 신고의무자에 해당한다. (O|X)

2667 ☐☐☐☐ 18 간부

업무·고용 등의 관계로 사실상 아동 등을 보호·감독하는 사람은 「실종아동등의 보호 및 지원에 관한 법률」상 실종아동 등에 대한 신고의무자가 아니다. (O|X)

2668 ☐☐☐☐ 25 채용

경찰청장은 실종아동등의 조속한 발견과 복귀를 위하여 아동등의 보호자가 신청하는 경우 아동등의 지문 및 얼굴 등에 관한 정보를 「실종아동등의 보호 및 지원에 관한 법률」 제8조의2에 따른 정보시스템에 등록하고 아동등의 보호자에게 사전신고증을 발급할 수 있다. (O|X)

2669 ☐☐☐☐ 25 채용

경찰청장은 실종아동등의 발견을 위하여 실종아동등을 찾고자 하는 가족으로부터 유전자검사대상물을 채취할 수 있다. (O|X)

> **정답과 해설**

2664. (X) 청소년 보호·재활센터의 장 또는 그 종사자는 **신고의무자에 해당**한다(실종아동등 보호 및 지원에 관한 법률 제6조 제1항 제3호).
2665. (O) 동법 제6조 제1항 제4호
2666. (O) 동법 제6조 제1항 제5호
2667. (X) 업무·고용 등의 관계로 사실상 아동 등을 보호·감독하는 사람은 **신고의무자에 해당**한다(동법 제6조 제1항 제6호).
2668. (O) 동법 제7조의2
2669. (O) 동법 제11조 제1항

6 실종아동등의 수색 및 결과 조치(실종아동등의 보호 및 지원에 관한 법률)

2670 ☐☐☐☐ 22 채용, 19 승진, 17 간부
경찰관서의 장은 실종아동등의 발생 신고를 접수하면 24시간 이내에 수색 또는 수사의 실시여부를 결정하여야 한다. (O|X)

2671 ☐☐☐☐ 19·22 승진, 17·19 간부
경찰관서의 장은 실종아동등(범죄로 인한 경우를 포함한다)의 조속한 발견을 위하여 필요한 때에는 개인위치정보사업자에게 실종아동등의 개인위치정보의 제공을 요청할 수 있다. (O|X)

2672 ☐☐☐☐ 25 채용
경찰관서의 장과 경찰관서에 종사하거나 종사하였던 자는 실종아동등을 찾기 위한 목적으로 제공받은 개인위치정보등을 실종아동등을 찾기 위한 목적 외의 용도로 이용하여서는 아니 되며, 경찰관서의 장은 목적을 달성하였을 때에는 1년 간 보관하여야 한다. (O|X)

2673 ☐☐☐☐ 15·19 승진
「실종아동등 및 가출인 업무처리 규칙」상 실종아동등 또는 가출인에 대한 신고를 접수하거나, 프로파일링시스템에 신고 내용이 입력되어 있는 것을 확인한 경찰관은 보호자가 요청하는 경우에는 신고접수증을 발급해야 한다. (O|X)

2674 ☐☐☐☐ 15 승진
「실종아동등 및 가출인 업무처리 규칙」상 실종아동등 신고 접수는 관할 경찰서에서만 가능하다. (O|X)

2675 ☐☐☐☐ 22 채용, 15 승진
경찰관서의 장은 실종아동등에 대하여 「실종아동등 및 가출인 업무처리 규칙」 제18조에 따른 현장 탐문 및 수색 후, 그 결과를 즉시 보호자에게 통보하여야 한다. 이후에는 실종아동등 프로파일링시스템에 등록한 날로부터 1개월까지는 15일에 1회, 1개월이 경과한 후부터는 분기별 1회 보호자에게 추적 진행사항을 통보한다. (O|X)

정답과 해설

2670. (X) 경찰관서의 장은 실종아동등의 발생 신고를 접수하면 **지체 없이** 수색 또는 수사의 실시 여부를 결정하여야 한다(동법 제9조 제1항).

2671. (X) 경찰관서의 장은 실종아동등(범죄로 인한 경우를 **제외**한다)의 조속한 발견을 위하여 필요한 때에는 개인위치정보사업자에게 실종아동등의 개인위치정보의 제공을 요청할 수 있다(동법 제9조 제2항).

2672. (X) 경찰관서의 장과 경찰관서에 종사하거나 종사하였던 자는 실종아동등을 찾기 위한 목적으로 제공받은 개인위치정보등을 실종아동등을 찾기 위한 목적 외의 용도로 이용하여서는 아니 되며, 경찰관서의 장은 목적을 달성하였을 때에는 **지체 없이 파기하여야 한다**(동법 제9조 제4항).

2673. (X) 실종아동등 또는 가출인에 대한 신고를 접수하거나 실종아동등 프로파일링시스템에 신고 내용이 입력되어 있는 것을 확인한 경찰관은 보호자가 요청하는 경우에는 **신고접수증을 발급할 수 있다**(실종아동등 및 가출인 업무처리 규칙 제7조 제6항).

2674. (X) 실종아동등 신고는 **관할에 관계없이** 실종아동찾기센터, 각 시·도경찰청 및 경찰서에서 전화, 서면, 구술 등의 방법으로 접수하며, 신고를 접수한 경찰관은 범죄와의 관련 여부 등을 확인해야 한다(동규칙 제10조 제1항).

2675. (O) 동규칙 제11조 제5항

CHAPTER 02

수사경찰

THEME 01 가정폭력범죄의 처벌 등에 관한 특례법_S급

1 가정폭력범죄의 개념

2676 ☐☐☐☐ 23 승진
가정폭력범죄의 형사처벌 절차에 관한 특례를 정하고 가정폭력범죄를 범한 사람에 대하여 환경의 조정과 성행(性行)의 교정을 위한 보호처분을 함으로써 가정폭력범죄로 파괴된 가정의 평화와 안정을 회복하고 건강한 가정을 가꾸며 피해자와 가족구성원의 인권을 보호함을 목적으로 한다. (O|X)

2677 ☐☐☐☐ 17·23 승진
"가정폭력"이란 가정구성원 사이의 신체적, 정신적 피해를 수반하는 행위를 말하며, 재산상 피해를 수반하는 행위는 "가정폭력"에 해당하지 않는다. (O|X)

2678 ☐☐☐☐ 18·23 승진
가정구성원 사이의 신체적, 정신적 또는 재산상 피해를 수반하는 행위로서 「형법」 제257조(상해)의 죄를 범한 자가 피해자와 사실혼관계에 있는 경우 민법 소정의 친족이라 할 수 없어 「가정폭력범죄의 처벌 등에 관한 특례법」상 가정구성원에 해당하지 않는다. (O|X)

2679 ☐☐☐☐ 17 승진
자기 또는 배우자와 직계존비속 관계에 있거나 있었던 사람은 가정구성원에 해당하지 않는다. (O|X)

2680 ☐☐☐☐ 15 채용, 14 간부
가정구성원의 범위에는 동거하는 친족 관계에 있는 자 또는 있었던 자가 포함된다. (O|X)

2681 ☐☐☐☐ 22 승진
甲의 배우자였던 乙이 甲에게 폭행을 당한 것을 이유로 112종합상황실에 가정폭력으로 신고하여 순찰 중이던 경찰관이 출동한 경우, 그 경찰관은 해당 사건에 대해 가정폭력범죄 사건으로 처리할 수 없다. (O|X)

정답과 해설

2676. (O) 가정폭력범죄의 처벌 등에 관한 특례법 제1조
2677. (X) '가정폭력'이란 가정구성원 사이의 신체적, 정신적 또는 **재산상 피해**를 수반하는 행위를 말한다(동법 제2조 제1호).
2678. (X) "가정구성원"이란 배우자(사실상 혼인관계에 있는 사람은 **포함**(제외 X)한다) 또는 배우자였던 사람을 의미한다(동법 제2조 제2호).
2679. (X) 자기 또는 배우자와 직계존비속관계(사실상의 양친자관계를 포함한다)에 **있거나 있었던 사람**도 가정구성원에 **해당**한다(동법 제2조 제2호).
2680. (X) 가정구성원의 범위에는 동거하는 친족만 포함된다. 동거하는 친족 관계에 있었던 자는 **포함되지 않는다**(동법 제2조 제2호).
2681. (X) 가정폭력범죄의 처벌 등에 관한 특례법상 가족구성원 범위에는 배우자(사실혼 포함) 또는 **배우자였던 사람이 포함**되기 때문에 가정폭력범죄사건으로 처리할 수 **있다**(동법 제2조 제2호 가목).

2682 ☐☐☐☐ 19·23 승진

"가정폭력행위자"는 가정폭력범죄를 범한 사람만을 의미하고 가정구성원인 공범은 포함되지 않는다. ⓄⓍ

2683 ☐☐☐☐ 23 간부

다음 사례에서 「가정폭력범죄의 처벌 등에 관한 특례법」상 A의 "가정구성원"에 해당하지 않는 자는? (   )

> A남은 B녀와 혼인하여 살다가 이혼하였고 C녀는 D남과 혼인하여 살다가 이혼하였다. 그 후 A와 C가 재혼하였다. A에게는 부친 E가 있으며, C에게는 모친 F가 있다. 한편 A의 형제자매로는 남동생 G가 있으며, C의 형제자매로는 여동생 H가 있다. G는 아직 결혼을 하지 않고, 충남 아산에 있는 A와 C의 집에서 같이 살고 있으며, H는 결혼하여 남편과 함께 미국에서 살고 있다.

① B   ② F   ③ G   ④ H

2684 ☐☐☐☐ 21 채용

가정폭력범죄 중 아동학대범죄에 대해서는 「청소년 보호법」을 우선 적용한다. ⓄⓍ

2685 ☐☐☐☐ 21 채용, 25 간부

법원은 가정폭력행위자에 대하여 유죄판결(선고유예는 제외한다)을 선고하거나 약식명령을 고지하는 경우에는 200시간의 범위에서 재범예방에 필요한 수강명령(「보호관찰 등에 관한 법률」에 따른 수강명령을 말한다)을 병과할 수 있다. 이 경우 수강명령은 형의 집행을 유예할 경우에는 그 집행유예기간이 종료된 다음날부터 6개월 이내에 집행한다. ⓄⓍ

2686 ☐☐☐☐ 17 승진

가정폭력범죄는 피해와 관련 있는 고소권자만이 신고할 수 있다. ⓄⓍ

정답과 해설

2682. (X) '가정폭력행위자'란 가정폭력범죄를 범한 사람 및 **가정구성원인 공범**을 말한다(가정폭력범죄의 처벌 등에 관한 특례법 제2조 제4호).

2683. ④
① (O) B : A의 배우자 였던 사람(가정폭력범죄의 처벌 등에 관한 특례법 제2조 제2호 가목)
② (O) F : A의 현재 배우자의 직계존속(동법 제2조 제2호 나목)
③ (O) G : A의 동거하는 남동생(동법 제2조 제2호 라목)
④ (X) H : A의 **동거하지 않는 친족**이라 동법 제2조에서 정의하는 가정구성원에 **해당하지 않는다**.

2684. (X) 가정폭력범죄에 대하여는 이 법을 우선 적용한다. 다만, 아동학대범죄에 대하여는 **「아동학대범죄의 처벌 등에 관한 특례법」을 우선 적용**한다(동법 제3조).

2685. (X) 이 경우 수강명령은 형의 집행을 유예할 경우에는 그 **집행유예기간 내**(그 집행유예기간이 종료된 다음날부터 **6개월 이내 X**)에 집행한다(동법 제3조의2 제1항, 제4항).

2686. (X) **누구든지** 가정폭력범죄를 알게 된 경우에는 수사기관에 **신고할 수 있다**(하여야 한다 X)(동법 제4조 제1항).

2687 ☐☐☐☐ 19 간부

아동, 70세 이상의 노인, 그 밖에 정상적인 판단능력이 결여된 사람의 치료 등을 담당하는 의료인 및 의료기관의 장이 직무를 수행하면서 가정폭력범죄를 알게 된 경우에는 정당한 사유가 없으면 즉시 수사기관에 신고하여야 한다. (O|X)

2688 ☐☐☐☐ 15 채용, 22 승진

피해자 또는 그 법정대리인은 가정폭력행위자를 고소할 수 있다. 피해자의 법정대리인이 가정폭력행위자인 경우 또는 가정폭력행위자와 공동으로 가정폭력범죄를 범한 경우에는 피해자의 친족이 고소할 수 없다. (O|X)

2689 ☐☐☐☐ 18 승진, 19 간부

피해자는 자기 또는 배우자의 직계존속이 가정폭력행위자인 경우 이를 고소할 수 없다. 다만, 피해자의 법정대리인이 가정폭력행위자인 경우 또는 가정폭력행위자와 공동으로 가정폭력범죄를 범한 경우에는 피해자의 친족이 고소할 수 있다. (O|X)

2690 ☐☐☐☐ 15 채용, 17 승진, 14·19·25 간부

피해자에게 고소할 법정대리인이나 친족이 없는 경우에 이해관계인이 신청하면 검사는 10일 이내에 고소할 수 있는 사람을 지정할 수 있다. (O|X)

2691 ☐☐☐☐ 15 채용

사법경찰관은 가정폭력범죄를 신속히 수사하여 사건을 검사에게 송치하여야 한다. 이 경우 사법경찰관은 해당 사건을 가정보호사건으로 처리하는 것이 적절한지에 관한 의견을 제시할 수 있다. (O|X)

정답과 해설

2687. (X) 아동, **60세 이상의 노인**, 그 밖에 정상적인 판단능력이 결여된 사람의 치료 등을 담당하는 의료인 및 의료기관의 장은 직무를 수행하면서 가정폭력범죄를 알게 된 경우에는 정당한 사유가 없으면 즉시 수사기관에 신고하여야 한다(가정폭력범죄의 처벌 등에 관한 특례법 제4조 제2항 제2호).

2688. (X) 피해자 또는 그 법정대리인은 가정폭력행위자를 고소할 수 있다. 피해자의 법정대리인이 가정폭력행위자인 경우 또는 가정폭력행위자와 공동으로 가정폭력범죄를 범한 경우에는 피해자의 친족이 **고소할 수 있다**(동법 제6조 제1항).

2689. (X) 피해자는 가정폭력행위자가 자기 또는 배우자의 직계존속인 경우에도 **고소할 수 있다**(동법 제6조 제2항).

2690. (X) 피해자에게 고소할 법정대리인이나 친족이 없는 경우에 이해관계인이 신청하면 검사는 10일 이내에 고소할 수 있는 사람을 지정**하여야 한다**(할 수 있다 X)(동법 제6조 제3항).

2691. (O) 동법 제7조

2 가정폭력 대상범죄

2692 ☐☐☐☐ 15·16·22 채용, 14·17·18 승진, 17·20 간부

가정폭력범죄 해당여부

ⓐ 공갈죄	O|X	ⓑ 퇴거불응죄	O|X	ⓒ 유사강간	O|X
ⓓ 중손괴죄	O|X	ⓔ 재물손괴죄	O|X	ⓕ 중감금죄	O|X
ⓖ 약취·유인죄	O|X	ⓗ 특수감금죄	O|X	ⓘ 아동혹사죄	O|X
ⓙ 강요죄	O|X	ⓚ 주거·신체수색죄	O|X	ⓛ 절도죄	O|X
ⓜ 명예훼손죄	O|X	ⓝ 살인	O|X	ⓞ 폭행	O|X
ⓟ 중상해	O|X	ⓠ 영아유기	O|X	ⓡ 특수공갈	O|X
ⓢ 상해치사	O|X	ⓣ 협박	O|X		
ⓤ 출판물등에 의한 명예훼손	O|X				
ⓥ 체포죄	O|X	ⓦ 모욕죄	O|X	ⓧ 유기죄	O|X
ⓨ 주거침입죄	O|X	ⓩ 사기죄	O|X		

2693 ☐☐☐☐ 19 승진

甲과 사실혼 관계에 있는 사람이 甲에게 사기죄를 범한 경우 O\|X

2694 ☐☐☐☐ 24 채용, 19 승진

乙의 시어머니가 乙의 아들을 약취한 경우 O\|X

2695 ☐☐☐☐ 24 채용, 19 승진

丙과 같이 살고 있는 사촌동생이 丙의 명예를 훼손한 경우 가정폭력범죄로서 가정폭력 사건으로 처리할 수 있다. O\|X

정답과 해설

2692. ⓐ(O) ⓑ(O) ⓒ(O) ⓓ(X)
　　　ⓔ(O) ⓕ(O) ⓖ(X) ⓗ(O)
　　　ⓘ(O) ⓙ(O) ⓚ(O) ⓛ(X)
　　　ⓜ(O) ⓝ(X) ⓞ(O) ⓟ(O)
　　　ⓠ(O) ⓡ(O) ⓢ(X) ⓣ(O)
　　　ⓤ(O) ⓥ(O) ⓦ(O) ⓧ(O)
　　　ⓨ(O) ⓩ(X)
2693. (X) 사기죄는 가정폭력범죄가 아니므로 가정폭력 사건으로 처리할 수 없다.
2694. (X) 약취죄는 가정폭력범죄가 아니므로 가정폭력 사건으로 처리할 수 없다.
2695. (O)

2696 ☐☐☐☐ 24 채용, 19 승진

丁의 배우자의 지인이 丁의 재물을 손괴한 경우 (O|X)

2697 ☐☐☐☐ 24 채용, 17 승진, 19 간부

"가정폭력범죄"란 가정폭력으로서 「형법」상 상해, 폭행, 유기, 학대, 아동혹사, 체포, 감금, 협박, 강간, 강제추행, 명예훼손, 모욕, 업무방해, 주거·신체 수색, 강요, 공갈, 재물손괴 중 어느 하나에 해당하는 죄를 말한다. (O|X)

3 응급조치

2698 ☐☐☐☐ 19·22 승진

진행 중인 가정폭력범죄에 대하여 신고를 받은 사법경찰관리는 즉시 현장에 나가서 폭력행위의 제지, 가정폭력행위자·피해자의 분리, 현행범인의 체포 등 범죄수사, 피해자를 가정폭력 관련 상담소 또는 보호시설로 인도(피해자가 동의한 경우만 해당), 긴급치료가 필요한 피해자를 의료기관으로 인도, 폭력행위 재발 시 제8조에 따라 임시조치를 신청할 수 있음을 통보, 제55조의2에 따른 피해자보호명령 또는 신변안전조치를 청구할 수 있음을 고지해야 한다. (O|X)

2699 ☐☐☐☐ 15 채용

피해자의 동의 없이도 피해자를 가정폭력 관련 상담소 또는 보호시설로 인도할 수 있다. (O|X)

2700 ☐☐☐☐ 15 채용

진행 중인 가정폭력범죄에 대하여 신고를 받은 사법경찰관리는 긴급치료가 필요한 피해자를 의료기관으로 인도하여야 한다. (O|X)

정답과 해설

2696. (X) 재물을 손괴한 경우는 가정폭력범죄에 해당하나 배우자의 **지인은 가족구성원이 아니므로** 가정폭력 사건으로 처리할 수 없다.

2697. (X) **업무방해죄는 가정폭력범죄에 해당하지 아니한다**(가정폭력범죄의 처벌 등에 관한 특례법 제2조 제3호).

2698. (O) 동법 제5조

2699. (X) **피해자가 동의한 경우에만** 피해자를 가정폭력 관련 상담소 또는 보호시설로 **인도하여야 한다**(동법 제5조 제2호).

2700. (O) 동법 제5조 제3호

4 임시조치 청구

2701 ☐☐☐☐ 15 채용

가정폭력범죄가 재발될 우려가 있다고 인정하는 경우에는 사법경찰관의 직권으로 법원에 임시조치를 청구할 수 있다. (O|X)

2702 ☐☐☐☐ 19 승진, 25 간부

사법경찰관이 긴급임시조치를 한 때에는 지체 없이 검사에게 임시조치를 신청하고, 신청받은 검사는 법원에 임시조치를 청구할 수 있다. (O|X)

2703 ☐☐☐☐ 16 채용

검사는 가정폭력범죄가 재발될 우려가 있다고 인정하는 경우에는 직권으로 또는 사법경찰관의 신청에 의하여 법원에 피해자 또는 가정구성원의 주거 또는 점유하는 방실로부터의 퇴거 등 격리, 피해자 또는 가정구성원의 주거·직장 등에서 100미터 이내의 접근 금지, 의료기관이나 그 밖의 요양소에 위탁의 임시조치를 청구할 수 있다. (O|X)

2704 ☐☐☐☐ 16 채용, 25 간부

임시조치의 청구는 긴급임시조치를 한 때부터 48시간 이내에 청구하여야 하며, 긴급임시조치결정서를 첨부하여야 한다. (O|X)

5 긴급임시조치 등

2705 ☐☐☐☐ 16·21 채용, 17·18·19·22 승진, 14 간부

사법경찰관은 응급조치에도 불구하고 가정폭력범죄가 재발될 우려가 있고, 긴급을 요하여 법원의 임시조치 결정을 받을 수 없을 때에는 피해자나 그 법정대리인의 신청에 의해서만 긴급임시조치를 할 수 있다. (O|X)

정답과 해설

2701. (X) **검사는** 가정폭력범죄가 재발될 우려가 있다고 인정하는 경우에는 **직권으로 또는 사법경찰관의 신청에 의하여** 임시조치를 청구할 수 있다(가정폭력범죄의 처벌 등에 관한 특례법 제8조 제1항). **사법경찰관은 직권으로 법원에 임시조치를 청구할 수 없다.**

2702. (X) 사법경찰관이 긴급임시조치를 한 때에는 지체 없이 검사에게 임시조치를 신청하고, 신청받은 **검사는 법원에 임시조치를 청구하여야 한다(청구할 수 있다 X)**(동법 제8조의3 제1항).

2703. (X) 검사는 가정폭력범죄가 재발될 우려가 있다고 인정하는 경우에는 직권으로 또는 사법경찰관의 신청에 의하여 법원에 피해자 또는 가정구성원의 주거 또는 점유하는 방실로부터의 퇴거 등 격리, 피해자 또는 가정구성원의 주거, 직장 등에서 100미터 이내의 접근금지, **피해자 또는 가정구성원에 대한 전기통신을 이용한 접근금지**의 임시조치를 청구할 수 있다(동법 제8조 제1항).

2704. (O) 임시조치의 청구는 **긴급임시조치(응급조치 X)를 한 때부터 48시간** 이내에 청구하여야 하며, 긴급임시조치결정서를 첨부하여야 한다(동법 제8조의3 제1항).

2705. (X) **사법경찰관**은 응급조치에도 불구하고 가정폭력범죄가 재발될 우려가 있고, 긴급을 요하여 법원의 임시조치 결정을 받을 수 없을 때에는 **직권** 또는 피해자나 그 법정대리인의 신청에 의하여 긴급임시조치를 할 수 있다(동법 제8조의2 제1항).

2706 ☐☐☐☐ 18 승진

긴급임시조치는 '폭력행위의 제지, 가정폭력행위자·피해자의 분리 및 범죄수사', '피해자를 가정폭력 관련 상담소 또는 보호시설로 인도', '긴급치료가 필요한 피해자를 의료기관으로 인도', '폭력행위 재발 시 제8조에 따라 임시조치를 신청할 수 있음을 통보'를 그 내용으로 한다. (O|X)

2707 ☐☐☐☐ 23 채용, 17 승진

사법경찰관의 긴급임시조치에 해당하는 것은 의료기관이나 그 밖의 요양소에의 위탁, 피해자 또는 가정구성원의 주거, 직장 등에서 100미터 이내의 접근금지, 피해자 또는 가정구성원의 주거 또는 점유하는 방실로부터의 퇴거 등 격리, 피해자 또는 가정구성원에 대한 유선·무선·광선 및 기타의 전자적 방식에 의하여 부호·문언·음향 또는 영상을 송신하거나 수신하는 전기통신을 이용한 접근금지를 내용으로 한다. (O|X)

2708 ☐☐☐☐ 17 승진

사법경찰관은 긴급임시조치를 한 경우에는 즉시 긴급임시조치결정서를 작성하여야 하고, 긴급임시조치결정서에는 범죄사실의 요지, 긴급임시조치가 필요한 사유 등을 기재하여야 한다. (O|X)

2709 ☐☐☐☐ 25 간부

검사는 가정폭력범죄로서 사건의 성질·동기 및 결과, 가정폭력행위자의 성행 등을 고려하여 이 법에 따른 보호처분을 하는 것이 적절하다고 인정하는 경우에는 가정보호사건으로 처리할 수 있다. 이 경우 검사는 피해자의 의사를 존중하여야 한다. (O|X)

정답과 해설

2706. (X) 긴급임시조치가 아니라 **응급조치**에 대한 설명이다(동법 제5조).
2707. (X) **의료기관이나 그 밖의 요양소에의 위탁**은 **임시조치**에 해당한다.
2708. (O) 동법 제8조의2 제2항, 제3항
2709. (O) 동법 제9조 제1항

아동학대범죄의 처벌 등에 관한 특례법_S급

1 아동학대범죄의 개념

2710 ☐☐☐☐ 15 채용
아동학대범죄의 처벌 및 그 절차에 관한 특례와 피해아동에 대한 보호절차 및 아동학대행위자에 대한 보호처분을 규정함으로써 아동을 보호하여 아동이 건강한 사회 구성원으로 성장하도록 함을 목적으로 한다. (O|X)

2711 ☐☐☐☐ 15 채용, 17 간부, 18 승진
「아동학대범죄의 처벌 등에 관한 특례법」상 아동이란 19세 미만인 사람을 말한다. (O|X)

2711-1 ☐☐☐☐ 25 채용
"아동학대행위자"란 아동학대범죄를 범한 사람 및 그 공범을 말하고, "피해아동"이란 아동학대범죄로 인하여 직접적으로 피해를 입은 아동을 말한다. (O|X)

2712 ☐☐☐☐ 15 채용, 18·20 승진
아동학대범죄에 대하여는 이 법을 우선 적용한다. 다만, 「성폭력범죄의 처벌 등에 관한 특례법」, 「아동·청소년의 성보호에 관한 법률」에서 가중처벌되는 경우에는 그 법에서 정한 바에 따른다. (O|X)

2713 ☐☐☐☐ 21 채용
아동학대 신고의무자가 보호하는 아동에 대하여 아동학대범죄를 범한 때에는 그 죄에 정한 형의 2분의 1까지 가중한다. (O|X)

2714 ☐☐☐☐ 24 간부
법원은 아동학대행위자에 대하여 유죄판결(선고유예를 포함한다)을 선고하거나 약식명령을 고지하면서 200시간의 범위에서 재범예방에 필요한 수강명령 또는 아동학대 치료프로그램의 이수명령을 병과할 수 있다. (O|X)

> **정답과 해설**
>
> 2710. (O) 아동학대범죄의 처벌 등에 관한 특례법 제1조
> 2711. (X) 아동이란 **18세 미만**인 사람을 말한다(동법 제2조 제1호).
> 2711-1. (O) 동법 제2조 제5호, 제6호
> 2712. (O) 동법 제3조
> 2713. (O) **아동학대 신고의무자가 보호하는 아동**에 대하여 아동학대범죄를 범한 때에는 그 죄에 정한 형의 2분의 1까지 가중한다(동법 제7조).
> 2714. (X) 법원은 아동학대행위자에 대하여 유죄판결(선고유예를 **제외(포함 X)**)을 선고하거나 약식명령을 고지하면서 200시간의 범위에서 재범예방에 필요한 수강명령 또는 아동학대 치료프로그램의 이수명령을 병과할 수 있다(동법 제8조 제1항).

2715 ☐☐☐☐ 24 간부

피해아동에게 고소할 법정대리인이나 친족이 없는 경우에 이해관계인이 신청하면 검사는 20일 이내에 고소할 수 있는 사람을 지정하여야 한다. (O|X)

2716 ☐☐☐☐ 22 승진

검사는 아동학대범죄사건의 증인이 피고인 또는 그 밖의 사람으로부터 생명·신체에 해를 입거나 입을 염려가 있다고 인정될 때에는 관할 경찰서장에게 증인의 신변안전을 위하여 필요한 조치를 할 것을 요청하여야 한다. (O|X)

2717 ☐☐☐☐ 18 승진, 19 간부

피해아동등이 보호자의 학대를 당연하게 받아들이고 이를 학대로 인식하지 못하는 은폐성 때문에 「아동학대범죄의 처벌 등에 관한 특례법」은 아동학대 신고의무자를 광범위하게 규정하고 있다. (O|X)

2 현장출동 및 응급조치

2718 ☐☐☐☐ 15·25 채용, 20 승진, 17 간부

아동학대범죄 신고를 접수한 사법경찰관리나 아동학대전담공무원은 지체 없이 아동학대범죄의 현장에 출동하여야 한다. 이 경우 수사기관의 장이나 시·도지사 또는 시장·군수·구청장은 서로 동행하여 줄 것을 요청할 수 있으며, 그 요청을 받은 수사기관의 장이나 시·도지사 또는 시장·군수·구청장은 정당한 사유가 없으면 사법경찰관리나 아동학대전담공무원이 아동학대범죄 현장에 동행하도록 조치하여야 한다. (O|X)

2719 ☐☐☐☐ 24 간부

아동학대범죄 신고를 접수한 사법경찰관리는 아동학대범죄가 행하여지고 있는 것으로 신고된 현장 또는 피해아동을 보호하기 위하여 필요한 장소에 출입하여 아동 또는 아동학대행위자 등 관계인에 대하여 조사를 하거나 질문을 할 수 있다. 이 경우 사법경찰관리는 피해아동의 보호 및 「아동복지법」 제22조의4의 사례관리계획에 따른 사례관리를 위한 범위에서만 아동학대행위자 등 관계인에 대하여 조사해야 한다. (O|X)

정답과 해설

2715. (X) 피해아동에게 고소할 법정대리인이나 친족이 없는 경우에 이해관계인이 신청하면 검사는 **10일 이내(20일 이내 X)** 에 고소할 수 있는 사람을 지정**하여야 한다**(아동학대범죄의 처벌 등에 관한 특례법 제10조의4 제3항).

2716. (O) 동법 제17조의2 제1항

2717. (X) 「아동학대범죄의 처벌 등에 관한 특례법」은 **미인지성(은폐성 X)** 때문에 아동학대 신고의무자를 같은 법 제10조 제2항에서 신고의무자를 광범위하게 규정하고 있다고 할 수 있다.

2718. (O) 동법 제11조 제1항

2719. (X) 아동학대범죄 신고를 접수한 사법경찰관리나 아동학대전담공무원은 아동학대범죄가 행하여지고 있는 것으로 신고된 현장 또는 피해아동을 보호하기 위하여 필요한 장소에 출입하여 아동 또는 아동학대행위자 등 관계인에 대하여 조사를 하거나 질문을 할 수 있다. 다만, **아동학대전담공무원(사법경찰관리X)** 은 피해아동의 보호, 「아동복지법」 제22조의4의 사례관리계획에 따른 사례관리를 위한 범위에서만 아동학대행위자 등 관계인에 대하여 **조사 또는 질문을 할 수 있다**(동법 제11조 제2항).

2720 ☐☐☐☐ 22 승진

아동학대범죄 신고를 접수한 사법경찰관리나 아동학대전담공무원이 동행하여 현장출동하지 아니한 경우, 수사기관의 장이나 시·도지사 또는 시장·군수·구청장은 현장출동에 따른 조사 등의 결과를 서로에게 통지할 수 있다. (O|X)

2721 ☐☐☐☐ 15 채용, 20 승진, 17 간부

「아동학대범죄의 처벌 등에 관한 특례법」상 현장에 출동하거나 아동학대범죄 현장을 발견한 경우 또는 학대현장 이외의 장소에서 학대피해가 확인되고 재학대의 위험이 급박·현저한 경우, 사법경찰관리 또는 아동학대전담공무원은 피해아동, 피해아동의 형제자매인 아동 및 피해아동과 동거하는 아동(이하 "피해아동등"이라 한다)의 보호를 위하여 즉시 응급조치를 하여야 한다. (O|X)

2722 ☐☐☐☐ 21 채용

아동학대범죄 현장을 발견한 경우 또는 학대현장 이외의 장소에서 학대피해가 확인되고 재학대의 위험이 급박한 경우, 사법경찰관리 또는 아동학대전담공무원은 피해아동등의 보호를 위하여 즉시 응급조치를 하여야 한다. 응급조치에는 아동학대범죄 행위의 제지, 아동학대행위자를 피해아동등으로부터 격리, 피해아동등을 아동학대 관련 보호시설로 인도, 피해아동등 또는 가정구성원에 대한 전기통신을 이용한 접근 금지 등의 조치가 있다. (O|X)

2723 ☐☐☐☐ 20 승진

「아동학대범죄의 처벌 등에 관한 특례법」상 피해아동에 대한 응급조치의 내용 중 '피해아동을 아동학대 관련 보호시설로 인도'하는 조치를 하는 때에는 피해아동등 및 보호자의 동의를 받아야 한다. (O|X)

2724 ☐☐☐☐ 17 간부

「아동학대범죄의 처벌 등에 관한 특례법」상 응급조치의 유형에는 아동학대범죄 행위의 제지, 아동학대 행위자를 피해아동등으로부터 격리, 피해아동등을 아동학대 관련 보호시설로 인도, 아동보호전문기관에의 상담 및 교육 위탁이 있다. (O|X)

정답과 해설

2720. (X) 현장출동이 동행하여 이루어지지 아니한 경우 수사기관의 장이나 시·도지사 또는 시장·군수·구청장은 현장출동에 따른 조사 등의 결과를 서로에게 통지하여야 한다(할 수 있다 X)(아동학대범죄의 처벌 등에 관한 특례법 제11조 제7항).

2721. (O) 동법 제12조 제1항

2722. (X) 아동학대범죄 현장을 발견한 경우 또는 학대현장 이외의 장소에서 학대피해가 확인되고 재학대의 위험이 급박한 경우, 사법경찰관리 또는 아동학대전담공무원은 피해아동등의 보호를 위하여 즉시 응급조치를 하여야 한다. 응급조치에는 아동학대범죄 행위의 제지, 아동학대행위자를 피해아동등으로부터 격리, 피해아동등을 아동학대 관련 보호시설로 인도, 긴급치료가 필요한 피해아동을 의료기관으로 인도, 피해아동등을 연고자 등의 인도의 조치가 있다(동법 제12조 제1항). 피해아동등 또는 가정구성원에 대한 전기통신을 이용한 접근 금지 등의 조치는 응급조치에 해당되지 않는다.

2723. (X) 피해아동을 '아동학대 관련 보호시설로 인도(제3호)' 또는 '피해아동등을 연고자 등에게 인도(제5호)'하는 조치를 하는 때에는 피해아동등의 이익을 최우선으로 고려하여야 하며, 피해아동등을 보호하여야 할 필요가 있는 등 특별한 사정이 있는 경우를 제외하고는 피해아동등의 의사를 존중하여야 한다(동법 제12조 제1항).

2724. (X) 응급조치의 유형에는 아동학대범죄 행위의 제지, 아동학대 행위자를 피해아동등으로부터 격리, 피해아동등을 아동학대 관련 보호시설로 인도 그리고 긴급치료가 필요한 피해아동을 의료기관으로 인도, 피해아동등을 연고자 등에게 인도가 있다(동법 제12조 제1항).

2725 ☐☐☐☐ 15 채용

사법경찰관리나 아동학대전담공무원은 피해아동등을 분리·인도하여 보호하는 경우 지체 없이 피해아동등을 인도받은 보호시설·의료시설의 소재지 또는 연고자 등의 주거지를 관할하는 시·도지사 또는 시장·군수·구청장에게 그 사실을 통보하여야 한다. [O|X]

2726 ☐☐☐☐ 15·21·25 채용, 19·20 승진, 17·19 간부

아동학대행위자를 피해아동등으로부터 격리하는 경우, 48시간을 넘을 수 없다. 다만, 공휴일이나 토요일이 포함되는 경우로서 피해아동등의 보호를 위하여 필요하다고 인정되는 경우에는 48시간의 범위에서 그 기간을 연장할 수 있다. [O|X]

2727 ☐☐☐☐ 15·25 채용

사법경찰관리 또는 아동학대전담공무원이 응급조치를 한 경우에는 즉시 응급조치결과보고서를 작성하여야 한다. 이 경우 사법경찰관리가 응급조치를 한 경우에는 관할 경찰관서의 장이 시·도지사 또는 시장·군수·구청장에게, 아동학대전담공무원이 응급조치를 한 경우에는 소속 시·도지사 또는 시장·군수·구청장이 관할 경찰관서의 장에게 작성된 응급조치결과보고서를 10일 이내에 송부하여야 한다. [O|X]

3 긴급임시조치

2728 ☐☐☐☐ 18·19·22 승진, 19 간부

응급조치에도 불구하고 아동학대범죄가 재발될 우려만 있다면 사법경찰관이 '긴급임시조치'를 할 수 있다. [O|X]

2729 ☐☐☐☐ 23 채용, 19·20 승진

긴급임시조치에는 피해아동등 또는 가정구성원의 주거로부터 퇴거 등 격리, 피해아동등 또는 가정구성원의 주거, 학교 또는 보호시설 등에서 100미터 이내의 접근 금지, 경찰관서의 유치장 또는 구치소에의 유치 등이 있다. [O|X]

정답과 해설

2725. (O) 아동학대범죄의 처벌 등에 관한 특례법 제12조 제2항

2726. (X) 아동학대행위자를 피해아동등으로부터 격리하는 경우, **72시간**을 넘을 수 없다(동법 제12조 제3항).

2727. (X) 사법경찰관리 또는 아동학대전담공무원이 응급조치를 한 경우에는 즉시 응급조치결과보고서를 작성하여야 한다. 이 경우 사법경찰관리가 응급조치를 한 경우에는 관할 경찰관서의 장이 시·도지사 또는 시장·군수·구청장에게, 아동학대전담공무원이 응급조치를 한 경우에는 소속 시·도지사 또는 시장·군수·구청장이 관할 경찰관서의 장에게 작성된 응급조치결과보고서를 **지체 없이(10일 이내 X)** 송부하여야 한다(동법 제12조 제5항).

2728. (X) 사법경찰관은 응급조치에도 불구하고 **아동학대범죄가 재발될 우려가 있고, 긴급을 요하여 법원의 임시조치 결정을 받을 수 없을 때**에는 직권이나 피해아동등, 그 법정대리인(아동학대행위자를 제외한다), 변호사, 시·도지사, 시장·군수·구청장 또는 아동보호전문기관의 장의 신청에 따라 긴급임시조치를 할 수 있다(동법 제13조 제1항).

2729. (X) 긴급임시조치에는 피해아동등 또는 가정구성원의 주거로부터 퇴거 등 격리, 피해아동등 또는 가정구성원의 주거, 학교 또는 보호시설 등에서 100미터 이내의 접근 금지, 피해아동등 또는 가정구성원에 대한 「전기통신기본법」 제2조 제1호의 전기통신을 이용한 접근 금지 등이 있다(동법 제13조 제1항, 제19조 제1항 1,2,3호). **경찰관서의 유치장 또는 구치소에의 유치**는 **임시조치**의 내용이다(동법 제19조 제1항).

2730 ☐☐☐☐ 18 승진, 24 간부

사법경찰관은 긴급임시조치를 한 경우에는 즉시 긴급임시조치결정서를 작성하여야 하고, 그 내용을 시·도지사 또는 시장·군수·구청장에게 지체 없이 통지하여야 한다. 이 경우 긴급임시조치결정서에는 범죄사실의 요지, 긴급임시조치가 필요한 사유, 긴급임시조치의 내용 등을 기재하여야 한다. O|X

4 임시조치

2731 ☐☐☐☐ 21 채용, 18·19·20 승진, 19 간부

사법경찰관은 아동학대범죄의 원활한 조사·심리 또는 피해아동등의 보호를 위하여 필요하다고 인정하는 경우에는 결정으로 아동학대행위자에게 임시조치를 할 수 있다. 임시조치에는 친권 또는 후견인 권한 행사의 제한 또는 정지, 아동보호전문기관등에의 상담 및 교육 위탁, 의료기관이나 그 밖의 요양시설에의 위탁, 경찰관서의 유치장 또는 구치소에의 유치 등이 있다. O|X

2732 ☐☐☐☐ 20 승진

응급학대범죄의 신고를 받아 현장에 출동하거나 아동학대범죄 현장을 발견한 사법경찰관리가 피해아동의 보호를 위하여 즉시 행하는 조치를 임시조치라 한다. O|X

2733 ☐☐☐☐ 19 승진

피해아동등을 아동학대 관련 보호시설로 인도는 「아동학대범죄의 처벌 등에 관한 특례법」상 아동학대행위자에 대한 임시조치이다. O|X

2734 ☐☐☐☐ 22 승진

판사가 아동학대범죄의 원활한 조사·심리 또는 피해아동등의 보호를 위하여 필요하다고 인정하는 경우에는 결정으로 아동학대행위자에게 경찰관서의 유치장 또는 구치소에 유치하는 조치를 할 수 있다. O|X

2735 ☐☐☐☐ 19 승진

아동보호전문기관 등에의 상담 및 교육 위탁은 「아동학대범죄의 처벌 등에 관한 특례법」상 아동학대행위자에 대한 임시조치이다. O|X

2736 ☐☐☐☐ 19 승진

친권 또는 후견인 권한 행사의 제한 또는 정지는 「아동학대범죄의 처벌 등에 관한 특례법」상 아동학대행위자에 대한 임시조치이다. O|X

정답과 해설

2730. (O) 동법 제13조 제2항·제3항
2731. (X) **판사는** 아동학대범죄의 원활한 조사·심리 또는 피해아동등의 보호를 위하여 필요하다고 인정하는 경우에는 **결정**으로 아동학대행위자에게 임시조치를 할 수 있다(아동학대범죄의 처벌 등에 관한 특례법 제19조 제1항).
2732. (X) **응급조치**에 대한 설명이다(동법 제12조 제1항).
2733. (X) **응급조치**이지 **임시조치가 아니다**(동법 제12조 제1항 제3호).
2734. (O) 동법 제19조 제1항 제7호
2735. (O) 동법 제19조 제1항 제5호
2736. (O) 동법 제19조 제1항 제4호

THEME 03 스토킹범죄의 처벌 등에 관한 법률 _S급

2737 ☐☐☐☐ 22 채용

'스토킹범죄'란 지속적 또는 반복적으로 스토킹행위를 하는 것을 말한다. (O|X)

2738 ☐☐☐☐ 22 채용

사법경찰관리는 진행 중인 스토킹행위에 대하여 신고를 받은 경우 즉시 현장에 나가 스토킹 행위의 제지, 스토킹행위자와 피해자 분리, 유치장 또는 구치소에의 유치등의 조치를 할 수 있다. (O|X)

2739 ☐☐☐☐ 22 채용

스토킹범죄를 저지른 사람은 3년 이하의 징역 또는 3천만원 이하의 벌금에 처한다. (O|X)

2740 ☐☐☐☐ 22 채용

흉기 또는 그 밖의 위험한 물건을 휴대하거나 이용하여 스토킹 범죄를 저지른 사람은 5년 이하의 징역 또는 5천만원 이하의 벌금에 처한다. (O|X)

2741 ☐☐☐☐ 22 채용, 25 승진

사법경찰관은 스토킹행위 신고와 관련하여 스토킹행위가 지속적 또는 반복적으로 행하여질 우려가 있고 스토킹범죄의 예방을 위하여 긴급을 요하는 경우, 스토킹행위자에게 직권으로 또는 스토킹행위의 상대방이나 그 법정대리인 또는 스토킹행위를 신고한 사람의 요청에 의하여, 스토킹행위의 상대방등이나 그 주거등으로부터 100미터 이내의 접근 금지, 「전기통신기본법」 제2조 제1호의 전기통신을 이용한 접근 금지 등의 조치를 할 수 있다. (O|X)

2742 ☐☐☐☐ 22 채용, 25 승진

사법경찰관은 긴급응급조치를 하였을 때에는 48시간 이내에 검사에게 해당 긴급응급조치에 대한 사후승인을 지방법원 판사에게 청구하여 줄 것을 신청하여야 하며, 신청을 받은 검사는 긴급응급조치가 있었던 때부터 48시간 이내에 지방법원 판사에게 해당 긴급응급조치에 대한 사후승인을 청구한다. (O|X)

정답과 해설

2737. (O) 스토킹범죄의 처벌 등에 관한 법률 제2조 제2호

2738. (X) 유치장 또는 구치소에의 유치등의 조치는 법원의 잠정조치에 관한 내용이다(동법 제9조 제1항 제4호). 사법경찰관리는 진행 중인 스토킹행위에 대하여 신고를 받은 경우 즉시 현장에 나가 스토킹 행위의 제지, 스토킹행위자와 피해자 분리 등의 조치를 하여야 한다(동법 제3조).

2739. (O) 동법 제18조 제1항

2740. (O) 동법 제18조 제2항

2741. (O) 동법 제4조 제1항(긴급응급조치)

2742. (X) 사법경찰관은 긴급응급조치를 하였을 때에는 지체 없이(48시간 이내 X) 검사에게 해당 긴급응급조치에 대한 사후승인을 지방법원 판사에게 청구하여 줄 것을 신청하여야 하며, 신청을 받은 검사는 긴급응급조치가 있었던 때부터 48시간 이내에 지방법원 판사에게 해당 긴급응급조치에 대한 사후승인을 청구한다(동법 제5조 제1항, 제2항).

2743 ☐☐☐☐ 25 승진

사법경찰관은 검사가 긴급응급조치에 대한 사후승인을 청구하지 아니하거나 지방법원 판사가 검사의 청구에 대하여 사후승인을 하지 아니한 때에는 즉시 그 긴급응급조치를 취소하여야 한다. (O I X)

2744 ☐☐☐☐ 22 채용

긴급응급조치기간은 1개월을 초과할 수 없다. (O I X)

2745 ☐☐☐☐ 25 승진

스토킹행위의 상대방등이나 그 법정대리인은 긴급응급조치가 있은 후 스토킹행위의 상대방등이 주거등을 옮긴 경우에는 사법경찰관에게 긴급응급조치의 변경을 신청할 수 있다. (O I X)

2746 ☐☐☐☐ 24 승진

검사는 스토킹범죄가 재발될 우려가 있다고 인정하면 직권 또는 사법경찰관의 신청에 따라 법원에 스토킹행위자에 대한 잠정조치를 청구할 수 있다. (O I X)

2747 ☐☐☐☐ 24 승진

법원은 스토킹범죄의 원활한 조사·심리 또는 피해자 보호를 위하여 필요하다고 인정하는 경우에는 결정으로 스토킹행위자에게 피해자 또는 그의 동거인, 가족에 대한 「전기통신기본법」 제2조 제1호의 전기통신을 이용한 접근 금지조치를 할 수 있다. (O I X)

2748 ☐☐☐☐ 22 채용, 24 승진

법원은 스토킹범죄의 원활한 조사·심리 또는 피해자 보호를 위하여 잠정조치가 필요하다고 인정하는 경우에는 결정으로 스토킹행위자를 경찰관서의 유치장 또는 구치소에 1개월을 초과하지 않는 범위에서 유치할 수 있다. 다만 법원은 피해자의 보호를 위하여 그 기간을 연장할 필요가 있다고 인정하는 경우에는 결정으로 2개월의 범위에서 연장할 수 있다. (O I X)

> **정답과 해설**
>
> 2743. (O) 스토킹범죄의 처벌 등에 관한 법률 제5조 제4항
> 2744. (O) 동법 제5조 제5항
> 2745. (O) 동법 제7조 제2항
> 2746. (O) 동법 제8조
> 2747. (O) 동법 제9조 제1항 제3호
> 2748. (X) 법원은 스토킹범죄의 원활한 조사·심리 또는 피해자 보호를 위하여 잠정조치가 필요하다고 인정하는 경우에는 결정으로 스토킹행위자를 경찰관서의 **유치장 또는 구치소**에 1개월을 초과하지 않는 범위에서 유치할 수 있다(**연장 불가**). 다만 법원은 피해자의 보호를 위하여 그 기간을 연장할 필요가 있다고 인정하는 경우에는 결정으로 **제1항 제2호 및 제3호(100미터 이내 접근 금지, 전기통신을 이용한 접근 금지)**에 따른 잠정조치에 대하여 **두 차례** 한정하여 **각 3개월**의 범위에서 연장할 수 있다(동법 제9조 제1항 제4호, 제7항).

2749 ☐☐☐☐ 24 승진

피해자 또는 그의 동거인, 가족이나 그 주거 등으로부터 100미터 이내의 접근을 금지하는 잠정조치를 이행하지 아니한 사람은 2년 이하의 징역 또는 2천만원 이하의 벌금에 처한다고 규정되어 있다. (O|X)

2750 ☐☐☐☐ 24 간부

「스토킹범죄의 처벌 등에 관한 법률」상 잠정조치에 해당하는 것은 (O), 해당하지 않은 것은 (X)

> 가. 국가경찰관서의 유치장 또는 구치소에의 유치 (O|X)
> 나. 스토킹행위자와 피해자 등의 분리 및 범죄수사 (O|X)
> 다. 피해자 또는 그의 동거인, 가족이나 그 주거 등으로부터 100미터 이내의 접근 금지 (O|X)
> 라. 스토킹 피해 관련 상담소 또는 보호시설로의 피해자 등 인도(피해자 등이 동의한 경우만 해당한다) (O|X)
> 마. 피해자 또는 그의 동거인, 가족에 대한 「전기통신기본법」 제2조 제1호의 전기통신을 이용한 접근 금지 (O|X)

정답과 해설

2749. (O) 동법 제20조 제2항
2750. 가. (O) **잠정조치**에 해당한다(동법 제9조 제1항 제4호).
　　　　나. (X) **응급조치**에 해당한다(동법 제3조 제2호).
　　　　다. (O) **잠정조치**에 해당한다(동법 제9조 제1항 제2호).
　　　　라. (X) **응급조치**에 해당한다(동법 제3조 제4호).
　　　　마. (O) **잠정조치**에 해당한다(동법 제9조 제1항 제3호).

THEME 04 성폭력범죄의 처벌 등에 관한 특례법_A급

2751 □□□□ 19 승진

카메라등이용촬영죄는 디엔에이(DNA)증거 등 그 죄를 증명할 수 있는 과학적인 증거가 있는 때에는 공소시효가 10년 연장된다. (O|X)

2752 □□□□ 19 승진

신체적인 장애가 있는 사람에 대하여 강제추행죄를 범한 경우에는 공소시효를 적용하지 아니한다. (O|X)

2753 □□□□ 19 승진

13세인 사람에 대하여 강간죄를 범한 경우에는 공소시효를 적용하지 아니한다. (O|X)

2754 □□□□ 17 승진

「성폭력범죄의 처벌 등에 관한 특례법」상 특정한 성폭력 범죄의 경우 디엔에이 증거 등 그 죄를 증명할 수 있는 과학적인 증거가 있는 때에는 공소시효가 10년 연장되고, 14세 미만의 사람 및 신체적인 또는 정신적인 장애가 있는 사람에 대하여 강간의 죄를 범한 경우에는 공소시효를 적용하지 아니한다. (O|X)

2755 □□□□ 17·20 간부

13세 미만의 사람 및 신체적인 또는 정신적인 장애가 있는 사람에 대하여 강간죄를 범한 경우에는 공소시효가 10년 연장된다. (O|X)

2756 □□□□ 17 간부

미성년자에 대한 성폭력범죄의 공소시효는 해당 성폭력범죄로 피해를 당한 미성년자가 성년에 달한 날부터 진행한다. (O|X)

정답과 해설

2751. (X) 제2조 제3호 및 제4호의 죄와 제3조부터 제9조까지의 죄는 디엔에이(DNA)증거 등 그 죄를 증명할 수 있는 과학적인 증거가 있는 때에는 공소시효가 10년 연장된다. 그러므로 동법 제14조에 해당하는 **카메라등이용촬영죄**의 경우 디엔에이(DNA)증거 등 그 죄를 증명할 수 있는 과학적인 증거가 있는 때에도 **공소시효가 10년 연장되지 아니한다**(성폭력범죄의 처벌 등에 관한 특례법 제21조 제2항).

2752. (O) 동법 제21조 제3항

2753. (X) 13세 미만의 사람에 대하여 강간죄를 범한 경우에는 공소시효를 적용하지 아니한다(동법 제21조 제3항). **13세인 사람은 '13세 미만의' 사람이 아니므로** 그에 대하여 강간죄를 범한 경우 여전히 **공소시효를 적용**한다.

2754. (X) **13세 미만의 사람** 및 신체적인 또는 정신적인 장애가 있는 사람에 대하여 강간의 죄를 범한 경우에는 공소시효를 적용하지 아니한다(동법 제21조 제3항).

2755. (X) 13세 미만의 사람 및 신체적인 또는 정신적인 장애가 있는 사람에 대하여 강간죄를 범한 경우 **공소시효를 적용하지 아니한다**(동법 제21조 제3항).

2756. (O) 동법 제21조

2757 ☐☐☐☐ 20 채용, 17·19 승진, 20 간부

경찰청장은 각 경찰서장으로 하여금 성폭력범죄 전담 사법경찰관을 지정하도록 하여 특별한 사정이 없으면 이들로 하여금 피의자를 조사하게 하여야 한다. (O|X)

2758 ☐☐☐☐ 20 채용

수사기관은 성폭력범죄의 피해자를 조사할 때 피해자가 편안한 상태에서 진술할 수 있는 환경을 조성하여야 하며, 조사 횟수는 1회로 마쳐야 한다. (O|X)

2759 ☐☐☐☐ 20 채용, 17·19·25 승진, 17 간부

모든 성폭력 범죄피해자를 조사하는 경우에 진술내용과 조사과정을 영상녹화장치로 녹화(녹음이 포함된 것을 말함)하고, 그 영상녹화물을 보존하여야 한다. (O|X)

2760 ☐☐☐☐ 25 승진

사법경찰관은 영상녹화를 마쳤을 때에는 지체 없이 피해자 또는 변호사 앞에서 봉인하고 피해자로 하여금 기명날인 또는 서명하게 하여야 한다. (O|X)

2761 ☐☐☐☐ 25 승진

사법경찰관은 피해자가 녹화장소에 도착한 시각, 녹화를 시작하고 마친 시각, 그 밖에 녹화과정의 진행경과를 확인하기 위하여 필요한 사항을 조서 또는 별도의 서면에 기록한 후 수사기록에 편철하여야 한다. (O|X)

2762 ☐☐☐☐ 17·25 승진, 20 간부

19세미만피해자등의 진술이 영상녹화된 영상녹화물은 같은 조 제4항부터 제6항까지에서 정한 절차와 방식에 따라 영상녹화된 것으로서 증거보전기일, 공판준비기일 또는 공판기일에 그 내용에 대하여 피의자, 피고인 또는 변호인이 피해자를 신문할 수 있었던 경우(증거보전기일에서의 신문의 경우 법원이 피의자나 피고인의 방어권이 보장된 상태에서 피해자에 대한 반대신문이 충분히 이루어졌다고 인정하는 경우로 한정)에 증거로 하여야 한다. (O|X)

정답과 해설

2757. (X) 경찰청장은 각 경찰서장으로 하여금 성폭력범죄 전담 사법경찰관을 지정하도록 하여 특별한 사정이 없으면 이들로 하여금 **피해자**를 조사하게 하여야 한다(성폭력범죄의 처벌 등에 관한 특례법 제26조 제2항).

2758. (X) 수사기관과 법원은 성폭력범죄의 피해자를 조사하거나 심리·재판할 때 피해자가 편안한 상태에서 진술할 수 있는 환경을 조성하여야 하며, 조사 및 심리·재판 횟수는 **필요한 범위에서 최소한**으로 하여야 한다(동법 제29조 제2항).

2759. (X) 검사 또는 사법경찰관은 **19세미만피해자등(모든 성폭력 범죄피해자 X)**의 진술 내용과 조사 과정을 영상녹화장치로 녹화(녹음이 포함된 것을 말함)하고, 그 영상녹화물을 **보존하여야 한다(보존할 수 있다 X)**(동법 제30조 제1항).

2760. (O) 동법 제30조 제4항

2761. (O) 동법 제30조 제5항, 제6항

2762. (X) ~~피의자, 피고인 또는 변호인이 피해자를 신문할 수 있었던 경우(증거보전기일에서의 신문의 경우 법원이 피의자나 피고인의 방어권이 보장된 상태에서 피해자에 대한 반대신문이 충분히 이루어졌다고 인정하는 경우로 한정)에 **증거로 할 수 있다(하여야 한다 X)**(동법 제30조의2 제1항).

2763 ☐☐☐☐ 20 채용

수사기관은 「성폭력 범죄의 처벌 등에 관한 특례법」제3조부터 제8조까지, 제10조, 제14조, 제14조의2, 제14조의3, 제15조(제9조의 미수범은 제외한다) 및 제15조의2에 따른 범죄의 피해자 또는 19세미만피해자등을 조사하는 경우에 피해자 등이 신청할 때에는 조사에 지장을 줄 우려가 있는 등 부득이한 경우가 아니면 피해자와 신뢰관계에 있는 사람을 동석하게 하여야 한다. 이 경우 수사기관은 피해자와 신뢰관계에 있는 사람이 피해자에게 불리하거나 피해자가 원하지 아니하는 경우에는 동석하게 하여서는 아니 된다. O|X

2 신상정보 등록

2764 ☐☐☐☐ 25 승진

등록대상자는 등록대상 성범죄의 유죄판결이나 약식명령 또는 공개명령이 확정된 날부터 30일 이내에 성명, 주민등록번호, 주소 및 실제거주지, 직업 및 직장 등의 소재지, 연락처, 신체정보, 소유차량의 등록번호 등 기본신상정보를 자신의 주소지를 관할하는 경찰관서의 장에게 제출하여야 한다. O|X

2765 ☐☐☐☐ 25 승진

등록대상자는 제출한 기본신상정보가 변경된 경우에는 그 사유와 변경내용을 변경사유가 발생한 날부터 20일 이내에 자신의 주소지를 관할하는 경찰관서의 장에게 제출하여야 한다. O|X

2766 ☐☐☐☐ 25 승진

등록대상자는 최초 등록일부터 1년마다 주소지를 관할하는 경찰관서에 출석하여 경찰관서의 장으로 하여금 자신의 정면·좌측·우측 상반신 및 전신 컬러사진을 촬영하여 전자기록으로 저장·보관하도록 하여야 한다. O|X

2767 ☐☐☐☐ 25 승진

등록대상자에 대한 기본신상정보를 법무부장관에게 송달할 때에 관할경찰관서의 장은 등록대상자에 대한 「형의 실효 등에 관한 법률」에 따른 범죄경력자료를 함께 송달하여야 한다. O|X

2768 ☐☐☐☐ 18 채용, 20 간부

신상정보 등록대상자가 6개월 이상 국외에 체류하기 위하여 출국하는 경우에는 미리 관할경찰관서의 장에게 허가를 받아야 한다. O|X

정답과 해설

2763. (O) 성폭력범죄의 처벌 등에 관한 특례법 제34조 제1항, 제3항
2764. (O) 동법 제43조 제1항
2765. (O) 동법 제43조 제3항
2766. (X) 등록대상자는 제1항에 따라 기본신상정보를 제출한 경우에는 **그 다음 해부터 매년 12월 31일까지(최초 등록일부터 1년마다 X)** 주소지를 관할하는 경찰관서에 출석하여 경찰관서의 장으로 하여금 자신의 정면·좌측·우측 상반신 및 전신 컬러사진을 촬영하여 전자기록으로 저장·보관하도록 하여야 한다(동법 제43조 제4항).
2767. (O) 동법 제43조 제6항
2768. (X) 등록대상자가 6개월 이상 국외에 체류하기 위하여 출국하는 경우에는 미리 관할경찰관서의 장에게 체류국가 및 체류기간 등을 **신고하여야 한다**(동법 제43조의2 제1항).

2769 ☐☐☐☐ 18 채용

신상정보 등록의 원인이 된 성범죄로 형의 선고를 유예받은 사람이 선고유예를 받은 날부터 2년이 경과하여 「형법」 제60조에 따라 면소된 것으로 간주되면 신상정보 등록을 면제한다. (O|X)

2770 ☐☐☐☐ 18 채용

등록정보의 공개는 여성가족부장관이 집행하고, 법무부장관은 등록정보의 공개에 필요한 정보를 여성가족부장관에게 송부하여야 한다. (O|X)

2771 ☐☐☐☐ 18 채용

등록대상자의 신상정보의 등록·보존 및 관리 업무에 종사하거나 종사하였던 자는 직무상 알게 된 등록정보를 누설하여서는 아니 된다. (O|X)

정답과 해설

2769. (O) 동법 제45조의2 제1항
2770. (O) 동법 제47조 제2항·제3항
2771. (O) 동법 제48조

THEME 05 특정중대범죄 피의자 등 신상정보 공개에 관한 법률

2772 ☐☐☐☐ 24 채용
수사 및 재판 단계에서 신상정보의 공개에 대하여는 다른 법률의 규정이 있는 경우 그 법률에 따른다. (O│X)

2773 ☐☐☐☐ 24 채용, 25 간부
검사는 이 법상 신상정보 공개요건을 모두 갖춘 특정중대범죄사건의 피의자에 대하여 법원에 신상정보 공개를 청구할 수 있다. 다만, 피의자가 미성년자인 경우에는 제외한다. (O│X)

2774 ☐☐☐☐ 24 채용
검사와 사법경찰관은 이 법상 신상정보 공개를 결정할 때에는 범죄의 중대성, 범행 후 정황, 피해자 보호 필요성, 피해자(피해자가 사망한 경우 피해자의 유족을 포함한다)의 의사 등을 종합적으로 고려하여야 한다. (O│X)

2775 ☐☐☐☐ 25 간부
신상정보를 공개하는 피의자의 얼굴은 특별한 사정이 없으면 공개 결정일 전후 30일 이내의 모습으로 한다. 이 경우 검사와 사법경찰관은 다른 법령에 따라 적법하게 수집·보관하고 있는 사진, 영상물 등이 있는 때에는 이를 활용하여 공개할 수 있다. (O│X)

2776 ☐☐☐☐ 25 간부
검사와 사법경찰관은 피의자의 얼굴을 공개하기 위하여 필요한 경우 피의자를 식별할 수 있도록 피의자의 얼굴을 촬영할 수 있다. 이 경우 신상정보공개심의위원회에서 피의자의 의견을 청취해야 한다. (O│X)

2777 ☐☐☐☐ 25 간부
검사와 사법경찰관은 피의자에게 신상정보 공개를 통지한 날부터 5일 이상의 유예기간을 두고 신상정보를 공개하여야 한다. 다만, 피의자가 신상정보 공개 결정에 대하여 서면으로 이의 없음을 표시한 때에는 유예기간을 두지 아니할 수 있다. (O│X)

2778 ☐☐☐☐ 24 채용
법무부장관은 이 법상 신상정보 공개 여부에 관한 사항을 심의하기 위하여 신상정보공개심의위원회를 둘 수 있다. (O│X)

정답과 해설

2772. (X) 수사 및 재판 단계에서 신상정보의 공개에 대하여는 다른 법률의 규정에도 불구하고 **이 법을 우선 적용**한다(특정중대범죄 피의자 등 신상정보 공개에 관한 법률 제3조).

2773. (X) **검사와 사법경찰관**은 신상정보 공개요건을 모두 갖춘 특정중대범죄사건의 **피의자**의 얼굴, 성명 및 나이(이하 "신상정보"라 한다)를 **공개할 수 있다(법원에 청구할 수 있다 X)**. 다만, **피의자**가 미성년자인 경우에는 공개하지 **아니한다(아니할 수 있다 X)**(동법 제4조 제1항).

2774. (O) 동법 제4조 제2항

2775. (O) 동법 제4조 제4항

2776. (X) 검사와 사법경찰관은 제1항에 따라 피의자의 얼굴을 공개하기 위하여 필요한 경우 피의자를 식별할 수 있도록 피의자의 얼굴을 촬영할 수 있다. 이 경우 **피의자는 이에 따라야 한다**(동법 제4조 제5항).

2777. (O) 동법 제4조 제7항

2778. (X) **검찰총장 및 경찰청장(법무부장관 X)**은 신상정보 공개 여부에 관한 사항을 심의하기 위하여 신상정보공개심의위원회를 둘 수 있다(동법 제8조 제1항).

범죄피해자 보호법 _A급

2779 □□□□ 23 경채
범죄피해자는 범죄피해 상황에서 빨리 벗어나 인간의 존엄성을 보장받을 권리가 있다. [O|X]

2780 □□□□ 22·25 채용
'범죄피해자'란 타인의 범죄행위로 피해를 당한 사람과 그 배우자, 직계친족 및 형제자매를 말한다. 다만, 배우자의 경우 사실상의 혼인관계는 제외한다. [O|X]

2781 □□□□ 22 경채
"범죄피해자 보호·지원"이란 복지 증진을 제외한 범죄피해자의 손실 복구, 정당한 권리 행사에 기여하는 행위를 말한다. 다만, 수사·변호 또는 재판에 부당한 영향을 미치는 행위는 포함되지 아니한다. [O|X]

2782 □□□□ 23 경채
범죄피해 방지 및 범죄피해자 구조 활동으로 피해를 당한 사람도 범죄피해자로 본다. [O|X]

2783 □□□□ 23 경채
국민은 범죄피해자의 명예와 사생활의 평온을 해치지 아니하도록 유의하여야 하고, 국가 및 지방자치단체가 실시하는 범죄피해자를 위한 정책의 수립과 추진에 최대한 협력하여야 한다. [O|X]

2784 □□□□ 22 채용
국가는 범죄피해자가 해당 사건과 관련하여 수사담당자와 상담하거나 재판절차에 참여하여 진술하는 등 형사절차상의 권리를 행사할 수 있도록 보장하여야 한다. [O|X]

2785 □□□□ 22 채용
국가는 범죄피해자가 요청하면 가해자에 대한 수사결과, 공판기일, 재판 결과, 형 집행 및 보호관찰 집행 상황 등 형사 절차 관련 정보를 대통령령으로 정하는 바에 따라 제공할 수 있다. [O|X]

정답과 해설

2779. (O) 범죄피해자 보호법 제2조 제1항
2780. (X) "범죄피해자"란 타인의 범죄행위로 피해를 당한 사람과 그 배우자(사실상의 혼인관계를 **포함**한다), 직계친족 및 형제자매를 말한다(동법 제3조 제1항 제1호).
2781. (X) "범죄피해자 보호·지원"이란 범죄피해자의 손실 복구, 정당한 권리 행사 및 **복지 증진에 기여**(복지 증진을 제외 X)하는 행위를 말한다. 다만, 수사 변호 또는 재판에 부당한 영향을 미치는 행위는 포함되지 아니한다(동법 제3조 제1항 제2호).
2782. (O) 제1항 제1호(범죄피해자)에 해당하는 사람 외에 범죄피해 방지 및 범죄피해자 구조 활동으로 피해를 당한 사람도 범죄피해자로 본다(동법 제3조 제2항).
2783. (O) 동법 제6조
2784. (O) 동법 제8조 제1항
2785. (O) 동법 제8조 제2항

2786 ☐☐☐☐ 22 채용

국가 및 지방자치단체는 범죄피해자가 형사소송절차에서 한 진술이나 증언과 관련하여 보복을 당할 우려가 있는 등 범죄피해자를 보호할 필요가 있을 경우에는 적절한 조치를 마련하여야 한다. (O|X)

2786-1 ☐☐☐☐ 25 채용

구조금은 유족구조금·장해구조금 및 중상해구조금으로 구분한다. (O|X)

2786-2 ☐☐☐☐ 25 채용

범죄행위 당시 구조피해자와 가해자 사이가 4촌 이내의 친족인 경우에는 구조금을 지급하지 아니한다. (O|X)

2786-3 ☐☐☐☐ 25 채용

구조피해자가 과도한 폭행·협박 또는 중대한 모욕 등 해당 범죄행위를 유발하는 행위를 한 때에는 구조금의 일부를 지급하지 아니한다. (O|X)

2787 ☐☐☐☐ 22 경채

국가는 구조피해자나 유족이 해당 구조대상 범죄피해를 원인으로 하여 손해배상을 받았으면 그 범위에서 구조금을 지급하지 아니한다. (O|X)

2788 ☐☐☐☐ 22 경채

범죄피해자 보호법은 구조피해자 또는 그 유족이 외국인인 때에는 해당 국가의 상호 보증이 있는 경우에만 적용한다. (O|X)

2789 ☐☐☐☐ 22 경채

구조금을 받으려는 사람은 법무부령으로 정하는 바에 따라 그 주소지, 거주지 또는 범죄 발생지를 관할하는 지구심의회에 신청하여야 한다. (O|X)

2790 ☐☐☐☐ 23 경채

구조금을 받을 권리는 그 구조결정이 해당 신청인에게 발송된 날부터 1년간 행사하지 아니하면 시효로 인하여 소멸된다. (O|X)

정답과 해설

2786. (O) 범죄피해자 보호법 제9조 제2항
2786-1. (O) 동법 제17조 제1항
2786-2. (O) 동법 제19조 제1항 제3호
2786-3. (X) 구조피해자가 **과도한** 폭행·협박 또는 **중대한** 모욕 등 해당 범죄행위를 유발하는 행위를 한 때에는 **구조금(구조금의 일부 X)**을 지급하지 아니한다(동법 제19조 제3항 제2호).
2787. (O) 동법 제21조 제1항
2788. (O) 동법 제23조
2789. (O) 동법 제25조 제1항
2790. (X) 구조금을 받을 권리는 그 구조결정이 해당 신청인에게 **송달된 날부터(발송된 날부터 X) 2년(1년 X)**간 행사하지 아니하면 시효로 인하여 소멸된다(동법 제31조).

THEME 07 마약류사범 수사 _S급

1 마약류의 분류

2791 □□□□ 17·23 승진, 21 경채
「마약류관리에 관한 법률」상 규제하는 대마에 대마초의 종자(種子)·뿌리 및 성숙한 대마초의 줄기와 그 제품도 포함된다. (O|X)

2792 □□□□ 17 승진
대마란 대마초와 그 수지 및 대마초 또는 그 수지를 원료로 하여 제조된 일체의 제품을 말한다. (O|X)

2793 □□□□ 19 채용
마약이라 함은 양귀비, 아편, 대마와 이로부터 추출되는 모든 알칼로이드로서 대통령령으로 정하는 것을 말한다. (O|X)

2794 □□□□ 24 승진
마약류 매매 여부가 쟁점이 된 사건에서 매도인으로 지목된 피고인이 수수사실을 부인하고 있고 이를 뒷받침할 금융자료 등 객관적 물증이 없는 경우, 마약류를 매수하였다는 사람의 진술만으로 유죄를 인정하기 위해서는 그 사람의 진술이 증거능력이 있어야 함은 물론 합리적인 의심을 배제할 만한 신빙성이 있어야 한다. (O|X)

2795 □□□□ 19 채용
한외마약은 코데날, 코데잘, 코데솔, 코데인, 유코데, 세코날 등이 있다. (O|X)

2796 □□□□ 19 채용
코카인은 「마약류 관리에 관한 법률」에서 규제하는 향정신성의약품에 해당한다. (O|X)

2797 □□□□ 14·20 승진, 19 채용
반합성마약이란 일반약품에 마약성분을 미세하게 혼합한 약물로 신체적·정신적 의존성을 일으킬 염려가 없어 감기약 등으로 판매되는 합법의약품이다. (O|X)

2798 □□□□ 20 승진
마약의 분류 중 합성 마약으로는 헤로인, 옥시코돈, 하이드로폰 등이 있다. (O|X)

정답과 해설

2791. (X) '대마'에는 대마초의 종자(種子)·뿌리 및 성숙한 대마초의 줄기와 그 제품은 **제외**한다(마약류관리에 관한 법률 제2조 제4호).
2792. (O) 동법 제2조 제4호
2793. (X) "마약"이란 양귀비, 아편, **코카 잎[엽](대마 X)** 그리고 이들로부터 추출되는 모든 알카로이드 및 그와 동일한 화학적 합성품으로서 대통령령으로 정하는 것 등을 말한다(동법 제2조 제2호).
2794. (O) 대법원 2014. 4. 10. 2014도1779
2795. (X) 코데날, 코데잘, 코데솔, 유코데, 세코날은 한외마약이지만, **코데인**은 **천연마약**이다.
2796. (X) **코카인**은 **마약**에 해당한다(동법 시행령 제2조 제1항 [별표 1]).
2797. (X) 지문은 **한외마약**에 대한 설명이다.
2798. (X) 헤로인, 옥시코돈, 하이드로폰 등은 **반합성마약**이다.

2 향정신성의약품

2799 ☐☐☐☐ 24 채용, 14 승진, 14 간부
LSD는 각성제 중 가장 강력한 효과를 나타내며 캡슐, 정제, 액체 형태로 사용된다. ⓞⓧ

2800 ☐☐☐☐ 24 채용
LSD는 미량을 우편, 종이 등의 표면에 묻혔다가 뜯어서 입에 넣는 방법으로 복용하기도 한다. ⓞⓧ

2801 ☐☐☐☐ 19·23·24 채용, 26 간부
LSD는 곡물의 곰팡이, 보리 맥각에서 추출·합성한 무색·무취·무미의 매우 강력한 환각제로 동공확대, 심박동 및 혈압상승, 수전증, 오한 등의 증상을 나타낸다. 내성이나 심리적 의존성이 있지만 금단현상은 일으키지 않는다고 알려져 있다. ⓞⓧ

2802 ☐☐☐☐ 18 승진, 21 경채
엑스터시는 1914년경 독일에서 식욕 감퇴제로 개발되었다. ⓞⓧ

2803 ☐☐☐☐ 18 승진
엑스터시는 강한 중추신경 억제성 진해작용이 있어 코데인 대용으로 널리 시판된다. ⓞⓧ

2804 ☐☐☐☐ 18 승진
엑스터시는 기분이 좋아지는 약, 포옹마약(Hug Drug), 클럽마약, 도리도리 등으로 지칭된다. ⓞⓧ

2805 ☐☐☐☐ 18 승진
엑스터시는 '정글쥬스'라고도 하며 청소년들 사이에서 소주에 타서 마시기도 한다. ⓞⓧ

2806 ☐☐☐☐ 18 승진
엑스터시 복용자는 테크노·라이브·파티장 등에서 막대사탕을 물고 있거나 물을 자주 마시는 등의 행위를 한다. ⓞⓧ

2807 ☐☐☐☐ 18 승진, 14 간부, 21 경채
야바(YABA)는 카페인, 에페드린, 밀가루 등에 필로폰을 혼합한 것으로 순도가 높으며, 원료가 화공약품이기 때문에 보다 안정적인 밀조가 가능하다. ⓞⓧ

정답과 해설

2799. (X) LSD는 **환각제** 중 가장 강력한 효과를 나타내며 캡슐, 정제, 액체 형태로 사용된다.
2800. (O)
2801. (O)   2802. (O)
2803. (X) **덱스트로메트로판(일명 러미라)** 에 대한 설명이다.
2804. (O)
2805. (X) **덱스트로메트로판(일명 러미라)** 에 대한 설명이다.
2806. (O)
2807. (X) 야바(YABA)는 카페인·에페드린·밀가루 등에 필로폰을 혼합한 것으로 **순도가** 20~30% 정도로 **낮다**.

2808 ☐☐☐☐ 19 채용, 18 승진, 14 간부

GHB는 무색 무취의 짠맛이 나는 액체로 소다수 등 음료에 타서 복용하며, 근육강화 호르몬 분비효과가 있다. (O|X)

2809 ☐☐☐☐ 24 채용, 20 승진

GHB는 무색 무취의 짠맛이 나는 액체로 소다수 등의 음료에 타서 복용하며, 특히 미국, 유럽 등지에서 성범죄용으로 악용되어 '정글 주스'라고도 불린다. (O|X)

2810 ☐☐☐☐ 20 채용, 24 승진

GHB는 무색, 무취, 무미의 액체로 소다수 등 음료수에 타서 복용하여 '물 같은 히로뽕'이라는 뜻으로 일명 물뽕으로 불리고 있다. (O|X)

2811 ☐☐☐☐ 14 승진

성범죄용으로 악용되어 '데이트 강간약물'이라고도 불리는 것은 GHB를 말한다. (O|X)

2812 ☐☐☐☐ 14 승진

러미라는 금단증상으로 온몸이 뻣뻣해지고 뒤틀리며 혀 꼬부라지는 소리 등을 하게 한다. (O|X)

2813 ☐☐☐☐ 20 채용, 20 승진

향정신성의약품 중 덱스트로메트로판은 강한 중추신경 억제성 진해작용이 있으며 의존성과 독성이 강하다. (O|X)

2814 ☐☐☐☐ 14 간부

덱스트로메트로판은 강한 중추신경 억제성 진해작용이 있으나, 의존성과 독성은 없어 코데인 대용으로 널리 사용된다. (O|X)

2815 ☐☐☐☐ 20·23 채용, 14 간부

카리소프로돌(일명 S정)은 골격근 이완의 효과가 있는 근골격계 질환 치료제로서 과다복용 시 인사불성, 혼수쇼크, 호흡저하, 사망에까지 이르게 할 수 있다. (O|X)

정답과 해설

2808. (O)
2809. (X) GHB는 미국, 유럽 등지에서 성범죄용으로 악용되어 '**데이트 강간 약물**'이라고도 불리는데, 무색 무취로써 짠맛이 나는 액체로 소다수 등의 음료에 타서 복용하며 '물같은 히로뽕'이라는 뜻에서 '**물뽕**'이라고도 한다. '**정글쥬스**'라고도 불리는 것은 **덱스트로메트로판(러미라)**이다.
2810. (X) GHB는 무색 무취로써 **짠맛**이 나는 액체로 소다수 등의 음료에 타서 복용하며 '물같은 히로뽕'이라는 뜻에서 '물뽕'이라고도 한다.
2811. (O)
2812. (X) **카리소프로돌(S정)**은 금단증상으로 온몸이 뻣뻣해지고 뒤틀리며 혀 꼬부라지는 소리 등을 하게 한다.
2813. (X) 향정신성의약품 중 덱스트로메트로판은 강한 중추신경 억제성 진해작용이 있으나 **의존성과 독성은 없어** 코데인 대용으로 널리 시판된다.
2814. (O)   **2815.** (O)

2816 ☐☐☐☐ 24 채용, 18 승진

카리소프로돌(일명 S정)은 내성이나 심리적 의존현상은 있지만 금단증상은 일으키지 않는다고 알려져 있으며, 일부 남용자들은 '플래시백 현상'을 일으키기도 한다. (O|X)

2817 ☐☐☐☐ 23·24 채용, 17 승진

진해거담제로 의사의 처방전이 있으면 약국에서 구입 가능하고, 강한 중추신경 억제성 진해작용이 있어 코데인 대용으로 널리 시판되는 것은 카리소프로돌(일명 S정)이다. (O|X)

2818 ☐☐☐☐ 23 채용, 17·24 승진, 21 경채

페놀계 화합물로 흔히 수면마취제라고 불리는 정맥마취제로서 수면 내시경 등에 사용되며, 환각제 대용으로 오남용 되는 사례가 있으며, 정신적 의존성 즉 중독증상을 유발하기도 하여 향정신성의약품으로 지정되어 관리되고 있는 것은 메스암페타민(필로폰)이다. (O|X)

2819 ☐☐☐☐ 20 채용, 18 승진, 14 간부, 21 경채

사일로시빈은 미국의 텍사스나 멕시코 북부지역에서 자생하는 선인장인 페이요트(Peyote)에서 추출·합성한 향정신성의약품이다. (O|X)

2820 ☐☐☐☐ 25 승진

「마약류 관리에 관한 법률」 제2조 제3호 라목에 해당하는 향정신성의약품으로 알약의 모양이 나비모양처럼 생겼다고 하여, 일명 '나비약'이라고 불리는 마약성 식욕억제제의 성분이며, 중추신경을 흥분시켜서 식욕을 사라지게 하여 체중감량의 효과가 있고 다량을 복용하거나 장기 복용하면 환청, 환각, 망상, 중독 등의 부작용이 있는 것은 옥시코돈(Oxycodone)이다. (O|X)

정답과 해설

2816. (X) 카리소프로돌(일명 S정)은 **중추신경에 작용하여 골격근 이완의 효과**가 있으며, 과다사용시 치명적으로 **인사불성, 혼수쇼크, 호흡저하**를 가져오며 사망에까지 이를 수 있다. **내성이나 심리적 의존현상과 플래시백 현상**을 일으키는 것은 **LSD**이다.

2817. (X) 진해거담제로 의사의 처방전이 있으면 약국에서 구입 가능하고, 강한 중추신경 억제성 진해작용이 있어 코데인 대용으로 널리 시판되는 것은 **덱스트로메트로판(일명 러미라)**이다.

2818. (X) 페놀계 화합물로 흔히 수면마취제라고 불리는 정맥마취제로서 수면 내시경 등에 사용되며, 환각제 대용으로 오남용 되는 사례가 있는 것은 **프로포폴(propofol)**이다.

2819. (X) 사일로시빈은 남아메리카, 멕시코, 미국의 열대와 아열대 지역에서 나는 버섯으로부터 얻어지는 향정신성의약품이다. 미국의 텍사스나 멕시코 북부지역에서 자생하는 선인장인 페이요트(peyote)에서 추출·합성한 향정신성의약품은 **메스칼린**이다.

2820. (X) **펜터민(Phentermine)**에 대한 설명이다.

CHAPTER 03

경비경찰

THEME 01 경비경찰 대상·특징 _B급

1 경비경찰의 특징

2821 □□□□ 19·24 승진

경비경찰의 복합기능적 활동은 경비사태가 발생한 후의 진압뿐만 아니라 특정한 사태가 발생하기 전의 경계·예방 역할을 수행한다. (O|X)

2822 □□□□ 21·24 승진

경비경찰은 다중범죄, 테러, 경호상 위해나 경찰작전상황 등이 발생하였을 경우 즉시 출동하여 신속하게 조기진압해야 하는 복합기능적인 활동이라는 특징을 갖는다. (O|X)

2823 □□□□ 19·24 승진, 16·23 간부

경비경찰의 현상유지적 활동이란 경비활동은 기본적으로 현재의 질서상태를 보존하는 것에 가치를 둔다고 할 수 있다. 따라서, 동태적·적극적 질서유지가 아닌 새로운 변화와 발전을 보장하기 위한 정태적·소극적 의미의 유지작용이다. (O|X)

2824 □□□□ 19 승진, 16 간부

경비경찰의 즉시적(즉응적) 활동이란 경비상황은 국가적으로나 사회적으로 중대한 영향을 미치므로 신속한 처리가 요구된다. 따라서 경비사태에 대한 기한을 정하여 진압할 수 없으며 즉시 출동하여 신속하게 조기에 제압하는 것을 의미한다. (O|X)

2825 □□□□ 21 승진, 23 간부

경비경찰은 지휘관의 하향적 명령에 의한 활동으로 부대원의 재량은 상대적으로 적고, 활동 결과에 대한 책임은 지휘관이 지는 경우가 많다는 특징을 갖는다. (O|X)

2826 □□□□ 19 승진, 16 간부

경비경찰의 하향적 명령에 의한 활동은 긴급하고 신속한 경비업무의 효율적인 처리를 위하여 지휘관을 한 사람만 두어야 한다는 의미로 폭동의 진압과 같은 긴급한 상황에서는 지휘관의 신속한 결단과 명확한 지침이 필요하다. (O|X)

정답과 해설

2821. (O)
2822. (X) 경비사태에 대하여 기한을 정하여 진압할 수 없으며 즉시 출동하여 신속하게 조기제압을 해야 하는 것은 **즉시적(즉응적)활동**이다.
2823. (X) 경비활동은 기본적으로 현재의 질서상태를 유지하는 것에 가치를 두지만, 이러한 질서유지활동은 **정태적·소극적인 유지**가 아니라 새로운 변화와 발전을 보장하기 위한 **동태적·적극적인 유지**이다.
2824. (O) 2825. (O)
2826. (X) 하향적 명령에 의한 활동이란 경비경찰은 지휘관의 하향적 명령에 의한 활동으로 부대원의 재량은 상대적으로 적고, 활동 결과에 대한 책임은 지휘관이 지는 경우가 많다는 것을 의미한다. 긴급하고 신속한 경비업무의 효율적인 처리를 위하여 지휘관을 한 사람만 두어야 한다는 것은 경비경찰의 조직운영의 원리 중의 하나인 **'지휘관 단일의 원칙'**을 말한다.

2 경비경찰의 한계

2827 □□□□ 17 승진

'법규상의 한계'란 경비경찰권의 행사는 반드시 법적인 근거를 요하는 것을 말한다. (O│X)

2828 □□□□ 17 승진

'경찰평등의 원칙'이란 경찰권 발동에 있어서 상대방의 성별, 종교, 사회적 신분, 인종 등을 이유로 불합리한 차별을 해서는 안 된다는 것이다. (O│X)

2829 □□□□ 17 승진, 15 간부

'경찰소극목적의 원칙'이란 경찰목적의 소극성이라고도 하며, 이는 경찰목적에 따른 한계로서 경찰권은 사회공공의 질서유지를 위해서만 발동한다는 것이다. (O│X)

2830 □□□□ 17 승진, 15 간부

'경찰책임의 원칙'이란 경찰책임은 민·형사상의 책임에 있어서와 같은 고의·과실을 요건으로 하고, 경찰상 장해의 발생에 관하여 책임 있는 자에 대하여만 행하여진다는 것이다. (O│X)

2831 □□□□ 15 간부

경찰비례의 원칙은 공공의 안녕·질서에 대한 경미한 장애를 제거하기 위하여 중대한 개인의 권리를 제한하는 것은 허용되지 않는다는 것을 말한다. 경찰권 발동의 정도는 최소한의 정도에 그쳐야 한다. (O│X)

정답과 해설

2827. (O)   2828. (O)   2829. (O)
2830. (X) 경찰책임은 그의 생활범위 내에서 사실상 사회공공의 안녕·질서에 대한 위해가 발생한 경우에 성립되는 것으로 그 위해의 발생에 대한 고의·과실, 위법성의 유무, 위험에 대한 인식여부 등을 묻지 않는다.
2831. (O)

THEME 02 경비경찰의 조직 및 수단 _A급

 1 조직운영의 원리

2832 ☐☐☐☐ 19·23 승진
부대단위활동의 원칙은 부대를 관리하기 위한 지휘권과 장비가 편성되고 임무수행을 위한 보급지원체계를 갖추고 있어야 하며, 주로 하명에 의하여 임무가 이루어지는 것이다. (O│X)

2833 ☐☐☐☐ 13 간부
부대단위로 활동을 할 때에 반드시 지휘관이 있어야 하는 것은 아니다. (O│X)

2834 ☐☐☐☐ 19·23 승진
치안협력성의 원칙은 업무수행과정에서 국민의 신뢰를 바탕으로 국민과 협력을 이루어야 하고 국민이 스스로 협조해 줄 때 효과적으로 목적달성이 가능하다는 것이다. (O│X)

2835 ☐☐☐☐ 13 간부
치안협력성의 원칙은 업무수행의 신속성과는 관련이 적다. (O│X)

2836 ☐☐☐☐ 19 승진
체계통일성의 원칙은 상하계급 간 일정한 관계가 형성되고 책임과 임무의 분담이 명확히 이루어지고 명령과 복종의 체계가 통일되어야 한다는 것으로 경찰조직 간 체계가 확립되어야만 타 기관과도 상호응원이 가능하게 되는 것이다. (O│X)

2837 ☐☐☐☐ 13 간부
임무를 중복 부여하여 최악의 경우를 대비하는 것은 경비경찰의 조직운영에 관련된 원칙이다. (O│X)

2838 ☐☐☐☐ 13 간부
지시는 한 사람에 의해서 행해져야 하고, 보고도 한 사람을 통해서 이루어져야 하는 것은 경비경찰의 조직운영에 관련된 원칙이다. (O│X)

정답과 해설

2832. (O)
2833. (X) 부대단위로 활동을 할 때에 **반드시 지휘관이 있어야 한다**.
2834. (O)
2835. (O) 업무수행의 신속성과 관련이 깊은 것은 지휘관단일성의 원칙이다.
2836. (O)
2837. (X) '임무를 중복 부여하여 최악의 경우를 대비한다'는 것은 **체계통일성의 원칙에 반한다**. 즉, 책임과 임무의 분담이 명확히 이루어지고 명령과 복종의 체계가 통일되기 위해서는 임무의 중복이 없어야 한다.
2838. (O) 지휘관 단일성의 원칙에 대한 설명이다.

2839 ☐☐☐☐ 19 승진

지휘관 단일성의 원칙은 긴급하고 신속한 경비업무의 효율적인 처리를 위하여 지휘관을 한 사람만 두어야 한다는 의미로 부대활동의 성패는 지휘관에 의하여 좌우되는 것이다. (O|X)

2840 ☐☐☐☐ 23 승진

체계통일성의 원칙은 경비업무를 효과적으로 수행하기 위해 복수의 지휘관을 두어야 한다. (O|X)

2841 ☐☐☐☐ 13 간부

의사결정은 신속하고 효과적인 절차를 위해 결정과정을 단일화해야 하는 것은 경비경찰의 조직운영에 관련된 원칙이다. (O|X)

2842 ☐☐☐☐ 13 간부

주민의 협력을 받아 효과적으로 목적을 달성하는 것은 경비경찰의 조직운영에 관련된 원칙이다. (O|X)

2 경비경찰의 수단

2-1 경비수단의 원칙

2843 ☐☐☐☐ 18·19·23 승진, 15 간부

경비수단의 원칙 중 '균형의 원칙'은 상황에 따라 주력부대와 예비대를 적절하게 활용하여 한정된 경력으로 최대의 성과를 거양하는 것이다. (O|X)

2844 ☐☐☐☐ 21 승진

경비수단의 원칙 중 '균형의 원칙'은 작전시의 변수의 발생은 사회적으로 큰 파장을 미칠 수 있으므로 경찰병력이나 군중들을 사고 없이 안전하게 진압하여야 한다는 원칙이다. (O|X)

2845 ☐☐☐☐ 21 승진, 23 간부

경비수단의 원칙 중 '위치의 원칙'은 상대방의 저항력이 가장 허약한 시점을 포착하여 집중적이고 강력한 실력행사를 하여야 한다는 원칙이다. (O|X)

정답과 해설

2839. (X) 부대활동의 성패는 지휘관에 의하여 좌우된다는 것은 **부대단위활동의 원칙**과 관련이 깊다.
2840. (X) 경비업무를 효과적으로 수행하기 위해 **복수의 지휘관을 두는 것은 지휘관 단일성의 원칙에 반한다.** 즉, 긴급하고 신속한 경비업무의 효율적인 처리를 위하여 지휘관을 한 사람만 두어야 한다(지휘관 단일성의 원칙).
2841. (X) **지휘관 단일성의 원칙**은 의사결정은 다수에 의하여 신중히 검토한 후에 가장 효과적·합리적으로 결정하되 그 집행에 있어서는 한 사람의 지휘관에 의하여 움직여야 하므로 **의사결정과정에서까지 단일해야 한다는 의미는 아니다.**
2842. (O) 경비경찰의 조직운영에 관련된 원칙 중 **치안협력성의 원칙**에 대한 설명이다.
2843. (O)
2844. (X) '**안전의 원칙**'에 대한 설명이다.
2845. (X) '**적시의 원칙**'에 대한 설명이다. '위치의 원칙'은 실력행사 할 때 상대하는 군중보다 유리한 지점과 위치를 확보하여 작전수행이나 진압을 용이하게 하는 것이다.

2846 ☐☐☐☐ 18·23 승진, 15 간부

'위치의 원칙'이란 실력행사 시 상대하는 군중보다 유리한 지점과 위치를 확보하여 작전수행이나 진압을 용이하게 하는 것으로 한정된 경력으로 최대의 성과를 거양하는 원칙을 말한다. (O│X)

2847 ☐☐☐☐ 17·18 승진, 15 간부

'적시의 원칙'이란 가장 적절한 시기에 실력행사를 하는 것으로 상대의 허약한 시점을 포착하여 실력행사를 하는 원칙을 말한다. (O│X)

2848 ☐☐☐☐ 18·23 승진, 15 간부

'안전의 원칙'이란 작전 때의 변수발생은 사회적으로 큰 파장을 미칠 수 있으므로 사고 없는 안전한 진압을 실시해야 한다는 원칙을 말한다. (O│X)

2-2 경비수단의 종류

2849 ☐☐☐☐ 19 승진

경비수단의 종류 중 제지는 행정상 강제집행에 해당하고 의무의 불이행을 전제로 하는 행정상 즉시강제와 구별된다. (O│X)

2850 ☐☐☐☐ 19·21 승진, 14·23 간부

직접적 실력행사인 '제지'와 '체포'는 경비사태를 예방·진압하거나 상대방의 신체를 구속하는 강제처분으로서 모두 「경찰관 직무집행법」 제6조에 근거를 두고 있다. (O│X)

2851 ☐☐☐☐ 17·19·23 승진, 14 간부

경고와 제지는 간접적 실력행사로서 「경찰관 직무직행법」에 근거를 두고 있다. (O│X)

정답과 해설

2846. (X) '위치의 원칙'이란 유리한 지형·지물·위치 등을 확보하여 작전수행이나 진압을 하여야 한다는 원칙을 말한다. 한정된 경력으로 최대의 성과를 거양하는 원칙은 **균형의 원칙**이다.

2847. (O)

2848. (O)

2849. (X) 경비수단의 종류 중 제지는 행정상 **즉시강제(강제집행 X)** 에 해당하고 의무의 불이행을 전제로 하는 행정상 **강제집행(즉시강제 X)** 와 구별된다.

2850. (X) **경고는 「경찰관 직무집행법」 제5조**, 제지는 「경찰관 직무집행법」 제6조에 근거를 두고 있고, **체포는 「형사소송법」 제212조**에 근거를 두고 있다.

2851. (X) 경고는 사실상 통지행위로 **간접적(직접적 X)** 실력행사에 해당하는 임의처분이고, **제지와 체포는 직접적(간접적 X)** 실력행사에 해당된다.

2852 ☐☐☐☐ 21 승진

경비부대를 전면에 배치 또는 진출시켜 위력을 과시하거나 경고하여 범죄실행의 의사를 자발적으로 포기하도록 하는 '경고'는 「경찰관 직무집행법」 제5조에 근거를 두고 있다. (O│X)

2853 ☐☐☐☐ 14 간부

제지는 세력분산·통제파괴·주동자 및 주모자 격리 등을 실시하는 행위이다. (O│X)

2854 ☐☐☐☐ 17 승진

실력의 행사는 반드시 경고, 제지, 체포의 순서로 행사되어야 한다. (O│X)

정답과 해설

2852. (O)   2853. (O)
2854. (X) 실력행사에는 **정해진 순서는 없으며** 주어진 경비상황이 경비수단의 행사요건에 해당되는지 여부에 따라서 적절히 행사하면 되는 것이다.

THEME 03 행사안전경비(혼잡경비) _B급

1 의의

2855 ☐☐☐☐ 18 간부
행사안전경비는 공연, 경기대회 등 미조직된 군중에 의하여 발생되는 자연적인 혼란상태를 사전에 예방·경계·진압하는 경비경찰활동으로 개인이나 단체의 불법행위를 전제로 한다. (O|X)

2856 ☐☐☐☐ 17·19 승진, 14 간부
행사안전경비는 대규모의 공연, 기념행사, 경기대회, 제례의식 등 기타 각종 행사를 위해 모인 조직화된 군중에 의하여 발생하는 자연적인 혼란상태를 사전에 예방하거나 경계하고, 위험한 사태가 발생한 경우에 신속히 조치하여 확대되는 것을 방지하는 경비경찰활동을 말한다. (O|X)

2857 ☐☐☐☐ 14 채용
열린 음악회에 인기 아이돌 가수들이 대거 출연하여 많은 관객들이 입장할 것으로 예상된다. 안전사고 등을 미연에 방지하고자 하는 경비유형으로 가장 적절한 것은 혼잡경비이다. (O|X)

2 부대의 편성과 배치

2858 ☐☐☐☐ 18 승진
경력배치는 항상 군중이 집결되기 전부터 사전배치함을 원칙으로 하고, 경력은 단계별로 탄력적으로 운영한다. (O|X)

2859 ☐☐☐☐ 18 승진
예비대의 운용여부 판단은 주최측과 협조하여 실시한다. (O|X)

정답과 해설

2855. (X) 행사안전경비는 미조직된 군중에 의하여 발생되는 자연적인 혼란상태를 사전에 예방·경계·진압하는 경비경찰활동으로 특별히 개인이나 단체의 **불법행위를 전제로 하지 않는다**.

2856. (X) 행사안전경비(혼잡경비)라 함은 대규모의 공연, 기념행사, 경기대회, 제례의식, 기타 각종 행사를 위해 모인 **미조직된 군중에 의하여** 발생되는 자연적인 혼란상태를 사전에 예방하거나 경계하고, 위험한 사태가 발생한 경우에는 신속히 조치하여 확대되는 것을 방지하는 경비경찰활동을 말한다.

2857. (O) 혼잡경비란 대규모의 공연, 기념행사, 경기대회, 제례의식, 기타 각종 행사를 위해 모인 미조직된 군중에 의하여 발생되는 자연적인 혼란상태를 사전에 예방하거나 경계하고, 위험한 사태가 발생한 경우에는 신속히 조치하여 확대되는 것을 방지하는 경비경찰활동이다.

2858. (O)

2859. (X) 예비대의 운용여부 판단은 **경찰판단하에 실시**할 사항이며, 주최 측과 협조할 사항은 행사진행 과정 파악, 경비원 활용 권고, 자율적 질서유지 등이 있다.

2860 ☐☐☐☐ 18·19 승진

예비대가 관중석에 배치될 경우 관중이 잘 보이도록 행사장 앞쪽에 배치하는 것이 효과적이다. (O|X)

3 군중정리의 원칙

2861 ☐☐☐☐ 14 간부

군중정리의 원칙에는 밀도의 희박화, 이동의 일정화, 경쟁적 사태의 해소, 지시의 철저가 있다. (O|X)

2862 ☐☐☐☐ 15 채용, 18·19 승진

이동의 일정화 – 대규모 군중이 모이는 장소는 사전에 블록화한다. (O|X)

2863 ☐☐☐☐ 22 채용, 17 승진, 14 간부

이동의 일정화 – 군중은 현재의 자기 위치와 갈 곳을 잘 몰라 불안감과 초조감을 갖게 되므로 일정방향과 속도로 이동을 시켜 주위의 상황을 파악할 수 있는 여건을 조성시킴으로써 심리적 안정감을 갖도록 하는 것이다. (O|X)

2864 ☐☐☐☐ 15 채용, 18·19 승진

밀도의 희박화 – 많은 사람이 모이면 충돌과 혼잡이 야기되므로 제한된 장소에 가급적 많은 사람이 모이는 것을 회피하게 한다. (O|X)

2865 ☐☐☐☐ 22 채용

밀도의 희박화 – 제한된 면적의 특정한 지역에 사람이 많이 모이면 상호간에 충돌현상이 나타나고 혼잡이 야기되므로, 차분한 목소리로 안내방송을 진행함으로써 사전에 혼잡상황을 대비하여 사고를 방지할 수 있다. (O|X)

2866 ☐☐☐☐ 15·22 채용, 18·19 승진

경쟁적 사태의 해소 – 다른 사람보다 먼저 가려는 심리상태를 억제시켜 질서 있게 행동하면 모든 일이 잘 될 수 있다는 것을 납득시키는 것이다. 이 경우 질서를 지키면 오히려 손해를 본다는 심리상태가 형성되지 않도록 주의하여야 한다. (O|X)

정답과 해설

2860. (X) 예비대가 관중석에 배치될 경우 단시간 내에 혼란예상지역에 도달할 수 있도록 예비대를 **통로 주변**(행사장 앞쪽 X) 등에 배치하는 것이 효과적이다.
2861. (O)
2862. (X) 대규모 군중이 모이는 장소를 사전에 블록화하는 것은 **밀도의 희박화**와 관련이 있다.
2863. (O)   2864. (O)
2865. (X) 차분한 목소리로 안내방송을 진행함으로써 사전에 혼잡상황을 대비하여 사고를 방지할 수 있는 것은 **경쟁적 사태의 해소**이다.
2866. (O) 순서에 의하여 움직일 때 순조롭게 모든 일이 잘될 수 있다는 것을 이해시키는 것으로, 차분한 목소리로 안내방송을 하는 것도 한 방법이다.

2867 ☐☐☐☐ 15·22 채용, 18·19 승진

지시의 철저 - 분명하고 자세한 안내방송을 계속함으로써 혼잡한 사태를 회피하고 사고를 방지할 수 있다.

O|X

4 행사안전경비 활동 근거 및 내용

2868 ☐☐☐☐ 19 승진, 14 간부

법적 근거에는 「국자법(경찰법)」 제3조, 「경찰관 직무집행법」 제5조 등이 있다.

O|X

2869 ☐☐☐☐ 17·18·19 승진, 18 간부

「공연법」 제11조에 의하면 공연장운영자는 재해대처계획을 수립하여 매년 관할 시·도경찰청장에게 신고하여야 한다. 이 경우 시·도경찰청장은 신고받은 재해대처계획을 관할 소방서장과 관할 경찰서장에게 통보하여야 한다.

O|X

2870 ☐☐☐☐ 17·18 승진

「공연법」상 재해대처계획을 신고하지 아니한 자는 2천만원 이하의 벌금에 처한다.

O|X

2871 ☐☐☐☐ 18·19 승진

「공연법 시행령」상 공연장 외의 시설에서 1,000명 이상의 관람이 예상되는 공연을 하고자 하는 자는 신고한 사항을 변경하려는 경우 해당 공연 7일 전까지 변경신고를 하여야 한다.

O|X

2872 ☐☐☐☐ 18 간부

「경비업법 시행령」 제30조에 의하면 시·도경찰청장 또는 경찰서장은 제1항에 따른 요청을 할 때 행사의 주최자나 시설 또는 장소의 관리자에게 행사장등에 경비원을 배치할 수 없다고 판단되는 경우에는 행사개최일 또는 많은 사람이 모이는 날 3일 전까지 그 사실을 통지해 줄 것을 함께 요청해야 한다.

O|X

정답과 해설

2867. (O)
2868. (O) 「국자법(경찰법)」 제3조(경찰의 임무)와 「경찰관 직무집행법」 제5조(위험발생의 방지), 제6조(범죄의 예방과 제지), 제7조(위험방지를 위한 출입), 「경비업법 시행령」 제30조(경비가 필요한 시설 등에 대한 경비의 요청) 등이 행사안전경비의 근거가 된다.
2869. (X) 「공연법」 제11조(재해예방조치)에 의하면 공연운영자는 화재나 그 밖의 재해를 예방하기 위하여 재해대처계획을 수립하여 매년 관할 **특별자치시장·특별자치도지사·시장·군수·구청장**에게 신고하여야 한다. 이 경우 특별자치시장·특별자치도지사·시장·군수·구청장은 신고받은 재해대처계획을 **관할 소방서장과 관할 경찰서장**에게 통보하여야 한다.
2870. (X) 재해대처계획을 신고하지 아니한 자는 2천만원 이하의 **과태료**를 부과한다(공연법 제43조 제1항 제1호).
2871. (O) 공연법 시행령 제9조 제3항
2872. (X) 시·도경찰청장 또는 경찰서장 (중략) 행사개최일 또는 많은 사람이 모이는 날 **1일 전**까지 그 사실을 통지해 줄 것을 함께 **요청할 수 있다**(경비업법 시행령 제30조).

THEME 04 선거경비 _A급

1 선거경비의 의의 및 기본원칙

2873 ☐☐☐☐ 19 승진
선거경비는 후보자의 자유로운 선거운동과 민주적 절차에 의한 선거를 보장하는 데 역점을 둔다. (O|X)

2874 ☐☐☐☐ 21 채용
통상 비상근무체제는 선거기간 개시일부터 개표 종료 때까지이며, 경계강화기간은 선거기간 개시일부터 선거 전일까지이다. (O|X)

2875 ☐☐☐☐ 17·20 승진
대통령선거, 국회의원선거, 지방선거 모두 선거일 06:00부터 개표 종료시까지 을호비상이 원칙이다. (O|X)

2876 ☐☐☐☐ 17 승진
대통령선거, 국회의원선거, 지방선거에 있어서 선거운동기간은 후보자 등록 마감일의 다음날부터 선거일 전 일까지 한하여 할 수 있다. (O|X)

2877 ☐☐☐☐ 21 채용
대통령 후보자는 갑호 경호 대상으로 후보자 등록 시부터 당선 확정 시까지 후보자가 원하는 경우 유세장·숙소 등에 대해 24시간 경호임무를 수행하고, 후보자가 원하지 않는 경우 시·도경찰청에서 경호경험이 있는 자를 선발해 관내 유세기간 중 근접 배치한다. (O|X)

2 선거기간 및 선거운동(공직선거법)

2878 ☐☐☐☐ 20 승진
대통령 선거기간은 23일이며, 국회의원 및 지방자치단체 의원 선거기간은 14일이다. (O|X)

2879 ☐☐☐☐ 20 승진
대통령 선거, 국회의원선거, 지방자치단체의 의회의원 및 장의 선거기간은 후보자등록마감일의 다음날부터 선거일까지이다. (O|X)

정답과 해설

2873. (O)   2874. (O)
2875. (X) 선거일부터 개표 종료시까지 **갑호비상**이 원칙이다.
2876. (X) 선거운동은 **선거기간 개시일부터** 선거일 전 일까지에 한하여 할 수 있다(공직선거법 제59조).
2877. (X) 대통령 후보자는 **을호경호** 대상자이다.
2878. (O)
2879. (X) 「공직선거법」 제33조 선거기간은 **대통령선거**는 **후보자 등록 마감일의 다음날부터** 선거일까지이며, 국회의원선거와 지방자치단체의 의회의원 및 장의 선거는 **후보자 등록 마감일 후 6일부터** 선거일까지이다.

3 신변보호

2880 ☐☐☐☐ 20 간부
국회의원 후보자의 신변보호는 후보자가 경호를 원하지 않더라도 직원을 항상 대기시켜 유세기간 중 근접배치 한다. (O|X)

2881 ☐☐☐☐ 20 간부
대통령후보자의 신변보호는 을호 경호 대상으로 후보자등록의 다음날부터 당선확정시까지 실시한다. (O|X)

4 투표소 경비(공직선거법)

2882 ☐☐☐☐ 17 승진
투표소 경비는 위해를 차단하기 위한 예방으로 무장 정복경찰 2명을 고정배치한다. (O|X)

2883 ☐☐☐☐ 22 승진
「공직선거법」상 투표관리관 또는 투표사무원은 투표소의 질서가 심히 문란하여 공정한 투표가 실시될 수 없다고 인정하는 때에는 투표소의 질서를 유지하기 위하여 정복을 한 경찰공무원 또는 경찰관서장에게 원조를 요구할 수 있다. (O|X)

2884 ☐☐☐☐ 22 승진
「공직선거법」상 투표소 안에서 또는 투표소로부터 100미터 안에서 소란한 언동을 하거나 특정 정당이나 후보자를 지지 또는 반대하는 언동을 하는 자가 있는 때에는 투표관리관 또는 투표사무원은 이를 제지하고, 그 명령에 불응하는 때에는 투표소 또는 그 제한거리 밖으로 퇴거하게 할 수 있다. (O|X)

2885 ☐☐☐☐ 21 채용
투표소의 질서유지는 선거관리위원회와 경찰이 합동으로 하고, 경찰은 112 순찰차를 투표소 밖에 배치하여 거점근무 및 순찰을 실시하고, 정복 경찰을 투표소 내에 배치하여야 한다. (O|X)

정답과 해설

2880. (X) 국회의원 후보자의 신변보호는 각 선거구를 관할하는 경찰서에서 **후보자가 원할 경우** 전담 경호요원을 적정 수 배치해야 한다. **대통령선거 후보자**가 경호를 **원하지 않더라도** 경호경험이 있는 자로 선발된 직원을 항상 대기시켜 유세 기간에 근접 배치하는 것과 구별된다.

2881. (X) 대통령후보자의 신변보호는 을호 경호 대상으로 **후보등록 시부터**(후보자등록의 다음날부터 X) 당선확정시까지 실시한다.

2882. (X) **투표소는 선거관리위원회가 자체관리**(무장 정복경찰 2명을 고정배치 X)하고, 경찰은 돌발상황에 대비하여 순찰 및 즉응 출동태세를 갖춰야 한다.

2883. (O) 공직선거법 제164조 제1항

2884. (O) 동법 제166조 제1항

2885. (X) 투표소의 질서유지는 **선거관리위원회가 자체적으로** 하고, 경찰은 112 순찰차를 투표소 밖에 배치하여 거점 근무 및 순찰을 실시한다.

5 개표소 경비(3선 개념)

2886 ☐☐☐☐ 20 간부
제1선 개표소 내부에 질서문란행위가 발생한 경우 선거관리위원회위원장의 요청이 있는 경우에만 경찰력을 투입한다. (O|X)

2887 ☐☐☐☐ 14·18·22 승진
「공직선거법」상 구·시·군선거관리위원회위원장이나 위원이 개표소의 질서유지를 위하여 정복을 한 경찰공무원 또는 경찰관서장에게 원조를 요구할 수 있으며, 이와 같은 요구에 의해 개표소안에 들어간 경찰공무원 또는 경찰관서장은 질서가 회복되거나 위원장의 요구시 개표소에서 퇴거할 수 있다. (O|X)

2888 ☐☐☐☐ 17·19·20 승진
개표소 경비관련 3선 개념에 의하면 제1선은 개표소 내부, 제2선은 울타리 내곽, 제3선은 울타리 외곽으로 구분한다. (O|X)

2889 ☐☐☐☐ 14·18·20 승진, 20 간부
제2선(울타리 내곽)은 선관위와 합동으로 출입자를 통제하며 2선의 출입문이 수개인 경우 선관위와 합동 배치하여 검문검색을 강화한다. (O|X)

2890 ☐☐☐☐ 14·22 승진
개표소 경비에 대한 3선 개념 중 제3선은 울타리 외곽으로, 검문조·순찰조를 운영하여 위해 불심자의 접근을 차단한다. (O|X)

2891 ☐☐☐☐ 18 승진
우발사태에 대비하여 개표소별로 예비대를 확보하고 소방·한전 등 관계요원을 대기시켜 자가발전시설이나 예비조명기구를 확보하여 화재·정전사고 등에 대비한다. (O|X)

2892 ☐☐☐☐ 14 승진, 20 간부
개표소 내부의 사전 안전검측 및 유지는 선거관리위원회에서 보안안전팀을 운영하여 실시한다. (O|X)

2893 ☐☐☐☐ 21 채용, 18 승진
「공직선거법」상 누구든지 개표소 안에서 무기 등을 지닐 수 없으므로 선거관리위원회 위원장의 원조요구가 있더라도 개표소 안으로 투입되는 경찰관은 무기를 휴대할 수 없다. (O|X)

정답과 해설

2886. (X) 개표소 내부에 질서문란행위가 발생한 경우 위원장 또는 위원의 요청이 있는 경우에만 경찰력을 투입한다.
2887. (X) 개표소안에 들어간 경찰공무원 또는 경찰관서장은 질서가 회복되거나 위원장의 요구시 개표소에서 퇴거하여야 한다(공직선거법 제183조 제3항, 제5항).
2888. (O)
2889. (X) 제2선의 출입문은 되도록 정문만을 사용하고 기타 출입문은 시정한다.
2890. (O)
2891. (O)
2892. (X) 선거관리위원회 요청시(보안안전팀을 운영 X) 경찰은 소방·한전 등 유관기관과 협조하여 개표소 내·외곽에 대한 사전 안전검측을 실시한다.
2893. (X) 원조요구를 받은 경찰관은 예외적으로 무기 등을 휴대할 수 있다(동법 제183조 제3항, 제6항).

집회·시위의 관리 _A급

1. 다중범죄의 특징

2894 □□□□ 14 채용, 19 승진
다중범죄의 특징으로 확신적 행동성, 조직적 연계성, 부화뇌동적 파급성, 이성적 행동성 등을 들 수 있다.
(O|X)

2895 □□□□ 17·19 승진
다중범죄의 특징 중 '조직적 연계성'이란 다중범죄를 발생시키는 주동자나 참여하는 자들은 자신의 사고가 정의라는 확신을 가지고 행동하므로 과감하고 전투적인 경우가 많고, 점거 농성할 때 투신이나 분신자살 등이 그 대표적인 예이다.
(O|X)

2896 □□□□ 17 승진
다중범죄의 특징 중 '비이성적 단순성'이란 다중범죄의 발생은 군중심리의 영향을 많이 받아 일단 발생하면 갑자기 확대될 수도 있고, 조직도 상호 연계되어 있으므로 어느 한 곳에서 시위사태가 발생하면 같은 상황이 전국적으로 파급되기 쉽다는 것이다.
(O|X)

2. 다중범죄의 정책적 치료법(정책적 해결)

2897 □□□□ 18 채용, 17·22 승진
선수승화법 - 불만집단의 고조된 주장을 시간을 끌어 이성적으로 사고할 기회를 부여하고 정서적으로 감정을 둔화시켜서 흥분을 가라앉게 하는 방법
(O|X)

2898 □□□□ 18 채용, 17·18 승진
전이법 - 다중범죄의 발생징후나 이슈가 있을 때 집단이나 국민들의 관심을 집중시킬 수 있는 경이적인 사건을 폭로하거나 규모가 큰 행사를 개최하여 그 발생징후나 이슈가 상대적으로 약화되도록 하는 방법
(O|X)

정답과 해설

2894. (X) **비이성적 단순성**(이성적 행동성 X)
2895. (X) 다중범죄를 발생시키는 주동자나 참여하는 자들은 자신의 사고가 정의라는 확신을 가지고 행동하므로 과감하고 전투적인 경우가 많고, 점거 농성할 때 투신이나 분신자살 등이 대표적인 예에 해당하는 것은 **확신적 행동성**이다.
2896. (X) 다중범죄의 발생은 군중심리의 영향을 많이 받아 일단 발생하면 갑자기 확대될 수도 있고, 조직도 상호 연계되어 있으므로 어느 한 곳에서 시위사태가 발생하면 같은 상황이 전국적으로 파급되기 쉽다는 것은 **부화뇌동적 파급성**이다.
2897. (X) **지연정화법**에 대한 내용이다.
2898. (O)

2899 ☐☐☐☐ 18 채용, 17·22 승진

지연정화법 – 불만집단에 반대하는 대중의견을 크게 부각시켜 불만집단이 위압되어 자진해산 및 분산되도록 하는 방법   (O│X)

2900 ☐☐☐☐ 16·18 채용, 17·18·19·25 승진

경쟁행위법 – 특정한 불만집단에 대한 정보활동을 강화하여 사전에 불만 및 분쟁요인을 찾아내어 해소시켜 주는 방법   (O│X)

3 진압의 원칙(물리적 해결)

3-1 진압의 기본원칙

2901 ☐☐☐☐ 19·22 승진

다중범죄 진압의 기본 원칙 중 봉쇄·방어는 시위대가 집단을 형성한 이후에 부대가 대형으로 진입하거나 장비를 사용하여 시위집단의 지휘·통제력을 차단하며 수개의 소집단으로 분할시켜 시위의사를 약화시킴으로써 그 세력을 분산시키는 방법이다.   (O│X)

2902 ☐☐☐☐ 14 채용, 17 간부

군중이 목적지에 집결하기 전에 중간에서 차단하여 집합을 못하게 하는 방법으로, 중요 목지점에 경력을 배치하고 검문검색을 실시하여 불법시위 가담자를 사전에 색출·검거하거나 귀가시킨다는 진압의 기본원칙 중 봉쇄·방어에 관한 설명이다.   (O│X)

3-2 진압의 3대원칙

2903 ☐☐☐☐ 14 채용

진압의 3대원칙으로는 신속한 해산, 주모자 체포, 재집결 방지가 있다.   (O│X)

정답과 해설

2899. (X) **경쟁행위법**에 대한 내용이다.
2900. (X) **선수승화법**에 대한 내용이다.
2901. (X) **세력분산**에 대한 설명이다. **봉쇄·방어**는 군중들이 중요시설 등 보호대상물의 점거를 기도할 경우 사전에 진압부대가 점령하거나 바리케이드 등으로 **봉쇄하여 방어조치**를 취하는 것을 말한다.
2902. (X) **차단·배제**에 관한 설명이다.
2903. (O)

재난 및 안전관리 기본법 _A급

1. 주요내용

2904 ☐☐☐☐ 19·20·23 채용, 19·22·24 승진, 20 간부
"재난"이란 국민의 생명·신체·재산과 국가에 피해를 주거나 줄 수 있는 것으로서 자연재난과 인적재난으로 구분된다. (O|X)

2905 ☐☐☐☐ 19·20·23 채용, 24 승진
"재난관리"란 재난의 예방·대응·복구 및 평가를 위하여 하는 모든 활동을 말한다. (O|X)

2906 ☐☐☐☐ 19 승진, 24 간부
'안전관리'란 재난의 예방·대비·대응 및 복구를 위하여 하는 모든 활동을 말한다. (O|X)

2907 ☐☐☐☐ 24 간부
긴급구조기관이란 경찰청, 시·도경찰청 및 경찰서를 말한다. 다만, 해양에서 발생한 재난의 경우에는 해양경찰청·지방해양경찰청 및 해양경찰서를 말한다. (O|X)

2908 ☐☐☐☐ 19·23 채용, 24 승진
국무총리는 국가 및 지방자치단체가 행하는 재난 및 안전관리 업무를 총괄·조정한다. (O|X)

2909 ☐☐☐☐ 20·23 채용, 19 승진, 20 간부
「재난 및 안전관리 기본법」상 대통령령으로 정하는 대규모 재난의 대응·복구 등에 관한 사항을 총괄·조정하고 필요한 조치를 하기 위하여 국무조정실에 중앙재난안전대책본부를 둔다. (O|X)

정답과 해설

2904. (X) "재난"이란 국민의 생명·신체·재산과 국가에 피해를 주거나 줄 수 있는 것으로서 **자연재난(태풍, 홍수, 호우, 강풍, 풍랑, 해일)과 사회재난(화재·붕괴·폭발·교통사고)**으로 구분된다(재난 및 안전관리 기본법 제3조 제1호).

2905. (X) "재난관리"란 재난의 **예방·대비·대응 및 복구(평가 X)**를 위하여 하는 모든 활동을 말한다(동법 제3조 제3호).

2906. (X) **재난관리**에 대한 설명이다. '안전관리'란 **재난이나 그 밖의 각종 사고로부터 사람의 생명·신체 및 재산의 안전을 확보하기 위하여 하는 모든 활동을 말한다**(동법 제3조 제4호).

2907. (X) "긴급구조기관"이란 **소방청·소방본부 및 소방서(경찰청, 시·도경찰청 및 경찰서 X)**를 말한다. 다만, 해양에서 발생한 재난의 경우에는 해양경찰청·지방해양경찰청 및 해양경찰서를 말한다(동법 제3조 제7호).

2908. (X) **행정안전부장관**은 국가 및 지방자치단체가 행하는 재난 및 안전관리 업무를 총괄·조정한다(동법 제6조).

2909. (X) 「재난 및 안전관리 기본법」상 대통령령으로 정하는 대규모 재난의 대응·복구 등에 관한 사항을 총괄·조정하고 필요한 조치를 하기 위하여 **행정안전부**에 중앙재난안전대책본부를 둔다(동법 제14조 제1항).

2910 ☐☐☐☐ 20 채용

해외재난의 경우 외교부장관이 중앙대책본부장의 권한을 행사한다. (O|X)

2911 ☐☐☐☐ 24 간부

국무총리는 대통령령으로 정하는 재난이 발생하거나 발생할 우려가 있는 경우 사람의 생명·신체 및 재산에 미치는 중대한 영향이나 피해를 줄이기 위하여 긴급한 조치가 필요하다고 인정하면 중앙안전관리위원회의 심의를 거쳐 재난사태를 선포할 수 있다. 다만, 국무총리는 재난상황이 긴급하여 중앙안전관리위원회의 심의를 거칠 시간적 여유가 없다고 인정하는 경우에는 중앙안전관리위원회의 심의를 거치지 아니하고 재난사태를 선포할 수 있다. (O|X)

2912 ☐☐☐☐ 19 승진

중앙대책본부장은 대통령령으로 정하는 규모의 재난이 발생하여 국가의 안녕 및 사회질서의 유지에 중대한 영향을 미치거나 피해를 효과적으로 수습하기 위하여 특별한 조치가 필요하다고 인정하거나 지역대책본부장의 요청이 타당하다고 인정하는 경우에는 중앙위원회의 심의를 거쳐 해당 지역을 특별재난지역으로 선포할 수 있다. (O|X)

2 재난관리체계

2913 ☐☐☐☐ 19 채용

재난분야 위기관리 매뉴얼 작성은 예방 단계에서의 활동이다. (O|X)

2914 ☐☐☐☐ 19 채용

재난관리체계 등의 평가는 대비 단계에서의 활동이다. (O|X)

2915 ☐☐☐☐ 19 채용, 24 승진

특별재난지역 선포는 대응 단계에서의 활동이다. (O|X)

2916 ☐☐☐☐ 19 채용

재난피해조사는 복구 단계에서의 활동이다. (O|X)

정답과 해설

2910. (O) 재난 및 안전관리 기본법 제14조 제3항
2911. (X) **행정안전부장관(국무총리 X)**은 대통령령으로 정하는 재난이 발생하거나 발생할 우려가 있는 경우 사람의 생명·신체 및 재산에 미치는 중대한 영향이나 피해를 줄이기 위하여 긴급한 조치가 필요하다고 인정하면 중앙위원회의 심의를 거쳐 재난사태를 선포할 수 있다. 다만, **행정안전부장관(국무총리 X)**은 재난상황이 긴급하여 중앙위원회의 심의를 거칠 시간적 여유가 없다고 인정하는 경우에는 중앙위원회의 심의를 거치지 아니하고 재난사태를 선포할 수 있다(동법 제36조 제1항).
2912. (X) ~ **특별재난지역**으로 선포할 것을 **대통령**에게 건의할 수 있다(동법 제60조 제1항).
2913. (X) 재난분야 위기관리 매뉴얼 작성은 **대비 단계**에서의 활동이다(동법 제34조의5).
2914. (X) 재난관리체계 등의 평가는 **예방 단계**에서의 활동이다(동법 제33조의2).
2915. (X) 특별재난지역 선포는 **복구 단계**에서의 활동이다(동법 제60조 이하).
2916. (O)

3 경찰통제선

2917 ☐☐☐☐ 15 승진

통제선 설치시 일반적으로 2선으로 구분하여 1선은 경찰, 2선은 소방에서 담당한다. (O|X)

4 위험경보의 발령 및 위험구역 설정

2918 ☐☐☐☐ 24 간부

시장·군수·구청장과 지역통제단장(대통령령으로 정하는 권한을 행사하는 경우에만 해당한다)은 재난이 발생하거나 발생할 우려가 있는 경우에 사람의 생명 또는 신체나 재산에 대한 위해를 방지하기 위하여 필요하면 해당 지역 주민이나 그 지역 안에 있는 사람에게 대피하도록 명하거나 선박·자동차 등을 그 소유자·관리자 또는 점유자에게 대피시킬 것을 명할 수 있다. 이 경우 미리 대피장소를 지정할 수 있다. (O|X)

정답과 해설

2917. (X) 통제선 설치시 일반적으로 2선으로 구분하여 **1선은 소방, 2선은 경찰**에서 담당한다.
2918. (O) 재난 및 안전관리 기본법 제40조 제1항

THEME 07 경찰작전(통합방위법) _A급

1 통합방위기구

2919 ☐☐☐☐ 17 채용, 23 승진, 19 간부
대통령 소속으로 중앙 통합방위협의회를 둔다. [OIX]

2920 ☐☐☐☐ 19 간부
특별시장·광역시장·특별자치시장·도지사·특별자치도지사 소속으로 특별시·광역시·특별자치시·도·특별자치도 통합방위협의회를 두고, 그 의장은 시·도지사가 된다. [OIX]

2921 ☐☐☐☐ 18 승진
통합방위본부는 합동참모본부에 두며, 통합방위본부장은 합동참모의장이 되고 부본부장은 합동참모본부에서 군사작전에 대한 기획 등 작전 업무를 총괄하는 참모 부서의 장이 된다. [OIX]

2922 ☐☐☐☐ 19 승진
중앙 통합방위협의회의 의장은 국무총리가 되고 통합방위본부장은 합동참모의장이 된다. [OIX]

2923 ☐☐☐☐ 20 승진
「통합방위법」상 통합방위본부장은 합동참모의장, 부본부장은 합동참모본부에서 군사작전에 대한 기획 등 작전 업무를 총괄하는 참모 부서의 장이 되고, 지역 통합방위협의회 의장은 시·도지사이며, 중앙 통합방위협의회 의장은 국무총리이다. [OIX]

2924 ☐☐☐☐ 18 간부
시장·군수·구청장도 통제구역을 설정하여 출입을 금지·제한하거나 퇴거명령을 할 수 있다. [OIX]

2925 ☐☐☐☐ 17 채용, 19 승진, 19 간부
시·도경찰청장 또는 경찰서장은 통합방위사태가 선포된 때에는 인명·신체에 대한 위해를 방지하기 위하여 즉시 작전지역에 있는 주민이나 체류 중인 사람에게 대피할 것을 명하여야 한다. [OIX]

2926 ☐☐☐☐ 18 간부
「통합방위법」에 따른 대피명령을 위반하는 경우 300만원 이하의 벌금에 처한다. [OIX]

정답과 해설

2919. (X) **국무총리 소속**으로 중앙 통합방위협의회를 둔다(통합방위법 제4조 제1항).
2920. (O) 동법 제5조 제1항
2921. (O) 동법 제8조 제1항·제2항
2922. (O) 동법 제4조 제2항, 제8조 제2항
2923. (O) 동법 제8조 제2항, 제4조, 제5조
2924. (O) 동법 제16조 제1항
2925. (X) **시·도지사 또는 시장·군수·구청장**은 통합방위사태가 선포된 때에는 인명·신체에 대한 위해를 방지하기 위하여 즉시 작전지역에 있는 주민이나 체류 중인 사람에게 대피할 것을 **명할 수 있다**(동법 제17조 제1항).
2926. (O) 동법 제24조 제2항

2 통합방위사태

2927 ☐☐☐☐ 17 채용, 19·23 승진

'갑종사태'란 일정한 조직체계를 갖춘 적의 대규모 병력 침투 또는 대량살상무기 공격 등의 도발로 발생한 비상사태로서 통합방위본부장 또는 지역군사령관의 지휘·통제 하에 통합방위작전을 수행하여야 할 사태를 말한다. (O|X)

2928 ☐☐☐☐ 17 채용, 13 승진, 19 간부, 20 경채

'을종사태'란 일부 또는 여러 지역에서 적이 침투·도발하여 단기간 내에 치안이 회복되기 어려워 시·도경찰청장의 지휘·통제 하에 통합방위작전을 수행하여야 할 사태를 말한다. (O|X)

2929 ☐☐☐☐ 15 채용, 23 승진, 18·20 간부

적의 침투·도발 위협이 예상되거나 소규모의 적이 침투하였을 때에 시·도경찰청장, 지역군사령관 또는 함대사령관의 지휘·통제 하에 통합방위작전을 수행하여 단기간 내에 치안이 회복될 수 있는 사태를 을종사태라 한다. (O|X)

2930 ☐☐☐☐ 18 승진

국방부장관은 갑종사태에 해당하는 상황이 발생하였을 때 즉시 국무총리를 거쳐 대통령에게 통합방위사태의 선포를 건의하여야 한다. (O|X)

2931 ☐☐☐☐ 18·20 승진

행정안전부장관은 둘 이상의 시·도에 걸쳐 을종사태에 해당하는 상황이 발생하였을 때 즉시 국무총리를 거쳐 대통령에게 통합방위사태의 선포를 건의하여야 한다. (O|X)

정답과 해설

2927. (O) 통합방위법 제2조 제6호
2928. (X) "을종사태"란 일부 또는 여러 지역에서 적이 침투·도발하여 단기간 내에 치안이 회복되기 어려워 **지역군사령관**의 지휘·통제 하에 통합방위작전을 수행하여야 할 사태를 말한다(동법 제2조 제7호).
2929. (X) 「통합방위법」상 **병종사태**에 대한 설명이다(동법 제2조 제8호).
2930. (O) 동법 제12조 제2항 제1호
2931. (X) 둘 이상의 시·도에 걸쳐 을종사태에 해당하는 상황이 발생하였을 때에는 **국방부장관**은 즉시 국무총리를 거쳐 대통령에게 통합방위사태의 선포를 건의하여야 한다(동법 제12조 제2항 제1호).

2932 ☐☐☐☐ 19 승진, 19 간부

시·도경찰청장, 지역군사령관 또는 함대사령관은 둘 이상의 시·도에 걸쳐 병종상태에 해당하는 상황이 발생하였을 때 즉시 국방부장관에게 통합방위사태의 선포를 건의하여야 한다. (O|X)

2933 ☐☐☐☐ 18 간부

서울특별시와 경기도에 걸친 병종사태에 해당하는 상황이 발생하였을 때는 대통령이 선포권자가 된다. (O|X)

2934 ☐☐☐☐ 19 승진

대통령은 통합방위사태의 선포를 건의 받았을 때에는 중앙협의회와 국무회의의 심의를 거쳐 통합방위사태를 선포할 수 있다. (O|X)

2935 ☐☐☐☐ 19 승진

행정안전부장관 또는 국방부장관은 을종사태에 해당하는 상황이 발생하였을 때 즉시 국무총리를 거쳐 대통령에게 통합방위사태의 선포를 건의하여야 한다. (O|X)

2936 ☐☐☐☐ 18·20 승진

시·도경찰청장, 지역군사령관 또는 함대사령관은 을종사태나 병종사태에 해당하는 상황이 발생한 때에는 즉시 시·도지사에게 통합방위사태의 선포를 건의하여야 한다. (O|X)

2937 ☐☐☐☐ 20 승진

시·도지사는 위 2936에 따른 건의를 받은 때에는 중앙협의회의 심의를 거쳐 을종사태 또는 병종사태를 선포할 수 있다. (O|X)

2938 ☐☐☐☐ 19 승진

시·도지사는 을종사태 또는 병종사태를 선포한 때에는 지체 없이 행정안전부장관 및 국방부장관과 국무총리를 거쳐 대통령에게 그 사실을 보고하여야 한다. (O|X)

> **정답과 해설**

2932. (X) **행정안전부장관 또는 국방부장관**은 둘 이상의 시·도에 걸쳐 병종상태에 해당하는 상황이 발생하면 즉시 **국무총리를 거쳐 대통령에게** 통합방위사태의 선포를 건의하여야 한다(통합방위법 제12조 제2항 제2호).

2933. (O) 동법 제12조 제2항

2934. (O) 동법 제12조 제3항

2935. (X) 행정안전부장관 또는 국방부장관은 **둘 이상의 시·도에 걸쳐 병종사태**에 해당하는 상황이 발생하였을 때 즉시 국무총리를 거쳐 대통령에게 통합방위사태의 선포를 건의하여야 한다(동법 제12조 제2항 제2호). **시·도경찰청장, 지역군사령관 또는 함대사령관**은 **을종사태**나 병종사태에 해당하는 상황이 발생한 때에는 즉시 **시·도지사**에게 통합방위사태의 선포를 건의하여야 한다(동법 제12조 제4항).

2936. (O) 동법 제12조 제4항

2937. (X) 시·도지사는 2936에 따른 건의를 받은 때에는 **시·도 협의회의 심의**를 거쳐 을종사태 또는 병종사태를 선포할 수 있다(동법 제12조 제5항).

2938. (O) 동법 제12조 제6항

3. 통합방위작전(§15)

2939 ☐☐☐☐ 18 간부
통합방위작전의 관할구역 중 경찰관할지역은 경찰청장이 작전을 수행한다. (O|X)

2940 ☐☐☐☐ 22 간부
갑종사태가 선포된 경우 경찰관할지역은 경찰청장이 「통합방위법」의 규정에 따라 통합방위작전을 신속하게 수행한다. (O|X)

2941 ☐☐☐☐ 22 간부
을종사태가 선포된 경우 특정경비지역은 통합방위본부장이 「통합방위법」의 규정에 따라 통합방위작전을 신속하게 수행한다. (O|X)

2942 ☐☐☐☐ 22 간부
을종사태가 선포된 경우 경찰관할지역은 시·도경찰청장이 「통합방위법」의 규정에 따라 통합방위작전을 신속하게 수행한다. (O|X)

2943 ☐☐☐☐ 22 간부
병종사태가 선포된 경우 특정경비지역은 지역군사령관이 「통합방위법」의 규정에 따라 통합방위작전을 신속하게 수행한다. (O|X)

4. 국가중요시설 경비(§21)

2944 ☐☐☐☐ 17·19 승진
"국가중요시설"이란 공공기관, 공항·항만, 주요 산업시설 등 적에 의하여 점령 또는 파괴되거나 기능이 마비될 경우 국가안보와 국민생활에 심각한 영향을 주게 되는 시설을 말한다. (O|X)

2945 ☐☐☐☐ 17 승진
국가중요시설 방호는 평상시에는 산업발전으로 국력신장을 도모하고 전시에는 전쟁수행능력을 뒷받침하는 국가방호의 중요한 점이 된다는 점에서 재해에 의한 중요시설 침해의 방지도 중요시설 경비의 범주에 포함된다. (O|X)

정답과 해설

2939. (X) 통합방위작전의 관할구역 중 경찰관할지역은 **시·도경찰청장**이 작전을 수행한다(통합방위법 제15조 제2항).
2940. (X) 갑종사태가 선포된 경우 경찰관할지역은 **통합방위본부장 또는 지역군사령관**이 작전을 수행한다(동법 제15조 제2항 단서).
2941. (X) 을종사태가 선포된 경우 특정경비지역은 **지역군사령관**이 작전을 수행한다(동법 제15조 제2항 단서).
2942. (X) 을종사태가 선포된 경우 경찰관할지역은 **지역군사령관**이 작전을 수행한다(동법 제15조 제2항 단서).
2943. (O) 동법 제15조 제2항 제2호
2944. (O) 동법 제2조 제13호
2945. (O)

2946 □□□□ 17·18 승진

국가중요시설의 관리자(소유자를 제외한다)는 경비·보안 및 방호책임을 지며, 통합방위사태에 대비하여 자체방호계획을 수립하여야 한다. (O|X)

2947 □□□□ 18 승진

국가중요시설의 관리자는 자체방호계획을 수립하기 위하여 필요하면 시·도경찰청장 또는 지역군사령관에게 협조를 요청할 수 있다. (O|X)

2948 □□□□ 18·19 승진

통합방위본부장 또는 지역군사령관은 통합방위사태에 대비하여 국가중요시설에 대한 방호지원계획을 수립·시행하여야 한다. (O|X)

2949 □□□□ 19 승진

국가중요시설의 평시 경비·보안활동에 대한 지도·감독은 관계행정기관의 장과 국가정보원장이 수행한다. (O|X)

2950 □□□□ 17·19·23 승진

국가중요시설은 국가정보원장이 관계 행정기관의 장 및 국방부장관과 협의하여 지정한다. (O|X)

2951 □□□□ 18 승진

국가중요시설의 자체방호, 방호지원계획, 그 밖에 필요한 사항은 대통령령으로 정한다. (O|X)

정답과 해설

2946. (X) 국가중요시설의 관리자(소유자를 **포함**한다)는 경비·보안 및 방호책임을 지며, 통합방위사태에 대비하여 자체방호계획을 수립하여야 한다(통합방위법 제21조 제1항 본문).

2947. (O) 동법 제21조 제1항 단서

2948. (X) **시·도경찰청장** 또는 지역군사령관은 통합방위사태에 대비하여 국가중요시설에 대한 방호지원계획을 수립·시행하여야 한다(동법 제21조 제2항).

2949. (O) 동법 제21조 제3항

2950. (X) 국가중요시설은 **국방부장관**이 관계 행정기관의 장 및 **국가정보원장과 협의**하여 지정한다(동법 제21조 제4항).

2951. (O) 동법 제21조 제5항

THEME 08 경찰 비상업무 규칙 _A급

1 용어정의(§2)

2952 ☐☐☐☐ 18 채용, 18·21 승진, 25 간부

'지휘선상 위치 근무'란 비상연락체계를 유지하며 유사시 2시간 이내에 현장지휘 및 현장근무가 가능한 장소에 위치하는 것을 말한다. (O|X)

2953 ☐☐☐☐ 18 채용, 18·21 승진

'정착근무'란 감독순시·현장근무 및 사무실 대기 등 관할구역 내에 위치하는 것을 말한다. (O|X)

2954 ☐☐☐☐ 18·21·25 채용, 24 간부, 21 경채

'필수요원'이란 모든 경찰공무원 및 일반직공무원 중 경찰기관의 장이 지정한 사람으로 비상소집 시 2시간 이내에 응소해야 할 사람을 말한다. (O|X)

2955 ☐☐☐☐ 21 승진

'일반요원'이란 필수요원을 포함한 경찰관등으로 비상소집 시 2시간 이내에 응소해야 할 사람을 말한다. (O|X)

2956 ☐☐☐☐ 18 채용, 18·20·21 승진

'가용경력'이란 총원에서 휴가·출장·교육·파견 등을 포함한 실제 동원될 수 있는 모든 인원을 말한다. (O|X)

2957 ☐☐☐☐ 18 채용

'정위치 근무'란 감독순시·현장근무 및 사무실 대기 등 관할구역 내에 위치하는 것을 말한다. (O|X)

정답과 해설

2952. (X) '지휘선상 위치 근무'란 비상연락체계를 유지하며 유사시 **1시간 이내**에 현장지휘 및 현장근무가 가능한 장소에 위치하는 것을 말한다(경찰 비상업무 규칙 제2조 제2호).

2953. (X) '정착근무'란 사무실 또는 상황과 관련된 **현장에 위치**하는 것을 말한다(동규칙 제2조 제4호).

2954. (X) '필수요원'이란 모든 경찰공무원 및 일반직공무원(이하 "경찰관등"이라 함) 중 경찰기관의 장이 지정한 사람으로 비상소집 시 **1시간 이내(2시간 이내 X)**에 응소해야 할 사람을 말한다(동규칙 제2조 제5호).

2955. (X) '일반요원'이란 필수요원을 **제외한** 경찰관등으로 비상소집 시 2시간 이내에 응소해야 할 사람을 말한다(동규칙 제2조 제6호).

2956. (X) '가용경력'이란 총원에서 휴가·출장·교육·파견 등을 **제외**하고 실제 동원될 수 있는 모든 인원을 말한다(동규칙 제2조 제7호).

2957. (O) 동규칙 제2조 제3호

2 근무방침과 비상등급 등

2958 ☐☐☐☐ 20 간부
비상근무는 비상상황 하에서 업무 수행의 효율화를 위해 발령한다. (O│X)

2959 ☐☐☐☐ 25 채용
비상근무 대상은 경비·작전·재난·안보·수사·교통 업무와 관련한 비상상황에 국한한다. 다만, 두 종류 이상의 비상상황이 동시에 발생한 경우에는 긴급성 또는 중요도가 상대적으로 더 큰 비상상황의 비상근무로 통합하여 실시한다. (O│X)

2960 ☐☐☐☐ 21 채용, 24 간부, 21 경채
비상근무는 비상상황의 유형에 따라 경비 소관의 경비, 작전비상, 수사 소관의 수사비상, 안보 소관의 안보비상, 치안상황 소관의 교통, 재난비상으로 구분하여 발령한다. (O│X)

2961 ☐☐☐☐ 21 경채
부서별 상황의 긴급성 및 중요도에 따라 비상등급은 갑호 비상, 을호 비상, 병호 비상, 작전준비태세, 경계 강화 순으로 구분하여 실시한다. (O│X)

2962 ☐☐☐☐ 18·19·20 승진
비상근무의 종류로는 경비, 작전비상, 안보비상, 수사비상, 교통비상, 재난비상이 있고 적정이 발생하였거나 일부 적의 침투가 예상되는 경우 경비비상 을호를 발령한다. (O│X)

2963 ☐☐☐☐ 19 승진
시·도경찰청 또는 2개 이상 경찰서 관할 지역의 경우는 시·도경찰청장이 비상근무 발령권자이다. (O│X)

2964 ☐☐☐☐ 24 간부
비상근무의 발령권자는 비상상황이 발생하여 비상근무를 실시하고자 할 경우에는 비상근무의 목적, 지역, 기간 및 동원대상(해당 부서, 지휘관 및 참모의 범위 등을 포함) 등을 특정하여 별지 제1호 서식의 비상근무 발령서에 의하여 비상근무를 발령한다. (O│X)

정답과 해설

2958. (O) 경찰 비상업무 규칙 제3조 제1항
2959. (O) 동규칙 제3조 제2항
2960. (X) 비상근무는 비상상황의 유형에 따라 1. **경비 소관의 경비, 작전, 재난비상(치안상황 소관의 교통, 재난비상 X)**, 2. 안보 소관의 안보비상, 3. 수사 소관의 수사비상, 4. 교통 소관의 교통비상으로 구분하여 발령한다(동규칙 제4조 제1항).
2961. (X) 부서별 상황의 긴급성 및 중요도에 따라 비상등급은 갑호 비상, 을호 비상, 병호 비상, **경계 강화, 작전준비태세** 순으로 구분하여 실시한다(동규칙 제4조 제2항).
2962. (X) 적정이 발생하였거나 일부 적의 침투가 예상되는 경우에는 **작전비상** 을호를 발령한다(동규칙 제4조 제3항 [별표1]).
2963. (O) 동규칙 제5조 제1항 제2호
2964. (O) 동규칙 제5조 제2항

2965 ☐☐☐☐ 18 채용

비상근무를 발령할 경우에는 정황의 특수성을 감안하여 비상근무의 목적이 원활히 달성될 수 있도록 가용 경력을 최대한 동원해야 한다. (O|X)

2965-1 ☐☐☐☐ 25 채용

비상근무의 발령권자는 비상상황이 종료되는 즉시 비상근무를 해제한다. (O|X)

3. 근무요령(§7)

2966 ☐☐☐☐ 21 채용, 25 간부

갑호 비상시 연가를 중지하고 가용경력 100%까지 동원할 수 있고, 을호 비상시 연가를 중지하고 가용경력 50%까지 동원할 수 있으며, 병호 비상시 부득이한 경우를 제외하고는 연가를 억제하고 가용경력 30%까지 동원할 수 있다. (O|X)

2967 ☐☐☐☐ 18 채용, 19 승진, 25 간부

지휘관과 참모는 을호 비상 시 정위치 근무 또는 지휘선상 위치 근무를 원칙으로, 병호 비상시 지휘선상 위치 근무를 원칙으로 한다. (O|X)

2968 ☐☐☐☐ 20 승진

병호비상 시 연가를 중지하고 가용경력 30%까지 동원할 수 있다. (O|X)

2969 ☐☐☐☐ 20 승진, 24 간부

경계강화 발령시 별도의 경력동원 없이 특정분야의 근무를 강화하며 지휘관과 참모는 정위치 근무를 원칙으로 한다. (O|X)

2970 ☐☐☐☐ 21·25 채용

작전준비태세가 발령되면 작전경력을 동원하고 지휘관과 참모는 정위치 근무를 하고 신속한 응소체제를 유지하며, 경찰관등은 상황발생 시 즉각 출동이 가능하도록 출동태세 점검을 실시하는 등의 비상근무를 한다. (O|X)

정답과 해설

2965. (X) 비상근무를 발령할 경우에는 정황의 특수성을 고려하여 비상근무의 목적이 원활히 달성될 수 있도록 적정한 인원, 계급, 부서를 동원하여 **불필요한 동원이 없도록** 해야 한다(경찰 비상업무 규칙 제5조 제6항).

2965-1. (O) 동규칙 제6조 제1항

2966. (O) 동규칙 제7조 제1항 제1호·제2호·제3호

2967. (X) 지휘관과 참모는 **을호** 비상시 **정위치 근무**를 원칙으로 하고, 병호 비상시 정위치 근무 또는 지휘선상 위치 근무를 원칙으로 한다(동규칙 제7조 제1항 제2호·제3호).

2968. (X) 병호비상 시 부득이한 경우를 제외하고는 연가를 **억제**하고 가용경력 30%까지 동원할 수 있다(동규칙 제7조 제1항 제3호).

2969. (X) 경계강화 발령시 별도의 경력동원 없이 특정분야의 근무를 강화하며 지휘관과 참모는 **지휘선상 위치 근무(정위치 근무 X)**를 원칙으로 한다(동규칙 제7조 제1항 제4호).

2970. (X) 작전준비태세가 발령된 때에는 **별도의 경력동원 없이 경찰관서 지휘관 및 참모의 비상연락망을 구축**하고 신속한 응소체제를 유지하며, 경찰관등은 상황발생 시 즉각 출동이 가능하도록 출동태세 점검을 실시하며, 유관기관과의 긴밀한 연락체계를 유지하고, 필요시 작전상황반을 유지의 비상근무를 한다(동규칙 제7조 제1항 제5호).

4 비상근무의 종류별 정황(§4③[별표1])

2971 ☐☐☐☐ 22 승진

경비비상 갑호 - 국제행사·기념일 등을 전후하여 치안수요의 증가하여 경력을 동원할 필요가 있는 경우
(O│X)

2972 ☐☐☐☐ 20 승진

경비비상 을호 - 대규모 집단사태·테러 등의 발생으로 치안질서가 혼란하게 되었거나 그 징후가 예견되는 경우
(O│X)

2973 ☐☐☐☐ 20 승진

안보비상 을호 - 간첩 또는 정보사범 색출을 위한 경계지역 내 검문검색 필요시
(O│X)

2974 ☐☐☐☐ 20·22 승진

작전비상 을호 - 대규모 적정이 발생하였거나 발생 징후가 현저한 경우
(O│X)

2975 ☐☐☐☐ 20 승진

수사비상 을호 - 사회이목을 집중시킬만한 중대범죄 발생 시
(O│X)

2976 ☐☐☐☐ 22 승진

교통비상 을호 - 농무, 풍수설해 및 화재 등에 따른 대규모 교통사고 등 교통혼란이 발생하였거나 발생할 가능성이 현저한 경우
(O│X)

정답과 해설

2971. (X) 경비비상 **갑호** - 국제행사·기념일 등을 전후하여 치안수요의 **급증(증가 X)**으로 경력을 동원할 필요가 있는 경우(동규칙 제4조 제3항 별표1) **주의** 증가는 **경비비상 을호와 병호**에 해당한다.
2972. (O) 동규칙 제4조 제3항 별표1
2973. (X) **안보비상 갑호**의 내용이다(동규칙 제4조 제3항 별표1).
2974. (X) **작전비상 갑호**의 내용이다(동규칙 제4조 제3항 별표1).
2975. (X) **수사비상 갑호**의 내용이다(동규칙 제4조 제3항 별표1).
2976. (X) **교통비상 갑호**에 해당하는 내용이다(동규칙 제4조 제3항 별표1).

THEME 09 대테러 업무_A급

1. 각국의 대테러 조직

2977 ☐☐☐☐ 20 간부
외국의 대테러조직으로 영국의 SAS, 미국의 SWAT, 독일의 GSG-9, 프랑스의 GIGN 등이 있다. (O|X)

2978 ☐☐☐☐ 20 간부
한국의 대테러 부대인 KNP868은 대테러 예방 및 대응을 위해 1983년 창설된 경찰특수부대로 현재 서울경찰청 직할부대이다. (O|X)

2. 국민보호와 공공안전을 위한 테러방지법

2979 ☐☐☐☐ 17·23 채용, 17·18 승진, 18·20 간부
'테러단체'란 국가정보원이 지정한 테러단체를 말한다. (O|X)

2980 ☐☐☐☐ 17·25 채용, 19·22·23 승진
'테러위험인물'이란 테러를 실행·계획·준비하거나 테러에 참가할 목적으로 국적국이 아닌 국가의 테러단체에 가입하거나 가입하기 위하여 이동 또는 이동을 시도하는 내국인·외국인을 말한다. (O|X)

2981 ☐☐☐☐ 17 채용, 17·19·23 승진
대테러활동에 관한 정책의 중요사항을 심의·의결하기 위하여 국가테러대책위원회를 두고, 위원장은 법무부장관으로 한다. (O|X)

2982 ☐☐☐☐ 25 채용
대테러활동과 관련하여 장단기 국가대테러활동 지침 작성·배포 등을 수행하기 위하여 국무총리 소속으로 관계기관 공무원 및 민간위원으로 구성되는 대테러센터를 둔다. (O|X)

정답과 해설

2977. (O)   2978. (O)
2979. (X) '테러단체'란 **국제연합(UN)**이 지정한 테러단체를 말한다(국민보호와 공공안전을 위한 테러방지법 제2조 제2호).
2980. (X) '테러위험인물'이란 테러단체의 조직원이거나 테러단체 선전, 테러자금 모금·기부, 그 밖에 테러 예비·음모·선전·선동을 하였거나 하였다고 의심할 상당한 이유가 있는 사람을 말한다(동법 제2조 제3호). 이 지문은 '테러위험인물'이 아니라 **외국인테러전투원**에 대한 설명이다(동법 제2조 제4호).
2981. (X) 대테러활동에 관한 정책의 중요사항을 심의·의결하기 위하여 국가테러대책위원회를 두고, 위원장은 **국무총리(법무부장관 X, 국가정보원장 X)**로 한다(동법 제5조 제1항·제2항).
2982. (X) 대테러활동과 관련하여 장단기 국가대테러활동 지침 작성·배포 등을 수행하기 위하여 국무총리 소속으로 관계기관 **공무원(민간위원 X)**으로 구성되는 대테러센터를 둔다(동법 제6조 제1항 제2호).

2983 ☐☐☐☐ 23·25 채용

대테러활동을 수행하는 국가기관, 지방자치단체, 그 밖에 대통령령으로 정하는 기관의 대테러활동으로 인한 국민의 기본권 침해 방지를 위하여 국가테러대책위원회 소속으로 대테러 인권보호관 1명을 둔다. (O|X)

2984 ☐☐☐☐ 17 승진, 17 채용

국가정보원장은 테러위험인물에 대하여 출입국·금융거래 및 통신이용 등 관련 정보를 수집하여야 한다.
(O|X)

2985 ☐☐☐☐ 17·18·23 승진, 18 간부

국가정보원장은 대테러활동에 필요한 정보나 자료를 수집하기 위하여 대테러조사 및 테러위험인물에 대한 추적을 할 수 있다. 이 경우 사전 또는 사후에 대책위원회 위원장에게 보고하여야 한다. (O|X)

2986 ☐☐☐☐ 25 채용

관계기관의 장은 대통령령으로 정하는 국가중요시설과 많은 사람이 이용하는 시설 및 장비에 대한 테러예방대책과 테러의 수단으로 이용될 수 있는 폭발물·총기류·화생방물질, 국가 중요행사에 대한 안전관리대책을 수립하여야 한다. (O|X)

2987 ☐☐☐☐ 18·19 승진

관계기관의 장은 외국인테러전투원으로 출국하려 한다고 의심할 만한 상당한 이유가 있는 내·외국인에 대해 국가정보원장에게 일시 출국금지 요청이 가능하다. (O|X)

2988 ☐☐☐☐ 18 승진

일시 출국금지 기간은 90일로 한다. 다만, 출국금지를 계속할 필요가 있다고 판단할 상당한 이유가 있는 경우에 관계기관의 장은 그 사유를 명시하여 연장을 요청할 수 있다. (O|X)

2989 ☐☐☐☐ 23 승진

관계기관의 장은 테러의 계획 또는 실행에 관한 사실을 관계기관에 신고하여 테러를 사전에 예방할 수 있게 하였거나, 테러에 가담 또는 지원한 사람을 신고하거나 체포한 사람에 대하여 대통령령으로 정하는 바에 따라 포상금을 지급하여야 한다. (O|X)

정답과 해설

2983. (O) 동법 제7조
2984. (X) 국가정보원장은 테러위험인물에 대하여 출입국·금융거래 및 통신이용 등 관련 정보를 **수집할 수 있다**(동법 제9조 제1항).
2985. (O) 동법 제9조 제4항
2986. (O) 동법 제10조 제1항
2987. (X) 관계기관의 장은 외국인테러전투원으로 출국하려 한다고 의심할 만한 상당한 이유가 있는 내국인·외국인에 대하여 일시 출국금지를 **법무부장관에게 요청할 수 있다**(동법 제13조 제1항).
2988. (O) 동법 제13조 제2항
2989. (X) 관계기관의 장은 테러의 계획 또는 실행에 관한 사실을 관계기관에 신고하여 테러를 사전에 예방할 수 있게 하였거나, 테러에 가담 또는 지원한 사람을 신고하거나 체포한 사람에 대하여 대통령령으로 정하는 바에 따라 포상금을 **지급할 수 있다(하여야 한다 X)**(동법 제14조 제2항).

2990 ☐☐☐☐ 23 채용

테러로 인하여 신체·재산·명예의 피해를 입은 국민은 관계기관에 즉시 신고하여야 한다. 다만, 인질 등 부득이한 사유로 신고할 수 없을 때에는 법률관계 또는 계약관계에 의하여 보호의무가 있는 사람이 이를 알게 된 때에 즉시 신고하여야 한다. (O│X)

2991 ☐☐☐☐ 23 채용

「여권법」 제17조 제1항 단서에 따른 외교부장관의 허가를 받지 아니하고 방문 및 체류가 금지된 국가 또는 지역을 방문·체류한 사람이 테러로 인해 생명의 피해를 입은 경우, 그 사람의 유족에 대해 특별위로금을 지급할 수 있다. (O│X)

2992 ☐☐☐☐ 18 간부

타국의 외국인테러전투원으로 가입한 사람을 처벌하는 규정이 있다. (O│X)

2993 ☐☐☐☐ 20 승진

테러단체 구성죄는 미수범, 예비 음모 모두 처벌한다. (O│X)

2994 ☐☐☐☐ 18 간부

테러단체 구성죄는 대한민국 영역 밖에서 저지른 외국인에게도 국내법을 적용한다. (O│X)

정답과 해설

2990. (X) 테러로 인하여 **신체 또는 재산(명예 X)**의 피해를 입은 국민은 관계기관에 즉시 신고하여야 한다(동법 제15조 제1항).

2991. (X) 테러로 인하여 생명의 피해를 입은 사람의 유족 또는 신체상의 장애 및 장기치료가 필요한 피해를 입은 사람에 대해서는 그 피해의 정도에 따라 등급을 정하여 특별위로금을 지급할 수 있다. 다만, 「여권법」 제17조제1항 단서에 따른 외교부장관의 허가를 받지 아니하고 방문 및 체류가 금지된 국가 또는 지역을 방문·체류한 사람에 대해서는 **그러하지 아니하다**(동법 제16조 제1항).

2992. (O) 타국의 외국인테러전투원으로 가입한 사람은 **5년 이상의 징역**에 처한다(동법 제17조 제1항 제3호).

2993. (O) 동법 제17조 제4항·제5항

2994. (O) 동법 제19조

THEME 10 경호경비_B급

1 경호의 의의

2995 ☐☐☐☐ 21 간부
경호란 경비와 호위를 포함하는 개념으로 호위란 피경호자의 생명과 신체를 보호하기 위해 특정한 지역을 경계·순찰·방비하는 행위이다. (O|X)

2996 ☐☐☐☐ 15 간부
경호란 경호 대상자의 생명과 신체에 가하여지는 위해를 방지하거나 제거하고, 특정 지역을 경계·순찰 및 방비하는 등의 모든 안전활동이다. (O|X)

2 경호의 대상

2997 ☐☐☐☐ 21 간부
「대통령 등의 경호에 관한 법률」에 따르면 대통령뿐만 아니라 대통령 당선인과 대통령 권한대행 모두 경호처의 경호대상이다. (O|X)

3 경호의 4대 원칙

2998 ☐☐☐☐ 21 간부
자기 담당구역이 아닌 인근지역에서 특별한 상황이 발생하면 상호원조의 원칙에 따라 확인·원조해야 한다. (O|X)

2999 ☐☐☐☐ 20 경채
경호경비의 4대 원칙은 자기 희생의 원칙, 목적물 보존의 원칙, 자기 담당구역 책임의 원칙, 하나의 통제된 지점을 통한 접근의 원칙이다. (O|X)

정답과 해설

2995. (X) 피경호자의 생명과 재산을 보호하기 위해 특정한 지역을 경계·순찰·방비하는 행위는 **경비**에 대한 설명이다.
2996. (O)
2997. (O) 대통령등의 경호에 관한 법률 제4조
2998. (X) 자기책임구역을 이탈하는 것은 **자기담당구역 책임의 원칙에 위배**된다.
2999. (O)

3000 ☐☐☐☐ 19 승진
자기 담당구역 책임의 원칙 – 경호원은 각자 자기 담당구역 내에서 일어나는 어떠한 사태에 대해서도 책임을 지고 해결하여야 한다는 것으로 동일한 시간과 장소에 대한 행차는 수시로 변경시키는 것이 좋다는 원칙이다. (O|X)

3001 ☐☐☐☐ 19 승진
자기희생의 원칙 – 어떠한 희생을 치르더라도 피경호자의 신변의 안전이 보호·유지되어야 한다는 것으로서 육탄방어의 정신으로 피경호자를 보호하여야 한다는 원칙이다. (O|X)

3002 ☐☐☐☐ 19 승진
하나의 통제지점을 통한 접근의 원칙 – 피경호자와 접근할 수 있는 통로는 통제된 유일한 통로여야 한다는 것으로서 여러 개의 통로는 적에게 접근할 수 있는 기회를 부여하여 취약성을 증가시키게 된다는 원칙이다. (O|X)

3003 ☐☐☐☐ 19 승진
목표물 보존의 원칙 – 행차일시·장소·코스는 일반대중에게 비공개되어야 하고, 암살 기도자나 위해를 가할 가능성이 있는 자들로부터 분리시켜야 한다는 원칙으로 보안의 원칙이라고도 한다. (O|X)

4 행사장 경호

3004 ☐☐☐☐ 19 승진, 20 경채
제1선 안전구역은 절대안전 확보구역으로, 출입자 통제관리, MD 설치 운용, 비표 확인 및 출입자 감시가 필요하다. (O|X)

3005 ☐☐☐☐ 15 간부
행사장 경호에 있어 제1선은 경비구역으로 MD를 설치·운용하고 비표확인 및 출입자 감시가 이루어진다. (O|X)

3006 ☐☐☐☐ 19 승진
제1선을 제외한 행사장 중심으로 소총 유효사거리 내외의 취약개소는 조기경보지역에 설치한다. (O|X)

정답과 해설

3000. (X) 경호원은 각자가 자기담당구역 내에서 일어나는 어떠한 사태에 대해서도 자신만이 책임을 지고 완벽하게 해결해야 한다는 원칙이다. **동일한 시간과 장소에 대한 행차는 수시로 변경시키는 것이 좋다는 것은 목표물 보존의 원칙**과 관련이 있다.
3001. (O)
3002. (O)   3003. (O)   3004. (O)
3005. (X) 행사장 경호에 있어 제1선은 **안전구역**으로 MD를 설치·운용하고 비표확인 및 출입자 감시가 이루어진다.
3006. (X) 소총 유효사거리 내외의 취약개소는 **주경비지역에 설치**한다.

3007 ☐☐☐☐ 21 승진

제2선 경비구역은 주경비지역으로, 바리케이트 등 장애물을 설치, 돌발사태를 대비한 예비대 운영 및 구급차, 소방차 대기가 필요하다. (O|X)

3008 ☐☐☐☐ 17 승진

㉠ 감시조 운영, 바리케이트 등 장애물 설치 ㉡ 예비대 운영 및 구급차, 소방차 대기 ㉢ 주경비지역 ㉣ 조기경보지역 중 행사장 경호시 제2선(경비구역)에 대한 설명으로 적절한 것은 ㉡㉢이다. (O|X)

3009 ☐☐☐☐ 15 간부

행사장 경호에 있어 제3선은 경계구역으로서 돌발사태에 대비하여 예비대 및 비상통로, 소방차, 구급차 등을 확보한다. (O|X)

3010 ☐☐☐☐ 21 간부

행사장 경호과정에서 비표확인이나 MD(금속탐지기) 설치 운영 등은 제3선 경계구역부터 철저히 이루어져야 한다. (O|X)

3011 ☐☐☐☐ 21 승진

제3선 경계구역은 조기경보지역으로, 감시조 운용, 도보 등 원거리 기동순찰조 운영, 원거리 불심자 검문·차단이 필요하다. (O|X)

3012 ☐☐☐☐ 19 승진

원거리 불심자 검문차단은 절대안전 확보구역에서 실시한다. (O|X)

3013 ☐☐☐☐ 19 승진

경비구역은 우발사태에 대비책을 강구하고 통상 경찰이 책임을 진다. (O|X)

정답과 해설

3007. (O)
3008. (O) ㉡㉢ 2 항목은 제2선(경비구역)에 대한 설명이다. ㉠ 감시조 운영 ㉣ 조기경보지역은 제3선(경계구역)에 대한 설명이다.
3009. (X) 행사장 경호에 있어 **제2선은 경비구역**으로서 돌발사태에 대비하여 예비대 및 비상통로, 소방차, 구급차 등을 확보한다. 행사장 경호에 있어 제3선은 경계구역으로서 감시조 및 도보 등 원거리 기동순찰조를 운영하고 원거리 불심자를 검문·차단한다.
3010. (X) 비표확인이나 MD(금속탐지기) 설치 운영 등은 **제1선 안전구역**에서의 활동이다.
3011. (O)
3012. (X) 원거리 불심자 검문차단은 **조기경보지역에서 실시**한다.
3013. (X) **조기경보지역**은 우발사태에 대비책을 강구하고 통상 경찰이 책임을 진다.

TIP 리마증후군과 스톡홀롬 증후군

3014 ☐☐☐☐ 20 승진, 26 간부

'리마증후군'이란 인질범이 인질에게 일체감을 느끼게 되고 인질의 입장을 이해하여 호의를 베푸는 등 인질범이 인질에게 동화되는 현상이다. (O|X)

3015 ☐☐☐☐ 17·18 승진

인질사건이 발생한 때 나타날 수 있는 스톡홀롬 신드롬이란 인질범이 인질에 동화되는 현상이다. (O|X)

3016 ☐☐☐☐ 19 승진

1995. 12. 17. 페루 수도 소재 일본대사관에 투팍 아마르 소속의 게릴라가 난입하여 대사관 직원 등을 126일 동안 인질로 잡은 사건에서 유래된 것으로 시간이 경과됨에 따라 인질범이 인질에게 일체감을 느끼게 되고 인질의 입장을 이해하여 호의를 베푸는 등 인질범이 인질에게 동화되는 현상은 스톡홀름 증후군에 대한 설명이다. (O|X)

3017 ☐☐☐☐ 19 승진

협상은 항상 성공하는 것이 아니므로 다음 과정인 무력제압의 예비조치가 될 가능성이 있고, 인질협상 시에는 언론과 인질범의 부모, 여자친구 등을 최대한 활용하는 것이 바람직하다. (O|X)

정답과 해설

3014. (O)

3015. (X) 스톡홀름 신드롬이란 인질사건 발생시 시간이 경과할수록 **인질이 인질범을 이해**하는 일종의 감정이입이 이루어져 상호 간에 친근감이 생겨 경찰에 적대감을 갖게 되는 현상으로, 스웨덴의 수도인 스톡홀름에서 은행 강도사건 발생시에 131시간 동안 인질로 잡혀 있던 여인이 인질범과 사랑에 빠져 인질범과 함께 경찰관에 대항하여 싸운 사건으로 심리학에서는 오귀인효과라고 한다.

3016. (X) 설문과 같이 인질범이 인질에게 동화되는 현상을 **리마 증후군**이라고 하고, 인질이 인질범에게 동화되는 현상을 스톡홀름 증후군이라고 한다.

3017. (X) 신속하고 정확한 통신수단을 마련하고 인질과 대화통로를 단일화하며 **인질범의 부모나 여자친구 등은 현장에서 멀리하는 것이 바람직**하다.

청원경찰_S급

3018 ☐☐☐☐ 14·15·17 채용, 17·18·19 승진, 19·21 간부, 21 경채

청원경찰은 청원주와 배치된 기관·시설 또는 사업장 등의 구역을 관할하는 경찰서장의 감독을 받아 그 경비구역만의 경비를 목적으로 필요한 범위에서 「청원경찰법」에 따른 경찰관의 직무를 수행한다. O│X

3019 ☐☐☐☐ 19 승진, 21 경채

청원경찰을 배치받으려는 자는 대통령령으로 정하는 바에 따라 관할 경찰서장에게 청원경찰 배치를 신청하여야 한다. O│X

3020 ☐☐☐☐ 17·18 승진, 19·23 간부

시·도경찰청장은 청원경찰 배치가 필요하다고 인정하는 기관의 장 또는 시설·사업장의 경영자에게 청원경찰을 배치할 것을 요청해야 한다. O│X

3021 ☐☐☐☐ 14·15 채용, 19 승진, 16 간부

청원경찰은 청원주의 신청에 따라 시·도경찰청장이 임용한다. O│X

3022 ☐☐☐☐ 15 승진

「국가공무원법」상 결격사유에 해당하는 사람은 청원경찰로 임용될 수 없다. O│X

3023 ☐☐☐☐ 15 승진

복무에 관하여 「경찰공무원법」 제24조를 준용한다. O│X

정답과 해설

3018. (X) 청원경찰은 청원주와 배치된 기관·시설 또는 사업장 등의 구역을 관할하는 경찰서장의 감독을 받아 그 경비구역만의 경비를 목적으로 필요한 범위에서 **「경찰관 직무집행법」**에 따른 경찰관의 직무를 수행한다(청원경찰법 제3조).

3019. (X) 청원경찰을 배치받으려는 자는 대통령령으로 정하는 바에 따라 관할 **시·도경찰청장**에게 청원경찰 배치를 신청하여야 한다(동법 제4조 제1항).

3020. (X) 시·도경찰청장은 청원경찰 배치가 필요하다고 인정하는 기관의 장 또는 시설·사업장의 경영자에게 청원경찰을 배치할 것을 **요청(명령 X)할 수 있다(해야 한다 X)**(동법 제4조 제3항).

3021. (X) 청원경찰은 **청원주가 임용**하되, 임용을 할 때에는 미리 시·도경찰청장의 승인을 받아야 한다(동법 제5조 제1항).

3022. (O) 동법 제5조 제2항

3023. (O) 동법 제5조 제4항

3024 ☐☐☐☐ 17 채용, 19 승진, 23·25 간부

청원경찰이 직무상의 의무 등을 위반하는 경우에는 청원주 및 관할 감독 경찰서장은 대통령령이 정하는 징계절차를 거쳐 징계처분을 하여야 한다. ⓞⅩ

3025 ☐☐☐☐ 14·15·20 채용, 18·20 승진, 16 간부, 21 경채

청원경찰에 대한 징계의 종류는 파면, 해임, 강등, 정직, 감봉 및 견책으로 구분한다. ⓞⅩ

3026 ☐☐☐☐ 15 승진

청원경찰은 직무수행 중 경찰장구·무기 및 분사기의 사용 권한은 없다. ⓞⅩ

3027 ☐☐☐☐ 15·17·19 승진

청원경찰의 '근무 중 제복 착용 의무'가 법률에 명시적으로 규정되어 있지는 않다. ⓞⅩ

3028 ☐☐☐☐ 14·15 채용, 19 승진, 16·19·21 간부

청원경찰은 근무 중 제복을 착용하여야 하며 경찰청장은 청원경찰이 직무를 수행하기 위하여 필요하다고 인정하면 청원주의 신청을 받아 관할 시·도경찰청장으로 하여금 청원경찰에게 무기를 대여하여 지니게 할 수 있다. ⓞⅩ

3029 ☐☐☐☐ 14 채용, 17·18 승진, 16 간부

청원경찰이 직무를 수행할 때 직권을 남용하여 국민에게 해를 끼친 경우에는 1년 이하의 징역이나 금고에 처한다. ⓞⅩ

3030 ☐☐☐☐ 20 채용, 23 간부

청원경찰 업무에 종사하는 사람은 「형법」이나 그 밖의 법령에 따른 벌칙을 적용할 때에는 공무원으로 보기 때문에 청원경찰(국가기관이나 지방자치단체에 근무하는 청원경찰은 제외한다)의 직무상 불법행위에 대한 배상책임에 관하여는 「국가배상법」의 규정을 적용한다. ⓞⅩ

정답과 해설

3024. (X) **청원주**(시·도경찰청장 X, 경찰서장 X)는 청원경찰이 직무상의 의무를 위반하거나 직무를 태만히 한 때에는 대통령령으로 정하는 징계절차를 거쳐 징계처분을 하여야 한다(동법 제5조의2 제1항).

3025. (X) 청원경찰에 대한 징계의 종류는 **파면, 해임, 정직, 감봉 및 견책**(강등 X)으로 구분한다(동법 제5조의2 제2항). 강등은 청원경찰에 대한 징계의 종류에 해당하지 않는다.

3026. (X) 청원경찰은 직무수행 중 경찰장구·무기 및 분사기의 **사용 권한이 있다**(동법 제8조).

3027. (X) 청원경찰은 근무 중 **제복을 착용하여야 한다**(동법 제8조 제1항).

3028. (X) **시·도경찰청장**은 청원경찰이 직무를 수행하기 위하여 필요하다고 인정하면 청원주의 신청을 받아 관할 **경찰서장**으로 하여금 청원경찰에게 무기를 대여하여 지니게 할 수 있다(동법 제8조).

3029. (X) 청원경찰이 직무를 수행할 때 직권을 남용하여 국민에게 해를 끼친 경우에는 **6개월 이하**의 징역이나 금고에 처한다(동법 제10조 제1항).

3030. (X) 청원경찰 업무에 종사하는 사람은 「형법」이나 그 밖의 법령에 따른 벌칙을 적용할 때에는 공무원으로 보기 때문에 청원경찰(국가기관이나 지방자치단체에 근무하는 청원경찰은 **제외한다**(포함한다 X))의 직무상 불법행위에 대한 배상책임에 관하여는 **「민법」**(「국가배상법」 X)의 규정을 적용한다(동법 제10조 제2항, 제10조의2).

3031 ☐☐☐☐ 23 채용, 23 간부

국가나 지방자치단체에 근무하는 청원경찰의 근무관계는 사법상의 고용계약관계이다. (O|X)

3032 ☐☐☐☐ 25 간부

청원주가 청원경찰을 면직시켰을 때에는 그 사실을 관할 경찰서장을 거쳐 시·도경찰청장에게 보고하여야 한다. (O|X)

3033 ☐☐☐☐ 25 간부

청원주는 청원경찰을 대체할 목적으로 「경비업법」에 따른 특수경비원을 배치하는 경우에는 청원경찰의 배치를 폐지하거나 배치인원을 감축할 수 없다. (O|X)

3034 ☐☐☐☐ 25 간부

청원주가 청원경찰을 폐지하거나 감축하였을 때에는 청원경찰 배치 결정을 한 경찰관서의 장에게 알려야 하며, 그 사업장이 시·도경찰청장이 청원경찰의 배치를 요청한 사업장일 때에는 그 폐지 또는 감축 사유를 구체적으로 밝혀야 한다. (O|X)

3035 ☐☐☐☐ 19 승진

청원주가 시·도경찰청장의 임용승인에 의하여 청원경찰을 임용한 때에는 임용한 날부터 10일 이내에 그 임용사항을 관할 경찰서장을 거쳐 시·도경찰청장에게 보고하여야 한다. (O|X)

3036 ☐☐☐☐ 20 채용

청원주는 청원경찰을 신규로 배치하거나 이동배치하였을 때에는 배치지(이동배치의 경우에는 종전의 배치지)를 관할하는 경찰서장에게 그 사실을 통보하여야 한다. (O|X)

3037 ☐☐☐☐ 20 채용

청원경찰이 그 배치지의 특수성 등으로 특수복장을 착용할 필요가 있을 때에는 청원주는 시·도경찰청장의 승인을 받아 특수복장을 착용하게 할 수 있다. (O|X)

정답과 해설

3031. (X) **국가나 지방자치단체에서 근무하는 청원경찰은** 국가공무원법이나 지방공무원법상 공무원은 아니지만 다른 청원경찰과는 달리 임용권자가 행정기관의 장이고, 국가나 지방자치단체에서 보수를 받으며, 산업재해보상보험법이나 근로기준법이 아닌 공무원연금법에 따른 재해보상과 퇴직급여를 지급받고, 직무상 불법행위에 대하여도 민법이 아닌 국가배상법이 적용되는 등 특징이 있으며, 그 외 임용자격, 직무, 복무의무 내용 등을 종합하여 볼 때, 그 근무관계를 **사법상 고용계약관계로 보기는 어렵다**(부산고등법원 2011누1870).

3032. (O) 청원경찰법 제10조의4 제2항

3033. (O) 동법 제10조의5 제1항 제1호

3034. (O) 동법 제10조의5 제2항

3035. (O) 동법 시행령 제4조 제2항

3036. (O) 동법 시행령 제6조 제1항

3037. (O) 동법 제8조, 동법 시행령 제14조 제3항

3038 ☐☐☐☐ 21 경채

청원주는 「총포·도검·화약류 등의 안전관리에 관한 법률」에 따른 분사기의 소지허가를 받아 청원경찰로 하여금 그 분사기를 휴대하여 직무를 수행하게 할 수 있다. (O|X)

3039 ☐☐☐☐ 17 채용, 18 승진

관할 경찰서장은 매달 1회 이상 청원경찰을 배치한 경비구역을 감독할 수 있다. (O|X)

3040 ☐☐☐☐ 17 채용, 16·19 간부

청원경찰의 임용자격은 19세 이상인 사람으로 한정한다. (O|X)

정답과 해설

3038. (O) 동법 시행령 제15조.
3039. (X) 관할 경찰서장은 매달 1회 이상 청원경찰을 배치한 경비구역에 대하여 복무규율과 근무 상황, 무기의 관리 및 취급 사항을 **감독하여야 한다**(동법 시행령 제17조).
3040. (X) 청원경찰의 임용자격은 **18세 이상**인 사람이다(동법 시행령 제3조).

CHAPTER 04

교통경찰

THEME 01 도로 _A급

3041 ☐☐☐☐ 18 승진

'도로'란 「도로법」에 따른 도로, 「유료도로법」에 따른 유료도로, 「농어촌도로 정비법」에 따른 농어촌도로에 한한다. (O|X)

3042 ☐☐☐☐ 19 채용, 15·21 승진, 20 간부

도로 외의 장소에서 단속할 수 있는 경우

> ㉠ 유료주차장 내에서 음주운전을 하다가 적발된 경우 (O|X)
> ㉡ 대학교 구내에서 마약을 과다복용하고 운전을 하다가 적발된 경우 (O|X)
> ㉢ 아파트 지하주차장에서 보행자를 충격하여 다치게 한 후 적절한 조치 없이 현장을 이탈하였다가 적발된 경우 (O|X)
> ㉣ 학교 운동장에서 운전면허를 취득하기 위해 운전연습을 하다가 신고를 통해 적발된 경우 (O|X)
> ㉤ 도로가 아닌 곳에서 술에 취한 상태로 자동차 등을 운전하더라도 음주단속의 대상이 된다(단, '술에 취한 상태'는 혈중알코올농도가 0.03퍼센트 이상인 경우로 전제함). (O|X)
> ㉥ 주차장, 학교 경내 등 「도로교통법」상 도로가 아닌 곳에서의 음주운전, 약물운전, 사고 후 미조치에 대하여 형사처벌이 가능하다. (O|X)

3043 ☐☐☐☐ 24 간부

도로 외의 곳에서의 음주운전·음주측정거부 등에 대해서는 형사처벌도 가능하고 운전면허취소처분도 부과할 수 있다. (O|X)

3044 ☐☐☐☐ 22 채용

「도로교통법」상 도로가 아닌 곳에서 술에 취한 상태에서의 운전은 음주운전으로는 처벌할 수 있지만 운전면허의 정지 또는 취소처분을 부과할 수는 없다. (O|X)

정답과 해설

3041. (X) '도로'란 「도로법」에 따른 도로, 「유료도로법」에 따른 유료도로, 「농어촌도로 정비법」에 따른 농어촌도로, 그 밖에 현실적으로 불특정 다수의 사람 또는 차마가 통행할 수 있도록 공개된 장소로서 안전하고 원활한 교통을 확보할 필요가 있는 장소를 말한다(도로교통법 제2조 제1호).

3042. ㉠ (O) 단속가능 ㉡ (O) 단속가능 ㉢ (O) 단속가능 ㉣ (X) 단속불가능 ㉤ (O) 단속가능 ㉥ (O) 주차장, 학교 경내 등 「도로교통법」상 도로가 아닌 곳에서도 음주운전(제44조), 약물운전(제45조), 사고 후 미조치(제54조 제1항 제1호), 손괴 후 인적사항 미제공(제54조 제1항 제2호) 및 해당 처벌조항(제148조, 제148조의2, 제156조 제10호)에 대해 「도로교통법」 적용하여 처벌이 가능하다(도로교통법 제2조 제26호 참고). 단, 형사처벌만 가능하며 운전면허 행정처분은 불가하다.

3043. (X) 음주·약물 운전 및 조치불이행 교통사고, 음주측정거부의 경우 도로 외의 장소에서 발생하더라도 처벌이 가능하므로, 형사처벌만 가능하며 운전면허 행정처분은 불가능하다.

3044. (O) 대법원 2021. 12. 10. 선고 2018두42771 판결

도로교통법상 용어정리 _S급

3045 ☐☐☐☐ 15 채용

자동차전용도로란 자동차만 다닐 수 있도록 설치된 도로를 말한다. (O|X)

3046 ☐☐☐☐ 15 채용

고속도로란 자동차의 고속 운행에만 사용하기 위하여 지정된 도로를 말한다. (O|X)

3047 ☐☐☐☐ 17 승진

'차도'란 연석선(차도와 보도를 구분하는 돌 등으로 이어진 선을 말한다), 안전표지 또는 그와 비슷한 인공구조물을 이용하여 경계를 표시하여 모든 차가 통행할 수 있도록 설치된 도로의 부분을 말한다. (O|X)

3048 ☐☐☐☐ 17 채용

'자전거횡단도'란 자전거 및 개인형 이동장치가 일반도로를 횡단할 수 있도록 안전표지로 표시한 도로의 부분을 말한다. (O|X)

3049 ☐☐☐☐ 18 승진, 23 간부

"보도"(步道)란 연석선, 안전표지나 그와 비슷한 인공구조물로 경계를 표시하여 보행자(유모차, 보행보조용 의자차, 노약자용 보행기 등 행정안전부령으로 정하는 기구·장치를 이용하여 통행하는 사람 및 제21호의3에 따른 실외이동로봇을 제외)가 통행할 수 있도록 한 도로의 부분을 말한다. (O|X)

3050 ☐☐☐☐ 15·17 채용, 17·18 승진, 23 간부

길가장자리구역이란 보도와 차도가 구분된 도로에서 보행자의 안전을 확보하기 위하여 안전표지 등으로 경계를 표시한 도로의 가장자리 부분을 말한다. (O|X)

3051 ☐☐☐☐ 17 채용

'교차로'란 '十'자로, 'T'자로나 그 밖에 둘 이상의 도로(보도와 차도가 구분되어 있는 도로에서는 차도를 말한다)가 교차하는 부분을 말한다. (O|X)

정답과 해설

3045. (O) 도로교통법 제2조 제2호
3046. (O) 동법 제2조 제3호
3047. (O) 동법 제2조 제4호
3048. (O) 동법 제2조 제9호
3049. (X) "보도"(步道)란 연석선, 안전표지나 그와 비슷한 인공구조물로 경계를 표시하여 보행자(유모차, 보행보조용 의자차, 노약자용 보행기 등 행정안전부령으로 정하는 기구·장치를 이용하여 통행하는 사람 및 제21호의3에 따른 실외이동로봇을 **포함(제외 X)**)가 통행할 수 있도록 한 도로의 부분을 말한다(동법 제2조 제10호).
3050. (X) "길가장자리구역"이란 **보도와 차도가 구분되지 아니한** 도로에서 보행자의 안전을 확보하기 위하여 안전표지 등으로 경계를 표시한 도로의 가장자리 부분을 말한다(동법 제2조 제11호).
3051. (O) 동법 제2조 제13호

3052 ☐☐☐☐ 15 채용

안전지대란 도로를 횡단하는 보행자나 통행하는 차마의 안전을 위하여 안전표지나 이와 비슷한 인공구조물로 표시한 도로의 부분을 말한다. (O│X)

3053 ☐☐☐☐ 17·20 채용, 14·17·19 승진

도로교통법 시행규칙상 안전표지에 대한 옳고 그름(O, X)로 표시하시오.

> ㉠ 도로교통법 제4조에 따른 안전표지는 주의표지, 규제표지, 지시표지, 경고표지, 노면표시가 있다. (O│X)
>
> ㉡ 규제표지 – 도로교통의 안전을 위하여 각종 제한·금지 등의 규제를 하는 경우에 이를 도로사용자에게 알리는 표지 (O│X)
>
> ㉢ 지시표지 – 도로의 통행방법·통행구분 등 도로교통의 안전을 위하여 필요한 지시를 하는 경우에 도로사용자가 이에 따르도록 알리는 표지 (O│X)
>
> ㉣ 보조표지 – 도로상태가 위험하거나 도로 또는 그 부근에 위험물이 있는 경우에 필요한 안전조치를 할 수 있도록 이를 도로사용자에게 알리는 표지 (O│X)
>
> ㉤ 노면표시 – 주의표지·규제표지 또는 지시표지의 주기능을 보충하여 도로사용자에게 알리는 표지 (O│X)

3054 ☐☐☐☐ 21 채용, 23 간부

"자동차"란 철길이나 가설된 선을 이용하지 아니하고 원동기를 사용하여 운전되는 차로서 승용자동차, 승합자동차, 화물자동차, 특수자동차, 이륜자동차, 원동기장치자전거를 말한다. 다만, 건설기계는 제외한다. (O│X)

정답과 해설

3052. (O) 도로교통법 제2조 제14호
3053. ㉠ (X) 도로교통법 제4조에 따른 안전표지는 주의표지, 규제표지, 지시표지, **보조표지**, 노면표시가 있다(동법 시행규칙 제8조).
㉡ (O) 동법 시행규칙 제8조 제1항 제2호
㉢ (O) 동법 시행규칙 제8조 제1항 제3호
㉣ (X) 도로상태가 위험하거나 도로 또는 그 부근에 위험물이 있는 경우에 필요한 안전조치를 할 수 있도록 이를 도로사용자에게 알리는 표지는 **주의표지**이다(동법 시행규칙 제8조 제1항 제1호).
㉤ (X) 주의표지·규제표지 또는 지시표지의 주기능을 보충하여 도로사용자에게 알리는 표지는 **보조표지**이다(동법 시행규칙 제8조 제1항 제4호).
3054. (X) "자동차"란 철길이나 가설된 선을 이용하지 아니하고 원동기를 사용하여 운전되는 차(견인되는 자동차도 자동차의 일부로 봄)로서 승용자동차·승합자동차·화물자동차·특수자동차·이륜자동차(다만, **원동기장치자전거를 제외**) 및 「건설기계관리법」 제26조 제1항 단서에 따른 건설기계를 말한다(동법 제2조 18호).

3055 ☐☐☐☐ 26 간부

완전 자율주행시스템을 갖춘 자동차의 운전자는 자율주행시스템의 직접 운전 요구에 지체 없이 대응하여 조향장치, 제동장치 및 그 밖의 장치를 직접 조작하여 운전하여야 한다. (O│X)

3056 ☐☐☐☐ 26 간부

운전자가 자율주행시스템을 사용하여 운전하는 경우에는 자동차가 정지하고 있거나, 각종 범죄 및 재해 신고 등 긴급한 필요가 있는 경우가 아니라고 하더라도 휴대용 전화를 사용할 수 있다. (O│X)

3057 ☐☐☐☐ 26 간부

「도로교통법 시행규칙」상 부분 자율주행시스템은 지정된 조건에서 자동차를 운행하되 작동한계상황 등 필요한 경우 운전자의 개입을 요구하는 자율주행시스템을 말한다. (O│X)

3058 ☐☐☐☐ 17 승진

'원동기장치자전거'란 「자동차관리법」제3조에 따른 이륜자동차 가운데 배기량 125cc 이하(전기를 동력으로 하는 경우에는 최고정격출력 11킬로와트 이하)의 이륜자동차, 그 밖에 배기량 125cc 이하(전기를 동력으로 하는 경우에는 최고정격출력 11킬로와트 이하)의 원동기를 단 차(「자전거 이용 활성화에 관한 법률」제2조제1호의2에 따른 전기자전거는 제외한다)를 말한다. (O│X)

3059 ☐☐☐☐ 14·18·19 승진

「도로교통법」상 '어린이'는 14세 미만인 사람을 말한다. (O│X)

3060 ☐☐☐☐ 23 채용, 17·18 승진

'정차'란 운전자가 10분을 초과하지 아니하고 차를 정지시키는 것으로서 주차 외의 정지 상태를 말한다. (O│X)

3061 ☐☐☐☐ 26 간부

자율주행시스템을 사용하여 도로에서 차마 또는 노면전차를 그 본래의 사용방법에 따라 사용하는 것은 「도로교통법」상 운전의 개념에 포함된다. (O│X)

정답과 해설

3055. (X) 행정안전부령으로 정하는 **완전 자율주행시스템에 해당하지 아니하는** 자율주행시스템을 갖춘 자동차의 운전자는 자율주행시스템의 직접 운전 요구에 지체 없이 대응하여 조향장치, 제동장치 및 그 밖의 장치를 직접 조작하여 운전하여야 한다(도로교통법 제56조의2 제1항).

3056. (O) 운전자가 자율주행시스템을 사용하여 운전하는 경우에는 제49조 제1항 **제10호(휴대용 전화), 제11호(영상표시장치) 및 제11호의2(영상표시장치 조작 금지)**를 적용하지 아니한다(동법 제56조의2 제2항).

3057. (O) 동법 시행규칙 제2조의2

3058. (O) 동법 제2조 제19호

3059. (X) '어린이'는 **13세 미만**인 사람을 말한다(동법 제2조 제23호).

3060. (X) '정차'란 운전자가 **5분**을 초과하지 아니하고 차를 정지시키는 것으로서 주차 외의 정지 상태를 말한다(동법 제2조 제25호).

3061. (O) "운전"이란 도로(도로 외의 곳·술에 취한 상태에서의 운전 금지·과로한 때 등의 운전 금지·사고발생 시의 조치·벌칙의 경우에는 도로 외의 곳을 포함)에서 차마 또는 노면전차를 그 본래의 사용방법에 따라 사용하는 것(조종 또는 **자율주행시스템을 사용하는 것을 포함**)을 말한다(동법 제2조 제26호).

3062 ☐☐☐☐ 19 승진

'보행자전용도로'란 보도와 차도가 구분되지 아니한 도로에서 보행자의 안전을 확보하기 위하여 안전표지 등으로 경계를 표시한 도로의 가장자리 부분을 말한다. (O|X)

3063 ☐☐☐☐ 23 간부

'모범운전자'란 동법에 따라 무사고운전자 또는 유공운전자의 표시장을 받거나 2년 이상 사업용 자동차 운전에 종사하면서 교통사고를 일으킨 전력이 없는 사람으로서 시·도경찰청장이 정하는 바에 따라 선발되어 교통안전 봉사활동에 종사하는 사람을 말한다. (O|X)

3064 ☐☐☐☐ 14 승진

보행자는 보도와 차도가 구분된 도로에서는 언제나 보도로 통행하여야 한다. 다만, 차도를 횡단하는 경우, 도로공사 등으로 보도의 통행이 금지된 경우나 그 밖의 부득이한 경우에는 그러하지 아니하다. (O|X)

3065 ☐☐☐☐ 14 승진

보행자는 차와 노면전차의 바로 앞이나 뒤로 횡단하여서는 아니 된다. 다만, 횡단보도를 횡단하거나 신호기 또는 경찰공무원등의 신호나 지시에 따라 도로를 횡단하는 경우에는 그러하지 아니하다. (O|X)

3066 ☐☐☐☐ 22 간부

경찰공무원은 도로에서의 위험을 방지하고 교통의 안전과 원활한 소통을 확보하기 위하여 필요하다고 인정할 때, 행렬등에 대하여 구간을 정하고 그 구간에서 행렬등이 도로 또는 차도의 우측(자전거도로가 설치되어 있는 차도에서는 자전거도로를 제외한 부분의 우측을 말한다)으로 붙어서 통행할 것을 명하는 등 필요한 조치를 하여야 한다. (O|X)

3067 ☐☐☐☐ 22 간부

경찰공무원은 신체에 장애가 있는 사람이 도로를 통행하거나 횡단하기 위하여 도움을 요청하거나 도움이 필요하다고 인정하는 경우, 그 사람이 안전하게 통행하거나 횡단할 수 있도록 필요한 조치를 하여야 한다. (O|X)

정답과 해설

3062. (X) '보행자전용도로'란 **보행자만 다닐 수 있도록 안전표지나 그와 비슷한 인공구조물로 표시한 도로**를 말한다 (도로교통법 제2조 제31호).

3063. (X) '모범운전자'란 제146조에 따라 무사고운전자 또는 유공운전자의 표시장을 받거나 2년 이상 사업용 자동차 운전에 종사하면서 교통사고를 일으킨 전력이 없는 사람으로서 **경찰청장**이 정하는 바에 따라 선발되어 교통안전 봉사활동에 종사하는 사람을 말한다(동법 제2조 제33호).

3064. (O) 동법 제8조 제1항

3065. (O) 동법 제10조 제4항

3066. (X) 경찰공무원은 도로에서의 위험을 방지하고 교통의 안전과 원활한 소통을 확보하기 위하여 필요하다고 인정할 때에는 행렬등에 대하여 구간을 정하고 그 구간에서 행렬등이 도로 또는 차도의 우측(자전거도로가 설치되어 있는 차도에서는 자전거도로를 제외한 부분의 우측을 말한다)으로 붙어서 통행할 것을 명하는 등 필요한 조치를 **할 수 있다**(동법 제9조 제3항).

3067. (O) 동법 제11조 제5항

3068 ☐☐☐☐ 22 간부

경찰공무원은 앞을 보지 못하는 사람으로서 흰색 지팡이를 가지지 아니하거나 장애인보조견을 동반하지 아니하는 등 필요한 조치를 하지 아니하고 다니는 사람을 발견한 경우, 그들의 안전을 위한 적절한 조치를 하여야 한다. (O|X)

3069 ☐☐☐☐ 22 간부

경찰공무원은 교통이 빈번한 도로에서 놀고 있는 어린이를 발견한 경우, 그들의 안전을 위한 적절한 조치를 하여야 한다. (O|X)

정답과 해설

3068. (O) 동법 제11조 제6항 제3호
3069. (O) 동법 제11조 제6항 제1호

THEME 03 자전거등 _B급

1 통행방법 특례

3070 ☐☐☐☐ 18 승진
자전거등의 운전자는 자전거도로(「도로교통법」 제15조 제1항에 따라 자전거만 통행할 수 있도록 설치된 전용차로를 포함한다)가 따로 있는 곳에서는 그 자전거도로로 통행할 수 있다. (O|X)

3071 ☐☐☐☐ 18 승진, 18 간부, 20 경채
자전거등의 운전자는 자전거도로가 설치되지 아니한 곳에서는 도로 좌측 가장자리에 붙어서 통행하여야 한다. (O|X)

3072 ☐☐☐☐ 24 승진, 18 간부, 20 경채
자전거등의 운전자는 길가장자리구역(안전표지로 자전거등의 통행을 금지한 구간은 제외한다)을 통행할 수 있다. 이 경우 자전거등의 운전자는 보행자의 통행에 방해가 될 때에는 서행하거나 일시정지하여야 한다. (O|X)

3073 ☐☐☐☐ 14·18·19·24 승진, 14·18 간부
자전거등의 운전자는 안전표지로 통행이 허용된 경우를 제외하고는 2대 이상이 나란히 차도를 통행하여서는 아니 된다. (O|X)

3074 ☐☐☐☐ 18 승진, 18 간부
자전거등의 운전자가 횡단보도를 이용하여 도로를 횡단할 때에는 보행자의 통행에 방해가 되지 않도록 서행하여야 한다. (O|X)

3075 ☐☐☐☐ 24 승진
자전거 운전자는 서행하거나 정지한 다른 차를 앞지르려면 앞차의 좌측으로만 통행하여야 한다. 이 경우 자전거 운전자는 정지한 차에서 승차하거나 하차하는 사람의 안전에 유의하여 서행하거나 필요한 경우 일시정지하여야 한다. (O|X)

정답과 해설

3070. (X) 자전거등의 운전자는 자전거도로(자전거만 통행할 수 있도록 설치된 전용차로를 포함한다)가 따로 있는 곳에서는 그 자전거도로로 통행**하여야 한다**(도로교통법 제13조의2 제1항).

3071. (X) 자전거등의 운전자는 자전거도로가 설치되지 아니한 곳에서는 **도로 우측 가장자리**에 붙어서 통행하여야 한다(동법 제13조의2 제2항).

3072. (O) 동법 제13조의2 제3항

3073. (O) 동법 제13조의2 제5항

3074. (X) 자전거등의 운전자가 횡단보도를 이용하여 도로를 횡단할 때에는 자전거등에서 **내려서 자전거등을 끌거나 들고 보행하여야 한다**(동법 제13조의2 제6항).

3075. (X) 자전거 운전자는 서행하거나 정지한 다른 차를 앞지르려면 앞차의 **우측(좌측 X)으로 통행할 수 있다(하여야 한다 X)**. 이 경우 자전거 운전자는 정지한 차에서 승차하거나 하차하는 사람의 안전에 유의하여 서행하거나 필요한 경우 일시정지하여야 한다(동법 제21조 제2항).

준수사항

3076 ☐☐☐☐ 18 간부
자전거등의 운전자는 자전거도로 및 「도로법」에 따른 도로를 운전할 때에는 행정안전부령으로 정하는 인명보호 장구를 착용하여야 하며, 동승자에게도 이를 착용하도록 하여야 한다. ⓞⓧ

3077 ☐☐☐☐ 18 간부
자전거등의 운전자는 밤에 도로를 통행하는 때에는 전조등과 미등을 켜거나 야광띠 등 발광장치를 착용하여야 한다. ⓞⓧ

3078 ☐☐☐☐ 19 채용
술에 취한 상태에서 자전거를 운전한 사람은 처벌된다(단, '술에 취한 상태'는 혈중알코올농도가 0.03퍼센트 이상인 경우로 전제함). ⓞⓧ

3079 ☐☐☐☐ 21 경채
「도로교통법」상 경찰공무원은 교통의 안전과 위험방지를 위하여 필요하다고 인정되거나 술에 취한 상태에서 자전거를 운전하였다고 인정할 만한 상당한 이유가 있는 사람을 호흡조사로 측정할 수 있다. 이 경우 경찰공무원의 측정에 응하지 아니한 사람은 (   )만원 이하의 벌금이나 구류 또는 과료에 처한다.

3080 ☐☐☐☐ 21 채용, 23 간부
어린이의 보호자는 어린이가 행정안전부령으로 정하는 인명보호 장구를 착용한 경우를 제외하고 도로에서 개인형 이동장치를 운전하게 하여서는 아니 된다. ⓞⓧ

3081 ☐☐☐☐ 24 승진
술에 취한 상태에서 자전거를 운전했을 경우의 범칙금은 3만원이며, 술에 취한 상태에 있다고 인정할 만한 상당한 이유가 있는 자전거 운전자가 경찰공무원의 호흡조사 측정에 불응한 경우의 범칙금은 10만원에 해당된다. ⓞⓧ

3082 ☐☐☐☐ 25 채용
개인형 이동장치의 운전자는 대통령령으로 정하는 승차정원을 초과하여 동승자를 태우고 개인형 이동장치를 운전하여서는 아니 된다. ⓞⓧ

정답과 해설

3076. (O) 도로교통법 제50조 제4항
3077. (O) 동법 제50조 제9항
3078. (O) 20만원 이하의 벌금이나 구류 또는 과료에 처한다(동법 제44조 제1항, 제156조 제11호).
3079. **20만원 이하**의 벌금이나 구류 또는 과료에 처한다(동법 제44조 제2항, 제156조 제12호).
3080. (X) 어린이의 보호자는 도로에서 어린이가 **개인형 이동장치를 운전하게 하여서는 아니 된다(제외규정 X)**(동법 제11조 제4항).
3081. (O) 동법 시행령 별표8
3082. (X) 개인형 이동장치의 운전자는 **행정안전부령(대통령령 X)**으로 정하는 승차정원을 초과하여 동승자를 태우고 개인형 이동장치를 운전하여서는 아니 된다(동법 제50조 제10항).

THEME 04 차마의 통행방법_B급

3083 ☐☐☐☐ 22 승진
도로 또는 노상주차장에 정차하거나 주차하려고 하는 차의 운전자는 차를 차도의 우측 가장자리에 정차하는 등 대통령령으로 정하는 정차 또는 주차의 방법·시간과 금지사항 등을 지켜야 한다. (O|X)

3084 ☐☐☐☐ 22 승진
경사진 곳에 정차하거나 주차(도로 외의 경사진 곳에서 정차하거나 주차하는 경우를 포함한다)하려는 자동차의 운전자는 대통령령으로 정하는 바에 따라 고임목을 설치하거나 조향장치를 도로의 가장자리 방향으로 돌려놓는 등 미끄럼 사고의 발생을 방지하기 위한 조치를 취하여야 한다. (O|X)

3085 ☐☐☐☐ 23 채용
모든 차의 운전자는 예외 없이 터널 안에 차를 주차해서는 아니 된다. (O|X)

3086 ☐☐☐☐ 17·24 채용, 20·22 승진
터널 안 및 다리 위, 도로공사를 하고 있는 경우에 그 공사 구역의 양쪽 가장자리로부터 10미터 이내인 곳은 주차금지 장소에 해당한다. (O|X)

3087 ☐☐☐☐ 17 채용
다중이용업소의 영업장이 속한 건축물로 소방본부장의 요청에 의하여 시·도경찰청장이 지정한 곳으로부터 5m 이내인 곳은 '주차금지장소'에 해당한다. (O|X)

3088 ☐☐☐☐ 17 채용
시·도경찰청장이 도로에서의 위험을 방지하고 교통의 안전과 원활한 소통을 확보하기 위하여 필요하다고 인정하여 지정한 곳은 '주차금지장소'에 해당한다. (O|X)

정답과 해설

3083. (O) 도로교통법 제34조
3084. (O) 동법 제34조의3
3085. (X) 모든 차의 운전자는 터널 안에 차를 주차해서는 아니 된다. 그러나 **고장 또는 그 밖의 부득이한 사유로 터널 안 도로**에서 차 또는 노면전차를 정차 또는 주차하는 경우에는 전조등(前照燈), 차폭등(車幅燈), 미등(尾燈)과 그 밖의 등화를 켜야 한다(동법 제33조, 제37조 제1항).
3086. (X) 도로공사를 하고 있는 경우에는 그 공사 구역의 양쪽 가장자리로부터 **5미터(10미터 X)** 이내인 곳이 **주차(정차 X)**금지 장소이다(동법 제33조 제2호 가목).
3087. (O) 동법 제33조 제2호 나목
3088. (O) 시·도경찰청장이 도로에서의 위험을 방지하고 교통의 안전과 원활한 소통을 확보하기 위하여 필요하다고 인정하여 지정한 곳은 정차 및 주차 금지(동법 제32조 제7호)와 주차 금지의 장소(동법 제33조 제3호) 모두 적용된다.

3089 ☐☐☐☐ 20 승진

교차로의 가장자리나 도로의 모퉁이로부터 5m 이내인 곳은 주·정차 금지구역에 해당한다. (O|X)

3090 ☐☐☐☐ 20 승진

건널목의 가장자리 또는 횡단보도로부터 10m 이내인 곳은 주·정차 금지구역에 해당한다. (O|X)

3091 ☐☐☐☐ 20 승진

안전지대가 설치된 도로에서는 그 안전지대의 사방으로부터 각각 10m 이내인 곳은 주·정차 금지구역에 해당한다. (O|X)

정답과 해설

3089. (O) 도로교통법 제32조 제2호
3090. (O) 동법 제32조 제5호
3091. (O) 동법 제32조 제3호

1 긴급자동차의 종류

3092 ☐☐☐☐ 14 승진, 14 간부

경찰용의 긴급자동차에 의하여 유도되고 있는 자동차 역시 긴급자동차로 간주된다. (O|X)

3093 ☐☐☐☐ 25 채용, 14 승진

「도로교통법」및 동법 시행령상 자동차를 사용하는 사람 또는 기관 등의 신청에 의하여 시·도경찰청장이 지정하는 긴급자동차는 (O), 아니면 (X)

| ㉠ 경찰용 자동차 중 범죄수사, 교통단속, 그 밖의 긴급한 경찰업무 수행에 사용되는 자동차 (O|X)
| ㉡ 민방위업무를 수행하는 기관에서 긴급예방을 위한 출동에 사용되는 자동차 (O|X)
| ㉢ 도로관리를 위하여 사용되는 자동차 중 운행이 제한되는 자동차를 단속하기 위하여 사용되는 자동차 (O|X)
| ㉣ 교도소의 자동차 중 수용자의 호송·경비를 위하여 사용되는 자동차 (O|X)
| ㉤ 국내외 요인에 대한 경호업무 수행에 공무로 사용되는 자동차 (O|X)
| ㉥ 긴급한 우편물의 운송에 사용되는 자동차 (O|X)

3094 ☐☐☐☐ 06 채용, 14 간부

국군 및 주한국제연합군용의 긴급자동차에 의하여 유도되고 있는 국군 및 주한국제연합군의 자동차는 긴급자동차로 간주된다. (O|X)

3095 ☐☐☐☐ 14 간부

생명이 위급한 환자나 부상자 또는 수혈을 위한 혈액을 운반 중인 자동차는 긴급자동차로 간주된다. (O|X)

3096 ☐☐☐☐ 19 승진

소방차라 하더라도 그 본래의 긴급한 용도로 사용되고 있는 경우에만 긴급자동차에 해당된다. (O|X)

정답과 해설

3092. (O) 도로교통법 시행령 제2조 제2항 제1호
3093. ㉠ (X) 법정긴급자동차
　　　㉡ (O) 신청에 의하여 시·도경찰청장이 지정하는 긴급자동차
　　　㉢ (O) 신청에 의하여 시·도경찰청장이 지정하는 긴급자동차
　　　㉣ (X) 법정긴급자동차
　　　㉤ (X) 법정긴급자동차
　　　㉥ (O) 신청에 의하여 시·도경찰청장이 지정하는 긴급자동차
3094. (O) 동법 시행령 제2조 제2항
3095. (O) 동법 시행령 제2조 제2항
3096. (O) 동법 제2조 제22호

3097 ☐☐☐☐ 06 채용

도로상의 위험을 방지하기 위한 응급 작업에 사용되는 자동차는 사용자의 신청여부와 관계없이 법정 긴급자동차에 해당한다. O│X

2 긴급자동차의 우선과 특례

3098 ☐☐☐☐ 19 승진

긴급자동차 외의 자동차의 운전자는 긴급자동차가 고속도로에 들어가는 경우에는 그 진입을 방해하여서는 아니 된다. O│X

3099 ☐☐☐☐ 14·19 승진, 15 간부, 20 경채

긴급자동차는 긴급하고 부득이한 경우에는 도로의 중앙이나 좌측 부분을 통행하여야 하며, 이 경우 교통안전에 특히 주의하면서 통행하여야 한다. O│X

3100 ☐☐☐☐ 15 간부

긴급자동차는 도로교통법이나 도로교통법에 따른 명령에 따라 정지하여야 하는 경우에도 불구하고 긴급하고 부득이한 경우에는 정지하지 아니할 수 있다. O│X

3101 ☐☐☐☐ 20 경채

교차로나 그 부근에서 긴급자동차가 접근하는 경우 차마와 노면전차의 운전자는 긴급자동차가 우선 통행할 수 있도록 진로를 양보하여 서행하여야 한다. O│X

3102 ☐☐☐☐ 23 채용, 14·19 승진

모든 긴급자동차는 자동차의 속도 제한, 앞지르기의 방법, 끼어들기의 금지의 적용을 받지 않는다. O│X

3103 ☐☐☐☐ 22 간부

긴급자동차인 국내외 요인에 대한 경호업무 수행에 공무로 사용되는 자동차에 대한 특례로「도로교통법」제17조에 따른 자동차등의 속도 제한은 적용되지 않는다. O│X

정답과 해설

3097. (X) 도로상의 위험을 방지하기 위한 응급 작업에 사용되는 자동차는 사용하는 사람의 신청에 의하여 **시·도경찰청장이 지정하는 경우에 한하여** 긴급자동차로 취급된다(동법 시행령 제2조 제1항 제8호).

3098. (O) 도로교통법 제65조 제2항

3099. (X) 긴급자동차는 긴급하고 부득이한 경우에는 도로의 중앙이나 좌측 부분을 **통행할 수 있으며**, 이 경우 교통안전에 특히 주의하면서 통행하여야 한다(동법 제29조 제1항, 제3항).

3100. (O) 동법 제29조 제2항

3101. (X) 교차로나 그 부근에서 긴급자동차가 접근하는 경우에는 차마와 노면전차의 운전자는 **교차로를 피하여 일시정지하여야 한다**(동법 제29조 제4항).

3102. (X) 긴급자동차는 자동차의 속도 제한, 앞지르기의 금지, 끼어들기의 금지의 적용을 받지 않는다. 다만, **앞지르기의 방법은 모든 긴급자동차에 적용되는 것이 아니라 긴급자동차 중 소방차, 구급차, 혈액공급차량과 대통령령으로 정하는 경찰용 자동차에 대해서만 적용하지 아니한다**(동법 제30조).

3103. (O) 동법 제30조 제1호

3104 ☐☐☐☐ 22 간부

긴급자동차인 국내외 요인에 대한 경호업무 수행에 공무로 사용되는 자동차에 대한 특례로 「도로교통법」 제19조에 따른 안전거리 확보 등은 적용되지 않는다. (O|X)

3105 ☐☐☐☐ 22 간부

긴급자동차인 국내외 요인에 대한 경호업무 수행에 공무로 사용되는 자동차에 대한 특례로 「도로교통법」 제33조에 따른 주차금지는 적용되지 않는다. (O|X)

3106 ☐☐☐☐ 22 간부

긴급자동차인 국내외 요인에 대한 경호업무 수행에 공무로 사용되는 자동차에 대한 특례로 「도로교통법」 제21조 제1항에 따른 앞지르기 방법 등은 적용되지 않는다. (O|X)

3107 ☐☐☐☐ 19 승진, 15 간부

긴급자동차의 운전자가 교통사고를 일으킨 경우에는 그 긴급활동의 시급성과 불가피성 등 정상을 참작하여 「도로교통법」 제151조 또는 「교통사고처리 특례법」 제3조 제1항에 따른 형을 감경하거나 면제한다. (O|X)

정답과 해설

3104. (X) **안전거리 확보 등**은 **소방차, 구급차, 혈액공급차량, 대통령령으로 정하는 경찰용 자동차**에 대해서만 적용하지 아니한다(도로교통법 제30조 단서).

3105. (X) **주차금지**는 **소방차, 구급차, 혈액공급차량, 대통령령으로 정하는 경찰용 자동차**에 대해서만 적용하지 아니한다(동법 제30조 단서).

3106. (X) **앞지르기 방법 등**은 **소방차, 구급차, 혈액공급차량, 대통령령으로 정하는 경찰용 자동차**에 대해서만 적용하지 아니한다(동법 제30조 단서).

3107. (X) 긴급자동차의 운전자가 교통사고를 일으킨 경우에는 그 긴급활동의 시급성과 불가피성 등 정상을 참작하여 「도로교통법」 제151조 또는 「교통사고처리 특례법」 제3조 제1항에 따른 **형을 감경하거나 면제할 수 있다**(동법 제158조의2).

어린이통학버스 및 어린이통학용 자동차_B급

3108 ☐☐☐☐ 21 채용, 14 승진
어린이통학버스가 도로에 정차하여 어린이나 영유아가 타고 내리는 중임을 표시하는 점멸등 등의 장치를 작동 중일 때에는 어린이통학버스가 정차한 차로와 그 차로의 바로 옆 차로로 통행하는 차의 운전자는 어린이통학버스에 이르기 전에 일시정지하여 안전을 확인한 후 서행하여야 한다. (O|X)

3109 ☐☐☐☐ 14·18 승진
어린이 통학버스가 도로에 정차하여 점멸등 등 어린이가 타고 내리는 중임을 표시하는 장치를 가동 중인 때에는 중앙선이 설치되지 아니한 도로와 편도 1차로인 도로에서는 반대방향에서 진행하는 차의 운전자도 어린이통학버스에 이르기 전에 일시정지하여 안전을 확인한 후 서행하여야 한다. (O|X)

3110 ☐☐☐☐ 13 채용, 14·18·22 승진
모든 차의 운전자는 어린이나 영유아를 태우고 있다는 표시를 한 상태로 도로를 통행하는 어린이통학버스를 앞지를 때 과도하게 속도를 올리는 등 행위를 자제하여야 한다. (O|X)

3111 ☐☐☐☐ 13 채용
어린이통학버스(「여객자동차 운수사업법」 제4조 제3항에 따른 한정면허를 받아 어린이를 여객대상으로 하여 운행되는 운송사업용 자동차는 제외한다)를 운영하려는 자는 행정안전부령으로 정하는 바에 따라 미리 관할 경찰서장에게 신고하고 신고증명서를 발급받아야 한다. (O|X)

3112 ☐☐☐☐ 13 채용
어린이통학버스를 운영하는 사람과 운전하는 사람 및 제53조 제3항에 따른 보호자는 어린이통학버스의 안전운행 등에 관한 교육(이하 "어린이통학버스 안전교육"이라 한다)을 받아야 한다. (O|X)

3113 ☐☐☐☐ 13 채용
어린이통학버스를 운전하는 사람은 어린이나 영유아가 어린이통학버스를 탈 때에는 승차한 모든 어린이나 영유아가 좌석안전띠를 매도록 한 후에 출발하여야 하며, 내릴 때에는 보도나 길가장자리구역 등 자동차로부터 안전한 장소에 도착한 것을 확인한 후에 출발하여야 한다. (O|X)

3114 ☐☐☐☐ 22 승진
「도로교통법 시행령」상 어린이 통학버스는 교통사고로 인한 피해를 전액 배상할 수 있도록 「보험업법」에 따른 보험 또는 「여객자동차 운수사업법」에 따른 공제조합에 가입되어 있어야 한다. (O|X)

정답과 해설

3108. (O) 도로교통법 제51조 제1항
3109. (O) 동법 제51조 제2항
3110. (X) 모든 차의 운전자는 어린이나 영유아를 태우고 있다는 표시를 한 상태로 도로를 통행하는 어린이통학버스를 **앞지르지 못한다**(동법 제51조 제3항).
3111. (O) 동법 제52조 제1항
3112. (O) 동법 제53조의3 제1항
3113. (O) 동법 제53조 제2항
3114. (O) 동법 시행령 제31조 제3호

어린이·노인 및 장애인 보호구역의 지정 및 관리에 관한 규칙 _B급

3115 ☐☐☐☐ 22 승진

시장등은 조사 결과 보호구역으로 지정·관리할 필요가 인정되는 경우에 관할 시·도경찰청장 또는 경찰서장과 협의하여 해당 보호구역 지정대상시설의 주(主) 출입문을 중심으로 반경 300미터 이내의 도로 중 일정구간을 보호구역으로 지정한다. 다만, 시장등은 해당 지역의 교통여건 및 효과성 등을 면밀히 검토하여 필요한 경우 보호구역 지정대상시설의 주 출입문을 중심으로 반경 500미터 이내의 도로에 대해서도 보호구역으로 지정할 수 있다. (O | X)

3116 ☐☐☐☐ 17·22 승진

시·도경찰청장이나 경찰서장은 「도로교통법」 제12조 제1항 또는 제12조의2 제1항에 따라 보호구역에서 구간별·시간대별로 도시지역의 간선도로를 일방통행로로 지정·운영할 수 있다. (O | X)

3117 ☐☐☐☐ 17 승진, 21 경채

시·도경찰청장이나 경찰서장은 어린이 보호구역에서 운행속도를 시속 30km 이내로 제한, 차마의 통행을 금지하거나 제한, 차마의 정차나 주차를 금지조치를 할 수 있다. (O | X)

정답과 해설

3115. (O) 어린이·노인 및 장애인 보호구역의 지정 및 관리에 관한 규칙 제3조 제6항
3116. (X) 시·도경찰청장이나 경찰서장은 「도로교통법」 제12조 제1항 또는 제12조의2 제1항에 따라 보호구역에서 구간별·시간대별로 도시지역의 **이면도로**를 일방통행로로 지정·운영할 수 있다(동규칙 제9조 제1항).
3117. (O) 동규칙 제9조 제1항

THEME 08 음주운전 및 난폭운전_A급

3118 ☐☐☐☐ 25 채용, 21 승진
경찰공무원은 교통의 안전과 위험방지를 위하여 필요하다고 인정하는 경우에는 운전자가 술에 취하였는지를 호흡조사로 측정할 수 있으며, 이 경우 운전자는 경찰공무원의 측정에 응하여야 한다. (O | X)

3119 ☐☐☐☐ 24 승진
음주운전 신고를 받고 출동한 경찰관이 만취한 상태로 시동이 걸린 차량 운전석에 앉아 있는 甲을 발견하고 음주측정을 위해 하차를 요구하는 것만으로는 「도로교통법」 제44조 제2항이 정한 음주측정에 관한 직무에 착수하였다고 할 수 없다. (O | X)

3120 ☐☐☐☐ 25 채용
운전이 금지되는 술에 취한 상태의 기준은 운전자의 혈중알코올농도가 0.03퍼센트 이상인 경우로 한다. (O | X)

3121 ☐☐☐☐ 17 승진
승용자동차를 아파트 지하주차장 내에서 약 5m 주취운전한 경우 주취운전으로 처벌할 수 있다. (O | X)

3122 ☐☐☐☐ 17 승진
덤프트럭을 고속도로에서 약 1km 주취운전한 경우 주취운전으로 처벌할 수 있다. (O | X)

3123 ☐☐☐☐ 17 승진
경운기를 사설주차장에서 도로까지 약 20m 주취운전한 경우 주취운전으로 처벌할 수 있다. (O | X)

정답과 해설

3118. (O) 도로교통법 제44조 제2항
3119. (X) 음주운전 신고를 받고 출동한 경찰관이 만취한 상태로 시동이 걸린 차량 운전석에 앉아 있는 甲을 발견하고 음주측정을 위해 하차를 요구하는 것만으로는 「도로교통법」 제44조 제2항이 정한 음주측정에 관한 직무에 착수하였다고 **할 수 있다**(대판 2020도7193).
3120. (O) 동법 제44조 제4항
3121. (O)   3122. (O)
3123. (X) **경운기**와 같은 「농업기계화 촉진법」에 따른 농업기계는 자동차 등에 포함되지 않기 때문에 **주취운전으로 처벌할 수 없다**(자동차관리법 제2조 제1호, 동법 시행령 제2조 제2호).

3124 ☐☐☐☐ 25 채용, 17 승진, 20 간부

누구든지 술에 취한 상태에서 자동차등(「건설기계관리법」 제26조 제1항 단서에 따른 건설기계 외의 건설기계를 포함), 노면전차 또는 자전거를 운전하여서는 아니 된다. ⓞⓧ

3125 ☐☐☐☐ 20 승진

음주운전 최초 위반 시 혈중알코올농도가 0.15퍼센트인 경우 2년 이상 5년 이하의 징역이나 1천만원 이상 2천만원 이하의 벌금에 처한다. ⓞⓧ

3126 ☐☐☐☐ 21 승진

최초 음주측정거부 시 1년 이상 5년 이하의 징역이나 5백만원 이상 2천만원 이하의 벌금에 처한다. ⓞⓧ

3127 ☐☐☐☐ 20 승진, 20 간부

음주측정용 불대는 1인 1개를 사용함을 원칙으로 한다. ⓞⓧ

3128 ☐☐☐☐ 20 간부

음주운전을 하다가 교통사고로 사람을 죽게하거나 다치게 한 때에는 그 운전면허를 취소한다. ⓞⓧ

3129 ☐☐☐☐ 22 채용

개인형 이동장치를 타고 신호위반, 중앙선 침범과 진로변경 금지 위반행위를 연달아 하여 다른 사람에게 위협 또는 위해를 가할 뿐 아니라 교통상의 위험을 발생하게 한 운전자에 대해 난폭운전으로 처벌할 수 있다. ⓞⓧ

정답과 해설

3124. (O) 도로교통법 제44조 제1항에서 "누구든지 술에 취한 상태에서 자동차등(「건설기계관리법」 제26조 제1항 단서에 따른 건설기계 외의 건설기계를 포함), 노면전차 또는 자전거를 운전하여서는 아니 된다."고 규정하고 있다. **경운기나 트랙터는 자동차등에 포함되지 않는다.**

3125. (X) 음주운전 최초 위반 시 **혈중알코올농도가 0.08퍼센트 이상 0.2퍼센트 미만인 사람은** 1년 이상 2년 이하의 징역이나 500만원 이상 1천만원 이하의 벌금에 처한다(도로교통법 제148조의2 제3항 제2호).

3126. (O) 동법 제148조의2 제2항

3127. (X) 음주측정용 불대는 **1회** 1개를 사용함을 원칙으로 한다(교통단속처리지침 제30조 제3항).

3128. (O) 동법 시행규칙 [별표 28]

3129. (X) 자동차등(개인형 이동장치는 **제외**한다)의 운전자는 신호위반, 중앙선 침범과 진로변경 금지 위반행위를 연달아 하거나, 하나의 행위를 지속 또는 반복하여 다른 사람에게 위협 또는 위해를 가하거나 교통상의 위험을 발생하게 하여서는 아니 된다(동법 제46조의3).

3130 □□□□ 25 승진

「도로교통법」상 음주운전 방지장치 부착 조건부 운전면허를 받은 운전자의 운전면허 취소·정지사유에 해당하면 (O), 해당하지 않으면 (X)로 표시하시오.

○ 음주운전 방지장치가 설치된 자동차등을 시·도경찰청에 등록하지 아니하고 운전한 경우(다만, 여객자동차 운수사업자의 사업용 자동차, 화물자동차 운수사업자의 사업용 자동차 및 그 밖에 대통령령으로 정하는 자동차등에 음주운전 방지장치를 설치·등록한 경우는 제외한다) (O|X)

○ 음주운전 방지장치가 설치되지 아니하거나 설치기준에 부합하지 아니한 음주운전 방지장치가 설치된 자동차등을 운전한 경우 (O|X)

○ 음주운전 방지장치가 설치된 자동차등을 등록한 후 음주운전 방지장치 부착 자동차등의 운행기록을 제출하지 아니하거나 정상 작동 여부를 검사받지 아니한 경우 (O|X)

○ 음주운전 방지장치가 해체·조작 또는 그 밖의 방법으로 효용이 떨어진 것을 알면서 해당 장치가 설치된 자동차등을 운전한 경우(다만, 음주운전 방지장치의 점검 또는 정비를 위한 경우, 폐차하는 경우, 교육·연구의 목적으로 사용하는 등 대통령령으로 정하는 사유에 해당하는 경우, 음주운전 방지장치의 부착 기간이 경과한 경우는 제외한다) (O|X)

정답과 해설

3130. ○ (O) 도로교통법 제93조 제1항 제21호
○ (O) 동법 제93조 제1항 제22호
○ (X) 500만원 이하의 과태료를 부과한다(동법 제160조 제1항 제9호).
○ (O) 동법 제93조 제1항 제23호

THEME 09 운전면허_A급

1 운전면허 구분(§80)

3131 ☐☐☐☐ 21 채용
자동차등을 운전하려는 사람은 시·도경찰청장으로부터 운전면허를 받아야 한다. 다만, 「도로교통법」 제2조 제19호 나목의 원동기를 단 차 중 「교통약자의 이동편의 증진법」 제2조 제1호에 따른 교통약자가 최고속도 시속 20키로미터 이하로만 운행될 수 있는 차를 운전하는 경우에는 그러하지 아니하다. ⓄⓍ

3132 ☐☐☐☐ 18·20 승진
제1종 보통면허로는 승차정원 15명 이하의 승합자동차, 적재 중량 12톤 미만의 화물자동차를 운전할 수 있다. ⓄⓍ

3133 ☐☐☐☐ 18 승진
도로보수트럭, 3톤 미만의 지게차는 제1종 보통면허로 운전할 수 있는 차종에 해당한다. ⓄⓍ

3134 ☐☐☐☐ 18 승진
총중량 10톤 미만의 특수자동차(구난차등은 제외한다)는 제1종 보통면허로 운전할 수 있는 차종에 해당한다. ⓄⓍ

3135 ☐☐☐☐ 18 승진
이륜자동차(운반차를 포함한다)는 제1종 보통면허로 운전할 수 있는 차종에 해당한다. ⓄⓍ

3136 ☐☐☐☐ 19 승진
제1종 대형면허만을 가진 운전자가 배기량 250cc인 이륜자동차를 운전한 경우 운전자를 무면허운전으로 적발할 수 있다. ⓄⓍ

3137 ☐☐☐☐ 19 승진
제1종 보통면허만을 가진 운전자가 적재중량 12톤인 화물자동차를 운전한 경우 운전자를 무면허운전으로 적발할 수 있다. ⓄⓍ

정답과 해설

3131. (O) 도로교통법 제80조 제1항
3132. (O) 동법 시행규칙 제53조 [별표 18]
3133. (X) 제1종 대형면허가 필요하다(동법 시행규칙 제53조 [별표 18]).
3134. (O) 동법 시행규칙 제53조 [별표 18]
3135. (X) 제2종 소형면허가 필요하다(동법 시행규칙 제53조 [별표 18]).
3136. (O)   3137. (O)

3138 ☐☐☐☐ 19 승진

소형견인차 면허만을 가진 운전자가 적재중량 4톤인 화물자동차를 운진한 경우 운전자를 무면허운전으로 적발할 수 있다. (O I X)

3139 ☐☐☐☐ 19 승진

제1종 보통면허만을 가진 운전자가 차종의 변경 없이 승차정원 25명인 자동차에서 승차정원 12명인 자동차로 형식이 변경된 자동차를 운전한 경우(단,「자동차관리법」제30조에 따라 자동차의 형식이 변경승인된 경우로 가정함) 운전자를 무면허운전으로 적발할 수 있다. (O I X)

3140 ☐☐☐☐ 17 승진

제1종 소형면허로 3륜 화물자동차를 운전할 수 있다. (O I X)

3141 ☐☐☐☐ 17 승진

제1종 보통면허로 적재중량 12톤 미만의 화물자동차를 운전할 수 있다. (O I X)

3142 ☐☐☐☐ 18 채용

제1종 보통 연습면허로 승차정원 15인의 승합자동차는 운전할 수 있으나 적재중량 12톤의 화물자동차는 운전할 수 없다. (O I X)

3143 ☐☐☐☐ 18 채용, 18 승진

㉠부터 ㉤까지 ( )안에 들어갈 내용을 넣으시오.

운전면허		운전할 수 있는 차의 종류
제1종	보통면허	• 승용자동차 • 승차정원 15명 (㉠)의 승합자동차 • 적재중량 12톤 (㉡)의 화물자동차
제2종	보통면허	• 승용자동차 • 승차정원 10명 (㉢)의 승합자동차 • 적재중량 4톤 (㉣)의 화물자동차 • 총중량 (㉤)톤 이하의 특수자동차(구난차등은 제외한다)

정답과 해설

3138. (X) 소형견인차 면허만을 가진 운전자는 2종 보통면허로 운전할 수 있는 차량을 운전할 수 있으므로, 무면허운전으로 적발할 수 없다.

3139. (O)

3140. (O) 도로교통법 시행규칙 제53조 [별표 18]

3141. (O) 동법 시행규칙 제53조 [별표 18]

3142. (O) 동법 시행규칙 제53조 [별표 18]

3143. ㉠ 이하 ㉡ 미만 ㉢ 이하 ㉣ 이하 ㉤ 3.5

3144 ☐☐☐☐ 18 채용

제1종 대형면허로 승차정원 45인의 승합자동차는 운전할 수 있으나 대형견인차는 운전할 수 없다. Ⓞ Ⓧ

3145 ☐☐☐☐ 19 채용

제1종 보통면허를 소지한 甲이 구난차 등이 아닌 10톤의 특수자동차를 운전한 경우 무면허 운전에 해당한다. Ⓞ Ⓧ

3146 ☐☐☐☐ 19 채용

제1종 대형면허를 소지한 乙이 구난차 등이 아닌 특수자동차를 운전한 경우 무면허 운전에 해당한다. Ⓞ Ⓧ

3147 ☐☐☐☐ 14 승진

승용자동차는 제2종 보통면허를 받은 사람이 운전할 수 있다. Ⓞ Ⓧ

3148 ☐☐☐☐ 14 승진

승차정원 12인승의 승합자동차는 제2종 보통면허를 받은 사람이 운전할 수 있다. Ⓞ Ⓧ

3149 ☐☐☐☐ 14 승진

적재중량 1.5톤의 화물자동차는 제2종 보통면허를 받은 사람이 운전할 수 있다. Ⓞ Ⓧ

3150 ☐☐☐☐ 24 채용, 14 승진

원동기장치자전거는 제2종 보통면허를 받은 사람이 운전할 수 있다. Ⓞ Ⓧ

3151 ☐☐☐☐ 17 승진

제2종 보통면허로 승차정원 12명인 승합자동차를 운전할 수 있다. Ⓞ Ⓧ

3152 ☐☐☐☐ 24 채용, 20 승진

제2종 보통면허로는 승차정원 10명 이하의 승합자동차, 적재중량 4톤 이하의 화물자동차, 총중량 3.5톤 이하의 특수자동차(구난차등은 제외한다) 등을 운전할 수 있다. Ⓞ Ⓧ

정답과 해설

3144. (O) 도로교통법 시행규칙 제53조 [별표 18]

3145. (O) 제1종 보통면허로는 총중량 10톤 미만의 특수자동차(구난차등은 제외)를 운전할 수 있는데, 甲은 10톤의 특수자동차를 운전했으므로 이는 무면허 운전이 된다.

3146. (X) 무면허 운전이 아니다.

3147. (O)

3148. (X) 제2종보통면허는 10명 이하의 승합자동차를 운전할 수 있다. 12인승 승합자동차는 제1종 보통면허가 필요하다.

3149. (O)   3150. (O)

3151. (X) 제2종 보통면허로 승차정원 10명 이하의 승합자동차를 운전할 수 있다(동법 시행규칙 제53조 [별표 18]).

3152. (O) 동법 시행규칙 제53조 [별표 18]

3153 ☐☐☐☐ 18·24 채용

제2종 보통면허로 승차정원 10인의 승합자동차는 운전할 수 있으나 적재중량 4톤의 화물자동차는 운전할 수 없다. (O|X)

3154 ☐☐☐☐ 17 승진

제2종 소형면허로 원동기장치자전거를 운전할 수 있다. (O|X)

3155 ☐☐☐☐ 19 채용

제2종 보통면허를 소지한 丙이 승차정원 10인의 승합자동차를 운전한 경우 무면허 운전에 해당한다. (O|X)

3156 ☐☐☐☐ 19 채용

제2종 보통면허를 소지한 丁이 적재중량 4톤의 화물자동차를 운전한 경우 무면허 운전에 해당한다. (O|X)

3157 ☐☐☐☐ 21 채용

승차정원 10명 이하의 승합자동차는 제2종 보통 연습면허로 운전할 수 있다. (O|X)

3158 ☐☐☐☐ 21 채용, 20 승진

총중량 3.5톤 이하의 견인형 특수자동차는 제2종 보통 연습면허로 운전할 수 있다. (O|X)

3159 ☐☐☐☐ 21 채용

적재중량 4톤 이하의 화물자동차는 제2종 보통 연습면허로 운전할 수 있다. (O|X)

3160 ☐☐☐☐ 21 채용

건설기계(도로를 운행하는 3톤 미만의 지게차로 한정)는 제2종 보통 연습면허로 운전할 수 있다. (O|X)

정답과 해설

3153. (X) 제2종 보통면허로 승차정원 10인의 승합자동차와 **적재중량 4톤의 화물자동차를 운전할 수 있다**(도로교통법 시행규칙 제53조 [별표 18]).
3154. (O) 동법 시행규칙 제53조 [별표 18]
3155. (X) **무면허 운전이 아니다.**
3156. (X) **무면허 운전이 아니다.**
3157. (O)
3158. (X) **제1종 특수면허(소형견인차)**를 요한다.
3159. (O) 적재중량 4톤 이하의 화물자동차는 제2종 보통 연습면허로 운전할 수 있다.
3160. (X) **제1종 보통면허**를 요한다.

2 운전면허 결격사유(§82)

3161 ☐☐☐☐ 17 채용, 19·21 간부
19세 미만(원동기장치자전거의 경우에는 16세 미만)인 사람은 운전면허를 받을 수 없다. [O|X]

3162 ☐☐☐☐ 17 채용, 19 간부
교통상의 위험과 장해를 일으킬 수 있는 정신질환자 또는 뇌전증 환자로서 대통령령으로 정하는 사람은 운전면허를 받을 수 없다. [O|X]

3163 ☐☐☐☐ 17 채용, 19 간부
듣지 못하는 사람(제1종 운전면허 중 대형면허·특수면허만 해당한다), 앞을 보지 못하는 사람(한쪽 눈만 보지 못하는 사람의 경우에는 제1종 운전면허 중 대형면허·특수면허만 해당한다)이나 그 밖에 대통령령으로 정하는 신체장애인은 운전면허를 받을 수 없다. [O|X]

3164 ☐☐☐☐ 17 채용, 19 간부
제1종 대형면허 또는 제1종 특수면허를 받으려는 경우로서 19세 미만이거나 자동차(이륜자동차는 제외한다)의 운전경험이 2년 미만인 사람은 운전면허를 받을 수 없다. [O|X]

3 연습운전면허(§81)

3165 ☐☐☐☐ 19·21 간부
연습운전면허는 그 면허를 받은 날부터 1년 동안 효력을 가진다. 다만, 연습운전면허를 받은 날부터 1년 이전이라도 제1종 보통면허 또는 제2종 보통면허를 받은 경우 연습운전면허는 그 효력을 잃는다. [O|X]

3166 ☐☐☐☐ 19 간부
연습운전면허를 받은 사람이 도로에서 주행연습을 하는 때에는 운전면허(연습하고자 하는 자동차를 운전할 수 있는 운전면허에 한한다)를 받은 날부터 2년이 경과된 사람(소지하고 있는 운전면허의 효력이 정지기간 중인 사람을 제외한다)과 함께 승차하여 그 사람의 지도를 받아야 한다. [O|X]

정답과 해설

3161. (X) 18세 미만(원동기장치자전거의 경우에는 16세 미만)인 사람은 운전면허를 받을 수 없다(도로교통법 제82조 제1항 제1호).
3162. (O) 동법 제82조 제1항 제2호
3163. (O) 동법 제82조 제1항 제3호
3164. (X) ~1년(2년 X)미만인 사람(동법 제82조 제1항 제6호)
3165. (O) 동법 제81조
3166. (O) 동법 시행규칙 제55조 제1호

3167 ☐☐☐☐ 19 승진

연습운전면허를 발급받은 사람은 「여객자동차 운수사업법」 또는 「화물자동차 운수사업법」에 따른 사업용 자동차를 운전할 수 있다. (O|X)

3168 ☐☐☐☐ 19 간부

연습운전면허를 받은 사람이 ⅰ) 도로교통공단의 도로주행시험을 담당하는 사람, 자동차운전학원의 강사, 전문학원의 강사 또는 기능검정원의 지시에 따라 운전하던 중 교통사고를 일으킨 경우, ⅱ) 도로가 아닌 곳에서 교통 사고를 일으킨 경우, ⅲ) 교통사고를 일으켰으나 물적 피해만 발생한 경우에는 연습운전면허를 취소하지 않는다. (O|X)

3169 ☐☐☐☐ 19 간부

시·도경찰청장은 연습운전면허를 발급받은 사람이 운전 중 고의 또는 과실로 교통사고를 일으키거나 「도로교통법」이나 「도로교통법」에 따른 명령 또는 처분을 위반한 경우에는 연습운전면허를 취소하여야 한다. (O|X)

4 국제운전면허증(§96~98)

3170 ☐☐☐☐ 17 승진, 18 간부

국제운전면허는 모든 국가에서 통용된다. (O|X)

3171 ☐☐☐☐ 17·19·20 승진, 18 간부

국제운전면허증을 외국에서 발급받은 사람은 국내에 입국한 날부터 2년 동안만 그 국제운전면허증으로 자동차 등을 운전할 수 있다. (O|X)

3172 ☐☐☐☐ 17·19 승진, 18 간부

국제운전면허증을 외국에서 발급받은 사람은 「여객자동차 운수 사업법」 또는 「화물자동차 운수사업법」에 따른 사업용 자동차를 운전할 수 없다. 「여객자동차 운수사업법」에 따른 대여사업용 자동차를 임차하여 운전하는 경우에도 마찬가지이다. (O|X)

정답과 해설

3167. (X) 연습운전면허를 받은 사람은 「여객자동차 운수사업법」 또는 「화물자동차 운수사업법」에 따른 **사업용 자동차를 운전하는 등 주행연습 외의 목적으로 운전하여서는 아니된다**(도로교통법 시행규칙 제55조 제2호).

3168. (O) 동법 시행령 제59조

3169. (O) 동법 제93조 제3항

3170. (X) 국제운전면허는 모든 국가에서 통용되는 것이 아니라 **도로교통에 관한 협약** 등에 **가입된 국가에 한하여 통용**된다(동법 제96조 제1항, 제98조 제1항).

3171. (X) 외국의 권한 있는 기관에서 국제운전면허증을 발급받은 사람은 국내에 입국한 날부터 **1년** 동안만 그 국제운전면허증으로 자동차등을 운전할 수 있다(동법 제96조 제1항).

3172. (X) 국제운전면허증을 외국에서 발급받은 사람은 「여객자동차 운수사업법」 또는 「화물자동차 운수사업법」에 따른 사업용 자동차를 운전할 수 없다. 다만, **「여객자동차 운수사업법」에 따른 대여사업용 자동차를 임차하여 운전하는 경우에는** **그러하지 아니하다**(동법 제96조 제2항).

3173 ☐☐☐☐ 18 간부

국제운전면허증을 발급받은 사람의 국내운전면허의 효력이 정지된 때에는 그 정지기간 동안 그 효력이 정지된다. (O|X)

3174 ☐☐☐☐ 17 승진

국제운전면허증을 받으려면 국내면허를 받은 후 1년이 경과되어야 한다. (O|X)

5 임시운전증명서(§91)

3175 ☐☐☐☐ 20 승진

임시운전증명서의 유효기간은 20일 이내로 하되, 운전면허의 취소 또는 정지처분 대상자의 경우 40일 이내로 할 수 있다. 다만, 시·도경찰청장이 필요하다고 인정하는 경우 그 유효기간을 1회에 한하여 20일의 범위 이내에서 연장할 수 있다. (O|X)

3176 ☐☐☐☐ 19 승진

임시운전증명서는 유효기간 중 운전면허증과 동일한 효력이 있다. (O|X)

3177 ☐☐☐☐ 25 승진

「도로교통법」 제87조 제1항에 따라, 운전면허시험 합격일에 75세 이상인 사람의 최초 운전면허증 갱신기간은 제83조 제1항 또는 제2항에 따른 운전면허시험에 합격한 날부터 기산하여 3년이 되는 날이 속하는 해의 1월 1일부터 12월 31일까지이다. (O|X)

3178 ☐☐☐☐ 25 승진

「도로교통법」 제87조 제2항에 따라, 제2종 운전면허를 받은 사람 중 운전면허증 갱신기간에 70세 이상인 사람은 제87조 제1항에 따른 운전면허증 갱신기간에 대통령령으로 정하는 바에 따라 한국도로교통공단이 실시하는 정기 적성검사를 받아야 한다. (O|X)

정답과 해설

3173. (O) 도로교통법 제98조 제4항
3174. (X) **국내면허를 받은 사람이 국제운전면허증을 발급받으려면 시·도경찰청장에게 신청하면 되고, 국내면허를 받은 후 1년이 경과할 필요는 없다**(동법 제98조 제1항 참고).
3175. (X) 임시운전증명서의 유효기간은 20일 이내로 하되, 운전면허의 취소 또는 정지처분 대상자의 경우 40일 이내로 할 수 있다. 다만, **경찰서장**이 필요하다고 인정하는 경우 그 유효기간을 1회에 한하여 20일의 범위 이내에서 연장할 수 있다(동법 시행규칙 제88조 제2항).
3176. (O) 동법 제91조 제2항
3177. (O) 동법 제87조 제1항 제1호
3178. (O) 동법 제87조 제2항 제2호

THEME 10 운전면허 행정처분결과에 따른 결격대상자 및 결격 기간(§82)

3179 □□□□ 20 승진
무면허운전 금지를 3회 위반하여 자동차등을 운전한 경우 위반한 날부터 3년간 운전면허 시험응시가 제한된다. (O|X)

3180 □□□□ 17 승진
다른 사람의 자동차를 훔치거나 빼앗아 운전면허가 취소된 경우 – 취소된 날부터 3년 (단, 벌금미만의 형확정, 선고유예 판결 확정 등의 경우는 고려하지 아니한다.) (O|X)

3181 □□□□ 17 승진
음주운전으로 2회 이상 교통사고를 야기한 경우 – 취소된 날부터 3년(단, 벌금미만의 형 확정, 선고유예 판결 확정 등의 경우는 고려하지 아니한다.) (O|X)

3182 □□□□ 17 승진, 20 간부
과로운전으로 사람을 사상한 후 구호조치 없이 도주한 경우 – 취소된 날부터 5년 (단, 벌금미만의 형 확정, 선고유예 판결 확정 등의 경우는 고려하지 아니한다.) (O|X)

3183 □□□□ 17 승진
다른 사람을 위하여 운전면허시험에 대리응시한 경우 – 취소된 날부터 2년 (단, 벌금미만의 형 확정, 선고유예 판결 확정 등의 경우는 고려하지 아니한다.) (O|X)

3184 □□□□ 19 채용
음주운전 3회 이상 위반으로 벌금형을 확정받고 면허가 취소된 경우, 면허가 취소된 날부터 3년간 면허시험 응시자격이 제한된다. (O|X)

정답과 해설

3179. (X) 무면허운전 3회 위반하여 자동차등을 운전한 경우 위반한 날부터 **2년간** 운전면허 시험응시가 제한된다(도로교통법 제82조 제2항 제2호).
3180. (X) 다른 사람의 자동차 등을 훔치거나 빼앗은 사람은 운전면허가 취소된 날부터 **2년**이 결격기간이다(동법 제82조 제2항 제6호).
3181. (O) 동법 제82조 제2항
3182. (O) 동법 제82조 제2항
3183. (O) 동법 제82조 제2항
3184. (X) 음주운전 2회 이상 위반으로 벌금형을 확정받고 면허가 취소된 경우, 면허가 취소된 날부터 **2년**간 면허시험 응시자격이 제한된다(동법 제82조 제2항 제6호).

3185 ☐☐☐☐ 20 간부

자동차 등을 이용하여 범죄행위를 하거나 다른 사람의 자동차를 훔치거나 빼앗아 무면허로 운전한 자 – 위반한 날부터 3년   O│X

3186 ☐☐☐☐ 20 간부

2회 이상의 공동위험행위로 운전면허가 취소된 자 – 취소된 날부터 2년   O│X

3187 ☐☐☐☐ 20 간부

적성검사를 받지 아니하여 운전면허가 취소된 자 – 취소된 날부터 1년   O│X

정답과 해설

3185. (O) 동법 제82조 제2항 제5호
3186. (O) 동법 제82조 제2항 제6호 다목
3187. (X) 결격 기간의 **제한이 없다**(동법 제82조 제2항 제7호 단서).

THEME 11 운전면허 행정처분 _B급

1. 운전면허 행정처분

3188 ☐☐☐☐ 20 승진
운전면허증 소지자가 면허증의 반납사유가 발생하면 그 사유가 발생한 날부터 7일 이내에 반납하여야 한다. OIX

3189 ☐☐☐☐ 21 간부
운전면허시험에서 부정행위를 하여 해당 시험이 무효로 처리된 사람은 그 처분이 있은 날부터 ( )년간 해당 시험에 응시하지 못한다.

3190 ☐☐☐☐ 18 채용, 20 승진
음주운전으로 면허 취소 또는 정지처분을 받은 경우 감경사유

> (가) 음주운전으로 운전면허 취소처분 또는 정지처분을 받은 경우
> 운전이 가족의 생계를 유지할 중요한 수단이 되거나 ㉠ 모범운전자로서 처분당시 2년 이상 교통봉사 활동에 종사하고 있거나, 교통사고를 일으키고 도주한 운전자를 검거하여 경찰서장 이상의 표창을 받은 사람으로서 다음의 어느 하나에 해당되는 경우가 없어야 한다. OIX
> 1. ㉡ 혈중알코올농도가 0.15퍼센트를 초과하여 운전한 경우 OIX
> 2. 음주운전 중 인적피해 교통사고를 일으킨 경우
> 3. 경찰관의 음주측정요구에 불응하거나 도주한 때 또는 단속경찰관을 폭행한 경우
> 4. ㉢ 과거 3년 이내에 3회 이상의 인적피해 교통사고의 전력이 있는 경우 OIX
> 5. ㉣ 과거 3년 이내에 음주운전의 전력이 있는 경우 OIX

정답과 해설

3188. (O) 도로교통법 제95조 제1항
3189. 시험이 무효로 처리된 사람은 그 처분이 있은 날부터 **2년간** 해당 시험에 응시하지 못한다(동법 제84조의 2).
3190. ㉠ (X) 모범운전자로서 처분당시 **3년** 이상 교통봉사활동에 종사
　　㉡ (X) 혈중알코올농도가 **0.1퍼센트**를 초과하여 운전한 경우
　　㉢ (X) 과거 **5년** 이내에 3회 이상의 인적피해 교통사고의 전력이 있는 경우
　　㉣ (X) 과거 **5년** 이내에 음주운전의 전력이 있는 경우(도로교통법 시행규칙 별표28)

3191 ☐☐☐☐ 18 승진

자동차등의 운전 중 교통사고를 일으킨 때 사고결과에 따른 벌점기준으로 ㉠부터 ㉥까지의 숫자를 넣으시오. (단, 감면규정은 적용되지 않는다)

구분	벌점	내용
사망 1명마다	(㉠)	사고발생 시로부터 (㉥)시간 내에 사망한 때
중상 1명마다	(㉡)	3주 이상의 치료를 요하는 의사의 진단이 있는 사고
경상 1명마다	(㉢)	3주 미만 5일 이상의 치료를 요하는 의사 진단이 있는 사고
부상신고 1명마다	(㉣)	(㉥)일 미만의 치료를 요하는 의사의 진단이 있는 사고

3192 ☐☐☐☐ 22 승진

경찰서장, 도지사 또는 시장등은 차를 견인하였을 때부터 24시간이 경과되어도 이를 인수하지 아니하는 때에는 해당 차의 보관장소 등 행정안전부령이 정하는 사항을 해당 차의 사용자 또는 운전자에게 등기우편으로 통지할 수 있다. ⓞⅨ

2 범칙금 납부

3193 ☐☐☐☐ 14 승진, 25 간부

범칙금납부통고서 받기를 거부하는 사람, 주소 또는 성명이 불확실한 사람, 통고서를 분실한 사람은 즉결심판 청구대상자이다. ⓞⅨ

3194 ☐☐☐☐ 17 승진

「도로교통법」제163조에 따라 범칙금 납부통고서를 받은 사람은 10일 이내에 경찰청장이 지정하는 국고은행, 지점, 대리점, 우체국 또는 제주특별자치도지사가 지정하는 금융회사 등이나 그 지점에 범칙금을 내야 한다. ⓞⅨ

정답과 해설

3191. ㉠ 90 ㉡ 15 ㉢ 5 ㉣ 2 ㉤ 72 ㉥ 5
3192. (X) 경찰서장, 도지사 또는 시장등은 차를 견인하였을 때부터 24시간이 경과되어도 이를 인수하지 아니하는 때에는 해당 차의 보관장소 등 행정안전부령이 정하는 사항을 해당 차의 사용자 또는 운전자에게 등기우편으로 통지**하여야 한다**(도로교통법 시행령 제13조 제3항).
3193. (X) **성명이나 주소가 확실하지 아니한 사람, 달아날 우려가 있는 사람, 범칙금 납부통고서를 받기를 거부한 사람**은 즉결심판 청구대상자이다(동법 제163조 제1항, 제165조 제1항 제1호).
3194. (O) 동법 제164조

3195 ☐☐☐☐ 14·17 승진

다만, 천재지변이나 그 밖의 부득이한 사유로 말미암아 그 기간에 범칙금을 낼 수 없는 경우에는 부득이한 사유가 없어지게 된 날부터 7일 이내에 내야 한다. ⓄⓍ

3196 ☐☐☐☐ 14 승진

2차 납부기일은 1차 납부기간이 끝나는 날의 다음 날부터 20일이다. ⓄⓍ

3197 ☐☐☐☐ 17 승진

납부기간에 범칙금을 내지 아니한 사람은 납부기간이 끝나는 날의 다음 날부터 20일 이내에 통고받은 범칙금에 100분의 20을 더한 금액을 내야 한다. ⓄⓍ

3198 ☐☐☐☐ 17 승진

범칙금을 낸 사람은 범칙행위에 대하여 다시 벌받지 아니한다. ⓄⓍ

3199 ☐☐☐☐ 14 승진

통고처분 불이행자는 즉결심판에 회부한다. ⓄⓍ

3 교통안전교육

3200 ☐☐☐☐ 25 승진, 21 간부

( )세 이상인 사람으로서 운전면허를 받으려는 사람은 시험에 응시하기 전에 '노화와 안전운전에 관한 사항' 등에 관한 교통안전교육을 받아야 한다.

3201 ☐☐☐☐ 21 승진

교통안전교육은 운전면허를 받고자 하는 사람이 학과시험 응시 전 받아야 하는 1시간의 교통안전교육으로, 자동차운전문학원에서 학과교육을 수료한 사람은 제외된다. ⓄⓍ

정답과 해설

3195. (X) 천재지변이나 그 밖의 부득이한 사유로 말미암아 그 기간에 범칙금을 낼 수 없는 경우에는 부득이한 사유가 없어지게 된 날부터 **5일** 이내에 내야 한다(도로교통법 제164조).
3196. (O) 동법 제164조 제2항
3197. (O) 동법 제164조
3198. (O) 동법 제164조
3199. (O) 동법 제165조 제1항 제2호
3200. (**75**)세 이상인 사람으로서 운전면허를 받으려는 사람은 제83조 제1항 제2호와 제3호에 따른 시험에 응시하기 전에, 운전면허증 갱신일에 75세 이상인 사람은 운전면허증 갱신기간 이내에 각각 다음 각 호의 사항에 관한 교통안전교육을 받아야 한다(동법 제73조 제5항).
3201. (O) 동법 제73조 제1항, 동법 시행령 제37조 제1항

3202 ☐☐☐☐ 21 승진

특별교통안전교육 중 의무교육 대상은 운전면허효력 정지처분을 받게 되거나 받은 초보운전자로서 그 정지기간이 끝나지 아니한 사람 등이다. (O|X)

3203 ☐☐☐☐ 21·25 승진

「도로교통법」제73조 제3항에 따라, 운전면허를 받은 사람 중 교육을 받으려는 날에 65세 이상인 사람이 시·도경찰청장에게 신청하는 경우에는 대통령령으로 정하는 바에 따라 특별교통안전 권장교육을 받을 수 있다. 이 경우 권장교육을 받기 전 1년 이내에 해당 교육을 받지 아니한 사람에 한정한다. (O|X)

3204 ☐☐☐☐ 21 승진

긴급자동차 교통안전교육 중 신규 교통안전교육은 긴급자동차를 운전하는 사람을 대상으로 3년마다 정기적으로 실시하는 교육이다. (O|X)

정답과 해설

3202. (O) 도로교통법 제73조 제2항 제4호
3203. (O) 동법 제73조 제3항 제4호
3204. (X) 긴급자동차 교통안전교육 중 신규 교통안전교육은 최초로 긴급자동차를 운전하려는 사람을 대상으로 실시하는 교육이다. **정기 교통안전교육**은 긴급자동차를 운전하는 사람을 대상으로 **3년마다 정기적**으로 실시하는 교육을 말한다(동법 시행령 제38조의2 제2항).

THEME 12 교통사고의 처리 _B급

3205 ☐☐☐☐ 22 승진
교통사고 현장에 사망한 사람이 있는 경우에는 단순히 의식이 없거나 호흡이 정지하였다는 사유로 사망한 것으로 판단하지 말고, 의료전문가의 판단이 있을 때까지는 중상자와 동일하게 취급해야 한다. (O|X)

3206 ☐☐☐☐ 22 승진
경찰공무원이 교통사고 현장에서 사상자 구호, 현장보존 등 부득이한 경우에 일시적으로 교통을 통제하거나 일방통행의 조치를 취할 때에는 '교통사고 조사 중' 표지판을 사고현장 전·후 적합한 위치에 설치하고 반드시 1명 이상의 경찰공무원이 차량과 군중을 정리하여 2차 사고를 예방하여야 한다. (O|X)

3207 ☐☐☐☐ 22 승진
교통조사관이 교통사고 현장도면 작성시 거리를 측정하거나 지점을 확정하는 경우에는 각각의 지점에 대한 명칭을 붙여 특정지어야 한다. (O|X)

3208 ☐☐☐☐ 22 승진
교통조사관이 교통사고 현장도면 작성시 교통사고의 발생지점과 사고차량의 정차지점을 표시하는 때에는 사고발생 지점을 도면의 중앙에 배치하고 가해차량의 진행방향이 위로 향하도록 하여 이동지점과 정차지점을 실선으로 표시한다. (O|X)

3209 ☐☐☐☐ 17·20 승진
교통조사관은 교통사고조사규칙에 따라 차대차 사고로서 당사자 간의 과실이 동일한 경우 피해가 경한 당사자를 선순위로 지정한다. (O|X)

정답과 해설

3205. (O) 교통사고조사규칙 제5조 제2항 제1호
3206. (O) 동규칙 제6조 제2항
3207. (O) 동규칙 제14조 제4항
3208. (X) 교통사고의 발생지점과 사고차량의 정차지점을 표시하는 때에는 사고발생 지점을 도면의 중앙에 배치하고 가해차량의 진행방향이 위로 향하도록 하여 **이동지점을 점선**으로 표시하고 **정차지점은 실선**으로 표시한다 (동규칙 제14조 제7항).
3209. (O) 동규칙 제20조의4 제2호

THEME 13 「교통사고처리 특례법」 제3조 제2항의 처벌특례 12개 항목 _A급

3210 ☐☐☐☐ 18 채용, 22 승진

「도로교통법」 제39조 제4항을 위반하여 자동차의 화물이 떨어지지 아니하도록 필요한 조치를 하지 아니하고 운전한 경우는 「교통사고처리 특례법」 제3조 제2항 각 호에 규정된 예외 항목에 해당한다. (O|X)

3211 ☐☐☐☐ 22 승진

「도로교통법」 제17조 제1항 또는 제2항에 따른 제한속도를 시속 20킬로미터 초과하여 운전한 경우는 「교통사고처리 특례법」 제3조(처벌의 특례) 제2항 각 호에 규정된 예외 항목에 해당한다. (O|X)

3212 ☐☐☐☐ 22 승진

「도로교통법」 제13조 제3항을 위반하여 중앙선을 침범하거나 같은 법 제62조를 위반하여 횡단, 유턴 또는 후진한 경우는 「교통사고처리 특례법」 제3조(처벌의 특례) 제2항 각 호에 규정된 예외 항목에 해당한다. (O|X)

3213 ☐☐☐☐ 18 채용, 22 승진

「도로교통법」 제24조에 따른 철길건널목 통과방법을 위반하여 운전한 경우는 「교통사고처리 특례법」 제3조(처벌의 특례) 제2항 각 호에 규정된 예외 항목에 해당한다. (O|X)

3214 ☐☐☐☐ 19 승진

횡단보도에서의 보행자 보호의무를 위반하여 운전한 경우는 「교통사고처리 특례법」 제3조(처벌의 특례) 제2항 각 호에 규정된 예외 항목에 해당한다. (O|X)

3215 ☐☐☐☐ 18 채용, 19 승진

철길건널목 통과방법을 위반하여 운전한 경우는 「교통사고처리 특례법」 제3조(처벌의 특례) 제2항 각 호에 규정된 예외 항목에 해당한다. (O|X)

3216 ☐☐☐☐ 18·19 승진

승객의 추락 방지의무를 위반하여 운전한 경우는 「교통사고처리 특례법」 제3조(처벌의 특례) 제2항 각 호에 규정된 예외 항목에 해당한다. (O|X)

정답과 해설

3210. (O)   3211. (O)   3212. (O)   3213. (O)   3214. (O)   3215. (O)   3216. (O)

3217 ☐☐☐☐ 18·19 승진
안전거리 확보의무를 위반하여 운전한 경우는 「교통사고처리 특례법」 제3조(처벌의 특례) 제2항 각 호에 규정된 예외 항목에 해당한다. (O I X)

3218 ☐☐☐☐ 18 채용, 17 승진
제한속도를 시속 10킬로미터 초과하여 운전한 경우는 「교통사고처리 특례법」 12개 예외 항목에 해당한다(교통사고처리 특례법 제3조 제2항 단서). (O I X)

3219 ☐☐☐☐ 20 간부
고속도로에서의 앞지르기 방법을 위반하여 운전한 경우는 「교통사고처리 특례법」 제3조(처벌의 특례) 제2항 각 호에 규정된 예외 항목에 해당한다. (O I X)

3220 ☐☐☐☐ 18·20 승진
일시정지를 내용으로 하는 안전표지가 표시하는 지시를 위반하여 운전한 경우는 「교통사고처리 특례법」 제3조(처벌의 특례) 제2항 각 호에 규정된 예외 항목에 해당한다. (O I X)

3221 ☐☐☐☐ 18·20 승진
교차로 통행방법을 위반하여 운전한 경우는 「교통사고처리 특례법」 제3조(처벌의 특례) 제2항 각 호에 규정된 예외 항목에 해당한다. (O I X)

3222 ☐☐☐☐ 17 승진
중앙선을 침범한 경우는 「교통사고처리 특례법」 제3조(처벌의 특례) 제2항 각 호에 규정된 예외 항목에 해당한다. (O I X)

정답과 해설

3217. (X) **안전거리 확보의무를 위반**하여 운전한 경우는 「교통사고처리 특례법」 제3조(처벌의 특례) 제2항 각 호에 규정된 **예외 항목에 해당하지 않는다.**

3218. (X) 제한속도를 **시속 20(10 X)킬로미터 초과**하여 운전한 경우는 「교통사고처리 특례법」 12개 예외 항목에 해당한다.

3219. (O) 「도로교통법」 제21조 제1항(**앞지르기 방법 등**), 제22조(**앞지르기 금지의 시기 및 장소**), 제23조(**끼어들기의 금지**)를 위반하거나, 같은 법 제60조 제2항에 따른 **고속도로에서의 앞지르기 방법**을 위반하여 운전한 경우「교통사고처리 특례법」 제3조(처벌의 특례) 제2항 제4호에 규정된 예외 항목에 해당한다.

3220. (O)

3221. (X) **교차로 통행방법을 위반**하여 운전한 경우는 「교통사고처리 특례법」 제3조(처벌의 특례) 제2항 각 호에 규정된 **예외 항목에 해당하지 않는다.**

3222. (O)

3223 ☐☐☐☐ 17 승진

고속도로에서의 끼어들기 방법을 위반하여 운전한 경우는 「교통사고처리 특례법」 제3조(처벌의 특례) 제2항 각 호에 규정된 예외 항목에 해당한다. (O|X)

3224 ☐☐☐☐ 17 승진

정지선을 침범한 경우는 「교통사고처리 특례법」 제3조(처벌의 특례) 제2항 각 호에 규정된 예외 항목에 해당한다. (O|X)

3225 ☐☐☐☐ 17 승진

보도 횡단방법을 위반하여 운전한 경우는 「교통사고처리 특례법」 제3조(처벌의 특례) 제2항 각 호에 규정된 예외 항목에 해당한다. (O|X)

정답과 해설

3223. (X) 고속도로에서의 앞지르기 방법(끼어들기 방법 X)을 위반하여 운전한 경우는 「교통사고처리 특례법」 제3조(처벌의 특례) 제2항 제4호에 규정된 예외 항목에 해당한다.

3224. (X) 정지선을 침범한 경우는 「교통사고처리 특례법」 제3조(처벌의 특례) 제2항 각 호에 규정된 예외 항목에 해당하지 않는다.

3225. (O) 보도 횡단방법을 위반하여 운전한 경우는 「교통사고처리 특례법」 제3조(처벌의 특례) 제2항 제9호에 규정된 예외 항목에 해당한다.

교통관련 판례_S급

1 음주운전 및 음주측정

3226 ☐☐☐☐ 21 승진
음주감지기에서 음주반응이 나온 경우, 그것만으로 술에 취한 상태에 있다고 인정할 만한 상당한 이유가 있다고 볼 수 없다. (O|X)

3227 ☐☐☐☐ 21 승진
명시적인 의사표시를 하지 않으면서 경찰관이 음주측정 불응에 따른 불이익을 5분 간격으로 3회 이상 고지(최초 측정요구시로부터 15분 경과)했음에도 계속 음주측정에 응하지 않은 때에는 음주측정거부자로 처리한다. (O|X)

3228 ☐☐☐☐ 21 승진
흉골 골절 등으로 인한 통증으로 깊은 호흡을 할 수 없어 이십여차례 음주측정기를 불었으나 끝내 음주측정이 되지 아니한 경우 음주측정불응죄가 성립하지 아니한다. (O|X)

3229 ☐☐☐☐ 21 승진
여러차례에 걸쳐 호흡측정기의 빨대를 입에 물고 형식적으로 숨을 부는 시늉만 하였을 뿐 숨을 제대로 불지 아니하여 호흡측정기에 음주측정수치가 나타나지 아니하도록 한 행위는 음주측정불응죄에 해당하지 않는다. (O|X)

정답과 해설

3226. (O) 대판 2002도6632
3227. (O) 교통단속처리지침 제31조 제5항 제3호
3228. (O) 대판 2005도7125
3229. (X) 여러 차례에 걸쳐 호흡측정기의 빨대를 입에 물고 형식적으로 숨을 부는 시늉만 하였을 뿐 숨을 제대로 불지 아니하여 호흡측정기에 음주측정수치가 나타나지 아니하도록 한 피고인의 행위는 음주측정불응의 죄에 **해당한다**(대판 99도5210).

3230 ☐☐☐☐ 18 채용, 22 간부

위드마크 공식은 운전자가 음주한 상태에서 운전한 사실이 있는지에 대한 경험법칙에 의한 증거수집 방법에 불과하므로, 경찰공무원에게 위드마크 공식의 존재 및 나아가 호흡측정에 의한 혈중알코올농도가 음주운전 처벌기준 수치에 미달하였더라도 위드마크 공식에 의한 역추산 방식에 의하여 운전 당시의 혈중알코올농도를 산출할 경우 그 결과가 음주운전 처벌기준 수치 이상이 될 가능성이 있다는 취지를 운전자에게 미리 고지하여야 할 의무는 없다. [O|X]

3231 ☐☐☐☐ 25 간부

위드마크 공식을 사용해 운전 당시 혈중알코올농도를 추산하는 경우로서 알코올의 분해소멸에 따른 혈중알코올농도의 감소기(위드마크 제2공식, 하강기)에 운전이 이루어진 것으로 인정되는 경우에는 음주 시작 시점부터 곧바로 생리작용에 의하여 분해소멸이 시작되는 것으로 보아야 한다. 이와 다르게 인정하려면 과학적 증명 또는 객관적인 반대 증거가 있거나 특별한 사정이 있어야 한다. [O|X]

3232 ☐☐☐☐ 16 채용, 22·26 간부

경찰관이 음주운전 단속시 운전자의 요구에 따라 곧바로 채혈을 실시하지 않은채 호흡측정기에 의한 음주측정을 하고 1시간 12분이 경과한 후에 채혈을 한 것은 객관적 정당성을 상실하여 운전자가 음주운전 단속과정에서 받을 수 있는 권익이 현저하게 침해되었다고 볼 수 있다. [O|X]

3233 ☐☐☐☐ 23 채용, 22 간부

음주종료 후 4시간 정도 지난 시점에서 물로 입 안을 헹구지 아니한 채 호흡측정기로 측정한 혈중알코올 농도 수치가 0.05%로 나타난 사안에서, 위 증거만으로는 피고인이 혈중알코올 농도 0.05% 이상의 술에 취한 상태에서 자동차를 운전하였다고 인정하기 어렵다. [O|X]

정답과 해설

3230. (O) 대판 2017도661
3231. (O) 대판 2021도14074
3232. (X) 경찰관이 음주운전 단속시 운전자의 요구에 따라 곧바로 채혈을 실시하지 않은 채 호흡측정기에 의한 음주측정을 하고 1시간 12분이 경과한 후에야 채혈을 하였다는 사정만으로는 위 행위가 법령에 위배된다거나 객관적 정당성을 상실하여 운전자가 음주운전 단속과정에서 받을 수 있는 권익이 현저하게 **침해되었다고 단정하기 어렵다**(대판 2006다32132).
3233. (O) 대판 2009도1856

3234 ☐☐☐☐ 16·23 채용, 22 간부

경찰관이 술에 취한 상태에서 자동차를 운전한 것으로 보이는 피고인을 「경찰관 직무집행법」에 따른 보호조치 대상자로 보아 경찰관서로 데려온 직후 음주측정을 요구하였는데 피고인이 불응하여 음주측정불응죄로 기소된 사안에서, 위법한 보호조치 상태를 이용하여 음주측정 요구가 이루어졌다는 등의 특별한 사정이 없는 한 피고인의 행위는 음주측정불응죄에 해당한다. (O|X)

3235 ☐☐☐☐ 24·26 간부

경찰공무원이 보호조치된 운전자에 대하여 음주측정을 요구하였다는 이유만으로 음주측정 요구가 당연히 위법하거나 보호조치가 당연히 종료된 것으로 볼 수는 없다. (O|X)

3236 ☐☐☐☐ 22·23 채용

술에 취해 자동차 안에서 잠을 자다가 추위를 느껴 히터를 가동시키기 위하여 시동을 걸었고, 실수로 자동차의 제동장치 등을 건드렸거나 처음 주차할 때 안전조치를 제대로 취하지 아니한 탓으로 원동기의 추진력에 의하여 자동차가 약간 경사진 길을 따라 앞으로 움직여 피해자의 차량 옆면을 충격한 사실은 엿볼 수 있으나 이를 두고 피고인이 자동차를 운전하였다고 할 수는 없다. (O|X)

3237 ☐☐☐☐ 22 채용

운전자가 경찰공무원으로부터 음주측정을 요구받고 호흡측정기에 숨을 내쉬는 시늉만 하는 등 형식적으로 음주측정에 응하였을 뿐 경찰공무원의 거듭된 요구에도 불구하고 호흡측정기에 음주 측정수치가 나타날 정도로 숨을 제대로 불어넣지 아니하였다면 이는 실질적으로 음주측정에 불응한 것과 다를 바 없다. (O|X)

3238 ☐☐☐☐ 18·20·22 채용

음주운전과 관련한 도로교통법 위반죄의 범죄수사를 위하여 미성년자인 피의자의 혈액채취가 필요한 경우에도 피의자에게 의사능력이 있다면 피의자 본인만이 혈액채취에 관한 유효한 동의를 할 수 있고, 피의자에게 의사능력이 없는 경우 명문의 규정이 없더라도 법정대리인이 피의자를 대리하여 동의할 수 있다. (O|X)

정답과 해설

3234. (O) 대판 2011도4328
3235. (O) 대판 2011도4328
3236. (O) 술에 취해 자동차 안에서 잠을 자다가 추위를 느껴 히터를 가동시키기 위하여 시동을 걸었고, 실수로 자동차의 제동장치 등을 건드렸거나 처음 주차할 때 안전조치를 제대로 취하지 아니한 탓으로 원동기의 추진력에 의하여 자동차가 약간 경사진 길을 따라 앞으로 움직여 피해자의 차량 옆면을 충격하게 된 경우는 자동차의 운전에 **해당하지 않는다**(해당한다 X)(대판 2004도1109 판결).
3237. (O) 대판 99도5210
3238. (X) 음주운전과 관련한 도로교통법 위반죄의 범죄수사를 위하여 미성년자인 피의자의 혈액채취가 필요한 경우에도 피의자에게 의사능력이 있다면 피의자 본인만이 혈액채취에 관한 유효한 동의를 할 수 있고, 피의자에게 의사능력이 없는 경우에도 명문의 규정이 없는 이상 법정대리인이 피의자를 **대리하여 동의할 수는 없다** (대판 2013도1228).

3239 ☐☐☐☐ 15·22·23 채용
특별한 이유 없이 호흡측정기에 의한 측정에 불응하는 운전자에게 경찰공무원이 혈액채취에 의한 측정방법이 있음을 고지하고 그 선택 여부를 물어야 할 의무가 있다고는 할 수 없다. (O|X)

3240 ☐☐☐☐ 20 채용
2회 이상 음주운전 금지규정을 위반한 사람을 2년 이상 5년 이하의 징역이나 1천만 원 이상 2천만 원 이하의 벌금에 처하도록 규정한 구 도로교통법 제148조의2 제1항 중 '제44조 제1항을 2회 이상 위반한 사람'에 관한 부분은 헌법에 위반되지 않는다. (O|X)

3241 ☐☐☐☐ 16·23 채용, 20 간부
피고인의 음주와 음주운전을 목격한 참고인이 있는 상황에서 경찰관이 음주 및 음주운전 종료로부터 약 5시간 후 집에서 자고 있는 피고인을 연행하여 음주측정을 요구한 데에 대하여 피고인이 불응한 경우, 도로교통법상의 음주측정불응죄가 성립하지 않는다. (O|X)

3242 ☐☐☐☐ 21 간부
교통사고로 상해를 입은 피고인의 골절부위와 정도에 비추어 음주측정 당시 통증으로 인하여 깊은 호흡을 하기 어려웠고 그 결과 음주측정이 제대로 되지 아니한 경우 음주측정 거부에 해당한다. (O|X)

3243 ☐☐☐☐ 19 승진
음주운전 시점과 혈중알코올농도의 측정 시점 사이에 시간 간격이 있고 그때가 혈중알코올농도의 상승기로 보이는 경우라 하더라도, 그러한 사정만으로 무조건 실제 운전 시점의 혈중알코올농도가 처벌기준치를 초과한다는 점에 대한 증명이 불가능하다고 볼 수는 없다. (O|X)

(O|X)

정답과 해설

3239. (O) 대판 2002도4220
3240. (X) 2회 이상 음주운전 금지규정을 위반한 사람을 2년 이상 5년 이하의 징역이나 1천만 원 이상 2천만 원 이하의 벌금에 처하도록 규정한 구 도로교통법 제148조의2 제1항 중 '제44조 제1항을 2회 이상 위반한 사람'에 관한 부분이 죄형법정주의의 명확성원칙에는 위배되지 않으나, 책임과 형벌 간의 **비례원칙에 위배되어 헌법에 위반된다**(헌재 2019헌바446등).
3241. (X) 피고인의 음주와 음주운전을 목격한 참고인이 있는 상황에서 경찰관이 음주 및 음주운전 종료로부터 약 5시간 후 집에서 자고 있는 피고인을 연행하여 음주측정을 요구한 데에 대하여 피고인이 불응한 경우, 도로교통법상의 **음주측정불응죄가 성립**한다(대판 2000도6026).
3242. (X) 교통사고로 상해를 입은 피고인의 골절부위와 정도에 비추어 음주측정 당시 통증으로 인하여 깊은 호흡을 하기 어려웠고 그 결과 음주측정이 제대로 되지 아니하였던 것으로 보이므로 피고인이 **음주측정에 불응한 것이라고 볼 수는 없다**(대판 2005도7125).
3243. (O) 대판 2014도3360

3244 ☐☐☐☐ 19 승진

운전자가 음주측정을 요구하는 경찰공무원의 1차 측정에만 불응하였을 뿐 곧이어 이어진 2차 측정에는 응한 경우와 같이 측정거부가 일시적인 것에 불과한 경우라면 음주측정불응죄가 성립한다고 볼 것은 아니다.

(O|X)

3245 ☐☐☐☐ 20 채용

경찰공무원이 술에 취한 상태에 있다고 인정할만한 상당한 이유가 있는 운전자에게 음주 여부를 확인하기 위하여 음주측정기에 의한 측정의 사전단계로 음주감지기에 의한 시험을 요구하는 경우, 그 시험 결과에 따라 음주측정기에 의한 측정이 예정되어 있고 운전자가 그러한 사정을 인식하였음에도 음주감지기에 의한 시험에 명시적으로 불응함으로써 음주측정을 거부하겠다는 의사를 표명하였다면, 음주감지기에 의한 시험을 거부한 행위도 음주측정기에 의한 측정에 응할 의사가 없음을 객관적으로 명백하게 나타낸 것으로 볼 수 있다.

(O|X)

3246 ☐☐☐☐ 21 간부

신체 이상 등의 사유로 인하여 호흡조사에 의한 측정에 응할 수 없는 운전자가 혈액채취에 의한 측정을 거부하거나 이를 불가능하게 한 행위는 음주측정 불응에 해당한다.

(O|X)

3247 ☐☐☐☐ 21 간부

경찰공무원이 운전자의 음주 여부나 주취 정도를 확인하기 위하여 음주측정기에 의한 측정의 사전절차로서 음주감지기에 의한 시험을 요구할 때, 그 시험결과에 따라 음주측정기에 의한 측정이 예정되어 있고 운전자가 그러한 사정을 인식하였음에도 음주감지기에 의한 시험에 명시적으로 불응한 경우는 음주측정불응에 해당한다.

(O|X)

3248 ☐☐☐☐ 18 채용

「도로교통법」에 규정된 음주측정은 성질상 강제될 수 있는 것이 아니며 궁극적으로 당사자의 자발적인 협조가 필수적인 것이므로 이를 두고 법관의 영장을 필요로 하는 강제처분이라 할 수 없다. 따라서 주취운전의 혐의자에게 영장없는 음주측정에 응할 의무를 지우고 이에 불응한 사람을 처벌한다고 하더라도 영장주의에 위배되지 아니한다.

(O|X)

3249 ☐☐☐☐ 19 승진

음주감지기 시험에서 음주반응이 나왔다고 할지라도, 그것만으로 바로 운전자가 술에 취한 상태에 있다고 인정할 만한 상당한 이유가 있다고 볼 수는 없다.

(O|X)

정답과 해설

3244. (O) 대판 2013도8481
3245. (O) 대판 2017도12949
3246. (X) 신체 이상 등의 사유로 호흡조사에 의한 음주측정에 응할 수 없는 운전자가 '혈액채취에 의한 측정'을 거부하거나 이를 불가능하게 한 경우, **음주측정에 불응한 것으로 볼 수 없다**(대판 2010도2935).
3247. (O) 음주측정거부에 해당한다(대판 2017도 12949).
3248. (O) 헌법재판소 96헌가11
3249. (O) 대판 2002도4220

3250 ☐☐☐☐ 20 승진

호흡측정기에 의한 음주측정치와 혈액검사에 의한 음주측정치가 불일치할 경우 혈액검사에 의한 음주측정치가 우선한다. (O|X)

3251 ☐☐☐☐ 15·16 채용, 24 승진

자동차를 움직이게 할 의도 없이 다른 목적을 위하여 자동차의 원동기(모터)의 시동을 걸었는데, 실수로 기어 등 자동차의 발진에 필요한 장치를 건드려 원동기의 추진력에 의하여 자동차가 움직인 경우 자동차의 운전에 해당한다. (O|X)

3252 ☐☐☐☐ 21 간부

오토바이를 운전하여 자신의 집에 도착한 상태에서 단속경찰관으로부터 주취운전에 관한 증거 수집을 위한 음주측정을 위해 인근 파출소까지 동행하여 줄 것을 요구받고 이를 명백하게 거절하였음에도 위법하게 체포·감금된 상태에서 음주측정요구에 응하지 않은 행위는 음주측정거부에 해당한다. (O|X)

3253 ☐☐☐☐ 18 채용

「형사소송법」규정에 위반하여 수사기관이 법원으로부터 영장 또는 감정처분허가장을 발부받지 아니한 채 피의자의 동의 없이 피의자의 신체로부터 혈액을 채취하고 더구나 사후적으로도 지체 없이 이에 대한 영장을 발부받지도 아니하고서 그 강제채혈한 피의자의 혈액 중 알코올농도에 관한 감정결과보고서 등은 피고인이나 변호인의 증거동의가 있다고 하더라도 유죄의 증거로 사용할 수 없다. (O|X)

3254 ☐☐☐☐ 22 채용

운전자가 음주운전으로 교통사고를 야기한 후, 차에서 내려 피해자(진단 3주)에게 '왜 와서 들이받냐'라는 말을 하고, 교통사고 조사를 위해 경찰서에 가자는 경찰관의 지시에 순순히 응하여 순찰차에 스스로 탑승하여 경찰서까지 갔을 뿐 아니라 경찰서에서 조사받으면서 사고 당시 상황에 대한 자신의 주장을 정확하게 진술하였다면, 비록 경찰관이 작성한 주취운전자 정황진술보고서에는 '언행상태'란에 '발음 약간 부정확', '보행상태'란에 '비틀거림이 없음', '운전자 혈색'란에 '안면 홍조 및 눈 충혈'이라고 기재되어 있다고 하더라도 음주로 인한 특정범죄 가중처벌 등에 관한 법률 위반(위험운전치사상)이 아니라 도로교통법 위반(음주운전)으로 처벌해야 한다. (O|X)

정답과 해설

3250. (O) 대판 2003도6905

3251. (X) 어떤 사람이 자동차를 움직이게 할 의도 없이 다른 목적을 위하여 자동차의 원동기(모터)의 시동을 걸었는데, 실수로 기어 등 자동차의 발진에 필요한 장치를 건드려 원동기의 추진력에 의하여 자동차가 움직이거나 또는 불안전한 주차상태나 도로여건 등으로 인하여 자동차가 움직이게 된 경우는 **자동차의 운전에 해당하지 아니한다**(대판 2004도1109).

3252. (X) 피고인이 이 사건 오토바이를 운전하여 자신의 집에 도착한 상태에서 단속경찰관으로부터 주취운전에 관한 증거 수집을 위한 음주측정을 위하여 인근 파출소까지 동행하여 줄 것을 요구받고 이를 명백하게 거절하였음에도 위법하게 체포·감금된 상태에서 이 사건 음주측정요구를 받게 되었으므로, 그와 같은 음주측정요구에 응하지 않았다고 하여 피고인을 **음주측정거부에 관한 도로교통법 위반죄로 처벌할 수 없다**고 판단한 것은 정당하다(대판 2004도8404).

3253. (O) 대판 2011도15258

3254. (O) 대판 2017도15519

2 음주운전과 죄수관계

3255 ☐☐☐☐ 19 채용, 17·21 승진
무면허인데다가 술이 취한 상태에서 오토바이를 운전하였다면 무면허운전죄와 음주운전죄는 실체적 경합관계에 있다. Ⅰ O Ⅰ X Ⅰ

3256 ☐☐☐☐ 17·18·19·20 승진
음주로 인한 특정범죄가중처벌등에관한법률위반(위험운전치사상)죄와 도로교통법위반(음주운전)죄가 모두 성립하는 경우 두 죄는 상상적 경합관계에 있다. Ⅰ O Ⅰ X Ⅰ

3 주의의무 관련

3257 ☐☐☐☐ 15 채용
일반적으로 고속도로를 운전하는 자동차 운전자에게 도로상에 장애물이 나타날 것을 예견하여 제한속도 이하로 감속운행할 주의의무가 있다. Ⅰ O Ⅰ X Ⅰ

3258 ☐☐☐☐ 15 간부
특별한 사정이 없는 한 고속도로를 운행하는 자동차의 운전자는 보행자가 나타날 것을 예견하여 제한속도 이하로 감속 운행할 주의의무가 없다. Ⅰ O Ⅰ X Ⅰ

3259 ☐☐☐☐ 15 간부
특별한 사정이 없는 한 반대차로를 운행하는 차가 갑자기 중앙선을 넘어올 것까지 예견하여 감속해야 할 주의의무는 없다. Ⅰ O Ⅰ X Ⅰ

3260 ☐☐☐☐ 14 간부
횡단보도에서 보행자 신호가 녹색에서 적색신호로 깜박거릴 때 운전자의 주의의무가 없다. Ⅰ O Ⅰ X Ⅰ

정답과 해설

3255. (X) 무면허인데다가 술이 취한 상태에서 오토바이를 운전하였다는 것은 1개의 운전행위라 할 것이므로 두 죄(무면허운전죄와 음주운전죄)는 **상상적 경합관계**에 있다(대판 2486도2731).

3256. (X) 음주로 인한 특가법위반(위험운전치사상)죄와 도로교통법 위반(음주운전)죄는 입법 취지와 보호법익 및 적용 영역을 달리하는 별개의 범죄로서 양 죄가 모두 성립하는 경우 두 죄는 **실체적 경합관계**에 있다(대판 2008도7143).

3257. (X) **고속도로를 운전하는 자동차 운전자에게 도로상에 장애물이 나타날 것을 예견하여 제한속도 이하로 감속시행할 주의의무가 있다고 할 수 없으므로**, 원심이 고속도로상에서 도로를 횡단하는 피해자 A를 피고인이 운전하는 화물자동차로 충격하여 사망케 하였다는 공소사실에 대하여 무죄를 선고한 제1심 판결을 유지한 조치는 정당하다(대판 81도1808).

3258. (O) 대판 81도1808

3259. (O) 대판 85다카562

3260. (X) 횡단보도의 보행자 신호가 녹색신호에서 적색신호로 바뀌는 예비신호 점멸중에도 그 횡단보도를 건너가는 보행자가 흔히 있고 또 횡단도중에 녹색신호가 적색신호로 바뀐 경우에도 그 교통신호에 따라 정지함이 없이 나머지 횡단보도를 그대로 횡단하는 보행자도 있으므로 보행자 신호가 녹색신호에서 정지신호로 바뀔 무렵 전후에 횡단보도를 통과하는 자동차 운전자는 보행자가 교통신호를 철저히 준수할 것이라는 신뢰만으로 자동차를 운전할 것이 아니라 좌우에서 이미 횡단보도에 진입한 보행자가 있는지 여부를 살펴보고 또한 그의 동태를 두루 살피면서 서행하는 등하여 그와 같은 상황에 있는 보행자의 안전을 위해 어느 때라도 정지할 수 있는 태세를 갖추고 자동차를 운전하여야 할 **업무상의 주의의무가 있다**(대판 86도549).

3261 ☐☐☐☐ 15 간부

신뢰의 원칙에 관한 내용으로 보행자신호의 녹색등이 점멸하는 때에는 보도 위에 서 있던 보행자가 갑자기 뛰기 시작하면서 보행을 시작할 수도 있다는 것까지 예상할 주의의무는 없다. (O|X)

3262 ☐☐☐☐ 14 간부

전날 밤에 주차해 둔 차량을 그 다음날 아침에 출발하기에 앞서 차체 밑에 장애물이 있는지 여부를 확인하여야 할 주의의무가 있다. (O|X)

3263 ☐☐☐☐ 14 승진, 15·20 간부

보행자신호가 적색인 경우 반대차로 상에서 정지하여 있는 차량의 뒤로 보행자가 횡단보도를 건너올 수 있다는 것까지 예상할 주의의무는 없다. (O|X)

3264 ☐☐☐☐ 20·25 채용

주취운전자에 대한 경찰관의 권한 행사가 법률상 경찰관의 재량에 맡겨져 있다고 하더라도, 그러한 권한을 행사하지 아니한 것이 구체적인 상황 하에서 현저하게 합리성을 잃은 경우에는 경찰관의 직무상 의무를 위배한 것으로서 위법하다. 음주운전으로 적발된 주취운전자가 도로 밖으로 차량을 이동하겠다며 단속경찰관으로부터 보관 중이던 차량열쇠를 반환 받아 몰래 차량을 운전하여 가던 중 사고를 일으켰다면, 주의의무를 게을리한 경찰관의 직무상 의무위반에 의한 국가배상 책임이 인정된다. (O|X)

3265 ☐☐☐☐ 14 간부

신뢰의 원칙에 관한 내용으로 고속도로를 운행하는 자동차 운전자는 고속도로를 무단횡단하는 보행자가 있을 것을 예견하여 운전할 주의의무가 없다. (O|X)

3266 ☐☐☐☐ 15 간부

신뢰의 원칙에 관한 내용으로 고속도로상이라 하더라도 제동거리 밖의 무단횡단자를 발견했을 경우 사고를 미연에 방지할 의무가 있다. (O|X)

정답과 해설

3261. (X) 횡단보도의 보행자 신호가 녹색신호에서 적색신호로 바뀌는 예비신호 점멸중에도 그 횡단보도를 건너가는 보행자가 흔히 있고 또 횡단도중에 녹색신호가 적색신호로 바뀐 경우에도 그 교통신호에 따라 정지함이 없이 나머지 횡단보도를 그대로 횡단하는 보행자도 있으므로 보행자 신호가 녹색신호에서 정지신호로 바뀔 무렵 전후에 횡단보도를 통과하는 자동차 운전자는 보행자가 교통신호를 철저히 준수할 것이라는 신뢰만으로 자동차를 운전할 것이 아니라 좌우에서 이미 횡단보도에 진입한 보행자가 있는지 여부를 살펴보고 또한 그의 동태를 두루 살피면서 서행하는 등하여 그와 같은 상황에 있는 보행자의 안전을 위해 어느 때라도 정지할 수 있는 태세를 갖추고 자동차를 운전하여야 할 **업무상의 주의의무가 있다**(대판 86도549).

3262. (O) 대판 88도833

3263. (O) 대판 92도2077

3264. (O) 대판 97다54482

3265. (O) 대법원 2000. 9. 5. 2000도2671

3266. (O) 고속도로를 운행하는 자동차의 운전자로서는 일반적인 경우에 고속도로를 횡단하는 보행자가 있을 것까지 예견하여 보행자와의 충돌사고를 예방하기 위하여 급정차 등의 조치를 취할 수 있도록 대비하면서 **운전할 주의의무가 없고**, 다만 고속도로를 무단횡단하는 보행자를 충격하여 사고를 발생시킨 경우라도 운전자가 상당한 거리에서 보행자의 무단횡단을 미리 예상할 수 있는 사정이 있었고, 그에 따라 즉시 감속하거나 급제동하는 등의 조치를 취하였다면 보행자와의 충돌을 피할 수 있었다는 등의 특별한 사정이 인정되는 경우에만 **자동차 운전자의 과실이 인정될 수 있다**(대판 2000도2671).

3267 ☐☐☐☐ 14 간부

편도 5차선 도로의 1차로를 신호에 따라 진행하던 자동차 운전자에게 도로의 오른쪽에 연결된 소방도로에서 오토바이가 나와 맞은편 쪽으로 가기 위해 편도 5차선 도로를 대각선 방향으로 가로 질러 진행하는 경우까지 예상하여 진행할 주의의무는 없다. (O|X)

3268 ☐☐☐☐ 15·17 승진

연속된 교통사고로 피해자가 사망한 경우 후행 교통사고 운전자에게 책임을 물으려면 후행 교통사고를 일으킨 사람이 주의의무를 게을리하지 않았다면 피해자가 사망에 이르지 않았을 것이라는 사실이 증명되어야 한다. (O|X)

3269 ☐☐☐☐ 20 간부

앞차가 빗길에 미끄러져 비정상적으로 움직일 때는 진로를 예상할 수 없으므로 뒤따라가는 차량의 운전자는 이러한 사태에 대비하여 속도를 줄이고 안전거리를 확보해야 할 주의의무가 있다. (O|X)

4 「교통사고처리 특례법」 관련

3270 ☐☐☐☐ 21 간부

화물차 적재함에서 작업하던 피해자가 차에서 내린 것을 확인하지 않은 채 출발함으로써 피해자가 추락하여 상해를 입게 된 경우, 특례법 소정의 '승객의 추락방지 의무'를 위반하여 운전한 경우에 해당하지 않는다. (O|X)

3271 ☐☐☐☐ 15 채용, 14·17 승진

교차로 직전의 횡단보도에 따로 차량 보조등이 설치되어 있지 아니한 경우, 교차로 차량 신호등이 적색이고 횡단보도 보행등이 녹색인 상태에서 횡단보도를 지나 우회전하다가 사람을 다치게 하였다면 「교통사고처리 특례법」상 특례조항인 신호위반에 해당하지 않는다. (O|X)

정답과 해설

3267. (O) 대판 2006도9216
3268. (O) 대판 2005도8822
3269. (O) 대판 89도777
3270. (O) 화물차 적재함에서 작업하던 피해자가 차에서 내린 것을 확인하지 않은 채 출발함으로써 피해자가 추락하여 상해를 입게 된 경우, 교통사고처리특례법 제3조 제2항 단서 제10호 소정의 의무를 위반하여 운전한 경우에 해당하지 않는다(대판 99도3716).
3271. (X) 교차로의 차량신호등이 적색이고 교차로에 연접한 횡단보도 보행등이 녹색인 경우에 차량 운전자가 위 횡단보도 앞에서 정지하지 아니하고 횡단보도를 지나 우회전하던 중 업무상과실치상의 결과가 발생하면 교통사고처리 특례법 제3조 제1항, 제2항 단서 제1호의 **'신호위반'에 해당**하고, 이때 위 신호위반 행위가 교통사고 발생의 직접적인 원인이 된 이상 사고장소가 횡단보도를 벗어난 곳이라 하여도 위 신호위반으로 인한 업무상과실치상죄가 성립함에는 지장이 없다(대판 2009도8222).

3272 ☐☐☐☐ 18·20 승진

택시 운전자인 甲이 교차로에서 적색등화에 우회전하다가 신호에 따라 진행하던 乙의 승용차를 충격하여 乙에게 상해를 입혔다면 「교통사고처리 특례법」 제3조 제2항 단서 제1호에서 정한 '신호위반'으로 인한 사고에 해당한다. (O X)

5 무면허 관련

3273 ☐☐☐☐ 21 간부

연습운전면허를 받은 사람은 운전을 함에 있어 '주행연습 외의 목적으로 운전하여서는 아니된다'는 사항을 준수해야 하며 이에 위반하여 운전한 경우 그 운전은 특례법에서 규정한 무면허운전으로 보아 처벌할 수 있다. (O X)

3274 ☐☐☐☐ 15 채용

무면허운전으로 인한 도로교통법위반죄에 있어서는 어느 날에 운전을 시작하여 다음날까지 동일한 기회에 일련의 과정에서 계속 운전을 한 경우 등 특별한 경우를 제외하고는 사회통념상 운전한 날을 기준으로 운전한 날마다 1개의 운전행위가 있다고 보는 것은 상당하지 않다. (O X)

3275 ☐☐☐☐ 22 채용

「도로교통법」 및 관련 법령에는 연습운전면허를 발급받은 사람이 본인에게 귀책사유(歸責事由)가 없는 경우 등 대통령령으로 정하는 경우를 제외하고, 운전 중 고의 또는 과실로 교통사고를 일으키거나 「도로교통법」이나 동법에 따른 명령 또는 처분을 위반한 경우에 시·도경찰청장은 연습운전면허를 취소하여야 한다고 규정하고 있으므로, 연습운전면허를 받은 사람이 운전을 함에 있어 주행연습 외의 목적으로 운전하여서는 아니된다는 준수사항을 지키지 않았다고 하더라도 무면허운전으로 처벌할 수는 없다. (O X)

> **정답과 해설**
>
> **3272.** (X) (1) 적색등화에 신호에 따라 진행하는 다른 차마의 교통을 방해하지 아니하고 우회전할 수 있다는 구 도로교통법 시행규칙 [별표 2]의 취지는 차마는 적색등화에도 원활한 교통소통을 위하여 우회전을 할 수 있되, 신호에 따라 진행하는 다른 차마의 신뢰 및 안전을 보호하기 위하여 **다른 차마의 교통을 잘 살펴 방해하지 아니하여야 할 안전운전의무를 부과한 것이고, 다른 차마의 교통을 방해하게 된 경우에 신호위반의 책임까지 지우려는 것은 아니다.** (2) 택시 운전자인 피고인이 교차로에서 적색등화에 우회전하다가 신호에 따라 진행하던 피해자 운전의 승용차를 충격하여 그에게 상해를 입힌 경우, 이는 교통사고처리 특례법 제3조 제2항 단서 제1호에서 정한 **'신호위반'으로 인한 사고에 해당하지 아니한다**(대판 2011도3970).
>
> **3273.** (X) 연습운전면허를 받은 사람이 도로에서 주행연습을 하는 때에 운전면허를 받은 날부터 2년이 경과한 사람과 함께 타서 그의 지도를 받아야 한다고 규정하고 있는바, 연습운전면허를 받은 사람이 도로에서 주행연습을 함에 있어서 위와 같은 준수사항을 지키지 않았다면 준수사항을 지키지 않은 데에 따른 제재를 가할 수 있음은 별론으로 하고 그 운전을 **무면허운전이라고 할 수는 없다**(대판 2000도5540).
>
> **3274.** (X) 무면허운전으로 인한 도로교통법위반죄에 있어서는 어느 날에 운전을 시작하여 다음날까지 동일한 기회에 일련의 과정에서 계속 운전을 한 경우 등 특별한 경우를 제외하고는 **사회통념상 운전한 날을 기준으로 운전한 날마다 1개의 운전행위가 있다고 보는 것이 상당하다**(대판 2001도6281).
>
> **3275.** (O) 대판 2013도15031

6 기타 교통 관련

3276 ☐☐☐☐ 19 승진
교통사고 피해자가 2주간의 치료를 요하는 경미한 상해를 입었다는 사정만으로 사고 당시 피해자를 구호할 필요가 없었다고 단정 지을 수 없다. (O|X)

3277 ☐☐☐☐ 15·17·18·19 승진
「특정범죄 가중처벌 등에 관한 법률」제5조의3 도주차량 운전자의 가중처벌 규정과 관련하여, 차의 교통으로 인한 업무상과실치사상의 사고는 「도로교통법」이 정하는 도로에서의 교통사고로 한정된다. (O|X)

3278 ☐☐☐☐ 19 승진
신호위반으로 교통사고를 야기한 자가 통고처분을 받아 신호위반의 범칙금을 납부하였다고 하더라도, 「교통사고처리 특례법」상 신호위반으로 인한 업무상과실치상죄로 처벌하는 것이 이중처벌에 해당한다고 볼 수 없다. (O|X)

3279 ☐☐☐☐ 14·17 승진
신호위반으로 교통사고를 일으킨 사람이 통고처분을 받아 신호위반의 범칙금을 납부하였다면, 「교통사고처리 특례법」상 신호위반으로 인한 업무상과실치상죄의 죄책을 물을 수 없다. (O|X)

3280 ☐☐☐☐ 15 채용, 20 승진
교통사고로 인한 물적 피해가 경미하고, 파편이 도로상에 비산되지도 않았다고 하더라도, 가해차량이 즉시 정차하는 등 필요한 조치를 취하지 아니한 채 그대로 도주한 경우에는 「도로교통법」제54조 제1항 위반죄가 성립한다. (O|X)

3281 ☐☐☐☐ 24 승진
모든 차의 운전자는 보행자보다 먼저 횡단보행자용 신호기가 설치되지 않은 횡단보도에 진입한 경우에도, 보행자의 횡단을 방해하지 않거나 통행에 위험을 초래하지 않을 상황이 아니고서는, 차를 일시정지하는 등으로 보행자의 통행이 방해되지 않도록 할 의무가 있다. (O|X)

정답과 해설

3276. (O) 대판 2008도1339
3277. (X) 「특정범죄 가중처벌 등에 관한 법률」제5조의3 소정의 차의 교통으로 인한 업무상과실치사상의 사고를 도로교통법이 정하는 **도로에서의 교통사고의 경우로 제한하여 새겨야 할 아무런 근거가 없다**(대판 2004도3600).
3278. (O) 대판 2006도4322
3279. (X) 신호위반이라는 범칙행위와 같은 때, 같은 곳에서 이루어진 행위라 하더라도 **범칙행위와 별개의 형사범죄행위에 대하여는 범칙금의 납부로 인한 불처벌의 효력이 미치지 아니한다**(대판 2006도4322).
3280. (O) 대판 2009도787
3281. (O) 대판 2020도8675

3282 ☐☐☐☐ 17 승진

횡단보도 보행신호등의 녹색등화가 점멸할 때에는 보행자의 횡단을 금지하고 있으므로 보행자가 녹색등화의 점멸신호 이후에 횡단을 시작하였다면 설사 녹색등화가 점멸 중이더라도 횡단보도에서의 보행자 보호의무의 대상으로 보기 어렵다. (O|X)

3283 ☐☐☐☐ 15 채용, 15·17 승진

화물차를 주차한 상태에서 적재된 상자 일부가 떨어지면서 지나가던 피해자에게 상해를 입힌 경우, 교통사고로 볼 수 있다. (O|X)

3284 ☐☐☐☐ 15·17·19 승진

아파트 단지 내 통행로가 왕복 4차선의 외부도로와 직접 연결되어 있고, 외부차량의 통행에 제한이 없으며, 별도의 주차관리인이 없다면 「도로교통법」상 도로에 해당한다. (O|X)

3285 ☐☐☐☐ 19 승진

약물 등의 영향으로 정상적으로 운전하지 못할 우려가 있는 상태에서 자동차 등을 운전하였다고 인정하려면, 약물 등의 영향으로 인하여 현실적으로 '정상적으로 운전하지 못할 상태'에 이르러야만 한다. (O|X)

3286 ☐☐☐☐ 19 승진

교통사고의 결과가 피해자의 구호 및 교통질서의 회복을 위한 조치가 필요한 상황인 이상 교통사고 발생 시의 구호조치의무 및 신고의무는 교통사고를 발생시킨 당해 차량의 운전자에게 그 사고 발생에 있어서 고의·과실 혹은 유책·위법의 유무에 관계없이 부과된 의무라고 해석함이 타당하고, 당해 사고의 발생에 귀책사유가 없는 경우에도 위 의무가 없다고 할 수 없다. (O|X)

정답과 해설

3282. (X) (1) 보행신호등의 녹색 등화의 점멸신호 전에 횡단을 시작하였는지 여부를 가리지 아니하고 보행신호등의 녹색등화가 점멸하고 있는 동안에 횡단보도를 통행하는 모든 보행자는 도로교통법 제27조 제1항에서 정한 횡단보도에서의 보행자보호의무의 대상이 된다(대판 2007도9598).

3283. (X) 피고인이 자신이 운영하는 식품가게 앞에서 1ton 포터 화물차의 적재함에 실려 있던 토마토 상자를 하역하여 가게 안으로 운반하던 중, 화물차에 적재되어 있던 토마토 상자 일부가 무너져 내리도록 방치한 과실로 가게 앞을 지나가던 피해자의 머리 위로 상자가 떨어지게 하여 골절상 등을 입게 한 경우, 업무상과실치상죄가 성립한다(대판 2009도2390). '교통사고'에 해당하지 않으므로 교통사고처리특례법위반죄는 성립하지 아니한다.

3284. (O) 대판 2010도6579

3285. (X) 약물운전죄는 이른바 위태범으로서 약물 등의 영향으로 인하여 '정상적으로 운전하지 못할 우려가 있는 상태'에서 운전을 하면 바로 성립하고, 현실적으로 '정상적으로 운전하지 못할 상태'에 이르러야만 하는 것은 아니다(대판 2010도11272).

3286. (O) 대판 2015도12451

3287 ☐☐☐☐ 21 간부

교차로 진입 직전에 백색실선이 설치되어 있으면, 교차로에서의 진로변경을 금지하는 내용의 안전표지가 개별적으로 설치되어 있지 않다고 하더라도 자동차 운전자가 교차로에서 진로변경을 시도하다가 교통사고를 내었다면 이는 특례법상 '통행금지를 내용으로 하는 안전표지가 표시하는 지시를 위반하여 운전한 경우'에 해당한다. (O|X)

3288 ☐☐☐☐ 21 간부

중앙선이 설치된 도로의 어느 구역에서 좌회전이나 유턴이 허용되어 중앙선이 백색 점선으로 표시되어 있는 경우, 그 지점에서 안전표지에 따라 좌회전이나 유턴을 하기 위하여 중앙선을 넘어 운행하다가 반대편 차로를 운행하는 차량과 충돌하는 교통사고를 내었더라도 이를 특례법에서 규정한 중앙선 침범 사고라고 할 것은 아니다. (O|X)

3289 ☐☐☐☐ 15 간부

사고를 야기한 후 자신의 범행을 은폐하기 위해 목격자라고 경찰에 허위신고한 경우 특정범죄 가중처벌 등에 관한 법률위반(도주차량)에 해당한다. (O|X)

3290 ☐☐☐☐ 25 간부

제1종보통 운전면허와 제1종대형 운전면허를 취득한 자가 대형화물자동차를 운전하다가 교통사고를 낸 것과 관련하여 행정청이 운전면허정지처분을 하면서 면허의 종별을 기재하지 않고 면허번호만을 특정하였고, 운전면허정지처분의 기초자료가 되는 위반사고점수제조회와 임시운전면허증상의 면허의 종류 내지 소지면허란에 1종대형만을 기재한 경우에, 위 각 운전면허가 1개의 면허번호에 의하여 통합관리되고 있다면 제1종대형 운전면허와 제1종보통 운전면허는 모두 정지된다. (O|X)

3291 ☐☐☐☐ 15 간부

사고 후 자신의 명함을 주고 택시에게 피해자 이송의뢰를 하였으나 피해자가 경찰이 도착하기 전에는 병원에 가지 않겠다고 하여 이송을 못하고 있는 사이 현장을 이탈한 경우 특정범죄 가중처벌 등에 관한 법률위반(도주차량)에 해당한다. (O|X)

정답과 해설

3287. (X) 교차로 진입 직전에 백색실선이 설치되어 있으나 교차로에서의 진로변경을 금지하는 내용의 안전표지가 개별적으로 설치되어 있지 않은 경우, 자동차 운전자가 교차로에서 진로변경을 시도하다가 야기한 교통사고가 **교통사고처리 특례법 제3조 제2항 단서 제1호에서 정한 '도로교통법 제5조에 따른 통행금지를 내용으로 하는 안전표지가 표시하는 지시를 위반하여 운전한 경우'에 해당하지 않는다**(대판 2015도3107).

3288. (O) 황색실선이나 황색점선으로 된 중앙선이 설치된 도로의 어느 구역에서 좌회전이나 유턴이 허용되어 중앙선이 백색 점선으로 표시되어 있는 경우, 그 지점에서 안전표지에 따라 좌회전이나 유턴을 하기 위하여 중앙선을 넘어 운행하다가 반대편 차로를 운행하는 차량과 충돌하는 교통사고를 낸 것이 교통사고처리 특례법에서 규정한 중앙선침범에 해당하지 않는다(대판 2016도18941).

3289. (O) 대판 2002도5748

3290. (X) **제1종보통 운전면허와 제1종대형 운전면허를 취득한 자가 대형화물자동차를 운전하다가 교통사고를 낸 것과 관련하여 행정청이 운전면허정지처분을 하면서 면허의 종별을 기재하지 않고 면허번호만을 특정한 경우, 위 각 운전면허가 1개의 면허번호에 의하여 통합관리되고 있다고 하더라도 운전면허정지처분의 대상은 제1종대형 운전면허에 국한되므로 제1종보통 운전면허는 정지되지 않는다**(대판 2000두5425).

3291. (O) 대판 2004도250

3292 ☐☐☐☐ 15 간부

교회 주차장에서 교통사고를 야기하여 사람을 다치게 하고도 구호조치 없이 도주한 경우 특정범죄 가중처벌 등에 관한 법률위반(도주차량)에 해당한다. (O|X)

3293 ☐☐☐☐ 15 간부

교통사고를 야기한 운전자가 피해자를 병원에 후송한 후 신원을 밝히지 아니한 채 도주한 경우 특정범죄 가중처벌 등에 관한 법률위반(도주차량)에 해당한다. (O|X)

3294 ☐☐☐☐ 15 채용, 20 간부

교차로에 교통섬이 설치되고 그 오른쪽으로 직진 차로에서 분리된 우회전 차로가 설치된 경우, 우회전 차로가 아닌 직진 차로를 따라 우회전 하는 행위를 교차로 통행방법을 위반한 것이라 볼 수 없다. (O|X)

3295 ☐☐☐☐ 20 간부

'운전면허를 받지 아니하고'라는 법률문언의 통상적 의미에 '운전면허를 받았으나 그 후 운전면허의 효력이 정지된 경우'가 당연히 포함된다 할 수 없다. (O|X)

3296 ☐☐☐☐ 14 승진

부득이한 사정으로 중앙선을 침범하여 교통사고를 야기한 경우 중앙선침범에 해당되지 않는다. (O|X)

3297 ☐☐☐☐ 24 승진

「교통사고처리 특례법」 제2조 제2호는 '교통사고'란 차의 교통으로 인하여 사람을 사상하거나 물건을 손괴하는 것을 말한다고 규정하고 있는데, 여기서 '차의 교통'은 차량을 운전하는 행위 및 그와 동일하게 평가할 수 있을 정도로 밀접하게 관련된 행위를 모두 포함한다. (O|X)

정답과 해설

3292. (O) 대판 2004도3600
3293. (O) 대판 2005도8264
3294. (X) 교차로에 교통섬이 설치되고 그 오른쪽으로 직진 차로에서 분리된 우회전 차로가 설치된 경우, 우회전 차로가 아닌 직진 차로를 따라 우회전 하는 행위는 **교차로 통행방법을 위반한 것**이다(대판 2011도9821).
3295. (O) 대판 2011도7725
3296. (O) 대판 90도1918
3297. (O) 대판 2016도21034

7 종합문제

3298 □□□□ 21 채용

다음 상황에 대한 설명으로 가장 적절하지 않은 것은? (다툼이 있는 경우 판례에 의함) (   )

> 甲은 음주 후 자신의 처(처는 술을 마시지 않음)와 동승한 채 화물차를 운전하여 가다가 음주단속을 당하게 되자 경찰관이 들고 있던 경찰용 불봉을 충격하고 그대로 도주하였다. 단속현장에서 약 3km 떨어진 지점까지 교통사고를 내지 않고 운전하며 진행하던 중 다른 차량에 막혀 더 이상 진행하지 못하게 되자 스스로 차량을 세운 후 운전석에서 내려 도주하려 하였으나, 결국 甲은 경찰관에게 제지되어 체포의 절차에 따르지 않고 甲과 그의 처의 의사에 반하여 지구대로 보호조치되었다. 이후 2회에 걸친 경찰관의 음주측정요구를 거부하였다는 이유로 甲은「도로교통법」위반(음주측정거부) 혐의로 기소되었다.

① 경찰관이 甲에 대하여「경찰관 직무집행법」제4조에 따른 보호조치를 하고자 하였다면, 당시 옆에 있었던 처에게 甲을 인계하였어야 했고, 특별한 사정이 없는 한 지구대에서 甲을 보호하는 것은 허용되지 않는다.
② 甲은 음주측정거부에 관한「도로교통법」위반죄로 처벌될 수 없다.
③ 구「도로교통법」제44조 제2항 및 제148조의2 제2호 규정들이 음주측정을 위한 강제처분의 근거가 될 수 있으므로, 위와 같은 음주측정을 위하여 운전자를 강제로 연행하기 위해서는 수사상 강제처분에 관한「형사소송법」상 절차에 따를 필요가 없다.
④ 경찰관이 甲에 대하여 행한 음주측정요구는「형법」제136조에 따른 공무집행방해죄의 보호대상이 될 수 없다.

정답과 해설

3298. ① (O) 보호조치를 필요로 하는 피구호자에 해당하는지는 구체적인 상황을 고려하여 경찰관 평균인을 기준으로 판단하되, 그 판단은 보호조치의 취지와 목적에 비추어 현저하게 불합리하여서는 아니 되며, 피구호자의 가족 등에게 피구호자를 인계할 수 있다면 특별한 사정이 없는 한 경찰관서에서 피구호자를 보호하는 것은 허용되지 않는다(대판 2012도11162).
② (O) 운전자가 주취운전을 하였다고 인정할 만한 상당한 이유가 있다 하더라도 운전자에게 경찰공무원의 이와 같은 위법한 음주측정요구까지 응할 의무가 있다고 보아 이를 강제하는 것은 부당하므로 그에 불응하였다고 하여 음주측정거부에 관한 도로교통법 위반죄로 처벌할 수 없다(대판 2012도11162).
③ (X) 도로교통법상 규정들이 음주측정을 위한 강제처분의 근거가 될 수 없으므로 위와 같은 음주측정을 위하여 운전자를 강제로 연행하기 위해서는 **수사상 강제처분에 관한 형사소송법상 절차에 따라야** 하고, 이러한 절차를 무시한 채 이루어진 강제연행은 **위법한 체포에 해당**한다(대판 2012도11162).
④ (O) 위법한 체포 상태에서 이루어진 경찰관 공소외 2의 음주측정요구 또한 위법하다고 볼 수밖에 없고, 피고인에게 그와 같은 위법한 음주측정요구에 대해서까지 응할 의무가 있다고 보아 이를 강제하는 것은 부당하므로 그에 불응하였다고 하여 피고인을 음주측정거부에 관한 도로교통법 위반죄로 처벌할 수는 없으며, 위법한 음주측정요구가 있었던 것으로 볼 수밖에 없다면 그 위법한 음주측정요구라는 공무집행행위 역시 위법하므로, 피고인이 음주측정을 요구하는 경찰관 공소외 2를 폭행하였다고 하여 공무집행방해죄가 성립한다고 볼 수도 없다(대판 2012도11162).

CHAPTER 05

정보경찰

THEME 01 정보의 특징 _B급

3299 ☐☐☐☐ 21 간부

첩보와 정보는 구분되며 첩보가 부정확한 견문이나 지식을 포함하는데 반해 정보는 가공을 통해 객관적으로 평가된 지식이다. (O|X)

3300 ☐☐☐☐ 21 간부, 23 승진

「경찰관의 정보수집 및 처리 등에 관한 규정」에 따라 경찰관이 정보를 수집할 때에는 모든 상황에서 상대방에게 자신의 신분을 밝히고 정보 수집 또는 사실 확인의 목적을 설명해야 한다. 이 경우 강제적인 방법을 사용해서는 안 된다. (O|X)

3301 ☐☐☐☐ 15 채용, 18 승진

완전성은 정보가 사실과 일치되는 성질이다. (O|X)

3302 ☐☐☐☐ 15 채용, 18 승진

적시성(timeliness) – 정보가 정책결정이 이루어지는 시점에 비추어 가장 적절한 시기에 존재하는 성질이다. 이를 평가할 때 그 기준이 되는 시점은 생산자의 생산시점이다. (O|X)

3303 ☐☐☐☐ 15 채용

객관성은 정보가 국가정책의 결정과정에서 사용될 때 국익증대와 안보추구라는 차원에서 객관적 입장을 유지해야 한다는 것을 의미한다. (O|X)

정답과 해설

3299. (O)

3300. (X) 모든 상황이 아니라 **국민의 생명·신체의 안전이나 국가안보에 긴박한 위험이 발생할 우려**가 있는 경우, **범죄의 대응을 위한 정보활동에 현저한 지장을 초래할 우려**가 있는 경우에는 **생략을 할 수 있다**(경찰관의 정보수집 및 처리 등에 관한 규정 제4조 제2항).

3301. (X) 정보가 사실과 일치되는 성질은 **정확성**에 대한 설명이다. 완전성은 정보가 그 자체로서 정책결정에 필요하고 가능한 모든 내용을 망라하고 있는 성질이다.

3302. (X) 적시성(timeliness)이란 정보가 정책결정이 이루어지는 시점에 비추어 가장 적절한 시기에 존재하는 성질이다. 이를 평가할 때 그 기준이 되는 것은 **사용자의 사용시점**이다.

3303. (O)

3304 ☐☐☐☐ 15 채용, 18 승진

관련성(relevancy) - 정보가 당면 문제와 관련된 성질이다. ⓞⅠ🅇

3305 ☐☐☐☐ 17 승진

㉠부터 ㉣까지 정보의 질적 요건 중 어디에 해당하는지 (　)안에 기입하시오.

> ㉠ 정보가 사실과 일치되는 성질이다. (　)
> ㉡ 정보가 그 자체로서 정책결정에 필요하고 가능한 모든 내용을 망라하고 있는 성질이다. (　)
> ㉢ 정보가 당면 문제와 관련된 성질이다. (　)
> ㉣ 정보가 생산자나 사용자의 의도에 따라 주관적으로 왜곡되면 선호 정책의 합리화 도구로 전락할 수 있다. (　)

정답과 해설

3304. (O) **적실성(= 적합성 또는 관련성)**은 정보가 당면한 현안 문제와 얼마나 관련되는가의 문제이다.
3305. ㉠ 정확성, ㉡ 완전성, ㉢ 적실성, ㉣ 객관성

THEME 02 정보의 분류 _B급

1 정보분류의 기준

3306 ☐☐☐☐ 15 채용, 18 승진, 14·21 간부
정보는 사용목적(대상)에 따라 소극(보안)정보와 적극정보로 구분되며 국가안전을 유지하는 경찰기능의 기초가 되는 정보를 소극정보라 한다. (O|X)

3307 ☐☐☐☐ 18 승진, 14 간부
사용수준에 의한 분류 - 국내정보, 국외정보 (O|X)

3308 ☐☐☐☐ 18 승진, 14 간부
정보요소에 따른 분류 - 기본정보, 현용정보, 판단정보 (O|X)

3309 ☐☐☐☐ 17·18 승진, 14 간부
수집활동에 따른 분류 - 인간정보, 기술정보 (O|X)

3310 ☐☐☐☐ 17 간부
사용 목적에 따른 분류 중 적극정보는 국가안전보장을 위태롭게 하는 간첩활동, 태업 및 전복에 대비할 국가적 취약점의 분석과 판단에 관한 정보를 말한다. (O|X)

2 분석형태에 따른 분류(켄트)

3311 ☐☐☐☐ 14 채용, 14·15 간부
분석형태(기능)에 의한 분류 - 기본정보, 현용정보, 판단정보 (O|X)

정답과 해설

3306. (O)
3307. (X) 사용수준(성질)에 따른 분류는 전략정보(국가정보), 전술정보(부문정보)이다.
3308. (X) 정보는 정보요소에 따라 정치·경제·사회·군사·과학·산업정보로 분류된다. 기본정보, 현용정보, 판단정보는 분석형태(기능)에 따른 분류이다.
3309. (O)
3310. (X) 보안정보(소극정보)에 대한 설명이다.
3311. (O)

3312 ☐☐☐☐ 17·19 간부

정보를 분석형태에 따라 분류할 때 다음 보기와 가장 관련이 깊은 정보는? (   )

> 과거와 현재를 바탕으로 하여 미래의 가능성을 예측한 평가 정보로서 정책결정자에게 정책의 결정에 필요한 사전적인 지식을 제공하는 기능을 한다.

3 출처에 따른 분류

3313 ☐☐☐☐ 20 승진
정보를 출처에 따라 분류할 때 간접정보란 중간매체가 있는 경우의 정보로 정보관은 이들 매체를 통해 정보를 감지하게 되지만 사실은 그 내용에 해당 매체의 주관이나 편견이 개입될 소지가 있다는 면에서 직접정보에 비해 출처의 신빙성과 내용의 신뢰성이 낮게 평가될 여지가 있다. (O|X)

3314 ☐☐☐☐ 20 승진
정보를 출처에 따라 분류할 때 정기출처정보는 정기적으로 정보를 획득할 수 있는 출처로부터 얻은 정보로 일반적으로 우연출처정보에 비해 출처의 신빙성과 내용의 신뢰성 면에서 우위를 점한다고 볼 수 없다. (O|X)

3315 ☐☐☐☐ 20 승진
정보를 출처에 따라 분류할 때 근본출처정보는 정보출처에 대한 별다른 보호조치가 없더라도 상시적으로 정보를 획득할 것으로 기대되는 출처로부터 얻어진 정보이다. (O|X)

3316 ☐☐☐☐ 20 승진
정보를 출처에 따라 분류할 때 비밀출처정보란 정보관이 의도한 정보입수의 시점과는 무관하게 얻어지는 정보이다. (O|X)

정답과 해설

3312. 판단정보
3313. (O) 간접정보(부차적 출처정보)에 대한 설명으로 옳다.
3314. (X) 일반적으로 정기출처정보가 우연출처정보에 비해 출처의 신빙성과 내용의 신뢰성면에서 우위를 점한다고 **볼 수 있다**.
3315. (X) **근본출처정보**는 정보를 수집하는 데 있어서 중간매체가 개입되지 않는 경우의 정보(정보관이 직접 체험한 정보)로 부차적 출처정보(간접정보)에 비해 출처의 신빙성과 내용의 신뢰성 면에서 우위를 점한다고 볼 수 있다. 지문은 **공개출처정보**에 대한 설명이다.
3316. (X) **비밀출처정보**란 출처가 외부에 노출될 경우 출처로서의 기능을 상실하게 되는 것은 물론이고 출처의 입장이 난처해질 우려가 있기 때문에 외부로부터 강력히 보호를 받아야 되는 정보를 말한다. 지문의 내용은 **우연출처정보**에 대한 설명이다.

THEME 03 정보의 순환 _A급

1 정보의 순환과정 개관

3317 ☐☐☐☐ 22 간부
정보의 순환과정은 첩보의 수집 → 정보의 요구 → 정보의 생산 → 정보의 배포 순이다. (O | X)

3318 ☐☐☐☐ 19 간부
정보의 순환은 연속적 또는 동시에 이루어질 수도 있다. (O | X)

3319 ☐☐☐☐ 19·22 간부
첩보수집단계의 소순환과정은 첩보의 기본요소 결정 → 첩보수집계획서의 작성 → 명령·하달 → 사후검토 순이다. (O | X)

3320 ☐☐☐☐ 19 간부
정보의 순환과정 중 가장 중요하고도 어려운 단계는 정보 생산단계이다. (O | X)

2 정보의 요구

3321 ☐☐☐☐ 18 간부
PNIO는 국가정책의 수립자와 수행자의 질문에 대한 응답을 위하여 선정된 우선적인 정보 목표이며, 국가의 전 정보기관 활동의 기본방침이고, 특히 경찰청이 정보수집계획을 수립할 때 가장 중요한 지침이 된다. (O | X)

3322 ☐☐☐☐ 14 채용
OIR이란 정세의 변화에 따라 불가피하게 정책상 수정이 요구되거나 이를 위한 자료가 절실히 요구되는 경우이다. (O | X)

3323 ☐☐☐☐ 14 채용
OIR은 국가안전보장이나 정책에 관련되는 국가정보목표의 우선순위로서, 정부에서 기획된 연간 기본정책을 수행함에 있어 필요로 하는 자료들을 목표로 하여 선정하는 경우를 말한다. (O | X)

정답과 해설

3317. (X) 정보의 순환과정은 **정보의 요구 → 첩보의 수집** → 정보의 생산 → 정보의 배포 순이다.
3318. (O)
3319. (X) **정보요구**의 소순환 과정이다.
3320. (X) **첩보수집단계**에 대한 설명이다.
3321. (O)   3322. (O)
3323. (X) **PNIO**에 대한 설명이다.

3324 ☐☐☐☐ 14 채용, 20 승진, 18 간부

SRI는 어떤 수시적 돌발상황의 해결에 필요한 한도내에서 임시적·단편적·지역적인 특수사건을 단기에 해결하기 위하여 필요한 경우에 요구되는 첩보이다. (O|X)

3325 ☐☐☐☐ 18 간부

SRI의 경우 사전 첩보수집계획서가 필요하다. (O|X)

3326 ☐☐☐☐ 19 승진

특별첩보요구(SRI)는 우선적으로 필요로 하는 가장 기본적인 사항으로 첩보수집계획서의 핵심이다. (O|X)

3327 ☐☐☐☐ 19 승진

정보기관의 활동은 주로 SRI에 의하며 사전 수집계획서는 불요하다. (O|X)

3328 ☐☐☐☐ 19 승진

특별첩보요구(SRI)는 첩보수집지침은 사안과 대상에 따라 상이하며 비교적 구체성·전문성이 요구된다. (O|X)

3329 ☐☐☐☐ 19 승진

특별첩보요구(SRI)는 임시적, 돌발적이며 지역적인 특수사항에 대한 단기적 문제해결을 위한 첩보요구이다. (O|X)

3330 ☐☐☐☐ 18 간부

EEI는 사전에 반드시 첩보수집요구계획서를 작성하며, 해당부서의 정보활동을 위한 일반지침이 된다. (O|X)

3331 ☐☐☐☐ 18·19 승진

정보기관의 활동은 주로 첩보기본요소(EEI)에 의한다. (O|X)

3332 ☐☐☐☐ 18·19 승진

첩보기본요소(EEI)는 사전에 반드시 첩보수집계획서를 작성한다. (O|X)

3333 ☐☐☐☐ 14 채용, 19 승진

첩보기본요소(EEI)는 전체적인 의미를 가진 일반적인 내용으로 계속적·반복적으로 수집할 사항이다. (O|X)

3334 ☐☐☐☐ 18 승진

EEI(첩보기본요소)는 통계표와 같이 공개적인 것이 많고 문서화되어 있는 것이 대부분이다. (O|X)

3335 ☐☐☐☐ 18 승진

EEI(첩보기본요소)는 광범위한 지역에 걸쳐 수집되어야 할 항시적 요구사항이다. (O|X)

정답과 해설

3324. (O)
3325. (X) SRI의 경우 사전첩보수집계획서를 **요하지 않고**, 보통 구두로 하는 경우가 많다.
3326. (X) **첩보기본요소(EEI)**에 관한 설명이다.
3327. (O) **정보관들은** EEI에 따라 일상적으로 정보활동을 수행하고, **정보기관의 활동**은 주로 SRI에 의한다.
3328. (O)　　**3329.** (O)　　**3330.** (O)
3331. (X) 통상 정보기관은 주로 **SRI에 의하여** 정보활동이 이루어진다.
3332. (O)　　**3333.** (O)　　**3334.** (O)　　**3335.** (O)

3 정보의 생산

3336 ☐☐☐☐ 19 간부

정보생산단계의 소순환과정은 선택 → 평가 → 기록 → 분석 → 종합 → 해석이다. (O|X)

3337 ☐☐☐☐ 22 간부

정보요구의 소순환과정은 첩보의 선택 → 기록 → 평가 → 분석 → 종합 → 해석 순이다. (O|X)

4 정보의 배포

3338 ☐☐☐☐ 19 채용

정보의 배포란 정보를 필요로 하는 개인이나 기관에게 적합한 내용을 적당한 시기에 제공하는 과정을 말하는 것으로, 적합한 형태를 갖출 필요는 없다. (O|X)

3339 ☐☐☐☐ 19 채용

정보배포의 주된 목적은 정책입안자 또는 정책결정자가 정보를 바탕으로 건전한 정책결정에 이르도록 하는 데 있다. (O|X)

3340 ☐☐☐☐ 19 채용

정보는 먼저 생산된 것을 우선적으로 배포하여야 한다. (O|X)

3341 ☐☐☐☐ 20 승진

관련 문서의 배포범위를 제한하거나 폐기 대상인 문서를 파기하는 등의 관리방법은 물리적 보안조치에 해당한다. (O|X)

3342 ☐☐☐☐ 20 승진

정보배포의 원칙으로 필요성, 적당성, 보안성, 적시성, 계속성이 있다. (O|X)

정답과 해설

3336. (X) 선택 → 기록 → 평가 → 분석 → 종합 → 해석이다.
3337. (X) **정보생산**의 소순환과정은 첩보의 선택 → 기록 → 평가 → 분석 → 종합 → 해석 순이다.
3338. (X) 정보의 배포에 있어 정보를 필요로 하는 개인이나 기관에게 **적합한 형태와 내용**을 갖추어 적당한 시기에 제공하여야 한다.
3339. (O)
3340. (X) 정보는 먼저 생산되었다고 우선적으로 배포하는 것은 아니라 정보의 배포 순위는 정보의 중요성과 긴급성에 따라 결정된다. 정보사용자가 해당 정보를 필요로 하는지, 필요로 하는 시기는 언제인지 등을 고려하여 **중요하고 긴급한 정보를 우선적으로** 배포하여야 한다.
3341. (X) 관련 문서의 배포범위를 제한하거나 폐기 대상인 문서를 파기하는 등의 관리방법은 **정보의 분류조치**에 해당한다.
3342. (O)

3343 ☐☐☐☐ 19·24 채용, 20 승진, 21 경채

계속성의 원칙은 정보가 정보사용자에게 배포되었다면, 그 정보의 내용이 변화되었거나 관련 내용이 추가적으로 입수되었거나 할 경우 계속적으로 사용자에게 배포되어야 한다는 것을 말한다. ⒪Ⓧ

3344 ☐☐☐☐ 19·24 채용

보안성의 원칙은 정보연구 및 판단이 누설되면 정보로서의 가치를 상실할 수 있으므로 이를 예방하기 위해 보안대책을 강구해야 한다는 것을 말한다. ⒪Ⓧ

3345 ☐☐☐☐ 24 승진

적시성의 원칙에 따라, 먼저 생산된 정보를 우선적으로 배포한다. ⒪Ⓧ

3346 ☐☐☐☐ 24 채용, 19 간부

정보배포의 원칙 중 '보안성'이란 알아야 할 필요가 있는 대상자에게는 알려야 하고, 알 필요가 없는 대상자에게는 알려서는 안 된다는 것이다. ⒪Ⓧ

3347 ☐☐☐☐ 17 채용

메모란 통상 개인적인 대화의 형태로 이루어지며, 질문에 대한 답변이나 토의 형태로 직접 전달하는 방법이다. ⒪Ⓧ

3348 ☐☐☐☐ 17 채용

브리핑이란 정보사용자 또는 다수 인원에게 신속히 전달하는 경우에 이용되는 방법으로 강연식이나 문답식으로 진행되며, 현용정보의 배포수단으로 많이 이용된다. ⒪Ⓧ

3349 ☐☐☐☐ 17 채용

비공식적 방법이란 정보분석관이 가장 많이 활용하는 방법으로 정기간행물에 포함시키는 것이 적절하지 못한 긴급한 정보를 전달하는 데 주로 사용되며, 신속성이 중요하다. ⒪Ⓧ

3350 ☐☐☐☐ 17 채용

일일정보보고서란 매일 24시간에 걸친 정치, 경제, 사회, 문화 등 제반 정세의 변화를 중점적으로 망라한 보고서로 사전에 고안된 양식에 의해 매일 작성되며, 제한된 범위에서 배포된다. ⒪Ⓧ

정답과 해설

3343. (O)   3344. (O)
3345. (X) 적시성의 원칙은 정보사용자가 **사용하고자 하는 시간에 맞추어 배포**되어야 한다.
3346. (X) '보안성'이란 **정보배포 시에는 보안을 갖추기 위한 장치가 필요하다**는 원칙을 말한다. 알아야 할 필요가 있는 대상자에게는 알려야 하고, 알 필요가 없는 대상자에게는 알려서는 안 된다는 원칙은 "필요성"이다.
3347. (X) **비공식적 방법**에 대한 설명이다.
3348. (O)
3349. (X) **메모**에 대한 설명이다.
3350. (O)

3351 ☐☐☐☐ 19 간부

정보배포의 수단 중 '특별보고서'는 어떤 기관 또는 사용자가 요청한 문제에 대하여 정보를 작성하고 배포하는 방법이다. ⓞⓧ

3352 ☐☐☐☐ 14·15·17 승진

정보사용자로부터의 장애요인에 해당하는 것은 O, 정보생산자로부터의 장애요인에 해당하는 것은 X로 표기하시오.

㉠ 다른 정보와의 경쟁	ⓞⓧ
㉡ 판단정보의 소외	ⓞⓧ
㉢ 적시성의 문제	ⓞⓧ
㉣ 편향적 분석의 문제	ⓞⓧ
㉤ 판단의 불명확성	ⓞⓧ

정답과 해설

3351. (X) '**지정된 연구과제 보고서**'에 대한 설명이다. '**특별보고서**'는 축적된 정보가 다수의 사람이나 기관에게 이해관계가 있거나 가치가 있을 때에 사용하는 정보의 배포수단이다.

3352. ㉠ (X) **정보생산자**로부터의 장애요인
  ㉡ (O)
  ㉢ (X) **정보생산자**로부터의 장애요인
  ㉣ (X) **정보생산자**로부터의 장애요인
  ㉤ (X) **정보생산자**로부터의 장애요인

THEME 04 정보경찰의 업무(활동) _A급

1. 정보보고서의 종류

3353 ☐☐☐☐ 13 간부
정책정보보고서는 정부 정책의 문제점을 파악하고 그 개선책을 보고하는데 주안점을 두는 정보보고로 '예방적 상황보고'라고 볼 수 있다. (O|X)

3354 ☐☐☐☐ 13 간부
정보보고서의 작성은 일반적인 보고서의 작성과 큰 차이는 없으므로 어떠한 판단이나 경찰조치를 나타내는 특수한 용어를 사용해서는 안 된다. (O|X)

3355 ☐☐☐☐ 13 간부
신고된 집회계획 또는 정보관들이 입수한 미신고 집회 개최계획 등을 파악하여 이 중 경찰력을 필요로 하는 중요 집회에 대해서는 미리 정보판단서를 작성하여 경비·수사 등 관련 기능에 전파하여야 하는데 이렇게 만들어진 정보판단서를 집회시위대책 또는 정보대책이라고 한다. (O|X)

3356 ☐☐☐☐ 14 간부
정보판단서는 경찰공무원이 오관의 작용을 통해 근무 및 일상생활 중 지득한 제 견문을 신속·정확하게 수집·보고하는 보고서이다. (O|X)

2. 정보보고서 작성시 판단을 나타내는 용어

3357 ☐☐☐☐ 18 승진
추정됨 - 구체적인 근거는 없이 현재 나타난 동향의 원인·배경 등을 다소 막연히 추측할 때 사용한다. (O|X)

3358 ☐☐☐☐ 18 승진
예상됨 - 어떤 징후가 나타나거나 상황이 전개될 것이 거의 확실시되는 근거가 있는 경우에 사용한다. (O|X)

정답과 해설

3353. (O)
3354. (X) 정보보고서의 작성은 일반적인 보고서의 작성과 큰 차이는 없으나, 어떠한 판단이나 경찰 조치를 나타내는 특수한 용어를 **사용할 수도 있다**.
3355. (O)
3356. (X) 이는 **견문보고서**에 대한 설명이다. 정보판단서는 타 견문과 자료를 종합·분석하여 작성한 보고서로서 지휘관으로 하여금 경력동원 등 상황에 대한 조치를 요하는 보고서를 말한다.
3357. (O)
3358. (X) '**판단됨**'이다.

3359 ☐☐☐☐ 18 승진

판단됨 – 과거의 움직임이나 현재 동향, 미래의 계획 등으로 미루어 장기적으로 활동의 윤곽이 어떠하리라는 예측을 할 경우에 사용한다. (O│X)

3360 ☐☐☐☐ 18 승진

전망됨 – 구체적인 징후는 없으나 그 가능성을 완전히 배제하기 곤란하여 최소한의 대비가 필요한 때 사용한다. (O│X)

3361 ☐☐☐☐ 25 승진

정보보고서에서 판단을 나타낼 때 사용하는 용어이다. 가능성이 가장 낮은 것부터 높은 순서는 판단 → 예상 → 전망 → 우려이다. (O│X)

3 신원조사(보안업무규정 §36,37)

3362 ☐☐☐☐ 14 간부

신원조사란 보안의 대상이 되는 인원, 즉 국가안전에 관련되는 임무에 종사하거나 이에 관련되는 행위를 하는 자 및 그 예정자에 대하여 실시하는 대인정보활동을 의미한다. (O│X)

3363 ☐☐☐☐ 19 승진, 19 간부

국가정보원장은 국가안전보장에 한정된 국가 기밀을 취급하는 인원에 해당하는 사람의 충성심·객관성을 조사하기 위하여 신원조사를 한다. (O│X)

3364 ☐☐☐☐ 17·18 채용, 17·18·19 승진, 14 간부

신원조사는 국가정보원장이 충성심·신뢰성 등을 확인하기 위하여 신원조사를 하거나 관계 기관의 장의 요청에 따라 실시하고, 국가정보원장은 신원조사와 관련한 권한의 일부를 국방부장관과 경찰청장에게 위탁할 수 있다. (O│X)

정답과 해설

3359. (X) '**전망됨**'이다.
3360. (X) '**우려됨**'이다.
3361. (X) '**우려 – 추정 – 전망 – 예상 – 판단**' 순으로 확률이 높아진다.
3362. (O)
3363. (X) 국가정보원장은 국가안전보장에 한정된 국가 기밀을 취급하는 인원에 해당하는 사람의 **충성심·신뢰성** 등을 조사하기 위하여 신원조사를 한다(보안업무규정 제36조 제1항).
3364. (O) 동규정 제36조 제1항·제3항, 제45조 제1항

3365 ☐☐☐☐ 17·18·19 채용, 17·18·19 승진

국가보안시설·보호장비를 관리하는 기관 등의 장(해당 국가보안시설 등의 관리 업무를 수행하는 소속 직원을 포함한다)과 공무원 임용 예정자(국가안전보장에 한정된 국가 기밀을 취급하는 직위에 임용될 예정인 사람으로 한정한다), 비밀취급 인가 예정자는 신원조사의 대상이 되는 사람이다. (O|X)

3366 ☐☐☐☐ 17·19 채용, 17·18·19 승진

관계기관의 장은 신원조사 결과 국가안전보장에 해를 끼칠 정보가 있음이 확인된 사람에 대해서는 국가정보원장에게 그 사실을 통보하여야 하며, 통보를 받은 국가정보원장은 신원조사 결과에 따라 필요한 보안대책을 마련하여야 한다. (O|X)

정답과 해설

3365. (O) 동규정 제36조 제3항
3366. (X) **국가정보원장**은 신원조사 결과 국가안전보장에 해를 끼칠 정보가 있음이 확인된 사람에 대해서는 **관계 기관의 장에게** 그 **사실을 통보하여야 한다**(할 수 있다 X). 통보를 받은 관계 기관의 장은 신원조사 결과에 따라 필요한 보안대책을 마련하여야 한다(동규정 제37조).

THEME 05 집회 및 시위에 관한 법률 _S급

1 용어의 정리(§2)

3367 ☐☐☐☐ 19 승진
'집회'란 여러 사람이 공동의 목적을 가지고 도로, 광장, 공원 등 일반인이 자유로이 통행할 수 있는 장소를 행진하거나 위력 또는 기세를 보여, 불특정한 여러 사람의 의견에 영향을 주거나 제압을 가하는 행위를 말한다. (O|X)

3368 ☐☐☐☐ 22 승진
집회란 '특정 또는 불특정 다수인이 공동의 의견을 형성하여 이를 대외적으로 표명할 목적 아래 일시적으로 일정한 장소에 모이는 것'을 말한다. (O|X)

3369 ☐☐☐☐ 21 승진
「집회 및 시위에 관한 법률」 제2조 제2호가 규정한 '시위'에 해당하려면 '공중이 자유로이 통행할 수 있는 장소'라는 요건을 반드시 충족하여야 한다. (O|X)

3370 ☐☐☐☐ 21 승진
「집회 및 시위에 관한 법률」은 옥외집회와 시위를 구분하여 개념을 규정하고 있고, 순수한 1인 시위는 동법의 적용 대상에 해당하지 않는다. (O|X)

3371 ☐☐☐☐ 21 승진
집회가 성립하기 위한 최소한의 인원에 대해 종래의 학계와 실무에서는 2인설과 3인설이 대립하고 있었으나 대법원은 '2인이 모인 집회도 「집회 및 시위에 관한 법률」의 규제대상'이라고 판시한 바 있다. (O|X)

정답과 해설

3367. (X) 집회란 특정 또는 불특정 다수인이 공동의 의견을 형성하여 이를 대외적으로 표명할 목적 아래 **일시적으로 일정한 장소에 모이는 것**을 말한다(대판 2010도11381). 여러 사람이 공동의 목적을 가지고 도로, 광장, 공원 등 일반인이 자유로이 통행할 수 있는 장소를 행진하거나 위력 또는 기세를 보여, 불특정한 여러 사람의 의견에 영향을 주거나 제압을 가하는 행위는 시위이다(집회 및 시위에 관한 법률 제2조 제2호).

3368. (O) 대판 2007도1649

3369. (X) "시위"란 여러 사람이 공동의 목적을 가지고 도로, 광장, 공원 등 일반인이 자유로이 통행할 수 있는 장소를 행진하거나 위력(威力) 또는 기세(氣勢)를 보여, 불특정한 여러 사람의 의견에 영향을 주거나 제압(制壓)을 가하는 행위를 말한다(집회 및 시위에 관한 법률 제2조 제2호). 따라서 집시법상의 시위는 반드시 **'일반인이 자유로이 통행할 수 있는 장소'에서 이루어져야 한다거나 '행진' 등 장소 이동을 동반해야만 성립하는 것은 아니다**(헌법재판소 2010헌가2).

3370. (O) 현행 집시법상 1인 시위는 집회·시위라고 할 수 없다(통설). 따라서 집시법상 집회·시위가 금지된 장소에서도 1인 시위는 가능하게 된다.

3371. (O)

3372 ☐☐☐☐ 21 승진

외형상 기자회견이라는 형식을 띠었지만, 용산철거를 둘러싸고 철거민의 입장을 옹호하면서 검찰에 수사기록을 공개하라는 내용의 공동 의견을 형성하여 이를 대외적으로 표명할 목적 아래 일시적으로 일정한 장소에 모인 것은 「집회 및 시위에 관한 법률」상 집회에 해당한다. (O│X)

3373 ☐☐☐☐ 19 승진

시위자들이 죄수복 형태의 옷을 집단적으로 착용하고 포승으로 신체를 결박한 채 행진하려는 것은 시위의 방법과 관련되는 사항으로 사전신고의 대상이 된다. (O│X)

3374 ☐☐☐☐ 19 승진

장례에 관한 옥외집회 도중 노제를 하면서 망인에 대한 추모 수준을 넘어서는 내용의 현수막과 피켓을 들고 행진을 한 것은 「집회 및 시위에 관한 법률」상 '시위'에 해당한다. (O│X)

3375 ☐☐☐☐ 13 승진

집회 및 시위에 관한 법률 제3조의 집회란 특정 또는 불특정 다수인이 특정한 목적 아래 일시적으로 일정한 장소에 모이는 것을 말하고, 그 모이는 장소나 사람의 다과에 제한이 있을 수 없다. (O│X)

3376 ☐☐☐☐ 15·19 승진

인터넷카페 회원 10여 명과 함께 불특정 다수의 시민들이 지나는 명동 한복판에서 퍼포먼스 형태의 플래시몹(flash mob) 방식으로 노조설립신고를 노동부가 반려한 데 대한 규탄 모임을 진행한 경우 「집회 및 시위에 관한 법률」상 '옥외집회'에 해당한다. (O│X)

3377 ☐☐☐☐ 13 승진

집회의 자유는 집회를 통하여 형성된 의사를 집단적으로 표현하고 이를 통하여 불특정 다수인의 의사에 영향을 줄 자유를 포함하므로 이를 내용으로 하는 시위의 자유 또한 집회의 자유를 규정한 헌법 제21조 제1항에 의하여 보호되는 기본권이다. (O│X)

3378 ☐☐☐☐ 25 채용

"옥외집회"란 (   )이 없거나 사방이 폐쇄되지 아니한 장소에서 여는 집회를 말한다.

정답과 해설

3372. (O) 대판 2011도6301
3373. (O) 「집회 및 시위에 관한 법률」 제6조 제1항 및 같은 법 시행령 제2조에 규정된 시위의 방법과 관련되는 사항으로 사전 신고의 대상이 된다.
3374. (O) 대판 2011도6294
3375. (O) 대판 2010도11381
3376. (O) 대판 2011도2393
3377. (O) 헌법재판소 2010헌가2
3378. "옥외집회"란 천장이 없거나 사방이 폐쇄되지 아니한 장소에서 여는 집회를 말한다(집회 및 시위에 관한 법률 제2조 제1호).

3379 ☐☐☐☐ 14·15·17·18·20·25 채용, 17 승진

"주관자"란 자기 이름으로 자기 책임 아래 집회나 시위를 여는 사람이나 단체를 말한다. 주관자는 주최자를 따로 두어 집회 또는 시위의 실행을 맡아 관리하도록 위임할 수 있다. (O│X)

3380 ☐☐☐☐ 18·19 채용, 19 간부

단체는 「집회 및 시위에 관한 법률」상 "주최자"가 될 수 없다. (O│X)

3381 ☐☐☐☐ 23 채용, 17 승진

"질서유지인"이란 주최자가 자신을 보좌하여 집회 또는 시위의 질서를 유지하게 할 목적으로 임명한 자를 말한다. (O│X)

3382 ☐☐☐☐ 22 간부

질서유지인은 참가자 등이 질서유지인임을 쉽게 알아볼 수 있도록 완장, 모자, 어깨띠, 상의 등을 착용하여야 한다. (O│X)

3383 ☐☐☐☐ 16 채용, 15·17 승진, 25 간부

질서유지선으로 사람의 대열, 버스 등 차량은 사용할 수 있으나, 인도경계석·차선 등 지상물은 사용할 수 없다. (O│X)

3384 ☐☐☐☐ 25 채용

"(   )"(이)란 국가경찰관서를 말한다.

2 집회·시위 방해금지

3385 ☐☐☐☐ 17 승진

집회 또는 시위의 주최자는 평화적인 집회 또는 시위가 방해받을 염려가 있다고 인정되면 관할 경찰관서에 그 사실을 알려 보호를 요청할 수 있다. 이 경우 관할 경찰관서의 장은 정당한 사유 없이 보호 요청을 거절하여서는 안 된다. (O│X)

정답과 해설

3379. (X) **주최자(주관자 X)**란 자기 이름으로 자기 책임 아래 집회나 시위를 여는 사람이나 단체를 말한다. 주최자는 **주관자**를 따로 두어 집회 또는 시위의 실행을 맡아 관리하도록 위임할 수 있다(집회 및 시위에 관한 법률 제2조 제3호).

3380. (X) "주최자"란 자기 이름으로 자기 책임 아래 집회나 시위를 여는 **사람이나 단체**를 말한다(동법 제2조 제2호). 단체도 얼마든지 「집회 및 시위에 관한 법률」상 주최자가 될 수 있다.

3381. (O) 동법 제2조 제4호

3382. (O) 동법 제17조 제3항

3383. (X) '**질서유지선**'이란 적법한 집회 및 시위를 보호하고 질서유지나 원활한 교통 소통을 위하여 집회 또는 시위의 장소나 행진 구간을 일정하게 구획하여 **설정한 띠, 방책(防柵), 차선(車線) 등의 경계 표지(標識)**를 말한다(동법 제2조 제5호). 인도경계석·차선 등 지상물도 질서유지선이 될 수 있다. → **사람의 대열, 버스 등 차량은 사용 불가**

3384. "**경찰관서**"란 국가경찰관서를 말한다(동법 제2조 제6호).

3385. (O) 동법 제3조 제3항

3386 ☐☐☐☐ 19 간부

폭행, 협박, 그 밖의 방법으로 평화적인 집회 또는 시위를 방해하거나 질서를 문란하게 한 자는 3년 이하의 징역 또는 300만원 이하의 벌금에 처한다. 다만 군인·검사·경찰이 방해하면 5년 이하의 징역에 처한다. (O|X)

3387 ☐☐☐☐ 19 채용

군인·검사·경찰관이 폭행, 협박, 그 밖의 방법으로 평화적인 집회 또는 시위를 방해한 경우 3년 이하의 징역에 처한다. (O|X)

3 특정인 참가 및 출입

3388 ☐☐☐☐ 14·18·19 채용, 18 승진

집회 또는 시위의 주최자 및 질서유지인은 특정한 사람이나 단체가 집회나 시위에 참가하는 것을 막을 수 있다. 다만, 언론사의 기자는 출입이 보장되어야 하며, 이 경우 기자는 신분증을 제시하고 기자임을 표시한 완장을 착용하여야 한다. (O|X)

3389 ☐☐☐☐ 14 간부

경찰관은 집회 또는 시위의 주최자에게 알리고 그 집회 또는 시위의 장소에 정복(正服)을 입고 출입할 수 있다. 다만, 옥내집회 장소에 출입하는 것은 직무 집행을 위하여 긴급한 경우에만 할 수 있다. (O|X)

4 집회·시위 신고 및 처리절차

3390 ☐☐☐☐ 20 채용, 20 승진

옥외집회 또는 시위 장소가 두 곳 이상의 경찰서의 관할에 속하는 경우에는 주최지를 관할하는 경찰서장에게 신고서를 제출하여야 한다. (O|X)

3391 ☐☐☐☐ 14·18 채용

옥외집회 또는 시위 장소가 두 곳 이상의 경찰서의 관할에 속하는 경우에는 관할 시·도경찰청장에게 제출하여야 하고, 두 곳 이상의 시·도경찰청 관할에 속하는 경우에는 경찰청장에게 제출하여야 한다. (O|X)

정답과 해설

3386. (O) 집회 및 시위에 관한 법률 제22조 제1항
3387. (X) 군인·검사·경찰관이 폭행, 협박, 그 밖의 방법으로 평화적인 집회 또는 시위를 방해한 경우 **5년 이하**의 징역에 처한다(동법 제22조 제1항 단서).
3388. (O) 동법 제4조
3389. (O) 동법 제19조 제1항
3390. (X) 옥외집회 또는 시위 장소가 두 곳 이상의 경찰서의 관할에 속하는 경우에는 관할 **시·도경찰청장**에게 제출하여야 한다(동법 제6조 제1항).
3391. (X) 옥외집회 또는 시위 장소가 두 곳 이상의 경찰서의 관할에 속하는 경우에는 관할 시·도경찰청장에게 제출하여야 하고, 두 곳 이상의 시·도경찰청 관할에 속하는 경우에는 **주최지를 관할하는 시·도경찰청장**에게 제출하여야 한다(동법 제6조 제1항).

3392 ☐☐☐☐ 16 채용, 17·19·20 승진, 15 간부, 21·23 경채

옥외집회나 시위를 주최하려는 자는 신고서를 옥외집회나 시위를 시작하기 720시간 전부터 24시간 전에 관할 경찰서장에게 제출하여야 한다. 다만, 옥외집회 또는 시위 장소가 두 곳 이상의 경찰서의 관할에 속하는 경우에는 관할 시·도경찰청장에게 제출하여야 하고, 두 곳 이상의 시·도경찰청 관할에 속하는 경우에는 주최지를 관할하는 시·도경찰청장에게 제출하여야 한다. (O│X)

3393 ☐☐☐☐ 23 간부

옥외집회나 시위를 주최하려는 자가 집시법이 규정하는 각 호의 사항 모두를 적은 신고서를 옥외집회나 시위를 시작하기 72시간 전부터 48시간 전에 관할 경찰서장에게 제출한 경우, 집회 또는 시위의 주최자가 질서유지인을 두고 도로를 행진하는 경우에는 질서유지선을 설정할 수 없다. (O│X)

3394 ☐☐☐☐ 18 승진

甲단체가 A공원(전북군산경찰서 관할)에서 옥외집회를 갖고, B광장(충남서산경찰서 관할)까지 행진을 하려는 경우 甲단체의 대표자이자 주최자인 乙은 경찰청장에게 집회신고서를 제출하여야 한다. (O│X)

3395 ☐☐☐☐ 17 채용, 18·19·24 승진

관할경찰서장 또는 시·도경찰청장은 「집회 및 시위에 관한 법률」 제6조 제1항에 따른 신고서를 접수하면 신고자에게 접수 일시를 적은 접수증을 12시간 이내에 내주어야 한다. (O│X)

3396 ☐☐☐☐ 14·15·19·20·23 채용, 14·17·18·19·20·21·24 승진, 15 간부

관할경찰관서장은 옥외집회 및 시위에 관한 신고서의 기재 사항에 미비한 점을 발견하면 접수증을 교부한 때부터 24시간 이내에 주최자에게 48시간을 기한으로 그 기재 사항을 보완할 것을 통고할 수 있다. (O│X)

정답과 해설

3392. (X) 옥외집회나 시위를 주최하려는 자는 신고서를 옥외집회나 시위를 시작하기 720시간 전부터 **48시간 전**에 관할 경찰서장에게 제출하여야 한다(집회 및 시위에 관한 법률 제6조 제1항).

3393. (X) 옥외집회나 시위를 주최하려는 자는 그에 관한 다음 각 호의 사항 모두를 적은 신고서를 옥외집회나 시위를 시작하기 **720시간(72시간도 가능) 전부터 48시간 전**에 관할 경찰서장에게 제출하여야 한다. 신고를 받은 관할경찰관서장은 집회 및 시위의 보호와 공공의 질서 유지를 위하여 필요하다고 인정하면 최소한의 범위를 정하여 **질서유지선을 설정할 수 있다(설정할 수 없다 X)**(동법 제6조 제1항, 제13조).

3394. (X) 옥외집회 또는 시위 장소가 두 곳 이상의 경찰서의 관할에 속하는 경우에는 관할 시·도경찰청장에게 제출하여야 하고, 두 곳 이상의 시·도경찰청 관할에 속하는 경우에는 주최지를 관할하는 시·도경찰청장에게 제출하여야 한다(동법 제6조 제1항). 乙은 주최지를 관할하는 **전북 경찰청장**에게 집회신고서를 제출하여야 한다.

3395. (X) 관할경찰서장 또는 시·도경찰청장(이하 "관할경찰관서장"이라 한다)은 신고서를 접수하면 신고자에게 접수 일시를 적은 접수증을 **즉시** 내주어야 한다(동법 제6조 제2항).

3396. (X) 관할경찰관서장은 옥외집회 및 시위에 관한 신고서의 기재 사항에 미비한 점을 발견하면 접수증을 교부한 때부터 **12시간 이내(24시간 이내 X)**에 **주최자**에게 **24시간(48시간 X)**을 기한으로 그 기재 사항을 보완할 것을 **통고할 수 있다**(동법 제7조 제1항).

3397 ☐☐☐☐ 18 승진

경찰서장은 집회신고에 대해 집회신고서의 형식적인 미비점뿐만 아니라 내용에 대해서도 보완통고를 할 수 있다. (O|X)

3398 ☐☐☐☐ 20·21·24 승진

보완통고는 보완할 사항을 분명히 밝혀 서면 또는 문자 메시지(SMS)로 주최자 또는 연락책임자에게 전달하여야 한다. (O|X)

3399 ☐☐☐☐ 19·21 승진, 14·15 간부

신고서를 접수한 관할경찰관서장은 신고된 옥외집회 또는 시위가 금지 사유에 해당하는 때에는 신고서를 접수한 때부터 48시간 이내에 집회 또는 시위를 금지할 것을 주최자에게 통고할 수 있다. (O|X)

3400 ☐☐☐☐ 19 채용

집회신고서를 접수한 때로부터 48시간이 경과한 이후에도 남은 기간의 집회시위에 대해 금지통고를 할 수 있는 경우가 있다. (O|X)

3401 ☐☐☐☐ 24 승진, 26 간부

「집회 및 시위에 관한 법률」 제11조 제5호 중 '국내 주재 외국의 외교기관'에 관한 부분은 입법자가 법률로써 직접 집회의 장소적 제한을 규정한 것으로, 행정청이 주체가 되어 집회의 허용 여부를 사전에 결정하는 것이 아니므로 헌법 제21조 제2항의 허가제 금지에 위배되지 않는다. (O|X)

5 이의신청(§9)

3402 ☐☐☐☐ 14·16·20 채용, 18·19 승진, 14·15·19 간부

집회 또는 시위의 주최자는 금지통고를 받은 날로부터 10일 이내에 금지통고를 한 경찰관서장에게 이의신청을 할 수 있다. (O|X)

정답과 해설

3397. (X) 관할경찰관서장은 **신고서의 기재 사항에 미비한 점을 발견하면** 접수증을 교부한 때부터 12시간 이내에 주최자에게 24시간을 기한으로 그 기재 사항을 보완할 것을 통고할 수 있다(동법 제7조 제1항). 경찰서장은 집회신고서의 **내용에 대해서는 보완통고를 할 수 없다.**

3398. (X) 보완 통고는 보완할 사항을 분명히 밝혀 **서면**으로 주최자 또는 연락책임자에게 **송달하여야 한다**(집회 및 시위에 관한 법률 제7조 제2항).

3399. (O) 동법 제8조 제1항

3400. (O) 동법 제8조 제1항

3401. (O) 헌법 제21조 제2항의 '허가'는 '행정청이 주체가 되어 집회의 허용 여부를 사전에 결정하는 것'으로서 행정청에 의한 사전허가는 헌법상 금지되지만, 입법자가 법률로써 일반적으로 집회를 제한하는 것은 **헌법상 '사전허가금지'에 해당하지 않는다**(헌재 2011헌가29).

3402. (X) 집회 또는 시위의 주최자는 금지 통고를 받은 날부터 **10일 이내**에 **해당 경찰관서의 바로 위의 상급경찰관서의 장**에게 이의를 신청할 수 있다(동법 제9조 제1항).

3403 ☐☐☐☐ 18 승진

이의 신청을 받은 경찰관서의 장은 접수 일시를 적은 접수증을 이의 신청인에게 즉시 내주고 접수한 때부터 24시간 이내에 재결을 하여야 한다. 이 경우 접수한 때부터 24시간 이내에 재결서를 발송하지 아니하면 관할경찰관서장의 금지 통고는 소급하여 그 효력을 잃는다. (O│X)

3404 ☐☐☐☐ 18 승진

이의 신청인은 금지 통고가 위법하거나 부당한 것으로 재결되거나 그 효력을 잃게 된 경우 처음 신고한 대로 집회 또는 시위를 개최할 수 있다. (O│X)

3405 ☐☐☐☐ 18 승진

금지 통고 등으로 시기를 놓친 경우에는 일시를 새로 정하여 집회 또는 시위를 시작하기 24시간 전에 상급 경찰관서의 장에게 신고함으로써 집회 또는 시위를 개최할 수 있다. (O│X)

3406 ☐☐☐☐ 20 채용

집회 또는 시위 금지통고에 대해 이의 신청을 받은 경찰관서장은 24시간 이내에 금지를 통고한 경찰관서장에게 이의 신청의 취지와 이유를 알리고, 답변서의 제출을 명하여야 한다. (O│X)

6 철회신고 및 중복된 신고처리

3407 ☐☐☐☐ 14·15 채용, 18 승진

관할 경찰관서장은 집회 또는 시위의 시간과 장소가 중복되는 2개 이상의 신고가 있고 그 목적으로 보아 서로 상반되거나 방해가 된다고 인정되어 시간을 나누거나 장소를 분할하여 개최하도록 한 권유가 받아들여지지 아니한 경우 뒤에 접수된 옥외집회 또는 시위에 대하여 그 집회 또는 시위의 금지를 통고하여야 한다. (O│X)

3408 ☐☐☐☐ 17·20 채용, 14·18·19·20·24 승진, 19 간부

주최자는 신고한 옥외집회 또는 시위를 하지 아니하게 된 경우에는 신고서에 적힌 집회일시 24시간 전에 그 철회사유 등을 적은 철회신고서를 관할경찰관서장에게 제출할 수 있다. (O│X)

정답과 해설

3403. (O) 집회 및 시위에 관한 법률 제9조 제2항
3404. (O) 동법 제9조 제3항
3405. (X) 금지 통고 등으로 시기를 놓친 경우에는 일시를 새로 정하여 집회 또는 시위를 시작하기 24시간 전에 **관할 경찰관서장**에게 신고함으로써 집회 또는 시위를 개최할 수 있다(동법 제9조 제3항 단서).
3406. (X) 집회 또는 시위 금지통고에 대해 이의 신청을 받은 경찰관서장은 **즉시** 금지를 통고한 경찰관서장에게 이의 신청의 취지와 이유를 알리고, 답변서의 제출을 명하여야 한다(동법 시행령 제8조 제1항).
3407. (X) 관할 경찰관서장은 집회 또는 시위의 시간과 장소가 중복되는 2개 이상의 신고가 있고 그 목적으로 보아 서로 상반되거나 방해가 된다고 인정되어 시간을 나누거나 장소를 분할하여 개최하도록 한 권유가 받아들여지지 아니한 경우 뒤에 접수된 옥외집회 또는 시위에 대하여 그 집회 또는 시위의 금지를 **통고할 수 있다**(동법 제8조 제2항, 제3항).
3408. (X) 주최자는 신고한 옥외집회 또는 시위를 하지 아니하게 된 경우에는 신고서에 적힌 집회 일시 **24시간 전(즉시 X)**에 그 철회사유 등을 적은 철회신고서를 관할경찰관서장에게 **제출하여야 한다**(동법 제6조 제3항).

3409 ☐☐☐☐ 22 채용

집회의 신고가 경합할 경우, 먼저 신고된 집회의 목적, 장소 및 시간, 참여예정인원, 집회 신고인이 기존에 신고한 집회 건수와 실제로 집회를 개최한 비율 등 먼저 신고된 집회의 실제 개최 가능성 여부와 양 집회의 상반 또는 방해가능성 등 제반 사정을 확인하여 먼저 신고된 집회가 다른 집회의 개최를 봉쇄하기 위한 허위 또는 가장 집회신고에 해당함이 객관적으로 분명해 보이는 경우라도 관할 경찰관서장이 뒤에 신고된 집회에 대하여 금지통고를 했다면, 이러한 금지통고에 위반하여 집회를 개최한 행위는 「집회 및 시위에 관한 법률」에 위배된다. (O│X)

7 집회·시위 금지

3410 ☐☐☐☐ 15·19 채용, 14 간부

헌법재판소의 결정에 따라 해산된 정당의 목적을 달성하기 위한 집회 또는 시위는 주최하여서는 아니 된다. (O│X)

3411 ☐☐☐☐ 17 승진

누구든지 집단적인 폭행, 협박, 손괴, 방화 등으로 공공의 안녕질서에 직접적인 위협을 가할 것이 명백한 집회 또는 시위를 주최하여서는 아니 된다. (O│X)

3412 ☐☐☐☐ 14·19 승진

신고장소가 다른 사람의 주거지역이나 이와 유사한 장소 또는 학교 및 군사시설, 상가밀집지역의 주변지역에서의 집회나 시위의 경우 그 거주자나 관리자가 시설이나 장소의 보호를 요청하는 경우에는 집회나 시위의 금지 또는 제한을 통고할 수 있다. (O│X)

3413 ☐☐☐☐ 23 간부

주최자가 질서유지인을 두고 부득이 새벽 1시에 집회를 하겠다고 미리 신고한 경우에는 집회의 성격상 부득이하다면 관할 경찰관서장은 질서유지를 위한 조건을 붙여 옥외집회를 허용할 수 있다. (O│X)

정답과 해설

3409. (X) 먼저 신고된 집회의 실제 개최 가능성 여부와 양 집회의 상반 또는 방해가능성 등 제반 사정을 확인하여 먼저 신고된 집회가 다른 집회의 개최를 봉쇄하기 위한 허위 또는 가장 집회신고에 해당함이 객관적으로 분명해 보이는 경우에는, 뒤에 신고된 집회에 다른 집회금지 사유가 있는 경우가 아닌 한, 관할경찰관서장이 단지 먼저 신고가 있었다는 이유만으로 뒤에 신고된 집회에 대하여 집회 자체를 금지하는 통고를 하여서는 아니 되고, 설령 이러한 금지통고에 위반하여 집회를 개최하였다고 하더라도 그러한 행위를 집시법상 **금지통고에 위반한 집회개최행위에 해당한다고 보아서는 아니 된다**(대판 2011도13299).

3410. (O) 동법 제5조 제1항 제1호

3411. (O) 동법 제5조 제1항

3412. (X) **상가밀집지역의 주변지역**에서의 집회나 시위의 경우 그 거주자나 관리자가 시설이나 장소의 보호를 요청이 있더라도 집회나 시위의 금지 또는 제한을 **통고할 수 없다**.

3413. (X) 헌법불합치결정에 따른 개정이 이루어지지 않아 효력을 상실하여 현재는 **24시간 언제나 옥외집회가 가능**하며, 시위의 경우 해가 진 후부터는 같은 날 24시까지만 가능하다.

3414 ☐☐☐☐ 21 승진

관할경찰관서장은 「집회 및 시위에 관한 법률」 제8조 제5항 각호의 어느 하나에 해당하는 경우로서 거주자나 관리자가 시설이나 장소의 보호를 요청하는 경우에는 집회나 시위의 금지 또는 제한을 통고할 수 있으며, 제한 통고의 경우 시한에 대한 규정은 없다. (O|X)

3415 ☐☐☐☐ 26 간부

「집회 및 시위에 관한 법률」 제11조 제1호에 따라 국회의 활동을 방해할 우려가 없고, 대규모 집회 또는 시위로 확산될 우려가 없는 경우로서 국회의 기능이나 안녕을 침해할 우려가 없다고 인정되는 때에 한하여 국회의사당의 경계 지점으로부터 100미터 이내의 장소에서 옥외집회 또는 시위를 할 수 있다. (O|X)

3416 ☐☐☐☐ 17 승진

헌법재판소의 경계 지점으로부터 200미터 이내의 장소에서는 옥외집회 또는 시위를 하여서는 아니 된다. (O|X)

3417 ☐☐☐☐ 23 간부, 21 경채

대통령 관저, 국회의장 공관, 대법원장 공관, 헌법재판소장 공관, 전직 대통령이 현재 거주하는 사저의 경계 지점으로부터 100미터 이내의 장소에서는 옥외집회 또는 시위가 금지된다. (O|X)

3418 ☐☐☐☐ 26 간부

「집회 및 시위에 관한 법률」 제10조에서 일률적으로 야간 시위를 금지하는 것은 목적달성을 위해 필요한 정도를 넘는 지나친 제한으로서 침해의 최소성 원칙 및 법익균형성 원칙에 반한다. (O|X)

3419 ☐☐☐☐ 26 간부

「집회 및 시위에 관한 법률」 제11조 제3호에서 국회의장 공관의 경계 지점으로부터 100미터 이내의 장소에서 일체의 집회를 하지 못하도록 하는 것은 입법목적 달성을 위한 적합한 수단이다. (O|X)

정답과 해설

3414. (O) 집회 및 시위에 관한 법률 제8조 제5항

3415. (X) 「집회 및 시위에 관한 법률」 제11조 제1호에 따라 국회의 활동을 방해할 우려가 **없거나(없고 X)**, 대규모 집회 또는 시위로 확산될 우려가 없는 경우로서 국회의 기능이나 안녕을 침해할 우려가 없다고 인정되는 때에 한하여 국회의사당의 경계 지점으로부터 100미터 이내의 장소에서 옥외집회 또는 시위를 할 수 있다.

3416. (X) 헌법재판소의 경계 지점으로부터 **100미터 이내**의 장소에서는 옥외집회 또는 시위를 하여서는 아니 된다. 다만, 다음 법관이나 재판관의 직무상 독립이나 구체적 사건의 재판에 영향을 미칠 우려가 없는 경우, 대규모 집회 또는 시위로 확산될 우려가 없는 경우에 해당하는 경우로서 각급 법원, 헌법재판소의 기능이나 안녕을 침해할 우려가 없다고 인정되는 때에는 그러하지 아니하다(동법 제11조 제2호).

3417. (X) 누구든지 **대법원장 공관, 헌법재판소장 공관(대통령 관저(官邸) X, 국회의장 공관 X, 전직 대통령 현재 거주하는 사저 X)**에 해당하는 청사 또는 저택의 경계 지점으로부터 100미터 이내의 장소에서는 옥외집회 또는 시위를 하여서는 아니 된다(동법 제11조 제3호).

3418. (O)

3419. (O) 「집회 및 시위에 관한 법률」 제11조 제3호에서 국회의장 공관의 경계 지점으로부터 100미터 이내의 장소에서 일체의 집회를 하지 못하도록 하는 것은 **입법목적 달성을 위한 적합한 수단(목적의 정당성, 수단의 적합성)** 이다. 그러나 침해의 최소성 원칙 및 법익균형성 원칙에 반한다는 측면에서 국회의장 공관의 경계 지점으로부터 100미터 이내의 장소에서 옥외집회 또는 시위를 할 수 있다.

3420 ☐☐☐☐ 23 간부

대규모 집회 또는 시위로 확산될 우려가 없는 경우라면 주한 일본대사관의 업무가 없는 휴일인 일요일에 주한일본대사의 숙소로부터 100미터 이내의 장소에서 그 숙소를 대상으로 하지 않고 그 숙소의 기능이나 안녕을 침해할 우려가 없다고 인정된다면 확성기를 사용한 옥외집회가 가능하다. (O | X)

3421 ☐☐☐☐ 23 채용

집회의 자유가 가지는 헌법적 가치와 기능, 집회에 대한 허가 금지를 선언한 헌법정신, 신고제도의 취지 등을 종합하여 보면, 신고는 행정관청에 집회에 관한 구체적인 정보를 제공함으로써 공공질서의 유지에 협력하도록 하는 데 의의가 있는 것으로 집회의 허가를 구하는 신청으로 변질되어서는 아니 되므로, 신고를 하지 아니하였다는 이유만으로 옥외집회 또는 시위를 헌법의 보호 범위를 벗어나 개최가 허용되지 않는 집회 내지 시위라고 단정할 수 없다. (O | X)

8 집회·시위 제한

3422 ☐☐☐☐ 14 채용

집회 또는 시위의 주최자가 질서유지인을 두고 도로를 행진하는 경우에는 교통소통을 위한 금지를 할 수 없다. 다만, 해당 도로와 주변 도로의 교통 소통에 장애를 발생시켜 심각한 교통 불편을 줄 우려가 있으면 금지를 할 수 있다. (O | X)

3423 ☐☐☐☐ 21 채용, 15·22 승진

「집회 및 시위에 관한 법률」상 관할경찰관서장은 집회 또는 시위의 주최자가 확성기등의 소음기준을 초과하는 소음을 발생시켜 타인에게 피해를 주는 경우에 그 기준 이하의 소음 유지 또는 확성기등의 사용 중지를 명하거나 확성기 등의 일시보관 등 필요한 조치를 할 수 있다. (O | X)

3424 ☐☐☐☐ 18·19 채용, 19 간부

학문, 예술, 체육, 종교, 의식, 친목, 오락, 관혼상제 및 국경행사에 관한 집회에는 '확성기등 사용의 제한'에 관한 규정을 적용하지 아니한다. (O | X)

3425 ☐☐☐☐ 21·24 채용

「집회 및 시위에 관한 법률」 제14조(확성기등 사용의 제한)는 예술·체육·종교 등에 관한 집회 및 1인 시위에도 적용된다. (O | X)

> **정답과 해설**
> 3420. (O) 집회 및 시위에 관한 법률 제11조 제5호
> 3421. (O) 대판 2018다288631
> 3422. (O) 동법 제12조 제2항
> 3423. (O) 동법 제14조 제2항
> 3424. (X) 학문, 예술, 체육, 종교, 의식, 친목, 오락, 관혼상제(冠婚喪祭) 및 국경행사(國慶行事)에 관한 집회에는 제6조부터 제12조까지의 규정을 적용하지 아니한다(동법 제15조). 따라서 이러한 집회의 경우에도 「집회 및 시위에 관한 법률」 제14조의 '확성기등 사용의 제한' 규정을 적용한다.
> 3425. (X) 학문·예술·종교·관혼상제·국경행사에 관한 집회는 확성기등 사용의 제한 규정이 적용되나, 집회·시위로 볼 수 없는 1인 시위의 경우 적용할 수 없다.

3426 ☐☐☐☐ 15 승진

「집회 및 시위에 관한 법률 시행령」상 소음기준은 주간과 야간을 달리하여 규정하고 있다. (O|X)

3427 ☐☐☐☐ 18 채용

그 밖의 지역에서 야간(해진 후~24:00)에 확성기 등의 등가소음기준은 60dB 이하이다. (O|X)

3428 ☐☐☐☐ 15 승진

소음을 측정할 때는 소음으로 인한 피해자가 위치한 건물 등이 주거지역·학교·종합병원과, 공공도서관, 그 밖의 지역일 경우로 대상지역을 세가지로 구분하여 기준치를 적용한다. (O|X)

3429 ☐☐☐☐ 16·24 채용

집회현장에서의 확성기 등의 등가소음기준은 주거지역·학교·종합병원, 공공도서관인 경우 주간 70dB 이하, 야간 60dB 이하이다. (O|X)

3430 ☐☐☐☐ 18·21 채용, 22 승진

집회 또는 시위의 주최자는 확성기등 사용하여 타인에게 심각한 피해를 주는 소음으로서 주거·학교·종합병원 지역에서 주간(07:00~해지기 전)에 등가소음도(Leq) 60dB(A)이하의 기준을 위반하는 소음을 발생시켜서는 아니 된다. (O|X)

3431 ☐☐☐☐ 18·24 채용

확성기등의 소음은 관할 경찰서장(현장 경찰공무원)과 주최자가 임명한 자가 함께 측정한다. (O|X)

3432 ☐☐☐☐ 18·21 채용, 19 간부

소음 측정 장소는 피해자가 위치한 건물 외벽에서 소음원 방향으로 1~3.5m 떨어진 지점으로 하되, 소음도가 높을 것으로 예상되는 지점의 지면 위 1.2~1.5m 높이에서 측정하고, 주된 건물의 경비 등을 위하여 사용되는 부속 건물, 광장·공원이나 도로상의 영업시설물, 공원의 관리사무소 등도 소음 측정 장소로 포함된다. (O|X)

정답과 해설

3426. (O) 동법 시행령 제14조 별표 2
3427. (O) 동법 시행령 제14조 별표 2
3428. (O) 동법 시행령 제14조 별표 2
3429. (X) 집회현장에서의 확성기 등의 **등가소음기준은 주거지역, 학교, 종합병원**의 경우 **주간 60dB 이하, 야간 50dB 이하**, 심야 45dB 이하, **공공도서관인 경우 주간 60dB 이하, 야간·심야 55dB 이하이다**(집회 및 시위에 관한 법률 시행령 제14조 별표 2). **최고소음도**를 측정하는 데 있어서 대상 지역을 주거지역·학교·종합병원은 **주간·야간·심야**로 구분하고, 공공도서관은 **주간·야간**으로 구분하고, **그 밖의 지역**은 **시간대를 구분하지 않는다**.
3430. (O) 동법 시행령 제14조 별표2
3431. (X) 확성기등의 소음은 **관할 경찰서장(현장 경찰공무원)이 측정한다**(동법 시행령 제14조 별표 2 비고 1).
3432. (X) 소음 측정 장소는 피해자가 위치한 건물의 외벽에서 소음원 방향으로 1~3.5m 떨어진 지점으로 하되, 소음도가 높을 것으로 예상되는 지점의 지면 위 1.2~1.5m 높이에서 측정한다. 다만, 주된 건물의 경비 등을 위하여 사용되는 부속 건물, 광장·공원이나 도로상의 영업시설물, 공원의 관리사무소 등은 소음 측정 장소에서 **제외한다**(동법 시행령 제14조 [별표 2] 비고 2.).

3433 ☐☐☐☐ 22 승진

「집회 및 시위에 관한 법률 시행령」 별표2에 따른 소음측정 장소에서 확성기등의 대상소음이 있을 때 측정한 소음도를 측정소음도로 하고, 같은 장소에서 확성기등의 대상소음이 없을 때 5분간 측정한 소음도를 배경소음도로 한다. (O|X)

3434 ☐☐☐☐ 22 승진

중앙행정기관이 개최하는 국경일 행사의 경우 행사 개최시간에 한정하여 행사 진행에 영향을 미치는 소음에 대해서는, 「집회 및 시위에 관한 법률 시행령」 별표2에 따른 확성기등의 소음기준을 '그 밖의 지역'의 소음기준으로 적용한다. (O|X)

3435 ☐☐☐☐ 19 간부

주거지역, 학교, 종합병원의 등가소음도는 주간 ( )dB 이하, 야간 ( )dB 이하이다.

3436 ☐☐☐☐ 19 간부

그 밖의 지역의 등가소음도는 주간 ( )dB 이하, 야간, 심야 ( )dB 이하이다.

3437 ☐☐☐☐ 19 간부, 21 경채

공공도서관의 최고소음도는 주간 ( )dB 이하, 야간, 심야 ( )dB 이하이다.

3438 ☐☐☐☐ 24 채용, 19 간부

등가소음도는 ( )분간(소음 발생 시간이 ( )분 이내인 경우에는 그 발생 시간 동안을 말한다) 측정한다. 다만, 주거지역, 학교, 종합병원, 공공도서관의 경우에는 등가소음도를 ( )분간(소음 발생 시간이 ( )분 이내인 경우에는 그 발생 시간 동안을 말한다) 측정한다.

3439 ☐☐☐☐ 15 간부

집회현장에서의 확성기 등가소음기준(「집회 및 시위에 관한 법률 시행령」)으로 빈 칸의 숫자를 넣으시오.

단위 : Leq dB(A)

시간대 대상지역	주간(07:00~해지기 전)	야간(해진 후~24:00)
공공도서관	(가) 이하	(나) 이하
그 밖의 지역	(다) 이하	(라) 이하

정답과 해설

3433. (O) 동법 시행령 제14조 별표2 비고 3
3434. (X) 중앙행정기관이 개최하는 국경일 행사의 경우 행사 개최시간에 한정하여 행사 진행에 영향을 미치는 소음에 대해서는, 「집회 및 시위에 관한 법률 시행령」 별표2에 따른 확성기등의 소음기준을 '**주거지역**'의 소음기준으로 적용한다(동법 시행령 제14조 별표2 비고 7).
3435. 60, 50
3436. 70, 60
3437. 80, 75
3438. 10, 10, 5, 5
3439. (가) 60, (나) 55 (다) 70 (라) 60

9 질서유지선

3440 ☐☐☐☐ 21 채용, 18·19·23 승진, 17·25 간부

옥외집회나 시위의 신고를 받은 관할경찰관서장은 집회·시위의 보호와 공공의 질서 유지를 위해 최대한의 범위를 정하여 질서유지선을 설정할 수 있다. (O|X)

3441 ☐☐☐☐ 15·18·20·23 승진

집회 및 시위에 관한 법률 제6조 제1항에 따른 신고를 받은 관할경찰관서장이 집회 및 시위의 보호와 공공의 질서 유지를 위하여 필요하다고 인정하여 질서유지선을 설정할 때에는 주최자 또는 연락책임자에게 이를 알려야 한다. (O|X)

3442 ☐☐☐☐ 21 채용, 15·18·20·23 승진, 25 간부

경찰관서장이 질서유지선을 설정할 때에는 주최자 또는 연락책임자에게 이를 서면으로 고지하여야 하며, 이러한 과정을 통해 설정·고지된 질서유지선은 추후에 변경할 수 없다. (O|X)

3443 ☐☐☐☐ 17 간부

경찰관서장이 질서유지선을 설정할 때에는 사전에 질서유지인에게 이를 서면으로 고지하여야 한다. (O|X)

3444 ☐☐☐☐ 21 채용

관할 경찰관서장은 집회 및 시위의 보호와 공공의 질서유지를 위하여 집회·시위의 행진로를 확보하거나 이를 위한 임시횡단보도를 설치할 필요가 있을 경우에는 「집회 및 시위에 관한 법률」 제13조 제1항에 따라 질서유지선을 설정할 수 있다. (O|X)

3445 ☐☐☐☐ 17·18·19 채용, 22 간부, 21 경채

집회 또는 시위의 주관자는 집회 또는 시위의 질서 유지에 관하여 자신을 보좌하도록 18세 이상의 사람을 질서유지인으로 임명하여야 한다. (O|X)

정답과 해설

3440. (X) 신고를 받은 관할경찰관서장은 집회 및 시위의 보호와 공공의 질서 유지를 위하여 필요하다고 인정하면 **최소한(최대한 X)**의 범위를 정하여 질서유지선을 설정할 수 있다라고 규정(동법 제13조 제1항)이 되어 있으므로 질서유지선이 집회 또는 시위가 이루어지는 장소의 **외곽 경계지역뿐만 아니라 필요한 경우 다양한 위치에 설정될 수 있다.**

3441. (O) 집회 및 시위에 관한 법률 제13조 제2항

3442. (X) 동법 제13조 제2항에 따른 질서유지선의 설정 고지는 **서면**으로 하여야 한다. 다만, 집회 또는 시위 장소의 상황에 따라 질서유지선을 **새로 설정하거나 변경**하는 경우에는 집회 또는 시위의 장소에 있는 경찰공무원이 **구두로 알릴 수 있다**(동법 시행령 제13조 제2항).

3443. (X) 경찰관서장이 질서유지선을 설정할 때에는 **주최자 또는 연락책임자(질서유지인 X)**에게 이를 알려야 한다(동법 제13조 제2항). 질서유지선의 설정 고지는 서면으로 하여야 한다(동법 시행령 제13조 제2항).

3444. (O) 동법 시행령 제13조 제1항 제5호

3445. (X) 집회 또는 시위의 **주최자**는 집회 또는 시위의 질서 유지에 관하여 자신을 보좌하도록 18세 이상의 사람을 질서유지인으로 **임명할 수 있다**(동법 제16조 제2항).

3446 ☐☐☐☐ 18·22 채용

집회 또는 시위의 주최자는 집회 또는 시위에 있어서의 질서를 유지할 수 없으면 그 집회 또는 시위의 종결을 선언하여야 한다. (O|X)

3447 ☐☐☐☐ 22 간부

관할경찰관서장은 집회 또는 시위의 주최자와 협의하여 질서유지인의 수를 적절하게 조정할 수 있다. (O|X)

3448 ☐☐☐☐ 17·25 간부

'집회·시위의 참가자를 일반인이나 차량으로부터 보호할 필요가 있을 경우'는 질서유지선을 설정할 수 있는 경우에 해당하지 않는다. (O|X)

3449 ☐☐☐☐ 22 채용

질서유지선이 집회 및 시위의 보호와 공공의 질서유지를 위하여 필요하다고 인정되는 최소한의 범위를 정하여 설정되고「집회 및 시위에 관한 법률 시행령」관련 조항에서 정한 사유에 해당한다면, 집회 또는 시위가 이루어지는 장소 외곽의 경계지역뿐 아니라 집회 또는 시위의 장소 안에도 설정할 수 있다. (O|X)

3450 ☐☐☐☐ 22 채용

경찰관들이 옥외집회 또는 시위 장소에서 줄지어 서는 등의 방법으로 소위 '사실상 질서유지선'의 역할을 수행한다고 하더라도 이를 가리켜「집회 및 시위에 관한 법률」에서 정한 질서유지선이라고 할 수는 없다. (O|X)

10 보완·금지 통고서 송달(시행령 §3, 7)

3451 ☐☐☐☐ 14 승진

제한·금지통고서 및 보완통고서를 직접 송달할 수 없는 경우 대리송달은 가능하지만 유치송달은 효력이 없다. (O|X)

정답과 해설

3446. (O) 동법 제16조 제3항
3447. (O) 동법 제17조 제4항
3448. (X) '집회·시위의 참가자를 일반인이나 차량으로부터 보호할 필요가 있을 경우'도 질서유지선을 설정할 수 있는 사유에 **해당한다**(동법 시행령 제13조 제1항 제2호).
3449. (O) 대판 2016도21311
3450. (O) 대판 2016도21311
3451. (X) 대리수령자가 수령을 거부할 경우 **유치송달도 가능**하다.

11 집시법상 처벌규정

3452 ☐☐☐☐ 20·21 채용, 15·18·23 승진, 17·19 간부

질서유지선을 경찰관의 경고에도 불구하고 정당한 사유 없이 상당 시간 침범하거나 손괴·은닉·이동 또는 제거하거나 그 밖의 방법으로 그 효용을 해친 자는 6개월 이하의 징역 또는 500만 원 이하의 벌금·구류 또는 과료에 처한다. (O|X)

3453 ☐☐☐☐ 15 승진

경찰의 확성기 일시 보관 등의 필요한 조치를 거부 또는 방해하더라도 「집회 및 시위에 관한 법률」상 처벌규정은 존재하지 않는다. (O|X)

3454 ☐☐☐☐ 18 승진, 19 간부

정당한 사유 없이 철회신고서를 관할경찰관서장에게 제출하지 아니한 모든 옥외집회 또는 시위의 주최자에 대해서는 100만 원 이하의 과태료를 부과한다. (O|X)

12 집회 또는 시위 해산(§20)

3455 ☐☐☐☐ 16·23 승진

종결선언의 요청 → 자진해산의 요청 → 3회 이상 해산명령 → 직접해산 순서로 이루어진다. (O|X)

3456 ☐☐☐☐ 17 승진

경찰서장은 집회주최자에게 종결선언을 요청할 수 있다. (O|X)

3457 ☐☐☐☐ 17 채용

자진 해산 요청은 직접 집회주최자에게 공개적으로 하여야 한다. (O|X)

정답과 해설

3452. (X) 질서유지선을 경찰관의 경고에도 불구하고 정당한 사유 없이 상당 시간 침범하거나 손괴·은닉·이동 또는 제거하거나 그 밖의 방법으로 그 효용을 해친 자는 6개월 이하의 징역 또는 **50만 원 이하**의 벌금·구류 또는 과료에 처한다(집회 및 시위에 관한 법률 제24조 제3호).

3453. (X) 확성기 사용중지명령에 불응하거나 확성기 일시보관 등 필요한 조치를 거부·방해하는 경우에는 **6개월 이하의 징역 또는 50만원 이하의 벌금·구류 또는 과료**에 처한다(동법 제24조 제4호).

3454. (X) 집회 또는 시위의 시간과 장소가 중복되는 2개 이상의 신고가 있고 뒤에 접수된 옥외집회 또는 시위가 금지통고된 경우, 먼저 신고된 옥외집회 또는 시위의 주최자가 정당한 사유 없이 철회신고서를 관할경찰관서장에게 제출하지 않은 경우 100만원 이하의 과태료를 부과한다(동법 제26조 제1항). **이 경우 외**에는 정당한 사유 없이 철회신고서를 관할경찰관서장에게 제출하지 않더라도 **과태료를 부과할 수 없다**.

3455. (O) 동법 시행령 제17조

3456. (O) 동법 시행령 제17조 제1호

3457. (X) 종결 선언 요청에 따르지 아니하거나 종결 선언에도 불구하고 집회 또는 시위의 참가자들이 집회 또는 시위를 계속하는 경우에는 **직접 참가자들에 대하여** 자진 해산할 것을 요청한다(동법 시행령 제17조 제2호).

3458 ☐☐☐☐ 17 채용, 17 승진

종결선언은 주최자에게 요청하되, 주최자의 소재를 알 수 없는 경우에는 주관자·연락책임자 및 질서유지인에게 하여야 하며 종결선언의 요청은 필요적 절차로 생략할 수 없다. (O | X)

3459 ☐☐☐☐ 17·20 채용, 17 승진

해산명령은 1회로도 족하나, 자진해산 요청은 반드시 3회 이상 일정한 시간적 간격을 두고 실시해야 한다. (O | X)

3460 ☐☐☐☐ 22 채용

집회·시위 참가자들이 관할 경찰관서에 신고하지 않고 집회를 개최한 경우, 그 옥외집회 또는 시위로 인하여 타인의 법익이나 공공의 안녕질서에 대한 직접적인 위험이 명백하게 초래되지 않은 상황에서 경찰이 '미신고집회'라는 사유로 자진 해산 요청을 한 후, '불법적인 행진시도', '불법 도로 점거로 인한 도로교통법 제68조 제3항 제2호 위반'이라는 사유로 3회에 걸쳐 해산명령을 하였더라도 정당한 해산명령에 해당하지 않는다. (O | X)

3461 ☐☐☐☐ 17 승진

관할 경찰관서장 또는 관할 경찰관서장으로부터 권한을 부여받은 국가경찰공무원은 집회 또는 시위를 해산시키는 주체가 될 수 있다. (O | X)

3462 ☐☐☐☐ 17 채용

관할 경찰관서장이 권한을 부여하면 관할 경찰서 경비교통과장도 해산명령의 주체가 될 수 있다. (O | X)

3463 ☐☐☐☐ 19 승진

타인이 관리하는 건조물에서 옥내집회를 개최하는 경우에도 타인의 법익 침해나 기타 공공의 안녕질서에 대하여 직접적이고 명백한 위험을 초래하는 때에는 해산명령의 대상이 된다. (O | X)

정답과 해설

3458. (X) 집회 및 시위에 관한 법률 제20조 제1항 제1호·제2호 또는 제4호에 해당하는 집회·시위의 경우와 주최자·주관자·연락책임자 및 질서유지인이 집회 또는 시위 장소에 없는 경우에는 종결 선언의 요청을 **생략할 수 있다**(동법 시행령 제17조).

3459. (X) 자진 해산 요청에 따르지 아니하는 경우에는 **세 번 이상 자진 해산할 것을 명령하고**, 참가자들이 해산명령에도 불구하고 해산하지 아니하면 직접 해산시킬 수 있다(동법 시행령 제17조 제3호). 즉, **해산요청은 1회로도 족하나**, 해산명령은 반드시 3회 이상 일정한 시간적 간격을 두고 실시해야 한다.

3460. (O) 지정재판부 2014헌바492

3461. (O) 동법 시행령 제17조

3462. (O) 집회 또는 시위를 해산시키려는 때에는 관할 경찰관서장 또는 관할 경찰관서장으로부터 권한을 부여받은 경찰공무원은 종결 선언의 요청, 자진 해산의 요청, 해산명령 및 직접 해산의 순서에 따라야 한다(동법 시행령 제17조). 즉, 관할 경찰관서장이 권한을 부여하면 관할 경찰서 경비교통과장도 해산명령의 주체가 될 수 있다.

3463. (O) 대판 2010도14545

3464 ☐☐☐☐ 21 간부

해산명령의 대상은 '집회 또는 시위' 자체이므로 해산명령의 방법은 그 대상인 집회나 시위의 참가자들 전체 무리나 집단에 고지, 전달하는 방법으로 행하여야 한다. (O|X)

3465 ☐☐☐☐ 17·19 승진, 21 간부

해산명령은 자진 해산 요청에 따르지 않는 시위 참가자들에게 자진 해산할 의무를 부과하는 것이므로 반드시 '자진 해산을 명령한다'는 용어가 사용되거나 말로 해산명령임을 표시해야 한다. (O|X)

3466 ☐☐☐☐ 24 승진

집회 금지통고는 관할 경찰서장이 집회신고를 접수한 후 「집회 및 시위에 관한 법률」상 집회 사전금지조항에 근거하여 집회 주최자 등에게 해당 집회를 금지한다는 사실을 알리는 행정처분이므로 그 자체를 헌법에 위배되는 제도라고 볼 수 없다. (O|X)

3467 ☐☐☐☐ 24 승진

집회의 금지와 해산은 원칙적으로 공공의 안녕질서에 대한 직접적인 위협이 명백하게 존재하는 경우에 한하여 허용될 수 있고, 집회의 자유를 보다 적게 제한하는 다른 수단, 예컨대 시위 참가자수의 제한, 시위 대상과의 거리 제한, 시위 방법, 시기, 소요시간의 제한 등 조건을 붙여 집회를 허용하는 가능성을 모두 소진한 후에 비로소 고려될 수 있는 최종적인 수단이다. (O|X)

3468 ☐☐☐☐ 23 경채

차도의 통행방법으로 신고하지 아니한 '삼보일배 행진'을 하여 차량의 통행을 방해한 사안에서, 그 시위 방법이 장소, 태양, 내용, 방법과 결과 등에 비추어 사회통념상 용인될 수 있는 다소의 피해를 발생시킨 경우, 신고제도의 목적 달성을 심히 곤란하게 하는 정도에 이른다고 볼 수 없어 사회상규에 위배되지 않는 정당행위에 해당한다. (O|X)

 판례

3469 ☐☐☐☐ 13·22 승진

집회의 금지와 해산은 원칙적으로 공공의 안녕질서에 대한 위협이 잠재적으로 존재하는 경우라면 허용된다. (O|X)

정답과 해설

3464. (O) 대판 2017도19737
3465. (X) **반드시 '자진해산'이라는 용어를 사용하여 요청할 필요는 없고**, 그 때 해산을 요청하는 언행 중에 스스로 해산하도록 청하는 취지가 포함되어 있으면 된다(대판 2000도2172).
3466. (O) 대판2009도13846
3467. (O) 헌재 2000헌바67, 83
3468. (O) 대판 2009도840
3469. (X) 옥외집회 또는 시위 당시의 구체적인 상황에 비추어 볼 때 옥외집회 또는 시위의 신고사항 미비점이나 신고범위 일탈로 인하여 타인의 법익 그 밖의 공공의 안녕질서에 대하여 **직접적인 위험이 초래된 경우(잠재적 X)**에 비로소 그 위험의 방지·제거에 적합한 제한조치를 취할 수 있되, 그 조치는 법령에 의하여 허용되는 범위 내에서 필요한 최소한도에 그쳐야 할 것이다(대판 98다20929).

3470 ☐☐☐☐ 14 승진

행진시위의 참가자들이 일부 구간에서 감행한 전차선 점거행진, 도로점거 연좌시위 등의 행위는 당초 신고된 범위를 현저히 일탈하거나 구「집회 및 시위에 관한 법률」제12조의 규정에 의한 조건을 중대하게 위반한 것으로서 그로 인하여 도로의 통행이 불가능하게 되거나 현저하게 곤란하게 된 이상「형법」제185조 소정의 일반교통방해죄에 해당한다고 할 것이다. (O|X)

3471 ☐☐☐☐ 23 채용

「집회 및 시위에 관한 법률」에 따른 신고 없이 이루어진 집회에 참석한 참가자들이 차로 위를 행진하는 등 도로교통을 방해함으로써 통행을 불가능하게 하거나 현저하게 곤란하게 하는 경우라도 참가자 모두에게 당연히 일반교통방해죄가 성립하는 것은 아니다. (O|X)

3472 ☐☐☐☐ 22 승진

옥외집회 또는 시위 참가자들이 교통혼잡이 야기되었다고 볼 만한 사정은 없으나 이미 신고한 행진 경로를 따라 행진로인 하위 1개 차로에서 약 3시간 30분 동안 이루어진 집회시간 동안 2회에 걸쳐 약 15분 동안 연좌하였다는 사실만으로도 주최행위가 신고한 목적, 일시, 방법 등의 범위를 뚜렷이 벗어나는 경우에 해당한다고 볼 수 있다. (O|X)

3473 ☐☐☐☐ 19 승진

서울광장을 경찰버스로 둘러싸면서 일반시민들이 통행할 수 있는 통로를 내지 않았다 하더라도 서울광장 인근에서 일부 시민들이 폭력행위를 저질렀다면 대규모의 불법·폭력 집회나 시위를 막아 시민들의 생명·신체와 재산을 보호한다는 공익 목적에 따른 것으로 불가피한 조치이다. (O|X)

정답과 해설

3470. (O) 대판 2008.11.13. 2006도755
3471. (O) 대판 2006도755
3472. (X) 옥외집회 또는 시위 참가자들이 교통혼잡이 야기되었다고 볼 만한 사정은 없으나 이미 신고한 행진 경로를 따라 행진로인 하위 1개 차로에서 약 3시간 30분 동안 이루어진 집회시간 동안 2회에 걸쳐 약 15분 동안 연좌하였다는 사실만으로도 주최행위가 신고한 목적, 일시, 방법 등의 범위를 뚜렷이 벗어나는 경우에 **해당하지 아니한다**(대판 2009도10425).
3473. (X) 서울광장에의 출입을 완전히 통제하는 경우 일반시민들의 통행이나 여가·문화 활동 등의 이용까지 제한되므로 서울광장의 몇 군데라도 통로를 개설하여 통제하에 출입하게 하거나 대규모의 불법·폭력 집회가 행해질 가능성이 적은 시간대라든지 서울광장 인근 건물에의 출근이나 왕래가 많은 오전 시간대에는 일부 통제를 푸는 등 시민들의 통행이나 여가·문화활동에 **과도한 제한을 초래하지 않으면서도 목적을 상당 부분 달성할 수 있는 수단이나 방법을 고려하였어야 함에도 불구하고** 모든 시민의 통행을 전면적으로 제지한 것은 **침해의 최소성을 충족한다고 할 수 없다**. 또한, 대규모의 불법·폭력 집회나 시위를 막아 시민들의 생명·신체와 재산을 보호한다는 공익은 중요한 것이지만, 당시의 상황에 비추어 볼 때 이러한 공익의 존재 여부나 그 실현 효과는 다소 가상적이고 추상적인 것이라고 볼 여지도 있고, 비교적 덜 제한적인 수단에 의하여도 상당 부분 달성될 수 있었던 것으로 보여 일반 시민들이 입은 실질적이고 현존하는 불이익에 비하여 결코 크다고 단정하기 어려우므로 **법익의 균형성** 요건도 충족하였다고 할 수 없다(헌법재판소 2009헌마406).

3474 ☐☐☐☐ 19·24 승진, 21 간부

사전 금지 또는 제한된 집회라 하더라도 실제 이루어진 집회가 당초 신고 내용과 달리 타인의 법익이나 공공의 안녕질서에 직접적이고 명백한 위험을 초래하지 않은 경우, 사전에 금지통고된 집회라는 이유만으로 해산을 명하고 이에 불응하였다고 처벌할 수는 없다. (O|X)

3475 ☐☐☐☐ 14 승진, 21 간부

「집회 및 시위에 관한 법률」 제20조 제1항과 「집회 및 시위에 관한 법률 시행령」이 해산명령을 할 때 그 사유를 구체적으로 고지하도록 명시적으로 규정하고 있지 아니하므로, 해산명령을 할 때에는 해산 사유가 「집회 및 시위에 관한 법률」 제20조 제1항 각 호 중 어느 사유에 해당하는지에 관하여 구체적으로 고지하여야 하는 것은 아니다. (O|X)

3476 ☐☐☐☐ 14 승진

「집회 및 시위에 관한 법률」 제20조 제1항 제2호가 미신고 옥외집회 또는 시위를 해산명령 대상으로 하면서 별도의 해산 요건을 정하고 있지 않더라도, 그 옥외집회 또는 시위로 인하여 타인의 법익이나 공공의 안녕질서에 대한 직접적인 위험이 명백하게 초래된 경우에 한하여 위 조항에 기하여 해산을 명할 수 있고, 이러한 요건을 갖춘 해산명령에 불응하는 경우에만 「집회 및 시위에 관한 법률」 제24조 제5호에 의하여 처벌할 수 있다. (O|X)

3477 ☐☐☐☐ 22 승진, 23 경채

집회참가자들이 망인에 대한 추모의 목적과 그 범위 내에서 이루어지는 노제 등을 위한 이동·행진의 수준을 넘어서서 그 기회를 이용하여 다른 공동의 목적을 가지고 일반인이 자유로이 통행할 수 있는 장소를 행진하거나 위력 또는 기세를 보여, 불특정한 여러 사람의 의견에 영향을 주거나 제압을 하는 행위에까지 나아가는 경우에는, 이미 「집회 및 시위에 관한 법률」이 정한 시위에 해당하므로 「집회 및 시위에 관한 법률」 제6조에 따라 사전에 신고서를 관할 경찰서장에게 제출할 것이 요구된다. (O|X)

> **정답과 해설**
>
> **3474.** (O) 대판 2009도13846
> **3475.** (X) 해산명령을 할 때에는 해산 사유가 집시법 제20조 제1항 각 호 중 어느 사유에 해당하는지에 관하여 **구체적으로 고지하여야만 한다**(대판 2011도7193).
> **3476.** (O) 대판 2010도6388
> **3477.** (O) 대판 2011도6294

3478 ☐☐☐☐ 19 승진, 23 경채

당초 옥외집회를 개최하겠다고 신고하였지만 그 신고 내용과 달리 아예 옥외집회는 개최하지 아니한 채 신고한 장소와 인접한 건물 등에서 옥내집회만을 개최한 경우, 신고한 옥외집회를 개최하는 과정에서 그 신고범위를 일탈한 행위로 보아 이를 집회 및 시위에 관한 법률 위반으로 처벌할 수 있다. (O|X)

3479 ☐☐☐☐ 13 승진

집회의 자유는 집회에 참가하지 못하게 하는 국가의 강제를 금지할 뿐 아니라, 예컨대 집회장소로의 여행을 방해하거나, 집회장소로부터 귀가하는 것을 방해하거나, 집회참가자에 대한 검문의 방법으로 시간을 지연시킴으로써 집회장소에 접근하는 것을 방해하는 것은 금지된다. (O|X)

정답과 해설

3478. (X) 당초 옥외집회를 개최하겠다고 신고하였지만 그 신고 내용과 달리 아예 옥외집회는 개최하지 아니한 채 신고한 장소와 인접한 건물 등에서 옥내집회만을 개최한 경우에는 그것이 건조물침입죄 등 다른 범죄를 구성함은 별론으로 하고, 신고한 옥외집회를 개최하는 과정에서 그 신고범위를 일탈한 행위를 한 데 대한 집시법 위반죄로 처벌할 수는 **없다**(대판 2011도13023).

3479. (O) 헌법재판소 2014헌가3

CHAPTER 06

안보경찰

THEME 01 방첩활동_C급

1 개요 및 방첩의 기본원칙

3480 ☐☐☐☐ 14 간부
간첩은 국가기밀 수집·내부 혼란의 목적으로 잠입한 자 또는 이에 지원·동조·협조하는 모든 조직적 구성분자를 말하며 방첩의 대상이 된다. (O｜X)

3481 ☐☐☐☐ 14 간부
계속접촉의 원칙이란 혐의자가 발견되더라도 즉시 검거하지 말고, 조직망 전체가 완전히 파악될 때까지 계속해서 유·무형의 접촉을 해야 한다는 방첩의 기본원칙을 말한다. (O｜X)

2 방첩의 수단

3482 ☐☐☐☐ 14 간부
방첩수단을 적극적·소극적·기만적 수단으로 분류할 때 허위정보의 유포, 양동간계시위, 역용공작은 소극적 방첩수단에 해당된다. (O｜X)

3483 ☐☐☐☐ 18 승진
다음 방첩수단 중 적극적 방첩수단에 해당하는 것은 O, 해당하지 아니한 것은 X로 표기하시오.

㉠ 대상인물 감시 (O｜X)	㉡ 보안업무 규정화 (O｜X)
㉢ 입법사항 건의 (O｜X)	㉣ 양동간계 시위 (O｜X)
㉤ 첩보공작 분석 (O｜X)	

정답과 해설

3480. (O)　3481. (O)
3482. (X) **허위정보의 유포, 양동간계시위**는 **기만적 방첩수단**에 해당하고, 역용공작은 적극적 방첩수단에 해당한다.
3483. ㉠ (O)
　　　 ㉡ (X) **소극적** 방첩수단
　　　 ㉢ (X) **소극적** 방첩수단
　　　 ㉣ (X) **기만적** 방첩수단
　　　 ㉤ (O)

3 방첩의 대상 _A급

3484 ☐☐☐☐ 16·17 채용, 17 승진, 14 간부
삼각형 – 간첩이 3명 이내의 공작원을 포섭하여 지휘하고, 포섭된 공작원 간 횡적연락을 차단한 형태로 일망타진 가능성이 적고, 활동범위가 넓으며, 공작원 검거시 간첩 정체가 쉽게 노출되지 않는다. (O|X)

3485 ☐☐☐☐ 19 승진, 18 간부
써클형은 보안유지가 잘되고 일망타진 가능성은 적지만, 활동범위가 좁고 공작원의 검거시 간첩 정체가 쉽게 노출된다. (O|X)

3486 ☐☐☐☐ 18 간부
써클형은 보안유지 및 신속한 활동이 가능한 반면, 활동범위가 좁고 공작성과가 비교적 낮다. (O|X)

3487 ☐☐☐☐ 18 간부
써클형은 일시에 많은 공작을 입체적으로 수행할 수 있고 활동범위가 넓은 반면, 행동의 노출이 쉽고 일망타진 가능성이 높으며 조직구성에 많은 시간이 소요된다. (O|X)

3488 ☐☐☐☐ 14 간부
써클형 – 피라미드형 조직에 있어서 간첩과 주공작원 간, 행동공작원 상호 간에 연락원을 두고 종횡으로 연결하는 방식의 간첩망 형태이다. (O|X)

3489 ☐☐☐☐ 15·16 채용, 17 승진
써클형은 합법적 신분을 이용하여 침투하고 대상국의 정치·사회문제를 이용하여 적국의 이념이나 사상에 동조하도록 유도하는 형태이다. (O|X)

3490 ☐☐☐☐ 15·17 채용, 17·19 승진
레포형은 삼각형 조직에 있어서 간첩과 주공작원 간, 행동공작원 상호간에 연락원을 두고 종·횡으로 연결하는 형태이다. (O|X)

정답과 해설

3484. (X) 삼각형 – 간첩이 3명 이내의 공작원을 포섭하여 지휘하고, 포섭된 공작원 간 횡적연락을 차단한 형태로 일망타진 가능성이 적고 **활동범위가 좁으며** 공작원 검거시 간첩 **정체가 쉽게 노출**된다.
3485. (X) **삼각형**에 대한 설명이다.
3486. (X) **단일형**에 대한 설명이다.
3487. (X) **피라미드형**에 대한 설명이다.
3488. (X) **레포형**에 대한 설명이다.
3489. (O)
3490. (X) 레포형은 **피라미드형** 조직에 있어서 간첩과 주공작원 간, 행동공작원 상호간에 연락원을 두고 종·횡으로 연결하는 형태이다.

3491 ☐☐☐☐ 15·17 채용, 17 승진, 14 간부

단일형은 간첩이 단일 특수목적을 수행하기 위해 동조자를 포섭하지 않고 단독으로 활동하는 점조직으로 대남간첩이 가장 많이 사용하며, 간첩 상호간에 종적·횡적 연락의 차단으로 보안 유지 및 신속한 활동이 가능하며 활동 범위가 넓고 공작 성과가 높다는 장점이 있다. (O│X)

3492 ☐☐☐☐ 16·17 채용, 17 승진, 14 간부

피라미드형은 간첩 밑에 주공작원 2~3명을 두고, 주공작원은 그 밑에 각각 2~3명의 행동공작원을 두는 조직형태로 일시에 많은 공작을 입체적으로 수행할 수 있어 활동 범위가 넓고 조직 구성에 많은 시간이 소요되지 않는다는 장점이 있다. (O│X)

3493 ☐☐☐☐ 19 승진

피라미드형은 간첩이 주공작원 2~3명을 두고 그 밑에 각각 2~3명의 행동공작원을 두는 조직형태로, 일시에 많은 공작을 입체적으로 수행할 수 있어 지하당 구축에 많이 사용된다. (O│X)

3494 ☐☐☐☐ 15 채용

피라미드형은 간첩이 3명 이내의 공작원을 포섭하여 지휘하고 포섭된 공작원 간 횡적연락을 차단하는 형태이다. (O│X)

3495 ☐☐☐☐ 14 간부

태업은 대상국가의 방위력 또는 전쟁수행능력을 직·간접적으로 손상하기 위하여 행하여지는 일체의 행위를 말한다. (O│X)

3496 ☐☐☐☐ 14 간부

동일 지배계급의 일부세력이 집권세력을 폭력으로써 타도하여 정권을 탈취하는 전복의 형태를 정부전복이라고 한다. (O│X)

4 심리전의 기술(선전)

3497 ☐☐☐☐ 14 승진

선전은 특정집단을 자극하여 감정이나 견해 등을 자기측에 유리한 방향으로 유도하기 위한 계획된 심리전의 일종이다. (O│X)

정답과 해설

3491. (X) 단일형은 보안유지 및 신속한 활동이 가능하다는 장점이 있지만, **활동범위가 좁고 공작 성과가 비교적 낮다는 단점**이 있다.
3492. (X) 피라미드형은 일시에 많은 공작을 입체적으로 수행할 수 있고 활동범위가 넓다는 장점이 있지만, 행동의 노출이 쉽고 일망타진 가능성이 높으며 **조직구성에 많은 시간이 소요된다는 단점**이 있다.
3493. (X) **지하당 구축**에 많이 사용되는 것은 피라미드형이 아니라 **삼각형**이다.
3494. (X) 간첩망의 형태 중 **삼각형**에 대한 설명이다. 피라미드형은 간첩 밑에 주공작원 2~3명을 두고 주공작원은 그 밑에 각각 2~3명의 행동공작원을 두는 조직형태이다.
3495. (O)　　3496. (O)　　3497. (O)

3498 ☐☐☐☐ 19 승진

흑색선전은 출처를 위장하여 행하는 선전으로, 선전이라는 선입견을 주지 않고도 효과를 거둘 수 있지만, 적이 이를 감지하고 역선전을 할 경우 대항이 어렵다. (O|X)

3499 ☐☐☐☐ 14 승진

흑색선전은 출처를 위장하고 행하는 선전으로, 적국내에서도 행할 수 있고 특정한 목표에 대해 즉각적이고 집중적인 선전을 할 수 있지만 적이 역선전을 할 경우 대항이 어렵다. (O|X)

3500 ☐☐☐☐ 18 승진

흑색선전은 국가 또는 공인된 기관이 공식보도기관을 통해서 행하며 주제의 선정과 용어의 사용에 있어서 제한을 받는다. (O|X)

3501 ☐☐☐☐ 18 승진

흑색선전은 적 내부에 모순이 있음을 드러내어 조직을 분열·혼란시켜 사기를 저하시킨다. (O|X)

3502 ☐☐☐☐ 14·18 승진

흑색선전은 출처를 밝히지 않고 행하는 선전으로, 선전이라는 선입견을 주지 않고도 효과를 거둘 수 있다. (O|X)

3503 ☐☐☐☐ 18 승진

흑색선전은 적국 내에서도 수행할 수 있고 즉각적이고 집중적인 효과를 얻을 수 있다는 장점이 있다. (O|X)

3504 ☐☐☐☐ 18 승진

흑색선전은 선전의 신뢰도가 가장 높다. (O|X)

3505 ☐☐☐☐ 17 승진

선전의 종류 중 출처를 밝히지 않고 행하는 선전전은 회색선전이다. (O|X)

3506 ☐☐☐☐ 14 승진

회색선전은 출처를 밝히지 않고 행하는 선전으로, 선전이라는 선입관을 주지 않고 효과를 얻을 수 있지만 출처를 은폐하면서 선전의 효과를 거두기가 곤란하다는 단점이 있다. (O|X)

3507 ☐☐☐☐ 14 승진

백색선전은 출처를 공개하고 행하는 선전으로, 주제의 선정과 용어 사용에 제한을 받지만 신뢰도가 높다. (O|X)

정답과 해설

3498. (X) **회색선전(출처위장 → 출처 밝히지 않음)**에 관한 설명이다. 흑색선전이란 출처를 위장하여 행하는 선전으로, 적국 내에서도 수행할 수 있고 즉각적이고 집중적인 효과를 거둘 수 있다는 장점이 있으나 노출의 위험 때문에 지나친 주의가 요구된다.

3499. (X) 적이 **역선전을 할 경우 대항이 어려운 것은 회색선전의 단점**에 해당한다.

3500. (X) **백색선전**에 관한 설명이다.

3501. (O)

3502. (X) **회색선전**에 관한 설명이다. 회색선전이란 출처를 밝히지 않고 행하는 선전으로, 선전이라는 선입관을 주지 않고 효과를 얻을 수 있지만 출처를 은폐하면서 선전의 효과를 거두기가 곤란하다는 단점이 있다.

3503. (O)

3504. (X) **백색선전**에 대한 내용이다.

3505. (O)   3506. (O)   3507. (O)

THEME 02 보안수사

1 국가보안법의 특징 _S급

3508 ☐☐☐☐ 19 승진
고의범만 처벌하며, 일부 범죄를 제외하고 기본적으로 미수·예비·음모를 처벌한다. (O|X)

3509 ☐☐☐☐ 17 승진
이 법의 죄에 관하여 유기징역형을 선고할 때에는 그 형의 장기 이하의 자격정지를 병과 할 수 있다. (O|X)

3510 ☐☐☐☐ 17 간부
국가보안법은 군사기밀보호법과 마찬가지로 과실범 처벌 규정을 두고 있다. (O|X)

3511 ☐☐☐☐ 18 간부
「국가보안법」,「군형법」,「형법」에 규정된 반국가적 범죄로 금고 이상의 형을 선고받고 그 형의 집행을 종료하지 아니한자 또는 그 집행을 종료하거나 집행을 받지 않기로 확정된 후 5년이 경과하지 않은 자가 재차 특정 범죄를 범하였을 때는 최고형으로 사형을 정하고 있다. (O|X)

3512 ☐☐☐☐ 18 승진
이 법의 죄를 범하고 그 보수를 받은 때에는 이를 몰수한다. 다만, 이를 몰수할 수 없을 때에는 그 가액을 추징할 수 있다. (O|X)

3513 ☐☐☐☐ 14 채용, 17·19 승진, 17·18 간부
「국가보안법」의 죄를 범한 후 자수한 때에는 그 형을 감경 또는 면제할 수 있다. (O|X)

정답과 해설

3508. (O) 국가보안법 제3조 이하
3509. (O) 동법 제14조
3510. (X) 「국가보안법」에는 **과실범 처벌 규정이 없다**.
3511. (O) 동법 제13조
3512. (X) 「국가보안법」의 죄를 범하고 그 보수를 받은 때에는 이를 **몰수한다**. 다만, 이를 몰수할 수 없을 때에는 그 가액을 **추징한다**(동법 제15조 제1항).
3513. (X) 「국가보안법」의 죄를 범한 후 자수한 때에는 그 **형을 감경 또는 면제한다**(동법 제16조 제1호).

3514 ☐☐☐☐ 14 채용, 15·22 간부

사법경찰관리로부터 이 법에 정한 죄의 참고인으로 출석을 요구받은 자가 정당한 이유없이 출석요구에 불응한 때에는 관할법원판사의 구속영장을 발부받아 구인할 수 있다. (O | X)

3515 ☐☐☐☐ 18 간부

지방법원판사는 목적수행죄에 대해 사법경찰관이 검사에게 신청하여 검사의 청구가 있는 경우에 수사를 계속함에 상당한 이유가 있다고 인정한 때에는 「형사소송법」제202조의 구속 기간의 연장을 2차에 한하여 허가할 수 있다. (O | X)

3516 ☐☐☐☐ 14·18 승진, 15 간부

검사는 이 법의 죄를 범한 자에 대하여 형법 제51조(양형의 조건)의 사항을 참작하여 공소제기를 보류할 수 있다. (O | X)

3517 ☐☐☐☐ 14 채용, 14·15 승진

공소보류 결정을 받은 자가 공소제기 없이 1년이 경과한 때에는 소추할 수 없다. (O | X)

3518 ☐☐☐☐ 14 승진

공소보류를 받은 자가 법무부장관이 정한 감시·보도에 관한 규칙에 위반한 때에는 공소보류를 취소할 수 있다. (O | X)

3519 ☐☐☐☐ 14·19 승진, 15 간부

검사는 「국가보안법」의 죄를 범한 자에 대하여 공소제기를 보류할 수 있으며 공소보류가 취소된 경우에는 동일한 범죄사실로 재구속 할 수 없다. (O | X)

3520 ☐☐☐☐ 22 간부

이 법은 국가의 안전을 위태롭게 하는 반국가활동을 규제함으로써 국가의 안전과 국민의 생존 및 자유를 확보함을 목적으로 한다. (O | X)

3521 ☐☐☐☐ 18 채용, 22 간부

이 법의 죄를 범한 자를 수사기관 또는 정보기관에 통보하거나 체포한 자에게는 「국가보안유공자 상금지급 등에 관한 규정」이 정하는 바에 따라 상금을 지급한다. (O | X)

정답과 해설

3514. (X) 검사 또는 사법경찰관으로부터 이 법에 정한 죄의 참고인으로 출석을 요구받은 자가 정당한 이유없이 **2회 이상 출석요구에 불응한 때**에는 관할법원판사의 구속영장을 발부받아 구인할 수 있다(국가보안법 제18조 제1항).

3515. (X) 지방법원판사는 목적수행죄에 대해 사법경찰관이 검사에게 신청하여 검사의 청구가 있는 경우에 수사를 계속함에 상당한 이유가 있다고 인정한 때에는 「형사소송법」 제202조의 구속 기간의 연장을 **1차에 한하여** 허가할 수 있다(동법 제19조 제1항).

3516. (O) 동법 제20조 제1항

3517. (X) 공소보류를 받은 자가 공소의 제기없이 **2년**이 경과한 때에는 소추할 수 없다(동법 제20조 제2항).

3518. (O) 동법 제20조 제3항

3519. (X) 검사는 「국가보안법」의 죄를 범한 자에 대하여 공소제기를 보류할 수 있으며, 공소보류가 취소된 경우에는 동일한 범죄사실로 **재구속 할 수 있다**(동법 제20조 제4항).

3520. (O) 동법 제1조 제1항

3521. (O) 동법 제21조 제1항

3522 ☐☐☐☐ 18 채용

반국가단체나 그 구성원 또는 그 지령을 받은 자로부터 금품을 취득하여 수사기관 또는 정보기관에 제공한 자에게는 그 가액의 2분의 1에 상당하는 범위 안에서 보로금을 지급할 수 있다. 반국가단체의 구성원 또는 그 지령을 받은 자가 제공한 때에도 또한 같다. (O|X)

3523 ☐☐☐☐ 18 채용

보로금의 청구 및 지급에 관하여 필요한 사항은 대통령령으로 정한다. (O|X)

3524 ☐☐☐☐ 18 채용

국가보안법에 의한 상금과 보로금의 지급 및 제23조에 의한 보상대상자를 심의·결정하기 위하여 법무부장관 소속하에 국가보안유공자 심사위원회를 둔다. (O|X)

2 국가보안법 내용 _A급

2-1 반국가단체 구성등(§3)

3525 ☐☐☐☐ 17·18 승진, 22·24 간부

이적단체란 정부를 참칭하거나 국가를 변란할 것을 목적으로 한다. (O|X)

3526 ☐☐☐☐ 17 승진

「국가보안법」 제2조에 의한 반국가단체로서의 지휘통솔체제를 갖춘 단체라 함은 2인 이상의 특정 다수인 사이에 단체의 내부질서를 유지하고 그 단체를 주도하기 위하여 일정한 위계 및 분담 등의 체계를 갖춘 결합체를 의미한다. (O|X)

3527 ☐☐☐☐ 24 간부

반국가단체의 구성·가입죄 및 가입권유죄는 미수뿐만 아니라 예비·음모도 처벌한다. (O|X)

정답과 해설

3522. (O) 국가보안법 제22조 제2항
3523. (O) 동법 제22조 제3항
3524. (O) 동법 제24조 제1항
3525. (X) 정부를 참칭하거나 국가를 변란할 것을 목적으로 하는 국내외의 결사 또는 집단으로서 지휘통솔체제를 갖춘 단체를 **반국가단체**라고 한다(국가보안법 제2조 제1항). '**이적단체**'란 반국가단체 등의 활동을 찬양·고무·선전 또는 이에 동조하거나 국가의 변란을 선전·선동하는 행위를 하는 것을 그 목적으로 하여 특정 다수인에 의하여 결성된 계속적이고 독자적인 결합체를 말한다(대판 2007도7257).
3526. (O) 대판 95도1121
3527. (X) **반국가단체의 구성·가입죄**는 미수뿐만 아니라 예비·음모도 처벌한다. 그러나 **반국가단체의 가입권유죄**는 미수범만 처벌하고, 예비·음모는 처벌하지 않는다(동법 제3조).

2-2 목적수행죄(§4)

3528 □□□□ 17 승진, 17 간부
국가보안법 제4조 제1항의 목적수행죄는 반국가단체 구성원이나 그 지령을 받은 자는 주체가 될 수 없다.　O|X

2-3 자진지원죄(§5①)

3529 □□□□ 18 승진, 17 간부
국가보안법 제5조 제1항의 자진지원죄는 반국가단체 구성원이나 그 지령을 받은 자도 주체가 될 수 있지만, 국가보안법 제6조 제2항의 특수잠입탈출죄는 반국가단체 구성원만 주체가 될 수 있다.　O|X

3530 □□□□ 18 승진
제5조 제1항(자진지원)의 경우 행위자에게 반국가단체의 구성원 또는 그 지령을 받은 자를 지원한다는 목적이 있어야 하는 것은 아니다.　O|X

2-4 금품수수죄(§5②)

3531 □□□□ 18 승진
제5조 제2항(금품수수)의 경우 반국가단체의 이익이 된다는 정을 알고 금품을 수수하여야만 성립한다.　O|X

3532 □□□□ 18 승진
제5조 제2항(금품수수)의 경우 반국가단체의 목적수행과 관련이 있어야만 성립한다.　O|X

> **정답과 해설**
>
> 3528. (X) 목적수행죄는 **반국가단체 구성원이나 그 지령을 받은 자가 행위의 주체**이다(동법 제4조 제1항).
> 3529. (X) 자진지원죄는 반국가단체 구성원이나 그 지령을 받은 자는 **주체가 될 수 없고**, 특수잠입탈출죄는 **행위 주체에 아무런 제한이 없다**(동법 제5조 제1항, 제6조 제2항).
> 3530. (X) 제5조 제1항(자진지원)의 경우 행위자에게 반국가단체의 구성원 또는 그 지령을 받은 자를 지원한다는 **목적이 있어야 한다**.
> 3531. (X) 제5조 제2항(금품수수)의 경우 **국가의 존립·안전이나 자유민주적 기본질서를 위태롭게 한다는 정을 알면서** 금품을 수수하여야만 성립한다.
> 3532. (X) 제5조 제2항(금품수수)의 경우 반국가단체의 목적수행과 관련이 **없더라도 성립할 수 있다**.

3533 ☐☐☐☐ 19 승진

「국가보안법」 제5조 제2항의 금품수수죄는 국가의 존립·안전이나 자유민주적 기본질서를 위태롭게 한다는 정을 알면서 반국가 단체의 구성원 또는 그 지령을 받은 자로부터 금품을 수수함으로써 성립하는 죄이며, 반국가단체의 구성원이나 그 지령을 받은 자도 본죄의 주체가 된다. (O|X)

3534 ☐☐☐☐ 17 승진

「국가보안법」 제5조 제2항의 금품수수죄는 반국가단체의 구성원이나 그 지령을 받은 자라는 정을 알면서 또는 국가의 존립, 안전이나 자유민주적 기본질서를 위태롭게 한다는 정을 알면서 반국가단체의 구성원이 그 지령을 받은 자로부터 금품을 수수함에 의하여 성립하는 것으로서, 그 수수가액이나 가치는 물론 그 목적도 가리지 아니하고, 그 금품수수가 대한민국을 해할 의도가 있는 경우에 한하는 것도 아니다. (O|X)

2-5 잠입·탈출죄(§6)

3535 ☐☐☐☐ 19 승진

「국가보안법」 제6조 제2항의 특수 잠입·탈출죄는 국가의 존립·안전이나 자유민주적 기본질서를 위태롭게 한다는 정을 알면서 반국가단체의 지배하에 있는 지역으로부터 잠입하거나 그 지역으로 탈출함으로써 성립하는 죄이며, 주체에는 아무런 제한이 없다. (O|X)

3536 ☐☐☐☐ 24 간부

반국가단체나 그 구성원의 지령을 받거나 받기 위하여 또는 그 목적수행을 협의하거나 협의하기 위하여 잠입하거나 탈출한 자는 10년 이하의 징역에 처한다. (O|X)

2-6 찬양고무죄(§7)

3537 ☐☐☐☐ 19 승진, 18 간부

편의제공죄나 찬양·고무죄 등 형법상 종범의 성격을 가진 행위에 대하여 독립된 범죄로 처벌한다. (O|X)

정답과 해설

3533. (O) 국가보안법 제5조 제2항
3534. (O) 대법원 1995. 9. 26. 95도1624
3535. (X) 특수잠입·탈출죄는 반국가단체나 그 구성원의 **지령을 받거나 받기 위하여 또는 그 목적수행을 협의하거나 협의하기 위하여** 잠입하거나 탈출하는 경우에 성립하는 죄이다(동법 제6조 제2항). 국가의 존립·안전이나 자유민주적 기본질서를 위태롭게 한다는 정을 알면서 반국가단체의 지배하에 있는 지역으로부터 잠입하거나 그 지역으로 탈출하는 경우에는 「국가보안법」 제6조 제1항의 잠입·탈출죄가 성립한다.
3536. (X) 국가의 존립·안전이나 자유민주적 기본질서를 위태롭게 한다는 정을 알면서 반국가단체의 지배하에 있는 지역으로부터 잠입하거나 그 지역으로 탈출한 자(**단순 잠입·탈출죄**)는 10년 이하의 징역에 처한다(동법 제6조 제1항). 반국가단체나 그 구성원의 지령을 받거나 받기 위하여 또는 그 목적수행을 협의하거나 협의하기 위하여 잠입하거나 탈출한 자(**특수 잠입·탈출죄**)는 사형·무기 또는 5년 이상의 징역에 처한다(동법 제6조 제2항). 그러므로 해당 지문은 **특수 잠입·탈출죄에 해당한다**.
3537. (O) 동법 제7조 제1항

2-7 회합·통신죄(§8)

3538 ☐☐☐☐ 19 승진

「국가보안법」제8조 제1항 회합·통신죄에서 '회합·통신 기타의 방법으로 연락'이라고 함은 반국가단체의 구성원 또는 그 지령을 받은 자를 직접 상대방으로 하는 경우는 물론이고 제3자를 이용하여 통신 기타의 방법으로 연락하는 것을 말한다. O│X

2-8 불고지죄(§10) _s급

3539 ☐☐☐☐ 14 채용, 17·19 승진

「국가보안법」제10조의 불고지죄는 반국가단체구성죄, 목적수행죄, 자진지원죄 등의 죄를 범한 자라는 정을 알면서 수사기관 또는 정보기관에 고지하지 아니하는 경우에 성립하는 것으로, 5년 이하의 징역 또는 200만원 이하의 벌금에 처한다. 다만, 본범과 친족관계가 있는 때에는 그 형을 감경 또는 면제한다. O│X

3540 ☐☐☐☐ 17 승진

불고지죄의 대상이 되는 범죄는 반국가단체구성죄(제3조), 목적수행죄(제4조), 자진지원죄(제5조 제1항), 편의제공죄(제9조)가 있다. O│X

3541 ☐☐☐☐ 17 승진

불고지죄의 입법취지는 중요 국가보안법 위반범인에 대한 불가비호성(不可庇護性)에 있다. O│X

2-9 특수직무유기죄(§11)

3542 ☐☐☐☐ 18 승진, 24 간부

범죄수사 또는 정보의 직무에 종사하는 공무원이 이 법의 죄를 범한 자라는 정을 알면서 그 직무를 유기한 때에는 10년 이하의 징역에 처한다. 다만, 본범과 친족관계가 있는 때에는 그 형을 감경 또는 면제한다. O│X

정답과 해설

3538. (O) 국가보안법 제8조 제1항

3539. (O) 「국가보안법」제10조의 불고지죄는 반국가단체구성죄, 목적수행죄, 자진지원죄 등의 죄를 범한 자라는 정을 알면서 수사기관 또는 정보기관에 고지하지 아니하는 경우에 성립하는 것으로, 5년 이하의 징역 또는 200만원(300만원 X) 이하의 벌금에 처한다. 다만, 본범과 친족관계가 있는 때에는 그 형을 감경 또는 면제한다 (동법 제10조).

3540. (X) 불고지죄의 대상이 되는 범죄는 반국가단체구성죄(제3조), 목적수행죄(제4조), 자진지원죄(제5조 제1항)·제3항(자진지원 미수범)·제4항(자진지원 예비·음모)이다(동법 제10조).

3541. (O)

3542. (X) 본범과 친족관계가 있는 때에는 그 형을 감경 또는 면제할 수 있다(감경 또는 면제한다 X)(동법 제11조).

2-10 종합문제

3543 ☐☐☐☐ 14 채용, 19 간부

「국가보안법」상 죄명 중 '행위주체에 제한이 있는 것'은 O, '제한이 없는 것' X로 표기하시오.

- ㉠ 반국가단체구성죄(제3조) (O|X)
- ㉡ 자진지원죄(제5조 제1항) (O|X)
- ㉢ 금품수수죄(제5조 제2항) (O|X)
- ㉣ 잠입·탈출죄(제6조) (O|X)
- ㉤ 목적수행죄(제4조 제1항) (O|X)
- ㉥ 잠입·탈출죄(제6조 제2항) (O|X)
- ㉦ 직권남용 무고·날조죄(제12조 제2항) (O|X)
- ㉧ 이적단체 구성·가입죄(제7조 제3항) (O|X)

3544 ☐☐☐☐ 14 승진

「국가보안법」상 '본범과 친족관계가 있을 때 적용되는 감경, 면제에 대한 규정'이 적용되는 것은 O, 적용되지 않는 것은 X로 표기하시오.

- ㉠ 무고·날조죄 → 필요적 감경 또는 면제 (O|X)
- ㉡ 단순편의제공죄 → 임의적 감경 또는 면제 (O|X)
- ㉢ 불고지죄 → 필요적 감경 또는 면제 (O|X)
- ㉣ 특수직무유기죄 → 임의적 감경 또는 면제 (O|X)

정답과 해설

3543. ㉠ (X) 주체 제한 없음
㉡ (O)
㉢ (X) 주체 제한 없음
㉣ (X) 주체 제한 없음
㉤ (O)
㉥ (X) 주체 제한 없음
㉦ (O)
㉧ (X) 주체 제한 없음

3544. ㉠ (X) 무고·날조죄는 본범과 친족관계가 있을 때 적용되는 감경, 면제에 대한 규정이 없다(동법 제12조).
㉡ (O) 동법 제9조 제2항
㉢ (O) 동법 제10조
㉣ (O) 동법 제11조

THEME 03 보안관찰(보안관찰법) _A급

1 보안관찰의 의의 및 특성

3545 ☐☐☐☐ 15 승진
반국가사범에 대해 재범의 위험성을 예방하고 건전한 사회복귀를 촉진하기 위한 것이다. [O|X]

2 보안관찰 해당범죄

3546 ☐☐☐☐ 15 승진
대상 범죄를 규정하고 있는 법률은 「형법」, 「군형법」, 「국가보안법」 등이 있다. [O|X]

3547 ☐☐☐☐ 19 승진
보안관찰 해당범죄로는 「형법」상 내란목적살인죄, 「군형법」상 일반이적죄, 「국가보안법」상 목적수행죄 등이 있다. [O|X]

3548 ☐☐☐☐ 22 승진, 26 간부
「형법」상 일반이적죄는 「보안관찰법」상 보안관찰해당범죄에 해당된다. [O|X]

3549 ☐☐☐☐ 20 승진
「국가보안법」상 목적수행죄, 자진지원죄, 금품수수죄와 「형법」상 내란목적살인죄, 외환유치죄, 간첩죄, 물건제공이적죄, 모병이적죄, 시설제공이적죄는 보안관찰 해당범죄이다. [O|X]

정답과 해설

3545. (O) 보안관찰법 제1조
3546. (O) 동법 제2조
3547. (O) 동법 제2조
3548. (X) 「형법」상 일반이적죄는 「보안관찰법」상 보안관찰해당범죄에 해당하지 않는다(동법 제2조 참고).
3549. (O) 동법 제2조

3550 ☐☐☐☐ 17 채용, 14·17·18 승진, 14 간부

보안관찰 해당범죄에 해당하면 O, 해당하지 않으면 X로 표기하시오.

㉠ 「형법」상 내란죄 (O│X)
㉡ 내란목적살인죄(형법 제88조) (O│X)
㉢ 「형법」상 시설제공이적죄 (O│X)
㉣ 형법상의 전시군수계약불이행죄(제103조) (O│X)
㉤ 형법상의 모병이적죄(제94조) (O│X)
㉥ 여적죄(형법 제93조) (O│X)
㉦ 외환유치죄(형법 제92조) (O│X)
㉧ 「군형법」상 일반이적죄 (O│X)
㉨ 「군형법」상 단순반란불보고죄 (O│X)
㉩ 「국가보안법」상 금품수수죄 (O│X)
㉪ 「국가보안법」상 목적수행죄 (O│X)
㉫ 「국가보안법」상 잠입탈출죄 (O│X)

3 보안관찰 처분

3551 ☐☐☐☐ 15 승진

반국가사범에 대한 관찰, 지도, 경고 등의 조치를 내용으로 한다. (O│X)

3552 ☐☐☐☐ 15 승진

보안관찰은 자유를 제한하는 대물적 보안처분의 일종이다. (O│X)

3553 ☐☐☐☐ 21 간부

보안관찰처분은 보안처분의 일종으로 본질, 추구하는 목적 및 기능에 있어 형벌과는 다른 독자적 의의를 가진 사회보호적 처분이므로 형벌과 병과하여 선고한다고 해서 일사부재리 원칙에 위반하였다고 할 수 없다. (O│X)

3554 ☐☐☐☐ 15·17·23 채용, 17·19·24 승진, 26 간부

'보안관찰처분대상자'는 보안관찰해당범죄 또는 이와 경합된 범죄로 징역 이상의 형의 선고를 받고 그 형기 합계가 3년 이상인 자로서 형의 전부 또는 일부의 집행을 받은 사실이 있는 자를 말한다. (O│X)

정답과 해설

3550. ㉠ (X) ㉡ (O) ㉢ (O) ㉣ (X) ㉤ (O) ㉥ (O)
㉦ (O) ㉧ (O) ㉨ (X) ㉩ (O) ㉪ (O) ㉫ (O)

3551. (O)

3552. (X) 반국가 사범에 대하여 일정한 요건에 합치하는 경우에 관찰·지도·경고 등의 조치를 취하는 보안관찰은 대상자의 자유를 제한하는 **대인적 보안처분**이다.

3553. (O)

3554. (X) '보안관찰처분대상자'란 보안관찰해당범죄 또는 이와 경합된 범죄로 **금고 이상의** 형의 선고를 받고 그 형기 합계가 3년 이상인 자로서 형의 전부 또는 일부의 집행을 **받은**(면제받은 X) 사실이 있는 자를 말한다(보안관찰법 제3조).

3555 ☐☐☐☐ 23 채용, 19 승진

보안관찰처분 대상자는 보안관찰 해당 범죄 또는 이와 경합된 범죄로 금고 이상 형의 선고를 받고 그 형기 합계가 3년 이상인 자로서 형의 전부 또는 일부의 집행을 받은 사실이 있는 자이며, 보안관찰처분의 기간은 1년이다. (O | X)

3556 ☐☐☐☐ 15 채용, 17·19·24 승진, 21·26 간부

보안관찰처분의 기간은 2년으로 하며 법무부장관은 검사의 청구가 있는 때에는 보안관찰처분심의위원회의 의결을 거쳐 1회에 한해 그 기간을 갱신할 수 있다. (O | X)

4 보안관찰 처분 절차

3557 ☐☐☐☐ 17 채용, 17 승진

보안관찰 처분 대상자는 출소 후 10일 이내에 거주 예정지 관할경찰서장에게 출소사실을 신고하여야 하며, 신고서에는 2명 이상의 신원보증인이 서명·날인해야 하고 신원보증인이 없는 경우에는 그 사유를 명확히 기재해야 한다. (O | X)

3558 ☐☐☐☐ 18 승진

보안관찰처분의 면제결정 신청을 하려는 보안관찰처분 대상자는 처분을 한 검사에게 신청서를 제출해야 한다. (O | X)

3559 ☐☐☐☐ 18 승진

검사는 신청서와 관계서류를 제출받은 때에는 10일 이내에 의견서를 첨부하여 법무부장관에게 송부하여야 한다. (O | X)

3560 ☐☐☐☐ 18 승진

법무부장관은 보안관찰처분대상자의 신청이 있을 때에는 부득이한 사유가 있는 경우를 제외하고는 2월 내에 보안관찰처분 면제여부를 결정하여야 한다. (O | X)

정답과 해설

3555. (X) 보안관찰처분의 기간은 **2년**으로 한다(보안관찰법 제5조 제1항).

3556. (X) 보안관찰처분의 기간은 2년으로 하며 법무부장관은 검사의 청구가 있는 때에는 보안관찰처분심의위원회의 의결을 거쳐 그 기간(**횟수제한 없음**)을 갱신할 수 있다(동법 제5조).

3557. (X) 보안관찰 처분 대상자는 출소 후 **7일 이내**에 거주 예정지 관할경찰서장에게 출소사실을 신고하여야 한다(동법 제6조 제1항 동법 시행령 제9조 제1항).

3558. (X) 보안관찰처분면제결정 신청을 하려는 보안관찰처분대상자는 **관할경찰서장**에게 보안관찰처분면제결정신청서를 제출해야 한다(동법 시행령 제14조 제1항).

3559. (X) 검사는 신청서와 관계서류를 송부받은 때에는 **20일 이내**에 의견서를 첨부하여 법무부장관에게 송부하여야 한다(동법 시행령 제14조 제3항).

3560. (X) 법무부장관은 요건을 갖춘 보안관찰처분대상자의 신청이 있을 때에는 부득이한 사유가 있는 경우를 제외하고는 **3월 내**에 보안관찰처분면제여부를 결정하여야 한다(동법 제11조 제2항).

3561 ☐☐☐☐ 18 승진

검사는 면제결정을 받은 자가 그 면제결정요건에 해당하지 아니하게 된 때에는 관할 지방법원장에게 면제결정 취소를 청구할 수 있다. (O|X)

3562 ☐☐☐☐ 15·23 채용

보안관찰처분을 받은 자는 이 법이 정하는 바에 따라 소정의 사항을 주거지 관할 검사에게 신고하고, 재범방지에 필요한 범위 안에서 그 지시에 따라 보안관찰을 받아야 한다. (O|X)

3563 ☐☐☐☐ 15·23 채용, 24 승진

보안관찰처분청구는 검사가 보안관찰처분청구서를 법무부장관에게 제출함으로써 행한다. (O|X)

3564 ☐☐☐☐ 18 승진

「보안관찰법」상 보안관찰처분 결정절차를 나열하시오. (→ → → →)

㉠ 대상자의 신고	㉡ 보안관찰처분의 청구
㉢ 보안관찰처분 사안의 조사	㉣ 보안관찰처분 사안의 송치
㉤ 보안관찰처분의 결정	

5. 보안관찰처분심의위원회

3565 ☐☐☐☐ 19 간부, 20 경채

보안관찰처분에 관한 사안을 심의·의결하기 위하여 법무부에 보안관찰처분심의위원회(이하 "위원회"라 한다)를 둔다. (O|X)

3566 ☐☐☐☐ 20 승진

「보안관찰법」상 보안관찰처분심의위원회는 위원장 1인(법무부 장관)과 6인의 위원으로 구성되고, 위원은 법무부장관의 제청으로 대통령이 임명 또는 위촉한다. (O|X)

3567 ☐☐☐☐ 19 간부

위원회는 위원장 1인(법무부차관)과 6인의 위원으로 구성되고, 위원은 법무부차관의 제청으로 대통령이 임명 또는 위촉한다. (O|X)

정답과 해설

3561. (X) 면제결정을 받은 자가 그 면제결정요건에 해당하지 아니하게 된 때에는 검사의 청구에 의하여 **법무부장관**은 면제결정을 취소할 수 있다(보안관찰법 제11조 제4항).

3562. (X) 보안관찰처분을 받은 자는 이 법이 정하는 바에 따라 소정의 사항을 주거지 **관할 경찰서장**에게 신고하고, 재범방지에 필요한 범위 안에서 그 지시에 따라 보안관찰을 받아야 한다(동법 제4조 제2항).

3563. (O) 동법 제8조 제1항

3564. ㉠ → ㉢ → ㉣ → ㉡ → ㉤

3565. (O) 동법 제12조 제1항

3566. (X) 「보안관찰법」상 보안관찰처분심의위원회는 **위원장 1인(법무부 차관)**과 6인의 위원으로 구성되고, 위원은 **법무부장관의 제청**으로 대통령이 임명 또는 위촉한다(동법 제12조 제2항·제4항).

3567. (X) 위원은 **법무부장관**의 제청으로 대통령이 임명 또는 위촉한다(동법 제12조 제4항).

3568 ☐☐☐☐ 19 간부

위원회의 심의·의결사항에는 보안관찰처분 또는 그 기각의 결정, 면제 또는 그 취소결정, 보안관찰처분의 취소 또는 기간의 갱신결정이 있다. (O|X)

3569 ☐☐☐☐ 19 간부

위원회의 회의는 위원장을 포함한 재적위원 과반수의 출석으로 개의하고 출석위원 과반수의 찬성으로 의결한다. (O|X)

3570 ☐☐☐☐ 17·19 승진, 21·26 간부

보안관찰처분에 관한 결정은 보안관찰처분심의위원회의 의결을 거쳐 법무부장관이 행하며, 법무부장관은 보안관찰처분심의위원회의 의결과 다른 결정을 할 수 없다. 다만, 보안관찰처분대상자에 대하여 보안관찰처분심의위원회의 의결보다 유리한 결정을 하는 때에는 그러하지 아니하다. (O|X)

3571 ☐☐☐☐ 24 승진

보안관찰처분대상자는 대통령령이 정하는 바에 따라 그 형의 집행을 받고 있는 교도소, 소년교도소, 구치소, 유치장 또는 군교도소에서 출소 전에 거주예정지 기타 대통령령으로 정하는 사항을 교도소등의 장을 경유하여 거주예정지 관할 경찰서장에게 신고하고, 출소 후 7일 이내에 그 거주예정지 관할 경찰서장에게 출소사실을 신고하여야 한다. (O|X)

6 신고사항

3572 ☐☐☐☐ 17 승진

검사는 피보안관찰자가 도주하거나 1월 이상 그 소재가 불명한 때에는 보안관찰처분의 집행중지결정을 할 수 있다. (O|X)

3573 ☐☐☐☐ 17 채용, 17 간부

보안관찰처분결정고지를 받은 날부터 10일 이내에 지구대장·파출소장을 거쳐 관할경찰서장에게 피보안관찰자신고를 하여야 한다. (O|X)

정답과 해설

3568. (O) 보안관찰법 제12조 제9항
3569. (O) 동법 제12조 제10항
3570. (O) 동법 제14조(결정)
3571. (O) 동법 제6조 제1항
3572. (O) 동법 제17조 제3항
3573. (X) 보안관찰처분결정고지를 받은 날부터 **7일 이내**에 지구대장·파출소장을 거쳐 관할경찰서장에게 피보안관찰자신고를 하여야 한다(동법 제18조 제1항).

3574 ☐☐☐☐ 17·20 승진, 17 간부

피보안관찰자는 보안관찰처분 결정고지를 받은 날이 속한 달로부터 매 3월이 되는 달의 말일까지 3월간의 주요 활동사항을 신고한다. (O|X)

3575 ☐☐☐☐ 17 간부

최초 신고사항에 변동이 있을 때에는 10일 이내에 지구대장·파출소장을 거쳐 관할경찰서장에게 변동사항을 신고하여야 한다. (O|X)

3576 ☐☐☐☐ 17 승진

관할경찰서장은 매 2월마다 피보안관찰자의 주요 동태, 신고사항 변동 여부를 검사에게 보고한다. (O|X)

3577 ☐☐☐☐ 17 채용, 19·20·22 승진, 17 간부, 20 경채

피보안관찰자는 주거지를 이전하거나 국외여행 또는 7일 이상 주거를 이탈하여 여행하고자 할 때에는 미리 거주예정지, 여행예정지 등을 지구대·파출소장을 거쳐 관할경찰서장에게 신고하여야 한다. (O|X)

3578 ☐☐☐☐ 19·22 승진, 21 간부

법무부장관의 결정을 받은 자가 그 결정에 이의가 있을 때에는 「행정소송법」이 정하는 바에 따라 그 결정이 집행된 날부터 30일 이내에 서울고등법원에 소를 제기할 수 있다. (O|X)

3579 ☐☐☐☐ 21 경채

보안관찰처분의 기간은 보안관찰처분 결정을 집행하는 날부터 계산하며, 이 경우 초일을 산입한다. (O|X)

3580 ☐☐☐☐ 22 승진

「보안관찰법 시행규칙」에서 규정하는 '사안'에는 보안관찰처분기간갱신청구에 관한 사안도 해당된다. (O|X)

3581 ☐☐☐☐ 17 승진

검사는 기간갱신사안의 조사를 종결한 때에는 보안관찰처분의 기간만료 2월 전까지 법무부장관에게 보안관찰처분 기간갱신을 청구하여야 한다. 다만, 기간갱신 청구의 필요가 없다고 인정하는 경우에는 그 청구를 하지 아니하는 조치를 할 수 있다. (O|X)

정답과 해설

3574. (O) 보안관찰법 제18조 제2항
3575. (X) 최초 신고사항에 변동이 있을 때에는 **7일 이내**에 지구대장·파출소장을 거쳐 관할경찰서장에게 신고하여야 한다(동법 제18조 제3항).
3576. (X) **관할경찰서장은 매 3월마다** 신고된 사항을 포함한 피보안관찰자의 주요 동태를 주거지 관할 검사에게 보고하여야 한다(동법 시행령 제5조 제1항).
3577. (X) 피보안관찰자는 주거지를 이전하거나 국외여행 또는 **10일(7일 X)이상** 주거를 이탈하여 여행하고자 할 때에는 미리 거주예정지, 여행예정지 등을 **지구대·파출소장을 거쳐 관할경찰서장(법무부장관 X)**에게 신고하여야 한다(동법 제18조 제4항).
3578. (X) 법무부장관의 결정을 받은 자가 그 결정에 이의가 있을 때에는 행정소송법이 정하는 바에 따라 그 결정이 집행된 날부터 **60일 이내**에 서울고등법원에 소를 제기할 수 있다(동법 제23조).
3579. (O) 동법 제25조 제1항
3580. (O) 동법 시행규칙 제2조 제1호
3581. (O) 동법 시행규칙 제33조 제3항

THEME 04 남북교류협력(남북교류협력에 관한 법률)_B급

3582 ☐☐☐☐ 19 채용

「남북교류협력에 관한 법률」상 "반출·반입"이란 매매, 교환, 임대차, 사용대차, 증여, 사용 등을 목적으로 하는 남한과 북한 간의 물품 등의 이동을 말하며, 단순히 제3국을 거치는 물품 등의 이동은 포함하지 않는다. (O I X)

3583 ☐☐☐☐ 20 승진

남북교류협력에 관한 법률은 남북 교류 협력을 목적으로 하는 행위에 관하여는 이 법률의 목적 범위에서 다른 법률에 우선하여 이 법을 적용한다. (O I X)

3584 ☐☐☐☐ 19 채용, 17·18 승진

남한의 주민이 북한을 방문하려면 법무부장관의 방문승인을 받아야 하며, 법무부장관이 발급한 증명서(이하 '방문증명서'라 한다)를 소지하여야 한다. (O I X)

3585 ☐☐☐☐ 17·18·19 승진

방문증명서는 한 차례만 사용할 수 있는 방문증명서와 유효기간이 끝날 때까지 여러 차례 사용할 수 있는 방문증명서(이하 '복수방문증명서'라 한다)가 있고, 복수방문증명서의 유효기간은 3년 이내로 하며, 3년의 범위에서 연장할 수 있다. (O I X)

3586 ☐☐☐☐ 19·20 승진

거짓이나 부정한 방법으로 방문승인을 받은 경우 승인을 취소해야 한다. (O I X)

3587 ☐☐☐☐ 17·19·20 승진

외국정부로부터 영주권을 취득하였거나 이에 준하는 장기체류허가를 받은 사람이 외국에서 북한을 왕래할 때에는 외교부장관이나 재외공관의 장에게 신고하여야 한다. (O I X)

정답과 해설

3582. (X) "반출·반입"이란 매매, 교환, 임대차, 사용대차, 증여, 사용 등을 목적으로 하는 남한과 북한 간의 물품등의 이동(**단순히 제3국을 거치는 물품등의 이동을 포함한다**)을 말한다(남북교류협력에 관한 법률 제2조 제3호).

3583. (O) 동법 제3조

3584. (X) 남한의 주민이 북한을 방문하려면 **통일부장관**의 방문승인을 받아야 하며, **통일부장관**이 발급한 증명서(이하 '방문증명서'라 한다)를 소지하여야 한다(동법 제9조 제1항).

3585. (X) 복수방문증명서의 유효기간은 **5년 이내로 하며, 5년의 범위에서 연장**할 수 있다(동법 제9조 제3항).

3586. (O) 동법 제9조 제7항 제1호

3587. (X) 외국정부로부터 영주권을 취득하였거나 이에 준하는 장기체류허가를 받은 사람이 외국에서 북한을 왕래할 때에는 **통일부장관**이나 재외공관의 장에게 신고하여야 한다(동법 제9조 제8항).

3588 ☐☐☐☐ 19 채용, 17·18·19 승진

남한의 주민이 북한의 주민과 회합·통신, 그 밖의 방법으로 접촉하려면 법무부장관에게 미리 신고하여야 한다. 다만, 대통령령으로 정하는 부득이한 사유에 해당하는 경우에는 접촉한 후에 신고할 수 있다. (O|X)

3589 ☐☐☐☐ 18 승진

외국 국적을 보유하지 아니하고 대한민국의 여권을 소지하지 아니한 외국 거주 동포가 남한을 왕래하려면 「여권법」 제14조 제1항에 따른 여행증명서를 소지하여야 한다. (O|X)

3590 ☐☐☐☐ 19 채용

남한과 북한 간의 거래는 국가 간의 거래가 아닌 민족내부의 거래로 본다. (O|X)

3591 ☐☐☐☐ 19·20 승진

남한 주민이 북한을 방문하고자 하는 경우 방문 10일 전까지 통일부장관에게 '방문승인 신청서'를 제출해야 한다. (O|X)

3592 ☐☐☐☐ 19 승진

「남북교류협력에 관한 법률」에 따르면, 방북 시 통일부장관이 발급한 방문증명서를 소지해야 하며, 통일부장관의 방문승인을 받지 아니하고 방북하는 것에 대한 벌칙규정이 있다. (O|X)

3593 ☐☐☐☐ 19 승진

방북 시 통일부장관이 발급한 방문증명서를 소지해야 하며, 방문증명서를 발급받지 않고 방북하면 1년 이하의 징역 또는 1천만원 이하의 벌금에 처한다. (O|X)

3594 ☐☐☐☐ 19 승진

7·4 남북공동성명이 있었고 남북 사이의 화해와 불가침 및 교류협력에 관한 합의서가 체결 및 발효되었다고 하여도 그로 인해 「국가보안법」이 규범력을 상실한 것으로 볼 수는 없다. (O|X)

정답과 해설

3588. (X) 남한의 주민이 북한의 주민과 회합·통신, 그 밖의 방법으로 접촉하려면 **통일부장관**(법무부장관 X)에게 미리 신고하여야 한다. 다만, 대통령령으로 정하는 부득이한 사유에 해당하는 경우에는 접촉한 후에 **신고할 수 있다(승인을 받아야 한다 X)**(남북교류협력에 관한 법률 제9조의2 제1항).

3589. (O) 동법 제10조

3590. (O) 동법 제12조

3591. (X) 남한 주민이 북한을 방문하고자 하는 경우 방문 **7일 전까지** 통일부장관에게 '방문승인 신청서'를 제출해야 한다(동법 시행령 제12조 제1항).

3592. (O) 동법 제27조 제1항 제1호

3593. (X) 통일부장관이 승인을 받지 아니하고 북한을 방문한 자는 **3년 이하의 징역 또는 3천만원 이하의 벌금**에 처한다(동법 제27조 제1항 제1호).

3594. (O) 대법원 1999.12.28. 99도4027

THEME 05 북한이탈주민의 보호(북한이탈주민의 보호 및 정착지원에 관한 법률) _A급

1 용어의 정의

3595 ☐☐☐☐ 15 간부
북한이탈주민 문제는 발생·입국 단계, 보호·관리 단계, 배출·정착 단계로 구분된다. (O│X)

3596 ☐☐☐☐ 18 승진
북한 정부의 해외공민증과 중국정부의 외국인 거류증을 소지한 채 중국에서 거주하는 북한 국적자를 '북한 국적 중국동포(조교)'라고 부른다. (O│X)

3597 ☐☐☐☐ 19·20·25 채용, 15·18·19·21·24 승진, 19·21 간부
"북한이탈주민"이란 북한에 주소, 직계가족, 배우자, 직장 등을 두고 있는 사람으로서 북한을 벗어난 후 외국 국적을 취득한 사람을 말한다. (O│X)

3598 ☐☐☐☐ 24 승진, 18 간부
관리대상자란 이 법에 따라 보호 및 지원을 받는 북한이탈주민을 말한다. (O│X)

3599 ☐☐☐☐ 19·21 승진, 18 간부
"구호물품"이란 「북한이탈주민의 보호 및 정착 지원에 관한 법률」에 따라 보호대상자에게 지급하거나 빌려주는 금전 또는 물품을 말한다. (O│X)

2 주요내용

2-1 기본원칙

3600 ☐☐☐☐ 15 채용, 21 간부
대한민국은 보호대상자를 상호주의에 입각하여 특별히 보호하고 외국에 체류하고 있는 북한이탈주민의 보호 및 지원 등을 위해 외교적 노력을 다하여야 한다. (O│X)

정답과 해설

3595. (O)   3596. (O)
3597. (X) "북한이탈주민"이란 북한에 주소, 직계가족, 배우자, 직장 등을 두고 있는 사람으로서 북한을 벗어난 후 **외국 국적을 취득하지 아니한 사람**을 말한다(북한이탈주민의 보호 및 정착지원에 관한 법률 제2조 제1호).
3598. (X) 북한이탈주민의 보호 및 정착 지원에 관한 법률에 따라 보호 및 지원을 받는 북한이탈주민은 관리대상자가 아니라 **보호대상자**이다(동법 제2조 제2호).
3599. (X) "**보호금품**"이란 이 법에 따라 보호대상자에게 지급하거나 빌려주는 금전 또는 물품을 말한다(동법 제2조 제4호).
3600. (X) 대한민국은 보호대상자를 **인도주의**에 입각하여 특별히 보호한다(동법 제4조 제1항).

3601 ☐☐☐☐ 15 채용

대한민국은 외국에 체류하고 있는 북한이탈주민의 보호 및 지원 등을 위하여 외교적 노력을 다하여야 한다. (O|X)

3602 ☐☐☐☐ 15 채용

보호대상자는 대한민국의 자유민주적 법질서에 적응하여 건강하고 문화적인 생활을 할 수 있도록 노력하여야 한다. (O|X)

3603 ☐☐☐☐ 15 채용

국가정보원장은 북한이탈주민에 대한 보호 및 지원 등을 위하여 북한이탈주민의 실태를 파악하고, 그 결과를 정책에 반영하여야 한다. (O|X)

3604 ☐☐☐☐ 21 간부

국가는 보호대상자의 성공적인 정착을 위하여 보호대상자의 보호·교육·취업·주거·의료 및 생활보호 등의 지원을 지속적으로 추진하고 이에 필요한 재원을 안정적으로 확보하기 위해 노력하여야 한다. (O|X)

2-2 보호기준 등

3605 ☐☐☐☐ 20 채용

이 법에 따른 보호 및 정착지원은 원칙적으로 개인을 단위로 하되, 필요하다고 인정하는 경우에는 대통령령으로 정하는 바에 따라 세대 단위로 할 수 있다. (O|X)

3606 ☐☐☐☐ 20 채용

보호대상자를 정착지원시설에서 보호하는 기간은 1년 이내로 하고, 거주지에서 보호하는 기간은 5년으로 한다. (O|X)

2-3 보호신청

3607 ☐☐☐☐ 19·21 채용

북한이탈주민으로서 「북한이탈주민의 보호 및 정착지원에 관한 법률」에 따른 보호를 받으려는 사람은 재외공관이나 그 밖의 행정기관의 장(각급 군부대의 장은 제외한다)에게 보호를 직접 신청하여야 한다. 다만, 보호를 직접 신청하지 아니할 수 있는 대통령령으로 정하는 사유가 있는 경우에는 그러하지 아니하다. (O|X)

정답과 해설

3601. (O) 북한이탈주민의 보호 및 정착지원에 관한 법률 제4조 제2항
3602. (O) 동법 제4조 제3항
3603. (X) **통일부장관**은 북한이탈주민에 대한 보호 및 지원 등을 위하여 북한이탈주민의 실태를 파악하고, 그 결과를 정책에 반영하여야 한다(동법 제4조 제4항).
3604. (O) 동법 제4조의2(국가의 책무)
3605. (O) 동법 제5조 제2항
3606. (O) 동법 제5조 제3항
3607. (X) 북한이탈주민으로서 이 법에 따른 보호를 받으려는 사람은 재외공관이나 그 밖의 행정기관의 장(**각급 군부대의 장을 포함**한다)에게 보호를 직접 신청하여야 한다(동법 제7조 제1항).

3608 ☐☐☐☐ 21 채용

보호신청을 받은 재외공관장등은 지체 없이 그 사실을 소속 중앙행정기관의 장을 거쳐 통일부장관과 국가정보원장에게 통보하여야 한다. (O|X)

3609 ☐☐☐☐ 21 채용

경찰청장은 보호신청자에 대하여 보호결정 등을 위하여 필요한 조사 및 일시적인 신변안전조치 등 임시보호조치를 한 후 지체 없이 그 결과를 통일부장관과 국가정보원장에게 통보하여야 한다. (O|X)

2-4 보호결정

3610 ☐☐☐☐ 19 채용, 19 간부

통일부장관은 '북한이탈주민 대책협의회'의 심의를 거쳐 북한이탈주민의 보호 여부를 결정한다. 단, 국가안보에 현저한 영향을 끼칠 우려가 있는 자의 경우 국방부장관이 보호 여부를 결정한다. (O|X)

3611 ☐☐☐☐ 21 승진

북한이탈주민으로 보호를 받으려는 사람은 재외공관이나 그 밖의 행정기관의 장에게 보호를 직접 신청해야 하고, 국가정보원장은 '북한이탈주민 대책협의회'의 심의를 거쳐 보호여부를 결정한다. (O|X)

3612 ☐☐☐☐ 25 채용, 15 간부

통일부장관은 북한이탈주민이 국가안전보장에 현저한 영향을 줄 우려가 있는 사람인지 여부에 관하여 일차적 판단을 하여 그 보호여부를 결정하고, 그 결과를 지체 없이 보호신청자와 국가정보원장에게 통보하거나 알려야 한다. (O|X)

> **정답과 해설**
>
> **3608.** (O) 북한이탈주민의 보호 및 정착지원에 관한 법률 제7조 제2항
> **3609.** (X) **국가정보원장**은 보호신청자에 대하여 보호결정 등을 위하여 필요한 조사 및 일시적인 신변안전조치 등 임시보호조치를 한 후 지체 없이 그 결과를 **통일부장관**에게 통보하여야 한다(동법 제7조 제4항).
> **3610.** (X) 통일부장관은 북한이탈주민 대책협의회의 심의를 거쳐 보호 여부를 결정한다. 다만, 국가안전보장에 현저한 영향을 줄 우려가 있는 사람에 대하여는 **국가정보원장**이 그 보호 여부를 결정하고, 그 결과를 지체 없이 통일부장관과 보호신청자에게 통보하거나 알려야 한다(동법 제8조 제1항).
> **3611.** (X) 북한이탈주민으로 보호를 받으려는 사람은 재외공관이나 그 밖의 행정기관의 장에게 보호를 직접 신청해야 하고(동법 제7조 제1항), **통일부장관**은 '북한이탈주민 대책협의회'의 심의를 거쳐 보호여부를 결정한다(동법 제8조 제1항).
> **3612.** (X) 국가안전보장에 현저한 영향을 줄 우려가 있는 사람에 대하여는 **국가정보원장**이 그 보호 여부를 결정하고, 그 결과를 지체 없이 **통일부장관과 보호신청자에게** 통보하거나 알려야 한다(동법 제8조 제1항).

2-5 보호결정의 기준

3613 ☐☐☐☐ 19·20·21·25 채용, 18·21 승진, 15·18·19 간부

「북한이탈주민의 보호 및 정착지원에 관한 법률」상 북한이탈주민으로서 위장탈출 혐의자, 국내 입국 후 6개월이 지나서 보호신청한 사람은 보호 대상자로 결정하여서는 아니 된다. O|X

3614 ☐☐☐☐ 19 승진

통일부장관은 북한이탈주민 대책협의회의 심의를 거쳐 보호여부를 결정할 때, 북한이탈주민으로서 보호신청을 한 사람 중 테러 등 국제형사범죄자는 보호대상자로 결정할 수 없다. O|X

3615 ☐☐☐☐ 19 승진

통일부장관은 북한이탈주민 대책협의회의 심의를 거쳐 보호여부를 결정할 때, 북한이탈주민으로서 보호신청을 한 사람 중 국내 입국 후 3년이 지나서 보호신청한 사람은 보호대상자로 결정하지 아니할 수 있다. O|X

3616 ☐☐☐☐ 19 채용

통일부장관은 북한이탈주민 보호 및 정착지원협의회의 심의를 거쳐 보호대상자의 보호 및 정착지원에 관한 기본계획을 3년마다 수립·시행하여야 한다. O|X

3617 ☐☐☐☐ 20 승진, 19 간부

보호 요청을 한 북한이탈주민 중 보호대상자로 결정하지 아니할 수 있는 경우의 대상자는 O, 아닌 자는 X로 표기하시오.

㉠ 살인 등 중대한 비정치적 범죄자 O|X
㉡ 위장탈출 혐의자 O|X
㉢ 체류국에 10년 이상 생활 근거지를 두고 있는 사람 O|X
㉣ 국내 입국 후 3년이 지나서 보호신청한 사람 O|X

정답과 해설

3613. (X) 북한이탈주민으로서 항공기 납치, 마약거래, 테러, 집단살해 등 국제형사범죄자, 살인 등 중대한 비정치적 범죄자, 위장탈출 혐의자, **국내 입국 후 3년이 지나서 보호신청한 사람**, 그 밖에 보호대상자로 정하는 것이 부적당하다고 대통령령으로 정하는 사람은 보호대상자로 결정하지 **아니할 수 있다**(북한이탈주민의 보호 및 정착지원에 관한 법률 제9조 제1항).

3614. (X) 통일부장관은 북한이탈주민 대책협의회의 심의를 거쳐 보호여부를 결정할 때, 북한이탈주민으로서 보호신청을 한 사람 중 테러 등 국제형사범죄자는 보호대상자로 결정하지 **아니할 수 있다**(동법 제9조 제1항 제1호).

3615. (O) 동법 제9조 제1항 제5호

3616. (O) 동법 제4조의3 제1항

3617. ㉠ (O)
㉡ (O)
㉢ (X) **삭제된 규정**으로 결정하지 아니할 수 있는 대상자에 **해당하지 않는다**(동법 제9조 제1항).
㉣ (O)

2-6 학력인정 및 자격인정 등

3618 ☐☐☐☐ 15 간부
보호대상자는 북한이나 외국에서 이수한 학교 교육의 과정에 상응하는 학력을 인정받을 수 있다. (O|X)

3619 ☐☐☐☐ 15 승진
보호대상자는 일정한 경우 북한 또는 외국에서 취득한 자격에 상응하는 자격 또는 학력의 인정을 받을 수 있다. (O|X)

3620 ☐☐☐☐ 15 승진
통일부장관은 직업훈련을 희망하는 보호대상자에 대하여 직업훈련을 실시할 수 있다. (O|X)

2-7 특별임용

3621 ☐☐☐☐ 19 채용, 15·19 승진
북한의 공무원이었던 자로서 대한민국 공무원에 임용되기를 희망하는 대상자에게는 북한을 벗어나기 전의 직위, 담당직무, 경력 등을 고려하여 국가공무원 또는 지방공무원으로 특별임용할 수 있으나, 북한의 군인이었던 자에 대해서는 특별임용을 할 수 없다. (O|X)

2-8 거주지에서의 신변보호

3622 ☐☐☐☐ 24 승진
통일부장관은 보호대상자가 정착지원시설로부터 그의 거주지로 전입한 후 정착하여 스스로 생활하는 데 장애가 되는 사항을 해결하거나 그 밖에 자립·정착에 필요한 보호를 할 수 있다. (O|X)

3623 ☐☐☐☐ 19·25 채용, 24 승진, 19·21 간부
통일부장관은 보호대상자가 거주지로 전입한 후 그의 신변안전을 위하여 국방부장관이나 경찰청장에게 협조를 요청할 수 있으며, 협조요청을 받은 국방부장관이나 경찰청장은 이에 협조한다. (O|X)

정답과 해설

3618. (O) 북한이탈주민의 보호 및 정착지원에 관한 법률 제13조
3619. (O) 동법 제14조 제1항
3620. (O) 동법 제16조 제1항
3621. (X) 북한의 공무원이었던 자로서 대한민국 공무원에 임용되기를 희망하는 대상자에게는 북한을 벗어나기 전의 직위, 담당직무, 경력 등을 고려하여 국가공무원 또는 지방공무원으로 특별임용할 수 있으며, **북한의 군인이었던 자**에 대해서도 국군으로 **특별임용을 할 수 있다**(동법 제18조 제1항·제2항).
3622. (O) 동법 제22조 제1항
3623. (O) 동법 제22조의2 제1항(거주지에서의 신변보호)

3624 ☐☐☐☐ 18·19 승진

신변보호 협조 요청을 받은 국방부장관이나 경찰청장은 거주지에서의 신변보호를 하는 경우 보호대상자의 인권을 보호하기 위해 노력해야 한다. (O|X)

3625 ☐☐☐☐ 18 승진

국가정보원장은 법 제10조제1항 단서에 따른 정착지원시설에서 보호를 받는 보호대상자가 그 정착지원시설로부터 그의 거주지로 전입하려는 경우 그 사실을 통일부장관에게 알려야 한다. (O|X)

2-9 주거지원 등

3626 ☐☐☐☐ 19 승진

취업 알선을 받으려는 보호대상자는 취업신청서를 통일부장관에게 제출하여야 한다. (O|X)

3627 ☐☐☐☐ 19 승진

보호대상자의 연령·세대구성 등을 고려하여 예산의 범위에서 전용면적 85제곱미터 이하의 주택을 무상으로 제공하거나 임대에 필요한 지원을 할 수 있다. (O|X)

정답과 해설

3624. (O) 북한이탈주민의 보호 및 정착지원에 관한 법률 시행령 제42조 제1항
3625. (O) 동법 시행령 제42조 제2항
3626. (O) 동법 시행령 제35조 제1항
3627. (O) 동법 시행령 제38조 제1항

CHAPTER 07

외사경찰

다문화 사회 _B급

3628 ☐☐☐☐ 20 채용, 19 승진, 16 간부

자유주의적 다문화주의는 사회통합을 이룩하기 위해 국가 내부의 문화적 다양성을 허용하고, 소수 인종집단 고유의 문화와 가치를 인정하지만, 시민생활이나 공적 생활에서는 주류사회의 문화, 언어, 사회습관에 따를 것을 요구한다. (O|X)

3629 ☐☐☐☐ 18 승진

동화주의란 차별을 금지하고 사회참여를 위해 기회평등을 보장하며 다수민족과 소수민족간의 차별구조와 불평등 구조를 적극적으로 해체하나, 다문화주의를 정치적 자결권부여로 해석하지 않는다. 이러한 입장은 다문화주의를 소수인종과 문화적 소수자에 대한 기회평등이라는 측면에서 다문화정책을 접근한다. (O|X)

3630 ☐☐☐☐ 19 승진, 16 간부

급진적 다문화주의는 '차이에 대한 권리'로 해석되며, 소수자의 문화적 권리(cultural rights)와 결부되어 이해된다. (O|X)

3631 ☐☐☐☐ 20 채용, 19 승진, 16 간부

다원주의는 소수집단이 자결(self-determination)의 원칙을 내세워 문화적 공존을 넘어서는 소수민족 집단만의 공동체 건설을 지향한다. 미국에서의 흑인과 원주민에 의한 격리주의 운동이 대표적이다. (O|X)

3632 ☐☐☐☐ 19 승진, 16 간부

조합주의적 다문화주의는 자유주의적 다문화주의와 급진적 다문화주의의 절충적 형태로서 다문화주의를 기회에 있어서 평등이라는 측면에서 접근한다. (O|X)

3633 ☐☐☐☐ 20 채용

자유주의적 다문화주의는 다문화주의를 결과에 있어서의 평등보장이라는 측면에서 접근하는 것으로, 문화적 소수자가 현실적으로 문화적 다수자와의 경쟁에서 불리한 위치에 있다는 것을 전제로 소수집단의 사회참가를 촉진하기 위해 적극적인 법적·재정적 원조를 한다. (O|X)

정답과 해설

3628. (O)   3629. (O)   3630. (O)
3631. (X) 지문 내용은 다원주의가 아니라 **급진적 다문화주의**에 관한 설명이다.
3632. (X) 조합주의적 다문화주의는 자유주의적 다문화주의와 급진적 다문화주의의 절충적 형태로서 다문화주의를 **결과에 있어 평등** 보장이라는 측면에서 접근하는 것이다.
3633. (X) **조합주의적 다문화주의**에 관한 내용이다.

THEME 02 국적법 _B급

3634 ☐☐☐☐ 15·19 채용, 14·17 승진

일반귀화의 요건에 해당하는 것은 O, 해당하지 않는 것은 X로 표기하시오.

㉠ 3년 이상 계속하여 대한민국에 주소가 있을 것 (O|X)
㉡ 대한민국의 「민법」상 성년일 것 (O|X)
㉢ 자신의 자산이나 기능에 의하거나 생계를 같이 하는 가족에 의존하여 생계를 유지할 능력이 있을 것 (O|X)
㉣ 법령을 준수하는 등 대통령령으로 정하는 품행 단정의 요건을 갖출 것 (O|X)
㉤ 귀화를 허가하는 것이 국가안전보장·질서유지 또는 공공복리를 해치지 아니한다고 외교부장관이 인정할 것 (O|X)
㉥ 대한민국에서 영주할 수 있는 체류자격을 가지고 있을 것 (O|X)

3635 ☐☐☐☐ 17·19 승진

만 20세가 되기 전에 복수국적자가 된 자는 만 22세가 되기 전까지, 만 20세가 된 후에 복수국적자가 된 자는 그때부터 2년 내에 하나의 국적을 선택하여야 한다. (O|X)

정답과 해설

3634. ㉠ (X) **5년 이상** 계속하여 대한민국에 주소가 있어야 한다(국적법 제5조 제1호).
㉡ (O)
㉢ (O)
㉣ (X) "법령을 준수하는 등 **법무부령**으로 정하는 품행 단정의 요건을 갖출 것"이라고 해야 옳다(동법 제5조 제3호).
㉤ (X) 귀화를 허가하는 것이 국가안전보장·질서유지 또는 공공복리를 해치지 아니한다고 **법무부장관**이 인정할 것(동법 제5조 제6호).
㉥ (O)

3635. (O) 동법 제12조 제1항

3636 ☐☐☐☐ 17·19 승진

대한민국 국적을 취득한 외국인으로서 외국국적을 가지고 있는 자는 대한민국 국적을 취득한 날부터 1년 내에 그 외국 국적을 포기하여야 한다. (O I X)

3637 ☐☐☐☐ 19 승진

출생당시에 모가 자녀에게 외국 국적을 취득하게 할 목적으로 외국에서 체류 중이었던 사실이 인정되는 자는 외국 국적을 포기한 경우에만 대한민국 국적을 선택한다는 뜻을 신고할 수 있다. (O I X)

3638 ☐☐☐☐ 17·19 승진

배우자가 대한민국의 국민인 외국인으로서 그 배우자와 혼인한 후 2년이 지나고, 혼인한 상태로 대한민국에 1년 이상 계속하여 주소가 있는 자는 간이귀화허가를 받을 수 있다. (O I X)

정답과 해설

3636. (O) 국적법 제10조 제1항
3637. (O) 동법 제13조 제3항
3638. (X) 배우자가 대한민국의 국민인 외국인으로서 그 배우자와 혼인한 후 **3년이 지나고**, 혼인한 상태로 대한민국에 1년 이상 계속하여 주소가 있는 자는 간이귀화허가를 받을 수 있다(동법 제6조 제2항 제2호).

THEME 03 외국인의 입국과 출국(출입국관리법) _A급

1 외국인의 입국

3639 ☐☐☐☐ 21 채용
외국인이 입국할 때에는 유효한 여권과 외교부장관이 발급한 사증을 가지고 있어야 한다. (O|X)

3640 ☐☐☐☐ 20 승진, 15 간부
외교부장관이 대한민국의 이익 등을 위하여 입국이 필요하다고 인정하는 외국인은 사증없이 입국할 수 있다. (O|X)

3641 ☐☐☐☐ 15 간부

무사증 입국사유로 입국할 수 있는 외국인은 O, 입국할 수 없는 외국인은 X로 표시하시오.

㉠ 재입국허가를 받은 자 또는 재입국허가가 면제된 자로서 그 허가 또는 면제받은 기간이 끝나기 전에 입국하는 자 (O|X)

㉡ 대한민국과 사증면제협정을 체결한 국가의 국민으로서 그 협정에 의하여 면제대상이 되는 자 (O|X)

㉢ 난민여행증명서를 발급받고 출국하여 그 유효기간이 끝나기 전에 입국하는 자 (O|X)

3642 ☐☐☐☐ 14 채용, 17 승진
외교부장관은 사증발급에 관한 권한을 대통령령으로 정하는 바에 따라 재외공관의 장에게 위임할 수 있다. (O|X)

3643 ☐☐☐☐ 20 승진
법무부장관은 입국심사에 필요한 경우에는 관계 행정기관이 보유하고 있는 외국인의 생체정보의 제출을 요청할 수 있다. (O|X)

정답과 해설

3639. (X) 외국인이 입국할 때에는 유효한 여권과 **법무부장관**이 발급한 사증(査證)을 가지고 있어야 한다(출입국관리법 제7조 제1항).

3640. (X) **법무부장관**이 대한민국의 이익 등을 위하여 입국이 필요하다고 인정하는 사람이 사증 없이 입국할 수 있다(출입국관리법 시행령 제8조 제1항 제3호).

3641. ㉠ (O) 출입국관리법 제7조 제2항 제1호
㉡ (O) 출입국관리법 제7조 제2항 제2호
㉢ (O) 출입국관리법 제7조 제2항 제4호

3642. (X) **법무부장관**은 사증발급에 관한 권한을 대통령령으로 정하는 바에 따라 재외공관의 장에게 위임할 수 있다(출입국관리법 제8조 제2항).

3643. (O) 동법 제12조의2 제3항

2. 외국인의 입국금지 사유(출입국관리법 §11①)

3644 ☐☐☐☐ 17 채용, 17 승진, 23 간부, 21 경채

출입국관리법상 외국인의 입국금지 사유 해당되는 것은 O, 해당하지 않는 것은 X로 표기하시오.

㉠ 감염병환자, 마약류중독자, 그 밖에 공중위생상 위해를 끼칠 염려가 있다고 인정되는 사람 [O|X]

㉡ 강제퇴거명령을 받고 출국한 후 5년이 지난 사람 [O|X]

㉢ 사리 분별력이 없고 국내에서 체류활동을 보조할 사람이 없는 정신장애인, 국내체류비용을 부담할 능력이 없는 사람, 그 밖에 구호(救護)가 필요한 사람 [O|X]

㉣ 경제질서 또는 사회질서를 해치거나 선량한 풍속을 해치는 행동을 할 염려가 있다고 인정할 만한 상당한 이유가 있는 사람 [O|X]

㉤ 「총포·도검·화약류 등의 안전관리에 관한 법률」에서 정하는 총포·도검·화약류 등을 위법하게 가지고 입국하려는 사람 [O|X]

㉥ 대한민국의 이익이나 공공의 안전을 해치는 행동을 할 염려가 있다고 인정할 만한 상당한 이유가 있는 사람 [O|X]

3. 외국인의 상륙 종류와 기간(출입국관리법 §14~16의2)

3645 ☐☐☐☐ 19 승진, 14·19 간부

긴급상륙은 조난을 당한 선박 등에 타고 있는 외국인을 긴급히 구조할 필요가 있다고 인정될 때에 상륙하는 것으로 30일 범위 내에서 허가할 수 있다. [O|X]

3646 ☐☐☐☐ 19 간부

관광상륙 – 외국인승무원이 승선 중인 선박 등이 대한민국의 출입국항에 정박하고 있는 동안 휴양 등의 목적으로 상륙 하려할 때 [O|X]

3647 ☐☐☐☐ 19 간부

재난상륙 – 선박 등에 타고 있는 외국인(승무원을 포함한다)이 질병이나 그 밖의 사고로 긴급히 상륙할 필요가 있다고 인정될 때 [O|X]

정답과 해설

3644. ㉠ (O)
㉡ (X) '강제퇴거명령을 받고 출국한 후 5년이 **지나지 아니한 사람**'이라고 해야 옳다(출입국관리법 제11조 제1항 제6호).
㉢ (O)   ㉣ (O)   ㉤ (O)   ㉥ (O)
3645. (X) **재난상륙**에 대한 설명이다(출입국관리법 제16조 제1항).
3646. (X) **승무원상륙**에 대한 설명이다.
3647. (X) **긴급상륙**에 대한 설명이다.

3648 ☐☐☐☐ 14 채용

지방출입국·외국인관서의 장은 조난을 당한 선박 등에 타고 있는 외국인(승무원을 포함한다)을 긴급히 구조할 필요가 있다고 인정하면 그 선박 등의 장, 운수업자, 「수상에서의 수색·구조 등에 관한 법률」에 따른 구호업무 집행자 또는 그 외국인을 구조한 선박 등의 장의 신청에 의하여 90일의 범위에서 재난상륙허가를 할 수 있다. (O|X)

3649 ☐☐☐☐ 19 간부

난민임시상륙 – 선박 등에 타고 있는 외국인이 「난민법」 제2조 제1호에 규정된 이유나 그 밖에 이에 준하는 이유로 그 생명·신체 또는 신체의 자유를 침해받을 공포가 있는 영역에서 도피하여 곧바로 대한민국에 비호를 신청한 경우 그 외국인을 상륙시킬 만한 상당한 이유가 있다고 인정될 때 (O|X)

3650 ☐☐☐☐ 19 승진, 14 간부, 21 경채

난민임시상륙은 외국인을 상륙시킬만한 상당한 이유가 있다고 인정되면 외교부장관의 승인을 받아 허가할 수 있으며, 이 경우 외교부장관은 법무부장관과 협의해야 한다. (O|X)

3651 ☐☐☐☐ 19 승진, 14 간부

난민임시상륙은 선박 등에 타고 있던 외국인이 생명·신체 또는 신체의 자유를 침해받을 공포가 있는 영역에서 도피하여 곧바로 대한민국에 비호를 신청하는 경우 90일의 범위 내에서 허가할 수 있다. (O|X)

3652 ☐☐☐☐ 20 승진

재난상륙·긴급상륙·승무원상륙 허가기간은 각각 30일 이내이며, 난민임시상륙 허가기간은 90일 이내이다. (O|X)

3653 ☐☐☐☐ 19 승진, 14 간부

승무원상륙은 외국인승무원이 입항할 예정이거나 정박 중인 선박 등으로 옮겨 타거나 휴양 등의 목적으로 상륙하는 것으로 10일 범위 내에서 허가할 수 있다. (O|X)

정답과 해설

3648. (X) 지방출입국·외국인관서의 장은 조난을 당한 선박 등에 타고 있는 외국인(승무원을 포함한다)을 긴급히 구조할 필요가 있다고 인정하면 그 선박 등의 장, 운수업자, 「수상에서의 수색·구조 등에 관한 법률」에 따른 구호업무 집행자 또는 그 외국인을 구조한 선박 등의 장의 신청에 의하여 **30일의 범위**에서 재난상륙허가를 할 수 있다(출입국관리법 제16조 제1항).

3649. (O)

3650. (X) 난민임시상륙은 외국인을 상륙시킬만한 상당한 이유가 있다고 인정되면 **법무부장관**의 승인을 받아 허가할 수 있으며, 이 경우 **법무부장관**은 **외교부장관**과 협의해야 한다(동법 제16조의2 제1항).

3651. (O) 동법 제16조의2 제1항

3652. (X) 재난상륙·긴급상륙 허가기간은 각각 30일 이내이며, **승무원상륙** 허가기간은 **15일 이내**이다(동법 제14조부터 제16조의2).

3653. (X) 승무원상륙은 외국인승무원이 입항할 예정이거나 정박 중인 선박 등으로 옮겨 타거나 휴양 등의 목적으로 상륙하는 것으로 **15일 범위 내**에서 허가할 수 있다(동법 제14조 제1항).

3654 ☐☐☐☐ 17 승진

「출입국관리법」에 규정된 외국인의 상륙 허가기간 중 최대한 머물 수 있는 기간이 가장 짧은 경우는? (단, 기간연장은 없음) (   )

① 조난을 당한 선박 등에 타고 있는 외국인(승무원을 포함한다)을 긴급히 구조할 필요가 있다고 인정될 때
② 관광을 목적으로 대한민국과 외국 해상을 국제적으로 순회하여 운항하는 여객운송선박 중 법무부령으로 정하는 선박에 승선한 외국인승객에 대하여 그 선박의 장 또는 운수업자가 상륙허가를 신청한 때 (다만, 입국이 금지된 외국인승객에 대하여는 그러하지 아니하다)
③ 선박 등에 타고 있는 외국인(승무원을 포함한다)이 질병이나 그 밖의 사고로 긴급히 구조할 필요가 있다고 인정될 때
④ 외국인승무원이 대한민국의 출입국항에 입항할 예정이거나 정박 중인 선박 등으로 옮겨 타려고 할 때 (다만, 입국이 금지된 외국인승무원에 대하여는 그러하지 아니하다)

4 외국인의 출국정지(출입국관리법)

3655 ☐☐☐☐ 14 채용, 17 승진

형사재판에 계속 중이거나 금고 이상의 형의 선고를 받고 석방된 자는 출국을 정지할 수 있다. [O|X]

5 내국인의 출국금지(출입국관리법)

3656 ☐☐☐☐ 17 채용, 19·20 승진, 17 간부

법무부장관은 형사재판에 계속 중인 사람, 징역형이나 금고형의 집행이 끝나지 아니한 사람, 대통령령으로 정하는 금액 이상의 벌금이나 추징금을 내지 아니한 사람에 대해서는 6개월 이내의 기간을 정하여 출국을 금지할 수 있다. [O|X]

3657 ☐☐☐☐ 17 채용, 17·19 승진, 17 간부

징역형이나 금고형의 집행이 끝나지 아니한 사람은 3개월 이내 기간 동안 출국을 금지할 수 있다. (단, 기간연장은 없음) [O|X]

정답과 해설

3654. ② 3일의 범위에서 허가할 수 있으므로 머물수 있는 기간이 가장 짧다(출입국관리법 제14조2 제1항).
3655. (X) 형사재판에 계속 중인 사람이나 **징역형이나 금고형의 집행이 끝나지 아니한 사람**은 출국을 정지할 수 있다 (동법 제29조, 제4조). **금고 이상의 형을 선고받고 석방된 사람은 강제퇴거의 대상**이다(동법 제46조 제1항 제13호).
3656. (O) 동법 제4조 제1항
3657. (X) 징역형이나 금고형의 집행이 끝나지 아니한 사람은 **6개월 이내**의 기간 동안 출국을 금지할 수 있다(동법 제4조 제1항 제2호).

3658 ☐☐☐☐ 17·21 채용, 17·19 승진, 17 간부

법무부 장관은 소재를 알 수 없어 기소중지 또는 수사중지(피의자중지로 한정한다) 된 사람 또는 도주 등 특별한 사유가 있어 수사 진행이 어려운 사람에 대하여는 6개월 이내의 기간 동안 출국을 금지할 수 있다. (단, 출국금지기간의 연장은 고려하지 않음) ⓞⓧ

3659 ☐☐☐☐ 17·19·25 승진, 17 간부

기소중지 또는 수사중지(피의자중지로 한정한다)된 경우로서 체포영장 또는 구속영장이 발부된 사람은 2개월 이내 출국을 금지하여야 한다. (단, 기간 연장은 없음) ⓞⓧ

3660 ☐☐☐☐ 19 승진

대통령령으로 정하는 금액 이상의 벌금이나 추징금을 내지 아니한 사람은 6개월 이내 기간 동안 출국을 금지할 수 있다. (단, 기간 연장은 없음) ⓞⓧ

3661 ☐☐☐☐ 23 승진

대통령령으로 정하는 금액 이상의 국세·관세 또는 지방세를 정당한 사유 없이 그 납부기한까지 내지 아니한 사람은 강제퇴거 대상자에 해당한다. ⓞⓧ

3662 ☐☐☐☐ 17·25 채용, 17 승진

법무부장관은 범죄 수사를 위하여 출국이 적당하지 아니하다고 인정되는 사람은 원칙적으로 3개월 이내의 기간을 정하여 출국을 금지할 수 있다. (단, 출국금지기간의 연장은 고려하지 않음) ⓞⓧ

3663 ☐☐☐☐ 25 승진

출국금지를 요청한 기관의 장은 출국금지기간을 초과하여 계속 출국을 금지할 필요가 있을 때에는 출국금지기간이 끝나기 3일 전까지 법무부장관에게 출국금지기간을 연장하여 줄 것을 요청하여야 한다. ⓞⓧ

3664 ☐☐☐☐ 25 승진

법무부장관은 출국금지 사유가 없어졌거나 출국을 금지할 필요가 없다고 인정할 때에는 즉시 출국금지를 해제하여야 한다. ⓞⓧ

정답과 해설

3658. (X) 소재를 알 수 없어 기소중지 또는 수사중지(피의자중지로 한정한다) 된 사람 또는 도주 등 특별한 사유가 있어 수사진행이 어려운 사람은 **3개월 이내**의 기간 동안 출국을 금지할 수 있다(출입국관리법 제4조 제2항 제1호).

3659. (X) 기소중지 또는 수사중지(피의자중지로 한정한다)된 경우로서 체포영장 또는 구속영장이 발부된 사람은 **영장 유효기간 이내**의 기간 동안 출국을 **금지할 수 있다**(동법 제4조 제2항 제2호).

3660. (O) 동법 제4조 제1항 제3호

3661. (X) 대통령령으로 정하는 금액 이상의 국세·관세 또는 지방세를 정당한 사유 없이 그 납부기한까지 내지 아니한 사람은 **내국인의 출국금지(강제퇴거 대상자 X)**에 해당한다(동법 제4조 제1항 제4호).

3662. (X) 법무부장관은 범죄 수사를 위하여 출국이 적당하지 아니하다고 인정되는 사람에 대하여는 원칙적으로 **1개월 이내**의 기간을 정하여 출국을 금지할 수 있다(동법 제4조 제2항).

3663. (O) 동법 제4조의2 제2항

3664. (O) 동법 제4조의3 제1항

3665 ☐☐☐☐ 18 승진, 21 간부

「출입국관리법」상 수사기관은 긴급출국금지를 요청한 때로부터 6시간 이내에 법무부장관에게 긴급출국금지 승인을 요청하여야 한다. (O|X)

3666 ☐☐☐☐ 21 채용, 18 승진, 23 간부

수사기관이 「출입국관리법」 제4조의6 제3항에 따른 긴급출국금지 승인을 요청한 때로부터 24시간 이내에 법무부장관으로부터 긴급출국금지 승인을 받지 못한 경우, 법무부장관은 출입국관리법 제4조의6 제1항의 수사기관 요청에 따른 출국금지를 해제하여야 한다. (O|X)

3667 ☐☐☐☐ 21 채용

출국이 금지(「출입국관리법」 제4조 제1항 또는 제2항)되거나 출국금지기간이 연장(「출입국관리법」 제4조의2 제1항)된 사람은 출국금지결정이나 출국금지기간 연장의 통지를 받은 날 또는 그 사실을 안 날부터 15일 이내에 법무부장관에게 출국금지결정이나 출국금지기간 연장결정에 대한 이의를 신청할 수 있다. (O|X)

정답과 해설

3665. (O) 출입국관리법 제4조의6 제3항(긴급출국금지)

3666. (X) 법무부장관은 수사기관이 제3항에 따른 긴급출국금지 승인 요청을 하지 아니한 때에는 제1항의 수사기관 요청에 따른 출국금지를 해제하여야 한다. 수사기관이 긴급출국금지 승인을 요청한 때로부터 **12시간 이내 (24시간 이내 X)**에 법무부장관으로부터 긴급출국금지 승인을 받지 못한 경우에도 또한 같다(동법 제4조의6 제4항).

3667. (X) 출국이 금지(「출입국관리법」 제4조 제1항 또는 제2항)되거나 출국금지기간이 연장(「출입국관리법」 제4조의2 제1항)된 사람은 출국금지결정이나 출국금지기간 연장의 통지를 받은 날 또는 그 사실을 안 날부터 **10일 이내**에 법무부장관에게 출국금지결정이나 출국금지기간 연장결정에 대한 이의를 신청할 수 있다(동법 제4조의5 제1항).

THEME 04 여권(여권법) _B급

1 주요내용

3668 ☐☐☐☐ 19 승진
여권은 정부가 자국국민의 출국을 증명하는 문서로 이를 대신할 수 있는 서류로는 여행증명서, 국제연합통행증, 사증(VISA)이 있다. (O|X)

3669 ☐☐☐☐ 17·19 승진
외교부장관이 여권 대신 발급하는 여행증명서의 유효기간은 2년 이내로 하되, 그 여행증명서의 발급 목적을 이루면 그 효력을 잃는다. (O|X)

3670 ☐☐☐☐ 19 승진
여권이 발급된 날부터 3개월이 지날 때까지 신청인이 그 여권을 받아가지 아니한 때에는 그 효력을 잃는다. (O|X)

3671 ☐☐☐☐ 17·19 승진
「여권법」상 일반여권의 유효 기간은 10년으로 하고, 「여권법 시행령」상 18세 미만인 사람에게는 5년을 유효 기간으로 하는 일반여권을 발급할 수 있다. (O|X)

3672 ☐☐☐☐ 17 승진
관용여권의 유효 기간은 3년으로 한다. (O|X)

3673 ☐☐☐☐ 17 승진
외교관여권의 유효 기간은 5년으로 하고, 특별사절 및 정부대표와 이들이 단장이 되는 대표단의 단원에게는 3년을 유효 기간으로 하는 외교관여권을 발급할 수 있다. (O|X)

정답과 해설

3668. (X) 여권은 정부가 자국국민의 출국을 증명하는 문서로 이를 대신할 수 있는 서류로는 여행증명서, 국제연합통행증, **난민여행증명서**가 있다.
3669. (X) 여행증명서의 유효기간은 **1년 이내**로 하되, 그 여행증명서의 발급 목적을 이루면 그 효력을 잃는다(여권법 제14조 제2항).
3670. (X) 여권이 발급된 날부터 **6개월이 지날 때까지** 신청인이 그 여권을 받아가지 아니한 때에는 그 효력을 잃는다(동법 제13조 제1항 제2호).
3671. (O) 동법 제5조 제1항 제1호, 동법 시행령 제6조 제1항·제2항
3672. (X) 관용여권의 유효 기간은 **5년** 이내로 한다(동법 제5조 제1항 제2호).
3673. (X) 외교관여권의 유효 기간은 5년으로 하고, 특별사절 및 정부대표와 이들이 단장이 되는 대표단의 단원에게는 외교업무 수행기간에 따라 **1년 또는 2년**을 유효 기간으로 하는 외교관여권을 발급할 수 있다(동법 시행령 제12조 제1항).

3674 ☐☐☐☐ 18 승진

「여권법」상 여권발급 등의 거부·제한 사유에 해당하면 O, 해당하지 않으면 X로 표기하시오.

㉠ 장기 2년 이상의 형에 해당하는 죄로 인하여 기소되어 있는 사람 (O I X)

㉡ 「여권법」 제24조부터 제26조까지에 규정된 죄를 범하여 금고 이상의 형을 선고받고 그 집행이 종료되지 아니하거나 그 집행을 받지 아니하기로 확정되지 아니한 사람 (O I X)

㉢ 장기 5년 이상의 형에 해당하는 죄로 인하여 기소중지 또는 수사중지(피의자 중지로 한정한다)되어 국외에 있는 사람 (O I X)

㉣ 국외에서 대한민국의 안전보장·질서유지나 통일·외교정책에 중대한 침해를 야기할 우려가 있는 경우로서 출국할 경우 테러 등으로 생명이나 신체의 안전이 침해될 위험이 큰 사람 (O I X)

3675 ☐☐☐☐ 17 승진, 23 간부

18세 미만의 외국인을 제외한 대한민국에 체류하는 외국인은 여권, 선원신분증명서, 외국인입국허가서, 외국인등록증, 모바일외국인등록증 또는 상륙허가서를 지니고 있어야 한다. (O I X)

3676 ☐☐☐☐ 17 승진

대한민국에 체류하는 외국인은 출입국관리공무원이나 권한 있는 공무원이 그 직무수행과 관련하여 여권 등의 제시를 요구하면 여권 등을 제시하여야 한다. (O I X)

3677 ☐☐☐☐ 17 승진

여권 등의 휴대 또는 제시 의무를 위반한 사람은 100만원 이하의 과태료를 부과한다. (O I X)

2 여행경보제도

3678 ☐☐☐☐ 17 승진

특별여행주의보는 단기적으로 긴급한 위험이 있는 국가(지역)에 대하여 발령하며, 발령에 따른 행동요령은 적색경보(출국권고) 이상 흑색경보(여행금지)에 준한다. (O I X)

정답과 해설

3674. ㉠ (O)
㉡ (X) **죄를 범하여(금고 이상의 X)형을 선고 받고**(여권법 제12조 제1항 제2호)
㉢ (X) **장기 3년** 이상의 형(동법 제12조 제1항 제1호)
㉣ (O)

3675. (X) 대한민국에 체류하는 외국인은 항상 여권·선원신분증명서·외국인입국허가서·외국인등록증·모바일외국인등록증 또는 상륙허가서(여권등)를 지니고 있어야 한다. 다만, **17세 미만**인 외국인의 경우에는 그러하지 아니하다(출입국관리법 제27조 제1항).

3676. (O) 동법 제27조 제2항

3677. (X) 여권 등의 휴대 또는 제시 의무를 위반한 사람은 100만원 이하의 **벌금**에 처한다(동법 제98조 제1호).

3678. (X) 특별여행주의보는 단기적으로 긴급한 위험이 있는 국가(지역)에 대하여 발령하며, 발령에 따른 행동요령은 **황색경보(여행자제) 이상 적색경보(출국권고) 이하**에 준한다(여행경보제도 운영지침 제5조 제2항).

3679 ☐☐☐☐ 17 승진

황색경보는 여행자제 단계로서 해외여행예정자는 불필요한 여행을 자제하여야 한다. (O|X)

3680 ☐☐☐☐ 17 승진

남색경보(여행유의)단계의 경우 해외체류자는 신변안전 위험 요인 숙지·대비하여야 한다. (O|X)

3681 ☐☐☐☐ 17 승진

특별여행주의보는 긴급한 위험이 있는 국가(지역)에 대하여 발령한다. (O|X)

3682 ☐☐☐☐ 21 승진

여행경보단계 중 해외체류자는 신변안전에 특별히 유의하여야 하고, 해외여행 예정자는 불필요한 여행을 자제해야 하는 단계는 황색경보단계이다. (O|X)

정답과 해설

3679. (O)   3680. (O)
3681. (O)   3682. (O)

THEME 05 외국인의 체류(출입국관리법)_A급

1 외국인의 장기체류 자격

3683 ☐☐☐☐ 16·19 채용, 17·18 승진, 18·26 간부
수익이 따르는 음악, 미술, 문학 등의 예술활동과 수익을 목적으로 하는 연예, 연주, 연극, 운동경기, 광고·패션모델, 그 밖에 이에 준하는 활동을 하려는 사람 : (E-2)   (O|X)

3684 ☐☐☐☐ 17 승진, 18·26 간부
「외국인근로자의 고용 등에 관한 법률」에 따른 국내 취업요건을 갖춘 사람(일정 자격이나 경력 등이 필요한 전문 직종에 종사하려는 사람은 제외) : (E-6)   (O|X)

3685 ☐☐☐☐ 16 채용, 17 승진, 18 간부
법무부장관이 정하는 자격요건을 갖춘 외국인으로서 외국어 전문학원, 초등학교 이상의 교육기관 및 부설 어학연구소, 방송사 및 기업체 부설 어학연수원, 그 밖에 이에 준하는 기관 또는 단체에서 외국어 회화지도에 종사하려는 사람 : (E-9)   (O|X)

3686 ☐☐☐☐ 17·18 승진
A-2 : 대한민국정부가 승인한 외국정부 또는 국제기구의 공무를 수행하는 사람과 그 가족   (O|X)

3687 ☐☐☐☐ 17 승진, 26 간부
국민과 혼인관계(사실상의 혼인관계를 포함)에서 출생한 자녀를 양육하고 있는 부 또는 모로서 법무부장관이 인정하는 사람 : (F-6)   (O|X)

3688 ☐☐☐☐ 19 채용, 18 간부
A-1 : 대한민국정부가 접수한 외국정부의 외교사절단이나 영사기관의 구성원, 조약 또는 국제관행에 따라 외교사절과 동등한 특권과 면제를 받는 사람과 그 가족   (O|X)

3689 ☐☐☐☐ 19 채용, 17·18 승진, 26 간부
D-2, 유학 : 전문대학 이상의 교육기관 또는 학술연구기관에서 정규과정의 교육을 받거나 특정 연구를 하려는 사람   (O|X)

3690 ☐☐☐☐ 19 채용
F-4, 재외동포 : 「재외동포의 출입국과 법적 지위에 관한 법률」상 대한민국의 국적을 보유하였던 자(대한민국정부 수립 전에 국외로 이주한 동포를 포함) 또는 그 직계비속으로서 외국국적을 취득한 자 중 대통령령으로 정하는 자(단순 노무 행위 등 법령에서 규정한 취업활동에 종사하려는 사람은 제외)   (O|X)

정답과 해설
3683. (X) 예술흥행(E-6)
3684. (X) 비전문취업(E-9)
3685. (X) 회화지도(E-2)
3686. (O)   3687. (O)   3688. (O)   3689. (O)   3690. (O)

2 외국인의 강제퇴거(출입국관리법)

3691 ☐☐☐☐ 20 승진
외국인의 강제퇴거 사유가 동시에 형사처분 사유가 되는 경우 강제퇴거와 형사처분을 병행할 수 있다. [O|X]

3692 ☐☐☐☐ 23 승진, 18 간부
벌금 이상의 형을 선고받고 석방된 사람은 강제퇴거의 대상이 된다. [O|X]

3693 ☐☐☐☐ 18 간부
출입국관리공무원은 강제퇴거 대상자에 해당한다고 의심되는 외국인에 대하여는 그 사실을 조사할 수 있다. [O|X]

3694 ☐☐☐☐ 18 간부
출입국관리공무원은 강제퇴거 대상자에 해당한다고 의심할 만한 상당한 사유가 있고, 도주하거나 도주할 염려가 있으면 보호 명령서를 발급받아 그 외국인을 보호할 수 있다. [O|X]

3695 ☐☐☐☐ 23 승진, 18 간부
강제퇴거명령서는 출입국관리 공무원이 집행하며 지방출입국·외국인관서의 장은 사법경찰관리에게 강제퇴거명령서의 집행을 의뢰할 수 있다. [O|X]

3696 ☐☐☐☐ 14 채용, 18 승진
입국금지 해당사유가 입국 후에 발견되거나 발생한 외국인은 강제퇴거 대상자이다. [O|X]

3697 ☐☐☐☐ 17·18 승진
출국심사 규정을 위반하여 출국하려고 한 외국인은 출국의 정지 대상자이다. [O|X]

정답과 해설

3691. (O) 출입국관리법 제85조 제1항
3692. (X) **금고 이상**의 형을 선고받고 석방된 사람이 강제퇴거의 대상이다(동법 제46조 제1항 제13호).
3693. (O) 동법 제47조
3694. (O) 동법 제51조
3695. (O) 동법 제62조
3696. (O) 동법 제46조 제1항 제3호
3697. (X) 출국심사 규정을 위반하여 출국하려고 한 외국인은 **강제퇴거 대상자(출국의 금지 X, 출국의 정지 X)**이다(동법 제46조 제1항 제11호).

3698 ☐☐☐☐ 14·21 채용, 19 승진, 19 간부

외국인 강제퇴거 대상에 해당하는 자는 O, 해당하지 않는 자는 X로 표기하시오.

㉠ 허가를 받지 아니하고 근무처를 변경·추가하거나 허가를 받지 아니한 외국인을 고용·알선한 사람 [O|X]
㉡ 법무부장관이 정한 거소 또는 활동범위의 제한이나 그 밖의 준수사항을 위반한 사람 [O|X]
㉢ 유효한 여권 또는 사증 없이 입국한 자 [O|X]
㉣ 체류자격 외의 활동을 하거나 체류기간이 경과한 자 [O|X]
㉤ 상륙허가 없이 상륙하였거나 상륙허가 조건을 위반한 자 [O|X]
㉥ 금고 이상의 형의 선고를 받고 석방된 자 [O|X]
㉦ 벌금 이상의 형을 선고받고 석방된 사람 [O|X]
㉧ 구류의 선고를 받고 석방된 사람 [O|X]
㉨ 유효한 여권과 사증 없이 입국하려고 하는 사람 [O|X]
㉩ 상륙허가를 받지 아니하고 상륙한 사람 [O|X]
㉪ 외국인등록 의무를 위반한 사람 [O|X]
㉫ 영주자격을 가진 사람으로 5년 이상 징역 또는 금고의 형을 선고받고 석방된 사람 중 법무부령으로 정하는 사람 [O|X]
㉬ 영주자격을 가진 사람으로 「형법」상 내란의 죄 또는 외환의 죄를 범한 사람 [O|X]
㉭ 외국인등록증 등의 채무이행 확보수단 제공 등의 금지규정을 위반한 외국인 [O|X]
㉮ 국세·관세 또는 지방세를 체납한 사람 [O|X]

정답과 해설

3698. ㉠ (O) 출입국관리법 제46조 제1항 제9호
㉡ (O) 동법 제46조 제1항 제10호
㉢ (O) 동법 제46조 제1항 제1호
㉣ (O) 동법 제46조 제1항 제8호
㉤ (O) 동법 제46조 제1항 제6호, 제7호
㉥ (O) 동법 제46조 제1항 제13호
㉦ (X) **금고 이상**의 형을 선고받고 석방된 사람(동법 제46조 제1항 제13호).
㉧ (X) **금고 이상**의 형을 받고 석방된 외국인이 강제퇴거 대상자에 해당한다(동법 제46조 제1항 제13호).
㉨ (O)
㉩ (O)
㉪ (O)
㉫ (O)
㉬ (O)
㉭ (O) 동법 제46조 제1항 제12의2호
㉮ (X) **출국정지 사유**에 해당한다(동법 제29조 참조).

3699 ☐☐☐☐ 18 승진

외국인의 강제퇴거 대상자 여부를 심사·결정하기 위한 보호기간은 10일 이내로 한다. 다만, 부득이한 사유가 있으면 지방출입국·외국인관서의 장의 허가를 받아 10일을 초과하지 아니하는 범위에서 한 차례만 연장할 수 있다. (O I X)

3700 ☐☐☐☐ 14 채용

외국인의 강제출국은 형벌이다. (O I X)

3701 ☐☐☐☐ 19 승진

「출입국관리법」상 규정을 적용하여 외국인에게만 취할 수 있는 조치를 모두 고르면? (   )

| ㉠ 입국금지 | ㉡ 출국금지 | ㉢ 강제퇴거 |
| ㉣ 통고처분 | ㉤ 출국정지 | ㉥ 출국명령 |

3 외국인의 등록(출입국관리법)

3702 ☐☐☐☐ 20 승진

주한외국공관(대사관과 영사관 포함)과 국제기구의 직원 및 그의 가족은 외국인등록 대상이다. (O I X)

4 외국인의 지위

3703 ☐☐☐☐ 18 승진

취업활동을 할 수 있는 체류자격을 가지지 아니한 외국인의 고용을 업으로 알선하거나 권유한 자는 3년 이하의 징역 또는 3천만원 이하의 벌금에 처한다. (O I X)

3704 ☐☐☐☐ 20 승진, 23 간부

출입국관리공무원 외의 수사기관이 출입국사범에 해당하는 사건을 입건하였을 때에는 지체 없이 관할 지방출입국·외국인관서의 장에게 인계하여야 한다. (O I X)

정답과 해설

3699. (O) 출입국관리법 제52조 제1항
3700. (X) 외국인의 강제출국(퇴거)은 형벌이 아니라 **행정처분**이다.
3701. ㉠㉢㉤㉥
3702. (X) 주한외국공관과 국제기구의 직원 및 그의 가족은 **외국인등록 제외대상**이다(동법 제31조 제1항 제1호).
3703. (O) 동법 제18조 제1항, 제94조 제8호
3704. (O) 동법 제101조 제2항

THEME 06 국제형사경찰기구(인터폴, ICPO) _S급

1 주요내용

3705 □□□□ 18 채용, 19 승진, 22 간부

1914년 비엔나에서 국제형사경찰회의(International Criminal Police Congress)가 개최되어 국제범죄 기록보관소 설립, 범죄인 인도 절차의 표준화 등에 대하여 논의하였는데 이것이 국제경찰협력의 기초가 되었다. (O│X)

3706 □□□□ 18 채용, 19·20 승진, 22 간부

1923년 모나코에서 19개국 경찰기관장이 참석한 가운데 제2차 국제형사경찰회의가 개최되어 국제형사경찰위원회(International Criminal Police Commission)를 창설하였다. (O│X)

3707 □□□□ 18 채용, 19 승진

1956년 비엔나에서 제25차 국제형사경찰위원회가 개최되어 국제형사경찰기구가 발족하였고, 당시 사무총국을 리옹에 두었다. (O│X)

3708 □□□□ 22 간부

1956년 비엔나(Vienna) 제25차 국제형사경찰위원회 총회에서 국제형사경찰기구(International Criminal Police Organization: ICPO), 즉 인터폴(INTERPOL)로 명칭이 변경되었다. (O│X)

3709 □□□□ 22 간부

2021년 현재 본부는 리옹(Lyon)에 있다. (O│X)

3710 □□□□ 19 승진

우리나라는 1964년에 가입하였으며, 대한민국 국가중앙사무국장은 경찰청 국제협력관이다. (O│X)

정답과 해설

3705. (X) 1914년 **모나코**에서 국제형사경찰회의가 개최되었다.
3706. (X) 1923년 **비엔나**에서 19개국 경찰기관장이 참석한 가운데 제2차 국제형사경찰회의가 개최되었다.
3707. (X) 1956년 비엔나에서 제25차 국제형사경찰위원회가 개최되어 국제형사경찰기구(ICPO)가 발족하였고, 당시 사무총국을 **파리**에 두었다.
3708. (O)
3709. (O) 1956년(비엔나) 발족 당시에 프랑스 파리에 있었으나, 2021년 **현재 본부는 리옹(Lyon)**에 있다.
3710. (O)

3711 ☐☐☐☐ 18 채용

국가중앙사무국(National Central Bureau)은 회원국에 설치된 상설 경찰협력부서로 우리나라의 경우 경찰청 국제협력담당관에 설치되어 있다. (O|X)

3712 ☐☐☐☐ 20 승진

인터폴 협력의 원칙으로는 주권의 존중, 일반법의 집행, 보편성의 원칙, 평등성의 원칙, 업무방법의 유연성 등이 있다. (O|X)

3713 ☐☐☐☐ 24 채용

국제형사경찰기구(인터폴)의 회원국은 자국 내 설치된 국가중앙사무국을 통해 다른 나라의 국가중앙사무국과 국제범죄정보 및 자료를 교환하며, 임의적 협조라기보다는 강제적 협조의 성격을 가진다. (O|X)

3714 ☐☐☐☐ 18 승진

회원국 간 협력의 기본 원칙 중 '보편성'이란 모든 회원국은 재정분담금의 규모와 관계없이 동일한 혜택과 지원을 받을 수 있다는 내용이다. (O|X)

3715 ☐☐☐☐ 18 승진

인터폴의 공용어는 영어, 독일어, 스페인어, 아랍어이다. (O|X)

3716 ☐☐☐☐ 14·18 승진

회원국 간의 협력의 종류에는 범죄수사 협력, 범죄예방을 위한 협력, 군사적·정치적 분야에서의 협력이 있다. (O|X)

3717 ☐☐☐☐ 18 승진

집행위원회(Executive Committee)는 총회에서 선출되는 13명의 위원으로 구성되며, 총재는 4년, 3명의 부총재 및 집행위원은 3년 임기로 각각 선출된다. (O|X)

3718 ☐☐☐☐ 17 승진

집행위원회(Executive Committee)는 회원국에 설치된 상설 경찰협력부서로, 사무총국 및 회원국들과의 공조, 자국 내 법집행기관들과의 협력 업무를 수행한다. (O|X)

정답과 해설

3711. (X) 국가중앙사무국(NCB)은 회원국에 설치된 상설 경찰협력부서로 우리나라의 경우 경찰청 **국제협력관 국제공조담당관(국제협력담당관 X)**에 설치되어 있다.

3712. (O)

3713. (X) 국제형사경찰기구(인터폴)의 협조는 임의적 **협조의 성격을 가지며, 강제적인 협조의 성격을 갖지 않는다.**

3714. (X) '보편성'이란 **모든 회원국은 타 회원국과 협력할 수 있으며, 지리적·언어적 요소에 의해 방해받아서는 안 된다는 것을 말한다.** 모든 회원국은 재정분담금의 규모와 관계없이 동일한 혜택과 지원을 받을 수 있다는 것은 '**평등성**'을 말한다.

3715. (X) 인터폴의 공용어는 **영어, 불어, 스페인어, 아랍어**이다.

3716. (X) 인터폴 회원국 간에는 **정치, 군사, 종교 및 인종적 사항에 대해서는 어떠한 관여나 활동도 금지**하고 있다.

3717. (O)

3718. (X) **국가중앙사무국(N.C.B)**에 관한 내용이다.

3719 ☐☐☐☐ 17 승진

국가중앙사무국(N.C.B)는 제한적 심의기관으로, 총회 결정사항의 이행 여부 확인, 총회의제안 준비, 총회에 제출될 활동계획 및 예산안 승인, 사무총국 운영에 대한 감독업무를 수행한다. O│X

2 국제수배서의 종류

3720 ☐☐☐☐ 20 승진

인터폴에서 발행하는 국제수배서에는 변사자 신원확인을 위한 흑색수배서(Black Notice), 장물수배를 위한 장물수배서(Stolen Property Notice), 범죄관련인 소재확인을 위한 청색수배서(Blue Notice) 등이 있다. O│X

3721 ☐☐☐☐ 13 채용, 14·20 승진

흑색수배서(가출인수배서) - 실종자 소재확인 목적 발부 O│X

3722 ☐☐☐☐ 13 채용, 14·18·19·20 승진, 14 간부

녹색수배서 - 수배자의 신원·전과 및 소재확인 O│X

3723 ☐☐☐☐ 14·18·19·20 승진, 14 간부

보라색수배서(Purple Notice) - 가출인의 소재확인 및 기억상실자의 신원확인 O│X

3724 ☐☐☐☐ 14·18·19·20 승진

청색수배서(Blue Notice) - 상습 국제범죄자의 동향 파악 및 범죄예방을 위해 발행 O│X

3725 ☐☐☐☐ 14·18·19 승진, 14 간부

황색수배서(Yellow Notice) - 가출인의 소재확인 및 가명사용 사망자의 신원확인을 목적으로 발행 O│X

3726 ☐☐☐☐ 14 승진, 14 간부

적색수배서(Red Notice) - 범죄인 인도를 목적으로 발행 O│X

정답과 해설

3719. (X) 집행위원회(Executive Committee)에 관한 내용이다.
3720. (O)
3721. (X) 실종자 소재확인 목적 발부하는 것은 황색수배서(가출인수배서)이다.
3722. (X) 녹색수배서는 여러 국가에서 상습적으로 범행하였거나 범행할 가능성이 있는 국제범죄자의 동향을 파악케 하여 사전에 그 범행을 방지할 목적으로 발행한다. 수배자의 신원·전과 및 소재확인을 위해 발행하는 수배서는 청색수배서이다.
3723. (X) 황색수배서
3724. (X) 녹색수배서
3725. (X) 사망자의 신원확인은 흑색수배서이다.
3726. (O)

THEME 07 국제형사사법공조(법) _A급

3727 ☐☐☐☐ 24 채용
국제형사경찰기구는 국제형사공조기구로 분류되며, 예외적인 사안에서는 국제형사경찰기구 소속 수사관이 범인을 체포하거나 구속할 수도 있다. (O|X)

3728 ☐☐☐☐ 19 채용, 14 승진, 19 간부
요청국이 공조에 따라 취득한 증거를 공조요청의 대상이 된 범죄 이외의 수사나 재판에 사용해서는 안 된다는 원칙은 '특정성의 원칙'과 관련이 깊다. (O|X)

3729 ☐☐☐☐ 14 승진
외국이 사법공조를 해주는 만큼 자국도 동일하거나 유사한 범위 내에서 공조요청에 응한다는 원칙은 '상호주의 원칙'과 관련이 깊다. (O|X)

3730 ☐☐☐☐ 21 간부
국제형사사법 공조와 범죄인 인도 과정 모두에서 상호주의 원칙과 조약우선주의를 천명하고 있다. (O|X)

3731 ☐☐☐☐ 19 채용
우리나라가 외국과 체결한 형사사법 공조조약과 「국제형사사법 공조법」의 규정이 상충되면 공조조약이 우선 적용된다. (O|X)

3732 ☐☐☐☐ 24 채용
「국제형사사법공조법」에는 증거 수집, 압수·수색 또는 검증이 공조의 범위로 포함되어 있다. (O|X)

3733 ☐☐☐☐ 14·19 승진, 19 간부
「국제형사사법 공조법」상 대한민국의 주권, 국가안전보장, 안녕질서 또는 미풍양속을 해칠 우려가 있는 경우에는 공조를 하지 아니할 수 있다. (O|X)

3734 ☐☐☐☐ 19 승진, 19 간부
공조범죄가 정치적 성격을 지닌 범죄이거나, 공조요청이 정치적 성격을 지닌 다른 범죄에 대한 수사 또는 재판을 할 목적으로 한 것이라고 인정되는 경우에는 공조를 하지 아니할 수 있다. (O|X)

정답과 해설

3727. (X) 국제형사경찰기구 소속 수사관이 범인을 **체포하거나 구속할 수 있는 권한이 없다.**
3728. (O)
3729. (O) 국제형사사법공조법 제4조
3730. (O) 동법 제3조, 제4조 및 범죄인인도법 제3조의2 제4조
3731. (O) 동법 제3조
3732. (O) 동법 제5조
3733. (O) 동법 제6조 제1호
3734. (O) 동법 제6조 제3호

3735 ☐☐☐☐ 19 채용, 19 승진, 19 간부

「국제형사사법 공조법」상 공조범죄가 대한민국의 법률에 의하여는 범죄를 구성하지 아니하거나 공소를 제기할 수 없는 범죄인 경우 공조를 하지 아니해야 한다. Ⓞ Ⓧ

3736 ☐☐☐☐ 19 간부

「국제형사사법 공조법」에 요청국이 보증하도록 규정되어 있음에도 불구하고 요청국의 보증이 없는 경우 공조를 하지 아니할 수 있다. Ⓞ Ⓧ

3737 ☐☐☐☐ 19 승진

인종, 국적, 성별, 종교, 사회적 신분 또는 특정 사회단체에 속한다는 사실이나 정치적 견해를 달리한다는 이유로 처벌되거나 형사상 불리한 처분을 받을 우려가 있는 경우 공조를 하지 아니할 수 있다. Ⓞ Ⓧ

3738 ☐☐☐☐ 19 채용, 14 승진, 19·21 간부

「국제형사사법 공조법」상 대한민국에서 수사가 진행 중이거나 재판에 계속된 범죄에 대하여 외국의 공조요청이 있는 경우에 수사의 진행, 재판의 계속을 이유로 공조를 연기할 수 없다. Ⓞ Ⓧ

3739 ☐☐☐☐ 21 간부

외국의 요청에 따른 수사의 공조절차에서 공조요청 접수 및 요청국에 대한 공조 자료의 송부는 법무부장관이 한다. 다만, 긴급한 조치가 필요한 경우나 특별한 사정이 있는 경우에는 외교부장관이 법무부장관의 동의를 받아 이를 할 수 있다. Ⓞ Ⓧ

3740 ☐☐☐☐ 17 승진

검사는 공조에 필요한 자료를 수집하기 위하여 관계인의 출석을 요구하여 진술을 들을 수 있고, 감정·통역 또는 번역을 촉탁할 수 있으며, 서류나 그 밖에 물건의 소유자·소지자 또는 보관자에게 그 제출을 요구하거나, 행정기관이나 그 밖의 공사단체에 공조에 필요한 사실을 조회하거나 필요한 사항의 보고를 요구할 수 있다. Ⓞ Ⓧ

3741 ☐☐☐☐ 17 승진

검사는 공조에 필요한 경우에는 판사에게 청구하여 발부 받은 영장에 의하여 압수·수색 또는 검증을 할 수 있다. Ⓞ Ⓧ

정답과 해설

3735. (X) 공조범죄가 **대한민국의 법률에 의하여는** 범죄를 구성하지 아니하거나 공소를 제기할 수 없는 범죄인 경우 공조를 하지 **아니할 수 있다**(동법 제6조 제4호).

3736. (O) 동법 제6조 제5호

3737. (O)

3738. (X) 대한민국에서 수사가 진행 중이거나 재판에 계속된 범죄 대하여 외국의 공조요청이 있는 경우에는 **그 수사 또는 재판 절차가 끝날 때까지 공조를 연기할 수 있다**(동법 제7조).

3739. (X) 공조요청 접수 및 요청국에 대한 공조 자료의 송부는 **외교부장관**이 한다. 다만, 긴급한 조치가 필요한 경우나 특별한 사정이 있는 경우에는 **법무부장관이 외교부장관의 동의를 받아 이를 할 수 있다**(동법 제11조, 공조요청의 접수 및 공조자료의 송부).

3740. (O) 동법 제17조 제1항

3741. (O) 동법 제17조 제2항

3742 ☐☐☐☐ 17 승진

검사는 사법경찰관리를 지휘하여 공조에 필요한 수사를 하게 할 수 있고, 사법경찰관은 검사에게 신청하여 검사의 청구로 판사가 발부한 영장에 의하여 공조에 필요한 압수·수색 또는 검증을 할 수 있다. (O|X)

3743 ☐☐☐☐ 17 승진, 19 간부

검사는 요청국에 인도하여야 할 증거물 등이 법원에 제출되어 있는 경우에는 법무부장관의 인도허가결정을 받아야 한다. (O|X)

3744 ☐☐☐☐ 20·22 승진

법무부장관은 국제형사경찰기구로부터 외국의 형사사건 수사에 대하여 협력을 요청받거나 국제형사경찰기구에 협력을 요청하는 경우 국제범죄의 정보 및 자료교환, 국제범죄의 동일증명 및 전과조회 등의 조치를 취할 수 있다. (O|X)

정답과 해설

3742. (O) 국제형사사법 공조법 제17조 제4항
3743. (X) 검사는 요청국에 인도하여야 할 증거물 등이 법원에 제출되어 있는 경우에는 **법원**의 인도허가 결정을 받아야 한다(동법 제17조 제3항).
3744. (X) **행정안전부장관**은 국제형사경찰기구로부터 외국의 형사사건 수사에 대하여 협력을 요청받거나 국제형사경찰기구에 협력을 요청하는 경우 국제범죄의 정보 및 자료교환, 국제범죄의 동일증명 및 전과조회 등의 조치를 취할 수 있다(동법 제38조 제1항).

THEME 08 범죄인 인도법 _S급

1 범죄인 인도의 원칙

3745 ☐☐☐☐ 20 경채
범죄인 인도에 관하여 이 법에 인도조약과 다른 규정이 있는 경우에는 이 법의 규정을 우선 적용한다. (O|X)

3746 ☐☐☐☐ 20·25 채용, 25 간부
범죄인의 인도를 청구하는 국가가 같은 종류 또는 유사한 인도범죄에 대한 대한민국의 범죄인 인도청구에 응한다는 보증을 하는 경우에는 이 법을 적용한다. 단, 인도조약이 체결되어 있지 않은 국가는 제외한다. (O|X)

3747 ☐☐☐☐ 25 채용, 18·20 승진, 17·21·22 간부
대한민국과 청구국의 법률에 따라 인도범죄가 사형, 무기징역, 무기금고, 장기 3년 이상의 징역 또는 금고에 해당하는 경우에만 범죄인을 인도할 수 있다. (O|X)

3748 ☐☐☐☐ 20 채용
「범죄인인도법」 제6조는 대한민국과 청구국의 법률에 따라 인도범죄가 사형, 무기징역, 무기금고, 장기 1년 이상의 징역 또는 금고에 해당하는 경우에만 범죄인 인도가 가능하다고 규정하여 '쌍방가벌성의 원칙'과 '최소한의 중요성 원칙'을 모두 담고 있다. (O|X)

3749 ☐☐☐☐ 21 승진
최소한 중요성의 원칙은 어느 정도 중요성을 띤 범죄인만 인도한다는 원칙이다. (O|X)

3750 ☐☐☐☐ 18 채용, 21 승진
청구국과 피청구국 쌍방의 법률에 의하여 범죄를 구성하지 않는 경우에는 범죄인을 인도하지 않는다는 것은 쌍방가벌성의 원칙으로, 우리나라 「범죄인 인도법」에 명문규정은 없다. (O|X)

> **정답과 해설**
>
> **3745.** (X) 범죄인 인도에 관하여 **인도조약에 이 법과 다른 규정이 있는 경우에는 그 규정에 따른다**(범죄인 인도법 제3조의2).
>
> **3746.** (X) **인도조약이 체결되어 있지 아니한 경우에도** 범죄인의 인도를 청구하는 국가가 같은 종류 또는 유사한 인도범죄에 대한 대한민국의 범죄인 인도청구에 응한다는 보증을 하는 경우에는 이 법을 적용한다(동법 제4조).
>
> **3747.** (X) 대한민국과 청구국의 법률에 따라 인도범죄가 사형, 무기징역, 무기금고, **장기 1년** 이상의 징역 또는 금고에 해당하는 경우에만 범죄인을 인도할 수 있다(동법 제6조).
>
> **3748.** (O) 동법 제6조
>
> **3749.** (O)
>
> **3750.** (X) 「범죄인 인도법」은 제6조에 "대한민국과 청구국의 법률에 따라 인도범죄가 사형, 무기징역, 무기금고, 장기 1년 이상의 징역 또는 금고에 해당하는 경우에만 범죄인을 인도할 수 있다"라고 하여 **쌍방가벌성의 원칙**을 규정하고 있다.

3751 ☐☐☐☐ 19 승진, 15 간부

유용성의 원칙이란 어느 정도 중요성을 띤 범죄만 인도한다는 원칙으로, 우리나라는 명문으로 규정하고 있다.

(O│X)

3752 ☐☐☐☐ 20 채용, 19·20 승진, 15·17 간부

인도범죄가 정치적 성격을 지닌 범죄이거나 그와 관련된 경우 범죄인을 인도하여서는 안 된다는 '정치범 불인도의 원칙'은 「범죄인 인도법」에 규정되어 있다. 다만 국가원수 암살, 집단 학살 등은 정치범 불인도의 예외사유로 인정한다.

(O│X)

3753 ☐☐☐☐ 15 간부

자국민 불인도의 원칙이란 범죄인 인도대상이 자국민일 경우 청구국에 인도하지 않는다는 원칙으로 영미법계 국가들은 이 원칙을 채택하고 있다.

(O│X)

3754 ☐☐☐☐ 21 승진

자국민불인도의 원칙은 자국민은 인도하지 않는다는 원칙으로서, 우리나라 「범죄인 인도법」 제9조는 절대적 거절사유로 규정하고 있다.

(O│X)

3755 ☐☐☐☐ 15 간부, 19 승진

군사범 불인도의 원칙이란 군사적 의무관계에서 기인하는 범죄자는 인도하지 않는다는 원칙으로, 우리나라는 군사범 불인도의 원칙을 명문으로 규정하고 있다.

(O│X)

정답과 해설

3751. (X) 유용성의 원칙이란 **실제로 처벌하기 위해 필요한 범죄자만 인도한다**는 원칙으로, 우리나라는 명문으로 규정하고 있다(동법 제7조 제1호). 어느 정도 중요성을 띤 범죄만 인도한다는 원칙은 최소 중요성의 원칙으로, 우리나라는 명문으로 규정하고 있다(범죄인 인도법 제6조).

3752. (O) 동법 제8조

3753. (X) 일반적으로 대륙법계 국가들은 속인주의를 채택하여 내국인의 국외범을 처벌하고 있으므로 자국민불인도원칙을 채택하고 있으나, **영미법계 국가들**은 속지주의를 채택하여 자국민의 국외범을 처벌하기 위해서는 범죄지 국가에 이를 인도하는 방법 외에 다른 방도가 없으므로 자국민불인도원칙을 **채택하지 않고 있다**.

3754. (X) 범죄인이 대한민국 국민인 경우에 범죄인을 인도하지 아니할 수 있다(동법 제9조 제1호). **임의적 인도거절 사유**에 해당한다.

3755. (X) 우리나라는 군사범 불인도의 원칙을 **명문으로 규정하고 있지 않다**.

2 「범죄인 인도법」상 인도거절사유

2-1 절대적 인도거절 사유

3756 ☐☐☐☐ 15·16·18·22 채용, 17·19 간부
대한민국 또는 청구국의 법률에 따라 인도범죄에 관한 공소시효 또는 형의 시효가 완성된 경우에는 범죄인을 인도하여서는 아니 된다. (O|X)

3757 ☐☐☐☐ 16·22·24·25 채용, 19 승진, 17·19·25 간부
인도범죄에 관하여 대한민국 법원에서 재판이 계속 중이거나 재판이 확정된 경우에는 범죄인을 인도하여서는 아니 된다. (O|X)

3758 ☐☐☐☐ 16·18·22·24 채용, 19 승진, 19 간부, 20 경채
범죄인이 인종, 종교, 국적, 성별, 정치적 신념 또는 특정 사회단체에 속한 것 등을 이유로 처벌되거나 그 밖의 불리한 처분을 받을 염려가 있다고 인정되는 경우에는 범죄인을 인도하지 아니할 수 있다. (O|X)

3759 ☐☐☐☐ 25 채용, 18 승진, 19 간부
범죄인이 인도범죄에 관하여 제3국(청구국이 아닌 외국)에서 재판을 받고 처벌되었거나 처벌받지 아니하기로 확정된 경우는 필요적 인도거절 사유에 해당한다. (O|X)

3760 ☐☐☐☐ 15·24 채용, 19 승진, 19 간부, 20 경채
인도범죄의 전부 또는 일부가 대한민국 영역에서 범한 것인 경우는 필요적 인도거절 사유에 해당한다. (O|X)

2-2 임의적 인도거절 사유

3761 ☐☐☐☐ 15·20·24 채용, 19 승진, 19·21 간부
범죄인이 대한민국 국민이거나 인도범죄에 관하여 대한민국 법원에서 재판이 확정된 경우에는 범죄인을 인도하여서는 아니 된다. (O|X)

정답과 해설

3756. (O) 범죄인 인도법 제7조 제1호
3757. (O) 동법 제7조 제1호·제2호
3758. (X) 범죄인이 인종, 종교, 국적, 성별, 정치적 신념 또는 특정 사회단체에 속한 것 등을 이유로 처벌되거나 그 밖의 불리한 처분을 받을 염려가 있다고 인정되는 경우에는 범죄인을 **인도하여서는 아니 된다**(동법 제7조 제4호).
3759. (X) 범죄인이 인도범죄에 관하여 제3국(청구국이 아닌 외국)에서 재판을 받고 처벌되었거나 처벌받지 아니하기로 확정된 경우는 **임의적 인도거절 사유**에 해당한다(동법 제9조 제4호).
3760. (X) **임의적 인도거절 사유**
3761. (X) 범죄인이 **대한민국 국민**인 경우는 **임의적 거절사유**이다(동법 제9조).

3762 ☐☐☐☐ 15·16·18 채용

인도범죄 외의 범죄에 관하여 대한민국 법원에 재판이 계속 중인 경우 또는 범죄인이 형을 선고받고 그 집행이 끝나지 아니하거나 면제되지 아니한 경우 범죄인을 인도하여서는 아니된다. (O|X)

3763 ☐☐☐☐ 18 채용, 19·20 승진

범죄인이 인도범죄에 관하여 제3국(청구국이 아닌 외국)에서 재판을 받고 처벌되었거나 처벌받지 아니하기로 확정된 경우는 청구국에 인도하지 아니할 수 있다. (O|X)

3764 ☐☐☐☐ 22 채용, 18 승진

인도범죄의 성격과 범죄인이 처한 환경 등에 비추어 범죄인을 인도하는 것이 비인도적이라고 인정되는 경우 범죄인을 인도하지 아니할 수 있다. (O|X)

3765 ☐☐☐☐ 19 승진

대한민국의 주권, 국가안전보장, 안녕질서 또는 미풍양속을 해칠 우려가 있는 경우 범죄인을 인도하지 않을 수 있다. (O|X)

3 범죄인 인도의 절차

3766 ☐☐☐☐ 19 승진

외교부장관은 범죄인 인도조약의 존재 여부, 상호보증 여부, 인도대상범죄 여부 등을 확인하고 관계서류를 첨부하여 법무부장관에게 송부하여야 한다. (O|X)

3767 ☐☐☐☐ 18·19 채용, 18 승진, 20 경채

법무부장관은 외교부장관으로부터 제11조에 따른 인도청구서 등을 받았을 때에는 이를 서울고등검찰청 검사장에게 송부하고 그 소속 검사로 하여금 서울고등법원에 범죄인의 인도허가 여부에 관한 심사를 청구하도록 명하여야 한다. 다만, 인도조약 또는 이 법에 따라 범죄인을 인도할 수 없거나 인도하지 아니하는 것이 타당하다고 인정되는 경우에는 그러하지 아니하다. (O|X)

정답과 해설

3762. (X) 인도범죄 외의 범죄에 관하여 대한민국 법원에 재판이 계속 중인 경우 또는 범죄인이 형을 선고받고 그 집행이 끝나지 아니하거나 면제되지 아니한 경우 범죄인을 **인도하지 아니할 수 있다**(범죄인 인도법 제9조 제3호).

3763. (O) 동법 제9조 제4호

3764. (O) 동법 제9조 제5호

3765. (X) 대한민국의 주권, 국가안전보장, 안녕질서 또는 미풍양속을 해칠 우려가 있는 경우는 **인도거절 사유가 아니다** (동법 제7조부터 제9조 참고). 「**국제형사사법공조법」상 공조제한 사유**이다.

3766. (O) 동법 제11조

3767. (O) 동법 제12조 제1항

3768 ☐☐☐☐ 19 승진

외교부장관은 인도조약 또는 「범죄인 인도법」에 따라 범죄인을 인도할 수 없거나 인도하지 아니하는 것이 타당하다고 인정되는 경우에는 인도심사청구명령을 하지 아니하고, 그 사실을 법무부장관에게 통지하여야 한다. (O|X)

3769 ☐☐☐☐ 18 채용

범죄인이 「범죄인 인도법」 제20조에 따른 인도구속영장에 의하여 구속되었을 때에는 구속된 때부터 48시간 이내에 인도심사를 청구하여야 한다. (O|X)

3770 ☐☐☐☐ 18 채용, 20·22 승진

법무부장관은 범죄인이 인도구속영장에 의하여 구속 중인 경우에는 구속된 날부터 2개월 이내에 인도심사에 관한 결정을 하여야 한다. (O|X)

3771 ☐☐☐☐ 22 간부

「범죄인 인도법」에 규정된 범죄인의 인도심사 및 그 청구와 관련된 사건은 경찰청 외사국의 전속관할로 한다. (O|X)

3772 ☐☐☐☐ 25 간부

외교부장관은 둘 이상의 국가로부터 동일 또는 상이한 범죄에 관하여 동일한 범죄인에 대한 인도청구를 받은 경우에는 범죄인을 인도할 국가를 결정하여야 하며, 이 경우 법무부장관과 협의하여야 한다. (O|X)

3773 ☐☐☐☐ 22 간부

외교부장관은 청구국으로부터 범죄인의 긴급인도구속을 청구받았을 때에는 긴급인도구속 청구서와 관련 자료를 법무부장관에게 송부하여야 한다. (O|X)

정답과 해설

3768. (X) **법무부장관**은 인도조약 또는 범죄인인도법에 따라 범죄인을 인도할 수 없거나 인도하지 아니하는 것이 타당하다고 인정되는 경우에는 인도심사청구명령을 하지 아니하고, 그 사실을 **외교부장관**에게 통지하여야 한다 (범죄인 인도법 제12조 제1항 단서, 제2항).

3769. (X) 범죄인이 인도구속영장에 의하여 구속되었을 때에는 구속된 날부터 **3일 이내**에 인도심사를 청구하여야 한다 (동법 제13조 제2항).

3770. (X) **법원**은 범죄인이 인도구속영장에 의하여 구속 중인 경우에는 구속된 날부터 2개월 이내에 인도심사에 관한 결정을 하여야 한다(동법 제14조 제2항).

3771. (X) 「범죄인 인도법」에 규정된 범죄인의 인도심사 및 그 청구와 관련된 사건은 **서울고등법원과 서울고등검찰청**의 전속관할로 한다(동법 제3조).

3772. (X) **법무부장관(외교부장관 X)**은 둘 이상의 국가로부터 동일 또는 상이한 범죄에 관하여 동일한 범죄인에 대한 인도청구를 받은 경우에는 범죄인을 인도할 국가를 결정하여야 하며, 필요한 경우 **외교부장관(법무부장관 X)**과 협의**할 수 있다(하여야 한다 X)**(동법 제16조 제1항).

3773. (O) 동법 제24조

3774 ☐☐☐☐ 25 간부

검사는 긴급인도구속영장에 의하여 구속된 범죄인에 대하여 그가 구속된 날부터 2개월 이내에 법무부장관의 인도심사청구 명령이 없을 때에는 범죄인을 석방하고, 법무부장관에게 그 내용을 보고하여야 한다. ⓞⓧ

3775 ☐☐☐☐ 22 간부

「범죄인 인도법」에 따라 법무부장관이 검사장 등에게 하는 명령과 검사장·지청장 또는 검사가 법무부장관에게 하는 건의·보고 또는 서류 송부는 검찰총장을 거쳐야 한다. 다만, 고위공직자범죄수사처장 또는 그 소속 검사의 경우에는 그러하지 아니하다. ⓞⓧ

정답과 해설

3774. (O) 동법 제30조
3775. (O) 동법 제47조

THEME 09 주한미군지위협정(SOFA) _A급

1 인적 적용 범위

3776 ☐☐☐☐ 13 간부
미8군에 근무하는 한국인 근로자, NATO에 근무 중 공무상 한국에 여행 중인 미군, 주한미군 초청계약자 등은 주한미군지위협정의 적용대상자가 아니다. (O|X)

3777 ☐☐☐☐ 20 승진
미국 군대의 구성원, 군속, 배우자 및 21세 미만의 자녀, 부모 및 21세 이상의 자녀 또는 기타 친척으로서 그 생계비의 반액 이상을 미국 군대의 구성원에 의존하는 자는 주한미군지위협정의 적용을 받는다. (O|X)

3778 ☐☐☐☐ 21 간부
수사절차 등과 관련해 일정한 제약을 규정하고 있는 「주한미군지위협정(SOFA)」은 대한민국 영역안에 있는 미국 군대의 구성원, 군속, 그리고 그 가족으로 적용대상을 제한하고 있다. (O|X)

2 형사재판권 분장

3779 ☐☐☐☐ 22 승진
주한미군지위협정(SOFA)상 주한미군의 공무집행 중 작위 또는 부작위에 의한 범죄는 합중국 군 당국의 전속적 재판권 범위에 포함된다. (O|X)

3780 ☐☐☐☐ 13 간부
주한미군 당국은 SOFA 대상자에 대해 오로지 합중국의 재산이나 안전에 관한 범죄, 또는 오로지 합중국 군대의 타구성원이나 군속 또는 그들 가족의 신체나 재산에 대한 범죄, 공무집행 중의 작위 또는 부작위에 의한 범죄에 관해 주한미군 당국이 제1차적 재판권을 행사한다고 명시하고 있다. (O|X)

정답과 해설

3776. (X) **주한 미군 초청계약자**는 주한미군지위협정의 **적용대상자**에 해당한다.
3777. (O)
3778. (X) 「주한미군지위협정(SOFA)」은 대한민국 영역안에 있는 **미국 군대의 구성원, 군속, 그리고 그 가족 및 초청계약자**로 적용대상을 제한하고 있다.
3779. (X) 주한미군지위협정(SOFA)상 주한미군의 공무집행 중 작위 또는 부작위에 의한 범죄는 합중국 군 당국의 **1차적 재판권** 범위에 포함된다(협정 제22조 제3항(가)).
3780. (O)

3781 ☐☐☐☐ 20 승진

미군의 공무집행중의 작위 또는 부작위에 의한 범죄에 대하여 미군 당국이 1차적 재판권을 가지며, 공무집행의 범위에는 공무집행으로 인한 범죄뿐만 아니라 공무집행에 부수하여 발생한 범죄도 포함된다. (O|X)

3782 ☐☐☐☐ 20 승진

주한미군의 공무 중 사건으로 인한 피해가 전적으로 미군 측의 책임으로 밝혀진 경우 미군 측이 75%, 한국 측이 25%를 부담하여 배상한다. (O|X)

3 SOFA 손해배상 등

3783 ☐☐☐☐ 13 간부

1966년 7월 9일 주한미군지위협정에 체결되기 전에는 1950년 7월 12일 대전협정과 1952년 5월 24일 마이어(Meyer)협정에 의하여 주한미군의 지위를 인정하였다. (O|X)

3784 ☐☐☐☐ 13 간부

2001년 1월 18일 제2차 개정시에는 주요범죄에 대한 미군 피의자 신병인도 시기가 재판 후에서 기소 후로 앞당겨졌으며 환경조항, 민사소송절차 등이 신설되었다. (O|X)

정답과 해설

3781. (O)   3782. (O)   3783. (O)   3784. (O)

외국인 등 관련범죄에 관한 특칙(경찰수사규칙, 범죄수사규칙)

3785 ☐☐☐☐ 23 채용
「경찰수사규칙」상 사법경찰관리는 외국인을 조사하는 경우에는 조사를 받는 외국인이 이해할 수 있는 언어로 통역해 주어야 한다. (O|X)

3786 ☐☐☐☐ 24 승진
「경찰수사규칙」에 따르면 사법경찰관리는 외국인을 체포·구속하는 경우 국내 법령을 위반하지 않는 범위에서 영사관원과 자유롭게 접견·교통할 수 있고, 체포·구속된 사실을 영사기관에 통보해 줄 것을 요청할 수 있다는 사실을 알려야 한다. (O|X)

3787 ☐☐☐☐ 24 승진
「경찰수사규칙」에 따르면 사법경찰관리는 외국인 변사사건이 발생한 경우에는 영사기관 사망 통보서를 작성하여 지체 없이 검사에게 통보해야 한다. (O|X)

3788 ☐☐☐☐ 23 채용
「경찰수사규칙」상 사법경찰관은 주한 미합중국 군대의 구성원·외국인군무원 및 그 가족이나 초청계약자의 범죄 관련 사건을 인지하거나 고소·고발 등을 수리한 때에는 7일 이내에 한미행정협정사건 통보서를 미군 당국에게 통보해야 한다. (O|X)

3789 ☐☐☐☐ 21 간부
「범죄수사규칙」상 경찰관은 외국인 관련범죄의 수사를 함에 있어서는 국제법과 국제조약에 위배되는 일이 없도록 유의해야 하며 중요한 범죄에 관하여는 미리 국가수사본부장에게 보고하여 그 지시를 받아 수사에 착수하여야 한다. (O|X)

3790 ☐☐☐☐ 25 간부
「범죄수사규칙」에 따르면 경찰관은 외교관 또는 외교관의 가족, 그 밖의 외교의 특권을 가진 사람 등의 관련 범죄를 수사함에 있어서 외교특권을 침해하는 일이 없도록 주의하여야 한다. (O|X)

정답과 해설

3785. (O) 경찰수사규칙 제91조 제1항
3786. (O) 경찰수사규칙 제91조 제2항
3787. (X) 사법경찰관리는 외국인 변사사건이 발생한 경우에는 영사기관 사망 통보서를 작성하여 지체 없이 **해당 영사기관(검사 X)**에 통보해야 한다(경찰수사규칙 제91조 제4항).
3788. (X) 사법경찰관은 주한 미합중국 군대의 구성원·외국인군무원 및 그 가족이나 초청계약자의 범죄 관련 사건을 인지하거나 고소·고발 등을 수리한 때에는 7일 이내에 한미행정협정사건 통보서를 **검사(미군 당국 X)**에게 통보해야 한다(경찰수사규칙 제92조 제1항).
3789. (O) 범죄수사규칙 제208조
3790. (O) 범죄수사규칙 제209조 제1항

3791 ☐☐☐☐ 24 승진

「범죄수사규칙」에 따르면 경찰관은 외국군함에 관하여는 해당 군함의 함장의 청구가 있는 경우 외에는 이에 출입해서는 아니 된다. （O｜X）

3792 ☐☐☐☐ 23 채용

「범죄수사규칙」상 경찰관은 외국군함에 속하는 군인이나 군속이 그 군함을 떠나 대한민국의 영해 또는 영토 내에서 죄를 범한 경우에는 신속히 국가수사본부장에게 보고하여 그 지시를 받아야 한다. 다만, 현행범 그 밖의 급속을 요하는 때에는 체포 그 밖의 수사상 필요한 조치를 한 후 신속히 국가수사본부장에게 보고하여 그 지시를 받아야 한다. （O｜X）

3793 ☐☐☐☐ 24 승진

「범죄수사규칙」에 따르면 경찰관은 총영사, 영사 또는 부영사의 사무소는 해당 영사의 청구나 동의가 있는 경우 외에는 이에 출입해서는 아니 된다. （O｜X）

3794 ☐☐☐☐ 23 채용

「범죄수사규칙」상 경찰관은 대한민국의 영해에 있는 외국 선박 내에서 발생한 범죄로서 대한민국 육상이나 항내의 안전을 해할 때, 승무원 이외의 사람이나 대한민국의 국민에 관계가 있을 때 또는 중대한 범죄가 행하여졌을 때는 수사를 하여야 한다. （O｜X）

정답과 해설

3791. (O) 범죄수사규칙 제211조 제1항
3792. (O) 범죄수사규칙 제212조
3793. (O) 범죄수사규칙 제213조 제2항
3794. (O) 범죄수사규칙 제214조 제1호

저자 김재규

약력

- 동국대학교 대학원 경찰행정학과 경찰학박사
- 현, 해커스 경찰학 강사
- 현, 한국경찰학회 부회장
- 현, 원광디지털대학교 경찰학과 겸임교수
- 현, 올라에듀 공무원학원(구. 김재규경찰학원)원장
- 중앙경찰학교 외래교수
- 경찰공제회 경찰승진 실무종합 편찬 및 감수총괄
- 경찰수사연수원 외래교수
- 동국대학교 경찰행정학과 겸임교수
- 연세대학교 행정대학원 외래교수

네이버 김재규경찰학 카페(https://cafe.naver.com/ollaedu)
카카오톡 오픈채팅 김재규 경찰학(https://open.kakao.com/o/gYB88Ehe)

논문

- 뺑소니교통사고의 실태분석과 개선방안에 관한 연구, 2000.
- 불심검문의 요건과 한계에 관한 연구, 2009.
- 불심검문의 실태 및 개선방안에 관한 연구, 2009.

저서

- 행정실무Ⅰ·Ⅱ(경무·방범·교통·경비편), 형사실무Ⅰ·Ⅱ(수사·정보·보안·외사편), 1997.
- 경찰학개론(경찰시험 최초의 수험서), 수사Ⅰ·Ⅱ(경찰시험 최초의 수험서), 2000.
- 객관식 경찰학개론(경찰시험 최초의 수험서), 객관식 수사Ⅰ·Ⅱ(경찰시험 최초의 수험서), 2001.
- 경찰경무론·방범론·교통론·경비론·정보론·보안론·외사론, 2001.
- 경찰TOTAL기출문제, 2002.
- 경찰실무종합, 경찰실무Ⅰ·Ⅱ·Ⅲ, 2005.
- 경찰학개론(전정판)·수사Ⅰ(전정판), 2006.
- 객관식 경찰학개론(전정판)·수사Ⅰ(전정판), 2006.
- 경찰학개론(신정판)·수사(신정판), 2009.
- 객관식 경찰학개론(신정판)·수사(신정판), 2009.
- 경찰학개론 서브노트, 2012.
- 경찰학개론 암기노트, 2014.
- 수사(신정판), 2018.
- 경찰법령집 2019.
- 객관식 경찰학개론(전정판)·수사(전정판), 2019.
- 경찰실무종합 핵심정리, 2021.
- 경찰실무종합 효자손, 2021.
- 김재규 경찰학, 2021
- 김재규 경찰학 핵심 서브노트, 2024
- 김재규 경찰학 21개년 총알 기출 OX, 2024
- 김재규 경찰학 PLUS 1000제, 2024

자기계발서

- 얌마! 너만 공부하냐, 2013.

MEMO

MEMO

2026년 1차 시험 대비 최신개정판

해커스경찰
킹재규
경찰학
23개년 총알 기출 OX

개정 5판 1쇄 발행 2025년 9월 11일

지은이	김재규 편저
펴낸곳	해커스패스
펴낸이	해커스경찰 출판팀
주소	서울특별시 강남구 강남대로 428 해커스경찰
고객센터	1588-4055
교재 관련 문의	gosi@hackerspass.com
	해커스경찰 사이트(police.Hackers.com) 교재 Q&A 게시판
	카카오톡 채널 [해커스 경찰공무원]
학원 강의 및 동영상강의	police.Hackers.com
ISBN	979-11-7404-467-9 (13350)
Serial Number	05-01-01

저작권자 ⓒ 2025, 김재규

이 책의 모든 내용, 이미지, 디자인, 편집 형태는 저작권법에 의해 보호받고 있습니다.
서면에 의한 저자와 출판사의 허락 없이 내용의 일부 혹은 전부를 인용, 발췌하거나 복제, 배포할 수 없습니다.

경찰공무원 1위,
해커스경찰 police.Hackers.com

해커스경찰

· 정확한 성적 분석으로 약점 극복이 가능한 **경찰 합격예측 온라인 모의고사** (교재 내 응시권 및 해설강의 수강권 수록)
· 해커스 스타강사의 **경찰학 무료 특강**
· **해커스경찰 학원 및 인강** (교재 내 인강 할인쿠폰 수록)

한경비즈니스 2024 한국품질만족도 교육(온·오프라인 경찰학원) 부문 1위

해커스경찰 전 강좌
수강료 100% 환급+평생패스

▲ 경찰 전강좌 100% 환급+평생패스 바로가기

형사법/경찰학/헌법 전 강좌
합격할 때까지 평생 무제한 연장!

[100% 환급] 최초 수강기간 내 최종 합격 시, 교재비 환급대상 제외, 제세공과금 본인 부담 / [평생] 매년 불합격 인증시 1년씩 연장(시험 응시 필수)

- 범죄학 노신
- 경찰헌법 황남기
- 경찰헌법 박철한
- 경찰학 김민철
- 경찰학 서정표
- 범죄학 이언담
- 경찰헌법 신동욱
- 형사법 김대환
- 경찰학 조현
- 경찰학 김재규

전 강사&전 강좌 무제한 수강	검정제/가산점 강의 무료 제공	합격 시 수강료 전액환급*

*증빙 서류 제출 및 조건 달성 시
*제세공과금 제외

해커스경찰 police.Hackers.com 문의 1588-4055